Van Dale Pocketwoordenboek **Frans-Nederlands**

van $\mathcal{D}ale$

Van Dale Pocketwoordenboek
Frans-Nederlands

Vijfde editie

Utrecht - Antwerpen

Van Dale Pocketwoordenboek Frans-Nederlands
vijfde editie
vijfde oplage, 2016

Van Dale Uitgevers
ISBN 978 94 6077 064 7
ISBN 978 94 6077 302 0 (gouden editie)
NUR 627

Omslagontwerp: Ontwerpstudio Spanjaard
Vormgeving: Pieter Pijlman (b.ont)
Zetwerk hoofdwerk: Pre Press Media Groep
Projectleiding: María Camarasa (Lijn43)

Correspondentieadres:
Van Dale Uitgevers
Postbus 13288
3507 LG Utrecht
info@vandale.nl

www.vandale.nl / www.vandale.be

Van Dale, altijd een passend woordenboek!

De *Van Dale Pocketwoordenboeken* zijn heel geschikt als je een taal begint te leren, bijvoorbeeld in de onderbouw van het middelbaar onderwijs of bij een cursus. Ze zijn ook heel geschikt als je thuis of op kantoor af en toe een woord wilt opzoeken. Als je verder komt, wil je steeds meer woorden kunnen opzoeken en dan is een *Van Dale Middelgroot woordenboek* of een *Van Dale Groot woordenboek* een betere keuze.

Voor deze nieuwe editie hebben we de *Van Dale Pocketwoordenboeken* grondig bewerkt. We hebben bovendien veel nieuwe woorden en voorbeeldzinnen toegevoegd. Ze zijn dus beter, nieuwer en dikker.

In de voorbeeldzinnen hebben we het belangrijkste woord blauw gemaakt. Vooral in langere artikelen kun je daardoor heel snel vinden wat je zoekt.

We hebben lidwoorden voor de trefwoorden gezet. Dat geeft soms extra informatie en het geeft een duidelijker woordbeeld, wat helpt bij het leren. We doen dit niet alleen bij de vreemde talen, we geven het lidwoord óók bij de trefwoorden in de delen die Nederlands als brontaal hebben. Dit geeft extra ondersteuning aan leerders van het Nederlands.

Wij staan altijd open voor suggesties voor onze woordenboeken. Je kunt die mailen naar redactie@vandale.nl.

We wensen je veel plezier met dit woordenboek.

Van Dale Uitgevers

Lijst van afkortingen

aanw	*aanwijzend*	geb	*gebiedend*
aardr	*aardrijkskunde*	geol	*geologie*
abstr	*abstract*	gesch	*geschiedenis*
adm	*administratie*	gymn	*gymnastiek*
afk	*afkorting*	h	*heeft*
alg	*algemeen*	hand	*handel*
Am	*Amerikaans, in de Verenigde*	heral	*heraldiek*
	Staten	hist	*historisch*
amb	*ambacht*	hoofdtelw	*hoofdtelwoord*
anat	*anatomie*	huish	*huishouden*
antr	*antropologie*	hww	*hulpwerkwoord*
archit	*architectuur*	iem	*iemand*
astrol	*astrologie*	ind	*industrie*
astron	*astronomie*	inf	*informeel*
atl	*atletiek*	iron	*ironisch*
bel	*beledigend*	jarg	*jargon*
Belg	*in België, Belgisch(e)*	jeugdt	*jeugdtaal*
bep	*bepaald*	jur	*juridisch*
bet	*betekenis(sen)*	kaartsp	*kaartspel*
betr	*betrekkelijk*	kindert	*kindertaal*
bez	*bezittelijk*	koppelww	*koppelwerkwoord*
Bijb	*Bijbel*	landb	*landbouw*
biochem	*biochemie*	lett	*letterlijk*
biol	*biologie*	letterk	*letterkunde*
bk	*beeldende kunst*	lidw	*lidwoord*
bn	*bijvoeglijk naamwoord*	lit	*literatuur*
boekh	*boekhouden*	luchtv	*luchtvaart*
bouwk	*bouwkunde*	m	*mannelijk*
bw	*bijwoord*	med	*medisch*
Can	*Canadees, in Canada*	meetk	*meetkunde*
chem	*chemie*	meteo	*meteorologie*
comm	*communicatiemedia*	mijnb	*mijnbouw*
comp	*computer*	mil	*militair*
cond	*conditionnel*	min	*minachtend*
cul	*culinair*	muz	*muziek*
dans	*danskunst*	mv	*meervoud*
dierk	*dierkunde*	myth	*mythologie*
Du	*Duits, in Duitsland*	nat	*natuurkunde*
ec	*economie*	Ned	*Nederlands, in Nederland*
elek	*elektriciteit*	neg	*negatief*
enk	*enkelvoud*	nvl	*naamval*
euf	*eufemisme*	o	*onzijdig*
farm	*farmacie*	ond	*onderwijs*
fig	*figuurlijk*	ongev	*ongeveer*
fil	*filosofie*	onov	*onovergankelijk*
fin	*financieel*	onpers	*onpersoonlijk*
form	*formeel*	onv	*onveranderlijk*
foto	*fotografie*	Oost	*Oostenrijks, in Oostenrijk*
Fr	*Frans, in Frankrijk*	ov	*overgankelijk*
fysiol	*fysiologie*	overh	*overheid*

overtr	*overtreffend(e)*	tuinb	*tuinbouw*
paardsp	*paardensport*	tw	*tussenwerpsel*
pej	*pejoratief*	typ	*typografie*
pers	*persoonlijk*	univ	*universiteit*
plantk	*plantkunde*	v	*vrouwelijk*
pol	*politiek*	vakt	*vaktaal*
pop	*populair*	vechtsp	*vechtsport*
pred	*predicatief*	vergr	*vergrotend(e)*
prot	*protestants*	verk	*verkeer*
psych	*psychologie*	verko	*verkorting*
qqn	*quelqu'un*	vero	*verouderd*
qqch	*quelque chose*	verz	*verzekeringswezen*
rangtelw	*rangtelwoord*	vnl	*voornamelijk*
rekenk	*rekenkunde*	vnw	*voornaamwoord*
rel	*religie*	voetb	*voetbal*
r-k	*rooms-katholiek*	volkst	*volkstaal*
ruimtev	*ruimtevaart*	vr	*vragend*
scheepv	*scheepvaart*	vulg	*vulgair*
scheldw	*scheldwoord*	vw	*voegwoord*
scherts	*schertsend*	vz	*voorzetsel*
soc	*sociologie*	wdk	*wederkerend*
spoorw	*spoorwegen*	wet	*wetenschap*
spott	*spottend*	wielersp	*wielersport*
stat	*statistiek*	wijnb	*wijnbouw*
subj	*subjonctif*	wisk	*wiskunde*
taalk	*taalkunde*	ww	*werkwoord*
techn	*techniek*	wwb	*weg- en waterbouw*
technol	*technologie*	zelfst	*zelfstandig*
telw	*telwoord*	zn	*zelfstandig naamwoord*
theat	*theater*	Zwi	*Zwitsers, in Zwitserland*

Gebruiksaanwijzing

De gebruikte afkortingen worden verklaard
in de *Lijst van afkortingen* op de voorgaande
pagina's.

De trefwoorden zijn blauw gedrukt

le **cabrioler** bokkensprongen, capriolen
maken

Bij trefwoorden die zelfstandig naamwoord
zijn, wordt in de kantlijn het lidwoord vermeld

le **citronnier** citroenboom
la **cloque** blaar
le, la **cardiologue** hartspecialist(e), cardioloog, -loge

Bij zelfstandige naamwoorden volgt na het
trefwoord een geslachtsaanduiding

les **abdominaux** (m) buikspieren
l' **Abkhazie** (v) Abchazië

Na het trefwoord wordt bij een zelfstandig
naamwoord of een bijvoeglijk naamwoord de
vrouwelijke vorm verkort weergegeven. In de
voorbeelden hiernaast is *cartomancienne* de
vrouwelijke vorm van *cartomancien* en *caden-
cée* die van *cadencé*

le, la **cartomancien, -ne** kaartlegger, -ster,
waarzegger, -ster
cadencé, -e regelmatig, ritmisch

Een paaltje (|) geeft aan dat de vrouwelijke
uitgang niet achter het hele woord komt,
maar achter het gedeelte vóór het paaltje

courag|eux, -euse moedig, dapper

Als slechts één vorm gegeven is, is die zowel
mannelijk als vrouwelijk. Soms wordt dit ook
expliciet aangegeven met de aanduiding (onv);
de vrouwelijke vorm van *cucul* is dus ook *cucul*

changeable veranderbaar
cucul (onv) onnozel: ~ *la praline* onnozel, dom

Trefwoorden die gelijk geschreven worden,
maar verschillen in herkomst of woordsoort,
zijn aan het begin van de regel genummerd
met 1, 2 enz.

le **¹car** (m) bus [streekvervoer]; touringcar
² car want

Bij trefwoorden die beginnen met een niet-
vette letter h is sprake van een zogenaamde
'aangeblazen h'. Dat wil zeggen dat deze
woorden in de uitspraak nooit verbonden
worden met het voorgaande woord

le h**arassement** afmatting

Onregelmatige meervoudsvormen worden
achter het trefwoord vermeld. Ook als de
meervoudsvorm gelijk is aan het enkelvoud,
wordt dit aangegeven

le **chacal** (~s) jakhals
le **chien-loup** (chiens-loups) wolfshond
le **chef-d'œuvre** (chefs-d'œuvre) **1** [hist]
meesterstuk, proefstuk **2** meesterwerk
le **cache-nez** (onv) brede wollen das

Vertalingen die zeer dicht bij elkaar liggen,
worden gescheiden door een komma

le **cabaret** (m) café-chantant, nachtclub

Is het verschil wat groter, dan wordt tussen de vertalingen een puntkomma gezet; vaak wordt dan ook tussen haakjes een verklaring van dit verschil in betekenis gegeven

Als het trefwoord duidelijk verschillende betekenissen heeft, zijn deze genummerd met **1, 2** enz.

Belgische trefwoorden, vertalingen of voorbeelden zijn voorzien van de aanduiding [Belg]. Deze aanduiding kan staan voor *Belgisch-Frans* of voor *Belgisch-Nederlands.* In het voorbeeld hiernaast is *chicon* Belgisch-Frans; *witloof* is Belgisch-Nederlands

Sommige werkwoorden en bijvoeglijke naamwoorden worden specifiek gebruikt in combinatie met een ander woord, vaak een voorzetsel. Dat wordt ingeleid met het teken +

De vertaling kan worden gevolgd door een of meer voorbeelden. Deze staan cursief. In voorbeelden vervangt het teken ~ het trefwoord

Om voorbeelden makkelijker te kunnen vinden, is het belangrijkste woord in de zin blauw gekleurd

Soms komt het trefwoord alleen voor in een of meer uitdrukkingen. De uitdrukking volgt dan direct na een dubbelepunt

Voorbeelden die niet duidelijk aansluiten bij (een van) de betekenis(sen) worden behandeld na het teken ‖

Wanneer een voorbeeld meer dan één betekenis heeft, worden deze betekenissen van elkaar gescheiden door **a), b)** enz.

Alternatieve vormen staan tussen haakjes en worden ingeleid met *of*

chevroter mekkeren [van geit]; beven [van stem]

collecter 1 inzamelen **2** ophalen

le **chicon** (m) [Belg] witlof, [Belg] witloof

comparable (+ à) te vergelijken (met), vergelijkbaar (met)

la **cacahuète** (v) pinda: *beurre de* ~ pindakaas

le **clou** (m) **1** spijker, nagel: ~ *de girofle* kruidnagel; *maigre comme un* ~ mager als een lat; *enforcer le* ~ op iets hameren; *cela ne vaut pas un* ~ het is geen cent waard

califourchon: *à* ~ schrijlings

la **chaussette** (v) sok ‖ [pop] *jus de* ~ slechte koffie, slappe koffie, bocht

le **crible** (m) zeef: *passer au crible*: **a)** zeven, ziften, schiften; **b)** zorgvuldig onderzoeken

cloche-pied: *aller* (of: *sauter*) *à* ~ hinkelen
loti, -e: *être bien* (of: *mal*) ~ goed (of: slecht) af zijn

a

¹a 3e pers enk van *¹avoir*

lᵣ **²a** (m) [de letter] a: *prouver par a + b* onweerlegbaar bewijzen
à 1 [met meewerkend voorwerp of voorzetselvoorwerp] aan, voor, van: *acheter qqch. à qqn.* iets van, voor iem. kopen **2** [plaats] in, te, bij, op: *à Paris* in Parijs; *au bureau* op kantoor; *à la maison* thuis; *à la fenêtre* bij, voor het raam; *à table* aan tafel; *au soleil* in de zon; *au XXe siècle* in de 20e eeuw **3** [richting] naar: *de … à* van … naar **4** [tijd] om, tot: *de … à* van … tot; *à midi* om twaalf uur; *à ce soir* tot vanavond; *à Noël* met Kerstmis **5** [+ onbep w; soms onvertaald] te, om te: *apprendre à lire* leren lezen; *prêt à partir* klaar om te vertrekken; *à louer* te huur **6** [tussen twee zn; vaak onvertaald]: *tasse à café* koffiekopje; *pain au chocolat* chocoladebroodje **7** [manier] met, volgens: *à pied* te voet; *à la dernière mode* volgens de laatste mode **8** [bezit] van: *ce livre est à Jean* dit boek is van Jan **9** [prijs] voor, tegen: *à dix euros* voor tien euro **10** à: *deux à trois* twee à drie **11** per: *un à un* een voor een; *deux à deux* twee aan twee

lᵣ **abaissement** (m) **1** verlaging; (het) neerlaten **2** daling

¹abaisser (ov ww) **1** laten zakken, neerlaten **2** verlagen **3** [fig] vernederen

sᵣ **²abaisser** (wdk ww) **1** zich vernederen: *s'~ à qqch.* zich tot iets verlagen **2** dalen, hellen, zakken: *la vitre s'abaissa* het raampje ging omlaag

lᵣ **abandon** (m) **1** (het) in de steek laten, verwaarlozen; verlatenheid, verwaarlozing: *à l'~* onbeheerd, verwaarloosd **2** (het) afstand doen **3** (het) opgeven; [sport] (het) uitvallen **4** losheid, ongedwongenheid: *avec ~* ongedwongen

abandonné, -e verlaten, onbeheerd: *maison ~e* leegstaand huis

¹abandonner (ov ww) **1** verlaten, in de steek laten **2** verwaarlozen: *~ à son sort* aan zijn lot overlaten **3** laten vallen, afzien van: *~ la partie* het opgeven; *~ le pouvoir* de macht neerleggen

sᵣ **²abandonner** (wdk ww) **1** zich overgeven **2** zich laten gaan **3** zijn hart uitstorten

abasourdir 1 verdoven **2** verbijsteren

abasourdissant, -e 1 oorverdovend **2** verbijsterend

¹abâtardir (ov ww) doen ontaarden

sᵣ **²abâtardir** (wdk ww) ontaarden

lᵣ **abâtardissement** (m) ontaarding

lᵣ **abat-jour** (m; mv: *onv*) lampenkap

les **abats** (mv, m) slachtafval

lᵣ **abattage** (m) **1** [van bomen] (het) vellen **2** [van erts] (het) winnen **3** [van dieren] (het) slachten

lᵣ **abattement** (m) **1** uitputting **2** verslagenheid, lusteloosheid **3** vermindering, aftrek: *~ fiscal* belastingaftrek

lᵣ **abattoir** (m) abattoir; slachthuis: *envoyer des soldats à l'~* soldaten een wisse dood tegemoet zenden

¹abattre (ov ww) **1** vellen, slopen; [sport] (een tegenspeler) onderuithalen; [van erts] afgraven **2** neerleggen: *~ son jeu* zijn kaarten op tafel leggen **3** verzwakken **4** ontmoedigen: *ne pas se laisser ~* niet bij de pakken neerzitten **5** doden, neerschieten || *~ du travail* veel werk verzetten

sᵣ **²abattre** (wdk ww) neervallen, neerstorten; instorten; [vogels] neerstrijken: *s'~ sur* zich storten op

abattu, -e 1 neerslachtig **2** afgemat **3** neergehaald

abbatial, -e abdij-

lᵣ **abbatiale** (v) kloosterkerk

lᵣ **abbaye** (v) abdij

lᵣ **abbé** (m) **1** abt **2** rooms-katholiek geestelijke: *monsieur l'~* eerwaarde

lᵣ **abbesse** (v) abdis

lᵣ **a b c** (m) **1** alfabet **2** eerste beginselen

lᵣ **abcès** (m) ettergezwel, abces: *crever* (of: *vider*) *l'~* het kwaad uitroeien

lᵣ **abdication** (v) **1** (troons)afstand; [van ambt] (het) neerleggen **2** (het) opgeven

¹abdiquer (onov ww) (het) opgeven: *ne pas ~* volhouden

²abdiquer (ov ww) afstand doen van: *~ ses droits* (of: *le trône*) afstand doen van zijn rechten (of: de troon)

lᵣ **abdomen** (m) **1** buik **2** [van insect] achterlijf

abdominal, -e buik-

les **abdominaux** (mv, m) buikspieren

les **abdos** (mv, m) [inf] verk van *abdominaux* buikspieroefeningen

lᵣ **abécédaire** (m) eerste leesboekje

lᵣ **abeille** (v) (honing)bij

aberrant, -e 1 afwijkend, abnormaal: *c'est ~!* dat is absurd! **2** [taalk] onregelmatig

lᵣ **aberration** (v) afwijking, afdwaling: *un moment d'~* een ogenblik van verdwaasdheid

abêtissant, -e afstompend

lᵣ **abêtissement** (m) afstomping

abhorrer verafschuwen, verfoeien

lᵣ **abîme** (m) **1** afgrond, (onpeilbare) diepte: *~ de désespoir* onpeilbare wanhoop **2** kloof

abîmé, -e beschadigd: *sa réputation est ~e* zijn reputatie heeft een deuk gekregen

¹abîmer (ov ww) bederven, beschadigen

sᵣ **²abîmer** (wdk ww) **1** stukgaan, bederven,

lelijk worden **2** zich storten in; [fig] opgaan in: *l'avion s'est abîmé dans l'océan* het vliegtuig is in de oceaan neergestort; *s'~ dans ses réflexions* in gepeins verzonken zijn

abject, -e laag, verachtelijk

l' **abjection** (v) schande

l' **abjuration** (v) afzwering

abjurer afzweren

l' **Abkhazie** (v) Abchazië

les **ablutions** (mv, v) rituele wassing

l' **abnégation** (v) zelfverloochening, zelfopoffering

l' **aboiement** (m) geblaf

les **aboiements** (mv, m) [pej] gescheld; geschreeuw

les **abois** (mv, m): *aux ~* ten einde raad, in het nauw gebracht

abolir afschaffen, opheffen

l' **abolition** (v) afschaffing, opheffing

abominable afschuwelijk, afgrijselijk, verfoeilijk

l' **abomination** (v) **1** afschuw **2** gruwel(daad)

abondamment overvloedig, rijkelijk

l' **abondance** (v) overvloed, rijkdom: *corne d'~* hoorn des overvloeds

abondant, -e **1** overvloedig **2** rijk

abonder overvloedig aanwezig zijn: *~ en* overvloeien van, overvloedig bezitten

l' **abonné** (m), **-e** (v) abonnee: *être aux ~s absents* geen sjoege geven, het laten afweten

l' **abonnement** (m) **1** abonnement **2** [overh] vastrecht [van gas enz.] **3** abonnementsprijs **4** [inf] gewoonte: *c'est un ~!* hij maakt er een gewoonte van!

¹abonner (ov ww) abonneren

s' **²abonner à** (wdk ww) zich abonneren (op)

l' **abord** (m) **1** contact: *d'un ~ facile* gemakkelijk te benaderen ‖ *au premier ~, de prime ~, dès l'~* dadelijk al; *(tout) d'~* (aller)eerst; *aux ~s* in de omtrek

abordable **1** toegankelijk **2** betaalbaar: *prix ~* schappelijke prijs

l' **abordage** (m) **1** (het) enteren **2** aanvaring

¹aborder (onov ww) landen, aanleggen, aankomen, terechtkomen

²aborder (ov ww) **1** aanklampen, aanspreken **2** [van een schip] aanvaren **3** [van een schip] enteren **4** aanroeren, beginnen met

abort|if, -ive vruchtafdrijvend

aboutir **1** uitkomen (op), uitmonden (in) **2** (+ à) uitlopen op, leiden tot; uitdraaien op **3** slagen, lukken

l' **aboutissement** (m) uitkomst, resultaat

aboyer blaffen, afblaffen

l' **aboyeur** (m) **1** blaffer **2** schreeuwlelijk

l' **abrasif** (m) schuurmiddel

²abras|if, -ive (bn): *poudre abrasive* schuurpoeder

l' **abrégé** (m) samenvatting: *en ~* in het kort, in hoofdzaak

l' **abrégement** (m) verkorting

abréger afkorten, verkorten; samenvatten

abreuver 1 nat maken; [dieren] te drinken geven **2** (+ de) overstelpen (met)

l' **abreuvoir** (m) drinkplaats

l' **abréviation** (v) afkorting

l' **abri** (m) **1** schuilplaats, onderdak, beschutting: *à l'~ (de)* beschut, gevrijwaard (voor); *se mettre à l'~ de* schuilen, zich beveiligen tegen; *sans ~* dakloos **2** wachthuisje **3** schuilkelder

l' **abribus** (m) bushokje

l' **abricot** (m) abrikoos

l' **abricotier** (m) abrikozenboom

¹abriter (ov ww) **1** beschutten **2** onder dak brengen

s' **²abriter** (wdk ww) schuilen

l' **abrogation** (v) afschaffing, intrekking

abroger afschaffen, intrekken

abrupt, -e 1 abrupt **2** [van rotsen] steil **3** onbehouwen **4** kortaf: *style ~* hortende stijl

l' **¹abruti** (m), **-e** (v) **1** [fig] eikel **2** idioot

²abruti, -e (bn) afgestompt, versuft

¹abrutir (ov ww) **1** afstompen **2** [inf] afbeulen

s' **²abrutir** (wdk ww) **1** afstompen **2** zich kapotwerken

abrutissant, -e geestdodend

l' **abrutissement** (m) afstomping

l' **absence** (v) **1** afwezigheid, absentie: *~ de goût* gebrek aan smaak; *en l'~ de* bij afwezigheid van, in de afwezigheid van **2** gedachteloosheid

absent, -e 1 afwezig **2** verstrooid

l' **absentéisme** (m) voortdurende afwezigheid; verzuim

s' **absenter 1** afwezig zijn **2** zich verwijderen, weggaan

l' **abside** (v) apsis

l' **absinthe** (v) absint [kruidenlikeur]

l' **¹absolu** (m) [fil] het absolute

²absolu, -e (bn) **1** volstrekt **2** volmaakt, absoluut **3** gebiedend

absolument 1 volkomen, absoluut **2** zeker, jawel, ja hoor

l' **absolution** (v) absolutie, vergeving

absorbant, -e 1 absorberend, opzuigend **2** volledig in beslag nemend

¹absorber (ov ww) **1** absorberen, opnemen **2** in beslag nemen **3** opslokken

s' **²absorber dans** (wdk ww) **1** opgaan (in), verloren gaan (in) **2** zich verdiepen (in)

l' **absorption** (v) **1** opslorping, absorptie; [van voedingsstoffen in het bloed] opname **2** [van een bedrijf] (het) opslokken, overname

absoudre vergeven: *~ qqn.* iemands zonden vergeven

s' **abstenir** (+ de) zich onthouden van: *s'~ aux élections* zich van stemming onthouden bij de verkiezingen

l' **abstention** (v) onthouding

l' **abstentionniste** (m/v) niet-stemmer

l' **abstinence** (v) **1** onthouding, het vasten **2** (seksuele) onthouding

l' **abstraction** (v) **1** abstract begrip, abstractie **2** (het) abstraheren: *faire ~ de* afzien van, buiten beschouwing laten; *~ faite de* afgezien van

¹abstraire (ov ww) in gedachten afzonderen, abstraheren

s' **²abstraire** (wdk ww) zich verdiepen, zich terugtrekken in gedachten

abstrait, -e 1 abstract **2** duister

absurde absurd, onzinnig

l' **absurdité** (v) onzin

l' **¹abus** (m) misbruik, slecht of onmatig gebruik: *~ d'alcool* alcoholmisbruik; *il y a de l'~* dat gaat te ver

les **²abus** (mv, m) misstanden, onrechtvaardigheden

¹abuser de (onov ww) misbruik maken (van), misbruiken: *~ du tabac* te veel roken; *vous abusez* u gaat te ver

²abuser (ov ww) misleiden

s' **³abuser** (wdk ww) zich vergissen: *si je ne m'abuse* als ik het goed heb

l' **abus|eur** (m), **-euse** (v) **1** iem. die ergens misbruik van maakt **2** kindermisbruiker

abus|if, -ive verkeerd, onrechtmatig, overmatig

abusivement ten onrechte, abusievelijk

l' **abysse** (m) afgrond, diepte, kloof

l' **acabit** (m) soort, slag, allooi

l' **acacia** (m) [plantk] acacia

l' **académicien** (m), **-ne** (v) lid van een academie, vnl. van de Académie française

l' **académie** (v) **1** academie, geleerd of letterkundig genootschap **2** school voor kunst- of sportbeoefening

académique 1 academisch: [Belg] *année ~* academisch jaar **2** schools, stijf: *style ~* verheven stijl

l' **¹acajou** (m) **1** mahonieboom **2** mahoniehout

²acajou (bn, mv: *onv*) roodbruin

acariâtre vinnig, snibbig, bits

accablant, -e 1 pijnlijk, zwaar **2** overstelpend, verpletterend

l' **accablement** (m) neerslachtigheid, moedeloosheid

accabler 1 overladen, overstelpen: *~ qqn. de questions* iem. de oren van het hoofd vragen **2** verpletteren || *il est accablé* hij zit in de put

l' **accalmie** (v) **1** [na storm] windstilte **2** (het) bedaren, verlichting **3** periode van rust

accaparant, -e 1 alle aandacht opeisend **2** tijdrovend

l' **accaparement** (m) [van goud, effecten] (het) opkopen

¹accaparer (ov ww) **1** inpalmen, in beslag nemen **2** opkopen, hamsteren

s' **²accaparer de** (wdk ww) zich meester maken van

l' **¹accapar|eur** (m), **-euse** (v) **1** opkoper, opkoopster, speculant(e) **2** opdringerig iem.

²accapar|eur, -euse (bn) opdringerig

accéder à 1 toegang hebben tot, komen tot, bereiken **2** inwilligen

l' **¹accélérateur** (m) **1** gaspedaal **2** versneller

²accéléra|teur, -trice (bn) versnellend

l' **accélération** (v) versnelling, bespoediging; opvoering van de snelheid

¹accélérer (onov ww) [auto] gas geven, optrekken

²accélérer (ov ww) versnellen, bespoedigen

s' **³accélérer** (wdk ww) sneller worden

l' **accent** (m) **1** accent: *~ aigu* (´); *~ circonflexe* (ˆ); *~ grave* (`) **2** klemtoon, nadruk: *l'~ sur* benadrukken **3** toon, klank: *aux ~s de* op de tonen van **4** intonatie || *avoir un ~* een bepaald accent hebben, een bepaalde tongval hebben

l' **accentuation** (v) **1** het leggen van de klemtoon **2** nadruk, het scherper doen uitkomen **3** toename

¹accentuer (ov ww) **1** benadrukken, accentueren **2** (beter) doen uitkomen

s' **²accentuer** (wdk ww) scherper uitkomen, duidelijker worden, toenemen

acceptable aannemelijk, aanvaardbaar, behoorlijk

l' **acceptation** (v) **1** (het) aannemen **2** goedkeuring; aanvaarding

accepter 1 aanvaarden, aannemen; accepteren **2** zich schikken in

l' **acception** (v) betekenis, zin || *sans ~ de personne* zonder aanzien des persoons

l' **accès** (m) **1** toegang: *avoir ~ auprès de* ontvangen worden bij; *d'un ~ difficile* moeilijk te benaderen; *voie d'~* toegangsweg, invalsweg; [comp] *fournisseur d'~* provider **2** vlaag, aanval: *~ de fièvre* koortsaanval

l' **accessibilité** (v) toegankelijkheid, bereikbaarheid

accessible bereikbaar, toegankelijk: *~ à* vatbaar, gevoelig voor; *prix ~s* redelijke prijzen

l' **accession** (v) (het) bereiken van; toetreding: *~ au trône* troonsbestijging; *~ à la propriété* eigenaar worden van een koopwoning

l' **¹accessoire** (m) bijzaak; bijkomstigheid

²accessoire (bn) **1** bijkomstig, ondergeschikt; hulp-; bijkomend **2** toevallig

accessoirement 1 bijkomstig; eventueel **2** nu en dan

les **accessoires** (mv, m) onderdelen, toebehoren

l' **accident** (m) **1** ongeluk, ongeval: *~ du travail* bedrijfsongeval; [Belg] werkongeval

2 toeval, toevallige gebeurtenis: *par ~* toevallig **3** [med] complicatie **4** oneffenheid: *~s de terrain* oneffenheden van het terrein

accidenté, -e 1 heuvelachtig, oneffen **2** verongelukt: *les ~s de la route* de verkeersslachtoffers

accidentel, -le 1 toevallig, onverwacht **2** ten gevolge van een ongeluk: *mort ~le* dodelijk ongeluk

accidentellement 1 bij een ongeval **2** toevallig(erwijze)

les **accises** (mv, v) [Belg] accijns, verbruiksbelasting

l' **acclamation** (v) toejuiching, bijval: *par ~* bij acclamatie

acclamer toejuichen

l' **acclimatation** (v) **1** acclimatisatie **2** (het) inburgeren || *Jardin d'~* dierentuin in Parijs
¹**acclimater** (ov ww) **1** aan het klimaat wennen, acclimatiseren **2** inburgeren

s' ²**acclimater** (wdk ww) wennen aan een klimaat, aan een omgeving

les **accointances** (mv, v) kennissen, relaties

l' **accolade** (v) **1** accolade **2** omhelzing

accoler binden, samenvoegen

accommodant, -e inschikkelijk

l' **accommodement** (m) schikking, vergelijk
¹**accommoder** (ov ww) **1** aanpassen; [m.b.t. oog] accommoderen; [verrekijker] instellen **2** [cul] bereiden

s' ²**accommoder** (wdk ww) **1** (+ à) zich aanpassen aan **2** (+ de) zich schikken in, iets voor lief nemen

l' **accompagna|teur** (m), **-trice** (v) **1** begeleid(st)er **2** reisleid(st)er, gids

l' **accompagnement** (m) begeleiding

accompagner 1 vergezellen, meegaan **2** begeleiden **3** (+ de) gepaard laten gaan met

accompli, -e 1 volleerd, volmaakt, voortreffelijk **2** volledig: *fait ~* voldongen feit
¹**accomplir** (ov ww) volbrengen, vervullen; [straf] uitzitten; [afstand] afleggen

s' ²**accomplir** (wdk ww) tot stand komen, in vervulling gaan, tot zijn recht komen

l' **accomplissement** (m) vervulling, voltooiing

l' **accord** (m) **1** overeenstemming, harmonie **2** overeenkomst, schikking, akkoord **3** instemming: *d'un commun ~* unaniem; *d'~* afgesproken!, OK!; *être d'~ avec* het eens zijn met; *se mettre d'~, tomber d'~* het eens worden **4** [muz] akkoord

l' **accordéon** (m) [muz] accordeon || *porte (en) ~* vouwdeur

l' **accordéoniste** (m/v) accordeonist(e)
¹**accorder** (ov ww) **1** toestaan **2** toekennen: *~ de l'importance* belang hechten **3** [muz] (af)stemmen **4** doen overeenstemmen, verzoenen

s' ²**accorder** (wdk ww) **1** overeenstemmen: *le*

verbe s'accorde avec le sujet het werkwoord richt zich naar het onderwerp **2** het eens worden **3** zich gunnen

l' **accord|eur** (m), **-euse** (v) (piano)stemmer, -ster

l' **accostage** (m) (het) aanleggen
¹**accoster** (onov ww) aanmeren
²**accoster** (ov ww) **1** aanklampen, aanspreken **2** aanleggen langs; langszij komen van

l' **accotement** (m) berm: *~ non stabilisé* zachte berm

l' **accouchée** (v) kraamvrouw

l' **accouchement** (m) bevalling
¹**accoucher** (onov ww) **1** bevallen: *~ de* met veel moeite tot stand brengen **2** [inf] opbiechten

²**accoucher** (ov ww) verlossen

l' **accoucheuse** (v) verloskundige

s' **accouder** à met de ellebogen leunen op

l' **accoudoir** (m) armleuning

l' **accouplement** (m) **1** paring **2** [techn] koppeling
¹**accoupler** (ov ww) **1** koppelen, schakelen **2** doen paren

s' ²**accoupler** (wdk ww) paren

accourir toesnellen

l' **accoutrement** (m) bespottelijke kleding

s' **accoutrer** zich gek aankleden, toetakelen

l' **accoutumance** (v) **1** gewenning **2** verslaving

accoutumé, -e gewoon, gewend: *à l'~e* gewoonlijk
¹**accoutumer** (ov ww) (iem. laten) wennen

s' ²**accoutumer** (wdk ww) wennen aan

accréditer 1 (+ auprès de) accrediteren (bij), kredietwaardig maken (bij) **2** aannemelijk maken: *~ une nouvelle* een bericht aannemelijk maken

l' **accréditeur** (m) borg [persoon]

l' ¹**accro** (m/v) verslaafde: *~ du boulot* workaholic, harde werker

²**accro** (bn) verslaafd

l' **accroc** (m) **1** winkelhaak, scheur: *~ à son pantalon* winkelhaak in zijn broek **2** moeilijkheid, kink in de kabel: *sans ~* zonder problemen

l' **accrochage** (m) **1** (het) vastmaken, ophangen **2** aanrijding **3** [inf] geharrewar; schermutseling **4** hapering [in mechanisme]

l' **accroche** (v) blikvanger
¹**accrocher** (onov ww) haperen
²**accrocher** (ov ww) **1** ophangen, vastmaken: *~ un tableau* een schilderij ophangen **2** blijven haken aan **3** te pakken krijgen **4** een aanrijding hebben met **5** aanklampen || *être accroché* verslaafd zijn

s' ³**accrocher** (wdk ww) **1** opgehangen worden **2** volharden, niet opgeven **3** blijven haken; zich vastgrijpen (aan); [fig] zich vastklampen (aan iem., iets)

accroch|er, -euse 1 vasthoudend **2** pak-

kend: *titre* ~ pakkende titel, blikvanger
accroire geloven: *(en) faire ~ qqch. à qqn.*
iem. iets op de mouw spelden, wijsmaken
l' **accroissement** (m) groei, aanwas, toename
¹**accroître** (ov ww) vergroten, doen aangroeien
s' ²**accroître** (wdk ww) aangroeien, toenemen
accroupi, -e gehurkt
s' **accroupir** (neer)hurken
accru, -e groter, toegenomen
l' **accueil** (m) [van personen] ontvangst: *faire bon ~ à qqn.* iem. goed ontvangen; *faire bon ~ à une idée* positief reageren op een idee; *bureau d'~* receptie; *à l'~* bij de receptie; *centre d'~* opvangcentrum; *terre d'~* gastland
accueillant, -e gastvrij, vriendelijk
accueillir 1 ontvangen, begroeten **2** [verzoek] inwilligen **3** opnemen: ~ *favorablement* gunstig beoordelen; *il a mal accueilli qu'on* ne lui ait rien dit hij heeft het slecht opgenomen dat hem niets gezegd was
acculer in het nauw drijven, terugdrijven
l' **accumulateur** (m) accu(mulator)
l' **accumulation** (v) opeenhoping
¹**accumuler** (ov ww) opeenhopen, opeenstapelen
s' ²**accumuler** (wdk ww) zich opstapelen, talrijker worden
l' ¹**accusa|teur** (m), **-trice** (v) aanklager, -klaagster
²**accusa|teur, -trice** (bn) beschuldigend, verwijtend
l' **accusation** (v) aanklacht, beschuldiging: *l'Accusation* het Openbaar Ministerie; *chef d'~* tenlastelegging
l' ¹**accusé** (m), **-e** (v) beschuldigde, beklaagde, verdachte; [Belg] betichte
²**accusé, -e** (bn) geprononceerd, scherp uitkomend
¹**accuser** (ov ww) **1** aanklagen, beschuldigen: ~ *qqn. de qqch.* iem. ergens van beschuldigen, iem. iets ten laste leggen **2** duidelijk doen uitkomen ‖ ~ *réception* ontvangst bevestigen; ~ *le coup* de klap incasseren
s' ²**accuser** (wdk ww) **1** zijn schuld bekennen **2** duidelijk uitkomen
acerbe 1 wrang **2** scherp, bitter
acéré, -e 1 met stalen punt **2** puntig, scherp [ook fig]: *railleries ~es* bijtende spot
l' **acétone** (v) aceton
achalandé, -e goed gesorteerd
acharné, -e hardnekkig, verbeten, fel: *joueur* ~ verwoed speler
l' **acharnement** (m) hardnekkigheid, verbetenheid: *mettre de l'~ à* stug volhouden om; ~ *thérapeutique* zinloos medisch handelen (om iem. in leven te houden)
s' **acharner** hardnekkig volhouden; zijn ui-

terste best doen om: *s'~ contre qqn.* iem. hardnekkig vervolgen
l' **achat** (m) aankoop, aanschaf, koop, inkoop: *pouvoir d'~* koopkracht; *faire ses ~s* inkopen doen
l' **acheminement** (m) **1** vordering **2** vervoer, verzending: ~ *du courrier* verzending van de post
¹**acheminer** (ov ww) **1** verzenden **2** leiden **3** op weg helpen
s' ²**acheminer** (wdk ww) **1** zich voortbewegen, zich begeven **2** [fig] vorderen
acheter 1 (in)kopen, aanschaffen: ~ *qqch. à qqn.* iets van iem. kopen; ~ *cher* duur bekopen **2** omkopen
l' **achet|eur** (m), **-euse** (v) (in)koper, (in)koopster
achevé, -e volmaakt, onberispelijk, volleerd
l' **achèvement** (m) voltooiing
¹**achever** (ov ww) **1** afmaken, afwerken, voltooien: *il avait à peine achevé que …* hij was nauwelijks uitgepraat of … **2** afmaken, doden: ~ *un animal* een dier uit zijn lijden verlossen
s' ²**achever** (wdk ww) ten einde lopen
l' **achoppement** (m): *pierre d'~* steen des aanstoots, struikelblok
l' ¹**acide** (m) zuur
²**acide** (bn) zuur
acidifiant, -e 1 zuurvormend **2** zuur makend
l' **acidité** (v) **1** zuurheid; zure smaak **2** [fig] scherpte; bitterheid **3** [chem] zuurte: ~ *gastrique* maagzuur
acidulé, -e rins; zuurachtig: *bonbons ~s* zuurtjes
l' **acier** (m) staal
l' **aciérie** (v) staalfabriek
l' **acné** (v) vetpuistjes, acne
l' **acompte** (m) voorschot, aanbetaling, termijnbetaling
s' **acoquiner avec** zich inlaten met
les **Açores** (mv, v) Azoren
l' **à-côté** (m; mv: à-côtés) **1** bijkomstigheid; bijzaak **2** bijverdienste
l' **à-coup** (m; mv: à-coups) schok, ruk: *par ~s* met horten en stoten
l' **acousticien** (m), **-ne** (v) geluidstechnicus
l' ¹**acoustique** (v) **1** geluidsleer **2** akoestiek
²**acoustique** (bn) akoestisch
l' **acquér|eur** (m), **-esse** (v) [jur] koper, koopster
¹**acquérir** (ov ww) **1** verkrijgen **2** kopen: ~ *une maison* een huis kopen
s' ²**acquérir** (wdk ww) verwerven: *cela s'acquiert par l'expérience* al doende leert men
l' **acquiescement** (m) instemming, toestemming
acquiescer à instemmen (met), toestemmen (in)

les **¹acquis** (mv, m) verworvenheden: ~ *sociaux* sociale verworvenheden
²acquis, -e (bn) **1** verworven **2** vaststaand: *point* ~ uitgemaakte zaak **3** toegedaan, gewonnen: *être* ~ *à une idée* (of: *une personne*) volledig achter een idee (of: iem.) staan

l' **acquisition** (v) **1** (aan)koop **2** aanwinst **3** verworvenheid

l' **acquit** (m) kwitantie: *par* ~ *de conscience* voor alle zekerheid; *pour* ~ voldaan [op rekening]

l' **acquittement** (m) **1** kwijting, vereffening, betaling **2** vrijspraak

¹acquitter (ov ww) **1** betalen, voldoen **2** voor voldaan tekenen **3** vrijspreken

s' **²acquitter de** (wdk ww) zich kwijten (van): *s'*~ *d'une dette* zijn schuld aflossen

âcre scherp, wrang, bijtend

l' **âcreté** (v) scherpte, wrangheid, bitterheid

l' **acrimonie** (v) humeurigheid, bitterheid

acrimoni|eux, -euse humeurig, bitter

l' **acrobate** (m/v) **1** acrobaat, acrobate **2** [pej] virtuoos; handige jongen

acrobatique acrobatisch

l' **acrylique** (m) acryl

l' **acte** (m) **1** daad, handeling: *faire* ~ *de* blijk, bewijs geven van, handelen als; *faire* ~ *de présence* acte de présence geven, zich (even) vertonen **2** [van toneelstuk] akte, bedrijf **3** bewijsstuk, akte, oorkonde: ~ *de vente* koopakte; *dont* ~ waarvan akte; *prendre* ~ *de* nota nemen van

les **actes** (mv, m) handelingen; verslag: [Bijb] *les Actes des Apôtres* de Handelingen (der Apostelen)

l' **acteur** (m), **actrice** (v) **1** acteur, actrice, toneelspeler, -speelster **2** [fig] hoofdrolspeler

l' **¹actif** (m) bezit, activa: *avoir à son* ~ **a)** op zijn naam hebben staan; **b)** op zijn geweten hebben; *il faut porter cela à son* ~ dat moet tot zijn eer gezegd worden

²act|if, -ive (bn) **1** actief, bedrijvig, werkend; werkzaam: *connaissance active* parate kennis; *population active* beroepsbevolking **2** krachtig werkend: *remède* ~ krachtig middel

les **actifs** (mv, m) beroepsbevolking

l' **action** (v) **1** actie, werking **2** actie, handeling, daad: *mener une* ~ actie voeren; *une bonne* ~ een goede daad; *liberté d'*~ vrijheid van handelen; *en* ~ in werking, in actie; *mettre en* ~ ten uitvoer leggen **3** [jur] geding, eis, vervolging **4** actie: ~ *syndicale* [Belg] vakbondsfront **5** [hand] aandeel

l' **actionnaire** (m/v) aandeelhoud(st)er

actionner aandrijven, in werking stellen, aanzetten

l' **activation** (v) activering

activement werkzaam, druk

¹activer (ov ww) aanwakkeren, stimuleren

s' **²activer** (wdk ww) druk bezig zijn

l' **activiste** (m/v) activist(e)

l' **activité** (v) **1** activiteit, bedrijvigheid **2** werking: *en pleine* ~ in volle gang **3** vitaliteit

l' **actrice** (v) *zie acteur*

l' **actuaire** (m/v) actuaris

actualiser 1 verwezenlijken **2** moderniseren, actueel maken, updaten

l' **actualité** (v) actualiteit: *d'*~ actueel

les **actualités** (mv, v) nieuws; [op tv] journaal

actuel, -le tegenwoordig, actueel; huidig: *à l'heure ~le* tegenwoordig, nu

actuellement nu, op het ogenblik

les **actus** (mv, v) [inf] verk van *actualités*

l' **acuité** (v) **1** scherpte: ~ *visuelle* gezichtsscherpte **2** [van toon] hoogte; [van pijn] hevigheid; [van ziekte] snel verloop; [van crisis] ernst

l' **acupuncture** (v) acupunctuur

l' **ACV** (m) afk van *accident cérébrovasculaire* CVA (afk van *cerebrovasculair accident*)

l' **adage** (m) zegswijze, spreuk

adaptable à aanpasbaar (aan), passend (bij)

l' **¹adapta|teur** (m), **-trice** (v) bewerk(st)er

l' **²adaptateur** (m) tussenstuk, adapter

l' **adaptation** (v) **1** (het) aanbrengen **2** aanpassing **3** bewerking **4** aanpassingsvermogen

¹adapter (ov ww) **1** aanbrengen **2** aanpassen **3** bewerken

s' **²adapter à** (wdk ww) **1** passen (bij), toepasselijk zijn (op) **2** zich aanpassen (aan), zich voegen (naar)

addict|if, -ive verslavend

l' **addiction** (v) verslaving, verslaafdheid

l' **¹additif** (m) additief, toevoeging [bij levensmiddelen]: ~ *alimentaire* conserveermiddel

²addit|if, -ive (bn) toegevoegd

l' **addition** (v) **1** optelling **2** toevoeging, bijvoeging **3** rekening [in restaurant]

additionnel, -le bijgevoegd, aanvullend, extra

additionner optellen, bijvoegen: ~ *d'eau* met water aanlengen

l' **adducteur** (m) toevoerbuis

l' **adepte** (m/v) **1** aanhang(st)er, volgeling(e) **2** [sport] beoefenaar

adéquat, -e juist, adequaat, passend

l' **adhérence** (v) **1** kleefkracht, samenhang **2** [med] vergroeiing **3** [auto] grip, wegligging; [Belg] baanvastheid

l' **¹adhérent** (m), **-e** (v) lid, aanhang(st)er

²adhérent, -e (bn) **1** vastgegroeid **2** vastgekleefd

adhérer 1 (+ à) vastzitten aan, vergroeid zijn met **2** (+ à) instemmen met **3** (+ à) toetreden tot **4** [van een auto] een goede wegligging hebben; [Belg] baanvast zijn

l' **¹adhésif** (m) kleefpleister

²adhés|if, -ive (bn) zelfklevend: *ruban* ~

plakband
l' **adhésion** (v) **1** instemming, adhesie **2** adhesie: *force d'~* aantrekkingskracht **3** toetreding
  adieu adieu, vaarwel: *faire ses ~x à* afscheid nemen van; *(si ...,) tu peux dire ~ à ta tranquillité!* (als ...,) dan is het gedaan met de rust!
  adip|eux, -euse vet, dik: *tissu* ~ vetweefsel
  adjacent, -e aangrenzend
l' **adjectif** (m) bijvoeglijk naamwoord
  adjoindre toevoegen
l' ¹**adjoint** (m), **-e** (v) **1** adjunct, medewerk(st)er **2** wethouder, schepen: *le maire et ses ~s* burgemeester en wethouders, B en W; *premier ~ au maire* locoburgemeester
  ²**adjoint, -e** (bn) hulp-, adjunct-
l' **adjonction** (v) toevoeging
l' **adjudication** (v) **1** toewijzing, gunning: *vente par ~* openbare veiling **2** inschrijving, aanbesteding: *mettre en ~* aanbesteden
  ¹**adjuger** (ov ww) toewijzen, gunnen: *adjugé!* verkocht!
s' ²**adjuger** (wdk ww) voor zich opeisen, zich toe-eigenen
l' **adjuration** (v) smeekbede
  adjurer bezweren, smeken
  admettre 1 toelaten, opnemen **2** aanvaarden, aannemen: *généralement admis* algemeen gangbaar **3** veronderstellen, aannemen: *admettons que vous ayez raison* laten we even aannemen dat u gelijk hebt **4** toelaten, dulden: *je n'admets pas que ...* ik tolereer niet dat ...
l' **administra|teur** (m), **-trice** (v) beheerder, -ster, bestuurder, -ster: *~ de société* lid van de Raad van Bestuur
  administrat|if, -ive administratief; bestuurlijk, bestuurs-
l' **administration** (v) **1** beheer, bestuur; administratie **2** bestuursapparaat; ambtelijk apparaat: *il travaille dans l'~* hij is ambtenaar **3** toediening
  administrer 1 beheren, besturen **2** verlenen, toedienen: [inf] *~ une raclée* een pak slaag geven
  admirable bewonderenswaardig; [iron] verwonderlijk
l' **admira|teur** (m), **-trice** (v) bewonderaar(ster), vereerder, -ster, fan
  admirat|if, -ive bewonderend
l' **admiration** (v) bewondering, verrukking
  admirer bewonderen; [iron] zich verwonderen over, vreemd vinden
  admis volt dw van *admettre*
l' **admissibilité** (v) toelaatbaarheid
  admissible 1 aanvaardbaar **2** (+ à) toegelaten (tot)
l' **admission** (v) **1** toelating: *~ à l'hôpital* opname in het ziekenhuis **2** (het) aannemen **3** toevoer: [techn] *valve d'~* inlaatklep
l' **admonestation** (v) berisping

l' **admonester** terechtwijzen, berispen
l' **ADN** (m) DNA
l' **ado** (m/v) jongere, puber
l' **adolescence** (v) jeugd, adolescentie
l' ¹**adolescent** (m), **-e** (v) jongere, puber
  ²**adolescent, -e** (bn) opgroeiend
s' **adonner 1** (+ à) zich overgeven aan **2** verslaafd raken aan
  adopter 1 adopteren **2** [van een wet] aanvaarden **3** [van een houding] aannemen; [van een standpunt] innemen; [in een systeem] invoeren
  adopt|if, -ive 1 [van een kind] adoptie-, pleeg-, aangenomen **2** adoptie-, pleeg-: *père ~* pleegvader
l' **adoption** (v) **1** adoptie: *patrie d'~* tweede vaderland **2** [bijv. van wet] goedkeuring, aanvaarding
  adorable aanbiddelijk, snoezig
l' **adora|teur** (m), **-trice** (v) aanbidder, -ster
l' **adoration** (v) aanbidding, verering
  adorer 1 aanbidden **2** dol zijn op
  ¹**adosser** (ov ww) (met rug of achterkant) aanzetten tegen
s' ²**adosser à** (wdk ww) (met de rug, achterkant) leunen tegen
  adoucir 1 zachter maken **2** [van water] ontharden **3** polijsten **4** verzachten, temperen **5** [cul] zoeter maken
l' ¹**adoucissant** (m) wasverzachter; onthardingsmiddel
  ²**adoucissant, -e** (bn) verzachtend
l' **adoucissement** (m) **1** verzachting, leniging **2** [chem] zuivering, ontharding, ontkalking
l' **adrénaline** (v) adrenaline: [fig] *poussée d'~* woede-uitbarsting; stoot adrenaline
l' **adresse** (v) **1** adres: *~ e-mail* e-mailadres **2** behendigheid, handigheid: *avec ~* behendig
  ¹**adresser** (ov ww) **1** zenden, adresseren **2** doorverwijzen; doorsturen
s' ²**adresser à** (wdk ww) zich richten, zich wenden tot
l' **Adriatique** (v) Adriatische Zee
  adroit, -e 1 behendig, handig **2** gevat, listig
  aduler bewieroken, verafgoden
l' ¹**adulte** (m/v) volwassene
  ²**adulte** (bn) volwassen
l' ¹**adultère** (m) overspel, echtbreuk
l' ²**adultère** (m/v) echtbreker, -breekster, overspelige
  ³**adultère** (bn) overspelig
  advenir gebeuren: *advienne que pourra* wat er ook gebeuren moge
l' **adverbe** (m) bijwoord
  adverbial, -e bijwoordelijk
l' **adversaire** (m/v) tegenstand(st)er; tegenpartij
  adverse tegengesteld, vijandig: *camp ~* te-

genpartij

l' **adversité** (v) tegenspoed

l' **aérateur** (m) ventilator

l' **aération** (v) [van een vertrek] (het) luchten, ventilatie, luchtverversing

aéré, -e 1 gelucht: *centre* ~ vakantiecentrum voor kinderen **2** luchtig: *quartier* ~ ruim gebouwde wijk

aérer luchten, ventileren: [fig] *s'~ la tête* het hoofd leegmaken, de zinnen verzetten

aérien, -ne 1 lucht-, bovengronds **2** luchtvaart-; luchtmacht-: *base* ~ne luchtmachtbasis; *navigation* ~ne luchtvaart

l' **aérobic** (v) aerobics

l' **aérodrome** (m) vliegveld

l' **¹aérodynamique** (v) aerodynamica

²aérodynamique (bn) aerodynamisch, gestroomlijnd: *ligne* ~ stroomlijn

l' **aérogare** (v) luchthaven

l' **aéroglisseur** (m) luchtkussenvoertuig, hovercraft

aéromobile door de lucht vervoerbaar: *division* ~ luchtlandingsdivisie

l' **aéronaute** (m/v) ballonvaarder

l' **¹aéronautique** (v) luchtvaart; vliegtuigbouwkunde

²aéronautique (bn) luchtvaart-

aéronaval, -e van de marineluchtmacht

l' **aéronavale** (v) marineluchtmacht

l' **aéroport** (m) luchthaven

aéroporté, -e [van troepen] door de lucht aangevoerd, luchtlandings-

aéropostal, -e luchtpost-

l' **aérosol** (m) spuitbus

aérospatial, -e lucht- en ruimtevaart-

l' **aérotrain** (m) luchtkussentrein, zweeftrein

l' **affabilité** (v) vriendelijkheid, minzaamheid

affable vriendelijk, minzaam

l' **affabulation** (v) [van een verhaal] opbouw; [psych] (het) verzinnen, fantaseren

affabuler verzinnen

affadir 1 flauw, smakeloos maken **2** futloos maken

¹affaiblir (ov ww) **1** verzwakken **2** ontkrachten

s' **²affaiblir** (wdk ww) verzwakken, verflauwen

l' **affaiblissement** (m) verzwakking; vermindering

l' **affaire** (v) **1** zaak [in alle bet]; kwestie: ~ *de* kwestie van …; *avoir* ~ *à* te doen hebben met; *connaître son* ~ zijn vak verstaan, van wanten weten; *la belle* ~! wat zou dat!; *c'est mon* ~ dat gaat mij aan; *c'est une* ~! prima koop!; *j'en fais mon* ~ ik neem het op me; *il est hors d'*~ hij is buiten gevaar; *tirer qqn. d'*~ iem. uit de moeilijkheden (*of*: uit de brand) helpen; *c'est toute une* ~ het is een heel gedoe, een hele drukte; *l'*~ *est dans le sac* het is voor de bakker; [Belg] *être en* ~ opgewonden zijn **2** rechtszaak: ~ *criminelle* strafzaak; ~ *de*

mœurs zedenmisdrijf; *être sur une* ~ iets op het oog hebben; aan een zaak werken; een zaak op het spoor zijn

affairé, -e druk (bezig), bedrijvig

l' **affairement** (m) drukdoenerij

s' **affairer** druk in de weer zijn

les **affaires** (mv, v) **1** handel, zaken, geldzaken, staatszaken: *chargé d'*~ zaakgelastigde; *chiffre d'*~ omzet; *Affaires étrangères* Buitenlandse Zaken; *homme d'*~ zakenman; *être aux* ~ aan de macht zijn; *se retirer des* ~ zich uit de zaken terugtrekken **2** [inf] spullen: *ranger ses* ~ zijn spulletjes opruimen, orde op zaken stellen

l' **affairiste** (m/v) oneerlijke zakenman, -vrouw

l' **affaissement** (m) inzakking; verzakking, zetting; (het) inklinken

s' **affaisser** ineenzakken, verzakken; [fig] instorten, bezwijken

s' **affaler 1** aan de grond lopen **2** neervallen

affamé, -e 1 uitgehongerd **2** (+ de) begerig naar, belust op

affamer uithongeren

l' **affectation** (v) **1** bestemming **2** aanstelling **3** gemaaktheid, aanstellerij

affecté, -e gekunsteld, geaffecteerd

affecter 1 voorwenden, doen alsof: ~ *de grands airs* gewichtig doen **2** (pijnlijk) treffen **3** toewijzen **4** (+ à) bestemmen voor; aanstellen bij: ~ *qqn. à un poste* iem. in een functie aanstellen

affect|if, -ive gevoels-, gemoeds-: *vie affective* gevoelsleven

l' **affection** (v) **1** genegenheid, affectie: *prendre en* ~ genegenheid opvatten voor **2** aandoening, ziekte: ~ *cutanée* huidaandoening; [Fr] ~ *de longue durée* langdurige aandoening [chronische ziekte waarvan de zorgkosten vergoed worden door de ziektekostenverzekering]

affectionner een voorliefde hebben voor

affectueusement liefdevol; hartelijk; aanhankelijk

affectu|eux, -euse aanhankelijk, teder

afférent, -e à betrekking hebbend op

¹affermir (ov ww) **1** versterken **2** sterken

s' **²affermir** (wdk ww) steviger, vaster worden; [koers] aantrekken

l' **affermissement** (m) bevestiging, versterking

l' **afféterie** (v) gemaaktheid, aanstellerij

l' **affichage** (m) **1** (het) aanplakken, reclame maken: *colonne d'*~ aanplakzuil **2** [comp] weergave: ~ *du menu* weergave van het menu [op het scherm]

l' **affiche** (v) **1** affiche, poster **2** programma: *être à l'*~ [theater, bioscoop] op het programma staan

¹afficher (ov ww) **1** aanplakken, aankondigen **2** te koop lopen met, openlijk tonen s' ²**afficher** (wdk ww) **1** aan de weg timmeren **2** zich laten zien

l' **affichette** (v) klein aanplakbiljet

l' **afficheur** (m) (beeld)scherm: ~ *de numéro* nummermelder

affilée: *d'*~ achter elkaar, onafgebroken

affiler slijpen, wetten

l' **affiliation** (v) [als lid] toetreding, opname

l' ¹**affilié** (m), **-e** (v) lid

²**affilié, -e** (bn) toegetreden

¹**affilier** (ov ww) opnemen

s' ²**affilier à** (wdk ww) lid worden van, zich aansluiten bij

affiner 1 zuiveren **2** verfijnen **3** [kaas] laten rijpen

l' **affinité** (v) verwantschap, affiniteit; overeenkomst

affirmat|if, -ive 1 bevestigend **2** beslist, zeker

l' **affirmation** (v) **1** bevestiging **2** verzekering; verklaring; bewering

l' **affirmative** (v): *dans l'*~ zo ja; *répondre par l'*~ bevestigend antwoorden

affirmativement bevestigend

¹**affirmer** (ov ww) **1** bevestigen **2** verzekeren; beweren: ~ *que* stellen dat

s' ²**affirmer** (wdk ww) **1** zich doen gelden **2** duidelijker worden

¹**affleurer** (onov ww) opduiken

²**affleurer** (ov ww) gelijkmaken, waterpas maken

l' **affliction** (v) smart, bedroefdheid

affligeant, -e 1 bedroevend **2** slecht, ergerlijk

affliger verdriet doen, doen lijden

l' **affluence** (v) toevloed, toeloop: *heures d'*~ spitsuren

l' **affluent** (m) zijrivier

affluer 1 toevloeien, toestromen: *le sang afflue à la tête* het bloed stijgt naar het hoofd **2** samenstromen, in grote getale komen

l' **afflux** (m) **1** [van bloed] aandrang **2** toeloop

affolant, -e verbijsterend

affolé, -e radeloos: *boussole* ~*e* dol kompas

l' **affolement** (m) radeloosheid, paniek

¹**affoler** (ov ww) radeloos maken, dol maken

s' ²**affoler** (wdk ww) radeloos worden, zijn hoofd verliezen

affranchi, -e vrijgevochten

affranchir 1 vrijmaken: ~ *de* bevrijden, ontslaan van **2** frankeren: ~ *une lettre* een brief frankeren

l' **affranchissement** (m) **1** bevrijding **2** frankering

les **affres** (mv, v): *les* ~ *de la mort* de doodsangst

l' **affrètement** (m) (het) bevrachten; (het) charteren

affréter huren, charteren; [een schip] bevrachten

l' **affréteur** (m) scheepsbevrachter

affr|eux, -euse afschuwelijk; afstotend

affriolant, -e verleidelijk: *dessous* ~*s* sexy lingerie

l' **affront** (m) belediging, smaad

l' **affrontement** (m) **1** botsing; confrontatie **2** (het) samenvoegen

¹**affronter** (ov ww) trotseren, tarten; optreden tegen; onder ogen zien

s' ²**affronter** (wdkg ww) tegenover elkaar staan; op elkaar botsen

affubler belachelijk kleden, toetakelen

l' **affût** (m): *être à l'*~ op de loer liggen

affûter slijpen

afghan, -e Afghaans

l' **Afghan** (m), **-e** (v) Afghaan(se)

l' **Afghanistan** (m) Afghanistan

afin 1 (+ que) [+ subj] opdat **2** (+ de) [+ onbep w] om (te)

a fortiori temeer daar, a fortiori

africain, -e Afrikaans

l' **Africain** (m), **-e** (v) Afrikaan(se)

l' **Afrique** (v) Afrika: ~ *du Sud* Zuid-Afrika

afro (mv: onv) afro-: *coiffure* ~ afrokapsel

afro- Afrikaans-

afro-américain (mv: afro-américains), **-e** (mv: afro-américaines) Afro-Amerikaans

l' **Afro-Américain** (m; mv: Afro-Américains), **-e** (v; mv: Afro-Américaines) Afro-Amerikaan(se)

l' **afterparty** (v) afterparty

agaçant, -e ergerlijk, irriterend

l' **agacement** (m) ergernis, irritatie

agacer ergeren, irriteren; plagen, tergen

les **agaceries** (mv, v) koketterie

les **agapes** (mv, v) feestmaal

l' **agate** (v) agaat

l' **âge** (m) **1** leeftijd: *d'un certain* ~ van middelbare leeftijd; *d'un* ~ *certain* van gevorderde leeftijd; ~ *critique* overgang(sjaren); ~ *tendre* jeugd; *en bas* ~ op zeer jonge leeftijd; *entre deux* ~s van middelbare leeftijd; *troisième* ~ **a)** bejaarden; **b)** ouderdom; ~ *ingrat* vlegeljaren, puberteit; *il ne paraît pas son* ~ hij ziet er jong(er) uit; *il fait plus vieux que son* ~ hij ziet er ouder uit dan hij is; *j'ai passé l'*~ *de* ik ben te oud om; *quel* ~ *avez-vous?* hoe oud bent u?; *ce n'est plus de mon* ~ daar ben ik te oud voor **2** tijdperk, eeuw: *le Moyen Age* de middeleeuwen

âgé, -e 1 op leeftijd, oud, bejaard: *personnes* ~*es* ouden van dagen, bejaarden **2** oud: ~ *de dix ans* tien jaar oud

l' **agence** (v) **1** agentschap, filiaal: ~ *immobilière* makelaardij; [Belg] immobiliënagentschap **2** kantoor, bureau: ~ *pour l'emploi* arbeidsbureau; [Belg] tewerkstellingsdienst **3** (overheids)dienst

l' **agencement** (m) inrichting; rangschikking, opzet

agencer inrichten, indelen
l' **agenda** (m) agenda; notitieboekje
l' **agenouillement** (m) (het) knielen; geknielde houding
s' **agenouiller 1** knielen **2** [fig] buigen
l' **agent** (m) **1** agent, vertegenwoordiger; beambte; tussenpersoon: ~ de *change* beurshandelaar, makelaar in effecten; ~ d'une *entreprise de surveillance* veiligheidsbeambte; [Belg] veiligheidsagent **2** agent: ~ de *police* politieagent **3** werkzaam bestanddeel, kracht; [chem] agens; veroorzaker
l' **agglomération** (v) **1** opeenhoping **2** bebouwde kom **3** samenstel; agglomeratie
l' **aggloméré** (m) spaanplaat
¹**agglomérer** (ov ww) opeenhopen; verbinden
s' ²**agglomérer** (wdk ww) samenklonteren, zich opeenhopen
agglutinant, -e hechtend; klevend
¹**agglutiner** (ov ww) aaneenplakken
s' ²**agglutiner** (wdk ww) samendrommen
aggravant, -e verergerend: *circonstances* ~es verzwarende omstandigheden
l' **aggravation** (v) verergering, verzwaring
s' **aggraver** verergeren
agile vlug; beweeglijk, handig, soepel
l' **agilité** (v) behendigheid, souplesse; levendigheid
¹**agir** (onov ww) **1** handelen, handelend optreden: *façon* d'~ handelwijze **2** beïnvloeden; (in)werken: le *remède* n'a pas agi het middel heeft niet gewerkt; ~ *sur* uitwerking hebben op
²**agir** (onpers ww): il s'agit de het gaat om, het betreft
agissant, -e werkzaam, werkend
les **agissements** (mv, m) intriges, manipulaties
l' **agita|teur** (m), **-trice** (v) onruststoker, opruier
l' **agitation** (v) **1** (heftige) beweging, onstuimigheid; werveling **2** beroering, onrust **3** opschudding; agitatie
agité, -e opgewonden, onrustig, rusteloos; [zee] woelig: *vie* ~e veelbewogen leven
¹**agiter** (ov ww) **1** (heen en weer) bewegen; schudden; roeren; zwaaien, wuiven **2** verontrusten; ophitsen
s' ²**agiter** (wdk ww) **1** onrustig doen, heen en weer lopen **2** zich opwinden, zenuwachtig worden
l' **agneau** (m) **1** lam: *doux comme un* ~ zo mak als een lammetje (of: schaap); l'*Agneau de Dieu* het Lam Gods [Jezus] **2** lamsvlees
l' **agnelet** (m) lammetje
l' **agnelle** (v) ooilam
l' **agonie** (v) doodsnood, doodsstrijd: *être à* l'~ op sterven liggen
l' ¹**agonisant** (m), **-e** (v) stervende
²**agonisant, -e** (bn) zieltogend, stervend

agoniser 1 op sterven liggen **2** [fig] op instorten staan
l' **agrafe** (v) **1** haak, gesp; broche **2** nietje **3** [med] kram
agrafer vasthaken; vastnieten
l' **agrafeuse** (v) nietmachine
agraire agrarisch; land-
¹**agrandir** (ov ww) vergroten, uitbreiden; [fig] verheffen
s' ²**agrandir** (wdk ww) **1** groeien, zich uitbreiden **2** groter gaan wonen **3** [woning, zaak enz.] uitbreiden
l' **agrandissement** (m) vergroting [ook fotografie]; uitbreiding
l' **agrandisseur** (m) vergrotingstoestel
agréable aangenaam, gezellig **2** aardig; aantrekkelijk
¹**agréer** (onov ww) bevallen, aanstaan
²**agréer** (ov ww) [form] aanvaarden; goedvinden: veuillez ~ mes *salutations distinguées* met de meeste hoogachting, hoogachtend
l' **agrégateur** (m) [comp] feedreader, RSS-lezer
l' **agrégation** (v) examen voor 'agrégé'; [Belg] aggregatie
l' **agrégé** (m), **-e** (v) (volledig bevoegd) leraar, lerares; [Belg] geaggregeerde
l' **agrément** (m) **1** toestemming, goedkeuring **2** genoegen: *livres* d'~ ontspanningslectuur; *voyage* d'~ plezierreisje; *jardin* d'~ siertuin **3** charme
agrémenter versieren, opluisteren
les **agrès** (mv, m) **1** gymnastiektoestellen **2** [luchtballon] touwwerk
agresser aanvallen
l' **agresseur** (m) aanvaller
agress|if, -ive agressief, aanvallend
l' **agression** (v) aanval, overval, agressie
l' **agressivité** (v) agressiviteit
agricole landbouw-, boeren-
l' **agriculteur** (m) landbouwer, boer: ~ *bio* bioboer
l' **agriculture** (v) landbouw: ~ *raisonnée* geïntegreerde landbouw
¹**agripper** (ov ww) pakken, grijpen
s' ²**agripper à** (wdk ww) zich vastklampen aan
agro- van de landbouw
l' ¹**agroalimentaire** (m) voedingsmiddelenindustrie
²**agroalimentaire** (bn) voedingsmiddelen-
l' **agrocarburant** (m) agrobrandstof, biobrandstof
l' **agro-industrie** (v) landbouwindustrie
l' **agronome** (m/v) landbouwkundige
l' **agronomie** (v) landbouwkunde
agronomique landbouwkundig
les **agrumes** (mv, m) citrusvruchten
aguerri, -e gehard [in de strijd]
s' **aguerrir** zich harden
les **aguets** (mv, m): *être aux* ~ op de uitkijk staan

aguichant, -e verleidelijk
aguicher uitdagen; prikkelen; opwinden
I' **¹ah** (m; mv: *onv*): *pousser des oh! et des ah!*
ach en wee roepen
²ah (tw) och, ach, ha!, o! zo! ‖ *ah bon?* echt?;
is het waar?; *ah oui?* o ja?; is dat zo?; echt
waar?; *ah, qu'est-ce que tu es embêtant!* bah,
wat ben je weer vervelend!; *ah! ah! elle est
bien bonne!* haha, die is goed!
ahuri, -e verbluft
ahurir verstomd doen staan, van zijn stuk
brengen
ahurissant, -e verbluffend
I' **ahurissement** (m) verbijstering
ai 1e pers enk van *¹avoir*
I' **¹aide** (m/v) help(st)er, assistent(e): *~ de camp*
adjudant; *~ ménagère* huishoudhulp, hulp in
de huishouding
I' **²aide** (v) hulp, steun, bijstand: *à l'~ de* met
behulp van; *~ judiciaire* rechtshulp; *~ à
domicile* thuishulp; *venir en ~ à qqn.* iem. te
hulp komen
I' **aide-comptable** (m; mv: aides-compta-
bles) assistent-boekhouder
I' **Aïd-el-Fitr** (v) Suikerfeest, Ied-al-Fitr
I' **aide-mémoire** (m; mv: *onv*) korte samenvatting
I' **aide-ménagère** (v; mv: aides-ménagères)
hulp in de huishouding
¹aider à (onov ww) bevorderen, bijdragen
(tot)
²aider (ov ww) helpen, bijstaan
s' **³aider de** (wdk ww) zich bedienen (van), gebruiken
I' **aide-soignant** (m; mv: aides-soignants), **-e**
(v) verpleeghulp
aïe! au!, oei!
les **aïeux** (mv, m) voorouders
I' **¹aigle** (m) adelaar
I' **²aigle** (v) **1** wijfjesarend **2** [heral] adelaar
I' **aiglefin** (m) schelvis
I' **aiglon** (m) arendsjong: *l'Aiglon* bijnaam van
zoon van Napoleon I
aigre 1 zuur **2** onaangenaam; bits **3** [kou]
vinnig; schril [van geluid]
aigre-doux, aigre-douce zuurzoet [ook
fig]
aigrelet, -te een beetje zuur, rins
I' **aigreur** (v) **1** zuurheid **2** bitterheid; bitsheid
les **aigreurs** (mv, v) oprispingen
aigri, -e verbitterd
¹aigrir (onov ww) zuur worden
²aigrir (ov ww) **1** zuur maken **2** verbitteren
s' **³aigrir** (wdk ww) **1** zuur worden **2** verbitterd worden
aigu, aiguë 1 scherp, puntig: *angle ~*
scherpe hoek **2** [geluid] schel, hoog **3** acuut;
[pijn] fel, hevig: *douleur ~ë* felle pijn ‖
intelligence ~ë scherp verstand
I' **aiguillage** (m) wissel; het verzetten van de
wissel; wisselstand: *une erreur d'~* een foute
wisselstand
I' **aiguille** (v) **1** naald: *~ à tricoter* breinaald
2 wijzer: *dans le sens des ~s d'une montre* met
de klok mee **3** [spoor] wissel **4** spitse punt,
piek, toren; gedenknaald
aiguiller 1 [trein] op een ander spoor
brengen **2** [fig] in een bepaalde richting sturen, leiden
I' **aiguilleur** (m) wisselwachter: *~ du ciel* ver-
keersleider
I' **aiguillon** (m) **1** prikstok **2** angel **3** [plant]
stekel, doorn **4** prikkel, drijfveer
aiguillonner 1 opdrijven **2** aansporen;
aanmoedigen
aiguiser 1 slijpen, scherpen **2** stimuleren,
prikkelen
I' **ail** (m) knoflook; [Belg] look
I' **aile** (v) **1** vleugel: *battre de l'~* dreigen te
mislukken **2** wiek **3** spatbord
ailé, -e gevleugeld
I' **aileron** (m) **1** vleugeltip **2** [van een schip]
zwaard
I' **ailette** (v) **1** staartvlak van projectiel
2 schoep **3** [van radiator] rib
I' **ailier** (m) vleugelspeler
ailleurs ergens anders, elders: *d'~* trouwens, overigens; *par ~* overigens, anderzijds
aimable lief; vriendelijk
I' **¹aimant** (m) magneet
²aimant, -e (bn) liefhebbend
I' **aimantation** (v) magnetisatie; magnetisme
aimanter magnetisch maken: *aiguille ai-
mantée* kompasnaald
¹aimer (ov ww) **1** liefhebben; houden van: *je
t'aime beaucoup* ik ben erg op je gesteld
2 graag hebben: *il aime se promener* hij
wandelt graag; *~ mieux* liever (willen); *plante
qui aime le soleil* plant die veel zon nodig
heeft
s' **²aimer** (wdk ww) **1** zichzelf beminnen **2** van
elkaar houden
I' **aine** (v) lies
I' **¹aîné** (m), **-e** (v) oudste; oudere: *elle est l'~e
(des sœurs)* zij is de oudste (dochter)
²aîné, -e (bn) ouder, oudst, eerstgeboren
I' **aînesse** (v): *droit d'~* eerstgeboorterecht
¹ainsi (bw) zo, zodanig, dus: *~ soit-il* amen,
het zij zo; *pour ~ dire* als het ware; *s'il en est ~*
als het er zo mee staat
²ainsi que (vw) evenals, zoals ook
I' **air** (m) **1** lucht; wind: *armée de l'~* luchtmacht; *courant d'~* tocht; *~ conditionné* airconditioning; *au grand ~, en plein ~* in de
openlucht; *tête en l'~* warhoofd; *foutre* (of:
mettre) *en l'~* overhoophalen; [inf] *s'envoyer
en l'~* **a)** seks hebben; **b)** klaarkomen; *prendre l'~* een luchtje scheppen; *vivre de l'~ du
temps* van de wind leven **2** uiterlijk; houding, manieren: *avoir l'~ (de)* lijken op, doen

alsof, eruitzien (als); *avoir un drôle d'*~ er vreemd uitzien; *se donner des* ~s gewichtig doen; *avoir un* ~ *de famille* een familietrek vertonen; op elkaar lijken; *avoir un faux* ~ *de* enigszins lijken op; *cela n'a l'*~ *de rien* dat ziet er zo onschuldig uit; *sans avoir l'*~ *de rien* alsof er niets aan de hand is **3** sfeer: *changer d'*~ van omgeving veranderen; *l'*~ *du temps* de tijdgeest **4** wijsje; aria: ~ *d'opéra* opera-aria

l' **airain** (m) brons: *un cœur d'*~ een hart van steen

l' **aire** (v) **1** gebied, streek, terrein: ~ *d'atterrissage* landingsterrein; ~ *de jeu* speelplaats, speelterrein **2** stopplaats [langs autosnelwegen] **3** [meetk] oppervlak **4** (arends)nest

l' **airelle** (v) **1** bosbes **2** bosbessenstruik

l' **aisance** (v) **1** ongedwongenheid: *avec* ~ gemakkelijk **2** welstand: *dans l'*~ niet onbemiddeld

l' **¹aise** (v) **1** gemak: *à l'*~, *à son* ~ op zijn gemak; *il en prend à son* ~ hij neemt het gemakkelijk op; *prendre ses* ~s zijn gemak ervan nemen; *à votre* ~ *!* **a)** zoals je wilt!; **b)** [iron] geneer je maar niet! **2** genoegen, welbehagen

²aise (bn) blij, verheugd

aisé, -e 1 gemakkelijk; los; [stijl] vlot **2** welgesteld

les **aises** (mv, v) comfort

l' **aisselle** (v) oksel

l' **AIT** (m) afk van *accident ischémique transitoire* TIA

l' **Aix-la-Chapelle** (v) Aken

ajourer openwerken

l' **ajournement** (m) uitstel, verdaging

ajourner uitstellen, verdagen: ~ *un candidat* een herexamen opleggen

l' **ajout** (m) toevoeging, bijblad

l' **ajoute** (v) [Belg] toevoeging

¹ajouter à (onov ww) vermeerderen, optellen bij, verhogen

²ajouter (ov ww) bijvoegen, toevoegen: ~ *du sel à un mets* zout toevoegen aan een gerecht; ~ *foi à* geloof hechten aan; *ajoutons à cela que* daarbij komt nog dat

l' **ajustement** (m) **1** (het) afstellen, in elkaar zetten, monteren **2** het passend maken **3** [van gegevens] correctie **4** (het) aanpassen

¹ajuster (ov ww) **1** afstellen, aanpassen; [kleding] in orde brengen **2** passend maken **3** [lonen] aanpassen **4** richten op, aanleggen op

s' **²ajuster** (wdk ww) bij elkaar passen

l' **ajusteur** (m) bankwerker

l' **alaise** (v) onderlaken, bedzeiltje

l' **alambic** (m) distilleerkolf

alambiqué, -e spitsvondig; gecompliceerd

alangui, -e lusteloos, kwijnend

alarmant, -e verontrustend

l' **alarme** (v) **1** alarm: *signal d'*~ noodrem; *cri d'*~ noodkreet; *donner l'*~ alarm slaan **2** ontsteltenis, ontzetting **3** ongerustheid

¹alarmer (ov ww) verontrusten

s' **²alarmer** (wdk ww) zich ongerust maken

l' **¹alarmiste** (m/v) onruststoker; paniekzaaier

²alarmiste (bn) verontrustend: *un article* ~ een onrust zaaiend artikel

albanais, -e Albanees

l' **Albanais** (m), **-e** (v) Albanees, Albanese

l' **Albanie** (v) Albanië

l' **albâtre** (m) albast

l' **album** (m) **1** stripboek: ~ *à colorier* kleurboek **2** album, cd, plaat: *enregistrer un nouvel* ~ een nieuw album opnemen

l' **alchimie** (v) alchemie

l' **alchimiste** (m) alchemist

l' **alcool** (m) **1** alcohol **2** spiritus: ~ *à brûler* brandspiritus **3** alcohol, sterkedrank

l' **alcoolémie** (v) [in bloed] alcoholgehalte: *contrôle d'*~ alcoholtest, blaasproef

l' **¹alcoolique** (m/v) alcoholist(e)

²alcoolique (bn) **1** alcoholisch **2** drankzuchtig

alcoolisé, -e met alcohol, alcoholhoudend

l' **alcoolisme** (m) alcoholisme; drankzucht

alcoométrique: *titre* ~ *volumique* [TAV] alcoholgehalte

l' **alcootest** (m) **1** blaaspijpje **2** ademtest; bloedproef

l' **alcôve** (v) alkoof [kleine kamer]: *secrets d'*~ bedgeheimen

l' **ALD** (v) [Fr; med] afk van *affection de longue durée* langdurige aandoening [chronische ziekte waarvan de zorgkosten vergoed worden door de ziektekostenverzekering]

l' **aléa** (m) onzekerheid, toeval

aléatoire wisselvallig, onzeker: *échantillon* ~ steekproef

alentour rondom

les **alentours** (mv, m) omstreken, omgeving: *aux* ~ *de la ville* in de omgeving van de stad; *aux* ~ *de huit heures* tegen acht uur

l' **¹alerte** (v) alarm(signaal): *une chaude* ~ een erge schrik; *donner l'*~ alarm slaan; ~ *à la bombe* bommelding; *en état d'*~ in staat van paraatheid

²alerte (bn) levendig, bijdehand: *style* ~ vlotte stijl

alerter alarmeren, opschrikken; waarschuwen

l' **alèse** (v) onderlaken, bedzeiltje

aléser uitboren

l' **¹alezan** (m) [paard] vos

²alezan, -e (bn) voskleurig

l' **algarade** (v) uitval; woordenwisseling

l' **algèbre** (v) algebra: [inf] *pour moi, c'est de l'*~ ik snap er geen barst van

algébrique algebraïsch

l' **Alger** (m) Algiers

l' **Algérie** (v) Algerije

l' **algérien, -ne** Algerijns
l' **Algérien** (m), **-ne** (v) Algerijn(se)
l' **Algérois** (m), **-e** (v) inwoner, inwoonster van Algiers
l' **algorithme** (m) [wisk, comp] algoritme
l' **algue** (v) alg, wier: ~ *marine* zeewier
l' **alibi** (m) **1** [jur] alibi **2** voorwendsel; excuus
les **alicaments** (mv, m) functionele levensmiddelen, pharmafood
l' **aliénation** (v) [jur, fil] **1** vervreemding **2** krankzinnigheid: ~ *mentale* waanzin
l' **aliéné** (m), **-e** (v) krankzinnige
aliéner 1 [jur] overdragen **2** ontnemen, doen verliezen **3** van zich vervreemden **4** prijsgeven
l' **alignement** (m) **1** het op een rij plaatsen, richten; het gelid **2** rooilijn: *la maison dépasse l'*~ het huis komt buiten de rooilijn
¹aligner (ov ww) **1** op een rij, in het gelid zetten; richten **2** in overeenstemming brengen
s' **²aligner sur** (wdk ww) zich richten (naar), zich aanpassen (aan)
l' **aliment** (m) voedingsmiddel, voedsel [ook fig]
alimentaire voedend, voedings-: *denrées* (of: *provisions*) ~*s* levensmiddelen ‖ *pension* ~ alimentatie
l' **alimentation** (v) voeding; verzorging, toevoer: ~ *électrique* stroomvoorziening; *magasin d'*~ levensmiddelenzaak
alimenter voeden; onderhouden; van het nodige voorzien; [kas] spekken: ~ *la conversation* het gesprek gaande houden
les **aliments** (mv, m) [jur] (kosten van) levensonderhoud
alité, -e bedlegerig
l' **alitement** (m) bedrust
s' **aliter** het bed houden
l' **¹alizé** (m) passaat
²alizé (bn): *vent* ~ passaatwind
l' **allaitement** (m) (het) zogen; borstvoeding
allaiter zogen, de borst geven
l' **¹allant** (m) fut, geestkracht
²allant, -e (bn) actief
alléchant, -e smakelijk, verleidelijk
allécher (aan)lokken, verleiden
l' **allée** (v) **1** laan **2** gang(pad) **3** (het) gaan: *les* ~*s et venues* het heen-en-weergeloop
l' **allégation** (v) bewering
l' **¹allégé** (m) lightproduct
²allégé, -e (bn) caloriearm; light
l' **allégeance** (v) loyaliteit: *faire* ~ *à* loyaal zijn aan
l' **allégement** (m) verlichting; vermindering
alléger ontlasten, verlichten; verzachten: *beurre* allégé boter met een verlaagd vetgehalte
allègre monter; levendig; vlot
l' **allégresse** (v) vreugde; vrolijkheid
alléguer voorwenden; beweren; naar vo-

ren brengen, aanvoeren
l' **¹alléluia** (m) lofzang
²alléluia (tw): ~*!* halleluja!
l' **Allemagne** (v) Duitsland
l' **¹allemand** (m) Duits
²allemand, -e (bn) Duits
l' **Allemand** (m), **-e** (v) Duitser, Duitse
l' **¹aller** (m) heenreis: ~ *(et) retour* retourtje; *match* ~ eerste ontmoeting [van twee wedstrijden]; [Belg] heenwedstrijd
²aller (onov ww) **1** [beweging] gaan, lopen, zich begeven; stromen; [weg] leiden; vorderen: ~ *en voiture* rijden; ~ *et venir* ijsberen; ~ *chez qqn.* iem. opzoeken, bezoeken; *il va sur ses cinquante ans* hij loopt tegen de vijftig; *il ira loin* hij zal het ver brengen; *laisser* ~ op zijn beloop laten; *se laisser* ~ de moed verliezen **2** [toestand] ervoor staan: *comment vas-tu?* hoe gaat het met je?; *comment vont les affaires?* hoe staan de zaken ervoor? **3** functioneren: *ça va tout seul* dat gaat gesmeerd **4** passen, geschikt zijn: *cela vous va bien* dat staat u goed; *cela va comme ça* zo is het goed; *ces deux couleurs vont bien ensemble* die twee kleuren passen goed bij elkaar **5** [met *gérondif*] geleidelijk aan vorderen ‖ *vas-y!*, *allez-y!* **a)** [aanmoediging; sport] vooruit!, kop op!, zet hem op!; **b)** [ongeduld] schiet op!; *allons-y* laten we gaan, laten we beginnen, kom, vooruit; [afkeuring] *allons donc!* kom nou!; *va pour ...* akkoord met ...., oké; *j'allais t'appeler* ik stond op het punt je op te bellen
s'en **³aller** (wdk ww) weggaan, verdwijnen
⁴aller (hww, + onbep w) (weldra) zullen: *il va pleuvoir* het gaat regenen; *le train va partir* de trein vertrekt zo
⁵aller (onpers ww): *il en va de même pour* hetzelfde geldt voor; *il va de soi que* het spreekt vanzelf dat
l' **allergène** (m) [med] allergeen
l' **allergie** (v) [ook fig] allergie; overgevoeligheid
allergique allergisch; overgevoelig: ~ *à* allergisch voor
l' **aller-retour** (m; mv: allers-retours) retourtje
allez 2e pers mv van ¹*aller*
l' **alliage** (m) **1** legering **2** mengelmoes
l' **alliance** (v) **1** verbond, bondgenootschap, alliantie, verdrag **2** verwantschap: *(parent) par* ~ aangetrouwd **3** trouwring **4** band, verbondenheid
l' **¹allié** (m), **-e** (v) **1** aanverwant **2** bondgenoot, bondgenote, geallieerde
²allié, -e (bn) **1** (+ à) verbonden (met), verwant (aan) **2** geallieerd
¹allier à, avec (ov ww) **1** verbinden (met) **2** legeren met
s' **²allier à** (wdk ww) **1** zich verbinden met **2** gepaard gaan met
l' **alligator** (m) kaaiman; alligator

allô! [telefoon] hallo!

l' **allocataire** (m/v) iem. die een uitkering ontvangt, uitkeringsgerechtigde

l' **allocation** (v) **1** toelage, uitkering: ~ *de chômage* werkloosheidsuitkering; [Belg] werklozensteun; ~*s familiales* kinderbijslag; ~ *de fin d'année* eindejaarsuitkering; ~ *de logement* huursubsidie; ~ *de rentrée* onkostentoelage bij start van schooljaar; ~ *d'aide sociale* bijstandsuitkering **2** toekenning

l' **allocution** (v) toespraak

l' **allonge** (v) verlengstuk

allongé, -e lang, uitgestrekt: *mine* ~*e* lang gezicht

l' **allongement** (m) verlenging

¹allonger (onov ww) langer worden

²allonger (ov ww) **1** verlengen; uitstrekken: ~ *le bras* de arm uitstrekken; ~ *le pas* zich haasten **2** aanlengen: ~ *la sauce* de saus aanlengen

s' **³allonger** (wdk ww) **1** langer worden **2** (languit) gaan liggen **3** [inf] languit vallen **4** [inf] doorslaan, bekennen

allons 1e pers mv van *¹aller*

allouer toekennen, toewijzen

l' **allumage** (m) **1** (het) aansteken **2** [van een motor] ontsteking

allumé, -e 1 aan(gestoken); brandend **2** vuurrood; verhit **3** (+ de) [inf] stapelgek op **4** opgewonden; verhit

l' **allume-cigare** (m; mv: allume-cigares) [in auto] aansteker

l' **allume-feu** (m) aanmaakblokje

l' **allume-gaz** (m; mv: *onv*) gasaansteker

¹allumer (ov ww) **1** aanzetten; aansteken: *la cave est restée allumée* het licht in de kelder is aan gebleven **2** verlichten **3** opwekken: ~ *le désir* de begeerte aanwakkeren

s' **²allumer** (wdk ww) **1** ontvlammen, ontbranden **2** [van ogen] gaan schitteren; verlicht worden

l' **allumette** (v) lucifer

l' **allumeuse** (v) verleidster

l' **allure** (v) **1** gang, manier van lopen **2** gedraging, manier van doen **3** uiterlijk, houding: *avoir de l'*~ allure hebben, imponeren **4** snelheid, vaart; tempo: *à toute* ~ in volle vaart || *l'affaire prend mauvaise* ~ de zaak neemt een verkeerde wending

allus|if, -ive zinspelend, vol toespelingen

l' **allusion** (v) zinspeling, toespeling: *faire* ~ *à* zinspelen op

l' **aloi** (m): *de bon* ~ van goede kwaliteit; *de mauvais* ~ van slechte kwaliteit

alors dan, toen; dus: *jusqu'alors* tot die tijd; ~ *que* terwijl; *et* ~? wat zou dat?, nou en!; *non* ~? dat meen je toch niet?; *ça* ~! nee, maar!, asjemenou!; *ou* ~ of anders

l' **alouette** (v) leeuwerik; [cul] ~ *sans tête* blinde vink

¹alourdir (ov ww) verzwaren; zwaar maken, log maken

s' **²alourdir** (wdk ww) zwaar worden, log worden

l' **alourdissement** (m) het zwaar worden, verzwaring

l' **alpage** (m) alpenweide

alpestre alpen-, Alpen-: *plantes* ~*s* alpenplanten

l' **alpha** (m) alfa: *l'* ~ *et l'oméga* het begin en het einde; de alfa en de omega

l' **alphabet** (m) **1** alfabet **2** [ond] eerste leesleerboek

alphabétique alfabetisch

l' **alphabétisation** (v) (het) alfabetiseren

alphabétiser leren lezen en schrijven

alphanumérique [comp] alfanumeriek

alpin, -e alpen-, Alpen-: *ski* ~ alpineskiën (afdaling en slalom)

l' **alpinisme** (m) alpinisme; bergsport

l' **alpiniste** (m/v) alpinist; bergbeklimmer

l' **Alsace** (v) Elzas

alsacien, -ne Elzassisch, van, uit de Elzas

l' **Alsacien** (m), **-ne** (v) Elzasser, Elzassische

altérable veranderlijk; aan bederf onderhevig

l' **altération** (v) **1** bederf; [van kleur] (het) verschieten **2** aantasting, verwording

l' **altercation** (v) twist, woordenwisseling

altéré, -e 1 veranderd: *d'une voix* ~*e* met ontroerde stem **2** dorstig

¹altérer (ov ww) **1** bederven **2** aantasten; [van kleur] doen verschieten **3** verdraaien

s' **²altérer** (wdk ww) **1** bederven **2** verschieten

l' **altermondialiste** (m/v) andersglobalist

l' **alternance** (v) (af)wisseling

alternant, -e afwisselend

l' **alternateur** (m) wisselstroomgenerator

alternat|if, -ive 1 afwisselend, om beurten: *courant* ~ wisselstroom **2** alternatief

l' **alternative** (v) **1** alternatief; keuze [uit twee] **2** dilemma

alternativement om beurten, beurtelings

les **alternatives** (mv, v) afwisseling

alterner afwisselen

l' **altesse** (v) hoogheid: *Son Altesse Royale* (S.A.R.) Zijne/Hare Koninklijke Hoogheid (Z.K.H./H.K.H.)

alt|ier, -ière [form] fier, trots, hoogmoedig

l' **altimètre** (m) hoogtemeter

l' **altiste** (m/v) altviolist(e)

l' **altitude** (v) hoogte: *mal d'* ~ hoogteziekte; *en* ~ hoog in de bergen

l' **¹alto** (m) altviool

²alto (bn) alt-: *saxophone* ~ altsax

altruiste onbaatzuchtig

l' **aluminium** (m) [chem] aluminium: *papier d'* ~ aluminiumfolie

l' **alun** (m) aluin

l' **alvéole** (v) **1** holte **2** honingcel

l' **amabilité** (v) beminnelijkheid, vriendelijkheid

amadouer (iem.) voor zich winnen, paaien
¹amaigrir (ov ww) mager maken; uitmergelen
s' **²amaigrir** (wdk ww) mager worden, vermageren
l' **amaigrissement** (m) vermagering
l' **amalgame** (m) **1** mengelmoes; samenraapsel **2** [voor tanden] vulling
l' **amande** (v) amandel: *yeux en* ~ amandelvormige ogen
l' **amandier** (m) amandelboom
l' **amant** (m), **-e** (v) minnaar, minnares, geliefde
l' **amarrage** (m) (het) verankeren, vastmeren; (het) vastleggen
l' **amarre** (v) meertouw, tros
amarrer vastmeren, vastsjorren
l' **amas** (m) hoop, opeenstapeling
¹amasser (ov ww) opeenstapelen, ophopen; [van geld] oppotten
s' **²amasser** (wdk ww) zich opstapelen, zich verzamelen
l' **amateur** (m) **1** liefhebber, -ster: ~ *d'art* kunstminnaar **2** amateur, beginneling(e), dilettant
l' **amateurisme** (m) **1** [sport] amateurisme **2** [pej] dilettantisme
l' **amazone** (v) amazone: *monter en* ~ in amazonezit rijden
les **ambages** (mv, v): *sans* ~ zonder omwegen
l' **ambassade** (v) ambassade
l' **ambassa|deur** (m), **-drice** (v) ambassadeur, ambassadrice
l' **ambiance** (v) gezelligheid, sfeer: *mettre de l'*~ gezelligheid brengen, de sfeer erin brengen; *musique d'*~ achtergrondmuziek
ambiant, -e omringend: *température ~e* kamertemperatuur
ambidextre zowel links- als rechtshandig
ambigu, ambiguë dubbelzinnig
l' **ambiguïté** (v) dubbelzinnigheid
ambiti|eux, -euse eerzuchtig, ambitieus
l' **ambition** (v) **1** eerzucht, ambitie **2** (het) streven
ambitionner ambiëren
l' **ambivalence** (v) ambivalentie, tweeslachtigheid
ambivalent, -e ambivalent, tweeslachtig
l' **ambre** (m) amber: ~ *gris* ambergrijs; ~ *jaune* barnsteen
ambré, -e 1 naar amber ruikend **2** barnsteenkleurig
l' **ambulance** (v) ambulance: ~ *animalière* dierenambulance
l' **ambulanc|ier** (m), **-ière** (v) bestuurder, -ster van een ambulance; [Belg] ambulancier
ambulant, -e rondreizend: *marchand* ~ marskramer; *cadavre* ~ wandelend lijk
ambulatoire ambulant: *malade* ~ lopend patiënt; *traitement* ~ poliklinische behandeling

l' **âme** (v) **1** ziel; geest; gemoed: *état d'*~ gemoedstoestand; *rendre l'*~ de geest geven; *de toute son* ~ met toewijding; *en mon* ~ *et conscience* naar eer en geweten; *fendre l'*~ *à qqn.* iemands hart breken; *ne pas trouver* ~ *qui vive* niemand vinden **2** spil, bezieler
l' **amélioration** (v) verbetering
¹améliorer (ov ww) verbeteren
s' **²améliorer** (wdk ww) beter worden
amen amen!: [fig] *dire* ~ *à tout* op alles ja en amen zeggen
l' **aménagement** (m) inrichting; regeling: ~ *du territoire* ruimtelijke ordening; ~ *des horaires de travail* versoepeling van de werktijden
aménager inrichten; regelen; [van terrein] aanleggen
l' **amende** (v) boete: *faire* ~ *honorable* openlijk zijn ongelijk erkennen, zijn excuses maken
l' **amendement** (m) **1** [pol] amendement **2** verbetering
¹amender (ov ww) **1** verbeteren; aanpassen **2** [pol] amenderen
s' **²amender** (wdk ww) zich beteren
¹amener (ov ww) **1** brengen, meebrengen, meenemen: *mandat d'*~ bevel tot voorgeleiding; *tu amènes le beau temps!* je brengt mooi weer mee! **2** naar zich toe halen **3** (+ à) (iem.) ertoe brengen om **4** teweegbrengen
s' **²amener** (wdk ww) [pop] komen aanzetten
l' **aménité** (v) liefelijkheid; zachtheid
les **aménités** (mv, v) [iron] stekeligheden
l' **amenuisement** (m) vermindering
¹amenuiser (ov ww) verkleinen, dunner maken
s' **²amenuiser** (wdk ww) kleiner worden, verminderen
amer, amère [ook fig] bitter
l' **¹américain** (m) **1** (het) Amerikaans **2** [Belg] filet (americain); [Belg] americain
²américain, -e (bn) Amerikaans
l' **Américain** (m), **-e** (v) Amerikaan(se)
l' **Amérique** (v) Amerika
l' **Amerloque** (m) [inf; pej] Amerikaan; yank(ee)
amerrir [van een watervliegtuig] op zee dalen
l' **amerrissage** (m) het dalen op zee
l' **amertume** (v) **1** bitterheid; bittere smaak **2** bitterheid, verbittering
l' **ameublement** (m) meubilering, stoffering: *tissu d'*~ meubelstof
¹ameuter (ov ww) opruien, in rep en roer brengen
s' **²ameuter** (wdk ww) te hoop lopen
l' **¹ami** (m), **-e** (v) vriend, vriendin: *petit* ~ vaste vriend; *chambre d'*~ logeerkamer; ~ *des Arts* kunstminnaar [ook beschermer]
²ami, -e (bn) bevriend; vriendelijk
amiable minnelijk: *arranger à l'*~ in der min-

ne schikken; *constat* ~ schadeformulier

lʳ **amiante** (m) asbest

amical, -e vriendschappelijk: *match* ~ oefenwedstrijd; [slotformule van een brief] *salutations* ~es met vriendelijke groet

lʳ **amicale** (v) vereniging, vriendenkring

amicalement 1 vriendschappelijk **2** met vriendelijke groet [onder brief]

lʳ **amidon** (m) **1** zetmeel **2** stijfsel

amidonner stijven

¹amincir (ov ww) dunner maken; afslanken

sʼ **²amincir** (wdk ww) dunner worden; vermageren, afslanken

amincissant, -e slanker makend, slanker doende lijken

lʳ **¹amiral** (m) admiraal

²amiral, -e (bn): *vaisseau* ~ vlaggenschip

lʳ **amirauté** (v) admiraliteit

lʳ **amitié** (v) **1** vriendschap: *se lier d'*~ vriendschap sluiten **2** bewijs van vriendschap: *faites mes ~s à vos parents* doe de groeten aan jullie ouders

les **amitiés** (mv, v) [in een brief] hartelijke groeten

lʳ **ammoniac** (m) ammoniak(gas)

lʳ **amnésie** (v) geheugenverlies, amnesie

amnésique lijdend aan amnesie

lʳ **amnistie** (v) amnestie; generaal pardon

amnistier amnestie verlenen (aan)

¹amocher (ov ww) [pop] toetakelen, aftuigen

sʼ **²amocher** (wdk ww) [pop] aftakelen, zich toetakelen

¹amoindrir (ov ww) verkleinen; [ook] kleineren, verminderen

sʼ **²amoindrir** (wdk ww) kleiner worden, verminderen

lʳ **amoindrissement** (m) vermindering

amollir zacht, week maken; verslappen

amollissant, -e verzachtend, verslappend

lʳ **amollissement** (m) het week worden; verslapping

¹amonceler (ov ww) ophopen; verzamelen

sʼ **²amonceler** (wdk ww) zich ophopen, aangroeien

lʳ **amoncellement** (m) (het) ophopen; opeenstapeling

lʳ **amont** (m) wat stroomopwaarts ligt: *en* ~
a) stroomopwaarts, hogerop, bergopwaarts;
b) [in een productielijn] eerder

amoral, -e amoreel

lʳ **amorçage** (m) **1** (het aanbrengen van een) slaghoedje **2** [fig] (het) opzetten **3** [m.b.t. pomp] aanzuiging || *capital* (of: *fonds*) *d'*~ startkapitaal

lʳ **amorce** (v) **1** (lok)aas **2** slaghoedje **3** begin, aanzet **4** [van een tape, film] aanloop

amorcer 1 van (lok)aas voorzien **2** lokken **3** gebruiksklaar maken **4** beginnen: ~ *une conversation* een gesprek op gang brengen; ~ *un virage* een bocht ingaan

amorphe 1 amorf, vormloos **2** kleurloos, futloos

lʳ **amorti** (m) [sport] dropshot

¹amortir (ov ww) **1** [van geluid, licht] dempen; [van een bal] stoppen; [van een schok, val] breken **2** aflossen; afschrijven

sʼ **²amortir** (wdk ww) verflauwen, gedempt worden

amortissable aflosbaar

lʳ **amortissement** (m) **1** aflossing [van een schuld]; afschrijving **2** verflauwing, verzwakking

lʳ **amortisseur** (m) schokbreker

lʳ **amour** (m) **1** liefde: *aimer d'*~ hartstochtelijk houden van; *faire l'*~ vrijen; [inf] *pour l'*~ *de Dieu!* in godsnaam! **2** geliefde: *mon* ~ lieveling; *un* ~ *d'enfant* een schat van een kind **3** voorliefde: *l'*~ *des voyages* de reislust

sʼ **amouracher de** op iem. vallen

lʳ **amourette** (v) flirt, avontuurtje

lʳ **¹amour|eux** (m), **-euse** (v) geliefde, aanbidder

²amour|eux, -euse (bn) **1** (+ de) verliefd (op): *tomber* ~ (*de qqn.*) verliefd worden (op iem.) **2** (+ de) verzot (op): ~ *de la gloire* eerzuchtig; ~ *des arts* kunstlievend **3** liefde-, seksueel: *la vie amoureuse* het liefdesleven

lʳ **amour-propre** (m; mv: amours-propres) eergevoel, gevoel van eigenwaarde

amovible afzetbaar; afneembaar; los

lʳ **ampérage** (m) stroomsterkte [in ampères]

lʳ **amphétamine** (v) amfetamine

lʳ **amphi** (m) [studententaal] collegezaal

lʳ **¹amphibie** (m) amfibie

²amphibie (bn) in het water en op het land levend, amfibisch

lʳ **amphibien** (m) [dierk] kikvorsachtige

lʳ **amphithéâtre** (m) **1** amfitheater **2** collegezaal

lʳ **amphore** (v) amfora, kruik

ample 1 wijd, ruim: *mouvements* ~s *des bras* brede (arm)gebaren **2** uitgebreid, breedvoerig: *de plus* ~s *détails* nadere bijzonderheden

amplement uitvoerig; ruim(schoots)

lʳ **ampleur** (v) **1** wijdte: *l'*~ *du geste* het brede gebaar **2** omvang: *prendre de l'*~ zich uitbreiden, in omvang toenemen **3** uitgebreidheid

lʳ **ampli** (m) [inf] versterker

lʳ **amplificateur** (m) (geluids)versterker

lʳ **amplification** (v) **1** vergroting; [van geluid] versterking **2** uitweiding; [neg] omhaal van woorden

amplifier 1 vergroten, versterken; uitbreiden **2** uitvoerig uiteenzetten; overdrijven

lʳ **amplitude** (v) amplitude

lʳ **ampoule** (v) **1** ampul **2** [lamp] peer **3** blaar; blaasje

ampoulé, -e gezwollen, hoogdravend

lʳ **amputation** (v) amputatie: *faire des* ~s *dans un texte* een tekst beknotten

amputer 1 amputeren **2** besnoeien, verminken

l' **amulette** (v) amulet, talisman

amusant, -e vermakelijk; aardig, leuk

l' **amuse-bouche** (m) [cul] hapje vooraf, voorafje

l' **amuse-gueule** (m; mv: amuse-gueule(s)) [inf] zoutje, borrelhapje

l' **amusement** (m) vermaak, tijdverdrijf, afleiding; vermakelijkheid

¹amuser (ov ww) **1** vermaken, onderhouden, amuseren **2** aan de praat houden; afleiden

s' **²amuser à** (wdk ww) **1** zich vermaken (met) **2** zijn tijd verdoen (met)

l' **amygdale** (v) [med] amandel

l' **an** (m) jaar: *par an* jaarlijks, per jaar; *bon an, mal an* gemiddeld, door de bank genomen; *l'an de grâce* het jaar onzes Heren; *le jour de l'an* nieuwjaar(sdag); *le nouvel an* nieuwjaar(sdag); *l'an dernier* vorig jaar

l' **anabolisant** (m) spierversterker

anachronique uit de tijd

anal, -e anaal

l' **analgésique** (m) pijnstiller

l' **analogie** (v) overeenkomst

analogue vergelijkbaar, analoog: ~ *à* lijkend op, overeenkomstig met

l' **analphabétisme** (m) analfabetisme, ongeletterdheid

analysable ontleedbaar

l' **analyse** (v) **1** ontleding, analyse; [med] onderzoek **2** samenvatting, overzicht || *en dernière* ~ alles wel overwogen, tenslotte

analyser 1 ontleden, analyseren **2** onderzoeken; uitpluizen **3** een samenvatting maken van

l' **analyste** (m/v) **1** analist: ~ *de marché* marktanalist **2** (psycho)analyticus

analytique analytisch, ontledend; gedetailleerd: *table* ~ inhoudsopgave

l' **ananas** (m) ananas

l' **anarchie** (v) wanorde, ordeloosheid

anarchique 1 [pol] anarchistisch **2** ordeloos; wanordelijk

l' **¹anarchiste** (m/v) anarchist(e)

²anarchiste (bn) anarchistisch

l' **anathème** (m) **1** excommunicatie, banvloek **2** vervloeking: *jeter l'~ sur* afkeuren, vervloeken **3** (de) geëxcommuniceerde

l' **anatomie** (v) **1** anatomie, ontleedkunde **2** ontleding **3** lichaamsbouw

anatomique anatomisch, ontleedkundig

ancestral, -e voorvaderlijk, voorouderlijk

l' **ancêtre** (m/v) **1** voorouder, voorvader **2** voorganger, voorloper

l' **anchoïade** (v) [cul] (toast met) ansjovispasta

l' **anchois** (m) ansjovis

l' **¹ancien** (m), **-ne** (v) **1** oudere; oudgediende **2** ouderejaars **3** *les Anciens* de klassieken

²ancien, -ne (bn) **1** oud: *une amitié ~ne* een oude vriendschap **2** voormalig: ~ *maire* exburgemeester; *l'Ancien Régime* tijd vóór de Franse Revolutie **3** uit de oudheid, klassiek **4** ouderwets || *l'Ancien Testament* het Oude Testament

anciennement voorheen, eertijds

l' **ancienneté** (v) **1** oudheid **2** anciënniteit

l' **ancrage** (m) (het) ankeren; verankering: *point d'~* oriëntatiepunt

l' **ancre** (v) **1** anker: *jeter l'~* voor anker gaan; *lever l'~* het anker lichten, vertrekken **2** muuranker

¹ancrer (ov ww) [ook fig] ankeren, verankeren; vastzetten

s' **²ancrer** (wdk ww) **1** voor anker gaan **2** [fig] zich verankeren; vastroesten

l' **Andalousie** (v) Andalusië

les **Andes** (mv, v) Andes

andin, -e Andes-

andorran, -e Andorrees

l' **Andorran** (m), **-e** (v) Andorrees, Andorrese

l' **Andorre** (v) Andorra

l' **andouille** (v) **1** worst [van ingewanden] **2** [pop] sukkel, stommeling

androgyne [biol] tweeslachtig; androgyn

l' **âne** (m) [ook fig] ezel

¹anéantir (ov ww) **1** vernietigen **2** hevig ontstellen

s' **²anéantir** (wdk ww) **1** tenietgaan **2** [voor God] zich verootmoedigen

l' **anéantissement** (m) **1** vernietiging; verval **2** verslagenheid

l' **anecdote** (v) anekdote

anecdotique anekdotisch

l' **anémie** (v) **1** anemie, bloedarmoede **2** slapte

anémique 1 bloedarm, bloedeloos **2** krachteloos

l' **anémone** (v) [plantk] anemoon

l' **ânerie** (v) ezelachtigheid, stommiteit

l' **ânesse** (v) ezelin

l' **anesthésie** (v) narcose, anesthesie

anesthésier onder narcose brengen, verdoven

anesthésique verdovend, pijnstillend

l' **anesthésiste** (m/v) anesthesist(e)

l' **aneth** (m) [plantk] dille

l' **ange** (m) engel: *être aux ~s* in de wolken zijn; *rire aux ~s* gelukzalig (glim)lachen; *un ~ passe* er gaat een dominee voorbij

angélique engelachtig

l' **angelot** (m) engeltje

angevin, -e 1 uit Angers **2** uit Anjou

l' **angine** (v) angina, keelontsteking: ~ *de poitrine* angina pectoris

l' **¹anglais** (m) (het) Engels

²anglais, -e (bn) Engels || *filer* (of: *partir*) *à l'~e* er stilletjes vandoor gaan

l' **Anglais** (m), **-e** (v) Engelsman, Engelse

les **anglaises** (mv, v) pijpenkrullen

l' **angle** (m) hoek: ~ *optique* (of: *visuel*) gezichtsveld; *sous cet* ~ vanuit dit gezichtspunt; *arrondir les* ~s de scherpe kantjes eraf halen

l' **Angleterre** (v) Engeland
anglican, -e anglicaans

l' **angliciste** (m/v) anglist(e)

l' **¹anglophile** (m/v) anglofiel
²anglophile (bn) anglofiel

l' **¹anglophobe** (m/v) anglofoob [iem. die afkerig is tegenover alles wat Engels is]
²anglophobe (bn) anti-Engels

l' **¹anglophone** (m/v) Engelstalige
²anglophone (bn) Engelstalig
anglo-saxon, -ne Angelsaksisch
angoissant, -e beangstigend, benauwend

l' **angoisse** (v) **1** angst **2** vertwijfeling
angoisser beklemmen, beangstigen

l' **Angola** (m) Angola
angolais, -e Angolees

l' **Angolais** (m), **-e** (v) Angolees, Angolese

l' **angora** (m) **1** angorakat, angorageit, angorakonijn **2** angorawol, mohair

l' **anguille** (v) aal, paling ‖ *il y a* ~ *sous roche* er schuilt een adder onder het gras
angulaire hoekig; hoek-: *pierre* ~ hoeksteen

angul|eux, -euse 1 hoekig, met hoeken **2** nors, nurks

l' **anicroche** (v) tegenvaller, probleem: *sans* ~s probleemloos, gladjes

l' **¹animal** (m; mv: animaux) **1** dier, beest: ~ *domestique* huisdier **2** stommeling
²animal, -e (bn) dierlijk: *monde* ~ dierenwereld; *farine* ~e diermeel, beendermeel

l' **animalerie** (v) dierenwinkel

l' **animal|ier** (m), **-ière** (v) dierenschilder(es), dierenbeeldhouw(st)er

l' **animalité** (v) dierlijkheid, dierlijke natuur, beestachtigheid

l' **anima|teur** (m), **-trice** (v) **1** bezielende kracht; initiatiefnemer, -neemster **2** gangmaker, -maakster **3** leid(st)er; groepsleider: ~ *socioculturel* opbouwwerker **4** [van een programma] presentator, -trice; diskjockey; conferencier

l' **animation** (v) **1** bezieling **2** drukte **3** leiding: *faire de l'*~ de leiding hebben (bij feest e.d.) **4** animatie: *film d'*~ animatiefilm, tekenfilm
animé, -e 1 bezield, levend **2** levendig, geanimeerd, druk

¹animer (ov ww) **1** bezielen; [fig] verlevendigen **2** animeren, aansporen

s' **²animer** (wdk ww) drukker, levendiger worden, zich opwinden

l' **animosité** (v) vijandigheid; verbittering, wrok; bitsheid

l' **anis** (m) anijs: *faux* ~ komijn

l' **anisette** (v) anijslikeur

l' **ankylose** (v) gewrichtsverstijving
¹ankyloser (ov ww) verstijven

s' **²ankyloser** (wdk ww) **1** stijf worden **2** vastroesten

les **annales** (mv, v) annalen, jaarboeken

l' **anneau** (m) ring: [med] ~ *gastrique* maagband, maagring

l' **année** (v) **1** jaar: *l'*~ *dernière* (of: *passée*) vorig jaar; *bonne* ~ gelukkig nieuwjaar; ~ *civile* kalenderjaar; *d'*~ *en* ~ jaar in jaar uit; ~ *lumière* lichtjaar; ~ *sabbatique* sabbatical; *les* ~s *soixante* de jaren zestig, de zestiger jaren **2** (studie)jaar: ~ *scolaire* schooljaar **3** jaargang

l' **année-lumière** (v; mv: années-lumière) [astron] lichtjaar
annelé, -e geringd, met ringen

l' **¹annexe** (v) **1** bijgebouw **2** bijlage **3** [Belg] oefenschool [bij pedagogische academie, normaalschool]
²annexe (bn) bijgevoegd: *pièce* ~ bijlage
¹annexer (ov ww) **1** bijvoegen **2** annexeren, inlijven

s' **²annexer** (wdk ww) zich toe-eigenen
annihiler tenietdoen, vernietigen; [iem.] kapotmaken

l' **anniversaire** (m) **1** verjaardag: *joyeux* ~! gefeliciteerd! **2** gedenkdag

l' **annonce** (v) **1** aankondiging **2** advertentie: *insérer une* ~ adverteren; *les petites* ~s kleine advertenties in krant **3** (voor)teken **4** [bij kaartspel] bod
¹annoncer (ov ww) **1** aankondigen, melden, bekendmaken **2** verkondigen **3** [van een bezoeker] aandienen **4** voorspellen **5** [bij kaartspel] bieden **6** duiden op

s' **²annoncer** (wdk ww) **1** zich aankondigen **2** zich laten aanzien

l' **annonc|eur** (m), **-euse** (v) adverteerder, -ster
annoncia|teur, -trice aankondigend, waarschuwend: *signe* ~ voorteken

l' **Annonciation** (v) Maria-Boodschap [25 maart]

l' **annotation** (v) aantekening, verklarende noot
annoter van (verklarende) noten voorzien

l' **annuaire** (m) almanak, jaarboek ‖ ~ *téléphonique* telefoongids
annuel, -le jaarlijks: *plante* ~le eenjarige plant

l' **annuité** (v) **1** annuïteit [jaarlijkse aflossing] **2** dienstjaar

l' **¹annulaire** (m) ringvinger
²annulaire (bn) ringvormig

l' **annulation** (v) vernietiging, nietigverklaring: *assurance* ~ annuleringsverzekering
annuler tenietdoen, vernietigen, ongeldig verklaren, annuleren: ~ *un marché* een koop ongedaan maken; *le vol pour Paris est annulé* de vlucht naar Parijs is geannuleerd (of: uitgevallen)
anoblir in de adelstand verheffen

l' **anoblissement** (m) het in de adelstand verheffen

anodin, -e 1 goedaardig, onschadelijk, onschuldig: *critique ~e* tamme kritiek **2** onbeduidend

l' **anomalie** (v) afwijking, onregelmatigheid, anomalie

l' **ânon** (m) ezelsveulen

ânonner hakkelen

l' **anonymat** (m) anonimiteit: *garder l'~* anoniem, onbekend blijven

anonyme onbekend, anoniem; onpersoonlijk; ongetekend, naamloos: *société ~* naamloze vennootschap

l' **anorak** (m) parka [jack met capuchon]

l' **anorexie** (v) [med] anorexie: *~ mentale* anorexia nervosa

anormal, -e abnormaal, afwijkend; onregelmatig

l' **anormalité** (v) afwijking; het abnormale

l' **ANPE** (v) afk van *Agence Nationale pour l'Emploi* nationaal arbeidsbureau

l' **anse** (v) **1** hengsel, oor **2** kreek, kleine baai, inham

l' **antagonisme** (m) gespannen verhouding, tegenstrijdigheid; wedijver

l' **¹antagoniste** (m/v) tegenstand(st)er; rivaal, rivale

²antagoniste (bn) tegengesteld

antan: *d'~* van vroeger

antarctique Zuidpool-, Antarctisch

l' **Antarctique** (m) Antarctica

anté- voor-

l' **¹antécédent** (m) **1** voorafgaand feit **2** [taalk] antecedent

²antécédent, -e (bn) voorafgaand

les **antécédents** (mv, m) antecedenten

l' **Antéchrist** (m) antichrist

antédiluvien, -ne 1 [ook fig] van voor de zondvloed **2** heel oud

l' **antenne** (v) **1** [van zeil] spriet; [van insect] voelspriet **2** [m.b.t. radio, televisie] antenne: *~ émettrice* zendmast; *~ parabolique* schotel; *être à l'~* in de uitzending zijn **3** hulppost; dependance

antérieur, -e 1 voorste: *membres ~s d'un animal* voorpoten van een dier **2** voorafgaand, vroeger: *être ~ à* voorafgaan aan

antérieurement à eerder (dan), vroeger (dan)

l' **antériorité** (v) het vroeger zijn

l' **anthologie** (v) bloemlezing

l' **anthracite** (m) antraciet

l' **¹anthropoïde** (m) mensaap

²anthropoïde (bn) mensachtig, mens-

l' **anthropologie** (v) antropologie

l' **anthropologue** (m/v) antropoloog, -loge

l' **anthropophage** (m) kannibaal

l' **anthropophagie** (v) kannibalisme

anti- tegen-

antiadhés|if, -ive antiaanbak-: *revête-*

ment ~ antiaanbaklaag

antiaérien, -ne luchtafweer-: *artillerie ~ne* luchtafweergeschut

anti-âge (onv) tegen rimpels: *crème ~* antirimpelcrème

antiavortement (onv): *le mouvement ~* de antiabortusbeweging

l' **antibiotique** (m) antibioticum

l' **antibrouillard** (m) mistlamp

antibruit (mv: onv) geluidwerend: *mur ~* geluidswal

anticalcaire ontkalkings-, antikalk-

anticernes (mv: onv) tegen kringen onder de ogen, tegen wallen onder de ogen

l' **antichambre** (v) voorvertrek; wachtkamer: *faire ~* wachten, antichambreren

antichar antitank-: *canon ~* antitankgeschut

antichoc (mv: onv) schokbestendig

l' **anticipation** (v) anticipatie: *par ~* bij voorbaat

anticipé, -e vervroegd, voortijdig: *avec mes remerciements ~s* bij voorbaat dank

¹anticiper (onov ww) **1** (+ sur) vooruitlopen (op) **2** [sport] zijn tegenspeler te vlug af zijn

²anticiper (ov ww) vooruitlopen (op); anticiperen; vervroegen: *~ un paiement* betalen vóór de vervaldag

anticlérical, -e antiklerikaal, tegen sociaal-politieke invloed van de geestelijken

anticonceptionnel, -le geboorteregelend, voorbehoed-: *pilule ~le* (anticonceptie)pil

anticonstitutionnel, -le ongrondwettig

l' **anticorps** (m) antilichaam, afweerstof

anticorrosion (onv) corrosiewerend

l' **anticyclone** (m) hogedrukgebied

antidater antidateren

l' **antidépresseur** (m) antidepressivum, medicijn tegen depressie

antidérapant, -e antislip-, slipvrij

antidopage (onv) [sport] antidoping-: *contrôle ~* dopingcontrole

l' **antidote** (m) tegengif

antidouleur (onv) [med] pijnstillend

antiémeute oproer-: *police ~* oproerpolitie

l' **antigel** (m) antivries

antigrippe (onv): *vaccin ~* griepprik

anti-incendie (onv): *lutte ~* brandbestrijding

anti-inflammatoire (mv: anti-inflammatoires) [med] ontstekingsremmend

antillais, -e Antilliaans

l' **Antillais** (m), **-e** (v) Antilliaan(se)

les **Antilles** (mv, v) Antillen

l' **antilope** (v) antilope

l' **¹antimite** (m) motwerend middel

²antimite (bn) motdodend

l' **antimondialisation** (v) antimondialisering, antiglobalisering

l' **antimondialiste** (m/v) antiglobalist

antinomie   30

ŀ **antinomie** (v) tegenstrijdigheid
  antinomique tegenstrijdig
ŀ **antioxydant** (m) antioxidant
ŀ **antipape** (m) tegenpaus
  antiparasite ontstorend, ontstorings-
ŀ **antipathie** (v) afkeer: ~ *à l'égard de* (of: *envers*) *qqn.* afkeer van iem.
  antipathique onsympathiek
  antipelliculaire tegen roos, antiroos-: *shampoing* ~ antiroosshampoo
  antipiratage (onv) gericht tegen piraterij: [Fr] *loi* ~ wet tegen illegale downloadpraktijken
ŀ **antipode** (m) plek aan de andere kant van de aarde: *aux ~s* ver weg
  antipollution (mv: *onv*) milieubeschermend
  antirabique tegen hondsdolheid
  antireflet niet reflecterend; [van bril] ontspiegeld
  antiride (onv): *crème ~(s)* antirimpelcrème
ŀ **¹antirouille** (m) roestwerend middel
  ²antirouille (bn, mv: *onv*) roestwerend
ŀ **antisèche** (v) spiekbriefje
ŀ **¹antisémite** (m/v) antisemiet
  ²antisémite (bn) antisemitisch
ŀ **¹antiseptique** (m) [med] antisepticum
  ²antiseptique (bn) [med] antiseptisch; bederfwerend
ŀ **antislash** (m) backslash [typografisch teken]
  antisolaire zonwerend: *crème* ~ zonnebrandcrème
  antispam: *filtre* ~ spamfilter
  antitabac (mv: *onv*) tegen het roken, antirook-
ŀ **antithèse** (v) tegenstelling; antithese
ŀ **antitoxine** (v) tegengif
ŀ **antivirus** (m) virusscanner
ŀ **¹antivol** (m) veiligheidsslot; fietsslot; [van een auto] stuurslot: ~ *U* beugelslot
  ²antivol (bn, mv: *onv*) anti-diefstal-: *dispositif* ~ anti-inbraakinstallatie
ŀ **antre** (m) **1** hol, spelonk **2** holte
ŀ **anus** (m) anus
ŀ **Anvers** (m) Antwerpen
  anversois, -e Antwerps
ŀ **Anversois** (m), **-e** (v) Antwerpenaar, Antwerpse
ŀ **anxiété** (v) angst; (angstige) spanning; ongerustheid, bezorgdheid
  anxi|eux, -euse in spanning; angstig; on

gerust; zeer bezorgd; ongeduldig
ŀ **anxiolytique** (m) tranquillizer
ŀ **AOC** (v) afk van *appellation d'origine contrôlée* AOC [gegarandeerde herkomstbenaming van wijn, kaas e.d.]
ŀ **aorte** (v) aorta
ŀ **août** (m) augustus
ŀ **aoûtien** (m), **-ne** (v) iem. die in augustus met vakantie gaat
ŀ **apaisement** (m) **1** het tot rust brengen of komen; (het) bedaren; rust **2** geruststelling
  ¹apaiser (ov ww) **1** tevredenstellen **2** sussen, tot rust brengen, bedaren **3** [een geschil] bijleggen
s' **²apaiser** (wdk ww) [wind] tot rust komen, bedaren, gaan liggen
ŀ **apanage** (m) voorrecht; bezit
ŀ **aparté** (m) **1** [theat] terzijde **2** onderonsje
ŀ **apathie** (v) lusteloosheid; onverschilligheid; ongevoeligheid: *sortir de son* ~ actief worden
  apathique apathisch, lusteloos; onverschillig
  apatride staatloos, zonder vaderland
les **Apennins** (mv, m) Apennijnen
  ¹apercevoir (ov ww) bemerken, waarnemen, opmerken, ontwaren
s' **²apercevoir** (wdk ww) **1** (+ de) merken, inzien, gewaarworden **2** (+ que) merken dat
ŀ **aperçu** (m) kort overzicht: [comp] ~ *avant impression* afdrukvoorbeeld
ŀ **¹apéritif** (m) aperitief, drankje voor de maaltijd
  ²apérit|if, -ive (bn) de eetlust opwekkend
ŀ **apéro** (m) [inf] verk van *apéritif* aperitief, drankje voor de maaltijd
ŀ **apesanteur** (v) gewichtloosheid
ŀ **à-peu-près** (m) benadering; iets vaags: *c'est le l'*~ het is half werk
  apeurer bang maken
ŀ **aphasie** (v) afasie [spraakstoornis]
  aphone zonder stem: *être* ~ zijn stem kwijt zijn
ŀ **aphorisme** (m) aforisme, kernspreuk
ŀ **aphrodisiaque** (m) zinnenprikkelend middel, liefdesdrank
ŀ **aphte** (m) mondzweertje, aft
  apht|eux, -euse met mondzweertjes: *fièvre aphteuse* mond-en-klauwzeer
ŀ **à-pic** (m; mv: *onv*) loodrechte rotswand
ŀ **apicul|teur** (m), **-trice** (v) imker, bijenhoud(st)er
ŀ **apiculture** (v) bijenteelt
ŀ **apitoiement** (m) medelijden, mededogen
  ¹apitoyer (ov ww) medelijden opwekken bij; vermurwen
s' **²apitoyer sur** (wdk ww) medelijden hebben (met), te doen hebben (met)
  aplanir 1 vlak maken, effenen **2** [fig] uit de weg ruimen
ŀ **aplanissement** (m) **1** (het) effenen, vlak

maken **2** [fig] het uit de weg ruimen
aplati, -e plat, geplet
¹aplatir (ov ww) **1** platmaken; pletten; af-
platten **2** [van metaal] walsen; [van plooien]
gladstrijken

s' **²aplatir** (wdk ww) **1** plat worden **2** [fig]
kruipen, zich vernederen **3** [inf] languit vallen **4** zich te pletter rijden

l' **aplatissement** (m) **1** (het) plat slaan; (het)
pletten; afplatting **2** vernedering

l' **aplomb** (m) **1** loodrechte stand, vastheid:
d'~ loodrecht, rechtstandig, stevig, vast op
zijn benen **2** brutaliteit, lef: *il ne manque pas
d'~!* wat een brutaliteit! **3** zelfvertrouwen;
evenwichtigheid: *remettre d'~* er weer bovenop helpen

l' **apnéiste** (m/v) vrijduiker
apocalyptique apocalyptisch; catastrofaal

l' **apogée** (m) toppunt, hoogtepunt

l' **apologie** (v) verdediging, rechtvaardiging;
verweerschrift: *faire l'~ de* verdedigen,
rechtvaardigen, loven

l' **apoplexie** (v) beroerte, hersenbloeding
a posteriori achteraf, naderhand

l' **apostolat** (m) **1** roeping **2** geloofsverbrei-
ding
apostolique 1 apostolisch; van de apostelen **2** pauselijk

l' **apostrophe** (v) **1** apostrof, afkappingste-
ken (') **2** [woede] uitval
apostropher uitvallen, uitvaren tegen

l' **apothéose** (v) **1** verheerlijking **2** apotheo-
se; hoogtepunt

l' **apothicaire** (m) pillendraaier, apotheker:
compte d'~ ondoorzichtige, ingewikkelde
rekening

l' **apôtre** (m) **1** apostel: *faire le bon* ~ een heilig boontje zijn **2** (vurig) voorstander: *se faire
l'~ de qqch.* iets propageren

¹apparaître (onov ww) **1** verschijnen; zichtbaar worden; aan het licht komen **2** duidelijk worden **3** toeschijnen; lijken: ~ *comme*
overkomen als

²apparaître (onpers ww): *il apparaît que …*
het blijkt dat …

l' **apparat** (m) staatsie, praal, pronk: *d'~* ga-
la-, feest-

l' **appareil** (m) **1** apparaat, toestel: *qui est à
l'~?* met wie spreek ik?; ~ *électrique* elektrisch apparaat **2** prothese, beugel **3** praal:
dans le plus simple ~ poedelnaakt **4** stelsel,
systeem: ~ *digestif* spijsverteringsorganen

l' **appareillage** (m) **1** [van een schip] het
zeilklaar maken; (het) onder zeil gaan, vertrekken **2** apparatuur: ~ *électrique* elektrische apparatuur

¹appareiller (onov ww) vertrekken, onder
zeil gaan

²appareiller (ov ww) **1** optuigen, uitrusten
2 op maat maken; [op maat] bij elkaar leggen **3** [med] van een prothese voorzien

apparemment 1 blijkbaar **2** schijnbaar

l' **apparence** (v) **1** schijn: *en* ~ op het eerste
gezicht; *selon toute* ~ naar alle waarschijnlijkheid; *malgré l'~* hoewel het niet zo lijkt
2 uiterlijk, voorkomen: *sauver les ~s* de schijn
ophouden

apparent, -e schijnbaar, zichtbaar: *poutres
~es* balkenplafond; *sans cause ~e* zonder
aanwijsbare oorzaak

apparenté, -e à verwant (met, aan)
apparier paarsgewijs bijeenbrengen, koppelen

l' **appariteur** (m) **1** bode **2** pedel

l' **apparition** (v) **1** verschijning: *il n'a fait
qu'une* ~ hij heeft zich maar even vertoond
2 geestverschijning; spook

l' **appart** (m) [inf] verk van *appartement* flatje

l' **appartement** (m) **1** appartement, flat:
plante d'~ kamerplant **2** [soms] vertrek:
grands ~s privévertrekken

l' **appartenance** (v) het behoren tot een bepaalde groep, lidmaatschap

¹appartenir à (onov ww) **1** (toe)behoren
aan, tot; deel uitmaken van **2** eigen zijn aan

²appartenir (onpers ww) moeten, dienen: *il
appartient (à qqn.)* het komt (iem.) toe; *il ne
m'appartient pas d'en décider* het is niet aan
mij hierover te beslissen

les **appas** [mv, m] [form] [van een vrouw] charmes

l' **appât** (m) **1** (lok)aas **2** bekoring
appâter (ver)lokken: ~ *l'hameçon* de haak
van aas voorzien

¹appauvrir (ov ww) **1** verarmen, arm maken **2** verzwakken

s' **²appauvrir** (wdk ww) arm worden, verarmen

l' **appauvrissement** (m) **1** verarming **2** verzwakking

l' **appel** (m) **1** (het) roepen, (ge)roep; roep-
stem; oproep: *faire* ~ *à* een beroep doen op;
un ~ *d'offres* aanbesteding (bij inschrijving);
produit d'~ [fig] lokkertje **2** (het) afroepen,
appel **3** beroep: *faire* ~ in hoger beroep
gaan; *sans* ~ **a)** in hoogste instantie; **b)** onherroepelijk **4** signaal, teken: *faire des ~s de
phare* lichtsignalen geven; ~ *téléphonique*
telefoontje; *l'arrivée d'un* ~ een inkomend
gesprek; ~ *en absence* gemiste oproep ‖ ~
d'air trek [van een schoorsteen]; [sport]
prendre son ~ afzetten

l' **¹appelé** (m) dienstplichtige

²appelé, -e à (bn) bestemd voor, geroepen
tot

¹appeler (onov ww): ~ *d'un jugement* in hoger beroep gaan

²appeler (ov ww) **1** noemen: ~ *un chat un
chat* de dingen bij de naam noemen **2** (aan)-
roepen; oproepen, afroepen, inroepen; laten komen: ~ *au secours* om hulp inroepen; ~

qqn. au téléphone iem. opbellen; ~ sous les drapeaux onder de wapenen roepen **3** aanstellen, benoemen **4** met zich mee brengen, vereisen

s' ³**appeler** (wdk ww) heten, zich noemen

l' **appellation** (v) benaming: ~ d'origine contrôlée garantie van herkomst [van wijn, kaas, enz.]

l' **appendice** (m) **1** aanhangsel **2** appendix, blindedarm

l' **appendicite** (v) blindedarmontsteking

l' **appentis** (m) **1** afdak **2** loods

¹**appesantir** (ov ww) **1** verzwaren, zwaar maken **2** loom, traag maken **3** (iets) laten drukken op

s' ²**appesantir** (wdk ww) **1** zwaar(der) worden, zwaar drukken (op) **2** (+ sur) nadruk leggen (op): s'~ sur un sujet lang bij een onderwerp blijven stilstaan

l' **appesantissement** (m) loomheid

l' **appétence** (v) [form] begeerte

appétissant, -e smakelijk uitziend, lekker; aantrekkelijk

l' **appétit** (m) **1** eetlust **2** begeerte, verlangen: bon ~ smakelijk eten; couper l'~ de eetlust benemen; l'~ vient en mangeant hoe meer men heeft, hoe meer men wil hebben; rester sur son ~ na het eten nog steeds trek hebben, niet aan zijn trekken gekomen zijn [film, boek]

¹**applaudir** (onov ww) applaudisseren

²**applaudir** (ov ww) toejuichen

s' ³**applaudir de** (wdk ww) zich gelukkig prijzen (om)

l' **applaudissement** (m) **1** toejuiching, applaus **2** bijval

l' **applette** (v) applet

applicable toepasselijk, van toepassing; aanwendbaar

l' **application** (v) **1** (het) aanbrengen **2** ijver, vlijt **3** toepassing, aanwending **4** app

l' **applique** (v) **1** oplegsel **2** wandlamp

appliqué, -e 1 vlijtig, ijverig **2** toegepast

¹**appliquer** (ov ww) **1** aanbrengen, opdrukken, vastplakken **2** toepassen, aanwenden

s' ²**appliquer** (wdk ww) **1** aanbrengen, opbrengen **2** (+ à) van toepassing zijn (op) **3** (+ à) zich toeleggen (op), zijn best doen (om)

l' **appliquette** (v) applet

l' **appoint** (m) **1** wisselgeld: faire l'~ bijpassen, met gepast geld betalen **2** aanvulling: chauffage d'~ bijverwarming

les **appointements** (mv, m) bezoldiging, salaris

appointer bezoldigen

l' **appontement** (m) steiger, aanlegplaats

l' **apport** (m) **1** aanvoer **2** inbreng, bijdrage, aandeel

apporter 1 brengen; meebrengen: le travail lui apporte beaucoup werken betekent geeft hem veel voldoening, werken betekent veel

voor hem **2** aanbrengen; inbrengen, verschaffen; veroorzaken: ~ des preuves bewijzen aanvoeren **3** [jagerstaal] apporteren

apposer aanbrengen, plakken, zetten, drukken (op): ~ les scellés sur qqch. iets verzegelen

l' **apposition** (v) **1** (het) aanbrengen **2** [taalk] bijstelling

appréciable 1 te schatten **2** aanzienlijk, aanmerkelijk

l' **appréciation** (v) **1** waardering, schatting **2** beoordeling, oordeel **3** opwaardering [van een munt]

apprécier 1 waarderen, schatten; beoordelen **2** waarderen, appreciëren, op prijs stellen

appréhender 1 vrezen, opzien tegen **2** begrijpen, bevatten **3** in hechtenis nemen

l' **appréhension** (v) **1** vrees, bezorgdheid **2** begrip

l' **apprenant** (m) leerling, iem. die iets leert

apprendre 1 leren: ~ qqch. par cœur iets uit het hoofd leren **2** onderwijzen **3** vernemen, horen **4** berichten, vertellen ‖ cela vous apprendra! dat is net goed!, dat zal je leren!

l' **apprenti** (m), **-e** (v) **1** leerling(e), leerjongen, -meisje; [Belg] leergast **2** nieuweling, beginner

l' **apprentissage** (m) **1** leertijd: en ~ in de leer; faire l'~ de qqch. iets aanleren **2** leerjaren; leerproces

l' **apprêt** (m): sans ~ onopgesmukt

apprêté, -e gemaakt, gekunsteld

¹**apprêter** (ov ww) **1** klaarmaken **2** opmaken

s' ²**apprêter à** (wdk ww) zich klaarmaken om

l' **apprivoisement** (m) het tam maken, temmen

¹**apprivoiser** (ov ww) temmen; mak, tam, gedwee, handelbaar maken

s' ²**apprivoiser** (wdk ww) **1** gemakkelijker in de omgang worden **2** (+ avec, à) vertrouwd worden, wennen **3** (+ avec, à) zich verzoenen (met iets)

l' ¹**approba|teur** (m), **-trice** (v) iem. die goedkeurt

²**approba|teur, -trice** (bn) goedkeurend

approbat|if, -ive goedkeurend

l' **approbation** (v) **1** goedkeuring, bijval **2** toestemming

approchable aanspreekbaar; toegankelijk; benaderbaar

approchant, -e benaderend: qqch. d'~ iets dergelijks

l' **approche** (v) **1** nadering: lunette d'~ verrekijker **2** benadering: il est d'une ~ facile met hem kan je gemakkelijk praten ‖ travaux d'~ voorbereidende werkzaamheden

approché, -e benaderend

¹**approcher** (onov ww) **1** (+ de) dichter komen (bij), naderen: il approche de la cinquan-

taine hij loopt tegen de vijftig **2** enigszins lijken op

²**approcher** (ov ww) **1** dichterbij/naderbij brengen **2** naderen: *la nuit approche* de nacht valt

ˢ' ³**approcher de** (wdk ww) (be)naderen

les **approches** (mv, v) toegang, naaste omgeving: *les ~ d'une ville* de buitenwijken van een stad

¹**approfondir** (ov ww) **1** dieper maken, uitdiepen **2** grondig bestuderen: *enquête approfondie* diepgaand onderzoek

ˢ' ²**approfondir** (wdk ww) dieper worden

l' **approfondissement** (m) **1** (het) uitdiepen **2** diepgaand onderzoek **3** verdieping

l' **appropriation** (v) **1** het geschikt maken (voor) **2** toe-eigening

approprié, -e gepast, juist, geschikt

¹**approprier à** (ov ww) afstemmen (op), aanpassen (aan)

ˢ' ²**approprier** (wdk ww) zich toe-eigenen

approuver goedkeuren, instemmen met; aanvaarden: ~ *qqn.* iem. steunen; ~ *de la tête* goedkeurend knikken

l' **approvisionnement** (m) bevoorrading, voorziening

les **approvisionnements** (mv, m) voorraden

¹**approvisionner** (ov ww) provianderen; bevoorraden: ~ *un magasin* een winkel bevoorraden; ~ *son compte en banque* bijstorten

ˢ' ²**approvisionner de** (wdk ww) voorraad inslaan (van), zijn boodschappen doen

approximat|if, -ive 1 benaderend, bij benadering **2** vaag, onduidelijk

l' **approximation** (v) benadering, raming

approximativement ongeveer

l' **appui** (m) **1** steun [ook fig]; (het) steunen: *point d'~* steunpunt; *avec preuves à l'~* met bewijzen onderbouwd **2** ondersteuning, bescherming, hulp; bijstand: *chercher* (of: *demander*) *l'~ de qqn.* iemands hulp vragen **3** kozijn; vensterbank; leuning: *à hauteur d'~* op borsthoogte

l' **appuie-tête** (m; mv: appuies-tête) hoofdsteun

¹**appuyer** (onov ww) **1** (+ sur, contre) steunen (op), leunen tegen **2** (+ sur) drukken (op) **3** (+ sur) nadruk leggen (op), doordrammen

²**appuyer** (ov ww) **1** (+ contre) steunen (op), stutten, plaatsen (tegen) **2** (+ sur) baseren (op) **3** (+ sur) drukken (op): ~ *son regard sur* zijn blik laten rusten op

ˢ' ³**appuyer** (wdk ww) **1** (+ sur, contre) steunen (op), leunen (tegen); rusten (op) **2** (+ sur) zich verlaten (op), zich beroepen (op) **3** [pop] zich (iets) laten aanleunen

âpre 1 ruw, scherp, streng; vinnig: *discussion* ~ vinnige woordenwisseling **2** wrang, bitter [ook fig] ‖ ~ *au gain* gedreven door winstbejag

¹**après** (bw) daarna: *l'année d'~* het jaar daarop; *cinq ans* ~ vijf jaar later; *(et) ~?* nu verder?, wat dan nog?, wat zou dat?, nou en!

²**après** (vz) **1** [tijd] na: ~ *coup* achteraf, a posteriori; ~ *quoi* waarna; ~ *tout* eigenlijk; ~ *que* nadat; ~ *vous* gaat u voor, na u **2** [plaats] achterna, na: *courir* ~ *qqn.* iem. nalopen; *crier* ~ *qqn.* iem. naroepen **3** naar: *d'~* volgens, naar; *d'~ lui* volgens hem ‖ [inf] *être furieux* ~ *qqn.* woedend op iem. zijn

après-demain overmorgen

l' **après-guerre** (m; mv: après-guerres) naoorlogse tijd: *d'~* naoorlogs

l' **après-midi** (m/v; mv: *onv*) (na)middag

l' **après-rasage** (m; mv: après-rasages) aftershave

l' **après-shampoing** (m) (hair)conditioner; crèmespoeling

l' **après-ski** (m; mv: après-ski(s)) snowboot

après-vente (mv: *onv*): *service* ~ klantenservice; [Belg] dienst na verkoop

l' **âpreté** (v) **1** ruwheid, vinnigheid, strengheid **2** wrangheid, bitterheid [ook fig] ‖ ~ *au gain* winstbejag

a priori 1 a priori, vooraf **2** in principe

l' **à-propos** (m) gunstige gelegenheid: *avec* ~ ad rem, gevat; *esprit d'~* tegenwoordigheid van geest

apte à geschikt, bekwaam (om); bevoegd (tot)

l' **aptitude** (v) geschiktheid, aanleg, bekwaamheid; bevoegdheid

apurer: ~ *un compte* een rekening in orde bevinden

l' **aquagym** (v) aquagym

l' **aquajogging** (m) aquajogging: *faire de l'~* aquajoggen

l' **aquarelle** (v) aquarel: *peindre à l'~* aquarelleren

l' **aquarium** (m) aquarium

aquatique in het water levend, water-

l' **aqueduc** (m) aquaduct

aquilin: *nez* ~ arendsneus

l' ¹**arabe** (m) (het) Arabisch

²**arabe** (bn) Arabisch

l' **Arabe** (m/v) Arabier, Arabische

l' **Arabie** (v) Arabië: *l'~ Saoudite* Saudi-Arabië

arabique Arabisch

arable beploegbaar: *terre* ~ bouwland

l' **arachide** (v) aardnoot, olienoot: *huile d'~* slaolie

l' **araignée** (v) spin: *toile d'~* spinnenweb; *avoir une* ~ *au plafond* gestoord zijn

aratoire landbouw-: *instruments* ~*s* landbouwwerktuigen

l' **arbalète** (v) (kruis)boog

l' **arbalétrier** (m) **1** boogschutter **2** (dak)spant

l' **arbitrage** (m) arbitrage; scheidsrechterlijke uitspraak; bemiddeling: *Cour d'~* Hof van

Arbitrage
l' **¹arbitraire** (m) willekeur
²arbitraire (bn) willekeurig, eigenmachtig: *pouvoir* ~ onbeperkte macht
l' **arbitre** (m) scheidsrechter; rechter || *libre* ~ vrije wil
arbitrer als scheidsrechter optreden in; arbitreren; bemiddelen tussen
arborer 1 planten, hijsen [een vlag] **2** te koop lopen met
l' **arboricul|teur** (m), **-trice** (v) boomkweker, -kweekster
l' **arboriculture** (v) boomteelt
l' **arbre** (m) **1** boom: *grimper aux* ~s in de bomen klimmen; *la cime de l'*~ de boomtop; *abattre un* ~ een boom omhakken, een boom rooien **2** as, spil, balk [van werktuig]: ~ *de charrue* dissel
l' **arbrisseau** (m) heester
l' **arbuste** (m) struik
l' **arc** (m) boog: ~ *de triomphe* triomfboog, erepoort
l' **arcade** (v) **1** arcade, booggewelf **2** overbrugging: ~ *sourcillière* wenkbrauw(boog)
les **arcades** (mv, v) bogengalerij
l' **arc-boutant** (m; mv: arcs-boutants) steunboog; stut
¹arc-bouter (ov ww) steunen, stutten, schragen
s' **²arc-bouter** (wdk ww) zich schrap zetten
l' **arceau** (m) boog
l' **arc-en-ciel** (m; mv: arcs-en-ciel) regenboog
archaïque archaïstisch, verouderd
l' **archaïsme** (m) archaïsme; verouderde uitdrukking
l' **archange** (m) aartsengel
l' **arche** (v) **1** (brug)boog **2** ark: ~ *de Noé* ark van Noach
l' **archéologie** (v) archeologie
l' **archéologue** (m/v) archeoloog, archeologe
l' **archer** (m) boogschutter
l' **archet** (m) strijkstok
l' **archétype** (m) grondvorm; prototype
l' **archevêché** (m) **1** aartsbisdom **2** aartsbisschoppelijk paleis
l' **archevêque** (m) aartsbisschop
l' **archi** (v) [inf] verk van *architecture* bouwkunst
archi- 1 aarts-; opper-, hoofd- **2** [inf] oer-, erg, aller-
archidiocésain, -e aartsbisschoppelijk
l' **archiduc** (m), **archiduchesse** (v) aartshertog(in)
l' **archiduché** (m) aartshertogdom
archiépiscopal, -e aartsbisschoppelijk
l' **archipel** (m) archipel; eilandengroep
l' **architecte** (m/v) architect(e), ontwerp(st)er
l' **¹architectonique** (v) bouwkunde
²architectonique (bn) architectonisch, bouwkundig

l' **architecture** (v) **1** architectuur, bouwkunst, bouwkunde **2** bouwstijl **3** bouwwerk **4** structuur
les **archives** (mv, v) archief, archieven
l' **archiviste** (m) archivaris
l' **arçon** (m) zadelboog: *être ferme sur les* ~s vast in het zadel zitten; [sport] *cheval d'*~s paard, bok
arctique noordpool-: *océan Arctique* Noordelijke IJszee
l' **Arctique** (m) noordpoolgebied
ardemment vurig, hevig
ardennais, -e van de Ardennen
les **Ardennes** (mv, v) Ardennen
ardent, -e 1 brandend, gloeiend: *soleil* ~ brandende zon **2** vurig [ook fig] **3** hevig **4** enthousiast: *être* ~ *à faire qqch.* staan te springen om iets te doen
l' **ardeur** (v) **1** hitte, gloed **2** vlijt, ijver; enthousiasme: ~ *au travail* werklust
l' **ardoise** (v) **1** leisteen; lei **2** [pop] schuld
ardu, -e moeilijk, lastig, zwaar
areligi|eux, -euse ongodsdienstig
l' **arène** (v) arena, strijdperk: *descendre dans l'*~ in het strijdperk treden
les **arènes** (mv, v) arena
l' **aréopage** (m) hoog gezagscollege
l' **arête** (v) **1** (vis)graat **2** rib, kant [van meetkundig lichaam]; kam [van een berg]; rug [van een neus]
l' **argent** (m) **1** zilver: *d'*~, *en* ~ zilveren **2** geld: *besoin d'*~ geldgebrek; ~ *comptant* (in) klinkende munt; *en avoir pour son* ~ waar voor zijn geld krijgen; *jeter l'*~ *par les fenêtres* het geld over de balk gooien, met geld smijten **3** kapitaal
argenté, -e 1 verzilverd **2** zilverkleurig, zilverwit **3** [inf] bemiddeld
argenter zilverwit maken
l' **argenterie** (v) zilverwerk, tafelzilver
l' **argentier** (m): [inf] *le grand* ~ de minister van Financiën
argentin, -e 1 Argentijns **2** zilverachtig **3** helder klinkend
l' **Argentin** (m), **-e** (v) Argentijn(se)
l' **Argentine** (v) Argentinië
l' **argile** (v) klei, leem
argil|eux, -euse kleiachtig
l' **argot** (m) **1** dieventaal, Bargoens **2** argot, jargon
¹arguer de (onov ww) aanvoeren, zich beroepen op [iets]
²arguer (ov ww) **1** afleiden, opmaken uit **2** [jur] aanvechten || ~ *que* zich erop beroepen dat
l' **argument** (m) **1** bewijsgrond, argument **2** korte inhoud
l' **argumentation** (v) bewijsvoering, argumentatie, betoog
argumenter argumenten aanvoeren, redeneren: ~ *contre* redetwisten met; ~ *de*

qqch. afleiden uit iets

l' **Argus** (m) publicatie voor tweedehands auto's: *être coté à l'~* prijsstelling volgens dit blad

l' **argutie** (v) spitsvondigheid

l' **aria** (v) [muz] aria

aride dor, droog, onvruchtbaar [ook fig]

l' **aridité** (v) dorheid, droogheid, onvruchtbaarheid [ook fig]

l' **aristocrate** (m/v) aristocraat

l' **aristocratie** (v) aristocratie

aristocratique aristocratisch

l' **¹arithmétique** (v) rekenkunde

²arithmétique (bn) rekenkundig: *moyenne* ~ rekenkundig gemiddelde

l' **arlequin** (m), **-e** (v) harlekijn, hansworst: *habit d'~* **a)** harlekijnspak; **b)** [fig] lappendeken, ratjetoe

l' **arlequinade** (v) klucht

l' **Arlésienne** (v): *jouer les ~s* zich niet laten zien

l' **armagnac** (m) armagnac [brandewijn]

l' **armateur** (m) reder

l' **armature** (v) **1** [bouwk] geraamte **2** armatuur, houder **3** grondslag, basis

l' **arme** (v) **1** wapen; geweer: ~ *à feu* vuurwapen; ~ *au laser* laserwapen; ~ *de destruction massive* massavernietigingswapen, *aux* ~*s!* te wapen!; *passer par les* ~*s* fusilleren; *rendre les* ~*s* **a)** zich overgeven; **b)** zwichten; *appeler sous les* ~*s* onder de wapenen roepen; *fait d'*~*s* wapenfeit **2** wapen, argument **3** wapen, legeronderdeel

armé, -e gewapend: *béton* ~ gewapend beton; *à main* ~*e* gewapenderhand; *vol à main* ~*e* gewapende overval

l' **armée** (v) leger: ~ *de l'air* luchtmacht; ~ *de terre* landmacht; *Armée du Salut* Leger des Heils

l' **armement** (m) **1** bewapening; oorlogsmateriaal: *course aux* ~*s* bewapeningswedloop **2** (het) uitrusten van een schip: ~ *de la marine* rederij

l' **Arménie** (v) Armenië

arménien, -ne Armeens

l' **Arménien** (m), **-ne** (v) Armeniër, Armeense

¹armer (ov ww) **1** (be)wapenen **2** (+ de) voorzien (van), toerusten (met); beslaan (met): ~ *une arme* een wapen op scherp stellen; ~ *un navire* een schip uitrusten

s' **²armer** (wdk ww) zich wapenen: *s'~ de patience* geduld oefenen

les **armes** (mv, v) **1** schermsport: *salle d'*~ schermzaal **2** garnizoen **3** bewapening **4** wapen(schild): *les ~ de France* het wapen van Frankrijk

l' **armistice** (m) wapenstilstand: *l'Armistice* Wapenstilstandsdag [11 november 1918]

l' **armoire** (v) kast: ~ *à glace* **a)** spiegelkast; **b)** [fig] kolos, indrukwekkende verschijning

les **armoiries** (mv, v) wapen(schild)

l' **¹armorial** (m) wapenboek

²armorial, -e (bn) wapenkundig

l' **armure** (v) **1** wapenrusting, harnas **2** pantser [ook van dieren] **3** beslag

l' **armurerie** (v) **1** wapensmederij **2** wapenwinkel

l' **armurier** (m) **1** wapensmid, wapenfabrikant **2** wapenhandelaar

l' **arnaque** (m) oplichterij

arnaquer oplichten, bedriegen

l' **arobas** (m) apenstaartje, at-teken, @

l' **arobase** (v) apenstaartje, at-teken, @

l' **aromate** (m) aromatische stof

aromatique aromatisch, geurig

aromatiser geurig maken, aromatiseren

l' **arôme** (m) geur, aroma

l' **aronde** (v): [bouwk] *queue d'*~ zwaluwstaart

l' **arpège** (m) [muz] arpeggio

arpenter 1 [landb] opmeten **2** met grote passen lopen door; ijsberen in

l' **arpenteur** (m) landmeter

arqué, -e krom, gebogen, gewelfd

arquer krommen, ombuigen

l' **arrachage** (m) (het) rooien, wieden

l' **arrache** [inf]: *à l'*~ op het nippertje, maar net aan; *terminer ses devoirs à l'*~ zijn huiswerk afraffelen

l' **arraché** (m): *à l'*~ met inzet van alle krachten

l' **arrachement** (m) **1** (het) (uit)trekken **2** smart

arrache-pied: *d'*~ aan één stuk door

¹arracher (ov ww) **1** (uit)trekken, losrukken **2** afscheuren **3** ontrukken; ontfutselen; rooien, wieden

s' **²arracher** (wdk ww) **1** (+ de, à) zich losrukken van: *s'~ les cheveux* wanhopig zijn **2** vechten om: *ce livre, on se l'arrache* men vecht om dat boek

l' **arracheur** (m): ~ *de dents* kiezentrekker; *mentir comme un ~ de dents* onbeschaamd liegen

l' **arracheuse** (v) rooimachine

arraisonner enteren

arrangeant, -e inschikkelijk, meegaand, coulant

l' **arrangement** (m) **1** schikking, regeling; inrichting; (het) in orde brengen **2** vergelijk **3** [muz] arrangement

¹arranger (ov ww) **1** (rang)schikken, in orde brengen; opknappen; regelen; repareren **2** bijleggen, in der minne schikken **3** [muz] arrangeren **4** gelegen komen: *cela m'arrange* dat komt me goed uit **5** toetakelen: *le voilà bien arrangé!* wat ziet hij er uit!

s' **²arranger** (wdk ww) **1** zijn maatregelen nemen, zich redden: *s'~ pour* het zo aanleggen dat, het eens worden **2** zich tevreden stellen (met): *s'~ de qqch.* zich in iets schikken **3** in orde komen: *cela s'arrangera* dat komt wel in orde **4** [inf] zich opknappen

l' **arrangeur** (m) [muz] bewerker

les **arrérages** (mv, m) vervallen rente

l' **arrestation** (v) arrestatie, inhechtenisneming; hechtenis

l' **arrêt** (m) **1** stilstand; rust, onderbreking: *voitures à l'~* stilstaande auto's; *~ de travail* ziekteverlof **2** halte: *~ d'autobus* bushalte **3** pal: *cran d'~* veiligheidspal; *couteau à cran d'~* stiletto **4** arrest, hechtenis: *maison d'~* huis van bewaring; *mandat d'~* arrestatiebevel, aanhoudingsmandaat **5** [jur] arrest, uitspraak

l' **¹arrêté** (m) verordening; besluit: *~ de compte* afsluiting van een rekening

²arrêté, -e (bn) **1** vast(staand), bepaald **2** afgesloten

¹arrêter (onov ww) stoppen; ophouden

²arrêter (ov ww) **1** tegenhouden, doen stoppen **2** neerleggen [het werk]; in de rede vallen, onderbreken; stuiten, stelpen **3** aanhouden, arresteren **4** vastleggen: *~ un compte* een rekening afsluiten; *~ un plan* een plan vaststellen

s' **³arrêter** (wdk ww) **1** stilvallen, ophouden; halt houden **2** (+ à) besluiten (tot) **3** (+ à) stilstaan (bij)

l' **arrêt-pipi** (m; mv: arrêts-pipi) plaspauze

les **arrêts** (mv, m) [mil] arrest: *~ de rigueur* kamerarrest

les **arrhes** (mv, v) voorschot, aanbetaling

l' **arriération** (v) achterlijkheid

l' **¹arriéré** (m) **1** (het) achterstallige, achterstand **2** achterlijk iem.

²arriéré (bn) **1** achterstallig **2** achterlijk, achtergebleven

l' **¹arrière** (m) **1** achterste deel [vnl. achterschip]: *à l'~* achterin **2** achtergrondslijnen: *assurer ses ~s* voor rugdekking zorgen; *à l'~* achter het front **3** [sport] achterspeler

²arrière (bn, mv: *onv*) achter-: *feux ~* achterlichten

³arrière (bw) achter(aan); achteruit: *avoir vent ~* de wind in de rug hebben; *faire marche ~* achteruit rijden; *en ~* achter(uit), terug; *en ~ de* achter bij

l' **arrière-boutique** (v) achterwinkel; achterkamer

l' **arrière-cour** (v) achterplaats

l' **arrière-cuisine** (v) achterkeuken; bijkeuken

l' **arrière-garde** (v; mv: arrière-gardes) achterhoede

l' **arrière-goût** (m; mv: arrière-goûts) nasmaak

l' **arrière-grand-mère** (v) overgrootmoeder

l' **arrière-grand-père** (m) overgrootvader

les **arrière-grands-parents** (mv, m) overgrootouders

l' **arrière-pays** (m; mv: *onv*) achterland

l' **arrière-pensée** (v; mv: arrière-pensées) bijbedoeling, bijgedachte

l' **arrière-petite-fille** (v) achterkleindochter

l' **arrière-petit-fils** (m) achterkleinzoon

les **arrière-petits-enfants** (mv, m) achterkleinkinderen

l' **arrière-plan** (m; mv: arrière-plans) achtergrond

l' **arrière-saison** (v; mv: arrière-saisons) najaar

l' **arrière-train** (m; mv: arrière-trains) **1** achterstel [van wagen] **2** achterlijf [van dier]

arrimer stuwen, vastmaken

l' **arrimeur** (m) stuwadoor

l' **arrivage** (m) aanvoer [van goederen]

les **arrivages** (mv, m) aangevoerde goederen

l' **arrivant** (m), **-e** (v) aankomende

l' **arrivée** (v) **1** (aan)komst; finish **2** toevoer

arriver 1 (aan)komen **2** naderen **3** (+ à) slagen, hogerop komen: *~ à ses fins* zijn doel bereiken **4** (+ à) reiken, bereiken, slagen: *en ~ à* ten slotte komen tot; *j'en arrive à me demander* op den duur vraag ik me af **5** gebeuren, voorvallen, voorkomen, overkomen: *quoi qu'il arrive* wat er ook gebeurt ‖ *quant à cette question j'y arrive* wat die vraag betreft, daar zal ik het zo over hebben

l' **arrivisme** (m) arrivisme, carrièremakerij

l' **arriviste** (m/v) streber, carrièremaker, -maakster

l' **arrogance** (v) arrogantie

arrogant, -e arrogant, verwaand, aanmatigend

s' **arroger** zich aanmatigen

¹arrondir (ov ww) afronden [ook van getal, bezit]; rond maken: *~ les angles* de scherpe kantjes van iets afhalen; *~ ses fins de mois* iets bijverdienen

s' **²arrondir** (wdk ww) zwellen, dik worden: *sa taille s'arrondit* het is al goed te zien dat ze zwanger is

l' **arrondissement** (m) **1** afronding **2** arrondissement

l' **arrosage** (m) **1** besproeiing; begieting: *tuyau d'~* tuinslang **2** [comm] (het) spammen

arroser 1 (be)sproeien; begieten: *~ son repas* wijn drinken bij de maaltijd **2** stromen door; bevloeien **3** [van vlees] bedruipen **4** vieren, drinken op: *il faut ~ cela, on va ~ ça!* daar moet op gedronken worden!; *ça s'arrose !* daar moet op gedronken worden! **5** [inf] omkopen

l' **arroseur** (m) sproeier: *l'~ arrosé* boontje komt om zijn loontje

l' **arroseuse** (v) sproeiwagen

l' **arrosoir** (m) gieter

l' **arsenal** (m) **1** wapendepot; arsenaal: *~ de la marine* marinewerf

l' **arsenic** (m) arsenicum, rattenkruit

l' **art** (m) **1** kunst: *beaux ~s* schone kunsten,

beeldende kunst; *œuvre* d'~ kunstwerk; *le septième* ~ de film **2** kunde, kunst, vaardigheid: ~ *culinaire* kookkunst; *salon des ~s ménagers* huishoudbeurs; [bouwk] *ouvrages* d'~ kunstwerken; *le grand* ~ de alchemie; *c'est du grand* ~ dat is mooi gedaan

l' **artère** (v) **1** slagader **2** verkeersader
artériel, -le slagaderlijk: *tension* ~*le* bloeddruk

l' **arthrite** (v) [med] gewrichtsontsteking

l' **arthrose** (v) [med] artrose

l' **artichaut** (m) artisjok

l' **article** (m) **1** artikel; handelswaar: *faire l'*~ zijn waren aanprijzen; ~*s de bureau* schrijfgerei **2** artikel **3** wetsartikel: ~ *de foi* dogma **4** punt [van behandeling]; post [op een rekening] **5** lidwoord ‖ *à l'*~ *de la mort* stervend
articulaire gewrichts-: *rhumatisme* ~ gewrichtsreumatiek

l' **articulation** (v) **1** gewricht; geleding **2** koppeling, verbinding **3** uitspraak, articulatie; uiteenzetting [van feiten]
articulé, -e 1 geleed **2** gearticuleerd, (duidelijk) uitgesproken

¹**articuler** (ov ww) **1** beweegbaar verbinden **2** articuleren, uitspreken

s' ²**articuler** (wdk ww) **1** (+ avec) beweegbaar verbonden zijn (met) **2** (+ autour de) zich concentreren op; toegespitst zijn op

l' **artifice** (m) **1** list, bedriegerij **2** kunstgreep ‖ *feu* d'~ vuurwerk
artificiel, -le kunstmatig, kunst-

l' **artificier** (m) vuurwerkdeskundige, munitiedeskundige

l' **artillerie** (v) artillerie; geschut

l' **artilleur** (m) artillerist

l' **artisan** (m) **1** ambachtsman; vakman, kleine zelfstandige **2** bewerker; initiatiefnemer
artisanal, -e 1 ambachtelijk, vak- **2** artisanaal

l' **artisanat** (m) **1** (klasse der) ambachtslieden **2** ambacht

l' **artiste** (m/v) kunstenaar, -nares; artiest(e): ~ *dramatique* toneelspeler, -speelster; ~ *peintre* kunstschilder(es)
artistement kunstig, kunstzinnig
artistique artistiek, kunstzinnig: *patinage* ~ het kunstrijden; *richesses* ~*s* kunstschatten
artistiquement kunstzinnig, smaakvol
aryen, -ne arisch

l' **Aryen** (m), **-ne** (v) ariër, arische
arythmique onregelmatig; onritmisch

¹**as** 2e pers enk van ¹*avoir*

l' ²**as** (m) **1** [kaartsp] aas: *as de pique* schoppenaas **2** uitblinker, kei: *c'est un as* hij, zij is een topper (*of*: uitblinker)

l' **ascendance** (v) **1** opkomst [van hemellichaam]; stijging: ~ *thermique* thermiek **2** voorgeslacht

l' ¹**ascendant** (m) overwicht, invloed: *avoir de l'*~ *sur* overwegende invloed hebben op

²**ascendant, -e** (bn) opstijgend, opklimmend; rijzend: *ligne* ~*e* opgaande lijn

les **ascendants** (mv, m) [jur] nakomelingen

l' **ascenseur** (m) **1** lift: *renvoyer l'*~ een wederdienst bewijzen, met gelijke munt betalen **2** [comp] schuifbalk, scrollbar

l' **ascension** (v) **1** bestijging, opstijging **2** sociale promotie

l' **Ascension** (v) Hemelvaart, Hemelvaartsdag

l' **ascèse** (v) ascese; onthouding

l' **ascète** (m/v) asceet
ascétique ascetisch
aseptique desinfecterend
aseptisé, -e [fig] steriel, clean
aseptiser ontsmetten [van een wond]; steriliseren [van een voorwerp]
asexué, -e ongeslachtelijk

l' **Asiate** (m/v) Aziaat, Aziatische
asiatique Aziatisch

l' **Asiatique** (m/v) Aziaat, Aziatische

l' **Asie** (v) Azië: *l'*~ *Mineure* Klein-Azië

l' **asile** (m) **1** wijkplaats, schuilplaats, toevluchtsoord, asiel: *demandeur* d'~ asielzoeker **2** onderdak **3** inrichting: ~ *d'aliénés* psychiatrische inrichting
asocial, -e asociaal

l' **aspect** (m) aanblik, aanzicht, gezicht; uiterlijk; voorkomen; aspect: *avoir l'*~ *de* eruitzien als; *examiner une question sous tous les* ~*s* een kwestie van alle kanten bekijken

l' **asperge** (v) **1** asperge **2** lange slungel
asperger besprenkelen

l' **aspérité** (v) oneffenheid

l' **aspersion** (v) besprenkeling [met wijwater]

l' **asphalte** (m) **1** asfalt **2** de straat
asphalter asfalteren
asphyxiant, -e 1 verstikkend: *gaz* ~ gifgas **2** benauwend

l' **asphyxie** (v) verstikking [ook fig]
asphyxier 1 doen stikken **2** [fig] verstikken

l' ¹**aspirant** (m), **-e** (v) kandidaat

l' ²**aspirant** (m) vaandrig

³**aspirant, -e** (bn) inzuigend: *pompe* ~*e* zuigpomp

l' **aspirateur** (m) stofzuiger

l' **aspiration** (v) **1** (het) inademen, opzuigen **2** aspiratie, streven, verlangen

¹**aspirer à** (onov ww) streven, verlangen (naar)

²**aspirer** (ov ww) inademen, inzuigen, opzuigen

l' **aspirine** (v) **1** aspirine: *blanc comme un cachet* d'~ lijkbleek **2** aspirientje

¹**assagir** (ov ww) wijzer, bezadigder maken

s' ²**assagir** (wdk ww) wijzer worden

l' **assagissement** (m) (het) wijzer, bezadigder worden

l' ¹**assaillant** (m), **-e** (v) aanvaller, -ster

²**assaillant, -e** (bn) aanvallend

assaillir 1 aanvallen **2** lastigvallen
assainir gezond maken, saneren, zuiveren
l' **assainissement** (m) **1** het gezonder maken, sanering, zuivering **2** drainering
l' **assainisseur** (m): ~ *d'air* geurverdrijver
l' **assaisonnement** (m) **1** (het) kruiden **2** smaakmaker
assaisonner 1 kruiden: ~ *la salade* de sla aanmaken **2** [fig] kruiden, pittig maken
l' **¹assassin** (m) moordenaar: *à l'*~ moord!
²assassin, -e (bn) dodelijk, vernietigend: *une petite phrase* ~*e* een dodelijke opmerking
l' **assassinat** (m) sluipmoord
assassiner vermoorden, ombrengen
l' **assaut** (m) **1** storm(loop), bestorming; [fig] aanval: *d'*~ stormenderhand; *donner l'*~ *à* bestormen **2** schermwedstrijd **3** (wed)strijd
l' **assèchement** (m) drooglegging, droogmaking
assécher droogleggen, droogmaken
les **Assedic** (mv, v) afk van *Association pour l'Emploi Dans l'Industrie et le Commerce* werkloosheidsuitkering: *toucher les* ~ in de WW lopen; [Belg] doppen
l' **assemblage** (m) **1** verzameling **2** samenvoeging; [van hout] verbinding; las
l' **assemblée** (v) vergadering; gezelschap: *Assemblée nationale* Franse parlement; [Belg] Kamer der Volksvertegenwoordigers; ~ *générale* algemene vergadering
¹assembler (ov ww) **1** samenbrengen; verzamelen; samenvoegen; [techn] assembleren **2** ineenzetten; aanlassen
s' **²assembler** (wdk ww) samenkomen
assener [een slag] toebrengen, toedienen: *bien assené* raak
l' **assentiment** (m) goedkeuring, toestemming
¹asseoir (ov ww) **1** neerzetten; leggen, plaatsen **2** doen zitten **3** vestigen, grondvesten
s' **²asseoir** (wdk ww) gaan zitten: *être assis* zitten; *s'*~ *par terre* op de grond gaan zitten
assermenté, -e beëdigd
assermenter beëdigen
l' **assertion** (v) bewering, verzekering
asservir onderwerpen; [fig] tot slaaf maken
l' **asservissement** (m) onderwerping
l' **assesseur** (m) assessor, bijzitter
assez 1 genoeg, voldoende: ~*!* hou op!, schei uit!; *en avoir* ~ er genoeg van hebben **2** vrij (wat), tamelijk, nogal: *elle est* ~ *jolie* ze is tamelijk knap
assidu, -e nauwgezet, ijverig; trouw; onafgebroken: *travailleur* ~ noeste werker
l' **assiduité** (v) **1** volhardende ijver; nauwgezetheid **2** trouw
l' **¹assiégeant** (m), **-e** (v) belegeraar
²assiégeant, -e (bn) belegerend

assiéger 1 belegeren **2** bestormen, lastigvallen: ~ *la porte de* de deur platlopen bij
l' **assiette** (v) **1** bord: ~ *creuse* soepbord; ~ *anglaise* koude vleesschotel **2** [paardensport] rijhouding **3** evenwicht **4** grondslag [belasting] ‖ *ne pas être dans son* ~ niet op dreef zijn, zich niet lekker voelen
l' **assignation** (v) **1** dagvaarding; assignatie **2** toewijzing
assigner 1 dagvaarden **2** bepalen **3** toewijzen, toekennen: ~ *à résidence* huisarrest opleggen
assimilable 1 vergelijkbaar **2** opneembaar, verteerbaar
assimila|teur, -trice snel opnemend, assimilerend
l' **assimilation** (v) **1** assimilatie **2** gelijkstelling, gelijkschakeling **3** opname, verwerking [van leerstof]
¹assimiler (ov ww) **1** assimileren **2** (+ à) gelijkstellen aan; verwarren met **3** opnemen; [fig] verwerken
s' **²assimiler** (wdk ww) **1** verteerbaar, verwerkbaar zijn **2** opgenomen worden **3** zich aanpassen
assis, -e gezeten, zittend: *être* ~ zitten; *place* ~*e* zitplaats; *une réputation* ~*e* een gevestigde reputatie
l' **assise** (v) **1** laag **2** fundament, fundering, basis; draagvlak
les **assises** (mv, v) zitting(speriode): *cour d'*~ assisenhof, hof van assisen; *tenir ses* ~ vergaderen
l' **assistance** (v) **1** aanwezigen, publiek **2** hulp, bijstand, steun: *enfant de l'Assistance* voogdijkind; ~ *judiciaire* (kosteloze) rechtsbijstand; ~ *sociale* maatschappelijk werk, welzijnszorg; *(service d')*~ *téléphonique* helpdesk
l' **¹assistant** (m), **-e** (v) help(st)er, assistent(e): *maître* ~ wetenschappelijk hoofdmedewerker; ~*e sociale* maatschappelijk werkster
l' **²assistant** (m): ~ *numérique* (of: *personnel*) zakcomputer
les **assistants** (mv, m) aanwezigen, omstanders
assisté, -e: *direction* ~*e* stuurbekrachtiging; ~ *par ordinateur* computerondersteund
¹assister à (onov ww) bijwonen
²assister (ov ww) helpen, bijstaan, assisteren
associat|if, -ive associatief, associatie-: *vie associative* verenigingsleven
l' **association** (v) **1** vereniging, vennootschap: ~ *loi de 1901* ± stichting; ~ *de bienfaisance* weldadigheidsinstelling; ~ *de parents d'élèves* oudervereniging **2** verbinding, samenvoeging; koppeling **3** associatie: ~ *d'idées* gedachteassociatie **4** (het) betrekken [van iem. bij iets]
l' **associé** (m), **-e** (v) deelgenoot, deelgenote,

compagnon, vennoot

¹associer à (ov ww) **1** verenigen, verbinden, associëren (met) **2** deelgenoot maken (van), doen delen (in)

s' **²associer à** (wdk ww) **1** zich aansluiten bij; een bondgenootschap aangaan met **2** deelnemen aan **3** samengaan met, passen bij

assoiffé, -e 1 dorstig **2** (+ de) verzot (op)

l' **assolement** (m) wisselbouw

¹assombrir (ov ww) **1** donker maken, verduisteren **2** somber, treurig maken

s' **²assombrir** (wdk ww) **1** donker worden **2** somber, treurig worden

assommant, -e [inf] **1** stomvervelend **2** dodelijk vermoeiend

assommer 1 doodslaan; neerslaan; vellen; afranselen **2** dodelijk vervelen

l' **assommoir** (m) knuppel

l' **Assomption** (v) Maria-Hemelvaart

assorti, -e goed bij elkaar passend; goed gesorteerd: *couleurs ~es* bijpassende kleuren; *magasin bien ~* winkel met ruime keuze

l' **assortiment** (m) **1** sortering **2** stel; verzameling; set **3** assortiment, voorraad, goederen

¹assortir (ov ww) **1** sorteren **2** (+ à) doen passen bij **3** bevoorraden

s' **²assortir** (wdk ww) **1** bij elkaar passen **2** (+ de) zich voorzien van

¹assoupir (ov ww) **1** doen insluimeren **2** sussen, kalmeren

s' **²assoupir** (wdk ww) indommelen, insluimeren

l' **assoupissement** (m) sluimering

¹assouplir (ov ww) **1** buigzaam, lenig maken **2** handelbaar maken **3** versoepelen

s' **²assouplir** (wdk ww) **1** buigzaam worden **2** handelbaar worden

l' **assouplissant** (m) wasverzachter

l' **assouplissement** (m) versoepeling: *exercices d'~* lichamelijke oefeningen, warming-up

l' **assouplisseur** (m) wasverzachter

assourdir 1 doof maken **2** dof(fer) maken, dempen [van geluid]

assourdissant, -e oorverdovend

assouvir 1 verzadigen, lessen, stillen **2** botvieren, bevredigen

assujettir 1 onderwerpen: *assujetti à la TVA* btw-plichtig **2** dwingen (tot) **3** (iets) vastmaken, vastzetten

assujettissant, -e dwingend, veeleisend

l' **assujettissement** (m) **1** onderwerping **2** onderworpenheid **3** gebondenheid, verplichting

assumer op zich nemen, aanvaarden

l' **assurance** (v) **1** verzekering, assurantie: *~ tous risques* allriskverzekering; [Belg] ~ *omnium* allriskverzekering; ~ *maladie* ziektekostenverzekering **2** zelfverzekerdheid: *manquer d'~* onzeker zijn **3** garantie, waarborg

l' **assurance-vie** (v) levensverzekering

l' **¹assuré** (m), **-e** (v) verzekerde: ~ *social* verplicht verzekerde

²assuré, -e (bn) zeker, zelfverzekerd: *être ~ tous risques* allrisk verzekerd zijn; *succès ~* geheid succes

¹assurer (ov ww) **1** verzekeren (van) **2** veiligstellen; waarborgen **3** vastzetten **4** verzekeren [tegen schade] **5** voorzien (in)

s' **²assurer** (wdk ww) **1** (+ de) zich overtuigen (van) **2** (+ contre) een verzekering afsluiten (tegen)

l' **assureur** (m) assuradeur, verzekeraar

l' **astérisque** (m) sterretje (*)

asthmatique astmatisch

l' **asthme** (m) astma

l' **asticot** (m) made [als aas]

astiquer (op)poetsen

astral, -e sterren-

l' **astre** (m) ster, hemellichaam: ~ *du jour* zon

astreignant, -e bindend, dwingend, strikt

¹astreindre à (ov ww) dwingen (tot), verplichten (tot)

s' **²astreindre à** (wdk ww) zich dwingen (tot), zich verplichten (om)

l' **astreinte** (v) **1** dwangsom **2** dwang

l' **astrologie** (v) astrologie, sterrenwichelarij

l' **astrologue** (m/v) astroloog, -loge, sterrenwichelaar

l' **astronaute** (m/v) astronaut(e), ruimtevaarder

l' **astronautique** (v) ruimtevaart

l' **astronef** (m) ruimteschip

l' **astronome** (m/v) astronoom, -nome, sterrenkundige

l' **astronomie** (v) astronomie, sterrenkunde

astronomique sterrenkundig; [ook fig] astronomisch

l' **astuce** (v) **1** truc, handigheid(je) **2** grap

astuci|eux, -euse geslepen, slim, handig

asymétrique asymmetrisch

atchoum! hatsjie!

l' **atelier** (m) **1** atelier, werkplaats; afdeling [van fabriek]: ~ *protégé* sociale werkplaats **2** personeel: *chef d'~* ploegbaas **3** workshop

l' **atermoiement** (m) uitstel

les **atermoiements** (mv, m) uitvluchten

atermoyer uitstellen, op de lange baan schuiven

l' **¹athée** (m/v) atheïst(e)

²athée (bn) atheïstisch, goddeloos

l' **athéisme** (m) atheïsme

l' **athénée** (m) [Belg] atheneum

l' **athlète** (m/v) atleet, atlete

athlétique atletisch, gespierd

l' **athlétisme** (m) atletiek

atlantique Atlantisch: *l'océan Atlantique* de Atlantische Oceaan

l' **Atlantique** (m) Atlantische Oceaan: *océan ~* Atlantische Oceaan

l' **atlas** (m) [ook biol] atlas
l' **atmosphère** (v) **1** dampkring, atmosfeer
2 sfeer, stemming
atmosphérique atmosferisch: *pression* ~ luchtdruk
l' **atoll** (m) atol [koraaleiland]
l' **atome** (m) **1** atoom **2** *avoir des ~s crochus avec qqn.* affiniteit hebben met iem.
atomique atoom-: *bombe* ~ atoombom
l' **atomisation** (v) **1** versnippering **2** verstuiving
atomiser 1 verstuiven **2** d.m.v. een atoombom vernietigen
l' **atomiseur** (m) verstuiver
l' **atomiste** (m) atoomgeleerde
atone 1 krachteloos, futloos, slap **2** onbeklemtoond
l' **atonie** (v) verslapping, slapte
l' **atout** (m) troef [ook fig]; kans
atrabilaire zwartgallig
l' **âtre** (m) haard
atroce 1 gruwelijk, wreed **2** ontzettend
l' **atrocité** (v) **1** gruwelijkheid **2** wreedheid, gruweldaad
atrophié, -e verschrompeld
s' **attabler** aan tafel gaan, aanzitten
attachant, -e aantrekkelijk
l' **attache** (v) **1** bevestigingsmiddel [riem, touw, lus enz.]: *port* d'~ thuishaven **2** aanhechtingsplaats van spier of gewricht
l' **attaché** (m) attaché
l' **attaché-case** (m; mv: attachés-cases) diplomatenkoffer
l' **attachement** (m) gehechtheid, verbondenheid; aanhankelijkheid
¹attacher (onov ww) aanbakken
²attacher (ov ww) **1** (vast)binden, vastmaken: ~ *avec des lacets* vastrijgen, vaststrikken **2** samenbinden, bijeenhouden **3** (iem.) aanstellen **4** vestigen, hechten: ~ *son regard sur* zijn blik vestigen op; ~ *de la valeur à* prijs stellen op
s' **³attacher** (wdk ww) **1** (+ à) vastzitten aan; zich hechten aan **2** zich toeleggen op || *elle a su s'~ ses élèves* zij heeft haar leerlingen voor zich weten te winnen
l' **attache-remorque** (m) trekhaak
les **attaches** (mv, v) banden, relaties
l' **attaquant** (m), **-e** (v) aanvaller, -ster
l' **attaque** (v) **1** aanval; uitval **2** overval: ~ *à main armée* gewapende overval **3** [med] beroerte, toeval: ~ *d'épilepsie* epilepsieaanval, toeval **4** [muz] inzet, aanhef || *être* d'~ in vorm zijn
¹attaquer (ov ww) **1** aanvallen; [fig] bestrijden: ~ *qqn. en justice* iem. een proces aandoen; [inf] ~ *le dessert* op het toetje aanvallen **2** aanpakken, een begin maken met; [kaartsp] uitkomen; [muz] inzetten **3** [m.b.t. materialen] aantasten
s' **²attaquer à** (wdk ww) een aanval doen op,

te lijf gaan: *s'~ à un problème* een probleem aanpakken
attardé, -e 1 verlaat **2** achterlijk
attarder 1 (+ à) zich verlaten; blijven hangen **2** (+ sur, à) lang stilstaan bij
atteindre 1 bereiken **2** raken, treffen [ook fig] **3** inhalen **4** (+ à) (met moeite) bereiken, geraken (tot), reiken (tot)
l' **atteinte** (v) aantasting: *porter* ~ *à* aantasten, een smet werpen op, ondergraven; *rester hors d'~* buiten bereik blijven, buiten schot blijven
l' **attelage** (m) **1** span **2** (het) aanspannen **3** koppeling
¹atteler (ov ww) inspannen; bespannen; koppelen: ~ *les chevaux* de paarden inspannen; [inf] ~ *qqn. à qqch.* iem. ergens voorspannen
s' **²atteler à** (wdk ww) zich inspannen (voor), ter hand nemen
l' **attelle** (v) [med] spalk
attenant, -e aangrenzend, belendend
attendant: *en* ~ in afwachting, intussen; *en* ~ *que* in afwachting dat
¹attendre (ov ww) wachten (op), verwachten, opwachten: *attendez voir* wacht maar; *faire* ~ *qqn.* iem. laten wachten
s' **²attendre à** (wdk ww) verwachten, rekenen (op), verdacht zijn (op): *je m'y attendais* dat dacht ik al
¹attendrir (ov ww) **1** week, zacht, mals maken **2** vertederen, ontroeren, vermurwen
s' **²attendrir** (wdk ww) **1** week, zacht worden **2** geroerd worden
attendrissant, -e vertederend, aandoenlijk
l' **attendrissement** (m) ontroering, vertedering
¹attendu, -e (bn) verwacht, te voorzien
²attendu (vz) in aanmerking genomen; wegens
³attendu que (vw) aangezien
l' **attentat** (m) aanslag, vergrijp: ~ *à la pudeur* aanranding; *commettre un* ~ *(contre)* een aanslag plegen (op)
attentatoire *à* die een aanslag doet (op), die aantast; inbreuk makend (op)
l' **attentat-suicide** (m; mv: attentats-suicide) zelfmoordaanslag
l' **attente** (v) verwachting, afwachting; (het) wachten: *contre toute* ~ onverhoopt; *salle* (of: *salon*) *d'*~ wachtkamer; *file d'*~ rij wachtenden; *en* ~ in behandeling; *solution d'*~ voorlopige oplossing
attenter à een aanslag doen (op): ~ *à ses jours* de hand aan zichzelf slaan
attent|if, -ive 1 oplettend, aandachtig: ~ *à* opmerkzaam op **2** attent **3** zorgvuldig
l' **attention** (v) oplettendheid, aandacht: ~*!* let op!, pas op!, kijk uit!; *faire* ~ *à qqch.* letten op iets; *être plein d'*~ *pour qqn.* vol toe-

wijding zijn voor iem.
attentionné, -e à, avec, pour voorkomend (tegen), attent (voor)
les **attentions** (mv, v) voorkomendheid, attentie
attentiste afwachtend
atténuant, -e verzachtend
l' **atténuation** (v) verzachting, verzwakking, vermindering
[1]**atténuer** (ov ww) verzachten, verzwakken, verminderen
s' [2]**atténuer** (wdk ww) verminderen, verzwakken
atterrer verbijsteren
atterrir landen
l' **atterrissage** (m) landing: *train d'*~ landingsgestel
l' **attestation** (v) **1** getuigenis **2** getuigschrift, attest(atie): ~ *de bonne conduite* bewijs van goed gedrag
attester 1 getuigen, bewijzen **2** verklaren
[1]**attiédir** (ov ww) **1** lauw maken **2** doen verkoelen, verflauwen
s' [2]**attiédir** (wdk ww) **1** lauw, zoel worden **2** verkoelen
l' **attiédissement** (m) verflauwing, verkoeling
[1]**attifer** (ov ww) [inf] opdirken
s' [2]**attifer** (wdk ww) [inf] zich opdirken
l' **attirail** (m) **1** toerusting, gerei **2** [inf] santenkraam
l' **attirance** (v) aantrekkelijkheid, bekoring
attirant, -e aantrekkelijk, bekoorlijk
[1]**attirer** (ov ww) **1** aantrekken; (aan)lokken: ~ *l'attention sur* de aandacht vestigen op **2** berokkenen, bezorgen, veroorzaken
s' [2]**attirer** (wdk ww) zich op de hals halen: *s'*~ *une punition* straf oplopen
attiser 1 oppoken, aanwakkeren **2** aanstoken, ophitsen
attitré, -e officieel (aangesteld), erkend
l' **attitude** (v) **1** houding, stand **2** gedrag(slijn)
l' **attouchement** (m) aanraking
attract|if, -ive 1 aantrekkings-, aantrekkend **2** aantrekkelijk
l' **attraction** (v) aantrekking(skracht): *pouvoir d'*~ aantrekkingskracht **2** attractie; vermakelijkheid: *parc d'*~*s* pretpark
l' **attrait** (m) aantrekkelijkheid, aantrekking, bekoring
les **attraits** (mv, m) charmes
l' **attrape** (v) valstrik; fopperij
l' **attrape-mouches** (m) vliegenvanger
l' **attrape-nigaud** (m; mv: attrape-nigauds) boerenbedrog
attraper 1 vangen, pakken, grijpen: ~ *qqn. à* iem. betrappen op **2** krijgen: ~ *une maladie* een ziekte oplopen **3** een standje geven: *se faire* ~ een standje krijgen **4** beetnemen **5** (in)halen: ~ *le train* de trein halen

attrayant, -e aantrekkelijk
[1]**attribuer** (ov ww) **1** toekennen, toewijzen **2** toeschrijven
s' [2]**attribuer** (wdk ww) zich aanmatigen, voor zich opeisen
l' **attribut** (m) **1** attribuut, eigenschap, kenmerk **2** zinnebeeld **3** [taalk] naamwoordelijk deel van het gezegde
l' **attribution** (v) toekenning, toewijzing
les **attributions** (mv, v) (ambts)bevoegdheid: *cela rentre dans ses* ~ dat behoort tot zijn taak
attristant, -e bedroevend, verdrietig
[1]**attrister** (ov ww) bedroeven, terneerslaan
s' [2]**attrister** (wdk ww) bedroefd worden
l' **attroupement** (m) oploop, samenscholing
s' **attrouper** te hoop lopen, samenscholen
au [samentrekking van *à* + *le*] *zie à*
l' **aubaine** (v) buitenkansje
l' **aube** (v) **1** dageraad **2** albe [wit miskleed] **3** schoep
l' **aubépine** (v) meidoorn, hagendoorn
l' **auberge** (v) herberg: ~ *de jeunesse* jeugdherberg; ~ *espagnole* plek waar je krijgt wat je zelf inbrengt; [fig] chaotische situatie
l' **aubergine** (v) **1** aubergine [vrucht] **2** [plantk] aubergine; eierplant
l' **aubergiste** (m/v) herbergier(ster)
l' **aubette** (v) **1** wachthuisje **2** [Belg] kiosk
aucun, -e ne geen (een), geen enkel, niemand
aucunement ne niet, geenszins
l' **audace** (v) **1** durf, lef **2** waagstuk
audaci|eux, -euse 1 dapper **2** gedurfd, gewaagd
au-dedans binnen(in)
au-dehors (van) buiten
l' [1]**au-delà** (m) (het) hiernamaals
[2]**au-delà** (bw) verder (op)
[3]**au-delà de** (vz) aan de andere kant (van), voorbij: ~ *de toute espérance* boven alle verwachting
[1]**au-dessous** (bw) eronder
[2]**au-dessous de** (vz) lager dan, onder
[1]**au-dessus** (bw) erop, erboven
[2]**au-dessus de** (vz) hoger dan, boven
au-devant de tegemoet
l' **audibilité** (v) hoorbaarheid
audible hoorbaar
l' **audience** (v) **1** gehoor, aandacht **2** audiëntie; gehoor, toehoorders **3** (gerechts)zitting
l' **audimat** (m) kijkdichtheid, kijkcijfers
audio (onv) geluids-; audio-: *montage* ~ geluidsmontage
l' **audioconférence** (v) teleconferentie
audionumérique: *disque* ~ compact disc
l' [1]**audiovisuel** (m) radio en televisie, omroepbestel
[2]**audiovisuel, -le** (bn) audiovisueel
l' **audit** (m) accountantsonderzoek
l' **audi|teur** (m), **-trice** (v) **1** toehoorder, toe-

hoorster; luisteraar(ster) **2** auditor

audit|if, -ive auditief, gehoor(s)-: *appareil ~* een gehoorapparaat

l' **audition** (v) **1** (het) horen **2** verhoor **3** proefoptreden, auditie

¹**auditionner** (onov ww) op een auditie spelen

²**auditionner** (ov ww) op proef laten spelen

l' **auditoire** (m) **1** gehoorzaal, auditorium **2** gehoor, toehoorders

l' **auge** (v) **1** trog, bak **2** schoep [van scheprad]

l' **augmentation** (v) **1** vermeerdering, verhoging **2** opslag

¹**augmenter** (onov ww) zich uitbreiden; [van prijzen] stijgen; toenemen

²**augmenter** (ov ww) **1** vermeerderen, verhogen **2** opslag geven

s' ³**augmenter** (wdk ww) groter worden, zich uitbreiden

l' **augure** (m) voorteken, voorspelling: *de bon ~* goeds voorspellend; *de mauvais ~* onheilspellend

auguste eerbiedwaardig, verheven

l' **augustin** (m), **-e** (v) augustijner monnik, augustines

aujourd'hui 1 vandaag, heden **2** tegenwoordig, nu: *au jour d'~* heden ten dage

l' **aulne** (m) els

l' **aumône** (v) aalmoes: *faire l'~* een aalmoes (aalmoezen) geven

l' **aumônier** (m) aalmoezenier

l' ¹**aune** (m) els

l' ²**aune** (v) el: *mesurer les autres à son ~* anderen naar zichzelf beoordelen

auparavant (van) tevoren, eerst, vroeger

auprès de 1 bij, dicht bij **2** naast **3** in vergelijking met **4** in de ogen van

auquel [samentrekking van à + *lequel*] *zie ¹lequel*

l' **auréole** (v) stralenkrans, aureool; cirkelvormige vlek

auréoler met een stralenkrans omgeven

l' ¹**auriculaire** (m) pink

²**auriculaire** (bn) oor-

aurifère goudhoudend

l' **aurochs** (m) oeros

l' **aurore** (v) **1** dageraad, morgenrood: *~ boréale* noorderlicht; *~ australe* zuiderlicht **2** begin

l' **auscultation** (v) [med] auscultatie, onderzoek

ausculter [med] ausculteren, onderzoeken

les **auspices** (mv, m): *sous les ~ de* onder bescherming, onder de auspiciën van

aussi 1 ook, eveneens, bovendien: *tu pars? moi ~* vertrek je? ik ook **2** even, zo: *il est ~ grand que moi* hij is even groot als ik; *~ bien* bovendien, trouwens; *~ bien que* evenals, zowel als **3** [aan het begin van een zin] dan ook, dus **4** (+ que) [+ subj] hoe … ook: *~*

grand qu'il soit hoe groot hij ook is

aussitôt dadelijk: *~ que* zodra; *~ arrivé il alla se coucher* meteen na aankomst ging hij naar bed

austère streng, ernstig, ingetogen; sober: *paysage ~* ruig landschap

l' **austérité** (v) ascetisme, soberheid: *politique d'~* bezuinigingspolitiek, bezuinigingsbeleid

austral, -e (mv: australs, austraux) zuidelijk, zuid(er)-: *terres ~es* zuidpoollanden; *Afrique ~* Zuidelijk Afrika

l' **Australie** (v) Australië

australien, -ne Australisch

l' **Australien** (m), **-ne** (v) Australiër, Australische

autant 1 even(veel), zoveel, evenzeer; evengoed: *c'est ~ de gagné* dat hebben we tenminste binnen; *j'aime ~ rester à la maison* ik blijf net zo lief thuis; *j'en fais ~* ik doe hetzelfde; *d'~* naar, in gelijke mate; *d'~ moins que* des te minder omdat; *d'~ plus (que)* te meer (daar); *d'~ que* vooral omdat, aangezien; *pour ~* evenzeer, ondanks dat alles; *pour ~ que* voor zover **2** [+ onbep w] men kan evengoed …: *~ dire* dat wil dus zeggen **3** (+ que) zoveel als, voor zover: *~ que possible* voor zover mogelijk

l' **autarcie** (v) autarkie, economische onafhankelijkheid

autarcique autarkisch

l' **autel** (m) altaar

l' **auteur** (m) **1** maker, schepper **2** dader: *l'~ d'un crime* de dader van een misdaad **3** schrijver, schrijfster, auteur: *droits d'~* royalty's

l' **authenticité** (v) authenticiteit, geloofwaardigheid, echtheid

authentifier als echt erkennen

authentique authentiek, echt, oorspronkelijk, waarachtig

l' ¹**autiste** (m/v) autist(e)

²**autiste** (bn) autistisch

l' **auto** (v) auto(mobiel): *~s tamponneuses* botsautootjes

auto- zelf-

l' **autoaccusation** (v) zelfbeschuldiging

l' **autoadhésif** (m) sticker

l' **autoallumage** (m) zelfontsteking

l' **autobiographie** (v) autobiografie

autobiographique autobiografisch

l' **autobronzant** (m) zelfbruinende crème

l' **autobus** (m) (stads)bus

l' **autocar** (m) touringcar

l' ¹**autochtone** (m/v) autochtoon

²**autochtone** (bn) autochtoon, inheems, oorspronkelijk

l' ¹**autocollant** (m) sticker

²**autocollant, -e** (bn) zelfklevend

l' **autocrate** (m) autocraat, alleenheerser

l' **autocratie** (v) alleenheerschappij

l' **autocratique** autocratisch, tiranniek

l' **autocritique** (v) zelfkritiek

l' **autocuiseur** (m) snelkookpan, hogedruk-pan

l' **autodafé** (m) (ketter)verbranding

l' **autodéfense** (v) zelfverdediging

l' **autodérision** (v) zelfspot

l' **autodestruction** (v) zelfvernietiging

l' **autodétermination** (v) zelfbeschik-king(srecht)

l' ¹**autodidacte** (m/v) autodidact(e)
²**autodidacte** (bn) autodidactisch

l' **autodrome** (m) baan voor autoraces of -tests

l' **auto-école** (v; mv: auto-écoles) autorij-school

l' **autoentrepren|eur** (m), **-euse** (v) ± zzp'er (afk van *zelfstandige zonder perso-neel*); eenpitter

l' **autoentreprise** (v) eenmansbedrijf

l' **autofécondation** (v) zelfbevruchting

autofinancer uit eigen middelen financie-ren

l' **autoflagellation** (v) zelfkastijding [fig]

l' **autoformation** (v) zelfstudie

l' **autogestion** (v) zelfbeheer van onderne-ming [door personeel]

l' ¹**autographe** (m) handgeschreven tekst van auteur; (zijn) handtekening
²**autographe** (bn) eigenhandig geschreven

l' **autoguidage** (m) zelfbesturing
autoguidé, -e met zelfbesturing
auto-immun, -e (mv: auto-immuns): *ma-ladie ~e* auto-immuunziekte

l' **automate** (m) **1** automaat **2** robot

l' **automaticien** (m), **-ne** (v) automatise-ringsdeskundige
automatique automatisch

l' **automatisation** (v) automatisering
automatiser automatiseren

l' **automatisme** (m) **1** automatisme **2** ge-woontehandeling **3** regelmaat

l' **automédication** (v) zelfmedicatie

l' **automitrailleuse** (v) pantserwagen
automnal, -e herfst-, herfstig

l' **automne** (m) herfst, najaar

l' ¹**automobile** (v) **1** auto **2** autosport **3** auto-industrie
²**automobile** (bn) zelfbewegend: *canot ~* motorboot; *industrie ~* auto-industrie

l' **automobiliste** (m/v) automobilist

l' **automutilation** (v) [form] zelfverminking

s' **automutiler** zichzelf verwonden, vermin-ken
autonettoyant, -e zelfreinigend
autonome autonoom, zelfstandig

l' **autonomie** (v) zelfbestuur, onafhankelijk-heid

l' ¹**autonomiste** (m/v) autonomist(e), iem. die streeft naar onafhankelijkheid
²**autonomiste** (bn) autonomistisch

l' **autopompe** (v) motorbrandspuit

l' **autoportrait** (m) zelfportret

l' **autopsie** (v) **1** lijkschouwing **2** vlijmscher-pe analyse
autopsier 1 sectie verrichten op **2** analyse-ren, uitpluizen

l' **autorail** (m) dieseltrein

l' **autorisation** (v) machtiging, vergunning; toestemming
autorisé, -e bevoegd, gerechtigd; toegela-ten; geautoriseerd [van een vertaling]
autoriser wettigen, toestaan, toelaten: *~ à* machtigen tot
autoritaire gebiedend; autoritair, bazig, eigenmachtig, heerszuchtig

l' **autoritarisme** (m) eigenmachtigheid, au-toritair optreden

l' **autorité** (v) **1** autoriteit, gezag; macht; in-vloed, overwicht: *d'~, de son ~* op eigen ge-zag, eigenmachtig; *de quelle ~?* met welk recht?; *faire ~* **a)** gezaghebbend zijn; **b)** als regel gelden; *par ~ de* op gezag van **2** auto-riteit, gezaghebbend persoon, gezagsdra-ger, gezagsorgaan

les **autorités** (mv, v) overheid, autoriteiten

l' **autoroute** (v) (auto)snelweg
autorout|ier, -ière van, op de auto(snel)-weg
autos-couchettes: *train ~* autoslaaptrein

l' **auto-stop** (m) (het) liften: *en ~* liftend; *fai-re de l'~* liften

l' **autostopp|eur** (m), **-euse** (v) lifter, liftster

l' ¹**autour** (m) havik
²**autour** (bw) eromheen, rondom
³**autour de** (vz) rondom, om
autre ander(e), anders, verschillend; twee-de, nieuw: *à d'~s!* maak dat de kat wijs!; *~ chose* iets anders, nog iets; *entre ~s (choses)* onder andere; *un garçon comme un ~* een doodgewone jongen; *l'~ dimanche* verleden zondag; *l'~ jour* onlangs; *un ~ jour* een ande-re dag; *un jour ou l'~* eerstdaags, eens; *nous ~s, vous ~s* wij, jullie; *quelqu'un d'~* iemand anders; *l'un et l'~*, *les uns et les ~s* beiden; *l'un l'~*, *les uns les ~s* elkaar; *c'est l'un ou l'~* het is een van beide [je móét kiezen]; *d'un moment à l'~* van het ene moment op het andere; *l'~ matin* onlangs op een morgen; *l'~ monde* het hiernamaals; *deux ~s verres* nog twee glazen; *l'un dans l'~* door elkaar gerekend; *~ part* elders; *d'~ part* bovendien, aan de an-dere kant; *j'en ai vu bien d'~s* ik heb wel voor hetere vuren gestaan; *d'un ~ âge* verouderd
autrefois eertijds, vroeger
autrement 1 anders: *~ dit* met andere woorden **2** zo niet, anders **3** [inf] heel wat: *~ plus* heel wat meer ǁ *pas ~* niet erg, nauwe-lijks; *tu pourrais me parler ~* je zou weleens een andere toon tegen me aan mogen slaan

l' **Autriche** (v) Oostenrijk
autrichien, -ne Oostenrijks

l' **Autrichien** (m), **-ne** (v) Oostenrijker, -rijkse

l' **autruche** (v) struis(vogel): *estomac d'~* maag die alles verdraagt; *faire l'~* de kop in het zand steken

autrui een ander, anderen

l' **auvent** (m) luifel, afdak

auvergnat, -e uit Auvergne

l' **Auvergnat** (m), **-e** (v) inwoner, inwoonster van de Auvergne

aux [samentrekking van *à* + *les*] *zie à*

l' **¹auxiliaire** (m) **1** hulpkracht; ~ *pédagogique* onderwijsassistent **2** hulpmiddel

²auxiliaire (bn) hulp-: *bureau ~* bijkantoor; *verbe ~* hulpwerkwoord

auxquels [samentrekking van *à* + *lesquel(-le)s*] *zie* ¹*lequel*

¹avachir (ov ww) **1** (iets) vormloos maken: *souliers avachis* afgetrapte schoenen **2** (iem.) futloos maken, afstompen

s' **²avachir** (wdk ww) **1** uit de vorm raken **2** pafferig worden **3** afstompen

l' **avachissement** (m) **1** vervorming **2** lamlendigheid: ~ *moral* verloedering

l' **aval** (m) **1** benedenloop van een rivier: *en ~* stroomafwaarts **2** later [in productieproces] **3** [fig] goedkeuring: *donner son ~* zijn goedkeuring geven

l' **avalanche** (v) **1** lawine **2** stortvloed

avaler 1 (in)slikken, opeten: ~ *de travers* zich verslikken **2** [een boek] verslinden; [een belediging] slikken: ~ *des couleuvres* beledigingen slikken; ~ *la pilule* een bittere pil slikken

l' **avaleur** (m): ~ *de sabres* degenslikker

l' **avance** (v) **1** voorsprong: *prendre de l'~ sur qqn.* een voorsprong op iem. nemen; *arriver avec une heure d'~* een uur vroeger aankomen; *merci d'~* bij voorbaat dank; *être en ~* te vroeg zijn **2** opmars [van een leger] **3** voorschot: *payer d'~* vooruit betalen || ~ *rapide* [elek] het snel vooruitspoelen

avancé, -e 1 (ver)gevorderd: *à une heure ~e de la nuit* op een vergevorderd uur; [iron] *vous voilà bien ~!* nu ben je nog even ver! **2** vooruitgeschoven **3** overrijp [van fruit] **4** voorlijk; progressief; hoogontwikkeld

l' **avancée** (v) **1** uitstekend gedeelte **2** grote vooruitgang

l' **avancement** (m) **1** voorwaartse beweging; (het) vooruitzetten **2** voortgang, vordering **3** promotie, bevordering

¹avancer (onov ww) **1** voorwaarts gaan **2** (voor)uitsteken **3** voorlopen [van een uurwerk] **4** vorderen, opschieten **5** promotie maken

²avancer (ov ww) **1** (voor)uitsteken, vooruitbrengen, vooruitschuiven: ~ *une montre* een klok voorzetten **2** vervroegen, verhaasten, bespoedigen; [iron] *tu sera bien avancé!* daar schiet je mooi mee op! **3** voorschieten [van geld] **4** naar voren brengen, beweren,

opperen

s' **³avancer** (wdk ww) **1** naderen, naar voren komen **2** uitsteken **3** vorderen: *la nuit s'avance* de nacht vordert **4** zich wagen: *s'~ trop* te ver gaan

les **avances** (mv, v) toenadering(spogingen), avances

l' **avanie** (v) vernedering

l' **¹avant** (m) **1** voorsteven; [van voertuig] voorste deel **2** [sport] voorspeler **3** [mil] front: *aller de l'~* vorderen, doorzetten

²avant (bn, mv: *onv*) voor-: *roues ~* voorwielen; *traction ~* (auto met) voorwielaandrijving

³avant (bw) **1** tevoren: *la nuit d'~* de nacht ervoor **2** vooruit, vooraan: *en ~, marche!* voorwaarts mars! **3** ver: *aller plus ~ dans une affaire* dieper doordringen in een zaak; *mettre en ~* opperen, naar voren brengen; *se mettre en ~* zich op de voorgrond plaatsen; *passer ~* voorgaan; ~ *que* voordat

⁴avant (vz) vóór: ~ *de* alvorens te; ~ *huit jours* binnen acht dagen; ~ *peu* binnenkort; ~ *tout* vóór alles, boven alles

l' **avantage** (m) **1** voordeel [ook sport]; voorrecht **2** overhand; voorsprong

avantager 1 bevoordelen, begunstigen **2** bevorderen

avantag|eux, -euse 1 voordelig, gunstig **2** flatteus **3** verwaand, zelfingenomen

l' **avant-bras** (m) onderarm

l' **avant-centre** (m; mv: avant-centres) [sport] midvoor

avant-coureur (mv: avant-coureurs): *signe ~* voorteken

avant-dern|ier, -ière (mv: avant-derniers, avant-dernières) voorlaatst

l' **avant-garde** (v; mv: avant-gardes) voorhoede: *d'~* avant-gardistisch

l' **¹avant-gardiste** (m/v; mv: avant-gardistes) avant-gardist(e)

²avant-gardiste (bn, mv: avant-gardistes) avant-gardistisch

l' **avant-goût** (m; mv: avant-goûts) voorproef(je)

l' **avant-guerre** (m; mv: avant-guerres) tijd vóór de oorlog

avant-hier eergisteren

l' **avant-plan** (m) [Belg] voorgrond

l' **avant-poste** (m; mv: avant-postes) voorpost

l' **avant-première** (v; mv: avant-premières) voorvertoning; voorpremière

l' **avant-propos** (m) voorwoord, woord vooraf

l' **avant-saison** (v; mv: avant-saisons) voorseizoen

l' **avant-scène** (v; mv: avant-scènes) voorgrond, voortoneel

l' **avant-train** (m; mv: avant-trains) **1** voorhand **2** voorstel, voorste deel [van een wagen]

l' **avant-veille** (v; mv: avant-veilles) twee dagen tevoren

l' **¹avare** (m) gierigaard, vrek

²avare (bn) **1** gierig, karig: ~ *de* uiterst zuinig op (met) **2** schraal

l' **avarice** (v) gierigheid, schraapzucht

l' **avarie** (v) averij, (zee)schade, beschadiging

avarié, -e beschadigd; bedorven

l' **avatar** (m) gedaanteverwisseling

les **avatars** (mv, m) wederwaardigheden, ongelukken

¹avec (bw) [inf] ermee: *je ne pourrais pas vivre* ~ daar zou ik niet mee kunnen leven

²avec (vz) samen met; met (be)hulp van; bij: *et ~ cela?* anders nog iets?; *... et ~ ça ...* en bovendien ...; *~ le temps* mettertijd; *~ vous, il n'y a que l'argent qui compte* als ik u zo hoor, telt alleen het geld

l' **¹avenant** (m) aanhangsel [van een polis]: *à l'~* dienovereenkomstig, navenant

²avenant, -e (bn) innemend

l' **avènement** (m) **1** komst [van de Messias] **2** troonsbestijging **3** aanvang

l' **avenir** (m) toekomst: *à l'~* in het vervolg, voortaan; *d'~* met toekomst; *dans l'~* in de toekomst

l' **avent** (m) advent(stijd)

l' **aventure** (v) voorval, avontuur: *à l'~* op goed geluk; *d'~, par* ~ toevallig

¹aventurer (ov ww) op het spel zetten, wagen

s' **²aventurer** (wdk ww) zich wagen: *s'~ à* aandurven

les **aventures** (mv, v) lotgevallen

aventur|eux, -euse 1 avontuurlijk; ondernemend **2** onzeker

l' **aventur|ier** (m), **-ière** (v) **1** avonturier(ster) **2** vrijbuiter

l' **avenue** (v) **1** laan, boulevard; [Belg] lei **2** (oprij)laan

avéré, -e bewaarheid, gebleken

s' **avérer** blijken (te zijn)

l' **averse** (v) stortbui

l' **aversion** (v) afkeer: *prendre en* ~ een afkeer krijgen van

averti, -e geïnformeerd: *un homme* ~ *en vaut deux* een gewaarschuwd man telt voor twee; *se tenir pour* ~ op zijn hoede zijn

avertir 1 waarschuwen; berichten, verwittigen **2** een signaal geven

l' **avertissement** (m) **1** waarschuwing: ~ *(au lecteur)* voorbericht **2** [belasting] aanmaning

l' **¹avertisseur** (m) **1** claxon **2** alarminrichting: ~ *d'incendie* brandmelder

²avertiss|eur, -euse (bn) waarschuwend: *panneau* ~ waarschuwingsbord

l' **aveu** (m) bekentenis: *de l'~ de tout le monde* zoals iedereen erkent; *passer aux ~x* bekennen

aveuglant, -e 1 verblindend **2** zonneklaar

l' **¹aveugle** (m/v) blinde: *en* ~ blindelings

²aveugle (bn) **1** blind: *confiance* ~ blind vertrouwen **2** (ver)blind; redeloos

l' **aveuglement** (m) verblinding

aveuglément blindelings

¹aveugler (ov ww) blind maken, verblinden

s' **²aveugler sur** (wdk ww) blind zijn (voor)

aveuglette: *à l'* ~ op de tast, op goed geluk

avez 2e pers mv van *¹avoir*

l' **avia|teur** (m), **-trice** (v) vliege(nie)r, piloot

l' **aviation** (v) luchtvaart

avicole pluimvee-

l' **avicul|teur** (m), **-trice** (v) pluimveefokker

l' **aviculture** (v) pluimveeteelt, pluimveehouderij

avide 1 begerig, gretig: ~ *de* belust op **2** gulzig, inhalig, schraperig

l' **avidité** (v) gulzigheid, gretigheid

¹avilir (ov ww) **1** verlagen, vernederen **2** in prijs, in waarde doen dalen

s' **²avilir** (wdk ww) **1** zich vernederen **2** in waarde, in prijs dalen

avilissant, -e vernederend, onterend

l' **avilissement** (m) vernedering

aviné, -e 1 dronken **2** naar wijn ruikend

l' **avion** (m) vliegtuig: *par* ~ per luchtpost; ~ *à réaction* straalvliegtuig; ~ *de ligne* lijnvliegtuig; ~ *charter* chartervliegtuig; ~ *de tourisme* sportvliegtuig

l' **avion-école** (m; mv: avions-écoles) lesvliegtuig

l' **aviron** (m) roeiriem: *faire de l'* ~ sportroeien

l' **avis** (m) **1** mening: *à mon* ~ mijns inziens; *être de l'* ~ *de qqn.* het met iem. eens zijn **2** bericht: *donner (de, que)* ~ berichten; ~ *de décès* overlijdensbericht; *sauf* ~ *contraire* behoudens tegenbericht; ~ *au lecteur* voorbericht [in boek] **3** raad, advies

avisé, -e bezonnen, voorzichtig; verstandig

¹aviser (onov ww) **1** (+ à) nadenken over **2** overwegen: *on ~a bientôt* we zullen gauw een besluit nemen

²aviser (ov ww) **1** in het oog krijgen, bemerken **2** berichten: ~ *qqn. de* iem. iets mededelen, in kennis stellen van iets

s' **³aviser de** (wdk ww) **1** zich rekenschap geven van **2** het in zijn hoofd halen om

aviver 1 verlevendigen, aanwakkeren; ophalen, opfrissen [van kleur] **2** verergeren [van verdriet, pijn]

l' **¹avocat** (m), **-e** (v) advocaat, advocate, verdedig(st)er, pleitbezorg(st)er

l' **²avocat** (m) avocado

l' **avoine** (v) haver: *folle* ~ wilde haver; *flocons d'* ~ havermout

l' **¹avoir** (m) **1** bezit **2** activa; tegoed; saldo

²avoir (ov ww) **1** hebben, bezitten: *il a vingt ans* hij is twintig; *il a beau dire* hij heeft mooi praten; *en* ~ *à* (of: *contre*) *qqn.* het op iem. gemunt hebben; *en* ~ *pour longtemps* lang werk hebben; *je n'en ai pas pour longtemps* ik ben zo terug; [inf] ~ qqn. iem. beetnemen; *je l'ai eu* ik heb hem te pakken; *qu'avez-vous?* wat scheelt u? **2** krijgen: *j'ai eu ce livre pour presque rien* ik heb dat boek voor bijna niets gekregen; *se faire* ~ afgezet worden [m.b.t. geld] **3** (+ à) [+ onbep w] moeten, dienen te: *la seule chose qu'il ait à faire* het enige wat hij moet doen; *vous n'avez qu'à y venir* je hebt maar te komen

³**avoir** (hww) hebben, zijn

⁴**avoir** (onpers ww): *il y a* er is, er zijn; *il y a longtemps* (het is) lang geleden; *qu'est-ce qu'il y a?* wat scheelt eraan?, wat is er aan de hand?; *il n'y a qu'à* men hoeft alleen maar te …

avoisinant, -e aangrenzend; in de buurt

avoisiner 1 grenzen aan **2** [fig] naderen

avons 1e pers mv van *¹avoir*

l' **avortement** (m) **1** miskraam, abortus **2** (jammerlijke) mislukking

¹**avorter** (onov ww) **1** een miskraam hebben **2** mislukken

²**avorter** (ov ww) aborteren, abortus uitvoeren op: *se faire* ~ abortus plegen

l' **avorton** (m) **1** onvoldragen vrucht **2** misbaksel

avouable waarvoor je kunt uitkomen, achtenswaardig

l' **avoué** (m) procureur; [Belg] pleitbezorger

¹**avouer** (ov ww) toegeven; bekennen, erkennen

s' ²**avouer** (wdk ww) bekennen te zijn: *s'~ vaincu* zich gewonnen geven

l' **avril** (m) april: *poisson d'~* aprilgrap; [Belg] aprilvis

l' **axe** (m) as; spil; verbindingsweg: *les grands ~s* **a)** de hoofdlijnen; **b)** de hoofdwegen

axer sur richten op, afstemmen op: *monde axé sur l'argent* wereld waarin alles om het geld draait

l' **axiome** (m) axioma, grondstelling

ayant onvolt dw *¹avoir*

l' **ayant droit** (m) rechthebbende

l' **azalée** (v) azalea

l' **Azerbaïdjan** (m) Azerbeidzjan

azerbaïdjanais, -e Azerbeidzjaans

l' **Azerbaïdjanais** (m), **-e** (v) Azerbeidzjaan(se)

azéri, -e Azerbeidzjaans

l' **Azéri** (m), **-e** (v) Azeri; Azerbeidzjaan(se)

l' **azimut** (m): [inf] *tous ~s* voor alle doeleinden, in het wilde weg

l' **azote** (m) stikstof

azoté, -e stikstof bevattend

l' **azur** (m) **1** azuur, lazuur(steen) **2** hemelsblauw

azuré, -e hemelsblauw, azuren

azyme ongezuurd: *pain* ~ ongedesemd brood

b

le **b** (m) [de letter] b
la **BA** (v) [padvinderij] afk van *bonne action* goede daad
le **¹baba** (m): ~ *au rhum* krententaartje met rum ‖ ~ *cool* hippie
le **²baba** (m) softie [jaren '70]
³baba (bn, mv: *onv*) [inf] verbluft: *j'en suis resté* ~ ik stond er paf van
le **b.a.-ba** (m): *le* ~ *du métier* de eerste beginselen van het beroep
le **baba cool** (m) softie [jaren '70]
la **babelute** (v) [Belg] (Zeeuwse) babbelaar
le **babeurre** (m) karnemelk; [Belg] botermelk
le **babillage** (m) gebabbel
le/la **¹babillard** (m), **-e** (v) babbelaar(ster)
²babillard, -e (bn) babbelachtig, praatziek
babiller babbelen
les **babines** (mv, v): *s'en lécher les* ~ ergens van likkebaarden, watertanden
la **babiole** (v) **1** snuisterij **2** bagatel
le **bâbord** (m) bakboord
la **babouche** (v) slof, pantoffel
le **babouin** (m) baviaan
le **baby-boom** (m; mv: baby-booms) geboortegolf
le/la **baby-boomer** (m/v) babyboomer
le **baby-foot** (m; mv: *onv*) tafelvoetbal
le/la **baby-sitter** (m/v; mv: baby-sitters) babysit(ter), kinderoppas
le **baby-sitting** (m; mv: baby-sittings) (het) babysitten: *faire du* ~ babysitten
le **bac** (m) **1** (veer)pont **2** bak, kuip, vak: ~ *à légumes* groentela [in ijskast]; ~ *à sable* zandbak; [Belg] ~ *à ordures* vuilnisbak **3** verk van *baccalauréat* [inf] eindexamen vwo; [Belg] maturiteitsdiploma: *passer le* ~ eindexamen doen
le **baccalauréat** (m) eindexamen vwo; [Belg] maturiteitsdiploma
la **bâche** (v) dekzeil; kap, huif
le/la **bachelier** (m), **-ière** (v) iem. die een vwo-diploma heeft
le **bachelor** (m) bachelor
bâcher met een huif, zeil bedekken
bachique Bacchus-: *chanson* ~ drinklied
le **bachot** (m) [inf] eindexamen middelbare school
bachoter hard studeren voor een examen
le **bacille** (m) bacil
bâcler afraffelen
le **bacon** (m) gerookt spek
bactéricide bacteriëndodend
la **bactérie** (v) bacterie

badaboum! ploef!
le/la **badaud** (m), **-e** (v) lanterfant(st)er, nieuwsgierige
la **baderne** (v): *une vieille* ~ een ouwe sul
le **badge** (m) naamspeldje; button
le **badigeon** (m) muurkalk
le **badigeonnage** (m) **1** het (wit)kalken van een muur **2** [med] (het) aanstippen
badigeonner 1 (wit)kalken **2** [med] aanstippen
le/la **¹badin** (m), **-e** (v) grappenmaker, -maakster
²badin, -e (bn) luchtig schertsend, schalks
le **badinage** (m) luchtige scherts
la **badine** (v) rijzweepje
badiner schertsen, gekscheren: *on ne badine pas avec l'amour* liefde is geen spelletje [toneelstuk van Musset]
le **badminton** (m) [sport] badminton
la **baffe** (v) oorvijg
la **baffle** (v) luidsprekerbox
bafouer honen, belachelijk maken
le **bafouillage** (m) gehakkel
la **bafouille** (v) [pop] briefje
bafouiller hakkelen
bâfrer [pop] zich volstoppen, schranzen
bâfr|eur, -euse [pop] veelvraat, vreetzak
le **bagage** (m) **1** bagage: ~*s à main* handbagage; [inf] *plier* ~ zijn biezen pakken **2** bezit, verworven kennis
le **bagagiste** (m) kruier
la **bagarre** (v) opstootje, rel
¹bagarrer (onov ww) [inf] knokken
se **²bagarrer** (wdk ww) [inf] ruzie maken
le **bagarreur** (m) [inf] ruziemaker
la **bagatelle** (v) **1** kleinigheid, nietigheid, bagatel **2** vrijage: *être porté sur la* ~ alleen maar aan seks denken
le **bagnard** (m) **1** (galei)boef **2** gevangene
le **bagne** (m) strafkamp, hel [ook fig]
la **bagnole** (v) [pop] auto
le **bagout** (m): *avoir du* ~ goed gebekt zijn
le **baguage** (m) (het) ringen [van vogels]
la **bague** (v) **1** ring **2** sigarenbandje
baguenauder slenteren
baguer 1 ringen **2** banderolleren [van sigaren]
la **baguette** (v) **1** stok(je); dirigeerstok: *comme d'un coup de* ~ *magique* als bij toverslag; *mener qqn. à la* ~ iem. commanderen **2** stokbrood **3** (sier)randje
le **baguier** (m) juwelenkistje
bah! och kom!, loop heen!, heus?
les **Bahamas** (mv, m) Bahama's
le **Bahreïn** (m) Bahrein
bahreïnite Bahreins
le/la **Bahreïnite** (m/v) Bahreiner, Bahreinse
le **bahut** (m) **1** kist **2** buffet **3** [argot] hok, middelbare school, vrachtwagen
bai roodbruin [van een paard]
la **baie** (v) **1** baai **2** venster- of deuropening **3** bes

la **baignade** (v) (het) baden, zwemmen; zwempartij: ~ *interdite* verboden te zwemmen
¹baigner (onov ww) gedompeld zijn: *ça baigne* dat gaat prima
²baigner (ov ww) **1** (doen) baden; in bad doen **2** bespoelen, overgieten
se **³baigner** (wdk ww) baden, een bad nemen, zwemmen: *se ~ dans la mer* in zee zwemmen
le **baigneur** (m) **1** zwemmer **2** babypop
la **baigneuse** (v) zwemster
la **baignoire** (v) **1** badkuip **2** parterreloge
le **bail** (m; mv: baux) huurcontract, pachtcontract
le **bâillement** (m) **1** (het) gapen; geeuw **2** opening, spleet
bâiller 1 gapen, geeuwen **2** openstaan, gapen
le **bailleur** (m): ~ *de fonds* geldschieter
le **bailli** (m) baljuw, drost
le **bâillon** (m) mondprop; doek voor de mond
bâillonner 1 een prop in de mond stoppen **2** [fig] de mond snoeren
le **bain** (m) bad; (het) baden; badkuip: *se remettre dans le* ~ er weer in komen; ~ *de soleil* zonnebad; bloesje met blote rug; [foto] ~ *révélateur* ontwikkelbad; [fig] *être dans le même* ~ in hetzelfde schuitje zitten, in dezelfde situatie verkeren
le **bain-marie** (m): *chauffer au* ~ in warm water verhitten
les **bains** (mv, m) badinrichting; badplaats
la **baïonnette** (v) bajonet
le **baise-en-ville** (m; mv: *onv*) [inf] reisnecessaire; reistas
le **baisemain** (m) handkus
le **¹baiser** (m) kus, zoen
²baiser (ov ww) **1** kussen **2** [inf] neuken **3** [inf] duperen, verneuken
la **baisse** (v) daling, vermindering: *être en* ~ dalen; ~ *de la température* temperatuurdaling
¹baisser (onov ww) zakken, dalen, naar beneden komen; afslaan [van prijzen]; minder worden, gaan liggen [van de wind]: *les prix ont baissé* de prijzen zijn gedaald
²baisser (ov ww) verlagen; laten zakken, doen dalen; [een lamp] lager draaien; [een radio] zachter zetten; naar beneden halen: ~ *les bras* het hoofd in de schoot leggen, 't opgeven; ~ *la voix* zachter spreken; ~ *les yeux* de ogen neerslaan
se **³baisser** (wdk ww) (zich) bukken
la **bajoue** (v) **1** wangstuk **2** hangwang
le **bal** (m; mv: bals) bal; dansfeest: ~ *masqué* gemaskerd bal; [fig] *conduire* (of: *mener*) le ~ aan de touwtjes trekken
la **balade** (v) [inf] wandeling
se **balader** [inf] slenteren, wandelen
le **¹baladeur** (m) walkman
²balad|eur, -euse (bn): *micro* ~ loopmicrofoon
la **baladeuse** (v) **1** volgwagen, bijwagen [tram] **2** elektrische looplamp
la **baladodiffusion** (v) [radio, tv] podcasting
la **balafre** (v) (sabel)houw; litteken daarvan
balafrer een houw toebrengen
le **balai** (m) **1** bezem: *donner un coup de* ~ **a)** aanvegen; **b)** [fig] opruiming houden, personeel ontslaan; ~ *mécanique* rolbezem; *les ~s d'essuie-glace* ruitenwissers [van een auto] **2** [elek] koolborstel **3** [inf] jaar: *il a soixante ~s* hij is zestig || *c'est un vrai manche à* ~ hij is zo mager als een lat
le **balai-brosse** (m; mv: balais-brosses) luiwagen; schrobber
la **balance** (v) **1** weegschaal, balans: ~ *romaine* unster **2** evenwicht: *rester en* ~ onbeslist blijven; ~ *commerciale* handelsbalans **3** schepnet **4** [argot] verklikker
balancé, -e evenwichtig; [pop] goed gebouwd
la **balancelle** (v) schommelbank
le **balancement** (m) **1** (het) balanceren, 't in evenwicht zijn; [fig] evenwicht, symmetrie **2** wiegeling, schommeling
¹balancer (onov ww) aarzelen, weifelen
²balancer (ov ww) **1** balanceren, in evenwicht brengen, houden: ~ *un compte* een rekening sluitend maken **2** [inf] gooien **3** [argot] verklikken
se **³balancer** (wdk ww) (heen en weer) wiegen, wippen, schommelen, balanceren || *s'en* ~ er lak aan hebben
le **balancier** (m) **1** balanceerstok **2** slinger [van een klok]
la **balançoire** (v) **1** wip **2** schommel
le **balayage** (m) (het) vegen
balayer 1 vegen, schoonvegen, wegvegen **2** meevoeren, wegdrijven, wegvagen; verjagen **3** [techn] aftasten, scannen
la **balayette** (v) veger, stoffer
le **balayeur** (m) straatveger; baanveger
la **balayeuse** (v) veegmachine
le **balbutiement** (m) **1** (het) stamelen **2** allereerste begin
balbutier stotteren, stamelen, met moeite uitbrengen
le **balcon** (m) **1** balkon **2** galerij
le **baldaquin** (m) troonhemel, baldakijn: *lit à* ~ hemelbed
la **Bâle** (v) Basel
les **Baléares** (mv, v) Balearen
la **baleine** (v) **1** walvis: *huile de* ~ walvistraan; *se tordre comme une* ~ zich bescheuren **2** balein
le **baleinier** (m) walvisvaarder [man of schip]
la **baleinière** (v) walvissloep
balèze [inf] groot en sterk
le **balisage** (m) **1** bebakening; bewegwijzering **2** [comp] het aanbrengen van tags
la **balise** (v) **1** baken, boei **2** radiobaken [voor

scheep- en luchtvaart]: ~ *lumineuse* lichtbaken **3** [comp] tag

baliser 1 van bakens voorzien, bewegwijzeren, merken **2** [comp] van tags voorzien

la **balistique** (v) ballistiek

la **baliverne** (v) geleuter, kletspraatje

balkanique van de Balkan

la **balkanisation** (v) [pej] **1** balkanisering **2** [fig] versnippering, verbrokkeling

les **Balkans** (mv, m) Balkan

la **ballade** (v) ballade

le **¹ballant** (m) slingerende beweging

²**ballant, -e** (bn) los neerhangend; slingerend: *les bras ~s* met zwaaiende armen

la **balle** (v) **1** bal: *saisir la ~ au bond* de gelegenheid aangrijpen; *renvoyer la ~ à qqn.* de bal terugkaatsen, iem. van repliek dienen; ~ *de match* matchpoint **2** geweerkogel: *tirer à ~* met scherp schieten **3** [pop] franc, piek: *t'as pas 100 ~s?* heb je misschien honderd franc voor me? **4** baal, grote zak **5** kaf || *un enfant de la ~* iem. die het artiestenvak met de paplepel ingegoten heeft gekregen

la **ballerine** (v) **1** balletdanseres, ballerina **2** flat [schoen]

le **ballet** (m) **1** ballet; dans; balletuitvoering: *le corps de ~* de balletdansers **2** drukke beraadslagingen [van diplomaten of ministers]: ~ *diplomatique* druk diplomatiek overleg

le **ballon** (m) **1** bal, voetbal **2** (lucht)ballon: ~ *captif* kabelballon; ~ *d'essai* proefballon **3** bolvormige fles; wijnglas: *verre ~* bolvormig wijnglas; ~ *d'Alsace* ronde bergtop [in de Elzas] || [verk] *souffler dans le ~* in het pijpje blazen [bij alcoholcontrole]

le **ballonnement** (m) opgezetheid [van buik]

le **ballon-sonde** (m; mv: ballons-sondes) weerballon

le **ballot** (m) **1** (kleine) baal, pak **2** [pop] stommeling

le **ballottage** (m): [verkiezingen] *être en ~* nog niet zijn gekozen

le **ballottement** (m) het heen-en-weerslingeren

¹**ballotter** (onov ww) schudden

²**ballotter** (ov ww) (heen en weer) slingeren [ook fig]

le **ball-trap** (m) **1** kleiduivenmachine **2** (het) kleiduivenschieten

le **balluchon** (m) [inf] pakje, bundeltje kleren

balnéaire bad-: *station ~* badplaats

la **balnéothérapie** (v) [med] balneotherapie [geneeswijze door baden]

balourd, -e lomp, dom

la **balourdise** (v) onhandigheid, stommiteit

balsamique: *vinaigre ~* balsamicoazijn

balte Baltisch: *les États ~s* de Baltische staten

baltique Oostzee-

Baltique: *mer ~* Oostzee

le **baluchon** (m) *zie balluchon*

la **balustrade** (v) **1** hek(je) **2** (trap)leuning

le **balustre** (m) zuiltje, spijl [van hek, leuning]

le/la **bambin** (m), **-e** (v) kleuter, kereltje, kleine meid

la **bamboche** (v): [inf] *faire ~* aan de zwier zijn

le **bambou** (m) **1** bamboe **2** bamboerietje || [pop] *avoir le coup de ~* **a)** getikt zijn; **b)** doodop zijn; *c'est le coup de ~* dat is knap duur

le **ban** (m) **1** afkondiging, bekendmaking: *faire publier les ~s* aantekenen, in ondertrouw gaan **2** roffel, trompetgeschal **3** ban, verbanning

banal, -e (mv: banals) banaal, afgezaagd, alledaags

la **banalisation** (v) popularisering, (het) gemeengoed worden

banaliser alledaags maken: *voiture de police banalisée* politie in burgerauto

la **banalité** (v) banaliteit, gemeenplaats

la **banane** (v) **1** banaan **2** heuptasje || [inf] *avoir la ~* zich prima voelen

bananer [inf]: *se faire ~* belazerd worden; op z'n bek gaan

la **bananeraie** (v) bananenplantage

le **¹bananier** (m) **1** bananenboom **2** bananenboot

²**bananier, bananière** (bn): *république bananière* bananenrepubliek

le **banc** (m) **1** (zit)bank: ~ *d'école* schoolbank; ~ *de sable* zandbank **2** laag [van gesteenten] || ~ *de poissons* school vissen

bancaire bank-

bancal, -e (mv: bancals) **1** mank; met kromme benen **2** wankel

le **bandage** (m) **1** verband; breukband; zwachtel **2** (het) verbinden; [bijv. boog] (het) spannen

bandant, -e 1 [inf] geil, opwindend **2** leuk, interessant

la **bande** (v) **1** strook, reep, band; film(rol): ~ *dessinée* stripverhaal; *large ~* breedband **2** biljartband **3** bende; troep, groep: *faire ~ à part* zich van het gezelschap afzonderen

la **bande-annonce** (v; mv: bandes-annonces) trailer; introductiefilmpje

le **bandeau** (m) **1** blinddoek **2** hoofdband

la **bandelette** (v) bandje; strookje; reepje

¹**bander** (onov ww) [inf] een stijve hebben

²**bander** (ov ww) **1** verbinden, zwachtelen: ~ *les yeux de qqn.* iem. blinddoeken **2** spannen [bijv. boog]

la **banderole** (v) wimpel; vaantje; banderol; spandoek

le **bandit** (m) bandiet; schurk; oplichter

le **banditisme** (m) gewelddadigheid; criminaliteit: *acte de ~* gewelddaad

la **bandoulière** (v) draagband: *en ~* schuin over de borst

le **bang** (m; mv: *onv*) [luchtv] knal

bangladais, -e Bengalees
le/la **Bangladais** (m), **-e** (v) Bengalees, Bengalese
le **Bangladesh** (m) Bangladesh
la **banlieue** (v) voorsteden, randgemeenten
le/la **banlieusard** (m), **-e** (v) [inf] forens, inwoner, inwoonster van een randgemeente
le/la ¹**banni** (m), **-e** (v) balling(e)
  ²**banni, -e** (bn) verbannen
la **bannière** (v) banier, vaan(del): *c'est la croix et la ~* het heeft heel wat voeten in de aarde
  bannir 1 verbannen **2** van zich afzetten
le **bannissement** (m) verbanning, ballingschap
la **banque** (v) **1** (geld)bank: *~ de crédit* kredietinstelling; *~ de données* databank; *~ du sang* bloedbank **2** speelbank
la **banqueroute** (v) **1** bankroet, faillissement: *faire ~* failliet gaan **2** fiasco
le **banquet** (m) feestmaal, banket
  banqueter 1 aan een banket deelnemen **2** smullen
la **banquette** (v) **1** bank: *~ arrière* achterbank [van een auto] **2** [mil] verhoging achter een borstwering: *~ de sûreté* muurtje [langs een weg] **3** voetpad [langs spoorweg of kanaal]
le **banquier** (m) **1** bankier **2** bankhouder
la **banquise** (v) ijsbank, pakijs
le **baobab** (m) apenbroodboom
le **baptême** (m) doop; (het) dopen: *recevoir le ~* gedoopt worden; *extrait de ~* doopakte; *~ de l'air* luchtdoop, eerste vliegtocht
  baptiser 1 dopen **2** noemen
  baptismal, -e doop-: *fonts baptismaux* doopvont
le **baptistère** (m) doopkapel
le **baquet** (m) **1** kuipje, bakje **2** kuipstoel [in auto]
le **baragouin** (m) [inf] brabbeltaal, koeterwaals
  baragouiner [inf] brabbelen
la **baraka** (v) geluk
la **baraque** (v) barak; houten noodwoning; krot; [inf] (rot)huis, (rot)zaak, tent: *casser la ~* een groot succes hebben
  baraqué, -e groot en sterk
le **baraquement** (m) barakkenkamp
le **baratin** (m) [pop] praatjes
  baratiner [pop] kletsen
la **baratte** (v) karn(ton)
  baratter karnen
  barbant, -e [pop] stomvervelend
la **barbaque** (v) [inf] vlees
le/la ¹**barbare** (m/v) barbaar
  ²**barbare** (bn) barbaars
la **barbarie** (v) barbaarsheid, onbeschaafdheid
la **Barbarie** (v): *orgue de ~* draaiorgel
le **barbarisme** (m) grove taalfout
la **barbe** (v) baard; sik: *faire la ~ à qqn.* iem. scheren; *rire dans sa ~* in zijn vuistje lachen;

parler dans sa ~ onduidelijk spreken; *~ à papa* suikerspin ‖ [pop] *la ~!* hou op!; [pop] *quelle ~!* wat stomvervelend!
le **barbecue** (m) barbecue [toestel, maaltijd]
  barbelé, -e van weerhaken voorzien: *fil de fer ~* prikkeldraad
les **barbelés** (mv, m) prikkeldraadversperring
  ¹**barber** (ov ww) [pop] stom vervelen, de keel uithangen
se ²**barber** (wdk ww) [pop] zich stierlijk vervelen
la **barbiche** (v) sik
la **barbichette** (v) baardje
le **barbier** (m) kapper, barbier
les **barbituriques** (mv, m) barbituraten, slaapmiddelen
le **barbotage** (m) geplas, geploeter, geknoei
  ¹**barboter** (onov ww) plassen, ploeteren; in de modder lopen; zwemmen [van een eend]
  ²**barboter** (ov ww) [pop] gappen
la **barboteuse** (v) speelpakje
le **barbouillage** (m) **1** gesmeer, geklad **2** kladschilderij **3** gekrabbel [schrift]; krabbelpoot
  barbouiller 1 bekladden, besmeren, vuilmaken: *l'enfant était barbouillé de confiture* het kind zat onder de jam; *avoir l'estomac barbouillé* misselijk zijn **2** bestrijken, bekladden; kladschilderen: *~ un mur* een muur met verf bestrijken
  barbouill|eur, -euse kladschilder, kladderaar(ster): *~ de papier* prulschrijver
la **barbouze** (v) **1** geheim agent, spion **2** [pop] baard
le ¹**barbu** (m) persoon met baard
  ²**barbu, -e** (bn) met een baard, harig
  Barcelone Barcelona
le ¹**barde** (m) bard
la ²**barde** (v) reepje spek
le **bardeau** (m) **1** panlat **2** houten dakbedekking
  barder 1 harnassen, pantseren **2** met spek omwikkelen ‖ [pop] *ça va ~!* het wordt hommeles!
le **bardot** (m) muilezel
le **barème** (m) tabel, schaal; [Belg] barema: *~ des salaires* loonschaal
le **baril** (m) vaatje, tonnetje: *~ de poudre* kruitvat; *~ de pétrole* vat aardolie
le **barillet** (m) cilinder van revolver
  bariolé, -e (kakel)bont
  barioler (kakel)bont kleuren
  barjo gek, getikt
le **baromètre** (m) [ook fig] barometer: *le ~ est au beau fixe* de barometer staat op mooi weer
le/la **baron** (m), **-ne** (v) baron(es)
le ¹**baroque** (m) barok
  ²**baroque** (bn) **1** barok **2** zonderling, gek, grillig
le **baroud** (m) gevecht: *~ d'honneur* strijden

om de eer

le **baroudeur** (m) **1** vechtjas; vechtersbaas **2** [inf] topverslaggever

la **barque** (v) boot(je); bark: *bien conduire sa ~* zijn zaken goed doen

la **barquette** (v) **1** soort taartje **2** schaaltje, bakje

le **barrage** (m) **1** afsluiting, versperring: *~ de police* politiekordon; *tir de ~* spervuur; *faire ~ à* verhinderen **2** stuwdam

la **barre** (v) **1** staaf, stang: *c'est de l'or en ~* dat is een veilige belegging; *~ fixe* rekstok; [comp] *~ d'outils* werkbalk; [sport] *~s parallèles* brug; [ook fig] *être à la ~* aan het roer staan; [ook fig] *donner un coup de ~* een zwenking maken, het roer omgooien; *~ de chocolat* reep chocolade; *avoir un coup de ~* plotseling heel moe worden; *placer la ~ trop haut* de lat te hoog leggen **2** balie, rechtbank: *paraître à la ~* voor de rechter verschijnen **3** streep, doorhaling; backslash; dwarsstreepje: *le cours de cette action a franchi la ~ des 1000 euros* de koers van dat aandeel is door de grens van 1000 euro gegaan; [muz] *~ de mesure* maatstreep **4** groot en lang flatgebouw

le **barreau** (m) **1** stang, tralie; sport [van een stoel]: *sous les ~x* achter de tralies; *~ de chaise* grote, dikke sigaar **2** orde van advocaten; advocatuur: *un ténor du ~* een beroemd advocaat

[1]**barrer** (ov ww) **1** afsluiten, afzetten, versperren **2** afdammen **3** doorhalen; kruisen [van een cheque] **4** [scheepv] sturen, aan het roer staan van

se [2]**barrer** (wdk ww) [pop] 'm smeren

la **barrette** (v) **1** kardinaalshoed; priestermuts **2** haarspeld **3** insigne

le/la **barr|eur** (m), **-euse** (v) stuurman, -vrouw van een roeiboot

la **barricade** (v) barricade, versperring

[1]**barricader** (ov ww) barricaderen, versperren

se [2]**barricader** (wdk ww) zich achter een barricade opstellen; [fig] zich afsluiten, niemand ontvangen

la **barrière** (v) afsluiting; hek; slagboom; [fig] hinderpaal

la **barrique** (v) ton, fust [200 à 250 liter]

barrir trompetteren [van olifant]

le **bar-tabac** (m; mv: bars-tabacs) café met een verkooppunt van rookwaren

le **baryton** (m) bariton [stem, zanger, tenorhoorn]

le [1]**bas** (m) **1** onderste deel, ondereinde: *au ~ de* onder aan, aan de voet van; *par le ~* onderaan, beneden aan; [fig] *des hauts et des ~* voor- en tegenspoed, wisselvalligheden, upsand-downs **2** [muz] lage tonen **3** kous: [inf] *~ de laine* spaarpot, spaarcenten

[2]**bas, -se** (bn) **1** laag: *marée ~se* eb; *en ~ âge* heel jong; *le ciel est ~* de wolken hangen laag; *marcher la tête ~se* met gebogen hoofd lopen; [fig] *s'en aller l'oreille ~se* afdruipen; *avoir la vue ~se* **a)** bijziend zijn; **b)** [fig] kortzichtig zijn; *faire main ~se sur* achteroverdrukken; *le malade est bien ~* de zieke maakt het heel slecht **2** laag [van toon]: *à voix ~se* zachtjes; *messe ~se* stille mis **3** minder in rang, waarde: *au ~ mot* minstens; *à ~ prix* goedkoop **4** laag, gemeen, verachtelijk; grof; minderwaardig; laag-bij-de-gronds

[3]**bas** (bw) **1** laag: *~ les pattes!* handen thuis!; *mettre ~* (jongen) werpen; *mettre ~ les armes* **a)** de wapenen neerleggen; **b)** [fig] zich gewonnen geven; *tomber ~* **a)** sterk zakken; **b)** [fig] diep zinken; *voyez plus ~* zie verder; *en ~ (de)* onderaan, beneden; *de haut en ~* van top tot teen **2** laag [van een toon]; zacht: *parler ~* zacht spreken

basané, -e getaand, gebruind

le **bas-bleu** (m; mv: bas-bleus) blauwkous

le **bas-côté** (m; mv: bas-côtés) **1** zijbeuk **2** voetpad, berm

la **bascule** (v) **1** brugbalans, weegschaal **2** wip: *fauteuil à ~* schommelstoel; *mouvement de ~* schommelende beweging

basculer wippen, omslaan; omkiepen

la **base** (v) **1** basis; voet(stuk); grondslag: *consulter la ~* de achterban raadplegen; *~ navale* vlootbasis; *vocabulaire de ~* basisvocabulaire* **2** [chem] base **3** hoofdbestanddeel: *à ~ de* op basis van; *être à la ~ de qqch.* iets bewerkt, veroorzaakt hebben || [comp] *~ de données* database, databestand

le **base-ball** (m) honkbal, baseball: *jouer au ~* honkballen

le **Bas-Empire** (m) laat-Romeinse Rijk

[1]**baser** (ov ww) gronden, baseren, doen steunen

se [2]**baser sur** (wdk ww) zich baseren op, uitgaan van; zich beroepen op

le **bas-fond** (m; mv: bas-fonds) **1** ondiepte **2** laagte, inzinking

les **bas-fonds** (mv, m) [fig] onderste lagen, onderwereld, achterbuurt

le **basilic** (m) basilicum

la **basilique** (v) basiliek

basique 1 [chem] basisch **2** fundamenteel; basis-

le [1]**basket** (m) basketbal

le/la [2]**basket** (m/v) basketbalschoen: *lâche-moi les ~s* laat me met rust

le **basmati** (m) basmati(rijst)

la **basoche** (v) [neg] de mensen van justitie

la [1]**basque** (v) slip [van jas]

[2]**basque** (bn) Baskisch: *le Pays ~* Baskenland

le/la **Basque** (m/v) Bask(ische)

la **basse** (v) baspartij; bas [stem, instrument]

la **basse-cour** (v; mv: basses-cours) **1** pluimvee **2** kippenren

bassement laag, gemeen, plat

la **bassesse** (v) laagheid, gemeenheid, platheid

le **¹basset** (m) basset [hond]

le **²basset** (m): *cor de* ~ basklarinet

le **bassin** (m) **1** kom, bekken **2** schaal [van balans e.d.] **3** vijver, bassin, (water)bekken, dok; jachthaven **4** stroomgebied [van rivier] **5** [anat] bekken

la **bassine** (v) pan, teil

bassiner 1 besprenkelen; betten; bevochtigen **2** besproeien **3** [inf] vervelen; vermoeien

le **bassinet** (m): [inf] *cracher au* ~ dokken

le **basson** (m) **1** fagot **2** fagottist

la **bastide** (v) **1** [Provence] hoeve, buitenhuis **2** [gesch] verdedigingswerk

le **bastingage** (m) [scheepv] verschansing, reling

le **bastion** (m) bolwerk

le **baston** (m) [inf] knokpartij

la **bastonnade** (v) pak slaag [met een stok]

le **bastringue** (m) [pop] **1** danskroeg **2** lawaai(orkest) **3** lawaai **4** rommel, spullen

le **bas-ventre** (m) onderbuik, onderlijf

le **bât** (m) pakzadel: *savoir où le* ~ *blesse* weten waar de schoen wringt

le **bataclan** (m) rommel, santenkraam

la **bataille** (v) (veld)slag: ~ a) strijdros; b) [fig] stokpaardje; *cheveux en* ~ verwarde haren; ~ *électorale* verkiezingsstrijd **2** vechtpartij

batailler vechten, twisten

le/la **¹bataill|eur** (m), **-euse** (v) vechtersbaas, ruziezoeker

²bataill|eur, -euse (bn) vechtlustig

le **bataillon** (m) bataljon, troep

le/la **¹bâtard** (m), **-e** (v) bastaard; minkukel

le **²bâtard** (m) klein brood

³bâtard, -e (bn) **1** bastaard; onecht **2** halfslachtig

la **bâtardise** (v) bastaardij, onechtheid

le **bateau** (m) boot, schuit: ~ *à voile* zeilboot; *mener qqn. en* ~ iem. beetnemen, in de boot nemen

le **bateau-citerne** (m; mv: bateaux-citernes) tankschip

le **bateau-feu** (m; mv: bateaux-feux) lichtschip

le **bateau-mouche** (m; mv: bateaux-mouches) rondvaartboot

le **bateau-phare** (m; mv: bateaux-phares) lichtschip

le **bateau-pilote** (m; mv: bateaux-pilotes) loodsboot

le **bateau-pompe** (m; mv: bateaux-pompes) drijvende brandspuit

le **bateau-remorqueur** (m; mv: bateaux-remorqueurs) sleepboot

le/la **batel|ier** (m), **-ière** (v) schipper, veerman

la **batellerie** (v) binnenscheepvaart

le **bat-flanc** (m) **1** tussenschot **2** brits

le **bâti** (m) frame, houten geraamte; onderstel

le **batifolage** (m) (het) stoeien, ravotten

batifoler stoeien, ravotten

le **bâtiment** (m) **1** gebouw **2** bouw(vak): *ouvrier du* ~ bouwvakarbeider **3** schip: ~ *de guerre* oorlogsbodem

bâtir 1 opbouwen, optrekken; bouwen: *bien bâti* stevig gebouwd [mens] **2** in elkaar zetten, construeren

la **bâtisse** (v) bouwsel, (lelijk) gebouw

le/la **bâtiss|eur** (m), **-euse** (v) **1** bouw(st)er **2** sticht(st)er

le **bâton** (m) **1** stok, sta(a)f; lange (scherm)stok: *à* ~*s rompus* van de hak op de tak; *mettre des* ~*s dans les roues* een spaak in het wiel steken; ~ *de vieillesse* steun in iemands oude dag; ~ *de chaise* sport [van een stoel]; ~ *de craie* stuk krijt; ~ *de rouge* lippenstift; ~ *de ski* skistok; *diagramme en* ~*s* staafdiagram, histogram **2** lijntje [bij het leren schrijven]

bâtonner [met een stok] afranselen

le **bâtonnet** (m) stokje, staafje

le **bâtonnier** (m) deken van de advocatenorde; [Belg] stafhouder

le **batracien** (m) [dierk] kikvorsachtige

le **battage** (m) **1** (het) slaan, dorsen, kloppen **2** [pop] poeha, opschepperij: ~ (*publicitaire*) schreeuwerige reclame; ~ *médiatique* mediahype

le **¹battant** (m) **1** klepel; klopper **2** vleugel van deur of raam: *ouvrir à deux* ~*s* wagenwijd openzetten **3** klap [van tafel] **4** klink

²battant, -e (bn): *pluie* ~*e* slagregen; *porte* ~*e* klapdeur; *mener une affaire tambour* ~ een zaak snel en doeltreffend regelen, korte metten maken

la **batte** (v) [sport] bat, slaghout

le **battement** (m) **1** (het) slaan, geklop, gestamp, geklap: ~ *d'ailes* geklapwiek; ~*s de cœur* hartkloppingen; ~ *de tambour* geroffel **2** zweving [van een geluid] **3** speling, tussenpoos: *avoir un* ~ *de dix minutes pour changer de train* tien minuten hebben om over te stappen

la **batterie** (v) **1** [leger] batterij: *mettre en* ~ in stelling brengen; *changer ses* ~*s* van tactiek veranderen **2** accu; [mobiele telefoon] batterij **3** roffel, trommelslag; slagwerk: ~ *de jazz* drumstel **4** set, serie: ~ *de cuisine* a) pannenset; b) [pop] rij lintjes [van een militair]; *élevage en* ~ (het) fokken in een legbatterij; *veau de* ~ kistkalf

le **batteur** (m) **1** [muz] slagwerker, drummer **2** mixer **3** dorser: ~ *d'or* goudslager; [fig] ~ *de pavé* straatslijper

la **batteuse** (v) dorsmachine

le **battoir** (m) **1** wasstamper **2** slaghout **3** [pop] grote hand

¹battre (onov ww) slaan, klappen, klapperen [van een deur, zeil]; kloppen [van het hart, van de pols]; tikken, kletteren: ~ *des mains* in de handen klappen; ~ *en retraite* de aftocht blazen

²battre (ov ww) **1** slaan **2** verslaan **3** slaan, bewerken; dorsen, karnen, klutsen; slaan [van de maat]; kloppen [van een kleed]; smeden; doorkruisen, verkennen [van land, zee]: ~ *les cartes* de kaarten schudden; ~ *des blancs d'œufs en neige* eiwitten stijfkloppen; ~ *le pavé* doelloos over straat slenteren; ~ *la semelle* trappelen om warm te worden; ~ *le tambour* de trom roeren [ook fig] **4** aanvallen, bestoken [vijand]; slaan tegen, bespoelen, beuken, teisteren [door regen, golven, wind e.d.] || [scheepv] ~ *pavillon (anglais)* de (Engelse) vlag voeren; ~ *son plein* op zijn hoogtepunt zijn, in volle gang zijn

se **³battre** (wdk ww) vechten, twisten

battu, -e geslagen, verslagen: [fig] *suivre les sentiers ~s, ne pas sortir des sentiers ~s* platgetreden paden volgen, in de sleur blijven; *crème ~e* opgeklopte room; *femmes ~es* (door hun partner) mishandelde vrouwen

la **battue** (v) drijfjacht

le **baudet** (m) **1** ezel **2** zaagbok

le **baudrier** (m) koppelriem, sabelriem

la **baudruche** (v) **1** ballon **2** windbuil

le **baume** (m) **1** balsem; zalf **2** vertroosting, balsem

le/la **¹bavard** (m), **-e** (v) kletskous

²bavard, -e (bn) praatziek

le **bavardage** (m) geklets, kletspraatje

bavarder kletsen; zijn mond voorbij praten, uit de school klappen

le **¹bavarois** (m) bavarois

²bavarois, -e (bn) Beiers

le/la **Bavarois** (m), **-e** (v) Beier(se)

la **bave** (v) **1** kwijl; slijm **2** laster, roddel

baver 1 kwijlen **2** (+ de) [pop] versteld staan || [pop] *en* ~ moeten afzien; ~ *sur la réputation de* qqn. iemands reputatie bezoedelen

la **bavette** (v) **1** slabbetje, kwijldoekje **2** stuk rundvlees || [inf] *tailler une* ~ een praatje maken

bav|eux, -euse kwijlend, kwijlerig: *omelette baveuse* smeuïge omelet

la **Bavière** (v) Beieren

le **bavoir** (m) slabbetje, kwijldoekje

la **bavure** (v) **1** gietnaad **2** vlekje **3** blunder: ~ *policière* uitglijder van de politie; *sans ~s* feilloos, onberispelijk

le **bazar** (m) bazaar; warenhuis || [pop] *tout le* ~ de hele rommel, santenkraam

bazarder [pop] verpatsen, van de hand doen

le **¹BCBG** (m) [inf] afk van *bon chic bon genre* yuppie

²BCBG (bn) [inf] afk van *bon chic bon genre* burgerlijk, kak-

le **bd** (m) afk van *boulevard* boulevard

la **BD** (v) afk van *bande dessinée* stripverhaal

le **beach-volley** (m) beachvolleybal

béant, -e gapend, wijd open

béat, -e 1 gelukzalig **2** verheerlijkt

la **béatification** (v) zaligverklaring

béatifier zalig verklaren

la **béatitude** (v) gelukzaligheid

les **béatitudes** (mv, v) [Bijb] zaligsprekingen

le **¹beau** (m) **1** (het) schone, (het) mooie: *c'est du ~!* het is wat moois! **2** fat, modepop: *faire le* ~ opzitten, mooi zitten [van een hond] **3** mooi weer: *être au* ~ *fixe* **a)** [van barometer] op mooi weer staan; **b)** [fig] steeds positief zijn

²beau, belle (bn, m voor klinker of stomme h: *bel*) **1** mooi, fraai; goed: *le bel âge* de jeugd; *l'échapper belle* nog juist ontkomen; *à la belle étoile* onder de blote hemel; [inf] *en faire de belles* stommiteiten uithalen; *il fait* ~ het is mooi weer; *un* ~ *jour* op zekere dag; *le* ~ *monde* de jetset; [zelfstandig] *Philippe le Bel* Philips de Schone **2** sterk, flink, heel wat: *un bel appétit* een gezonde eetlust; [scherts] *un bel égoïste* een grote egoïst; *de plus belle* nog meer, nog erger; *manger à belles dents* gretig eten; *au* ~ *milieu* du film midden in de film || *tout nouveau, tout* ~ ± nieuwe bezems vegen schoon

³beau (bw, voor klinker of stomme h: *bel*) **1** mooi **2** goed: *bel et bien* écht, goed en wel || *avoir* ~ tevergeefs iets doen; *j'avais* ~ *crier* hoe ik ook riep

beaucoup veel: *il s'en faut de* ~ het scheelt veel; *de* ~ verre(weg)

le **beauf** (m) [inf] **1** zwager **2** dom en ordinair figuur

le **beau-fils** (m; mv: beaux-fils) **1** stiefzoon **2** schoonzoon

le **beau-frère** (m; mv: beaux-frères) zwager; [Belg] schoonbroer

le **beau-père** (m; mv: beaux-pères) **1** stiefvader **2** schoonvader

le **beaupré** (m) boegspriet

la **beauté** (v) schoonheid; (het) mooie: *de toute* ~ bijzonder mooi; *se faire une* ~ zich opmaken; *(se) terminer en* ~ prima aflopen; *grain de* ~ schoonheidsvlekje

les **beaux-arts** (mv, m) schone kunsten

les **beaux-parents** (mv, m) schoonouders

le **bébé** (m) baby, zuigeling, klein kind

le **bébé-éprouvette** (m; mv: bébés-éprouvettes) reageerbuisbaby

bébête onnozel; kinderachtig, flauw

le **bec** (m) **1** snavel **2** [inf] mond, bek: *clouer le* ~ *à* qqn. iem. de mond snoeren; *donner un coup de* ~ een snauw geven; *une prise de* ~ een woordenwisseling **3** tuit [van een kan]; mondstuk [van een muziekinstrument] || ~ *de gaz* gaspit

la **bécane** (v) [pop] fiets

la **bécasse** (v) **1** snip **2** [inf] dom schepsel

la **bécassine** (v) **1** [dierk] watersnip **2** naïef

gansje
le **bec-de-cane** (m; mv: becs-de-cane) **1** dag-slot **2** deurknop
le **bec-de-lièvre** (m; mv: becs-de-lièvre) ha-zenlip
la **béchamel** (v): [cul] *(sauce)* ~ bechamelsaus
la **bêche** (v) schop, spade
bêcher omspitten
le/la **bêch|eur** (m), **-euse** (v) verwaand mens
le **bécot** (m) zoentje, kusje
bécoter zoenen, kusjes geven
la **becquée** (v) snavelvol: *donner la* ~ *à* voeren
becqueter 1 pikken, oppikken, bepikken **2** [pop] eten, bikken
becter [inf] bikken; vreten
la **bedaine** (v) dikke buik, buikje, pens
le **bedeau** (m) kerkdienaar, koster
le **bedon** (m) dikke buik, buikje, pens
bedonner een buikje hebben (*of:* krijgen)
bédouin, -e van de bedoeïenen
le **Bédouin** (m) bedoeïen
bée: *bouche* ~ met open mond [van verba-zing]
le **beffroi** (m) **1** klokkentoren; belfort **2** grote klok, alarmklok **3** klokkenstoel
le **bégaiement** (m) (het) stotteren, gestotter; gestamel
bégayer stotteren, stamelen
le **bégonia** (m) [plankt] begonia || [inf] *char-rier dans les* ~*s* het er te dik opleggen
le/la **¹bègue** (m/v) stotteraar(ster)
²bègue (bn) stotterend, stamelend
le **béguin** (m) [pop] **1** verliefdheid **2** liefje
le **béguinage** (m) begijnhof
la **béguine** (v) begijn(tje)
beige beige
la **beigne** (v) klap, draai om de oren
le **beignet** (m) [cul] beignet, bol
bel m voor een klinker, van *¹beau*
le **bêlement** (m) **1** geblaat **2** geklaag
bêler 1 blaten **2** klagen
la **belette** (v) wezel
belge Belgisch
le/la **Belge** (m/v) Belg, Belgische
la **Belgique** (v) België
Belgrade Belgrado
le **bélier** (m) **1** ram **2** stormram **3** heiblok
le **Belize** (m) Belize
bélizien, -ne Belizaans
le/la **Bélizien** (m), **-ne** (v) Belizaan(se)
la **¹belle** (v) schone: *la Belle au bois dormant* de Schone Slaapster || *la pluie recommence de plus* ~ het begint opnieuw en nog harder te regenen
²belle (bn) v vorm van *¹beau*
la **belle-famille** (v; mv: belles-familles) schoonfamilie
la **belle-fille** (v; mv: belles-filles) **1** stiefdoch-ter **2** schoondochter
la **belle-maman** (v; mv: belles-mamans) schoonmama

la **belle-mère** (v; mv: belles-mères) **1** schoon-moeder **2** stiefmoeder
les **belles-lettres** (mv, v) bellettrie, literatuur
la **belle-sœur** (v; mv: belles-sœurs) schoonzus
la **belligérance** (v) staat van oorlog
belligérant, -e oorlogvoerend
les **belligérants** (mv, m) oorlogvoerende par-tijen
belliqu|eux, -euse oorlogszuchtig, strijd-lustig
le **belon** (m) oester
la **belote** (v) ± klaverjassen
le **belvédère** (m) uitzichttoren; uitzichtterras
le **bémol** (m) [muz] mol: *mi* ~ es || *mettre un* ~ inbinden, afzwakken
ben *zie* ¹*bien*
le **bénédictin** (m) benedictijner monnik: *tra-vail de* ~ monnikenwerk
la **bénédictine** (v) **1** benedictijner non **2** be-nedictine [kruidenlikeur]
la **bénédiction** (v) zegening, zegen: ~ *nup-tiale* huwelijksinzegening
le **bénef** (m) [pop] verk van *bénéfice* winst
le **bénéfice** (m) **1** voordeel; voorrecht, be-gunstiging: *au* ~ *de* ten bate van; *tirer* ~ *de qqch.* voordeel uit iets trekken, van iets pro-fiteren **2** winst: *participation aux* ~*s* winstde-ling
le/la **¹bénéficiaire** (m/v) begunstigde
²bénéficiaire (bn) winstgevend
bénéficier de voordeel trekken (uit), be-gunstigd worden, de voordelen genieten (van); genieten: *il bénéficie de la confiance de tous* hij geniet ieders vertrouwen
bénéfique gunstig, heilzaam
le **¹benêt** (m) uilskuiken, sul
²benêt (bn) onnozel
le **bénévolat** (m) vrijwilligerswerk
le/la **¹bénévole** (m/v) vrijwillig(st)er
²bénévole (bn) **1** welwillend **2** belangeloos, vrijwillig
bénin, bénigne 1 [med] goedaardig: *tu-meur bénigne* goedaardige, onschuldige tu-mor **2** zachtaardig, zachtzinnig, zacht
le **Bénin** (m) Benin
béninois, -e Benins
le/la **Béninois** (m), **-e** (v) Beniner, Beninse
le **béni-oui-oui** (m) meeloper, jaknikker
bénir 1 zegenen, inzegenen **2** wijden **3** lo-ven
bénit, -e gewijd: *eau* ~*e* wijwater; *c'est du pain* ~ *pour …* dat is koren op de molen van …
le **bénitier** (m) wijwatervat
la **benne** (v) **1** draagkorf **2** laadbak: ~ *bascu-lante* kiepwagen; ~ *à ordures* vuilniswagen **3** cabine van lift of kabelbaan
benoîtement goedmoedig; zoetsappig
le **benzène** (m) benzeen
la **benzine** (v) wasbenzine
béquée *zie* becquée

béqueter *zie* becqueter

la **béquille** (v) kruk; steun; standaard [van een fiets]

berbère van de Berbers

le **Berbère** (m) Berber

le **bercail** (m): *rentrer au* ~ naar eigen haard terugkeren

le **berceau** (m) **1** wieg; [fig] prille jeugd, kinderjaren **2** bakermat **3** gewelf; tongewelf **4** onderstel van motor

le **bercement** (m) gewieg, wiegende beweging, het wiegen

¹bercer (ov ww) **1** wiegen, schommelen **2** verzachten, kalmeren **3** (+ de) misleiden met

se **²bercer** (wdk ww) **1** wiegelen, schommelen **2** (+ de) zich vleien met: *se ~ d'illusions* illusies koesteren

la **berceuse** (v) **1** wiegeliedje **2** schommelstoel

le **béret** (m) baret, platte muts

la **berge** (v) **1** oever, waterkant **2** berm **3** [pop] jaar: *il a déjà soixante-dix* ~s hij is al zeventig

le **berger** (m) **1** herder: *étoile du* ~ Venus **2** herdershond: ~ *allemand* Duitse herder

la **bergère** (v) **1** herderin **2** fauteuil

la **bergerie** (v) **1** schaapskooi **2** herdersspel

Berlin Berlijn

la **berline** (v) **1** vierdeursauto **2** kolenwagen

le **berlingot** (m) snoepje

berlinois, -e Berlijns

le/la **Berlinois** (m), **-e** (v) Berlijner, Berlijnse

la **berlue** (v): *avoir la* ~ verkeerd beoordelen, zich illusies maken; *je n'ai quand même pas la* ~ ik ben toch niet gek

la **berme** (v) **1** (smal) pad **2** [Belg] middenberm

le **bermuda** (m) bermuda; kniebroek

les **Bermudes** (mv, v) Bermuda's

la **berne** (v): *drapeau en* ~ de vlag halfstok

Berne Bern

berner [inf] beduvelen, voor de gek houden

la **besace** (v) dubbele tas

bésef [pop] veel

les **besicles** (mv, v) ouderwetse bril [met ronde glazen]

la **besogne** (v) werk, taak, arbeid, bezigheid: *abattre de la* ~ heel wat werk verzetten; *aller vite en* ~ voortvarend zijn

besogner ploeteren

besogn|eux, -euse behoeftig

le **besoin** (m) **1** behoefte: *avoir* ~ *de* nodig hebben; *point n'est* ~ *de* onnodig te; *au* ~ desnoods; *s'il en est* ~, *si* ~ *est* als het moet, zo nodig; *faire ses* ~s zijn behoefte doen **2** behoeftigheid: *être dans le* ~ behoeftig zijn, gebrek lijden

le **bestiaire** (m) [middeleeuwen] bestiarium [boek met dierenfabels]

bestial, -e beestachtig, dierlijk, bruut

la **bestialité** (v) beestachtigheid, dierlijkheid, bruutheid

les **bestiaux** (mv, m) vee, beesten

la **bestiole** (v) diertje, beestje [vnl. insecten]

le **best-seller** (m; mv: best-sellers) bestseller

le/la **¹bêta** (m/v) stommeling, domkop

²bêta (bn) dom, uilig

le **bêtabloquant** (m) [med] bètablokker

le **bêtacarotène** (m) bètacaroteen

le **bétail** (m) vee: *petit* ~ kleinvee [schapen, geiten, varkens]; *gros* ~ grootvee [paarden, runderen]

la **bétaillère** (v) veewagen

la **¹bête** (v) **1** beest, dier: ~ *à bon Dieu* lieveheersbeestje; *une vraie* ~ *de scène* [fig] een echt theaterdier; *c'est ma* ~ *noire* ik kan hem niet luchten; *chercher la petite* ~ vitten; ~ *de somme* lastdier **2** domkop: *faire la* ~ zich van de domme houden **3** (het) dierlijke in de mens

²bête (bn) dom, stom: *c'est* ~ *comme chou* dat is kinderspel; *suis-je* ~! wat dom van mij!

bêtement dom, domweg: *tout* ~ domweg, simpelweg

bêtifier 1 afstompen **2** leuteren

la **bêtise** (v) **1** domheid, stommiteit: *par* ~ uit domheid **2** futiliteit: *dire des* ~s onzin verkopen **3** *Bêtise de Cambrai* pepermuntsnoepje

le **bêtisier** (m) verzameling uitglijders, domme fouten

le **béton** (m) beton: ~ *armé* gewapend beton; *des arguments en* ~ keiharde argumenten || [inf] *laisse* ~! kap ermee!

bétonner 1 bouwen met beton **2** consoliderend voetballen **3** ijzersterk maken

la **bétonneuse** (v) betonmolen

la **bétonnière** (v) betonmolen

la **bette** (v) snijbiet

la **betterave** (v) biet, beetwortel: ~ *fourragère* voederbiet; ~ *sucrière* suikerbiet

le **betteravier** (m) bietenverbouwer

le **beuglement** (m) geloei, gebulk

beugler loeien [rund]

le/la **beur** (m/v) Arabier, Noord-Afrikaan van de tweede generatie, levend in Frankrijk

le **beurre** (m) **1** roomboter, boter: *battre le* ~ karnen; *comme (dans) du* ~ als gesmeerd; *cela compte pour du* ~ dat telt niet mee **2** [inf] winst: *faire son* ~ een fortuin verdienen; *mettre du* ~ *dans les épinards* een zoet winstje hebben; *on ne peut pas avoir le* ~ *et l'argent* je kunt niet alles hebben

beurré, -e 1 met boter **2** [pop] dronken

beurrer met boter besmeren

le **beurrier** (m) botervlootje

la **beuverie** (v) zuippartij

la **bévue** (v) flater, blunder: *commettre une énorme* ~ miskleunen

bézef [pop] veel

le **Bhoutan** (m) Bhutan

bhoutanais, -e Bhutaans
le/la **Bhoutanais** (m), **-e** (v) Bhutaan(se)
le **biais** (m) **1** schuinte: *de ~, en ~* schuin, scheef, gegeerd; *regarder qqn. de ~* iem. van terzijde aankijken **2** schuine strook **3** kunstgreep, omweg **4** kant, aspect
biaiser 1 geren, schuin lopen **2** draaien, schipperen, niet recht door zee gaan: *sans ~* op de man af
le [1]**bibande** (m) dual band, dualbandtelefoon
[2]**bibande** (bn) dualband-: *téléphone (mobile) ~* dualbandtelefoon
le **bibelot** (m) snuisterij, dingetje
le **biberon** (m) **1** zuigfles **2** [inf] drinkebroer
biberonner [inf] pimpelen
bibi [inf] ik; mij: *c'est à ~* dat is van mij
la **bibiche** (v) [koosnaampje voor vrouw] mijn schat, hartje
la **bibine** (v) [inf] slechte drank, bocht
la **bible** (v) Bijbel: *papier ~* dundrukpapier
la **bibliographie** (v) bibliografie
le/la **bibliothécaire** (m/v) bibliothecaris, -resse
la **bibliothèque** (v) **1** bibliotheek: *~ de gare* kiosk [van station]; *rat de ~* boekenwurm **2** boekenkast; boekenrekje **3** boekenverzameling
biblique Bijbels: *société ~* Bijbelgenootschap
le **bic** (m) balpen
le **bicarbonate** (m) [chem] bicarbonaat: *~ de soude* zuiveringszout, dubbelkoolzure soda
le **bicentenaire** (m) tweehonderdjarig jubileum, tweehonderdste geboortedag
bicéphale tweekoppig, tweehoofdig
le **biceps** (m) biceps: [fig] *avoir des ~* spierballen hebben
la **biche** (v) **1** hinde **2** [inf] schatje: *ma ~* m'n schatje
le/la **bichon** (m), **-ne** (v) **1** leeuwhondje **2** [inf] liefje
[1]**bichonner** (ov ww) **1** optutten, uitdossen **2** vertroetelen
se [2]**bichonner** (wdk ww) zich opdoffen
bicolore tweekleurig
la **bicoque** (v) **1** huis(je) **2** krot
le **bicorne** (m) steek [hoofddeksel]
la **bicyclette** (v) fiets, rijwiel: *faire de la ~, aller* (of: *monter*) *à ~* fietsen
le **bidasse** (m) soldaat
le **bide** (m) **1** buik **2** flop: *faire un ~* mislukken [van voorstelling, film]
le **bidet** (m) **1** klein rijpaard **2** bidet, zitbadje
la **bidoche** (v) [inf] vlees
le [1]**bidon** (m) **1** (metalen) kan, bus; veldfles; (benzine)blik **2** [pop] leugen **3** [pop] buik
[2]**bidon** (bn, mv: *onv*) vals, nep, schijn-: *un argument ~* een schijnargument
se **bidonner** lachen, zich vermaken
le **bidonville** (m) krottenbuurt, krottenwijk
le **bidule** (m) ding, iets, prulletje
la **bielle** (v) **1** drijfstang **2** krukas

la **biélorusse** Wit-Russisch
le/la **Biélorusse** (m/v) Wit-Rus(sin)
la **Biélorussie** (v) Wit-Rusland
le [1]**bien** (m) **1** (het) goede, iets goeds; weldaad: *faire le (du) ~* weldoen; *faire du ~ à qqn.* iem. goeddoen; *grand ~ vous fasse* wel bekome het u!, gezondheid!; *homme de ~* rechtschapen mens; *mener à ~* tot een goed einde brengen; *vouloir du ~ à qqn.* iem. goedgezind zijn, het beste met iem. voorhebben **2** goed, bezitting; vermogen: *avoir du ~* er warmpjes bij zitten; *~ de consommation* verbruiksartikelen; *~s immeubles* onroerende goederen, zaken; *~s meubles* roerende goederen, zaken; *périr corps et ~s* met man en muis vergaan
[2]**bien** (bw, onv; soms ook bn) **1** goed, wel; mooi, elegant, behoorlijk; flink; aangenaam; voordelig, gunstig: *aller ~* **a)** goed staan; **b)** gezond zijn; **c)** goed gaan; *c'est ~ lui* zo is hij precies, net wat voor hem; *cela n'est pas ~* dat is niet mooi; *faire ~* goed handelen; *~ faire* doen wat je moet doen; *faire ~ de* er goed aan doen om; *c'est ~ fait!* dat heb je verdiend!; *il est ~ vu* hij staat goed aangeschreven; *un type ~* een prima vent **2** zeer, veel, erg: *~ plus* a) veel meer; **b)** wat nog erger is **3** (+ des (du, de la)) heel veel: *~ d'autres* heel veel anderen **4** ongeveer, wel, minstens: *il y a ~ une heure qu'il est sorti* zeker een uur geleden is hij uitgegaan **5** (+ que) [+ subj] hoewel: *si ~ que* zo(danig) dat, met het gevolg dat; *tant ~ que mal* zo goed en zo kwaad als het gaat **6** wel: *eh ~* wel(nu); *vouloir ~* graag willen; *merci de ~ vouloir ...* vriendelijk verzoek om ...
le/la **bien-aimé** (m), **-e** (v) geliefde, beminde
le **bien-être** (m) **1** welzijn; gevoel van welbehagen **2** welstand
la **bienfaisance** (v) weldadigheid, liefdadigheid
bienfaisant, -e weldadig, heilzaam
le **bienfait** (m) weldaad
le/la **bienfai|teur** (m), **-trice** (v) weldoen(st)er; begunstig(st)er, milde gever, milde geefster
le **bien-fondé** (m) gegrondheid
le/la [1]**bienheur|eux, -euse** (v) (geluk)zalige
[2]**bienheur|eux, -euse** (bn) (geluk)zalig; gezegend
biennal, -e tweejarig, tweejaarlijks
la **biennale** (v) tweejaarlijkse festiviteit
bien-pensant, -e (mv: bien-pensants) weldenkend
la **bienséance** (v) gepastheid, fatsoen
bientôt weldra, spoedig, gauw: *à ~!* tot gauw!, tot ziens!
la **bientraitance** (v) het op een respectvolle, menswaardige manier behandelen [bv. van kinderen, hulpbehoevenden]
la **bienveillance** (v) welwillendheid, vriendelijkheid

bienveillant, -e welwillend, vriendelijk

le/la **¹bienvenu** (m), **-e** (v): *soyez le, la, les ~-(e)(s)* (wees) welkom

²bienvenu, -e (bn) welkom

la **bienvenue** (v) (het) welkom: *souhaiter la ~ à qqn.* iem. welkom heten

la **bière** (v) **1** bier: *~ blonde* licht bier; *~ sans alcool* alcoholvrij bier [malt] **2** doodkist: *mise en ~* het kisten

biffer doorhalen, schrappen: *~ les mentions inutiles* doorhalen wat niet van toepassing is

le **biffeton** (m) [inf] lapje; flap; prent

bifocal, -e twee brandpunten bezittend; bifocaal: *lunettes ~es* dubbelfocusbril

le **bifteck** (m) biefstuk: [inf] *gagner son ~* zijn brood verdienen

la **bifurcation** (v) splitsing; tweesprong [ook fig]

bifurquer 1 splitsen, afslaan, van richting veranderen **2** van beroep (functie, studie-richting) veranderen

le/la **bigame** (m/v) bigamist(e)

la **bigamie** (v) bigamie

bigarré, -e 1 bont, in grillige kleuren **2** he-terogeen

le **big-bang** (m) [astron] oerknal, big bang

bigle scheel

bigler [inf] **1** loensen, scheelzien **2** gluren

bigl|eux, -euse [inf] scheel; kippig, bij-ziend

le **bigophone** (m) [pop] telefoon

le **bigorneau** (m) [dierk] alikruik

bigot, -e heel erg vroom

la **bigote** (v) kwezel

la **bigoterie** (v) kwezelarij

le **bigoudi** (m) krulspeld

bigre! [vero] wel verduiveld!

bigrement [inf] verduiveld, verdraaid

bihebdomadaire tweemaal per week

le **bijou** (m; mv: bijoux) **1** juweel, kleinood; sieraad: *~ de famille* **a)** familiekostbaarhe-den; **b)** [inf] edele delen **2** schat, snoesje

la **bijouterie** (v) juwelierszaak

le/la **bijout|ier** (m), **-ière** (v) juwelier(ster)

le **bilan** (m) **1** [hand] balans: *déposer son ~* faillissement aanvragen; *faire le ~* [fig] de balans opmaken **2** overzicht: *~ de santé* [med] check-up

bilatéral, -e 1 tweezijdig: *stationnement ~* (het) parkeren aan beide zijden van de ver-keersweg **2** bilateraal

le **bilboquet** (m) vangspel [speelgoed]

la **bile** (v) gal; toorn: *se faire de la ~* zich over iets bezorgd maken

biliaire gal-: *calcul ~* galsteen

bili|eux, -euse 1 galachtig **2** ongerust

bilingue tweetalig

le **bilinguisme** (m) tweetaligheid

le **billard** (m) **1** biljart; biljartspel, biljartzaal **2** [inf] operatietafel: *monter* (of: *passer*) *sur le ~* een operatie ondergaan, onder het mes

gaan ‖ [inf] *c'est du ~* dat gaat vlot

la **bille** (v) **1** biljartbal **2** knikker: *jouer aux ~s* knikkeren **3** kogeltje: *stylo (à) ~* balpen; *rou-lement à ~s* kogellager **4** [pop] snuit, knikker **5** blok [van hout, metaal]

le **billet** (m) **1** briefje: *~ doux* minnebriefje **2** bewijs, biljet: *~ de banque* bankbiljet **3** kaartje [toegangsbewijs]: *~ de train* trein-kaartje; *~ de loterie* lot

la **billetterie** (v) **1** kaartverkoop **2** kaartjes-automaat

le **billot** (m) (hout)blok, hakblok

bimensuel, -le halfmaandelijks; veertien-daags

bimestriel, -le tweemaandelijks

le **¹bimoteur** (m) tweemotorig vliegtuig

²bimoteur (bn) tweemotorig

binaire tweevoudig, -delig, -tallig; binair

biner schoffelen

la **binette** (v) **1** schoffel **2** [inf] tronie

la **bineuse** (v) schoffelmachine

bingo bingo

le **biniou** (m) [Bretons] doedelzak

le **binoclard** (m) [inf; pej] brildrager, bril-draagster

les **binocles** (mv, m) [inf] bril; fok

le **bin's** (m) rotzooi

bio biologisch, bio-: *produits ~(s)* biologische producten

le **biocarburant** (m) biobrandstof

la **biochimie** (v) biochemie

biochimique biochemisch

les **biodéchets** (mv, m) bioafval, gft-afval

biodégradable biologisch afbreekbaar

la **biodiversité** (v) biodiversiteit

le **biogaz** (m) biogas

le/la **biographe** (m/v) biograaf, biografe

la **biographie** (v) biografie, levensbeschrij-ving

la **bio-industrie** (v) bio-industrie

la **biologie** (v) biologie: *~ animale* dierkunde; *~ végétale* plantkunde

biologique biologisch

le/la **biologiste** (m/v) bioloog, -loge

le **biorythme** (m) bioritme

la **biosphère** (v) biosfeer

la **biotechnologie** (v) biotechnologie

le **bip** (m) pieptoon, piepje: *~ sonore* piepje; *~ d'alerte* waarschuwingstoon; *~ antivol* elek-tronische diefstalbeveiliging

le **bipartisme** (m) tweepartijenstelsel

bipartite tweedelig, van twee partijen

le **¹bipède** (m) tweevoeter

²bipède (bn) tweevoetig

biper [comm] oppiepen

le **bipeur** (m) [comm] pieper

le **biplan** (m) tweedekker

bipolaire tweepolig

la **bipolarisation** (v) [pol] polarisatie

la **bique** (v) [inf] geit

la **biquette** (v) [inf] geitje

le **biréacteur** (m) tweemotorig straalvliegtuig

birman, -e Birmaans

le/la **Birman** (m), **-e** (v) Birmaan(se)

la **Birmanie** (v) Birma

le ¹**bis** (m) toegift [concert]

²**bis, bise** (bn) grijsbruin: *pain* ~ bruinbrood

³**bis** (bw) nog eens, tweemaal, bis

le/la **bisaïeul** (m), **-e** (v) overgrootvader, -moeder

bisannuel, -le tweejarig

la **bisbille** (v) [inf] geharrewar, gekibbel

biscornu, -e 1 grillig (gevormd) **2** [inf] vreemd, zonderling

la **biscotte** (v) beschuit, toast

le **biscuit** (m) **1** koekje, kaakje, biscuit: *~s salés* zoutjes **2** ongeglazuurd porselein

la **bise** (v) **1** koude (noordoosten)wind **2** [inf] kusje: *faire la* ~ een zoen geven, zoenen

la **bisexualité** (v) **1** tweeslachtigheid **2** biseksualiteit

bisexué, -e tweeslachtig

le/la ¹**bisexuel** (m), **-le** (v) biseksueel

²**bisexuel, -le** (bn) biseksueel

le **bison** (m) bizon

bisontin, -e uit Besançon

le **bisou** (m) kusje

la **bisque** (v) kreeftensoep, soep van schaaldieren

bisquer [inf] de smoor inhebben

bissau-guinéen, -ne Guinee-Bissaus

le/la **Bissau-Guinéen** (m), **-ne** (v) Guinee-Bissauer, Guinee-Bissause

¹**bisser** (onov ww) [Belg] blijven zitten

²**bisser** (ov ww) bisseren, (doen) herhalen; bis roepen tegen

bissextile: *année* ~ schrikkeljaar

le **bistouri** (m) operatiemes

le **bistre** (m) het roetbruin

bistré, -e sterk gebruind

le **bistrot** (m) **1** kroeg, eethuis **2** [pop] kroegbaas

la **bite** (v) [pop] pik

la **bitte** (v) meerpaal

le **bitume** (m) **1** asfalt **2** [pop] straat

bitumer asfalteren

la **biture** (v): *prendre une* ~ zich bezatten

le **bivouac** (m) bivak

bivouaquer bivakkeren

bizarre [m.b.t. zaken] zonderling, eigenaardig, vreemd, buitenissig

la **bizarrerie** (v) grilligheid; wonderlijk gedrag

le **bizutage** (m) ontgroening

bizuter ontgroenen

le **blabla** (m) [pop] geleuter, blabla

blablater [inf] leuteren; kletsen

blackbouler afwijzen: *être blackboulé* zakken

blafard, -e vaal, bleek

la **blague** (v) **1** mop, grapje; poets: ~ *à part* in

alle ernst; *sans* ~ heus, zonder gekheid **2** blunder **3** tabakszak

¹**blaguer** (onov ww) gekscheren, grappen maken

²**blaguer** (ov ww) voor de gek houden, plagen

le/la **blagu|eur** (m), **-euse** (v) grappenmaker, -maakster

le **blaireau** (m) **1** das [dier] **2** scheerkwast **3** penseel [van dassenhaar]

blairer: *je (ne) peux pas le* ~ ik kan hem niet uitstaan

blâmable laakbaar, afkeurenswaardig

le **blâme** (m) afkeuring, blaam, berisping

blâmer laken, afkeuren: ~ *qqn. de (pour) qqch.* iem. om iets berispen, iem. iets kwalijk nemen

le/la ¹**blanc** (m), **blanche** (v) blanke

le ²**blanc** (m) **1** (het) wit, witte kleur: ~ *d'œuf* eiwit; ~ *de l'œil* oogwit; ~ *de poulet* kipfilet; *chauffer à* ~ witgloeiend maken; *tirer à* ~ met los kruit schieten **2** onbeschreven, onbedrukt papier; open ruimte: *chèque en* ~ blanco cheque; *laisser en* ~ open, blanco laten **3** linnengoed **4** leegte, afwezigheid **5** witte wijn: *un* ~ *sec* een droge witte wijn ‖ *de but en* ~ op de man af

³**blanc, blanche** (bn) **1** wit, blank; bleek, kleurloos: *cheveux ~s* grijze haren; *gelée blanche* rijp **2** schoon **3** onbeschreven, onbedrukt, blanco: *donner carte blanche à qqn.* iem. de vrije hand laten, volmacht geven **4** [fig] rein, zuiver; onschuldig **5** zonder resultaat: *examen* ~ proefexamen; *mariage* ~ schijnhuwelijk; *nuit blanche* slapeloze nacht

le **blanc-bec** (m; mv: blancs-becs) melkmuil, jong broekje

blanchâtre witachtig

la **blanche** (v) **1** blanke vrouw: *la traite des ~s* de vrouwenhandel **2** [pop] heroïne

Blanche-Neige Sneeuwwitje

la **blancheur** (v) witheid, blankheid

le **blanchiment** (m) **1** (het) bleken [van was enz.] **2** (het) witten: *le* ~ *de l'argent* het witwassen van geld

¹**blanchir** (onov ww) bleek, wit worden; grijs worden [haar]

²**blanchir** (ov ww) **1** bleken **2** witten, wit maken; bleken [haar] **3** (schoon)wassen [ook fig]; onschuldig verklaren; afkoken **4** [geld] witwassen **5** gladschaven, oppoetsen

le **blanchissage** (m) (het) wassen, bewassing, was

la **blanchisserie** (v) wasserij; was- en strijkinrichting

le/la **blanchiss|eur** (m), **-euse** (v) bleker, wasbaas, wasvrouw

le **blanc-seing** (m; mv: blancs-seings) blanco volmacht

la **blanquette** (v): [cul] ~ *de veau* kalfsragout

blasé, -e onverschillig

le **blason** (m) wapen(schild), blazoen: *redorer son* ~ zijn aanzien verbeteren

le/la **blasphéma|teur** (m), **-trice** (v) godslasteraar(ster)
blasphématoire godslasterlijk

le **blasphème** (m) godslastering, vloek
blasphémer godslasteringen uitslaan, vloeken

le **blazer** (m) blazer [kledingstuk]

le **blé** (m) **1** koren; korenveld; graan: ~ *noir* boekweit **2** [argot] poen ‖ *être fauché comme les* ~*s* op zwart zaad zitten

le **bled** (m) **1** [pop] gat [plaats] **2** [Afr] binnenland
blême doodsbleek, lijkbleek
blêmir doodsbleek worden, verbleken; lichter worden [van de horizon]
blessant, -e kwetsend, krenkend

le/la ¹**blessé** (m), **-e** (v) **1** gewonde, gekwetste **2** gekrenkte
²**blessé, -e** (bn) **1** gewond, gekwetst **2** gekrenkt
¹**blesser** (ov ww) **1** verwonden, kwetsen; bezeren: ~ *à mort* dodelijk verwonden **2** knellen [van schoenen]; schrijnen, hinderen **3** krenken, een onaangename indruk maken op: *être blessé* gewond raken, zijn

se ²**blesser** (wdk ww) **1** gewond raken **2** gekwetst zijn

la **blessure** (v) **1** wond, blessure **2** krenking
blet, -te beurs, overrijp [van fruit]

la **blette** (v) [plantk] snijbiet

le ¹**bleu** (m; mv: bleus) **1** blauwe kleur of verf: *gros* ~ diep blauw; [onv.] ~ *ciel* hemelsblauw; [onv.] ~ *turquoise* blauwgroen, turquoiseblauw **2** blauwsel **3** blauwe plek **4** blauwdruk **5** overall: ~ *de travail* overall **6** nieuweling, groentje; [mil] rekruut ‖ *le grand* ~ de oceaan; de zee
²**bleu, -e** (bn) blauw: [inf] *cordon* ~ uitstekende kookster; *peur* ~*e* hevige schrik, grote angst; *il est très fleur* ~*e* hij is erg sentimenteel; *un steak* ~ een nauwelijks dichtgeschroeide biefstuk
bleuâtre blauwachtig

le **bleuet** (m) korenbloem
¹**bleuir** (onov ww) blauw worden
²**bleuir** (ov ww) blauw maken

les **Bleus** (mv, m): *les* ~ het Franse nationale elftal, de haantjes
bleuté, -e lichtblauw

le **blindage** (m) **1** (het) blinderen; (be)pantsering **2** (het) afschermen [tegen straling]

le ¹**blindé** (m) pantserwagen
²**blindé, -e** (bn) **1** gepantserd: *division* ~*e* pantserdivisie; *véhicule* ~ pantserwagen **2** gehard, ongevoelig [van een persoon]: *être* ~ *contre qqch.* immuun zijn voor iets
blinder 1 pantseren **2** beschoeien **3** afschermen

le **blizzard** (m) sneeuwstorm

le **bloc** (m) **1** blok, klomp; hoop, hoeveelheid: ~ *sanitaire* sanitair; *d'un seul* ~ ineens, tegelijk, aaneen; *à* ~ helemaal; *gonflé à* ~ hard opgepompt; *en* ~ in of alles tezamen genomen **2** [pol] coalitie, blok: *faire* ~ zich aaneensluiten **3** gebied: ~ *monétaire* monetaire gemeenschap **4** [pop] gevangenis: *être au* ~ vast zitten

le **blocage** (m) **1** blokkering: ~ *des prix* prijsstop **2** geremdheid

le **bloc-cuisine** (m; mv: blocs-cuisines) keukenunit

le **blockhaus** (m) [mil] bunker

le **bloc-notes** (m; mv: blocs-notes) **1** blocnote **2** [comp] notebook

le **blocus** (m) insluiting, blokkering, blokkade

le **blog** (m) blog

le **blogue** (m) blog
bloguer [comp] bloggen; webloggen

le/la **blogu|eur** (m), **-euse** (v) blogger

le/la ¹**blond** (m), **-e** (v) blonde, blondine
²**blond, -e** (bn) **1** blond; goudgeel: ~ *cendré* asblond; ~ *filasse* vlasblond **2** licht, blond [van bier]
blondasse vlasblond

la **blonde** (v) sigaret van lichte tabak

la **blondeur** (v) blondheid

le/la **blondinet** (m), **-te** (v) een blondje [kind]
¹**blondir** (onov ww) blond worden
²**blondir** (ov ww) blonderen
¹**bloquer** (onov ww) [Belg] blokken
²**bloquer** (ov ww) **1** insluiten, blokkeren **2** stoppen [een biljartbal]; tot staan brengen [van een offensief] **3** vastleggen, vastzetten **4** verenigen, bijeenbrengen

se ³**bloquer** (wdk ww) vastlopen

se **blottir 1** hurken, ineenduiken **2** (+ contre) zich vlijen (tegen)

la **blouse** (v) **1** bloes **2** jasschort: ~ *blanche du docteur* witte jas van de dokter

le **blouson** (m) jack

le **blue-jean** (m; mv: blue-jeans) spijkerbroek

le **blues** (m) **1** [muz] blues **2** [inf]: *avoir le* ~ down (of: depri) zijn; in een dip zitten

le **bluff** (m) bluf; grootspraak
¹**bluffer** (onov ww) bluffen; opscheppen
²**bluffer** (ov ww) overbluffen

le/la **bluff|eur** (m), **-euse** (v) bluffer, opschepper

le **bob** (m) rond katoenen mutsje

le **bobard** (m) verzonnen kletsverhaal

la **bobine** (v) **1** klos; spoel **2** bobine **3** [inf] smoel, tronie
bobiner spoelen

le ¹**bobo** (m) [kindert] pijn, wondje

le/la ²**bobo** (m/v) bobo

le **bobsleigh** (m) **1** bobslee **2** het bobsleeën

le **bocage** (m) **1** bosje **2** landschap met beboomde dijken omgeven terreinen

le **bocal** (m; mv: bocaux) **1** (inmaak)glas, (inmaak)fles, (inmaak)pot; stopfles **2** kom

le/la **boche** (m/v) mof(fin)

le **bock** (m) glas bier; bierglas

le **bodybuilding** (m) bodybuilding: *faire du ~* aan bodybuilding doen

le **bodypainting** (m) bodypainting

le **¹bœuf** (m) **1** os, rund: *fort comme un ~* zo sterk als een paard **2** rundvlees: *filet de ~* ossenhaas

   ²bœuf (bn, mv: *onv*) [pop] reuze- **bof!** pech gehad!; en wat dan nog!

le **bogue** (m) [comp] bug

   bogué, -e die (*of:* dat) bugs bevat, gebugd

   boguer [comp] vastlopen; crashen: *l'ordinateur a bogué* de computer is vastgelopen

le **¹bohème** (m) bohemien(ne): *mener une vie de ~* een zorgeloos leven leiden

la **²bohème** (v) kunstenaarswereld

le **¹boire** (m) (het) drinken

   ²boire (ov ww) **1** drinken, opdrinken; leegdrinken; aan de drank zijn: *~ un coup* iets drinken; *~ à la santé de qqn.* op iemands gezondheid drinken; *~ la tasse* water binnenkrijgen [bij zwemmen]; *le vin est tiré, il faut le ~* wie a zegt, moet b zeggen; *il y a à ~ et à manger* er is van alles wat; *ce n'est pas la mer à ~* dat is best te doen **2** opzuigen: *ce papier boit* dat papier vloeit; *~ les paroles de qqn.* aan iemands lippen hangen

le **¹bois** (m) **1** hout: *en ~, de ~* houten; *~ blanc* vurenhout; *~ de chauffage* brandhout; *~ de construction* timmerhout; *n'être pas de ~* gevoel hebben; *feu de ~* houtvuur; *langue de ~* nietszeggend, vormelijk taalgebruik; *visage de ~* gezicht zonder uitdrukking; *gueule de ~* kater; *toucher du ~* [fig] afkloppen **2** bos: *à travers ~* door het bos **3** houten voorwerp, schijf, blok: *~ de justice* schavot

les **²bois** (mv, m) **1** gewei **2** houten blaasinstrumenten

   boisé, -e bosrijk, bebost

le **boisement** (m) bebossing

   boiser 1 betimmeren **2** [mijnb] stutten **3** bebossen

la **boiserie** (v) houtwerk, lambrisering

le **Bois-le-Duc** (m) 's-Hertogenbosch, Den Bosch

le **boisseau** (m): *mettre sous le ~* verbergen

la **boisson** (v) drank: *~ énergisante* energydrink; *~ mélangée* mixdrink; *~s rafraîchissantes* frisdranken; *pris de ~* onder invloed, dronken

la **boîte** (v) **1** doos, kist(je), bus, trommeltje, blik; bak: *~ crânienne* hersenpan; *~ aux lettres* brievenbus; [inf] *mettre qqn. en ~* iem. voor de gek houden; *~ à gants (auto)* handschoenkastje; *~ à musique* speeldoos; *~ à outils* gereedschapskist; *~ d'envoi* outbox; *~ de réception* inbox; *~ postale* postbus; *~ vocale* voicemail; *~ de secours* verbandkist; *~ de vitesses* versnellingsbak; *~ automatique* automatische koppeling **2** [pop] hok; zaak, werk;

school; gevangenis, nor: *~ de nuit* nachtclub; *aller en ~* uitgaan ‖ [pop] *fermer sa ~* zijn bek houden

   boiter mank gaan [ook fig]; hinken; wankel zijn [van een meubel]

   boit|eux, -euse mank, kreupel; wankel [ook fig]; onvast: *ce raisonnement est ~* deze redenering klopt niet

le **boîtier** (m) **1** kast [van een horloge] **2** instrumentenkistje, verbandkistje **3** behuizing

   boitiller lichtelijk mank gaan

le **bol** (m) **1** kom: *un ~ de café* een kom koffie [bij het Franse ontbijt] **2** [fig] geluk, mazzel: *avoir du ~* geluk (*of:* mazzel) hebben **3** grote pil ‖ [inf] *en avoir ras le ~* balen, het zat zijn

le/la **bolchevik** (m/v) **1** [gesch; Rusland] bolsjewiek **2** [pej] communist

la **bolée** (v) komvol

le **bolet** (m) boleet

le **bolide** (m) **1** racewagen **2** luchtsteen, meteoorsteen: *comme un ~* als de bliksem, in razende vaart

la **Bolivie** (v) Bolivia

   bolivien, -ne Boliviaans

le/la **Bolivien** (m), **-ne** (v) Boliviaan(se)

la **bombance** (v): *faire ~* smullen, fuiven

   bombarder beschieten, bombarderen; bestoken: [inf] *~ qqn. général* iem. tot generaal bombarderen

le **bombardier** (m) bommenwerper

la **bombe** (v) **1** bom: *attentat à la ~* bomaanslag; *~ incendiaire* brandbom; *~ à retardement* tijdbom; *~ atomique* kernbom, atoombom; [inf] *tomber* (*of:* *arriver*) *comme une ~* uit de lucht komen vallen; *faire l'effet d'une ~* als een bom inslaan **2** bolle fles **3** spuitbus: *~ glacée* ijstaart **4** jockeypet, ruiterhelm

   bombé, -e gewelfd, bol

le **bombement** (m) welving, ronding

   ¹bomber (onov ww) opbollen, bol staan, krom trekken

   ²bomber (ov ww) ronden, bol maken: *~ le torse* een hoge borst opzetten

le **¹bon** (m) **1** (het) goede, voordeel: *avoir du ~* voordelen hebben; *cette proposition a du ~* in dat voorstel zitten goede dingen **2** bewijs, bon: *~ de caisse* kassabon; [Belg] kasbon; *~ de commande* bestelbon; *~ de garantie* garantiebewijs; *~ du Trésor* schatkistbiljet

   ²bon, bonne (bn) **1** goed; gunstig, geschikt: *~ à manger* eetbaar; *une ~ne distance* een flinke afstand; *~ an mal an* gemiddeld per jaar; *il n'est ~ à rien* hij deugt nergens voor; *à ~ droit* terecht; *c'est ~!* genoeg daarvan!; *c'est ~ à jeter* waardeloos; *elle est bien ~ne* dat is een goeie; *il m'en a raconté de ~nes* hij vertelde leuke verhalen; *vous êtes trop ~* ik dank je hartelijk; *~ enfant* goed(aard)ig; *une ~ne fois (pour toutes)* eens en voor altijd; *je vous la souhaite ~ne et heureuse* ik wens u veel heil en zegen; *ça fait une ~ne heure que* *j'attends* ik wacht al ruim een uur; *de ~ne source* uit betrouwbare bron; *de ~ matin* 's morgens vroeg; *~ mot* kwinkslag, geestigheid, grap; *~ nombre* de heel wat; *Bonne Nouvelle* blijde boodschap [evangelie]; *à quoi ~?* dat heeft toch geen zin!; *comme ~ vous semble* zoals u wilt; *~ marché* goedkoop; *~ sens* gezond verstand; *avoir qqn. à la ~ne* iem. aardig vinden **2** eenvoudig; argeloos, naïef; braaf: *une ~ne femme* een vrouwtje; *ça c'est les ~nes femmes!* zo zijn vrouwen! **3** lekker, aangenaam; smakelijk **4** (de) goede [mens] ‖ *de ~ne heure* vroeg

³bon (bw): *pour de ~* voorgoed; *il fait ~ ici* het is hier aangenaam; *sentir ~* lekker ruiken; *tenir ~* stand houden, niet toegeven; *trouver ~* goed vinden; *il fait ~ se promener ici* je kunt hier lekker wandelen; *allons ~!* mooi zo!, verdorie!

bonasse goedig, sullig

le **bonbon** (m) snoepje: *~ acidulé* zuurtje

la **bonbonne** (v) buikfles, (gas)fles

la **bonbonnière** (v) **1** doosje voor snoepjes **2** smaakvol ingericht flatje

le **bond** (m) sprong: *faire un ~* opspringen, met een sprong vooruitgaan; *ne faire qu'un ~* er in een wip zijn

la **bonde** (v) **1** duiker [van een vijver]; duikerklep **2** stop

bondé, -e propvol, stampvol, boordevol

la **bondieuserie** (v) kwezelarij

les **bondieuseries** (mv, v) [neg] heiligenbeeldjes

bondir (op)springen, huppelen: *faire ~* uit zijn vel doen springen; *~ de joie* zeer verheugd zijn; *le tigre bondit sur sa proie* de tijger bespringt zijn prooi

le **bonheur** (m) geluk: *par ~* gelukkig; *au petit ~ (la chance)* op goed geluk af, lukraak; *faire le ~ de qqn.* iem. gelukkig maken; *souhaits de ~* gelukwensen

la **bonhomie** (v) goedaardigheid, gemoedelijkheid

le **¹bonhomme** (m; mv: bonshommes) **1** man **2** ventje, kereltje: *c'est un drôle de ~* het is een gekke vent **3** poppetje, figuurtje: *dessiner des ~s* poppetjes tekenen; *~ de neige* sneeuwpop

²bonhomme (bn, mv: bonshommes) goedhartig

le **boni** (m) bonus; batig saldo; gratificatie; voordeeltje; [Belg] boni

la **boniche** (v) [pej, bel] dienstmeisje: *j'suis pas ta ~!* ik ben je knechtje niet!

la **bonification** (v) **1** verbetering, vermeerdering van opbrengst **2** bonificatie; bonus; vergoeding

¹bonifier (ov ww) verbeteren [van grond]: *emprunt bonifié* door de Staat gesubsidieerde lening

se **²bonifier** (wdk ww) beter worden [van wijn,

karakter]

le **boniment** (m) kletspraat, leugen

le **bonjour** (m) goedendag, goedemorgen, goedemiddag: *dire ~* groeten; *souhaiter le ~* goedendag zeggen; *simple comme ~* doodeenvoudig ‖ *~ les dégâts!* en dan zit je met de schade!

la **bonne** (v) dienstmeisje: *~ d'enfants* kindermeisje; *~ à tout faire* dienstmeisje voor dag en nacht; *je ne suis pas ta ~!* doe het zelf maar!

la **bonne-maman** (v; mv: bonnes-mamans) oma

bonnement: *tout ~* **a)** oprecht; **b)** werkelijk ‖

le **bonnet** (m) **1** muts, kap: *gros ~* hoge ome; *les gros ~s du parti* de kopstukken uit de partij; *opiner du ~* zijn volledige instemming betuigen; *c'est ~ blanc ou blanc ~* het komt op hetzelfde neer; *~ d'âne* papieren muts met lange oren voor gestrafte leerling; *~ de bain* badmuts; *~ à poil* berenmuts; *il a la tête près du ~* hij is heetgebakerd; *deux têtes dans un ~* twee handen op één buik; *il a mis son ~ de travers* hij is slechtgemutst **2** netmaag **3** cup [van een beha]

le **bon-papa** (m; mv: bons-papas) opa

le **bonsaï** (m) bonsai(boompje)

le **bonsoir** (m) goedenavond: *souhaiter le ~* goedenavond zeggen; [fig] *et alors ~!* en anders de groeten!

la **bonté** (v) goed(hartig)heid; vriendelijkheid: *ayez la ~ de* wees zo goed om (te); *par ~* uit vriendelijkheid; *~ divine!* grote goedheid!

les **bontés** (mv, v) gunsten

le **bonus** (m) **1** [verz] no-claim(korting) **2** premie [op loon, salaris enz.]; bonus

le **bonze** (m) **1** bonze, hoge piet **2** [pop] ouwe sok

le **boom** (m) snelle groei, expansie: *~ démographique* geboortegolf; *~ des prix* prijsexplosie

le **boomerang** (m) boemerang: *effet ~* boemerangeffect

booster [inf] stimuleren; een kick geven aan: *~ les ventes* een impuls geven aan de verkoop

le **borborygme** (m) gerommel [in de buik]

le **bord** (m) **1** boord, kant, rand; oever, kust: *au ~ de* aan de kant van, langs; *au ~ de la mer* aan zee; *être au ~ de la crise de nerfs* bijna in huilen uitbarsten **2** schip, boord: *à ~* aan boord van, in [auto]; *hommes du ~* opvarenden; *livre de ~* scheepsjournaal; *tableau de ~* dashboard; *virer de ~* van koers veranderen [ook fig] ‖ [pop] *sur les ~s* een beetje, lichtelijk; *anarchiste sur les ~s* anarchistisch getint; *se débrouiller avec les moyens du ~* zich redden met wat bij de hand is

le **¹bordeaux** (m) bordeaux(wijn)

²bordeaux (bn, onv) bordeauxrood: *un pull ~* een bordeauxrode trui la **bordée** (v) **1** salvo: ~ *d'injures* stortvloed van scheldwoorden **2** wacht: ~ *de bâbord* bakboordwacht **3** laveergang

le **bordel** (m) **1** bordeel **2** [pop] rotzooi: *quel* ~*!* wat een troep! **3** [pop] herrie: ~*!* [inf] wat een gedonder!

le/la **Bordelais** (m), **-e** (v) inwoner, inwoonster van Bordeaux

bordélique chaotisch, rommelig

border 1 omboorden; omzomen: *mouchoir bordé de dentelle* met kant afgezette zakdoek; *bordé de* met aan weerszijden **2** leggen, zetten langs, beplanten met **3** liggen, staan, varen langs; omzomen; afzetten; omgeven: *un fossé borde la route* een sloot loopt langs de weg **4** instoppen [een bed]; toedekken [een kind] **5** strak zetten [van een zeil]

le **bordereau** (m) borderel; staat, lijst

la **bordure** (v) boordsel; lijst, omlijsting; rand, zoom; kantsteen, stoeprand, trottoirband: *en* ~ *de* langs; ~ *de gazon* grasrand; ~ *de fleurs* border

boréal, -e 1 noordelijk: *hémisphère* ~ noordelijk halfrond **2** Noordpool-: *aurore* ~*e* noorderlicht

le/la **¹borgne** (m/v) eenoog: *au royaume des aveugles les* ~*s sont rois* in het land der blinden eenoog koning

²borgne (bn) **1** eenogig, blind aan één oog **2** duister, verdacht: *maison* ~ verdacht huis **3** onvolledig: *fenêtre* ~ raam zonder uitzicht

la **borne** (v) **1** grenssteen, grenspaal; paaltje: ~ *kilométrique* **a)** kilometerpaal; **b)** [pop] kilometer **2** grens: *sans* ~*(s)* grenzeloos; *liberté sans* ~*s* onbeperkte vrijheid; *(dé)passer les* ~*s* de spuigaten uitlopen, te ver gaan **3** [elek] klem

borné, -e 1 begrensd **2** beperkt, bekrompen

¹borner (ov ww) **1** begrenzen, afpalen **2** beperken, matigen

se **²borner à** (wdk ww) zich beperken tot: *je me suis borné à lui dire que ... ik* heb hem slechts gezegd dat ...

bosniaque Bosnisch

le/la **Bosniaque** (m/v) Bosniër, Bosnische

la **Bosnie** (v) Bosnië

la **Bosnie-et-Herzégovine** (v) Bosnië en Herzegovina

le **Bosphore** (m) Bosporus

le **bosquet** (m) bosje, bosschage

le **boss** (m) [inf] chef; baas

la **bosse** (v) **1** bult, bochel: *rouler sa* ~ veel reizen **2** aanleg, gave, talent: *avoir la* ~ *des langues* een talenknobbel hebben **3** oneffenheid [van een terrein]: *plein de* ~*s* hobbelig; *en* ~ in reliëf

le **bosselage** (m) reliëfwerk

bosseler 1 drijven [van metaal]; met drijfwerk versieren **2** deuken, butsen

¹bosser (onov ww) [pop] hard werken

²bosser (ov ww) vastleggen, vastsjorren

le/la **boss|eur** (m), **-euse** (v) [pop] harde werk(st)er

le/la **¹bossu** (m), **-e** (v) bultenaar: *rire comme un* ~ zich een bult lachen

²bossu, -e (bn) gebocheld, met bulten

bot, botte: *pied* ~ horrelvoet

la **¹botanique** (v) plantkunde, botanie

²botanique (bn) plantkundig, botanisch: *jardin* ~ plantentuin, hortus

le/la **botaniste** (m/v) botanicus, -ca, plantkundige

le **Botswana** (m) Botswana

botswanais, -e Botswaans

le/la **Botswanais** (m), **-e** (v) Botswaan(se)

la **botte** (v) **1** laars: ~*s de sept lieues* zevenmijlslaarzen; [inf] *avoir du foin dans ses* ~*s* er warmpjes bij zitten; *lécher les* ~*s* de hielen likken **2** bos, bundel, schoof: ~ *de poireaux* bosje prei; *chercher une aiguille dans une* ~ *de foin* een speld in een hooiberg zoeken

botteler in bossen binden

¹botter (ov ww) **1** (iem.) laarzen aandoen **2** een trap geven: [voetb] ~ *en touche* uit schieten; ~ *le derrière* (of: *les fesses*) *à qqn.* iem. een schop onder zijn gat geven ‖ *ça me botte* dat lijkt me wel wat

se **²botter** (wdk ww) zijn laarzen aantrekken

le **bottier** (m) laarzenmaker, maatschoenmaker

le **bottillon** (m) laarsje

le **bottin** (m) telefoonboek: *Bottin mondain* Who's who

la **bottine** (v) laarsje

le **bouc** (m) **1** bok: ~ *émissaire* zondebok **2** sik

le **boucan** (m) [inf] herrie; lawaai: *un* ~ *de tous les diables* een heidens kabaal

le **boucanier** (m) boekanier, vrijbuiter

le **bouchage** (m) (het) dichtstoppen, kurken; sluiting

la **bouche** (v) **1** mond: *ne parle pas la* ~ *pleine* praat niet met volle mond; *garder pour la bonne* ~ voor het laatst bewaren; [inf] ~ *en cul de poule* pruimenmondje; *par la* ~ *de* bij monde van; *de* ~ *à oreille* van mond tot mond; *fine* ~ lekkerbek; *faire la* ~ *fine* al te kieskeurig zijn; ~ *cousue* mondje dicht **2** bek [van een dier] **3** monding, opening; ingang: ~ *d'air* ventilatierooster; ~ *d'incendie* brandkraan; ~ *d'égout* rioolput ‖ *la vérité sort de la* ~ *des enfants* kinderen en gekken zeggen de waarheid, dronken mensen zeggen de waarheid

bouché, -e 1 dichtgestopt **2** verstopt, versperd **3** bewolkt; [luchtv] potdicht **4** gekurkt, gesloten: *vin* ~ op fles bewaarde wijn **5** [fig] stompzinnig: *il est* ~ *à l'émeri* hij heeft een bord voor zijn kop

le **bouche-à-bouche** (m; mv: *onv*) mond-op-mondbeademing

la **bouchée** (v) mondvol, hapje: *mettre les ~s doubles* er(gens) vaart achter zetten; *~ à la reine* vleespasteitje; *pour une ~ de pain* voor een appel en een ei; *ne faire qu'une ~ de* [fig] korte metten maken met

le **¹bouch|er** (m) **1** slager; [Belg] beenhouwer **2** beul

²boucher (ov ww) **1** (dicht)stoppen **2** afsluiten, kurken **3** belemmeren, versperren **4** dichtmetselen

se **³boucher** (wdk ww) **1** verstopt raken [van een buis] **2** dichthouden: *se ~ les oreilles* zijn oren dichtstoppen

la **bouchère** (v) slagersvrouw

la **boucherie** (v) **1** slagerij; [Belg] beenhouwerij **2** slachting, bloedbad

le **bouche-trou** (m; mv: bouche-trous) noodhulp, invaller

le **bouchon** (m) **1** stop; sluitdop; kurk: *~ à vis* schroefdop **2** dobber **3** plug, prop **4** verstopping **5** file: *six kilomètres de ~* zes kilometer file

bouchonné, -e met een kurksmaak [van wijn]

¹bouchonner (onov ww): *ça bouchonne sur l'A4* er is een file op de A4

²bouchonner (ov ww) met stro afwrijven

le **bouclage** (m) **1** [inf] arrestatie **2** omsingeling, afsluiting **3** (het) zakken [van kranteneditie]

la **boucle** (v) **1** gesp: [inf] *se serrer la ~ de* buikriem aanhalen **2** ring: *~s d'oreilles* oorbellen, oorringen **3** krul [in haar]; lok: *~ de cheveux* haarlok, krul **4** lus, bocht **5** [luchtv] looping **6** [sport] circuit: *la grande ~* de Tour de France; [fig] *la ~ est bouclée* en dan zijn we weer bij af || *en ~* voortdurend, onafgebroken

bouclé, -e 1 gekruld, krullend **2** achter slot en grendel **3** op slot **4** geringd

¹boucler (onov ww) krullen [van haar]

²boucler (ov ww) **1** toegespen; dichtdoen: *~ sa valise* zijn koffer pakken, zich gereedmaken om te vertrekken of te sterven; *tu la boucles!* kop dicht! **2** omsingelen **3** afsluiten [van een zaak]; sluitend maken [van een budget]: *~ la boucle* **a)** het hele circuit afleggen; **b)** terug bij af zijn; *~ le mois* de maand rondkomen **4** [inf] opsluiten **5** doen krullen **6** ringen [een dier]

se **³boucler** (wdk ww) **1** krullen in het haar zetten **2** zich opsluiten

la **bouclette** (v) krulletje

le **bouclier** (m) **1** schild: *levée de(s) ~s* algemeen verzet, protest; *~ humain* menselijk schild [gijzelaar]; [Fr] *~ fiscal* belastingplafond **2** pantserplaat: *~ antimissile* raketschild; *~ thermique* hitteschild **3** [dierk] dekschild

le **Bouddha** (m) Boeddha

le **bouddhisme** (m) boeddhisme

¹bouder (onov ww) pruilen, mokken

²bouder (ov ww) boos zijn op: *il ne boude pas son plaisir* hij geniet er echt van

la **bouderie** (v) gemok, gepruil

boud|eur, -euse mokkend, pruilerig, stuurs

le **boudin** (m) **1** bloedworst: *~ noir* **a)** [Belg] (bloed)beuling; **b)** [Belg] bloedpens **2** pijpenkrul: *ressort à ~* spiraalveer **3** dik, lelijk meisje || [inf] *faire du ~* de bokkenpruik ophebben

boudiné, -e 1 in te nauwe kleren **2** worstvormig: *doigts ~s* worstvingertjes

la **boue** (v) slijk, modder: *traîner dans la ~* door het slijk halen; *~s de dragage* baggerspecie

la **bouée** (v) baken, (reddings)boei: *~ sonore* brulbroei; *~ de sauvetage* reddingsboei

le **¹boueux** (m) vuilnisman

²bou|eux, -euse (bn) modderig

le **¹bouffant** (m) pofmouw

²bouffant, -e (bn) opgebold, poffend, pof-

la **bouffe** (v) **1** [pop] eten: *à la ~* aan tafel; *se faire une petite ~* wat gaan eten, lekker samen eten **2** schranspartij

la **bouffée** (v) **1** vlaag: *par ~s* bij vlagen **2** wolk [van rook]; trek [aan sigaar, pijp enz.] **3** aanval, opwelling: *~s de chaleurs* opvliegers **4** uitademing: *~ d'ail* naar knoflook stinkende adem

¹bouffer (onov ww) **1** bol staan, opbollen **2** [pop] vreten, zich volproppen

²bouffer (ov ww) vreten: *on n'a rien à ~* we hebben niets te eten

se **³bouffer** (wdkg ww): *se ~ le nez* ruzie maken

bouffi, -e opgeblazen, opgezet, pafferig

le **¹bouffon** (m) komiek, nar: *servir de ~* het mikpunt van spotternij zijn

²bouffon, -ne (bn) komiek, koddig, potsierlijk, zot

la **bouffonnerie** (v) grap(pigheid), klucht

le **bouge** (m) **1** krot **2** louche kroeg

le **bougeoir** (m) blaker

la **bougeotte** (v): [inf] *avoir la ~* geen zitvlees hebben

bouger 1 bewegen, zich verroeren: *ne pas ~* **a)** niet weggaan; **b)** blijven zitten waar je zit; *je ne bouge pas de chez moi aujourd'hui* ik doe vandaag geen stap buiten de deur **2** zich roeren, oproerig worden **3** vordering maken; vooruitgaan

la **bougie** (v) **1** kaars: *à la lumière des ~s* bij kaarslicht **2** bougie: *~ encrassée* vette bougie

le **bougon** (m) brombeer, knorrepot

²bougon, -ne (bn) [inf] brommerig, knorrig

bougonner [inf] mopperen, pruttelen

le **bougre** (m) [pop] **1** kerel: *un bon ~* een goeie vent; *un pauvre ~* een arme drommel **2** vrolijke kerel

bougrement [pop] [inf, vero] verduiveld, reuze: *j'ai ~ faim* ik heb hartstikke honger la **bougresse** (v) wijf

la **bouillabaisse** (v) vissoep [uit Middelland-se Zeegebied]

bouillant, -e 1 kokend, (heel) heet: *du café* ~ hete koffie **2** opbruisend, opvliegend, ziedend

la **bouille** (v) **1** druivenmand **2** melkbus **3** [inf] bek; smoelwerk **4** [inf] kop; knikker

le **bouilleur** (m) brandewijnstoker: ~ *de cru* iem. die zijn eigen brandewijn maakt

le **bouilli** (m) uitgekookt vlees

la **bouillie** (v) pap, brij: *de la* ~ *pour les chats* prutswerk; *en* ~ week als pap; *mettre qqn. en* ~ iem. tot moes slaan

bouillir koken: ~ *de colère* zieden van drift; *faire* ~ koken; *cela fait* ~ *la marmite* daar kan de schoorsteen van roken

la **bouilloire** (v) ketel, waterketel: ~ *électrique* waterkoker

le **bouillon** (m) **1** luchtbel **2** gulp, straal: *sortir à gros* ~ *de* gulpen (gutsen) uit; *bouillir à gros* ~s hard koken; *boire un* ~ **a)** water binnenkrijgen; **b)** [inf] verlies lijden **3** bouillon, vleesnat || ~ *de culture* kweekbodem, voedingsbodem

bouillonnant, -e 1 opborrelend, opbruisend: *il est* ~ *d'activités* hij bruist van activiteit **2** ziedend

le **bouillonnement** (m) **1** opborreling **2** (het) zieden, opwinding

bouillonner 1 opborrelen, opbruisen **2** zieden, koken

la **bouillotte** (v) **1** keteltje **2** warmwater-kruik

le/la **boulang|er** (m), **-ère** (v) bakker, bakkers-vrouw: *garçon* ~ bakkersknecht; [Belg] bakkersgast

la **boulangerie** (v) bakkerij; bakkerswinkel

la **boule** (v) **1** bol, bal: *se mettre en* ~ kwaad worden; *j'ai les* ~s ik ben bang; *rouler en* ~ een prop maken van; *faire* ~ *de neige* een sneeuwbaleffect hebben; ~ *de Noël* kerstbal; ~ *de pétanque* bal van het jeu-de-boulesspel **2** [pop] kop, knikker: *perdre la* ~ gek worden; *coup de* ~ kopstoot; *ça me fout les* ~s! ik krijg er wat van! **3** [Belg] snoepje **4** rond brood

le **bouleau** (m) berk

la **boule-de-neige** (v; mv: boules-de-neige) [plantk] sneeuwbal

le **bouledogue** (m) buldog

bouler rollen: *envoyer* ~ *qqn.* iem. wegsturen, afschepen

le **boulet** (m) kanonskogel: *tirer sur qqn. à* ~s *rouges* iem. hevig aanvallen; [fig] *traîner le* ~ een blok aan het been hebben

la **boulette** (v) **1** bal(letje) [gehakt, brood enz.] **2** propje [papier] **3** blunder, flater

le **boulevard** (m) brede laan; [Belg] lei: ~ *périphérique* ringweg; *théâtre de* ~ klucht

bouleversant, -e schokkend, ontroerend

le **bouleversement** (m) **1** omverwerping **2** omwenteling **3** ontsteltenis; geweldige beroering

bouleverser 1 ondersteboven keren, overhoop halen **2** een omwenteling teweegbrengen in **3** aangrijpen, schokken, in verwarring brengen

le **boulgour** (m) bulgur

la **boulimie** (v) **1** boulimia nervosa, geeuw-honger, ongeremde eetlust **2** grote honger

boulimique lijdend aan ongeremde eetlust

le/la **bouliste** (m/v) beoefenaar(ster) van het jeu de boules

le **boulodrome** (m) baan voor het jeu de boules

le **boulon** (m) klinkbout

[1]**boulonner** (onov ww) [pop] hard werken, ploeteren

[2]**boulonner** (ov ww) vastklinken

le/la [1]**boulot** (m), **-te** (v) dikkerdje

le [2]**boulot** (m) [pop] werk: *au* ~! aan het werk!

le [1]**boum** (m) **1** boem **2** knalsucces: *en plein* ~ in volle gang

la [2]**boum** (v) fuif, feestje

boumer: *ça boume* het gaat goed

le **bouquet** (m) **1** bos(je): ~ *d'arbres* groep bomen **2** ruiker, boeket **3** bouquet [van wijn] **4** slotstuk van vuurwerk: *ça c'est le* ~ dat spant de kroon || [betaaltelevisie] ~ *de programmes* programma-aanbod; zender-aanbod

le **bouquetin** (m) steenbok

le **bouquin** (m) **1** oud boek **2** [inf] boek

bouquiner 1 de boekenstalletjes doorzoeken **2** in (oude) boeken snuffelen **3** [inf] lezen

le/la **bouquiniste** (m/v) handelaar(ster) in tweedehands boeken

la **bourbe** (v) slijk, modder

bourb|eux, -euse modderig

le **bourbier** (m) modderpoel [ook fig]

la **bourde** (v) flater, blunder

le **bourdon** (m) **1** pelgrimsstaf **2** hommel: *faux* ~ dar **3** grote torenklok **4** brombas [van orgel] || *avoir le* ~ down zijn, in de put zitten

le **bourdonnement** (m) gegons, gebrom: ~ *d'oreilles* oorsuizing

bourdonner gonzen, brommen, zoemen

le **bourg** (m) groot dorp

la **bourgade** (v) dorp

le/la [1]**bourgeois** (m), **-e** (v) burger(man), -vrouw: *petit* ~ burgermannetje

[2]**bourgeois, -e** (bn) (klein)burgerlijk: *cuisine* ~e burgerpot

la **bourgeoisie** (v) (gegoede) burgerij: *petite* ~ kleine burgerij, middenstand; *grande* ~ gegoede burgerij, deftige stand

le **bourgeon** (m) [plantk] knop

le **bourgeonnement** (m) (het) knoppen krijgen, uitbotten

bourgeonner knoppen krijgen, uitbotten
le **bourgmestre** (m) burgemeester
la **Bourgogne** (v) Bourgondië
bourguignon, -ne Bourgondisch, uit Bourgondië: *fondue ~ne* vleesfondue
le/la **Bourguignon** (m), **-ne** (v) Bourgondiër, Bourgondische
bourlinguer 1 [scheepv] moeizaam vooruitkomen 2 [pop] veel reizen, rondzwalken
le/la **bourlingu|eur** (m), **-euse** (v) globetrotter
le **bourrade** (v) stomp, opstopper
le **bourrage** (m) 1 (het) vullen, volstoppen 2 vulsel: ~ *de crâne* indoctrinatie, hersenspoeling
la **bourrasque** (v) rukwind, windstoot
bourrat|if, -ive [pop] zwaar, machtig [van eten]
la **bourre** (v) 1 stophaar, vulsel 2 prop 3 [plantk] dons: ~ *de coton* poetskatoen ‖ *à la* ~ te laat
bourré, -e [inf] dronken: *il est complètement* ~ hij is stomdronken
le **bourreau** (m) scherprechter, beul [ook fig]: ~ *des cœurs* donjuan; ~ *de travail* harde werker, workaholic
le **bourrelet** (m) 1 tochtlat, tochtstrip 2 vetplooi, vetrol: ~*s de chair* (of: *de graisse*) vetplooi
bourrer de 1 volstoppen (met), stoppen [van een pijp]; opvullen (met), proppen (in): ~ *le crâne à qqn.* iem. meningen opdringen 2 stompen: ~ *de coups* afrossen
la **bourriche** (v) (langwerpige) mand; korf
le **bourrin** (m) [pop] knol
la **bourrique** (v) 1 ezel(in) 2 knol, ezel, stommerik: *tête comme une* ~ zo koppig als een ezel
le **¹bourru** (m) knorrepot, bullebak
²bourru, -e (bn) 1 ruw, oneffen 2 bars, nors
la **bourse** (v) beurs: *sans* ~ *délier* met gesloten beurs; ~ *du travail* arbeidsbeurs; ~ *d'études* studiebeurs
la **Bourse** (v) [hand] beurs(gebouw): *valeurs cotées en* (of: *à la*) ~ aan de beurs genoteerde effecten; *jouer à la* ~ speculeren; ~ *des valeurs* effectenbeurs
les **bourses** (mv, v) [inf] balzak
boursicoter speculeren [op beurs]
le/la **¹bours|ier** (m), **-ière** (v) 1 beursstudent(e) 2 beursspeculant, beursbezoeker
²bours|ier, -ière (bn) van de beurs: *opérations boursières* beurstransacties ‖ *étudiant* ~ beursstudent
boursouflé, -e gezwollen [ook fig]
boursoufler doen opzwellen, opblazen [ook fig]
la **boursouflure** (v) opzwelling, gezwollenheid
la **bousculade** (v) gedrang; drukte
bousculer 1 verdringen, omvergooien, omstoten, opzij duwen 2 aansporen, opjut-

ten: *j'ai été tellement bousculé que … ik heb het zó druk gehad dat …*; *bouscule-toi un peu!* schiet eens wat op! 3 verstoren
la **bouse** (v) koeienvla, koemest
le **bouseux** (m) [inf; pej] boer
le **bousillage** (m) [inf] knoeiwerk
bousiller 1 [inf] verknoeien, verprutsen 2 [pop] mollen, kapotmaken 3 [pop] koud maken, doden
la **boussole** (v) 1 kompas 2 [fig] richtsnoer: [inf] *perdre la* ~ de kluts kwijtraken
la **boustifaille** (v) [pop] eten
le **bout** (m) 1 einde, uiteinde, kant; punt; top [van een vinger]; neus [van een schoen]; [muz] mondstuk: ~ *de l'oreille* oorlel; *au* ~ *de* aan het einde van, na verloop van; *au* ~ *du compte* per slot van rekening; ~ *à* ~ achter elkaar, in elkaars verlengde; *d'un* ~ *à l'autre, de* ~ *en* ~ van a tot z, van het begin tot het einde, volslagen; *manger du* ~ *des dents* met lange tanden eten; *montrer le* ~ *de son nez* zich vertonen; *il ne voit pas plus loin que le* ~ *de son nez* hij kijkt niet verder dan zijn neus lang is; *jusqu'au* ~ *des doigts* door en door, op-entop; *savoir qqch. sur le* ~ *du doigt* iets op zijn duimpje kennen; *ne pas remuer le* ~ *du petit doigt* geen vin verroeren, geen poot uitsteken; *aller jusqu'au* ~ *de ses idées* consequent zijn; *être à* ~ uitgeput, op zijn; *je suis à* ~ *d'arguments* ik heb geen argumenten meer; *au* ~ *de son rouleau* aan het eind van zijn Latijn; *à* ~ *de souffle* buiten adem; *joindre les deux* ~*s* rondkomen, de eindjes aan elkaar knopen; *mener à* ~ tot een (goed) einde brengen; *pousser qqn. à* ~ iem. tot het uiterste drijven, iem. het bloed onder de nagels vandaan halen; *venir à* ~ *de* a) afmaken, erdoorheen komen [werk]; b) slagen in, overwinnen, te boven komen [moeilijkheden]; *à tout* ~ *de champ* steeds, onophoudelijk; *du* ~ *des lèvres* a) ongaarne; b) minachtend; c) onoprecht 2 eindje, stukje: ~ *de bois* stuk hout; ~ *de causette* praatje; *en connaître un* ~ er veel van weten
la **boutade** (v) grapje, geestigheid
le **boute-en-train** (m; mv: *onv*) gangmaker
la **bouteille** (v) fles: ~ *isolante,* ~ *thermos* thermosfles; *mettre en* ~*s* bottelen; *prendre de la* ~ oud worden; *être porté sur la* ~ aan de drank zijn
la **boutique** (v) winkel; boetiek: *petite* ~ boetiek(je); *fermer* ~ de zaak sluiten; [pop] *toute la* ~ de hele santenkraam
le **boutoir** (m) snuit van wild zwijn: *coup de* ~ vinnige, kwetsende uitval
le **bouton** (m) 1 knop 2 puistje, bult: ~ *d'acné* vetpuistje 3 knoop: ~ *de chemise* overhemdsknoopje; ~ *d'or* boterbloem
le **bouton-d'or** (m; mv: boutons-d'or) [plantk] boterbloem
le **boutonnage** (m) 1 (het) dichtknopen

2 knoopsluiting
¹boutonner (onov ww) knoppen krijgen; uitlopen, uitbotten
²boutonner (ov ww) dichtknopen
se **³boutonner** (wdk ww) zijn kleren dichtknopen
boutonn|eux, -euse vol puistjes
la **boutonnière** (v) **1** knoopsgat **2** [med] incisie
le **bouton-poussoir** (m; mv: boutons-poussoirs) drukknop
le **bouton-pression** (m; mv: boutons-pression) drukknoopje
le **bouturage** (m) (het) stekken
la **bouture** (v) stek, loot
¹bouturer (onov ww) loten schieten
²bouturer (ov ww) stekken
le **bouvier** (m) bouvier [hond]
bovin, -e runder-: *race ~e* runderras
les **bovins** (mv, m) runderen
le **bowling** (m) **1** bowling; kegelspel **2** bowlingbaan
le **¹box** (m; mv: boxes) box [van een paard]; garagebox: *~ des accusés* beklaagdenbank
la **²box** (v) [media] decoderkastje; multimediabox
la **boxe** (v) (het) boksen
¹boxer (onov ww) boksen
²boxer (ov ww) [inf] stompen
le **boxer-short** (m; mv: boxer-shorts) boxershort
le **boxeur** (m) bokser
le **boyau** (m) **1** darm: [muz] *corde de ~* (darm)snaar **2** slang [van spuit e.d.] **3** mijnschacht **4** [mil] verbindingsloopgraaf **5** band [van een racefiets]
le **boycott** (m) boycot
le **boycottage** (m) boycot
boycotter boycotten
le/la **¹boycott|eur** (m), **-euse** (v) iem. die boycot
²boycott|eur, -euse (bn) boycottend
le **boy-scout** (m; mv: boy-scouts) padvinder
la **BP** (v) afk van *boîte postale* postbus
brabançon, -ne Brabants
le/la **Brabançon** (m), **-ne** (v) Brabander, Brabantse
la **Brabançonne** (v): *la ~* de Brabançonne, het Belgische volkslied
le **bracelet** (m) armband, polsbandje
le **bracelet-montre** (m; mv: bracelets-montres) polshorloge
le **braconnage** (m) stroperij
braconner stropen: *~ sur les terres d'autrui* onder iemands duiven schieten
le **braconnier** (m) stroper
brader 1 van de hand doen, verkwanselen **2** op een braderie verkopen
la **braderie** (v) **1** markt [op straat]; braderie **2** uitverkoop [fig]
la **braguette** (v) gulp [van een broek]
le/la **¹braillard** (m), **-e** (v) schreeuwlelijk

²braillard, -e (bn) schreeuwerig
le **braille** (m) braille; brailleschrift
le **braillement** (m) geschreeuw
brailler schreeuwen, brullen, een keel opzetten
braire balken
la **braise** (v) gloeiende kolen [vnl. van houtskool of hout]: *être sur la ~* op hete kolen zitten; *yeux de ~* fonkelende ogen
braiser smoren, stoven
le **brancard** (m) **1** brancard, draagbaar **2** boom [van een wagen]: *ruer dans les ~s* dwars liggen, in verzet komen
le **brancardier** (m) ziekendrager
le **branchage** (m) takken [van boom]
les **branchages** (mv, m) rijshout
la **branche** (v) **1** tak [ook van wetenschap, geslacht]; vertakking: *asperges en ~s* sliertasperges; *céleris en ~s* bleekselderij **2** arm [rivier, kandelaar]; blad [van een schaar]; been [van een passer]; rib [van een gewelf]: *~s de lunettes* brillenpootjes **3** branche, afdeling, sector; vak [onderwijs]: *~ industrielle* bedrijfstak || [inf] *vieille ~* oude vriend
branché, -e [inf] trendy, in de mode
le **branchement** (m) **1** vertakking, aftakking **2** inschakeling, schakeling **3** [spoorw] wissel **4** aansluiting
brancher 1 (+ sur) aansluiten (bij, op) **2** schakelen, inschakelen: *~ la conversation sur* het gesprek brengen op **3** vertakken, aftakken || [inf] *être branché* **a)** op de hoogte zijn; **b)** in de mode zijn: *ça te branche d'aller au ciné?* zin om een filmpje te pikken?
les **branchies** (mv, v) kieuwen
brandir 1 (dreigend) zwaaien met **2** dreigen met: *~ un document* met een stuk zwaaien
branlant, -e waggelend, wankel bewegend; knikkebollend; los(zittend)
le **branle** (m) **1** (het) waggelen, heen en weer bewegen **2** eerste stoot: *mettre en ~* in beweging zetten
le **branle-bas** (m; mv: onv) **1** voorbereiding: *~ de combat* het zich opmaken voor de strijd **2** opschudding, verwarring, deining
¹branler (onov ww) waggelen, wankelen, heen en weer gaan, knikkebollen; loszitten: *ça branle dans le monde* het rommelt
²branler (ov ww) **1** (heen en weer) bewegen, doen wankelen, schudden **2** [inf] aftrekken [masturberen] **3** [inf] uitspoken
s'en **³branler** (wdk ww) er lak aan hebben: *je n'en ai rien à ~* het kan me geen flikker schelen
le **braquage** (m) **1** (het) richten [van stuurmond]; (het) draaien [van auto]: *rayon de ~* draaicirkel [van een auto] **2** [inf] overval
le **¹braque** (m) brak [hond]
²braque (bn) [inf] niet goed wijs
¹braquer (ov ww) **1** richten [van geschut, van een verrekijker enz.]: [fig] *~ qqn. contre*

iem. opzetten tegen; ~ *ses regards sur* zijn blik richten op **2** een overval plegen op **3** draaien, wendbaar zijn

se **²braquer contre** (wdk ww) zich verzetten tegen

le **braquet** (m) verzet [van een fiets]

le **bras** (m) **1** arm: *en* ~ *de chemise* in hemdsmouwen; *demeurer les* ~ *croisés* werkeloos toezien; ~ *dessus*, ~ *dessous* gearmd; *se jeter dans les* ~ *de qqn.* bij iem. heil zoeken; *être le* ~ *droit de qqn.* de rechterhand van iem. zijn; *il a le* ~ *long* hij heeft veel invloed; *à* ~ *raccourcis, à tour de* ~ uit alle macht; *avoir qqch. (qqn.) sur les* ~ opgescheept zijn met iets (iem.); *tenir à bout de* ~ op armlengte van zich afhouden; *les* ~ *m'en tombent* ik sta er versteld van **2** arbeider, helper; personeel: *manquer de* ~ handen te kort komen **3** armleuning: ~ *d'un fauteuil* armleuning van een stoel **4** zwengel; handvat: ~ *de levier* hefboomarm **5** toonarm [van een pick-up] **6** zeearm, rivierarm: ~ *de mer* zeearm ‖ ~ *de fer* **a)** armpje drukken; **b)** krachtmeting; ~ *d'honneur* beledigend gebaar

le **brasier** (m) vuurzee, vuurgloed [ook fig]

bras-le-corps: *saisir à* ~ om het middel beetpakken

le **brassage** (m) **1** (het) brouwen **2** (het) omroeren, dooreenmengen: ~ *culturel* integratie van verschillende culturen

le **brassard** (m) band om de arm: ~ *de capitaine* aanvoerdersband

la **brasse** (v) **1** schoolslag: ~ *papillon* vlinderslag **2** vadem

la **brassée** (v) vracht, armvol

brasser 1 brouwen: [fig] ~ *du vent* gebakken lucht verkopen **2** omroeren, dooreenmengen: *yaourt brassé* roeryoghurt; ~ *des milliards* met miljarden omgaan

la **brasserie** (v) **1** brouwerij **2** café-restaurant

le/la **brass|eur** (m), **-euse** (v) **1** (bier)brouw(st)er **2** schoolslagzwem(st)er ‖ ~ *d'affaires* iem. die veel en grote zaken onderneemt

la **brassière** (v) **1** babytruitje **2** zwemvest

le/la **bravache** (m/v) opschepper

la **bravade** (v) **1** uitdaging **2** opschepperij **3** overmoed

le **¹brave** (m) dappere (kerel)

²brave (bn) **1** dapper **2** rechtschapen, braaf: ~ *type* beste kerel; *mon* ~ *(homme)* m'n beste man

braver 1 trotseren, tarten **2** onder ogen zien

le **¹bravo** (m) toejuiching

²bravo (tw) bravo!

la **bravoure** (v) moed, dapperheid: *morceau de* ~ prachtig uitgevoerd moeilijk (muziek)werk

le **break** (m) **1** stationcar, stationwagon **2** pauze

la **brebis** (v) schaap; ooi: [fig] *la* ~ *galeuse* het zwarte schaap; ~ *égarée* verloren schaap

la **brèche** (v) bres, opening, gat: *battre en* ~ afbreuk doen aan, hevig aanvallen; *être toujours sur la* ~ **a)** altijd op de bres staan; **b)** altijd waakzaam, bezig zijn; *faire une* ~ à **a)** een bres slaan in; **b)** afbreuk doen aan; *monter sur la* ~ van leer trekken

bredouille: *rentrer* ~ platzak, onverrichter zake thuiskomen

le **bredouillement** (m) (het) brabbelen

¹bredouiller (onov ww) brabbelen, onverstaanbaar spreken

²bredouiller (ov ww) stamelen

¹bref, brève (bn) kort; kortaf: *à* ~ *délai, à brève échéance* op korte termijn, binnenkort

²bref (bw) kortom: *en* ~ in het kort; *enfin* ~ kortom

le **brelan** (m) trits [kaarten]

la **breloque** (v) snuisterij, klein sieraad [aan horlogeketting of armband]

le **Brésil** (m) Brazilië

brésilien, -ne Braziliaans

le/la **Brésilien** (m), **-ne** (v) Braziliaan(se)

la **bretelle** (v) **1** bretel, draagband **2** schouderbandje **3** [mil] verbindingslijn **4** [spoorw] wissel **5** oprit, afrit [van autosnelweg]

breton, -ne Bretons, uit Bretagne

le/la **Breton** (m), **-ne** (v) Breton(se)

bretonnant, -e die Bretons spreekt

le **bretteur** (m) vechtersbaas

le **bretzel** (m) [cul] pretzel; zoute krakeling

le **breuvage** (m) [med] drankje, brouwsel

la **brève** (v) kort bericht [in een krant]

le **brevet** (m) brevet, akte, diploma, getuigschrift: ~ *d'invention* octrooi, patent; *déposer un* ~ octrooi aanvragen; ~ *de technicien supérieur* ± hbo-diploma

breveté, -e 1 gediplomeerd **2** geoctrooieerd, gepatenteerd

breveter 1 een akte, brevet uitreiken aan, diplomeren **2** patenteren, octrooi verlenen voor

le **bréviaire** (m) brevier

la **bribe** (v) brokstuk, fragment: *par* ~s bij stukjes en beetjes

bric: *de* ~ *et de broc* te hooi en te gras

le **bric-à-brac** (m; mv: *onv*) oude rommel: *marchand de* ~ uitdrager

le **brick** (m) **1** [scheepv] brik **2** tetrapak; (kartonnen) verpakking

le **bricolage** (m) doe-het-zelfactiviteiten, geknutsel: *c'est du* ~ dat is gepruts

la **bricole** (v) **1** borstriem [van paard] **2** [inf] kleinigheid

bricoler knutselen, doe-het-zelven; van alles doen

le/la **bricol|eur** (m), **-euse** (v) knutselaar(ster), doe-het-zelver

la **bride** (v) **1** toom, teugel: *avoir la* ~ *sur le cou* geheel vrij zijn; *lâcher* (of: *rendre*) *la* ~ *à* de vrije teugel laten; *tenir la ~ haute à* kort houden **2** keelband **3** [techn] flens

bridé, -e: *yeux ~s* spleetogen; *moteur ~* afgestelde motor

brider 1 optuigen **2** beteugelen, intomen, breidelen **3** opbinden

le **bridge** (m) **1** brug [gebit] **2** [kaartsp] bridge

le **brie** (m) brie [kaas van koemelk]

le **briefing** (m) briefing

brièvement kort, beknopt

la **brièveté** (v) kortheid, beknoptheid; kortstondigheid

la **brigade** (v) militaire of politie-eenheid

le **brigadier** (m) **1** korporaal [bij artillerie, cavalerie] **2** brigadier [bij de politie] **3** voorman **4** [inf] brigadegeneraal

le **brigand** (m) **1** rover, schurk **2** boefje, rakker

le **brigandage** (m) **1** roverij **2** schurkenstreek **3** afpersing

briguer dingen naar, najagen, ambiëren

la **brillance** (v) [nat] lichtsterkte, helderheid

le **¹brillant** (m) **1** glans: *faux ~* klatergoud **2** briljant

²brillant, -e (bn) **1** stralend, schitterend, blinkend **2** prachtig, uitmuntend, sprankelend, briljant: *~ de santé* in blakende welstand; *~e carrière* briljante carrière; *pas ~* niet zo best, middelmatig

briller 1 schitteren, blinken, glanzen: *tout ce qui brille n'est pas or* het is niet allemaal goud wat er blinkt **2** uitblinken: *il ne brille pas par le courage* hij blinkt niet uit door moed

la **brimade** (v) getreiter

les **brimades** (mv, v) ontgroening

brimer 1 ontgroenen **2** treiteren

le **brin** (m) **1** halmpje, staafje, sprietje, vezel, draadje; loot, scheut, twijg: *~ de paille* strotje **2** een beetje, een stukje, een zweempje: [inf] *faire un ~ de causette* een praatje maken; *un beau ~ de fille* een (lekker) stuk

la **brindille** (v) twijgje

la **bringue** (v) zuippartij || [pop] *une grande ~* een slungelige vrouw

le **brio** (m) **1** [muz] brio; levendigheid **2** talent; vaardigheid

la **brioche** (v) luxebroodje || [pop] *prendre de la ~* een buikje krijgen

la **brique** (v) **1** baksteen, klinker: *rouge ~* steenrood; *~ de savon* stuk zeep **2** pak: *une ~ de lait* een pak melk **3** [argot] 10.000 franc || [inf] *ça ne casse pas les* (of: *des*) *~s* dat is niet veel soeps (of: zaaks)

briquer schoonpoetsen

le **briquet** (m) **1** aansteker **2** brak [jachthond]

la **briqueterie** (v) steenbakkerij

la **briquette** (v) briket

le **bris** (m) (het) (ver)breken: *~ de scellés* het verbreken van de verzegeling; *~ de glaces* glasschade

le **brisant** (m) klip

la **brise** (v) briesje, koel windje

brisé, -e gebroken: *~ de fatigue* geradbraakt; *ligne ~e* gebroken lijn; *cœur ~* gebroken hart; *voix ~e* gebroken stem

le **brise-glace** (m) ijsbreker

le **brise-jet** (m) straalbreker

le **brise-lames** (m; mv: *onv*) golfbreker

¹briser (ov ww) **1** breken, verbrijzelen, stukslaan **2** [fig] (ver)breken, afbreken; de bodem inslaan [hoop]

se **²briser** (wdk ww) **1** breken **2** gebroken worden **3** tenietgaan

le **brise-tout** (m) vernielal

le/la **bris|eur** (m), **-euse** (v) breker, vernieler: *~ de grève* stakingsbreker

le **brise-vent** (m; mv: brise-vent, brise-vents) windscherm [rij bomen]

le **bristol** (m) **1** stevig wit papier, tekenpapier **2** visitekaartje

la **brisure** (v) breuk; spleet

britannique Brits

le/la **Britannique** (m/v) Brit(se)

le **broc** (m) lampetkan

la **brocante** (v) (handel in) tweedehands goederen, curiosa

le/la **brocant|eur** (m), **-euse** (v) uitdrager, sjacheraar(ster)

le **brocart** (m) brokaat

le **brochage** (m) **1** (het) innaaien [van een boek] **2** (het) brocheren

la **broche** (v) **1** (braad)spit: *un poulet à la ~* een kip aan het spit **2** spie, pin, pen, stift **3** spil [van een spoel] **4** broche; sierspeld

brocher 1 brocheren **2** innaaien [een boek]

le **brochet** (m) snoek

la **brochette** (v) **1** pin **2** aan de pin geroosterd vlees **3** rijtje, een heleboel [personen, medailles]

le/la **broch|eur** (m), **-euse** (v) **1** innaai(st)er **2** brokaatwever, -weefster

la **brochure** (v) brochure, boekje

le **brocoli** (m) broccoli

le **brodequin** (m) rijglaars || *supplice des ~s* foltering met 'Spaanse laarzen'

broder 1 borduren **2** doorborduren, opsmukken, verfraaien, overdrijven

la **broderie** (v) **1** borduursel, borduurwerk **2** verfraaiing, versiering

le/la **brod|eur** (m), **-euse** (v) borduurder, -ster

le **brol** (m) [Belg] rotzooi, troep, rommel; waardeloos spul

le **brome** (m) **1** [chem] broom; bromium **2** [plantk] dravik

la **bromélia** (m) [plantk] bromelia

la **bronche** (v): *les ~s* de bronchiën

broncher 1 struikelen **2** tegensputteren; zich roeren: *sans ~* doodkalm, onbewogen

les **bronches** (mv, v) bronchiën

la **bronchite** (v) bronchitis

le/la **¹bronchitique** (m/v) lijd(st)er aan bronchitis

²**bronchitique** (bn) op bronchitis betrekking hebben

le **bronchodilatateur** (m) [med] luchtwegverwijder

le **bronzage** (m) (het) bronzen, bruin worden

le **bronze** (m) **1** brons: *âge du ~* bronsperiode; *cœur de ~* hart van steen **2** bronzen beeld, kunstvoorwerp

bronzé, -e gebruind [door de zon]

¹**bronzer** (onov ww) bruin worden [van de zon]: *crème à ~* zonnebrandcrème; *~ idiot* alleen maar in de zon liggen

²**bronzer** (ov ww) **1** bronzen **2** een bronskleur geven aan

se ³**bronzer** (wdk ww) bruin worden [van de zon]: *se ~ au soleil* zonnen

la **bronzette** (v) [inf] (het) zonnen: *faire ~* zonnen

le **brossage** (m) (het) borstelen

la **brosse** (v) **1** borstel: *~ à dents* tandenborstel; *donner un coup de ~ à* even borstelen **2** penseel; verfkwast

¹**brosser** (ov ww) **1** borstelen **2** met forse streken opzetten [een doek]: [fig] *~ un tableau* de beschrijven **3** [een bal] effect geven **4** [Belg] spijbelen

se ²**brosser** (wdk ww): *se ~ les dents* zijn tanden poetsen; [inf] *se ~ le ventre* **a)** niets te eten hebben; **b)** er bekaaid afkomen; *tu peux te ~* je kunt ernaar fluiten

le **brou** (m) bolster [van noten enz.]: *~ de noix* beits

la **brouette** (v) kruiwagen

le **brouhaha** (m) [inf] geroezemoes

le **brouillage** (m) (opzettelijke) storing [van radio, tv, radar]

le **brouillard** (m) mist, nevel: *~ givrant* mist met ijzelvorming; *il y a du ~* het mist; *être dans le ~* er niets van begrijpen

la **brouille** (v) onenigheid: *être en ~ avec* overhoop liggen met

¹**brouiller** (ov ww) **1** door elkaar gooien; in de war schoppen: *~ les cartes* **a)** de kaart schudden; **b)** [fig] verwarring stichten; *~ une émission* een uitzending storen **2** omroeren, dooreenmengen; [fig] door elkaar halen: *œufs brouillés* roereieren **3** tweedracht zaaien tussen: *être brouillé avec* gebrouilleerd zijn met **4** niet kunnen onthouden [van namen]; onhandig zijn met [cijfers] **5** troebel maken **6** [m.b.t. de geest] verduisteren, vervagen

se ²**brouiller** (wdk ww) **1** troebel worden, donker worden, betrekken **2** in de war raken **3** gebrouilleerd raken, ruzie krijgen **4** mislopen

le ¹**brouillon** (m) klad; ontwerp

²**brouillon, -ne** (bn) warrig, chaotisch

la **broussaille** (v, vaak mv) struikgewas: *cheveux en ~* ongekamde haren, wild haar

broussaill|eux, -euse 1 met struikgewas bedekt **2** ongekamd

la **brousse** (v) rimboe, wildernis, bushbush

¹**brouter** (onov ww) [motor] haperen

²**brouter** (ov ww) afgrazen; afknabbelen, opeten

la **broutille** (v) kleinigheid, niemendal

le **brownie** (m) brownie

broyer verbrijzelen, vermorzelen, fijnstampen, fijnwrijven, vermalen: [inf] *~ du noir* zwaarmoedig zijn

brugeois, -e Brugs

le/la **Brugeois** (m), **-e** (v) Bruggenaar, Brugse

la **Bruges** (v) Brugge

le **brugnon** (m) nectarine

la **bruine** (v) motregen

bruiner motregenen

bruire ruisen, suizen, ritselen

le **bruissement** (m) geruis, gesuis, geritsel

le **bruit** (m) **1** geluid, ge(d)ruis, lawaai: *le ~ du canon* het gebulder van het geschut; *sans ~* geruisloos, zachtjes; *~ de fond* ruis **2** gerucht: *le ~ court que* het gerucht gaat dat; *un faux ~* een onjuist bericht; *les ~s de couloir* wat in de wandelgangen wordt gezegd **3** ophef, opschudding: *faire du ~* opzien baren, van zich doen spreken ‖ *beaucoup de ~ pour rien* veel geschreeuw, maar weinig wol

le **bruitage** (m) geluidseffecten

le **bruiteur** (m) geluidsregisseur

brûlant, -e 1 gloeiend, brandend heet: *terrain ~* hachelijk onderwerp **2** vurig, hartstochtelijk

le ¹**brûlé** (m) iets aangebrands: *odeur de ~* brandlucht; *ça sent le ~* daar zit een luchtje aan, dat is link

²**brûlé, -e** (bn) aangebrand: *tête ~e* heethoofd

le **brûle-parfum** (m) reukvat; wierookvat

brûle-pourpoint: *à ~* op de man af

¹**brûler** (onov ww) **1** branden, in brand staan; gloeien: [fig] *les mains lui brûlent* zijn handen jeuken **2** aanbranden **3** (+ de) hunkeren (naar): *~ d'impatience* branden van ongeduld

²**brûler** (ov ww) **1** (ver)branden, verschroeien, verzengen; door brand verwoesten; verstoken: *~ ses dernières cartouches* zijn laatste kruit verschieten **2** overslaan, voorbijvliegen: *~ les étapes* **a)** te hard van stapel lopen, nergens stoppen; **b)** snel promotie maken; *~ la politesse à qqn.* weggaan zonder groeten; *~ le feu rouge* door het rode licht rijden ‖ *une question qui brûle toutes les lèvres* een vraag die op ieders lippen brandt

se ³**brûler** (wdk ww) zich branden: *se ~ la cervelle* zich een kogel door het hoofd jagen

le **brûle-tout** (m) allesbrander

le **brûleur** (m) brander

le **brûlot** (m) krant met venijnige, ongezouten kritiek

la **brûlure** (v) **1** brandwond: *~ au deuxième degré* tweedegraadsverbranding **2** brandend gevoel **3** brandvlek

la **brume** (v) mist [vnl. op zee]
brum|eux, -euse 1 mistig **2** [fig] nevelig

le **¹brun** (m) bruine kleur

le/la **²brun** (m), **-e** (v) iem. met donkere tint en bruin haar; brunette
³brun, -e (bn) **1** bruin **2** donker: *bière ~e* donker bier
brunâtre bruinachtig

le **Brunei** (m) Brunei
brunéien, -ne Bruneis

le/la **Brunéien** (m), **-ne** (v) Bruneier, Bruneise

la **brunette** (v) donkerharige vrouw; brunette
¹brunir (onov ww) bruin worden
²brunir (ov ww) **1** bruin maken, verven, kleuren **2** polijsten, bruineren

le **brushing** (m) (het) föhnen
brusque 1 kort aangebonden, driftig, ruw: *des gestes ~* wilde gebaren **2** plotseling, onverhoeds
brusquer 1 ruw bejegenen, bits toespreken; afsnauwen **2** (o)verhaasten, vervroegen: *~ les choses* overhaast te werk gaan **3** geweld aandoen, forceren **4** plotseling doen: *attaque brusquée* onverhoedse aanval

la **brusquerie** (v) ruwheid, onheusheid, uitval
brut, -e 1 ruw, onbewerkt: *champagne ~* droge champagne; *pétrole ~* ruwe olie; *les faits ~s* de naakte feiten, de feiten alleen **2** bruto; onzuiver: *poids ~* brutogewicht; *rapporter ~* bruto opbrengen **3** spontaan: *art ~* spontane kunst

le **¹brutal** (m) lomperd, woesteling, bruut
²brutal, -e (bn) **1** lomp, ruw hard, woest; grof; bruut **2** plotseling, abrupt
brutaliser mishandelen, ruw bejegenen

la **brutalité** (v) ruwheid, lompheid, onbeschoftheid

la **brute** (v) **1** redeloos schepsel, beest **2** bruut, stompzinnig mens; woesteling

le **Bruxelles** (m) Brussel
bruxellois, -e Brussels

le/la **Bruxellois** (m), **-e** (v) Brusselaar, Brusselse
bruyant, -e luidruchtig, rumoerig, schel

la **bruyère** (v) heide: *une pipe de ~* een pijp van bruyèrehout; *coq ~* korhaan

la **BSR** (v) [Belg] afk van *Brigade de Surveillance et de Recherche* BOB (afk van *Bijzondere Opsporingsbrigade*)

le **BTS** (m) afk van *brevet de technicien supérieur* ± hbo-diploma
bu volt dw van *¹boire*

la **buanderie** (v) wasserij, washok
buccal, -e (mv: buccaux) mond-: *cavité ~e* mondholte

la **bûche** (v) **1** blok brandhout: [cul] *~ de Noël* boomstam, traditioneel kerstgebak **2** domkop

le **¹bûcher** (m) **1** brandstapel **2** bergplaats voor brandhout, houtmijt, houtzolder
²bûcher (ov ww) **1** hakken **2** [inf] hard werken, blokken op

le **bûcheron** (m) houthakker

le **bûcheur** (m) blokker; harde werker
bucolique bucolisch; herderlijk; idyllisch

le **budget** (m) budget, begroting: *~ de l'État* rijksbegroting; *~ vacances* vakantiebudget
budgétaire budgettair; begrotings-

la **buée** (v) wasem, damp: *vitre couverte de ~* beslagen ruit

le **buffet** (m) **1** buffet: *~ campagnard* koud buffet (met vleesgerechten) **2** restauratie [in station] **3** tapkast **4** [pop] buik **5** dressoir, buffet: *~ d'orgue* orgelkast; *~ de cuisine* keukenkast; [inf] *danser devant le ~* niets te bikken hebben

le **buffle** (m) **1** buffel **2** buffelleer

le **bugle** (m) bugel

le **buis** (m) **1** buksboom, buxus **2** palmhout: [r-k] *~ bénit* palmtak [op palmzondag]

le **buisson** (m) kreupelbosje; [Bijb] *~ ardent* brandend braambos

le **buisson-ardent** (m; mv: buissons-ardents) vuurdoorn
buissonn|eux, -euse met kreupelhout begroeid
buissonnière: *faire l'école ~* spijbelen

le **bulbe** (m) bloembol; bolvormig orgaan
bulb|eux, -euse bolvormig

la **bulbiculture** (v) bloembollenteelt

le **¹bulgare** (m) (het) Bulgaars
²bulgare (bn) Bulgaars

le/la **Bulgare** (m/v) Bulgaar(se)

la **Bulgarie** (v) Bulgarije

le **bulldozer** (m) **1** bulldozer **2** [inf] doordrijver

le **¹bulle** (m) soort grof papier

la **²bulle** (v) **1** luchtbel: *faire des ~s de savon* bellen blazen **2** wolkje [van een strip] **3** bul [van de paus] || *~ internet* internethype; *vivre dans une (of: sa) ~* in zijn eigen wereldje leven
³bulle (bn): *papier ~* soort grof papier

le **bulletin** (m) **1** briefje; bewijs, reçu: *~ de vote* stembiljet; [Belg] kiesbrief; *~ nul* ongeldig stembiljet; *~ de commande* bestelbon; *~ de demande* aanvraagformulier; *~ de salaire* salarisbriefje **2** lijst, verslag, rapport, bericht: *~ scolaire* (school)rapport; *~ d'information* nieuwsbericht; *~ météo(rologique)* weerbericht; *~ militaire* legerbericht; *~ de santé* medisch rapport **3** tijdschrift [wetenschap, politiek]

le **bulletin-réponse** (m; mv: bulletins-réponses) antwoordcoupon

le **bull-terrier** (m) bulterriër

le **bulot** (m) [dierk] wulk

le **bungalow** (m) bungalow

le **bunker** (m) bunker [verdedigingswerk; golf]

le/la **buraliste** (m/v) houd(st)er van een tabakswinkel, tevens postagentschap la **bure** (v) **1** baai **2** pij

le **bureau** (m) **1** bureau, kantoor; werkkamer: ~ de *tabac* tabakswinkel, tevens postagentschap; ~ de *vote* stembureau; *heures de* ~ kantooruren, kantoortijd, bureau-uren **2** bureau, schrijftafel **3** kassa, loket: *jouer à* ~*x fermés* voor een uitverkochte zaal spelen **4** dagelijks bestuur; commissie, afdeling: ~ *d'aide sociale* sociale dienst; ~ *d'étude* **a)** ontwikkelingsafdeling [van een bedrijf]; **b)** adviesbureau

le **bureaucrate** (m) bureaucraat

la **bureaucratie** (v) bureaucratie, ambtenarij

bureaucratique bureaucratisch

la **bureautique** (v) kantoorinformatisering

la **burette** (v) **1** flesje [voor olie, azijn]; kannetje; [r-k] misampul **2** ampul **3** (olie)spuit

le **burgrave** (m) burggraaf

le **burin** (m) **1** burijn, graveernaald, graveerstift **2** beitel

buriné, -e gegraveerd: [fig] *un visage* ~ een gegroefd gezicht

buriner graveren

le **Burkina** (m) Burkina Faso

burkinabé Burkinees

le/la **Burkinabé** (m/v) Burkinees, Burkinese

burlesque koddig, potsierlijk, belachelijk

les **burnes** (mv, v) [vulg] ballen: *casser les* ~ *à qqn* aan iemands kop (blijven) zeiken

le **burnous** (m) boernoes

le **burqa** (m) boerka

burundais, -e Burundees

le/la **Burundais** (m), **-e** (v) Burundees, Burundese

le **Burundi** (m) Burundi

le **bus** (m) (auto)bus: *arrêt de* ~ bushalte

le **busard** (m) kiekendief

la **buse** (v) **1** buizerd **2** uilskuiken **3** buis, pijp **4** [Belg; ond] onvoldoende; [Belg] buis

le **business** (m) [inf] **1** ding(etje) **2** zaken; business: *parler* ~ over zaken praten

le **businessman** (m) zakenman

busqué, -e gekromd: *nez* ~ haviksneus

le **buste** (m) **1** buste, borsten **2** bovenlijf **3** borstbeeld

le **bustier** (m) topje

le **but** (m) **1** doel, oogmerk: *avoir pour* ~ ten doel hebben; *dans le* ~ *de* met het doel te, om te; *à* ~ *non lucratif* zonder winstoogmerk; [Belg] *sans* ~ *lucratif* zonder winstoogmerk; *de* ~ *en blanc* onverwachts, met de deur in huis vallend **2** [fig] mikpunt; doelwit **3** [sport] honk, goal; doelpunt: *marquer un* ~ een doelpunt maken

le **butane** (m) butaan, butagas

buté, -e koppig, halsstarrig

la **butée** (v) [techn] aanslag

¹**buter** (onov ww) **1** (+ contre) steunen (tegen) **2** stoten (tegen), struikelen (over)

²**buter** (ov ww) **1** kopschuw maken **2** [pop] koud maken, doden

se ³**buter** (wdk ww) koppig volhouden

le **buteur** (m) doelpuntmaker

le **butin** (m) buit, oogst, winst, voordeel

¹**butiner** (onov ww) honing verzamelen [van bijen]

²**butiner** (ov ww) verzamelen, vergaren

le **butoir** (m) stootblok ‖ *date* ~ deadline

la **butte** (v) heuvel(tje): *être en* ~ *à* het mikpunt zijn van, blootgesteld zijn aan

buvable drinkbaar

le ¹**buvard** (m) vloeipapier

²**buvard** (bn): *papier* ~ vloeipapier

le **buvetier** (m) barman, buffethouder

la **buvette** (v) bar, restauratie, koffiekamer

le/la **buv|eur** (m), **-euse** (v) drink(st)er, drinkebroer

le **byte** (m) [comp] byte

Byzance Byzantium

byzantin, -e Byzantijns: *des querelles* ~*es* eindeloos gehakketak

C

le **c** (m) [de letter] c

ça [inf] **1** dat, het: *c'est* ça! juist, zie zo!, zo is het!; *comment* ça va? hoe gaat het ermee?; [inf] *comme ci comme* ça zozo, matig; *comme* ça zo; *il est comme* ça hij is nu eenmaal zo; *comment* ça? hoezo?; ça *oui* inderdaad; ça *non* geen sprake van; ça *alors!* ça, *par exemple!* nee maar!; *à part* ça dat daar gelaten; *et avec* ça? anders nog iets?; *c'est toujours* ça *(de gagné)* dat is alvast wat **2** dan: *où* ça? waar dan? ‖ ça *y est* het is klaar; *il ne pense qu'à* ça hij denkt alleen maar aan seks; *à* ça *et là* hier en daar; *zie cela*

çà: *jeter* çà *et là* door elkaar gooien; çà *et là* hier en daar

la **cabale** (v) **1** gekonkel, samenspanning **2** occulte wetenschap **3** kliek **4** kabbala

le **caban** (m) duffelcoat

la **cabane** (v) **1** hut **2** hok, kot: ~ *à lapins* konijnenhok **3** [pop] nor

le **cabanon** (m) **1** schuurtje **2** isoleercel **3** klein buiten [in Zuid-Frankrijk]

le **cabaret** (m) café chantant, nachtclub

le **cabas** (m) boodschappenmand, boodschappentas

le **cabillaud** (m) kabeljauw

la **cabine** (v) **1** hut [van een schip] **2** cabine; huisje, hokje; cel: ~ *téléphonique* telefooncel; ~ *de douche* douchecabine **3** cockpit

le **cabinet** (m) **1** kamer(tje), kantoor, hokje: ~ *(d'aisances)* wc, toilet; ~ *de toilette* wastafel en toilet **2** werkkamer: ~ *de travail* studeerkamer; ~ *de lecture* leeszaal; ~ *dentaire* tandartsenpraktijk **3** [van een arts] praktijk **4** verzameling **5** kabinet, regering **6** kabinet [naaste medewerkers van een minister, prefect, burgemeester] **7** kabinet [meubel]

le **cabinet-conseil** (m; mv: cabinets-conseils) organisatieadviesbureau

les **cabinets** (mv, m) toilet: *aller aux* ~ naar de wc gaan

le **câble** (m) **1** kabel(touw): ~ *électrique* snoer **2** kabeltelevisie

câbler 1 tot een kabel draaien **2** bekabelen: *chaîne câblée* tv-zender via de kabel

le **câblo-opérateur** (m; mv: câblo-opérateurs) kabelmaatschappij

la **caboche** (v) **1** [inf] kop; knikker: *grosse* ~ bolle kop; *il a une rude* ~ hij heeft een spijkerharde kop **2** kopspijker [voor het beslaan van schoenen]

cabosser deuken

le **cabotage** (m) kustvaart

caboter langs de kust varen

le **caboteur** (m) kustvaarder

le/la **cabotin** (m), **-e** (v) **1** tweederangs acteur, actrice **2** komediant(e), aansteller, -ster

le **cabotinage** (m) **1** aanstellerij **2** tweederangstoneelspel

¹**cabrer** (ov ww) **1** [luchtv] optrekken **2** doen steigeren

se ²**cabrer** (wdk ww) **1** steigeren **2** opstuiven, zich verzetten, in opstand komen

le **cabri** (m) geitje; bokje

la **cabriole** (v) **1** capriool, buiteling **2** ommezwaai

cabrioler bokkensprongen, capriolen maken

le **cabriolet** (m) cabriolet; open sportauto

le **CAC 40** (m) index van de Parijse beurs

le ¹**caca** (m) [kindert] poep, bah: *faire* ~ bah doen, een hoopje doen ‖ [inf] *faire un* ~ *nerveux* door het lint gaan

²**caca** (bn): ~ *d'oie* geelgroen

cacahouète *zie cacahuète*

la **cacahuète** (v) pinda: *beurre de* ~ pindakaas

le **cacao** (m) **1** cacaoboon **2** cacaopoeder **3** warme chocolademelk

le **cacatoès** (m) kaketoe

le **cachalot** (m) potvis

le ¹**cache** (m) [foto] masker

la ²**cache** (v) **1** geheime bergplaats **2** schuilhoek

le **cache-cache** (m; mv: *onv*) verstoppertje: *jouer à* ~ verstoppertje spelen [ook fig]

le **cache-cœur** (m; mv: cache-cœurs) wikkelbloes

le **cache-col** (m; mv: cache-col(s)) sjaal

le **cachemire** (m) kasjmier

le **cache-nez** (m; mv: *onv*) brede wollen das

le **cache-pot** (m; mv: cache-pot(s)) sierpot

le **cache-prise** (m; mv: cache-prise(s)) afdekplaatje voor stopcontact

¹**cacher** (ov ww) **1** verbergen, wegstoppen, verstoppen **2** verborgen houden, verhullen, geheimhouden: *pour ne rien vous* ~ om eerlijk te zijn **3** aan het oog onttrekken: *un train peut en* ~ *un autre* er kan nog een trein komen; ~ *la vue à qqn.* iem. het uitzicht benemen; ~ *le jour à qqn.* iem. in het licht staan; ~ *son jeu* zich niet in de kaart laten kijken

se ²**cacher** (wdk ww) zich verbergen, schuilhouden; verborgen zijn ‖ *se* ~ *de qqch.* ergens niet voor willen uitkomen; *ne pas se* ~ *de qqch.* iets niet onder stoelen of banken steken

le **cache-sexe** (m; mv: cache-sexe(s)) slipje

le **cachet** (m) **1** stempel **2** zegel, lak: *lettre de* ~ koninklijk bevel tot arrestatie **3** lesgeld; [voor lezing, concert] honorarium **4** cachet, eigen karakter: *ça a du* ~ het is stijlvol **5** [farm] capsule; tablet: ~ *d'aspirine* aspirientje

le **cache-tampon** (m; mv: *onv*) kinderspel

waarbij een voorwerp verstopt wordt
cacheter verzegelen, dichtlakken, dicht-
maken: *cire à* ~ zegellak
la **cachette** (v) bergplaats; schuilhoek: *en* ~
stilletjes, heimelijk
le **cachot** (m) gevangenis
la **cachotterie** (v) misplaatste geheimzinnig-
heid: *faire des* ~s geheimzinnig doen
le/la ¹**cachott|ier** (m), **-ière** (v) stiekemerd
²**cachott|ier, -ière** (bn) stiekem
le **cachou** (m) dropje
le **cacique** (m) zwaargewicht, bonze, bobo
la **cacophonie** (v) rumoer, kabaal, herrie
le **cactus** (m) **1** cactus **2** netelige kwestie
c.-à-d. afk van *c'est-à-dire* d.w.z., dat wil
zeggen
cadastral, -e kadastraal: [Belg] *revenu* ~
huurwaardeforfait; [Belg] kadastraal inkomen
le **cadastre** (m) kadaster
cadavér|eux, -euse lijkkleurig, doods-
bleek
cadavérique lijk-: *rigidité* ~ lijkverstijving
le **cadavre** (m) **1** lijk; [van dier] kreng, kadaver: ~ *ambulant* levend lijk **2** [pop] lege fles
le **caddie** (m) boodschappenkarretje, bagage-
karretje
le **cadeau** (m) cadeau, geschenk: *faire* ~ *de*
geven, schenken, kwijtschelden; *papier* ~ ca-
deaupapier; *ne pas faire de* ~x hard zijn
le **cadenas** (m) hangslot
cadenasser met een hangslot afsluiten
la **cadence** (v) maat, cadans, ritme: *en* ~ op de
maat
cadencé, -e regelmatig, ritmisch
le/la ¹**cadet** (m), **-te** (v) **1** jongere, jongste [broer
of zuster]: *le* ~ *de la famille* de benjamin; *il est
mon* ~ *(de deux ans)* hij is (twee jaar) jonger
dan ik; *c'est le* ~ *de mes soucis* het zal me een
zorg zijn **2** [sport] speler tussen 15 en 17 jaar
le ²**cadet** (m) [Belg; mil] cadet
³**cadet, -te** (bn) jonger, later geboren, jongste
le **cadrage** (m) (het) richten, instellen [van
een foto, film]
le **cadran** (m) wijzerplaat; [op veiling] klok: ~
d'appel kiesschijf [van een telefoon]; ~ *solaire* zonnewijzer; *vente au* ~ veiling
le **cadre** (m) **1** lijst [van een schilderij, spiegel];
frame [van een fiets]; raam, kozijn **2** [fig]
omlijsting, kader; bestek: ~ *de vie* leefmilieu;
~ *rigide* keurslijf; *sortir du* ~ *de* buiten het
kader vallen van; *dans le* ~ *de* in het kader
van **3** personeelslijst: *rayer des* ~s ontslaan
4 kader, staflid: *les* ~s het leidinggevend
personeel; ~ *supérieur* hoger leidinggevend
persoon, manager
¹**cadrer avec** (onov ww) (goed) passen (bij),
overeenkomen (met), kloppen (met)
²**cadrer** (ov ww) [foto] het beeld instellen op
le **cadreur** (m) cameraman, -vrouw

caduc, caduque 1 afgeleefd, gebrekkig
2 [jur] nietig, vervallen **3** afvallend **4** verouderd
CAF [hand] afk van *coût, assurance, fret* cif
(afk van *cost, insurance, freight*)
le/la ¹**cafard** (m), **-e** (v) **1** huichelaar(ster) **2** verklikker, -ster
le ²**cafard** (m) **1** kakkerlak **2** neerslachtigheid:
avoir le ~ somber gestemd zijn; *avoir un coup
de* ~ in een dip zitten
¹**cafarder** (onov ww) neerslachtig zijn
²**cafarder** (ov ww) aanbrengen, verklikken
cafard|eux, -euse 1 somber, down **2** om
neerslachtig van te worden
le **caf'conc'** (m) *zie café-concert*
le **café** (m) **1** koffie: ~ *crème* koffie met melk;
~ *soluble* oploskoffie; *faire le* (of: *du*) ~ koffiezetten; ~ *fort* (of: *serré*) sterke koffie; *arriver au* ~ aan het eind van de maaltijd komen **2** café: *conversations de* ~ kroegge-
sprekken
le **café-concert** (m; mv: cafés-concerts) café
chantant, tingeltangel
la **caféine** (v) cafeïne
caféiné, -e cafeïnehoudend: *les boissons*
~es cafeïnehoudende dranken
le **café-restaurant** (m; mv: cafés-restaurants)
café-restaurant
la **cafèt'** (v) verk van *cafeteria*
le **café-tabac** (m; mv: cafés-tabacs) café en
tevens tabakswinkel
la **cafétéria** (v) cafetaria
le **café-théâtre** (m; mv: cafés-théâtres) klein-
kunsttheater
la **cafetière** (v) **1** koffiepot **2** caféhoudster
3 [pop] kop
cafouiller 1 knoeien, prutsen **2** slecht lopen
cafter [inf] klikken, verraden
la **cage** (v) **1** kooi; hok [met tralies]: *en* ~ gevangen; ~ *à lapins* **a)** konijnenhok; **b)** [fig]
kleine woning, kippenhok; **c)** groot flatgebouw **2** schacht, koker: ~ *d'ascenseur* liftko-
ker; ~ *d'escalier* trappenhuis **3** [sport] doel
4 gevangenis
le **cageot** (m) kistje; mand
la **cagette** (v) klein kratje
le **cagibi** (m) [inf] hok
la **cagna** (v) (schuil)hut
cagn|eux, -euse met X-benen
la **cagnotte** (v) pot [spelgeld]
la **cagoule** (v) bivakmuts: ~ *de pénitent* boetekleed
le **cahier** (m) **1** schrift: ~ *de brouillon* klad-
schrift **2** katern ‖ [jur] ~ *des charges* bestek,
programma van eisen
cahin-caha met horten en stoten: [inf] *aller*
~ (voort)sukkelen
le **cahot** (m) stoot, schok
cahotant, -e 1 hobbelig **2** hotsend
¹**cahoter** (onov ww) hobbelen, hotsen

[2]**cahoter** (ov ww) **1** doen hobbelen **2** beproeven

cahot|eux, -euse hobbelig

la **cahute** (v) stulpje; hut

le **caïd** (m) [inf] chef, baas, leider

caillant, -e [Belg] heel koud, guur

la **caillasse** (v) stenen, steenslag

caillasser stenen gooien naar

la **caille** (v) kwartel

le **caillé** (m) gestremde melk

le **caillebotis** (m) **1** rooster **2** vlonder

[1]**cailler** (onov ww) (het) koud hebben: ~ *ça caille* het is (hier) steenkoud

se [2]**cailler** (wdk ww) stremmen, klonteren

le **caillot** (m) klont, klonter [van bloed of melk]

le **caillou** (m; mv: cailloux) **1** kiezelsteen, kei(steen), steen, steentje **2** [pop] kale knikker

caillout|eux, -euse vol kiezel, steenachtig

le **caïman** (m) kaaiman

Caire: [aardr] *Le* ~ Caïro

la **caisse** (v) **1** kist **2** kas; kassa, bank: ~ *d'épargne* spaarbank; ~ *noire* geheime fondsen; ~ *de retraite* pensioenfonds; ~ *de compensation* [Belg] compensatiekas; ~ *d'assurance maladie* ziekenfonds; *les ~s de l'État* de schatkist; *ticket de* ~ kassabon **3** trom **4** bak, kar [wagen] **5** [van piano, orgel] (klank)kast || *à fond la* ~ met een noodgang; *rouler sa* ~ de stoere bink uithangen

la **caissette** (v) kistje, cassette

le **caissier** (m) kassier, kashouder

la **caissière** (v) caissière, kassajuffrouw

le **caisson** (m) **1** munitiewagen **2** caisson **3** kist

cajoler liefkozen

le/la **cajol|eur** (m), **-euse** (v) flikflooi(st)er

le **cajou** (m) cashewnoot

le **cal** (m; mv: cals) eeltplek, eeltknobbel

le **calamar** (v) inktvis

la **calamité** (v) ramp, onheil

calamit|eux, -euse rampzalig, rampspoedig, erbarmelijk

la **calandre** (v) **1** radiatorrooster [van auto] **2** kalander

la **calanque** (v) kreek, baai [in de Middellandse Zee]; inham

le [1]**calcaire** (m) kalksteen

[2]**calcaire** (bn) kalk-, kalkhoudend, kalkachtig

la **calcification** (v) verkalking

calcifié, -e verkalkt

la **calcination** (v) verschroeiing; verkoling

[1]**calciner** (ov ww) **1** verschroeien; verkolen **2** gloeien

se [2]**calciner** (wdk ww) verschroeien, verbranden

le **calcul** (m) **1** berekening: *faux* ~ misrekening; *d'après mes ~s* naar mijn inschatting; *agir par* ~ uit berekening handelen **2** (het) rekenen: ~ *mental* het hoofdrekenen

3 steentje [gal-, niersteen]: ~ *rénal* niersteen

calculable berekenbaar

le/la [1]**calcula|teur** (m), **-trice** (v) (be)rekenaar(-ster), rekenmeester, rekenkundige

[2]**calcula|teur, -trice** (bn) berekenend

la **calculatrice** (v) rekenmachine

calculer 1 berekenen, rekenen **2** schatten, evalueren

la **calculette** (v) zakrekenmachine, rekenmachientje

la **cale** (v) **1** stut, wig, spie **2** ruim [van een schip]: [inf] *être à fond de* ~ aan de grond zitten, diep in de ellende zitten **3** helling [voor schepen]: ~ *flottante* drijvend dok; ~ *sèche* droogdok

calé, -e [inf] **1** (+ en) knap (in) **2** moeilijk, ingewikkeld

le **caleçon** (m) onderbroek: ~ *de bain* zwembroek

le **calembour** (m) woordspeling

la **calembredaine** (v) dwaze praat

calendaire: *année* ~ kalenderjaar

les **calendes** (mv, v): *renvoyer aux* ~ *grecques* op de lange baan schuiven

le **calendrier** (m) **1** kalender **2** programma, rooster, tijdschema, tijdpad

le **cale-pied** (m; mv: cale-pieds) toeclip [voetklem aan trapper]

le **calepin** (m) **1** aantekenboekje **2** [Belg] schooltas

[1]**caler** (onov ww) **1** afslaan [van een motor] **2** [scheepv] diepgang hebben || [inf] *être calé* vol zitten, geen pap meer kunnen zeggen

[2]**caler** (ov ww) **1** steunen, vastzetten **2** doen afslaan [van een motor] **3** [scheepv] neerlaten, strijken [zeilen]

se [3]**caler** (wdk ww) lekker gaan zitten: *se* ~ *dans un fauteuil* zich in een stoel nestelen || [pop, inf] *se* ~ *les joues, se les* ~ schranzen

calfater kalfateren

[1]**calfeutrer** (ov ww) dichtstoppen [van reten en gaten]

se [2]**calfeutrer** (wdk ww) zich opsluiten

le **calibre** (m) **1** kaliber; grootte, afmeting **2** allooi, slag **3** [argot] vuurwapen

calibrer 1 een zeker kaliber geven **2** het kaliber bepalen van; kalibreren **3** sorteren

le **calice** (m) **1** (bloem)kelk **2** miskelk **3** drinkbeker: *boire le* ~ *jusqu'à la lie* de bittere beker ledigen

le **calicot** (m) spandoek

le **calife** (m) kalief

califourchon: *à* ~ schrijlings

le [1]**câlin** (m) liefkozing

[2]**câlin, -e** (bn) aanhalig, lief

câliner liefkozen, aanhalen

la **câlinerie** (v) aanhaligheid; liefkozing(en); tedere woorden

call|eux, -euse vereelt, eeltachtig

la **calligraphie** (v) kalligrafie, het schoonschrijven

la **callosité** (v) vereelting, eeltplek

le **¹calmant** (m) kalmerend, pijnstillend middel
²calmant, -e (bn) kalmerend, pijnstillend

le **calmar** (m) inktvis

le **¹calme** (m) kalmte, bedaardheid, rust: ~ *plat* volkomen windstilte; *du* ~*!* rustig aan!; *garder son* ~ rustig blijven; *perdre son* ~ zijn kalmte (*of:* zelfbeheersing) verliezen
²calme (bn) kalm, bedaard, rustig

¹calmer (ov ww) bedaren, kalmeren

se **²calmer** (wdk ww) bedaren, kalm worden

calmos! bedaar!; relax!, chill!

la **calomnie** (v) laster(ing), lastertaal

calomnier (be)lasteren, bekladden

calomni|eux, -euse lasterlijk

la **calorie** (v) calorie: *repas basses* ~*s* caloriearme maaltijd; *riche en* ~*s* calorierijk

calorifère verwarmings-: *tuyau* ~ verwarmingsbuis

calorifique warmtegevend, calorisch

calorifuge (warmte-)isolerend

calorique calorieën-, calorisch: *ration* ~ (dagelijks) benodigde hoeveelheid calorieën

le **calot** (m) **1** [mil] veldmuts **2** stuiter

la **calotte** (v) **1** kalotje **2** [neg] clerus **3** [inf] draai om de oren ‖ ~ *crânienne* kruin; ~ *glaciaire* ijskap

calotter [inf] een mep geven

le **calque** (m) **1** nagetrokken tekening: *papier* ~ overtrekpapier **2** slaafse navolging **3** imitatie

calquer 1 natrekken, calqueren **2** slaafs navolgen, imiteren

le **calva** (m) *zie calvados*

le **calvados** (m) calvados, appelbrandewijn

le **calvaire** (m) lijdensweg, beproeving

le **Calvaire** (m) Kruisberg, Golgotha

la **calvitie** (v) kaalhoofdigheid

le/la **camarade** (m/v) **1** kameraad [ook politiek]; makker **2** -genoot, -genote: ~ *de classe* klasgenoot

la **camaraderie** (v) kameraadschap

camard, -e platneuzig

la **camarde** (v): *la* ~ Magere Hein

le/la **cambiste** (m/v) valutahandelaar(ster)

le **Cambodge** (m) Cambodja

cambodgien, -ne Cambodjaans

le/la **Cambodgien** (m), **-ne** (v) Cambodjaan(se)

le **cambouis** (m) gebruikt wagensmeer, verlopen olie

cambré, -e gebogen: *taille* ~*e* holle rug

cambrer krommen, welven: ~ *le dos* (*of: les reins*) de rug rechten

le **cambriolage** (m) inbraak

cambrioler inbreken (in, bij)

le/la **cambriol|eur** (m), **-euse** (v) inbreker, inbreekster

la **cambrousse** (v) [inf; pej] provincie; platteland: *se perdre en pleine* ~ in de rimboe verdwalen

la **cambrure** (v) welving; holle ronding

la **cambuse** (v) **1** kombuis **2** hok; krot

la **came** (v) **1** kam, tand; nok: *arbre à* ~*s* nokkenas **2** [pop] sneeuw [cocaïne]; drugs

camé, -e [pop] geflipt

le **caméléon** (m) kameleon

la **camélia** (m) [plantk] camelia

le **camelot** (m) straatventer

la **camelote** (v) rommel, bocht; handel(swaar)

se **camer** [argot] drugs gebruiken

la **caméra** (v) camera: ~ *de surveillance* bewakingscamera

le **caméraman** (m; mv: caméramans) cameraman, cameravrouw

le **Cameroun** (m) Kameroen

camerounais, -e Kameroens

le/la **Camerounais** (m), **-e** (v) Kameroener, Kameroense

le **caméscope** (m) videocamera, camcorder

le **camion** (m) vrachtwagen, vrachtauto

le **camion-benne** (m; mv: camions-bennes) **1** vuilniswagen **2** kiepwagen

le **camion-citerne** (m; mv: camions-citernes) tankwagen

le **camionnage** (m) vervoer per vrachtwagen

la **camionnette** (v) bestelauto

le **camionneur** (m) vrachtrijder

la **camisole** (v) [Belg] hemd: ~ *de force* dwangbuis

la **camomille** (v) kamille

camoufler 1 camoufleren: *tenue camouflée* camouflagepak **2** [fig] verbergen; verhullen

le **camouflet** (m) belediging

le **camp** (m) **1** kamp, legerplaats: *aide de* ~ adjudant; [pop] *ficher le* ~ ervandoor gaan, 'm smeren; *lever le* ~ het kamp opbreken; ~ *retranché* versterkte legerkamp **2** politieke partij: *entrer dans le* ~ *adverse* naar de tegenpartij overlopen; *il faut choisir son* ~ je moet partij kiezen ‖ *la balle est dans le* ~ *de* de beurt is aan, de bal is aan

le/la **¹campagnard** (m), **-e** (v) **1** buitenman, plattelandsvrouw, boer(in) **2** ± lomperik
²campagnard, -e (bn) van (eigen aan) plattelanders

la **campagne** (v) **1** (platte)land: *à la* ~ buiten; *battre la* ~ het land aflopen; *partie de* ~ picknick; *maison de* ~ buitenhuis, tweede huis [buiten de stad] **2** veldtocht: *enctrer* (of: *se mettre*) *en* ~ er op uitgaan, te velde trekken **3** campagne, actie: ~ *électorale* verkiezingscampagne; ~ *publicitaire* reclamecampagne; *faire* ~ *pour* (of: *contre*) actie voeren voor (of: tegen)

le **campagnol** (m) [dierk] woelmuis; veldmuis

le **campanile** (m) [vrijstaande] klokkentoren

la **campanule** (v) [plantk] klokje

campé, -e: *un homme bien* ~ een goedgebouwde man

le **campement** (m) kamp, legerplaats

¹camper (onov ww) **1** zijn kamp opslaan; kamperen **2** ~ *sur ses positions* geen conces-

sies doen
²camper (ov ww) neerzetten: *bien ~ un personnage* iem. trefzeker uitbeelden
se **³camper** (wdk ww) stevig gaan staan: *se ~ droit devant qqn.* fier, uitdagend voor iem. gaan staan
le/la **camp|eur** (m), **-euse** (v) kampeerder, -ster
le **camphre** (m) kamfer
camphré, -e kamferhoudend: *alcool ~* kamferspiritus
le **camping** (m) **1** (het) kamperen: *faire du ~* kamperen; *~ sauvage* wildkamperen; *matériel de ~* kampeeruitrusting **2** camping, kampeerterrein
le **camping-car** (m) camper; [Belg] mobilhome
le **camping-gaz** (m; mv: onv) **1** campinggas **2** campinggasstel
le **campus** (m) campus; universiteitsterrein [buiten de stad]
camus, -e met een stompe neus: *nez ~* stompe neus
le **Canada** (m) Canada
le **canadair** (m) blusvliegtuig
canadien, -ne Canadees
le/la **Canadien** (m), **-ne** (v) Canadees, Canadese
la **canadienne** (v) korte jas met schapenvacht gevoerd
la **¹canaille** (v) **1** schorem, gajes **2** schurk, gemeen individu
²canaille (bn) gemeen, ploertig; vulgair
le **canal** (m) **1** kanaal, vaart; gracht; [Belg] rei: *~ maritime* zeekanaal **2** zee-engte **3** buis, kanaal, pijp, leiding **4** goot, groef ‖ *par le ~ de* door tussenkomst van; [ec] *~ de distribution* distributiekanaal
la **canalisation** (v) **1** kanalisatie, bevaarbaarmaking **2** stelsel van kanalen, buizennet; pijpleiding
canaliser 1 kanaliseren **2** door buizen leiden; afvoeren, leiden naar **3** in goede banen leiden; bundelen
le **canapé** (m) **1** canapé, rustbank **2** toastje
le **canapé-lit** (m; mv: canapés-lits) slaapbank
le **canard** (m) **1** eend [vnl. woerd] **2** verzinsel van de pers; krant **3** klontje suiker [in koffie of likeur gedoopt] ‖ *~ boîteux* noodlijdend bedrijf; *un froid de ~* ijzige (of: bittere) kou; *mon petit ~* schatje, duifje
canarder beschieten vanuit een verdekte stelling
le **¹canari** (m) kanarie
²canari (bn) kanariegeel
les **Canaries** (mv, v): *les (îles) ~* de Canarische Eilanden
le **canasson** (m) paard, knol
le **cancan** (m) **1** lasterpraatje **2** cancan
cancaner 1 kwaken; snateren [van eend] **2** roddelen; kwaadspreken
le **cancer** (m) kanker(gezwel)
le **Cancer** (m) [astron] Kreeft: *Tropique du ~*

Kreeftskeerkring
le/la **¹cancér|eux** (m), **-euse** (v) kankerpatiënt(e)
²cancér|eux, -euse (bn) kankerachtig; kanker-
cancérigène kankerverwekkend
cancérogène [med] kankerverwekkend
le **cancre** (m) luie, domme leerling
le **cancrelat** (m) kakkerlak
le **candélabre** (m) kroonkandelaar, kandelaber
la **candeur** (v) **1** onschuld, argeloosheid, onbevangenheid **2** [iron] onnozelheid
candi: *sucre ~* kandijsuiker
le/la **candidat** (m), **-e** (v) kandidaat, -date, aspirant, gegadigde: *se porter ~* zich kandidaat stellen
la **candidature** (v) kandidatuur, kandidaatschap: *poser sa ~* zich kandidaat stellen; *~ spontanée* open sollicitatie
candide 1 onschuldig, onbevangen **2** [iron] onnozel
la **cane** (v) wijfjeseend
le **caneton** (m) eendje
la **canette** (v) **1** jonge wijfjeseend **2** beugelfles, (bier)flesje, pijpje, blikje
le **canevas** (m) **1** grof linnen; stramien **2** ontwerp, schets
le **caniche** (m) poedel
caniculaire van de hondsdagen: *chaleurs ~s* verschrikkelijke hitte
la **canicule** (v) **1** hondsdagen **2** hitte
le **canif** (m) zakmes
canin, -e honden-: *race ~e* hondenras
la **canine** (v) hoektand
le **caniveau** (m) gootje, geul; straatgoot: *presse de ~* rioolpers
le **cannabis** (m) cannabis
la **canne** (v) **1** (wandel)stok: *~ à pêche* hengel; *pousette ~* buggy **2** riet; rotan: *~ à sucre* suikerriet
canné, -e rieten [bijv. van stoel]
la **canneberge** (v) [plantk] veenbes; cranberry
cannelé, -e gegroefd, geribd
la **cannelle** (v) kaneel
la **cannelure** (v) groef, gleuf
la **cannette** (v) beugelfles, (bier)flesje, pijpje, blikje
le **cannibale** (m) **1** kannibaal, menseneter **2** [Belg] tartaar
le **cannibalisme** (m) **1** kannibalisme **2** [fig] grote wreedheid
le **canoë** (m) kano
le **¹canon** (m) **1** kanon, geschut: *~ à eau* waterkanon **2** loop: *fusil à deux ~s* dubbelloopsgeweer
le **²canon** (m) **1** [muz] canon **2** [r-k] canon **3** regels, norm, maatstaf
³canon (bn, mv: onv) **1** heel mooi: *une fille ~* een hele mooie meid **2** canoniek, kerkelijk: *droit ~* kerkelijk recht

la **canonique** canoniek ‖ [inf] *âge* ~ zeer hoge leeftijd
la **canonisation** (v) heiligverklaring
canoniser heilig verklaren
la **canonnade** (v) beschieting, geschutvuur
canonner beschieten
le **canonnier** (m) kanonnier
la **canonnière** (v) kanonneerboot
le **canot** (m) boot(je): ~ *de sauvetage* reddingsboot, reddingssloep
le **canotage** (m) (het) roeien
canoter roeien, spelevaren
le **canotier** (m) strohoed
la **cantate** (v) [muz] cantate
la **cantatrice** (v) (concert)zangeres
la **cantine** (v) **1** kantine, eetzaal **2** hutkoffer
le **cantique** (m) danklied, lofzang; gezang: ~ *des* ~*s* Hooglied
le **canton** (m) kanton, district
la **cantonade** (v): *dire à la* ~ tegen niemand in het bijzonder zeggen
cantonal, -e kantonnaal: *élections* ~*es* kantonnale verkiezingen
les **cantonales** (mv, v) kantonnale verkiezingen
le **cantonnement** (m) **1** inkwartiering van troepen **2** kwartier, tijdelijke verblijfplaats
¹**cantonner** (ov ww) **1** beperken **2** legeren; inkwartieren
se ²**cantonner à** (wdk ww) zich beperken tot
le **cantonnier** (m) wegwerker, kantonnier
le **canular** (m) grap, verzinsel: *monter un* ~ *à qqn.* de boel voor de gek houden
la **canule** (v) buisje
le **canyoning** (m) [sport] canyoning
le **caoutchouc** (m) rubber: ~ *mousse* schuimrubber
caoutchout|eux, -euse rubberachtig
le **cap** (m) **1** kaap: *le* ~ *de Bonne-Espérance* Kaap de Goede Hoop; *(dé)passer un* ~ een moeilijkheid te boven komen **2** steven: *mettre le* ~ *sur* de steven wenden naar; *changer de* ~ een andere koers kiezen [ook fig]; [fig] *maintenir le* ~ niet van koers veranderen ‖ *de pied en* ~ van top tot teen
le **Cap** (m): *Le* ~ **a)** Kaapprovincie; **b)** Kaapstad
le **CAP** (m) afk van *certificat d'aptitude professionnelle* ± mbo-diploma
capable 1 bekwaam, deskundig **2** (+ de) in staat (tot, om) **3** geschikt
la **capacité** (v) **1** bekwaamheid, geschiktheid, capaciteit; bevoegdheid; deskundigheid: ~ *juridique* rechtsbekwaamheid **2** inhoud, vermogen, capaciteit: ~ *de charge* laadvermogen
la **cape** (v) cape: *rire sous* ~ in zijn vuistje lachen; *sous* ~ heimelijk ‖ *roman de* ~ *et d'épée* ± ridderroman
le **CAPES** (m) afk van *certificat d'aptitude au professorat de l'enseignement secondaire* ± eerstegraads onderwijsbevoegdheid

le **capharnaüm** (m) [inf] grote troep
capillaire capillair, haar-: *vaisseaux* ~*s* haarvaten
le **capitaine** (m) **1** kapitein: ~ *de frégate* kapitein-luitenant-ter-zee; ~ *de vaisseau* kapitein-ter-zee **2** veldheer **3** ~ *d'industrie* grootindustrieel **4** [sport] aanvoerder
le ¹**capital** (m; mv: capitaux) hoofdsom, kapitaal: *le grand* ~ het grootkapitaal; *fuite des capitaux* kapitaalvlucht; *capitaux fébriles* flitskapitaal ‖ ~ *humain* arbeidspotentieel
²**capital, -e** (bn) belangrijk, voornaam(st): *lettre* ~*e* hoofdletter; *les sept péchés capitaux* de zeven hoofdzonden ‖ *peine* ~*e* doodstraf
le **capital-actions** (m) aandelenkapitaal
la **capitale** (v) **1** hoofdstad **2** hoofdletter
la **capitalisation** (v) kapitalisatie, kapitaalvorming
¹**capitaliser** (onov ww) een kapitaal vormen
²**capitaliser** (ov ww) bij het kapitaal voegen; kapitaliseren
le **capitalisme** (m) **1** kapitalisme **2** de kapitalisten
le **capital-risque** (m) risicokapitaal
capit|eux, -euse 1 koppig [naar het hoofd stijgend] **2** bedwelmend, verleidelijk
capitonner capitonneren; opvullen; watteren
la **capitulation** (v) **1** overgave, capitulatie **2** (het) toegeven
capituler 1 capituleren, zich overgeven **2** toegeven; (het) opgeven
le/la **capon** (m), **-ne** (v) [Belg] bengel; [Belg] kapoen
le **caporal** (m) **1** korporaal: *le petit* ~ Napoleon I **2** tabak
le **capot** (m) motorkap
la **capote** (v) **1** grote mantel **2** kap van een voertuig ‖ [pop] ~ *(anglaise)* kapotje [condoom]
capoter 1 omslaan, kapseizen **2** mislukken
la **câpre** (v) kappertje
le **caprice** (m) **1** gril, kuur; grillige inval **2** bevlieging
caprici|eux, -euse grillig; eigenzinnig, wispelturig
le **Capricorne** (m) [astron] Steenbok: *tropique du* ~ Steenbokskeerkring
la **capsule** (v) **1** capsule, omhulsel, dop, kroonkurk: ~ *spatiale* ruimtecapsule **2** zaaddoosje, zaadhuisje **3** [anat] vlies, omhulsel **4** capsule [voor medicijn]
le **captage** (m) (het) opvangen, winnen [van water e.d.]
capter 1 door list verkrijgen; inpalmen **2** (proberen te) krijgen: ~ *l'attention* de aandacht (proberen te) krijgen **3** opvangen, winnen **4** opvangen [van een sein]; ontvangen [van radio, tv]
le **capteur** (m) detector; collector
le/la ¹**capt|if** (m), **-ive** (v) gevangene

²**capt|if, -ive** (bn) **1** gevangen **2** onvrij, gebonden: *ballon* ~ kabelballon
captivant, -e boeiend
captiver [fig] boeien
la **captivité** (v) **1** gevangenschap **2** onvrijheid
la **capture** (v) **1** vangst, trofee, buit **2** gevangenneming, arrestatie **3** kaping **4** beslaglegging
capturer 1 buit maken **2** gevangennemen **3** [een schip] kapen
la **capuche** (v) **1** kap(je) [om hoofd te bedekken]: ~ *en plastique* plastic regenkapje **2** capuchon
le **capuchon** (m) **1** capuchon **2** dop [van een pen]
le **capucin** (m) kapucijn, franciscaan
la **capucine** (v) **1** kapucines **2** Oost-Indische kers
cap-verdien, -ne Kaapverdisch
le/la **Cap-Verdien** (m), **-ne** (v) Kaapverdiër, Kaapverdische
le **Cap-Vert** (m) Kaapverdië: *les îles du* ~ de Kaapverdische Eilanden
la **caque** (v) harington
le **caquet** (m) **1** gekakel **2** gebabbel, gesnater: *rabattre le* ~ *de qqn.* iem. de mond snoeren
caqueter 1 kakelen **2** babbelen
le ¹**car** (m) bus [streekvervoer]; touringcar
²**car** (vw) want
la **carabine** (v) buks, karabijn: ~ *à air comprimé* windbuks
carabiné, -e [inf] geweldig; fiks
le **carabinier** (m) Italiaanse gendarme
caracoler 1 [m.b.t. paard] voltigeren, wenden **2** rondspringen
le **caractère** (m) **1** letter, lettertype: *en* ~*s gras* vet gedrukt; ~*s typographiques* drukletters **2** kenmerk, eigenschap, aard; hoedanigheid: *style sans* ~ onpersoonlijke stijl **3** karakter, aard: *maison de* ~ sfeervol huis; *avoir mauvais* ~ een onaangenaam karakter hebben; *manquer de* ~ karakterloos zijn
caractériel, -le karakter-: [psych] *un (enfant)* ~ een moeilijk opvoedbaar kind
caractérisé, -e duidelijk, uitgesproken
caractériser kenmerken, kenschetsen, karakteriseren
la ¹**caractéristique** (v) kenmerk(ende eigenschap)
²**caractéristique** (bn) kenmerkend, karakteristiek: *signe* ~ kenmerk
la **carafe** (v) karaf
le **carafon** (m) karafje
les **Caraïbes** (mv, v) Caraïbische eilanden: *la mer des* ~ de Caraïbische zee
le **carambolage** (m) **1** kettingbotsing **2** [biljart] carambole
¹**caramboler** (onov ww) [biljart] caramboleren
se ²**caramboler** (wdk ww) bij een kettingbot-

sing betrokken zijn
le **caramel** (m) toffee
caraméliser karamelliseren
la **carapace** (v) **1** schild, pantser, schaal **2** beschermende laag **3** bescherming
se **carapater** ervandoor gaan
le **carat** (m) karaat
la **caravane** (v) **1** caravan **2** karavaan **3** groep
le **caravaning** (m): *faire du* ~ met de caravan op vakantie gaan
le **caravansérail** (m) **1** [oosterse landen] karavansera(i) **2** kosmopolitische plek
le **carbonate** (m) [chem] carbonaat
le **carbone** (m) koolstof: *papier* ~ carbonpapier; *dioxyde de* ~ kool(stof)dioxide; *empreinte* ~ CO_2-voetafdruk, koolstofvoetafdruk
carbonifère steenkoolhoudend
carbonique: *acide* ~ koolzuur; *gaz* ~ koolzuurgas
la **carbonisation** (v) (het) verkolen
carboniser verkolen; verbranden
la **carbonnade** (v) (het) op houtskool roosteren [van vlees]: [Belg] ~*s flamandes* (Vlaamse) stoofkarbonade [soort hachee]; stoverij
le **carburant** (m) motorbrandstof
le **carburateur** (m) carburator; vergasser
¹**carburer** (onov ww) [pop] lopen, functioneren: *il carbure au vin rouge* hij loopt op rode wijn
²**carburer** (ov ww) vergassen
le **carcan** (m) keurslijf, dwang
la **carcasse** (v) **1** karkas, geraamte, romp: ~ *de chien* hondenskelet **2** [inf] lichaam
carcéral, -e gevangenis-: *l'univers* ~ de gevangenis
le **carcinome** (m) [med] carcinoom; kanker(gezwel)
la **cardamome** (v) [specerij] kardemom
le **cardan** (m) cardanas [auto]
le/la ¹**cardiaque** (m/v) hartpatiënt(e)
²**cardiaque** (bn) hart-: *crise* ~ hartaanval
le **cardigan** (m) (gebreid) vest
le ¹**cardinal** (m) **1** kardinaal **2** kardinaalvogel
²**cardinal, -e** (bn) hoofd-, voornaamste: *nombres cardinaux* hoofdtelwoorden; *les points cardinaux* de vier windstreken
le **cardiogramme** (m) cardiogram
la **cardiographie** (v) cardiografie
la **cardiologie** (v) cardiologie
le/la **cardiologue** (m/v) hartspecialist(e), cardioloog, -loge
cardiovasculaire: *maladies* ~*s* hart- en vaatziekten
le **carême** (m) vasten(tijd): *faire* ~ vasten
le **carénage** (m) **1** [scheepv] kieling **2** dok; scheepshelling; werf **3** gestroomlijnde vorm **4** het stroomlijnen
la **carence** (v) **1** gebrek, tekort **2** insolventie **3** tekortkoming; (het) in gebreke blijven
caréner stroomlijnen

caressant, -e 1 liefkozend, aanhalig, strelend **2** vleiend

la **caresse** (v) liefkozing, streling, aai

caresser 1 liefkozen, strelen, aaien **2** strijken langs, even aanraken: ~ *des illusions* illusies koesteren **3** vlijen

la **cargaison** (v) lading, vracht

le **cargo** (m) vrachtschip: ~ *mixte* vrachtschip met passagiersaccommodatie

le **caribou** (m) [dierk] kariboe

caricatural, -e karikaturaal, overdreven

la **caricature** (v) karikatuur

caricaturer een karikatuur maken van, bespottelijk voorstellen

le/la **caricaturiste** (m/v) cartoonist(e), karikatuurtekenaar

la **carie** (v) cariës, tandbederf, gaatje

se **carier** wegrotten; aangetast worden

le **carillon** (m) carillon, beiaard

¹**carillonner** (onov ww) **1** beieren **2** hard aanbellen

²**carillonner** (ov ww) rondbazuinen

le **carillonneur** (m) beiaardier

le **cariste** (m) vorkheftruckchauffeur

caritat|if, -ive [form] charitatief, liefdadig

la **carlingue** (v) cabine [van vliegtuig]

le **carme** (m) karmeliet

la **carmélite** (v) karmelietes

carmin karmijn(rood)

le **carnage** (m) bloedbad, slachting

carnass|ier, -ière vleesetend

les **carnassiers** (mv, m) vleesetende dieren

le **carnaval** (m; mv: carnavals) carnaval, Vastenavond

carnavalesque carnavals-, carnavalesk

la **carne** (v) [pop] **1** slecht, taai vlees **2** knol

le **carnet** (m) aantekenboekje, zakboekje; agenda: ~ *d'adresses* adresboekje; ~ *de bord* dagboek; ~ *de commandes* orderportefeuille; ~ *de chèques* chequeboekje; ~ *de tickets* rittenboekje [metro] || ~ *du jour* familieberichten [in krant]

le ¹**carnivore** (m) carnivoor

²**carnivore** (bn) vleesetend

carolingien, -ne Karolingisch [van Karel de Grote]

la **carotide** (v) halsslagader

la **carotte** (v) worteltje, peen: *cheveux ~* peenhaar; *les ~s sont cuites* de rapen zijn gaar; *la ~ et le bâton* (dreigen met) beloning en straf

carotter 1 aftroggelen **2** [pop] bedriegen

le/la **carott|eur** (m), **-euse** (v) aftroggelaar

le/la **carott|ier** (m), **-ière** (v) **1** aftroggelaar **2** [Belg] lijntrekker

le **carpaccio** (m) [cul] carpaccio

les **Carpates** (mv, v) Karpaten

la **carpe** (v) karper: *Koï* koikarper; *bâiller comme une ~* aanhoudend geeuwen; *muet comme une ~* zwijgen in alle talen; *faire des yeux de ~* verliefd kijken

la **carpette** (v) **1** karpet **2** [inf] kruiper, hielenlikker

la **carre** (v) **1** snijvlak **2** stalen band langs ski, slede

le ¹**carré** (m) **1** vierkant: *coupe au* ~ pagekopje **2** stuk: ~ *de ciel* stukje hemel; ~ *de lard* dobbelsteentje spek; ~ *de mouton* ribstuk van een schaap **3** bed [in een tuin] **4** [scheepv] officiersmess, longroom **5** kwadraat **6** hoofddoek **7** vakje [van een dam-, schaakbord] || [kaartsp] ~ *d'as* vier azen

²**carré, -e** (bn) **1** vierkant **2** beslist, krachtig: *être ~ en affaires* eerlijk in zaken zijn; *homme ~* man uit één stuk

le **carreau** (m) **1** ruitje [patroon]; vierkantje: *étoffe à ~x* geruite stof **2** tegel; stenen vloer **3** glasruit **4** ruiten [in het kaartspel]: *neuf de* ~ ruiten negen; *se tenir à* ~ op zijn hoede zijn

le **carrefour** (m) **1** viersprong, kruispunt [ook fig] **2** gedachtewisseling, bijeenkomst

le **carrelage** (m) **1** betegeling **2** tegelvloer, tegelmuur

carreler betegelen

le **carrelet** (m) schol [vis]

le **carreleur** (m) tegelzetter

carrément vierkant, ronduit, zonder omwegen: *c'est ~ nul* het is echt waardeloos

se **carrer** op zijn gemak gaan zitten

la **carrière** (v) **1** (steen)groeve **2** carrière, loopbaan: *la Carrière* de diplomatie; *officier de* ~ beroepsofficier; *embrasser une* ~ een loopbaan kiezen

le/la **carriériste** (m/v) carrièrejager

la **carriole** (v) boerenwagentje, vehikel

carrossable berijdbaar: *voie* ~ rijweg

le **carrosse** (m) koets

la **carrosserie** (v) **1** carrosserie; koetswerk **2** [huishoudapparatuur, enz.] ombouw

le **carrossier** (m) carrosseriebouwer

le **carrousel** (m) **1** (het) ringsteken **2** toernooiveld **3** verkeersdrukte **4** [Belg] draaimolen

la **carrure** (v) **1** schouderbreedte **2** breedte **3** formaat, kaliber

le **cartable** (m) schooltas

la **carte** (v) **1** (speel)kaart: *jouer aux ~s* kaarten; *jouer ~s sur table* open kaart spelen; *jouer la ~ de* alles zetten op; *brouiller les ~s* de boel in de war sturen; [fig] ~ *maîtresse* troefkaart; *tirer les ~s à qqn.* iem. de kaart leggen **2** kaart: *donner ~ blanche à qqn.* iem. de vrije hand laten; ~ *de visite* visitekaartje; ~ *à mémoire*, ~ *à puce* chipkaart; ~ *de membre* lidmaatschapskaart, lidkaart; ~ *de fidélité* klantenkaart; [Belg] getrouwheidskaart; ~ *de garantie* garantiebewijs, waarborgkaart; ~ *grise* kentekenbewijs; ~ *d'identité* persoonsbewijs, identiteitskaart; ~ *de paiement* betaalkaart; ~ *de séjour* verblijfsvergunning; ~ *Moneo* chipkaart; ~ *SIM* simkaart; ~ *orange* metro- en busabonnement; ~ *géographique*

landkaart; *dresser la* ~ *de* in kaart brengen; ~
nautique zeekaart; ~ *météorologique* weer-
kaart **3** menukaart: ~ *des vins* wijnkaart;
manger à la ~ eten waarbij men zelf het
menu samenstelt, à la carte eten

le **cartel** (m) **1** [hand] kartel **2** overeenkomst

la **cartellisation** (v) kartelvorming

le **carter** (m) **1** carter **2** kettingkast

la **carte-réponse** (v; mv: cartes-réponses)
antwoordkaart

la **carterie** (v) **1** wenskaartenboetiek **2** wens-
kaartenverkoop

cartésien, -ne cartesiaans, als van Descar-
tes: *esprit* ~ rationalistische denkwijze

le **cartilage** (m) kraakbeen

cartographier in kaart brengen

la **cartomancie** (v) kaartleggerij

le/la **cartomancien** (m), **-ne** (v) kaartlegger,
-ster, waarzegger, -ster

le **carton** (m) **1** karton: ~ *ondulé* golfkarton
2 (kartonnen) doos: ~ *à dessin* tekenporte-
feuille **3** schietschijf: *faire un* ~ **a)** op een
schijf schieten; **b)** [fig] een klapper maken
4 uitnodiging ‖ [sport] *le* ~ *jaune* de gele
kaart

le **cartonnage** (m) **1** kartonnering **2** kartonnen band **3** kartonindustrie

cartonner kartonneren

le **carton-pâte** (m; mv: cartons-pâtes) papier-
maché: *de* (of: *en*) ~ gekunsteld, nep-

la **cartouche** (v) **1** patroon: ~ *à balle* scherpe
patroon; ~ *à blanc* losse patroon, losse flodder; ~ *d'encre* inktpatroon **2** slof [sigaretten]

la **cartouchière** (v) patroontas

le **cas** (m) **1** geval; toestand, kwestie: *au* ~ *où*
voor het geval dat; *dans la plupart des* ~
meestal; ~ *de conscience* gewetensvraag; *en
tout* ~ in elk geval; ~ *de force majeure* overmacht; *en* ~ *de besoin* zo nodig; ~ *désespéré*
hopeloos geval; *un* ~ *social* iem. die maatschappelijke hulp nodig heeft **2** situatie, gelegenheid **3** reden: *c'est le* ~ *de le dire!* zeg
dat wel! **4** mogelijkheid **5** naamval

le/la **¹casan|ier** (m), **-ière** (v) huismus [fig]
²casan|ier, -ière (bn) huiselijk

la **casaque** (v): *tourner* ~ van partij veranderen

le **casbah** (m) kasba

la **cascade** (v) **1** waterval: *en* ~ **a)** trapsgewijs;
b) [elek] in serie; ~ *de rires* lachsalvo **2** stunt-
werk

le **cascadeur** (m) stuntman

la **case** (v) **1** vakje, hokje: [Zwi] ~ *postale* postbus; *retour à la* ~ *départ* terug naar af; [fig] *il
lui manque une* ~ hij heeft ze niet allemaal
op een rijtje **2** hut

la **casemate** (v) kazemat, bunker

caser opbergen, stoppen; plaatsen: ~ *qqn.*
a) iem. aan een baan helpen; **b)** iem. onder
dak brengen; *il est casé* hij is geborgen

la **caserne** (v) **1** kazerne **2** lelijk flatgebouw

casher koosjer

le **casier** (m) **1** loketkast; rek: ~ *à bouteilles*
flessenrek **2** bak(je); postvakje **3** kreeftennet ‖ ~ *judiciaire* strafblad

le **casino** (m) casino; sociëteit

le **casque** (m) **1** helm: ~ *de moto* motorhelm;
Casques bleus blauwhelmen, krijgsmacht van
de VN **2** droogkap **3** koptelefoon

casqué, -e gehelmd

le **casque-micro** (m; mv: casques-micro)
headset

casquer [pop] (op)dokken

la **casquette** (v) pet

cassable breekbaar

cassant, -e 1 breekbaar, broos **2** afgebe-
ten, bits

la **cassation** (v) **1** vernietiging van vonnis,
cassatie: *se pourvoir en* ~ in cassatie gaan; *la
Cour de* ~ de Hoge Raad; [Belg] het Hof van
Cassatie **2** [mil] degradatie

le **¹casse** (m) [argot] inbraak

la **²casse** (v) **1** (het) breken, stukgaan; breuk,
schade: [inf] *faire de la* ~ brokken maken;
gare à la ~*!* er komen brokken van!; *mettre
une voiture à la* ~ een auto naar de schroot-
hoop brengen **2** geweldpleging **3** letterkast

cassé, -e 1 gebroken, stuk: *blanc* ~ gebroken wit; *jambes* ~*es* knikkende knieën; *voix*
~*e* zwakke en hese stem **2** afgeleefd

le **casse-cou** (m) **1** halsbrekend gevaarlijke
plaats: ~*!* pas op! **2** [inf] waaghals

le/la **¹casse-couilles** (m/v; mv: *onv*) [vulg] zeikerd
²casse-couilles (bn, onv) [vulg] strontver-
velend

le **casse-croûte** (m) lunchpakket, boterham

le/la **¹casse-cul** (m/v; mv: casse-cul, casse-culs)
[vulg] zeikerd
²casse-cul (bn, onv) [vulg] zeikerig

le **casse-dalle** (m) [inf] **1** snel hapje; tussendoortje **2** belegd broodje

le **¹casse-gueule** (m) gevaarlijke onderneming
²casse-gueule (bn, mv: *onv*) [pop] gevaarlijk

le **casse-noisettes** (m) notenkraker

le **casse-noix** (m) notenkraker

casse-pieds [inf] hinderlijk, lastig

le **casse-pipe** (m) schiettent: *aller au* ~ naar
het front gaan

¹casser (ov ww) **1** breken, stukslaan, kapot
maken: ~ *une (la) croûte* een hapje eten;
[pop] ~ *la gueule à qqn.* iem. op zijn smoel
timmeren; ~ *sa pipe* de pijp uitgaan; ~ *les
pieds à qqn.* iem. dwarszitten; [pop] *ça ne casse rien* het is niets bijzonders; ~ *la tête de qqn.*
aan iemands hoofd zeuren; [inf] *à tout* ~
hooguit; ~ *les prix* de prijzen breken **2** vernietigen, nietig verklaren, verbreken [van
een vonnis, testament] **3** afzetten; ontslaan;
degraderen **4** [inf] belachelijk maken

se **²casser** (wdk ww) breken, kapot gaan: [inf] *se ~ la figure* vallen, een ongeluk hebben; *se ~ le nez* voor een dichte deur komen; *se ~ la tête* zich het hoofd breken ‖ *casse-toi!* maak dat je wegkomt!

la **casserole** (v) **1** pan: *passer* à *la ~* in de knoei komen; *traîner une ~* in opspraak komen **2** slechte piano, rammelkast

le **casse-tête** (m) **1** knots, ploertendoder **2** hoofdbrekend werk: *~ chinois* puzzel; [fig] *un vrai ~ chinois* een hele uitzoekerij; een onmogelijke opgave

la **cassette** (v) **1** juwelenkistje, geldkistje **2** cassette

le **casseur** (m) relschopper, vandaal

le **cassis** (m) **1** zwarte bes(senboom) **2** cassis, zwarte bessenlikeur **3** uitholling [in weg]

la **cassolette** (v) **1** reukstelletje **2** parfumflesje **3** ovenschoteltje

la **cassonade** (v) bruine suiker, basterdsuiker

le **cassoulet** (m) ragout van witte bonen en vlees

la **cassure** (v) **1** breuk [ook fig] **2** vouw, plooi

les **castagnettes** (mv, v) castagnetten

la **caste** (v) kaste: *esprit de ~* klassengeest

le **castor** (m) **1** bever **2** beverbont

le **castrat** (m) castraat, ontmande

la **castration** (v) castratie, ontmanning

castrer castreren

le **cataclysme** (m) **1** natuurramp **2** [fig] omwenteling

les **catacombes** (mv, v) catacomben, ondergrondse grafruimten

le **catafalque** (m) katafalk

catalan, -e Catalaans

le/la **Catalan** (m), **-e** (v) Catalaan(se)

la **Catalogne** (v) Catalonië

le **catalogue** (m) catalogus

cataloguer 1 catalogiseren; classificeren **2** bestempelen

catalyser 1 [chem] katalyseren **2** [fig] als katalysator werken op; in gang zetten

le **catalyseur** (m) katalysator

catalytique: *pot ~* katalysator [van een auto]

le **catamaran** (m) **1** [scheepv] catamaran **2** drijvers [van watervliegtuig]

le **cataplasme** (m) **1** [med] pap(je) **2** [fig] dikke brij

la **catapulte** (v) katapult

catapulter 1 [een vliegtuig] lanceren met een katapult **2** wegslingeren, droppen

la **cataracte** (v) **1** (grote) waterval **2** [med] staar

la **catastrophe** (v) ramp, onheil, catastrofe: *~ aérienne* vliegramp; *~ écologique* milieuramp; *en ~* in allerijl; *~! j'ai oublié ma clé!* wat een ellende! ik heb mijn sleutel vergeten!

catastrophé, -e ontsteld, verslagen

catastrophique rampspoedig, catastrofaal

le **catéchisme** (m) **1** catechisatie **2** catechismus

la **catégorie** (v) categorie; klasse, soort

catégorique categorisch, afdoend, duidelijk

la **caténaire** (v) bovenleiding

la **cathédrale** (v) kathedraal

le/la **¹catho** (m/v) [vaak pej] katholiek

²catho (bn) [vaak pej] katholiek, rooms

cathodique [fig] van de televisie

le **catholicisme** (m) katholicisme, katholieke godsdienst

le/la **¹catholique** (m/v) katholiek

²catholique (bn) **1** katholiek, rooms **2** algemeen, universeel **3** [inf] behoorlijk: *ce n'est pas très ~* dat is niet pluis, dat is verdacht

catimini: *en ~* stil, tersluiks

le **catogan** (m) haar in staartje

le **Caucase** (m) Kaukasus

le **cauchemar** (m) nachtmerrie

cauchemardesque [inf] als een nachtmerrie

causal, -e oorzakelijk, causaal

la **causalité** (v) causaliteit, oorzakelijkheid

causant, -e [inf] spraakzaam

la **cause** (v) **1** oorzaak, reden, aanleiding: *à ~ de* wegens, door; *pour ~ de décès* wegens sterfgeval; *et pour ~* en terecht; *rapport de ~ à effet* oorzakelijk verband **2** zaak, belang; proces: *en connaissance de ~* met kennis van zaken; *en tout état de ~* hoe het ook zij; *pour la bonne ~* voor de goede zaak; *la ~ publique* het algemeen belang; *être en ~* in het geding zijn, op het spel staan; *avoir gain de ~* het pleit winnen; *hors de ~* buiten kijf; *mettre en ~* betrekken (in), beschuldigen, aanklagen; *le mis en ~* de verdachte; *remettre en ~* op losse schroeven zetten; *plaider la ~ de qqn.* voor iem. in de bres springen, iemand zaak bepleiten

¹causer (onov ww) praten, babbelen; [inf] kletsen

²causer (ov ww) veroorzaken

la **causerie** (v) **1** praatje **2** voordracht

la **causette** (v): [inf] *faire un brin de ~ avec qqn.* een praatje met iem. maken

le/la **¹caus|eur** (m), **-euse** (v) causeur, prater, praatster

²caus|eur, -euse (bn) spraakzaam: *un brillant ~* een welsprekend iem.

le **causse** (m) kalksteenplateau [ten zuiden van Massif Central]

la **causticité** (v) **1** bijtende werking, scherpte **2** bijtende spot

caustique bijtend, scherp [ook fig]

cautériser uitbranden

la **caution** (v) **1** borgtocht, waarborg: *mettre qqn. en liberté sous ~* iem. op borgtocht vrijlaten; *sujet à ~* ongeloofwaardig, niet te vertrouwen **2** borg: *être ~ de* de borg staan voor, instaan voor le **cautionnement** (m) **1** borgstelling **2** borgtocht

cautionner borg staan voor, steunen

la **cavalcade** (v) **1** ruiterstoet, defilé [met paarden, tanks] **2** [inf] luidruchtige troep

la **cavale** (v) [argot] ontsnapping: *être en ~* voortvluchtig zijn

¹cavaler (onov ww) [pop] rennen

se **²cavaler** (onov ww) [pop] ervandoor gaan

la **cavalerie** (v) **1** [mil] cavalerie **2** paarden-stal || *la grosse ~* een zootje ongeregeld

le **cavaleur** (m) [pop] rokkenjager

le **¹cavalier** (m) **1** ruiter **2** cavalerist **3** heer; danspartner: *un ~ accompli* op-en-top een heer; [fig] *faire ~ seul* alleen staan, op zijn eentje handelen **4** paard [in het schaakspel]

²caval|ier, -ière (bn) **1** vrijpostig, ongegeneerd, brutaal **2** ruiter-: *piste cavalière* ruiterpad

la **cavalière** (v) dame te paard; danspartner

le **¹cave** (m) [pop] onnozele hals

la **²cave** (v) **1** kelder; wijnkelder: *~ à provisions* voorraadkelder; *~ viticole* wijnopslag, wijnpakhuis **2** wijnvoorraad

³cave (bn) hol

le **caveau** (m) **1** kleine kelder **2** grafkelder: *~ de famille* familiegraf **3** theatertje

la **caverne** (v) **1** hol, spelonk, grot: *homme des ~s* holenmens **2** holte

cavern|eux, -euse 1 hol (klinkend): *voix caverneuse* grafstem **2** vol holten

le **caviar** (m) kaviaar: [scherts] *gauche ~* salonlinks

caviarder censureren

le **caviste** (m) kelderknecht

la **cavité** (v) holte: *~ buccale* mondholte; *~ thoracique* borstholte

le **CCP** (m) afk van *compte chèque postale* girorekening

le **¹CD** (m) cd [schijfje]

²CD afk van *corps diplomatique* CD (afk van *corps diplomatique*)

le **CDD** (m) afk van *contrat à durée déterminée* tijdelijk arbeidscontract

le **CDI** (m) **1** afk van *Centre de documentation et information* mediatheek op school **2** afk van *contrat à durée indéterminée* vaste aanstelling

¹ce, cette (aanw bn, m voor klinker of stomme h: cet; mv: ces) **1** die, deze, dit, dat: *cet enfant-ci* dit kind; *cet enfant-là* dat kind; *ce soir* vanavond; *ces dernières années* de laatste jaren **2** [in uitroepen] wat een ...!: *ce courage!* wat een moed!

²ce (aanw vnw, voor klinker of stomme h: c') **1** het, dat: *qu'est-ce que c'est?* wat is dat?; *si ce n'est que* behalve indien, tenzij; *ce n'est pas que* niet dat, je moet niet menen dat; *c'est pour cela (que), c'est pourquoi* het is daarom (dat) **2** (+ que) wat: *ce qu'il est intelligent!* wat is hij slim!

le **CE1** (m) afk van *cours élémentaire 1* groep 4 basisschool

le **CE2** (m) afk van *cours élémentaire 2* groep 5 basisschool

ceci dit (hier), het volgende: *~ dit* dit gezegd zijnde; *~ explique cela* het een verklaart het ander

la **cécité** (v) blindheid

¹céder (onov ww) **1** zwichten, wijken, toegeven: *ne ~ en rien à qqn.* niet voor iem. onderdoen **2** bezwijken

²céder (ov ww) **1** afstaan, afstand doen van: *~ le pas* wijken, het veld ruimen; *~ le passage* voorrang verlenen **2** overdoen, verkopen: *maison à ~* zaak ter overname

le **cédérom** (m) cd-rom

le **cedex** (m) postcode voor bedrijven en instellingen

la **cédille** (v) tekentje onder de c (ç) voor uitspraak als s

le **cèdre** (m) **1** ceder **2** cederhout

la **CEE** (v) afk van *Communauté économique européenne* EEG

ceindre (+ de) omringen (met) **2** omkransen; omgorden: *~ l'écharpe municipale* burgemeester worden

la **ceinture** (v) **1** gordel, riem, ceintuur, band [ook bij judo]: *~ de natation* zwemgordel; *~ de sécurité* veiligheidsgordel; *attacher vos ~!* riemen vast!; [fig] *se serrer* (of: *se mettre*) *la ~* de buikriem aanhalen; *plaisanterie au-dessous de la ~* platte grap **2** middel **3** ring, omheining; ceintuurbaan: *~ verte* groengordel

ceinturer 1 omgorden, omringen, een band of riem omdoen **2** omheinen **3** [sport] om het middel grijpen

le **ceinturon** (m) sabelriem, koppel

cela dat: *~ dit* dat gezegd zijnde; *avec ~* daarmee, bovendien; *et avec ~?* anders nog iets?; *à ~ près* op dat na; *comment ~?* hoezo?; *c'est (bien) ~* juist, zo is het; *pour ~* daarom, wat dat betreft

le **célébrant** (m) priester die de mis opdraagt

la **célébration** (v) **1** viering **2** het opdragen van de mis **3** (het) voltrekken [van een huwelijk]

célèbre beroemd, vermaard: *tristement ~* berucht

célébrer 1 vieren, plechtig herdenken: *~ la mémoire de (quelqu'un(e))* iem. herdenken; *~ la messe* de mis opdragen **2** prijzen, roemen, bezingen **3** voltrekken [van een huwelijk]

la **célébrité** (v) beroemdheid

le **céleri** (m) selderie, selderij

le **céleri-branche** (m; mv: céleris-branches) bleekselderij

le **céleri-rave** (m) knolselderie

la **célérité** (v) snelheid, vlugheid

céleste 1 hemels: *bleu ~* hemelsblauw; *corps ~* hemellichaam **2** hemels, goddelijk: *voix ~* engelenstem; *armée ~* engelenschaar le **célibat** (m) celibaat, vrijgezellenstaat

le/la **¹célibataire** (m/v) vrijgezel, ongehuwde: ~ *endurci* verstokte vrijgezel

²célibataire (bn) ongehuwd: *mère* ~ ongehuwde moeder

celle *zie celui*

le **cellier** (m) wijnkelder; provisiekast, provisiekelder

la **cellophane** (v) cellofaan: *sous* ~ in cellofaan (verpakt)

le **¹cellulaire** (m) draagbare telefoon, zaktelefoon

²cellulaire (bn) **1** [biol] cel-, cellulair: *tissu* ~ celweefsel **2** [gevangeniswezen] cel-: *four-gon* ~ gevangenwagen

la **cellule** (v) **1** cel [in alle bet]: ~ *familiale* gezin; ~ *de crise* crisiscentrum **2** celstraf

la **cellulite** (v) sinaasappelhuid, cellulitis

la **cellulose** (v) cellulose, celstof

le **Celsius** (m) [metriek stelsel] Celsius

celte Keltisch

le/la **Celte** (m/v) Kelt(ische)

celtique Keltisch

celui, celle (mmv: *ceux*, vmv: *celles*) degene(n) (die), datgene (dat), die (van), dat (van)

celui-ci (m) deze, dit (hier); *zie celui*

celui-là (m) die, dat (daar); *zie celui*

le **cénacle** (m) cenakel, avondmaalszaal; [fig] kring van geestverwanten

la **cendre** (v) as: *couver sous la* ~ smeulen [ook fig]; *mettre* (of: *réduire*) *en* ~*s* in de as leggen

cendré, -e askleurig, grauw: *blond* ~ asblond

la **cendrée** (v) [sport] sintelbaan

les **cendres** (mv, v) as, stoffelijk overschot: *mercredi des Cendres* Aswoensdag

le **cendrier** (m) asbak(je)

la **Cendrillon** (v) Assepoester

la **Cène** (v) Laatste Avondmaal

censé, -e geacht, gerekend: *nul n'est* ~ *ignorer la loi* ieder wordt geacht de wet te kennen

le **censeur** (m) **1** censor; zedenmeester **2** schoolleider belast met ordehandhaving

la **censure** (v) **1** kritiek, afkeurend oordeel: *motion de* ~ motie van afkeuring; *voter la* ~ voor een motie van afkeuring stemmen **2** censuur: ~ *des films* filmkeuring **3** censorschap

censurer 1 veroordelen **2** kritiseren **3** een (openlijke) veroordeling uitspreken over **4** verbieden [van een publicatie, film]

le **¹cent** (m) honderdtal: *gagner des mille et des* ~*s* geld als water verdienen; *vendre au* ~ per 100 stuks verkopen

le **²cent** (m) cent

³cent (telw) honderd: *page* ~ bladzijde honderd; *faire les* ~ *pas* heen en weer lopen; *trois pour* ~ 3%; *faire du* ~ *à l'heure* 100 km per uur rijden; *en un mot comme en* ~ om kort te gaan, kort en goed

la **centaine** (v) **1** (+ de) honderdtal: *par* ~*s* bij honderden **2** honderdjarige leeftijd

le **¹centenaire** (m) eeuwfeest

le/la **²centenaire** (m/v) honderdjarige

³centenaire (bn) honderdjarig

le **¹centième** (m) honderdste (deel)

²centième (bn) honderdste

centigrade in 100 graden verdeeld: *un degré* ~ één graad C

le **centigramme** (m) centigram

le **centilitre** (m) centiliter

le **centime** (m) **1** honderdste deel van een frank, cent(ime): *je n'ai plus un* ~ ik ben blut **2** (euro)cent: ~ *d'euro* eurocent

le **centimètre** (m) centimeter

centrafricain, -e Centraal-Afrikaans; Centrafrikaans: *la République* ~*e* de Centraal-Afrikaanse Republiek

le/la **Centrafricain** (m), **-e** (v) Centraal-Afrikaan(se); Centrafrikaan(se)

la **Centrafrique** (v) Centraal-Afrika

le **¹central** (m): ~ *téléphonique* telefooncentrale

²central, -e (bn) centraal, in het middelpunt, het centrum gelegen: *l'Asie* ~*e* Midden-Azië

la **centrale** (v) centrale: ~ *électrique* krachtcentrale; ~ *nucléaire* kerncentrale; ~ *thermique* warmtekrachtcentrale; ~ *syndicale* vakverbond

la **centralisation** (v) centralisatie; gecentraliseerde bestuursvorm

centraliser centraliseren

le **centre** (m) **1** middelpunt, midden, brandpunt **2** centrum: ~ *commercial* winkelcentrum; ~ *d'examen* [Belg] examencentrum; ~ *d'intérêt* aandachtspunt, thema; ~ *hospitalier universitaire* academisch ziekenhuis; ~ *de gravité* zwaartepunt; ~ *socio-culturel* [Belg] trefcentrum **3** centrumpartijen: *gouvernement* ~ *droit* centrumrechtse regering **4** [sport] spil, middenspeler

le **centre-auto** (m; mv: centres-autos) autocenter, autocentrum

le **centre-avant** (m; mv: *onv*) [Belg] midvoor

centrer 1 het middelpunt, as bepalen van, centreren **2** [sport] naar het midden spelen, centeren **3** (+ sur) richten (op), doen draaien (om)

le **centre-ville** (m; mv: centres-villes) stadscentrum; centrum

la **centrifugation** (v) (het) centrifugeren

la **centrifuge** middelpuntvliedend, centrifugaal

centrifuger centrifugeren

la **centrifugeuse** (v) centrifuge

centripète middelpuntzoekend

le/la **¹centriste** (m/v) centrumpoliticus, -ca

²centriste (bn) behorend tot het politieke midden

le **¹centuple** (m) honderdvoud

²centuple (bn) honderdvoudig

centupler verhonderdvoudigen

le **cep** (m) wijnstok

le **cépage** (m) wijnstoksoort

le **cèpe** (m) boleet, eekhoorntjesbrood

cependant evenwel, echter, met dat al: ~ *que* terwijl

la ¹**céramique** (v) **1** pottenbakkerskunst **2** keramiek; aardewerk: *carreaux de* ~ aardewerken tegels

²**céramique** (bn) pottenbakkers-

le/la **céramiste** (m/v) pottenbakker, -bakster

le **cerbère** (m) waakhond [fig]; norse portier

le **Cerbère** (m) Cerberus [Helhond]

le **cerceau** (m) hoepel: *jouer au* ~ hoepelen

le **cercle** (m) **1** cirkel, kring: *en* ~ rondom; *faire* ~ in een kring gaan staan (zitten), zich scharen (om); ~ *polaire* poolcirkel; ~ *vicieux* vicieuze cirkel **2** kring, sociëteit, club: ~ *d'amis* vriendenkring; ~ *littéraire* letterkundige kring **3** gebied, omvang **4** ring; hoepel [van een vat]

le **cercueil** (m) doodkist

la **céréale** (v) graan(gewas): *manger des* ~*s* muesli eten

le ¹**céréalier** (m) graanbouwer

²**céréal|ier, -ière** (bn) graan-

le/la ¹**cérébral** (m), **-e** (v) verstandsmens; intellectueel

²**cérébral, -e** (bn) hersen-: *commotion* ~*e* hersenschudding; *congestion* ~*e* beroerte; *lésion* ~*e* hersenletsel

le **cérémonial** (m; mv: cérémonials) **1** ceremonieel, protocol **2** liturgie

la **cérémonie** (v) ceremonie, plechtigheid, staatsie: *tenue de* ~ staatsiekleren; *visite de* ~ beleefdheidsbezoek || *sans* ~*(s)* zonder omhaal

les **cérémonies** (mv, v) plichtplegingen

cérémoni|eux, -euse vormelijk, overdreven beleefd

le **cerf** (m) hert

le **cerfeuil** (m) kervel

le **cerf-volant** (m; mv: cerfs-volants) **1** vlieger: *lancer un* ~ een vlieger oplaten **2** vliegend hert [tor]

la **cerisaie** (v) kersenboomgaard

la ¹**cerise** (v) kers

²**cerise** (bn, mv: *onv*) kersrood

le **cerisier** (m) **1** kersenboom **2** kersenhout

le **cerne** (m) **1** kring [om maan, ogen, wond] **2** jaarring

cerner omringen, omsingelen, insluiten: ~ *un problème* een probleem afbakenen; *avoir les yeux cernés* kringen onder de ogen hebben

le ¹**certain** (m) het zekere

²**certain, -e** (bn) **1** [achter het zn] ontwijfelbaar, zeker, vast: *j'en suis sûr et* ~ ik weet het zeker; *un effet* ~ een vaste, vooruit te bepalen uitwerking **2** [vóór het zn] zeker, bepaald: *un* ~ *effet* een bepaalde uitwerking;

un ~ *nombre de personnes* een aantal mensen

certainement zeker, ongetwijfeld

les **certains** (mv, m) sommigen

certes weliswaar, zeker, inderdaad

le **certificat** (m) getuigschrift, certificaat, akte, diploma: *avoir de bons* ~*s* goede papieren hebben; ~ *de garantie* garantiebewijs; ~ *médical* doktersattest; ~ *d'origine* verklaring van herkomst; ~ *de propriété* eigendomsbewijs; ~ *de travail* werkgeversverklaring

certifié, -e: *professeur* ~ volledig bevoegd leraar

certifier 1 bevestigen, verklaren, verzekeren **2** waarborgen, garanderen **3** waarmerken, legaliseren

la **certitude** (v) **1** zekerheid **2** overtuiging

le **cerveau** (m) brein, hersenen: *se creuser le* ~ zich suf denken; *lavage de* ~ hersenspoeling; [inf] *avoir le* ~ *fêlé* (of: *dérangé*) van lotje getikt zijn || *rhume de* ~ neusverkoudheid

le **cervelas** (m) ± cervelaatworst

le **cervelet** (m) [biol] kleine hersenen

la **cervelle** (v) hersensubstantie: *une* ~ *de moineau* een kip zonder kop; *tête sans* ~ warhoofd; ~ *de veau* kalfshersenen; [fig] *se creuser la* ~ z'n hersens pijnigen, zich suf prakkeseren

cervical, -e van de hals

la **cervoise** (v) bier; [bij de Galliërs] gerstenat

ces *zie* ¹*ce*

le **CES** (m) afk van *collège d'enseignement secondaire* ± onderbouw middelbare school

le **césar** (m) **1** keizer: *il faut rendre à César ce qui appartient à César* geef de keizer wat des keizers is **2** dictator

la **césarienne** (v) keizersnede

cessant, -e: *toutes affaires* ~*es* met absolute voorrang

la **cessation** (v) (het) ophouden, staken: *vente pour* ~ *de commerce* opheffingsuitverkoop

la **cesse** (v): *sans* ~ onophoudelijk

¹**cesser de** (onov ww) ophouden (met, te): *il ne cesse de pleuvoir* het regent maar door

²**cesser** (ov ww) ophouden met: ~ *le travail* het werk neerleggen

le **cessez-le-feu** (m; mv: *onv*) staakt-het-vuren

la **cession** (v) overdracht, afstand

c'est-à-dire 1 dat wil zeggen **2** of liever gezegd

la **césure** (v) cesuur, rustpunt

cet *zie* ¹*ce*

le **cétacé** (m) [dierk] walvisachtige

les **cétacés** (mv, m) walvisachtigen

cette *zie* ¹*ce*

ceux *zie* celui

le **chacal** (m; mv: chacals) jakhals

chacun, -e ieder, elk: ~ *pour soi* ieder voor zich; *à* ~ *son tour* eenieder op zijn beurt; *tout un* ~ iedereen

le ¹**chagrin** (m) verdriet, smart

le **²chagrin, -e** (bn) **1** verdrietig, droefgeestig **2** knorrig, chagrijnig, wrevelig, nors
chagriner bedroefd, verdrietig maken

le **chah** (m) sjah

le **chahut** (m) [inf] lawaai, herrie
¹chahuter (onov ww) lawaai maken, herrie schoppen
²chahuter (ov ww) [inf] opzij duwen; omgooien: ~ *un professeur* een leraar pesten

le/la **chahut|eur** (m), **-euse** (v) herrieschopper, -ster

le **chai** (m) wijnpakhuis

la **chaîne** (v) **1** ketting, keten: ~ *stéréo* geluidsinstallatie; *travailler à la* ~ aan de lopende band werken; *faire la* ~ elkaar iets aangeven, doorgeven; ~ *de montage* montagelijn; ~ *de montagnes* bergketen; *réaction en* ~ kettingreactie **2** keten, boei; [fig] slavernij **3** [telec] net, kanaal: ~ *cryptée* kanaal dat alleen met een decoder kan worden bekeken; ~ *publique* publieke tv-zender; ~ *privée* commerciële tv-zender

les **chaînes** (mv, v) sneeuwkettingen

la **chaînette** (v) kettinkje

la **chaînon** (m) schakel

la **chair** (v) **1** vlees: *en* ~ *et en os* in levende lijve; *souffrir dans sa* ~ pijnlijk voelen; *être bien en* ~ goed in het vlees zitten; ~ *de poule* kippenvel **2** vruchtvlees

la **chaire** (v) **1** preekstoel, kansel, katheder **2** professoraat, leerstoel

la **chaise** (v) stoel: *être assis entre deux* ~*s* zich in een ongemakkelijke situatie bevinden; ~ *longue* ligstoel; ~ *pliante* vouwstoel; ~ *roulante* rolstoel

le/la **chais|ier** (m), **-ière** (v) **1** stoelenfabrikant(e) **2** stoelenverhuurder, -ster

le **chaland** (m) **1** aak: ~ *citerne* binnenvaarttanker **2** klant, koper

le **châle** (m) sjaal, omslagdoek

le **chalet** (m) chalet, hut [van een veeboer op bergweide]; (vakantie)huis

la **chaleur** (v) **1** warmte, hitte: *coup de* ~ zonnesteek; *les grandes* ~*s* de tijd van de grootste hitte; *vague de* ~ hittegolf; ~ *spécifique* soortelijke warmte; [med] *bouffée de* ~ opvlieger **2** vuur, gloed, enthousiasme **3** hartelijkheid **4** ijver **5** loopsheid, krolsheid, bronstigheid: *une chatte en* ~ een krolse poes
chaleur|eux, -euse warm, vurig, hartelijk

le **challenge** (m) [sport] **1** wedstrijd om een wisselprijs of titel **2** uitdaging

le **challenger** (m) uitdager [van de titelhouder]

la **chaloupe** (v) sloep
chaloupé, -e heupwiegend

le **chalumeau** (m) **1** strohalm, rietje **2** brander; soldeerlamp: ~ *autogène* lasapparaat, snijbrander

le **chalut** (m) sleepnet, trawlnet

le **chalutier** (m) trawler

la **chamade** (v): *cœur qui bat la* ~ hart dat flink tekeer gaat

se **chamailler** kibbelen

la **chamaillerie** (v) gekibbel, geharrewar

le/la **chamaill|eur** (m), **-euse** (v) kibbelaar(ster)
chamarré, -e overdadig versierd, veelkleurig
chamarrer opsmukken

le **chambardement** (m) [inf] opschudding, beroering; [inf] gedonder: *le grand* ~ de revolutie
chambarder 1 overhoop gooien **2** ingrijpend veranderen **3** in het honderd sturen

le **chambellan** (m) kamerheer: *grand* ~ opperkamerheer
chambouler [inf] door elkaar gooien

le **chambranle** (m) lijst, kozijn

la **chambre** (v) **1** kamer, vertrek [vnl. slaapkamer]: ~ *d'amis* logeerkamer; ~ *à coucher* slaapkamer; [scheepv] ~ *de chauffe* ketelruim; *faire* ~ *à part* apart slapen **2** kamer [instelling]: ~ *de commerce* Kamer van Koophandel; ~ *des Députés* Tweede Kamer; [Belg] Kamer der Volksvertegenwoordigers; ~ *haute* Hogerhuis; ~ *syndicale* werkgeversorganisatie; ~ *d'accusation* kamer belast met gerechtelijk vooronderzoek in beroepszaken **3** holte, ruimte; geweerkamer; [van een bij] cel: ~ *à air* binnenband; ~ *froide* koelcel

la **chambrée** (v) [mil] **1** slaapzaalgenoten **2** slaapzaal
chambrer chambreren [van wijn]

la **chambrette** (v) kamertje

le **chameau** (m) kameel ‖ [pop] ~*!* kreng van een wijf, rotzak!

le **chamelier** (m) kameeldrijver

la **chamelle** (v) wijfjeskameel

le **¹chamois** (m) **1** gems **2** gemsleer: *peau de* ~ zeemleer
²chamois (bn) lichtgeel

la **chamoisette** (v) [Belg] stofdoek

la **chamoisine** (v) stofdoek

le **champ** (m) **1** veld, akker: ~ *d'expérimentation* proefveld; *en plein* ~ in het open veld; ~ *de fleurs* bloembollenveld **2** veld, terrein, gebied [ook fig]; reikwijdte: ~ *de bataille* slagveld; ~ *de courses* renbaan; ~ *de foire* kermisterrein, marktterrein; ~ *de manœuvres* exercitieterrein, oefenterrein; *se battre en* ~ *clos* **a)** duelleren; **b)** [fig] een zaak samen uitvechten; ~ *visuel* gezichtsveld; *laisser le* ~ *libre à qqn.* het veld ruimen voor iem., iem. vrij spel geven; ~ *d'action* werkingssfeer, actiegebied; *agrandir le* ~ *de ses connaissances* het gebied van zijn kennis verruimen ‖ *à tout bout de* ~ constant, telkens
champêtre landelijk: *garde* ~ veldwachter; *vie* ~ landleven

le **champignon** (m) **1** paddenstoel: ~ *de Paris* champignon; ~ *hallucinogène* paddo; *pousser comme un* ~ als kool groeien; *ville* ~ snel groeiende stad **2** [pop] gaspedaal: *appuyer sur le* ~ het gaspedaal intrappen

la **champignonnière** (v) **1** champignonbed **2** champignonkwekerij

le/la **champion** (m), **-ne** (v) kampioen, voorvechter: *se poser en* ~ *de, se faire le* ~ *de* een voorvechter zijn van

le **championnat** (m) kampioenschap

les **champs** (mv, m) veld, platteland: *à travers* ~ dwars door het veld; *prendre la clef des* ~ het hazenpad kiezen; *vie des* ~ landleven

la **chance** (v) **1** kans: *avoir la* ~ *de* de mogelijkheid, gelegenheid hebben om te **2** geluk(je), bof: *bonne* ~*!* (veel) succes!; *tenter sa* ~ zijn geluk beproeven; *il a de la* ~ hij boft (erbij), hij is goed af; *pas de* ~*!* pech gehad!; *par* ~ gelukkig; *quelle* ~*!* wat een bof!

chancelant, -e 1 waggelend, wankelend, wankel **2** zwak [van gezondheid] **3** besluiteloos, wankelmoedig

chanceler 1 waggelen, wankelen **2** aarzelen, besluiteloos zijn

le **chancelier** (m) kanselier: ~ *de l'Echiquier* minister van Financiën [Engeland]; *le* ~ *allemand* de bondskanselier

la **chancellerie** (v) **1** kanselarij **2** ministerie van Justitie

les **chances** (mv, v) mogelijkheid, waarschijnlijkheid, kans(en): *avoir toutes les* ~ *de* alle kans lopen te; *il y a de fortes* ~ *que* het is heel goed mogelijk dat

chanc|eux, -euse fortuinlijk

le **chancre** (m) **1** kanker **2** [fig] plaag, kanker

le **chandail** (m; mv: chandails) trui

la **Chandeleur** (v) [r-k] Maria-Lichtmis [2 februari]

le **chandelier** (m) kandelaar

la **chandelle** (v) (vet)kaars: *aux* ~*s* bij kaarslicht; *faire des économies de bouts de* ~ op onbenulligheden bezuinigen; *je lui dois une fière* ~ ik mag hem wel dankbaar zijn; *monter en* ~ loodrecht opstijgen

le **change** (m) **1** ruil(ing), wisseling: *au* ~ bij het wisselen; *gagner au* ~ er beter op worden **2** wisselkoers: *taux de* ~ wisselkoers; *lettre de* ~ wissel(brief); *agent de* ~ makelaar in effecten; *(bureau de)* ~ wisselkantoor **3** wegwerpluier: ~ *complet* wegwerpluier || *donner le* ~ *à* op een dwaalspoor brengen

changeable veranderbaar

changeant, -e wisselvallig, veranderlijk: *couleur* ~*e* changeant, stof met wisselende weerschijn; *d'humeur* ~*e* grillig

le **changement** (m) **1** verandering, wijziging, ommekeer: ~ *en bien* verandering ten goede, verbetering; ~ *de vitesse* versnelling, het schakelen [van auto, fiets] **2** wisseling, vervanging; [van trein, metro] overstap

¹changer (onov ww) veranderen, wisselen; draaien [van de wind]; overstappen [trein, bus]: ~ *d'air* vertrekken; ~ *de* een andere ...

(aan)nemen, kiezen, krijgen; ~ *de couleur* van kleur verschieten; ~ *de face* een ander aanzien krijgen; ~ *de chemise* een schoon overhemd aandoen; ~ *de mains* in andere handen overgaan; ~ *de train* overstappen

²changer (ov ww) **1** veranderen: *cela me change* dat geeft afwisseling; ~ *les idées à qqn.* iem. wat afleiding geven **2** inwisselen, omwisselen, verwisselen; vervangen, ruilen, inruilen: ~ *un billet de cent euros* een briefje van honderd euro wisselen || ~ *le bébé* de baby verschonen

se **³changer** (wdk ww) zich omkleden, zich verkleden

le **changeur** (m) geldwisselaar: ~ *automatique* wisselautomaat

chanmé [inf] heftig; vet, ziek

le **chanoine** (m) kanunnik

la **chanoinesse** (v) kanunnikes

la **chanson** (v) **1** lied(je): ~ *à boire* drinklied; ~ *de geste* epos; ~*s!* praatjes!; *je connais la* ~ dat verhaal ken ik; *l'air ne fait pas la* ~ schijn bedriegt **2** gesjirp [van een krekel]; (het) ruisen [van de wind]

la **chansonnette** (v) liedje

le/la **chansonn|ier** (m), **-ière** (v) **1** cabaretier, -ière **2** chansonnier, -ière

le **chant** (m) **1** gezang, zang; (het) zingen; gesjirp, gepiep enz.: ~ *du coq* hanengekraai **2** lied: ~ *de guerre* krijgslied; *cours de* ~ zangles **3** lyrisch, episch gedicht; zang

le **chantage** (m) chantage, afpersing: ~ *au suicide* (het) dreigen met zelfmoord

chantant, -e 1 zingend, zangerig; melodieus **2** waar gezongen wordt: *café* ~ café chantant

chanter 1 zingen, fluiten; kwelen [van vogels]; kraaien [van een haan]; suizen [van gas]; gonzen, sjirpen: *si ça vous chante* als je daar zin in hebt; ~ *juste* (of: *faux*) zuiver (of: vals) zingen **2** bezingen, verkondigen; [iron] *que me chantez-vous là?* wat zeg je me nou? || *faire* ~ iem. geld afpersen, chanteren

la **chanterelle** (v) **1** lokvogel **2** cantharel

le/la **¹chant|eur** (m), **-euse** (v) zanger(es): ~ *de charme* smartlappenvertolker || *maître* ~ afperser, chanteur

²chant|eur, -euse (bn) zang-: *oiseau* ~ zangvogel

le **chanteur-compositeur** (m; mv: chanteurs-compositeurs) singer-songwriter

le **chantier** (m) **1** werf, bouwplaats; werk in uitvoering: ~ *naval* scheepswerf **2** *mettre sur le* ~ (of: *en chantier*) op stapel zetten; *quel* ~*!* wat een troep! **3** opslagplaats voor materialen

la **chantilly** (v): *crème* ~ slagroom

le **chantonnement** (m) (het) neuriën

chantonner neuriën

le **chantre** (m) **1** voorzanger **2** ~ *de* ... bezinger van ...

le **chanvre** (m) hennep

le **chaos** (m) chaos; wanorde

chaotique chaotisch, verward

le **chapardage** (m) [inf] gapperij

chaparder [inf] pikken, gappen

le **chapardeur** (m) gauwdief

la **chape** (v) **1** koormantel **2** dop, deksel, kap **3** deklaag, slijtlaag; [van een band] loopvlak || [fig] ~ *de plomb* loden last, verstikkende atmosfeer

le **chapeau** (m) **1** hoed; ~*!* daar neem ik mijn petje voor af, bravo!; *coup de* ~ groet; *sortir du* ~ uit de hoge hoed komen **2** inleiding [van een artikel] **3** kap; hoed [van een paddenstoel]; dop [van een vulpen]: *démarrer sur les* ~*x de roues* wegscheuren

chapeauter leiden, besturen, overkoepelen

le **chapelain** (m) kapelaan

le **chapelet** (m) **1** rozenhoedje, rozenkrans: *dire son* ~ de rozenkrans bidden; ~ *d'injures* serie scheldwoorden **2** snoer, rist, lange rij: ~ *d'oignons* rist uien

le/la **chapel|ier** (m), **-ière** (v) hoedenmaker, -maakster; hoedenverkoper, -verkoopster

la **chapelle** (v) **1** kapel: ~ *ardente* rouwkapel **2** kerkje **3** zijkapel **4** zangkoor **5** kliek: *esprit de* ~ kliekjesgeest

la **chapelure** (v) paneermeel

le **chaperon** (m) **1** kap(je): *le Petit Chaperon rouge* Roodkapje **2** geleid(st)er van een (jong) meisje

chaperonner chaperonneren, begeleiden

le **chapiteau** (m) **1** kapiteel **2** circustent, grote tent

le **chapitre** (m) **1** hoofdstuk **2** stuk, punt, onderwerp, zaak, chapiter: *sur le* ~ *de, au* ~ *de* wat betreft **3** (dom)kapittel

chapitrer kapittelen, berispen, de les lezen

le **chapon** (m) kapoen, gecastreerde haan

chaque ieder, elk: ~ *chose en son temps* alles op zijn tijd

le **char** (m) **1** wagen, praalwagen; kar: ~ *fleuri* met bloemen versierde praalwagen, wagen op een bloemencorso **2** tank **3** [oudheid] strijdkar, zegekar; wedstrijdwagen: *le* ~ *de l'État* het schip van staat **4** ~ *à voile* zeilwagen || [inf] *arrête ton* ~*!* hou toch op (met dat geleuter)!

le **charabia** (m) **1** koeterwaals **2** onduidelijkheid

la **charade** (v) lettergreepraadsel

le **charbon** (m) **1** (steen)kool: ~ *de bois* houtskool; ~ *à dessiner* houtskool [tekenmateriaal] **2** brand [in het koren] **3** miltvuur **4** *être sur des* ~*s ardents* op hete kolen zitten

le **charbonnage** (m) steenkoolwinning

les **charbonnages** (mv, m) kolenmijnen

charbonn|eux, -euse 1 roetzwart **2** zwart omrand

le **charbonnier** (m) **1** kolenbrander **2** kolen-

handelaar **3** kolenschip

charcuter [inf] onhandig opereren

la **charcuterie** (v) **1** varkensslagerij **2** vleeswaren

le/la **charcut|ier** (m), **-ière** (v) varkensslager, spekslager, varkensslagersvrouw, spekslagersvrouw

le **chardon** (m) **1** distel **2** ijzeren punt [op hek, muur]

la **charge** (v) **1** lading, vulling, vracht, last; laadvermogen; belasting [druk] **2** [fig] last, belasting, verplichting: *être à la* ~ *de* voor rekening zijn van **3** opdracht, taak: *avoir* ~ *de famille* gezinshoofd zijn, gezinsverantwoordelijkheden hebben; *prendre en* ~ op zich nemen, voor zijn rekening nemen; *se prendre en* ~ *(soi-même)* op eigen benen staan **4** ambt, waardigheid **5** charge, krachtige aanval, bestorming: *au pas de* ~ in stormpas; *revenir à la* ~ blijven aandringen **6** aanklacht: *témoin à* ~ getuige à charge **7** overdrijving, karikatuur || *à* ~ *de* op voorwaarde dat

le/la [1]**chargé** (m), **-e** (v): ~ *d'affaires* zaakgelastigde; ~*(e) de cours* universitair docent(e)

[2]**chargé, -e** (bn) **1** beladen, belast, geladen **2** overdreven [van stijl]; overladen, zwaar **3** *ciel* ~ bewolkte lucht

le **chargement** (m) **1** (het) laden, beladen, belasten **2** lading, vracht

[1]**charger** (ov ww) **1** (be)laden; bevrachten; vullen, voorzien van nieuwe vulling; innemen [reiziger] **2** (+ de) overladen met; [geweten] bezwaren; overstelpen met; gebukt doen gaan onder **3** (+ de) belasten met, opdragen **4** ten laste leggen; beschuldigen (van) **5** chargeren, aanvallen, aanstormen op **6** overdrijven, aandikken

se [2]**charger** (wdk ww) **1** betrekken [van de lucht] **2** (+ de) zich belasten met, voor zijn rekening nemen, zorgen voor

les **charges** (mv, v) bijkomende kosten, servicekosten: ~ *de l'État* overheidsuitgaven; *se prendre en charge (soi-même)* op eigen benen staan; ~ *sociales* sociale lasten, premiedruk || *le cahier des* ~ bestek, programma van eisen

le **chargeur** (m) **1** bevrachter; scheepsbevrachter **2** sjouwer **3** lader: ~ *de piles* batterijlader; ~ *rapide* snellader **4** (patroon)houder **5** [foto] cassette

la **charia** (v) sharia

le **chariot** (m) **1** wagen(tje): ~ *élévateur* vorkheftruck; ~ *de supermarché* winkelwagentje **2** beweegbaar onderdeel van een machine; slede

le **charisme** (m) charisma

charitable liefdadig, liefdevol, menslievend

la **charité** (v) **1** menslievendheid; liefdadigheid **2** aalmoes: *demander la* ~ bedelen; *faire la* ~ aalmoezen geven

le **charivari** (m) ketelmuziek; oorverdovend

lawaai

le **charlatan** (m) **1** kwakzalver **2** oplichter

Charlemagne [gesch] Karel de Grote

charmant, -e 1 bekoorlijk, aantrekkelijk: *le prince* ~ de sprookjesprins **2** charmant, innemend

le **charme** (m) **1** bekoring, aantrekkelijkheid: *avoir du* ~ aantrekkelijk zijn, charme hebben, pittoresk zijn; *faire du* ~ proberen te charmeren, paaien **2** betovering: *rompre le* ~ de betovering verbreken; *être sous le* ~ de betovering van iemand zijn **3** haagbeuk
in iemands ban zijn
charmer bekoren: *je suis charmé de ... het* verheugt me bijzonder te ...

les **charmes** (mv, m) schoonheid, charmes: *faire commerce de ses* ~ in de prostitutie werken

le ¹**charmeur** (m) charmeur, versierder: ~ *de serpents* slangenbezweerder
²**charm|eur, -euse** (bn) betoverend, innemend
charnel, -le 1 vleselijk; zinnelijk **2** lichamelijk **3** aards: *biens* ~s aardse goederen

le **charnier** (m) **1** knekelhuis **2** massagraf

la **charnière** (v) **1** scharnier **2** kentering: *jouer un rôle* ~ een sleutelrol hebben; *nom à* ~ dubbele naam, adellijke titel
charnu, -e vlezig

le **charognard** (m) aasgier [ook fig]

la **charogne** (v) kreng

la **charpente** (v) **1** geraamte van dak, van gebouw: *bois de* ~ timmerhout **2** beendergestel, lichaamsbouw **3** structuur
charpenté, -e: [m.b.t. iets] *bien* ~ stevig in elkaar zittend
charpenter 1 timmeren **2** in elkaar zetten, bouwen; structureren

la **charpenterie** (v) **1** timmerwerk **2** timmermanswerkplaats

le **charpentier** (m) timmerman

la **charpie** (v): *mettre en* ~ versnipperen, verscheuren

le **charretier** (m) voerman: *jurer comme un* ~ vloeken als een ketter

la **charrette** (v) kar, wagen
charrier 1 per kar of wagen vervoeren **2** meevoeren, meeslepen; kruien [van ijs] **3** [pop] te grazen nemen **4** overdrijven: *faut pas* ~! kom nou!

la **charrue** (v) ploeg: *mettre la* ~ *avant (devant) les bœufs* het paard achter de wagen spannen

la **charte** (v) charter, handvest; oorkonde

le **charter** (m) charter: *vol* ~ chartervlucht

la **chartreuse** (v) **1** kartuizerklooster **2** chartreuse [kruidenlikeur] **3** kartuizer non

le **chartreux** (m) kartuizer (monnik)

le **chas** (m) oog [van een naald]

la **chasse** (v) **1** jacht(seizoen); jachtterrein: ~ *gardée* (of: *privée*) **a)** eigen jacht; **b)** [fig] jachtterrein **2** jachtbuit **3** jachtstoet **4** vervolging: *faire la* ~ *à* vervolgen, jacht maken op ‖ ~ *d'eau* waterspoeling [van een toilet]

la **châsse** (v) **1** reliekschrijn **2** [argot] oog

le **chassé-croisé** (m; mv: chassés-croisés) over en weer van plaats verwisselen: ~ *des vacanciers* het komen en gaan van vakantiegangers

le **chasse-mouches** (m) vliegenmepper

le **chasse-neige** (m) sneeuwruimer

¹**chasser** (onov ww) **1** drijven, blazen [van de wind]; jagen [van wolken] **2** slippen [van een auto]
²**chasser** (ov ww) **1** jacht maken op: ~ *le lièvre* op hazenjacht zijn **2** (weg)jagen, verjagen, verdrijven, voor zich uit drijven: ~ *l'ennui* de verveling verdrijven

le **chasseur** (m) **1** jager: ~ *d'images* fotograaf, cineast op zoek naar originele objecten; ~ *de têtes* koppensneller, headhunter, iem. die leidinggevend personeel rekruteert; [mil] ~ *alpin* alpenjager **2** piccolo **3** [luchtv] jager, jachtvliegtuig: ~ *à réaction* straaljager

le **châssis** (m) **1** lijst(werk), kader, raam **2** chassis

chaste kuis, onschuldig, ingetogen

la **chasteté** (v) kuisheid, ingetogenheid: *vœu de* ~ gelofte van kuisheid

la **chasuble** (v) kazuifel

le ¹**chat** (m) kat, poes: ~ *de gouttière* huiskat; ~ *tigré* cyperse kat; *appeler un* ~ *un* ~ het beestje bij zijn naam noemen, er geen doekjes om winden; *avoir un* ~ *dans la gorge* hees, schor zijn; *ne réveillez pas le* ~ *qui dort* maak geen slapende honden wakker; *j'ai d'autres* ~s *à fouetter* ik heb wel wat anders te doen; *il n'y a pas un* ~ er is geen kip

le ²**chat** (m) (het) chatten

la **châtaigne** (v) **1** (tamme) kastanje **2** [pop] opstopper

le **châtaignier** (m) **1** tamme kastanjeboom **2** kastanjehout
châtain, -e kastanjebruin

le **château** (m) kasteel, (lust)slot: ~ *de cartes* kaartenhuis; ~ *d'eau* watertoren, waterreservoir; ~x *en Espagne* luchtkastelen; ~ *fort* burcht; ~ *gonflable* springkasteel

le **chateaubriand** (m) chateaubriand, dikke biefstuk van de haas
châteaubriant *zie chateaubriand*

le **Château-la-Pompe** (m) kraanwater

le **châtelain** (m) kasteelheer, slotvoogd

la **châtelaine** (v) burchtvrouw

le **chat-huant** (m; mv: chats-huants) bosuil
châtier 1 kastijden, tuchtigen: *qui aime bien, châtie bien* wie zijn kinderen liefheeft, kastijdt ze **2** verbeteren, bijschaven, kuisen: *langage* châtié gekuiste taal

la **chatière** (v) **1** kattenluikje **2** kattenval **3** luchtgat in het dak

le **châtiment** (m) kastijding; bestraffing

le **chatoiement** (m) weerschijn, kleurenspel, schittering

le **chaton** (m) **1** katje **2** vatting, kas [van een edelsteen]

le **chatouillement** (m) **1** gekietel, kieteling **2** streling **3** prikkeling

chatouiller 1 kietelen **2** strelen **3** prikkelen

chatouill|eux, -euse 1 kittelig **2** lichtgeraakt, gevoelig: *il est très ~ sur la propreté* netheid is heel belangrijk voor hem

chatoyant, -e met weerschijn, met metaalglans, kleurrijk [ook fig]

chatoyer weerschijn hebben, schitteren, fonkelen

châtrer 1 castreren **2** [fig] verminken, besnoeien

le/la **chatroom** (m/v) chatroom

la **chatte** (v) **1** wijfjeskat: *ma* ~ mijn poesje, mijn schatje **2** [inf] kutje

chatter chatten

la **chatterie** (v) **1** aanhaligheid **2** snoepgoed, lekkers

le/la **chatt|eur** (m), **-euse** (v) chatter

le **¹chaud** (m) warmte: *avoir* ~ het warm hebben; *il a eu* ~ hij kreeg het warm, werd bang; *il fait* ~ het is warm [weer of kamerwarmte]; *tenir au* ~ warm houden ‖ *à* ~ heet van de naald, direct

²chaud, -e (bn) **1** warm, heet: *la saison ~e* de zomer; *tout* ~ kersvers; *pleurer à ~es larmes* hete tranen schreien **2** levendig, hevig: *le printemps sera* ~ het wordt een heet voorjaar [politiek en maatschappelijk] **3** vurig, hartstochtelijk: *tête ~e* heethoofd; *un quartier* ~ een rosse buurt; *il n'est pas très ~ pour …* hij loopt niet erg warm voor …

³chaud (bw) warm, heet: *boire* ~ warm drinken; *servi tout* ~ zó van het vuur opgediend

chaudement 1 warm **2** hartelijk

la **chaudière** (v) verwarmingsketel; stookinrichting: ~ *à vapeur* stoomketel

le **chaudron** (m) kookketel

la **chaudronnerie** (v) **1** koper- en ijzerwerk **2** koperslagerij

le **chaudronnier** (m) koperslager

le **chauffage** (m) verwarming, verhitting: ~ *central* centrale verwarming; ~ *urbain* wijkverwarming, stadsverwarming; ~ *au mazout* oliestook

le/la **chauffagiste** (m/v) verwarmingsmonteur; cv-bedrijf

le **chauffard** (m) [fig] wegpiraat

la **chauffe** (v) [techn] verhitting, verwarming: *chambre de* ~ ketelruim

le **chauffe-bain** (m; mv: chauffe-bains) geiser

le **chauffe-biberon** (m) flessenwarmer

le **chauffe-eau** (m) geiser, boiler

le **chauffe-plat** (m) komfoor, rechaud

¹chauffer (onov ww) warm worden; op temperatuur komen, warm lopen; verwarmen: *faire* ~ *de l'eau* water opzetten; [pop] *ça chauffe* het gaat er heftig toe

²chauffer (ov ww) **1** (ver)warmen, verhitten; stoken: ~ *à blanc* witgloeiend maken; ~ *un four* een oven stoken **2** [inf] (iem.) aanzetten, opjutten **3** [pop] stelen

se **³chauffer** (wdk ww) zich warmen: *se* ~ *au gaz* gas stoken

la **chaufferette** (v) **1** stoof **2** rechaud

la **chaufferie** (v) ketelhuis, ketelruim

le **chauffeur** (m) **1** chauffeur, bestuurder **2** stoker

la **chauffeuse** (v) haardstoeltje

chauler kalken, witten

le **chaume** (m) **1** stoppels; stoppelveld **2** dekstro: *toit de* ~ rieten dak

la **chaumière** (v) hut (met strodak): *dans les ~s* bij de gewone mensen

la **chaussée** (v) **1** dijk, damweg **2** rijweg; [Belg] steenweg: ~ *déformée* slecht wegdek; ~ *glissante* slipgevaar; *ponts et ~s* ± Rijkswaterstaat

le **chausse-pied** (m; mv: chausse-pieds) schoenlepel

¹chausser (ov ww) **1** [schoenen] aantrekken: ~ *des skis* ski's onderbinden; ~ *du 40* (schoen)maat 40 hebben **2** aanaarden [van planten]

se **²chausser** (wdk ww) zijn schoenen aantrekken

chausse-trape zie chausse-trappe

la **chausse-trappe** (v) valkuil

la **chaussette** (v) sok ‖ [pop] *jus de* ~ slechte koffie, slappe koffie, bocht

le **chausseur** (m) schoenenfabrikant, schoenenhandelaar

le **chausson** (m) **1** slof **2** babysokje **3** schermschoen **4** balletschoen: ~ *de danse* balletschoen **5** flap: ~ *aux pommes* appelflap

la **chaussure** (v) **1** schoeisel; schoen: *~s montantes* hoge schoenen; *~s à talons hauts* schoenen met hoge hakken **2** schoenenindustrie, schoenenhandel: *trouver* ~ *à son pied* vinden wat men zoekt, de ware Jakob vinden

le **¹chauve** (m) kaalkop

²chauve (bn) kaal

la **chauve-souris** (v; mv: chauves-souris) vleermuis

le/la **¹chauvin** (m), **-e** (v) chauvinist(e)

²chauvin, -e (bn) chauvinistisch

le **chauvinisme** (m) chauvinisme

la **chaux** (v) kalk: *blanchir à la* ~ witten [van een muur]; ~ *éteinte* gebluste kalk; *lait de* ~ witkalk; ~ *vive* ongebluste kalk

¹chavirer (onov ww) **1** kapseizen, omslaan, kantelen **2** wankelen **3** te gronde gaan **4** van streek raken

²chavirer (ov ww) **1** omvergooien **2** kielen

la **chéchia** (v) fez

le **cheese-cake** (m) kwarktaart

le **¹chef** (m) [jur] punt [in een tenlastelegging]: *du* ~ *de* op grond van, wegens, op gezag van;

au premier ~ in de hoogste mate, vooral

le/la **²chef** (m/v) chef, cheffin, hoofd, directeur, directrice, leider, leidster, commandant, hoofdman: ~ *de cuisine* chef-kok; ~ *d'entreprise* ondernemer; *général* en ~ opperbevelhebber; ~ *de file* voorman, eerste, voornaamste; ~ *d'équipe* **a)** ploegbaas; **b)** [sport] aanvoerder, aanvoerster; *le* ~ *d'État* het staatshoofd; ~ *de gouvernement* regeringsleider; ~ *d'orchestre* dirigent(e); ~ *de service* [Belg] diensthoofd; *pâté du* ~ paté van het huis; ~ *de famille* gezinshoofd, kostwinner

le **chef-d'œuvre** (m; mv: chefs-d'œuvre) **1** [hist] meesterstuk, proefstuk **2** meesterwerk

le **chef-lieu** (m; mv: chefs-lieux) hoofdplaats, hoofdstad

la **cheftaine** (v) akela, leidster van padvindersgroep

le **cheik** (m) sjeik

le **chelem** (m) slem [bij het bridgen en tennis]

le **chemin** (m) **1** weg: *le* ~ *de* … de weg naar …; *être dans le droit* ~ op het rechte pad blijven; ~ *de croix* kruisweg; ~ *des écoliers* omweg; *en* ~ op weg, onderweg; *faire son* ~ carrière maken, het ver brengen; ~*s de fer* spoorwegen; *prendre le* ~ *de* … de kant op gaan van …; *il n'y va pas par quatre* ~*s* hij gaat recht op zijn doel af; *deux heures de* ~ twee uur gaans **2** loper: ~ *d'escalier* traploper; ~ *de table* tafelloper ‖ *tous les* ~*s mènent à Rome* alle wegen leiden naar Rome

la **cheminée** (v) **1** schoorsteen; schouw **2** koker, schacht **3** rotsspleet; bergkloof

le **cheminement** (m) **1** (het) voortgaan **2** [fig] voortgang, ontwikkeling(sgang)

cheminer 1 (langzaam, moeizaam) voortgaan **2** voortgang hebben, zich ontwikkelen

le **cheminot** (m) spoorwegbeambte: *les* ~*s* het spoorwegpersoneel

la **chemise** (v) **1** hemd; shirt, overhemd: *je m'en soucie comme de ma première* ~ het kan me niets schelen; *changer de qqch. comme de* ~ wispelturig zijn; ~*s brunes* bruinhemden [nazi's]; ~*s noires* zwarthemden [Italiaanse fascisten]; *mouiller sa* ~ er flink tegenaan gaan, de handen uit de mouwen steken **2** omslag; portefeuille, dossiermap **3** huls, mantel, bekleding

chemiser [technol, cul] bekleden, voeren

la **chemiserie** (v) hemdenindustrie, hemdenwinkel

la **chemisette** (v) **1** overhemd, bloes met korte mouwen **2** [Belg] hemd

le **chemisier** (m) bloes

le **chenal** (m) **1** vaargeul **2** waterloop; molenbeek

le **chêne** (m) **1** eik: *fort comme un* ~ ijzersterk **2** eikenhout: ~ *vert* steeneik; *en* ~ *massif* massief eiken

le **chéneau** (m) dakgoot

le **chêne-liège** (m; mv: chênes-lièges) kurkeik

le **chenet** (m) haardijzer

le **chenil** (m) kennel, hondenhok

la **chenille** (v) **1** rups **2** rupsband

chenillé, -e met rupsbanden

le **cheptel** (m) vee(stapel)

le **chèque** (m) cheque: ~ *de virement* [Belg] verrekeningscheque; ~ *bancaire* bankcheque; ~ *en blanc* blanco cheque; ~ *sans provision*, ~ *en bois* ongedekte cheque; ~ *barré* gekruiste cheque; *faire un* ~ een cheque uitschrijven

le **chèque-disque** (m; mv: chèques-disques) cd-bon

le **chèque-repas** (m; mv: chèques-repas) maaltijdbon

le **chèque-restaurant** (m; mv: chèques-restaurant) maaltijdbon

le **chéquier** (m) chequeboek

¹cher, chère (bn) **1** lief, dierbaar: *êtres* ~*s* dierbaren **2** duur, kostbaar **3** beste; waarde; geachte: *mon* ~, *ma chère* m'n beste

²cher (bw) duur: *ne pas valoir* ~ niet veel zaaks zijn; *coûter* ~ veel kosten; *il me le payera* ~! dat zal ik hem betaald zetten!; *vendre* ~ *sa vie* zijn leven duur verkopen

chercher 1 zoeken naar, opzoeken, nasporen: ~ *midi à quatorze heures* spijkers op laag water zoeken; ~ *la petite bête* vitten, haarkloven; *tu l'as cherché* je hebt erom gevraagd **2** halen: ~ *du secours* hulp halen; *envoyer* ~ laten halen; *aller* ~ te proberen (om) te ‖ [pop] *ça va* ~ *dans* les cent euros dat loopt wel in de 100 euro

le/la **¹cherch|eur** (m), **-euse** (v) **1** zoek(st)er: ~ *d'or* goudzoeker **2** (wetenschappelijk) onderzoek(st)er

²cherch|eur, -euse (bn) onderzoekend, weetgierig ‖ *tête chercheuse d'une fusée* doelzoeker van een raket

la **chère** (v) eten: *faire bonne* ~ lekker eten

chèrement 1 innig, teer **2** duur: *vendre* ~ *sa vie* zijn leven duur verkopen

le/la **¹chéri** (m), **-e** (v) lieveling; schat

²chéri, -e (bn) geliefd, dierbaar

chérir liefhebben, beminnen, koesteren: ~ *la mémoire de qqn.* iemands nagedachtenis in ere houden

chérot [pop] prijzig, aan de dure kant

la **cherté** (v): ~ *de la vie* hoge kosten van levensonderhoud

le **chérubin** (m) cherubijn(tje), engel(tje)

chét|if, -ive 1 zwak **2** armzalig **3** mager

le **cheval** (m) **1** paard [dier]: *à* ~ te paard; [fig] *être à* ~ *sur les principes* streng aan zijn beginselen vasthouden, beginselvast zijn; ~ *à bascule* hobbelpaard; ~ *de course* renpaard; *à* ~ *sur le fleuve* aan beide oevers; ~ *marin* zeepaardje; *monter un* ~ een paard berijden; *monter à* ~ **a)** te paard stijgen; **b)** paardrijden; *faire du* ~ paardrijden; *monter sur ses grands* *chevaux* op zijn achterste benen gaan staan, iets hoog opnemen; [gymnastiek] ~ *d'arçon* paard, bok **2** paardenvlees **3** paardenkracht: *~-vapeur* paardenkracht; ~ *fiscal* eenheid voor vaststelling motorrijtuigenbelasting || *chevaux de bois* draaimolen; ~ *de retour* oude bekende [bij de politie]; recidivist; *avoir une fièvre de* ~ hoge koorts hebben

chevaleresque ridderlijk

la **chevalerie** (v) ridderwezen, ridderschap: *ordre de* ~ ridderorde; *romans de* ~ ridderromans

le **chevalet** (m) **1** schildersezel **2** schraag, bok; werkbank; rek **3** kam [van viool]

le **chevalier** (m) ridder: ~ *du temple* tempelier; ~ *errant* dolende ridder; ~ *d'industrie* oplichter, flessentrekker

la **chevalière** (v) zegelring

chevalin, -e paarden-: *race ~e* paardenras; *boucherie ~e* paardenslagerij

le **cheval-vapeur** (m; mv: chevaux-vapeur) paardenkracht

la **chevauchée** (v) rit [te paard]

le **chevauchement** (m) overlapping

¹**chevaucher** (onov ww) [form] (paard)rijden

²**chevaucher** (ov ww) berijden

se ³**chevaucher** (wdkg ww) elkaar overlappen

chevelu, -e 1 langharig **2** behaard, harig: *cuir* ~ hoofdhuid

la **chevelure** (v) **1** (hoofd)haar, haardos **2** staart [van komeet]

le **chevet** (m) **1** hoofdeind: *au ~ de qqn.* aan iemands ziekbed; *lampe de* ~ bedlampje; *livre de* ~ lievelingsboek; *table de* ~ nachtkastje **2** [bouwk] apsis

le **cheveu** (m) (hoofd)haar: *couper les ~x en quatre* haarkloven, muggenziften; *se faire des ~x* (of: *gris*) zich zorgen maken; *faire dresser les ~x sur la tête a qqn.* iem. de haren te berge doen rijzen; *s'arracher les ~x* zich de haren uit het hoofd trekken; *il s'en faut d'un* ~ het scheelt maar een haar; *mal aux ~x* hoofdpijn [kater]; *tiré par les ~x* met de haren erbij gesleept; *avoir un ~ sur la langue* slissen, lispelen

la **cheville** (v) **1** enkel: *se fouler la* ~ z'n enkel verstuiken; *ne pas arriver à la ~ de qqn.* niet aan iem. kunnen tippen **2** pin, spie; pen: *se mettre en ~ avec qqn.* met iem. samenspannen; ~ *ouvrière* [fig] spil waarom alles draait **3** schroef [van een viool]

chevillé, -e: *avoir l'âme ~e au corps* niet kapot te krijgen zijn

le ¹**chèvre** (m) geitenkaas

la ²**chèvre** (v) **1** geit: *lait de* ~ geitenmelk; *ménager la ~ et le chou* de kool en de geit sparen **2** [techn] bok

le **chevreau** (m) **1** geitje, sikje **2** geitenleer

le **chèvrefeuille** (m) kamperfoelie

la **chevrette** (v) **1** klein geitje **2** wijfjesree

le **chevreuil** (m) **1** ree, reebok **2** reeënvlees

le **chevron** (m) **1** dakspar **2** streep [op mouw van uniformen] **3** zigzagmotief: *tissu à ~s* stof met visgraatmotief

chevronné, -e [fig] ervaren; in de dienst vergrijsd

chevrotant, -e beverig

le **chevrotement** (m) (het) beven [van een stem]

chevroter mekkeren [van een geit]; beven [van de stem]

la **chevrotine** (v) hagel [jacht]

le **chewing-gum** (m) kauwgom

chez 1 bij [ten huize van, in het land of de streek van]; onder [een volk, een groep]: ~ *les Grecs* bij de Grieken; *de* ~ *lui* bij hem vandaan; ~ *moi* thuis, bij mij aan huis; ~ *nous* bij ons, onder ons, in ons land; *bien de* ~ *nous* typisch (voor ons); *pas de* ~ *nous* vreemd; *se sentir* ~ *soi* zich thuis voelen; *faites comme* ~ *vous* doe alsof u thuis bent **2** naar [iemands huis, verblijfplaats]: *aller* ~ *le boulanger* naar de bakker gaan; *aller* ~ *qqn.* iem. opzoeken

le **chez-soi** (m; mv: *onv*) (een) thuis, eigen huis

chialer [pop] janken

chiant, -e [vulg] stomvervelend: *travail* ~ klerewerk

la **chiasse** (v) [vulg] schijt(erij); diarree; [fig] *avoir la* ~ het in zijn broek doen van angst || *quelle ~!* wat een doffe ellende!

le ¹**chic** (m) **1** handigheid, vaardigheid: *avoir le* ~ *de* (of: *pour*) slag hebben van **2** elegantie; goede smaak; zwier: *bon* ~ *bon genre* yuppie

²**chic** (bn, mv: *onv*) **1** elegant; goed gekleed; voornaam, keurig, chic: *des gens* ~ voorname lui; *bon* ~ *bon genre* burgerlijk, kak- **2** aardig, sympathiek: *un* ~ *type* een fijne vent; *sois* ~ wees sportief; *c'est* ~ *de sa part* dat is aardig van hem (haar)

la **chicane** (v) **1** muggenzifterij: *chercher* ~ *à qqn.* kleinzielig op iem. vitten **2** zigzagdoorgang; slalombeweging

¹**chicaner** (onov ww) vitten, muggenziften

²**chicaner** (ov ww) dwarszitten met futiliteiten

la **chicanerie** (v) spitsvondigheid, muggenzifterij

chican|ier, -ière pietluttig

¹**chiche** (bn) **1** karig **2** schriel, gierig || *tu n'es pas* ~ *de le faire!* je durft het toch niet!

²**chiche** (tw): [inf] *~!* wedden!

les **chiches** (mv, m): *pois* ~ kikkererwten

le **chichi** (m) [pop] drukte, poeha

chichit|eux, -euse [inf] aanstellerig, met veel kouwe drukte

le **chicon** (m) [Belg] witlof; [Belg] witloof

la **chicorée** (v) cichorei || ~ *de Bruxelles* Brussels lof, witlof; ~ *frisée* krulandijvie

les **chicos** (onv) [inf] sjiek

le **chicot** (m) stomp(je); stuk van een afgebroken tand

chié, -e [inf] **1** uit de kunst, leuk **2** stront-vervelend

le **chien** (m) **1** hond, reu: *de* ~ moeilijk, slecht; *temps de* ~ hondenweer; *une vie de* ~ een hondenleven; ~ *de chasse* jachthond; ~ *de garde* waakhond; ~ *méchant!* pas op voor de hond!; ~ *d'aveugle* blindengeleidehond; *nom d'un* ~! jemig; *ce n'est pas fait pour les* ~s! je moet er wel gebruik van maken! **2** haan [van een geweer]

le **chiendent** (m) kweek(gras)

le **chien-guide** (m; mv: chiens-guides) (blinden)geleidehond

la **chienlit** (v) janboel, wanorde

le **chien-loup** (m; mv: chiens-loups) wolfshond

la **chienne** (v) teef [ook fig]

chier [vulg] schijten: *ça me fait* ~ dat verveelt me stierlijk; *faire* ~ *qqn.!* iem. ergeren!; *fais pas* ~! hou op met dat gezeur!; *se faire* ~ zich rot vervelen; *en* ~ *une pendule* veel heisa over iets maken, van een scheet een donderslag maken

le **chiffon** (m) **1** vod, lomp: ~ *de papier* vodje papier [ook fig] **2** lap, vaatdoekje, stofdoek, wrijfdoek

chiffonné, -e gekreukt, ineengefrommeld: *avoir la mine* ~e er vermoeid uitzien

chiffonner 1 kreuken, verfrommelen **2** verontrusten, hinderen: *ça me chiffonne* dat zit me dwars

le **chiffonnier** (m) **1** voddenraper **2** ladekast, chiffonnière

les **chiffons** (mv, m) [inf] vrouwenkleding: *parler* ~ over kleren praten

chiffrable becijferbaar

le **chiffrage** (m) **1** becijfering **2** codering

le **chiffre** (m) **1** cijfer: *à deux* ~s met twee cijfers, boven de tien; ~ *d'affaires* omzet; *faire du* ~ zijn omzet willen vergroten **2** bedrag **3** monogram **4** code; combinatie [van cijferslot]; geheimschrift

¹**chiffrer** (onov ww) in de papieren lopen

²**chiffrer** (ov ww) **1** becijferen; uitrekenen, berekenen **2** coderen: *message chiffré* codebericht **3** nummeren

le **chiffreur** (m) **1** cijferaar **2** codist, codeur

le **chignon** (m) wrong, knoetje: *se crêper le* ~ elkaar in de haren vliegen

le **chihuahua** (m) chihuahua [hond]

le/la ¹**chiite** (m/v) sjiiet, sjiitische

²**chiite** (bn) sjiitisch

le **Chili** (m) Chili

chilien, -ne Chileens

le/la **Chilien** (m), **-ne** (v) Chileen(se)

la **chimère** (v) **1** hersenschim, spookbeeld **2** chimaera [fabelachtig monster]

chimérique hersenschimmig, denkbeeldig: *un esprit* ~ een utopist, een fantast, een dromer

la **chimie** (v) scheikunde, chemie

la **chimio** (v) [inf] verk van *chimiothérapie* chemo

la **chimiothérapie** (v) chemokuur, chemotherapie

chimique scheikundig, chemisch

le **chimiquier** (m) chemicaliëntanker

le/la **chimiste** (m/v) scheikundige, chemicus

le **chimpanzé** (m) chimpansee

le **chinchilla** (m) chinchilla

la **Chine** (v) China

chiné, -e gevlamd, bont

chiner rommelmarkten aflopen voor koopjes

le **chineur** (m) snuffelaar

le ¹**chinois** (m) **1** (het) Chinees **2** zeefje

²**chinois, -e** (bn) **1** Chinees **2** pietluttig

le/la **Chinois** (m), **-e** (v) Chinees, Chinese

la **chinoiserie** (v) **1** pietluttigheid, formalisme: *faire des* ~s moeilijk doen **2** snuisterij uit China

le **chiot** (m) jonge hond, pup

les **chiottes** (mv, v) plee

chiper [inf] wegkapen, gappen

la **chipie** (v) feeks, helleveeg

la **chipolata** (v) [cul] (dunne) varkenssaucijs

¹**chipoter 1** kieskauwen **2** teuten **3** [hand] pingelen **4** [Belg] knoeien, rommelen

²**chipoter** (ov ww) zeuren over

se ³**chipoter** (wdk ww) ruziën

le/la **chipot|eur** (m), **-euse** (v) **1** kieskauw(st)er **2** kibbelaar(ster)

les **chips** (mv, v) chips: *manger une* ~ een chippie eten

la **chique** (v) tabakspruim: [pop] *couper la* ~ de mond snoeren

le **chiqué** (m) [pop] grootspraak, bluf

chiquement *zie* ¹*chic*

la **chiquenaude** (v) **1** knip van de vingers **2** [fig] duwtje; impuls

chiquer pruimen [tabak]

chiromancien, -ne waarzegger, -ster [uit de handlijnen]

le **chiropracteur** (m) chiropractor

chirurgical, -e operatief, chirurgisch: *intervention* ~e operatie

la **chirurgie** (v) chirurgie: ~ *à cœur ouvert* openhartchirurgie; ~ *dentaire* tandheelkunde

le **chirurgien** (m) chirurg

le **chirurgien dentiste** (m) kaakchirurg

la **chiure** (v) drek [van insecten]

le **chleuh** (m) [neg] mof

chlinguer [inf] meuren

le **chlore** (m) chloor

chloré, -e chloorhoudend: *papier non* ~ chloorvrij papier

chlorique: [chem] *acide* ~ chloorzuur

le **chloroforme** (m) chloroform

la **chlorophylle** (v) **1** chlorofyl, bladgroen **2** gezonde buitenlucht

le **chlorure** (m) [chem] chloride: ~ *décolorant*

(chloor)bleekmiddel; ~ de *polyvinyle* polyvinylchloride [pvc]; ~ de *sodium* natriumchloride; keukenzout

le **¹chnoque** (m): [inf] *un vieux* ~ een ouwe gek **²chnoque** (bn) [inf] imbeciel

le **¹choc** (m) **1** schok, botsing, stoot, het samentreffen: *le* ~ *des verres* het klinken [bij heildronk]; *de* ~ dynamisch, agressief; ~ *en retour* terugslag **2** schok, emotie **3** [med] shock
²choc (bn) sensationeel; schokkend: *prix* ~s stuntprijzen

le **¹chocolat** (m) chocola(de); chocolademelk: *pain au* ~ chocoladebroodje; *une boîte de* ~s een doosje bonbons; *pastille de* ~ flikje; ~ *au lait* melkchocola; ~ *noir* pure chocolade ‖ [inf] *être* ~ een strop hebben
²chocolat (bn, mv: *onv*) chocoladekleurig

le **chœur** (m) **1** rei in treurspel **2** koor: *enfant de* ~ **a)** koorknaap; **b)** naïeveling
choir vallen
choisi, -e 1 uitverkoren **2** uitgelezen, uitgezocht: *morceaux* ~s bloemlezing
choisir (uit)kiezen

le **choix** (m) keuze; keur: ~ *de poésies* bloemlezing van gedichten; *au* ~ naar keuze; *fixer son* ~ *sur* zijn keus laten vallen op; *un morceau de* ~ een uitgelezen stuk; *offrir un grand* ~ *d'articles* een grote sortering artikelen hebben

le **choléra** (m) cholera

le/la **cholérique** (m/v) choleralijd(st)er
²cholérique (bn) cholera-

le **cholestérol** (m) cholesterol

le **chômage** (m) werkloosheid: ~ *des jeunes* jeugdwerkloosheid; ~ *technique* werktijdverkorting; *allocation de* ~ werkloosheidsuitkering; *être au* ~ werkloos zijn
¹chômer (onov ww) **1** rusten, niet arbeiden **2** stilliggen [niet functioneren] **3** werkloos zijn: *il ne chôme pas* hij werkt hard
²chômer (ov ww) vieren: *jour chômé* algemeen erkende feestdag

le **chôm|eur** (m), **-euse** (v) werkloze

la **chope** (v) **1** pul, glas bier **2** bierpul, bierglas
choper [inf] **1** pakken: *se faire* ~ zich laten arresteren **2** gappen **3** oplopen: *j'ai chopé un bon rhume* ik heb een lelijke kou opgelopen

la **chopine** (v) [inf] half flesje [wijn]
choquant, -e stuitend, ergerlijk, aanstootgevend
¹choquer (ov ww) **1** stoten, botsen tegen: ~ *les verres* klinken **2** aanstoot geven, ergeren; choqueren; schokken **3** kwetsen, pijnlijk treffen **4** strijdig zijn met

se **²choquer de** (wdk ww) aanstoot nemen aan

se **³choquer** (wdkg ww) tegen elkaar botsen

le **¹choral** (m; mv: chorals) koraal(gezang)
²choral, -e (bn) koor-

la **chorale** (v) koor(vereniging)

le/la **chorégraphe** (m/v) choreograaf, -grafe

la **chorégraphie** (v) choreografie

le/la **choriste** (m/v) koorzanger(es)

le **chorus** (m) jazzimprovisatie ‖ *faire* ~ in koor herhalen, instemmen, meeschreeuwen

le **¹chose** (m) ding: *donne-moi ce* ~ geef mij dat ding eens

la **²chose** (v) ding, zaak: *avant toute* ~ vóór alles; *par la force des* ~s noodgedwongen; *parler de* ~s *et d'autres* over alles en nog wat praten; *ne pas faire les* ~s *à moitié* de dingen niet half doen; ~ *promise,* ~ *due* belofte maakt schuld; *autre* ~ iets anders; ~ *incroyable* iets ongelofelijks; ~ *étonnante, il est venu* het zal je verbazen, maar hij is gekomen; *la même* ~ hetzelfde; *peu de* ~ niet veel (bijzonders); *quelque* ~ iets; *ça me dit quelque* ~ dat zegt me iets, dat doet me aan iets denken; *qqch. de nouveau* iets nieuws; *être pour qqch. dans* iets te maken hebben met, betrokken zijn bij
³chose (bn): *se sentir tout* ~ zich niet lekker voelen

le/la **¹chou** (m), **-te** (v) schat: *mon* ~ schat, lieveling

le **²chou** (m; mv: choux) **1** kool: ~x *de Bruxelles* spruitjes; ~ *frisé* boerenkool **2** soes: ~ *à la crème* roomsoes ‖ *faire* ~ *blanc* de plank misslaan; *feuille de* ~ waardeloze krant; *bête comme* ~ doodeenvoudig; [Belg] *c'est* ~ *vert et vert* ~ dat is lood om oud ijzer; [inf] *se prendre le* ~ het zichzelf moeilijk maken
³chou (bn, mv: *onv*): *ce qu'elle est* ~! wat ziet ze er lief uit!

le/la **chouchou** (m), **-te** (v) [inf] lieveling
chouchouter [inf] vertroetelen

la **choucroute** (v) zuurkool

la **¹chouette** (v) uil ‖ *une vieille* ~ een oude feeks
²chouette (bn) [inf] leuk, enig: ~! heerlijk!, fijn!

le **chou-fleur** (m; mv: choux-fleurs) bloemkool

le **chou-navet** (m; mv: choux-navets) [plantk] koolraap

la **choupette** (v) kuifje; bosje haar

la **chouquette** (v) suikersoesje

le **chou-rave** (m; mv: choux-raves) koolrabi; koolraap
choyer 1 vertroetelen, koesteren **2** veel zorg besteden aan

le/la **¹chrétien** (m), **-ne** (v) christen, christin
²chrétien, -ne (bn) christelijk

la **chrétienté** (v) christenheid, christendom

le **christ** (m) crucifix

le **Christ** (m) Christus
christianiser tot het christendom bekeren, kerstenen

le **christianisme** (m) christendom
chromatique 1 [muz] chromatisch: *gamme* ~ chromatische toonladder **2** kleuren-

3 van chromosomen
le **chrome** (m) chroom
chromer verchromen
les **chromes** (mv, m) chroomwerk
le **chromo** (m) **1** kleurenlitho **2** slechte kleurenreproductie, slecht schilderij
le **chromosome** (m) [biol] chromosoom
la **¹chronique** (v) **1** kroniek, getrouw relaas, jaarboek **2** kroniek [krantenrubriek]: *la ~ sportive* de sportrubriek, het sportnieuws
²chronique (bn) **1** chronisch, slepend, langzaam verlopen **2** langdurig
le **chroniqueur** (m) kroniekschrijver; redacteur; columnist
le **chrono** (m) [inf] stopwatch
la **chronologie** (v) chronologie; chronologische volgorde
chronologique chronologisch
le **chronomètre** (m) chronometer, stopwatch
chronométrer de tijd opnemen van, timen
la **chrysalide** (v) pop [van insect]
le **chrysanthème** (m) chrysant ‖ *inaugurer les ~s* **a)** een hoge functie bekleden zonder macht te hebben; **b)** linten doorknippen
le/la **¹chtimi** (m/v) inwoner van Noord-Frankrijk
²chtimi (bn) [inf] Noord-Frans
le **CHU** (m) afk van *centre hospitalier universitaire* umc (afk van *universitair medisch centrum*)
le **chuchotement** (m) **1** gefluister **2** [form] geruis, geritsel
chuchoter 1 fluisteren, influisteren **2** [form] ruisen, ritselen
chuinter sissen, slissen
chut! sst!
la **chute** (v) **1** val, het vallen: *~ d'eau* waterval; *faire une ~* vallen; *~ de pluie* regen; *~ de neige* sneeuw(val); *~ de pierres* vallend gesteente; *~ des cours* koersval; *~ du rideau* einde van de voorstelling; *point de ~* **a)** punt van inslag; **b)** iem., iets om op terug te vallen; **c)** plek waar men tijdelijk onder dak is **2** (het) uitvallen, afvallen **3** verval [waterhoogte] **4** val; ondergang; zondeval **5** afval [lapjes] **6** einde: *~ des reins* lendenstreek; *elle a une belle ~ de reins* ze heeft een mooi kontje **7** [kaartsp] downslag
chuter 1 vallen **2** dalen [van prijzen] **3** [kaartsp] down gaan
Chypre (v) Cyprus
chypriote Cypriotisch
le/la **Chypriote** (m/v) Cyprioot, Cypriotische
¹ci (aanw vnw): [inf] *comme ci comme ça* zo zo
²ci (bw) [versterkend bij aanwijzend voornaamwoord] hier: *ce mois-ci* deze maand
ciao! [inf] tot ziens!, dag!
ci-après hiernaast, verderop
le **cibiste** (m) bakkenist, gebruiker van (27 MC) zendapparatuur
la **cible** (v) **1** schietschijf, doel(wit): *tirer à la ~*

schijfschieten **2** [fig] mikpunt **3** doelgroep ‖ *langue ~* doeltaal
cibler [een bepaald publiek] als doelgroep kiezen
le **ciboire** (m) ciborie, hostiekelk
la **ciboulette** (v) bieslook
le **ciboulot** (m) [pop] kop
la **cicatrice** (v) **1** litteken **2** spoor
cicatrisant, -e helend
la **cicatrisation** (v) heling, littekenvorming
cicatriser helen [ook fig]
ci-contre hiernaast, hiertegenover
ci-dessous hieronder
ci-dessus hierboven
ci-devant vroeger, voorheen, gewezen; ex-
le **cidre** (m) appelwijn, cider: *vinaigre de ~* appelazijn
Cie afk van *compagnie* co., Mij.
le **¹ciel** (m; mv: cieux) hemel(gewelf); uitspansel: *aller au ~* naar de hemel gaan; *au ~* in de hemel; *le Royaume des cieux* het Koninkrijk der hemelen; *grâce au ~* God zij dank; *sous d'autres cieux* elders, in andere landen
le **²ciel** (m; mv: ciels) **1** lucht; luchtstreek, klimaat: *~ bas* laaghangende wolken; *~ couvert* bewolkt; *dans le ~* in de lucht; *à ~ ouvert* in de openlucht; *tomber du ~* uit de lucht komen vallen **2** hemel [van bed, op schilderij]
³ciel (tw): *~!, mon mari!* o hemeltje!, daar heb je mijn man!
le **cierge** (m) lange waskaars [voor eredienst]: *droit comme un ~* kaarsrecht
la **cigale** (v) krekel
le **cigare** (m) **1** sigaar **2** [Belg] standje: *passer un ~ à qqn.* iem. een uitbrander geven
la **cigarette** (v) sigaret
ci-gît hier rust, hier ligt begraven
la **cigogne** (v) ooievaar
la **ciguë** (v) **1** scheerling [giftige plant] **2** gifbeker
ci-inclus (hierbij) ingesloten
ci-joint (hierbij) ingesloten
le **cil** (m) **1** ooghaar, wimper: *battre des ~s* knipperen met de ogen **2** randhaartje [van planten]
le **cilice** (m) boetekleed, boetegordel
le **cillement** (m) (het) knipperen (met de ogen)
ciller knipperen
la **cime** (v) **1** top, kruin **2** [fig] toppunt
le **ciment** (m) **1** cement **2** hechte band
cimenter 1 met cement bestrijken, verbinden, vastzetten **2** hecht maken, bezegelen
la **cimenterie** (v) cementfabriek
le **cimeterre** (m) kromzwaard
le **cimetière** (m) kerkhof, begraafplaats
le **ciné** (m) [pop] bios(coop)
le/la **cinéaste** (m/v) cineast(e), filmmaker
le **ciné-club** (m; mv: ciné-clubs) filmclub, filmliga
le **cinéma** (m) **1** bioscoop: *~ d'art et d'essai*

filmhuis **2** film: [kunst] *le ~ muet* de stomme
film; *vedette de ~* filmster; *c'est du ~* dat is
komedie, flauwekul; *faire du ~* zich aanstellen

la **cinémathèque** (v) filmotheek
cinématographique film-

le/la **cinéphile** (m/v) filmliefhebber, -hebster
cinéraire as-: *urne ~* urn
cinétique kinetisch, bewegings-
cinglant, -e 1 grievend **2** striemend
cinglé, -e [pop] getikt
¹cingler (onov ww) zeilen, stevenen
²cingler (ov ww) zwiepen, striemen; snijden
[van de wind]

le **cinoche** (m) [inf] bios(coop)
cinq vijf, vijfde: *il était moins ~* het was op
het nippertje; *en ~ sec* heel snel; *je vous reçois
~ sur ~* **a)** ik ontvang u luid en duidelijk;
b) [fig] ik heb u gesnapt

la **cinquantaine** (v) **1** vijftigtal **2** leeftijd van
vijftig jaar
cinquante vijftig

le **¹cinquantenaire** (m) halve-eeuwfeest;
gouden feest ‖ *le Cinquantenaire* het Jubel-
park [in Brussel]
²cinquantenaire (bn) vijftigjarig
cinquantième vijftigste

le **¹cinquième** (m) vijfde

la **²cinquième** (v) tweede klas [van Frans middelbaar onderwijs]

le **cintre** (m) **1** ronding, boog van een gewelf:
plein ~ rondboog **2** kleerhanger, knaapje
cintrer welven, ronden, krommen, taille-
ren: *une chemise cintrée* een getailleerd
overhemd

les **cintres** (mv, m) toneeltoren

le **cirage** (m) schoensmeer, wrijfwas ‖ *être
dans le ~* **a)** slecht zicht hebben; **b)** de kluts
kwijt zijn
circoncire besnijden

la **circoncision** (v) besnijdenis

la **circonférence** (v) (cirkel)omtrek
circonflexe: *accent ~* circumflex, dakje [te-
ken ˆ op klinkers]

la **circonlocution** (v) omschrijving

la **circonscription** (v) district: *~ électorale*
kiesdistrict; [Belg] kiesarrondissement
circonscrire 1 omschrijven **2** beperken, afpalen: *l'incendie est circonscrit* (men is de)
brand meester
circonspect, -e omzichtig, behoedzaam

la **circonspection** (v) omzichtigheid, be-
hoedzaamheid

la **circonstance** (v) omstandigheid; gelegenheid: *paroles de ~* toepasselijke woorden;
dans les ~s actuelles op dit moment
circonstancié, -e omstandig, uitvoerig

le **circuit** (m) **1** leiding, samenstel van buizen
2 [elek] circuit, schakeling; stroom: *mettre
hors ~* uitschakelen **3** circuit; rondrit, rondreis; parcours **4** kringloop: *~ de distribution*

distributienet

la **¹circulaire** (v) circulaire, rondzendbrief,
[Belg] omzendbrief
²circulaire (bn) cirkel-, kringvormig; rond-:
mouvement ~ omtrekkende beweging,
rondgaand verkeer; *scie ~* cirkelzaag

la **circulation** (v) **1** omloop; circulatie: *mettre
en ~* in omloop brengen; *retirer de la ~* intrekken, uit de roulatie nemen; *~ monétaire*
geldcirculatie; *avoir une mauvaise ~* een
slechte bloeddoorvoer hebben **2** verkeer:
route à grande ~ doorgaande weg
circulatoire van de bloedsomloop: *troubles ~s* storingen van de bloedsomloop
circuler 1 omlopen, in omloop zijn, de ronde doen, rondgaan: *faire ~* laten rondgaan;
l'information circule mal het nieuws komt
slecht door **2** doorlopen, doorrijden

la **cire** (v) **1** was: *~ à modeler* boetseerwas; *~ à
épiler* ontharingswas **2** wassen beeld: *musée
de ~s Grévin* ± Madame Tussaud

le **¹ciré** (m) oliejas
²ciré, -e (bn) geboend, gepoetst: *toile ~e*
wasdoek, tafelzeil
cirer 1 in de was zetten, met was behandelen **2** boenen **3** poetsen [van schoenen] ‖ *j'en
ai rien à ~* (dat) kan me geen barst schelen

le/la **cir|eur** (m), **-euse** (v) schoenpoets(st)er

la **cireuse** (v) vloerwrijver
cir|eux, -euse wasachtig; geel

le **cirque** (m) **1** circus: [inf] *arrête ton ~!* stel je
niet zo aan!; *~ médiatique* mediacircus
2 [aardr] ketel(dal): *~ lunaire* maankrater

la **cirrhose** (v) cirrose, leveraandoening

la **cisaille** (v, meestal mv) schaar; metaal-
schaar, snoeischaar
cisailler 1 doorknippen **2** snoeien
cisalpin, -e aan deze kant van de Alpen
[vanuit de Franse kant gezien]

le **ciseau** (m) **1** beitel **2** *(paire de) ~x* schaar;
couper avec des ~x knippen
ciseler 1 (uit)beitelen, uitsteken, drijven,
ciseleren **2** [fig] bijvijlen

la **ciselure** (v) drijfwerk

la **citadelle** (v) **1** citadel, fort **2** [fig] bolwerk

le/la **¹citadin** (m), **-e** (v) stedeling(e)
²citadin, -e (bn) stads-

la **citadine** (v) stadsauto

la **citation** (v) **1** aanhaling, citaat **2** dagvaarding **3** [mil] eervolle vermelding

la **cité** (v) **1** stad [vnl. oudste gedeelte] **2** stad-
staat **3** nieuwbouwwijk met flats: *~ ouvrière*
arbeiderswijk; *~ universitaire* campus

la **cité-dortoir** (v; mv: cités-dortoirs) slaapstad
citer 1 aanhalen, citeren **2** noemen, vermelden: *~ (à l'ordre de l'armée)* eervol vermelden; *~ ses sources* zijn bronnen noemen
3 dagvaarden

la **citerne** (v) **1** regenbak **2** tank

le/la **¹citoyen** (m), **-ne** (v) burger(es): *~ du monde* wereldburger

²citoyen, -ne (bn): *le rendez-vous* ~ eendaagse bijeenkomst in plaats van dienstplicht

la **citoyenneté** (v) burgerschap

citrique: [chem] *acide* ~ citroenzuur

le **citron** (m) **1** citroen: ~ *pressé* kwast **2** [pop] kop: *se presser le* ~ zijn hersens (af)pijnigen, zich suf piekeren

la **citronnade** (v) citroenlimonade

la **citronnelle** (v) **1** citroenkruid **2** citroenmelisse

le **citronnier** (m) citroenboom

la **citrouille** (v) pompoen

le **civet** (m) ragout van wild: ~ *de lièvre* hazenpeper

la **civette** (v) civetkat

la **civière** (v) draagbaar, brancard

le **¹civil** (m) burger: *en* ~ in burger

²civil, -e (bn) burgerlijk, burger-: *année* ~e kalenderjaar; *état* ~ burgerlijke stand; *code* ~ burgerlijk wetboek; *ingénieur* ~ civiel ingenieur; [Belg] [Belg] burgerlijk ingenieur; *se constituer* (of: *se porter*) *partie* ~e zich civiele partij stellen, eis tot schadeloosstelling indienen

civilement 1 civielrechtelijk: *se marier* ~ voor de wet trouwen; ~ *responsable* burgerlijk aansprakelijk **2** beleefd, hoffelijk

le/la **¹civilisa|teur** (m), **-trice** (v) breng(st)er van beschaving

²civilisa|teur, -trice (bn) beschavend

la **civilisation** (v) beschaving

civiliser beschaven

la **civilité** (v) uiting van beleefdheid; compliment, groet

civique burger-, burgerlijk: *droits* ~s burgerschapsrechten; *sens* ~ burgerzin; *éducation* ~, *instruction* ~ maatschappijleer, staatsinrichting

le **civisme** (m) burgerzin, burgerdeugd; [Belg] civisme

le **clafoutis** (m) clafoutis [soort kersenvlaai]

la **claie** (v) raster, latwerk

le **¹clair** (m): ~ *de lune* maneschijn; *le plus* ~ *(de)* het grootste gedeelte (van)

²clair, -e (bn) **1** helder, klaar; licht: *temps* ~ onbewolkt weer **2** duidelijk **3** licht [van kleur] **4** dun (gezaaid)

³clair (bw) **1** helder, duidelijk: *parler* ~ een heldere stem hebben; *voir* ~ **a)** goed kunnen zien; **b)** [fig] begrip, inzicht hebben [in iets] **2** dun: *semer* ~ dun zaaien

la **claire** (v) **1** oesterput **2** oester [uit de put]

clairement duidelijk, helder

la **claire-voie** (v; mv: claires-voies) hekwerk: *à* ~ open(gewerkt), met openingen; *persienne à* ~ luik met lamellen

la **clairière** (v) open plek [in bos]

le **clair-obscur** (m; mv: clairs-obscurs) **1** [bk] clair-obscur **2** halfdonker, schemer

le **clairon** (m) **1** klaroen, signaalhoorn, trompet **2** hoornblazer, trompetter

claironnant, -e schel, luidklinkend, schetterend

claironner 1 (rond)bazuinen **2** op een klaroen blazen

clairsemé, -e dun gezaaid, dun beplant; schaars

la **clairvoyance** (v) scherpzinnigheid, doorzicht

clairvoyant, -e scherpziend, scherpzinnig

clamer uitschreeuwen

la **clameur** (v) **1** geschreeuw **2** luide afkeuring

clamser doodgaan, de pijp uitgaan

le **clan** (m) **1** stam, clan **2** kamp, kliek

le **¹clandestin** (m) illegaal

²clandestin, -e (bn) heimelijk, ongeoorloofd, clandestien, ondergronds: *commerce* ~ sluikhandel; *passager* ~ verstekeling

la **clandestinité** (v) verborgenheid, heimelijkheid; het ondergedoken zijn, ondergronds bestaan

le **clapet** (m) klepje: [pop] *ferme ton* ~! kop dicht!

le **clapier** (m) **1** konijnenhok **2** krot

le **clapotement** (m) geklots, gekabbel

clapoter klotsen, kabbelen

le **clapotis** (m) geklots, gekabbel

le **claquage** (m) spierverrekking, zweepslag

claquant, -e doodvermoeiend

le **¹claque** (m) **1** klakhoed **2** [pop] bordeel ‖ *en avoir* sa ~ het zat zijn

la **²claque** (v) **1** klap, oorvijg: [inf] *tête à* ~s tronie **2** groep gehuurde toejuichers

le **claquement** (m) geklap(per); (het) knippen [met de vingers]

se **claquemurer** zich in huis opsluiten

¹claquer (onov ww) **1** klappen, klakken, knallen: ~ *des dents* klappertanden; *faire* ~ *ses doigts* met de vingers knippen; *faire* ~ *la langue* met de tong klakken **2** stukgaan; breken **3** [pop] mislukken **4** [pop] doodgaan, creperen: *je suis claqué* ik ben doodop

²claquer (ov ww) **1** een klap geven **2** [inf] afjakkeren, uitputten **3** [pop] erdoor jagen **4** hard dichtslaan [van een deur]: ~ *les portes* met de deuren gooien

se **³claquer** (wdk ww) zich doodwerken ‖ [sport] *se* ~ *un muscle* een spier verrekken

la **claquette** (v) klepper: *faire des* ~s tapdansen

la **clarification** (v) **1** klaring, zuivering [van een vloeistof] **2** toelichting, opheldering

¹clarifier (ov ww) **1** klaren, helder maken; zuiveren **2** toelichten, ophelderen

se **²clarifier** (wdk ww) helder worden

la **clarinette** (v) klarinet

la **clarté** (v) **1** helderheid **2** duidelijkheid, klaarheid **3** licht, schijnsel

le **clash** (m) clash; meningsverschil; conflict

la **classe** (v) **1** klas(se) [in alle bet]; categorie: [inf] *avoir de la* ~ prima zijn, klasse hebben; *c'est* ~*!* wat mooi!; *lutte des* ~*s* klassenstrijd **2** klas [lokaal]; les, schooltijd, school: *aller en* ~ naar school gaan; ~ *de neige* [Belg] sneeuwklas [combinatie van onderwijs en wintersport]; *faire la* ~ les geven; *faire ses* ~*s* ervaring opdoen; ~ *de chant* zangles; *la rentrée des* ~*s* het hervatten van het onderwijs, terug naar school; *tenir sa* ~ orde houden **3** [mil] lichting

le **classement** (m) **1** [sport] klassement **2** verdeling in klassen, rangschikking, classificatie **3** plaats(ing) op een ranglijst **4** seponering

¹**classer** (ov ww) **1** indelen, rangschikken, classificeren; ordenen; opbergen: *une affaire classée* een afgedane zaak **2** (+ parmi) rekenen onder **3** op een ranglijst plaatsen: *site classé* beschermd landschap; *monument classé* monument (dat op de monumentenlijst staat) **4** seponeren, in de doofpot stoppen

se ²**classer** (wdk ww) [een rang] behalen

le **classeur** (m) **1** map, ordner **2** archiefkast

classi|eux, -euse [argot] sjiek

la **classification** (v) indeling, rangschikking, classificatie

classifier classificeren

le ¹**classique** (m) **1** klassiek schrijver **2** klassiek werk **3** klassieker [wielerwedstrijd]

²**classique** (bn) klassiek, traditioneel, conventioneel: *musique* ~ klassieke muziek; [inf] *un coup* ~ een bekende truc

la **clause** (v) artikel, clausule; bepaling: ~ *de non-responsabilité* disclaimer

la **claustration** (v) opsluiting, afzondering

se **claustrer** zich opsluiten, zich afzonderen

le **claustro** [inf] verk van *claustrophobe* claustrofobisch

la **claustrophobie** (v) claustrofobie

le **clavecin** (m) klavecimbel

la **clavicule** (v) sleutelbeen

le **clavier** (m) **1** klavier **2** toetsenbord **3** register, scala

le/la **claviste** (m/v) iem. die met tekstverwerker teksten zet

la **clé** (v) **1** sleutel: ~ *USB* geheugenstick, USB-stick; *fermer à* ~ op slot doen; *mettre la* ~ *sous la porte* met de noorderzon vertrekken; *jeu de* ~*s* setje sleutels, sleutelset; *position* ~ sleutelpositie; *personne* ~ sleutelfiguur; *sous* ~ achter slot; ~ *en main* direct aanvaardbaar, kant-en-klaar, gebruiksklaar; [Belg] ~ *sur porte* direct aanvaardbaar, kant-en-klaar, gebruiksklaar **2** geheim, oplossing, sleutel **3** [muz] sleutel: ~ *de sol* g-sleutel **4** houdgreep || *à la* ~ met ... in het vooruitzicht

le **clébard** (m) hond, mormel

le **clebs** (m) hond, mormel

la **clef** (v) *zie clé*

la **clématite** (v) clematis

la **clémence** (v) clementie, zachtmoedigheid

clément, -e clement, mild, zacht(moedig): *hiver* ~ zachte winter

la **clémentine** (v) clementine, mandarijntje zonder pit

la **clenche** (v) **1** klink **2** [Belg] deurkruk

la **cleptomanie** (v) kleptomanie

le **clerc** (m) **1** klerk **2** geestelijke **3** intellectueel || *pas de* ~ domme streek

le **clergé** (m) geestelijkheid

clérical, -e klerikaal

le **clic** (m) klikje

le **cliché** (m) **1** cliché **2** [foto] negatief **3** foto **4** gemeenplaats

le/la **client, -e** (v) **1** cliënt(e) **2** klant **3** patiënt(e)

la **clientèle** (v) klantenkring, clientèle, cliënten; patiënten; aanhang

le **clientélisme** (m) politieke klantenbinding

le **clignement** (m) geknipper (met de ogen), het knipogen

cligner bijna sluiten, knipogen

le ¹**clignotant** (m) **1** richtingaanwijzer **2** waarschuwingslampje

²**clignotant, -e** (bn) knipogend: *lumière* ~*e* knipperlicht

le **clignotement** (m) geknipper

clignoter 1 knipperen [met de ogen] **2** flikkeren

le **clignoteur** (m) [Belg] richtingaanwijzer

le **climat** (m) **1** klimaat **2** [fig] (atmo)sfeer

climatique klimaat-: *conditions* ~*s* weersomstandigheden

la **climatisation** (v) airconditioning, airco

climatisé, -e airconditioned

climatiser een installatie voor airconditioning aanbrengen in

le **climatiseur** (m) airconditioning [installatie]

le **clin** (m): ~ *d'œil* knipoog; *faire un* ~ *d'œil à qqn.* naar iem. knipogen; *en un* ~ *d'œil* in een oogwenk

le **clinch** (m) [Belg] deurkruk

la ¹**clinique** (v) **1** kliniek: ~ *privée* particulier ziekenhuis **2** klinisch onderricht

²**clinique** (bn) klinisch: *essai* ~ klinische test

le ¹**clinquant** (m) **1** klatergoud **2** lovertjes **3** namaak

²**clinquant, -e** (bn) kitscherig, opzichtig

le **clip** (m) **1** clip; sierspeld **2** [comm] (video)clip: ~ *vidéo* videoclip

le **clipper** (m) [watersport] klipperjacht

cliquable klikbaar

la **clique** (v) **1** [mil] fanfare **2** kliek || [inf] *prendre ses* ~*s et ses claques* zijn biezen pakken

cliquer [comp] klikken: ~ *sur* klikken op, aanklikken; *double*-~ dubbelklikken

cliqueter kletteren, rinkelen

le **cliquetis** (m) gekletter, gerinkel

le **clitoris** (m) clitoris; kittelaar

le **clivage** (m) **1** (het) kloven [vnl. van diamanten]; splijting **2** [fig] gespletenheid, verdeeldheid, tweedeling

le **cloaque** (m) **1** riool **2** [fig] zwijnenstal **3** [dierk] cloaca

le/la **clochard** (m), **-e** (v) [inf] zwerver, zwerfster

la **¹cloche** (v) **1** klok; klokgelui: *sonner les ~s à qqn.* iem. duchtig de les lezen; *c'est un autre son de ~* dat is een ander verhaal **2** stolp: *~ à fromage* kaasstolp **3** klokbloem; pothoed **4** [Belg] blaar ‖ [pop] *se taper la ~* schranzen

²cloche (bn) [pop] dom, onhandig

cloche-pied: *aller* (of: *sauter*) *à ~* hinkelen

le **¹clocher** (m) klokkentoren, toren ‖ *esprit de ~* bekrompenheid

²clocher (ov ww) hinken, mank gaan; niet kloppen, niet in de haak zijn: *il y a qqch. qui cloche* er klopt iets niet

la **clochette** (v) klokje [ook bloem]; belletje

le **clodo** (m) [inf] zwerver

la **cloison** (v) (tussen)schot; scheidsmuur

cloisonné, -e met tussenschotten, in vakken verdeeld: *une société ~e* een door hokjesgeest gekenmerkte samenleving

le **cloisonnement** (m) versnippering, opdeling, verzuiling

cloisonner afschutten

le **cloître** (m) **1** kloostergang **2** klooster

¹cloîtrer (ov ww) **1** (in een klooster) opsluiten **2** afzonderen

se **²cloîtrer** (wdk ww) zich afzonderen

le **clonage** (m) klonering

le **clone** (m) kloon

cloner kloneren

la **clope** (v) peuk; sigaret

cloper [inf] paffen

clopin-clopant, -e al hinkende: *les affaires vont ~* het gaat op en neer

clopiner hinken, strompelen

les **clopinettes** (mv, v): [inf] *des ~!* [fig] schrijf het maar op je buik!

la **cloporte** (v) pissebed

la **cloque** (v) blaar

cloquer bladderen [van schilderwerk]

clore [form] **1** (af)sluiten **2** omheinen

le **¹clos** (m) afgesloten stuk land [vnl. wijngaard]

²clos, -e (bn) gesloten: *à huis ~* met gesloten deuren; *maison ~e* bordeel; *en vase ~* afgesloten van de buitenwereld, geïsoleerd; *trouver porte ~e* een gesloten deur komen

la **clôture** (v) **1** omheining [muur, hek, haag; koorhek] **2** (af)sluiting, opheffing [van een zitting]

clôturer 1 omheinen **2** (af)sluiten; [zitting, rekening] opheffen

le **clou** (m) **1** spijker, nagel: *~ de girofle* kruidnagel; *maigre comme un ~* mager als een lat; *enforcer le ~* op iets hameren; *cela ne vaut pas un ~* het is geen cent waard **2** steenpuist **3** [pop] (de) lommerd **4** hoogtepunt **5** [inf] rammelkast [oude fiets, enz.]

clouer 1 vastspijkeren, vastnagelen: *~ le bec à qqn.* iem. de mond snoeren **2** kluisteren [aan het bed]; aan de grond nagelen

les **clous** (mv, m) oversteekplaats, zebra(pad)

clouter met spijkers beslaan: *passage clouté* oversteekplaats voor voetgangers, zebra; *pneu clouté* spijkerband

le **clown** (m) clown; grappenmaker: *faire le ~* de clown uithangen; zich aanstellen

le **club** (m) **1** sociëteit **2** club; vereniging: *~ nautique* watersportclub **3** golfstok, club ‖ *bienvenue au ~!* join the club!

le **CM1** (m) afk van *cours moyen 1* groep 6 basisschool

le **CM2** (m) afk van *cours moyen 2* groep 7 basisschool

le/la **coaccusé** (m), **-e** (v) medebeschuldigde

le **coach** (m) coach, trainer: *~ mental* mental coach

coacher coachen

le **coagulant** (m) stollingsmiddel

la **coagulation** (v) stolling, stremming; klontering

¹coaguler (ov ww) doen stollen, stremmen

se **²coaguler** (wdk ww) stollen, stremmen, klonteren

se **coaliser** zich verenigen, zich verbinden, een bondgenootschap aangaan

la **coalition** (v) coalitie, verbond, bondgenootschap

le **coassement** (m) gekwaak

coasser kwaken [van kikkers]

le/la **coassocié** (m), **-e** (v) compagnon, partner

le **coauteur** (m) **1** medeauteur **2** mededader

le **cobalt** (m) [chem] kobalt

le **cobaye** (m) **1** cavia **2** [fig] proefkonijn

le **cobelligérant** (m) medeoorlogvoerende

le **cobra** (m) cobra

le **¹coca** (m) cola

la **²coca** (v) coca, opwekkend middel uit cocabladeren

la **cocagne** (v): *mât de ~* kokanjemast [voor het mastklimmen]; *pays de ~* Luilekkerland

la **cocaïne** (v) cocaïne

le/la **cocaïnomane** (m/v) cocaïneverslaafde

la **cocarde** (v) kokarde, sierstrikje, sierrozet, lintje in de nationale kleuren

cocard|ier, -ière chauvinistisch

cocasse gek, koddig, zot

la **cocasserie** (v) zotheid

la **coccinelle** (v) **1** lieveheersbeestje **2** kever [Volkswagen]

le **coccyx** (m) stuitje

le **coche** (m) [hist] koets: *~ d'eau* trekschuit

le **¹cocher** (m) koetsier

²cocher (ov ww) **1** inkepen **2** aanstrepen, aankruisen

cochère: *porte ~* koetspoort, inrijpoort

la **Cochinchine** (v) oude naam voor het zuiden van Vietnam le/la **¹cochon** (m), **-ne** (v) smeerlap, viezerik, vuilak: *un tour de* ~ een ploertenstreek; *avoir un caractère de* ~ gemeen zijn; koppig zijn

le **²cochon** (m) varken, zwijn: ~ *d'Inde* cavia; ~ *de lait* speenvarken; *tête de* ~ stijfkop

³cochon, -ne (bn) vuil, gemeen, schunnig: *un film* ~ een seksfilm; *des jeux* ~s vieze spelletjes

les **cochonnailles** (mv, v) voorgerecht van varkensvlees

cochonner [inf] kladden, knoeien

la **cochonnerie** (v) [pop] **1** smeerlapperij, zwijnerij **2** gemene streek **3** schunnige taal **4** rommel

le **cochonnet** (m) **1** varkentje **2** balletje dat tot mikpunt dient [bij jeu de boules]

le **cocker** (m) cockerspaniël

le **cockpit** (m) **1** cockpit **2** [raceauto] bestuurdersplaats

le **cocktail** (m) **1** cocktail **2** cocktailparty ‖ ~ *Molotov* molotovcocktail

le **coco** (m) **1** kokos(noot): *noix de* ~ kokosnoot **2** ventje, kereltje; *un drôle de* ~ een vreemde snuiter **3** [kindert] ei

le **cocon** (m) [dierk] cocon: [fig] *s'enfermer dans son* ~ zich afsluiten (van de buitenwereld)

le **cocooning** (m) het knusjes thuisblijven, cocoonen

le **¹cocorico** (m) hanengekraai

²cocorico (tw) kukeleku

les **cocoricos** (mv, m) chauvinistisch geschreeuw

le **cocotier** (m) kokospalm: [fig] *secouer le* ~ de bezem erdoor halen

la **cocotte** (v) **1** [kindert] kippetje **2** gietijzeren pan **3** papier als vogel gevouwen **4** lichtekooi **5** schatje

la **cocotte-minute** (v; mv: cocottes-minutes) snelkookpan

le/la **¹cocu** (m), **-e** (v) [pop] bedrogen echtgenoot, echtgenote ‖ *une veine de* ~ veel mazzel

²cocu, -e (bn) bedrogen

cocufier [m.b.t. partner] bedriegen

le **codage** (m) codering

le **code** (m) **1** wetboek: ~ *civil*, ~ *Napoléon* burgerlijk wetboek; ~ *de commerce* wetboek van koophandel; ~ *pénal* wetboek van strafrecht **2** voorschriften, code: ~ *de la route* verkeersregels; *passer le* ~ theorie-examen doen; *se mettre en* ~ dimmen; *phare* ~ dimlicht **3** code [geheel van afgesproken tekens]: ~ *confidentiel* pincode; [Belg] codenummer; ~ *secret* **a)** geheimschrift; **b)** [Belg] codenummer; ~ *postal* postcode; ~ *à barres* streepjescode; [biol] ~ *génétique* genetische code

le **code-barre** (m; mv: codes-barres) streepjescode

le **code-barres** (m; mv: codes-barres) streepjescode; barcode

la **codécision** (v) [pol] medebeslissing; inspraak

la **codéine** (v) codeïne

coder coderen

le/la **codétenu** (m), **-e** (v) medegevangene

le **codicille** (m) codicil

la **codification** (v) codificatie

codifier 1 codificeren **2** een systeem van regels opstellen voor

le/la **codirec|teur** (m), **-trice** (v) mededirecteur, -directrice; medebestuurder, -ster

le **coéquipier** (m) [sport] teamgenoot, medespeler

coercit|if, -ive dwingend

la **coercition** (v) dwang

le **cœur** (m) **1** hart: *le* ~ *battant* met kloppend hart; *opération à* ~ *ouvert* openhartoperatie **2** hart, binnenste [van vrucht]; kern: *au* ~ *de l'hiver* hartje winter; ~ *de la question* kern van de vraag **3** [kaartsp] harten: *le quatre de* ~ harten vier **4** hart, gevoel; gemoed: *affaire de* ~ liefdesgeschiedenis; *courrier du* ~ vertrouwelijke vragenrubriek; *aller droit au* ~ ontroeren; *il a à* ~ *de (réussir)* hij is vastbesloten te (slagen); *avoir bon* ~ een goed hart hebben; *avoir le* ~ *gros* verdriet hebben; *avoir le* ~ *sur la main* **a)** altijd bereid zijn een ander te helpen; **b)** vrijgevig zijn; *à* ~ *ouvert* openhartig; *prendre à* ~ ter harte nemen; *tenir au* ~ na aan het hart liggen; *un homme de* ~ een edel mens **5** lust, animo: *un coup de* ~ een bevlieging; *de bon* ~ van ganser harte; *si le* ~ *vous en dit* als je er trek in hebt; *à* ~ *joie* naar hartenlust; *avoir du* ~ *à l'ouvrage* zin hebben in werken **6** moed: *je n'ai pas le* ~ *de le lui dire* ik kan het niet over mijn hart krijgen het hem te zeggen; *je veux en avoir le* ~ *net* ik wil er het mijne van weten; *apprendre par* ~ uit het hoofd leren ‖ *avoir mal au* ~ misselijk zijn; *mal* ~ *de* ~ misselijkheid; *cela soulève le* ~ dat doet je walgen; ~ *d'artichaut* hart van een artisjok; [fig] wispelturig persoon [in de liefde]

la **coexistence** (v) co-existentie, het gelijktijdig bestaan

coexister co-existeren, gelijktijdig bestaan

le **coffeeshop** (m) coffeeshop, koffieshop

le **coffrage** (m) **1** bekisting **2** beschoeiing

le **coffre** (m) **1** kist [ook meubel] **2** kofferruimte, bagageruimte; achterbak **3** geldkist; safeloket **4** [inf] borstkas, body: *avoir du* ~ uithoudingsvermogen hebben

le **coffre-fort** (m; mv: coffres-forts) brandkast; kluis

coffrer 1 [pop] opsluiten **2** bekisten, beschoeien

le **coffret** (m) kistje [voor juwelen enz.]; cassette

le **cofinancement** (m) medefinanciering

le/la **cofonda|teur** (m), **-trice** (v) medeopricht(st)er, medesticht(st)er la **cogénération** (v) warmte-krachtkoppeling: *centrale de* ~ warmte-krachtcentrale

la **cogérance** (v) medebeheer

cogérer [jur] medezeggenschap hebben over; medebesturen

la **cogestion** (v) **1** gezamenlijk beheer **2** medezeggenschap

cogiter [scherts] peinzen

le **cognac** (m) **1** (glaasje) cognac **2** cognackleur

la **cognée** (v) bijl: *jeter le manche après la* ~ het bijltje erbij neergooien, het opgeven

¹cogner (onov ww) slaan, stoten, bonzen, kloppen [ook van een motor]

²cogner (ov ww) **1** slaan, beuken **2** [pop] afrossen

se **³cogner** (wdk ww) zich stoten

cognit|if, -ive cognitief

la **cohabitation** (v) **1** samenwoning; (het) samenleven **2** [pol] situatie dat Franse president en regering tot verschillende politieke stromingen behoren

cohabiter samenwonen, samenleven

la **cohérence** (v) samenhang, verband, coherentie

cohérent, -e samenhangend, coherent

cohériter mede-erven

le/la **cohérit|ier** (m), **-ière** (v) mede-erfgenaam, -gename

la **cohésion** (v) cohesie, samenhang

la **cohorte** (v) cohort, groep

la **cohue** (v) **1** mensenmassa, menigte **2** gedrang

coi, coite: *se tenir* ~ zich koest houden; *en rester* ~ stomverbaasd

la **coiffe** (v) **1** muts; kap **2** helm [van pasgeborene]

¹coiffer (ov ww) **1** kappen **2** opzetten [hoed]: ~ *sainte Catherine* [m.b.t. meisje] 25 jaar worden en ongehuwd zijn; *être né coiffé* met de helm geboren zijn, een gelukskind zijn **3** bedekken **4** overkoepelen

se **²coiffer** (wdk ww) **1** zijn haar kammen **2** zijn hoed opzetten

le **coiffeur** (m) kapper

la **coiffeuse** (v) **1** kapster **2** kaptafel [meubel]

la **coiffure** (v) **1** kapsel: *salon de* ~ kapsalon **2** hoofddeksel

le **coin** (m) **1** hoek(je); plekje; uithoek; punt: *le petit* ~ de wc; ~ *salon* zithoek; *l'épicier du* ~ de buurtwinkel; ~ *cuisine* kookhoek; *au* ~ *du feu* bij de haard; *regarder du* ~ *de l'œil* tersluiks kijken; *aux quatre* ~s *du monde* overal; ~ *de terre* lapje grond; *un* ~ *tranquille* een rustig plekje; *soulever un* ~ *du voile* een tip van de sluier oplichten; *regard en* ~ steelse blik **2** wig **3** muntstempel; merkstempel [voor goud en zilver]

le **coincement** (m) (het) vastzitten, klemmen [van een machine]

¹coincer (ov ww) **1** met wiggen vastzetten **2** klemzetten, klemrijden: *être coincé* geremd, gefrustreerd zijn **3** vastpraten **4** [inf] grijpen: [inf] *il s'est fait* ~ hij is er gloeiend bij || ~ *la bulle* lanterfanten

se **²coincer** (wdk ww) klemmen, vastraken

la **coïncidence** (v) (het) samenvallen; samenloop (van omstandigheden)

coïncider 1 samenvallen, samentreffen, tegelijk gebeuren **2** overeenstemmen

le **coin-coin** (m) gekwaak [van eend]

le **coing** (m) kweepeer

le **coït** (m) coïtus, geslachtsgemeenschap

coite *zie coi*

le **coke** (m) **1** [steenkool] cokes **2** cocaïne

le **col** (m) **1** kraag, boord: ~ *droit* staande boord; *faux* ~ manchet [schuim op bier]; ~ *roulé* coltrui; *à* ~ *en V* met V-hals; *les* ~*s blancs* de witte boorden, het kantoorpersoneel **2** hals [van fles, kruik]: ~ *de l'utérus* baarmoederhals **3** bergpas, bergengte: *les* ~*s des Alpes* de Alpenpassen

le **col-de-cygne** (m; mv: cols-de-cygne) zwanenhals

le **coléoptère** (m) kever

la **colère** (v) drift, woede, kwaadheid, toorn: *se mettre en* ~, *faire* (of: *piquer*) *une* ~ kwaad worden; *passer sa* ~ *sur* zijn woede afreageren op

colér|eux, -euse opvliegend, driftig

le **colibri** (m) kolibrie

le **colifichet** (m) **1** snuisterij **2** prul

le **colimaçon** (m) huisjesslak: *en* ~ spiraalvormig; *escalier en* ~ wenteltrap

le **colin** (m) koolvis

le **colin-maillard** (m) blindemannetje

la **colique** (v) koliek, kramp: [inf] *avoir la* ~ diarree hebben

le **colis** (m) collo, stuk vrachtgoed, pak(ket): ~ *postal* [Belg] postcollo

le/la **colist|ier** (m), **-ière** (v) [pol] medekandidaat, -date van dezelfde lijst [bij verkiezingen]

le/la **collabo** (m/v) [inf] collaborateur

le/la **collabora|teur** (m), **-trice** (v) **1** medewerk(st)er **2** [tijdens WO II] collaborateur

collaborat|if, -ive [comm] ± opensource-

la **collaboration** (v) **1** medewerking, samenwerking **2** collaboratie

collaborer 1 (+ à) meewerken (aan, tot) **2** [met de vijand] collaboreren

le **collage** (m) **1** (het) lijmen; (het) (op)plakken **2** [kunst] collage

le **¹collant** (m) **1** panty **2** maillot **3** plakker [persoon]

²collant, -e (bn) **1** klevend, kleverig: *papier* ~ gegomd papier **2** [inf] kleverig, opdringerig **3** strak, nauwsluitend: *pantalon* ~ strakke, nauwsluitende broek

collatéral, -e zij-, zijdelings, collateraal

la **collation** (v) lichte maaltijd

la **colle** (v) **1** lijm: ~ *glue* secondelijm; *bâton de*

~ plakstift; *pot de* ~ plakker [persoon]
2 strikvraag; tentamen, repetitie(vraag)
le **colle-au-cul** (m; mv: *onv*) bumperklever:
faire du ~ bumperkleven
la **collecte** (v) inzameling; (het) ophalen: ~ *des
ordures ménagères* het ophalen van huisvuil
collecter 1 inzamelen **2** ophalen
le **¹collecteur** (m) **1** collectant, inzamelaar
2 [elek] collector: ~ *de fumée* rookvang
²collec|teur, -trice (bn) verzamel-: *égout* ~
hoofdriool
le **¹collectif** (m) **1** verzamelwoord **2** collectief
²collect|if, -ive (bn) gemeenschappelijk,
collectief: *convention collective de travail* collectieve arbeidsovereenkomst, cao; *nom* ~
verzamelnaam; *travail* ~ groepswerk, teamwork
la **collection** (v) verzameling, collectie
collectionner verzamelen
le/la **collectionn|eur** (m), **-euse** (v) verzame-
laar(ster)
collectiviser tot gemeenschappelijk eigendom maken
la **collectivité** (v) gemeenschap, groep, col-
lectiviteit: ~ *territoriale* regionale overheid;
~*s locales* lagere overheden
le **collector** (m) collector's item: *objet* ~ collector's item
le **collège** (m) **1** college, lichaam: *Sacré* ~ college van kardinalen; ~ *échevinal* [Belg] schepencollege; [Ned] college van B en W; ~
électoral kiescollege **2** onderbouw van middelbare school; college: *camarade de* ~
schoolmakker
collégial, -e 1 gemeenschappelijk, gezamenlijk **2** [r-k]: *église* ~*e* kapittelkerk, colle-
giale (kerk)
le **collégien** (m) leerling van een 'collège'
le **collègue** (m) collega: *en (bons)* ~*s* collegiaal
¹coller (onov ww) **1** (vast)plakken, kleven
2 nauw (aan)sluiten, spannen [van kleding]
3 (+ à) [inf] zich vastklampen aan, niet losla-
ten || *ça colle!* het gaat goed!, dat klopt!
²coller (ov ww) **1** lijmen, aanplakken, op-
plakken, vastplakken; [Belg] kleven **2** drukken: ~ *son oreille contre la porte* zijn oor tegen de deur leggen **3** [inf] een moeilijke
vraag stellen [een leerling]; laten schoolblij-
ven [een leerling] **4** [inf] hinderen [door
voortdurende aanwezigheid] **5** [inf] geven,
aansmeren, opdringen
la **collerette** (v) kraag(je)
le **collet** (m) **1** [vero] kraag: ~ *monté* streng,
preuts; *prendre au* ~ bij de kraag pakken
2 halsstuk [van geslacht dier] **3** [techn] flens
4 strik [voor wild]
se **colleter** vechten
le **colleur** (m) **1** aanplakker, plakker, lijmer;
behanger **2** [jeugdt] examinator [van proef-
examen]; repetitor
le **collier** (m) **1** halssnoer, halsketen: ~ *porte-*

clé keycord **2** kring, ring **3** ringbaard **4** hals-
band
le **collimateur** (m): *avoir qqn. dans le* ~ iem. in
de peiling hebben, iem. goed in de gaten
houden
la **colline** (v) heuvel
la **collision** (v) **1** botsing; aanvaring, aanrijding: *entrer en* ~ in botsing komen **2** gevecht
3 tegenstrijdigheid
le **colloque** (m) **1** samenspraak, gesprek
2 colloquium, symposium
la **collusion** (v) heimelijke verstandhouding
colmater dichtstoppen [van een pijp, lei-
ding]: ~ *une brèche* een bres dichten
le/la **colocataire** (m/v) medehuurder, -huurster
la **colocation** (v) (het) gezamenlijk huren
[van een woning]
Cologne Keulen
Colomb Columbus
le **colombage** (m): *maison à* ~*s* vakwerkhuis
la **colombe** (v) [dicht] duif(je)
la **Colombie** (v) Colombia
colombien, -ne Colombiaans
le/la **Colombien, -ne** (v) Colombiaan(se)
le **colombier** (m) duiventil
le/la **colombophile** (m/v) duivenhoud(st)er,
duivenmelker
le **colon** (m) **1** kolonist **2** pachter
le **côlon** (m) dikke darm
le **colonel** (m) kolonel
le **colonial** (m) koloniaal
la **coloniale** (v) koloniale troepen
la **colonie** (v) kolonie: ~ *de vacances* vakantie-
kamp; ~ *d'abeilles* bijenvolk
le **¹colonisateur** (m) kolonisator
²colonisa|teur, -trice (bn) koloniserend
la **colonisation** (v) kolonisatie
coloniser koloniseren
la **colonnade** (v) zuilenrij, zuilengalerij
la **colonne** (v) **1** zuil, kolom; paal, stijl, pijler,
pilaar: [in krant] *un titre sur cinq* ~*s* een kop
over vijf kolommen; ~ *de direction* stuurko-
lom; ~ *sèche* brandleiding [aan gebouw]; ~
vertébrale wervelkolom, ruggengraat **2** [fig]
steunpilaar **3** [mil] colonne
la **colonnette** (v) zuiltje
le **¹colorant** (m) kleurstof
²colorant, -e (bn) kleurend, kleur-
la **coloration** (v) kleur, kleuring
coloré, -e 1 gekleurd **2** vol kleur, kleurrijk,
levendig
¹colorer (ov ww) **1** kleuren, kleur geven aan
2 (te) rooskleurig voorstellen
se **²colorer** (wdk ww) kleuren, kleur krijgen
le **coloriage** (m) **1** (het) kleuren: *album de* ~*s*
kleurboek **2** kleurentekening
colorier inkleuren: *album à* ~ kleurboek
le **coloris** (m) **1** coloriet, kleur, kleurenpracht,
kleurenrijkdom **2** kleurigheid [ook van stijl]
coloriser inkleuren [van film]
colossal, -e reusachtig, kolossaal

le **colosse** (m) kolos; reus
le **colportage** (m) (het) rondventen
  colporter 1 (rond)venten **2** rondvertellen
le **colporteur** (m) **1** straatventer **2** rond-
  strooier [van nieuwtjes]
  [1]**coltiner** (ov ww) zeulen, sjouwen
se [2]**coltiner** (wdk ww) uitvoeren: *se ~ tout le*
  travail al het werk doen
le **colvert** (m) wilde eend
le **colza** (m) koolzaad: *huile de ~* raapolie
le **coma** (m) coma
le/la [1]**comat|eux** (m), **-euse** (v) comapatiënt(e)
  [2]**comat|eux, -euse** (bn) comateus
le **combat** (m) strijd, gevecht: *hors de ~* buiten
  gevecht; *tenue de ~* gevechtstenue, battle-
  dress; *sports de ~* vechtsporten; *~ de boxe*
  bokswedstrijd; *~ naval* zeeslag; *~ singulier*
  tweegevecht, duel; *~ sanglant* bloedige
  strijd
  combat|if, -ive strijdlustig
la **combativité** (v) strijdlustigheid
le [1]**combattant** (m) strijder, vechtende: *an-*
  ciens ~s oud-strijders, veteranen
  [2]**combattant, -e** (bn) gevechts-
  [1]**combattre** (onov ww) strijden, vechten
  [2]**combattre** (ov ww) bestrijden, bevechten
le [1]**combien** (m) hoeveelste
  [2]**combien** (bw) hoeveel, hoe(zeer): *~ de*
  temps? hoelang?; *~ de fois* hoe vaak; *~ êtes-*
  vous? met zijn hoevelen zijn jullie?; *~ elle a*
  changé! wat is ze veranderd!; *~ vous dois-je?*
  wat ben ik u schuldig?
la **combinaison** (v) **1** combinatie, verbinding, vereniging; systeem: *serrure à ~* combi-
  natieslot **2** foefje **3** onderjurk **4** overall, pak:
  ~ de ski skipak
la **combine** (v) foefje, truc
le **combiné** (m) **1** telefoonhoorn **2** samenge-
  stelde sportwedstrijd: *~ alpin* afdaling en
  slalom
  combiner 1 verbinden, verenigen, combineren **2** beramen
le [1]**comble** (m) **1** kap [van een gebouw]; dak-
  geraamte **2** toppunt; overmaat: *être au ~ de*
  la joie in de zevende hemel zijn; *pour ~ de* tot
  overmaat van; *c'est le ~!* dat is het toppunt!,
  dat ontbrak er nog maar aan! ‖ *de fond en ~*
  geheel en al, totaal
  [2]**comble** (bn) boordevol, propvol: *faire salle*
  ~ een volle zaal trekken
  combler 1 dichtgooien, vullen, dempen: *~*
  une lacune in een leemte voorzien; *~ un défi-*
  cit een tekort aanvullen **2** [wensen] vervullen, ruimschoots voldoen aan: *être comblé*
  meer dan tevreden zijn; *vous me comblez!* u
  verwent me! **3** (+ de) overladen, overstelpen
  (met)
les **combles** (mv, m) hanenbalken
le [1]**combustible** (m) brandstof
  [2]**combustible** (bn) brandbaar
la **combustion** (v) verbranding

la **comédie** (v) **1** blijspel, komedie: *jouer la ~*
  toneel spelen, acteur, actrice zijn **2** aanstellerij: *un personnage de ~* een schertsfiguur
le/la **comédien** (m), **-ne** (v) **1** toneelspeler,
  -speelster **2** komediant(e), aansteller, -ster
le **comédon** (m) mee-eter
  comestible eetbaar
les **comestibles** (mv, m) etenswaar
la **comète** (v) komeet: [inf] *tirer des plans sur la*
  ~ hersenschimmen najagen
le [1]**comique** (m) (het) komische (genre): *le ~ de*
  l'histoire het grappige van het verhaal
le/la [2]**comique** (m/v) komiek
  [3]**comique** (bn) grappig, komisch, komiek:
  auteur ~ blijspelschrijver; *pièce ~* blijspel
le **comité** (m) comité, commissie: *~ d'entre-*
  prise ondernemingsraad; *~ de soutien* steun-
  comité; *en petit ~* in besloten kring, onder
  elkaar
le **commandant** (m) **1** commandant, bevel-
  hebber **2** gezagvoerder, kapitein; [luchtv] *~*
  de bord gezagvoerder **3** majoor
la **commande** (v) **1** bestelling; opdracht: *sur*
  ~ op bestelling; *de ~* geveinsd; *sourire de ~*
  gelegenheidsglimlach **2** stuurinrichting; besturing, bediening; aandrijving, overbrenging: [luchtv] *levier de ~* stuurknuppel; *être*
  aux ~s sturen, leiden; [fig] *tenir les ~s* leiding
  geven
le **commandement** (m) **1** bevel, commando,
  gezag; leiding, bevelhebberschap: *poste de ~*
  commandopost; *ton de ~* gebiedende toon
  2 gebod: *les dix ~s* de tien geboden
  [1]**commander à** (onov ww) **1** bevel voeren
  over **2** beheersen, beteugelen
  [2]**commander** (ov ww) bevelen, commanderen, aanvoeren; leiden: *qui commande ici?*
  wie is hier de baas? **2** bestellen: *~ qqch. par*
  correspondance iets bij een postorderbedrijf
  bestellen **3** [mil] bestrijken **4** beheersen
  5 [techn] aandrijven, in werking stellen, regelen **6** (ver)eisen: *son courage commande le*
  respect zijn moed dwingt ontzag af
se [3]**commander** (wdk ww) met elkaar in verbinding staan ‖ *cela ne se commande pas* dat
  laat zich niet dwingen
le **commanditaire** (m) **1** geldschieter **2** stille
  vennoot
la **commandite** (v): *société en ~* commanditaire vennootschap
  commanditer financieren, sponsoren
le **commando** (m) commando; gevechts-
  groep: *opération de ~* commandoactie; [ook]
  terroristische actie
  [1]**comme** (bw) hoe, wat: *~ il est changé!* wat is
  hij veranderd!; *regarde ~ il pleut!* kijk eens
  hoe het regent!
  [2]**comme** (vw) **1** zoals, als, evenals: *~ cela* (of:
  ça) zo; *~ ci ~ ça* zo zo; *~ il faut* zoals het
  hoort, fatsoenlijk; *~ si* alsof; *~ tout* buitengewoon, heel erg; *aimable ~ tout* alleraardigst;

[inf] *c'est tout* ~ daar komt het op neer
2 toen, terwijl **3** daar, omdat, aangezien || ~
quoi waaruit blijkt dat
commémorat|if, -ive ter nagedachtenis,
gedenk-

la **commémoration** (v) herdenking: *en ~ de*
ter nagedachtenis aan
commémorer herdenken

le **commencement** (m) begin, aanvang: *il y a
un ~ à tout* alle begin is moeilijk

les **commencements** (mv, m) beginselen, debuut

¹**commencer** (onov ww) **1** (+ à, de) beginnen te, met: *ça commence à bien faire!* nu is
het genoeg!; *cela commence mal* dat begint
(al) slecht **2** (+ par) beginnen met: *~ par le
commencement* bij het begin beginnen

²**commencer** (ov ww) beginnen, aanvan-
gen; [een zaak] openen; [een brood] aansnijden; [een oorlog] ontketenen

le ¹**comment** (m): *le ~* het hoe

²**comment** (bw) hoe(?), wat!: *~ allez-vous?*
hoe gaat het? hoe is het met u?; *~ cela?* hoezo?; *~ donc!* natuurlijk!; *et ~!* en of!; *~ faire?*
wat nu te doen?; *n'importe ~* hoe dan ook

le **commentaire** (m) **1** aantekening(en), uitleg, verklarende noten **2** commentaar, op-
of aanmerking: *cela se passe de ~s* commentaar is overbodig

le/la **commenta|teur** (m), **-trice** (v) **1** verklaar-
der, -ster, uitlegger, -ster **2** commentator,
-trice
commenter 1 verklaren, toelichten
2 commentaar geven op

le **commérage** (m) buurpraatje, geklets

le/la ¹**commerçant** (m), **-e** (v) handelaar(ster);
winkelier(ster): *petit ~* middenstander
²**commerçant, -e** (bn) handeldrijvend, han-
dels-: *rue ~e* winkelstraat; *il est très ~* het is
een echte zakenman

le **commerce** (m) (koop)handel; zaak; winkel;
handelswereld, commercie: *~ électronique*
e-commerce; *~ extérieur* buitenlandse handel; *~ de détail* detailhandel; *~ de gros*
groothandel; *~ équitable* eerlijke handel
commercer handeldrijven

le/la ¹**commercial** (m), **-e** (v) verkoper, verkoopster
²**commercial, -e** (bn) commercieel, han-
dels-: *centre ~* winkelcentrum; *succès ~* ver-
koopsucces; *film ~* commerciële film

la **commerciale** (v) combi, stationcar

la **commercialisation** (v) verkoop; exploitatie
commercialiser in de handel brengen, tot
handelswaar maken

la **commère** (v) kletskous, theetante
commettre 1 begaan, plegen: *~ un délit*
een strafbaar feit begaan (*of:* plegen) **2** benoemen, belasten (met): *un avocat commis
d'office* een toegevoegd advocaat

le **commis** (m) bediende

la **commisération** (v) mededogen, medelijden

le **commissaire** (m) commissaris; lid van een
commissie: [scheepv] *~ de bord* purser; *~ aux
comptes* accountant

le **commissaire-priseur** (m; mv: commissai-
res-priseurs) veilingmeester, vendumeester

le **commissariat** (m) **1** commissariaat **2** politiebureau

la **commission** (v) **1** opdracht; machtiging
2 commissie [in alle bet]: *la Commission de
Bruxelles* de Europese Commissie; *~ parlementaire* parlementaire commissie **3** commissieloon, provisie **4** boodschap: *faire les ~s*
boodschappen doen; *faire la grosse ~* een
grote boodschap doen

le **commissionnaire** (m) **1** commissionair: *~
de transport* expediteur **2** kruier, sjouwer
3 boodschapper, bode
commissionner 1 opdracht geven tot
2 aanstellen **3** machtigen

la **commissure** (v): *~ des lèvres* mondhoek

la ¹**commode** (v) commode, ladekast

²**commode** (bn) gemakkelijk, geriefelijk;
geschikt: *il n'est pas ~* hij is niet gemakkelijk
commodément gemakkelijk

la **commodité** (v) **1** gemak(kelijkheid), gerie-
felijkheid: *pour plus de ~* gemakshalve
2 *pourvu de toutes les ~s* van alle gemakken
voorzien

la **commotion** (v) schok, beroering: *~ cérébrale* hersenschudding
commotionner schokken [ook fig]
commuer [een straf] verzachten; verminderen, omzetten

le ¹**commun** (m) **1** gemeenschap: *en ~* gemeenschappelijk, gezamenlijk; *avoir en ~* delen, gemeen hebben; *mettre en ~* samenvoegen, bij elkaar doen; *transports en ~* openbaar vervoer **2** (de) grote massa: *hors du ~*
buitengewoon

²**commun, -e** (bn) **1** gemeen(schappelijk),
algemeen, van allen: *l'intérêt ~, le bien ~* het
algemeen belang; *faire cause ~e* gemene
zaak maken; *droit ~* gemeen recht [alge-
meen voor de burger]; *politique agricole ~e*
gemeenschappelijk landbouwbeleid; *nom ~*
soortnaam; *d'un ~ accord* eenstemmig **2** alledaags, gewoon: *sens ~* gezond verstand
3 ordinair, plat
communal, -e gemeentelijk, gemeente-

le **communard** (m) lid, aanhanger van de Parijse Commune [1871]
communautaire 1 gemeenschaps-: *sens ~*
gemeenschapszin **2** van de Europese Gemeenschap **3** [Belg] communautair, betreffende één der taalgemeenschappen

la **communauté** (v) **1** gemeenschappelijk-
heid, overeenstemming **2** gemeenschap:
Communauté européenne Europese gemeen-

schap; [Belg] *les trois* Communautés de drie taalgemeenschappen; *se marier sous le régime de la* ~ in gemeenschap van goederen trouwen; *posséder en* ~ gezamenlijk bezitten **3** klooster

la **commune** (v) gemeente: ~ *pilote* [Belg] pilootgemeente; [Belg] ~ *à facilités* [Belg] faciliteitengemeente || *Commune* (of: *Commune de Paris*) Parijse Commune [revolutionaire regering van Parijs, 1871]; *les Communes* de Britse volksvertegenwoordiging

communément gewoonlijk

le/la **communiant** (m), **-e** (v) communicant(e): *premier* ~ iem. die zijn eerste communie doet

communicable 1 overdraagbaar **2** mededeelbaar

communicant, -e met elkaar in verbinding staand: *vases* ~*s* communicerende vaten

le **communicateur** (m) iem. die prima communiceert

communicat|if, -ive 1 mededeelzaam **2** aanstekelijk: *un rire* ~ een aanstekelijke lach

la **communication** (v) **1** bericht, boodschap, mededeling, kennisgeving **2** inzage [van stukken] **3** verbinding, aansluiting: *passer la* ~ doorverbinden; *porte de* ~ verbindingsdeur; *voie de* ~ verbindingsweg **4** communicatie, betrekkingen; relatie, contact: ~ *de masse* massamedia; *moyens de* ~ communicatiemiddelen

communier 1 de communie ontvangen, ter communie gaan **2** zich één voelen

la **communion** (v) **1** gemeenschap, gezindte **2** gelijke gezindheid; overeenstemming: *en* ~ *d'idées* gelijkgestemd **3** communie

le **communiqué** (m) bericht, mededeling: ~ *de presse* persbericht

¹**communiquer** (onov ww) **1** in verbinding staan **2** communiceren

²**communiquer** (ov ww) **1** mededelen **2** inzage geven van, overleggen **3** doen delen in **4** overbrengen [bijv. ziekte]

se ³**communiquer à** (wdk ww) overgaan (op); aanstekelijk werken (op)

le **communisme** (m) communisme

les **communs** (mv, m) bijgebouwen

le **commutateur** (m) schakelaar

la **commutation** (v) **1** vervanging **2** omschakeling **3** verzachting [van straf]

les **Comores** (mv, v) Comoren

le ¹**compact** (m) compact disc, cd

²**compact** (bn) **1** dicht (opeengepakt); aaneengesloten **2** klein, compact

compactable samenpersbaar

le **compact-disc** (m) compact disc; cd('tje) || ~ *de salon* cd-installatie

compacter 1 samenpersen **2** [comp] zippen, comprimeren, inpakken

la **compagne** (v) **1** gezellin **2** vriendin [le-

venspartner]

la **compagnie** (v) **1** gezelschap; omgang: *d'une* ~ *agréable* prettig in de omgang; *tenir* ~ *à qqn.* iem. gezelschap houden; *fausser* ~ *à qqn.* iem. in de steek laten; *salut, la* ~ *!* dag allemaal! **2** maatschappij; genootschap: ~ *aérienne à bas coût* lowcostmaatschappij, budgetluchtvaartmaatschappij **3** [mil] compagnie **4** toneelgezelschap **5** troep, roedel, kudde, kolonie

le **compagnon** (m) **1** gezel, makker, metgezel: ~ *d'armes* wapenbroeder; ~ *de voyage* reisgenoot **2** vriend [levenspartner]; mannetje [bij dieren]

comparable à te vergelijken (met), vergelijkbaar (met)

la **comparaison** (v) vergelijking: *degrés de* ~ trappen van vergelijking; *en* ~ *de* in vergelijking met; *par* ~ *à* vergeleken bij; *par* ~ vergelijkenderwijs; *sans* ~ onbetwist

comparaître verschijnen [voor gerecht]

le ¹**comparatif** (m) vergelijkende trap

²**comparat|if, -ive** (bn) vergelijkend

comparativement vergelijkenderwijs

comparé, -e vergelijkend: *littérature* ~*e* vergelijkende literatuurwetenschap; ~ *à* vergeleken bij

comparer à, avec vergelijken (bij, met)

le/la **comparse** (m/v) **1** [voornamelijk fig] figurant(e), bijfiguur **2** handlang(st)er

le **compartiment** (m) **1** vak, afdeling **2** (trein)coupé

compartimenter verdelen, opdelen

la **comparution** (v) verschijning [voor het gerecht]

le **compas** (m) **1** passer: *avoir le* ~ *dans l'œil* een timmermansoog hebben **2** [scheepv] kompas

la **compassion** (v) medelijden

la **compatibilité** (v) verenigbaarheid, overeenstemming

compatible 1 verenigbaar **2** compatibel

compatir à medelijden hebben (met)

compatissant, -e medelijdend, deelnemend

le/la **compatriote** (m/v) landgenoot, -note, streekgenoot, -note

compensa|teur, -trice compenserend, vereffenend

la **compensation** (v) vergoeding, vereffening, compensatie, schadeloosstelling: *en* ~ daarentegen; *faire* ~ tegen elkaar opwegen; *caisse de* ~ [Belg] compensatiekas

compenser 1 vergoeden, verrekenen, vereffenen, compenseren **2** opwegen tegen; neutraliseren, opheffen

la **compétence** (v) **1** bevoegdheid **2** bekwaamheid, deskundigheid, competentie

compétent, -e 1 bevoegd: *l'autorité* ~*e* de bevoegde instantie **2** bekwaam, competent, deskundig

le/la **compéti|teur** (m), **-trice** (v) mededing-
(st)er, concurrent(e)
compétit|if, -ive concurrerend
la **compétition** (v) mededinging, competitie,
wedstrijd: *être en* ~ in strijd verwikkeld zijn,
rivaliseren
la **compétitivité** (v) concurrentie(vermogen)
le **compilateur** (m) plagiator
la **compilation** (v) **1** plagiaat **2** compilatie,
verzamelplaat, verzamel-cd met succesnum-
mers **3** [comp] vertaling
compiler 1 compileren **2** plagiaat plegen
op **3** [comp] vertalen
la **complainte** (v) klaagzang, klaaglied
se **complaire à, dans** behagen scheppen
(in), plezier hebben (in)
complaisamment 1 welwillend **2** zelfvol-
daan, zelfingenomen
la **complaisance** (v) **1** inschikkelijkheid, toegeeflijkheid; welwillendheid, bereidvaardigheid: *un sourire de* ~ een glimlach uit beleefdheid; *battre pavillon de* ~ onder goedkope vlag varen **2** welgevallen, welbehagen
3 zelfingenomenheid
complaisant, -e 1 inschikkelijk, toegeef-
lijk; welwillend; beleefd **2** zelfingenomen
le **complément** (m) **1** aanvulling, toevoegsel: *un* ~ *d'information* nadere informatie
2 bepaling: ~ *d'objet direct* lijdend voorwerp; ~ *d'objet indirect* meewerkend voorwerp; ~ *circonstanciel* bijwoordelijke bepaling **3** restant
complémentaire complementair, aanvullend
le **¹complet** (m) pak, kostuum ‖ *au (grand)* ~
voltallig
²compl|et, -ète (bn) **1** volledig, voltallig,
compleet: *pain* ~ volkorenbrood; *un travail à
temps* ~ een volledige baan **2** volslagen, totaal **3** vol [van bus e.d.]
complètement geheel, totaal, volkomen
¹compléter (ov ww) volledig maken, aanvullen, voltooien; voltallig maken
se **²compléter** (wdkg ww) elkaar aanvullen
le **complet-veston** (m; mv: complets-ves-
tons) pak, kostuum
le **¹complexe** (m) **1** complex, (het) samenge-
stelde **2** complex: ~ *scolaire* scholencomplex
3 [inf] verlegenheid: *avoir des* ~*s* verlegen
zijn; *sans* ~*s* zelfverzekerd
²complexe (bn) **1** samengesteld **2** ingewikkeld
complexé, -e [inf] verlegen, geremd
complexer verlegen maken
la **complexité** (v) **1** samengesteldheid **2** ingewikkeldheid, moeilijkheid
la **complication** (v) **1** ingewikkeldheid, ge-
compliceerdheid **2** verwikkeling, complicatie
les **complications** (mv, v) [med] complicaties
le/la **¹complice** (m/v) **1** medeplichtige **2** help-
(st)er
²complice (bn) medeplichtig: *un sourire* ~
een glimlach van verstandhouding
la **complicité** (v) **1** medeplichtigheid **2** verstandhouding **3** medewerking
le **compliment** (m) **1** compliment, gelukwens: *faites mes* ~*s à* doe de groeten aan;
tous nos ~*s!* van harte gefeliciteerd!; *mes* ~*s!*
petje af! **2** plichtpleging
complimenter gelukwensen, lof toe-
zwaaien
compliment|eur, -euse complimenteus,
vleiend
compliqué, -e ingewikkeld, gecompliceerd
¹compliquer (ov ww) ingewikkeld maken,
compliceren
se **²compliquer** (wdk ww) lastig, ingewikkeld
worden: *se* ~ *la tâche* het zich moeilijk maken; *la situation se complique* de toestand
verergert
le **complot** (m) complot, samenzwering
¹comploter (onov ww) samenzweren, een
complot smeden
²comploter (ov ww) beramen; in zijn schild
voeren
le **comploteur** (m) samenzweerder
le **comportement** (m) gedrag, gedraging,
houding
¹comporter (ov ww) **1** meebrengen, ten
gevolge hebben **2** inhouden, omvatten, bevatten
se **²comporter** (wdk ww) **1** zich gedragen
2 functioneren
le **¹composant** (m) bestanddeel, component
²composant, -e (bn) samenstellend
la **composante** (v) component
le **¹composé** (m) samengesteld geheel; samenstelling; verbinding
²composé, -e de (bn) samengesteld (uit):
temps ~ voltooide tijd
¹composer (onov ww) **1** een vergelijk treffen; het op een akkoord gooien **2** een
proefwerk maken
²composer (ov ww) **1** samenstellen, vormen; bereiden **2** schrijven, maken, opstellen
3 componeren **4** [typ] zetten
se **³composer de** (wdk ww) bestaan uit
le **compositeur** (m) componist
la **composition** (v) **1** samenstelling, vorming;
bereiding **2** (het) opstellen, schrijven, maken
3 compositie, stuk **4** [typ] zetwerk **5** proefwerk, opstel: ~ *française* opstel over taal- of
letterkunde ‖ *être de bonne* ~ meegaand zijn;
~ *florale* bloemstuk
composter 1 met compost bemesten
2 [een kaartje] afstempelen [in automaat]
le **composteur** (m) datumstempel
la **compote** (v) compote, vruchtenmoes ‖ [inf]
en ~ bont en blauw, helemaal kapot; *j'ai les
pieds en* ~ ik heb hele zere voeten

le **compotier** (m) compoteschaal

la **compréhensibilité** (v) begrijpelijkheid
compréhensible begrijpelijk, te begrijpen
compréhens|if, -ive 1 (veel)omvattend
2 begrijpend, vol begrip

la **compréhension** (v) **1** bevatting(svermogen), begrip: ~ *orale* luistervaardigheid; ~
écrite leesvaardigheid **2** inhoud [van een be-
grip]

¹comprendre (ov ww) **1** bevatten, omvatten, bestaan uit; inhouden **2** meetellen
3 begrijpen, verstaan: [inf] *il n'a rien compris*
hij heeft er niets van begrepen

se **²comprendre** (wdk ww) **1** te begrijpen zijn:
cela (of: *ça*) *se comprend* dat is begrijpelijk,
dat is normaal **2** elkaar begrijpen: *se faire* ~
a) zich verstaanbaar maken; **b)** duidelijk zijn

la **compresse** (v) kompres
compresser 1 samendrukken, samenpersen **2** [comp] zippen, comprimeren, inpakken

le **¹compresseur** (m) compressor
²compresseur (bn) samendrukkend: *rouleau* ~ wals
compressible reduceerbaar: *des dépenses*
~*s* uitgaven waarop bezuinigd kan worden

la **compression** (v) **1** samendrukking; com-
pressie [van een motor] **2** beperking: ~ *d'effectifs* afslanking [van personeel] **3** [comp]
(het) comprimeren [van gegevens]: ~ *d'ima-
ge(s)* beeldcompressie

le **¹comprimé** (m) pil, tablet
²comprimé, -e (bn) samengedrukt, samen-
geperst: *à air* ~ perslucht-
comprimer 1 samendrukken, samenpersen **2** bedwingen, inhouden, onderdrukken
3 beperken: ~ *les effectifs* afslanken, inkrimpen
compris, -e 1 begrepen **2** inbegrepen, in-
cluis, inclusief: *y* ~ met inbegrip van; *prix service* ~ prijs inclusief bedieningsgeld
compromettant, -e 1 in opspraak brengend **2** compromitterend; in gevaar brengend

¹compromettre (ov ww) **1** compromitte-
ren, in opspraak brengen **2** in gevaar brengen: *ses chances sont compromises* hij loopt
risico, hij maakt weinig kans

se **²compromettre** (wdk ww) **1** zijn goede
naam op het spel zetten **2** zich inlaten (met)

le **compromis** (m) compromis, vergelijk,
schikking
comptabiliser opnemen in de boeken

la **comptabilité** (v) boekhouding: *tenir la* ~
de boekhouding voeren

le/la **¹comptable** (m/v) boekhouder: *chef* ~
hoofdboekhouder
²comptable (bn) verantwoordelijk, boek-
houdkundig: *pièces* ~*s* boekhoudbescheiden

le **comptage** (m) telling

le **¹comptant** (m) contanten: *acheter au* ~ con-

tant kopen

²comptant (bn) contant, cash: [fig] *prendre
pour argent* ~ voor zoete koek aannemen

le **compte** (m) **1** berekening, (het) tellen: ~ *à
rebours* het aftellen; *faire le* ~ de (op)tellen
2 rekening; bedrag: ~ *en banque* bankreke-
ning; ~ *courant* lopende rekening; ~ *joint*
gezamenlijke (bank)rekening, (en-)ofreke-
ning; ~ *chèque postal* (post)girorekening; *au
bout du* ~, *en fin de* ~ per slot van rekening;
[fig] *régler son* ~ *à qqn.* met iem. afrekenen; *le
~ y est* het klopt, komt uit; *il y trouve son* ~
daar wint hij nog bij; *entrer en ligne de* ~ in
aanmerking komen; *travailler à son* ~ voor eigen rekening werken; *rendre ses* ~*s* rekening
en verantwoording afleggen; *mettre qqch.
sur le* ~ *de qqn.* iem. iets toeschrijven; *tenir* ~
de rekening houden met **3** rekenschap: ~
rendu verslag, notulen, recensie, beoordeling; [inf] *vous vous rendez* ~*!* het is toch niet
te geloven!, je houdt het niet voor mogelijk!; *se rendre* ~ *de* zich realiseren, beseffen;
avoir des ~*s à rendre à qqn.* iem. rekenschap
verschuldigd zijn; [fig] *règlement de* ~*(s)* af-
rekening [tussen strijdende partijen] || *tout* ~
fait alles wel beschouwd, alles overwegende;
être loin du ~ er ver naast zitten

le **compte-gouttes** (m) pipet: [inf] *au* ~
a) druppelsgewijs; **b)** mondjesmaat

¹compter (onov ww) tellen, rekenen: *à* ~ *de*
vanaf; *dépenser sans* ~ niet op geld zien; ~
parmi behoren tot; *cela compte peu* dat doet
weinig ter zaken

²compter (ov ww) **1** tellen, optellen, uittel-
len, meetellen, rekenen, berekenen: *à pas
comptés* met afgemeten tred, langzaam,
voorzichtig **2** rekenen, achten, beschouwen:
~ *qqch. à qqn.* iem. iets aanrekenen **3** bevatten **4** van plan zijn; verwachten

se **³compter** (wdk ww) **1** te tellen zijn **2** (+
parmi) zich rekenen onder

le **compte-tours** (m) toerenteller

le **compteur** (m) teller, meter

la **comptine** (v) aftelrijmpje

le **comptoir** (m) **1** toonbank; kassa **2** tapkast,
bar **3** factorij

le **comptoir-caisse** (m; mv: comptoirs-cais-
ses) kassa
compulser 1 nazien, doornemen **2** raadplegen

le **comte** (m) graaf

le **comté** (m) graafschap

la **comtesse** (v) gravin

le/la **¹con** (m), **conne** (v) [inf] klootzak [stomme-
ling]; idioot: *pauvre* ~*!* laat je nakijken!
²con, conne (bn) [pop] stom; [inf] lullig: *à la
~* waardeloos; *c'est trop* ~ dat is toch al te
lullig
concasser fijnstampen, vergruizen
concave holrond, concaaf

la **concavité** (v) **1** holheid **2** holte

concéder 1 toestaan, verlenen **2** concessie geven (voor) **3** toegeven **4** [sport] weggeven: ~ *un but* een doelpunt weggeven

la **concentration** (v) concentratie; dichtheid

le **¹concentré** (m) concentraat: ~ *de tomates* tomatenpuree

²concentré, -e (bn) sterk, geconcentreerd, gecondenseerd, ingedikt

concentrer 1 concentreren; samentrekken; verzamelen **2** indikken, condenseren

concentrique concentrisch

le **concept** (m) concept, begrip

le **concepteur** (m) ideeënman, ontwerper

la **conception** (v) **1** opvatting, mening; begrip(svorming) **2** (het) ontwerpen: ~ *assistée par ordinateur* computerondersteund ontwerpen **3** conceptie, bevruchting: *l'Immaculée Conception* de onbevlekte ontvangenis der Heilige Maagd [als feestdag, 8 december]

concernant betreffend, wat betreft, omtrent, aangaande

concerner betreffen, aangaan, betrekking hebben op: *se sentir concerné par* zich betrokken voelen bij; *en ce qui concerne* wat betreft

le **concert** (m) **1** concert **2** eensgezindheid, samenwerking: *de* ~ eensgezind, in vereniging, samen; *le* ~ *des nations* het concert der naties, de internationale samenwerking

la **concertation** (v) overleg

¹concerter (ov ww) (met elkaar) afspreken, overleggen: *action concertée* gezamenlijke actie

se **²concerter** (wdk ww) overleg plegen, overleggen

la **concession** (v) **1** concessie, toekenning, vergunning: ~ *à perpétuité* eigen graf **2** concessie, tegemoetkoming

le/la **concessionnaire** (m/v) **1** [auto] dealer **2** concessiehoud(st)er

concevable begrijpelijk, voorstelbaar

concevoir 1 bevatten, begrijpen, inzien, zich (kunnen) voorstellen **2** concipiëren, ontwerpen, uitdenken: *un projet bien conçu* een plan dat goed in elkaar zit **3** gevoelens, koesteren **4** ontvangen, zwanger worden van

le/la **concierge** (m/v) conciërge, huisbewaarder, -ster

la **conciergerie** (v) conciërgewoning, portierswoning

le **concile** (m) kerkvergadering, concilie: *le* ~ *Vatican II* het tweede Vaticaans concilie

conciliable verenigbaar

le **conciliabule** (m) gesmoes

conciliant, -e verzoenend; verzoeningsgezind

le/la **¹concilia|teur** (m), **-trice** (v) bemiddelaar(ster)

²concilia|teur, -trice (bn) verzoenend

la **conciliation** (v) **1** bemiddeling, verzoening, minnelijke schikking **2** opheffing van tegenstellingen

¹concilier (ov ww) **1** verzoenen, tot elkaar brengen, in overeenstemming brengen **2** verenigen

se **²concilier** (wdk ww) **1** verwerven **2** (+ avec) zich verzoenen (met)

concis, -e beknopt, bondig

la **concision** (v) beknoptheid, bondigheid

le/la **concitoyen** (m), **-ne** (v) medeburger(es)

concluant, -e overtuigend, afdoend, beslissend

¹conclure à (onov ww) besluiten tot

²conclure (ov ww) **1** (+ de) besluiten (uit), afleiden (uit), opmaken (uit) **2** afsluiten, sluiten [huwelijk, vrede, overeenkomst]

la **conclusion** (v) **1** gevolgtrekking, slotsom, conclusie: *tirer des ~s de* conclusies trekken uit **2** besluit, einde **3** (het) (af)sluiten [van vrede, een huwelijk enz.]: *en* ~ dus, aldus; *en* ~ *de* tot besluit van

concocter [scherts] uitbroeden, bekokstoven

le **concombre** (m) komkommer

la **concordance** (v) overeenkomst, overeenstemming

concordant, -e overeenstemmend

le **concordat** (m) **1** akkoord [bij faillissement] **2** concordaat

la **concorde** (v) eendracht, eensgezindheid

concorder overeenstemmen, kloppen

concourir 1 samenlopen, samentreffen **2** (+ à) meewerken tot, bijdragen tot **3** (+ pour) (mede)dingen (naar), wedijveren (om)

le **concours** (m) **1** samenloop: *par un heureux* ~ *de circonstances* door een gelukkige samenloop van omstandigheden **2** samenwerking, steun, medewerking: *apporter son* ~ meewerken, bijdragen; *avec le* ~ *de l'Etat* met staatssteun **3** concours, wedstrijd: *hors* ~ buiten mededinging **4** vergelijkend examen

concret, concrète tastbaar, concreet

la **concrétisation** (v) concretisering

concrétiser concretiseren, vormgeven; aanschouwelijk voorstellen

conçu volt dw van *concevoir*

le/la **concubin** (m), **-e** (v) minnaar, concubine, samenwonende

le **concubinage** (m) concubinaat, het (buitenechtelijk) samenwonen

la **concupiscence** (v) wellust

concupiscent, -e wellustig

concurremment 1 gelijktijdig, gezamenlijk **2** rivaliserend

la **concurrence** (v) mededinging, wedijver, concurrentie: *prix défiant toute* ~ spotprijzen || *jusqu'à* ~ *de* tot een bedrag van, tot maximaal

concurrencer concurreren met, beconcurreren

le/la **¹concurrent** (m), **-e** (v) mededing(st)er, concurrent(e)
²concurrent, -e (bn) wedijverend, concurrerend
concurrentiel, -le concurrerend
condamnable afkeurenswaardig, te veroordelen
la **condamnation** (v) **1** veroordeling **2** afkeuring, verwerping
le/la **condamné** (m), **-e** (v) veroordeelde
condamner 1 (+ à) veroordelen (tot) **2** (+ à) noodzaken tot **3** afkeuren, verwerpen **4** verbieden **5** opgeven [een zieke] **6** dichtmetselen, dichttimmeren, permanent sluiten [van een deur]: ~ *sa porte* niet thuis geven
le **condensateur** (m) condensator
la **condensation** (v) condensatie, verdichting: *eau de ~* condens
le **condensé** (m) samenvatting
¹condenser (ov ww) **1** condenseren, verdichten **2** samenvatten
se **²condenser** (wdk ww) condenseren, zich verdichten
la **condescendance** (v) neerbuigendheid
condescendant, -e neerbuigend
le **condiment** (m) kruiderij, specerij
le **condisciple** (m) medeleerling, klasgenoot, schoolkameraad
la **condition** (v) **1** toestand, staat, gesteldheid, conditie: [sport] *en bonne* ~ in goede conditie; *mettre en* ~ bewerken, beïnvloeden; *la* ~ *féminine* de positie van de vrouw; *la* ~ *humaine* het lot van het mensdom; ~ *physique* fysieke conditie (*of:* vorm) **2** stand, rang: *de* ~ van (hoge) stand; *vivre selon sa* ~ naar zijn stand leven **3** voorwaarde, eis, conditie: *à* ~ *que* op voorwaarde dat, mits; *sous* ~ onder voorbehoud, voorwaardelijk; [hand] ~*s de vente* verkoopsvoorwaarden
conditionné, -e 1 geconditioneerd: *réflexes* ~*s* geconditioneerde reflexen; *air* ~ airconditioning **2** voorwaardelijk **3** voorverpakt
conditionnel, -le voorwaardelijk
le **conditionnement** (m) **1** conditionering **2** verpakking ‖ ~ *d'air* airconditioning, airco
conditionner 1 in de vereiste toestand brengen **2** beïnvloeden, bewerken **3** klimatiseren **4** verpakken **5** de voorwaarde zijn voor, bepalen **6** bedingen
les **conditions** (mv, v) omstandigheden
les **condoléances** (mv, v) rouwbeklag: *exprimer ses* ~ condoleren, zijn deelneming betuigen; *mes sincères* ~ gecondoleerd
le/la **conduc|teur** (m), **-trice** (v) **1** leid(st)er: ~ *de travaux* uitvoerder **2** bestuurder, -ster [van auto, tram]; voerman: ~ *désigné* (de) bob **3** geleider [van warmte, elektriciteit enz.]
²conduc|teur, -trice (bn) geleidend: *fil* ~ leidraad

la **conduction** (v) geleiding
la **conductivité** (v) geleidingsvermogen [van elektriciteit]
¹conduire (ov ww) **1** leiden, geleiden, brengen, voeren **2** leiding geven aan; aanvoeren [van een leger]; mennen [van een paard]; besturen [van een auto]; hoeden [van een kudde]; dirigeren [van een orkest]: *savoir* ~ *sa barque* zijn zaken goed besturen; *permis de* ~ rijbewijs **3** voorop gaan **4** toezicht houden op
se **²conduire** (wdk ww) **1** zich gedragen **2** bestuurd worden
le **conduit** (m) buis, gang, leiding: ~ *auditif* gehoorgang; ~ *aérien* luchtweg
la **conduite** (v) **1** begeleiding, geleide **2** (het) aanvoeren, dirigeren, mennen; (het) besturen; leiding, bestuur: *leçons de* ~ autorijles **3** toezicht **4** gedrag: *obtenir un zéro de* ~ een onvoldoende voor gedrag krijgen **5** leiding(buis): ~ *d'eau* waterleiding; ~ *de gaz* gasleiding
le **cône** (m) kegel; conus
la **confection** (v) **1** vervaardiging; bereiding; aanleg; (het) samenstellen, maken **2** confectie-industrie
confectionner vervaardigen, maken; bereiden
confédéral, -e confederaal
la **confédération** (v) **1** statenbond: *la Confédération helvétique* Zwitserland **2** federatie, (ver)bond
¹confédérer (ov ww) verenigen
se **²confédérer** (wdk ww) zich aaneensluiten, een bond vormen
la **conférence** (v) **1** bespreking, bijeenkomst, beraadslaging, conferentie: *être en* ~ een vergadering hebben, in bespreking zijn; ~ *de presse* persconferentie **2** voordracht, lezing; les; college: *maître de* ~*s* lector; *salle de* ~*s* conferentiezaal
le/la **conférenc|ier** (m), **-ière** (v) spreker, spreekster, inleider
¹conférer (onov ww) beraadslagen, confereren
²conférer (ov ww) toedienen; toekennen, verlenen
la **confesse** (v) biecht: *aller à* ~ te biecht gaan
¹confesser (ov ww) **1** bekennen, belijden, opbiechten **2** (iem.) de biecht afnemen **3** (iem.) uithoren **4** erkennen, toegeven
se **²confesser** (wdk ww) biechten
le **confesseur** (m) **1** biechtvader **2** vertrouwensman
la **confession** (v) **1** bekentenis **2** biecht **3** (geloofs)belijdenis, confessie: *être de* ~ *protestante* protestant zijn
le **confessionnal** (m; mv: confessionaux) biechtstoel
confessionnel, -le confessioneel: *partis* ~*s* (kleine) christelijke partijen

le **confetti** (m) confetti

la **confiance** (v) **1** vertrouwen: *digne* de ~ betrouwbaar, bonafide; *faire* ~ *à* vertrouwen op; *homme de* ~ vertrouwd persoon, vertrouwensman; *vote de* ~ vertrouwensvotum; [Belg] vertrouwensstemming **2** zelfvertrouwen: ~ *en soi* zelfvertrouwen

confiant, -e 1 vertrouwend, vol vertrouwen, goedgelovig **2** vol zelfvertrouwen

la **confidence** (v) vertrouwelijke mededeling, confidentie: *en* ~ in vertrouwen; *être dans la* ~ in het geheim zijn ingewijd, op de hoogte zijn [van een geheim iets]; *mettre dans la* ~ in vertrouwen nemen

le/la **confident** (m), **-e** (v) vertrouweling(e), vertrouwde

la **confidentialité** (v) [form] vertrouwelijkheid; geheimhouding

confidentiel, -le vertrouwelijk

¹confier (ov ww) **1** toevertrouwen: ~ *une mission à qqn.* iem. met een opdracht belasten **2** vertrouwelijk mededelen

se **²confier à** (wdk ww) (iem.) in vertrouwen nemen; zich toevertrouwen aan, zich verlaten op

la **configuration** (v) **1** uiterlijke vorm, gedaante, voorstelling **2** configuratie

le **confinement** (m) opsluiting, afzondering

¹confiner à (onov ww) grenzen (aan) [ook fig]

²confiner (ov ww) opsluiten: *air confiné* benauwde lucht

se **³confiner** (wdk ww) **1** zich afzonderen **2** zich beperken, zich bepalen

les **confins** (mv, m) grenzen, grensgebied, uiteinden: *aux* ~ *de* aan de rand van

la **confirmation** (v) **1** bevestiging, bekrachtiging **2** [r-k] vormsel

¹confirmer (ov ww) **1** bevestigen; bekrachtigen **2** versterken **3** het vormsel toedienen

se **²confirmer** (wdk ww) bevestigd worden: *cette information se confirme* deze informatie blijkt juist te zijn

la **confiscation** (v) confiscatie, verbeurdverklaring

la **confiserie** (v) snoepwinkel; snoepgoed

confisquer (v) confisqueren, verbeurdverklaren **2** afpakken

le **¹confit** (m): ~ *d'oie* ganzenvlees, in eigen vet geconserveerd

²confit, -e (bn) gekonfijt

la **confiture** (v) jam: *donner de la* ~ *aux cochons* parels voor de zwijnen gooien

conflictuel, -le conflict-: *une situation* ~*le* een conflictsituatie

le **conflit** (m) **1** botsing, conflict, strijd **2** [jur] geschil

la **confluence** (v) **1** (het) samenvloeien, samenstromen **2** ontmoeting

le **confluent** (m) plaats van samenvloeien

confluer samenvloeien, samenstromen

¹confondre (ov ww) **1** vermengen: *toutes choses confondues* alles bij elkaar genomen; *toutes tendances confondues* [pol] kamerbreed **2** verwarren, verwisselen **3** in verwarring brengen; verlegen maken **4** verbijsteren **5** de mond snoeren; ontmaskeren

se **²confondre** (wdk ww) **1** zich vermengen, ineenlopen: *se* ~ *en excuses* zich uitputten in verontschuldigingen **2** (+ avec) niet te onderscheiden zijn van

la **conformation** (v) (lichaams)bouw: *un vice de* ~ een aangeboren afwijking

conforme 1 gelijkvormig **2** eensluidend **3** overeenkomstig, conform

conformément overeenkomstig, conform

¹conformer à (ov ww) in overeenstemming brengen met, aanpassen aan

se **²conformer à** (wdk ww) zich richten naar, zich aanpassen aan

le/la **¹conformiste** (m/v) conformist(e)

²conformiste (bn) conformistisch

la **conformité** (v) **1** gelijkvormigheid **2** overeenkomstigheid: *en* ~ *de* (of: *avec*) in overeenstemming met, volgens

le **confort** (m) gerief, gemak, comfort

confortable gerieflijk, gemakkelijk, gezellig, comfortabel: *une majorité* ~ een ruime meerderheid; *fauteuil* ~ comfortabele leunstoel

conforter (ver)sterken

confraternel, -le collegiaal

le **confrère** (m) collega, confrater, ambtgenoot

la **confrérie** (v) broederschap

la **confrontation** (v) **1** confrontatie **2** vergelijking

confronter 1 confronteren: *être confronté à* (of: *avec*) zich geplaatst zien tegenover, staan voor **2** vergelijken

confus, -e 1 verward, onduidelijk, vaag: *souvenir* ~ vage herinnering **2** verlegen, beduusd, confuus, beschaamd: *je suis* ~ het spijt me

la **confusion** (v) **1** verwarring, verwisseling; wanorde: *prêter à* ~ aanleiding geven tot verwarring **2** verwardheid; vaagheid: ~ *mentale* verstandsverbijstering **3** verlegenheid, beschaamdheid

le **congé** (m) **1** verlof; vakantie, vrijaf: *être en* ~ met verlof (vakantie) zijn; ~ *de maternité* zwangerschapsverlof; [Belg] bevallingsverlof; ~*s payés* betaalde vakantie; [Belg] doorbetaling; *prendre* ~ afscheid nemen **2** ontslag: *donner son* ~ *à* ontslaan

congédier 1 wegzenden **2** ontslaan

le **congélateur** (m) diepvriezer

la **congélation** (v) **1** bevriezing: *point de* ~ vriespunt **2** invriezing **3** stolling

¹congeler (ov ww) **1** doen bevriezen **2** doen stollen **3** invriezen, diepvriezen

se **²congeler** (wdk ww) **1** bevriezen **2** stollen

le **congélo** (m) [inf] verk van *congélateur*

le/la **¹congénère** (m/v) soortgenoot, soortgenote

²congénère (bn) gelijksoortig, verwant

congénital, -e aangeboren

la **congère** (v) sneeuwduin, sneeuwhoop

la **congestion** (v) congestie, stuwing; aandrang: ~ *cérébrale* beroerte

congestionné, -e 1 rood [gezicht] **2** verstopt [verkeer]

le **conglomérat** (m) conglomeraat, bundeling [van bedrijven]

le **Congo** (m) Congo

congolais, -e Congolees

le/la **Congolais** (m), **-e** (v) Congolees, Congolese

la **congratulation** (v) [scherts] gelukwens, felicitatie

¹congratuler (ov ww) [scherts] gelukwensen, feliciteren

se **²congratuler** (wdkg ww) [scherts] elkaar complimenteren

la **congrégation** (v) [r-k] congregatie

le **congrès** (m) congres; conferentie

le/la **congressiste** (m/v) congreslid, congresganger, -gangster

congru, -e: *être réduit à la portion* ~*e* nauwelijks kunnen rondkomen

le **conifère** (v) conifeer, naaldboom

conique kegelvormig, conisch

la **conjecture** (v) veronderstelling, gissing, vermoeden: *se perdre en* ~*s* gissen

conjecturer veronderstellen, gissen, vermoeden

le/la **¹conjoint** (m), **-e** (v) echtgenoot, echtgenote

²conjoint, -e (bn) **1** verbonden **2** gemeenschappelijk

conjointement tegelijk, samen

la **conjonction** (v) **1** voegwoord **2** ontmoeting

la **conjoncture** (v) **1** omstandigheden, gelegenheid **2** conjunctuur, economische situatie

conjoncturel, -le conjunctureel, conjunctuur-

la **conjugaison** (v) vervoeging

conjugal, -e echtelijk, huwelijks-, echt-

¹conjuguer (ov ww) **1** verenigen, combineren **2** vervoegen

se **²conjuguer** (wdk ww) vervoegd worden

la **conjuration** (v) **1** samenzwering **2** bezwering

le **conjuré** (m) samenzweerder

¹conjurer (ov ww) **1** bezweren, bannen, uitdrijven **2** afwenden [van gevaar] **3** smeken, bezweren

se **²conjurer** (wdk ww) samenzweren, samenspannen

la **connaissance** (v) **1** kennis, begrip: *à ma* ~ zover ik weet; *en* ~ *de cause* met kennis van zaken, bewust **2** [meestal mv] kennis [het

weten] **3** bewustzijn: *reprendre* ~ bijkomen; *sans* ~ buiten kennis; *ayant toute sa* ~ bij vol bewustzijn **4** kennis, bekende: *faire la* ~ *de qqn., faire* ~ *avec qqn.* kennismaken met iem.; *c'est une simple* ~ het is zomaar een kennis

le/la **¹connaiss|eur** (m), **-euse** (v) kenner, liefhebber, -ster: *parler en* ~ met kennis van zaken praten

²connaiss|eur, -euse (bn) kenners-: *regard* ~ kennersblik

¹connaître (ov ww) **1** kennen: ~ *son métier* zijn vak verstaan; *ne pas* ~ *sa force* zijn kracht niet kennen, zich niet bewust zijn van zijn kracht **2** weten: *je ne vous connaissais pas ce talent* ik wist niet dat u dat talent bezat; *il n'y connaît pas grand-chose* hij weet er niet veel van **3** hebben, doormaken: ~ *un grand succès* veel succes hebben

se **²connaître** (wdk ww) **1** zichzelf kennen: *il s'y connaît* hij heeft er verstand van **2** elkaar (leren) kennen

le **connard** (m) [inf] klootzak, lul, idioot

la **connasse** (v) [vulg; pej] (stomme) trut

la **conne** (v) [pop] stomme trut, stom mens

connecter verbinden (met), aansluiten (op)

le **connecteur** (m) **1** aansluiter; schakelaar **2** meerpolige stekker **3** (telefoon)kiezer **4** [taal] verbindingswoord

la **connectivité** (v) [comp, elek] aansluitmogelijkheid

la **connerie** (v) stommiteit, onzin

connexe samenhangend, met elkaar in verband staand

la **connexion** (v) **1** samenhang, verband **2** [elek] schakeling **3** [comp] verbinding: ~ *à Internet* internetverbinding; *travailler hors* ~ offline werken; *témoin de* ~ cookie

la **connivence** (v) verstandhouding, (geheime) betrokkenheid: *agir de* ~ *avec* samenspannen met

la **connotation** (v) connotatie, gevoelswaarde

¹connu, -e (bn) bekend: *ni vu ni* ~ daar kraait geen haan naar

²connu volt dw van *¹connaître*

le/la **¹conquérant** (m), **-e** (v) veroveraar(ster): *Guillaume le Conquérant* Willem de Veroveraar

²conquérant, -e (bn): *avoir l'air* ~ aanmatigend zijn

conquérir 1 veroveren, onderwerpen **2** voor zich winnen **3** [een berg] bedwingen

la **conquête** (v) **1** verovering; (het) behalen, verkrijgen: *faire la* ~ *de* veroveren **2** (het) bedwingen [berg]

conquis, -e 1 veroverd **2** gewonnen (voor)

consacré, -e 1 ingewijd **2** erkend, gangbaar: *expression* ~*e* geijkte uitdrukking

¹consacrer (ov ww) **1** wijden, inwijden, toewijden, zegenen, inzegenen **2** bestemmen **3** bestendigen

se ²**consacrer à** (wdk ww) zich wijden aan
la **consanguinité** (v) bloedverwantschap
consciemment bewust
la **conscience** (v) **1** geweten: *en mon âme et ~* in volle oprechtheid, naar eer en geweten; *cas de ~* gewetenszaak; *en ~* in gemoede; *en toute ~* oprecht; *examen de ~* zelfonderzoek; *liberté de ~* gewetensvrijheid, geloofsvrijheid; *par acquit de ~* om zich niets te verwijten te hebben **2** plichtsgevoel, nauwgezetheid: *~ professionnelle* **a)** vakmanschap; **b)** beroepsethiek **3** bewustzijn: *perdre ~* het bewustzijn verliezen; *avoir ~ de* beseffen, zich realiseren; *prise de ~* bewustwording
conscienci|eux, -euse nauwgezet, plichtsgetrouw
conscient, -e (zelf)bewust
la **conscientisation** (v) bewustmaking
la **conscription** (v) [hist; mil] rekrutering
le **conscrit** (m) dienstplichtige, rekruut
la **consécration** (v) **1** (in)wijding, inzegening **2** consecratie [deel van de mis] **3** bekrachtiging, officiële erkenning
consécut|if, -ive opeenvolgend, achtereenvolgend: *~ à* die het gevolg is van; *proposition consécutive* gevolgaangevende bijzin
le **conseil** (m) **1** raad(geving): *demander ~ à qqn.* iem. raadplegen; *~ d'ami* vriendenraad **2** raad [beraadslagend lichaam]: *~ général* departementale raad; *~ municipal* gemeenteraad; [Belg] *~ communal* gemeenteraad; *tenir ~* beraadslagen; *~ d'administration* raad van bestuur, [Belg] beheerraad; *~ d'entreprise* ondernemingsraad, [Belg] bedrijfsraad; *~ d'État* Raad van State, [Belg] staatsraad; *~ de guerre* krijgsraad; [jur, med] *~ de l'ordre* tuchtcollege; *~ de sécurité* Veiligheidsraad; *~ des Ministres* ministerraad **3** raadsman: *~ juridique* juridisch adviseur
le/la ¹**conseill|er** (m), **-ère** (v) **1** raadsman, -vrouw, adviseur: *~ fiscal* belastingconsulent; *~ d'études* studiementor, [Belg] monitor; *~ d'orientation* schooldecaan **2** raadslid; raadsheer, -vrouw: *~ général* lid van de departementale raad [in Fr]; *~ municipal* gemeenteraadslid; [Belg] *~ communal* gemeenteraadslid
²**conseiller** (ov ww) adviseren, raad geven
le **conseilleur** (m): *les ~s ne sont pas les payeurs* raad geven kost niets
le **consensus** (m) consensus, overeenstemming
consentant, -e toestemmend
le **consentement** (m) toestemming, goedvinden; instemming
¹**consentir à** (onov ww) toestemmen in: *qui ne dit mot consent* wie zwijgt, stemt toe
²**consentir** (ov ww) toestaan, goedkeuren, inwilligen: *~ un prêt* een lening verstrekken
la **conséquence** (v) **1** consequentie, gevolg:

en ~ bijgevolg, dienovereenkomstig; *en ~ de* ingevolge; *lourd de ~s* verstrekkend, ingrijpend, met ernstige gevolgen **2** gevolgtrekking **3** belang, gewicht: *sans ~* onbelangrijk
conséquent, -e 1 consequent, logisch; zichzelf blijvend: *par ~* bijgevolg, dan ook, dus **2** [inf] van belang, belangrijk
le/la ¹**conserva|teur** (m), **-trice** (v) bewaarder, bewaarster; conservator [van museum, bibliotheek]
le ²**conservateur** (m) **1** conserveermiddel, [Belg] bewaarmiddel **2** grote diepvrieskist
³**conserva|teur, -trice** (bn) **1** behoudend, conservatief **2** conververings-
la **conservation** (v) **1** behoud, bewaring, instandhouding, conservering: *instinct de ~* instinct tot zelfbehoud; *date limite de ~* uiterste houdbaarheidsdatum, ten minste houdbaar tot **2** staat van onderhoud
le **conservatoire** (m) conservatorium: *~ d'art dramatique* toneelschool
la **conserve** (v, meestal mv) conserven: *poisson en ~* vis in blik; *mettre en ~* inblikken, inmaken
¹**conserver** (ov ww) **1** bewaren, (be)houden, in stand houden: *~ son calme* zijn kalmte bewaren; *bien conservé* kras **2** conserveren, verduurzamen **3** ophouden [hoed]; aanhouden [jas]
se ²**conserver** (wdk ww) **1** goed blijven **2** bewaard blijven
la **conserverie** (v) conservenindustrie, conservenfabriek
considérable aanzienlijk, belangrijk, hoog
la **considération** (v) **1** overweging, overdenking, beschouwing: *prendre en ~* in aanmerking nemen; *en ~ de* gezien, in aanmerking genomen; *sans ~ de personne* zonder aanzien des persoons; *digne de ~* de aandacht waard **2** (beweeg)reden, motief **3** aanzien, achting, waardering: *avoir la ~ de* gewaardeerd worden door, goed aangeschreven staan bij
considéré, -e 1 betrokken, bewust **2** in aanzien, geacht
considérer 1 aandachtig bekijken **2** beschouwen, onderzoeken, overwegen: *tout bien considéré* welbeschouwd, alles overwegende **3** rekening houden met, in aanmerking nemen **4** achten, waarderen **5** (+ que) van mening zijn dat || *~ comme* beschouwen als, houden voor
la **consignation** (v) statiegeld
la **consigne** (v) **1** bevel, instructie **2** [mil] kwartierarrest **3** nablijven [op school] **4** bagagedepot: *~ automatique* bagagekluis; *donner à la ~* in bewaring geven **5** statiegeld
consigner 1 in bewaring geven, deponeren **2** statiegeld berekenen voor: *une bouteille consignée* een fles met statiegeld **3** noteren, vastleggen **4** arrest opleggen

la **consistance** (v) **1** samenhang **2** vastheid, dichtheid, stevigheid, consistentie **3** standvastigheid: *prendre* ~ vaste vorm aannemen; *sans* ~ besluiteloos, onzeker, onsamenhangend, slap

consistant, -e 1 consistent; samenhangend **2** dik, stevig, vast **3** gegrond: *argument* ~ steekhoudend argument **4** standvastig

consister 1 (+ en, dans) [+ zn] bestaan in, uit **2** (+ à) [+ onbep w] bestaan in

la **consœur** (v) vrouwelijke collega

consolant, -e vertroostend, troostrijk

consola|teur, -trice troostend

la **consolation** (v) troost, vertroosting

la **console** (v) **1** consoletafeltje **2** speeltafel [van orgel] **3** [inf] terminal: [muz] ~ *de mixage* mengpaneel; ~ *de jeux* spelcomputer

consoler (ver)troosten

la **consolidation** (v) consolidatie; [med, ec] versterking, het verstevigen, het vastzetten

consolider 1 hecht maken, versterken, stutten **2** [ec] consolideren

consommable geschikt voor consumptie; eetbaar; drinkbaar

le/la **consomma|teur** (m), **-trice** (v) **1** verbruiker, consument: *ligue* (of: *union*) *de* ~*s* consumentenbond **2** bezoeker, gast [in café, restaurant]

la **consommation** (v) **1** verbruik: *de* ~ *courante* voor dagelijks gebruik; *société de* ~ consumptiemaatschappij **2** consumptie: *prendre une* ~ iets gebruiken **3** vervulling, voltooiing

le [1]**consommé** (m) krachtige bouillon

[2]**consommé, -e** (bn) volmaakt, uiterst bedreven, ervaren

[1]**consommer** (ov ww) **1** verbruiken, opgebruiken, verteren; consumeren **2** volvoeren, voltrekken, volbrengen, voltooien

se [2]**consommer** (wdk ww) gegeten worden

la **consonance** (v) **1** [muz] akkoord, harmonische samenklank **2** gelijkluidendheid **3** klank

la **consonne** (v) medeklinker, consonant

consort: *prince* ~ prins-gemaal

les **consorts** (mv, m): *et* ~ en consorten

le/la **conspira|teur** (m), **-trice** (v) samenzweerder, -ster

la **conspiration** (v) samenzwering, complot

conspirer 1 samenzweren **2** (+ à) bijdragen tot

conspuer honen, uitjouwen, uitfluiten

constamment constant, voortdurend, onophoudelijk, steeds

la **constance** (v) **1** trouw, volharding **2** bestendigheid **3** geduld

constant, -e 1 constant, bestendig, onveranderlijk **2** regelmatig **3** trouw **4** vaststaand, zeker

le **constat** (m) proces-verbaal: *faire un* ~ *d'é-*

chec vaststellen dat iets mislukt is; *faire le* ~ *d'un accident de voiture* een verkeersongeval opnemen

la **constatation** (v) constatering, vaststelling

constater constateren, vaststellen

la **constellation** (v) **1** sterrenbeeld, constellatie **2** groepering

constellé, -e (met sterren) bezaaid: ~ *de* bezaaid met

la **consternation** (v) verslagenheid, ontsteltenis, consternatie

consterné, -e ontsteld, diepbedroefd

consterner hevig ontstellen

la **constipation** (v) verstopping; constipatie

constipé, -e gespannen, stijf: *un sourire* ~ een stijve glimlach

constiper verstoppen

constituant, -e 1 samenstellend: *partie* ~*e* bestanddeel **2** (grond)wetgevend

constitué, -e gevestigd: *les autorités* ~*es* de overheid; *corps* ~*s* hoge staatsinstellingen || *bien* (of: *mal*) ~ met een goed (of: slecht) gestel; *tout individu normalement* ~ ieder normaal mens

[1]**constituer** (ov ww) **1** samenstellen, uitmaken, vormen **2** stichten, oprichten **3** aanstellen als, aanwijzen als **4** [jur] op naam zetten van: ~ *une rente* een jaargeld toekennen

se [2]**constituer** (wdk ww): *se* ~ *prisonnier* zich bij de politie melden; *se* ~ *partie civile* zich civiele partij stellen

constitut|if, -ive 1 samenstellend: *élément* ~ bestanddeel **2** rechtgevend, wettig: *titre* ~ *de propriété* wettig bewijs van eigendom **3** fundamenteel

la **constitution** (v) **1** samenstelling **2** stichting, oprichting **3** aanstelling, aanwijzing **4** toekenning **5** gestel, (lichaams)gesteldheid, constitutie: *de* ~ *fragile* met een zwakke gezondheid **6** grondwet, constitutie: *la Constitution américaine* de Amerikaanse Grondwet

constitutionnel, -le grondwettig, constitutioneel: *droit* ~ staatsrecht

le **constructeur** (m) bouwmeester, bouwer; maker, fabrikant

constructible bouwrijp [van grond]

construct|if, -ive 1 opbouwend, constructief **2** scheppend

la **construction** (v) **1** bouw, aanleg, het maken; constructie: ~ *mécanique* machinebouw; *chantier de* ~ bouwplaats; *bois de* ~ timmerhout; *jeu de* ~ blokkendoos; *en* ~ in aanbouw; ~ *en pierre* steenconstructie **2** bouw(sector): ~ *automobile* auto-industrie **3** gebouw: ~ *de l'esprit* hersenspinsel **4** [taalk] zinsbouw

construire bouwen, aanleggen, maken, in elkaar zetten, construeren: *permis de* ~ bouwvergunning

le **consul** (m) consul: ~ *général* consul-generaal; *le premier* ~ de eerste consul [Napoleon Bonaparte]

le **consulat** (m) consulaat

le **¹consultant** (m) consultant, adviseur; adviesbureau

²consultant, -e (bn) adviserend

consultat|if, -ive adviserend: *comité* ~ raad van advies, adviesraad

la **consultation** (v) **1** raadpleging, consult(atie): ~ *populaire* volksraadpleging **2** spreekuur: *heures de* ~ spreekuur **3** deskundig advies **4** overleg

¹consulter (onov ww) **1** spreekuur houden **2** advies inwinnen

²consulter (ov ww) raadplegen, consulteren, naslaan

se **³consulter** (wdk ww) overleg plegen

¹consumer (ov ww) **1** verteren; in de as leggen **2** verbruiken; verkwisten, opgebruiken

se **²consumer** (wdk ww) wegkwijnen, vergaan

le **consumérisme** (m) behartiging van consumentenbelangen, consumentisme

le **contact** (m) **1** contact, aanraking, voeling; verbinding: *couper le* ~ het contact, de motor afzetten; *mettre le* ~ contact maken, inschakelen; *prendre* ~ contact opnemen; *verre de* ~ contactlens **2** contactpersoon

contacter contact opnemen met

contagi|eux, -euse besmettelijk, aanstekelijk

la **contagion** (v) **1** besmetting **2** besmettelijke ziekte **3** aanstekelijkheid

la **contamination** (v) **1** besmetting **2** smet **3** [taalk] contaminatie

contaminer bezoedelen; besmetten [ook fig]

le **conte** (m) verhaal; praatje: ~ *de fées* sprookje; ~ *à dormir debout* onzinnig verhaal; ~*s de ma mère l'Oie* sprookjes van Moeder de Gans

contemplat|if, -ive 1 beschouwend, bespiegelend **2** [rel] contemplatief

la **contemplation** (v) **1** (het) aandachtig bekijken, beschouwing **2** bespiegeling, overpeinzing

contempler beschouwen, aandachtig bekijken; bewonderen

le/la **¹contemporain** (m), **-e** (v) tijdgenoot, tijdgenote

²contemporain, -e (bn) **1** uit dezelfde tijd **2** eigentijds, hedendaags

la **contenance** (v) **1** inhoud **2** houding: *perdre* ~ van zijn stuk raken

le **contenant** (m) doos, mand, zak, vat enz. [voorwerp waar iets in kan]

le **conteneur** (m) container

¹contenir (ov ww) **1** inhouden, (kunnen) bevatten **2** tegenhouden, bedwingen, in bedwang houden

se **²contenir** (wdk ww) zich inhouden, zich beheersen

le **¹content** (m): *avoir son* ~ alles hebben wat je begeert; *tout son* ~ naar hartenlust

²content, -e de (bn) tevreden (met, over); blij, content, vergenoegd: *être* ~ *de soi* (of: *de sa (petite) personne)* zelfingenomen zijn; *ne pas avoir l'air* ~ boos kijken

le **contentement** (m) tevredenheid; voldoening; blijdschap

¹contenter (ov ww) tevreden stellen, voldoen, bevredigen: *vouloir* ~ *tout le monde* het iedereen naar de zin willen maken

se **²contenter de** (wdk ww) **1** zich tevreden stellen, genoegen nemen met **2** zich beperken tot: *il s'est contenté de rire* hij lachte alleen maar

le **contentieux** (m) geschil

le **contenu** (m) **1** inhoud **2** inhoud, betekenis

conter vertellen: *ne pas s'en laisser* ~ zich niets laten wijsmaken

contestable betwistbaar, aanvechtbaar

le/la **¹contestataire** (m/v) actievoerder; dwarsligger

²contestataire (bn) protesterend; actievoerend

la **contestation** (v) **1** bestrijding: *sans* ~ ontegenzeglijk, zonder tegenspraak **2** protest: ~ *étudiante* studentenprotest **3** twist, onenigheid, geschil

la **conteste** (v): *sans* ~ zonder twijfel, ontegenzeglijk

¹contester (onov ww) protesteren: *théorie contestée* omstreden theorie; *les étudiants contestent dans la rue* de studenten protesteren op straat

²contester (ov ww) betwisten, bestrijden, ontkennen; in twijfel trekken

le/la **cont|eur** (m), **-euse** (v) verteller, -ster

le **contexte** (m) verband, samenhang, context: *dans ce* ~ daarbij, in dat verband

contigu, contiguë 1 aangrenzend, naast elkaar liggend: ~ *à* grenzend aan **2** verwant

la **contiguïté** (v) **1** onmiddellijke nabijheid **2** verwantschap, overeenkomst

le **continent** (m) continent, vasteland

continental, -e continentaal, vastelands-

la **contingence** (v) toevalligheid, bijkomstigheid

le **¹contingent** (m) **1** aandeel, bijdrage **2** [mil] lichting, contingent

²contingent, -e (bn) toevallig

continu, -e onafgebroken, doorlopend, aanhoudend: *courant* ~ gelijkstroom; *journée* ~*e* werkdag met korte lunchpauze; *en* ~ ononderbroken

le/la **continua|teur** (m), **-trice** (v) voortzetter, vervolg(st)er

la **continuation** (v) voortzetting, vervolg: *bonne* ~*!* **a)** prettige voortzetting!; **b)** het beste!

continuel, -le voortdurend, aanhoudend, onafgebroken

continuellement voortdurend

¹continuer (onov ww) **1** (+ à, de) voortgaan (met), blijven (doen) **2** aanhouden, doorgaan, zich voortzetten

²continuer (ov ww) voortgaan met, voortzetten, vervolgen, doorgaan met

la **continuité** (v) continuïteit; samenhang, voortzetting; voortduring

contondant, -e stomp: *objet* ~ stomp voorwerp

la **contorsion** (v) **1** bocht [waarin men zich wringt] **2** lenige beweging

contorsionné, -e vertrokken, verwrongen

se **contorsionner 1** zich in bochten wringen **2** zich lenig bewegen

le/la **contorsionniste** (m/v) slangenmens

les **contorsions** (mv, v) acrobatentoeren

le **contour** (m) omtrek, omlijning, lijn, contour

contourné, -e 1 verdraaid, mismaakt **2** verwrongen

contourner 1 lopen om; ontwijken [hindernis] **2** omzeilen

le **¹contraceptif** (m) voorbehoedmiddel

²contracept|if, -ive (bn) voorbehoeds-

la **contraception** (v) anticonceptie; gebruik van voorbehoedsmiddelen

le **contractant** (m) contracterende partij

contracté, -e gespannen, nerveus

¹contracter (ov ww) **1** aangaan: ~ *des dettes* schulden maken **2** krijgen, oplopen; aannemen [gewoonte] **3** (doen) samentrekken

se **²contracter** (wdk ww) (zich) samentrekken, zich spannen; verstrakken [van een gezicht]

la **contraction** (v) contractie, samentrekking; wee

le/la **¹contractuel** (m), **-le** (v) parkeerwachter

²contractuel, -le (bn) contractueel, bij contract bepaald, volgens contract

le **contradicteur** (m) tegenspreker, tegenstander, opponent

la **contradiction** (v) tegenspraak, tegenstrijdigheid: *il a l'esprit de* ~ hij is altijd in de contramine

contradictoire tegenstrijdig: *jugement* ~ contradictoir vonnis

contraignant, -e hinderlijk, dwingend

¹contraindre de, à (ov ww) dwingen, noodzaken, nopen (tot)

se **²contraindre** (wdk ww) zich geweld aandoen, zich bedwingen

contraint, -e gedwongen, gemaakt, stijf: ~ *et forcé* onder dwang

la **contrainte** (v) **1** dwang; geweld **2** gedwongenheid, terughoudendheid: *sans* ~ vrijuit **3** [jur] dwangbevel: ~ *par corps* gijzeling **4** verplichting: *des ~s de la vie en société* de beperkingen, verplichtingen van het maatschappelijke verkeer

le **¹contraire** (m) tegendeel, tegenovergestelde: *au* ~ integendeel; *au* ~ *de* in tegenstelling

tot

²contraire à (bn) tegengesteld (aan), strijdig, in strijd (met), nadelig (voor): *vent* ~ tegenwind

contrairement à in tegenstelling tot, in strijd met

le **contralto** (m; mv: contraltos) alt(stem)

contrariant, -e vervelend: *je ne suis pas* ~ ik wil niet vervelend doen; *esprit* ~ dwarsdrijver

contrarié, -e 1 tegengewerkt **2** geërgerd

contrarier 1 tegenwerken, hinderen, dwarsbomen **2** ergeren, teleurstellen **3** afwisselen

la **contrariété** (v) teleurstelling, ergernis, misnoegen

contrastant, -e met elkaar contrasterend

le **contraste** (m) contrast, tegenstelling

contrasté, -e contrastrijk; sterk verschillend

contraster avec afsteken (bij), contrasteren (met)

le **contrat** (m) contract, overeenkomst, verdrag: ~ *de travail* arbeidsovereenkomst, [Belg] bediendecontract; ~ *à durée indéterminée* (individuele) arbeidsovereenkomst voor onbepaalde tijd; *résilier un* ~ een contract verbreken (*of:* ontbinden); *réaliser son* ~ aan de verwachtingen voldoen

le **contrat-type** (m; mv: contrats-types) standaardcontract

la **contravention** (v) **1** overtreding **2** bekeuring: *dresser une* ~ *à* bekeuren; [pop] *flanquer une* ~ *à qqn.* iem. op de bon slingeren

le **¹contre** (m) (het) tegen: *le pour et le* ~ voor en tegen

²contre (bw) ertegen(aan): [Belg] *la porte est* ~ de deur staat op een kier; *par* ~ daarentegen; *voter* ~ tegenstemmen; *être* ~ *(qqch.)* tegen (iets) zijn

³contre (vz) tegen(aan), naast: ~ *toute attente* tegen alle verwachting in

la **contre-allée** (v; mv: contre-allées) parallelweg

le **contre-amiral** (m; mv: contre-amiraux) schout-bij-nacht

la **contre-attaque** (v; mv: contre-attaques) tegenaanval

contre-attaquer een tegenaanval doen

¹contrebalancer (ov ww) opwegen tegen, compenseren

se **²contrebalancer** (wdkg ww) elkaar in evenwicht houden

la **contrebande** (v) **1** (het) smokkelen: *introduire en* ~ binnensmokkelen **2** smokkelwaar

le/la **¹contreband|ier** (m), **-ière** (v) smokkelaar(ster)

²contreband|ier, -ière (bn) smokkel-

contrebas: *en* ~ lager gelegen, onderaan

la **contrebasse** (v) **1** contrabas **2** contrabassist

le/la **contrebassiste** (m/v) contrabassist(e)
contrecarrer tegenwerken, dwarsbomen
le **contrecœur** (m): *à* ~ met tegenzin
contrecollé gelamineerd
le **contrecoup** (m) terugslag, nawerking
le **contre-courant** (m; mv: contre-courants)
tegenstroom: *à* ~ tegen de stroom in (op)
la **contredanse** (v) contradans; [inf] bon, bekeuring
contredire tegenspreken, weerleggen,
strijdig zijn met
le **contredit** (m): *sans* ~ ontegenzeggelijk
la **contrée** (v) (land)streek, gewest, contrei
la **contre-enquête** (v) tegenonderzoek
le **contre-espionnage** (m; mv: contre-es-
pionnages) contraspionage
le **contre-exemple** (m) tegenvoorbeeld
la **contre-expertise** (v) contra-expertise
la **contrefaçon** (v) (bedrieglijke) namaak,
vervalsing
contrefaire 1 (bedrieglijk) namaken **2** nadoen, nabootsen, na-apen **3** verdraaien [van
een stem, handschrift]
contrefait, -e 1 nagemaakt **2** gekunsteld
3 [van persoon] mismaakt
se **contreficher de** [pop] maling hebben aan
le **contrefort** (m) **1** schoormuur, steunbeer
2 uitloper van een gebergte
la **contre-indication** (v; mv: contre-indicati-
ons) [med] contra-indicatie
contre-indiqué, -e niet aan te raden
le **contre-interrogatoire** (m) [jur] kruisver-
hoor
le **contre-jour** (m) tegenlicht: *à* ~ tegen het
daglicht in
le **contre-la-montre** (m; mv: *onv*) [sport]
race tegen de klok; [wielersp] tijdrit
le **contremaître** (m) opzichter, voorman
la **contre-manifestation** (v; mv: contre-ma-
nifestations) tegenmanifestatie, tegenbeto-
ging
la **contre-offensive** (v; mv: contre-offensi-
ves) tegenoffensief
la **contrepartie** (v) **1** tegendeel **2** tegen-
waarde, tegenhanger, tegenprestatie: *en* ~
als tegenwicht, daartegenover
la **contre-performance** (v; mv: contre-per-
formances) slechte prestatie
la **contrepèterie** (v) letter(greep)verwisse-
ling met komisch effect; woordspeling
le **contre-pied** (m; mv: contre-pieds) tegendeel, tegengestelde: *prendre le* ~ *de qqch.*
dwars tegen iets in handelen
le **contreplaqué** (m) triplex, multiplex
le **contrepoids** (m) tegenwicht [ook fig]
le **contrepoint** (m) contrapunt
le **contrepoison** (m) tegengif
la **contre-porte** (v) **1** (gecapitonneerde) deur
2 binnenkant [van koelkastdeur, autopor-
tier]

contrer tegenstreven: *il s'est fait* ~ hij kreeg
de wind van voren
le **contreseing** (m) medeondertekening
le **contresens** (m) **1** misvatting, verkeerde interpretatie **2** vergissing ‖ *à* ~ **a)** tegen het
verkeer in; **b)** averechts, verkeerd
contresigner contrasigneren, medeonder-
tekenen
le **contretemps** (m) tegenvaller, tegenspoed,
verhindering: *à* ~ op het verkeerde moment
le **contre-torpilleur** (m; mv: contre-torpil-
leurs) torpedojager
la **contre-valeur** (v; mv: contre-valeurs) te-
genwaarde
le/la **contrevenant** (m), **-e** (v) overtreder,
-treedster
contrevenir à overtreden
la **contrevérité** (v) onwaarheid [vaak ironisch
voor leugen]
la **contre-voie** (v): *descendre à* ~ aan de verkeerde kant uit de trein stappen
le/la **contribuable** (m/v) belastingplichtige, be-
lastingbetaler
contribuer à bijdragen tot, een bijdrage
leveren aan, meewerken aan
la **contribution** (v) **1** bijdrage, gift: *apporter
sa* ~ *à* bijdragen tot, zijn steentje bijdragen
tot; *mettre à* ~ gebruikmaken van, doen bijdragen **2** belasting: ~*s directes* directe belas-
tingen
contrit, -e berouwvol, berouwhebbend
la **contrition** (v) (diep) berouw: [r-k] *acte de* ~
akte van berouw
contrôlable controleerbaar
le **contrôle** (m) **1** controle, toets(ing), toezicht, onderzoek: *perdre le* ~ *de soi* zijn zelfbeheersing verliezen; *perdre le* ~ *de sa voiture*
de macht over het stuur verliezen; ~ *technique* apk-keuring, [Belg] automobielinspec-
tie; ~ *continu* schoolonderzoek, studieon-
derzoek; [comm] ~ *parental* ouderlijk toezicht **2** controle(plaats)
contrôler 1 controleren, toetsen, nagaan,
narekenen, toezicht houden op **2** beheersen, onder controle hebben **3** een meerder-
heidsbelang hebben in
le **contrôle-radar** (m; mv: contrôles-radar)
radarcontrole
le/la [1]**contrôl|eur** (m), **-euse** (v) controleur,
-leuse; conducteur, -trice [van trein]
le [2]**contrôleur** (m) apparaat dat controleert,
regelt: ~ *de vitesse* snelheidsregelaar
le **contrordre** (m) tegenorder, tegenbevel
la **controverse** (v) discussie
controverser betwisten, twisten over: *un
point très controversé* een kwestie waar men
het lang niet over eens is, een controversieel
punt
la **contumace** (v) ontstentenis: *par* ~ bij verstek
la **contusion** (v) kneuzing

contusionner kneuzen

la **conurbation** (v) stedelijke agglomeratie, aan elkaar gegroeide steden

convaincant, -e overtuigend

convaincre overtuigen

le ¹**convaincu** (m): *prêcher un ~* iem. willen overtuigen die het al met je eens is

²**convaincu, -e** (bn) overtuigd

la **convalescence** (v) beterschap, herstel: *entrer* (of: *être*) *en ~* aan de beterende hand zijn, (beginnen te) herstellen

convalescent, -e herstellend

le **convecteur** (m) convector [kachel e.d.]

convenable 1 geschikt, gunstig, passend **2** gepast, net(jes), fatsoenlijk, behoorlijk

la **convenance** (v) **1** gepastheid, geschiktheid: *pour (des raisons de) ~s personnelles* om persoonlijke redenen **2** gading, believen: *choisissez une couleur à votre ~* kies een kleur die u bevalt

les **convenances** (mv, v) welvoeglijkheid, fatsoen: *respecter les ~* de wetten van het fatsoen eerbiedigen

¹**convenir** (onov ww) **1** (+ à) aanstaan, bevallen **2** (+ à) schikken, passen, geschikt zijn **3** toegeven, erkennen: *j'en* conviens dat geef ik toe **4** afspreken, overeenkomen, het eens worden (over): *il a été convenu que … er* is afgesproken dat …

²**convenir de** (onpers ww) dienen, moeten: *il convient de se taire quand qqn. parle* je moet zwijgen als iem. spreekt

la **convention** (v) **1** overeenkomst, afspraak; verdrag: *~ collective (de travail)* collectieve arbeidsovereenkomst, cao **2** bepaling, clausule [van een overeenkomst] **3** conventie, gebruik: *de ~* gangbaar, gewoon, afgesproken

conventionnel, -le 1 overeengekomen **2** gebruikelijk, conventioneel, traditioneel, geijkt

convenu, -e 1 afgesproken, overeengekomen **2** gebruikelijk, conventioneel

la **convergence** (v) **1** convergentie **2** bundeling [van krachten e.d.] **3** overeenstemming

convergent, -e 1 convergerend **2** gebundeld **3** overeenstemmend

converger 1 convergeren **2** samenkomen **3** overeenstemmen

la **conversation** (v) gesprek, conversatie: *avoir de la ~* onderhoudend zijn; *~ animée* levendig gesprek; *sujet de ~* gespreksonderwerp **2** bespreking

converser praten, converseren

la **conversion** (v) **1** bekering **2** omkering **3** verandering, omzetting

le/la ¹**converti** (m), **-e** (v) bekeerling(e): *prêcher un ~* iem. willen overtuigen die het al met je eens is

²**converti, -e** (bn) bekeerd

la **convertibilité** (v) inwisselbaarheid

convertible 1 omzetbaar, verwisselbaar:

canapé ~ slaapbank **2** inwisselbaar

¹**convertir** (ov ww) **1** (+ à) bekeren (tot) **2** (+ en) omzetten (in), inwisselen (tegen); herleiden (tot) **3** converteren; omkeren [een stelling]

se ²**convertir** (wdk ww) **1** zich bekeren **2** veranderen, overgaan

convexe convex, bol(rond)

la **convexité** (v) bol(rond)heid

la **conviction** (v) overtuiging: *pièce à ~* bewijsstuk; *avoir l'intime ~ de* volstrekt zeker zijn van; *agir par ~* uit overtuiging handelen

convier 1 (+ à) uitnodigen (voor) **2** aansporen (tot)

le/la **convive** (m/v) gast, tafelgenoot, -note

convivial, -e 1 hartelijk, gezellig **2** gebruiksvriendelijk

la **convivialité** (v) **1** gezelligheid, saamhorigheid **2** gebruiksvriendelijkheid

la **convocation** (v) convocatie, oproep

le **convoi** (m) **1** konvooi: *~ militaire* colonne **2** trein **3** lijkstoet

convoiter begeren

la **convoitise** (v) begerigheid, hebzucht

convoler: *~ en justes noces* trouwen

convoquer 1 convoceren, bijeenroepen, oproepen **2** bij zich laten komen

convoyer begeleiden, dekken, escorteren

le **convoyeur** (m) **1** begeleider van een transport: *~ de fonds* begeleider van een geldtransport **2** konvooischip **3** lopende band, transportband

convulsé, -e krampachtig vertrokken

convulser krampachtig (doen) samentrekken, vertrekken

convuls|if, -ive stuiptrekkend, krampachtig: *rire ~* lachstuip

la **convulsion** (v) **1** stuip(trekking), krampachtige beweging **2** spanning, beroering

le **cookie** (m) [comp] cookie

cool (onv) [inf] **1** relaxed; *cool* **2** te gek; cool; gaaf

le/la ¹**coopérant** (m), **-e** (v) ontwikkelingswerk(st)er, [Belg] coöperant(e)

²**coopérant, -e** (bn) coöperatief

coopérat|if, -ive 1 coöperatief **2** behulpzaam

la **coopération** (v) **1** samenwerking, coöperatie, medewerking **2** ontwikkelingssamenwerking: *ministre de la ~* minister van ontwikkelingssamenwerking

la **coopérative** (v) coöperatie

coopérer 1 (+ à) meewerken (aan) **2** samenwerken

la **cooptation** (v) coöptatie

coopter tot medelid aannemen, coöpteren

le/la ¹**coordina|teur** (m), **-trice** (v) coördinator

²**coordina|teur, -trice** (bn) coördinerend

la **coordination** (v) coördinatie, onderlinge afstemming

coordonnateur *zie* ¹*coordinateur*

coordonné, -e gecoördineerd, bij elkaar passend

les **coordonnées** (mv, v) **1** coördinaten **2** gegevens [adres, telefoonnummer enz.]

coordonner rangschikken, ordenen, coördineren

le/la **copain** (m), **copine** (v) [inf] kameraad, maat, vriend(in): *un petit ~* een vast vriendje; *une petite copine* een vast vriendinnetje

le **coparent** (m) co-ouder

la **coparentalité** (v) co-ouderschap

le **copeau** (m) krul, spaander, splinter [van hout, metaal]

Copenhague Kopenhagen

le **copiage** (m) (het) overschrijven

la **copie** (v) **1** kopie, afschrift, afdruk; doorslag: *pour ~ conforme* voor eensluidend afschrift; [comp] *~ de sauvegarde* (of: *sécurité*) back-up, reservekopie **2** [ingeleverd] examenwerk, proefwerk, huiswerk **3** los vel papier **4** kopij

copier 1 overschrijven: *~ sur son voisin* bij zijn buurman spieken **2** navolgen, nabootsen **3** kopiëren

le **copier-coller** (m; mv: *onv*) [comp] kopiëren en plakken; copy-paste: *faire un ~* kopiëren en plakken

le/la ¹**copi|eur** (m), **-euse** (v) **1** leerling(e) die spiekt **2** slaafse navolg(st)er

le ²**copieur** (m) fotokopieermachine

copi|eux, -euse overvloedig, uitgebreid

le **copinage** (m) vriendjespolitiek

la **copine** (v) *zie* copain

copiner bevriend zijn

le **copion** (m) [Belg] spiekbriefje

le/la **copiste** (m/v) kopiist(e), namaker, namaakster

le **coprince** (m) [m.b.t. Andorra] covorst, coprins

la **coproduction** (v) [film] coproductie

le/la **copropriétaire** (m/v) mede-eigenaar, -nares

la **copropriété** (v) mede-eigendom

la **copulation** (v) paring

la **copule** (v) koppelwerkwoord

le **coq** (m) **1** haan: *être comme un ~ en pâte* verwend worden; *sauter* (of: *passer*) *du ~ à l'âne* van de hak op de tak springen; *poids ~* bantamgewicht [boksen]; *le ~ gaulois* de Franse haan [symbool van Frankrijk]; *~ au vin* haan in wijn gestoofd **2** scheepskok

le **coq-à-l'âne** (m; mv: *onv*) gedachtesprong: *faire des ~* van de hak op de tak springen

la **coque** (v) **1** eierschaal: *œuf à la ~* zachtgekookt ei **2** bolster, dop: *une ~ d'amande* een amandeldop **3** kokkel **4** casco; romp [van een schip of vliegtuig]

coqué, -e: *casquette ~e* veiligheidshelm

le **coquelet** (m) haantje

le **coquelicot** (m) klaproos

la **coqueluche** (v) kinkhoest ‖ *être la ~ du pu-* blic het idool van het publiek zijn

coquet, -te 1 koket, behaagziek **2** netjes in de kleren **3** keurig; lief: *une maison ~te* een lief huisje **4** aardig, vrij groot: *~te somme* aardig bedrag

le **coquetier** (m) eierdopje

la **coquetterie** (v) koketterie, behaagzucht: *avoir une ~ dans l'œil* een beetje loensen

le **coquillage** (m) **1** schelpdier **2** schelp

la **coquille** (v) **1** schelp: *~ Saint-Jacques* jakobsschelp; *rentrer dans sa ~* in zijn schulp kruipen **2** dop [van een ei, nood enz.]: *~ de noix* notendop [ook bootje] **3** schelpvormig ornament **4** schaaltje **5** drukfout **6** toque, kruisbeschermer

les **coquillettes** (mv, v) [cul] schelpjes [pasta]

le/la ¹**coquin** (m), **-e** (v) deugniet, kwajongen

²**coquin, -e** (bn) schalks; ondeugend: *histoire ~e* schuine mop

le **cor** (m) **1** hoorn: *à ~ et à cri* luidkeels, nadrukkelijk **2** hoornblazer **3** geweitak: *un cerf dix ~s* een tienender **4** likdoorn

le ¹**corail** (m; mv: coraux) koraal

²**corail** (bn) koraalrood

corallien, -ne koraal-

le **Coran** (m) Koran

le **corbeau** (m) **1** raaf; kraai **2** schrijver van anonieme post

la **corbeille** (v) **1** korf, mand: *~ à papier* prullenbak **2** balkon [van een schouwburg] **3** beursvloer ‖ *soutien-gorge ~* push-upbeha, wonderbra

le **corbillard** (m) lijkwagen

le **cordage** (m) **1** touw, touwwerk [op een schip] **2** besnaring [tennisracket]

la **corde** (v) **1** touw, koord: *~ à linge* waslijn; *tirer sur la ~* overdrijven; *sur la ~ raide* in een hachelijke situatie; *avoir plus d'une ~ à son arc* meer dan één pijl op zijn boog hebben; *prendre un virage à la ~* een bocht scherp nemen; *il pleut des ~s* het regent dat het giet **2** strop **3** snaar: *~s vocales* stembanden

le **cordeau** (m) **1** lijn, richtsnoer: *tiré au ~* rechtlijnig, lijnrecht

la **cordée** (v) **1** bundel; [hout] vadem **2** [bergsport] touwgroep

la **cordelette** (v) touwtje, koordje

corder 1 met touw vastbinden **2** bespannen [tennisracket]

les **cordes** (mv, v) strijkers [in orkest]

le ¹**cordial** (m) opwekkend middel, opkikkertje

²**cordial, -e** (bn) **1** hartelijk **2** hartversterkend

cordialement hartelijk: [scherts] *détester ~* een hartgrondige afkeer hebben van; *~* met hartelijke groeten [brief]

la **cordialité** (v) hartelijkheid

la **cordillère** (v) bergketen: *la ~ des Andes* het Andesgebergte

le **cordon** (m) **1** koord, snoer, band: *tenir les ~s de la bourse* over het geld gaan; *~ ombili-*

cal navelstreng **2** ordelint **3** rij; kordon

le **cordon-bleu** (m; mv: cordons-bleus) bekwame kokkin

la **cordonnerie** (v) schoenmakerij

le **cordonnier** (m) schoenmaker

la **Corée** (v) Korea: *la ~ du Nord* Noord-Korea; *la ~ du Sud* Zuid-Korea

le/la **Coréen** (m), **-ne** (v) Koreaan(se)

le/la **coreligionnaire** (m/v) geloofsgenoot, -note

coriace 1 taai, leerachtig **2** vasthoudend, koppig, onhandelbaar

la **coriandre** (v) koriander

les **corinthes** (mv, m) [Belg] krenten

le **cormoran** (m) aalscholver

la **corne** (v) **1** hoorn [ook de stof]: *~ à chaussures* schoenlepel; *porter des ~s* bedrogen zijn [als echtgenoot, echtgenote] **2** eelt, hoornlaag **3** toeter: *~ de brume* misthoorn **4** uitsteeksel; ezelsoor [aan papier]

corné, -e hoornachtig

la **cornée** (v) hoornvlies

la **corneille** (v) kraai, kauw

la **cornemuse** (v) doedelzak

le **¹corner** (m) [sport] hoekschop

²corner (onov ww) **1** toeteren, op een hoorn blazen **2** suizen [van de oren] || [inf] *~ aux oreilles de qqn.* iem. in zijn oren tetteren, iem. aan zijn kop zaniken

³corner (ov ww) **1** rondbazuinen **2** aan de hoek omvouwen: *des pages cornées* bladzijden met ezelsoren

le **cornet** (m) **1** kornet **2** kornetspeler **3** puntzakje: *~ de frites* zakje patat || *~ à dés* bekertje voor dobbelstenen

le/la **cornettiste** (m/v) kornetblazer

le **corniaud** (m) onnozele hals, idioot

la **corniche** (v) **1** [bouwk] kroonlijst **2** [bouwk] daklijst **3** overhangende kustweg

le **cornichon** (m) **1** augurk **2** onnozele vent

le/la **corniste** (m/v) hoornblazer, hoornist(e)

cornu, -e gehoornd

la **cornue** (v) retort, distilleerkolf

le **corollaire** (m) logisch gevolg

la **corolle** (v) [plantk] bloemkroon || *jupe en ~* wijd uitlopende rok

le **coron** (m) mijnwerkerswijk

coronaire: *artère ~* kransslagader

la **corporation** (v) corporatie, gilde, genootschap

corporel, -le lichamelijk; lichaams-: *hygiène ~le* lichaamshygiëne; *peine ~le* lijfstraf

le **corps** (m) **1** lichaam, lijf; lijk: *soins du ~* lichaamsverzorging; *trembler de tout son ~* over zijn gehele lichaam rillen; *le ~ à ~* het handgemeen, gewoel; *~ et âme* met hart en ziel; *périr ~ et biens* met man en muis vergaan; *à son ~ défendant* tegen zijn zin; *à ~ perdu* blindelings; *faire ~ avec* een geheel vormen met **2** voorwerp: *~ étranger* vreemd voorwerp [in organisme] **3** stof: *~ simple*

element; *~ solide* vaste stof, vast lichaam **4** romp, voornaamste deel, middengedeelte: *~ de logis, ~ de bâtiment* hoofdgebouw **5** dikte, stevigheid: *avoir du ~* stevig zijn; *prendre ~* vaste vorm aannemen **6** korps, college: *~ d'élite* elitekorps; *~ diplomatique* corps diplomatique; *~ enseignant* onderwijzend personeel; *~ de métier* beroepsgroep

la **corpulence** (v) corpulentie, gezetheid

corpulent, -e gezet, dik

correct, -e 1 juist, nauwkeurig, zuiver, zonder fouten **2** net, behoorlijk

le/la **¹correcteur** (m), **-trice** (v) corrector, correctrice

le **²correcteur** (m) [comp] spellingchecker

³correcteur, -trice (bn) corrigerend

le **¹correctif** (m) **1** verzachting [van uitdrukking] **2** verbetering [in procedure] **3** [comp] patch

²correctif, -ive (bn) **1** corrigerend, verbeterend **2** verzachtend

la **correction** (v) **1** verbetering, correctie **2** juistheid, nauwkeurigheid **3** correctheid **4** straf

correctionnel, -le correctioneel: *tribunal ~* correctionele rechtbank [Belg]; strafkamer

la **correctionnelle** (v) correctionele rechtbank [Belg]; strafkamer

la **corrélation** (v) correlatie; onderling verband

la **correspondance** (v) **1** overeenstemming, overeenkomst **2** briefwisseling, correspondentie: *cours par ~* schriftelijke cursus; *vente par ~, VPC* postorderverkoop; *entreprise de vente par ~* postorderbedrijf **3** verbinding; aansluiting [van treinen enz.]: *rater la ~* de aansluiting missen

le/la **¹correspondant** (m), **-e** (v) **1** correspondent(e) [ook van een krant] **2** zakenrelatie

²correspondant, -e (bn) overeenkomend, overeenkomstig, corresponderend

correspondre 1 (+ avec) briefwisseling houden, corresponderen (met); in verbinding staan (met) **2** (+ à) overeenkomen met, beantwoorden aan, kloppen met **3** aansluiten [van treinen]

la **corrida** (v) **1** stierengevecht **2** [inf] gedoe; heibel

le **corridor** (m) gang

le **corrigé** (m) **1** model(oplossing) **2** sleutel

¹corriger (ov ww) **1** verbeteren, corrigeren, nakijken **2** lijfelijk straffen **3** verzachten, temperen

se **²corriger** (wdk ww) zich beteren

corroborer versterken; staven

corroder uitbijten, aantasten, invreten

¹corrompre (ov ww) **1** bederven, aantasten, verontreinigen **2** verleiden **3** verbasteren, verminken, verdraaien **4** omkopen

se **²corrompre** (wdk ww) bederven, ontaarden

corrompu, -e 1 bedorven **2** verdorven

3 corrupt

le **¹corrosif** (m) bijtmiddel

²corros|if, -ive (bn) **1** bijtend **2** venijnig: *humour* ~ scherpe humor

la **corrosion** (v) corrosie, aantasting

le/la **¹corrup|teur** (m), **-trice** (v) omkoper, omkoopster

²corrup|teur, -trice (bn) verderfelijk

corruptible omkoopbaar

la **corruption** (v) **1** bederf, verontreiniging **2** verdorvenheid **3** omkoperij, corruptie

le **corsage** (m) **1** lijf(je), bovenstuk [van een japon, bloes] **2** bloesje

le **corsaire** (m) **1** kaperschip **2** kaperkapitein **3** zeerover

corse Corsicaans

le/la **¹Corse** (m/v) Corsicaan(se)

la **²Corse** (v) Corsica

corsé, -e 1 stevig, krachtig **2** kras, pikant **3** gekruid

¹corser (ov ww) **1** sterker maken **2** aanzetten **3** aandikken [van een verhaal]

se **²corser** (wdk ww): *cela se corse* het wordt menens

le **cortège** (m) stoet, gevolg, optocht

le **cortex** (m) **1** [anat, plantk] schors **2** [anat] hersenschors

les **corticoïdes** (mv, m) corticoïden

la **cortisone** (v) cortison

la **corvée** (v) **1** corvee **2** karwei: *quelle* ~*!* wat een rotwerk!; *je suis de* ~ ze moeten mij weer hebben

la **corvette** (v) korvet

le **cosaque** (m) Kozak

le/la **cosignataire** (m/v) medeondertekenaar(ster)

cosmétique cosmetisch

les **cosmétiques** (mv, m) cosmetica

cosmique kosmisch

le/la **cosmonaute** (m/v) ruimtevaarder, kosmonaut(e)

le **¹cosmopolite** (m) wereldburger, kosmopoliet

²cosmopolite (bn) kosmopolitisch

le **cosmos** (m) [form] kosmos; heelal

la **cosse** (v) **1** dop, peul **2** [elek] draadklem

cossu, -e 1 welgesteld, die er warmpjes in zit **2** luxueus

le **costard** (m) pak, kloffie

costaricien, -ne Costa Ricaans

le/la **Costaricien** (m), **-ne** (v) Costa Ricaan(se)

le **¹costaud** (m) [inf] potige kerel

²costaud, -e (bn) [inf] stevig, potig

le **costume** (m) **1** pak, kostuum **2** klederdracht, kleding

costumé, -e: *bal* ~ gekostumeerd bal

le **costume-cravate** (m): *en* ~ keurig in het pak; jasje-dasje

costumer verkleden; vermommen

le/la **costum|ier** (m), **-ière** (v) costumier, maker, verkoper, verhuurder van toneelkostuums

cosy knus; gezellig

la **cotation** (v) notering, het noteren: ~ *en Bourse* beursnotering

la **cote** (v) **1** aanslag [in belasting] **2** peil, cijfer: *avoir la* ~ populair zijn, goed aangeschreven staan; ~ *d'alerte* alarmpeil [waterstand e.d.] **3** (beurs)notering; koers: ~ *de clôture* slotkoers **4** merk, nummer, letter **5** [Belg; ond] cijfer

la **côte** (v) **1** rib; zij: ~ *à* ~ zij aan zij; *se tenir les* ~*s* zijn buik vasthouden (van het lachen); *velours à* ~*s* ribfluweel **2** ribstuk **3** helling; stijging [van een weg]: *monter une* ~ een helling oprijden **4** kust: *aller à la* ~ stranden; *Côte d'Azur* (Franse) Rivièra **5** rib, scherpe kant, ribbel

le **côté** (m) **1** zijde [van een mens]; flank [van een dier]: *point de* ~ steek in de zij **2** zijde, kant: [munt] ~ *face* kop; *de chaque* ~ *(de)* aan weerszijden (van); *du* ~ *paternel* van vaderszijde; *il est de votre* ~ hij staat aan uw kant; *avoir les rieurs de son* ~ de lachers op zijn hand hebben; *de l'autre* ~ aan de andere kant, aan de overkant; *de ce* ~ aan, naar deze kant; *de tout* ~, *de tous* ~*s* aan, van, naar alle kanten; *à* ~ (er)naast, vergeleken met; *à* ~ *de* naast; *être à* ~ *de la vérité* bezijden de waarheid zijn; *à mes* ~*s* naast mij; *de* ~ opzij, van terzijde, schuin; *laisser de* ~ laten rusten; *mettre de* ~ **a)** opzijschuiven; **b)** sparen; *regarder de* ~ van terzijde aanzien; *de mon* ~ wat mij betreft; *du* ~ *de* **a)** aan, naar, van de kant van; **b)** in de buurt van, bij; ~ *finances* wat het geld betreft

le **coteau** (m) **1** heuvel **2** helling **3** wijngaard [op een heuvel]

la **Côte-de-l'Or** (v) Goudkust

la **Côte-d'Ivoire** (v) Ivoorkust

côtelé, -e geribd, geribbeld: *velours* ~ ribfluweel

la **côtelette** (v) kotelet, karbonade

coter 1 nummeren, merken **2** noteren [op de beurs]: *coté en Bourse* beursgenoteerd **3** aangeven [van hoogte, afmetingen] **4** een cijfer geven voor [schoolwerk] **5** waarderen: *bien coté* goed aangeschreven

la **coterie** (v) kliek, stel, club

côt|ier, -ière kust-: *navigation côtière* kustvaart

le **cotillon** (m) onderrok

les **cotillons** (mv, m) feestartikelen, serpentines, confetti

la **cotisation** (v) bijdrage, contributie, premie, [Belg] lidgeld

¹cotiser à (onov ww) bijdragen aan; contributie betalen voor

se **²cotiser** (wdk ww) geld bijeenbrengen; gezamenlijk de kosten dragen

le **¹coton** (m) **1** katoen **2** watten: ~ *à démaquiller* wattenschijfje; *élever dans du* ~ in de watten leggen; *j'ai les jambes en* ~ ik kan me amper op de been houden ‖ *il file un mauvais ~* het gaat slecht met hem

²coton (bn, mv: *onv*) [pop] moeilijk: *c'est ~* het is moeilijk, lastig

cotonn|eux, -euse 1 wollig, donzig: *ciel ~* hemel met schapenwolkjes **2** melig, flauw

le **¹cotonnier** (m) katoenstruik

²cotonn|ier, -ière (bn) katoen-: *industrie cotonnière* katoenindustrie

le **coton-tige** (m; mv: cotons-tiges) wattenstaafje

côtoyer 1 wandelen (varen, rijden) langs **2** dichtbij komen **3** in aanraking komen met

le **cotre** (m) kotter [schip]

le **cou** (m) hals, nek: *couper le ~* onthoofden; *se jeter* (of: *sauter*) *au ~ de qqn.* iem. om de hals vallen; *jusqu'au ~* tot over de oren; *prendre ses jambes à son ~* de benen nemen; *mettre* (of: *laisser*) *la bride sur le ~* de vrije teugel laten; *se casser le ~* **a)** zich verwonden bij het vallen; **b)** [inf] de kop kosten

le **couac** (m) valse noot: *faire un ~* ernaast zitten

le **¹couard** (m) lafaard, lafbek

²couard, -e (bn) (laf)hartig

la **couardise** (v) laf(hartig)heid

le **couchage** (m) (het) slapen, naar bed brengen, naar bed gaan: *sac de ~* slaapzak

le **¹couchant** (m) **1** westen **2** ondergaande zon

²couchant, -e (bn) ondergaand [van de zon]: *soleil ~* ondergaande zon ‖ *chien ~* afgerichte jachthond

la **couche** (v) **1** bed **2** luier **3** laag: *~ de neige* sneeuwvlaag, sneeuwdek; *~ de peinture* verflaag; *les ~s sociales* de sociale klassen **4** broeibed ‖ *fausse ~* miskraam; [inf] *en rajouter une ~* **a)** koppig volhouden; **b)** er nog een schepje bovenop doen

couché, -e liggend; in bed: *être ~* **a)** liggen; **b)** in bed zijn; *écriture ~e* schuin schrift; *papier ~* kunstdrukpapier; *le soleil est ~* de zon is onder; *au ~* , *~!* hier! koest!

la **couche-culotte** (v) luierbroekje, wegwerpluier

le **¹coucher** (m) **1** het naar bed gaan **2** ondergang [van de zon]

²coucher (onov ww) slapen, overnachten: *~ à la belle étoile* onder de blote hemel slapen; *~ (avec qqn.)* met iem. naar bed gaan, seks hebben; [inf] neuken ‖ *nom à ~ dehors* onmogelijke naam

³coucher (ov ww) **1** naar bed brengen; neerleggen; doen overhellen, neerbuigen: *la pluie a couché les blés* de regen heeft het koren neergeslagen **2** opschrijven: *~ par écrit* boeken, op schrift stellen; *~ sur son testament* in zijn testament zetten ‖ *~ en joue* aanleggen, mikken op

se **⁴coucher** (wdk ww) **1** gaan liggen: *couche(-toi)!* af! koest! **2** naar bed gaan, gaan sla-

pen: *se ~ comme les poules* met de kippen op stok gaan; [inf] *allez vous ~* laat me met rust **3** ondergaan [van de zon]

la **coucherie** (v) [inf] vrijpartij

les **couches** (mv, v) bevalling: *être en ~* in het kraambed liggen

le **couche-tard** (m) nachtbraker

le **couche-tôt** (m) iem. die vroeg naar bed gaat

la **couchette** (v) **1** bedje **2** [scheepv] kooi; [spoorw] couchette

le/la **couch|eur** (m), **-euse** (v): [inf] *mauvais ~* lastige vent, mens

couci-couça zo zo, tamelijk

le **¹coucou** (m) **1** koekoek **2** koekoeksklok **3** wilde narcis, sleutelbloem **4** [inf] vliegtuig, kist

²coucou (tw) kiekeboe: *~, me voilà!* ik kom! [bij verstoppertje spelen]

le **coude** (m) **1** elleboog [ook van mouw]: *~ à ~* zij aan zij, schouder aan schouder; *jouer des ~s* **a)** zich een weg banen in gedrang; **b)** [fig] zijn ellebogen gebruiken; *donner un coup de ~ à qqn.* iem. aanstoten; [inf] *lever le ~* graag een borrel lusten; *se serrer les ~s* elkaar helpen **2** bocht [weg, straat enz.]

coudé, -e met een elleboog

la **coudée** (v) el: *dépasser qqn. de cent ~s* met kop en schouders boven iem. uitsteken; *avoir les ~ franches* de handen vrij hebben

le **cou-de-pied** (m; mv: cous-de-pied) wreef

le **coudoiement** (m) aanraking

coudoyer 1 vlak lopen langs **2** in aanraking komen met

coudre naaien; vastnaaien, aanzetten; hechten: *machine à ~* naaimachine; *cousu d'or* **a)** met goud bestikt; **b)** schatrijk; *bouche cousue!* mondje dicht!; *cousu de fil blanc* er dik bovenop liggend [bedrog]; *cousu main* **a)** met de hand genaaid [van leer]; **b)** eerste kwaliteit

le **coudrier** (m) hazelaar

la **couenne** (v) zwoerd

la **couette** (v) **1** dekbed **2** staartje [in het haar]

le **couffin** (m) mand; reiswieg

couic piepgeluid, piep

la **couille** (v) [inf] kloot

le **couillon** (m) [inf] idioot, klootzak

la **couillonnade** (v) [inf] stommiteit

couillonner [inf] bedonderen

couillu, -e [inf] gedurfd; met lef, met ballen

couiner piepen

le **coulage** (m) **1** (het) gieten [van metaal] **2** [fig] verspilling

le **¹coulant** (m) schuifring

²coulant, -e (bn) **1** stromend, vloeiend: *camembert ~* camembert die loopt, heel zacht is; *nœud ~* wurgknoop, lus **2** gemakkelijk, handelbaar, coulant la **coule** (v) [van monnik] pij ‖ *être à la* ~ leep zijn, weten te profiteren van de situatie

le **coulé** (m) **1** [muz] legato **2** [biljart] doorschietbal

la **coulée** (v) **1** stroom [lava] **2** (het) gieten [van metaal]

¹couler (onov ww) **1** vloeien, stromen, glijden; [van tijd] voortglijden, voorbijgaan: ~ *de source* logisch in elkaar zitten, vanzelfsprekend zijn; *faire* ~ *de l'encre* veel inkt doen vloeien **2** zinken, verdrinken: ~ *à pic* zinken als een baksteen **3** [fig] ten onder gaan **4** lekken, lopen, druipen

²couler (ov ww) **1** overgieten, filtreren; gieten [van metaal]; storten [van beton] **2** doen zinken, in de grond boren; [fig] in diskrediet brengen; onmogelijk maken, te gronde richten **3** doorbrengen, slijten [zijn dagen]: ~ *des jours heureux* een gelukkig leven leiden; [inf] *se la* ~ *douce* een onbekommerd leventje leiden

se **³couler** (wdk ww) glijden, (binnen)sluipen: ~ *dans son lit* onder de dekens kruipen

la **couleur** (v) **1** kleur: *changer de* ~ van kleur verschieten; *de* ~ gekleurd; *description haute en* ~ kleurrijke beschrijving; *homme de* ~ kleurling; [inf] *en faire voir à qqn. de toutes les* ~*s* iem. het leven zuur maken; *le bâtiment reprend des* ~*s* de bouw begint te herstellen, het gaat weer beter in de bouw **2** kleur [spel]

les **couleurs** (mv, v) vlag: *saluer les* ~ de vlag groeten

la **couleuvre** (v) veldslang: ~ *à collier* ringslang; *avaler des* ~*s* beledigingen slikken, allerlei onzin slikken

le **coulis** (m) geconcentreerd sap [van vruchten]

coulissant, -e schuif-: *pied à* ~ schuifmaat

la **coulisse** (v) **1** sleuf, gleuf, sponning: *à* ~ schuif-; *un regard en* ~ een zijdelingse blik **2** coulisse; ruimte daarachter: *dans les* ~*s* achter de schermen

coulisser schuiven [langs een gleuf]

le **couloir** (m) **1** gang; zijgang [trein]: ~ *aérien* luchtcorridor, aanvliegroute; ~ *d'autobus* busbaan; ~ *humanitaire* hulpcorridor [in oorlogsgebieden] **2** langgerekt dal

les **couloirs** (mv, m) wandelgangen: *bruits de* ~ geruchten

le **coup** (m) **1** slag, stoot, steek, schot, (plotselinge) beweging: *avoir le* ~ er de slag van hebben; *sur le* ~ *de midi* op slag van twaalven; *cela m'a donné un* ~ dit heeft me van streek gemaakt; [inf] *faire les quatre cents* ~*s* erop los leven; *il en a pris un* ~ dat was voor hem een harde slag; *tenir le* ~ het uithouden, volhouden; *cela vaut le* ~ dat is de moeite waard; *donner un* ~ *de balai* even wat bijvegen; *un* ~ *bas* een stoot onder de gordel; ~ *de bec* vinnige uitval; ~ *de canon* kanonschot; ~ *de ciseaux* knip met de schaar; ~ *de collier* ruk; ~ *dur* tegenslag; [sport] ~ *d'envoi* aftrap; ~ *d'épingle* speldenprik [ook fig]; ~ *d'essai* eerste poging; ~ *de feu* schot; *le* ~ *est parti* het schot klonk; ~ *de fil* telefoontje; ~ *de foudre* **a)** bliksemslag, donderslag; **b)** liefde op het eerste gezicht; ~ *franc* vrije schop [voetbal]; ~ *de grâce* genadeslag; ~ *de Jarnac* gemene streek; *donner un* ~ *de main* een handje helpen; ~ *d'œil* blik, oogopslag, oogje; ~ *de pied* schop; ~ *de pompe* plotselinge vermoeidheid; ~ *de sifflet* fluitsignaal, fluitje; ~ *de soleil* zonnesteek; *prendre un* ~ *de soleil* verbranden [in de zon]; ~ *de sonnette* het bellen, bel; ~ *de téléphone* telefoontje; ~ *de tête* **a)** kopstoot, kopbal; **b)** onbezonnen daad; ~ *de tonnerre* donderslag [ook fig]; ~ *de vent* windvlaag, rukwind; *entrer en* ~ *de vent* binnenstuiven **2** streek, zet [ook bij spel]; daad: ~ *d'État* staatsgreep; ~ *de théâtre* onverwachte wending; [inf] *être dans le* ~ erbij betrokken zijn, meedoen, ervan weten; *il m'a déjà fait le* ~ zo'n poets heeft hij mij al meer gebakken; *c'est lui qui a fait le* ~ hij is de schuldige; ~ *de fortune* gelukkig toeval; *gagner à tous les* ~*s* telkens winnen; ~ *de maître* meesterlijke zet; *mauvais* ~ gemene streek; *manquer son* ~ zijn slag niet kunnen slaan; [inf] *mettre qqn. dans le* ~ iem. in de zaak betrekken; *monter un* ~ *à qqn.* iem. erin laten lopen; *sale* ~ **a)** gemene streek; **b)** tegenvaller **3** teug: *boire* (of: *prendre*) *un* ~ een glaasje drinken; *boire à petits* ~ voorzichtig, met kleine slokjes, drinken; *d'un seul* ~ in één teug ‖ *après* ~ naderhand, achteraf; *du même* ~ tegelijkertijd; *du premier* ~ meteen, dadelijk; ~ *sur* ~ slag op slag, zonder tussenpoos; *à* ~ *sûr* zeker; *à* ~*s de …* met (behulp van) veel …; *être sous le* ~ de bedreigd worden met, onder de invloed zijn van; *sous le* ~ *de l'émotion* door de emotie; *tout à* ~, *tout d'un* ~ plotseling, ineens; *tué sur le* ~ op slag gedood; *sans* ~ *férir* zonder slag of stoot; [jur] *être condamné pour* ~*s et blessures* veroordeeld worden voor het veroorzaken van lichamelijk letsel; [Belg] veroordeeld worden voor slagen en verwondingen

le/la **¹coupable** (m/v) schuldige, dader

²coupable (bn) **1** (+ de) schuldig (aan): *plaider* ~ schuld bekennen **2** strafbaar

coupant, -e snijdend, scherp [ook fig]

le **coup-de-poing** (m; mv: coups-de-poing) bijl: ~ *américain* boksbeugel

la **coupe** (v) **1** (drink)beker, kelk: ~ *à champagne* champagneglas; *il y a loin de la* ~ *aux lèvres* beloven en doen is twee; *la* ~ *est pleine!* de maat is vol! **2** [sport] wisselbeker, cup **3** bekerwedstrijd **4** 't snijden, maaien, afsnijden, doorsnijden, kloven **5** (het) omhakken [van bomen]; voor de kap bestemde bomen: *mettre en* ~ *réglée* **a)** geregeld hakken;

b) [fig] exploiteren, stelselmatig uitzuigen; ~ *sombre*, ~ *claire* a) het uitdunnen; b) [fig] aanzienlijke inkrimping; *être sous* la ~ *de* onder de plak zitten van **6** snit [van kleding] **7** knippen [van haar]: ~ *au carré* pagekopje **8** doorsnede, cesuur [in verzen] **9** (het) couperen [van speelkaarten]

le **coupe-circuit** (m; mv: coupe-circuits) zekering

le **coupe-coupe** (m; mv: *onv*) kapmes

le **coupe-faim** (m; mv: coupe-faim(s)) hongerstiller; tussendoortje

le **coupe-feu** (m; mv: coupe-feu(x)) **1** brandgang **2** [comp] firewall

le **coupe-gorge** (m; mv: coupe-gorge(s)) gevaarlijke plaats

le **coupe-ongles** (m; mv: *onv*) nageltang

le **coupe-papier** (m; mv: *onv*) briefopener

¹couper (onov ww) **1** snijden: ~ *dans* le vif straffe maatregelen nemen, het mes erin zetten **2** [kaartsp] couperen **3** (+ à) [inf] ontkomen aan, zich onttrekken aan: ~ *court* à een eind maken aan

²couper (ov ww) **1** snijden, afsnijden, doorsnijden; hakken, afhakken, doorhakken; knippen, afknippen, doorknippen; kloven, houwen [van steen]; maaien; afsluiten, verbreken [van stroom]; doorbreken [van een vijandelijke linie]; afsnijden, versperren [van een weg]; schrappen, bekorten: ~ *la communication* de verbinding verbreken; ~ *l'eau* de (hoofd)kraan dichtdraaien; [pop] ~ *le sifflet à qqn.* iem. de mond snoeren; [fig] ~ *les ponts* alle contact verbreken; ~ *le chemin à qqn.* iem. de pas afsnijden; [met de auto] snijden **2** afsnijden, benemen, stuiten, belemmeren: ~ *l'appétit* de eetlust benemen; ~ *la joie* het plezier benemen; ~ *la fatigue* de vermoeidheid verdrijven; ~ *la fièvre* de koorts stuiten; ~ *la parole à qqn.* iem. in de rede vallen, onderbreken; ~ *le souffle* de adem benemen **3** aanlengen: ~ *le vin* de wijn (met water) aanlengen **4** [kaartsp] couperen

se **³couper** (wdk ww) **1** zich snijden; elkaar snijden [van cirkels, wegen] **2** [inf] zich in de vingers snijden, door de mand vallen, zich tegenspreken

le **couperet** (m) **1** hakmes **2** mes [van de guillotine]

le **coupe-vent** (m; mv: coupe-vent(s)) windjack; windscherm

le **couplage** (m) koppeling, het koppelen

le **couple** (m) (echt)paar; span, stel

coupler koppelen, twee aan twee samenbinden

le **couplet** (m) **1** strofe; couplet **2** [fig] hetzelfde liedje

la **coupole** (v) koepel ‖ *être reçu sous* la Coupole lid van de Académie française worden

le **coupon** (m) coupon, rentebewijs

le **coupon-réponse** (m) antwoordcoupon

la **coupure** (v) **1** snee **2** schrapping **3** bankbiljet **4** onderbreking: ~ *de courant* stroomstoring **5** knipsel [krant]

la **couque** (v) **1** (kruid)koek **2** [Belg] koffiebroodje

la **cour** (v) **1** (binnen)plaats; erf: ~ *d'honneur* voorplein; ~ *de récréation* schoolplein **2** [Belg] toilet **3** hofhouding: *faire* la ~ het hof maken **4** hof: ~ *d'appel* gerechtshof, [Belg] hof van beroep; ~ *d'assises* juryrechtbank voor zware strafzaken, [Belg] hof van assisen; *Cour de cassation* Hoge Raad, [Belg] Hof van Cassatie; ~ *martiale* krijgsraad; ~ *suprême* des Forces armées [Belg] Krijgshof; *Cour des comptes* Rekenkamer, [Belg] Rekenhof

le **courage** (m) moed, dapperheid: *avec* ~ moedig; *perdre* ~ de moed verliezen; *prendre* son ~ *à deux mains* de stoute schoenen aantrekken; *avoir* le ~ *de ses opinions* voor zijn mening durven uitkomen

courag|eux, -euse moedig, dapper

couramment 1 vloeiend, vlot **2** gewoonlijk, algemeen

le **¹courant** (m) stroom, loop: ~ *d'air* tocht, luchtstroom; ~ *alternatif* wisselstroom; ~ *électrique* stroom; *être* (of: *mettre*) *au* ~ op de hoogte zijn (of: brengen); *dans* le ~ *de* in de loop van; *le* ~ *passe entre nous* het klikt tussen ons

²courant, -e (bn) **1** vloeiend, stromend **2** lopend: *affaires* ~*es* lopende zaken; *compte* ~ rekening-courant; *le 10* ~ de tiende van deze maand; ~ *avril* in de loop van april; *main* ~*e* a) [politie] dagrapport; b) trapleuning **3** gangbaar, gewoon: *langage* ~ omgangstaal

la **courante** (v): [inf] *avoir* la ~ aan de dunne zijn

la **courbature** (v) stijfheid, spierpijn

courbaturé stijf: *être* ~ spierpijn hebben, geradbraakt zijn

la **¹courbe** (v) kromme lijn, curve; kromming, welving

²courbe (bn) krom, gebogen

¹courber (onov ww) zich krommen, buigen

²courber (ov ww) krommen, buigen [ook fig]; zich onderwerpen

se **³courber** (wdk ww) **1** zich buigen, bukken **2** zich onderwerpen

la **courbette** (v): *faire des* ~*s* kruiperig beleefd zijn, slijmerig doen

la **courbure** (v) kromming

le/la **cour|eur** (m), **-euse** (v) hardloper, -loopster, hardrijder, renner: ~ *cycliste* wielrenner; ~ *de fond* langeafstandsloper; ~ *de filles* rokkenjager

la **courge** (v) pompoen

la **courgette** (v) courgette [vrucht]

¹courir (onov ww) **1** hardlopen, hollen, vliegen, rennen: ~ *après (qqn., qqch.)* nalopen, najagen; *qu'est-ce qui vous fait ~?* wat beweegt u?; *en courant* in haast, snel; *laisser ~* op zijn beloop laten; *~ à sa ruine* zijn ondergang tegemoet gaan **2** lopen [van trein, rivieren enz.]: *le bruit court* het gerucht gaat; *par les temps qui courent* vandaag de dag, tegenwoordig

²courir (ov ww) **1** meedoen aan [een wedstrijd] **2** jacht maken op **3** zich blootstellen aan: *~ un danger* gevaar lopen **4** veel bezoeken, aflopen **5** najagen: *~ un prix* meedingen naar een prijs **6** doorkruisen: *~ les rues* langs de straat lopen

la **couronne** (v) **1** kroon **2** krans: *ni fleurs ni ~s* geen bloemen, geen kransen [bij begrafenis]; *~ funéraire* grafkrans

couronné, -e 1 gekroond **2** bekroond

le **couronnement** (m) **1** kroning(splechtigheid); [fig] bekroning, voltooiing, kroon op het werk **2** kroonstuk, lijst, kroon, kap [van meubel of gebouw]

couronner 1 kronen: *~ roi* tot koning kronen **2** bekronen **3** de kroon zetten op

courre: *chasse à ~* jacht met honden

le **courriel** (m) e-mail

le **courrier** (m) **1** koerier **2** post: *par retour du ~* per omgaande; *~ électronique* e-mail, elektronische post; *~ indésirable* ongewenste e-mail, junkmail, spam **3** kroniek, rubriek [in een krant]: *~ du cœur* rubriek voor liefdesperikelen

la **courroie** (v) (leren) riem: *~ de transmission* drijfriem

courroucer vertoornen, verbolgen maken

le **courroux** (m) toorn

le **cours** (m) **1** loop [van rivieren, sterren, de tijd enz.]: *~ inférieur* benedenloop; *au* (of: *dans le, en*) *~ de* in de loop van, tijdens; *en ~ de construction* in aanbouw; *en ~ de route* onderweg; *le mois en ~* de lopende maand; *les travaux sont en ~* het werk is in uitvoering; *donner libre ~ à* de vrije loop laten aan; *~ d'eau* stroom, water **2** gang, omloop, koers: *avoir ~* in omloop zijn, gangbaar zijn; *~ de bourse* beurskoers; *~ normal des choses* normale gang van zaken; *~ papier* papierkoers; *~ de change* wisselkoers **3** cursus, les, college; leergang: *~ accéléré* stoomcursus; *faire un ~* college geven, les geven; *~ de langue(s)* [Belg] taalleergang; *~ de rattrapage* inhaalcursus; *~ de recyclage* bijscholing, omscholing; *~ du soir* avondcursus; *~ préparatoire* ± basisschool groep drie; *~ élémentaire* ± groep vier en vijf; *~ moyen* ± groep zes en zeven; *suivre un ~* college lopen; *avoir ~* les hebben **4** promenade; [aan zee] boulevard **5** [scheepv] vaart: *long ~* grote vaart

la **course** (v) **1** (het) hardlopen, ren: *au pas de ~* heel snel; *à bout de ~* uitgeput; *être en fin de ~* uitgeteld zijn **2** wedloop, wedren, wedstrijd: *cheval de ~* renpaard; *~ cycliste* wieler-

wedstrijd; *~s de chevaux* paardenrennen **3** boodschap: *garçon de ~s* besteller; *faire les ~s* de boodschappen doen **4** tocht, reis, rit

le **coursier** (m) **1** (strijd)ros **2** loopjongen

le **¹court** (m) tennisbaan

²court, -e (bn) **1** kort: *faire la ~e échelle à qqn.* **a)** iem. op zijn schouders laten staan; **b)** iem. voorthelpen; *avoir l'haleine ~e* kortademig zijn; *avoir la mémoire ~e* vergeetachtig zijn; *à ~ terme* op korte termijn **2** bekrompen **3** krap: *c'est un peu ~* het is onvoldoende

³court (bw) **1** kort: *couper ~* afkappen; *tout ~* kortaf, zonder meer **2** ineens: *tourner ~* (ineens) mislukken, verzanden ‖ *à ~* zonder; *être à ~ d'arguments* met zijn mond vol tanden staan; *être à ~ d'argent* krap zitten; *prendre de ~* overrompelen, verrassen

le **courtage** (m) commissieloon, provisie

courtaud, -e kort, dik

le **court-bouillon** (m; mv: courts-bouillons) visbouillon

le **court-circuit** (m; mv: courts-circuits) kortsluiting

court-circuiter 1 kortsluiting maken in **2** uitschakelen, passeren

la **courtepointe** (v) gewatteerde gestikte deken

le/la **court|ier** (m), **-ière** (v) makelaar(ster), agent(e)

le **courtisan** (m) **1** hoveling **2** vleier

courtiser 1 het hof maken aan **2** vleien

courtois, -e hoffelijk, beleefd: *poésie ~e* hoofse poëzie

la **courtoisie** (v) hoffelijkheid, beleefdheid

le **Courtrai** (m) Kortrijk

couru, -e gezocht, populair ‖ [inf] *c'est ~* daar is geen twijfel aan

le **couscous** (m) couscous [gerecht uit Noord-Afrika]

le **cousin** (m) **1** neef, [Belg] kozijn: *~ germain* volle neef **2** mug

la **cousine** (v) nicht

le **coussin** (m) kussen: *~ gonflable* airbag; *~ d'air* luchtkussen

le **coussinet** (m) **1** kussentje **2** lager

cousu volt dw van *coudre*

le **coût** (m) kosten: *le ~ de la vie* de kosten voor levensonderhoud; *~s salariaux* loonkosten

coûtant, -e kostend: *au prix ~* tegen kostprijs

le **couteau** (m) mes: *coup de ~* messteek, snee; *~ à cran d'arrêt* dolkmes, stiletto; *~ suisse* (Zwitsers) zakmes; *à ~x tirés* op gespannen voet; *une atmosphère à couper au ~* een stemming om te snijden ‖ *seconds ~x* tweede garnituur, mindere goden

le **couteau-éplucheur** (m; mv: couteaux-éplucheurs) dunschilmesje; dunschiller

le **couteau-scie** (m; mv: couteaux-scies) kartelmes, zaagmes, broodzaag

le **coutelas** (m) **1** groot keukenmes **2** korte,

brede sabel

le **coutelier** (m) messenfabrikant; messenverkoper

la **coutellerie** (v) messenmakerij, messenwinkel

coûter kosten: ~ *cher* a) duur zijn; b) duur komen te staan; *il m'en coûte de* het kost me moeite om; *coûte que coûte* tot elke prijs; *tout lui coûte* alles is hem te veel; ~ *les yeux de la tête*, ~ *la peau des fesses* [pop] peperduur zijn

coût|eux, -euse kostbaar, duur

la **coutume** (v) 1 gewoonte, gebruik, zede: *de* ~ gewoonlijk 2 gewoonterecht

coutum|ier, -ière gewoon: *droit* ~ gewoonterecht; *il est* ~ *du fait* daar heeft hij een handje van

la **couture** (v) 1 (het) naaien, modevak: *haute* ~ luxe modekleding; *maison de* ~ modehuis 2 naad: *battre à plate(s)* ~*(s)* totaal verslaan, in de pan hakken; *examiner sous toutes les* ~*s* zeer zorgvuldig onderzoeken; *le petit doigt sur la* ~ *du pantalon* kaarsrecht, in de houding 3 hechting

le/la **coutur|ier** (m), **-ière** (v) modeontwerp(st)er, naaister

la **couvée** (v) 1 broedsel 2 jonge vogeltjes 3 [inf] kroost

le **couvent** (m) mannenklooster; nonnenschool

[1]**couver** (onov ww) [fig] smeulen, broeien

[2]**couver** (ov ww) 1 uitbroeden 2 broeden op, zinnen op: ~ *une maladie* een ziekte onder de leden hebben; ~ *qqch.* (of: *qqn.) des yeux* iets (of: iem.) met de ogen verslinden

le **couvercle** (m) deksel; klep

le **couvert** (m) 1 logies, onderdak: *le vivre et le* ~ kost en inwoning; [fig] *sous le* ~ *de* a) onder verantwoordelijkheid van; b) onder voorwendsel van 2 bestek: *mettez deux* ~*s* dek voor twee personen

[2]**couvert, -e** (bn) bedekt, gedekt; met zijn hoed op: *à mots* ~*s* in bedekte termen; *piscine* ~*e* overdekt zwembad; *temps* ~ bewolkt (weer); *tout* ~ *de* bezaaid met; *bien* (of: *chaudement*) ~ warm gekleed

la **couverture** (v) 1 deken; (dek)kleed: ~ *de lit* deken; [fig] *tirer la* ~ *à soi* het meeste (beste) naar zich toehalen 2 dekmantel, voorwendsel 3 omslag, kaft: ~ *d'un cahier* kaft van een schrift 4 dakbedekking 5 dekking 6 (het) verslaan: ~ *d'un événement* verslaggeving van een gebeurtenis

la **couveuse** (v) 1 broedhen 2 couveuse

le **couvre-chef** (m; mv: couvre-chefs) [inf] hoofddeksel

le **couvre-feu** (m; mv: couvre-feux) avondklok, uitgaansverbod

le **couvre-lit** (m; mv: couvre-lits) sprei

le **couvreur** (m) leidekker, dakwerker

[1]**couvrir** (ov ww) 1 (+ de) (be)dekken (met): ~ *une distance* een afstand afleggen; ~ *une*

surface een oppervlakte beslaan 2 kleden 3 (+ de) overladen (met) 4 beschutten, beschermen 5 kaften 6 dekken [kosten] 7 verslaan: ~ *les élections* de verkiezingen verslaan 8 verbergen

se [2]**couvrir** (wdk ww) 1 (warme) kleren aandoen 2 betrekken [van de lucht]: [ook fig] *le ciel se couvre* de lucht betrekt, het ziet er somber uit 3 (+ de) zich overladen (met): *se* ~ *de gloire* zich met roem overladen; *se* ~ *de ridicule* zich bespottelijk maken 4 zich indekken [tegen verlies, risico] 5 zich verschuilen

le **covoiturage** (m) carpooling

le **coyote** (m) prairiewolf; coyote

le **crabe** (m) krab: *marcher en* ~ zijwaarts lopen

crac! krak!

le **crachat** (m) spuug(sel); fluim

craché (onv): *c'est elle tout* ~ zo is zij nou, ten voeten uit 3 *c'est son père tout* ~ hij is sprekend zijn vader

le **crachement** (m) 1 (het) spuwen 2 geknetter [in de telefoon] 3 (het) vonken; gespetter

[1]**cracher** (onov ww) 1 spuwen: ~ *sur* verachten; *il ne crache pas sur* le fromage hij is niet vies van kaas; *il ne faut pas* ~ *dans* la soupe je moet je eigen glazen niet ingooien 2 spatten, knetteren

[2]**cracher** (ov ww) 1 (uit)spuwen 2 [pop] dokken, betalen

le/la **crach|eur** (m), **-euse** (v) spuw(st)er

le **crachin** (m) dichte motregen

le **crachoir** (m) kwispedoor, spuwbak: [inf] *tenir le* ~ doorzwammen

crachoter sputteren, kwaken

le **crack** (m) 1 [inf] bolleboos; crack; uitblinker 2 [paardensport] crack 3 crack [drug]

le **cracker** (m) [comp] cracker

cradingue smerig

crado [inf] smerig

la **craie** (v) krijt; krijtje

[1]**craindre pour** (onov ww) zich ongerust maken over, bezorgd zijn voor: ~ *pour la vie de qqn.* voor iemands leven vrezen || *ça craint* a) dat is waardeloos; b) dat is link

[2]**craindre** (ov ww) 1 vrezen, duchten, bang zijn voor 2 niet kunnen tegen [vorst, vocht e.d.]: *craint l'humidité!* droog houden!

craint volt dw van [1]*craindre*

la **crainte** (v) 1 vrees, angst (voor): *de* ~ *que* uit vrees dat 2 ontzag

craint|if, -ive vreesachtig, angstig

cramer verbranden

le **cramique** (m) krentenbrood, [Belg] kramiek

cramoisi (karmijn)rood: *devenir* ~ rood aanlopen

la **crampe** (v) kramp

le **crampon** (m) 1 kram 2 klimijzer 3 nop [van sportschoen] 4 hechtwortel 5 plakker, klit

se **cramponner** zich vastklampen

le **cran** (m) **1** keep, kerf: ~ *d'arrêt* pal; ~ *de sécurité* veiligheidspal; *il monte d'un* ~ *dans mon estime* hij stijgt een streepje in mijn achting **2** gaatje [in riem] **3** [inf] lef, moed: *être à* ~ op het punt staan in woede uit te barsten

le **¹crâne** (m) schedel: *avoir mal au* ~ **a)** hoofdpijn hebben; **b)** een kater hebben

²crâne (bn) kranig, kordaat

crâner stoer doen, opscheppen

le **crâneur** (m) branieschopper, opschepper

crânien, -ne schedel-: *boîte* ~*ne* hersenpan

le **crapaud** (m) **1** pad **2** crapaud [fauteuil]

crapoter [inf] roken zonder te inhaleren

la **crapule** (v) smeerlap, schoft

crapul|eux, -euse 1 [van misdaad] laag **2** gemeen

craquant, -e 1 knapperig **2** [inf] tof, leuk **3** [inf] aardig, lief

craqueler barsten

la **craquelure** (v) haarscheurtje

le **craquement** (m) gekraak

¹craquer (onov ww) **1** kraken **2** knappen: *plein à* ~ barstensvol **3** instorten, een inzinking hebben, het begeven: [fig] *devant une glace, je craque!* een ijsje, daar kan ik geen nee tegen zeggen!; *ses nerfs ont craqué* zijn zenuwen hebben het begeven

²craquer (ov ww) afstrijken [van een lucifer]

le **crash** (m) **1** buiklanding **2** vliegongeluk **3** (auto)botsing **4** het vastlopen [computer]

crasher crashen [van een computer]

la **¹crasse** (v) **1** (laag) vuil **2** (metaal)slak **3** [inf] rotstreek

²crasse (bn) grof, erg: *une ignorance* ~ een stuitende domheid

crass|eux, -euse smerig, vies

le **cratère** (m) krater

la **cravache** (v) karwats

¹cravacher (onov ww) zich rot werken

²cravacher (ov ww) met een karwats slaan, striemen

la **cravate** (v) **1** (strop)das **2** lint [van ridderorde] **3** wurggreep

cravater 1 in de wurggreep nemen **2** in de kraag pakken

le **crawl** (m) [zwemmen] crawl(slag): *nager le* ~ crawlen

cray|eux, -euse krijtachtig, krijthoudend: *avoir le teint* ~ krijtbleek zijn

le **crayon** (m) **1** potlood; tekenkrijt: ~ *de couleur* kleurpotlood; ~ *noir* **a)** zwart potlood; **b)** oogpotlood **2** stift: ~ *à bille* ballpoint, balpen; ~ *feutre* viltstift **3** potloodtekening, krijttekening || [inf] *s'emmêler les* ~*s* **a)** vastlopen [in een uitleg]; **b)** verstrikt raken, de draad kwijtraken

le **crayonnage** (m) **1** potloodschets, krijtschets **2** (het) schetsen

crayonner 1 met krijt, potlood tekenen, schetsen **2** opkrabbelen

la **créance** (v) schuldvordering

le/la **créanc|ier** (m), **-ière** (v) schuldeiser(es)

le/la **¹créa|teur** (m), **-trice** (v) schepper, uitvind(st)er, maker, maakster; ontwerp(st)er

²créa|teur, -trice (bn) scheppend: *esprit* ~ creatieve geest

le **Créateur** (m) [rel] Schepper [God]

créat|if, -ive scheppend, creatief

la **création** (v) **1** schepping, creatie, (uit)vinding **2** instelling, oprichting; (het) scheppen: ~ *de nouveaux emplois* (het) scheppen van nieuwe arbeidsplaatsen **3** ontwerp **4** première: ~ *mondiale* wereldpremière

la **créativité** (v) creativiteit

la **créature** (v) **1** schepsel, wezen **2** (vrouw)mens **3** beschermeling, gunsteling

la **crécelle** (v) ratel [ook fig]: *voix de* ~ schelle stem

la **crèche** (v) **1** krib, voerbak, kerststal **2** kinderdagverblijf, crèche, [Belg] peutertuin

crécher [pop] wonen, huizen, overnachten

crédibiliser geloofwaardig(er) maken

la **crédibilité** (v) geloofwaardigheid

crédible geloofwaardig

le **crédit** (m) **1** krediet: ~ *de communication* beltegoed; ~ *en blanc* blanco krediet; *carte de* ~ creditcard; *acheter à* ~ op afbetaling kopen; *faire* ~ à krediet geven aan; ~ *supplémentaire* [Belg] bijkrediet **2** kredietinstelling, kredietbank: ~ *agricole* boerenleenbank; ~ *foncier* bank voor grondkrediet; ~ *municipal* leenbank **3** credit, tegoed **4** vertrouwen, geloofwaardigheid **5** invloed, aanzien, gezag: *faire* ~ à vertrouwen stellen in

le **crédit-bail** (m; mv: crédits-bails) leasing

créditer crediteren, als tegoed boeken

le/la **¹crédi|teur** (m), **-trice** (v) crediteur

²crédi|teur, -trice (bn): *compte* ~ creditrekening

crédule goedgelovig, lichtgelovig

la **crédulité** (v) goedgelovigheid, lichtgelovigheid

¹créer (ov ww) **1** scheppen: ~ *des emplois* arbeidsplaatsen scheppen **2** instellen, oprichten, creëren, in het leven roepen **3** ~ *des ennuis* moeilijkheden geven

se **²créer** (wdk ww) **1** maken **2** opbouwen

la **crémaillère** (v): *pendre la* ~ een woning (feestelijk) inwijden; *chemin de fer à* ~ tandradbaan

le **¹crémant** (m) licht schuimende wijn

²crémant (bn) licht schuimend [van wijn]

la **crémation** (v) lijkverbranding, crematie

le **¹crématoire** (m) crematorium

²crématoire (bn) lijkverbrandings-: *four* ~ verbrandingsoven

le **¹crème** (m) koffie met melk: *grand* ~ grote kop koffie met melk

la **²crème** (v) **1** crème, zalf: ~ *à raser* scheercrème; ~ *pour chaussures* schoensmeer **2** room: ~ *fouettée*, ~ *Chantilly* (geklopte) slagroom **3** pudding: ~ *glacée* roomijs; [Belg] ~ *(à la)*

glace ijsje **4** likeur **5** het beste, het puikje
³crème (bn, mv: *onv*) crème [kleur]
la **crémerie** (v) zuivelhandel, zuivelwinkel
crém|eux, -euse 1 roomhoudend **2** romig
le/la **crém|ier** (m), **-ière** (v) verkoper, verkoopster van zuivelproducten
le **créneau** (m) **1** kanteel, tinne **2** schietgat: *monter au ~* in de aanval gaan **3** tussenruimte: *faire un ~* insteken, parkeren **4** zendtijd [voor bepaalde persoon, partij] **5** gat in de markt
crénelé, -e getand, gekarteld
le **¹créole** (m) (het) creools
le/la **²créole** (m/v) creool(se)
³créole (bn) creools
le **crêpage** (m) (het) kroezen || *~ de chignon* ruzie [van vrouwen]
le **¹crêpe** (m) **1** crêpe, krip **2** rouwfloers; rouwband **3** crêpe [voor schoenzolen]
la **²crêpe** (v) flensje, [Belg] koekenbak
¹crêper (ov ww) terugkammen, kroezen; touperen
se **²crêper** (wdk ww) kroezen || [inf] *se ~ le chignon* elkaar in de haren vliegen
la **crêperie** (v) pannenkoekenrestaurant
le **crépi** (m) pleisterkalk
crépir pleisteren
le **crépissage** (m) (het) pleisteren
la **crépitation** (v) geknetter
le **crépitement** (m) geknetter, gekraak
crépiter knetteren, kraken
le **crépon** (m) crêpepapier
crépu, -e gekroesd: *cheveux ~s* kroeshaar
crépusculaire schemer-: *animaux ~s* nachtdieren
le **crépuscule** (m) **1** schemering **2** verval, ondergang
le **¹crescendo** (m) **1** [muz] crescendo **2** toename
²crescendo (bw) [muz] crescendo || *aller ~* aanzwellen [van geluid]; toenemen
le **cresson** (m) waterkers
la **Crète** (v) Kreta
la **crête** (v) **1** kam [van dieren, helm, berg] **2** bovenrand, nok; kruin, kap, kop
le **crétin** (m) ezel, stommerik
la **crétinerie** (v) stompzinnigheid, stommiteit
la **crétinisation** (v) afstomping
crétiniser afstompen
le **creusement** (m) (het) uithollen, (het) graven, uitholling
¹creuser (ov ww) **1** uithollen; doen vermageren; [van wangen] doen invallen: *~ (l'estomac)* hongerig maken **2** (uit)graven **3** zich verdiepen in, uitdiepen: *~ la question* de vraag uitdiepen, verder over iets nadenken
se **²creuser** (wdk ww) hol worden; invallen [van wangen]; [fig] *le fossé se creuse* de kloof wordt dieper; *se ~ la tête* zich het hoofd breken, zich suf denken
le **creuset** (m) smeltkroes [ook fig]

le **¹creux** (m) holte, uitholling, kuil(tje): *dans le ~ de la main* in de holte van de hand; *être dans le ~ de la vague* een dieptepunt bereikt hebben
²creux, creuse (bn) hol, diep: *assiette creuse* diep bord, soepbord; *avoir l'estomac ~, avoir un petit ~* een lege maag hebben; *heure creuse* stil uur; *joues creuses* ingevallen wangen; *sonner ~* hol klinken
la **crevaison** (v) lekke band
crevant, -e [inf] **1** vermoeiend **2** om je dood te lachen
la **crevasse** (v) **1** barst, spleet, kloof **2** bergspleet, bergkloof
¹crevasser (ov ww) barsten maken in, doen barsten, doen springen: *main crevassée* hand met kloven
se **²crevasser** (wdk ww) barsten, splijten, springen
crevé, -e 1 kapot; lek [van een band] **2** dood **3** [inf] bekaf
la **crève** (v): [inf] *avoir la ~* snipverkouden zijn, ziek zijn
le **crève-cœur** (m; mv: crève-cœurs) verdriet; hartzeer
le **crève-la-faim** (m) [inf] hongerlijder
¹crever (onov ww) **1** barsten, splijten, opengaan; springen [van band]: *j'ai crevé* ik heb een lekke band **2** creperen, [inf] verrekken: [inf] *je crève de faim* ik sterf van de honger; *~ de jalousie* stikjaloers zijn
²crever (ov ww) opensnijden, een gat maken in, doen barsten: *~ le plafond* het maximum overschrijden; *~ un œil* een oog uitsteken; [fig] *ça crève les yeux* dat is zo klaar als een klontje
se **³crever** (wdk ww) zich afmatten
la **crevette** (v) garnaal: *~ grise* Hollandse garnaal
le **cri** (m) **1** schreeuw, kreet, gil: *~ du cœur* hartenkreet; [inf] *le dernier ~* het allernieuwste (snufje); *à grands ~s* luidkeels; [inf] *pousser de hauts ~s* hevig in verzet komen, tekeergaan **2** geschreeuw, geluid, gekraai, gekras, gepiep enz. [van dieren] **3** gekras, geknars
criailler 1 krijsen, tieren **2** schreeuwen, snateren [van dieren]
criant, -e schreeuwend, ongehoord: *contraste ~* schril contrast; *preuve ~e* sprekend bewijs
criard, -e 1 schreeuwerig, krijsend **2** schel [geluid] **3** opzichtig: *couleur ~e* harde, schelle kleur
le **crible** (m) zeef: *passer au ~* **a)** zeven, ziften, schiften; **b)** zorgvuldig onderzoeken
cribler 1 zeven, ziften; sorteren **2** doorzeven **3** (+ de) overladen (met): *criblé de dettes* tot over de oren in de schuld
le **cric** (m) [gereedschap] krik
le **cricri** (m) **1** gesjirp [van een krekel] **2** krekel
la **criée** (v) **1** verkoop bij opbod: *vente à la ~*

verkoop bij opbod **2** visafslag

¹crier (onov ww) **1** schreeuwen: ~ *contre* (of: *après*) qqn. tegen iem. uitvaren, iem. uitschelden; ~ *au feu* brand schreeuwen; ~ *à l'injustice* luidkeels over onrechtvaardigheid klagen **2** gillen **3** piepen, krassen, knarsen

²crier (ov ww) **1** schreeuwen, roepen **2** toeroepen, toeschreeuwen **3** venten met **4** bij opbod verkopen

le/la **cri|eur** (m), **-euse** (v) schreeuw(st)er: ~ *de journaux* krantenverkoper; [hist] ~ *public* omroeper

le **crime** (m) misdaad, zwaar misdrijf: *le lieu du* ~ de plaats delict

la **criminalité** (v) misdadigheid; criminaliteit

le/la **¹criminel** (m), **-le** (v) misdadig(st)er: ~ *de guerre* oorlogsmisdadiger

²criminel, -le (bn) **1** misdadig, crimineel **2** strafrechtelijk: *affaire* ~*le* strafzaak; *incendie* ~ brandstichting

la **criminologie** (v) criminologie

le **crin** (m) paardenhaar: *à tous* ~*s* [fig] vurig

la **crinière** (v) **1** manen **2** haardos **3** haarbos [van helm]

la **crique** (v) kreek, inham

le **criquet** (m) (veld)sprinkhaan

la **crise** (v) **1** crisis: ~ *économique* economische crisis; ~ *du logement* woningnood; ~ *de conscience* gewetensconflict; ~ *ministérielle* kabinetscrisis; ~ *pétrolière* oliecrisis; *traverser une* ~ een crisis doormaken **2** hevige aanval [van pijn e.d.]: ~ *de cafard* sombere bui; ~ *cardiaque* hartaanval; ~ *de désespoir* vlaag van wanhoop; ~ *de larmes* huilbui; ~ *de nerfs* driftbui; *piquer une* ~ een woede-uitbarsting krijgen

crispant, -e irriterend

la **crispation** (v) krampachtige samentrekking: *elle me donne des* ~*s* ze werkt op m'n zenuwen

¹crisper (ov ww) **1** samentrekken; [van een vuist] ballen: *il est un peu crispé* hij is een beetje gespannen; *visage crispé* verkrampt gezicht **2** [inf] tureluurs maken, irriteren: *cela me crispe* dit werkt op m'n zenuwen

se **²crisper** (wdk ww) **1** krampachtig samentrekken **2** zich verbijten, tureluurs worden

le **crissement** (m) geknars: ~ *de pneus* piepende banden

crisser knarsen, knarsetanden

le **cristal** (m; mv: cristaux) kristal [in alle bet]: ~ *de roche* bergkristal; *de* ~ **a)** kristallen; **b)** zeer helder; *voix de* ~ zeer heldere stem

le **¹cristallin** (m) kristallens [van oog]

²cristallin, -e (bn) kristalhelder, kristalachtig

la **cristallisation** (v) kristallisatie, kristalvorming

¹cristalliser (ov ww) doen kristalliseren

se **²cristalliser** (wdk ww) (uit)kristalliseren

le **critère** (m) criterium, toets, maatstaf

le **critérium** (m) [wielersp] criterium

critiquable 1 aanvechtbaar **2** laakbaar

le/la **¹critique** (m/v) criticus, beoordelaar, recensent: ~ *de cinéma* filmcriticus

la **²critique** (v) **1** kritiek, beoordeling, recensie: *faire la* ~ *de* beoordelen, recenseren **2** kritiek, afkeuring, berisping

³critique (bn) **1** kritisch: *sens* ~ onderscheidingsvermogen **2** kritiek, hachelijk, moeilijk: *situation* ~ hachelijke situatie

critiquer (be)kritiseren, beoordelen, recenseren, aanmerkingen maken op

le **croassement** (m) gekras [van kraaien e.d.]

le **croasser** krassen

croate Kroatisch

le/la **Croate** (m/v) Kroaat, Kroatische

la **Croatie** (v) Kroatië

le **croc** (m) **1** haak: ~ *de boucherie* vleeshaak **2** hoektand [van roofdieren]

le **croc-en-jambe** (m; mv: crocs-en-jambe): *faire un* ~ *à qqn.* iem. beentje lichten; iem. onderuithalen

le **croche-pied** (m; mv: croche-pieds): *faire un* ~ *à qqn.* iem. een beentje lichten

le **crochet** (m) **1** haak(je) **2** haakpen: *faire du* ~ haken **3** loper, haaksleutel **4** (plotselinge) bocht [van een weg]; omweg: *faire un* ~ omrijden **5** hoektand; giftand ‖ *vivre aux* ~*s de qqn.* op iemands kosten leven

crocheter 1 opensteken, forceren [van een slot] **2** oppikken **3** haken

crochu, -e krom, gebogen: *ils ont des atomes* ~*s* zij kunnen het goed met elkaar vinden, het klikt tussen hen

le **croco** (m) [inf] krokodillenleer

le **crocodile** (m) **1** krokodil **2** krokodillenleer

le **crocus** (m) krokus

¹croire (ov ww) geloven, menen, denken, aannemen, achten, houden voor, vertrouwen: *je le croyais plus courageux* ik dacht dat hij dapperder was; *ne pas en* ~ *ses yeux* zijn ogen niet kunnen geloven; *il croit à la négociation* hij is overtuigd van de zin van onderhandelen; ~ *en soi* in zichzelf geloven, zelfvertrouwen hebben; ~ *en Dieu* in God geloven; *à en* ~ *la presse …* als we de pers moeten geloven …; *on croit rêver!* het is haast niet te geloven!

se **²croire** (wdk ww) zich achten, zich houden voor: *il se croyait riche* hij dacht dat hij rijk was; *on se croirait en été* je zou denken dat het zomer is

la **croisade** (v) kruistocht: *une* ~ *pour la paix* een campagne voor de vrede

le **¹croisé** (m) kruisvaarder

²croisé, -e (bn) gekruist; kruiselings over elkaar: *les bras* ~*s* **a)** met de armen over elkaar; **b)** werkloos; *mots* ~*s* **a)** kruiswoordraadsel; **b)** cryptogram

la **croisée** (v) kruispunt, kruising [bijv. van wegen]

le **croisement** (m) kruising, (het) kruisen [ook biologie]: ~ *des fichiers* koppeling van bestanden

¹croiser (onov ww) **1** kruisen [op zee] **2** over elkaar heen gaan [jaspand]

²croiser (ov ww) **1** kruisen [in alle bet]: ~ *les bras* de armen over elkaar slaan; ~ *le fer* de degens kruisen **2** tegenkomen

se **³croiser** (wdkg ww) elkaar kruisen; elkaar ontmoeten: *se ~ les bras* werkeloos toezien

le **croiseur** (m) kruiser

la **croisière** (v) **1** cruise, zeereis **2** (het) kruisen [van oorlogsschepen] ‖ *vitesse de* ~ kruissnelheid

le **croisillon** (m) dwarshout [van een kruis]; dwarslat [van een kruisraam]; dwarsbeuk [van een kerk]

la **croissance** (v) groei, wasdom, toename, stijging: ~ *démographique* bevolkingsgroei; ~ *économique* economische groei

le **¹croissant** (m) **1** wassende maan, halvemaan, maansikkel **2** croissant [broodje]

²croissant, -e (bn) groeiend, toenemend

croître groeien, wassen; toenemen

la **croix** (v) kruis [in alle bet]: *chemin de (la)* ~ **a)** kruisweg; **b)** [fig] lijdensweg; *en* ~ gekruist, kruiselings; ~ *gammée* hakenkruis; *mettre en* ~ kruisigen; [inf] *faire* ~ *une sur* afzien van, een streep zetten onder; *tu peux faire une* ~ *dessus!* je kunt het vergeten!; *c'est la* ~ *et la* bannière *pour* ... met hangen en wurgen ...

la **Croix-Rouge** (v) Rode Kruis

croquant, -e knappend, knapperig

le **croque-madame** (m; mv: *onv*) tosti hamkaas-(spiegel)ei

le **croque-mitaine** (m; mv: croque-mitaines) boeman

le **croque-monsieur** (m) gebakken kaasbroodje, tosti, [Belg] croque-monsieur

le **croquemort** (m) [inf] kraai, lijkdrager: [fig] *avoir une figure de* ~ een begrafenisgezicht hebben

¹croquer (onov ww) knappen

²croquer (ov ww) **1** opeten, oppeuzelen, opknabbelen: *jolie à* ~ snoezig, om op te eten **2** opmaken, erdoor jagen [geld] **3** schetsen: ~ *un paysage* een landschap schetsen

la **croquette** (v) **1** kroket: ~ *de pommes de terre* aardappelkroket; ~*s pour chiens* hondenbrokken **2** flikje

le **croquis** (m) (losse) schets, ontwerp

le **cross** (m) veldloop, veldrit

la **crosse** (v) **1** bisschopsstaf **2** kolf [van geweer]: *mettre la* ~ *en l'air* weigeren te vechten **3** stok; [bij hockey] stick; [bij golf] club **4** omgebogen eind

le **crotale** (m) ratelslang

la **¹crotte** (v) **1** [inf] poep, keutel: ~ *de bique* rommel; ~ *de chocolat* bonbon **2** schatje

²crotte (tw): [inf] ~*!* verdorie!

crotté, -e bemodderd

se **crotter** zich vuilmaken

le **crottin** (m) **1** paardenvijg, schapenkeutel **2** geitenkaasje

le/la **¹croulant** (m), **-e** (v) [pop, inf] ouwe bok, oud wijf: *les* ~*s* de ouwelui

²croulant, -e (bn) **1** vervallen, bouwvallig; wankelend **2** afgeleefd

crouler 1 ineenstorten; bezwijken: *il ne croule pas sous le travail!* hij wordt niet moe! **2** in duigen vallen

la **croupe** (v) **1** kruis, achterdeel [van dieren]: *monter en* ~ achter iem. te paard (gaan) zitten; *prendre qqn. en* ~ iem. achterop nemen **2** [inf] achterwerk, kont **3** heuveltje, bergronding

le/la **croup|ier** (m), **-ière** (v) croupier, croupière

le **croupion** (m) **1** stuit [vogel] **2** achterste [mens]

croupir bederven, vervuilen: ~ *en prison* wegkwijnen in de gevangenis

la **croustade** (v) knapperig pasteitje

croustillant, -e 1 knappend, knapperig, krokant **2** gewaagd, pikant

croustiller kraken; knapperig, bros zijn

la **croûte** (v) **1** korst: [inf] *casser la* ~ een hapje eten; *gagner sa* ~ de kost verdienen; *pâté en* ~ paté met broodkorst **2** [inf] slecht schilderij, prul

croûter [inf] eten, wat bikken

le **croûton** (m) **1** kapje, korstje [van brood] **2** crouton [brood]

croyable geloofwaardig: *ce n'est pas* ~ het is ongelofelijk

la **croyance** (v) geloof

le/la **¹croyant** (m), **-e** (v) gelovige

²croyant, -e (bn) gelovig

le **¹CRS** (m) ME'er

la **²CRS** (v) afk van *Compagnies républicaines de sécurité* ME (afk van *Mobiele Eenheid*)

¹cru volt dw van *¹croire*

le **²cru** (m) wijnsoort, wijngaard; streek: *grand* ~ beroemde wijn; *vin du* ~ landwijn, streekwijn; [inf] *du* ~ plaatselijk, streek-; *de son* ~ van eigen grond, maaksel, vinding

³cru, crue (bn) **1** rauw, ongaar: *lait* ~ niet gesteriliseerde melk; *fromage au lait* ~ rauwmelkse kaas **2** ruw, hard, stuitend; onomwonden, ongezouten: *couleurs* ~*es* harde kleuren; *dans le jour* ~ in het felle daglicht **3** ruw, onbewerkt ‖ *monter à* ~ zonder zadel paardrijden

la **cruauté** (v) wreedheid

la **cruche** (v) **1** kruik **2** domoor, gans

le **cruchon** (m) kruikje

crucial, -e 1 kruisvormig **2** beslissend, doorslaggevend, cruciaal

crucifié, -e gekruisigd

crucifier 1 kruisigen **2** [fig] martelen, kastijden

le **crucifix** (m) kruisbeeld

la **crucifixion** (v) kruisiging
cruciforme kruisvormig, in de vorm van een kruis: *tournevis* ~ kruisschroevendraaier
le/la **cruciverbiste** (m/v) kruiswoord-puzzelaar(ster)
la **crudité** (v) **1** rauwheid, ongaarheid **2** ruwheid **3** [fig] grofheid
les **crudités** (mv, v) rauwkost
la **crue** (v) **1** (het) wassen [van water]; overstroming **2** aanwas
cruel, -le 1 wreed **2** hard, onverbiddelijk; meedogenloos **3** smartelijk, gruwelijk
cruellement wreed, hard: *il nous manque* ~ wij missen hem verschrikkelijk
crûment ruw, ongezouten, plompweg; hel [van licht]
le **crustacé** (m) schaaldier
les **crustacés** (mv, m) schaaldieren
la **crypte** (v) **1** crypte, grafkelder **2** onderaardse kapel
crypté, -e gecodeerd: *une chaîne ~e* een tv-zender waarvoor een decoder nodig is
crypter [techn] coderen; versleutelen
le **cryptogame** (m) sporenplant
le **cryptogramme** (m) versleutelde tekst
la **CSG** (v) [belastingen] afk van *Contribution sociale généralisée* Franse bronheffing op alle soorten inkomen
le **CST** (m) [Belg] afk van *Cadre spécial temporaire* btk (afk van *bijzonder tijdelijk kader*)
Cuba Cuba: *à* ~ in/op Cuba
le **cubage** (m) **1** inhoudsmeting **2** (kubieke) inhoud: ~ *d'air* hoeveelheid lucht [in een besloten ruimte]
cubain, -e Cubaans
le/la **Cubain** (m), **-e** (v) Cubaan(se)
le **¹cube** (m) **1** kubus **2** kubieke inhoud: *un gros* ~ een zware motorfiets **3** blokje **4** derde macht: *le* ~ *de 3 est 27* 3³=27
²cube (bn) kubiek: *mètre* ~ kubieke meter
¹cuber (onov ww) een inhoud hebben van: *ça cube vite* dat loopt snel op
²cuber (ov ww) de inhoud bepalen van; meten
les **cubes** (mv, m) blokken [speelgoed]
cubique kubiek, in de vorm van een kubus
le **cubisme** (m) kubisme
le **cubitainer** (m) plastic wijnvaatje in kubusvorm
le **cubitus** (m) [anat] ellepijp
le **¹cucul** (m) bips, billen: *panpan culcul* billenkoek
²cucul (bn, mv: *onv*) onnozel: ~ *la praline* onnozel, dom
la **cueillette** (v) (het) plukken [van vruchten]; pluk, het oogsten, oogst
le/la **cueill|eur** (m), **-euse** (v) plukker, plukster
cueillir 1 plukken; oogsten **2** [inf] oppikken; afhalen; pakken
cuiller zie cuillère
la **cuillère** (v) lepel: *petite* ~ theelepeltje; ~ *à*

pot pollepel; *il est à ramasser à la petite* ~ hij is er belabberd aan toe; *en deux coups de* ~ *à pot* met het grootste gemak; *il n'y va pas avec le dos de la* ~ hij gaat er keihard tegenaan
la **cuillerée** (v) lepel(vol)
le **cuir** (m) **1** leer: ~ *à rasoir* aanzetriem **2** (dikke) huid: ~ *chevelu* hoofdhuid
la **cuirasse** (v) **1** kuras, borstharnas: *le défaut de la* ~ de kwetsbare plek **2** [fig] pantser [van schepen] **3** pantser, harde huid [van dieren]
le **¹cuirassé** (m) pantserschip
²cuirassé, -e (bn) **1** gepantserd **2** gehard
¹cuirasser (ov ww) pantseren
se **²cuirasser** (wdk ww) [fig] zich wapenen, harden (tegen)
¹cuire (onov ww) **1** koken, bakken, stoven: *faire* ~ koken [van vast voedsel] **2** schrijnen, branden, steken: *il t'en cuira* je zult ervan lusten || *on cuit dans cette pièce* het is om te stikken in dit vertrek
²cuire (ov ww) koken, bakken; (gaar)stoven: ~ *à la vapeur* stomen; *dur à* ~ taai; [inf] *c'est (du) tout cuit* dat is kinderspel; *je suis cuit!* ik ben erbij!, ik ben de sigaar!; *cuit à point* licht doorbakken; *terre cuite* **a)** terracotta; **b)** terracottabeeldje
cuisant, -e 1 brandend, stekend; vinnig [van kou] **2** grievend, schrijnend, vlijmend
la **cuisine** (v) **1** keuken: *chef de* ~ chef-kok; *faire la* ~ koken, het eten klaarmaken; *livre de* ~ kookboek **2** (het) eten; de kookkunst: *j'aime la bonne* ~ ik hou van lekker eten; ~ *bourgeoise* goede burgerkost, traditionele kookkunst **3** geknoei, gekonkel
cuisiné, -e: *plat* ~ kant-en-klaargerecht
cuisiner 1 koken, klaarmaken, kokkerellen **2** murw maken [bij verhoor]; uithoren
le/la **cuisin|ier** (m), **-ière** (v) kok, kokkin
la **cuisinière** (v) fornuis
le **cuissard** (m) (wiel)rennersbroek
la **cuissarde** (v) lieslaars
la **cuisse** (v) dij; bout: ~*s de grenouilles* kikkerbilletjes; *il se croit sorti de la* ~ *de Jupiter* hij heeft kapsones; *elle a la* ~ *légère* ze is makkelijk te versieren
la **cuisson** (v) **1** (het) braden, bakken, koken, stoven: *plaque de* ~ kookplaat **2** kooktijd: *temps de* ~ kooktijd **3** schrijnend, branderig gevoel
le **cuistot** (m) [inf] kok
cuit volt dw van *¹cuire*
la **cuite** (v): *prendre une* ~ zich bezatten, bezuipen
le **cuivre** (m) **1** koper: ~ *jaune* geelkoper, messing **2** kopergravure
cuivré, -e 1 koperkleurig; gebruind [van huid] **2** schallend
les **cuivres** (mv, m) **1** koperwerk **2** [muz] koperen blaasinstrumenten
le **cul** (m) **1** [vulg] kont, gat: ~ *par-dessus tête* onderste boven; *faux* ~ schijnheilig; *ils sont*

comme ~ et chemise zij zijn onafscheidelijk; [inf] *j'en ai plein le ~* ik heb er schoon genoeg van; *film de ~* pornofilm **2** bodem, onderkant: *faire ~ sec* zijn glas in één keer leegdrinken

la **culbute** (v) **1** koprol, buiteling, tuimeling; val: *faire la ~* kopje duikelen **2** faillissement: *faire la ~* **a)** failliet gaan; **b)** vallen [van een regering] || *faire la ~* 100 % winst maken

¹culbuter (onov ww) buitelen, tuimelen; vallen; omslaan; kapseizen

²culbuter (ov ww) **1** omverwerpen **2** ten val brengen **3** in verwarring brengen **4** [pop] seks hebben [met een vrouw]

le **cul-de-jatte** (m) invalide zonder benen

le **cul-de-sac** (m; mv: culs-de-sac) **1** doodlopende weg, slop **2** uitzichtloosheid

culinaire culinair, de keuken betreffend: *art ~* kookkunst

culminant, -e: *point ~* **a)** hoogste punt; **b)** toppunt, hoogtepunt

culminer culmineren, zijn hoogtepunt bereiken

le **culot** (m) **1** onderste gedeelte van iets; voet; bodem **2** [inf] lef, brutaliteit

la **culotte** (v) (korte) broek; slipje: *femme qui porte la ~* vrouw die de broek aanheeft; *~ de cheval* rijbroek

culotté, -e: *être ~* lef hebben

culpabiliser een schuldgevoel geven

la **culpabilité** (v) schuld(igheid)

le **culte** (m) **1** eredienst **2** godsdienst **3** verering, cultus: *~ de la personnalité* persoonsverheerlijking; *vouer un ~ à* vereren; *film ~* cultfilm **4** [prot] kerkdienst: *ministre du ~* [prot] voorganger

le **cul-terreux** (m; mv: culs-terreux) [inf] boer

cultivable bebouwbaar

le/la **¹cultiva|teur** (m), **-trice** (v) landbouw(st)er, boer(in)

le **²cultivateur** (m) schoffelploeg

cultivé, -e 1 bebouwd **2** gekweekt **3** beschaafd, ontwikkeld

cultiver 1 bebouwen **2** (aan)kweken, verbouwen **3** beoefenen [van kunst] **4** beschaven; ontwikkelen **5** zorgvuldig onderhouden [van relaties]; cultiveren

la **culture** (v) **1** bouw, bebouwing, teelt; kweek, cultuur: *mettre en ~* in cultuur brengen **2** cultuur, beschaving, ontwikkeling: *~ générale* algemene ontwikkeling; *~ physique* gymnastiek

culturel, -le cultureel

les **cultures** (mv, v) bouwland

le **culturisme** (m) bodybuilding

le/la **culturiste** (m/v) bodybuild(st)er

le **cumin** (m) komijn

le **cumul** (m) opstapeling [van straf, functies]

cumulable 1 cumuleerbaar **2** [van ambten] gelijktijdig uitoefenbaar

cumulat|if, -ive cumulatief, ophopend

cumuler gelijktijdig bezitten, uitoefenen, verenigen, cumuleren

le **cumulet** (m) [Belg] buiteling

le **cumulus** (m) stapelwolk

cunéiforme: *écriture ~* spijkerschrift

le **cunnilingus** (m) [seks] cunnilingus; beffen

cupide hebzuchtig, inhalig, begerig

la **cupidité** (v) hebzucht, begerigheid

curable geneeslijk

le **curage** (m) (het) schoonmaken [van een sloot enz.]

la **curatelle** (v) curatorschap

le/la **cura|teur** (m), **-trice** (v) voogd(es); curator, -trice

curat|if, -ive geneeskrachtig, genezend: *médecine curative* klinische geneeskunde

le **curcuma** (m) kurkuma; geelwortel

la **cure** (v) **1** behandeling, kuur: *~ de sommeil* slaapkuur **2** pastoorsambt **3** pastorie **4** *je n'en ai ~* daar kan ik mij niet om bekommeren

le **curé** (m) pastoor

le **cure-dent** (m; mv: cure-dents) tandenstoker

la **curée** (v): *c'est la ~* iedereen pakt wat hij pakken kan

le **cure-ongles** (m) nagelreiniger, nagelmesje

le **cure-pipe** (m; mv: cure-pipes) pijpenrager

curer schoonmaken; ruimen, uitbaggeren

le **curetage** (m) **1** [med] curettage **2** sanering [van oude wijken]

le/la **¹curi|eux** (m), **-euse** (v) nieuwsgierige

le **²curieux** (m) het eigenaardige

³curi|eux, -euse (bn) **1** nieuwsgierig; benieuwd, weetgierig: *je suis ~ de savoir si* ik zou graag willen weten of **2** merkwaardig, eigenaardig, curieus

la **curiosité** (v) **1** nieuwsgierigheid; weetgierigheid **2** curiositeit, merkwaardigheid, bezienswaardigheid, rariteit, zeldzaam iets

le/la **curiste** (m/v) badgast(e) [die een kuur volgt]

le **curry** (m) **1** kerrie **2** kerriegerecht

le **curseur** (m) cursor

curs|if, -ive 1 cursief **2** kort, vlug: *lecture cursive* het vluchtig doorlezen

le **cursus** (m) studieprogramma, studie; duur van de studie

cutané, -e huid-: *maladie ~e* huidziekte

la **cuti** (v) huidreactie; huidtest: *virer sa ~* een nieuw leven beginnen

la **cuve** (v) **1** [wijnb] gistkuip **2** kuip; bekken: *~ à mazout* olietank; [Belg] mazouttank

la **cuvée** (v) **1** kuipvol [wijn] **2** opbrengst [van wijnoogst]

¹cuver (onov ww) gisten [van druivenmost]

²cuver (ov ww): [inf] *~ sa colère* uitrazen; [inf] *~ son vin* zijn roes uitslapen

la **cuvette** (v) **1** kom; wasbak **2** bak **3** closetpot

le **CV** (m) **1** afk van *cheval-vapeur* pk, paardenkracht **2** afk van *curriculum vitae* cv

la **cyberattaque** (v) cyberaanval

le **cybercafé** (m) internetcafé

la **cybercriminalité** (v) computercriminaliteit

la **cyberdépendance** (v) internetverslaving

le **cyberespace** (m) cyberspace

la **cyberguerre** (v) cyberoorlog

le/la **cybernaute** (m/v) internetter

la **cybernétique** (v) cybernetica

cyclable: *piste* ~ fietspad

le **cyclamen** (m) cyclaam

le **cycle** (m) **1** cyclus; reeks; fase [van studie]
2 rijwiel, fiets

cyclique 1 cyclisch, een cyclus vormend
2 regelmatig terugkerend

le **cyclisme** (m) wielersport, het fietsen

le/la **¹cycliste** (m/v) fiets(st)er

²cycliste (bn) fiets-: *courses* ~*s* wielerwedstrijden

le **cyclocross** (m) [wielersp] veldrijden; veldrit; cyclecross

le **cyclomoteur** (m) bromfiets

le **cyclone** (m) cycloon, wervelstorm

le **cyclotourisme** (m) (het) toerfietsen; fietstoerisme

le **cygne** (m) **1** zwaan: *chant du* ~ zwanenzang **2** zwanendons

le **cylindre** (m) **1** cilinder: *une six* ~*s* een zescilinderauto **2** rol, wals

la **cylindrée** (v) cilinderinhoud

cylindrique cilindrisch, rolvormig

la **cymbale** (v) [muz] bekken(s), cimbaal

le **¹cynique** (m) cynicus

²cynique (bn) cynisch

le **cynisme** (m) cynisme

le **cyprès** (m) cipres

le/la **Cypriote** (m/v) Cyprioot, Cypriotische

la **cystite** (v) (urine)blaasontsteking

le **cytise** (m) goudenregen

d

le **d** (m) [de letter] d
d' verk van *de*
le **D** (m; mv: *onv*) [muz] d; re
le/la **dactylo** (m/v) typist(e)
la **dactyloscopie** (v) identificatie door vingerafdrukken
le **dada** (m) 1 [kindert] paard 2 stokpaardje
le **dadais** (m) sukkel: *grand* ~ onnozele hals
la **dague** (v) dolk
le **dahlia** (m) dahlia
daigner zich verwaardigen: *il n'a pas daigné répondre* hij heeft niet willen antwoorden
le **daim** (m) 1 damhert 2 suède
le **dais** (m) baldakijn
le **dallage** (m) betegeling; tegelvloer, stenen vloer
la **dalle** (v) 1 plavuis, tegel, betonvloer: ~ *funèbre* grafsteen 2 strot: [pop] *se rincer la* ~ zuipen || [pop] *que* ~ niks
daller betegelen
le/la **dalmatien** (m), **-ne** (v) dalmatiër
daltonien, -ne kleurenblind
le **daltonisme** (m) kleurenblindheid
le **dam** (m): *au grand* ~ *de* ten nadele van
le **damas** (m) damast
le **Damas** (m) Damascus
le **¹damassé** (m) damastlinnen
²damassé, -e (bn) damasten
la **dame** (v) 1 dame, mevrouw: *Notre Dame* Onze-Lieve-Vrouw; ~ *d'honneur* hofdame; *ma petite* ~ mevrouwtje; *grande* ~ voorname vrouw 2 schijf; dam [bij damspel] 3 dame [bij schaakspel]: [pion] *aller à* ~ promoveren 4 vrouw [bij kaartspel]
la **dame-jeanne** (v; mv: dames-jeannes) mandfles
damer 1 in dam veranderen [damspel]: [fig] ~ *le pion à qqn.* iem. de loef afsteken 2 vaststampen
le **damier** (m) dambord: *en* ~ geruit
damnable verfoeilijk, schandalig
la **damnation** (v) verdoemenis
damné, -e verdoemd; vervloekt: *être l'âme ~e de qqn.* ziel en zaligheid aan iem. geven
damner verdoemen
le **dandinement** (m) (het) heupwiegen
se **dandiner** heupwiegend lopen; waggelen, schommelen
le **dandy** (m) [vero] dandy, fat
le **Danemark** (m) Denemarken
le **danger** (m) gevaar: ~ *de mort* levensgevaar; *en* ~ in gevaar; *ses jours sont en* ~ hij verkeert in levensgevaar; ~ *public* gevaar voor de

maatschappij
danger|eux, -euse gevaarlijk
le **¹danois** (m) 1 (het) Deens 2 Deense dog
²danois, -e (bn) Deens
le/la **Danois** (m), **-e** (v) Deen(se)
dans 1 [plaats] in, binnen: ~ *la rue* op straat 2 [tijd] in, tijdens, over: ~ *l'attente de* in afwachting van; ~ *ma jeunesse* in mijn jonge jaren; ~ *le temps* indertijd; ~ *quinze jours* over twee weken; ~ *les quinze jours* binnen twee weken 3 [manier] volgens: ~ *les règles* volgens voorschrift 4 ongeveer [bij getallen]: *cela coûte* ~ *les 200 euros* dat kost ongeveer 200 euro
dansant, -e dans-, dansend: *musique ~e* dansmuziek; *soirée ~e* dansavond
la **danse** (v) dans: ~ *en ligne* linedance; *entrer dans la* ~ [inf] aan de gang gaan, meedoen; *mener la* ~ de boel leiden; ~ *macabre* dodendans
danser dansen: *ne pas savoir sur quel pied* ~ niet weten wat men moet doen, aarzelen
le/la **dans|eur** (m), **-euse** (v) danser(es): *danseuse de cabaret* animeermeisje || *en danseuse* staande op de trappers
le **Danube** (m) Donau
le **dard** (m) 1 werpspies 2 angel
darder werpen, schieten: *le soleil darde ses rayons* de zon werpt haar stralen
dare-dare op stel en sprong
la **datation** (v) datering
la **date** (v) dagtekening, jaartal; datum: *en* ~ *du* d.d. (de dato); *de fraîche* ~ kersvers, pas kort; *faire* ~ een keerpunt zijn; *de longue* ~ sedert lang, allang; *prendre* ~ een datum afspreken; *être le premier en* ~ de oudste aanspraken hebben; ~ *de la poste* datum postmerk; ~ *butoir* deadline
¹dater (onov ww) 1 (+ de) dateren (uit), uit de tijd zijn (van): *à* ~ *de* te rekenen van, met ingang van; *cela ne date pas d'hier* dat is niet van vandaag of gisteren, dat is niet nieuw 2 ouderwets zijn
²dater (ov ww) dagtekenen, dateren
le **dateur** (m) datumstempel; datum [van horloge]
la **datte** (v) dadel
le **dattier** (m) dadelpalm
la **daube** (v) 1 (het) stoven [van gerechten] 2 stoofpot: *bœuf en* ~ gestoofd rundvlees
le **dauphin** (m) 1 dolfijn 2 kroonprins; [fig] aangewezen opvolger
davantage meer; (nog) langer: *pas* ~ niet meer, evenmin, niet langer
la **DCA** (v) afk van *défense contre avions* luchtafweer(geschut)
de 1 [plaats] van, (van)uit: *de quel pays est-il?* uit welk land komt hij?; *fromage de Hollande* Hollandse kaas 2 [tijd]: *de nos jours* tegenwoordig; *travailler de nuit* 's nachts werken 3 [middel] met 4 [oorzaak] door, aan: *l'a-*

mour de la *patrie* de liefde voor het vaderland **5** [bezit] van **6** [vaak onvertaald]: *la ville
de Paris* de stad Parijs; *âgé de cinq ans* vijf jaar
oud; *le prix est de 10 euros* de prijs bedraagt
10 euro; [stofnaam] *montre d'or* gouden horloge; [bestemming] *salle de spectacle* theater, schouwburgzaal; *si j'étais de vous* als ik u
was || *douter de qqch.* iets betwijfelen

le **dé** (m) **1** vingerhoed: *dé à coudre* vingerhoed **2** borrelglaasje **3** dobbelsteen: *les dés
sont jetés* de teerling is geworpen; [fig] *coup
de dés* gok, waagstuk **4** blok(je): *coupé en dés*
in blokjes gesneden

le **deal** (m) [inf] (het) dealen
le **¹dealer** (m) [inf] (drugs)dealer
   ²dealer (ov ww) [inf] dealen in
le **déambulateur** (m) looprek: *~ à roues* rollator
   déambuler rondwandelen, slenteren
la **débâcle** (v) **1** het kruien van ijs **2** debacle,
ondergang, ineenstorting, mislukking
le **déballage** (m) **1** (het) uitpakken; uitstalling: *quel ~!* wat een troep! **2** [inf] volledige
openheid van zaken geven
   déballer 1 uitpakken, uitstallen **2** opbiechten
la **débandade** (v) wanordelijke aftocht: *à la ~*
in wanorde
   débander [inf] een slappe krijgen: *sans ~*
zonder ophouden
   débaptiser omdopen
   ¹débarbouiller (ov ww) oppervlakkig, vlug
wassen
se **²débarbouiller** (wdk ww) zijn gezicht wassen
le **débarcadère** (m) aanlegsteiger
le/la **¹débard|eur** (m), **-euse** (v) **1** havenarbeid(-
st)er **2** sjouw(st)er
le **²débardeur** (m) slip-over
le **débarquement** (m) ontscheping, landing,
(het) lossen
   ¹débarquer (onov ww) **1** landen, aan land
gaan **2** uitstappen; [inf] *~ chez qqn.* onver-
wacht bij iem. aankomen || *il débarque!* hij
weet (nog) nergens van
   ²débarquer (ov ww) ontschepen, aan land
zetten; lossen; [inf] lozen, zich ontdoen van
le **débarras** (m) rommelkamer || [inf] *bon ~!*
opgeruimd staat netjes!
   ¹débarrasser (ov ww) ontruimen; afruimen
[van een tafel]; ontlasten: *je peux vous ~ de
votre manteau?* zal ik uw jas aannemen?
se **²débarrasser de** (wdk ww) zich ontdoen
van; wegdoen; uittrekken
le **débat** (m) gedachtewisseling, discussie, debat
les **débats** (mv, m) beraadslagingen, kamerde-
batten
   ¹débattre (ov ww) bespreken: *prix à ~* nader
overeen te komen prijs
se **²débattre contre** (wdk ww) (tegen)sparte-

len, zich verzetten (tegen), te kampen hebben (met)

la **débauche** (v) **1** losbandigheid; ontucht
2 overdaad
le/la **¹débauché** (m), **-e** (v) losbandig mens
   ²débauché, -e (bn) losbandig
   débaucher tot staking overhalen; tot
plichtsverzuim overhalen; tot losbandigheid
aanzetten; ontslaan
   débecter [inf] doen walgen: *ça me débecte*
daarvan ga ik over mijn nek
   débile 1 zwak, tenger, krachteloos **2** de-
biel; achterlijk; [inf] idioot, gek
   débilitant, -e verzwakkend, afmattend;
[fig] demoraliserend
la **débilité** (v) krachteloosheid: *~ mentale*
achterlijkheid
   débiliter verzwakken, uitputten; [fig] demoraliseren
   ¹débiner (ov ww) [pop] afkammen
se **²débiner** (wdk ww) [pop] ervandoor gaan
le **débit** (m) **1** detailverkoop; afzet: *~ de boissons* bar, café; *~ d'une rivière* debiet van een
rivier; *~ de tabac* sigarenwinkel **2** capaciteit,
vermogen [van machine e.d.]: [comp] *Internet
(à) haut ~* breedbandinternet **3** (het) verwerken [van hout, steen of vlees] **4** wijze van
spreken, voordracht **5** debet(zijde), debet-
post
le/la **débitant** (m), **-e** (v) kleinhandelaar(ster)
   débiter 1 in het klein verkopen **2** verwerken [van hout enz.] **3** produceren, voortbrengen: *~ du non-sens* onzin uitkramen
4 behandelen, een capaciteit hebben van
5 debiteren
le/la **¹débi|teur** (m), **-trice** (v) schuldenaar,
schuldenares, debiteur
   ²débi|teur, -trice (bn) debet-, debiteur-:
compte ~ debetrekening; *son compte est ~*
hij staat rood
le **déblai** (m) grondwerk
le **déblaiement** (m) (het) wegruimen; (het)
afgraven; puinruimen
les **déblais** (mv, m) uitgegraven aarde, puin
   déblatérer contre [inf] afgeven (op), uitvaren (tegen)
le **déblayage** (m) (het) opruimen
   déblayer afgraven; vrijmaken, opruimen:
[fig] *~ le terrain* het pad effenen
   débloquer vrijmaken; deblokkeren; [pop]
raaskallen
   débobiner afwikkelen [van draad]
   déboguer [comp] debuggen
les **déboires** (mv, m) [fig] teleurstellingen;
moeilijkheden
le **déboisement** (m) ontbossing
   déboiser ontbossen
le **déboîtement** (m) ontwrichting; verandering van rijstrook
   déboîter 1 ontwrichten: *se ~ l'épaule* uit
de kom schieten van de schouder **2** van rij-

strook veranderen

débonnaire goedig, sullig: *Louis le Débonnaire* Lodewijk de Vrome

débordant, -e uitbundig; overweldigend; blakend [van gezondheid]

débordé, -e overladen: *je suis* ~ **a)** ik heb het razend druk; **b)** het wordt me te veel

le **débordement** (m) overstroming; [fig] stortvloed; uitbarsting; [mil] omtrekkende beweging

¹**déborder** (onov ww) overlopen, overstromen, buiten de oevers treden: *il déborde de vitalité* hij is vol energie

²**déborder** (ov ww) **1** overschrijden **2** uitsteken buiten; lostrekken [een deken] **3** [mil] een omtrekkende beweging maken om; [sport] omspelen

le **débotté** (m): *au* ~ onverwachts

¹**débotter** (ov ww) de laarzen uittrekken [(bij) iem.]

se ²**débotter** (wdk ww) zijn laarzen uittrekken

le **débouchage** (m) (het) ontkurken, ontstoppen

le **débouché** (m) **1** uitweg, uitmonding **2** afzetmogelijkheden; afzetgebied

¹**déboucher sur** (onov ww) uitkomen, uitmonden, uitlopen (op) [ook fig]

²**déboucher** (ov ww) ontkurken, ontstoppen; openmaken; doorsteken [een pijp]

les **débouchés** (mv, m) [fig] vooruitzichten

le **déboucheur** (m) **1** [gereedschap] ontstopper **2** [middel] gootsteenontstopper

déboucler 1 losgespen **2** loshalen [van krullen]

débouler neerstorten; binnenvallen: ~ *l'escalier* van de trap af rollen

déboulonner 1 demonteren, de bouten losmaken van **2** slopen [ook fig]: ~ *qqn.* iem. wippen

débourber uit de modder trekken

le **déboursement** (m) uitbetaling, (het) uitgeven

débourser uitgeven, betalen: *sans rien* ~ met gesloten beurs

déboussoler [inf] in de war brengen; van zijn stuk brengen

debout rechtop, overeind: *dormir* ~ omvallen van de slaap; *histoire à dormir* ~ ongelofelijk verhaal; *être* ~ **a)** staan; **b)** op zijn; *tenir* ~ het houden, overeind blijven; *une place* ~ een staanplaats; *cela ne tient pas* ~ dat houdt geen steek, is pure onzin; *vent* ~ tegenwind; ~*!* op! opstaan!

débouter afwijzen

¹**déboutonner** (ov ww) losknopen

se ²**déboutonner** (wdk ww) **1** zijn kleren losknopen **2** [fig] zijn hart uitstorten

le ¹**débraillé** (m) slordigheid

²**débraillé, -e** (bn) onverzorgd; slordig: *des manières* ~*es* nonchalante manieren

débrancher [elek] uitschakelen, afzetten, loskoppelen

le **débrayage** (m) ontkoppeling; prikactie

débrayer ontkoppelen; staken

débridé, -e ongebreideld, ongeremd

débrider 1 vrijmaken: ~ *une plaie* een wond openmaken **2** opvoeren [motor]

le **débriefing** (m) **1** (het) aan de tand voelen **2** debriefing

les **débris** (mv, m) scherven, brokstukken, overblijfselen, bouwvallen, puin: *c'est un* ~ het is een wrak [persoon]

le/la ¹**débrouillard** (m), **-e** (v) goochemerd, bijdehandje

²**débrouillard, -e** (bn) handig, bijdehand

la **débrouillardise** (v) handigheid; zelfredzaamheid

la **débrouille** (v) gewiekstheid

¹**débrouiller** (ov ww) **1** ontwarren **2** (iem.) wegwijs maken

se ²**débrouiller** (wdk ww) [inf] zich weten te redden, zich erdoor slaan

débroussailler van struikgewas ontdoen: [fig] ~ *un problème* een probleem ontrafelen

la **débroussailleuse** (v) bosmaaier

débusquer opjagen [wild]; [fig] verjagen

le **début** (m) begin, aanvang; debuut: *au* ~ in het begin, aanvankelijk, oorspronkelijk; *en* ~ *de semaine* (aan het) begin van de week; *faire ses* ~*s* zijn debuut maken

le/la ¹**débutant** (m), **-e** (v) debutant(e), beginneling

²**débutant, -e** (bn) onervaren

débuter debuteren, beginnen

déc' [inf] verk van *déconner: sans* ~ heus waar

deçà: *en* ~ *(de)* **a)** aan deze kant van; **b)** beneden; *en* ~ *de la vérité* niet de gehele waarheid

le **déca** (m) cafeïnevrije koffie

décacheter ontzegelen; openen

la **décade** (v) decade; periode van tien dagen

la **décadence** (v) verval; decadentie; decadent gedrag

décadent, -e decadent; in verval

décaféiné, -e cafeïnevrij

le **décalage** (m) **1** discrepantie, afwijking **2** verschuiving, verschil: ~ *horaire* tijdsverschil

la **décalcification** (v) (het) ontkalken

décalcifier ontkalken

la **décalcomanie** (v) overdrukplaatje

décaler verschuiven, licht doen afwijken: *je me sentais un peu décalé* ik voelde dat ik er niet bij hoorde, het klikte niet

le **décalogue** (m) (de) tien geboden

décalotter [inf; een fles] opentrekken, ontkurken

le **décalque** (m) overdruk; nabootsing

décalquer natrekken, calqueren: *papier à* ~ calqueerpapier

décamper weggaan; zijn biezen pakken

le **décanat** (m) decanaat, [Belg] dekenij

la **décantation** (v) (het) decanteren; (het) laten bezinken [ook fig]

¹décanter (ov ww) decanteren; laten bezinken

se **²décanter** (wdk ww) bezinken, tot klaarheid komen

le **¹décapant** (m) afbijtmiddel

²décapant, -e (bn) bijtend, scherp: *humour* ~ scherpe humor

décaper 1 afschuren; afbijten **2** [fig] ontdoen (van)

la **décapitation** (v) onthoofding

décapiter onthoofden

la **¹décapotable** (v) cabriolet

²décapotable (bn) met afneembare kap [auto]; open

décapoter het dak openmaken van

décapsuler openen [van fles met dop of kroonkurk]

le **décapsuleur** (m) flesopener

décapuchonner de kap afnemen van

se **décarcasser** [pop] zich afsloven

le **décathlon** (m) [atl] tienkamp

décati, -e [inf] verlept, afgetakeld

le/la **¹décédé** (m), **-e** (v) overledene

²décédé, -e (bn) overleden

décéder overlijden, sterven

déceler onthullen, aan het licht brengen; opsporen; wijzen op; aantonen; getuigen (van)

la **décélération** (v) vertraging

décélérer vertragen; snelheid minderen

le **décembre** (m) december

décemment fatsoenlijk; fatsoenshalve; behoorlijk

la **décence** (v) fatsoen, welvoeglijkheid; discretie: *avec* ~ tactvol; *contraire à la* ~ in strijd met de goede zeden

décennal, -e tienjarig; tienjaarlijks

la **décennie** (v) decennium

décent, -e fatsoenlijk, welvoeglijk, gepast; redelijk, aanvaardbaar

décentralisa|teur, -trice decentraliserend

la **décentralisation** (v) decentralisatie

décentraliser decentraliseren

la **déception** (v) teleurstelling, ontgoocheling

décerner 1 toekennen, toewijzen **2** uitvaardigen: ~ *un mandat d'arrêt* een arrestatiebevel uitvaardigen

le **décès** (m) overlijden

décevant, -e teleurstellend

décevoir teleurstellen, ontgoochelen

le **déchaînement** (m) ontketening; woedeuitbarsting, razernij

¹déchaîner (ov ww) ontketenen

se **²déchaîner** (wdk ww) losbarsten, uitbreken: *se* ~ *contre qqn.* tegen iem. tekeergaan

déchanter [inf] een toontje lager zingen

la **décharge** (v) **1** ontlading, schok; ook salvo **2** ontheffing; [fin] kwijting; reçu, kwitantie; [jur] ontlasting: *témoin à* ~ getuige à decharge; *il faut dire à sa* ~ *que* voor hem pleit dat **3** [fig] verlichting **4** losplaats: ~ *publique* stortplaats **5** afvoer, overloop: *tuyau de* ~ afvoerbuis **6** [inf] zaadlozing

le **déchargement** (m) (het) lossen

¹décharger (onov ww) [inf] [van een man] klaarkomen, zaad lozen

²décharger (ov ww) **1** lossen, afladen; ontladen, schieten **2** verlichten, ontlasten; [fig] bevrijden: ~ *sa bile* zijn gal uitstorten **3** vrijpleiten, vrijstellen, ontheffen

se **³décharger** (wdk ww): *se* ~ *de qqch. sur qqn.* iets aan iem. overlaten

décharné, -e uitgemergeld, vermagerd; schraal

¹déchausser (onov ww) **1** zijn ski's afdoen **2** zijn ski's verliezen

²déchausser (ov ww) de schoenen uittrekken van

se **³déchausser** (wdk ww) **1** zijn schoenen uittrekken **2** [van een tand] losraken

la **dèche** (v) armoede, geldnood

la **déchéance** (v) **1** vervallenverklaring; ontzetting **2** verval, aftakeling

le **déchet** (m) verschoppeling

les **déchets** (mv, m) afval: ~ *verts* gft, gft-afval; ~ *radioactifs* radioactief afval, kernafval

la **déchetterie** (v) afvalplaats, vuilverwerkingsplaats

déchiffrable ontcijferbaar

le **déchiffrage** (m) [muz] (het) van het blad spelen

le **déchiffrement** (m) ontcijfering

déchiffrer ontcijferen; [muz] van het blad spelen

déchiqueter 1 verknippen, versnipperen **2** verscheuren **3** [fig] uiteenrafelen

le **déchiqueteur** (m) versnipperaar

déchirant, -e hartverscheurend

le **déchirement** (m) (het) verscheuren; [fig] hevig verdriet

les **déchirements** (mv, m) verdeeldheid

¹déchirer (ov ww) verscheuren; schrammen; breken: *être déchiré* (innerlijk) verscheurd worden ‖ [inf] *ça déchire!* te gek!

se **²déchirer** (wdk ww) **1** scheuren **2** elkaar meedogenloos bestrijden

la **déchirure** (v) scheur(ing); schaafwond, schram; verscheurdheid

déchoir achteruitgaan; vervallen verklaard worden (van)

la **déchristianisation** (v) ontkerstening

déchristianiser ontkerstenen

déchu, -e vervallen: ~ *de* ontzet uit; *ange* ~ gevallen engel

décidé, -e beslist, stellig; gedecideerd; vastberaden

décidément zeker, beslist: ~, *je n'ai pas de*

chance aujourd'hui! ik heb echt geen geluk vandaag!

¹décider de (onov ww) beslissen over; bepalend zijn voor

²décider (ov ww) beslissen; uitmaken, besluiten tot

se **³décider** (wdk ww) **1** beslist worden **2** tot een besluit komen **3** (+ pour) kiezen voor

le **décideur** (m) beslisser

le **décigramme** (m) decigram

le **décilitre** (m) deciliter

décimal, -e decimaal

la **décimale** (v) decimaal

décimer decimeren, uitroeien, uitdunnen

le **décimètre** (m) decimeter

décis|if, -ive beslissend, doorslaggevend, definitief

la **décision** (v) beslissing, beschikking; besluit; beslistheid: *il a l'esprit de* ~ hij is besluitvaardig, resoluut

la **déclamation** (v) voordrachtskunst, declamatie

déclamatoire gezwollen, hoogdravend

déclamer opzeggen, declameren

la **déclaration** (v) verklaring, uitspraak; aangifte, declaratie; opgave: ~ *de revenue* belastingaangifte

déclaré, -e openlijk

¹déclarer (ov ww) **1** verklaren, bekendmaken **2** aangifte doen van, declareren

se **²déclarer** (wdk ww) **1** uitbreken; zich openbaren **2** zich uitspreken; zijn liefde verklaren

le **déclassement** (m) declassering

déclasser declasseren; in een lagere klasse brengen

la **déclassification** (v) openbaarmaking [van een geheim document]

le **déclenchement** (m) ontkoppeling; [fig] ontketening; begin

¹déclencher (ov ww) **1** ontkoppelen; in beweging zetten, aan de gang brengen **2** doen beginnen; ontketenen

se **²déclencher** (wdk ww) losgaan, losbarsten

le **déclencheur** (m) [foto] ontspanner

le **déclic** (m) knip, ontspanner; klik [geluid]: *ça a été le* ~ toen viel het kwartje

le **déclin** (m) ondergang, achteruitgang; afname, verval: *être sur son* ~ in verval zijn, minderen; *le* ~ *du jour* het vallen van de avond; ~ *de la vie* levensavond

la **déclinaison** (v) verbuiging, declinatie

déclinant, -e afnemend; in verval

¹décliner (onov ww) **1** [astron] ondergaan, dalen **2** in verval geraken, verzwakken

²décliner (ov ww) **1** afwijzen, afslaan; bedanken voor **2** verbuigen ‖ ~ *son nom* zijn naam opgeven

décloisonner openbreken

la **déco** (v) [inf] verk van *décoration* inrichting

décocher 1 [pijl] afschieten **2** toewerpen: ~ *un coup à qqn.* iem. een klap geven

la **décoction** (v) (het) afkoken; aftreksel

décoder decoderen, ontcijferen

le **décodeur** (m) [comp] decoder

décoiffer het haar in de war brengen van ‖ *ça décoiffe!* daar kijk je van op!

décoincer 1 losmaken **2** op zijn gemak stellen

décolérer: *il ne décolère pas* hij blijft woedend

le **décollage** (m) **1** (het) losmaken [van wat plakt] **2** (het) opstijgen [van een vliegtuig] **3** [ec] (het) van de grond komen

le **décollement** (m) (het) losgaan, losweken: ~ *de la rétine* het loslaten van het netvlies

¹décoller (onov ww) **1** opstijgen, loskomen van de grond **2** [ec] van de grond komen, groeien

²décoller (ov ww) losmaken, losweken: *oreilles décollées* uitstaande oren

se **³décoller** (wdk ww) losgaan, loslaten

le **décolleté** (m) decolleté, halsuitsnijding

la **décolonisation** (v) dekolonisatie

décoloniser dekoloniseren; ontvoogden

¹décolorer (ov ww) ontkleuren; blonderen

se **²décolorer** (wdk ww) verkleuren, verschieten

les **décombres** (mv, m) puin

décommander annuleren; afzeggen

décompacter unzippen, decomprimeren

décomplexer bevrijden [van complexen]; minder geremd maken

¹décomposer (ov ww) **1** ontbinden, ontleden **2** doen vertrekken [van gelaat]

se **²décomposer** (wdk ww) **1** ontleed (kunnen) worden **2** bederven; tot ontbinding overgaan **3** vertrekken [van gelaat]

la **décomposition** (v) ontbinding; ontleding

la **décompression** (v) vermindering van druk

le **décompte** (m) **1** aftrek, mindering; [fig] misrekening, tegenvaller **2** nauwkeurige opsomming: *faire le* ~ uitsplitsen

décompter in mindering brengen

déconcentrer 1 decentraliseren, spreiden **2** uit de concentratie halen

déconcertant, -e verbijsterend, verwarrend

déconcerter verbijsteren; van de wijs, in verwarring, van zijn stuk brengen

déconfit, -e verslagen, ontdaan; beteuterd

la **déconfiture** (v) nederlaag, ondergang; bankroet

décongeler ontdooien

décongestionner van congestie bevrijden; (het verkeer) ontlasten

déconnecter loskoppelen

déconner [inf] **1** lullen, raaskallen, gek doen: *ça déconne* het gaat niet goed **2** niet goed werken

la **déconnexion** (v) loskoppeling

déconseiller afraden, ontraden

déconsidérer in diskrediet brengen

décontaminer ontsmetten; reinigen

¹**décontenancer** (ov ww) van zijn stuk brengen, van streek maken

se ²**décontenancer** (wdk ww) in verwarring raken

décontracté, -e [inf] op zijn gemak, ontspannen; onbekommerd, ongeremd

¹**décontracter** (ov ww) ontspannen [van spieren]

se ²**décontracter** (wdk ww) zich ontspannen [ook fig]

la **décontraction** (v) **1** (het) ontspannen [van spier]; ontspanning **2** ongedwongenheid

la **déconvenue** (v) teleurstelling, vernedering

le **décor** (m) **1** versiering, stoffering **2** [toneel] decor: *changement de ~* **a)** decorwisseling; **b)** [fig] verandering van omgeving; **c)** [fig] plotselinge verandering **3** omgeving; omlijsting; landschap: *entrer* (of: *aller*) *dans le ~* van de weg raken, uit de baan vliegen

le/la **décora|teur** (m), **-trice** (v) decorateur, -trice; binnenhuisarchitect(e): *~ (de théâtre, de cinéma)* decorbouwer; *artiste ~* decorontwerper

décorat|if, -ive decoratief, versierend: *arts ~s* **a)** sierkunst, kunstnijverheid; **b)** industriële, esthetische vormgeving; *plante décorative* sierplant; *jouer un rôle ~* geen rol van betekenis spelen

la **décoration** (v) **1** versiering; sierkunst **2** stoffering; inrichting [van toneel] **3** decoratie, onderscheiding; ridderorde

décorer 1 versieren, verfraaien, stofferen **2** inrichten **3** decoreren, onderscheiden: *il a été décoré* hij heeft een lintje gekregen

décortiquer schillen, pellen; [fig] uitpluizen, grondig analyseren

le **décorum** (m) decorum; fatsoen; etiquette

découcher 1 buitenshuis slapen **2** vreemdgaan

¹**découdre** (onov ww): *en ~* op de vuist gaan

²**découdre** (ov ww) lostornen

se ³**découdre** (wdk ww) losgaan: *l'ourlet s'est décousu* de zoom is losgegaan

découler de [fig] voortvloeien uit

le **découpage** (m) **1** (het) in stukken snijden; voorsnijden; opdelen **2** (het) afzagen; figuurzagen **3** knipprent **4** draaiboek **5** indeling

¹**découper** (ov ww) **1** in stukken snijden; voorsnijden **2** afzagen; uitknippen; figuurzagen: *scie à ~* decoupeerzaag, figuurzaag **3** indelen, verdelen

se ²**découper** (wdk ww) zich scherp aftekenen

la **découpeuse** (v) zaagmachine, snijmachine

la **découpure** (v) (het) uitknippen; knipsel; insnijding

décourageant, -e ontmoedigend

le **découragement** (m) ontmoediging, moedeloosheid

¹**décourager** (ov ww) ontmoedigen: *~ qqn. de faire qqch.* iem. de lust doen vergaan om te …; *il se laisse facilement ~* hij laat zich gauw ontmoedigen

se ²**décourager** (wdk ww) de moed verliezen

décousu, -e los(getornd); [fig] onsamenhangend

le ¹**découvert** (m) **1** open veld; onbeschermde plek **2** [fin] saldotekort: *à ~* onbedekt, ongedekt, onbeschut; [fin] *être à ~* **a)** rood staan; **b)** [fig] ronduit, openlijk

²**découvert, -e** (bn) onbedekt, open, bloot: *terrain ~* onbebouwd (onbegroeid) terrein; *à visage ~* met open vizier

la **découverte** (v) ontdekking: *aller à la ~* op verkenning uitgaan

¹**découvrir** (ov ww) **1** ontdekken; (uit)vinden; achter (iets) komen **2** het deksel wegnemen/afnemen, de bedekking wegnemen/afnemen; openen; ontbloten, onthullen, blootgeven, ongedekt laten; [fig] openbaren, onthullen: *~ son jeu* zich in de kaart laten kijken; *~ un secret* achter een geheim komen

se ²**découvrir** (wdk ww) **1** zijn hoed afnemen **2** [fig] zich blootgeven, zich verraden **3** zichzelf leren kennen

le **décrassage** (m) (het) schoonmaken

décrasser schoonmaken: [fig] *~ qqn.* iem. manieren bijbrengen

décrédibiliser ongeloofwaardig maken

décrêper krullend haar gladmaken

décrépir afbikken [van pleisterlaag]

décrépit, -e afgeleefd; vervallen

la **décrépitude** (v) verval

le **décret** (m) decreet, verordening: *~ d'application* uitvoeringsbesluit

décréter decreteren, verordenen; uitvaardigen

décrier in diskrediet brengen, zwartmaken; [iemands gedrag] hekelen

décriminaliser niet meer strafrechtelijk vervolgen

décrire beschrijven

la **décrispation** (v) ontspanning, versoepeling

se **décrisper** minder gespannen worden

le **décrochage** (m) (het) loshaken, (het) afhaken; (het) afnemen

¹**décrocher** (onov ww) **1** afhaken, opgeven **2** opnemen [van de telefoon]

²**décrocher** (ov ww) **1** afhaken, afkoppelen **2** in de wacht slepen

le/la **décroch|eur** (m), **-euse** (v) voortijdige schoolverlater

décroiser uit een gekruiste houding halen

la **décroissance** (v) afname, vermindering

décroissant, -e afnemend

décroître afnemen, verminderen; korten [van dagen]: *les eaux ont décru* het water is

gezakt
décrotter afborstelen, schoonmaken
le **décrottoir** (m) voetschraper
la **décrue** (v) afneming, vermindering; val, daling; zakken [van water]
le **décryptage** (m) ontcijfering
décrypter ontcijferen, decoderen
déçu, -e teleurgesteld; onvervuld
la **déculottée** (v) [pop] een pak slaag; afgang
¹**déculotter** (ov ww) de broek uittrekken
se ²**déculotter** (wdk ww) zijn broek uittrekken; [fig, inf] een kruiperige houding aannemen
déculpabiliser 1 bevrijden van een schuldgevoel **2** uit de criminele sfeer halen
le ¹**décuple** (m) tienvoud
²**décuple** (bn) tienvoudig
décupler vertienvoudigen; veel groter, sterker maken: *avec des forces décuplées* uit alle macht
dédaigner versmaden, minachten
dédaign|eux, -euse minachtend, geringschattend: *faire le ~* zijn neus optrekken
le **dédain** (m) minachting, geringschatting
le **dédale** (m) doolhof, labyrint; wirwar
le ¹**dedans** (m) inwendige, binnenste: *au ~ van binnen*
²**dedans** (bw) erin, binnen; van binnen: *de ~ van binnen(uit)*; *là-~* daarbinnen, daarin; [inf] *mettre ~* erin laten lopen; *rentrer ~* erop losslaan; *la porte ouvre en ~* de deur gaat naar binnen open
la **dédicace** (v) opdracht [in een boek]
dédicacer [een boek] opdragen, signeren: *un livre dédicacé* een boek met opdracht van de schrijver
dédié, -e: *ligne ~e* gespecialiseerde lijn; *touche ~e* toets gereserveerd voor een bepaald gebruik
dédier (in)wijden; opdragen; toewijden
se **dédire de** zijn woorden intrekken, (iets) herroepen; zijn woord niet houden
le **dédommagement** (m) schadeloosstelling, vergoeding
dédommager de 1 schadeloosstellen (voor), vergoeden **2** [fig] vergoeden, terugbetalen
dédouaner inklaren, uitklaren; [fig] schoonwassen, rehabiliteren
le **dédoublement** (m) verdubbeling; splitsing: *~ de la personnalité* gespletenheid
dédoubler verdubbelen, (in tweeën) splitsen: *~ un train* een extratrein inleggen; *~ une classe* een klas splitsen
dédramatiser minder dramatisch maken, nuchter blijven
déductible aftrekbaar
la **déduction** (v) **1** aftrek, mindering **2** afleiding, deductie
déduire 1 aftrekken; in mindering brengen **2** afleiden; deduceren

la **déesse** (v) godin
la **défaillance** (v) **1** flauwte, onmacht: *tomber en ~* flauwvallen **2** zwakte, tekortkoming **3** hapering: *sans ~* feilloos
défaillant, -e afnemend, zwak; in gebreke (blijvend)
défaillir 1 afnemen; (het) begeven **2** flauwvallen
¹**défaire** (ov ww) **1** uit elkaar nemen, demonteren, losmaken, afbreken: *~ ses bagages* uitpakken; *~ son lit* zijn bed afhalen; *~ sa cravate* zijn das losknopen **2** ongedaan maken [van een contract] **3** verslaan: *~ qqn.* iem. verslaan
se ²**défaire** (wdk ww) **1** losraken; in de war raken **2** (+ de) zich ontdoen van
défait, -e 1 onopgemaakt; in wanorde, los **2** ontsteld, verslagen; op de vlucht
la **défaite** (v) nederlaag; echec; mislukking
défalquer aftrekken, in mindering brengen
se **défausser de 1** [kaartsp] wegdoen [van een kaart] **2** zich onttrekken aan: *se ~ d'un problème sur qqn.* iem. anders met het probleem opzadelen
le **défaut** (m) **1** gebrek, mankement: *~ de fabrication* fabrieksfout **2** onvolkomenheid, onvolmaaktheid: *être en ~* in gebreke blijven **3** tekort, manco: *à ~ de* bij gebrek aan **4** [jur] verstek: *faire ~* ontbreken, verstek laten gaan; *par ~* bij verstek
la **défaveur** (v) ongenade: *cela joue en sa ~* dat werkt tegen hem
défavorable ongunstig
défavoriser benadelen, schaden: *les défavorisés* de minst bedeelden, de kansarmen, de zwakkeren
la **défection** (v) **1** afvalligheid **2** afwezigheid: *faire ~* afvallig worden, ontbreken
défectu|eux, -euse gebrekkig; ondeugdelijk; kapot
la **défectuosité** (v) ondeugdelijkheid, mankement, gebrek
défendable verdedigbaar
le/la **défend|eur** (m), **-eresse** (v) [jur] gedaagde
¹**défendre** (ov ww) **1** (+ de, contre) verdedigen (tegen): *~ les intérêts de qqn.* iemands belangen behartigen **2** verbieden, ontzeggen, weigeren
se ²**défendre** (wdk ww) **1** zich verdedigen, zich (ver)weren: *il se défend bien au tennis* hij tennist niet onaardig **2** zich beschermen **3** (+ de) zich weerhouden (van); weigeren (om)
la **défense** (v) **1** verdediging, verweer; weerstand, afweer: *Défense nationale* Defensie, [Belg] Landsverdediging; *~ passive* bescherming bevolking; *sans ~* weerloos; *prendre la ~ de qqn.* opkomen voor iem. **2** verbod: *~ de fumer* niet roken, verboden te roken **3** slagtand
le **défenseur** (m) verdediger; pleitbezorger

défens|if, -ive defensief, verdedigend
la **défensive** (v): *être sur la ~* op zijn hoede zijn
déféquer zijn behoefte doen; stoelgang hebben
la **déférence** (v) eerbied, achting
déférent, -e eerbiedig
déférer voor de rechter brengen
le **déferlement** (m) branding, breking; [fig] vloedgolf, lawine
déferler breken [van golven]; [fig] losbarsten: *~ sur* overspoelen
le **défi** (m) uitdaging; provocatie: *mettre qqn. au ~* iem. tarten; *relever le ~* de uitdaging aannemen
la **défiance** (v) wantrouwen, argwaan
défiant, -e wantrouwig, argwanend
déficeler [een touw] losknopen; losmaken
la **déficience** (v) onvolkomenheid, gebrekkigheid, tekortkoming
déficient, -e gebrekkig, onvolkomen; [med] deficiënt
le **déficit** (m) deficit, tekort, nadelig saldo: *~ budgétaire* begrotingstekort; [med] *~ immunitaire* immuniteitsdeficiëntie
déficitaire onvoldoende, met een tekort
défier uitdagen, tarten, trotseren: *des prix défiant toute concurrence* prijzen die nergens zo laag zijn
défigurer verminken, misvormen; [fig] verdraaien [van de waarheid]
le **défilé** (m) **1** bergengte, bergpas **2** stoet, optocht, defilé: *~ de mode* modepresentatie **3** opeenvolging, reeks
¹**défiler** (onov ww) **1** defileren, voorbijmarcheren **2** elkaar opvolgen **3** [mil] verspreid opstellen **4** [comp] scrollen: *faire ~ un document* scrollen in (*of:* door) een document
se ²**défiler** (wdk ww) [pop] zich drukken
défini, -e bepaald, begrensd, omschreven: *article ~* bepaald lidwoord
définir definiëren; bepalen; omschrijven
définit|if, -ive definitief, blijvend, onherroepelijk: *en définitive* ten slotte, uiteindelijk
la **définition** (v) bepaling, definitie, omschrijving
la **déflagration** (v) ontploffing
la **déflation** (v) deflatie
le **déflecteur** (m) windgeleider, spoiler
la **défloration** (v) ontmaagding
déflorer de frisheid ontnemen aan; ontmaagden
le **défoliant** (m) ontbladeringsmiddel
la **défonce** (v) [inf] trip, het stoned-zijn
défoncé, -e 1 vol kuilen, ingezakt **2** [inf] high, stoned
¹**défoncer** (ov ww) **1** de bodem in slaan, stukslaan; intrappen [een deur] **2** diepploegen [de grond]
se ²**défoncer** (wdk ww) [inf] high worden, zich helemaal geven; genieten van

la **défonceuse** (v) **1** zware ploeg **2** freesmachine
la **déformation** (v) misvorming, vervorming: *~ professionnelle* **a)** beroepsdeformatie; **b)** afwijking
déformer misvormen, vervormen, verdraaien; vertekenen; verminken
le **défoulement** (m) [psych] (het) afreageren
se **défouler** zich uitleven; zich afreageren
le **défouloir** (m) **1** plek waar je je uitleeft **2** bezigheid om je te leven
défragmenter [harde schijf] defragmenteren
se **défraîchir** zijn frisheid verliezen: *un visage défraîchi* een verlopen gezicht
défrayer vrijhouden, kosten betalen van ‖ *~ la chronique* over de tong gaan
le **défrichage** (m) ontginning
défrichement *zie défrichage*
défricher ontginnen [ook fig]
défriser 1 ontkrullen **2** [inf] teleurstellen: *ça te défrise?* dat valt je tegen?
défroisser gladstrijken
la **défroque** (v) plunje; afgedankte kleren
le/la **défroqué** (m), **-e** (v) uitgetredene uit de geestelijke stand
le/la ¹**défunt** (m), **-e** (v) overledene
²**défunt, -e** (bn) overleden
dégagé, -e 1 vrij: *ciel ~* heldere hemel; *~ des obligations militaires* niet dienstplichtig **2** onbelemmerd, los, ongedwongen: *d'un air ~* ongedwongen, vrij
le **dégagement** (m) **1** vrijmaking, losmaking, inlossing [van een pand]; intrekking [van een belofte]; terugtrekking [uit een bondgenootschap] **2** verwijdering, afvloeiing; [med] partus **3** [sport] uittrap **4** opruiming [van hindernissen] **5** (het) vrijkomen, ontwikkeling [van warmte, gas] **6** doorloop [in woningen] **7** vrije ruimte
¹**dégager** (ov ww) **1** vrijmaken; losmaken; afruimen [van een tafel]: *~ la morale de l'histoire* de moraal uit het verhaal halen **2** [abstract] losmaken: *~ sa parole* zich niet langer aan zijn woord houden **3** vrijlaten [m.b.t. kleding] **4** [gas, warmte] afgeven ‖ *dégage!* wegwezen!
se ²**dégager** (wdk ww) **1** zich losmaken, zich bevrijden **2** vrij worden **3** opstijgen, zich verspreiden [van een geur enz.] **4** naar voren komen ‖ *mon nez se dégage* ik kan weer ademen door mijn neus
la **dégaine** (v) [inf] belachelijk uiterlijk
dégainer een wapen trekken
¹**dégarnir** (ov ww) leegmaken, leeghalen
se ²**dégarnir** (wdk ww) kaal worden [van een hoofd, boom]
le **dégât** (m) schade
dégazer ontgassen; schoonmaken [van olietank(er)]
le **dégel** (m) dooi: *c'est le ~* het dooit ‖ *~ des*

salaires opheffing van loonstop

la **dégelée** (v) [pop] pak slaag

dégeler (ont)dooien [ook fig]; loskomen, vrijmaken, deblokkeren

dégénérer degeneren, ontaarden, verworden: *il est complètement dégénéré* hij is goed gek

la **dégénérescence** (v) ontaarding, verwording, degeneratie

dégingandé, -e slungelig

le **dégivrage** (m) ontdooiing

dégivrer ijsvrij maken; ontdooien: *rétroviseurs dégivrants* verwarmde buitenspiegels

le **dégivreur** (m) **1** ontdooier **2** ruitverwarming [van een auto]

déglacer [cul] blussen

déglingué, -e kapot, gemold; rammelend

déglinguer helemaal kapotmaken, mollen

déglutir slikken, inslikken

dégobiller [inf] (uit)kotsen

dégommer aan de kant zetten

le **dégonflage** (m) **1** (het) laten leeglopen **2** [ec] instorting [van de markt]

dégonflé, -e leeg, plat; [pop] laf, bang

dégonflement *zie dégonflage*

[1]**dégonfler** (ov ww) laten leeglopen: *~ les prix* de prijzen terugschroeven

se [2]**dégonfler** (wdk ww) leeglopen; [fig] terugkrabbelen

le **dégorgement** (m) **1** lozing **2** (het) leeglopen; overlopen

[1]**dégorger** (onov ww) overlopen, uitstromen (in): *faire ~ un concombre* vocht uit een komkommer halen

[2]**dégorger** (ov ww) **1** lozen; [fig] uitbraken **2** ontstoppen, doorsteken

se [3]**dégorger dans** (wdk ww) zich storten in

dégoter [inf] vinden, op de kop tikken

dégotter *zie dégoter*

dégouliner [inf] afdruipen, druipen: *il dégouline de suffisance* de verwaandheid druipt eraf

dégoupiller: *~ une grenade* een granaat op scherp zetten

dégourdi, -e uitgeslapen, pienter; niet verlegen

[1]**dégourdir** (ov ww) **1** lenig, los maken **2** verlegenheid doen overwinnen

se [2]**dégourdir** (wdk ww) **1** zich ontspannen: *se ~ les jambes* de benen strekken **2** [fig] loskomen

le **dégoût** (m) walging, tegenzin, afkeer

dégoûtant, -e walgelijk, vies, misselijkmakend, stuitend

dégoûté, -e 1 kieskeurig: *faire le ~* kieskeurig zijn **2** (+ de) vies, afkerig (van): *~ de la vie* levensmoe

dégoûter doen walgen, tegenstaan, afkerig maken: *tu me dégoûtes* ik walg van je; *~ qqn. de qqch.* iem. de lust tot iets benemen

dégradant, -e (mens)onterend

la **dégradation** (v) **1** degradatie; verlaging **2** beschadiging, schade, verval; verloedering, verslechtering; erosie **3** (het) verbleken; vervloeiing [van kleuren]

[1]**dégrader** (ov ww) **1** degraderen, in rang verlagen; iem. zijn waardigheid ontnemen **2** beschadigen, vernielen: *chaussée dégradée* slecht wegdek **3** verzwakken; [van een kleur] laten vervloeien; [van licht] temperen: *teinte dégradée* uitlopende kleur

se [2]**dégrader** (wdk ww) **1** verslechteren: *la situation se dégrade de jour en jour* de toestand wordt van dag tot dag erger **2** zich verlagen

[1]**dégrafer** (ov ww) loshaken, losmaken

se [2]**dégrafer** (wdk ww) losschieten, losraken

le **dégrafeur** (m) ontnieter

le **dégraissant** (m) ontvlekkingsmiddel

dégraisser ontvetten; ontvlekken; afslanken: [fig] *cette entreprise dégraisse ses effectifs* dit bedrijf ontslaat personeel

le **degré** (m) **1** trede, trap, sport: *par ~s* a) trapsgewijs; b) geleidelijk **2** graad [in alle bet]; mate: *angle de 30 ~s* hoek van 30 graden; *être brûlé au premier ~* eerstegraadsverbrand zijn **3** percentage: *au plus haut ~* uiterst

dégress|if, -ive afnemend, degressief

le **dégrèvement** (m) vermindering [van belasting]

dégrever verlichten [van lasten]

dégriffé, -e [kleding] merkloos

la **dégringolade** (v) **1** [inf] tuimeling, val **2** [hand] (het) kelderen, scherpe daling

dégringoler 1 [ec] kelderen **2** [een trap] afstormen **3** [inf] naar beneden donderen

le **dégrippant** (m) kruipolie

dégripper losmaken, weer doen lopen

dégriser ontnuchteren [ook fig]

dégrossir ruw bewerken; een eerste opzet maken; [fig] wat manieren bijbrengen

déguenillé, -e haveloos

déguerpir ervandoor gaan

dégueulasse [pop] walgelijk, smerig; om te kotsen; schofterig

dégueuler [pop] kotsen

le **dégueulis** (m) [pop] kots [braaksel]

le **déguisement** (m) vermomming; [fig] (het) verbergen

[1]**déguiser** (ov ww) **1** vermommen **2** verbergen, verdraaien; onherkenbaar maken

se [2]**déguiser** (wdk ww) zich vermommen: [fig] *se ~ en courant d'air* spoorloos verdwijnen

le **dégustateur** (m) (wijn)proever; voorproever

la **dégustation** (v) (het) proeven: *~ de vins* wijnproeverij

déguster 1 proeven; [fig] genieten van **2** [pop] op zijn donder krijgen, pijn lijden

se **déhancher** heupwiegen

le [1]**dehors** (m) buitenkant; het uitwendige, uiterlijk: *au ~* buiten

les **²dehors** (mv, m) [fig] uiterlijk, schijn

³dehors (bw) buiten(shuis); erbuiten; naar buiten, de deur uit: ~*!* eruit!; *mettre* ~ eruit zetten, wegjagen; *de* ~ van buiten; *en* ~ naar buiten; *en* ~ *de* a) buiten; b) behalve; *se tenir en* ~ *de qqch.* zich afzijdig houden van iets

la **déification** (v) vergoddelijking

déifier vergoddelijken, als god vereren

déjà 1 reeds, al: ~*!* nu al! **2** [inf] ook weer: *comment s'appelle-t-il,* ~*?* hoe heet hij ook alweer?; *du* ~*(-)vu* ouwe koek, opgewarmde kost || *c'est* ~ *ça* dat is alvast wat

déjanté, -e [inf] niet goed snik, getikt

¹déjanter (onov ww) van de velg lopen: [fig] *il a déjanté* hij is over de rooie

²déjanter (ov ww) van de velg halen

la **déjection** (v) **1** ontlasting **2** lava, puin

les **déjections** (mv, v) uitwerpselen

¹déjeter (ov ww) krom maken, scheeftrekken

se **²déjeter** (wdk ww) kromgroeien

le **déjeuner** (m) lunch, [Belg] ontbijt: *petit* ~ ontbijt

déjouer verijdelen; in de war sturen

¹delà (bw) daarenboven, verder, (nog) meer || *par-*~ a) aan de overkant; b) aan de andere kant van, verder dan

²delà (vz) *zie* *¹au-delà*

délabré, -e vervallen, bouwvallig, haveloos: *santé* ~*e* slechte gezondheid

le **délabrement** (m) verval, haveloosheid; slechte staat

se **délabrer** vervallen; achteruitgaan

délacer losrijgen, losmaken

le **délai** (m) **1** uitstel, vertraging: *sans* ~ onmiddellijk, terstond **2** termijn, tijd, deadline: ~ *de livraison* levertijd; *à bref* ~ binnenkort, op korte termijn; *dans les* ~*s* binnen de afgesproken tijd; *dans les meilleurs* ~*s* zo spoedig mogelijk; *fixer un* ~ *à qqn.* iem. een termijn stellen; ~ *de préavis* opzegtermijn

le **délaissement** (m) [form] eenzaamheid, verlatenheid, hulpeloosheid

délaisser verlaten, in de steek laten; laten varen

délassant, -e rustgevend, ontspannend

le **délassement** (m) ontspanning, verstrooiing

¹délasser (ov ww) ontspannen, verstrooien

se **²délasser** (wdk ww) zich ontspannen

le/la **déla|teur** (m), **-trice** (v) verklikker, -ster, aanbreng(st)er

la **délation** (v) (het) aanbrengen; verraad

délavé, -e verbleekt; doorweekt [grond]

délayer 1 verdunnen; aanmengen **2** [fig] lang uitspinnen

le **delco** (m) stroomverdeler

délébile [van inkt] afwasbaar

délectable heerlijk; om van te smullen

la **délectation** (v) genot, genieting

se **délecter à** genieten (van)

la **délégation** (v) **1** overdracht, delegering; (het) delegeren **2** afvaardiging, delegatie

le/la **délégué** (m), **-e** (v) afgevaardigde, gedelegeerde

déléguer 1 afvaardigen, machtigen, delegeren **2** overdragen

le **délestage** (m) het uitladen van ballast; (het) ontlasten: *itinéraire de* ~ alternatieve route

délester ballast uitladen; ontlasten; verlichten: [inf] ~ *qqn.* iem. beroven

délétère 1 schadelijk; giftig [gassen] **2** [fig] verderfelijk

délibérat|if, -ive: *avoir voix* délibérative stemgerechtigd zijn

la **délibération** (v) beraadslaging; overweging: *mettre en* ~ in discussie brengen; *après mûre* ~ na rijp beraad

le **¹délibéré** (m): *en* ~ in beraad

²délibéré, -e (bn) vastbesloten, vastberaden, weloverwogen: *de propos* ~ opzettelijk, met voorbedachten rade

délibérément willens en wetens; met opzet; vastberaden

délibérer beraadslagen; overleggen; na rijp beraad beslissen

le/la **¹délicat** (m), **-e** (v) kieskeurig mens: *faire le* ~ moeilijk doen

²délicat, -e (bn) **1** delicaat, uitgelezen, verfijnd, fijn **2** teer, tenger: *santé* ~*e* zwakke gezondheid **3** kies, fijngevoelig: *esprit* ~ fijnbesnaarde geest **4** moeilijk, netelig; lichtgeraakt: *question* ~*e* gevoelige kwestie

la **délicatesse** (v) teerheid, zwakheid

le **délice** (m) lekkernij

les **délices** (mv, v) genot, lust, zaligheid: *jardin de* ~ lustoord

délici|eux, -euse heerlijk, verrukkelijk

délictu|eux, -euse strafbaar

le **¹délié** (m) ophaal [van een handgeschreven letter]

²délié, -e (bn) **1** losgemaakt [ook fig]; vlot: *avoir les doigts* ~*s* soepele vingers hebben **2** schrander, scherpzinnig

délier losmaken: *sans bourse* ~ met gesloten beurs; ~ *qqn. (de)* ontheffen, ontslaan [van een verplichting]; [fig] *sa langue se déliait* zijn tong raakte los

la **délimitation** (v) afbakening, begrenzing

délimiter afbakenen, begrenzen

la **délinquance** (v) criminaliteit: ~ *juvénile* jeugdcriminaliteit

le/la **¹délinquant** (m), **-e** (v) delinquent(e)

²délinquant, -e (bn) misdadig: *jeunesse* ~*e* criminele jongeren

la **déliquescence** (v) verval, verloedering

délirant, -e ijlend; krankzinnig

le **délire** (m) **1** (het) ijlen; delirium **2** uitbundige geestdrift: *foule en* ~ uitzinnige menigte **3** waanzin: ~ *collectif* massahysterie

délirer ijlen; buiten zichzelf zijn: *tu délires!*

je bent niet wijs!

le **délit** (m) misdrijf, delict; overtreding, [Belg] wanbedrijf: *corps du* ~ corpus delicti; *en fla-grant* ~ op heterdaad; ~ *d'initié* misbruik van voorkennis

se **déliter** afbrokkelen, uiteenvallen

la **délivrance** (v) **1** bevrijding; vrijlating; ver-lossing; bevalling **2** uitreiking, afgifte

délivrer 1 bevrijden; verlossen **2** uitreiken, afleveren

la **délocalisation** (v) [ec] offshoring; ver-plaatsing

délocaliser [ec] verplaatsen [bedrijven, ac-tiviteiten]

déloger [inf] (er) uitzetten; verjagen

se **déloguer** uitloggen

déloyal, -e oneerlijk, vals, trouweloos

la **déloyauté** (v) oneerlijkheid; verraad; trou-weloosheid

le **delta** (m) delta

le **deltaplane** (m) deltavlieger

le **déluge** (m) zondvloed; stortvloed, wolk-breuk: *un* ~ *de protestations* een storm van protest

déluré, -e uitgeslapen, gewiekst; [neg] brutaal; bijdehand

la **démagogie** (v) demagogie

démagogique demagogisch

le **démagogue** (m) volksmenner, demagoog

demain morgen: ~ *il fera jour* morgen is er weer een dag; *à* ~ tot morgen; *la fin n'est pas pour* ~ het einde is nog niet in zicht; [inf] *c'est pas* ~ *la veille* dat kan nog wel even du-ren

la **demande** (v) **1** vraag, verzoek; aanvraag; verzoekschrift: *faire face à la* ~ de vraag aan-kunnen; *faire la* ~ *de* een verzoek indienen tot; ~ *d'emploi* sollicitatie, [Belg] plaatsaan-vraag; ~*s d'emploi* personeel aangeboden [advertentie]; ~ *d'indemnisation* schade-claim; ~ *en mariage* huwelijksaanzoek **2** [jur] eis; vordering; ~ *en divorce* eis tot echtschei-ding **3** bestelling: *sur* ~ op bestelling

¹**demander** (ov ww) **1** vragen (om, naar), verzoeken: ~ *qqn.* iem. te spreken vragen, iem. laten komen; ~ *un poste* naar een be-trekking solliciteren; *cet article est très de-mandé* er is veel vraag naar dat artikel; *je ne demande pas mieux* dolgraag, ik wil niets lie-ver; *il ne demande qu'à jouer au tennis* hij doet niets liever dan tennissen; *je vous demande un peu!* nu vraag ik je! **2** [jur] eisen

se ²**demander** (wdk ww) zich afvragen

le/la ¹**demand|eur** (m), **-euse** (v) vrager, vraag-ster; aanvrager, aanvraagster: ~ *d'emploi* werkzoekende; ~ *d'asile* asielzoeker

le/la ²**demand|eur** (m), **-eresse** (v) [jur] eiser(e)s

³**demand|eur, -euse** (bn): *il n'est pas* ~ *dans cette affaire* hij heeft geen belangstelling daarvoor

la **démangeaison** (v) jeuk, kriebeling; [fig]

aanvechting

démanger jeuken, kriebelen: *la langue lui démange* hij kan zich niet langer stilhouden; *ça me démange de …* ik zou eens heel erg graag …

le **démantèlement** (m) ontmanteling; af-braak; afbouw

démanteler ontmantelen; slopen, slech-ten; afbouwen

démantibuler [inf] slopen

le **démaquillage** (m) afschminking

le **démaquillant** (m) reinigingscrème

démaquiller afschminken, make-up ver-wijderen

la **démarcation** (v) afbakening: *ligne* de ~ grens(lijn), demarcatielijn

le **démarchage** (m) huis-aan-huisverkoop: ~ *par téléphone* verkoop per telefoon

la **démarche** (v) **1** gang, tred, manier van lo-pen **2** handelwijze, gedragingen **3** stappen, pogingen: *faire des* ~*s* stappen ondernemen; *tenter une* ~ *auprès de qqn.* bij iem. proberen iets gedaan te krijgen **4** voortgang: ~ *logi-que* logische gedachtegang

le/la **démarch|eur** (m), **-euse** (v) acquisiteur, colporteur, -teuse

le **démarquage** (m) (het) afprijzen

la **démarque** (v) [hand] (het) afprijzen; prijs-verlaging

¹**démarquer** (ov ww) **1** van het merk ont-doen **2** afprijzen

se ²**démarquer** (wdk ww) **1** [sport] zich vrij spelen **2** (+ de) afstand nemen van [iem.]

le **démarrage** (m) **1** vertrek; aanzet; begin; start **2** [wielersp] demarrage

¹**démarrer** (onov ww) uitvaren, vertrekken; starten [auto]; op gang komen; [wielersp] demarreren

²**démarrer** (ov ww) op gang brengen

le **démarreur** (m) startmotor

¹**démasquer** (ov ww) ontmaskeren

se ²**démasquer** (wdk ww) zijn ware gedaante tonen, het masker afwerpen

le **démêlage** (m) (het) ontwarren, kammen [textiel]

le **démêlant** (m) antiklitmiddel

le **démêlé** (m) geschil, onmin: *avoir des* ~*s avec la justice* in aanraking komen met de justitie

démêler 1 ontwarren **2** [fig] ophelderen; doorzien

le **démêloir** (m) grove kam

le **démembrement** (m) versnippering, ver-brokkeling; verkaveling

démembrer [een slachtdier] in stukken snijden; [fig] verbrokkelen, versnipperen; verkavelen

le **déménagement** (m) verhuizing

déménager 1 verhuizen, wegtrekken **2** [inf] raaskallen

le **déménageur** (m) verhuizer

la **démence** (v) krankzinnigheid, dementie;

waanzin: *c'est de la* ~ het is je reinste waanzin

se **démener 1** spartelen, tekeergaan, van zich afslaan **2** zich weren, zich afsloven

dément, -e krankzinnig; waanzinnig

le **démenti** (m) ontkenning

démentir 1 weerleggen, in tegenspraak zijn met; ontkennen **2** (iem.) tegenspreken; verloochenen: *son courage ne s'est jamais démenti* hij heeft de moed nooit verloren

se **démerder** [pop] zich redden, zich erdoor slaan

démériter tekortschieten: *il n'a pas démérité* hij heeft zijn best gedaan

la **démesure** (v) mateloosheid

démesuré, -e mateloos, enorm

démettre 1 ontwrichten **2** ontslaan: *se* ~ *de ses fonctions* zijn ontslag nemen, aftreden

le **demeurant** (m): *au* ~ overigens, trouwens

la **demeure** (v) woning, verblijf: *dernière* ~ laatste rustplaats ‖ *mettre en* ~ aanmanen, sommeren; *mise en* ~ aanmaning; *à* ~ voorgoed, definitief

le/la **¹demeuré** (m), **-e** (v) achterlijk iem.

²demeuré, -e (bn) achterlijk; [inf] onnozel

demeurer 1 (+ avoir) wonen, verblijven, vertoeven: ~ *à Paris* in Parijs wonen **2** (+ être) blijven: ~ *interdit* sprakeloos zijn; ~ *silencieux* zwijgen

le **¹demi** (m) helft, een halve (liter); glas bier, pilsje; [sport] middenspeler

²demi, demie (bn) half: *un an et* ~ anderhalf jaar; *deux heures et* ~*e* twee en een half uur, halfdrie

³demi (bw) half: *à* ~ half

le **demi-bas** (m; mv: *onv*) kniekous; pantykous

le **demi-centre** (m) middenvelder

le **demi-cercle** (m) halve cirkel: *en* ~ halfrond

la **demie** (v) het halve uur

demi-écrémé, -e halfvol

la **demi-finale** (v) [sport] halve finale

le **demi-frère** (m) halfbroer

la **demi-heure** (v; mv: demi-heures) halfuur

la **démilitarisation** (v) demilitarisering

démilitariser demilitariseren

la **demi-mesure** (v) halve maatregel

le **demi-mot** (m) half woord: *comprendre à* ~ maar een half woord nodig hebben

le **déminage** (m) (het) mijnen ruimen

déminer mijnen ruimen

le **démineur** (m) ruimer van explosieven

la **demi-pension** (v; mv: demi-pensions) half pension; half internaat

démis volt dw van *démettre*

le **demi-sang** (m) halfbloed [paard]

le **demi-sommeil** (m; mv: demi-sommeils) lichte, eerste slaap

la **démission** (v) ontslag, aftreden; [fig] afstand; (het) opgeven [van een strijd]: *la* ~ *des parents* het laten afweten van de ouders; *donner sa* ~ zijn ontslag indienen, aftreden

démissionnaire demissionair

démissionner 1 zijn ontslag nemen, aftreden **2** [inf] (het) opgeven

le **demi-tarif** (m; mv: demi-tarifs) half geld

le **demi-tour** (m; mv: demi-tours) halve wending, zwenking: ~ *à droite* rechtsomkeert; ~ *à gauche* linksomkeert; *faire* ~ rechtsomkeert maken, (om)keren

le **démiurge** (m) schepper

la **demi-vie** (v) [nat] halfwaardetijd, halveringstijd

la **démo** (v) [comp] verk van *démonstration* demo

démobilisa|teur, -trice [pol] onverschillig makend

la **démobilisation** (v) demobilisatie

démobiliser 1 demobiliseren **2** [pol] van zich vervreemden

le/la **¹démocrate** (m/v) democraat, -crate

²démocrate (bn) democratisch

la **démocratie** (v) democratie: ~ *populaire* volksdemocratie

démocratique democratisch

démocratiser democratiseren

démodé, -e uit de mode, verouderd, ouderwets

se **démoder** uit de mode raken, verouderen

la **démographie** (v) demografie

démographique demografisch: *croissance* ~ bevolkingsgroei

la **demoiselle** (v) **1** juffrouw: ~ *de compagnie* gezelschapsdame; ~ *d'honneur* bruidsmeisje **2** waterjuffer, libel

démolir 1 afbreken, slopen; [fig] ruïneren **2** ondermijnen **3** [inf] aftuigen

le/la **démoliss|eur** (m), **-euse** (v) sloper; [fig] iem. die afbreekt, die scherpe kritiek uitoefent

la **démolition** (v) afbraak, vernietiging, sloop

les **démolitions** (mv, v) puin, afbraak

le **démon** (m) duivel; plaaggeest, kwelgeest: ~ *du jeu* speelduivel

démonétiser geld uit de omloop halen

démoniaque duivels, (van de duivel) bezeten, razend, demonisch

démoniser demoniseren

démonstrat|if, -ive 1 bewijzend, overtuigend **2** demonstratief; mededeelzaam **3** [taalk] aanwijzend

la **démonstration** (v) **1** bewijs(voering), betoog **2** uiting, blijk **3** demonstratie: ~ *de force* machtsvertoon

démontable uitneembaar, demonteerbaar, afneembaar

démonté, -e onstuimig [van de zee]

le **démonte-pneu** (m) bandenlichter

¹démonter (ov ww) **1** demonteren, afbreken **2** uit het zadel werpen, lichten; [fig] van zijn stuk, in de war brengen

se **²démonter** (wdk ww) **1** verlegen worden **2** zich laten ontmoedigen

démontrable bewijsbaar, aantoonbaar

démontrer bewijzen, aantonen

démoralisant, -e ontmoedigend, deprimerend; demotiverend

démoraliser ontmoedigen, demoraliseren, demotiveren

démordre loslaten: [fig] *ne pas en* ~ vasthouden aan, op zijn stuk blijven staan

démotiver demotiveren

démouler uit de vorm halen

démultiplier het toerental verlagen van

¹**démunir de** (ov ww) ontnemen, beroven van: *être* démuni niks meer hebben, arm zijn

se ²**démunir de** (wdk ww) afstand doen van

la **démystification** (v) ontnuchtering; opheldering

démystifier 1 [iem.] uit de droom helpen **2** [iets] ophelderen

la **dénatalité** (v) daling van geboortecijfer

la **dénaturation** (v) (het) denatureren, onbruikbaarmaking [voor andere doeleinden]

dénaturer denatureren; onherkenbaar maken; [fig] verdraaien

la **dénégation** (v) ontkenning

le **déneigement** (m) (het) sneeuwruimen

déneiger sneeuwruimen, van sneeuw ontdoen

la **déneigeuse** (v) sneeuwploeg

déniaiser wereldwijs maken; ontgroenen

dénicher opdiepen, opsporen, vinden

le **denier** (m) **1** [Bijb] zilverling **2** [hist] duit ‖ [r-k] *le* ~ *du culte* bijdrage van een gelovige aan de kerk

dénier 1 ontkennen **2** weigeren, ontzeggen

les **deniers** (mv, m) geld, financiën: ~ *publics* openbare middelen

le **dénigrement** (m) beschimping, belastering

dénigrer [fig] zwartmaken; afbreken, in diskrediet brengen

le **denim** (m) jeansstof

la **dénivelée** (v) hoogteverschil

la **dénivellation** (v) hoogteverschil, peilverschil, verval; hellingsgraad [van een weg]

le **dénombrement** (m) telling, opsomming

dénombrer tellen, opsommen

le **dénominateur** (m) noemer [van een breuk]: *trouver un* ~ *commun* (alles) onder één noemer brengen [ook fig]

la **dénomination** (v) naam, benaming

dénommé, -e genaamd, zich noemend

dénommer noemen, een naam geven aan

dénoncer 1 aangeven, aanklagen; aan de kaak stellen, verklikken; verraden **2** opzeggen [verdrag]

le/la ¹**dénoncia|teur** (m), **-trice** (v) aanbreng(st)er, aanklager, -klaagster; verklikker, -ster

²**dénoncia|teur, -trice** (bn) aanklagend: *une lettre* dénonciatrice een (anonieme) belastende brief

la **dénonciation** (v) **1** aangifte, aanklacht; (het) verklikken **2** opzegging

dénoter aanduiden, een teken zijn van, getuigen van

le **dénouement** (m) ontknoping

dénouer ontknopen, losknopen; ontwarren; oplossen [moeilijkheden]: ~ *la langue de qqn.* iem. aan de praat krijgen

dénoyauter 1 (ont)pitten **2** [ec] verminderen van staatsinvloed

la **denrée** (v) (eet)waar: ~s *alimentaires* levensmiddelen; *une* ~ *rare* een schaars goed

dense dicht, compact

la **densification** (v) verdichting

densifier verdichten

la **densité** (v) dichtheid, densiteit, soortelijk gewicht: ~ *démographique* bevolkingsdichtheid

la **dent** (v) **1** tand, kies: *avoir mal aux* ~s kiespijn hebben; *coup de* ~ **a)** beet; **b)** [fig] hatelijkheid; *avoir la* ~ *dure* scherpe kritiek leveren; *avoir* (of: *garder*) *une* ~ *contre qqn.* wrok tegen iem. koesteren; *avoir les* ~s *longues* eerzuchtig zijn; *claquer des* ~s klappertanden; *être sur les* ~s de handen vol hebben; *mordre à belles* ~s gretig in iets bijten; *manger du bout des* ~s met lange tanden eten; *entre ses* ~s binnensmonds; *n'avoir rien à se mettre sous la* ~ niets te eten hebben; *faire ses* ~s tanden krijgen; *fausses* ~s kunstgebit **2** tand [van kam, zaag, postzegel]; piek [van een berg]: *en* ~s *de scie* sprongsgewijs, onregelmatig

dentaire tand-, tandheelkundig: *fil* ~ floss, tandzijde

denté, -e getand: *roue* ~e tandrad

dentelé, -e gekarteld: *feuille* ~e getand blad

la **dentelle** (v) kant: *en* ~ kanten; *il ne fait pas dans la* ~ hij werkt met de botte bijl

la **dentellerie** (v) kantfabricage, kantwinkel

la **dentellière** (v) kantklosster

la **dentelure** (v) kartelrand

le **dentier** (m) (kunst)gebit

le **dentifrice** (m) tandpasta

le/la **dentiste** (m/v) tandarts: *chirurgien* ~ kaakchirurg

la **dentition** (v) het tanden krijgen; gebit

la **denture** (v) gebit; tandwerk [van raderen]

dénucléariser kernwapenvrij maken, verklaren

¹**dénuder** (ov ww) blootleggen, ontbloten; kaal maken

se ²**dénuder** (wdk ww) **1** zich ontkleden **2** kaal worden

dénué, -e de beroofd van, zonder: ~ *de fondement* ongegrond; ~ *d'intérêt* oninteressant

le **dénuement** (m) gebrek, ontbering, armoede

la **dénutrition** (v) ondervoeding

le **déo** (m) [inf] deodorant

le **déodorant** (m) deodorant

la **déontologie** (v) beroepscode, beroepsethiek

le **dépannage** (m) reparatie [van auto enz.]:
service de ~ hulpdienst, storingsdienst; *voiture de* ~ takelwagen
dépanner 1 repareren **2** [fig] (iem.) uit de
moeilijkheid helpen

le **dépanneur** (m) storingsmonteur

la **dépanneuse** (v) takelwagen
dépaqueter uitpakken
dépareillé, -e niet bijeenbehorend; onvolledig, niet compleet
déparer ontsieren

le **départ** (m) vertrek, afvaart; start: *au* ~ **a)** bij
het vertrek; **b)** [fig] bij het begin; *signal du* ~
startsein; *point de* ~ uitgangspunt; *prendre le*
~ starten, weggaan; *dès le* ~ van meet af aan
départager 1 scheiden **2** kiezen uit **3** de
doorslag geven tussen: ~ *les voix* [m.b.t.
stemming] een beslissing brengen

le **département** (m) **1** departement, gewest
2 ministerie **3** afdeling
départemental, -e departementaal
¹**départir** (ov ww) toebedelen

se ²**départir de** (wdk ww) afzien van, laten varen, verliezen: *sans se* ~ *de son optimisme* met
zijn niet aflatende optimisme
dépassé, -e achterhaald; verouderd; ouderwets

le **dépassement** (m) (het) inhalen; overschrijding [van een begroting e.d.]: *le* ~ *de
soi-même* het zichzelf overtreffen
¹**dépasser** (ov ww) **1** inhalen, voorbijgaan,
passeren **2** overschrijden, overtreffen, te
buiten, te boven gaan: *cela me dépasse* daar
kan ik niet bij; *il est dépassé par les événements*
het wordt hem allemaal te veel; ~ *les bornes*
te ver gaan, de spuigaten uitlopen **3** uitsteken boven, langer, hoger zijn: ~ *de la tête*
een hoofd groter zijn; *ne pas* ~ *vingt minutes*
niet langer dan twintig minuten duren

se ²**dépasser** (wdk ww) zichzelf overtreffen
dépassionner uit de emotionele sfeer halen

se **dépatouiller** [inf] zich eruit redden
dépaver opbreken [van wegdek]
dépaysé, -e ontheemd, onwennig

le **dépaysement** (m) verandering van omgeving; onwennigheid
dépayser in verwarring brengen

le **dépeçage** (m) (het) in stukken snijden
dépecer uitsnijden [van vlees]; verbrokkelen [van een gebied]

la **dépêche** (v) brief, bericht; telegram
¹**dépêcher** (ov ww) [met spoed] zenden,
toezenden: ~ *qqn. sur place* iem. naar de betreffende plek sturen [plaats des onheils
enz.]

se ²**dépêcher** (wdk ww) zich haasten
dépeigner het haar in de war brengen
dépeindre afschilderen, beschrijven
dépenaillé, -e [inf] haveloos; gehavend;
aan flarden

la **dépénalisation** (v) uit de sfeer van het
strafrecht halen
dépénaliser uit de strafrechtelijke sfeer
halen; niet meer straffen; decriminaliseren

la **dépendance** (v) **1** afhankelijkheid; ondergeschiktheid; verslaving **2** bijgebouw, bijkantoor
dépendant, -e de 1 afhankelijk (van)
2 ondergeschikt (aan)
¹**dépendre** (onov ww) **1** (+ de) afhangen
van; afhankelijk zijn van: *cela dépend* dat
hangt ervan af **2** vallen onder; behoren bij
²**dépendre** (ov ww) afhaken, afnemen

les **dépens** (mv, m) kosten: *aux* ~ *de* ten koste
van; *condamner aux* ~ tot de kosten veroordelen; *apprendre à ses* ~ leergeld betalen

la **dépense** (v) **1** uitgave, (on)kosten, besteding: *carnet de* ~s huishoudboek(je); ~s *publiques* overheidsuitgaven; *regarder à la* ~
zuinig aan doen **2** gebruik, verbruik, besteding: ~ *physique* lichamelijke inspanning
¹**dépenser** (ov ww) **1** uitgeven, besteden: ~
sans compter verkwisten, niet zuinig omgaan met iets **2** verteren, verbruiken

se ²**dépenser** (wdk ww) zich niet sparen, zich
inzetten, zich inspannen
dépens|ier, -ière verkwistend: *être* ~ een
gat in de hand hebben

la **déperdition** (v) verlies; vermindering
dépérir 1 wegkwijnen, verkommeren
2 achteruitgaan; verlopen [van een zaak]

le **dépérissement** (m) verval; verkommering

la **dépersonnalisation** (v) (het) onpersoonlijk, anoniem maken; depersonalisatie
dépersonnaliser de persoonlijkheid ontnemen aan, depersonaliseren, anoniem maken
¹**dépêtrer de** (ov ww) verlossen, bevrijden,
losmaken (van)

se ²**dépêtrer de** (wdk ww) zich redden (uit)

le **dépeuplement** (m) ontvolking
¹**dépeupler** (ov ww) ontvolken

se ²**dépeupler** (wdk ww) ontvolkt raken, leeglopen
déphasé, -e van slag, ontregeld: *il se sent
complètement* ~ hij is volledig de kluts kwijt
dépiauter [inf] **1** villen; stropen **2** schillen
[een pakje] uitpakken **3** [fig] uitpluizen
dépiler ontharen; epileren

le **dépistage** (m) opsporing: *un test de* ~ *du
sida* aidstest
dépister opsporen, op het spoor komen;
vinden, opdiepen: ~ *les soupçons* vermoedens ontzenuwen

le **dépit** (m) spijt, ergernis: *en* ~ *de* ondanks,
ten spijt; *en* ~ *du bon sens* onverantwoord;

faire qqch. par ~ iets doen uit machteloze woede

dépiter ergeren, nijdig maken

déplacé, -e verplaatst; [fig] misplaatst: *personne ~e* ontheemde

le **déplacement** (m) (o)verplaatsing; vervoer; waterverplaatsing [van een schip]: *frais de* ~ reiskosten; *le patron est en* ~ de baas is op reis; *ça vaut le* ~ dat is de reis wel waard

¹**déplacer** (ov ww) (o)verplaatsen, verzetten

se ²**déplacer** (wdk ww) zich verplaatsen, reizen

déplafonner loslaten van de bovengrens

¹**déplaire à** (onov ww) mishagen, niet bevallen, ergeren: *cela m'a déplu* dat vond ik niet leuk; *ne lui en déplaise* wat hij er ook van moge denken

se ²**déplaire** (wdk ww) zich niet thuis voelen

déplaisant, -e onaangenaam; vervelend; antipathiek; onbehaaglijk

le **déplaisir** (m) ongenoegen

déplanter verplanten

déplâtrer het gips eraf halen

le **dépliant** (m) folder

¹**déplier** (ov ww) openvouwen; uitstallen

se ²**déplier** (wdk ww) opengaan

déplisser de plooien strijken uit

le **déploiement** (m) ontplooiing, ontwikkeling: ~ *de forces* machtsvertoon; ~ *d'un parachute* het opengaan van een parachute

déplorable 1 betreurenswaardig, spijtig **2** miserabel, pover

déplorer betreuren, klagen over

déployer 1 ontvouwen, ontplooien: *rire à gorge déployée* schaterlachen **2** uitspreiden, inzetten **3** [fig] tentoonspreiden, aan de dag leggen

déplu volt dw van ¹*déplaire*

se **déplumer** zijn veren verliezen; [inf] kaal worden

¹**dépolir** (ov ww) mat, dof maken, matteren

se ²**dépolir** (wdk ww) dof worden: *des verres dépolis* ontspiegelde glazen

dépolitiser 1 van zijn politieke lading ontdoen **2** *jeunes dépolitisés* jongeren die zich niet voor politiek interesseren

dépolluer [van het milieu] zuiveren; schoon maken, gezond maken

la **dépollution** (v) zuivering

la **dépopulation** (v) ontvolking

la **déportation** (v) deportatie

le **déporté** (m) gedeporteerde, [Belg] weggevoerde

déporter 1 deporteren, verbannen **2** uit zijn koers brengen: *la voiture s'est déportée* de auto is van de weg geraakt

le/la **déposant** (m), **-e** (v) **1** getuige **2** inlegger, -ster [bij een spaarbank]

¹**déposer** (onov ww) **1** getuigen(is afleggen) **2** een bezinksel vormen, neerslaan

²**déposer** (ov ww) **1** neerleggen, neerzetten; [iem. ergens] afzetten: ~ *qqn. à la gare*

iem. bij het station afzetten **2** deponeren, in bewaring geven; toevertrouwen: *marque déposée* gedeponeerd handelsmerk **3** afzetten, uit zijn ambt zetten **4** indienen, overleggen: ~ *son bilan* faillissement aanvragen

se ³**déposer** (wdk ww) bezinken, neerslaan

le/la **dépositaire** (m/v) **1** bewaarder, -ster; depositaris **2** vertrouweling(e) **3** depothoud(st)er: *les ~s de l'autorité* de gezagsdragers

la **déposition** (v) **1** getuigenis, verklaring **2** afzetting

déposséder de onteigenen [bezit]; ontzetten [uit ambt]

la **dépossession** (v) onteigening; vervallenverklaring

le **dépôt** (m) **1** bewaargeving; (het) neerleggen; overlegging [van stukken]: ~ *des ordures* storten van vuil; [hand] ~ *de bilan* faillissementsaanvraag **2** inleg, deposito **3** depot; magazijn; afgifte van bagage: ~ *de pain* verkooppunt van brood; ~ *de tramways* remise **4** neerslag, bezinksel; afzetting, aanslag: ~ *calcaire* kalkafzetting **5** huis van bewaring

dépoter uit de pot nemen, verpotten

le **dépotoir** (m) **1** vuilnisbelt; mestvaalt **2** vergaarbak, rommelkamer

la **dépouille** (v) afgelegd vel; afgestroopte huid: ~ *mortelle* stoffelijk overschot

le **dépouillement** (m) **1** armoede; soberheid **2** (het) nazien en opmaken: ~ *du scrutin* (het) tellen van de stemmen

¹**dépouiller** (ov ww) **1** stropen, villen **2** plunderen, beroven **3** uitpluizen, bestuderen: ~ *le scrutin* de stemmen tellen; *une architecture dépouillée* sobere architectuur

se ²**dépouiller de** (wdk ww) **1** afstand doen (van) **2** zich ontdoen (van), zich uitkleden

les **dépouilles** (mv, v) buit

dépourvu, -e arm: ~ *de* verstoken van; ~ *de sens* zinloos; ~ *d'argent* zonder geld; *au* ~ onverwachts, onverhoeds; *prendre au* ~ overvallen, betrappen

dépoussiérer stofvrij maken, afstoffen; [fig] vernieuwen, up-to-date maken

la **dépravation** (v) verdorvenheid, verloedering

dépravé, -e ontaard, verloederd, pervers

dépraver bederven, slecht maken

la **dépréciation** (v) **1** waardevermindering, daling **2** geringschatting

¹**déprécier** (ov ww) **1** doen dalen [in waarde]; depreciëren **2** geringschatten, kleineren, afbreken

se ²**déprécier** (wdk ww) **1** in waarde dalen **2** zichzelf kleineren

la **déprédation** (v) vernieling, plundering

dépress|if, -ive depressief; deprimerend

la **dépression** (v) **1** inzinking; laagte [in terrein] **2** depressie **3** gedruktheid [van de markt]; crisis

dépressuriser de druk laten wegvallen

déprimant, -e deprimerend
la **déprime** (v) [inf] neerslachtigheid
déprimé, -e gedeprimeerd
déprimer indrukken, neerdrukken; [fig] afmatten; ontmoedigen; *il déprime* hij is gedeprimeerd, hij zit in een dip
déprogrammer een programma niet uitzenden
dépt. dep. (afk van *departement*)
dépuceler ontmaagden
depuis 1 sedert, sinds, vanaf: ~ *(lors)* sindsdien, sedert die tijd; ~ *peu* sinds kort; ~ *que* sinds **2** vanuit
dépurat|if, -ive zuiverend
la **députation** (v) **1** afvaardiging, deputatie: [Belg] ~ *permanente* [Belg] Bestendige Deputatie [vergelijkbaar met Gedeputeerde Staten in Nederland] **2** ambt van afgevaardigde; kamerlidmaatschap
le **député** (m) afgevaardigde, kamerlid: [Belg] ~ *permanent* lid van de Bestendige Deputatie
députer afvaardigen
le/la **der** (m/v) verk van *dernier* laatste: *le* ~ *des ders* allerlaatste; *la* ~ *des ders* de laatste van alle oorlogen
déraciner ontwortelen [ook fig]; uitrukken; [fig] uitroeien: *un déraciné* een ontheemde
le **déraillement** (m) ontsporing [ook fig]
dérailler ontsporen; [inf] doorslaan, ontregeld zijn
le **dérailleur** (m) derailleur [van fiets]
déraisonnable onredelijk; onbillijk; buitensporig
déraisonner onzin uitkramen
le **dérangement** (m) **1** storing; defect, ontregeling **2** verwarring, wanorde
¹**déranger** (ov ww) **1** in de war brengen **2** storen, lastigvallen, hinderen, van het werk houden **3** ontregelen || *avoir l'estomac dérangé* last van zijn maag hebben
se ²**déranger** (wdk ww) **1** onklaar raken **2** zich moeite geven: *ne vous dérangez pas* doe geen moeite, blijft u zitten
le **dérapage** (m) (het) slippen, slippartij: ~ *de l'économie* het oververhit raken van de economie
déraper 1 slippen **2** krabben [van een anker] **3** [ec] oververhit raken
la **dératisation** (v) rattenbestrijding
le **derby** (m) **1** [sport] derby **2** rijgschoen
le **derche** (m) [pop]: *faux* ~ draaikont
derechef [form] weer, opnieuw
déréglé, -e 1 ontregeld, onregelmatig, van streek **2** ongeregeld, losbandig, ordeloos **3** overdreven, mateloos
le **déréglement** (m) ontregeling, verstoring
dérégler ontregelen, in de war sturen
la **dérégulation** (v) [overh] deregulering
déresponsabiliser verantwoordelijk-

heidsgevoel afnemen
¹**dérider** (ov ww) de rimpels gladstrijken; [fig] opvrolijken
se ²**dérider** (wdk ww) (glim)lachen: *il ne s'est pas déridé* hij is niet uit de plooi gekomen
la **dérision** (v) bespotting; spot: *je disais cela par* ~ ik zei dat spottend; *tourner en* ~ belachelijk maken; *quelle* ~*!* belachelijk!
dérisoire bespottelijk, belachelijk: *prix* ~ spotprijs; *somme* ~ belachelijk laag bedrag
le **dérivatif** (m) afleiding
la **dérivation** (v) **1** afleiding; omleiding [verkeer]; aftakking **2** (het) afdrijven [van een schip]; afwijking
la **dérive** (v) (het) afdrijven, drift; richtingsroer [van vliegtuig]; middenzwaard [van schip]: *aller à la* ~ op drift raken, stuurloos zijn, aan lagerwal raken; ~ *du système* uitwas van het systeem
le **dérivé** (m) afgeleid woord; [chem] derivaat
la **dérivée** (v) [wisk] afgeleide
¹**dériver** (onov ww) **1** uit de koers raken **2** (+ de) voortvloeien uit; afgeleid zijn van
²**dériver** (ov ww) aftakken, afleiden
la **dermatologie** (v) dermatologie
le/la **dermatologue** (m/v) huidarts, dermatoloog
dern|ier, -ière 1 laatst(e): *le* ~ *du mois* de laatste van de maand; *les dernières nouvelles* het laatste nieuws; *ces* ~*s temps* de laatste tijd; *avoir le* ~ *mot* het laatste woord hebben **2** vorig(e): *la semaine dernière* verleden week **3** uiterst(e), hoogst(e)
dernièrement onlangs, laatst; laatstelijk
le/la **dernier-né** (m), **dernière-née** (v) laatstgeborene
la **dérobade** (v) **1** uitvlucht **2** (het) weigeren [van een paard]; (het) terugkrabbelen
dérobé, -e 1 gestolen, geroofd **2** verborgen: *escalier* ~ geheime trap; *à la* ~*e* heimelijk, tersluiks
¹**dérober** (ov ww) **1** stelen, afhandig maken **2** onttrekken, verbergen
se ²**dérober** (wdk ww) **1** ontkomen, zich verbergen **2** weigeren **3** (+ à) zich onttrekken (aan)
dérocher [bergsport] te pletter vallen
la **dérogation** (v) afwijking; vrijstelling
déroger à afwijken (van); inbreuk maken (op)
la **dérouillée** (v) [pop] pak slaag
¹**dérouiller** (ov ww) **1** opfrissen [van het geheugen] **2** lenig, soepel maken **3** [pop] toetakelen, erop los slaan
se ²**dérouiller** (wdk ww): *se* ~ *les jambes* de benen strekken
déroulant, -e: [comp] *menu* ~ rolmenu
le **déroulement** (m) (het) ontrollen; [fig] ontwikkeling, verloop
¹**dérouler** (ov ww) afrollen, ontvouwen, afdraaien

se **²dérouler** (wdk ww) plaatsvinden, verlopen
déroutant, -e verbijsterend; verwarrend
la **déroute** (v) aftocht, vlucht; verwarring; ontreddering
le **déroutement** (m) koerswijziging
dérouter 1 van koers doen veranderen **2** op een dwaalspoor brengen **3** [fig] in de war brengen, uit het veld slaan
le **derrick** (m) boortoren
le **¹derrière** (m) achterdeel, achterkant; achterste
²derrière (bw) erachter, achteraan: *par-~* van achteren
³derrière (vz) achter: *les mains ~ le dos* met de handen op de rug; *idée de ~ la tête* bijgedachte || *être toujours ~ (le dos de) qqn.* iem. op de vingers kijken
des [samentrekking van *de* + *les*] **1** van de
2 [onbepaald lidwoord; blijft onvertaald]: *~ arbres* bomen; *zie de*
dès 1 [tijd] vanaf, sedert; al: *~ aujourd'hui* vandaag nog; *~ lors* dus; *~ le matin* al 's morgens vroeg; *~ à présent* van nu af aan; *~ que* zodra **2** [plaats] vanaf: *~ la porte* reeds bij de deur
se **désabonner** zijn abonnement opzeggen
désabusé, -e wijzer geworden, ontgoocheld, blasé
désabuser (iem.) uit de droom helpen, de ogen openen
le **désaccord** (m) onenigheid; strijdigheid: *être en ~ avec* strijdig, in tegenspraak zijn met, het niet eens zijn met
désaccordé, -e ontstemd, vals
la **désaccoutumance** (v) ontwenning, (het) afkicken
¹désaccoutumer (ov ww) ontwennen
se **²désaccoutumer de** (wdk ww) (iets) afwennen
désacraliser ontheiligen; banaliseren
désactiver onwerkzaam maken; [ook comp] deactiveren
le/la **¹désadapté** (m), **-e** (v) onaangepast iem.
²désadapté, -e (bn) onaangepast, asociaal
désaffecter van bestemming veranderen: *être désaffecté* niet meer in gebruik zijn
la **désaffection** (v) verlies van belangstelling, genegenheid
désagréable onaangenaam; naar, vervelend
la **désagrégation** (v) (het) uiteenvallen, ontbinding, desintegratie
¹désagréger (ov ww) verbrokkelen; doen uiteenvallen, ontbinden
se **²désagréger** (wdk ww) uiteenvallen, afbrokkelen, oplossen
le **désagrément** (m) ongemak; narigheid; last
désaltérant, -e verfrissend, dorstlessend
¹désaltérer (ov ww) te drinken geven, verfrissen

se **²désaltérer** (wdk ww) zijn dorst lessen, drinken
désamianter asbestvrij maken
le **désamorçage** (m) demontage [mijn]; (het) buiten werking stellen
désamorcer 1 [een mijn] demonteren **2** [fig] buiten werking stellen, afzetten **3** neutraliseren, onschadelijk maken
le **désappointement** (m) teleurstelling
désappointer teleurstellen
désapproba|teur, -trice afkeurend
la **désapprobation** (v) afkeuring, blaam
désapprouver afkeuren
désarçonner uit het zadel lichten; van zijn stuk brengen
désarmant, -e [fig] ontwapenend
désarmé, -e weerloos
le **désarmement** (m) ontwapening, onttakeling
¹désarmer (onov ww) ophouden: *il ne désarme pas* hij laat het er niet bij zitten
²désarmer (ov ww) ontwapenen [ook fig]; de wapens neerleggen; [fig] (tot) bedaren (brengen): *~ une arme* **a)** een wapen op veilig stellen; **b)** een wapen ontladen
le **désarroi** (m) verwarring, opschudding: *en ~* in de war
la **désarticulation** (v) ontwrichting
le **désastre** (m) fiasco; ramp
désastr|eux, -euse rampzalig
le **désavantage** (m) nadeel: *se montrer à son ~* zich van een ongunstige kant laten zien
désavantager benadelen
désavantag|eux, -euse onvoordelig, nadelig, ongunstig
le **désaveu** (m) herroeping, ontkenning, afkeuring
désavouer 1 herroepen, laten vallen **2** openlijk afkeuren
le/la **¹désaxé** (m), **-e** (v) gestoorde
²désaxé, -e (bn) (geestelijk) onevenwichtig, gestoord
desceller 1 het zegel verbreken **2** losmaken
la **descendance** (v) nageslacht; afstamming
le/la **¹descendant** (m), **-e** (v) afstammeling(e), nakomeling(e)
²descendant, -e (bn) (neer)dalend: *marée ~e* eb; *ligne ~e* neergaande lijn
¹descendre être (onov ww) **1** naar beneden gaan, afdalen, neerdalen, dalen; [van een weg, barometer] zakken: *~ dans la rue* de straat op gaan, op de barricaden gaan **2** (+ de) afstammen **3** (+ de) [van een paard] afstijgen; [van een fiets] afstappen; [uit auto, trein] uitstappen: *~ à terre* aan wal gaan **4** [in een hotel] zijn intrek nemen **5** een inval doen: [bij misdrijf] *~ sur les lieux* ter plaatse een onderzoek instellen
²descendre avoir (ov ww) **1** afgaan, aflopen: *~ l'escalier* de trap af komen, lopen

2 naar beneden halen, brengen; omlaag doen; [inf] neerschieten, neerhalen [van een vliegtuig] **3** [van een rivier] afzakken **4** uitladen

la **descente** (v) **1** (af)daling: ~ *en skis* afdaling (op de ski's) **2** (het) uitstappen: ~ *de croix* kruisafneming **3** helling **4** [med] verzakking **5** aankomst, landing **6** plotselinge aanval: ~ *de police* politie-inval ‖ ~ *de lit* beddenkleedje; [inf] *avoir une bonne* ~ veel kunnen verstouwen, goed van innemen zijn

le **¹descriptif** (m) werktekening, beschrijving

²descript|if, -ive (bn) beschrijvend

la **description** (v) beschrijving, omschrijving

désemparé, -e ontredderd

désemparer: *sans* ~ **a)** zonder ophouden, achter elkaar; **b)** onverwijld

désemplir: *ne pas* ~ altijd vol zijn

le **désenchantement** (m) ontgoocheling; teleurstelling

désenchanter ontgoochelen, teleurstellen

désencombrer vrijmaken, opruimen

désenfler slinken; minder gezwollen zijn

se **désengager** zich losmaken, zich terugtrekken

désensibiliser [fig] minder gevoelig maken

le **déséquilibre** (m) verstoord evenwicht, wanverhouding; [fig] onevenwichtigheid

déséquilibré, -e onevenwichtig, labiel

déséquilibrer uit het evenwicht brengen [ook fig]

le **¹désert** (m) **1** woestijn, woestenij **2** verlaten oord

²désert, -e (bn) onbewoond; verlaten: *les rues sont ~es* de straten zijn verlaten

¹déserter (onov ww) deserteren; overlopen

²déserter (ov ww) verlaten, in de steek laten, verzaken

le **déserteur** (m) deserteur, overloper; afvallige

la **désertification** (v) **1** [milieu] (het) tot woestijn worden **2** [fig] ontvolking; verval

la **désertion** (v) desertie, het overlopen; afvalligheid

désertique woestijnachtig, woestijn-

désespérant, -e wanhopig (makend); hartverscheurend

désespéré, -e 1 wanhopig; vertwijfeld (over): *acte* ~ wanhoopsdaad **2** hopeloos

¹désespérer de (onov ww) wanhopen, de moed verliezen

²désespérer (ov ww) wanhopig maken, tot wanhoop brengen

se **³désespérer** (wdk ww) wanhopig zijn, in de put zitten

le **désespoir** (m) wanhoop: *en* ~ *de cause* ten einde raad; *être au* ~ wanhopig zijn; *sombrer dans le* ~ zich laten meeslepen door zijn wanhoop

le **¹déshabillé** (m) deshabillé; negligé

²déshabillé, -e (bn) naakt

¹déshabiller (ov ww) uitkleden

se **²déshabiller** (wdk ww) zich uitkleden

¹déshabituer de (ov ww) ontwennen, afhelpen van

se **²déshabituer de** (wdk ww) ontwennen, afwennen, afleren

le **désherbant** (m) onkruidverdelger [middel]

désherber wieden, onkruid verdelgen

le/la **déshérité** (m), **-e** (v) onterfde; misdeelde

déshériter onterven; [fig] stiefmoederlijk bedelen ‖ *quartier déshérité* achterstandswijk

le **déshonneur** (m) oneer, schande

déshonorant, -e onterend

¹déshonorer (ov ww) onteren, te schande maken

se **²déshonorer** (wdk ww) zich blameren

déshumaniser ontmenselijken

déshydrater vocht onttrekken aan; uitdrogen: *aliments déshydratés* voedingsmiddelen in droge vorm

les **desiderata** (mv, m) wensen; eisen

la **désignation** (v) aanwijzing; benoeming; aanduiding; benaming, omschrijving

désigner aanduiden, beduiden; bestemmen, aanwijzen, benoemen: *elle est toute désignée pour ce poste* zij is de aangewezen persoon voor die baan

la **désillusion** (v) ontgoocheling, desillusie

désillusionner ontgoochelen, diep teleurstellen

la **désinence** (v) [taalk] uitgang

le **¹désinfectant** (m) ontsmettingsmiddel

²désinfectant, -e (bn) ontsmettend; desinfecterend

désinfecter desinfecteren, ontsmetten

la **désinfection** (v) ontsmetting

la **désinformation** (v) **1** tendentieuze berichtgeving, verdraaiing van informatie **2** (het) onvolledig geïnformeerd zijn

désinstaller de-installeren, verwijderen

la **désintégration** (v) **1** desintegratie, (het) uiteenvallen **2** splitsing [van een atoom]; verwering [van gesteente] **3** vernietiging

¹désintégrer (ov ww) desintegreren; doen uiteenspatten, uiteenvallen

se **²désintégrer** (wdk ww) uiteenvallen

désintéressé, -e onbaatzuchtig, belangeloos; onpartijdig, objectief

le **désintéressement** (m) **1** onbaatzuchtigheid, belangeloosheid **2** schadeloosstelling

¹désintéresser (ov ww) schadeloosstellen, uitbetalen

se **²désintéresser de** (wdk ww) geen belang meer stellen in, zich niet meer interesseren voor

le **désintérêt** (m) gebrek aan belangstelling, onverschilligheid

la **désintoxication** (v) ontwenning, het afkicken

se **désintoxiquer** afkicken

désinvolte 1 ongedwongen, vrij **2** ongegeneerd
la **désinvolture** (v) **1** losheid, ongedwongenheid **2** ongegeneerdheid, brutaliteit
le **désir** (m) wens, verlangen
désirable begeerlijk, wenselijk
désirer wensen, begeren, willen, verlangen
(naar, om): *laisser à* ~ te wensen overlaten
désir|eux, -euse de verlangend naar, om:
~ *de plaire* behaagziek
le **désistement** (m) aftreden, afstand, terugtrekking
se **désister de** afstand doen van, afzien van,
zich terugtrekken van
désobéir niet gehoorzamen; niet luisteren
la **désobéissance** (v) ongehoorzaamheid
désobéissant, -e ongehoorzaam
la **désobligeance** (v) onvriendelijkheid, on-
welwillendheid
désobligeant, -e onvriendelijk, onwelwil-
lend; onaardig
le **¹désodorisant** (m) deodorant
²désodorisant, -e (bn) geurverdrijvend
désœuvré, -e zonder bezigheid; niet actief; werkeloos
le **désœuvrement** (m) (het) nietsdoen: *par* ~
uit verveling
désolant, -e naar, treurig, bedroevend
la **désolation** (v) **1** verslagenheid, droefheid,
bedroefdheid **2** woestheid, verlatenheid
désolé, -e 1 (+ de) treurig, bedroefd, verslagen (over): *je suis* ~ het spijt me zeer
2 woest, verlaten, naargeestig
¹désoler (ov ww) **1** heel droevig maken;
onthutsen **2** teisteren, verwoesten
se **²désoler** (wdk ww) betreuren
désopilant, -e hilarisch, om te gillen
désordonné, -e 1 ordeloos, slordig; losbandig **2** buitensporig
le **désordre** (m) **1** wanorde; warboel; troep:
en ~ in de war, rommelig **2** losbandigheid ||
dans le ~ in willekeurige volgorde
les **désordres** (mv, m) onlusten
la **désorganisation** (v) desorganisatie, ontbinding; verwarring; ontwrichting
désorganiser desorganiseren, ontbinden;
verwarring stichten in, in de war sturen, ontwrichten
désorienté, -e 1 verdwaald **2** verbijsterd
désorienter uit de koers brengen; in de
war brengen
désormais voortaan, in het vervolg; van
toen af aan
désosser uitbenen; ontgraten; [fig] slopen:
~ *une voiture* een auto strippen
le **despote** (m) despoot, tiran; heerszuchtige
despotique tiranniek
le **despotisme** (m) **1** despotisme; alleenheerschappij **2** [fig] tirannie
desquels *zie ¹lequel*
¹dessaisir de (ov ww) ontnemen

se **²dessaisir de** (wdk ww) afstand doen van,
zich ontdoen van, uit handen geven
le **dessaisissement** (m) onttrekking; afstand
dessaler 1 ontzilten **2** [fig, inf] wegwijs
maken: *il s'est vite dessalé* hij wist al gauw
waar Abraham de mosterd haalt
le **dessèchement** (m) (het) uitdrogen, verdorren; dorheid
¹dessécher (ov ww) **1** drogen, uitdrogen
2 doen verdorren; ongevoelig maken
se **²dessécher** (wdk ww) verdorren; [fig] ongevoelig worden; vermageren, verpieteren
le **dessein** (m) plan, bedoeling, voornemen:
nourrir de noirs ~s snode plannen koesteren;
à ~ opzettelijk
desseller afzadelen, ontzadelen
desserrer vaneen doen, losmaken, ontspannen; losdraaien: *ne pas* ~ *les dents* geen
mond opendoen; ~ *les liens* de banden losser
maken; ~ *sa ceinture d'un cran* zijn riem een
gaatje losser doen
le **dessert** (m) nagerecht, toetje: *vous pren-
drez un* ~? neemt u nog iets na?
la **desserte** (v) **1** dientafeltje **2** verbinding,
het aandoen van, de dienst op
desservir 1 [de tafel] afruimen: *vous pouvez* ~ u kunt afruimen **2** een slechte dienst
bewijzen, benadelen **3** bedienen: *ce curé
dessert trois paroisses* die pastoor bedient
drie parochies **4** [van een trein, bus] de
dienst onderhouden tussen, aandoen
le **dessin** (m) **1** tekening, tekenkunst, het tekenen: [inf] *il faut te faire un* ~? snap je het
nog niet?; ~ *animé* tekenfilm; ~ *d'un visage*
gelaatstrekken, gelaatslijn **2** patroon, vorm;
motief: *le* ~ *général* de grote lijnen
le/la **dessina|teur** (m), **-trice** (v) tekenaar(ster):
~ *industriel* technisch tekenaar
¹dessiner (ov ww) **1** tekenen, schetsen:
bande dessinée strip(verhaal) **2** [fig] aftekenen; doen uitkomen: *cette robe dessine les
formes du corps* die jurk doet de lichaams-
vormen duidelijk uitkomen
se **²dessiner** (wdk ww) afsteken (tegen), uitkomen; ook: vaste vorm aannemen, duidelijker worden: *une solution commence à se* ~ er
komt een oplossing in zicht
¹dessoûler (onov ww) nuchter worden: *ne
pas* ~ altijd dronken zijn
²dessoûler (ov ww) ontnuchteren
le **¹dessous** (m) **1** onderste (deel), onderkant;
achterzijde; onderlaag: *les voisins du* ~ de
onderburen; *avoir le* ~ het onderspit delven;
les ~ (of: *le dessous*) *des cartes* het fijne van de
zaak, wat achter de schermen is **2** onderlegger, kleedje, bakje enz.
les **²dessous** (mv, m) ondergoed: *des* ~ *affrio-
lants* (sexy) lingerie
³dessous (bw) eronder, onder, beneden: *ci-
*~ hieronder, verderop; *en* ~ **a)** eronder;
b) [fig] heimelijk, tersluiks [naar iem. kijken];

là-~ daaronder; [fig] *il y a qqch. là-~* daar steekt wat achter; *au-~* eronder, beneden; *il est au-~ de tout* het is een nietsnut

le **dessous-de-plat** (m) onderzetter

le **dessous-de-table** (m) smeergeld

le **¹dessus** (m) **1** bovenste (deel), bovenkant: *le ~ du panier* het beste, het puikje; *les voisins du ~* de bovenburen **2** overhand: *avoir le ~* de overhand hebben; *(re)prendre le ~* **a)** de overhand krijgen; **b)** weer herstellen [van pijn]

²dessus (bw) (er)boven, erop: *bras ~ bras dessous* gearmd; *sens ~ dessous* onderste boven; *ci-~* hierboven; *en ~* van boven, op de bovenkant; *par-~* erover(heen); *au-~* erboven

³dessus (vz): *au-~de* boven

le **dessus-de-lit** (m) sprei

la **déstabilisation** (v) destabilisering

déstabiliser destabiliseren, ondermijnen

le **destin** (m) lot, noodlot

le/la **destinataire** (m/v) geadresseerde, [Belg] bestemmeling

la **destination** (v) bestemming; plaats van bestemming

la **destinée** (v) lot, bestemming, bestaan

destiner bestemmen

destituer afzetten, ontslaan

la **destitution** (v) (het) afzetten, ontslag

se **déstresser** ontstressen; onthaasten

le/la **¹destruc|teur** (m), **-trice** (v) verniel(st)er, verwoester

²destruc|teur, -trice (bn) vernielend, verwoestend

destruct|if, -ive vernielend, verwoestend, vernietigend

la **destruction** (v) destructie, vernieling, verwoesting, vernietiging

désuet, désuète verouderd, ouderwets

la **désuétude** (v): *tomber en ~* in onbruik raken

la **désunion** (v) scheiding; verdeeldheid, onenigheid

désunir scheiden, verdelen, tweedracht zaaien: *famille désunie* ontwricht gezin

détachable afneembaar

le **détachage** (m) (het) ontvlekken

le **détachant** (m) vlekkenmiddel

détaché, -e 1 los, afzonderlijk: *pièce ~e* los onderdeel **2** ongedwongen, onverschillig: *dire d'un air ~* losjes opmerken

le **détachement** (m) **1** onverschilligheid **2** detachering **3** [mil] detachement

¹détacher (ov ww) **1** (+ de) [ook fig] losmaken; scheiden (van), verwijderen **2** detacheren, uitzenden **3** doen uitkomen, doen afsteken (bij) **4** ontvlekken

se **²détacher de** (wdk ww) **1** losgaan, zich losmaken (van, uit) **2** onverschillig worden (voor) **3** zich aftekenen, afsteken (bij)

le **détail** (m) **1** detail, bijzonderheid, kleinig-

heid: *c'est un ~* dat heeft niets te betekenen, dat is bijzaak; *en ~* uitvoerig **2** specificatie **3** detailhandel: *prix de ~* winkelprijs

le/la **détaillant** (m), **-e** (v) detaillist(e)

détailler 1 detailleren, omstandig beschrijven **2** in het klein verkopen

détaler [inf] ervandoor gaan, 'm smeren

détartrer 1 ketelsteen, aanslag verwijderen **2** tandsteen verwijderen

la **détaxe** (v) vermindering, ontheffing van belasting

détaxer vrijstellen, verminderen van belasting

détecter opsporen, ontdekken

le **détecteur** (m) [techn] detector: *~ d'incendie* brandmelder; *~ de mensonge* leugendetector

la **détection** (v) opsporing

¹déteindre (onov ww) **1** verkleuren, verschieten **2** (+ sur) afgeven op [van kleur]; [fig] invloed hebben op

²déteindre (ov ww) doen verschieten

dételer uitspannen: *sans ~* zonder onderbreking

¹détendre (ov ww) **1** ontspannen: *il avait l'air détendu* hij zag er ontspannen uit **2** druk verminderen **3** (iem.) ontspanning bezorgen

se **²détendre** (wdk ww) **1** druk, spanning verliezen **2** zich ontspannen

détenir 1 houden, in bezit hebben **2** gevangen houden

la **détente** (v) **1** drukvermindering, ontspanning; trekker [van wapen]; [fig] verademing, ontspanning [ook in politiek]: [inf] *être dur à la ~* traag van begrip zijn **2** [sport] krachtsexplosie

le/la **déten|teur** (m), **-trice** (v) bezitter, houd(st)er

la **détention** (v) **1** bezit, bewaring **2** hechtenis

le/la **détenu** (m), **-e** (v) gedetineerde, gevangene

le **¹détergent** (m) schoonmaakmiddel, wasmiddel

²détergent, -e (bn) reinigend

la **détérioration** (v) bederf; beschadiging; verval, verslechtering

¹détériorer (ov ww) bederven, beschadigen; aantasten

se **²détériorer** (wdk ww) bederven, verslechteren

déterminant, -e 1 bepalend **2** overwegend, beslissend

déterminat|if, -ive: *complément ~* bepaling

la **détermination** (v) **1** bepaling; vaststelling **2** besluit **3** beslistheid, vastberadenheid

déterminé, -e 1 bepaald; gedetermineerd: *pour une durée ~e* tijdelijk; *contrat à durée ~e (CDD)* tijdelijke aanstelling **2** (+ à) vastbesloten tot, om **3** vastberaden, beslist;

hardnekkig, overtuigd

¹déterminer (ov ww) **1** determineren, bepalen, vaststellen **2** (+ à) doen besluiten, overhalen (tot)

se **²déterminer à** (wdk ww) besluiten tot

déterrer opgraven; [fig] opsporen, ontdekken: *avoir une mine de déterré* er doodsbleek uit zien

détestable afschuwelijk; gemeen

détester verafschuwen, haten; een hekel hebben aan

détonant, -e ontplofbaar, explosief

le **détonateur** (m) **1** slaghoedje **2** directe aanleiding

la **détonation** (v) knal, ontploffing; schot

détonner [fig] uit de toon vallen, detoneren, niet passen bij

le **détour** (m) bocht; omweg: *(ça) vaut le ~* **a)** dat is een omweg waard; **b)** dat moet je zien; *sans ~* zonder omwegen, onomwonden; [fig] *au ~ d'une phrase* terloops, in het voorbijgaan, langs zijn neus weg

détourné, -e afgelegen; niet rechtstreeks, om(leidend): *chemin ~* omweg; [fig] *d'une façon ~e* in bedekte termen; *par des chemins ~s* langs slinkse wegen

le **détournement** (m) **1** omleiding, omlegging **2** verduistering [van gelden enz.] **3** ontvoering; kaping: *~ de mineur(e)* onttrekking van een minderjarige aan de ouderlijke macht

¹détourner (ov ww) **1** afwenden; afbrengen, afhouden; omleggen, omleiden [van een rivier, verkeer]; [fig] een andere wending geven aan [een gesprek]; verdraaien: *~ l'attention* de aandacht afleiden; *~ le sens d'un texte* de betekenis van een tekst verdraaien **2** verduisteren, ontvreemden; ontvoeren; onttrekken aan de ouderlijke macht [van minderjarige]: *~ un avion* een vliegtuig kapen

se **²détourner** (wdk ww) zich afwenden

détoxifier ontgiften

le **détracteur** (m) tegenstander, lasteraar

détraqué, -e 1 defect, kapot, stuk **2** [inf] niet goed bij zijn hoofd, halfgaar

¹détraquer (ov ww) **1** defect maken, onklaar maken **2** van streek brengen

se **²détraquer** (wdk ww) defect raken; in de war, van streek raken

la **détresse** (v) nood, angst, ellende: *cri de ~* noodkreet; *feux de ~* (waarschuwings)-knipperlichten

le **détriment** (m): *au ~ de* ten nadele van, ten koste van

le **détritus** (m) afval

le **détroit** (m) zee-engte, zeestraat: *~ de Gibraltar* straat van Gibraltar

détromper uit de droom (de waan) helpen, inlichten: *détrompez-vous* geloof dat toch niet

détrôner onttronen

détrousser [inf] beroven

¹détruire (ov ww) **1** vernielen, vernietigen; te gronde richten **2** doden, uitroeien

se **²détruire** (wdk ww) zelfmoord plegen

la **dette** (v) schuld: *faire des ~s* schulden maken; *~ publique* staatsschuld

le **DEUG** (m) afk van *diplôme d'études universitaires générales* diploma na twee jaar universitaire studie

le **deuil** (m) **1** rouw; smart, leed: *prendre le ~* in de rouw gaan; [inf] *faire son ~ de qqch.* niet meer op iets rekenen; *tu peux en faire ton ~!* dat kun je wel vergeten! **2** sterfgeval

deux 1 twee, een paar, beide: *~ à deux, ~ par deux* twee aan twee, paarsgewijs; *à nous ~* a) wij beiden; b) met ons tweeën; *en moins de ~* in een mum van tijd; *en ~* in tweeën, doormidden; *entre les ~* ertussenin; *les maths et moi, ça fait ~* ik heb totaal geen gevoel voor wiskunde; *jamais ~ sans trois* driemaal is scheepsrecht; [inf] *comme pas ~* als geen ander; *de mes ~* klote-; *tous les ~* allebei; samen **2** klein aantal: *j'ai ~ mots à vous dire* ik moet u even iets zeggen; *à ~ pas* vlakbij **3** tweede: *Henri ~* Hendrik de Tweede; *le ~ mai* de tweede mei, twee mei

la **deux-chevaux** (v; mv: onveranderlijk) eend, deux-chevaux [auto]

le **¹deuxième** (m) tweede verdieping

²deuxième (bn) tweede

deuxièmement ten tweede

le **deux-pièces** (m) **1** mantelpakje; bikini **2** tweekamerflat

le **deux-roues** (m) tweewieler

¹dévaler (onov ww) snel naar beneden komen, afdalen

²dévaler (ov ww) snel naar beneden gaan: *~ l'escalier* de trap af stormen

dévaliser (iem.) beroven; [een bank] overvallen

la **dévalorisation** (v) waardevermindering

dévaloriser in waarde verminderen [vnl. van geld]; [fig] geringschatten

la **dévaluation** (v) devaluatie

dévaluer devalueren

devancer 1 voor iem. uitgaan **2** [sport] (iem.) achter zich laten **3** (iem.) te vlug af zijn **4** vóór zijn

le/la **devanc|ier** (m), **-ière** (v) voorgang(st)er

¹devant onvolt dw *¹devoir*

le **²devant** (m) voorste (gedeelte), voorkant; voorpand: *prendre les ~s* vooruit vertrekken, vooruitgaan, vóór zijn; *aller au-~ de* tegemoet gaan; *il est allé au-~ de mes désirs* hij wist precies wat ik wilde

³devant (bw) ervoor, vooraan, voorop, vooruit, naar voren: [hist] *ci-~* vroeger, voormalig; *par-~* van voren

⁴devant (vz) voor [van plaats]; in tegenwoordigheid, in bijzijn van: *avoir du temps ~*

soi tijd genoeg hebben; *par-~ le notaire* ten overstaan van de notaris; *ne répète pas cela ~ lui* herhaal dat niet in zijn bijzijn; *ne pouvoir mettre un pied ~ l'autre* geen stap kunnen verzetten

la **devanture** (v) voorgevel, pui; etalage

dévasta|teur, -trice verwoestend: *un rapport* ~ een verslag dat geen spaander heel laat

la **dévastation** (v) verwoesting, vernieling

dévaster verwoesten, vernielen, te gronde richten

la **déveine** (v) [inf] pech

le **développement** (m) **1** ontplooiing; ontwikkeling, groei: ~ *durable* duurzame ontwikkeling **2** (het) voortschrijden [van de wetenschap] **3** uitweiding, uiteenzetting, uitwerking: *pays en (voie de)* ~ ontwikkelingsland **4** verzet [fiets]

¹**développer** (ov ww) **1** ontwikkelen, ontplooien, tot bloei brengen **2** uitwerken, uiteenzetten

se ²**développer** (wdk ww) zich ontwikkelen; zich uitbreiden, tot ontwikkeling komen

le ¹**devenir** (m) wording, ontstaan; toekomst

²**devenir** (onov ww) worden: *qu'est-il devenu?* wat is er van hem geworden?

le **dévergondage** (m) schaamteloosheid; ongeremdheid, buitensporigheid [van stijl, verbeelding]

dévergondé, -e schaamteloos, losgeslagen; buitensporig

se **dévergonder** alle schaamte verliezen; alle remmen losgooien

déverrouiller ontgrendelen

le **dévers** (m) glooiing

le **déversement** (m) uitstorting; storting

déverser uitstorten, lozen; spuien

le **déversoir** (m) verlaat; overloop

dévêtir uitkleden, ontkleden

dévêtu, -e ontkleed, bloot

la **déviance** (v) afwijkend gedrag; afwijking

déviant, -e afwijkend

la **déviation** (v) **1** afwijking **2** scheefgroei **3** deviatie **4** wegomleiding, wegomlegging

dévider afwinden; tot een kluwen winden; [fig] afraffelen: [inf] ~ *son cœur* zijn hart uitstorten

¹**dévier** (onov ww) afwijken

²**dévier** (ov ww) [verkeer] omleggen

le **devin** (m) ziener, waarzegger

deviner 1 voorspellen **2** raden, gissen; vermoeden, doorzien

la **devinette** (v) raadseltje

le **devis** (m) bestek; kostenraming

dévisager brutaal aankijken; monsteren

la **devise** (v) motto, devies, lijfspreuk; slogan, slagzin

deviser praten, babbelen

les **devises** (mv, v) deviezen

¹**dévisser** (onov ww) uitglijden, naar beneden storten [van alpinist]

²**dévisser** (ov ww) losschroeven, openschroeven

le **dévoiement** (m) ontsporing

le **dévoilement** (m) onthulling, ontsluiering

¹**dévoiler** (ov ww) ontsluieren, onthullen; openbaren

se ²**dévoiler** (wdk ww) openbaar, bekend worden

le ¹**devoir** (m) **1** plicht; verplichting: *se mettre en ~ de* zich gereedmaken om **2** [vaak mv] taak; huiswerk

²**devoir** (ov ww) **1** [+ onbep w] (wel) moeten, (wel) zullen: *il doit partir bientôt* hij zal spoedig vertrekken; *elle devait mourir jeune* zij zou jong sterven **2** te danken hebben: *être dû (due) à* te wijten, te danken zijn aan **3** (ver)schuldig(d) zijn: *je lui dois bien ça* dat ben ik hem wel verschuldigd

se ³**devoir** (wdk ww) **1** zich moeten wijden aan **2** verplicht zijn te: *comme il se doit* zoals het hoort

les **devoirs** (mv, m) eerbewijs: *derniers* ~ laatste eer

le ¹**dévolu** (m): *jeter son ~ sur* aanspraak maken, zijn keus laten vallen op

²**dévolu à** (bn) te beurt gevallen, vervallen (aan); voorbehouden (aan)

dévorant, -e verslindend; [fig] brandend: *faim ~e* onverzadigbare honger

dévorer verslinden; verzwelgen, verteren

le/la ¹**dévor|eur** (m), **-euse** (v) verslinder [fig]

²**dévor|eur, -euse** (bn) verslindend

le/la ¹**dévot** (m), **-e** (v) **1** vroom persoon **2** schijnheilige

²**dévot, -e** (bn) **1** vroom, devoot **2** schijnheilig

la **dévotion** (v) **1** devotie, vroomheid **2** cultus, verering: *être à la ~ de qqn.* iem. toegedaan zijn

dévoué, -e toegewijd

le **dévouement** (m) toewijding; zelfopoffering

se **dévouer** zich (toe)wijden, zich opofferen

dévoyer van het rechte pad afbrengen

la **dextérité** (v) behendigheid, handigheid

la **DGSE** (v) [overh] afk van *Direction Générale de la Sécurité Extérieure* Franse buitenlandse inlichtingen- en contraspionagedienst

le **diabète** (m) suikerziekte, diabetes

le/la ¹**diabétique** (m/v) suikerpatiënt(e), diabeticus, -ca

²**diabétique** (bn) diabetisch

le **diable** (m) **1** duivel: [inf] ~! verduiveld!; *ce n'est pas le* ~ dat is geen heksentoer; *au* ~ weg met; *à la* ~ lukraak, slordig, haastig; *en* ~ erg; [inf] verduiveld; *avoir le* ~ *au corps* als bezeten zijn; *envoyer au* ~ (of: *à tous les diables*) naar de maan wensen; *tirer le* ~ *par la queue* moeite hebben om rond te komen; *il ne faut pas tenter le* ~ je moet de goden niet verzoeken, je moet de kat niet op het spek binden **2** kerel, drommel; dondersteen: *grand* ~ lange slungel, grote kerel; *pauvre* ~ arme drommel **3** steekwagentje

diablement [inf] verduiveld, drommels

la **diablerie** (v) duivelskunsten, duivelsstreek

la **diablesse** (v) duivelin; helleveeg, feeks

diabolique duivelachtig, duivels; verduiveld moeilijk; boosaardig

diaboliser demoniseren

le **diabolo** (m) diabolo || ~ *menthe* limonade met pepermuntsmaak

le **diacre** (m) diaken

le **diadème** (m) diadeem; [fig] kroon [als symbool]

le **diagnostic** (m) diagnose

diagnostiquer de diagnose stellen, constateren

diagonal, -e diagonaal, overdwars

la **diagonale** (v) diagonaal: [inf] *lire en* ~ vluchtig doorlezen

le **diagramme** (m) diagram; grafiek

le **dialecte** (m) dialect

la ¹**dialectique** (v) dialectiek

²**dialectique** (bn) dialectisch

le **dialogue** (m) dialoog, samenspraak, tweespraak, gesprek

dialoguer 1 overleggen **2** in dialoogvorm overzetten

la **dialyse** (v) dialyse

le **diamant** (m) diamant: *noces de* ~ diamanten bruiloft

le **diamantaire** (m) diamantslijper, diamantbewerker; diamantair

diamanté, -e met diamanten punt; met diamanten bezet

diamétral, -e diametraal; langs de middellijn; [fig] lijnrecht [tegenover elkaar]

diamétralement diametraal, lijnrecht: *des conceptions* ~ *opposés* opvattingen die haaks op elkaar staan

le **diamètre** (m) diameter, middellijn; doorsnede, [Belg] doormeter

le **diapason** (m) **1** [muz] omvang van een stem of instrument **2** stemvork, stemfluitje: [fig] *se mettre au* ~ zich aanpassen

diaphane doorschijnend; transparant, doorzichtig

le **diaphragme** (m) middenrif; diafragma; [med] pessarium

la **diapo** (v) [inf] dia

le **diaporama** (m) diavertoning

la **diapositive** (v) dia

la **diarrhée** (v) diarree; buikloop

la **diaspora** (v) diaspora, verstrooiing

la **diatribe** (v) scherpe uitval; donderpreek

la **dichotomie** (v) (twee)deling

le **dico** (m) [inf] verk van *dictionnaire* woordenboek

le **dictaphone** (m) dicteerapparaat

le **dictateur** (m) dictator

dictatorial, -e dictatoriaal

la **dictature** (v) dictatuur

la **dictée** (v) dictee, dictaat; (het) dicteren: *écrire sous la* ~ gedicteerd opschrijven

dicter dicteren; [fig] voorschrijven, ingeven: ~ *sa volonté* zijn wil opleggen

la **diction** (v) uitspraak, voordracht, dictie

le **dictionnaire** (m) woordenboek

le **dicton** (m) spreuk, gezegde

le **didacticiel** (m) software voor het onderwijs

la ¹**didactique** (v) didactiek

²**didactique** (bn) didactisch

le **dièse** (m) **1** [muz] kruis: *do* ~ cis **2** hekje [teken #]

le **diesel** (m) **1** diesel(motor) **2** diesellocomotief, -trein

la **diète** (v) dieet

le/la **diététicien** (m), **-ne** (v) diëtist(e)

la ¹**diététique** (v) voedingsleer, dieetleer

²**diététique** (bn) dieet-

le **dieu** (m; mv: dieux) **1** god **2** afgod, idool: *faire son* ~ *de qqch.* iets verafgoden

le **Dieu** (m; mv: Dieux) God: le *bon* ~ Onze-Lieve-Heer; *on lui donnerait le bon* ~ *sans confession* hij lijkt onschuldig als een pasgeboren kind; *grâce à* ~ God zij dank; ~ *merci* goddank; *mon* ~ [inf] m'n hemel; *à* ~ *ne plaise* God verhoede; *plaise à* ~ God geve

le/la **diffama|teur** (m), **-trice** (v) lasteraar(ster)

la **diffamation** (v) laster(ing), smaad

diffamatoire lasterlijk, smadelijk

diffamer (be)lasteren, onteren, smaden

le **différé** (m): *émission en* ~ niet live, eerder opgenomen uitzending

différemment verschillend, anders

la **différence** (v) verschil, onderscheid: ~ *d'âge* verschil in leeftijd; *à la* ~ *de* anders dan

la **différenciation** (v) het onderscheid maken tussen; differentiatie

différencier onderscheiden, verschil maken tussen; differentiëren

le **différend** (m) geschil, onenigheid

différent, -e verschillend, anders: *c'est* ~ dat is wat anders; ~*s objets* verscheidene voorwerpen

le ¹**différentiel** (m) **1** differentieel **2** [ec] percentage

²**différentiel, -le** (bn) [wisk, nat] differentiaal-

¹**différer de** (onov ww) verschillen (van)

²**différer** (ov ww) uitstellen

le/la ¹**difficile** (m/v) het moeilijke, het lastige: *faire le (la)* ~ **a)** kieskeurig, veeleisend zijn; **b)** moeilijk (vervelend) doen

²**difficile** (bn) **1** moeilijk, lastig: *âge* ~ lastige leeftijd; *enfant* ~ lastig kind **2** kieskeurig, veeleisend; lastig, ongemakkelijk

la **difficulté** (v) **1** moeilijkheid: *être en* ~ in moeilijkheden verkeren; *soulever des* ~*s* moeilijkheden opwerpen **2** [vaak mv] probleem, bezwaar, moeite: *avoir de la ~ à* moeite hebben met

difforme misvormd, wanstaltig

la **difformité** (v) misvormdheid, wanstaltigheid

diffus, -e verspreid; diffuus [van licht]; [fig] breedsprakig, langdradig, omslachtig

diffuser 1 verspreiden **2** [telec] uitzenden **3** verbreiden: ~ *une idée* een gedachte uitdragen

le **diffuseur** (m) **1** sproeier **2** verspreider [van nieuws e.d.]

la **diffusion** (v) verspreiding, verbreiding; diffusie; [telec] uitzending

digérer verteren; verwerken, in zich opnemen; [inf] slikken, verduren

digeste [inf] licht verteerbaar

digestible licht verteerbaar

le ¹**digestif** (m) likeur, drankje [na de maaltijd]

²**digest|if, -ive** (bn) spijsverterings-: *des troubles* ~s darmstoornissen

la **digestion** (v) (spijs)vertering

le **digicode** (m) elektronische sleutel

digital, -e vinger-; digitaal: *empreinte* ~*e* vingerafdruk

la **digitale** (v) vingerhoedskruid

digitaliser digitaliseren

digne de 1 waardig, waard: ~ *de foi* geloofwaardig; ~ *d'intérêt* belangwekkend; *être* ~ *que* verdienen dat; ~ *fils de son père* waardig zoon van zijn vader; *il est le* ~ *fils de son père* zo vader, zo zoon **2** (eerbied)waardig

le **dignitaire** (m) hoogwaardigheidsbekleder, dignitaris

la **dignité** (v) **1** waardigheid [in alle bet] **2** waarde **3** aanzien **4** eergevoel, gevoel van eigenwaarde

la **digression** (v) uitweiding

la **digue** (v) dijk, dam

la **dilapidation** (v) verkwisting, verspilling

dilapider verkwisten, verspillen

la **dilatation** (v) uitzetting; [med] verwijding

¹**dilater** (ov ww) doen uitzetten; [med] verwijden

se ²**dilater** (wdk ww) uitzetten, zwellen, groter worden

dilatoire uitstellend, vertragend: *réponse* ~ ontwijkend antwoord

le **dilemme** (m) dilemma

le **dilettante** (m) kunstliefhebber; dilettant, amateur

la **diligence** (v) postkoets

diligent, -e ijverig, toegewijd ‖ [jur] *la partie la plus* ~*e* de meest gerede partij

le **diluant** (m) verdunner

diluer verdunnen; versnijden; [fig] verwateren

la **dilution** (v) verdunning, oplossing

diluvien, -ne: *pluie* ~*ne* wolkbreuk

le **dimanche** (m) zondag: *du* ~ zondags-, zondagse; *conducteur du* ~ zondagsrijder; *les* ~*s et jours fériés* op zon- en feestdagen

la **dimension** (v) **1** afmeting, dimensie, grootte: *prendre les* ~*s* de maat opnemen **2** formaat, kaliber **3** [abstract] dimensie, belang, betekenis ‖ *à trois* ~*s* driedimensionaal

diminué, -e 1 verkleind, verminderd **2** verzwakt

¹**diminuer** (onov ww) verminderen, afnemen; [van prijzen] dalen

²**diminuer** (ov ww) **1** verminderen; [van prijzen] verlagen **2** kleineren

le ¹**diminutif** (m) verkleinwoord; troetelnaam

²**diminut|if, -ive** (bn) verkleinend

la **diminution** (v) (ver)mindering, afname, verlaging; beperking

la **dinde** (v) kalkoense hen; kalkoen; [fig] dom gansje

le **dindon** (m) kalkoen, kalkoense haan: *le* ~ *de la farce* het kind van de rekening

le **dindonneau** (m) jonge kalkoen

le ¹**dîner** (m) **1** diner, avondmaal: [inf] ~ *en ville* politiek of zakelijk overleg tijdens het eten **2** [Belg] lunch, middagmaal

²**dîner** (onov ww) **1** dineren: *aller* ~ *en ville* uit eten gaan; *inviter qqn. à* ~ iem. voor de avondmaaltijd uitnodigen **2** [Belg] lunchen

la **dînette** (v) kindermaaltje; gezellig etentje: ~ *de poupée* poppenserviesje; *jouer à la* ~ keukentje spelen

le/la **dîn|eur** (m), **-euse** (v) eter, eetster; gast(e)

dingo *zie* dingue

dingue [pop] gek, getikt: *une ambiance* ~ een te gekke sfeer

dinguer [inf] vallen: *envoyer* ~ **a)** (iem.) afstoten; **b)** eruit smijten

le **dinosaure** (m) dinosaurus

diocésain, -e diocesaan, van een bisdom

le **diocèse** (m) diocees, bisdom

le **dioxyde** (m) dioxide: ~ *de carbone* kooldioxide

la **diphtérie** (v) difterie

le/la ¹**diplomate** (m/v) diplomaat, diplomate

²**diplomate** (bn) diplomatiek, handig

la **diplomatie** (v) **1** diplomatie; diplomatieke dienst **2** handigheid; tact: *faire preuve de* ~ diplomatiek, voorzichtig te werk gaan

diplomatique diplomatiek

diplomatiquement langs diplomatieke weg; diplomatiek, met veel tact

le **diplôme** (m) oorkonde; diploma, akte: ~ *de fin d'études* einddiploma

le/la ¹**diplômé** (m), **-e** (v) gediplomeerde: *jeune* ~ pas afgestudeerde

²**diplômé, -e** (bn) gediplomeerd

le **diptyque** (m) diptiek; tweeluik [ook fig]

le ¹**dire** (m) verklaring, uiting: *au* ~ *de* volgens; *on a contrôlé ses* ~*s* zijn beweringen zijn nagetrokken

²**dire** (ov ww) **1** zeggen; te kennen geven, beweren: *tu as beau* ~ wat je ook zegt; *cela va*

sans ~ dat spreekt vanzelf; *on dirait que* het lijkt wel of; *en ~ long* veelzeggend zijn; *les on-dit* kletspraatjes; *le qu'en dira-t-on* wat de mensen zeggen; *sans mot* ~ stilzwijgend; *cela veut* ~ dat betekent; *que voulez-vous ~?* wat bedoelt u?; *à vrai* ~ eigenlijk; *si j'ose* ~ als ik mij zo mag uitdrukken; *dites toujours!* zeg het toch maar! **2** afspreken: *à l'heure dite* op het afgesproken uur **3** voordragen, opzeggen: ~ *la messe* de mis lezen **4** denken, menen, vinden: *qu'en dis-tu?* wat denk jij daarvan?

se **³dire** (wdk ww) **1** bij zichzelf zeggen; denken **2** zichzelf noemen: *il se dit ton ami* hij geeft zich uit voor je vriend **3** gezegd worden: *cela ne se dit pas* dat zeg je niet

le **¹direct** (m) **1** [tv, radio] live-uitzending: [tv, radio] *émission en* ~ live-uitzending **2** [bij boksen] directe

²direct, -e (bn) **1** rechtstreeks, direct: *train* ~ sneltrein; [taalk] *style* ~ directe rede **2** onmiddellijk, zonder tussenpersonen: *son chef* ~ zijn directe chef **3** [taalk]: *objet* ~ lijdend voorwerp

le/la **¹direc|teur** (m), **-trice** (v) directeur, directrice, bestuurder, bestuurster; leidsman, leidsvrouw: ~ *de conscience* biechtvader; ~ *général* algemeen directeur; ~ *des ventes* verkoopleider

²direc|teur, -trice (bn) leidend, (be)sturend; centraal, basis-: *comité* ~ bestuur; *idée directrice* rode draad, leidende gedachte

la **direction** (v) **1** bestuur, leiding, directie: *à la* ~ *de* aan het hoofd van; ~ *d'orchestre* orkestleiding, het dirigeren; [Belg] *voiture de* ~ [Belg] directiewagen, showroomwagen **2** richting **3** stuurrichting: ~ *assistée* stuurbekrachtiging

la **directive** (v) richtsnoer, richtlijn, instructie

le **¹dirigeable** (m) luchtschip

²dirigeable (bn) bestuurbaar

le/la **¹dirigeant** (m), **-e** (v) [meestal mv] leider, chef, leidinggevende

²dirigeant, -e (bn) leidend, besturend

¹diriger (ov ww) **1** besturen, leiden; de leiding hebben over; dirigeren **2** richten, sturen

se **²diriger vers** (wdk ww) zich begeven (wenden) (naar), lopen, gaan (naar)

discernable te onderscheiden, waarneembaar

le **discernement** (m) onderscheiding(svermogen); inzicht: *agir avec* ~ **a)** oordeelkundig optreden; **b)** met beleid handelen

discerner onderscheiden, waarnemen; doorzien, inzien

le **disciple** (m) discipel, volgeling, leerling

disciplinaire tucht-, disciplinair

la **discipline** (v) **1** discipline, tucht, orde **2** vak, studierichting

discipliné, -e gedisciplineerd

discipliner in de hand houden; onderwerpen; beheersen

le **disco** (m) disco(muziek)

discontinu, -e onderbroken

discontinuer: *sans* ~ onafgebroken, achter elkaar

la **discontinuité** (v) (het) onderbroken zijn

la **discordance** (v) gebrek aan overeenstemming, discrepantie

discordant, -e niet overeenstemmend, onharmonisch; vals [klanken]; vloekend [van kleuren]

la **discorde** (v) tweedracht, onenigheid: *pomme de* ~ twistappel

la **discothèque** (v) platenverzameling; discotheek

le **discount** (m) **1** korting **2** discountzaak

discourir breedvoerig praten, uitweiden

le **discours** (m) **1** rede(voering), toespraak: *reprendre le fil de son* ~ de draad van zijn verhaal weer opvatten **2** uiteenzetting **3** gepraat: *des* ~ *en l'air* praatjes voor de vaak **4** taalgebruik, rede: ~ *direct* directe rede

discourtois, -e onhoffelijk, onbeleefd

le **discrédit** (m) diskrediet, verlies van vertrouwen, krediet: *jeter le* ~ *sur* in diskrediet brengen

¹discréditer (ov ww) **1** [fin] in waarde doen dalen **2** in diskrediet brengen, bekladden

se **²discréditer** (wdk ww) in diskrediet raken

discr|et, -ète discreet, kies, bescheiden; terughoudend: *allusion discrète* bedekte toespeling; *couleur discrète* onopvallende kleur; *endroit* ~ stille plek

la **discrétion** (v) discretie, bescheidenheid; terughoudendheid, geheimhouding ‖ *être à la* ~ *de qqn.* overgeleverd aan iem.; *je laisse cela à votre* ~ dat laat ik aan u over; *se servir à* ~ zich naar hartenlust bedienen

la **discrimination** (v) discriminatie; onderscheid

discriminatoire discriminerend

discriminer duidelijk onderscheiden, discrimineren

¹disculper (ov ww) vrijpleiten

se **²disculper** (wdk ww) zich rechtvaardigen, zijn onschuld bewijzen

la **discussion** (v) **1** discussie, bespreking; gesprek **2** twist, woordenwisseling

discutable aanvechtbaar

discutailler eindeloos discussiëren

discuté, -e omstreden

¹discuter (onov ww) onderhandelen: *cela se discute* daar valt over te praten

²discuter (ov ww) bespreken, discussiëren over; betwisten: ~ *un prix* over een prijs onderhandelen

disert, -e [form] welbespraakt

la **disette de** (v) schaarste, gebrek (aan) [vnl. voedselschaarste]

la **diseuse** (v): ~ *de bonne aventure* waarzegster

la **disgrâce** (v) **1** ongenade **2** [form] lelijkheid
disgracié, -e 1 in ongenade **2** misdeeld;
lelijk
disgracier in ongenade doen vallen
disgraci|eux, -euse lelijk; onbevallig; on-
aangenaam

la **disharmonie** (v) gebrek aan harmonie
[ook fig]

¹**disjoindre** (ov ww) scheiden, uiteenhalen;
losmaken

se ²**disjoindre** (wdk ww) vaneengaan, losraken
disjoint, -e gescheiden, vaneen, los(geraakt)

¹**disjoncter** (onov ww) **1** [van zekering]
doorslaan **2** [van personen] doordraaien; uit
zijn dak gaan

²**disjoncter** (ov ww) [de stroom] onderbreken

le **disjoncteur** (m) [elek] hoofdzekering, vei-
ligheidsschakelaar

la **dislocation** (v) ontwrichting; (het) losgaan; (het) uiteen gaan; (het) losraken; dis-
locatie; verbrokkeling

¹**disloquer** (ov ww) ontwrichten, losmaken,
ontbinden, uit het verband brengen; verbrokkelen

se ²**disloquer** (wdk ww) ontwricht worden,
losgaan, uiteengaan, uiteenvallen
disparaître verdwijnen; sterven; verloren
gaan: *faire ~ qqn.* iem. uit de weg ruimen; *faire ~ qqch.* iets verdonkeremanen; *ses parents
ont disparu dans un accident d'avion* zijn ouders zijn bij een vliegtuigongeluk om het leven gekomen
disparate ongelijk, niet bij elkaar passend;
vloekend [kleuren]: *ensemble ~* allegaartje

la **disparité** (v) tegenstelling, uiteenlopend
karakter, discrepantie

la **disparition** (v) verdwijning; dood, overlijden

le/la ¹**disparu** (m), **-e** (v) overledene

²**disparu, -e** (bn) vermist; verdwenen; [form]
overleden
dispatcher verdelen; spreiden
dispendi|eux, -euse kostbaar, duur

le **dispensaire** (m) polikliniek; consultatiebu-
reau

la **dispense** (v) ontheffing, vrijstelling, dis-
pensatie

¹**dispenser** (ov ww) **1** uitdelen, geven: *~ un
enseignement* onderwijs verzorgen **2** (+ de)
ontheffen, ontslaan, vrijstellen (van)

se ²**dispenser de** (wdk ww) zich onttrekken
aan

¹**disperser** (ov ww) verspreiden, uiteenja-
gen, verstrooien; [fig] versnipperen

se ²**disperser** (wdk ww) uiteengaan, zich verspreiden

la **dispersion** (v) verspreiding, verstrooiing

la **disponibilité** (v) beschikbaarheid: *~ d'esprit* het hebben van een open geest; *mettre
en ~* (het) op non-actief, wachtgeld stellen

les **disponibilités** (mv, v) beschikbare middelen
disponible beschikbaar
dispos, -e fris, monter, opgewekt

¹**disposer** (onov ww) **1** beschikken, bepalen: *vous pouvez ~* u kunt (wel) gaan **2** (+ de)
beschikken over, bezitten

²**disposer** (ov ww) **1** (rang)schikken, plaatsen; opstellen **2** (+ à) voorbereiden (op), gereedmaken (tot), ertoe brengen (om): *elle est
disposée à nous aider* zij is bereid ons te helpen ‖ *la loi dispose que …* de wet bepaalt dat
…

le **dispositif** (m) **1** beslissing, beschikking
2 inrichting; voorziening: *~ d'alarme* alarm-
installatie; *~ de sécurité* veiligheidssysteem,
beveiligingssysteem **3** [mil] opstelling

la **disposition** (v) **1** inrichting, rangschikking,
plaatsing **2** stemming; neiging; aanleg, geschiktheid **3** beschikking; bepaling

les **dispositions** (mv, v) maatregelen, voorbereidingen

la **disproportion** (v) wanverhouding, on-
evenredigheid
disproportionné, -e buitensporig, buiten
proporties: *~ à* onevenredig

la **dispute** (v) twist, onenigheid

¹**disputer** (onov ww) wedijveren in; twisten

²**disputer** (ov ww) betwisten: *~ un match*
een wedstrijd spelen

se ³**disputer** (wdk ww) ruzie maken: *ces enfants se disputent tout le temps* die kinderen
maken de hele tijd ruzie

le **disquaire** (m) platenhandelaar, platenzaak

la **disqualification** (v) diskwalificatie, uitsluiting

¹**disqualifier** (ov ww) diskwalificeren; [fig]
(iem.) ongeschikt verklaren; in diskrediet
brengen

se ²**disqualifier** (wdk ww) blijk geven van ongeschiktheid, zich blameren; zich diskwalificeren

le **disque** (m) **1** discus **2** schijf: [comp] *~ dur*
harde schijf, harddisk **3** grammofoonplaat: *~
compact* compact disc, cd; [inf] *changer de ~*
over iets anders gaan praten

le **disque-jockey** (m) diskjockey; deejay

la **disquette** (v) [comp] diskette, floppy(disk)

la **dissection** (v) **1** ontleding; sectie **2** (het)
uitpluizen
dissemblable verschillend, ongelijksoortig

la **dissemblance** (v) verschil, ongelijksoortig-
heid

la **dissémination** (v) verspreiding, uitzaaiing
disséminer verspreiden, uitzaaien

la **dissension** (v) twist, onenigheid, conflict

le **dissentiment** (m) verschil van mening

disséquer ontleden, opensnijden; sectie verrichten op; [fig] uitpluizen

la **dissertation** (v) verhandeling; opstel

disserter een verhandeling houden; uitweiden

la **dissidence** (v) afsplitsing, scheuring

le/la **¹dissident** (m), **-e** (v) dissident(e)

²dissident, -e (bn) andersdenkend

le/la **¹dissimula|teur** (m), **-trice** (v) huichelaar(ster); veinzer, veinsster

²dissimula|teur, -trice (bn) schijnheilig; veinzend

la **dissimulation** (v) **1** geveinsdheid; achterbaksheid; schijnheiligheid **2** achterhouding [van gegevens]

dissimulé, -e achterbaks, hypocriet; verborgen, geheim

¹dissimuler (ov ww) verbergen; verhelen; verbloemen; achterhouden

se **²dissimuler** (wdk ww) zich verbergen, schuilgaan

le/la **¹dissipa|teur** (m), **-trice** (v) verkwist(st)er

²dissipa|teur, -trice (bn) verkwistend

la **dissipation** (v) **1** verkwisting **2** (het) optrekken, verdwijnen **3** onoplettendheid; ongedisciplineerdheid

dissipé, -e 1 onoplettend **2** losbandig

¹dissiper (ov ww) **1** wegnemen, verdrijven, doen wegtrekken, optrekken **2** doorjagen, verkwisten **3** afleiden

se **²dissiper** (wdk ww) **1** optrekken, wegtrekken **2** zijn concentratie verliezen

la **dissociation** (v) ontbinding, scheiding; het uit elkaar houden

dissocier ontleden, scheiden; uit elkaar houden

dissolu, -e: *mœurs ~es* verdorven zeden

la **dissolution** (v) **1** oplossing; ontbinding **2** solutie

le **¹dissolvant** (m) oplosmiddel, remover

²dissolvant, -e (bn) oplossend

la **dissonance** (v) dissonant, wanklank

¹dissoudre (ov ww) oplossen; [fig] ontbinden; opheffen

se **²dissoudre** (wdk ww) oplossen; ontbonden worden, uiteenvallen

dissuader afraden, ontraden; afschrikken, intimideren

dissuas|if, -ive afschrikkend: *armes dissuasives* afschrikkingswapens

la **dissuasion** (v) (het) afraden; afschrikking: *force de ~* afschrikkingsmacht; *parking de ~* ± parkeren en reizen (P+R)

la **distance** (v) afstand; tussentijd, tussenruimte, verschil: *à ~* achteraf bezien; *tenir la ~* het uithouden; [fig] *garder ses ~s* op een afstand blijven; *prendre ses ~s* **a)** [sport] afstand nemen; **b)** [fig] zich distantiëren; *tenir qqn. à ~* iem. op een afstand houden

distancer achter zich laten; [sport] op achterstand rijden; [sport] straftijd geven

se **distancier** afstand nemen, zich distantiëren

distant, -e 1 verwijderd, ver **2** [fig] koel, afstandelijk

se **distendre** losser, slapper worden

la **distension** (v) **1** uitzetting; opzwelling **2** verslapping [van een koord]

la **distillation** (v) distillatie

distiller distilleren, stoken; [fig] voortbrengen; druppelsgewijs vrijkomen: *~ des informations* mondjesmaat inlichtingen geven

la **distillerie** (v) distilleerderij

distinct, -e onderscheiden; verschillend; [fig] duidelijk (herkenbaar)

distinct|if, -ive kenmerkend: *signe ~* kenmerk

la **distinction** (v) **1** onderscheid, verschil **2** onderscheiding **3** distinctie, voornaamheid

distingué, -e gedistingeerd, voornaam; speciaal: *veuillez agréer mes salutations ~es* hoogachtend

¹distinguer (ov ww) **1** onderscheiden, herkennen, opmerken **2** onderkennen, onderscheid maken tussen

se **²distinguer** (wdk ww) **1** zichtbaar worden; herkenbaar zijn **2** zich onderscheiden, uitblinken

la **distorsion** (v) **1** verwringing **2** vervorming; [fig] vertekening: *~ de la concurrence* concurrentievervalsing **3** discrepantie, wanverhouding

la **distraction** (v) **1** onachtzaamheid, verstrooidheid, onnadenkendheid **2** ontspanning; afleiding

¹distraire (ov ww) **1** afleiden, vermaken, ontspannen **2** afhouden, onttrekken (aan); ontvreemden

se **²distraire** (wdk ww) zich ontspannen, afleiding zoeken

distrait, -e verstrooid, onoplettend

distribuer 1 distribueren, verdelen, uitdelen **2** toebedelen, uitreiken [van prijzen]; toewijzen **3** bestellen, bezorgen [brieven]

le/la **¹distribu|teur** (m), **-trice** (v) verdeler; dealer, agent

le **²distributeur** (m) automaat: *~ automatique de billets (de banque)* geldautomaat, [Belg] postomat

³distribu|teur, -trice (bn): *marque distributrice* eigen merk

la **distribution** (v) **1** verdeling, uitdeling; distributie; uitreiking: [kaartsp] *~ des cartes* (het) ronddelen van de kaarten; *~ des prix* prijsuitreiking **2** bestelling; bezorging; verzorging: *la grande ~* grootwinkelbedrijven **3** indeling **4** rolbezetting, casting

le **district** (m) district: *~ électoral* kiesdistrict

¹dit, dite (bn) **1** genoemd **2** gezegd

²dit volt dw van *¹dire*

dithyrambique (overdreven) lovend

diurne dagelijks, dag-: *papillon* ~ dagvlinder

la **divagation** (v) wartaal

les **divagations** (mv, v) hersenschimmen

divaguer malen, ijlen

le **divan-lit** (m; mv: divans-lits) zit-slaapbank

la **divergence** (v) **1** divergentie, verspreiding **2** (het) uiteenlopen: ~ *d'opinion* meningsverschil

divergent, -e divergerend, uiteenlopend; afwijkend, verschillend

diverger divergeren, uiteenlopen, afwijken; tegenstrijdig zijn

divers, -e verschillend, veelsoortig; verscheidene: ~ *objets* allerlei voorwerpen; *faits* ~ gemengd nieuws; *à ~es reprises* meermalen

la **diversification** (v) diversifiëring; diversificatie

¹**diversifier** (ov ww) variëren, afwisseling brengen in

se ²**diversifier** (wdk ww) meer verscheidenheid vertonen

la **diversion** (v) afleiding, afleidingsmanoeuvre: *faire ~ à* afleiding bezorgen

la **diversité** (v) diversiteit, verscheidenheid, afwisseling; verschil

¹**divertir** (ov ww) vermaken, afleiding geven

se ²**divertir** (wdk ww) **1** (+ à) zich vermaken (met) **2** (+ de) spotten met

divertissant, -e vermakelijk, ontspannend

le **divertissement** (m) vermaak, ontspanning; tijdverdrijf

le **dividende** (m) dividend; winstaandeel

divin, -e 1 goddelijk **2** [fig] heerlijk, verrukkelijk

le/la **divina|teur** (m), **-trice** (v) met profetische blik

la **divination** (v) **1** voorspelling **2** profetische gave, helderziendheid

diviniser vergoddelijken

la **divinité** (v) godheid, goddelijkheid

¹**diviser** (ov ww) **1** verdelen; delen; splitsen **2** verdeeldheid zaaien tussen

se ²**diviser** (wdk ww) **1** verdeeld worden **2** van mening verschillen **3** splitsen

divisible deelbaar

la **division** (v) **1** deling, (onder)verdeling **2** afdeling, divisie **3** verdeeldheid **4** scheiding, scheidslijn

le ¹**divisionnaire** (m): *(commissaire)* ~ hoofdcommissaris [van politie]

²**divisionnaire** (bn) **1** deel- **2** divisie-

le **divorce** (m) echtscheiding; [fig] kloof, breuk

divorcer scheiden

la **divulgation** (v) verspreiding, onthulling

divulguer verspreiden, verklappen, onthullen

dix 1 tien: ~ *fois plus* tien keer zoveel **2** tiende: *le ~ décembre* tien december

dix-huit (mv: onveranderlijk) **1** achttien **2** achttiende: *le ~ octobre* achttien oktober

le ¹**dix-huitième** (m; mv: dix-huitièmes) achttiende (deel)

²**dix-huitième** (bn, mv: dix-huitièmes) achttiende

le ¹**dixième** (m) tiende (deel)

²**dixième** (bn) tiende

dix-sept (mv: onveranderlijk) **1** zeventien **2** zeventiende: *le ~ janvier* zeventien januari

la **dizaine** (v) tiental, een stuk of tien: *des ~s de milliers* tienduizenden

le **DJ** (m) afk van *disque-jockey* dj (afk van *diskjockey*)

le **djebel** (m) [in Noord-Afrika] berg, bergachtig gebied

le **djembé** (m) djembé

le **Djibouti** (m) Djibouti

djiboutien, -ne Djiboutiaans

le/la **Djiboutien** (m), **-ne** (v) Djiboutiaan(se)

le **djihad** (m) jihad, heilige oorlog

le **do** (m; mv: *onv*) [muz] do; c: *do bémol* ces; *do dièse* cis; *do majeur* C grote terts; C-majeur; *do mineur* c kleine terts; c-mineur

docile volgzaam, gewillig, meegaand, gedwee

la **docilité** (v) volgzaamheid, inschikkelijkheid

le **dock** (m) **1** dok: ~ *flottant* drijvend dok **2** pakhuis, opslagplaats, entrepot

le **docker** (m) dokwerker, havenarbeider

docte geleerd

le **docteur** (m) **1** doctor **2** [titel, aanspreekvorm] arts, dokter **3** [rel] geleerde: ~ *de la Loi* Schriftgeleerde; *~s de l'Église* kerkvaders

doctoral, -e doctors-: *ton* ~ [neg] aanmatigende toon

le **doctorant** (m) [Belg] ± promovendus

le **doctorat** (m) doctoraat

la **doctrine** (v) leer; dogma; doctrine

le **document** (m) document; (bewijs)stuk; vrachtbrief

le **documentaire** (m) documentaire

la **documentation** (v) documentatie

¹**documenter** (ov ww) documenteren, onderbouwen [d.m.v. documenten]

se ²**documenter** (wdk ww) documentatie verzamelen, zich documenteren

le **docu-soap** (m; mv: docu-soaps) realitysoap, reallifesoap

¹**dodeliner** (onov ww): ~ *de la tête* knikkebollen

²**dodeliner** (ov ww) heen en weer wiegen

le **dodo** (m) [kindert] slaap: *aller au* ~ naar bedje gaan; *faire* ~ slapen, een slaapje doen

dodu, -e mollig; vlezig, mals

dogmatique dogmatisch

le **dogme** (m) leerstelling, dogma; geloofsleer

le **dogue** (m) **1** dog: *être d'une humeur de* ~ een pestbui hebben **2** driftkop

le **doigt** (m) **1** vinger; teen: *petit* ~ pink; *~s de pied* tenen; *les ~s dans le nez* heel makkelijk;

savoir sur le *bout du* ~ op zijn duimpje kennen; *montrer du* ~ nawijzen; *vous avez mis le* ~ *dessus* je hebt de spijker op zijn kop geslagen; *croiser les* ~s duimen; *se mordre les* ~s erg spijt hebben; [pop] *se mettre* (of: *fourrer*) *le* ~ *dans l'œil* zich lelijk vergissen; *ne pas lever le petit* ~ geen vinger uitsteken; *au* ~ *mouillé* met de natte vinger; *obéir au* ~ *et à l'œil* stipt gehoorzamen **2** vingerdikte, beetje: *deux* ~s *de vin* een bodempje wijn; *à deux* ~s *de* zeer dichtbij; *à deux* ~s *de la mort* op sterven na dood

le **doigté** (m) tact, handigheid

dois 1e, 2e pers enk van *¹devoir*

les **doléances** (mv, v) geklaag, jammerklachten

le **dollar** (m) dollar

le **dolmen** (m) dolmen, op een hunebed lijkend grafmonument

les **Dolomites** (mv, v) Dolomieten

le **DOM** (m) afk van *département d'outre-mer* overzees departement [van Frankrijk]

le **domaine** (m) domein, gebied; landgoed: *dans le* ~ *de* op het gebied van; *ceci n'est pas de mon* ~ hier ga ik niet over; ~ *d'application* toepassingsbereik

domanial, -e domaniaal, domein-: *forêt* ~*e* staatsbos

le **dôme** (m) **1** koepel **2** dom(kerk), kathedraal

la **domestication** (v) (het) temmen; (het) ten nutte maken [van energiebronnen]

le/la **¹domestique** (m/v) dienstbode; huisbediende

²domestique (bn) huis-, huishoudelijk: *animal* ~ huisdier; *affaires* ~s familiezaken; *violence* ~ huiselijk geweld

domestiquer 1 tam, mak, tot huisdier maken **2** ten nutte maken, beheersen

le **domicile** (m) woonplaats, domicilie: *à* ~ aan huis; *élire* ~ **a)** zich vestigen; **b)** [jur] domicilie kiezen; *violation de* ~ huisvredebreuk; *sans* ~ *fixe* zonder vaste woonplaats; *un sans* ~ *fixe* een zwerver, dakloze; *travailler à* ~ thuiswerk verrichten

domicilié, -e 1 woonachtig **2** [fin] betaalbaar gesteld, [Belg] gedomicilieerd

domicilier [Belg] domiciliëren

dominant, -e dominerend, overheersend, overwegend, hoofd-

la **dominante** (v) **1** hoofdtrek; wat de overhand heeft **2** [muz] dominant

le/la **¹domina|teur** (m), **-trice** (v) heerser(es), overheerser

²domina|teur, -trice (bn) overheersend, heerszuchtig

la **domination** (v) overheersing, heerschappij; overwegende invloed

¹dominer (onov ww) domineren

²dominer (ov ww) **1** beheersen, overheersen **2** uitsteken boven; overstemmen

se **³dominer** (wdk ww) zich beheersen

le **¹dominicain** (m) dominicaan

²dominicain, -e (bn) dominicaner: *la république Dominicaine* de Dominicaanse Republiek

dominical, -e zondags-, des Heren: *oraison* ~*e* paternoster, onzevader; *repos* ~ zondagsrust

le **domino** (m) **1** dominosteen **2** [elek] kroonsteentje [voor bedrading]

le **dommage** (m) schade; nadeel: *c'est* ~ dat is jammer; *(quel)* ~*!* (wat) jammer!; *quel* ~*!* wat jammer!

les **dommages-intérêts** (mv, m) schadevergoeding: *demande en* ~ claim

la **domotique** (v) [comp] domotica [computertoepassingen in huis]

dompter 1 temmen, africhten **2** onderwerpen, overheersen **3** [fig] bedwingen, beteugelen

le/la **dompt|eur** (m), **-euse** (v) (dieren)temmer, -ster

les **DOM-TOM** (mv, m) overzeese departementen en gebiedsdelen

le **don** (m) **1** gift; schenking: *faire* ~ *de* schenken; ~ *du sang* bloed afstaan voor transfusie; ~ *de soi* zelfopoffering **2** aanleg, gave, vermogen

le/la **dona|teur** (m), **-trice** (v) gever, schenk(st)er; donor [ontwikkelingshulp]; donateur

la **donation** (v) schenking, donatie

donc 1 dus, derhalve; dan ook **2** dan, toch: *qu'a-t-il* ~*?* wat heeft hij toch?; *allez* ~*!* vooruit!; *allons* ~*!* toe maar!, och kom!; *tais-toi* ~*!* houd nou eens je mond!; *dis* ~*, toi!* ben je nou helemaal!

donf [inf]: *à* ~ grondig, tot op de bodem; [fig] nou en of

le **donjon** (m) slottoren

donnant, -e: ~, *donnant* gelijk oversteken, voor wat hoort wat

la **donne** (v) **1** het geven van kaarten: *à qui la* ~*?* wie geeft? **2** situatie: *une nouvelle* ~ de kaarten liggen nu anders; *cela change la* ~ dat verandert de zaak

la **donnée** (v) gegeven, inlichting, informatie: *banque de* ~s databank

¹donner (onov ww) **1** lopen, stoten, terechtkomen: ~ *de la tête contre un mur* met zijn hoofd tegen een muur lopen; *ne savoir où* ~ *de la tête* **a)** te veel werk hebben; **b)** radeloos zijn; ~ *dans le piège* in de val lopen; *cette porte donne sur le couloir* die deur komt in de gang uit; *cette fenêtre donne sur le jardin* dat raam ziet uit op de tuin **2** schijnen: *le soleil lui donne dans les yeux* de zon schijnt in zijn ogen **3** (+ dans) geraken in: *il donne dans le ridicule* hij maakt zich belachelijk

²donner (ov ww) **1** geven, schenken, bezorgen: *c'est donné* dat is te geef; *étant donné*

gezien; *étant* donné que aangezien; *cela n'a rien* donné dat heeft niets opgeleverd; *je vous le donne en mille* ik geef het u te raden; *~ une bonne impression* een goede indruk maken; *~ la mort* doden; *~ le jour* het leven schenken; [inf] *j'ai déjà* donné voor mij hoeft het niet meer, ik ben al geweest; *quel âge me donnez-vous?* hoe oud schat u mij? **2** bieden: *je vous en donne dix euros* ik bied u er tien euro voor **3** (+ pour) houden voor, laten doorgaan voor, uitgeven voor: *je ~ais cher pour le savoir* ik zou er een lief ding voor overhebben om het te weten te komen **4** [pop] verklikken, aangeven: *~ qqn. à la police* iem. aangeven (bij de politie)

se **3donner** (wdk ww) **1** zich geven **2** (+ pour) zich uitgeven voor: *se ~ du mal* (of: *de la peine*) **a)** zich moeite getroosten; **b)** geen moeite sparen

le/la **donn|eur** (m), **-euse** (v) gever, geefster; [med] donor; verklikker

dont waarvan, van wie, waaronder, waarover, waarmee: *ce ~ je me souviens* wat ik mij herinner; *la maison ~ il parle* het huis waarover hij praat; *la manière ~ il a fait cela* de manier waarop hij dat gedaan heeft

la **donzelle** (v) griet, wicht

le **dopage** (m) doping

le **dopant** (m) dope, pepmiddel

doper dopen; een stimulerend middel geven; [fig] oppeppen: *l'euro dope l'Europe* de euro geeft een nieuwe impuls aan Europa

le **doping** (m) doping

la **dorade** (v) goudbrasem

doré, -e verguld; goudblond, goudkleurig; mooi bruin (gebakken): *jeunesse ~e* rijkeluiskinderen; *~ sur tranche* verguld op snee; *~ à la feuille* verguld

dorénavant voortaan, in het vervolg; nu

1dorer (ov ww) **1** vergulden **2** geel maken; bruinen, goudbruin laten worden

se **2dorer** (wdk ww): *se ~ au soleil* zonnen, bruinen

dorloter vertroetelen

le **1dormant** (m) raamkozijn, deurkozijn

2dormant, -e (bn) **1** stil, slapend: *la belle au bois ~* de Schone Slaapster; *eau ~e* stilstaand water **2** vast, niet beweeglijk

le/la **1dorm|eur** (m), **-euse** (v) slaper, slaapster

le **2dormeur** (m) zeekrab

3dorm|eur, -euse (bn): *poupée ~* slaappop

la **dormeuse** (v) **1** oorknop **2** ligstoel

dormir 1 slapen: *~ debout* omvallen van de slaap; *histoire à ~ debout* absurd, onzinnig verhaal; *ne ~ que d'un œil* een hazenslaapje doen; *~ sur ses deux oreilles* **a)** slapen als een roos; **b)** [fig] ergens volkomen gerust op zijn **2** [fig] rusten, stilstaan, stilzitten: *laisser ~* **a)** laten rusten; **b)** renteloos laten liggen [van geld]

dorsal, -e rug-: *épine ~e* ruggengraat

le **dortoir** (m) slaapzaal: *cité-~* slaapstad

la **dorure** (v) (het) vergulden; verguldsel

le **dos** (m) rug; achterkant, keerzijde; rugpand; rugleuning: *de ~* van achteren; *il a bon ~* hij heeft een brede rug; *courber le ~* buigen, bukken; *le ~ de la main* de rug van de hand; *au ~ de* op, aan de achterkant van; *donner* (of: *faire*) *froid dans le ~ à qqn.* iem. koude rillingen bezorgen; *faire le gros ~*, *faire le ~ rond* zich van den domme houden; [fig] *mettre qqch. sur le ~ de qqn.* iets een ander op zijn dak schuiven; [fig] *être toujours sur le ~ de qqn.* iem. voortdurend op de vingers kijken; *je n'ai rien à me mettre sur le ~* ik heb niets behoorlijks om aan te trekken; *j'en ai plein le ~* ik heb er m'n buik vol van; *renvoyer ~ à ~* over één kam scheren; *dès que j'ai le ~ tourné* zodra ik m'n hielen gelicht heb ‖ *se mettre qqn. à ~* iem. tegen zich in het harnas jagen

le **dosage** (m) dosering

la **dose** (v) dosis: *j'ai eu ma ~* ik heb er genoeg van; [fig] *à ~ homéopathique* in een piepkleine hoeveelheid, mondjesmaat

doser doseren

la **dosette** (v) (coffee)pad

le **doseur** (m) doseerapparaat, druppelaar

le **dossard** (m) rugnummer, startnummer

le **dossier** (m) **1** rugleuning **2** ordner **3** dossier

la **dot** (v) bruidsschat

la **dotation** (v) dotatie, schenking; toewijzing [van geld]

doter 1 (+ de) voorzien (van), begiftigen (met): *doté de* met, voorzien van **2** een bruidsschat meegeven aan

la **douane** (v) douane: *droits de ~* invoerrechten

le/la **1douan|ier** (m), **-ière** (v) douanier, douanebeambte

2douan|ier, -ière (bn) tol-, douane-: *union douanière* tolunie

le **doublage** (m) **1** (het) voeren [van kleding] **2** nasynchronisatie [van een film]

le **1double** (m) **1** dubbele, tweevoud: *le ~ de* tweemaal zoveel; *en ~* in duplo **2** duplicaat, doorslag, afschrift, tweede exemplaar; extra sleutel; dubbelganger **3** [sport] dubbelspel: *~ messieurs* herendubbel

2double (bn) dubbel; tweevoudig; tweeledig: *en ~ exemplaire* in tweevoud; *à ~ sens* dubbelzinnig; *faire coup ~* twee vliegen in één klap slaan; *faire ~ emploi* herhalen, dubblure zijn; *à ~ usage* voor tweeledig gebruik; *voir ~* dubbel zien; *fermer la porte à ~ tour* tweemaal de sleutel omdraaien, de deur op het nachtslot doen; *porter une ~ casquette* twee petten ophebben; *chambre ~* tweepersoonskamer

le **1doublé** (m) **1** [metaal] doublé **2** dubbel succes

2doublé, -e (bn) **1** verdubbeld **2** gevoerd

3 nagesynchroniseerd ‖ ~ *de* en tevens; *une santé de fer* ~*e d'un mental inébranlable* een stalen gestel en daarbij niet van zijn stuk te brengen

le **double-clic** (m; mv: double-clics) dubbelklik

double-cliquer dubbelklikken

le **¹doublement** (m) **1** verdubbeling **2** het dubbelvouwen

²doublement (bw) om twee redenen

¹doubler (ov ww) **1** verdubbelen; dubbel vouwen of leggen; ~ *le pas* zijn pas versnellen; ~ *un rôle* [een acteur] in een rol vervangen; *se faire* ~ zijn rol laten spelen door **2** voeren [een kledingstuk] **3** nasynchroniseren [van een film] **4** voorbijkomen, passeren: ~ *un cap* **a)** een kaap ronden; **b)** een hindernis nemen; ~ *une voiture* een auto inhalen **5** [Belg] doubleren; blijven zitten

se **²doubler de** (wdk ww) gepaard gaan met

la **doublure** (v) **1** voering; bekleding **2** [theat] doublure

douce v vorm van *¹doux*

douceâtre wee zoet; [fig] zoetsappig

doucement 1 zacht, zachtjes; rustig, kalm aan; voorzichtig, geleidelijk **2** zo zo, niet heel best: *une affaire qui marche* ~ een zaak die matig draait

doucer|eux, -euse zoetig; [fig] zoetsappig; poeslief

la **douceur** (v) **1** zoetheid **2** zachtheid, zachtzinnigheid, liefheid; *en* ~ zachtjes aan, voorzichtig; *employer la* ~ clement zijn, iets met zachte hand proberen te doen **3** heerlijkheid, het aangename, genot: ~ *du soir* avondzoelte

les **douceurs** (mv, v) suikergoed, zoetigheid

la **douche** (v) douche: ~ *écossaise* **a)** wisselend warm en koud; **b)** nu weer positief, dan weer negatief [nieuws]; [fig] *une* ~ *froide* een koude douche

doucher douchen: *se* ~ **a)** zich douchen; **b)** [fig] een koude douche geven

la **doudoune** (v) **1** met dons gevoerd jasje **2** [inf] tiet

doué, -e begaafd, talentvol, knap: *être* ~ *pour tout* alles kunnen; ~ *de* voorzien van, beschikkend over; *être* ~ *en maths* goed zijn in wiskunde

douer de begiftigen (met), voorzien (van)

la **douille** (v) schacht; mof; huls; fitting, bus, houder, nippel

douillet, -te 1 zacht; behaaglijk **2** kleinzerig

la **douillette** (v) gewatteerde overjas; bedjasje; babyjasje

la **douleur** (v) pijn; smart, verdriet

les **douleurs** (mv, v) weeën

la **douloureuse** (v) [inf] (af)rekening

doulour|eux, -euse pijnlijk; smartelijk; treurig, bedroevend

le **doute** (m) twijfel, onzekerheid: *mettre en* ~ in twijfel trekken, betwijfelen; *sans* ~ waarschijnlijk, wellicht; *sans aucun* ~ ongetwijfeld, stellig; *cela est hors de* ~ dat staat buiten twijfel, buiten kijf; *être dans le* ~ *au sujet de qqch.* zijn twijfels over iets hebben

¹douter de (ov ww) twijfelen (aan), betwijfelen: *il ne doute de rien* hij meent dat hij alles kan; ~ *de soi* aan zichzelf twijfelen

se **²douter de** (wdk ww) vermoeden: *je m'en doutais* ik was er al bang voor

dout|eux, -euse twijfelachtig, onzeker, dubieus; verdacht: *créance douteuse* dubieuze vordering; *linge* ~ groezelig linnengoed

la **douve** (v) **1** (slot)gracht; greppel; sloot **2** duig

le/la **¹doux** (m), **douce** (v) zachtaardig mens

²doux, douce (bn) **1** zoet **2** zacht; mild: *être* ~ *au toucher* zacht aanvoelen; *pente douce* flauwe helling; *lumière douce* zacht (of: gedempt) licht **3** zachtaardig, lief; heerlijk: *billet* ~ liefdesbrief; *énergies douces* milieuvriendelijke energiebronnen; *médecine douce* natuurgeneeskunde; *faire les yeux* ~ verliefd aankijken ‖ [inf] *en douce* stilletjes, zonder ophef

³doux (bw): *il fait* ~ het is zacht weer; *filer* ~ zoete broodjes bakken; *tout* ~! wacht even! rustig aan!

doux-amer, douce-amère bitterzoet [ook fig]

la **douzaine** (v) dozijn, twaalftal: *à la* ~ bij het dozijn; *treize à la* ~ (te) veel

douze twaalf; twaalfde

le **¹douzième** (m) twaalfde (deel)

²douzième (bn) twaalfde

le/la **doyen** (m), **-ne** (v) deken; voorzitter van een faculteit; decaan: ~ *d'âge* oudste in jaren; *la* ~*ne du village* de oudste inwoonster van het dorp

le **doyenné** (m) decanaat

dracher [Belg] stortregenen

draconien, -ne draconisch, streng; drastisch

le **dragage** (m) **1** (het) opdreggen **2** (het) uitbaggeren: ~ *de mines* het mijnen vegen

la **dragée** (v) **1** dragee, bruidssuiker: *tenir la* ~ *haute à qqn.* het iem. moeilijk maken **2** hagel [geweer]

dragéifier glaceren

le **dragon** (m) **1** draak **2** dragonder

la **drague** (v) **1** baggermolen **2** dreg ‖ [inf] *faire la* ~ op de versiertoer zijn

draguer 1 uitbaggeren; (af)dreggen **2** vegen [van mijnen] **3** [inf] (iem.) proberen te versieren

le **dragueur** (m) **1** baggerman **2** baggerschuit: ~ *de mines* mijnenveger **3** mosselvisser **4** [inf] vrouwenjager

la **dragueuse** (v) [inf] mannenversierster

le **drainage** (m) drainering, afwatering;

[med] (het) draineren

drainer 1 draineren **2** ontwateren **3** aanlokken: ~ *des capitaux* kapitaal aantrekken

la **¹dramatique** (v) toneelstuk op tv, televisiefilm

²dramatique (bn) **1** dramatisch **2** aangrijpend; toneel-

la **dramatisation** (v) dramatisering

dramatiser 1 dramatiseren **2** overdreven voorstellen, een drama maken van

le/la **dramaturge** (m/v) dramaturg(e), toneelschrijver, -schrijfster

le **drame** (m) **1** toneelstuk, toneelspel; drama **2** [fig] drama, tragedie, aangrijpende gebeurtenis: *tourner au* ~ een ernstige wending nemen; *il ne faut pas en faire un* ~ zo erg is het ook weer niet

le **drap** (m) laken [wollen stof]; (bedden)laken: ~ *de plage* badlaken, badhanddoek; *être dans de beaux* ~*s* in de knoei zitten

le **drapé** (m) drapering

le **drapeau** (m) vlag, vaandel: *le* ~ *tricolore* de (nationale) driekleur; *sous les* ~*x* onder de wapenen, in dienst

draper draperen: *se* ~ *(dans)* zich hullen (in)

la **draperie** (v, meestal mv) gedrapeerde stof

le **drap-housse** (m) hoeslaken

drastique drastisch, snelwerkend; doortastend

le **dressage** (m) **1** dressuur, africhting **2** (het) recht zetten: ~ *d'une tente* het opzetten van een tent

¹dresser (ov ww) **1** oprichten, rechtop zetten: ~ *l'oreille* de oren spitsen; ~ *une tente* een tent opzetten **2** opstellen; opmaken, gereedmaken: ~ *une liste* een lijst opmaken; ~ *qqn. contre* iem. opzetten tegen **3** dresseren, africhten: ~ *un chien* een hond africhten

se **²dresser** (wdk ww) **1** zich oprichten: *les cheveux se dressent sur sa tête* de haren rijzen hem te berge; *se* ~ *sur ses ergots* op zijn achterste benen gaan staan **2** zich verheffen **3** in opstand komen (tegen)

la **drève** (v) [Belg] dreef, laan

dribbler [sport] dribbelen

le **drille** (m): *un joyeux* ~ een vrolijke kwant

dring! tingeling!

le **drink** (m) drankje

la **drogue** (v) verdovend middel, drugs: ~*s dures* harddrugs; ~*s douces* softdrugs; [fig] *cinéma est sa* ~ hij is verslaafd aan de film

le/la **drogué** (m), **-e** (v) drugsverslaafde, junkie

¹droguer (ov ww) **1** (iem.) drugs laten innemen **2** volstoppen met medicijn; platspuiten

se **²droguer** (wdk ww) **1** (aan verdovende middelen) verslaafd zijn, drugs gebruiken **2** veel medicijnen innemen

la **droguerie** (v) drogisterij

le/la **droguiste** (m/v) drogist(e)

le **¹droit** (m) **1** recht [in alle bet]; rechtswetenschap: *à (bon)* ~ met recht, terecht; *avoir* ~ *à*

qqch. recht hebben op iets; *avoir le* ~ *(de)* **a)** het recht hebben (om); **b)** mogen; *t'as pas le* ~ dat mag je niet doen; dat is niet toegestaan; *de (plein)* ~ rechtens, van rechtswege; *de quel* ~? met welk recht?; ~*s d'inscription* inschrijfgeld, collegegeld; ~ *d'entrée* **a)** invoerrecht; **b)** entree, toegangsprijs; ~ *de réponse* recht op weerwoord; ~ *des gens* volkenrecht; ~ *de visite* omgangsregeling; ~ *de timbre* leges; ~ *de priorité* [Belg] urgentierecht; *faire son* ~ rechten studeren; *étudiant en* ~ rechtenstudent; *être en* ~ *de* het recht hebben, mogen; *être dans son (bon)* ~ het recht aan zijn kant hebben; *de* ~ *divin* bij de gratie Gods; *État de* ~ rechtsstaat; ~*s de l'homme* mensenrechten; *tous* ~*s réservés* alle rechten voorbehouden **2** rechte hoek **3** [sport] rechter vuist; [sport] rechtse [slag]

²droit, -e (bn) **1** recht: *rester* ~*(e)* rechtopstaand, zittend; [meetk] *angle* ~ rechte hoek; [fig] *le* ~ *chemin* het rechte pad **2** rechts: *la main* ~*e* de rechter hand; *il est mon bras* ~ hij is mijn rechterhand **3** rechtschapen

³droit (bw) recht(streeks): *aller* ~ *au but* recht op zijn doel afgaan; *marcher* ~ **a)** rechtuit lopen; **b)** [fig] zich goed gedragen

la **droite** (v) **1** rechterzij, rechterhand, rechterkant: *à* ~ rechts; *tenir* (of: *garder*) *sa* ~ rechts houden; *prendre à* ~ rechts afslaan **2** rechtervleugel; [pol] rechts: *être de* ~ rechts zijn; *l'extrême* ~ extreemrechts **3** rechte lijn

le/la **droit|ier** (m), **-ière** (v) iem. die rechts(handig) is

la **droiture** (v) rechtschapenheid, oprechtheid

drolatique grappig

drôle 1 aardig, grappig: *cela n'est pas* ~ dat is niet leuk; *des histoires* ~*s* grappige verhalen; [ook] grappen, moppen **2** gek, raar: *quel* ~ *de goût* wat een rare smaak; *avoir un* ~ *d'air* er vreemd uitzien; *faire une* ~ *de tête* raar opkijken; *une* ~ *d'histoire* een gek verhaal; *la* ~ *de guerre* periode van sept '39 tot mei '40; [inf] *cela me fait* ~ ik vind het vreemd, het geeft me een raar gevoel

drôlement grappig: ~ *(bien)* reuze, erg (goed)

la **drôlerie** (v) grapje, grappigheid

le **dromadaire** (m) dromedaris

dru, drue 1 dicht, overvloedig: *la pluie tombe* ~ er valt een dichte regen **2** dichtbegroeid

du [de + le] **1** van de: *le début du mois* het begin van de maand **2** [onbepaald lidwoord; blijft onvertaald]: *du sucre* suiker; *zie de*

le **¹dû** (m) het verschuldigde: *réclamer son dû* op zijn rechten staan; *payer son dû* zijn schuld betalen

²dû, due (bn) verschuldigd: *chose promise, chose due* belofte maakt schuld; *dû à* te wijten aan, veroorzaakt door

le **dualisme** (m) dualisme

la **dualité** (v) dualiteit, tweeheid

dubitat|if, -ive twijfelend, twijfel uitdrukkend

le **duc** (m) **1** hertog **2** ooruil

ducal, -e hertogelijk

la **ducasse** (v) [Belg] kermis

le **duché** (m) hertogdom

la **duchesse** (v) hertogin: *elle fait sa* ~ zij doet deftig

ductile rekbaar

la **ductilité** (v) rekbaarheid

le **duel** (m) duel: *se battre en* ~ duelleren

le/la **duettiste** (m/v) lid van een duo

dûment deugdelijk, naar behoren

le **dumping** (m) [ec] dumping; prijsbederf

la **dune** (v) duin: ~ *mouvante* zandverstuiving

Dunkerque Duinkerken

le **duo** (m) duo; duet

la **¹dupe** (v) dupe, bedrogene, slachtoffer, onnozele hals

²dupe (bn) bedrogen, beetgenomen: *je ne suis pas* ~ ik heb het door, mij houden ze niet voor de gek

duper bedriegen, beetnemen

la **duperie** (v) bedriegerij, fopperij

le **¹duplex** (m) **1** duplexwoning **2** [telec] schakelprogramma

²duplex (bn) duplex-: *appartement* ~ **a)** maisonnette; **b)** dubbel bovenhuis

le **duplicata** (m) [jur] afschrift; duplicaat

la **duplicité** (v) dubbelhartigheid, valsheid; huichelarij

dupliquer kopiëren

duquel [samentrekking van *de* + *lequel*] waarvan: *l'accident des suites* ~ *il est mort* het ongeluk aan de gevolgen waarvan hij is gestorven; *zie ¹lequel*

le/la **¹dur** (m), **dure** (v) **1** [inf] (een) harde, (een) taaie **2** stevig materiaal: *construire en* ~ met steen bouwen; *coucher sur la* ~ op de (harde) grond slapen; *élever à la* ~e hardhandig, streng opvoeden

²dur, dure (bn) **1** hard [ook fig]; hardvochtig, ruw, ongevoelig: ~ *en affaires* keihard in zaken; *œuf* ~ hardgekookt ei; *croire* ~ *comme fer* vast geloven; *avoir la tête* ~e **a)** hardleers zijn; **b)** halsstarrig zijn; *être* ~ *d'oreille* hardhorend zijn **2** taai; zwaar, moeilijk: *avoir la vie* ~e het moeilijk hebben; *les préjugés ont la vie* ~e vooroordelen zijn hardnekkig; *mener la vie* ~e *à qqn.* het iem. moeilijk maken; *avoir le sommeil* ~ vast slapen ‖ *les temps sont* ~s het zijn harde tijden

³dur (bw) hard: *travailler* ~ hard werken

la **durabilité** (v) duurzaamheid

durable duurzaam, langdurig, blijvend

durant gedurende, tijdens; voor de duur van: *des jours* ~ dagenlang; ~ *sa vie* tijdens zijn leven; *sa vie* ~ zijn hele leven

¹durcir (onov ww) verscherpen, hard worden

²durcir (ov ww) verharden, hardmaken

se **³durcir** (wdk ww) hard worden

le **durcissement** (m) (ver)harding; [fig] straffere houding, (grotere) onverzettelijkheid

le **durcisseur** (m) (ver)harder

la **durée** (v) duur

durement hard; moeilijk te verdragen; ongenadig

durer 1 (voort)duren; blijven bestaan: *ça ne peut pas* ~ zo kan het niet langer; *pourvu que ça dure!* hopen dat het nog een tijdje zo blijft! **2** meegaan: *ce costume a duré deux ans* dit pak is twee jaar meegegaan **3** lang vallen

la **dureté** (v) **1** hardheid **2** hardvochtigheid, ruwheid, barsheid, strengheid

le **durillon** (m) eeltplek, eeltknobbel

le **duvet** (m) dons; donzen dekbed, slaapzak

duveté, -e donzig, met dons bedekt

duvet|eux, -euse donzig, met dons bedekt

le **DVD** (m) afk van *digital versatile disk* dvd: *lecteur (de)* ~ dvd-speler

le **DVD-ROM** (m; mv: *onv*) dvd-rom

la **¹dynamique** (v) dynamica, dynamiek: *créer une* ~ enthousiasme oproepen

²dynamique (bn) dynamisch, vitaal; energiek

dynamiser dynamisch maken

le **dynamisme** (m) vitaliteit; energie: *avec* ~ voortvarend

le **dynamitage** (m) (het) opblazen

la **dynamite** (v) dynamiet

dynamiter opblazen; ter discussie stellen

la **dynamo** (v) dynamo; generator: ~ *à main* knijpkat

la **dynastie** (v) dynastie; vorstenhuis

le **dysfonctionnement** (m) **1** het slecht functioneren **2** [med] functiestoornis

la **dyslexie** (v) dyslexie, woordblindheid

e

l' **e** (m) [de letter] e: *e muet* stomme e
l' **eau** (v) water: *à l'~!* gooi hem in het water!; *chute d'~* waterval; *pièce d'~* vijver; *~ de Javel* bleekwater; *jet d'~* fontein; *~ minérale* bronwater; *laver à grande ~* (met veel water) wassen, schrobben; *mettre à l'~* te water laten [schip]; [van schip] *faire ~* water maken; *se jeter à l'~* het erop wagen; *à l'~ de rose* sentimenteel; *il y a de l'~ dans le gaz* dat wordt ruzie; *il n'a pas inventé l'~ chaude* hij heeft het buskruit niet uitgevonden; *d'ici là, il passera bien de l'~ sous les ponts* voor het zover is, zal er nog heel wat water door de Rijn stromen; *il n'est pire ~ que l'~ qui dort* stille waters hebben diepe gronden; *~ du robinet* kraanwater; [van schoenen, kleding] *prendre l'~* lekken, water doorlaten; *zie eaux*
l' **eau-de-vie** (v; mv: eaux-de-vie) brandewijn
l' **eau-forte** (v; mv: eaux-fortes) ets: *graver à l'~* etsen
les **eaux** (mv, v) **1** water: *basses ~* laag water; *~ mortes* doodtij; *hautes ~* hoogwater; *nager entre deux ~* de kool en de geit sparen, beide partijen ontzien; *Eaux et forêts* ± Staatsbosbeheer **2** baden, minerale bronnen: *aller aux ~, prendre les ~* gaan kuren; *ville d'~* kuuroord [badplaats] **3** vruchtwater: *la perte des ~* het breken van de vliezen || *dans ces ~-là* daaromtrent, zo ongeveer
ébahi, -e (stom)verbaasd, verbluft
¹**ébahir** (ov ww) verbluffen
s' ²**ébahir** (wdk ww) sprakeloos zijn, verbaasd staan
l' **ébahissement** (m) verbazing, verbouwereerdheid
les **ébats** (mv, m) gestoei, (het) spelen: *~ amoureux* vrijpartij
s' **ébattre** stoeien, spelen, ravotten
l' **ébauche** (v) eerste ontwerp, opzet, ruwe schets; [fig] zwakke poging, aarzelend begin, aanzet
ébaucher 1 voorbewerken **2** ontwerpen, schetsen **3** [fig] voorzichtig beginnen met: *~ un geste* een vaag (*of:* zwak) gebaar maken; *~ un sourire* zwakjes glimlachen
l' **ébène** (v) ebbenhout; zwarte kleur (van dit hout), diep zwart
l' **ébéniste** (m) schrijnwerker, meubelmaker
l' **ébénisterie** (v) schrijnwerk; meubelmakersvak
éberlué, -e stomverbaasd
éblouir verblinden [ook fig]
éblouissant, -e verblindend; schitterend

l' **éblouissement** (m) verblinding; duizeling; [fig] betovering
éborgner één oog uitsteken, half blind maken
l' **éboueur** (m) vuilnisman; straatveger
¹**ébouillanter** (ov ww) in kokend water dompelen
s' ²**ébouillanter** (wdk ww) zich branden [aan kokend water]
l' **éboulement** (m) instorting, inzakking; aardverschuiving
s' **ébouler** instorten; afbrokkelen
l' **éboulis** (m) puin, neergestorte steenbrokken
ébouriffant, -e verbluffend, ongelofelijk
ébouriffé, -e 1 verwilderd, verward [van haar] **2** [fig] ontdaan, verbluft
ébouriffer 1 in de war brengen [van haar] **2** [fig] verwonderen, ontstellen
l' **ébranchage** (m) (het) snoeien, van takken ontdoen
ébrancher snoeien
l' **ébranlement** (m) schudding, trilling, beving; ontwrichting, wankele toestand; [fig] schok
¹**ébranler** (ov ww) doen schudden, wankelen, trillen; in beweging brengen; [fig] aan het wankelen brengen; ontwrichten, ondermijnen, schokken
s' ²**ébranler** (wdk ww) zich in beweging zetten
¹**ébrécher** (ov ww) een stuk, scherf slaan uit; beschadigen; [fig] aantasten, een bres slaan in: *assiette ébréchée* bord met stukjes eruit
s' ²**ébrécher** (wdk ww) beschadigd worden
l' **ébriété** (v) dronkenschap: *en état d'~* in kennelijke staat
l' **ébrouement** (m) gesnuif, gebries [van dieren]
s' **ébrouer** snuiven, proesten, briesen; zich uitschudden
l' **ébruitement** (m) het ruchtbaar maken, worden: *pas d'~!* dat blijft onder ons!
¹**ébruiter** (ov ww) ruchtbaar maken
s' ²**ébruiter** (wdk ww) ruchtbaar worden
l' **ébullition** (v) (het) koken; (het) opborrelen: *en ~* **a)** kokend; **b)** [fig] opgewonden; *point d'~* kookpunt; *porter qqch. à ~* iets aan de kook brengen
l' **écaillage** (m) **1** (het) schubben [van vis]; (het) openen [van oesters, mosselen] **2** (het) afbladderen
l' **écaille** (v) **1** schub; schilfer **2** schild; schildpad [als stof]: *lunettes à monture d'~* bril met hoornen montuur
écaillé, -e afgeschilferd
l' ¹**écailler** (m), **-ère** (v) oesterverkoper, -verkoopster, iem. die schaaldieren verkoopt of open maakt
²**écailler** (ov ww) schubben; openen [mossels e.d.]

s' ³**écailler** (wdk ww) afbladderen, loslaten
écaill|eux, -euse schubbig; bladderig
l' **écaillure** (v) schilfer
l' **écale** (v) dop, bolster [van noten e.d.]
écaler doppen; ontbolsteren
écarlate scharlakenrood
écarquiller opensperren [de ogen]
l' **écart** (m) **1** afwijking, tussenruimte; verschil; discrepantie **2** uitwijking; zijsprong: *grand ~* spagaat; *à l'~* terzijde, apart, afgelegen; *se tenir à l'~ (de)* zich afzijdig houden (van); *faire un ~* opzij springen; [fig] *faire un ~ (de conduite)* een misstap begaan; *~ de langage* flater, uitglijder
écarté, -e afgezonderd, afgelegen; wijd uitstaand
l' **écartèlement** (m) (het) vierendelen; [fig] (innerlijke) verscheurdheid
écarteler 1 vierendelen **2** [fig] heen en weer slingeren, (innerlijk) verscheuren
l' **écartement** (m) afwijking, afstand, tussenruimte; spreiding
¹**écarter** (ov ww) **1** spreiden, uiteen plaatsen; uit de weg ruimen; opzijschuiven, opzijduwen, op een afstand houden, verwijderen **2** [fig] van zich afzetten, uitsluiten: *~ qqn. du droit chemin* iem. van het rechte pad afbrengen
s' ²**écarter** (wdk ww) **1** zich verwijderen, uiteengaan, afwijken **2** (+ de) afdwalen: *s'~ de la route* van de weg afraken
l' **ecchymose** (v) bloeduitstorting, blauwe plek
l' **Ecclésiaste** (m) Prediker [Bijbelboek]
l' ¹**ecclésiastique** (m) geestelijke
²**ecclésiastique** (bn) geestelijk; kerkelijk
l' ¹**écervelé** (m), **-e** (v) dwaas, leeghoofd
²**écervelé, -e** (bn) hersenloos; onbezonnen, onnadenkend
l' **échafaud** (m) **1** schavot **2** doodstraf [door onthoofding]
l' **échafaudage** (m) stellage, stelling, steiger; [fig] opbouw, opeenstapeling
échafauder opeenstapelen; opzetten: *~ des mensonges* leugens verzinnen; *~ des projets* plannen smeden
l' **échalas** (m) staak: *un grand ~* een lange, magere vent
l' **échalote** (v) sjalot
échancré, -e uitgesneden [kleding]; getand [bladeren]; met inhammen
l' **échancrure** (v) uitsnijding, decolleté, inham
l' **échange** (m) **1** ruil, uitwisseling, inwisseling, omwisseling, verwisseling: *~ d'appartements* woningruil; *il y eut un ~ de coups* er vielen klappen; *en ~* daarvoor, daarvoor in de plaats; *en ~ de* in ruil voor; *faire l'~ de* ruilen, uitwisselen **2** [tennis] rally **3** verkeer: *~s commerciaux* handelsverkeer; *libre-~* vrijhandel; *valeur d'~* ruilwaarde

échangeable verwisselbaar, inwisselbaar, ruilbaar
échanger (ver)ruilen, (uit)wisselen: *~ un sourire* elkaar even toelachen; *~ des cadeaux* elkaar cadeaus geven
l' **échangeur** (m) **1** verkeersplein; klaverblad **2** warmtewisselaar
l' **échangisme** (m) partnerruil
l' **échantillon** (m) staal(tje), monster: *~ aléatoire* steekproef
l' **échantillonnage** (m) monstercollectie; [fig] overzicht, geheel
échantillonner proefmonsters nemen; een steekproef nemen uit
l' **échappatoire** (v) uitvlucht, achterdeurtje
l' **échappée** (v) **1** ontsnapping [bij wielrennen] **2** vleugje, kort ogenblik **3** doorkijk; smalle opening **4** uitrit [van een garage]
l' **échappement** (m) ontsnapping: *(pot d')~* uitlaat || *touche d'~* escapetoets
¹**échapper de, à** (onov ww) ontsnappen (uit, aan), ontkomen; [fig] ontgaan, boven iemands begrip gaan; ontvallen: *rien ne lui échappe* niets ontgaat hem, hij merkt alles op
²**échapper** (ov ww): *l'~ belle* er goed afkomen
s' ³**échapper de** (wdk ww) ontsnappen, ontglippen: *son nom m'échappe* zijn naam is me ontschoten, ik kan niet op zijn naam komen; *s'~ du peloton* het peloton achter zich laten
l' **écharde** (v) splinter
l' **écharpe** (v) **1** sjerp; sjaal: *en ~* **a)** schuin, overdwars; **b)** in de flank; *prendre en ~* van terzijde aanrijden (beschieten) **2** [med] mitella, draagdoek
écharper 1 ernstig verwonden [met iets scherps] **2** in de pan hakken, lynchen: *se faire ~* op zijn lazer krijgen
l' **échasse** (v) stelt: *être monté sur des ~s* **a)** op stelten lopen; **b)** spillebenen hebben
l' **échassier** (m) steltloper, waadvogel
échaudé, -e 1 verbrand **2** ontnuchterd, ontgoocheld: *chat ~ craint l'eau froide* een ezel stoot zich niet tweemaal aan dezelfde steen
échauder met heet water wassen; in heet water dompelen
l' **échauffement** (m) **1** verhitting, verwarming, het warmlopen; [sport] *exercices d'~* opwarmoefeningen **2** [fig] opwinding **3** broei
¹**échauffer** (ov ww) **1** doen warmlopen **2** verhitten **3** [fig] opwinden: *~ la bile* (of: *les oreilles*) *à qqn.* driftig maken
s' ²**échauffer** (wdk ww) **1** zich opwinden; verhit raken **2** [sport] zich warmlopen, de warming-up doen
l' **échauffourée** (v) schermutseling, vechtpartij
l' **échéance** (v) **1** vervaldag; termijn; [fig] dag van afrekening, belangrijk moment: *à brève*

~ op korte termijn; *venir* à ~ vervallen; *faire face à une* ~ een wissel honoreren **2** vervallen bedrag

l' **échéancier** (m) **1** tijdpad **2** voortgangsoverzicht

échéant, -e: *le cas* ~ bij gelegenheid, eventueel, zo nodig

l' **échec** (m) **1** mislukking, tegenslag, nederlaag: *tenir qqn. en* ~ iem. dwarsbomen; *faire* ~ *à* doen mislukken; *essuyer un* ~ een nederlaag lijden; *voué à l'*~ tot mislukken gedoemd **2** schaak: *faire* ~ *et mat* schaakmat zetten

les **échecs** (mv, m) schaakspel, schaakstukken: *jouer aux* ~ schaken

l' **échelle** (v) **1** ladder: ~ *sociale* maatschappelijke ladder; [fig] *être en haut de l'*~ aan de top staan; *faire la courte* ~ *à qqn.* **a)** iem. een opzetje geven; **b)** [fig] iem. voorthelpen; *il n'y a plus qu'à tirer l'*~ dat doet de deur dicht **2** schaal(verdeling); toonladder: ~ *mobile* glijdende schaal [lonen, prijzen e.d.]; *à l'*~ *européenne* op Europees niveau

l' **échelon** (m) sport, trede; [fig] trap, rang, graad; [mil] echelon; niveau: *par* ~s trapsgewijs

l' **échelonnement** (m) spreiding; plaatsing, opstelling van afstand tot afstand

échelonner spreiden; regelmatig verdelen: ~ *des paiements* in termijnen betalen

l' **écheveau** (m) streng; [fig] warboel, verwarring: *démêler l'*~ *de qqch.* iets tot klaarheid brengen, ontwarren

échevelé, -e met loshangende, verwarde haren; [fig] wild, ordeloos, overdreven

l' **échevin** (m) [Belg] schepen [Belg]; wethouder

échevinal, -e: [Belg] *collège* ~ [Belg] schepencollege, B en W

l' **échevinat** (m) [Belg] wethouderschap

l' **échine** (v) ruggengraat: [inf] *courber* (of: *plier*) *l'*~ onderdanig zijn

s' **échiner** zich afbeulen, zich uitsloven

l' **échiquier** (m) schaakbord; strijdtoneel: *en* ~ in vierkanten verdeeld; *le chancelier de l'Echiquier* [Engeland] minister van Financiën

l' **écho** (m) echo, weerklank [ook fig]: *se faire l'*~ *de* **a)** herhalen; **b)** propageren; *ne pas trouver d'*~, *rester sans* ~ geen weerklank vinden, geen reactie oproepen

échoir 1 ten deel vallen; toekomen **2** vervallen

l' **échoppe** (v) **1** winkeltje **2** graveernaald, etsnaald

les **échos** (mv, m) nieuwtjes

l' **échouage** (m) stranding

l' **échouement** (m) (het) vastlopen [schip]; stranden

¹échouer (onov ww) **1** stranden, schipbreuk lijden, niet slagen, mislukken; zakken [voor examen] **2** terechtkomen, belanden **3** stranden, aan de grond lopen

²échouer (ov ww) op het strand (de kust) zetten

l' **éclaboussement** (m) bespatting

éclabousser 1 bespatten, onderspatten **2** in opspraak brengen

l' **éclaboussure** (v) modderspat; [fig] smet; kwade gevolgen

l' **éclair** (m) **1** bliksem(schicht); flits: ~ *de bonheur* kortstondig geluk; ~s *de chaleur* weerlicht; *il y a des* ~s het bliksemt; [fig] *ses yeux lançaient des* ~s zijn ogen schoten vuur **2** flitslicht; flikkering **3** (langwerpig) soesje

l' **éclairage** (m) **1** verlichting: ~ *public* straatverlichting **2** belichting; [fig] gezichtspunt

l' **éclairagiste** (m) lichttechnicus

éclairant, -e verlichtend; verhelderend

l' **éclaircie** (v) **1** opklaring **2** (het) uitdunnen; open plek [in het bos] **3** [fig] korte opleving, moment van ontspanning

¹éclaircir (ov ww) **1** verhelderen, lichter (van kleur) maken **2** uitdunnen **3** [fig] ophelderen, toelichten: ~ *un mystère* een mysterie ophelderen

s' **²éclaircir** (wdk ww) opklaren; dunner worden [van bos, haren]; helderder worden: *s'*~ *la voix* zijn keel schrapen

l' **éclaircissement** (m) (het) uitdunnen; het lichter maken; [fig] opheldering, toelichting

éclairé, -e verlicht [ook fig]

¹éclairer (onov ww) licht geven

²éclairer (ov ww) **1** ver-; bijlichten; [fig] inlichten, toelichten, belichten, voorlichten; een helder licht werpen op **2** [mil] verkennen **3** [fig] opklaren: ~ *la lanterne de qqn.* iem. inlichten

s' **³éclairer** (wdk ww) verlicht worden; duidelijk worden: *maintenant tout s'éclaire* nu wordt alles duidelijk

l' **¹éclair|eur** (m), **-euse** (v) padvind(st)er

l' **²éclaireur** (m) verkenner

l' **éclat** (m) **1** scherf, splinter; brokstuk: *en* ~s in diggelen **2** uitbarsting; slag: ~ *de rire* schaterlach; *rire aux* ~s schaterlachen; ~s *de voix* verheffing van stem; [fig] *faire un* ~ schandaal verwekken; *coup d'*~ stunt **3** schittering; [fig] luister, glans: *sans* ~ dof, mat

éclatant, -e 1 hard, schel, hel, fel, schetterend, luidruchtig **2** schitterend; stralend; luisterrijk: *rouge* ~ vuurrood; ~ *de santé* blakend van gezondheid **3** overduidelijk, opzienbarend

l' **éclatement** (m) **1** ontploffing **2** breuk; (het) uiteenvallen

¹éclater (onov ww) **1** barsten, (uiteen)springen; ontploffen **2** aan de dag komen; uitbreken, uitbarsten: ~ *de rire* in lachen uitbarsten; ~ *en sanglots* in snikken uitbarsten; *faire* ~ *la vérité* de waarheid aan het licht brengen **3** open gaan [van een knop] || *la*

guerre a éclaté en 1939 de oorlog is in 1939 uitgebroken; *laisser ~ sa colère* in woede ontsteken; *je vais lui ~ la tête* ik ram z'n kop eraf

s' ²**éclater** (wdk ww) [inf] zich vermaken, feesten, uit zijn dak gaan

l' **éclipse** (v) **1** verduistering [van zon of maan]; eclips: *~ du Soleil* zonsverduistering **2** [inf] verdwijning ǁ *à éclipses* met tussenpozen

¹**éclipser** (ov ww) verduisteren; [fig] in de schaduw stellen, overvleugelen, overschaduwen

s' ²**éclipser** (wdk ww) ervandoor gaan

l' ¹**éclopé** (m), **-e** (v) kreupele; lichtgewonde soldaat

²**éclopé, -e** (bn) kreupel, mank

éclore uitkomen, uit de dop komen; ontluiken; aanbreken [van de dag]

l' **éclosion** (v) (het) uitkomen, ontluiken, opbloeien

l' **écluse** (v) sluis

écluser 1 schutten **2** [pop] opzuipen

l' **éclus|ier** (m), **-ière** (v) sluiswacht(st)er

l' **écobilan** (m) milieubalans

l' ¹**écocitoyen** (m), **-ne** (v) milieubewuste burger

²**écocitoyen, -ne** (bn) milieubewust

écœurant, -e walgelijk; weerzinwekkend; te zoet; ontmoedigend

l' **écœurement** (m) walging; weerzin, afkeer; ontmoediging

écœurer 1 doen walgen: *j'en suis écœuré* ik walg ervan **2** ontmoedigen

l' **éco-industrie** (v) eco-industrie

l' **écolabel** (m) ecolabel

l' **école** (v) **1** school, leerschool; onderwijs: *être à bonne ~* een goede leerschool hebben; *faire l'~ à* onderricht geven aan; *faire ~* navolging vinden; [Belg] *~ libre* [Belg] vrije school, bijzondere school; *~ privée* bijzondere school; *~ navale* zeevaartschool; *~ normale* [Belg] normaalschool, normaalinstituut; [Ned] *grande ~* prestigieuze hogeschool [in Fr] **2** school, stroming: *~ romantique* romantische school

l' **école-pilote** (v; mv: écoles-pilotes) experimenteerschool, [Belg] pilootschool

l' **écol|ier** (m), **-ière** (v) scholier(e), schoolkind, -jongen, -meisje; [fig] beginneling, groentje: *le chemin des ~s* een omweg, de langste weg

l' ¹**écolo** (m/v) milieuactivist(e)

²**écolo** (bn) ecologisch, milieuverantwoord, groen

l' **écologie** (v) ecologie; milieukunde

l' **écologiste** (m/v) milieuactivist(e)

l' **e-commerce** (m) e-commerce

éconduire afwijzen; afschepen

l' **économat** (m) **1** functie, kantoor van financieel beheerder, [Belg] economaat; civiele dienst **2** personeelswinkel

l' ¹**économe** (m) beheerder, hoofd van de civiele dienst [van ziekenhuis e.d.]; [Belg] econoom

²**économe** (bn) zuinig, spaarzaam

l' **économétrie** (v) econometrie

l' **économie** (v) **1** economie; beheer: *~ politique* staathuishoudkunde; *~ de marché* vrijemarkteconomie; *~ mondiale* wereldeconomie **2** spaarzaamheid, zuinigheid; besparing: *faire l'~ de* zich besparen, vermijden; *mesure d'~* bezuinigingsmaatregel; *~ de bouts de chandelles* krenterigheid **3** opbouw, structuur

les **économies** (mv, v) spaargeld: *faire des ~* sparen; *il n'y a pas de petites ~* alle beetjes helpen

économique economisch; spaarzaam, zuinig, voordelig: *voiture ~* zuinige wagen; *crise ~* economische crisis

économiser sparen, besparen, uitsparen; zuinig gebruiken

l' **économiseur** (m) brandstofbespaarder: *~ d'écran* screensaver

l' **économiste** (m/v) econoom, -nome

l' **écoparticipation** (v) verwijderingsbijdrage

l' **écope** (v) hoosvat

écoper uithozen ǁ [inf] *~ qqch.* **a)** iets oplopen; **b)** ervoor moeten opdraaien, gestraft worden

l' **écorce** (v) schors; schil; bast; uiterlijk: *~ terrestre* aardkorst

écorcer schillen, ontschorsen, pellen

l' **écorché** (m): *un ~ vif* een overgevoelig, kwetsbaar persoon

¹**écorcher** (ov ww) villen, stropen; ontvellen; schaven, beschadigen: *~ une langue* een taal verminken

s' ²**écorcher** (wdk ww) zich schrammen

l' **écorchure** (v) schram, schaafwond

écorner 1 de hoorns afzagen van **2** een hoek afbreken, beschadigen: *~ un livre* ezelsoren maken aan een boek

l' **Écossais** (m), **-e** (v) Schot(se)

écossais, -e Schots

l' **Écosse** (v) Schotland

écosser doppen

l' **écosystème** (m) ecosysteem

l' **écot** (m) bijdrage, (aan)deel

l' **écotaxe** (v) milieuheffing, ecotaks

écotoxique schadelijk voor het milieu

l' **écoulement** (m) **1** afvloeiing; afwatering, lozing, afvoer: *~ de la circulation* doorstroming van het verkeer; *tuyau d'~* afvoerbuis **2** [hand] afzet

¹**écouler** (ov ww) **1** slijten, van de hand doen; wegwerken; opruimen **2** in omloop brengen [van valse bankbiljetten]

s' ²**écouler** (wdk ww) **1** weglopen, afvloeien; uiteengaan [van een menigte] **2** voorbijgaan, verlopen, verstrijken [van tijd] **3** van de hand gaan [van koopwaar]

écourter korter maken, inkorten, bekorten, verkorten; staart afsnijden [van hond, paard]

l' **écoute** (v) (het) luisteren, (het) beluisteren, (het) afluisteren: *être aux ~s* staan te luisteren, waakzaam zijn; [mil] *(poste d')~* luisterpost; *casque d'~* koptelefoon; *rester à l'~* blijven luisteren; *table d'~* afluisterinstallatie [telefoon]; *heures de grande ~* uren van grote luisterdichtheid [radio]; *~s téléphoniques* het afluisteren van telefoongesprekken; *mettre qqn. sur ~s* iem. afluisteren

¹écouter (ov ww) **1** luisteren naar, beluisteren, afluisteren: *écoute(z)!* wacht even! **2** [fig] verhoren [van een gebed, wens]; gehoor geven aan: *~ la raison* voor rede vatbaar zijn

s' **²écouter** (wdk ww) angstvallig op zichzelf passen: *s'~ parler* met welgevallen naar zichzelf luisteren

l' **écouteur** (m) hoorn [telefoon]; koptelefoon

écrabouiller [inf] vermorzelen

l' **écran** (m) **1** vuurscherm; scherm: *~ de fumée* rookgordijn; *~ antibruit* geluidswal; *~ solaire* zonne(brand)crème **2** projectiescherm; witte doek: *~ LCD* lcd-scherm; *~ plasma* plasmascherm; *~ plat* flatscreen; *~ tactile* touchscreen, aanraakscherm; *vedette de l'~* filmster; *le petit ~* buis, televisie; [fig] *crever l'~* de blits maken [in film]; *~ publicitaire* reclameblok

écrasant, -e verpletterend; overweldigend; uiterst zwaar: *supériorité ~e* absoluut overwicht

écrasé verpletterd, plat: *la rubrique des chiens ~s* (onbelangrijk) gemengd nieuws [in krant]; *nez ~* mopsneus

l' **écrasement** (m) **1** verplettering **2** totale vernietiging

¹écraser (ov ww) **1** verpletteren, platdrukken, vertrappen, persen; overrijden; uitdrukken [van een sigaret]: *le champignon* plankgas geven; *se faire ~* overreden worden **2** [fig] overstelpen, overstromen [markt]; de kop indrukken [verzet] **3** kleineren, in de schaduw stellen **4** [sport] een verpletterende nederlaag toebrengen ‖ [pop] *écrase!* rot op!; [pop] *en ~* maffen; *être écrasé de sommeil* omvallen van de slaap

s' **²écraser** (wdk ww) **1** zich gedeisd houden **2** platgedrukt worden, te pletter slaan **3** zich verdringen

l' **écrémage** (m) afroming [ook fig]

écrémer afromen [ook fig]: *lait écrémé* magere melk

écrêter aftoppen

l' **écrevisse** (v) rivierkreeft: *rouge comme une ~* rood als een kreeft

s' **écrier** uitroepen, roepen

l' **écrin** (m) juwelenkistje

¹écrire (ov ww) **1** schrijven, inschrijven, opschrijven, neerschrijven: *c'était écrit* het moest gebeuren; *écrit des deux côtés* aan weerszijden beschreven **2** spellen ‖ *savoir lire et ~* kunnen lezen en schrijven

s' **²écrire** (wdk ww) **1** geschreven worden **2** gespeld worden: *cela s'écrit avec ck* dat schrijf je met ck **3** elkaar schrijven

l' **écrit** (m) geschrift; akte, bewijs; schriftelijk [examen]; schriftelijke taalbeheersing: *par ~* schriftelijk; *confirmer qqch. par ~* iets schriftelijk bevestigen; *coucher par ~* op schrift stellen

l' **écriteau** (m) bordje, opschrift

l' **écritoire** (v) schrijfdoos, etui met schrijfbehoeften

l' **écriture** (v) **1** (het) schrijven, schrijfkunst; handschrift: *Écriture(s) (sainte(s))* Heilige Schrift **2** stijl **3** boeking

les **écritures** (mv, v) processtukken, boekhouding, registers

l' **écrivain** (m) schrijver, schrijfster, auteur

l' **écrou** (m) moer: *~ à oreilles* vleugelmoer

écrouer gevangennemen, insluiten

l' **écroulement** (m) in(een)storting, inzakking; (het) verloren gaan

s' **écrouler** instorten; [fig] in duigen vallen, ineenstorten; de bodem in geslagen worden; [sport] afknappen; [inf] neerploffen

écru, -e ecru, ongebleekt, ruw; onbewerkt

l' **ecstasy** (v) ecstasy; xtc

l' **écu** (m) **1** ecu [oude munt]; daalder **2** schild; wapenschild

l' **écueil** (m) klip [ook fig]

l' **écuelle** (v) kom

éculé, -e stukgelopen, afgetrapt; [fig] afgezaagd

l' **écumage** (m) (het) afschuimen

écumant, -e schuim(bekk)end

l' **écume** (v) **1** schuim: *~ de mer* meerschuim **2** [fig] schuim, uitvaagsel

¹écumer (onov ww) schuimen; [fig] schuimbekken: *~ de rage* razend zijn, ziedend zijn

²écumer (ov ww) afschuimen: *~ les mers* zeeschuimen

l' **écumeur** (m) zeerover, piraat: *~ de mer* zeerover, piraat

l' **écumoire** (v) schuimspaan

l' **écureuil** (m) eekhoorn

l' **écurie** (v) stal [voor paarden en ezels]: *~ de courses* renstal; *c'est une vraie ~* het is een echte zwijnenstal

l' **écusson** (m) (wapen)schild; embleem; uithangbord

l' **écuyer** (m) **1** schildknaap; [adel] ± jonkheer **2** rijmeester, pikeur; paardrijder; kunstrijder [circus]: *grand ~* opperstalmeester

l' **écuyère** (v) paardrijdster; ± jonkvrouw

l' **eczéma** (m) uitslag, eczeem

éd. afk van *éditeur* uitg. (afk van *uitgeve-*

r(ij))

l' **edelweiss** (m) edelweiss
l' **éden** (m) eden, paradijs
édenté, -e tandeloos
édenter tanden breken
l' **EDF** (v) afk van *Electricité de France* staats-elektriciteitsbedrijf
édicter uitvaardigen, opleggen
édifiant, -e stichtelijk; [iron] bijzonder leerzaam
l' **édification** (v) **1** bouw, oprichting **2** [fig] opbouw **3** lering, stichting **4** onderricht
l' **édifice** (m) (groot) gebouw; [fig] bouwsel
édifier 1 opbouwen, oprichten; stichten [ook fig] **2** voldoende inlichten, uit de droom helpen
l' **édile** (m) gemeentebestuurder
l' **édit** (m) [hist] edict; bevelschrift, verordening
éditer uitgeven
l' **édi|teur** (m), **-trice** (v) uitgever, -geefster: [comp] ~ *de textes* tekstverwerker
l' **édition** (v) uitgave, druk, oplaag, editie; uitgeverij: *maison d'*~ uitgeverij
l' **édito** (m) [inf] (hoofd)artikel
l' **¹éditorial** (m) (hoofd)artikel
²éditorial, -e (bn) van de redactie
l' **éditorialiste** (m/v) schrijver, schrijfster van een hoofdartikel, commentator, commentatrice
l' **édredon** (m) donzen dekbed
l' **¹éduca|teur** (m), **-trice** (v) opvoed(st)er: ~ *spécialisé* jeugdwelzijnswerker
²éduca|teur, -trice (bn) opvoedend, pedagogisch
éducat|if, -ive leerzaam
l' **éducation** (v) opvoeding; opleiding; scholing; vorming: *Éducation Nationale* Onderwijs [ministerie]; *faire l'*~ *de* opvoeden; *maison d'*~ *surveillée* opvoedingsgesticht; *il manque d'*~ hij heeft geen manieren; ~ *civique* maatschappelijke vorming; ~ *physique* lichamelijke opvoeding; ~ *sexuelle* seksuele voorlichting
l' **édulcorant** (m) zoetstof
édulcorer 1 zoet maken **2** [fig] verzachten, afzwakken
éduquer opvoeden
l' **EEI** (m) afk van *engin explosif improvisé* bermbom
effaçable uitwisbaar
effacé, -e uitgewist; vaag, verbleekt; [fig] onbetekenend [rol]; teruggetrokken [leven]; onopvallend [manieren]
l' **effacement** (m) (het) uitwissen; (het) uitvegen; [fig] onopvallend optreden; verdwijning
¹effacer (ov ww) uitvegen, uitwissen; [fig] overschaduwen, ver overtreffen; verbleken; doen verdwijnen; doen vergeten
s' **²effacer** (wdk ww) uitgewist worden; ver-

bleken; vervagen; bescheiden terugtreden, zich wegcijferen; uitwijken
effarant, -e ontstellend, onthutsend
effaré, -e verschrikt, ontsteld
l' **effarement** (m) schrik, ontstelltenis
¹effarer (ov ww) ontstellen, verschrikken
s' **²effarer** (wdk ww) schrikken
l' **effarouchement** (m) het schrik aanjagen; schrik
¹effaroucher (ov ww) wegjagen, schuw maken; afschrikken
s' **²effaroucher** (wdk ww) schrikken, schuw, schichtig worden
l' **¹effectif** (m, meestal mv) formatie, bestand; sterkte; aantal: *les* ~s a) mankracht, personeel; b) [mil] troepen
²effect|if, -ive (bn) effectief, werkelijk, daadwerkelijk, wezenlijk
effectivement werkelijk, heus, inderdaad
¹effectuer (ov ww) tot stand brengen, uitvoeren, verwezenlijken; verrichten
s' **²effectuer** (wdk ww) tot stand komen, uitgevoerd worden, verlopen
efféminé, -e verwijfd
l' **effervescence** (v) (het) bruisen, gisting; opwinding; beroering: *être en* ~ bruisen
effervescent, -e 1 borrelend, bruisend: *comprimé* ~ bruistablet **2** [fig] opgewonden
l' **effet** (m) **1** effect, uitwerking, gevolg, werking; indruk: *à cet* ~ daartoe, hiertoe; *en* ~ inderdaad, immers, namelijk, want; ~ *secondaire* bijwerking; *il n'y a pas d'*~ *sans cause* alles heeft een oorzaak; *faire l'*~ *de* de indruk geven, lijken op; *faire* ~ **a)** indruk maken; **b)** [van geneesmiddel] werken; *phrases à* ~ zinnen uitsluitend op effect berekend; *prendre* ~ in werking treden, van kracht worden; ~ *rétroactif* terugwerkende kracht; ~ *papillon* vlindereffect; *à* ~ *rétroactif* met terugwerkende kracht **2** wissel, waardepapier: ~s *publics* staatspapieren; ~ *de commerce* wissel, [Belg] handelseffect
les **effets** (mv, m) goederen, spullen: ~ *mobiliers* roerende goederen
effeuiller ontbladeren: *s'*~ zijn bladeren verliezen [ook bloemblaadjes]
efficace doeltreffend, doelmatig; werkzaam; efficiënt
l' **efficacité** (v) doelmatigheid; efficiency; rendement
l' **effigie** (v) afbeelding; beeldenaar; beeltenis
l' **¹effilé** (m) franje
²effilé, -e (bn) **1** gerafeld **2** dun, mager
¹effiler (ov ww) **1** uitrafelen **2** spits laten uitlopen
s' **²effiler** (wdk ww) **1** (uit)rafelen **2** spits toelopen
l' **effilochage** (m) (het) uitrafelen
effilocher uitrafelen, lospluizen: *s'*~ **a)** (uit)rafelen, losgaan; **b)** verwaaien [wol-

ken]
efflanqué, -e vel over been, uitgemergeld
l' **effleurement** (m) het even aanraken
effleurer even aanraken, strijken langs; schrammen; [fig] even aanroeren [een onderwerp]: *cette idée ne m'avait jamais effleuré* die gedachte was nooit bij me opgekomen
efflorescent, -e in volle bloei, bloeiend; weelderig
l' **effluve** (m) **1** uitwaseming, damp: *les ~s du printemps* lentegeuren **2** uitstraling
l' **effondrement** (m) **1** (het) ineenzakken, instorting **2** val **3** inzinking
s' **effondrer 1** instorten, intrappen, neervallen, neerploffen **2** kelderen [van prijzen, koersen] **3** de bodem in geslagen worden, in duigen vallen; onhoudbaar blijken [van een theorie] **4** door de knieën gaan; afknappen
s' **efforcer** zich inspannen; proberen; zijn best doen (om)
l' **effort** (m) **1** kracht(sinspanning); moeite, poging: *sans ~* moeiteloos, gemakkelijk; *faire un ~* **a)** zich inspannen; **b)** zijn best doen; *faire un ~ de mémoire* zich trachten te herinneren; *~ physique* krachtsinspanning **2** [nat] kracht
l' **effraction** (v) (in)braak: *vol avec ~* diefstal met braak
effrayant, -e angstaanjagend; verschrikkelijk
¹**effrayer** (ov ww) bang maken, schrik aanjagen
s' ²**effrayer** (wdk ww) bang worden, schrikken; vrezen, zich ongerust maken
effréné, -e tomeloos, onmatig, mateloos, dol
l' **effritement** (m) verwering, afbrokkeling
s' **effriter** afbrokkelen, verweren
l' **effroi** (m) schrik, afgrijzen, ontzetting
l' ¹**effronté** (m), **-e** (v) brutale kerel, brutale meid
²**effronté, -e** (bn) schaamteloos, brutaal
l' **effronterie** (v) onbeschaamdheid, brutaliteit
effroyable verschrikkelijk, vreselijk, ontzettend
l' **effusion** (v) ontboezeming: *avec ~* heel hartelijk ‖ *~ de sang* (het) bloedvergieten
s' **égailler** zich verspreiden
l' ¹**égal** (m), **-e** (v) gelijke: *n'avoir pas d'egal(e), être sans egal(e)* ongeëvenaard zijn, enig in zijn soort zijn; *traiter d'~ à ~* op gelijke voet behandelen; *à l'~ de* evenzeer als
²**égal, -e** (bn) **1** (+ à) gelijk (aan), eender: *la partie est ~e* ze zijn tegen elkaar opgewassen; *sans ~(e)* uniek, zonder weerga **2** gelijkmatig [beweging, karakter] **3** onverschillig: *cela m'est ~* dat is me om het even, dat kan me niet schelen
également 1 ook, eveneens **2** gelijkelijk, evenzeer

égaler evenaren; gelijk zijn aan
égalisa|teur, -trice: [sport] *but ~* gelijkmaker
l' **égalisation** (v) **1** gelijkmaking; egalisatie; nivellering **2** [sport] gelijkspel: *but d'~* gelijkmaker
égaliser gelijkmaken, effenen; egaliseren; [sport] gelijkspelen
égalitaire gelijk, gelijkheid tot doel hebbend
l' **égalité** (v) gelijkheid; gelijkmatigheid, regelmaat: [sport] *être à ~* gelijk staan; [tennis] deuce; *l'~ des sexes* de gelijke behandeling van mannen en vrouwen
l' **égard** (m) **1** [veelal mv] beleefdheid, voorkomendheid, (bewijs van) eerbied; attentie, egards **2** respect, eerbied: *par ~ pour* uit respect voor **3** opzicht: *eu ~ à* gezien, met het oog op; *à cet ~* **a)** in dit opzicht; **b)** wat dat betreft; *à l'~ de* ten opzichte van, jegens; *à certains ~s* in sommige opzichten; *à tous (les) ~s* in alle opzichten; *à votre ~* jegens u, wat u betreft
égaré, -e 1 verdwaald; afgedwaald; kwijtgeraakt **2** verwilderd, verbijsterd, verdwaasd
l' **égarement** (m) (verstands)verbijstering
¹**égarer** (ov ww) **1** doen verdwalen **2** op een dwaalspoor brengen **3** zoek maken, kwijtraken **4** in de war brengen
s' ²**égarer** (wdk ww) **1** verdwalen **2** in de war raken **3** zoekraken **4** afdwalen
¹**égayer** (ov ww) opvrolijken
s' ²**égayer** (wdk ww) zich vrolijk maken
Egée: *la mer ~* de Egeïsche Zee
l' **égide** (v): *sous l'~ de* onder auspiciën van
l' **églantier** (m) egelantier; bottelroos
l' **églefin** (m) schelvis
l' **église** (v) [gebouw] kerk
l' **Église** (v) kerk, kerkgenootschap; *l'~ réformée* de hervormde kerk; *un homme d'~* een geestelijke
l' **ego** (m; mv: *onv*) ik; ego
égocentrique egocentrisch
l' **égoïsme** (m) egoïsme
l' ¹**égoïste** (m/v) egoïst(e)
²**égoïste** (bn) egoïstisch
égorger kelen; slachten; vermoorden
l' **égorgeur** (m) moordenaar
s' **égosiller** zich hees schreeuwen, praten; uit volle borst zingen
l' **égout** (m) goot; riool: *système du tout à l'~* aansluiting op de riolering [van het toilet]
l' **égoutier** (m) rioolwerker
l' **égouttage** (m) (het) afgieten
égouttement *zie égouttage*
¹**égoutter** (ov ww) laten uitdruipen, uitlekken
s' ²**égoutter** (wdk ww) afdruipen, uitdruipen, uitlekken
l' **égouttoir** (m) afdruiprek

égrapper plukken, (af)rissen
égratigner 1 krabben, schrammen; licht beschadigen, krassen **2** [fig] plagen, kwetsen
l' **égratignure** (v) schram, kras; [fig] plagerij, gekwetste ijdelheid
¹**égrener** (ov ww) van zijn korrels ontdoen [korenaar]; doppen, pellen; afplukken; [fig] duidelijk één voor één laten horen: ~ *un chapelet* een rozenkrans bidden
s' ²**égrener** (wdk ww) **1** uiteenvallen **2** een lange rij vormen
égrillard, -e schunnig, schuin
l' **Egypte** (v) Egypte
l' **Egyptien** (m), **-ne** (v) Egyptenaar, Egyptische
égyptien, -ne Egyptisch
eh! wel!; hé!: *eh bien!* welnu!
éhonté, -e schaamteloos
l' **éjaculation** (v) zaadlozing
éjaculer zaad lozen, klaarkomen
éjectable: *siège* ~ schietstoel
éjecter uitwerpen, eruit schieten; [inf] eruit gooien
l' **éjection** (v) uitwerping; het naar buiten slingeren, eruit gooien
l' **élaboration** (v) uitwerking, bewerking, verwerking; productie
¹**élaborer** (ov ww) verwerken, bewerken, uitwerken; tot stand brengen
s' ²**élaborer** (wdk ww) verwerkt, bewerkt worden; ontstaan
l' **élagage** (m) (het) snoeien
élaguer snoeien; besnoeien, bekorten
l' **élan** (m) **1** aanloop; vaart: *prendre son* ~ een aanloop nemen **2** [fig] opwelling; vuur, geestdrift; elan: ~ *vital* levensdrang **3** eland
élancé, -e slank, rijzig
l' **élancement** (m) **1** steek, stekende pijn, scheut **2** [form] vervoering
¹**élancer** (onov ww) steken, pijn doen; verheffen
s' ²**élancer** (wdk ww) **1** vooruitspringen, toesnellen: s'~ *à la poursuite* de achtervolging inzetten **2** oprijzen: *la fusée s'élance dans* le ciel de raket stijgt op
¹**élargir** (ov ww) verruimen, verwijden; verbreden, uitbreiden, oprekken
s' ²**élargir** (wdk ww) ruimer, breder worden
l' **élargissement** (m) **1** verbreding; verruiming **2** uitbreiding
l' **élasticité** (v) elasticiteit, veerkracht, rekbaarheid
l' ¹**élastique** (m) elastiek(je)
²**élastique** (bn) elastisch, rekbaar, veerkrachtig
l' **elbot** (m) [Belg] heilbot
l' **eldorado** (m) eldorado; luilekkerland
l' **élec|teur** (m), **-trice** (v) kiezer(es): *carte* d'~ bewijs van stemgerechtigdheid; *prince* ~ keurvorst

élect|if, -ive gekozen, kies-; bij verkiezing verkregen
l' **élection** (v) verkiezing; keus: *patrie* d'~ zelfgekozen, tweede vaderland; ~s *présidentielles* presidentsverkiezingen
électoral, -e verkiezings-, kies-, kiezers-: *liste* ~e kiezerslijst; *promesse* ~e verkiezingsbelofte
l' **électorat** (m) stemrecht, kiesrecht; kiezersvolk
l' **électricien** (m) elektricien
l' **électricité** (v) elektriciteit; elektrische installatie: *panne* d'~ stroomstoring; *il y a de l'*~ *dans l'air* [fig] er zit onweer in de lucht
l' **électrification** (v) elektrificatie
électrifier elektrificeren
électrique elektrisch; [fig] elektriserend: *vert* ~ felgroen; *bleu* ~ felblauw; *réseau* ~ elektriciteitsnet
électriser elektriseren; [fig] in geestdrift, in vervoering brengen
l' **électroaimant** (m) elektromagneet
l' **électrocardiogramme** (m) elektrocardiogram (afk *ecg*)
l' **électrochoc** (m) elektroshock
électrocuter elektrocuteren
l' **électrocution** (v) elektrocutie
l' **électrode** (v) elektrode
électrogène: *groupe* ~ *(de secours)* noodaggregaat
l' **électrolyse** (v) elektrolyse
l' ¹**électroménager** (m) elektrische huishoudelijke apparaten, witgoed
²**électroménager** (bn) elektrisch; van huishoudelijke apparaten
l' **électron** (m) elektron
l' ¹**électronique** (v) elektronica
²**électronique** (bn) elektronisch
l' **électrophone** (m) platenspeler
l' **électrotechnicien** (m) elektrotechnicus
l' ¹**électrotechnique** (v) elektrotechniek
²**électrotechnique** (bn) elektrotechnisch
élégamment *zie élégant*
l' **élégance** (v) **1** elegantie, sierlijkheid, bevalligheid **2** fijngevoeligheid, tact
élégant, -e 1 elegant, sierlijk, bevallig **2** fijngevoelig
l' **élégie** (v) elegie; klaagzang
l' **élément** (m) element; bestanddeel; factor
élémentaire 1 elementair, grond-: *cours* ~ groepen vier en vijf van de basisschool; *enseignement* ~ basisonderwijs **2** elementair, (dood)eenvoudig: [inf] *c'est* ~ dat is wel het minste
les **éléments** (mv, m) grondbeginselen, grondslagen
l' **éléphant** (m) olifant
l' **éléphanteau** (m) jong olifantje
éléphantesque enorm
l' **élevage** (m) (het) kweken, fokken; veeteelt; teelt: ~ *intensif* intensieve veehouderij;

~ de *truites* forellenkwekerij; ~ en *batterie* legbatterij

I' **¹élévateur** (m) hijsmachine
²élévateur (bn) hef-

I' **élévation** (v) **1** opheffing; (het) oprichten, optrekken [muur]; (op)stijging [ballon, water] **2** hoogte [berg e.d.]; verhevenheid [in terrein] **3** stijging; verhoging; verheffing; bevordering [in rang] **4** verhevenheid
élevé, -e 1 hoog; [fig] verheven **2** opgevoed: *bien* ~ welopgevoed, beleefd; *mal* ~ onbeleefd, ongemanierd ‖ *poste* ~ hoge (*of:* leidinggevende) positie

I' **élève** (m/v) leerling(e)
¹élever (ov ww) **1** opheffen, ophijsen; opvoeren [van de prijs]; ophogen, verhogen; oprichten, (op)bouwen [van een muur, systeem] **2** [fig] verheffen: ~ *au carré, au cube* in het kwadraat, in de derde macht verheffen **3** bevorderen **4** opwerpen, opperen [van twijfel, bezwaren e.d.]: ~ *la voix contre* protesteren tegen **5** grootbrengen; [een kind] opvoeden; kweken; fokken
s' **²élever** (wdk ww) **1** zich verheffen; opstijgen, opvliegen; opsteken [van de wind]; rijzen [van twijfel]; hoger worden, verhoogd worden **2** (+ à) bedragen, belopen **3** (+ contre) protesteren tegen, in opstand komen tegen **4** zich geestelijk verrijken

I' **éleveur** (m) (vee)fokker, veehouder

I' **elfe** (m) elf, luchtgeest

I' **éligibilité** (v) verkiesbaarheid; passief kiesrecht
éligible verkiesbaar; in aanmerking komend: *un pays* ~ *à l'aide au développement* een land dat in aanmerking komt voor ontwikkelingshulp
élimé, -e versleten

I' **élimination** (v) eliminatie, uitsluiting; uitschakeling; verwijdering; uitscheiding; wegwerking

I' **¹éliminatoire** (v, meestal mv) voorronde
²éliminatoire (bn) selecterend: *note* ~ onvoldoende [die slagen voor een examen uitsluit]; *épreuve* ~ voorwedstrijd
éliminer elimineren, verwijderen; uitsluiten; uitschakelen; wegwerken; uitscheiden; uitroeien: *être éliminé* afvallen
élire verkiezen, (uit)kiezen; verkiezen tot

I' **élision** (v) weglating van slotklinker

I' **élite** (v) elite, keur: *d'* ~ uitmuntend; *tireur d'* ~ scherpschutter

I' **élitisme** (m) (het) elitedenken; elitarisme
élitiste elitair

I' **élixir** (m) elixer
elle zij, haar: *il est content d'* ~ hij is tevreden over haar ‖ ~ *est bien bonne!* die is goed!
elle-même zijzelf; haarzelf; (zich)zelf

I' **ellipse** (v) **1** ellips; [oneigenlijk ook] ovaal **2** ellips, weglating [van een woord]
elliptique elliptisch

I' **élocution** (v) wijze van uitdrukken; spreektrant: *exercice d'* ~ spreekoefening, [Belg] spreekbeurt; *avoir une bonne* ~ duidelijk praten

I' **éloge** (m) lof, lofspraak, loftuiging, lofrede: ~ *funèbre* lijkrede; *faire l'* ~ *de* prijzen, de lof zingen van
élogieux, -euse lovend, prijzend, vleiend
éloigné, -e ver (verwijderd), afgelegen

I' **éloignement** (m) **1** verwijdering **2** afstand; verte **3** afwezigheid ‖ *avec l'* ~ mettertijd
¹éloigner (ov ww) **1** verwijderen; wegzenden: *éloignez les enfants du feu* haal de kinderen bij het vuur weg **2** uitstellen **3** wegnemen: ~ *toute crainte* alle vrees wegnemen **4** verbannen [van vrees e.d.]; afwenden [van gevaar]
s' **²éloigner de** (wdk ww) **1** weggaan, zich verwijderen (van): *ne vous éloignez pas* blijf in de buurt **2** afwijken (van); verschillen (van) ‖ *des souvenirs qui s'éloignent* herinneringen die vervagen

I' **élongation** (v) verrekking
éloquemment welsprekend; (over)duidelijk

I' **éloquence** (v) **1** welsprekendheid: *regard plein d'* ~ veelzeggende blik **2** overtuigingskracht
éloquent, -e welsprekend; veelzeggend: *un exemple* ~ een duidelijk voorbeeld

I' **¹élu** (m), **élue** (v) uitverkorene; afgevaardigde, gekozene: *les ~s locaux* burgemeester en leden van de gemeenteraad [in Fr]
²élu, élue (bn) (uit)verkoren; verkozen

I' **élucidation** (v) toelichting, verklaring, opheldering
élucider toelichten, verklaren, ophelderen, verduidelijken

I' **élucubration** (v) [iron] hersenspinsel, bedenksel
éluder ontduiken, ontwijken
élyséen, -ne van het Elysée [ambtswoning van de Franse president]

I' **EM** (v) afk van *encéphalomyélite myalgique* ME (afk van *myalgische encefalomyelitis*)
émacié, -e vermagerd, uitgemergeld, ingevallen

I' **e-mail** (m) [comp] e-mail: *adresse* ~ e-mailadres

I' **émail** (m; mv: émaux) **1** email; geëmailleerd **2** glazuur

I' **émaillage** (m) **1** (het) emailleren **2** emaillaag, glazuurlaag
émailler 1 emailleren **2** glazuren **3** bezaaien, versieren **4** doorspekken

I' **émanation** (v) **1** uitwaseming, uitstroming; van reuk, geur **2** [fig] manifestatie, uitvloeisel

I' **émancipation** (v) emancipatie, bevrijding; mondigverklaring, [Belg] ontvoogding

¹émanciper (ov ww) **1** emanciperen **2** vrijmaken, [Belg] ontvoogden

s' **²émanciper** (wdk ww) zich vrijmaken, onafhankelijk worden; mondig worden; [inf]
zich vrijheden veroorloven

émaner uitgaan, uitvloeien, voortkomen;
opstijgen [geur]; ontsnappen [gas]

émarger tekenen voor ontvangst, voor gezien; zijn loon ontvangen: ~ *au budget de l'É-
ducation Nationale* betaald worden door het
ministerie van Onderwijs

l' **émasculation** (v) ontmanning, castratie;
[form, fig] ontaarding

émasculer ontmannen, castreren; [fig]
ontaarden; verminken; verzwakken

l' **emballage** (m) **1** (het) inpakken; emballage; verpakking: ~ *non consigné*, ~ *perdu*
geen statiegeld, [Belg] gratis leeggoed
2 [sport] eindsprint

l' **emballement** (m) **1** (het) op hol slaan; bevlieging **2** (het) doorslaan [motor]: ~ *des
cours* het op hol slaan van de koersen

¹emballer (ov ww) **1** verpakken, inpakken
2 [pop] in de bak stoppen **3** iem. geestdriftig
maken

s' **²emballer** (wdk ww) **1** op hol slaan **2** te veel
toeren maken [van een motor] **3** [fig] zich
voor iets warm maken, met iets weglopen;
zich opwinden

emball|eur, -euse (in)pakker, -ster

l' **embarcadère** (m) steiger, kade

l' **embarcation** (v) bootje, sloep

l' **embardée** (v): *faire une* ~ **a)** een (plotselinge) zwenking maken [van auto]; **b)** uitwijken; **c)** gieren [van schip]

l' **embargo** (m) embargo: *mettre l'*~ *sur* beslag
leggen op; *lever l'*~ het embargo opheffen

l' **embarquement** (m) inscheping, het instappen

¹embarquer (onov ww) **1** instappen; aan
boord gaan: ~ *dans le train* op de trein zetten
2 over het dek slaan [van een golf]

²embarquer (ov ww) **1** inschepen; inladen,
innemen **2** [fig] betrekken, verwikkelen (in):
~ *qqn. dans une affaire* iem. in een zaak betrekken (*of*: verwikkelen) **3** [inf] oppakken:
~ *un voleur* een dief inrekenen

s' **³embarquer** (wdk ww) **1** zich inschepen,
scheep gaan **2** (+ dans) [fig] zich begeven,
zich wikkelen (in); zich wagen (aan)

l' **embarras** (m) **1** hinder, moeilijkheid, last:
être dans l'~ geldzorgen hebben; *tirer qqn. d'*~
iem. uit de moeilijkheden redden; *se tirer de
l'*~ zich weten te redden, zich erdoor slaan;
faire des ~ gewichtig doen **2** verwarring,
verlegenheid: *dans l'*~ **a)** in de knel; **b)** opge-
laten; *l'*~ *du choix* keuze te over

embarrassant, -e 1 hinderlijk, lastig,
moeilijk **2** lastig, veel plaats innemend, in de
weg staand

embarrassé, -e 1 in moeilijkheden, in

(geld)verlegenheid **2** in verwarring, in verlegenheid: *il avait l'air* ~ hij was in verlegenheid
gebracht; *être* ~ *de sa personne* met zijn figuur geen raad weten **3** gehinderd: *avoir les
mains* ~*es* de handen vol hebben **4** ingewikkeld; onduidelijk

¹embarrasser (ov ww) **1** hinderen; versperren, verstoppen **2** verwarren, in verwarring,
in verlegenheid brengen

s' **²embarrasser** (wdk ww) **1** (+ de) zich bekommeren (om); zich bezorgd maken (over):
ne pas s'~ *de* geen last hebben van; *s'*~ *de
tout* overal tegen opzien **2** (+ de) meeslepen:
s'~ *de dettes* zich in schulden steken **3** (+
dans) verward, verstrikt raken (in)

l' **embauchage** (m) indienstneming, aanne-
ming; (het) aantrekken

l' **embauche** (v) werk(gelegenheid): *il n'y a
pas d'*~ er worden geen mensen aangenomen

embaucher (aan)werven, in dienst nemen,
charteren, aantrekken

l' **embauchoir** (m) schoenspanner

l' **embaumement** (m) balseming

¹embaumer (onov ww) lekker ruiken

²embaumer (ov ww) balsemen; doen geuren

l' **embaumeur** (m) lijkbalsemer

l' **embellie** (v) **1** opklaring **2** windstilte [van
korte duur]; verbetering [van een situatie]

¹embellir (onov ww) mooier worden

²embellir (ov ww) versieren, mooier maken

l' **embellissement** (m) verfraaiing; [fig] het
mooier maken dan het is

emberlificoter 1 verstrikken **2** [inf] bedonderen, inpakken: *s'*~ verstrikt raken in

embêtant, -e [inf] vervelend; beroerd

l' **embêtement** (m) [inf] narigheid, beroerdigheid, ellende

¹embêter (ov ww) [inf] hinderen, vervelen,
lastigvallen, plagen

s' **²embêter** (wdk ww) zich vervelen: *ne pas s'*~
a) zich goed vermaken; **b)** niet te klagen
hebben

emblée: *d'*~ meteen, vanaf het begin

emblématique zinnebeeldig, symbolisch;
een voorbeeldfunctie hebbend

l' **emblème** (m) embleem, symbool; zinnebeeld

embobiner inpalmen, inpakken; [inf] beduvelen

l' **emboîtement** (m) in elkaar grijpende verbinding

¹emboîter (ov ww) **1** ineenschuiven, ineen-
voegen: ~ *des tuyaux* buizen aan elkaar zetten **2** omsluiten; goed passen ‖ ~ *le pas à qqn.*
a) vlak achter iem. lopen; **b)** iem. slaafs navolgen

s' **²emboîter** (wdk ww) (precies) in elkaar passen

l' **embolie** (v) embolie

l' **embonpoint** (m) gezetheid: *prendre de l'~*
dik worden
embouché, -e: [inf] *être mal* ~ grof in de
mond zijn
emboucher aan de mond zetten [een in-
strument]
l' **embouchure** (v) [muz] embouchure,
mondstuk; uitlaat
¹**embourber** (ov ww) in de modder doen
vastlopen
s' ²**embourber** (wdk ww) in de modder blijven steken; [fig] zich erin werken
l' **embourgeoisement** (m) verburgerlijking
s' **embourgeoiser** verburgerlijken
l' **embout** (m) uiteinde, dopje
l' **embouteillage** (m) **1** (verkeers)opstop-
ping; file **2** botteling
embouteiller 1 versperren, een (verkeers)opstopping veroorzaken **2** bottelen
emboutir 1 uitdrijven [van metaal] **2** botsen op
l' **embranchement** (m) **1** vertakking
2 kruispunt [van wegen, sporen e.d.]; aftakking; zijlijn [van een spoor] **3** [biol] hoofdaf-
deling
¹**embrancher** (ov ww) aansluiten, verbinden
s' ²**embrancher sur** (wdk ww) uitkomen (op);
verbonden zijn (met)
l' **embrasement** (m) gloed; verlichting; (het)
in vuur en vlam zetten
¹**embraser** (ov ww) **1** in brand steken; in
gloed zetten; blakeren [m.b.t. zon] **2** [fig] in
vuur en vlam zetten; doen gloeien
s' ²**embraser** (wdk ww) in brand vliegen, vlam
vatten; zich rood kleuren
l' **embrassade** (v) omarming, omhelzing
l' **embrasse** (v) gordijnkoord
¹**embrasser** (ov ww) **1** omarmen, omhelzen
[ook fig]: ~ *une carrière* een loopbaan kiezen
2 zoenen, kussen: ~ *sur la bouche* op de
mond kussen **3** omvatten, behelzen: ~ *d'un
coup d'œil* met één blik overzien; *qui trop embrasse mal étreint* men moet niet te veel hooi
op zijn vork nemen **4** behartigen: ~ *la cause
des SDF* zich inzetten voor de daklozen
s' ²**embrasser** (wdkg ww) elkaar kussen, omhelzen
l' **embrasure** (v) deuropening, vensteropen-
ing
l' **embrayage** (m) koppeling
embrayer koppelen; schakelen [auto]: ~
sur qqch. over iets beginnen (te praten),
overschakelen op
l' **embrigadement** (m) (het) aanwerven, rekrutering
embrigader aanwerven, rekruteren; bijeenbrengen [in partij e.d.]: *il refuse de se laisser* ~ hij weigert in het gareel te draven
embringuer [inf] betrekken (bij/in); mengen (in)

l' **embrochement** (m) (het) aan het spit rijgen
embrocher 1 aan het spit rijgen **2** aan de
degen rijgen
l' **embrouillamini** (m) [inf] wanorde, rommel; verwarring
l' **embrouille** (v) verwarring; geknoei: *un sac
d'~s* een hachelijke situatie
¹**embrouiller** (ov ww) verwarren, in de war
sturen; verward, onduidelijk maken
s' ²**embrouiller** (wdk ww) in de war raken;
onduidelijk worden
embroussaillé, -e met struiken begroeid;
[fig] verward [haar]
embrumé, -e mistig, nevelig; [fig] somber,
droevig
les **embruns** (mv, m) watersluier
l' **embryon** (m) embryo
embryonnaire embryonaal: *à l'état* ~ in
staat van wording, als kiem
l' **embûche** (v) valstrik
les **embûches** (mv, v) [fig] valkuilen, voetan-
gels en klemmen
¹**embuer** (ov ww) beslaan, met een waas
bedekken; wazig maken
s' ²**embuer** (wdk ww) **1** beslaan [van een ruit]
2 zich met tranen vullen
l' **embuscade** (v) hinderlaag
s' **embusquer 1** in een hinderlaag gaan liggen **2** aan de frontdienst onttrekken
éméché, -e [inf] aangeschoten
l' ¹**émeraude** (v) smaragd
²**émeraude** (bn) smaragdgroen
l' **émergence** (v) verschijning, het opduiken,
het ontstaan
émerger boven water komen; opduiken;
[fig] tevoorschijn komen; ontstaan
l' **émeri** (m): *papier* ~ schuurpapier
émérite zeer bekwaam; emeritus: *professeur* ~ emeritus hoogleraar
l' **émerveillement** (m) verwondering, verbazing; opgetogenheid, verrukking
¹**émerveiller** (ov ww) verbaasd doen staan,
in verrukking brengen
s' ²**émerveiller** (wdk ww) zich verwonderen,
opgetogen zijn
l' ¹**émetteur** (m) zender
²**émet|teur, -trice** (bn) **1** uitzend-: *station
émettrice* radiostation, televisiestation **2** uit-
gifte-: *banque émettrice* emissiebank
l' **émetteur-récepteur** (m; mv: émetteurs-
récepteurs) zender-ontvanger
émettre 1 uiten [wens, kreet]; uitbrengen,
uitzenden [radio, televisie]; uitstralen [radio-
actieve deeltjes]; verspreiden [warmte, licht]
2 uitgeven, in omloop brengen [postzegels,
aandelen]
l' **émeute** (v) opstand, oproer
l' **émeut|ier** (m), **-ière** (v) oproermaker,
-maakster; opruier
l' **émiettement** (m) verkruimeling, verbrok-

keling
¹émietter (ov ww) verkruimelen, verbrokkelen, versnipperen
s' **²émietter** (wdk ww) **1** verbrokkeld worden, verbrokkelen **2** uiteengaan, zich spreiden, afbrokkelen
l' **émigrant** (m), **-e** (v) emigrant(e)
l' **émigration** (v) emigratie; trek van dieren
émigrer emigreren; uitwijken; wegtrekken [van dieren]
l' **émincé** (m) dun plakje, schijfje
émincer in dunne plakjes snijden
éminemment uitstekend, uiterst
l' **éminence** (v) **1** heuvel; uitsteeksel **2** eminentie: ~ *grise* raadsman op de achtergrond; *Son Eminence le cardinal X* Zijne Eminentie kardinaal X
éminent, -e eminent; uitstekend, voortreffelijk
l' **émir** (m) emir
l' **émirat** (m) emiraat
l' **¹émissaire** (m) **1** afgezant **2** afvoerkanaal
²émissaire (bn): *bouc* ~ zondebok
l' **émission** (v) **1** [radio, tv] uitzending, programma; (het) uitbrengen, voortbrenging: *poste d'*~ zendstation; ~ *en direct* live, rechtstreekse uitzending; ~ *télévisée* televisie-uitzending **2** [nat] uitstraling **3** [ec] emissie, uitgifte
l' **emmagasinage** (m) opslag, berging; verzameling
emmagasiner 1 opslaan, bergen [in een pakhuis] **2** [fig] verzamelen
emmailloter in een luier wikkelen; omzwachtelen: [fig] *emmailloté* in een keurslijf, ingepakt
¹emmancher (ov ww) een steel zetten aan [bezem]
s' **²emmancher** (wdk ww): *bien s'*~ er veelbelovend uitzien
l' **emmanchure** (v) armsgat
l' **emmêlement** (m) verwarring
emmêler verwarren, in de war maken: *s'*~ *les pieds* (of: *les pédales*) **a)** struikelen; **b)** [fig] vastlopen
l' **emménagement** (m) (het) betrekken van een nieuw huis
emménager een nieuw huis betrekken
emmener wegbrengen, meenemen; [sport, mil] aanvoeren
l' **emmenthal** (m) emmentaler [kaas]
emmerdant, -e [inf] stomvervelend
l' **emmerde** (m) [inf] gedonder; gelazer: *avoir des* ~s in de puree zitten
l' **emmerdement** (m) [inf] pech, gedonder, probleem
¹emmerder (ov ww) [inf] ergeren, dwarszitten, lastigvallen, stierlijk vervelen; lak hebben aan || *je l'emmerde* hij kan m'n rug op, hij kan de pot op
s' **²emmerder** (wdk ww) [inf] zich (dood) ver-

velen: *il ne s'emmerde pas, lui!* hij doet maar!
l' **emmerd|eur** (m), **-euse** (v) [inf] zeur, zeiker
¹emmitoufler (ov ww) warm inpakken
s' **²emmitoufler** (wdk ww) zich warm inpakken; zich (warm) hullen (in)
emmurer inmetselen, opsluiten
l' **émoi** (m) ontroering; opschudding: *mettre en* ~ in beroering brengen
les **émoluments** (mv, m) emolumenten, bezoldiging, honorarium
émonder snoeien [van boom]; inkorten
l' **émoticone** (m) *zie émoticône*
l' **émoticône** (v) smiley, emoticon
émot|if, -ive gevoels-; gevoelig, snel ontroerd; emotioneel
l' **émotion** (v) ontroering, emotie; opwinding: *sans* ~ onverschillig; *j'ai eu des* ~s ik was bang
émotionnel, -le emotioneel
émotionner ontroeren
l' **émotivité** (v) emotionaliteit
émoulu, -e: *être frais* ~ pas, kersvers komen van [een school e.d.]; *une prof fraîche* ~*e* een pas afgestudeerde lerares
s' **¹émousser** (wdk ww) afstompen; verslappen, vervagen
²émousser (ov ww) afstompen, bot maken
émoustillant, -e opwekkend, prikkelend
émoustiller vrolijk maken; de tongen losmaken: *il était tout émoustillé* hij was uitgelaten
émouvant, -e (hart)roerend, aandoenlijk, aangrijpend
¹émouvoir (ov ww) (ont)roeren, aangrijpen
s' **²émouvoir de** (wdk ww) **1** ontroerd worden (door) **2** zich ongerust maken (over)
l' **empaillage** (m) (het) opzetten [dieren]; (het) vullen, matten [stoelen]
empailler 1 opzetten [dieren] **2** met stro vullen; met stro omwikkelen
l' **empaill|eur** (m), **-euse** (v) preparateur
¹empaler (ov ww) spietsen [aan een paal]; aan een spit steken
s' **²empaler** (wdk ww) (op iets puntigs) vallen; zich in iets boren
l' **empaquetage** (m) (het) inpakken; verpakking
empaqueter inpakken, verpakken
s' **emparer de** overmeesteren, bemachtigen, zich meester maken van
empâté, -e dik, pafferig: *langue* ~*e* dikke tong
l' **empâtement** (m) pafferigheid, dikheid
¹empâter (ov ww) **1** kleverig maken **2** pafferig maken, vetmesten
s' **²empâter** (wdk ww) pafferig, dik worden
l' **empathie** (v) empathie
l' **empattement** (m) wielbasis
l' **empêchement** (m) verhindering; beletsel, belemmering

l' **empêcher** verhinderen; beletten: *ça ne l'empêche pas de dormir* hij maakt zich geen zorgen; *(il) n'empêche que … dat neemt niet weg dat …*; [inf] *n'empêche, elle aurait pu écrire* ze had toch wel kunnen schrijven; *s'~ de* zich weerhouden; *ne pouvoir s'~ de rire* zijn lachen niet kunnen houden

l' **empêcheur** (m): *~ de tourner en rond* spelbreker

l' **empennage** (m) [luchtv] staartvlak

l' **empereur** (m) keizer

empesé, -e gesteven; [fig] stijf, gemaakt

empester 1 vullen [met stank] **2** stinken (naar); verzieken

¹**empêtrer** (ov ww) verwikkelen, verstrikken

s' ²**empêtrer** (wdk ww) (+ dans) verstrikt raken in; [fig] verwikkeld raken in

l' **emphase** (v) hoogdravendheid, pathos

emphatique hoogdravend, gezwollen

l' **emphysème** (m) emfyseem: *~ pulmonaire* longemfyseem

l' **empiècement** (m) inzetstuk; pas

l' **empierrement** (m) (het) verharden; (laag) steenslag

empierrer een steenlaag aanbrengen

l' **empiètement** (m) **1** onrechtmatige toe-eigening; inbreuk **2** (het) binnendringen

empiéter sur inbreuk maken (op), veld winnen; aantasten; binnendringen

s' **empiffrer** [inf] zich volproppen

empiler op(een)stapelen, op(een)hopen: *s'~* **a)** zich ophopen; **b)** zich verdringen

l' **empire** (m) **1** heerschappij, gezag, overwicht: *avoir de l'~ sur soi-même* zichzelf in de hand hebben; *sous l'~ de la boisson* onder invloed **2** keizerrijk, rijk: *~ des morts* dodenrijk; *pas pour un ~* voor niets ter wereld; *le Second Empire* het Tweede keizerrijk (1852-1870); *l'Empire du Milieu* het Rijk van het Midden, Chinese keizerrijk

empirer verergeren, erger worden, verslechteren

empirique empirisch; experimenteel

l' **emplacement** (m) plaats, terrein; plaatsing

l' **emplâtre** (m) **1** pleister; zalf **2** [pop] sukkel, sul: *c'est un ~ sur une jambe de bois* het is dweilen met de kraan open

l' **emplette** (v) aankoop; boodschap: *faire des ~s* boodschappen doen

¹**emplir** (ov ww) vullen; vervullen

s' ²**emplir** (wdk ww) vullen, vollopen

l' **emploi** (m) **1** gebruik; besteding: *sans ~* onbenut; *faire double ~ (avec)* een onnodige herhaling zijn (van); *~ du temps* rooster; *un ~ du temps (sur)chargé* een (over)volle agenda **2** betrekking, baan; werkgelegenheid, werkkring: *agence pour l'~* arbeidsbureau; *sans ~* werkloos; *~ à temps partiel* parttimebaan, deeltijdbaan; *avoir la gueule de l'~* ervoor geknipt zijn **3** [theat] rol: *avoir le physi-que de l'~* geknipt zijn voor zijn rol

l' **emploi-jeune** (m; mv: emplois-jeunes) jongerenbaan

l' **employé** (m), **-e** (v) beambte, werknemer, -neemster: *~s du métro* metropersoneel

¹**employer** (ov ww) **1** gebruiken, besteden, aanwenden **2** werk geven, inzetten, in dienst hebben

s' ²**employer** (wdk ww) gebruikt, gebezigd worden: *s'~ à qqch.* moeite doen voor iets

l' **employ|eur** (m), **-euse** (v) werkgever, -geefster

empocher 1 ontvangen, beuren; in zijn zak steken **2** [inf] incasseren, slikken

l' **empoignade** (v) hevige ruzie

l' **empoigne** (v): *une vraie foire d'~* een genadeloze concurrentiestrijd

¹**empoigner** (ov ww) **1** grijpen, vastpakken **2** [fig] aangrijpen, boeien

s' ²**empoigner** (wdk ww) ruzie maken

empoisonnant, -e [inf] (stom)vervelend

l' **empoisonnement** (m) **1** vergiftiging **2** [inf] narigheid

¹**empoisonner** (ov ww) **1** vergiftigen **2** [fig] bederven, verpesten; [inf] de keel uit hangen; dwarszitten

s' ²**empoisonner** (wdk ww) **1** zich vergiftigen **2** [inf] zich dood vervelen

l' **empoisonn|eur** (m), **-euse** (v) **1** gifmeng-(st)er **2** [inf] klier, zeur

empoissonner vis poten (uitzetten) in

emporté, -e driftig, opvliegend

l' **emportement** (m) drift, opvliegendheid

l' **emporte-pièce** (m): *à l'~* ongenuanceerd

¹**emporter** (ov ww) wegdragen, wegvoeren, meenemen; meesleuren; wegnemen, wegrukken, wegslaan; ten grave slepen; meeslepen, meebrengen: *repas à ~* afhaalmaaltijd; *l'~ de haute lutte* na hevige strijd overwinnen; [inf] *~ le morceau* **a)** slagen; **b)** het pleit winnen; *l'~ sur* **a)** het winnen van; **b)** prevaleren; *~ un prix* een prijs in de wacht slepen

s' ²**emporter** (wdk ww) driftig worden, kwaad worden

l' ¹**empoté** (m), **-e** (v) stuntel

²**empoté, -e** (bn) onhandig

empoter in een pot doen

¹**empourprer** (ov ww) purperrood kleuren

s' ²**empourprer** (wdk ww) rood aanlopen

empoussiéré, -e bestoft, met stof bedekt

s' **empoussiérer** bestoft raken

l' **empreinte** (v) **1** indruk, afdruk: *~ écologique* ecologische voetafdruk **2** vingerafdruk: *~s digitales* vingerafdrukken **3** [fig] stempel

empressé, -e attent, galant; gedienstig, bereidwillig: *~ à* vol ijver om

l' **empressement** (m) bereidvaardigheid, voorkomendheid; haast, ijver: *saisir avec ~* gretig aangrijpen s' **empresser 1** (+ auprès) zich beijveren, zich uitsloven, druk in de weer zijn: *s'~ auprès de qqn.* vol attenties zijn voor iem. **2** (+ de) zich haasten

l' **emprise** (v) vat (op), greep, invloed

l' **emprisonnement** (m) gevangenisstraf, gevangenneming, gevangenschap; detentie
emprisonner gevangennemen, gevangenhouden, opsluiten; (strak) omsluiten; inkapselen

l' **emprunt** (m) **1** lening; het geleende, ontlening; leenwoord: *d'~* geleend, onecht; *nom d'~* schuilnaam, valse naam **2** [fig] imitatie, plagiaat
emprunté, -e 1 ontleend, geleend **2** onnatuurlijk, gemaakt; verlegen, houterig
emprunter à lenen (van); ontlenen (aan); volgen, nemen [een weg]

l' **emprunt|eur** (m), **-euse** (v) lener, leenster
empuantir stinkend maken, verpesten
ému, -e ontroerd

l' **émulation** (v) wedijver, rivaliteit

l' **émule** (m/v) **1** mededing(st)er **2** gelijke

l' **émulsion** (v) emulsie

¹en (onb vnw) er, ervan, erom, erdoor, erover, ermee enz.: *j'en ai deux* ik heb er twee; *j'en suis content* ik ben er blij mee; *je vous en prie!* **a)** alstublieft; **b)** toe nou!; **c)** ga uw gang; **d)** geen dank; *je m'en souviens* ik herinner het me; *quoi qu'il en soit* hoe dan ook, hoe het ook zij; *en voilà assez* nou is het wel genoeg (geweest)

²en (bw) ervandaan, eruit: *s'en aller* weggaan; *j'en viens* ik kom ervandaan

³en (vz) in, naar, op, aan, te, tot, over, van, uit, enz. [plaats]: *de ville en ville* van stad tot stad; [tijd] *aujourd'hui en huit* vandaag over een week; *en été* 's zomers; *en ce moment* op dit ogenblik; [manier, toestand] *en ami* als vriend; *en anglais* in het Engels; *teindre en bleu* blauw verven; *en bois* houten, van hout; *mettre en vente* te koop zetten; [met onvoltooid deelwoord] *en attendant* inmiddels; *en courant* op een holletje; *en riant* al lachende

l' **ENA** (v) afk van *École nationale d'administration* opleiding voor topambtenaren [in Fr]

l' **énarque** (m) leerling of oud-leerling van de École Nationale d'Administration

l' **encadré** (m) kadertje; omlijnd krantenbericht, omlijnde tekst

l' **encadrement** (m) **1** inlijsting; (om)-lijst(ing): *~ de la porte* deuropening **2** kader **3** (bege)leiding **4** [ec] beperking
encadrer 1 omlijsten, inlijsten; omgeven, omsluiten **2** van kader voorzien **3** omlijnen **4** begeleiden

l' **encadreur** (m) lijstenmaker; begeleider
encaissable invorderbaar, te incasseren

l' **encaisse** (v) geld in kas, kasvoorraad
encaissé, -e ingebed, diepliggend: *chemin ~* holle weg; *vallée ~e* keteldal

l' **encaissement** (m) **1** inning, incasso **2** diepte, holte, diepe ligging
encaisser 1 incasseren, ontvangen **2** inbedden, insluiten **3** oplopen, verduren, slikken: *savoir ~* zijn koelbloedigheid bewaren

l' **encaisseur** (m) incasseerder; kwitantieloper

l' **encan** (m): *à l'~* bij opbod; [vero] *mettre* (of: *vendre*) *à l'~* veilen; *être à l'~* te grabbel liggen

s' **encanailler** zich in kringen van twijfelachtig allooi begeven
encapuchonné, -e bedekt met een capuchon

l' **encart** (m) bijlage, inlegvel

l' **en-cas** (m) tussendoortje
encastrable inbouw-: *four ~* inbouwoven
encastrer inbouwen

l' **encaustique** (v) boenwas
encaustiquer in de (boen)was zetten, wrijven, boenen

l' **¹enceinte** (v) omheining, ringmuur, kring; omheinde ruimte: *~ (acoustique)* hifi-luidsprekerbox

²enceinte (bn, v) in verwachting; zwanger: *tomber ~* zwanger raken, in verwachting raken; *être ~ d'un fils* een jongen verwachten

l' **encens** (m) wierook; [fig] uitbundige lof, vleierij

l' **encensement** (m) bewieroking
encenser bewieroken [ook fig]

l' **encensoir** (m) wierookvat

l' **encerclement** (m) omsingeling, insluiting
encercler omsingelen, insluiten

l' **enchaînement** (m) aaneenschakeling, keten, opeenvolging, logisch verband

¹enchaîner sur (onov ww) overschakelen op

²enchaîner (ov ww) **1** ketenen, aan een ketting leggen; [fig] kluisteren, bedwingen **2** aaneenschakelen, in logisch verband brengen **3** [theat] na een onderbreking doorgaan: *on enchaîne* we gaan verder **4** [film] de beeldovergang tot stand brengen

s' **³enchaîner** (wdk ww) samenhangen, uit elkaar voortvloeien
enchanté, -e de 1 verrukt, opgetogen (over): *~!* aangenaam (kennis te maken) **2** betoverd

l' **enchantement** (m) **1** betovering: *comme par ~* als bij toverslag **2** verrukking, opgetogenheid
enchanter betoveren; verrukken, opgetogen maken

l' **¹enchant|eur** (m), **-eresse** (v) tovenaar, -nares; onweerstaanbaar aantrekkelijke persoonlijkheid

²enchant|eur, -eresse (bn) betoverend, verrukkelijk

l' **enchâssement** (m) zetting, vatting
enchâsser vatten, zetten; [fig] invoegen, inlassen

l' **enchère** (v) opbod; bod [bij kaartspel]: ~s sur *Internet* internetveiling; *folle* ~ bod dat men niet kan betalen; *vendre aux* ~s bij opbod verkopen [veiling]; *faire monter les* ~s a) de prijs opdrijven; b) [fig] de inzet verhogen

enchérir sur 1 een hoger bod doen dan, opbieden tegen **2** er een schepje bovenop leggen, overtreffen

l' **enchérisseur** (m): *dernier* ~ meestbiedende

l' **enchevêtrement** (m) verwarring; verstrengeling

¹**enchevêtrer** (ov ww) verwarren

s' ²**enchevêtrer** (wdk ww) zich verwarren

l' **enclave** (v) enclave

enclaver omvatten, insluiten; klemmen, bevestigen

enclencher 1 op gang brengen; starten **2** [fig] in gang zetten

enclin, -e à geneigd (tot)

enclore omheinen

l' **enclos** (m) omheinde hof; omheining

l' **enclume** (v) aambeeld: *se trouver entre l'*~ *et le marteau* tussen twee vuren zitten

l' **encoche** (v) inkeping, insnijding

encocher inkepen

encoder [comp, taalk] coderen

l' **encoignure** (v) hoek; hoekkastje

encoller lijmen, gommen

l' **encolure** (v) hals; halswijdte, halsuitsnijding, halslengte

encombrant, -e hinderlijk, lastig; in de weg staand, veel plaats innemend

l' **encombre** (m): *sans* ~ zonder problemen

l' **encombrement** (m) **1** belemmering **2** versperring, opstopping **3** verzadiging [markt] **4** plaatsruimte

encombrer belemmeren, hinderen; in de weg staan, versperren: *encombré* vol, overladen; *il ne s'encombre pas de scrupules* hij heeft geen last van scrupules

encontre: *à l'*~ *de* tegen (iets) in; *aller à l'*~ *de* zich verzetten tegen, ertegenin gaan

l' **encorbellement** (m) [bouwk] uitstek; uitbouw

s' **encorder** zich met een touw aan elkaar vastbinden [bergsport]

¹**encore** (bw) **1** nog (steeds): *pas* ~ nog niet; *je l'ai vu hier* ~ ik heb hem gisteren nog gezien **2** weer, opnieuw; nog eens **3** bovendien, ook nog: *non seulement … mais* ~ … niet alleen … maar ook …; *et* ~ *!* en dan nog!; *ou* ~ … ofwel …; ~ *faut-il* avoir le temps maar dan moet je wel tijd hebben; *si* ~ *j'étais riche* als ik nou rijk was

²**encore que** (vw) (al)hoewel

encorner op de hoorns nemen

l' **encornet** (m) pijlinktvis

encourageant, -e bemoedigend

l' **encouragement** (m) aanmoediging, bemoediging

encourager bemoedigen, aanmoedigen; aansporen; stimuleren

encourir oplopen, zich op de hals halen: ~ *une peine* a) een straf riskeren; b) een straf krijgen

l' **encrassement** (m) (het) aankoeken [van vuil]; vervuiling

¹**encrasser** (ov ww) vuil (vet) maken, met een laag vuil bedekken

s' ²**encrasser** (wdk ww) vuil (vet) worden

l' **encre** (v) inkt: ~ *de Chine* Oost-Indische inkt; *se faire un sang d'*~ zich grote zorgen maken; *cette affaire a fait couler beaucoup d'*~ over die zaak is veel gezegd en geschreven

encrer van inkt voorzien

encreur: *rouleau* ~ inktrol

l' **encrier** (m) inktpot

l' **encroûtement** (m) aankorsting; [fig] afstomping, sleur

¹**encroûter** (ov ww) **1** een korst geven **2** met mortel bestrijken

s' ²**encroûter** (wdk ww) **1** een korst krijgen, aankoeken; vastroesten **2** afstompen

l' **enculage** (m): ~ *de mouches* muggenzifterij

l' **enculé** (m) [vulg] lul, klootzak

enculer [vulg] kontneuken; [fig] bedonderen

l' **encyclopédie** (v) encyclopedie

endémique veel voorkomend, chronisch

l' **endettement** (m) schuldenlast; (het) zich in de schuld steken

endetter in de schuld steken: *s'*~ schulden maken

endeuiller in rouw dompelen; somber maken

endiablé, -e onstuimig, druk, razend

l' **endiguement** (m) indijking, beteugeling

endiguer indijken; [fig] beteugelen, bedwingen

s' **endimancher** zijn zondagse kleren aandoen

l' **endive** (v) **1** Brussels lof, witlof, [Belg] witloof **2** [Belg] andijvie

l' **endoctrinement** (m) indoctrinatie

endoctriner indoctrineren

endolori, -e pijnlijk

l' **endommagement** (m) beschadiging

endommager beschadigen

endormant, -e slaapverwekkend

l' ¹**endormi** (m), **-e** (v) slaapkop, sufferd

²**endormi, -e** (bn) ingeslapen, ingedut; suf, slaperig

¹**endormir** (ov ww) **1** in slaap wiegen **2** vervelen, in slaap doen vallen **3** [med] onder narcose brengen **4** sussen

s' ²**endormir** (wdk ww) inslapen; ontslapen

endosser 1 [fig] de verantwoordelijkheid op zich nemen **2** [hand] endosseren

l' **endroit** (m) **1** plaats, plek; oord: *toucher*

qqn. au bon ~ iem. bij de gevoelige plek raken; *à l'*~ *de* ten opzichte van; *à mon* ~ jegens mij; *par* ~*s* hier en daar; *rire au bon* ~ op het juiste moment lachen; [inf] *le petit* ~ een zekere plaats; ~ *pittoresque* schilderachtig plekje **2** goede kant [van een stof]: *remettre son pull à l'*~ zijn trui goed aantrekken
enduire bestrijken, besmeren, insmeren; coaten
l' **enduit** (m) smeersel; bepleistering; plamuur; coating
l' **endurance** (v) uithoudingsvermogen: *épreuve d'*~ betrouwbaarheidsrit, betrouwbaarheidstest; ~ *au froid* gehardheid tegen de kou
endurant, -e taai, volhardend
endurci, -e gehard; verhard, verstokt: *un célibataire* ~ een verstokte vrijgezel
¹**endurcir** (ov ww) harden, verharden
s' ²**endurcir à** (wdk ww) zich harden (tegen)
l' **endurcissement** (m) verharding
endurer verduren, verdragen, uitstaan; dulden
l' ¹**énergétique** (v) energetica
²**énergétique** (bn) energetisch, energie-: *aliments* ~*s* calorierijk voedsel; *valeur* ~ voedingswaarde; *ressources* ~*s* energiebronnen
l' **énergie** (v) **1** energie, kracht; arbeidsvermogen: ~*s renouvelables* herbruikbare, alternatieve energiebronnen; ~ *douce* milieuvriendelijke energie **2** geestkracht, wilskracht
énergique energiek, krachtig; doortastend, wilskrachtig
l' ¹**énergisant** (m) opwekkend middel
²**énergisant, -e** (bn) stimulerend: *boisson* ~*e* energiedrankje
énergivore energieverslindend
l' **énergumène** (m) bezetene, woesteling
énervant, -e irriterend, enerverend
l' ¹**énervé** (m), **-e** (v) zenuwlijd(st)er: *quel* ~*!* wat een zenuwlijer!
²**énervé, -e** (bn) nerveus, zenuwachtig
l' **énervement** (m) zenuwachtigheid, opwinding
¹**énerver** (ov ww) op de zenuwen werken
s' ²**énerver** (wdk ww) zich opwinden, zenuwachtig worden
l' **enfance** (v) **1** kindertijd; jeugd; [fig] begin, oorsprong: *c'est l'*~ *de l'art* een kind kan de was doen; *souvenirs d'*~ herinneringen uit de kinderjaren **2** kindsheid: *retomber en* ~ kinds worden
l' ¹**enfant** (m/v) **1** kind: *bon* ~ goedmoedig; *une ambiance bon* ~ een gemoedelijke sfeer; ~ *chéri* lieveling; *faire l'*~ zich kinderachtig aanstellen; *attendre un* ~ in verwachting zijn; ~ *trouvé* vondeling; ~ *naturel* onwettig kind **2** afstammeling: ~ *de Paris* Parijzenaar; ~ *du peuple* zoon van het volk; ~ *de la balle* artiestenkind; *ce ne sont pas des* ~*s de chœur*

zo onschuldig zijn ze niet, het zijn heus geen lieverdjes
²**enfant** (bn) kinderlijk: *elle est restée très* ~ zij is erg kinderlijk gebleven
enfanter baren; [fig] voortbrengen
l' **enfantillage** (m) kinderachtigheid; flauwekul
enfantin, -e kinderlijk, kinder-
l' **enfant-soldat** (m; mv: enfants-soldats) kindsoldaat
enfariné, -e wit gemaakt [gezicht]: [inf] *avoir le bec* ~ onnozel, goedgelovig zijn
l' **enfer** (m) hel: *d'*~ hels, verschrikkelijk, geweldig; [inf] *plan d'*~ geniaal plan; *rouler à un train d'*~ scheuren; *bruit d'*~ hels kabaal ‖ *l'*~ *est pavé de bonnes intentions* de weg naar de hel is geplaveid met goede voornemens
l' **enfermement** (m) opsluiting
¹**enfermer** (ov ww) opsluiten, wegsluiten; insluiten
s' ²**enfermer** (wdk ww) **1** zich opsluiten **2** (+ dans) volharden in
s' **enferrer** [fig] zich vastpraten
les **enfers** (mv, m) onderwereld
enfiévré, -e koortsachtig
¹**enfiévrer** (ov ww) (hevig) opwinden
s' ²**enfiévrer** (wdk ww) in vuur raken: *s'*~ *pour la politique* warmlopen voor de politiek
l' **enfilade** (v) reeks; rij; aaneenschakeling: *pièces en* ~ kamers en suite
¹**enfiler** (ov ww) **1** in de naald steken [een draad]; aaneenrijgen: ~ *des perles* a) kralen rijgen; b) [fig] zijn tijd verdoen **2** inslaan [een weg] **3** aanschieten [een kledingstuk]
s' ²**enfiler** (wdk ww) **1** naar binnen werken [van eten] **2** [fig] opdraaien voor
enfin 1 eindelijk, ten slotte **2** kortom, per slot van rekening; nou ja, afijn
enflammé, -e brandend, in vlammen; [fig] vurig; vuurrood; gloeiend; ontstoken [wond]
¹**enflammer** (ov ww) **1** ontvlammen, ontbranden; [fig] doen gloeien; opwinden, in geestdrift brengen **2** doen ontsteken [van een wond]
s' ²**enflammer** (wdk ww) **1** vlam vatten; [fig] geestdriftig worden, in vuur raken **2** ontsteken [van een wond]
l' ¹**enflé** (m), **-e** (v) [pop] blaaskaak
²**enflé, -e** (bn) gezwollen; [fig] opgeblazen: *pieds* ~*s* gezwollen voeten; ~ *d'orgueil* vol trots
enfler opblazen, vullen, bol doen staan; (doen) zwellen: ~ *sa voix* zijn stem verheffen
l' **enflure** (v) opzwelling; [fig] overdrijving
l' **enfoiré** (m) [pop] stommeling, rund
enfoncé, -e diep(liggend), hol; [fig] verdiept
l' **enfoncement** (m) (het) inslaan, indrijven; holte, diepte; doorbraak
¹**enfoncer** (ov ww) **1** [een spijker] inslaan: [fig] *il enfonçait le clou* hij bleef erop hameren

2 indrijven, inheien **3** intrappen, inslaan, indrukken: ~ *une porte* een deur intrappen **4** [een linie] doorbreken; [een leger] verslaan; [een hoofddeksel] diep over het hoofd trekken: ~ *les mains dans ses poches* zijn handen diep in zijn zakken steken **5** [fig] inprenten, aan het verstand brengen: *j'essaie de lui ~ cela dans le crâne* (of: *la tête*) dat probeer ik hem aan zijn verstand te brengen

s' **²enfoncer** (wdk ww) **1** wegzakken, verdwijnen **2** ingedrukt worden **3** [onder de dekens] kruipen; duiken in; [fig] zich verdiepen in: *s'~ dans la forêt* diep het bos ingaan

¹enfouir (ov ww) in (onder) de grond stoppen; verbergen

s' **²enfouir** (wdk ww) zich verbergen, wegkruipen, zich begraven

l' **enfouissement** (m) (het) begraven; (het) onderwerken; (het) verbergen

enfourcher bestijgen [paard]: ~ *son vélo* op zijn fiets stappen; [fig] ~ *son dada* zijn stokpaardje berijden

enfourner in de oven zetten; [inf] naar binnen werken, opslokken; stoppen (in)

enfreindre overtreden, verbreken, schenden

s' **enfuir 1** (ont)vluchten; weglopen **2** verdwijnen; vervliegen

enfumer in de rook zetten, uitroken: *une pièce enfumée* een rokerig vertrek

l' **¹engagé** (m): [mil] ~ *volontaire* vrijwilliger

²engagé, -e (bn) **1** gecontracteerd **2** geëngageerd, sociaal bewogen: *écrivain* ~ geëngageerd schrijver

engageant, -e aanlokkelijk, uitnodigend; innemend

l' **engagement** (m) **1** verpanding **2** verbintenis; verplichting: *respecter ses ~s* zijn verplichtingen nakomen; *prendre un ~* een verbintenis aangaan; *sans* ~ vrijblijvend **3** betrokkenheid, inzet, engagement **4** inschrijving [voor een wedstrijd] **5** indienstneming; rekrutering: ~ *à l'essai* aanstelling op proeftijd **6** [mil] schermutseling

¹engager (ov ww) **1** (+ à) [fig] (ver)binden, verplichten (tot): *cela ne vous engage à rien* dat verplicht u tot niets **2** engageren, in dienst nemen **3** (+ à) aanraden (te), aansporen (om) **4** brengen, steken (in, tussen); pakken **5** verwikkelen; op het spel zetten: ~ *une discussion* een discussie aangaan || ~ *des poursuites* een vervolging instellen; ~ *sa responsabilité* de verantwoordelijkheid op zich nemen; *la partie est engagée* het spel is begonnen

s' **²engager** (wdk ww) **1** (+ à) zich verplichten (tot) **2** (+ dans) dienst nemen (bij); in dienst treden (bij) **3** zich inzetten **4** (+ dans) zich begeven (in), inlopen, inrijden: *s'~ dans une voie* een weg inslaan [ook fig] **5** beginnen

l' **engelure** (v) gezwel, kloof: *~s aux mains*

winterhanden

engendrer verwekken, baren; [fig] veroorzaken, aanleiding geven tot

l' **engin** (m) **1** werktuig, instrument; voertuig: ~ *blindé* gepantserd voertuig, tank; *~s de pêche* visgerei **2** ding

englober bevatten, omvatten; inlijven, opnemen (in)

engloutir 1 opslokken, verzwelgen **2** verkwisten

¹engluer (ov ww) lijmen

s' **²engluer** (wdk ww) vastlopen; kleven

engoncé, -e (weg)gedoken

l' **engorgement** (m) verstopping, opstopping

¹engorger (ov ww) verstoppen

s' **²engorger** (wdk ww) verstopt raken

l' **engouement** (m) bevlieging; mode

s' **engouer de** weglopen (met) [iem., iets]

¹engouffrer (ov ww) opslokken

s' **²engouffrer dans** (wdk ww) zich storten (in); verloren gaan, verdwijnen (in)

¹engourdir (ov ww) verdoven, doen verkleumen, verstijven

s' **²engourdir** (wdk ww) **1** verkleumen; verlammen; slapen [ledematen] **2** een winterslaap beginnen

l' **engourdissement** (m) verdoving, verstijving; [fig] slaperigheid; winterslaap

l' **engrais** (m) **1** mest: ~ *chimique* kunstmest **2** mestvoeder, vetweiderij: *mettre des porcs à l'~* varkens vetmesten

l' **engraissement** (m) (het) vetmesten

¹engraisser (onov ww) [inf] dikker worden

²engraisser (ov ww) **1** vetmesten **2** bemesten

l' **engrangement** (m) (het) in een schuur bergen; opslag

engranger binnenhalen; [fig] bewaren, opslaan

l' **engrenage** (m) raderwerk: ~ *de direction* raderwerk van de stuurinrichting [auto] || [fig] *mettre le doigt dans l'~* niet meer terug kunnen

¹engrener (ov ww) **1** [techn] in elkaar doen grijpen **2** van graan voorzien

s' **²engrener** (wdk ww) in elkaar grijpen

engrosser [inf] zwanger maken

l' **engueulade** (v) [inf] scheldpartij; uitbrander

engueuler [inf] afbekken, uitschelden; uitkafferen: *ils se sont engueulés* zij hebben ruzie gehad

enguirlander met slingers versieren; [fig] afsnauwen

enhardir aanmoedigen: *s'~ (à)* zich verstouten (tot, te), het lef hebben

énième zoveelste: *pour la ~ fois* voor de zoveelste keer

énigmatique raadselachtig

l' **énigme** (v) raadsel

enivrant, -e bedwelmend; opwindend

l' **enivrement** (m) bedwelming; opgewondenheid

¹enivrer (ov ww) dronken maken; [fig] bedwelmen

s' **²enivrer** (wdk ww) zich bedrinken; [fig] bedwelmd worden; in vervoering raken

l' **enjambée** (v) (grote) stap

enjamber stappen over; springen over; overbruggen

l' **enjeu** (m) inzet, belang

enjoindre gelasten, bevelen

enjôler paaien, inpalmen, bepraten

l' **enjôl|eur** (m), **-euse** (v) mooiprater, -praatster, verleid(st)er

l' **enjolivement** (m) verfraaiing, versiering

enjoliver mooi maken, verfraaien, versieren; opsmukken [verhaal]

l' **enjoliveur** (m) wieldop

l' **enjolivure** (v) versiering, verfraaiing

enjoué, -e opgeruimd, vrolijk, blijmoedig

l' **enjouement** (m) blijmoedigheid

l' **enlacement** (m) omstrengeling; omarming; vervlechting

¹enlacer (ov ww) **1** omstrengelen, omhelzen **2** ineenvlechten

s' **²enlacer** (wdk ww) **1** zich ineenstrengelen **2** elkaar omarmen

¹enlaidir (onov ww) lelijk worden

²enlaidir (ov ww) lelijk maken

l' **enlaidissement** (m) het lelijk worden, maken

l' **enlèvement** (m) **1** (het) wegnemen, weghalen: l'~ des ordures ménagères het ophalen van huisvuil **2** ontvoering

¹enlever (ov ww) **1** wegnemen, wegbrengen, wegrukken, wegvoeren; uittrekken, uitdoen; eraf, eruit halen, eruit krijgen, weglaten, ontnemen: ~ une tache een vlek verwijderen; je lui ai enlevé cette idée ik heb hem dat uit zijn hoofd gepraat **2** opheffen, optillen **3** ontvoeren; kidnappen; meenemen **4** behalen; veroveren: ~ la victoire de overwinning binnenslepen, een glansrijke overwinning behalen ‖ une mise en scène très enlevée een vlotte, meesterlijke regie

s' **²enlever** (wdk ww) eraf gaan; eruit gaan [van een vlek]; vlot van de hand gaan [van koopwaren]

l' **enlisement** (m) **1** (het) wegzakken [in drijfzand, moeras] **2** [fig] (het) vastlopen, verzanding

¹enliser (ov ww) doen wegzakken

s' **²enliser** (wdk ww) wegzinken; vastlopen; verzanden

enluminer verluchten

l' **enluminure** (v) miniatuur

enneigé, -e besneeuwd, ondergesneeuwd

l' **enneigement** (m): bulletin d'~ sneeuwbericht

l' **¹ennemi** (m), **-e** (v) vijand(in); tegenstand-

(st)er: ~ public staatsvijand; ~ déclaré verklaard tegenstander; frères ~s vijanden die tot elkaar veroordeeld zijn

²ennemi, -e (bn) vijandelijk

ennoblir veredelen, een edel karakter geven

l' **ennui** (m) verveling: l'~, c'est que ... het vervelende is dat ...; mourir d'~ zich doodvervelen; avoir des ~s de santé problemen hebben met zijn gezondheid

les **ennuis** (mv, m) onaangenaamheden, last, zorgen, problemen: avoir des ~ avec pech hebben met; causer des ~ moeilijkheden bezorgen

¹ennuyer (ov ww) vervelen; hinderen, lastigvallen: cela m'ennuierait ik zou het vervelend vinden

s' **²ennuyer** (wdk ww) zich vervelen

ennuy|eux, -euse vervelend; lastig, naar, beroerd, saai

l' **énoncé** (m) bewoordingen; uiteenzetting

¹énoncer (ov ww) uitdrukken, verklaren; uiteenzetten

s' **²énoncer** (wdk ww) zich uiten, zich uitdrukken

l' **énonciation** (v) uiting, verklaring

s' **enorgueillir de** zich laten voorstaan (op), trots zijn (op)

énorme enorm: une ~ majorité een overgrote meerderheid; c'est ~ dat is ongehoord; c'est déjà ~ dat is al heel wat

énormément ontzettend (veel)

l' **énormité** (v) **1** geweldige grootte; enorm belang; buitensporigheid **2** blunder

s' **enquérir** onderzoek doen, vragen (naar)

l' **enquête** (v) enquête, onderzoek: [jur] ~ préliminaire vooronderzoek; ~ d'opinion publique opiniepeiling

enquêter sur een onderzoek instellen (naar)

enquiquinant, -e [inf] (stierlijk) vervelend

enquiquiner [inf] vervelen, dwarszitten

¹enraciner (ov ww) doen wortelen

s' **²enraciner** (wdk ww) wortel schieten [ook fig]; zich blijvend vestigen

l' **¹enragé** (m), **-e** (v) groot liefhebber, -ster, bezetene, fanaticus

²enragé, -e (bn) **1** dol **2** woedend, razend; fanatiek

enrager woedend zijn, razend worden: j'enrage het is om dol te worden; faire ~ woedend maken

¹enrayer (ov ww) een halt toeroepen, stuiten; blokkeren

s' **²enrayer** (wdk ww) vastlopen, weigeren; stokken, haperen

enrégimenter inlijven [bij een partij]

l' **enregistrement** (m) **1** inschrijving [van bagage e.d.]; registratiekantoor **2** opname [geluid, beeld]

enregistrer 1 inschrijven; registreren

2 waarnemen, constateren **3** vastleggen, opnemen [beeld, geluid]

l' **¹enregistreur** (m) registreertoestel, [Belg] bandrecorder: ~ *de vol* zwarte doos; ~ *DVD* dvd-recorder

²enregistr|eur, -euse (bn) zelfregistrerend: *caisse enregistreuse* kasregister

enrhumé, -e verkouden

¹enrhumer (ov ww) verkouden maken

s' **²enrhumer** (wdk ww) verkouden worden

¹enrichir (ov ww) verrijken; [grond] verbeteren

s' **²enrichir de** (wdk ww) verrijkt worden met

l' **enrichissement** (m) verrijking

l' **¹enrobé** (m) afdeklaag: ~ *drainant* zoab

²enrobé, -e (bn) [inf] [van personen] mollig

enrober voorzien van, bedekken met een laag; [fig] verpakken

l' **enrôlement** (m) (aan)werving, inlijving, toetreding

¹enrôler (ov ww) werven, inlijven, aanmonsteren

s' **²enrôler** (wdk ww) in dienst treden, toetreden

enroué, -e hees, schor

l' **enrouement** (m) heesheid

s' **enrouer** hees, schor worden

l' **enroulement** (m) (het) oprollen

¹enrouler (ov ww) winden, wikkelen, oprollen

s' **²enrouler** (wdk ww) **1** zich oprollen, zich winden **2** zich wikkelen (in)

enrubanner met linten versieren

l' **ensablement** (m) verzanding; zandverstuiving

¹ensabler (ov ww) verzanden, met zand bedekken

s' **²ensabler** (wdk ww) **1** verzanden **2** in het zand vastlopen, stranden

ensanglanté, -e bebloed, bloederig

ensanglanter met bloed bevlekken: *visage ensanglanté* bebloed gezicht

l' **¹enseignant** (m), **-e** (v) docent(e), leerkracht

²enseignant, -e (bn) onderwijzend: *le corps* ~ de leraren, het onderwijzend personeel

l' **¹enseigne** (m): ~ *de vaisseau* luitenant ter zee

l' **²enseigne** (v) **1** uithangbord, uithangteken, reclamebord: *être logé à la même* ~ in hetzelfde schuitje zitten **2** vaandel || *à telle* ~ *que* … een bewijs dat …

l' **enseignement** (m) **1** onderwijs: ~ *privé* bijzonder onderwijs; ~ *public* openbaar onderwijs; ~ *primaire* basisonderwijs; ~ *secondaire* middelbaar onderwijs; ~ *supérieur* hoger onderwijs; ~ *à distance* onderwijs op afstand, [Belg] afstandsonderwijs; ~ *pour adultes* volwassenenonderwijs, [Belg] tweedekansonderwijs **2** les; lering

enseigner onderwijzen, leren; onderwijs

(college) geven

l' **¹ensemble** (m) **1** geheel, verzameling: *dans l'*~ in het geheel genomen; *dans son* ~ in grote lijnen; *vue d'*~ overzicht; *l'*~ *du personnel* al het personeel, het voltallige personeel **2** groep, ensemble **3** stel; eenheid **4** samenspel, samenzang

²ensemble (bw) **1** samen (met), gezamenlijk, met elkaar **2** gelijktijdig

l' **ensemencement** (m) (het) inzaaien

ensemencer inzaaien

enserrer omsluiten, insluiten

¹ensevelir (ov ww) begraven [ook fig]; bedelven; verbergen

s' **²ensevelir** (wdk ww) **1** zich begraven **2** zich afzonderen

l' **ensevelissement** (m) (het) begraven; (het) bedelven; (het) verbergen; afzondering

l' **ensilage** (m) (het) inkuilen

ensoleillé, -e zonnig [ook fig]

l' **ensoleillement** (m) zonnigheid; aantal zonne-uren

ensommeillé, -e nog wat slaperig, slaapdronken

ensorceler betoveren, beheksen

l' **ensorcel|eur** (m), **-euse** (v) tovenaar; heks; charmeur, verleid(st)er

l' **ensorcellement** (m) betovering; verleiding

ensuite vervolgens, daarna, dan

s' **ensuivre de** volgen, voortvloeien (uit): *et tout ce qui s'ensuit* en alles wat daarbij komt

entacher bezoedelen; verknoeien

l' **entaille** (v) insnijding, keep, groef, gleuf, diepe snede

entailler kerven, inkepen, een snede maken in

l' **entame** (v) eerste stuk, snede; kapje

entamer 1 beginnen, inzetten: ~ *la poursuite* de achtervolging inzetten **2** een snede maken in **3** zijn tanden zetten in **4** aansnijden; aanspreken [kapitaal] **5** [mil] een bres slaan in; [verzet] beginnen te breken: *une barre de chocolat entamée* een aangebroken reep chocola **6** aantasten, beschadigen

l' **entartrage** (m) kalkaanslag

entartrer ketelsteen afzetten

l' **entassement** (m) opeenhoping, opeenstapeling

¹entasser (ov ww) ophopen, (opeen)stapelen

s' **²entasser** (wdk ww) zich ophopen; zich samenpakken [van wolken]

l' **entendement** (m) verstand, begrip: *cela dépasse l'*~ het is onvoorstelbaar

l' **entendeur** (m): *à bon* ~, *salut* een goed verstaander heeft maar een half woord nodig

¹entendre (ov ww) **1** horen: ~ *dire* vernemen; *à l'*~ volgens hem (haar) **2** aanhoren; verhoren: [jur] ~ *les témoins* de getuigen horen, een getuigenverhoor afnemen **3** verstaan, begrijpen: *que faut-il ~ par cela?* wat wil dat zeggen?; *donner à ~* te verstaan geven **4** open staan voor: *~ raison* voor rede vatbaar zijn **5** bedoelen **6** willen; wensen; van plan zijn: *faites comme vous l'entendez* doe wat u het beste lijkt

s' **²entendre** (wdk ww) **1** gehoord worden, hoorbaar zijn **2** begrepen worden: *cela s'entend* dat spreekt vanzelf **3** zijn eigen stem horen **4** het met elkaar eens worden; goed overweg kunnen (met): *il s'entend mal avec son frère* hij kan niet opschieten met zijn broer **5** verstand hebben van: *il s'y entend, pour cuisiner!* hij kan uitstekend koken! **6** elkaar horen; elkaar begrijpen: *entendons-nous bien!* laten we elkaar goed begrijpen!
entendu, -e gehoord; afgesproken: *bien ~* natuurlijk; *air ~* blik van verstandhouding; *c'est une affaire ~e* dat is afgesproken, die zaak is beklonken

l' **entente** (v) **1** (goede) verstandhouding, overeenstemming **2** overeenkomst; akkoord **3** coalitie

l' **entérinement** (m) bekrachtiging, ratificatie
entériner bekrachtigen, ratificeren

l' **entérite** (v) darmontsteking

l' **enterrement** (m) begrafenis(stoet): *~ d'un projet* het opgeven van een plan
¹enterrer (ov ww) **1** begraven; ingraven **2** verbergen; [fig] *~ une question* een kwestie in de doofpot stoppen **3** [fig] overleven: *vous nous ~ez tous* u zult ons allemaal overleven **4** afzien van

s' **²enterrer** (wdk ww) zich begraven, zich opsluiten
entêtant, -e bedwelmend

l' **en-tête** (m; mv: en-têtes) opschrift, hoofd; briefhoofd
entêté, -e (stijf)koppig, eigenwijs

l' **entêtement** (m) (stijf)koppigheid, eigenwijsheid
¹entêter (ov ww) naar het hoofd stijgen

s' **²entêter à** (wdk ww, + onbep w) hardnekkig vasthouden (aan); halsstarrig blijven

l' **enthousiasme** (m) enthousiasme, geestdrift
¹enthousiasmer (ov ww) enthousiast maken

s' **²enthousiasmer** (wdk ww) enthousiast worden

l' **¹enthousiaste** (m/v) vurige bewonderaar(ster)
²enthousiaste (bn) enthousiast, geestdriftig
entiché, -e de dol op; verliefd op

s' **enticher de** weglopen met

l' **¹entier** (m) geheel: *en ~* **a)** geheel (en al), helemaal; **b)** in zijn geheel
²entier, entière (bn) (ge)heel, helemaal;

[fig] onaangetast; onverkort, volledig, gaaf; intact; uit één stuk, onverzettelijk: *confiance entière* volledig vertrouwen; *homme ~* man uit één stuk; *le monde ~* de hele wereld; *lait ~* volle melk; *tout ~* geheel (en al)
entièrement geheel (en al), volkomen, volledig

l' **entité** (v) **1** entiteit, wezen, eenheid **2** [Belg; pol] entiteit
entonner aanheffen, inzetten [lied]

l' **entonnoir** (m) trechter; krater: *en ~* trechtervormig

l' **entorse** (v) **1** verstuiking, verzwikking, verdraaiing **2** verkrachting, inbreuk: *faire une ~ à* **a)** [de waarheid] verdraaien; **b)** [de wet] overtreden
¹entortiller (ov ww) (om)wikkelen, omslingeren, omstrengelen: *des phrases entortillées* een verward betoog

s' **²entortiller** (wdk ww) zich slingeren, zich wikkelen in, verward raken in

l' **entourage** (m) entourage, omgeving, buurt; omlijsting
¹entourer de (ov ww) omgeven, omringen (met); omsingelen: *ce ministre est mal entouré* deze minister wordt slecht geadviseerd

s' **²entourer de** (wdk ww) zich omgeven met

l' **entourloupe** (v) [inf] vuile streek, rotgeintje

l' **entournure** (v) armsgat: [fig] *être gêné aux* (of: *dans les*) *~s* krap bij kas (of: in geldnood) zitten

l' **entracte** (m) pauze [schouwburg]; adempauze

l' **entraide** (v) wederzijdse hulp

s' **entraider** elkaar helpen

les **entrailles** (mv, v) **1** ingewanden **2** binnenste **3** gevoel, hart **4** [form] (moeder)schoot

l' **entrain** (m) opgewektheid; levendigheid, enthousiasme; vaart: *avec ~* geanimeerd, enthousiast
entraînant, -e meeslepend

l' **entraînement** (m) **1** opwelling; enthousiasme **2** africhting, training: *~ fitness* workout; *match d'~* oefenwedstrijd **3** aandrijving
¹entraîner (ov ww) **1** meeslepen, (mee)trekken, meevoeren; [fig] boeien, in vervoering brengen: *~ à* **a)** verleiden tot; **b)** brengen tot; *~ qqn. dans son sillage* iem. in zijn kielzog meeslepen **2** met zich meebrengen, ten gevolge hebben **3** africhten, trainen **4** aandrijven; [wielersp] gangmaken

s' **²entraîner** (wdk ww) trainen, oefenen

l' **entraîneur** (m) [sport] trainer, coach; leider

l' **entraîneuse** (v) **1** [sport] trainster; coach **2** animeermeisje

l' **¹entrant** (m), **-e** (v) binnenkomende; nieuweling
²entrant, -e (bn) binnenkomend, nieuw

l' **entrave** (v) belemmering, hindernis

entraver belemmeren, hinderen; kluisteren: [argot] *j'entrave que dalle* ik begrijp er geen moer van

entre 1 tussen: *parler ~ ses dents* binnensmonds praten, mompelen 2 onder: *~ quatre yeux* onder vier ogen; *~ autres* onder anderen, onder meer; *~ eux* onder elkaar, onderling; *qui d'~ vous* wie van u; *déjeuner ~ amis* met vrienden lunchen 3 in: *~ les mains de qqn.* in iemands handen [macht]

entrebâiller op een kier zetten

entrechoquer tegen elkaar stoten

l' **entrecôte** (v) entrecote, ribstuk [van het rund]

entrecouper nu en dan onderbreken

l' **entrecroisement** (m) kruising, vlechtwerk

s' **entrecroiser** elkaar kruisen

l' **entre-deux** (m) 1 strook, tussenzetsel 2 midden tussen twee uitersten

l' **entre-deux-guerres** (m) periode tussen de twee wereldoorlogen (1918-1939)

s' **entre-dévorer** elkaar verslinden

l' **entrée** (v) 1 ingang, toegang: *~ gratuite* gratis toegang 2 intrede, binnenkomst; (het) binnenkomen: *examen d'~* toelatingsexamen 3 opkomst [van een acteur]: *~ en scène* opkomst [op het toneel] 4 toegangsbewijs; toegangsprijs 5 voorgerecht 6 entree: *~ en fonctions* indiensttreding 7 invoer(recht) 8 [comp] input: *d'~ de jeu* vanaf het begin, meteen 9 enter(toets)

les **entrefaites** (mv, v): *sur ces ~* inmiddels, intussen

l' **entrefilet** (m) kort krantenbericht

l' **entregent** (m): *avoir de l'~* gemakkelijk in de omgang zijn

l' **entrejambe** (m) kruis [ook van broek]

l' **entrelacement** (m) ineenvlechting, verstrengeling

¹entrelacer (ov ww) ineenvlechten, ineenstrengelen

s' **²entrelacer** (wdk ww) ineengevlochten zijn

entrelarder larderen; [fig] doorspekken

¹entremêler (ov ww) 1 dooreenmengen, vermengen 2 afwisselen 3 doorspekken

s' **²entremêler** (wdk ww) door elkaar lopen

l' **entremets** (m) nagerecht, toetje

l' **entremetteuse** (v) koppelaarster

s' **entremettre** bemiddelen; tussenbeide komen

l' **entremise** (v) bemiddeling, tussenkomst

l' **entrepont** (m) tussendek

entreposer (in entrepot) opslaan

l' **entrepôt** (m) entrepot, pakhuis, opslagplaats

entreprenant, -e ondernemend; doortastend

l' **entreprenaute** (m/v) internetondernemer

entreprendre 1 ondernemen, beginnen aan, ter hand nemen; [een proces] aanspannen 2 [bouwwerk, enz.] aannemen 3 pogen,

proberen 4 trachten te overtuigen, verleiden: *~ une femme* een vrouw trachten te veroveren

l' **entrepren|eur** (m), **-euse** (v) aannemer, -neemster; ondernemer, -neemster: *~ de construction* bouwondernemer, aannemer; *~ de transports* expediteur, vervoerder

l' **entrepreneuriat** (m) 1 ondernemerschap: *stimuler l'~* ondernemerschap stimuleren 2 ondernemerswereld

l' **entreprise** (v) 1 onderneming; (het) ondernemen: *avoir l'esprit d'~* ondernemend zijn 2 bedrijf: *~ publique* staatsbedrijf; *~ privée* particuliere onderneming; *chef d'~* ondernemer; *comité d'~* ondernemingsraad; [Belg] *conseil d'~* ondernemingsraad; *petites et moyennes ~s* midden- en kleinbedrijf

¹entrer dans, à, en (onov ww) 1 gaan, binnengaan, binnenkomen, binnenrijden, binnenvaren (in), enz.; ingaan, inkomen, inrijden, invaren enz.: *défense d'~* verboden toegang; *le train entre en gare* de trein rijdt het station binnen; *~ dans les détails* in bijzonderheden treden; *~ dans la vie active* zijn intrede doen in het beroepsleven; *~ dans un parti* zich aansluiten bij een partij; *~ dans le jeu* gaan meedoen; *~ en campagne* ten strijde trekken; *~ en colère* woedend worden; *~ en action* in actie komen; *~ en lutte* de strijd aanbinden; *~ en scène* a) opkomen [van acteur]; b) verschijnen; *~ en service* in dienst treden; *faire ~* a) binnenlaten; b) opnemen; c) brengen, steken, slaan, drijven (in); *~ en fraude* illegaal binnenkomen; *faire ~ qqch. dans la tête à qqn.* iem. iets aan het verstand brengen; [inf] *une voiture lui est entrée dedans* een auto is tegen hem op gereden 2 deel uitmaken van, vallen onder: *~ en ligne de compte* meetellen, in aanmerking komen; *faire ~ en (ligne de) compte* in aanmerking nemen; *cela n'entre pas dans mes intentions* dat ligt niet in mijn bedoeling 3 begrijpen, meeleven, delen

²entrer (ov ww) 1 binnenbrengen 2 [comp] inboeken, invoeren: *~ des données* gegevens invoeren

l' **entresol** (m) tussenverdieping

entre-temps intussen, inmiddels

¹entretenir (ov ww) onderhouden [in alle bet]; koesteren [van gevoelens]

s' **²entretenir** (wdk ww) zich met elkaar onderhouden

l' **entretien** (m) 1 onderhoud: *d'un ~ facile* gemakkelijk te onderhouden 2 gesprek, onderhoud: *~ d'embauche* sollicitatiegesprek; *~ d'évaluation* functioneringsgesprek; *~ de notation* beoordelingsgesprek

s' **entretuer** elkaar doden

entrevoir even zien; een glimp opvangen van; voorvoelen, vermoeden: *laisser ~* laten doorschemeren

l' **entrevue** (v) onderhoud, interview; ont-

moeting
entrouvert, -e half geopend, op een kier
¹**entrouvrir** (ov ww) half openen, op een kier zetten
s' ²**entrouvrir** (wdk ww) half, een beetje opengaan
entuber [inf] oplichten, bedonderen
l' **énumération** (v) opsomming
énumérer opnoemen, opsommen
envahir 1 binnendringen; bezetten, overmeesteren; overweldigen **2** overwoekeren; overstromen, overspoelen; vollopen **3** overmannen [slaap]
envahissant, -e allesoverheersend, dominerend; opdringerig
l' **envahissement** (m) overweldiging, inval; verovering, bezetting, invasie; overstroming, overwoekering
l' **envahisseur** (m) overweldiger, indringer, bezetter
s' **envaser** dichtslibben
l' **enveloppe** (v) **1** omhulsel, bekleding, hoes, omslag, wikkel, verpakking **2** [techn] mantel, huis **3** enveloppe, [Belg] omslag: ~ à fenêtre vensterenveloppe, [Belg] vensteromslag; sous ~ onder couvert; il a reçu une ~ hij heeft steekpenningen aangenomen; ~ budgétaire budget, beschikbare kredieten
l' **enveloppement** (m) **1** [med] wikkel **2** [mil] omsingeling **3** omwikkeling, verpakking
envelopper 1 hullen, bekleden, inpakken, wikkelen **2** omringen
l' **enveloppe-réponse** (v; mv: enveloppes-réponses) antwoordenvelope
envenimer infecteren; verergeren
l' **envergure** (v) vlucht, vleugelwijdte; [fig] omvang; kaliber; betekenis: de grande ~ grootscheeps, groots opgezet; un esprit de grande ~ een veelomvattende geest
l' ¹**envers** (m) **1** keerzijde; achterkant, verkeerde kant [van een stof]: à l'~ **a)** binnenste buiten; **b)** averechts; **c)** ondersteboven; **d)** achterstevoren; **e)** verkeerd; **f)** in de war; c'est le monde à l'~ dat is de wereld op zijn kop **2** het tegenovergestelde, tegendeel
²**envers** (vz) jegens, tegen, ten opzichte van
envi: à l'~ om het hardst
enviable benijdenswaardig
l' **envie** (v) **1** afgunst; nijd: digne d'~ benijdenswaardig **2** zin, neiging, trek, behoefte; aandrang, [Belg] goesting: j'ai très ~ ik heb veel zin om, ik moet nodig; ~ d'apprendre leergierigheid; mourir d'~ branden van verlangen; cela me fait ~ daar heb ik zin in; avoir ~ de vomir moeten overgeven, misselijk zijn **3** moedervlekje
envier benijden, misgunnen: n'avoir rien à ~ à personne alles hebben wat zijn hart begeert
l' ¹**envi|eux** (m), **-euse** (v) afgunstige: faire des ~ de afgunst opwekken

²**envi|eux, -euse de** (bn) afgunstig, jaloers (op)
environ ongeveer; omstreeks
environnant, -e omringend, omliggend, nabijgelegen
l' **environnement** (m) (leef)milieu; omgeving
l' ¹**environnementaliste** (m/v) milieudeskundige
²**environnementaliste** (bn) milieukundig: organisation ~ milieuorganisatie
environner omringen, omgeven
les **environs** (mv, mv) omgeving, buurt, omstreken, omtrek: aux ~ de in de buurt van, rond; les frais s'élèvent aux ~ de mille euros de kosten bedragen ongeveer duizend euro
envisager overwegen; onder ogen zien; beschouwen; voorzien; van plan zijn
l' **envoi** (m) zending, verzending: coup d'~ **a)** [sport] aftrap; **b)** [fig] startschot
l' **envol** (m) (het) opvliegen; [fig] vlucht; [luchtv] (het) opstijgen: piste d'~ startbaan
l' **envolée** (v) vlucht, het opvliegen: ~ du dollar omhoogvliegen van (de koers van) de dollar
s' **envoler 1** wegvliegen; opstijgen **2** opwaaien, wegwaaien **3** vervliegen [hoop, tijd]: le temps s'envole de tijd vliegt voorbij || le franc suisse s'envole de Zwitserse frank vliegt omhoog
envoûtant, -e betoverend
l' **envoûtement** (m) betovering; onweerstaanbare bekoring
envoûter betoveren; fascineren
l' ¹**envoyé** (m), **-e** (v) afgezant(e), afgevaardigde: ~(e) spécial(e) verslaggever, -geefster
²**envoyé, -e** (bn): [inf] c'est (bien) ~! die is raak
¹**envoyer** (ov ww) **1** (door)sturen; zenden; toezenden, verzenden: [inf] ~ au diable verwensen; ~ chercher le médecin de dokter laten komen; ~ promener qqn. iem. afschepen; ~ qqn. sur les roses iem. met een kluitje het riet in sturen **2** [sport] trappen, slaan, schieten, werpen **3** afvaardigen
s' ²**envoyer** (wdk ww) **1** elkaar sturen **2** [inf] naar binnen slaan: s'~ un verre de vin een glaasje nemen; eentje nemen
l' **envoy|eur** (m), **-euse** (v) afzend(st)er
éolien, -ne wind-
l' **éolienne** (v) windmolen
l' **épagneul** (m), **-e** (v) spaniël
épais, -se 1 dik **2** grof **3** dicht: brouillard ~ dichte mist; d'~ sourcils zware wenkbrauwen; feuillage ~ dicht gebladerte
l' **épaisseur** (v) dikte; dichtheid; diepte [van een kast]
¹**épaissir** (onov ww) dikker, dichter worden
²**épaissir** (ov ww) verdikken; dikker maken: ~ une sauce **a)** een saus laten inkoken; **b)** een saus binden

s' ³**épaissir** (wdk ww) dikker worden

l' **épaississement** (m) (het) dikker, dichter worden

l' **épanchement** (m) [med] uitstorting; [fig] ontboezeming

¹**épancher** (ov ww) [fig] ontboezemen, lucht geven aan: ~ *sa bile* zijn gal spuwen

s' ²**épancher** (wdk ww) **1** zich verbreiden **2** zijn hart uitstorten

l' **épandage** (m) verspreiden, uitrijden van mest; (het) strooien

épandre uitstorten, verspreiden, strooien

épanoui, -e ontloken, in volle bloei, goed ontwikkeld; [fig] stralend van vreugde

¹**épanouir** (ov ww) **1** doen ontluiken; uitspreiden **2** [fig] verblijden; doen stralen **3** ontplooien

s' ²**épanouir** (wdk ww) **1** ontluiken **2** stralen van vreugde; zich ontspannen **3** zich ontplooien, tot volle ontwikkeling komen

l' **épanouissement** (m) (het) ontluiken; ontplooiing; volle ontwikkeling; (het) zich ontspannen

l' **épargnant** (m), **-e** (v) spaarder, inlegger, -ster

l' **épargne** (v) spaargeld; (het) sparen: *caisse d'~* spaarbank, spaarkas; *livret d'~* spaarbankboekje

l' **épargne-logement** (v) bouwspaarfonds

épargner 1 sparen, uitsparen, besparen **2** zuinig omgaan met **3** sparen, ontzien

l' **épargne-retraite** (v) pensioensparen

l' **éparpillement** (m) verspreiding; [fig] versnippering

¹**éparpiller** (ov ww) verstrooien, verspreiden; [fig] versnipperen: ~ *ses efforts* zijn inspanningen op verschillende zaken richten

s' ²**éparpiller** (wdk ww) versnipperen: *il s'éparpille* hij rommelt maar wat aan

épars, -e verstrooid; verward, wanordelijk

épatant, -e verbazend; schitterend; te gek

l' **épate** (v) [inf] bluf: *faire des ~s* a) kapsones hebben; **b)** anderen proberen te overdonderen

épaté, -e 1 plat: *nez* ~ stompe neus **2** [inf] stomverbaasd

épater [inf] verbazen, verstomd doen staan: ~ *la galerie* (of: *le bourgeois*) kapsones hebben, indruk willen maken

l' **épaule** (v) **1** schouder: *avoir la tête sur les ~s* met beide benen op de grond staan; *donner un coup d'~* een handje helpen; *porter un fardeau sur les ~s* een last op zijn schouders dragen [ook fig] **2** [slagerij] schouderstuk

épauler 1 [een geweer] aanleggen; richten **2** [bouwk] stutten **3** (onder)steunen, helpen

l' **épaulette** (v) epaulet; schoudervulling; schouderbandje

l' **épave** (v) wrak(stuk) [ook fig]; verloren voorwerp

l' **épaviste** (m) autosloper

l' **épeautre** (m) [plantk] spelt

l' **épée** (v) **1** degen, zwaard: *coup d'~ dans l'eau* slag in de lucht **2** schermer

épeler spellen; [fig] met moeite ontcijferen

épépiner ontpitten

éperdu, -e buiten zichzelf; radeloos; hevig, hartstochtelijk

éperdument hevig: ~ *amoureux* smoorverliefd

l' **éperlan** (m) spiering

l' **éperon** (m) **1** spoor [van ruiter, haan, bloem]: *la bataille des Éperons d'or (1302)* Guldensporenslag **2** stroombreker [aan bruggen] **3** uitloper [van berg]

éperonner 1 de sporen geven **2** aansporen **3** [scheepv] rammen

l' **épervier** (m) **1** sperwer **2** werpnet

l' ¹**éphémère** (m) eendagsvlieg

²**éphémère** (bn) eendags-; kortstondig; vergankelijk

l' **éphéméride** (v) scheurkalender

l' **épi** (m) **1** aar **2** kruintje **3** krib [in een rivier]

l' **épice** (v) specerij: *pain d'épice(s)* kruidkoek, ontbijtkoek

épicé, -e 1 gekruid; sterk (geurend) **2** pikant, gewaagd

l' **épicéa** (m) **1** [plantk] gewone spar **2** vurenhout

l' **épicentre** (m) epicentrum

épicer kruiden [ook fig]

l' **épicerie** (v) kruidenierswinkel; kruidenierswaren: ~ *fine* delicatessen

l' **épic|ier** (m), **-ière** (v) **1** kruidenier(ster) **2** bekrompen burgermannetje, krentenkakker

l' **épidémie** (v) epidemie

l' **épiderme** (m) opperhuid, vel, huid

épidermique opperhuid-; [fig] oppervlakkig: *réaction* ~ emotionele reactie

épier bespieden, begluren; bespioneren

l' **épieu** (m) [wapen] spies

l' **épilateur** (m) epilator

l' **épilation** (v) ontharing, het epileren

épilatoire ontharings-

l' **épilepsie** (v) epilepsie

épiler ontharen, epileren

l' **épilogue** (m) epiloog, naschrift, narede, naspel; slotwoord; ontknoping

épiloguer nakaarten

l' **épinard** (m, meestal mv) spinazie

l' **épine** (v) doorn, stekel: *tirer une* ~ *du pied de qqn.* iem. uit de nood helpen; ~ *dorsale* ruggengraat, wervelkolom

épin|eux, -euse doornig, stekelig; [fig] netelig, lastig: *une question* épineuse een gevoelig punt

l' **épingle** (v) speld [ook als sieraad]: ~ *de nourrice*, ~ *de sûreté* veiligheidsspeld; *coups d'~* speldenprikken; *tirer son* ~ *du jeu* zich handig ergens uit terugtrekken; *monter en* ~ **a)** goed doen uitkomen; **b)** overdrijven; *tiré à* *quatre ~s* keurig (*of:* in de puntjes) verzorgd gekleed; ~ *à cheveux* haarspeld; *virage en ~ à cheveux* haarspeldbocht

l' **épingler** vastspelden, opspelden; [inf] gevangennemen: *il s'est fait ~* hij is gesnapt

épinière (v): *moelle ~* ruggenmerg

l' **Epiphanie** (v) Driekoningen

épique episch; groots, gedenkwaardig

épiscopal, -e bisschoppelijk

l' **épiscopat** (m) episcopaat; bisschoppelijke waardigheid: *~ français* de Franse bisschoppen

l' **épisode** (m) **1** episode; voorval **2** [tv-serie] deel; aflevering

épistolaire brief-: *style ~* briefstijl

l' **épitaphe** (v) grafschrift

l' **épithète** (v) kwalificatie; [taalk] bijvoeglijk naamwoord

l' **épître** (v) epistel, brief

éploré, -e in tranen, wanhopig

l' **épluchage** (m) **1** (het) schoonmaken, schillen [van groente en fruit] **2** [fig] (het) uitpluizen

l' **épluche-légumes** (m) dunschiller

éplucher schoonmaken, schillen, doppen, pellen; [fig] napluizen, uitpluizen

les **épluchures** (mv, v) schillen, afval

l' **EPO** (v) afk van *érythropoïétine* epo, erytropoëtine

l' **éponge** (v) spons: [fig] *passer l'~ sur* door de vingers zien; *serviette ~* badhanddoek; *tissu ~* badstof; *jeter l'~* de handdoek in de ring gooien

éponger afsponzen, afwissen; wegwerken, vereffenen

l' **épopée** (v) heldendicht, epos

l' **époque** (v) tijdperk; periode; tijd; datum, moment: *nous vivons une drôle d'~* wij leven in een rare tijd; *à l'~* **a)** vroeger; **b)** destijds; *faire ~* baanbrekend zijn; *un meuble d'~* een echt antiek meubelstuk; *la Belle Époque* periode rond 1900

épouiller ontluizen

s' **époumoner** zich hees schreeuwen (spreken); buiten adem raken

les **épousailles** (mv, v) [iron] bruiloft

l' **épouse** (v) echtgenote

épouser 1 huwen, trouwen met **2** zich voegen naar, zich aanpassen aan: *~ les idées de qqn.* iemands ideeën tot de zijne maken; *~ la forme de qqch.* de vorm aannemen van

l' **époussetage** (m) (het) afstoffen

épousseter afstoffen, afborstelen

époustouflant, -e [inf] ongelofelijk, verbijsterend

époustoufler versteld doen staan; verbijsteren

épouvantable verschrikkelijk, ontzettend

l' **épouvantail** (m; mv: épouvantails) vogelverschrikker [ook fig]; schrikbeeld

l' **épouvante** (v) ontzetting; paniek: *film d'~*

griezelfilm

épouvanter 1 verschrikken, ontzetten, schokken **2** hevig ongerust maken

l' **époux** (m), **épouse** (v) echtgenoot, echtgenote

s' **éprendre de** verliefd worden (op)

l' **épreuve** (v) **1** proef(neming), test; onderzoek, tentamen, proefwerk: *~ écrite* schriftelijk examen; *à l'~* op proef; *à l'~ de* bestand tegen; *à l'~ du feu* vuurvast; *~ de force* krachtmeting, krachtproef; *mettre à l'~* op de proef stellen; *à toute ~* **a)** tegen alles bestand; **b)** volkomen betrouwbaar **2** drukproef, proefdruk, proefblad, afdruk **3** beproeving: *résister à l'~ du temps* de tand des tijds weerstaan; *passer par de rudes ~s* zwaar beproefd worden **4** wedstrijd: *~ contre la montre* tijdrit; *~ d'endurance* prestatieloop, prestatierit; *~s d'un championnat* nummers van een titelwedstrijd

épris, -e verliefd

éprouvant, -e zwaar, moeilijk

éprouvé, -e 1 beproefd; deugdelijk, betrouwbaar; ervaren **2** zwaar beproefd

éprouver 1 op de proef stellen, toetsen, beproeven **2** ondervinden, ervaren, voelen: *~ le besoin de* de behoefte voelen om te; *~ de l'affection pour qqn.* genegenheid voor iem. voelen

l' **éprouvette** (v) reageerbuis; proefmonster: *bébé-~* reageerbuisbaby

épucer vlooien

épuisant, -e uitputtend

l' **épuisement** (m) **1** (het) leegpompen: *pompe d'~* **a)** zuigpomp; **b)** gemaal **2** uitputting; (het) opraken: *~ professionnel* burn-out

¹**épuiser** (ov ww) **1** uitputten, afmatten, opgebruiken: *~ tous les moyens* geen middel onbeproefd laten **2** leegpompen, droogmaken **3** ruïneren **4** [een onderwerp] uitputtend behandelen ‖ *ce livre est épuisé* dat boek is uitverkocht

s' ²**épuiser** (wdk ww) **1** zich uitputten, uitgeput raken, zich afsloven **2** uitverkocht, (op) raken

l' **épuisette** (v) schepnet; hoosvat

l' **épuration** (v) zuivering [ook politiek]; reiniging: *station d'~* waterzuiveringsinstallatie

épurer 1 zuiveren, klaren, raffineren; reinigen **2** verbeteren

équarrir 1 vierkant maken; haaks afwerken: *mal équarri* **a)** grof; **b)** ruw **2** villen [en in stukken snijden]

l' **équarrissage** (m) het vierkant maken [van hout]; het villen, verwerken [van vee]

l' **Equateur** (m) Ecuador: *la République de l'~* Ecuador

l' **équateur** (m) evenaar, equator

l' **équation** (v) vergelijking

l' **Equatorien** (m), **-ne** (v) Ecuadoraan(se)

équatorien, -ne Ecuadoraans

l' **équerre** (v) winkelhaak: *d'*~ haaks; ~ *à dessiner* driehoek
équestre ruiter-: *statue* ~ ruiterstandbeeld
équeuter de steel verwijderen van [vrucht]
l' **équilibrage** (m) (het) uitbalanceren; (het) in evenwicht brengen
l' **équilibre** (m) evenwicht(igheid)
équilibré, -e evenwichtig, uitgebalanceerd
équilibrer 1 in evenwicht brengen, houden **2** op elkaar afstemmen **3** uitbalanceren
l' **équilibriste** (m/v) evenwichtskunstenaar [ook fig]
l' **équinoxe** (m) equinox, dag-en-nachteve-ning: *marée d'*~ springtij
l' **équipage** (m) bemanning, bemensing
l' **équipe** (v) ploeg; groep, staf, team; [sport] elftal: *une fine* ~ een mooi stel; *chef d'*~ ploegbaas; ~ *de nuit* nachtploeg; *esprit d'*~ teamgeest; *sport d'*~ teamsport; *travailler en* ~ **a)** in teamverband werken; **b)** in ploegver-band werken
l' **équipée** (v) onbezonnen streek, slippertje; uitstapje: *une folle* ~ een dol avontuur
l' **équipement** (m) **1** uitrusting, materiaal; outillage **2** voorziening(en); installatie: *biens d'*~ kapitaalgoederen
équiper de uitrusten (met), voorzien (van)
l' **équipier** (m) speler [in een team]
équitable rechtvaardig, billijk
l' **équitation** (v) rijkunst, (het) paardrijden: *faire de l'*~ paardrijden; *école d'*~ manege, rijschool
l' **équité** (v) billijkheid, rechtvaardigheid(sge-voel)
l' **équivalence** (v) gelijkwaardigheid, equi-valentie
l' **¹équivalent** (m) equivalent: *sans* ~ zonder weerga
²équivalent, -e (bn) gelijkwaardig, equiva-lent
équivaloir à gelijkwaardig zijn aan, gelijk-staan met, neerkomen op, opwegen tegen: *cela équivaut à* dat staat gelijk met
l' **¹équivoque** (v) dubbelzinnigheid; misver-stand, onzekerheid: *sans* ~ overduidelijk
²équivoque (bn) **1** dubbelzinnig: *phrases* ~*s* zinnen die voor tweeërlei uitleg vatbaar zijn **2** verdacht, twijfelachtig
l' **érable** (m) esdoorn
éradiquer uitroeien
érafler schrammen, schaven; een kras ma-ken op
l' **éraflure** (v) schram, schaafwond; kras
éraillé, -e 1 hees, schor **2** gerafeld [touw]; versleten [weefsel]
¹érailler (ov ww) **1** hees maken **2** rafelen, slijten **3** bekrassen; schaven, schrammen
s' **²érailler** (wdk ww) **1** hees worden **2** slijten, rafelen
l' **éraillure** (v) **1** rafeling, slijtage **2** kras; schram; schaafwond

l' **ère** (v) tijdperk; tijdrekening, jaartelling: ~ *primaire* het paleozoïcum; *l'*~ *atomique* het atoomtijdperk
l' **érection** (v) **1** oprichting [monument] **2** erectie
éreintant, -e afmattend
l' **éreintement** (m) **1** afmatting, afbeuling **2** vernietigende kritiek, (het) afmaken
¹éreinter (ov ww) **1** afmatten, afbeulen **2** afmaken, afbreken [door kritiek]
s' **²éreinter** (wdk ww) zich afbeulen
l' **ergonomie** (v) ergonomie
l' **ergot** (m) spoor [van een haan] ‖ [fig] *se dresser sur ses* ~*s* op zijn achterste benen gaan staan
ergoter muggenziften
l' **ergot|eur** (m), **-euse** (v) muggenzifter
l' **ergothérapie** (v) ergotherapie
¹ériger (ov ww) **1** oprichten; bouwen; in-stellen **2** (+ en) verheffen tot: ~ *en principe* tot principe verheffen
s' **²ériger en** (wdk ww) zich opwerpen (als)
l' **ermite** (m) kluizenaar, heremiet
éroder invreten, wegvreten; afschuren, uit-schuren; eroderen
éros|if, -ive wegvretend, uitschurend
l' **érosion** (v) erosie: ~ *monétaire* muntont-waarding
érotique erotisch
l' **érotisme** (m) erotiek; seksuele drang; ero-tisch karakter
l' **errance** (v) [form] zwerftocht; omzwerving
errant, -e dwalend, dolend; zwervend: *chien* ~ zwerfhond; *peuple* ~ nomadenvolk; [Belg] *grenailles* ~*es* steenslag; *le Juif* ~ de Wandelende Jood; *chevalier* ~ dolende ridder
l' **errata** (m) errata [lijst van drukfouten]
erratique zwervend; zwerf-
errer dwalen, dolen, zwerven
l' **erreur** (v) dwaling, vergissing, misvatting, fout: *commettre* (of: *faire*) *une* ~ een vergis-sing maken; ~ *de calcul* rekenfout, telfout, misrekening; *sauf* ~ als ik me niet vergis, als ik het goed heb; *cherchez l'*~ er klopt iets niet; *tirer de l'*~ uit de droom helpen; ~ *ju-diciaire* gerechtelijke dwaling; *par* ~ bij ver-gissing, per ongeluk; *vous faites* ~ u vergist u ‖ *l'*~ *est humaine* vergissen is menselijk
erroné, -e verkeerd, op een dwaling (ver-gissing) berustend
éructer oprispen, boeren: ~ *des injures* be-ledigingen uitslaan
l' **¹érudit** (m), **-e** (v) geleerde
²érudit, -e (bn) geleerd, erudiet
l' **érudition** (v) geleerdheid, eruditie
érupt|if, -ive vulkanisch; [med] met uitslag gepaard
l' **éruption** (v) **1** [med] (het) doorbreken; uit-slag, uitbarsting: ~ *dentaire* het doorkomen van een tand **2** eruptie: *volcan en* ~ vulkaan die actief is

l' **Erythrée** (v) Eritrea

l' **Erythréen** (m), **-ne** (v) Eritreeër, Eritrese
érythréen, -ne Eritrees
es 2e pers enk van '*être*
ès: *docteur ès lettres* doctor in de letteren

l' **ESB** (v) afk van *encéphalopathie spongi-*
forme bovine BSE (afk van *bovine spongi-*
form encephalopathy)

l' **esbroufe** (v) [inf] kouwe drukte, bluf: *faire*
de l'~ bluffen, opscheppen
esbroufer [inf] overbluffen, overdonderen

l' **escabeau** (m) krukje; trapje

l' **escadre** (v) eskader

l' **escadrille** (v) **1** [marine] flottielje; smaldeel
2 [luchtmacht] squadron

l' **escadron** (m) eskadron, eenheid; troep,
grote groep

l' **escalade** (v) **1** beklimming, bestijging: *éco-*
le d'~ klimschool; *faire de l'~* klimsport beoefenen; *mur d'~* klimmuur **2** escalatie, het es-
caleren: *~ de la violence* geweldsescalatie
escalader beklimmen, klauteren over, bestijgen

l' **escalator** (m) roltrap

l' **escale** (v) aanloophaven; landing(sterrein);
(het) aanleggen; tussenlanding: *faire ~*
a) binnenlopen, aandoen; **b)** een tussenlanding maken; *vol sans ~* vlucht zonder tussen-
stop

l' **escalier** (m) trap: *~ mécanique, ~ roulant*
roltrap; *~ de service* diensttrap, personeels-
trap

l' **escalope** (v) [cul] lapje vlees, stukje vis: *~ de*
veau kalfsschnitzel
escamotable intrekbaar: *lit ~* opklapbed;
antenne ~ telescopische antenne

l' **escamotage** (m) (het) wegmoffelen: *truc*
d'~ verdwijntruc
escamoter weggoochelen, wegstoppen,
wegmoffelen; ontfutselen; intrekken [lan-
dingsgestel]; ontwijken: *~ des mots* woorden
inslikken; *~ une question* een vraag uit de
weg gaan

l' **escampette** (v): *prendre la poudre d'~* ervandoor gaan

l' **escapade** (v) **1** ontsnapping; escapade;
(het) weglopen, spijbelen **2** slippertje

l' **escargot** (m) huisjesslak; eetbare slak

l' **escarmouche** (v) schermutseling
escarpé, -e steil: *chemin ~* steile weg

l' **escarpement** (m) steile helling, steilte

l' **escarpin** (m) open schoentje; pump

l' **escarre** (v) korst [op wonden]: *souffrir d'~s*
[med] doorliggen

l' **Escaut** (m) Schelde: *~ occidental* Wester-
schelde; *~ oriental* Oosterschelde

l' **escient** (m): *à bon ~* goed doordacht; *à*
mauvais ~ ondoordacht

s' **esclaffer** schaterlachen

l' **esclandre** (m) schandaal, opschudding: *fai-*
re un ~ een scène maken

l' **esclavage** (m) slavernij; [fig] onderworpenheid, juk

l' **esclave** (m/v) slaaf, slavin

l' **escogriffe** (m) lange slungel

l' **escompte** (m) disconto; korting: *taux d'~*
discontovoet; *accorder un ~ de 5%* een korting van 5% verlenen
escompter 1 in disconto nemen **2** verwachten, rekenen op: *une réussite escomptée*
succes waarop gerekend was

l' **escorte** (v) **1** escorte, geleide, konvooi
2 stoet, gevolg: *faire ~ à* begeleiden
escorter konvooieren; escorteren, begeleiden; vergezellen

l' **escorteur** (m) escortevaartuig

l' **escouade** (v) [mil] deel van een sectie;
groepje

l' **escrime** (v) schermkunst; (het) schermen:
faire de l'~ schermen

s' **escrimer** zich weren; zich uitsloven

l' **escrimeur** (m), **-euse** (v) scherm(st)er

l' **escroc** (m) oplichter, zwendelaar
escroquer aftroggelen, door oplichterij
verkrijgen: *~ qqn.* iem. oplichten

l' **escroquerie** (v) oplichterij, zwendel

l' **ésotérisme** (m) esoterie

l' ¹**espace** (m) **1** ruimte; tussenruimte: *man-*
quer d'~ onvoldoende ruimte hebben; *~ aé-*
rien luchtruim; *~ piétonnier* voetgangersge-
bied; *~ de discussion* en direct chatroom; *~s*
verts groenvoorzieningen; *~ vital* levensruimte, leefruimte; *~ publicitaire* adverten-
tieruimte, reclameblok, reclamezendtijd
2 tijdsverloop: *en l'~ d'une journée* in één dag

l' ²**espace** (v) [typ] spatie

l' **espacement** (m) tussenruimte, afstand
¹**espacer** (ov ww) **1** op een zekere afstand
van elkaar plaatsen **2** spreiden [in de tijd]

s' ²**espacer** (wdk ww) **1** op grotere afstand
van elkaar staan **2** met langere tussenpozen
op elkaar volgen

l' **espadon** (m) zwaardvis

l' **espadrille** (v) espadrille, touwslipper

l' **Espagne** (v) Spanje: *châteaux en ~* luchtkastelen

l' ¹**espagnol** (m) Spaans
²**espagnol, -e** (bn) Spaans: *auberge ~e* plek
waar je krijgt wat je zelf inbrengt; [fig] chaotische situatie

l' **Espagnol** (m), **-e** (v) Spanjaard, Spaanse

l' **espagnolette** (v) spanjolet

l' **espalier** (m) **1** muur, latwerk met leibomen
2 [sport] wandrek

l' **espèce** (v) **1** soort, aard, slag: *une ~ (anima-*
le) en voie de disparition een met uitsterven
bedreigde diersoort; *de toute ~* allerlei; *l'~*
humaine **a)** het menselijk geslacht; **b)** de
mensheid **2** (+ de) [als intro van scheld-
woord]: *~ d'abruti* rund **3** [jur] geval: *en l'~*
in het onderhavige geval ‖ *c'est un cas d'~* dat
is een geval apart

les **espèces** (mv, v) muntgeld: *en* ~ in contanten; ~ *sonnantes et trébuchantes* klinkende munt

l' **espérance** (v) hoop, verwachting: *un talent plein d'~s* een veelbelovend talent; *contre toute* ~ tegen alle verwachting in; ~ *de guérison* hoop op genezing; ~ *de vie* levensverwachting, gemiddelde levensduur

l' **espéranto** (m) Esperanto
 espérer hopen op; verwachten; vertrouwen

l' **¹espiègle** (m/v) rakker, schalk
 ²espiègle (bn) guitig

l' **espièglerie** (v) guitigheid; guitenstreek

l' **espiogiciel** (m) spyware, spionagesoftware

l' **espion** (m), **-ne** (v) spion(ne): *satellite* ~ spionagesatelliet

l' **espionnage** (m) spionage; (het) bespieden: ~ *industriel* bedrijfsspionage
 espionner bespioneren

l' **esplanade** (v) voorplein, uitzichtterras: ~ *des Invalides* plein voor de Invalides (Parijs)

l' **espoir** (m) hoop, verwachting: *un* ~ *du cyclisme français* een renner van wie de Fransen veel verwachten, een veelbelovende wielrenner; *sans* ~ uitzichtloos; *avoir bon* ~ goede hoop hebben; *mettre son* ~ *dans qqch.* (of: *en qqn.*) zijn hoop op iets (of: iem.) vestigen

l' **esprit** (m) **1** geest; spook: *Saint-Esprit, Esprit Saint* Heilige Geest; ~ *malin* boze geest, duivel **2** geest, ziel, bewustzijn: ~ *d'équipe* teamgeest, solidariteit; *reprendre ses ~s* weer tot bewustzijn, bezinning komen **3** verstand, gedachte; aanleg: ~ *de détail* zin voor het detail; ~ *d'invention* vindingrijkheid; *en* ~ in gedachte, in de geest, in de verbeelding; *jeu* de l'~ ± intellectueel spel; *avoir l'~ ailleurs* de gedachten er niet bij hebben; *avoir l'~ mal tourné* overal wat (seksueels) achter zoeken; *une vue* de l'~ iets theoretisch, theoretische constructie; *faire du mauvais* ~ dwarsliggen; *avoir l'~ de suite* consequent zijn; *ne pas avoir l'~ à* niet in de stemming zijn om; *trotter dans l'~* door het hoofd spoken; *calmer les ~s* de gemoederen tot bedaren brengen; *venir à l'~* [van gedachten] opkomen, invallen; *être large d'~* ruimdenkend zijn **4** geestigheid, oorspronkelijkheid: *homme d'~* geestig man; *mot d'~* geestigheid; *avoir l'~* geestig zijn **5** mens, persoon, iemand: *un* ~ *réaliste* een nuchter mens **6** geest [vluchtige stof]: ~ *de sel* zoutzuur

l' **esquif** (m) bootje

l' **¹esquimau** (m) chocoladeijslolly
 ²esquimau, -de (bn) van de Eskimo's, Eskimo-

l' **Esquimau** (m), **-de** (v) Eskimo
 ¹esquinter (ov ww) **1** [inf] afbeulen **2** [fig] afmaken [met kritiek] **3** beschadigen, bederven, verwonden

s' **²esquinter** (wdk ww) zich afbeulen

l' **esquisse** (v) schets, ontwerp; kort overzicht: l'~ *d'un sourire* flauwe glimlach; *sans l'~ d'un regret* zonder een zweem van spijt; ~ *d'un roman* opzet van een roman
 esquisser schetsen, ontwerpen; in grote lijnen uiteenzetten: ~ *un sourire* even glimlachen; ~ *un geste de protestation* een vaag gebaar van protest maken; ~ *à grands traits* in grote lijnen schetsen

l' **esquive** (v) ontwijkende beweging
 ¹esquiver (ov ww) zich handig onttrekken aan, ontwijken; ontlopen [iem.]; omzeilen [iets]

s' **²esquiver** (wdk ww) ontsnappen, ontkomen, ertussenuit knijpen, ervandoor gaan; ontduiken

l' **essai** (m) **1** proef(neming); toets; test; experiment, oefenrit; poging; probeersel: *à l'~* op proef; ~ *nucléaire* kernproef; *coup d'~* probeersel, proefstuk; *banc d'~* testbank; *pilote d'~* testpiloot **2** essay **3** [rugby] try

l' **essaim** (m) zwerm, drom

l' **essaimage** (m) (het) zwermen [van bijen]; zwermtijd; (het) uitzwermen [van personen]
 essaimer zwermen; [van personen] uitzwermen: *cette entreprise a essaimé dans toute l'Europe* deze onderneming heeft vestigingen in heel Europa

l' **essayage** (m) (het) passen: *cabine d'~* paskamer
 ¹essayer de (ov ww) beproeven, (uit)proberen; trachten, pogen; onderzoeken, een proef nemen met, (aan)passen; proeven; toetsen, keuren

s' **²essayer à** (wdk ww) zijn krachten beproeven; een poging wagen

l' **essence** (v) **1** essentie, wezen, natuur: *par* ~ wezenlijk **2** benzine: *pompe* à ~ benzinepomp; *faire le plein d'~* voltanken; ~ *sans plomb* loodvrije benzine **3** boomsoort **4** essence, extract: ~ *de café* koffie-extract

l' **¹essentiel** (m) (het) voornaamste, het essentiële, de hoofdzaak; het belangrijkste
 ²essentiel, -le (bn) wezenlijk, essentieel, fundamenteel; kenmerkend; noodzakelijk: *principe* ~ hoofdbeginsel; *un film* ~ een absoluut belangrijke film; *point* ~ *d'une discussion* kernpunt van een discussie ‖ *huile ~le* etherische olie
 essentiellement wezenlijk; hoofdzakelijk; boven alles; absoluut
 esseulé, -e verlaten, alleen, eenzaam

l' **essieu** (m) (wagen)as: ~ *moteur* drijfas; ~ *avant* vooras

l' **essor** (m) [fig] **1** hoge vlucht: *prendre son* ~ **a)** opvliegen, wegvliegen; **b)** [fig] een hoge vlucht nemen; **c)** de vleugels uitslaan, zelfstandig worden; *une entreprise en plein* ~ een onderneming die snel groeit **2** (het) opvliegen, uitvliegen [van jonge vogels]

l' **essorage** (m) (het) wringen, centrifugeren [van wasgoed]

essorer 1 uitwringen; centrifugeren **2** [fig] door de mangel halen

l' **essoreuse** (v) wringer, centrifuge: ~ à salade slacentrifuge

l' **essoufflement** (m) ademnood: ~ de l'économie de fut is uit de economie

¹essouffler (ov ww) buiten adem brengen

s' **²essouffler** (wdk ww) **1** buiten adem raken **2** [fig] achteruitgaan

l' **essuie** (m) [Belg] handdoek: ~ de vaisselle [Belg] vaatdoek

l' **essuie-glace** (m; mv: essuie-glaces) ruitenwisser [auto]

l' **essuie-mains** (m) handdoek

l' **essuie-tout** (m) keukenrol

essuyer 1 afvegen, afstoffen, schoonmaken, (af)drogen: s'~ les mains zijn handen afdrogen, afvegen; [inf] ~ les plâtres [fig] de spits afbijten **2** doorstaan, verduren, ondergaan; moeten slikken: ~ une perte verlies lijden; ~ un échec (of: un refus) bot vangen

¹est 3e pers enk van 'être

l' **²est** (m) oosten: à l'~ de ten oosten van; dans l'~ du pays in het oosten van het land; les pays de l'Est de landen van Oost-Europa; le vent souffle de l'~ de wind waait uit het oosten; la côte ~ de oostkust

l' **estacade** (v) paalwerk; waterkering

l' **estafette** (v) estafette; bestelbusje; [mil] ordonnans

l' **estafilade** (v) houw, snede

l' **estaminet** (m) volkscafeetje; kroegje

l' **estampe** (v) gravure, grafiek; prent, plaat; stempel

estamper stempelen; merken; afdrukken; [pop] oplichten

l' **estampillage** (m) stempeling

l' **estampille** (v) stempel, kwaliteitskeur; [fig] kenmerk, stempel

estampiller merken, stempelen

l' **esthète** (m/v) estheet

l' **esthéticien** (m), **-ne** (v) **1** estheticus, -ca **2** schoonheidsspecialist(e)

l' **¹esthétique** (v) esthetica, schoonheidsleer: ~ industrielle industriële vormgeving

²esthétique (bn) esthetisch; mooi, smaakvol: chirurgie ~ plastische chirurgie; soins ~s uiterlijke verzorging

estimable verdienstelijk; achtenswaardig

estimat|if, -ive: devis ~ kostenraming

l' **estimation** (v) schatting, begroting, raming; taxatie

l' **estime** (v) achting, waardering: marques d'~ blijken van bewondering; à l'~ op het oog; ce film a connu un succès d'~ deze film werd alleen door de kenners gewaardeerd

¹estimer (ov ww) **1** schatten, ramen, taxeren **2** achten, houden voor, vinden, denken,

menen, van oordeel zijn **3** (hoog)achten, waarderen

s' **²estimer** (wdk ww) **1** zich achten: estimez-vous heureux (de) wees blij (dat) **2** elkaar waarderen, achten

estival, -e zomers, zomer-

l' **estivant** (m) zomergast

l' **estocade** (v) doodsteek [bij stierengevecht]: porter l'~ à qqn. iem. op de knieën krijgen

l' **estomac** (m) maag: avoir l'~ creux (of: vide), avoir l'~ dans les talons rammelen van de honger; [fig] avoir de l'~ durf, lef hebben; ça reste sur l'~ dat ligt zwaar op de maag

estomaquer [inf] verbluft doen staan, ontstellen; schokken

estompé, -e vaag, wazig

s' **estomper** vervagen, vervlakken

l' **Estonie** (v) Estland

estonien, -ne Estlands

l' **Estonien** (m), **-ne** (v) Est(se)

l' **estrade** (v) podium, verhoging

l' **estragon** (m) dragon

l' **¹estropié** (m), **-e** (v) invalide

²estropié, -e (bn) verminkt, kreupel, gebrekkig

estropier verminken; kreupel (gebrekkig) maken: ~ un mot een woord verhaspelen

l' **estuaire** (m) brede riviermond

estudiantin, -e studenten-

l' **esturgeon** (m) steur: œufs d'~ kaviaar

et en: vingt et un eenentwintig; trois heures et quart kwart over drie; cinq heures et demie half zes; et de deux! en dat is twee!; et après? en wat daarna?, en wat dan?

l' **étable** (v) (koe)stal

l' **établi** (m) werkbank

¹établir (ov ww) **1** stellen, plaatsen, onderbrengen, vestigen: l'ordre établi de gevestigde orde; ~ un record een record vestigen **2** (+ sur) baseren op **3** aantonen, bewijzen: il est établi que vaststaat dat **4** vaststellen, bepalen: ~ une facture een rekening opmaken **5** oprichten, stichten, installeren; [een kamp] opslaan; [een reglement] opstellen

s' **²établir** (wdk ww) **1** zich vestigen: s'~ à son compte voor zichzelf beginnen, een eigen zaak beginnen **2** ontstaan, tot stand komen

l' **établissement** (m) **1** vestiging, invoering **2** inrichting, instelling: ~ d'enseignement technique technische school, [Belg] beroepsschool; ~ scolaire onderwijsinstelling; ~ public overheidsinstelling belast met beheer van een staatsbedrijf **3** vaststelling **4** [horeca] etablissement, zaak, café, restaurant

l' **étage** (m) **1** etage, verdieping; [fig] niveau, trap: fusée à trois ~s drietrapsraket **2** rang: de bas ~ van laag allooi

l' **étagement** (m) trapsgewijze opstelling

¹étager (ov ww) trapsgewijs opstellen

s' **²étager** (wdk ww) trapsgewijs liggen

l' **étagère** (v) etagère, rek; schap; legplank, boekenplank

l' **étain** (m) tin; tinnen voorwerp

l' **étal** (m; mv: étals) stalletje [op de markt]; slagersbank, snijbank

l' **étalage** (m) **1** etalage, uitstalling **2** (+ de) [fig] ophef, vertoon (van), (het) pronken (met): *faire* ~ *de* te koop lopen, geuren, pronken met

l' **étalagiste** (m/v) etaleur, etaleuse

étale 1 stilstaand: *mer* ~ doodtij **2** onbeweeglijk; rustig, kalm: *navire* ~ stilliggend schip; *vent* ~ vaste wind

l' **étalement** (m) tentoonspreiding, uitstalling; uitspreiding; spreiding [in tijd]: ~ *des vacances* vakantiespreiding; ~ *des paiements* betaling in termijnen

¹étaler (ov ww) **1** uitstallen, etaleren, tentoonspreiden, uitspreiden **2** te koop lopen, pronken met **3** onthullen, aan het licht brengen: ~ *son jeu* open kaart spelen **4** openvouwen, ontvouwen **5** uitsmeren; [verf] aanbrengen **6** spreiden [in de tijd]: ~ *ses paiements* in termijnen betalen **7** tegen de grond slaan

s' **²étaler** (wdk ww) **1** te zien zijn **2** pronken **3** zich uitstrekken; [inf] languit neervallen **4** zich laten uitsmeren, uitstrijken **5** gespreid zijn, worden [in de tijd] || *s'~ sur un sujet* uitweiden over een onderwerp

l' **étalon** (m) **1** hengst, dekhengst **2** ijkmaat: ~*-or* gouden standaard **3** model, maatstaf

étalonner ijken; testen

l' **étamine** (v) **1** meeldraad **2** zeefdoek: *passer à l'* ~ filtreren, zeven **3** dunne stof

étanche ondoordringbaar, waterdicht, luchtdicht: *cloison* ~ **a)** waterdicht schot; **b)** [fig] volstrekte scheiding

l' **étanchéité** (v) waterdichtheid; luchtdichtheid; isolatie

étancher stelpen; lessen [dorst]; waterdicht, luchtdicht maken; afsluiten [bron]; drogen [tranen]; opnemen [met spons]; uitpompen [scheepsruim]

l' **étang** (m) vijver; meertje, plas, ven

l' **étape** (v) **1** halte, pleisterplaats; etappe [ook sport]: *faire* ~ halt houden, stoppen; *gîte d'* ~ pleisterplaats, overnachtingsplek; *brûler les* ~*s* uiterst snel te werk gaan, te hard van stapel lopen **2** [fig] mijlpaal, fase

l' **Etat** (m) staat; rijk: *chef de l'* ~ staatshoofd; *conseil d'* ~ Raad van State; *coup d'* ~ staatsgreep; *raison d'*~ staatsbelang; ~ *satellite* satellietstaat; ~ *tampon* bufferstaat || [gesch] *les* ~*s généraux* de Staten-Generaal

l' **état** (m) **1** staat, toestand; stand; gesteldheid; status: ~ *d'âme* gemoedstoestand; ~ *de santé* gezondheidstoestand; *en mauvais* ~ in slechte staat; *cette voiture n'est pas en* ~ *de marche* die auto is niet rijklaar; *laisser (une*

chose) en l'~ er niets aan doen; *être hors d'*~ *de* niet in staat zijn te; *en tout* ~ *de cause* hoe het ook zij, in ieder geval; *à l'*~ *sauvage* in het wild **2** stand: ~ *civil* burgerlijke stand **3** beroep: *commerçant de son* ~ winkelier van beroep **4** staat, lijst, tabel, overzicht; inventaris; beschrijving, verslag: *faire* ~ *de* vermelden, gewag maken van; ~ *des lieux* inventarisbeschrijving; ~ *de services* staat van dienst

étatique van de Staat, staats-

l' **état-major** (m; mv: états-majors) **1** [mil] generale staf: *carte d'*~ stafkaart **2** hoofdkwartier **3** [fig] staf, naaste medewerkers

l' **Etat-providence** (m) welvaartsstaat; verzorgingsstaat

les **États-Unis** (mv, m) Verenigde Staten: *aux* ~ in de Verenigde Staten

l' **Etat-voyou** (m; mv: Etats-voyous) schurkenstaat

l' **étau** (m) bankschroef: *être pris dans un* ~ klem zitten; *l'*~ *se resserre* het net sluit zich

étayer stutten, (onder)steunen; staven

etc. afk van *et cetera* etc., enz., enzovoort

¹été geweest; *zie* **¹être**

l' **²été** (m) zomer: *en* ~ 's zomers

l' **éteignoir** (m) domper [ook fig]

¹éteindre (ov ww) blussen; [het licht] uitdraaien, doven, uitdoen; [fig] lessen [van dorst]; verbleken [van glans, kleur]; dempen [van geluid]

s' **²éteindre** (wdk ww) doven, uitgaan; dof worden, verbleken [van glans, kleur]; verflauwen [van gevoelens]; wegsterven [van geluid]; ontslapen, uitsterven [van een ras]

¹éteint, -e (bn) **1** geblust, gedoofd, uitgedaan **2** dof, mat [kleur, glans; stem, geluid] **3** uitgeblust [mens]

²éteint volt dw van **¹éteindre**

l' **étendard** (m) standaard; banier, vaandel

l' **étendoir** (m) waslijn, drooglijn, droogruimte

¹étendre (ov ww) **1** uitbreiden, vergroten **2** [arm] uitstrekken; [hand] uitsteken **3** [de benen] spreiden **4** rekken **5** uitspreiden; [een kleed] uitrollen; neerleggen; [wasgoed] uithangen: ~ *la pâte au rouleau* het deeg uitrollen; ~ *le linge* de was ophangen **6** uitsmeren, uitstrijken **7** verdunnen: ~ *une sauce* een saus aanlengen **8** [inf] neerslaan **9** verspreiden, verbreiden

s' **²étendre** (wdk ww) **1** zich uitbreiden, groter worden, rekken **2** (+ à) zich uitstrekken (tot) **3** (languit) gaan liggen **4** zich verspreiden **5** (+ sur) uitweiden (over): *s'*~ *sur un sujet* uitweiden over een onderwerp

¹étendu, -e (bn) **1** uitgebreid **2** uitgestrekt; ruim **3** gespreid; (languit) liggend

²étendu volt dw van **¹étendre**

l' **étendue** (v) **1** uitgestrektheid **2** grootte, omvang **3** duur, lengte

l' **¹éternel** (m) (het) eeuwige: *l'Eternel* **a)** de

Eeuwige; **b)** de Here

²éternel, -le (bn) **1** eeuwig(durend), voor altijd; eindeloos: *vie ~le* eeuwig leven **2** eeuwig, onafscheidelijk

éterniser vereeuwigen; eindeloos rekken: *s'~* **a)** eeuwig duren; **b)** veel te lang duren (blijven); *on ne va pas s'~ ici* hier blijven we niet lang

l' **éternité** (v) eeuwigheid: *de toute ~* altijd al

l' **éternuement** (m) (ge)nies

éternuer niezen

êtes 2e pers mv van ¹*être*

l' **éthanol** (m) ethanol

l' **éther** (m) [chem] ether

éthéré, -e etherisch; vluchtig; ijl

l' **Éthiopie** (v) Ethiopië

l' **Éthiopien** (m), **-ne** (v) Ethiopiër, Ethiopische

éthiopien, -ne Ethiopisch

l' ¹**éthique** (v) ethiek, zedenleer

²**éthique** (bn) ethisch

l' **ethnie** (v) volksgroep

ethnique etnisch, volks-

l' **ethnologie** (v) volkenkunde

l' **éthologie** (v) gedragsleer

l' **éthylisme** (m) alcoholisme

l' **éthylotest** (m) [verk] blaaspijpje [voor alcoholcontrole]

étinceler fonkelen, schitteren; sprankelen, uitblinken

l' **étincelle** (v) vonk; [fig] sprankje: *il faisait des ~s* hij was sprankelend

l' **étincellement** (m) fonkeling, schittering

l' **étiolement** (m) (het) wegkwijnen, verpieteren

s' **étioler** bleek worden; wegkwijnen; verpieteren

étique uitgemergeld

l' **étiquetage** (m) etikettering

étiqueter etiketteren

l' **étiquette** (v) **1** etiket; label: *la valse des ~s* reeks van elkaar snel opvolgende prijsveranderingen; *un candidat sans ~* een niet-partijgebonden kandidaat **2** etiquette

¹**étirer** (ov ww) (uit)rekken; draden trekken

s' ²**étirer** (wdk ww) zich uitrekken; langer worden

l' **étoffe** (v) **1** stof [weefsel] **2** soort, slag **3** kwaliteiten: *avoir de l'~* een grote persoonlijkheid zijn

¹**étoffer** (ov ww) verrijken; meer inhoud, body geven; stofferen

s' ²**étoffer** (wdk ww) steviger worden

l' **étoile** (v) ster; gesternte: *~ filante* vallende ster; *~ Polaire* Poolster; *~ jaune* Jodenster; *un hôtel deux-étoiles* een tweesterrenhotel; *à la belle ~* onder de blote hemel; *danseur ~* eerste danser; *être né sous une bonne ~* onder een gelukkig gesternte geboren zijn; [dierk] *~ de mer* zeester

étoilé, -e (met sterren) bezaaid: *la bannière*

~e de Amerikaanse vlag

étoiler met sterren bezaaien; een ster maken in [bijv. ruit]

étonnant, -e verwonderlijk, verbazend, verbazingwekkend: *pas ~ qu'il soit malade!* geen wonder dat hij ziek is!; *cela n'a rien d'~* dat is niets bijzonders, dat verbaast mij helemaal niet; *femme ~e* bijzondere vrouw

étonné, -e verbaasd, verwonderd

l' **étonnement** (m) verwondering, verbazing: *à son ~* tot zijn verbazing

¹**étonner** (ov ww) verwonderen, verbazen

s' ²**étonner de** (wdk ww) zich verwonderen, zich verbazen over

étouffant, -e benauwd, verstikkend, drukkend

l' **étouffée** (v): *cuire à l'~* stoven

l' **étouffement** (m) verstikking; benauwdheid; *zie* ¹*étouffer*

¹**étouffer** (ov ww) **1** verstikken, doen stikken: *~ de caresses* onder liefkozingen bedelven **2** benauwen, hinderen **3** [vuur] doven; [geluid] dempen **4** [gevoelens, opstand] onderdrukken: *~ dans l'œuf* in de kiem smoren; *~ un scandale* een schandaal in de doofpot stoppen **5** (het) benauwd hebben, stikken [van de warmte]: *~ de rire* stikken van het lachen

s' ²**étouffer** (wdk ww) stikken

l' **étourderie** (v) onnadenkendheid; onbezonnen daad

l' ¹**étourdi** (m), **-e** (v) onbezonnen mens

²**étourdi, -e** (bn) onnadenkend: *à l'~e* onbesuisd

¹**étourdir** (ov ww) **1** verdoven, versuffen; doen duizelen **2** vermoeien [met gepraat] **3** bedwelmen

s' ²**étourdir** (wdk ww) **1** bedwelmd raken **2** afleiding zoeken

étourdissant, -e oorverdovend; overweldigend

l' **étourdissement** (m) verdoving; duizeling; roes, bedwelming; (het) zoeken van afleiding

l' **étourneau** (m) **1** spreeuw **2** [inf] onbezonnen mens

l' **ETP** (m) afk van *équivalent temps plein* fte, fulltime-equivalent

étrange vreemd(soortig), zonderling, raar: *comme c'est ~!* wat vreemd!

étrangement vreemd, vreemd genoeg

l' ¹**étranger** (m), **-ère** (v) vreemdeling(e), buitenlander, -landse, onbekende

l' ²**étranger** (m) buitenland: *à l'~* **a)** in het buitenland; **b)** naar het buitenland; *partir pour l'~* naar het buitenland vertrekken

³**étranger, -ère** (bn) **1** vreemd, onbekend, niet op zijn gemak **2** niet eigen aan, vallend buiten; niet betrokken (bij): *elle est étrangère à cette affaire* zij heeft niets met die zaak van doen **3** onkundig van, ontoegankelijk voor

4 buitenlands, uitheems: *politique étrangère* buitenlands beleid; *Affaires étrangères* Buitenlandse Zaken; *Légion étrangère* vreemdelingenlegioen

l' **étrangeté** (v) vreemd(soortig)heid

étranglé, -e gesmoord, verstikt: *voix ~e* gesmoorde stem

l' **étranglement** (m) **1** wurging; verstikte stem **2** belemmering; beperking: *goulet d'~* bottleneck

¹**étrangler** (ov ww) **1** wurgen; [fig] benauwen **2** insnoeren; vernauwen **3** belemmeren, beknotten; [m.b.t. personen] muilkorven; [fin] te gronde richten

s' ²**étrangler** (wdk ww) **1** stikken **2** [m.b.t. stem] gesmoord klinken

l' **étrave** (v) voorsteven

l' ¹**être** (m) **1** (het) zijn; bestaan **2** wezen, essentie **3** levend (menselijk) wezen; mens: ~ *humain* mens; ~ *aimé* geliefde; *Être suprême* Opperwezen

²**être** (onov ww) **1** zijn, wezen, bestaan: *il était une fois* er was eens; *le temps est à l'orage* er zit onweer in de lucht; *raison d'~* reden van bestaan; *nous sommes quatre* wij zijn met ons vieren; *je suis à vous* ik sta tot uw dienst; *vous êtes de la famille* u hoort tot (bij) de familie; *quel jour sommes-nous?* wat voor dag is het?; *je suis de Bruxelles* ik kom uit Brussel; *soit!* goed dan, vooruit dan maar; *n'est-ce pas?* nietwaar?; *c'est que* dat komt omdat; ~ *du nombre* erbij horen; *si j'étais vous* als ik u was **2** liggen, staan, zitten e.d.: *vous êtes bien?* zit u goed? **3** gaan: *j'ai été le voir* ik ben hem gaan opzoeken **4** (+ en) : *en* ~ **a)** erbij horen; **b)** meedoen; *nous n'en sommes plus là* dat ligt achter ons; *où en sommes-nous?* waar (hoever) zijn we (gebleven)?; *je n'en suis pas là* zover ben ik nog niet; *s'il en est ainsi* als de zaak zó staat; *il n'en est rien* dat is onjuist; *il en est de lui comme de moi* het gaat met hem net als met mij; *en* ~ *pour son argent* zijn geld erbij inschieten **5** (+ y) : *y* ~ **a)** er zijn; **b)** begrijpen; *j'y suis!* ik snap het!; *ça y est!* klaar is Kees; *vous n'y êtes pas!* kom nou!; *y* ~ *pour qqch.* er iets mee te maken hebben; *n'y* ~ *pour rien* er geheel buiten staan **6** (+ à) moeten: *ce travail est à refaire* dat werk moet over; *c'est à vous d'agir* u moet wat doen

³**être** (hww) **1** zijn **2** [bij wederkerig en wdk ww] zijn: *il s'est lavé* hij heeft zich gewassen **3** [lijdende vorm] worden: *il a été tué* hij is gedood

étreindre 1 omhelzen, omarmen, omknellen; omklemmen: *qui trop embrasse mal étreint* men moet niet te veel hooi op zijn vork nemen **2** stevig vastpakken **3** beklemmen, benauwen

l' **étreinte** (v) omknelling, omhelzing

l' **étrenne** (v) **1** [meestal mv] nieuwjaarsgeschenk, gratificatie; [Belg] eindejaarstoela-

ge, eindejaarsgeschenk **2** eerste gebruik [van iets]

¹**étrenner** (onov ww) de eerste slagen oplopen, het spits afbijten

²**étrenner** (ov ww) **1** geschenken geven aan **2** inwijden, voor het eerst gebruiken; in gebruik nemen

l' **étrier** (m) stijgbeugel; beugel, klimijzer || *coup de l'~* glaasje op de valreep, afzakkertje; *être ferme sur ses ~s* stevig in zijn schoenen staan; *avoir le pied à l'~* **a)** klaarstaan om te vertrekken; **b)** er goed voor staan

l' **étrille** (v) roskam

étriller roskammen; afkraken; [inf] afzetten

étriper 1 de ingewanden halen uit; [vis] schoonmaken **2** [pop] afmaken, om zeep brengen

étriqué, -e 1 (te) krap [van een kledingstuk] **2** [fig] benepen

étroit, -e 1 nauw, smal, eng: *être à l'~* klein behuisd zijn, te weinig ruimte hebben **2** innig: *liens ~s* nauwe banden; *en ~e collaboration avec* in nauwe samenwerking met **3** streng: *sens* ~ *d'un mot* strikte zin van een woord **4** bekrompen, benepen: *avoir des idées ~es* er bekrompen ideeën op na houden

l' **étroitesse** (v) **1** nauwheid, smalte, engheid **2** bekrompenheid

l' **étude** (v) **1** studie, bestudering; oefening; (het) leren **2** onderzoek, studie: ~ *du marché* marktonderzoek, marketing **3** studiezaal [in een school]; studietijd [op school]: *maître d'~* surveillant **4** notariskantoor, deurwaarderskantoor

les **études** (mv, v) onderwijs, opleiding, studie: *examen de fin d'~* eindexamen; *faire ses* ~ studeren; *abandonner ses* ~ zijn studie opgeven; ~ *supérieures* hoger onderwijs

l' ¹**étudiant** (m), **-e** (v) student(e): ~ *travailleur* [Belg] jobstudent

²**étudiant, -e** (bn) studie: *vie ~e* studentenleven

étudié, -e 1 bestudeerd; weloverwogen, zorgvuldig voorbereid **2** gemaakt, gekunsteld, gezocht

¹**étudier** (onov ww) studeren

²**étudier** (ov ww) instuderen, bestuderen, studeren, leren

s' ³**étudier** (wdkg ww) elkaar observeren

l' **étui** (m) etui, doos, foedraal, koker; holster: ~ *de cartouche* patroonhuls; ~ *à violon* vioolkist

l' **étuve** (v) **1** zweetbad: ~ *humide* stoombad, sauna **2** droogoven, autoclaaf: ~ *à désinfection* ontsmettingsoven

l' **étuvée** (v): [cul] *cuit à l'~* gestoofd

étuver 1 [in een oven] drogen; steriliseren, desinfecteren **2** stoven, smoren

l' **étymologie** (v) etymologie

eu volt dw van ¹*avoir*

euh 1 [verwondering] hm; o; o ja? **2** [aarze-ling, twijfel] hm; eh

l' **eunuque** (m) **1** haremwachter **2** [med] eu-nuch

euphémique eufemistisch

l' **euphémisme** (m) eufemisme

l' **euphonie** (v) welluidendheid

l' **euphorie** (v) euforie, opgetogenheid

l' **Eurafricain** (m), **-e** (v) mulat(tin)

l' **Eurasien** (m), **-ne** (v) Euraziër, Eurazische

l' **euro** (m) euro: *un billet de vingt* ~s een briefje van twintig euro

l' **eurocrate** (m/v) ambtenaar van de Europe-se instellingen

l' **eurodéputé** (m) Europarlementariër

l' **Euroland** (m) eurozone; Euroland

l' **europarlementaire** (m) Europarlementa-riër

l' **Europe** (v) Europa

européaniser Europees maken

européen, -ne Europees

l' **Européen** (m), **-ne** (v) Europeaan, Europe-se

l' **eurovignette** (v) eurovignet

l' **euthanasie** (v) euthanasie

eux (mv) zij, hun, hen

E.V. afk van *en ville* alhier

l' **évacuation** (v) **1** ontruiming, evacuatie **2** afvoer, lozing; afwatering

les **évacuations** (mv, v) braaksel, ontlasting

évacuer ontruimen, evacueren; ontlasten, lozen, afvoeren, spuien; ledigen

s' **évader 1** ontvluchten, ontsnappen, ontko-men; [fig] een uitweg vinden **2** zich onttrek-ken aan; zich bevrijden van

évaluable te schatten

l' **évaluation** (v) schatting, begroting; evalu-atie; raming, taxatie

évaluer à schatten, begroten (op); evalue-ren, ramen

évangélique 1 evangelisch **2** protestants

l' **évangélisateur** (m) zendeling, missionaris

évangéliser het evangelie verkondigen aan, kerstenen

l' **Evangile** (m) evangelie; Nieuwe Testa-ment: *l'~ selon saint Jean* het evangelie van Johannes

s' **évanouir 1** flauwvallen **2** spoorloos ver-dwijnen; in rook vervliegen

l' **évanouissement** (m) **1** bezwijming, flauwte **2** verdwijning **3** [radio] fading

évaporable verdampbaar

l' **évaporateur** (m) droogtoestel; verdam-pen

l' **évaporation** (v) verdamping

l' **¹évaporé** (m), **-e** (v) lichtzinnige

²évaporé, -e (bn) verdampt; lichtzinnig

s' **évaporer** verdampen, vervluchtigen; [fig] vervliegen; plotseling verdwijnen

évasé, -e met wijde opening, wijd uitlo-pend

l' **évasement** (m) verwijding

évas|if, -ive ontwijkend, vaag

l' **évasion** (v) ontvluchting, ontsnapping; [fig] vlucht, afleiding: ~ *fiscale* belastingont-duiking

l' **évêché** (m) bisdom; bisschoppelijk paleis

l' **éveil** (m) (het) ontwaken: *donner l'~ à* waarschuwen; *tenir qqn. en ~* iem. waakzaam doen blijven

éveillé, -e wakker; levendig: *rêve ~* dag-droom

¹éveiller (ov ww) wekken [ook fig]

s' **²éveiller** (wdk ww) **1** wakker worden, ont-waken [ook fig] **2** ontstaan

l' **événement** (m) **1** gebeurtenis, voorval: *je suis dépassé par les ~s* de dingen groeien me boven het hoofd **2** gebeurtenis van belang; evenement: *faire ~* opzien baren; [media] *créer l'~* nieuws maken; ~ *historique* histo-risch feit; ~ *sportif* sportevenement **3** afloop, resultaat

l' **éventail** (m; mv: éventails) **1** waaier: *en ~* waaiervormig **2** reeks: ~ *des salaires* salaris-verschillen

l' **éventaire** (m) uitstalling, stalletje

éventé, -e verschaald; winderig; uitgelekt

¹éventer (ov ww) **1** koelte toewaaien; luch-ten **2** aan het licht brengen: ~ *une mine* een mijn ontdekken en onschadelijk maken; ~ *la mèche* het door hebben **3** [jagerstaal] ruiken [door de honden]

s' **²éventer** (wdk ww) **1** de smaak of geur ver-liezen; verschalen [van dranken] **2** zich koel-te toewaaien

¹éventrer (ov ww) **1** de buik openrijten **2** gaten maken in

s' **²éventrer** (wdk ww) harakiri plegen [zelf-moord]

l' **éventualité** (v) mogelijkheid, eventualiteit

éventuel, -le eventueel, mogelijk

l' **évêque** (m) bisschop

s' **évertuer à** zijn best doen (om)

l' **éviction** (v) buitensluiting, uitsluiting, uit-stoting

évidemment natuurlijk, vanzelfsprekend; klaarblijkelijk

l' **évidence** (v) vanzelfsprekendheid, eviden-tie: *de toute* ~ vanzelfsprekend, zonneklaar; *se refuser à l'~* het niet willen inzien; *se ren-dre à l'~* zich bij de feiten neerleggen; *mettre en ~* duidelijk doen uitkomen

évident, -e klaarblijkelijk, zonneklaar; voor de hand liggend, vanzelfsprekend, evident

évider uithollen; openwerken; uitsnijden, uitzagen, uitbeitelen, uitboren

l' **évier** (m) gootsteen

évincer verdringen; [van een lijst] afvoeren; uitschakelen, uitstoten, uitsluiten

évitable te vermijden

l' **évitement** (m): *gare d'~* rangeerstation; *voie d'~* zijspoor

¹**éviter** (ov ww) **1** vermijden; voorkomen: ~ *le regard de qqn.* iemands blik ontwijken; ~ *le sel* geen zout gebruiken; ~ *de prendre l'avion* liever niet met het vliegtuig gaan **2** uitwijken voor, ontwijken; ontkomen aan **3** besparen: ~ *qqch. à qqn.* iem. iets besparen

s' ²**éviter** (wdk ww) **1** vermeden worden **2** elkaar ontwijken

évoca|teur, -trice 1 bezwerings-, die oproept **2** suggestief

l' **évocation** (v) **1** oproeping, bezwering **2** (het) voor de geest halen, evocatie **3** opgeroepen geest **4** [jur] evocatie

évolué, -e ontwikkeld

évoluer 1 (rond)draaien, wenden, zwenken; manoeuvreren **2** [fig] evolueren, zich ontwikkelen; verandering ondergaan

l' **évolution** (v) **1** evolutie, ontwikkeling; [van een ziekte] verloop **2** zwenking, draaiende beweging; koersverandering, wenteling, (het) cirkelen [van een vliegtuig]; manoeuvre

l' **évolutionnisme** (m) evolutieleer

évoquer 1 [geesten] oproepen; [herinneringen] ophalen **2** doen denken aan, voor de geest roepen **3** vermelden

ex. afk van *exemple* voorbeeld

exacerber verergeren; [tot het uiterste] prikkelen

exact, -e exact, nauwkeurig, juist, precies; stipt op tijd, punctueel; nauwgezet

exactement precies; juist; exact

l' **exaction** (v) afpersing, afzetterij

l' **exactitude** (v) nauwkeurigheid, juistheid; stiptheid, accuratesse, nauwgezetheid

l' **exagération** (v) overdrijving, overdrevenheid

exagéré, -e overdreven, overtrokken

¹**exagérer** (ov ww) overdrijven, opblazen, te ver gaan: *sans* ~ zonder overdrijving

s' ²**exagérer** (wdk ww): *s'~ qqch.* een overdreven voorstelling hebben van iets

l' **exaltation** (v) **1** verheerlijking **2** vervoering, geestdrift, euforie **3** opgewondenheid

l' ¹**exalté** (m), **-e** (v) **1** opgewonden iem. **2** fanaticus

²**exalté, -e** (bn) **1** in vervoering, geestdriftig **2** overspannen, geëxalteerd **3** hevig, zeer sterk

¹**exalter** (ov ww) **1** verheerlijken **2** in vervoering brengen **3** opwinden

s' ²**exalter** (wdk ww) geestdriftig worden

l' **examen** (m) **1** onderzoek; (het) nazien; inzage: *à l'~* bij nadere beschouwing; ~ *médical* medisch onderzoek; ~ *de conscience* zelfonderzoek; *esprit d'~* kritische geest; [jur] *mettre en* ~ aanhouden [voor verhoor] **2** examen: *passer un* ~ een examen afleggen, examen doen; *subir un* ~ examen doen

l' **examina|teur** (m), **-trice** (v) examinator, -trice

¹**examiner** (ov ww) **1** onderzoeken, nagaan, bestuderen, keuren **2** examineren, een examen afnemen; ondervragen **3** opnemen, gadeslaan, onderzoekend bekijken

s' ²**examiner** (wdk ww) zich bekijken: *s'~ dans la glace* zichzelf aandachtig in de spiegel bekijken

exaspérant, -e ergerlijk

l' **exaspération** (v) **1** ergernis, verbittering **2** verergering

exaspérer tot wanhoop brengen; woedend maken

l' **exaucement** (m) verhoring

exaucer verhoren [van een bede]; inwilligen [van een verzoek]; vervullen [van een wens]

l' **excavateur** (m) grondgraafmachine

l' **excavation** (v) uitgraving; uitholling; holte, kuil, gat

excaver afgraven, uitgraven

excédant, -e afmattend; uitermate irriterend

l' **excédent** (m) **1** teveel, overschot; overwicht: ~ *de poids* overgewicht **2** batig saldo: *balance du commerce en* ~ actieve handelsbalans

excédentaire overtollig

excéder 1 overtreffen; overschrijden, te boven gaan **2** te veel vergen; mateloos irriteren

excellemment *zie* excellent

l' **excellence** (v) **1** uitmuntendheid, uitmuntende hoedanigheid; uitstekende kwaliteit: *Excellence* Excellentie; *par* ~ bij uitstek

excellent, -e uitmuntend, uitstekend, voortreffelijk: *un* ~ *homme* een beste man

exceller à uitmunten (in), uitblinken (in)

l' **excentricité** (v) excentriciteit; ligging buiten het centrum; [fig] buitenissigheid

l' ¹**excentrique** (m/v) zonderling(e)

²**excentrique** (bn) **1** excentrisch; afgelegen [van een buurt] **2** [fig] excentriek, zonderling

excepté, -e behalve, uitgezonderd

excepter uitzonderen, uitsluiten, buiten beschouwing laten

l' **exception** (v) uitzondering: *à l'~ de* behalve; *d'~* buitengewoon; *par* ~ bij uitzondering; *faire* ~ een uitzondering vormen, zeldzaam zijn

exceptionnel, -le exceptioneel, buitengewoon, uitzonderlijk, uitzonderings-; uitmuntend

l' **excès** (m) **1** overmaat; overdaad: *à l'~* uiterst, hoogst; *sans* ~ matig **2** buitensporigheid; exces; uitspatting: ~ *de pouvoir* overschrijding van bevoegdheid; ~ *de table* onmatigheid **3** overschot

excess|if, -ive excessief, buitensporig, hevig, overdreven; uiterst

l' **excision** (v) **1** uitsnijding **2** besnijdenis

excitable prikkelbaar

l' **¹excitant** (m) stimulerend middel; stimulans

²excitant, -e (bn) prikkelend, opwekkend; opwindend, meeslepend

l' **excita|teur** (m), **-trice** (v) ophits(st)er, aanstoker, -stookster

l' **excitation** (v) **1** prikkeling **2** aansporing, opwekking **3** opruiing, ophitsing **4** opwinding, opgewondenheid

excité, -e opgewonden

exciter 1 prikkelen, opwekken, verwekken, wekken **2** stimuleren, aansporen **3** opruien, ophitsen **4** opwinden **5** prikkelen [de begeerte] **6** aanwakkeren

l' **exclamation** (v) uitroep, kreet: *point d'~* uitroepteken

s' **exclamer** uitroepen

exclu, -e buitengesloten, uitgesloten; niet inbegrepen

¹exclure (ov ww) **1** uitsluiten **2** verwijderen **3** buiten beschouwing laten

s' **²exclure** (wdkg ww) elkaar uitsluiten

exclus|if, -ive 1 uitsluitend, exclusief: *droit ~* monopolie; *agent ~* alleenvertegenwoordiger; *~ de* onverenigbaar met **2** allesoverheersend

l' **exclusion** (v) uitsluiting, buitensluiting, verwijdering

exclusivement 1 uitsluitend **2** niet inbegrepen

l' **exclusivité** (v) **1** alleenverkoop, alleenvertoningsrecht: *ce film passe en ~ dans … * deze film draait uitsluitend in … **2** uitsluitend eigendom **3** belangrijk bericht in één dagblad

l' **excommunication** (v) excommunicatie

excommunier excommuniceren

l' **excrément** (m) uitwerpsel

excréter uitscheiden

l' **excrétion** (v) afscheiding, uitscheiding, secretie [van lichaamssappen]

les **excrétions** (mv, v) uitwerpselen

l' **excroissance** (v) uitwas [ook fig]; uitgroeisel

l' **excursion** (v) excursie, uitstapje, tocht

excursionner een tochtje maken

excusable te verontschuldigen, vergeeflijk

l' **excuse** (v) excuus, verontschuldiging

¹excuser (ov ww) excuseren, verontschuldigen, vrijpleiten, niet kwalijk nemen, vergeven

s' **²excuser** (wdk ww) **1** zijn excuses maken, zich verontschuldigen **2** vergeven worden **3** vergeeflijk zijn

exécrable 1 verfoeilijk; afschuwelijk **2** zeer slecht, walgelijk

l' **exécration** (v) afschuw; gruwel

exécrer verfoeien, verafschuwen, gruwen van

exécutable uitvoerbaar

l' **exécutant** (m), **-e** (v) uitvoerende, speler, speelster

¹exécuter (ov ww) **1** uitvoeren, volvoeren; verrichten, volbrengen, doen, voltrekken **2** doden, terechtstellen; [sport] afmaken

s' **²exécuter** (wdk ww) **1** uitgevoerd worden **2** zich in iets schikken, met tegenzin gehoorzamen

l' **exécu|teur** (m), **-trice** (v) uitvoerder, -ster: *~ des hautes œuvres* beul, scherprechter

l' **¹exécutif** (m) uitvoerende macht

²exécut|if, -ive (bn) uitvoerend

l' **exécution** (v) **1** uitvoering, voltrekking, tenuitvoerlegging: *~ forcée* gerechtelijke verkoop; *mettre à ~* ten uitvoer brengen, verwezenlijken **2** (het) maken [van een schilderij]; bouw [van een brug]; toepassing [van de wet] **3** terechtstelling, executie

l' **¹exemplaire** (m) exemplaar

²exemplaire (bn) voorbeeldig; om een voorbeeld te stellen

l' **exemple** (m) voorbeeld; toonbeeld; model: *donner l'~* het voorbeeld geven; *à l'~ de* in navolging van; *faire un ~* een voorbeeld stellen; *prendre ~ sur qqn.* een voorbeeld aan iem. nemen; *par ~* bijvoorbeeld; *par ~!* nu nog mooier!; *sans ~* a) weergaloos; b) ongehoord

exempt, -e 1 (+ de) vrijgesteld, ontheven (van): *~ de port* portvrij **2** vrij (van), zonder: *~ de fautes* gevrijwaard (tegen)

¹exempter (ov ww) **1** vrijstellen, ontslaan, ontheffen: *~ qqn. de qqch.* iem. iets kwijtschelden **2** vrijwaren

s' **²exempter** (wdk ww) nalaten, besparen, zich onttrekken

l' **exemption** (v) vrijstelling, ontheffing

exerçant, -e praktiserend, in functie

¹exercer (ov ww) **1** oefenen, trainen **2** beoefenen, uitoefenen, in praktijk brengen, bedrijven; [een talent] gebruiken **3** praktiseren, uitoefenen

s' **²exercer** (wdk ww) **1** zich oefenen, trainen; studeren **2** uitgeoefend, beoefend worden **3** (+ contre) zich keren (tegen)

l' **exercice** (m) **1** exercitie; oefening, training, lichaamsbeweging: *~ physique* lichamelijke oefening; *manquer d'~* te weinig lichaamsbeweging krijgen **2** uitoefening, beoefening: *président en ~* huidige voorzitter; *en l'~* in functie; [m.b.t. onderwijsinstelling] *de plein ~* met volledige opleiding **3** boekjaar

s' **exfolier** afschilferen

l' **exhalaison** (v) uitwaseming, damp; reuk, geur

¹exhaler (ov ww) **1** uitademen **2** uitwasemen, uitdampen **3** [fig] uiten, luchten, de vrije loop laten **4** [geur] verspreiden **5** [fig] ademen **6** slaken [een zucht]; uitblazen [de laatste adem]

s' **²exhaler** (wdk ww) opstijgen, uitgaan van

l' **exhaussement** (m) ophoging, verhoging

exhausser ophogen; [fig] verheffen

exhaust|if, -ive uitputtend; volledig

l' **¹exhiber** (ov ww) vertonen; de aandacht trekken met

s' **²exhiber** (wdk ww) zich laten zien, een vertoning geven

l' **exhibition** (v) vertoning; vertoon: *faire ~ de* te koop lopen met

l' **¹exhibitionniste** (m/v) exhibitionist(e)

²exhibitionniste (bn) exhibitionistisch

l' **exhortation** (v) vermaning; aansporing

exhorter à vermanen; aansporen, manen (tot)

l' **exhumation** (v) opgraving

exhumer opgraven, opdelven; [fig] doen herleven

exigeant, -e veeleisend

l' **exigence** (v) **1** eis, vereiste, voorwaarde **2** regel, verplichting **3** veeleisendheid **4** behoefte, verlangen

exiger vereisen; vorderen, verwachten

l' **exigibilité** (v) opeisbaarheid [van een schuld, een betaling]

exigu, exiguë klein, bekrompen

l' **exiguïté** (v) kleinheid, bekrompenheid

l' **exil** (m) ballingschap, ballingsoord; verbanning

l' **exilé** (m), **-e** (v) banneling(e)

¹exiler (ov ww) verbannen; [form] verdrijven

s' **²exiler** (wdk ww) vrijwillig in ballingschap gaan

l' **¹existant** (m) [hand] voorraad

²existant, -e (bn) bestaand

l' **existence** (v) bestaan, leven; levend wezen; [hand] voorraad

l' **existentialisme** (m) existentialisme

exister bestaan, leven, zijn

l' **exode** (v) uittocht; exodus: *~ des capitaux* kapitaalvlucht; *l'~ rural* de trek naar de stad, de ontvolking van het platteland

l' **Exode** (m) [Bijb] (de) Exodus

l' **exonération** (v) vrijstelling, ontheffing, ontlasting

exonérer vrijstellen, ontlasten, ontheffen [vnl. van belasting]

exorbitant, -e buitensporig, exorbitant

l' **exorcisation** (v) duiveluitbanning

exorciser bezweren, de duivel uitbannen, uitdrijven

l' **exorciseur** (m) duivelbanner, duivelbezweerder

l' **exorcisme** (m) duiveluitdrijving

exotique exotisch; uitheems

l' **exotisme** (m) **1** uitheemsheid **2** exotisme

expans|if, -ive uitzettings-; [fig] expansief, openhartig, mededeelzaam

l' **expansion** (v) **1** expansie, uitzetting; verbreiding, uitbreiding, ontwikkeling: *~ économique* economische groei **2** open(hartig)heid **3** ontboezeming

l' **expansivité** (v) uitzetbaarheid; [fig] mededeelzaamheid

l' **expatriation** (v) **1** uitwijking naar het buitenland; emigratie **2** belegging in het buitenland

l' **¹expatrier** (ov ww) beleggen in het buitenland

s' **²expatrier** (wdk ww) emigreren, uitwijken

expectorer [slijm] opgeven, ophoesten

l' **expédient** (m) redmiddel, uitweg; lapmiddel: *être ~s* vindingrijk; *vivre d'~s* moeten scharrelen om rond te komen

expédier verzenden, afzenden; expediëren, (snel) afhandelen: [inf] *~ qqn.* iem. wegwerken, de deur uitwerken

l' **expédi|teur** (m), **-trice** (v) expediteur, vrachtondernemer; afzend(st)er

expédit|if, -ive afdoend; voortvarend

l' **expédition** (v) **1** zending, verzending **2** (snelle) afhandeling **3** expeditie; tocht, ontdekkingsreis

l' **expérience** (v) **1** ondervinding; ervaring: *~ des hommes* mensenkennis; *~ professionnelle* werkervaring **2** experiment, proef, test: *tenter l'~* de poging wagen

expérimental, -e experimenteel, proefondervindelijk: *à titre ~* bij wijze van proef

l' **expérimentation** (v) proefneming

expérimenté, -e ervaren

¹expérimenter (onov ww) experimenteren, proeven nemen

²expérimenter (ov ww) ondervinden; beproeven

l' **¹expert** (m), **-e** (v) expert, deskundige; taxateur: *~-comptable* accountant, [Belg] bedrijfsrevisor

²expert, -e (bn) bedreven, deskundig: *~ en la matière* ter zake kundig(e)

l' **expert-comptable** (m/v; mv: experts-comptables) accountant(e)

l' **expertise** (v) expertise, deskundig onderzoek; taxatie

expertiser aan een deskundig onderzoek onderwerpen, taxeren

l' **expiation** (v) boete(doening): *Fêtes des Expiations* Grote Verzoendag

expiatoire verzoenend, als boetedoening: *victime ~* zoenoffer

expier boeten, boete doen voor

expirant, -e zieltogend, stervend; ten einde lopend, verflauwend, wegstervend, uitstervend

l' **expiration** (v) uitademing; [fig] einde, afloop: *venir à ~* verlopen; *à l'~ du délai* bij het verstrijken van de termijn

expiratoire uitademings-

¹expirer (onov ww) **1** de laatste adem uitblazen, sterven **2** aflopen, eindigen, verstrijken; [m.b.t. geluid] wegsterven

²expirer (ov ww) uitademen

explicable verklaarbaar

explicat|if, -ive verklarend

l' **explication** (v) **1** verklaring, uitleg, toelichting: *je vous dois des ~s* ik ben u een verklaring schuldig **2** rekenschap, opheldering: *je n'ai pas d'~s à vous donner* ik hoef aan u geen verantwoording af te leggen **3** woordenwisseling: *~ orageuse* gesprek waar de vonken af vliegen
     explicite formeel, uitdrukkelijk, expliciet
     expliciter nadrukkelijk formuleren
¹**expliquer** (ov ww) **1** ontvouwen, uiteenzetten **2** uitleggen, verklaren: *cela explique bien des choses* dat verklaart heel wat **3** rechtvaardigen
s' ²**expliquer** (wdk ww) **1** zich nader verklaren, zich duidelijk maken: *je m'explique* ik bedoel dit; *je ne me l'explique pas* ik begrijp het niet **2** zich verantwoorden **3** (iets) uitpraten; een woordenwisseling hebben; [inf] (het) uitvechten **4** gerechtvaardigd zijn **5** te begrijpen zijn, verklaarbaar zijn **6** [pop] vechten
l' **exploit** (m) **1** heldendaad, heldenfeit **2** opmerkelijke (top)prestatie: [inf] *~s galants* succes bij de vrouwen **3** [jur] exploot
     exploitable te ontginnen, te exploiteren; bebouwbaar; bruikbaar
l' **exploitant** (m), **-e** (v) eigenaar, -nares; ondernemer
l' **exploitation** (v) **1** exploitatie; ontginning; onderneming, bedrijf, [Belg] uitbating **2** uitbuiting
     exploiter exploiteren; ontginnen, bebouwen; munt slaan uit; uitbuiten
l' **exploit|eur** (m), **-euse** (v) uitbuit(st)er
     explorable te onderzoeken
l' **explora|teur** (m), **-trice** (v) onderzoek-(st)er; ontdekkingsreizig(st)er
l' **exploration** (v) exploratie; ontdekkingstocht; onderzoek, verkenning
     explorer doorzoeken, afzoeken, onderzoeken; verkennen; exploreren, bestuderen
     exploser 1 exploderen, ontploffen **2** [fig] tot een uitbarsting komen **3** een explosieve groei vertonen
l' **explosibilité** (v) ontplofbaarheid
     explosible ontplofbaar
l' **explosif** (m) springstof, explosief
     ²**explos|if, -ive** (bn) ontplofbaar, ontploffend; [fig] geladen, gespannen, explosief
l' **explosion** (v) **1** ontploffing: *faire ~* ontploffen **2** losbarsting, uitbarsting: *~ de colère* uitbarsting van woede; *~ de rires* lachsalvo **3** explosieve groei
l' **export** (m) verk van *exportation* uitvoer, export
     exportable voor export geschikt
l' ¹**exporta|teur** (m), **-trice** (v) exporteur
     ²**exporta|teur, -trice** (bn) exporterend
l' **exportation** (v) uitvoer, export
     exporter exporteren, uitvoeren
l' **exposé** (m) uiteenzetting, overzicht

¹**exposer** (ov ww) **1** uitstallen, exposeren, tentoonstellen: *~ aux regards* te kijk zetten **2** (+ à) blootstellen (aan): *~ à l'air* luchten **3** [foto] belichten **4** in de waagschaal stellen **5** plaatsen: *exposé au soleil* in de zon; *exposé au sud* op het zuiden **6** uiteenzetten, ontvouwen
s' ²**exposer** (wdk ww) **1** (+ à) zich blootstellen aan: *s'~ au soleil* een zonnebad nemen **2** risico's nemen **3** in opspraak komen
l' **exposition** (v) **1** uitstalling, expositie, tentoonstelling **2** blootstellen; [foto] belichting **3** ligging, plaatsing [ten opzichte van het licht] **4** uiteenzetting
l' ¹**exprès** (m) expressestuk: *par ~* spoedbestelling
     ²**exprès, expresse** (bn) uitdrukkelijk
     ³**exprès** (bn, mv: *onv*) spoed-, expres-, expresse-: *lettre ~* expresbrief
     ⁴**exprès** (bw) opzettelijk, expres: *je ne l'ai pas fait ~* ik heb het niet expres gedaan
l' ¹**express** (m) **1** sneltrein **2** espresso
     ²**express** (bn) **1** snel-: *train ~* sneltrein **2** espresso-: *café ~* espresso(koffie)
     expressément uitdrukkelijk; speciaal
     express|if, -ive expressief, veelzeggend, vol uitdrukking
l' **expression** (v) **1** uitdrukking; wijze van uitdrukken; expressiviteit: *d'~ française* Franssprekend; *~ toute faite* cliché; *liberté d'~* vrijheid van meningsuiting; *sans ~* uitdrukkingsloos **2** uiting, belichaming; [wisk] formule
l' **expressionnisme** (m) expressionisme
l' **expressivité** (v) expressiviteit; uitdrukkingskracht
l' **expresso** (m) espresso
¹**exprimer** (ov ww) uitdrukken, uitdrukking geven aan, uiten, uitbeelden: *suffrages exprimés* uitgebrachte stemmen; *attitude qui exprime le dédain* houding waaruit minachting spreekt
s' ²**exprimer** (wdk ww) **1** zich uitdrukken, zich uiten: *il s'exprime difficilement en anglais* hij heeft moeite zich in het Engels uit te drukken **2** uitgedrukt worden, tot uiting komen
l' **expropriation** (v) onteigening
     exproprier onteigenen
     expulser uitzetten; uitdruiven, verdrijven, verjagen; uitwijzen; verwijderen; het huis uitzetten
l' **expulsion** (v) verdrijving, verjaging; uitzetting, uitwijzing; uitstoting
     expurger zuiveren, kuisen, censureren
     exquis, -e 1 uitgelezen, heerlijk, bewonderenswaardig **2** verfijnd **3** allerinnemendst, kostelijk
     exsangue bloedeloos, bloedarm
l' **extase** (v) extase, vervoering, opgetogenheid
s' **extasier** in verrukking, opgetogen zijn

extatique in verrukking, in extase

l' **extensibilité** (v) rekbaarheid

extensible (uit)rekbaar, uitschuifbaar; voor uitbreiding vatbaar

l' **extension** (v) **1** (het) uitrekken; uitzetting: *appareil d'~* rekverband **2** uitbreiding, verbreiding; vergroting, verruiming **3** extension: *~ de cheveux* hairextension

exténuant, -e afmattend, uitputtend

l' **exténuation** (v) afmatting, uitputting

exténuer afmatten, uitputten: *s'~* zich afmatten

l' **¹extérieur** (m) uitwendige, uiterlijk; buitenkant; buitenland: *à l'~* buiten; *de l'~* **a)** van buiten; **b)** uit het buitenland; **c)** als buitenstaander

²extérieur, -e (bn) uitwendig, uiterlijk, buiten-; buitenlands: *politique ~e* buitenlandse politiek

l' **extériorisation** (v) (het) uiten, kenbaar maken

¹extérioriser (ov ww) uiten, kenbaar maken

s' **²extérioriser** (wdk ww) zich uiten; zich openbaren

l' **extermination** (v) verdelging, uitroeiing: *camp d'~* vernietigingskamp

exterminer verdelgen, uitroeien: [inf] *s'~ à travailler* zich kapot werken

externaliser [hand] outsourcen

l' **¹externe** (m/v) externe leerling(e)

²externe (bn) **1** uitwendig: *angle ~* buitenhoek **2** extern

l' **extincteur** (m) blusapparaat

l' **extinction** (v) **1** (uit)blussing; uitdoving: *~ des feux* taptoe, het doven van de lichten **2** uitsterving **3** delging [van schulden]: *en voie d'~* uitstervend; *~ de voix* verlies van de stem

l' **extirpateur** (m) uitroeier; wiedmachine

l' **extirpation** (v) **1** [med] uitsnijding **2** het wieden; uitroeiing

extirper [med] wegnemen; wieden, verdelgen; uitroeien

extorquer afpersen, afdwingen, ontwringen, aftroggelen

l' **extorqu|eur** (m), **-euse** (v) afpers(st)er

l' **extorsion** (v) afpersing; (het) afdwingen

l' **¹extra** (m; mv: extra(s)) iets extra's; bijverdienste; noodhulp: *faire des ~* bijverdienen

²extra (bn) buitengewoon goed

extraconjugal, -e buitenechtelijk

l' **extracteur** (m) extractietoestel, extractietang, hulzentrekker

l' **extraction** (v) **1** (het) (uit)trekken, uithalen, wegnemen **2** winning, extractie **3** [wisk] worteltrekking

extrader uitleveren

l' **extradition** (v) uitlevering

¹extraire (ov ww) **1** (uit)trekken, weghalen, uithalen, verwijderen **2** opdelven, winnen

3 [wisk] trekken (uit): *~ une racine* worteltrekken **4** (+ de) ontlenen (aan) **5** ontfutselen

s' **²extraire de** (wdk ww) [inf] met moeite komen uit: *s'~ de sa voiture* zich uit zijn auto wurmen, met grote moeite uit zijn auto komen

l' **extrait** (m) **1** extract, aftreksel **2** uittreksel, fragment: *~ journalier* dagafschrift; *~ de naissance* uittreksel uit het geboorteregister; *projeter des ~s d'un film* fragmenten uit een film vertonen

extralégal, -e onwettig, [Belg] extralegaal

extralucide helderziend

l' **¹extraordinaire** (m) het buitengewone

²extraordinaire (bn) buitengewoon, ongebruikelijk; zonderling, ongehoord; opmerkelijk; uitzonderlijk

extrapoler extrapoleren; veralgemenen

extraterrestre buitenaards

extraterritorial, -e extraterritoriaal

extra-utérin, -e (mv: extra-utérins, extra-utérines) [med] buitenbaarmoederlijk

l' **extravagance** (v) buitensporigheid; onzinnigheid

l' **¹extravagant** (m), **-e** (v) dwaas, zonderling

²extravagant, -e (bn) buitensporig; onzinnig

extravaguer gekke dingen doen, onzin uitkramen, raaskallen

l' **¹extrême** (m) uiterste: *pousser à l'~* op de spits drijven; *passer d'un ~ à l'autre* van het ene uiterste in het andere (ver)vallen

²extrême (bn) extreem; uiterst; verst, laatst, bijzonder; hevig; in uitersten, overdreven: *à l'~ rigueur* desnoods, in het uiterste geval

extrêmement hoogst, uiterst, uitermate

l' **extrême-onction** (v) [r-k] laatste oliesel

l' **Extrême-Orient** (m) Verre Oosten

l' **extrémisme** (m) extremisme; radicalisme

l' **extrémité** (v) **1** einde, uiteinde; uiterste; uiterste nood: *être à toute ~* op sterven liggen; *à la dernière ~* **a)** op sterven; **b)** in het uiterste geval **2** gewelddaad, extremiteit: *en venir aux pires ~s* tot de grootste gruweldaden komen

les **extrémités** (mv, v) extremiteiten, ledematen

extrinsèque: *valeur ~* nominale waarde

l' **exubérance** (v) **1** overmaat, overvloed; stortvloed; weelderigheid **2** uitbundigheid

exubérant, -e 1 overvloedig, overmatig; weelderig, overweldigend; [van stijl] overdadig woordrijk **2** uitbundig, uitgelaten

exulter jubelen, uitbundig vrolijk zijn

f

le **f** (m) [de letter] f

le **F** (m) afk van *franc*: *FF* Franse frank; *FB* Belgische frank; *FS* Zwitserse frank ‖ *un F2* een tweekamerflat; *un F3* een driekamerflat

la **FA** (v) afk van *fièvre aphteuse* MKZ (afk van *mond-en-klauwzeer*)

la **fable** (v) **1** fabel **2** fabeltje, verzinsel **3** voorwerp van spot, risee

le/la **fabricant** (m), **-e** (v) fabrikant(e), industrieel; maker

la **fabrication** (v) fabricage, vervaardiging: *défaut de ~* fabrieksfout; *~ en série* serieproductie; *de ~ française* made in France

la **fabrique** (v) **1** fabriek **2** bouwsel **3** [r-k] kerkbestuur: [Belg] *~ d'église* kerkfabriek

fabriquer 1 fabriceren, vervaardigen, produceren **2** vervalsen **3** [fig] verzinnen: *~ des mensonges* leugens verzinnen **4** [inf] uitspoken: *qu'est-ce que tu fabriques?* wat ben je aan het doen?

la **fabulation** (v) (het) fantaseren; het vertellen van verzinsels

fabuler fantaseren

fabul|eux, -euse 1 fabelachtig: *des animaux ~* fabeldieren **2** fantastisch; ongelofelijk

le/la **fabuliste** (m/v) fabeldichter(es)

la **fac** (v) [inf] verk van *faculté* faculteit: *à la ~* naar, op de universiteit

la **façade** (v) **1** gevel; voorgevel **2** uiterlijk, schijn **3** [pop] smoel

la **face** (v) **1** gelaat, gezicht; [fig] aanzien, aanblik: *~ à* tegenover; *de ~* van voren, in het gezicht; *avoir le vent de ~* de wind tegen hebben; *en ~* **a)** in het gezicht, ronduit; **b)** tegenover; *regarder les choses en ~* de zaken onder ogen willen zien; *voisin d'en ~* overbuurman; *~ à ~* tegenover elkaar; *faire ~ à* **a)** tegenover iem. zitten, staan; **b)** [fig] het hoofd bieden aan; *il doit faire ~ à des problèmes d'argent* hij heeft te kampen met geldproblemen; *sauver la ~* de schijn ophouden, zijn gezicht niet verliezen; *perdre la ~* zijn gezicht verliezen **2** voorzijde, voorkant: *pile ou ~* kruis of munt **3** oppervlak; vlak, zijde, kant **4** aspect, facet: *examiner qqch. sous toutes ses ~s* iets van alle kanten bekijken, onderzoeken

le **face-à-face** (m; mv: *onv*) televisiedebat

la **facétie** (v) mop, grol; poets, streek

le/la **¹facéti|eux, -euse** (v) grappenmaker, -maakster

²facéti|eux, -euse (bn) grappig: *un esprit ~* een grapjas

la **facette** (v) **1** facet [geslepen vlak]: *diamant taillé à ~s* geslepen diamant; *style à ~s* briljante stijl **2** facet, kant: *les ~s de sa personnalité* de verschillende kanten van zijn persoonlijkheid

fâché, -e kwaad, boos (op iem.): *ils sont ~s* ze hebben ruzie; *je suis ~* het spijt me dat; *être ~ avec qqn.* ruzie met iem. hebben; *être ~ contre qqn.* boos zijn op iem.; [inf] *il est ~ avec les noms* hij heeft moeite met namen onthouden; [scherts] *je ne serais pas ~ de le voir partir* ik zou er niet rouwig om zijn als hij vertrok

¹fâcher (ov ww) kwaad maken, boos maken; ergeren

se **²fâcher** (wdk ww) kwaad worden: *se ~ avec qqn.* ruzie krijgen met iem.; *se ~ tout rouge* rood aanlopen [van woede]; *se ~ pour un rien* om het minste of geringste boos worden

la **fâcherie** (v) gekibbel; onenigheid

fâch|eux, -euse 1 lastig, hinderlijk **2** betreurenswaardig, kwalijk, ongelukkig; spijtig

le/la **¹facho** (m/v) [inf] fascist(e)

²facho (bn) [inf] fascistisch

facial, -e 1 gelaats-, aangezichts- **2** vermeld: *valeur ~e* nominale waarde [postzegel]

le **faciès** (m) gezichtsuitdrukking, gelaatsuitdrukking: *délit de ~* iem. op grond van zijn huidskleur om legitimatie vragen

facile 1 (ge)makkelijk, licht: *avoir la plume ~* een vlotte pen hebben **2** [fig] meegaand, inschikkelijk: *il est ~ à vivre* hij is makkelijk in de omgang ‖ *femme ~* vrouw van losse zeden

la **facilité** (v) **1** gemak(kelijkheid): *tomber dans la ~* gemakzuchtig te werk gaan **2** gelegenheid, mogelijkheid; faciliteit: *~s de paiement* gunstige betalingsvoorwaarden; [Belg] *commune à ~s* [Belg] faciliteitengemeente **3** gave, aanleg: *~ de parole* spreekvaardigheid

faciliter bevorderen, vergemakkelijken

la **façon** (v) **1** wijze, manier: *de toute ~* hoe dan ook; *de (telle) ~ que* zodat; *(c'est une) ~ de parler* bij wijze van spreken; *~ de voir* zienswijze, standpunt; *de ~ à (ce que)* zodat, opdat; *la ~ dont* de manier waarop; *à la ~ de* op de manier van, net zo als **2** uitvoering, stijl, snit; vorm: *de ma ~* van mijn hand

le **façonnage** (m) bewerking; vormgeving

façonnement *zie façonnage*

façonner vervaardigen; vorm geven aan; bewerken

les **façons** (mv, v) **1** plichtplegingen: *sans ~* zonder omhaal, eenvoudig **2** manieren, gedrag

le/la **¹fac|teur** (m), **-trice** (v) **1** postbode **2** bouw(st)er [van een muziekinstrument]: *~ d'orgues* orgelmaker

le **²facteur** (m) factor: *~ rhésus* resusfactor

factice 1 kunstmatig; namaak- 2 gekunsteld

le/la ¹**facti|eux** (m), **-euse** (v) oproerkraaier, op-
roerling(e)

²**facti|eux, -euse** (bn) oproerig

la **faction** (v) 1 (oproerige) partij 2 wacht;
post; dienst(tijd): *être en* ~ **a)** op wacht staan;
b) posten; ~ *de nuit* nachtploeg

le **factionnaire** (m) schildwacht

factuel, -le feitelijk

la **facturation** (v) 1 (het) factureren
2 factuurafdeling

la **facture** (v) 1 factuur, rekening 2 (het) bouwen [van een muziekinstrument] 3 maaksel

facturer factureren; in rekening brengen

facultat|if, -ive facultatief, niet verplicht;
op verzoek: *arrêt* ~ halte op verzoek [bus,
tram]

la **faculté** (v) 1 vermogen; aanleg, gave, eigenschap: *il n'a plus toutes ses* ~*s* hij is niet
meer bij zijn volle verstand; [inf] *c'est au-
dessus de ses* ~*s* dat gaat zijn capaciteiten te
boven 2 recht, bevoegdheid: *accorder à qqn.
la* ~ *de* iem. de bevoegdheid verlenen om
3 faculteit

les **facultés** (mv, v) (geld)middelen

le ¹**fada** (m) [inf] halvegare

²**fada** (bn) geschift

la **fadaise** (v) flauwe grap: *débiter des* ~*s* onzin uitkramen

fadasse smakeloos, flauw

fade 1 flauw, laf 2 flets, vaal; [fig] kleurloos, onbenullig, banaal

la **fadeur** (v) 1 flauwheid, smakeloosheid
2 vaalheid, fletse kleur

la **fagne** (v, meestal mv) veenmoeras [in de
Ardennen]: *les Hautes-Fagnes* de Hoge Ve-
nen

le **fagot** (m) takkenbos, bundel: *de derrière les*
~*s* van de bovenste plank

fagoté, -e: *être mal* ~ slecht gekleed gaan,
er als een vogelverschrikker bij lopen

le **FAI** (m) afk van *fournisseur d'accès à Internet* internetprovider

faiblard, -e stumperig, zwakjes

le ¹**faible** (m) 1 zwakke(re) 2 zwak, voorliefde:
avoir un ~ *pour* qqn. een zwak voor iem. hebben 3 zwakke plek 4 slappeling

²**faible** (bn) 1 zwak; slap: ~ *d'esprit* zwakzin-
nig; *vent* ~ *à modéré* zwakke tot matige wind
2 gering, klein

la **faiblesse** (v) 1 zwakte; zwakheid: *avoir de
la* ~ *pour qqn.* iem. niet goed iets kunnen
weigeren 2 beperktheid, geringheid
3 flauwte

faiblir zwakker worden, wankelen, verslappen

la **faïence** (v) faience, aardewerk

la **faïencerie** (v) 1 aardewerk [geglazuurd]
2 aardewerkfabriek 3 vervaardiging van en
handel in geglazuurd aardewerk

la **faille** (v) 1 [geol] scheur, barst; breuk
2 fout, gebrek, zwakke plek: *un raisonnement
sans* ~ een feilloze redenering

le/la ¹**failli** (m), **-e** (v) gefailleerde

²**failli, -e** (bn) failliet

faillible feilbaar

faillir 1 falen, tekortschieten, in gebreke
blijven: ~ *à sa parole* zijn woord niet houden
2 weinig schelen of: *avoir* failli bijna … zijn,
hebben; *j'ai* failli *tomber* het scheelde niet
veel of ik was gevallen

la **faillite** (v) 1 faillissement: *faire* ~ failliet
gaan; *déclarer qqn. en* ~ iem. failliet verklaren 2 [fig] bankroet, mislukking, ineenstorting

la **faim** (v) honger; [fig] begeerte: *rester sur sa*
~ **a)** nog honger hebben; **b)** [fig] niet aan zijn
trekken komen; *je n'ai pas mangé à ma* ~ ik
heb niet genoeg gegeten; ~ *de loup* honger
als een paard

la **faine** (v) beukennootje

le/la ¹**fainéant** (m), **-e** (v) luilak, lanterfanter

²**fainéant, -e** (bn) lui

fainéanter luieren

la **fainéantise** (v) lanterfanterij, luiheid

¹**faire** (ov ww) 1 maken, vervaardigen,
voortbrengen: *je n'ai que* ~ *de ses critiques* ik
trek me niks aan van zijn kritiek; ~ *un discours* een redevoering houden; *être fait pour*
bestemd, geschikt zijn voor; *expression toute
faite* geijkte uitdrukking; *cela ne fera pas que
des heureux* daar zal niet iedereen blij mee
zijn; ~ *des petits* jongen; ~ *de la température*
verhoging hebben; *tout fait* kant-en-klaar; ~
et défaire maken en breken; ~ *l'admiration
de tous* ieders bewondering opwekken; ~ *la
loi* de dienst uitmaken 2 doen: *(il) faut le* ~
dat moet je wel kunnen, doe dat maar eens;
laisser ~ laten begaan; *fais comme chez toi*
doe of je thuis bent; *j'ai fort à* ~ ik heb het erg
druk; ~ *si bien que* het zo aanleggen dat; ~ *en
sorte que* zorgen dat; *je ne vous le fais pas dire*
u zegt het (zelf); *tu en fais trop* je overdrijft; ~
du cent à l'heure 100 km per uur rijden; ~ *du
sport* aan sport doen; ~ *du vélo* fietsen; *cela
fait bien* dat staat goed; *cela ne fait rien* dat
geeft niet; *qu'est-ce que j'ai fait?* wat heb ik
misdaan?; *il ne fait qu'arriver* hij komt net
aan; *il ne fait que parler* hij praat aan één stuk
door; ~ *semblant* de net doen alsof; *il faudra* ~
avec je zult het ermee moeten doen, je zult
ermee moeten leren leven; *tu me fais mal* je
doet me pijn 3 uitvoeren: ~ *l'amour* vrijen; ~
son chemin zijn weg vinden, het ver brengen; ~ *son droit* rechten studeren; ~ *un métier* een beroep uitoefenen; ~ *un trajet* een
traject afleggen 4 zich bezighouden met: ~
la chambre de kamer een beurt geven; ~ *le lit*
het bed opmaken 5 spelen [een rol]; zich
voordoen als: ~ *l'idiot* (of: *le clown*) de idioot
(of: de clown) uithangen 6 behandelen: *c'est*

elle qui fait les réclamations zij gaat over de klachten **7** krijgen, opleveren, verwerven: *~ ses (premières) dents* tanden krijgen; *il a fait beaucoup d'argent* hij heeft flink verdiend; *~ une perte* een verlies lijden; [iron] *c'est bien fait pour toi!* dat heb je verdiend! **8** halen, opdoen: *~ eau* water maken, lek zijn; *~ le plein (d'essence)* tanken **9** [in tussenzin] zeggen: *'Quoi?', fit-il* 'Wat?', zei hij ‖ *n'en ~ qu'à sa tête* eigenwijs zijn, zijn eigen wil doordrijven; *c'en est fait de lui* het is gedaan met hem; [jongerentaal] *ça le fait!* te gek!, gaaf!, vet!

se **²faire** (wdk ww) **1** gemaakt worden, tot stand komen **2** gebeuren; gewoon zijn: *comment se fait-il* hoe komt het toch; *cela ne se fait pas* zoiets doe je niet; *il se fait que* het toeval wil dat, het is zo dat **3** opdoen, verwerven: *se ~ des amis* vrienden maken; *se ~ un nom* naam maken; *s'en ~* zich zorgen maken; *t'en fais pas!* maak je geen zorgen! **4** (+ à) wennen aan: *il faudra s'y ~* je zult eraan moeten wennen **5** worden: *ce produit se fait rare* dat artikel wordt schaars; *il se fait tard* het wordt laat ‖ *se ~ les ongles* zijn, haar nagels verzorgen

³faire (hww, + onbep w) laten: *~ faire un costume* een kostuum laten maken

⁴faire (koppelww) **1** overkomen, voorstellen: *elle fait plus jeune que son âge* ze ziet er jong uit voor haar leeftijd **2** zijn; kosten; wegen; duren, meten, bevatten: *ce colis fait deux kilos* dat pakje weegt twee kilo; *deux et deux font quatre* 2 + 2 = 4; *cela nous fera 200 euros* dat gaat ons 200 euro kosten; *ça fait huit jours qu'elle est partie* zij is al een week weg

⁵faire (onpers ww) zijn: *il fait beau* het is mooi weer; *il fait froid ici* het is hier koud; *il fait bon vivre ici* het leven is hier aangenaam

le **faire-part** (m) kennisgeving: *le présent avis tient lieu de ~* enige kennisgeving [in rouwadvertenties]

le **faire-valoir** (m) aangever [toneel]

la **faisabilité** (v) haalbaarheid: *étude de ~* haalbaarheidsstudie

faisable doenlijk, uitvoerbaar; mogelijk; haalbaar

le/la **faisan** (m), **-e** (v) fazant

faisandé, -e [cul] adellijk [van vlees]

le **faisceau** (m) **1** bundel: *~ hertzien* bundel hertzgolven **2** samenstel, verzameling: *~ de preuves* serie bewijzen

le/la **fais|eur** (m), **-euse** (v) **1** maker, maakster, vervaardiger: *~ d'embarras* druktemaker **2** amateuristisch beoefenaar(ster): *~ de vers* rijmelaar

la **faisselle** (v) **1** vorm met gaten om verse kaas in te laten uitlekken **2** verse kaas

le **¹fait** (m) **1** daad, handeling: *~ d'armes* wapenfeit; *hauts ~s* heldendaden, prestaties; *prendre qqn. sur le ~* iem. op heterdaad betrappen; *prendre ~ et cause pour qqn.* het voor iem. opnemen; *les ~s et gestes* het doen en laten **2** feit, werkelijkheid: *dire à qqn. son ~* iem. de waarheid zeggen; *~ accompli* voldongen feit; *~s divers* gemengde berichten; *situation de ~* realiteit; *être (of: mettre) au ~* op de hoogte zijn (of: brengen); *il est de ~ que* zoveel is zeker dat, vast staat dat; *du ~ de* ten gevolge van; *du ~ que* doordat; *de ce ~* daardoor; *en ~* eigenlijk, feitelijk **3** onderwerp, zaak: *en venir au ~* ter zake komen; *au ~, que voulez-vous?* wat wilt u eigenlijk?; *il est sûr de son ~* hij is zeker van zijn zaak; *en ~ de* wat betreft ‖ *tout à ~* helemaal, geheel en al

²fait, -e (bn) **1** gemaakt; voltooid, klaar: *bien ~ (de sa personne)* goedgebouwd, knap; *un travail bien ~* knap werk; *tout ~* kant-enklaar; *vêtements tout ~s* confectiekleding; *idée toute ~e* vooroordeel **2** volwassen: *homme ~* volwassen man **3** verzorgd, opgemaakt: *ongles ~s* gelakte nagels; *yeux ~s* opgemaakte ogen ‖ *il est ~* hij is erbij; *(c'est) bien ~!* net goed!, eigen schuld (dikke bult)!; *fromage ~* rijpe kaas

³fait volt dw van *¹faire*

le **faîte** (m) **1** nok(balk) **2** [berg] top; [boom] kruin **3** [fig] toppunt, hoogtepunt: *au ~ de* op de top van

le **fait-tout** (m; mv: *onv*) kookpan

le **falafel** (m) falafel

la **falaise** (v) klif, steile kust

fallaci|eux, -euse bedrieglijk: *argument ~* drogreden

s'en **¹falloir** (wdk ww) schelen, missen: *il s'en faut de beaucoup* dat scheelt nogal wat; *il s'en est fallu de peu* het scheelde maar weinig; *tant s'en faut* verre van dat, bij lange na niet

²falloir (onpers ww) **1** moeten, behoren: *il faut qu'il vienne* hij moet komen; *comme il faut* zoals het hoort, netjes; *il le faut* het moet; *il fallait y penser* je moet er maar opkomen **2** nodig hebben: *il me faut du temps* ik heb tijd nodig

fallu volt dw van *¹falloir*

le **¹falot** (m) lantaarn

²falot, -e (bn) **1** mat, bleek **2** onbenullig

le/la **falsifica|teur** (m), **-trice** (v) vervals(st)er

la **falsification** (v) vervalsing

falsifier 1 vervalsen **2** [fig] verdraaien

famé, -e: *mal ~* berucht, in kwade reuk

famélique uitgehongerd, uitgemergeld

fam|eux, -euse 1 beroemd, befaamd: *~ pour* bekend om **2** [inf] geweldig, fameus: *pas ~* niet veel zaaks; *c'est pas ~* het stelt niet veel voor

familial, -e 1 familie-, gezin-: *cellule ~e* gezin; *allocations ~es* kinderbijslag **2** huiselijk, gezellig: *atmosphère ~e* gezellige sfeer

la **familiale** (v) stationcar, gezinsauto

¹familiariser avec (ov ww) vertrouwd maken (met), gewennen (aan)

se **²familiariser avec** (wdk ww) wennen aan,

zich vertrouwd maken met

la **familiarité** (v) **1** vertrouwelijkheid; familiariteit **2** vertrouwdheid, bekendheid

les **familiarités** (mv, v) vrijpostigheden: *se permettre des ~* te vrij met iem. omgaan

le **¹familier** (m) vertrouwde huisvriend; geregeld bezoeker

²famil|ier, -ière (bn) **1** vertrouwd, bekend: *un animal ~* een huisdier **2** ongedwongen, familiair; vrijpostig: *langue familière* omgangstaal; *un mot ~* een woord uit de omgangstaal

la **famille** (v) gezin; familie; geslacht; groep: *air de ~* familietrek; *avoir un air de ~* op elkaar lijken; [inf] *en ~* onder elkaar; *de bonne ~* van gegoede familie; *nom de ~* achternaam; *fils de ~* rijkeluiszoontje; *~ nombreuse* groot gezin; *père de ~* huisvader; *soutien de ~* kostwinner; *livret de ~* trouwboekje; *vie de ~* huiselijk leven; *fonder une ~* een gezin stichten; *la ~ des rosacées* de familie der roosachtigen

la **famine** (v) hongersnood: *crier ~* zijn nood klagen; *salaire de ~* hongerloon

le **fan** (m) fan, bewonderaar

le/la **¹fana** (m/v) verk van *fanatique* enthousiasteling(e)

²fana (bn) verk van *fanatique* fanatiek; verzot op

le **fanal** (m) scheepslantaarn; lichtbaak; lantaarn

le/la **¹fanatique** (m/v) fanaticus, enthousiasteling(e): *un ~ du ballon rond* een voetbalfan

²fanatique (bn) fanatiek, geestdriftig

fanatiser opzwepen

le **fanatisme** (m) fanatisme; onverdraagzaamheid

fané, -e verwelkt, flets, verschoten; verlept

¹faner (ov ww) **1** [gras] keren [om te laten drogen]; hooien **2** doen verwelken; doen verschieten

se **²faner** (wdk ww) verwelken, verleppen; verschieten

la **fanfare** (v) fanfare; [fig] ophef: *réveil en ~* het luidruchtig wakker gemaakt worden; *annoncer en ~* met veel stampij aankondigen

le/la **¹fanfaron** (m), **-ne** (v) snoever; opschepper, -ster

²fanfaron, -ne (bn) opschepperig

la **fanfaronnade** (v) opschepperij

fanfaronner opscheppen

la **fanfreluche** (v) **1** strikje, tierelantijntje **2** Schanulleke [uit Suske en Wiske]

la **fange** (v) modder, slijk: *traîner dans la ~* door het slijk halen

fang|eux, -euse modderig; smerig

le **fanion** (m) vaantje, vlaggetje, wimpel

le **fanon** (m) halskwab [van een rund]; lel [van een kalkoen]; baard [van een walvis]

la **fantaisie** (v) **1** fantasie, verbeeldingskracht **2** gril, willekeur **3** snuisterij: *de ~* fantasie-

le/la **¹fantaisiste** (m/v) **1** cabaretier, cabaretière **2** fantast(e); non-conformist(e)

²fantaisiste (bn) **1** origineel, non-conformistisch **2** fantasie-, verzonnen: *nouvelle ~* uit de lucht gegrepen bericht

le **fantasme** (m) waanvoorstelling

fantasmer fantaseren

fantasque onberekenbaar; grillig, bizar

le **fantassin** (m) infanterist

le **fantastique 1** onwezenlijk, wonderlijk; fantasie-, fabel-: *animal ~* fabeldier; *cinéma ~* griezelfilms **2** fantastisch, ongelofelijk

le **fantoche** (m) **1** marionet, ledenpop: *un gouvernement ~* marionettenregering **2** slappeling

fantomatique spookachtig

le **¹fantôme** (m) spook, (geest)verschijning; schim

²fantôme (bn) schijn-, spook-

le **faon** (m) hertenkalf; reekalf

la **FAQ** (v; mv: *onv*) afk van *foire aux questions* FAQ (afk van *frequently asked questions*); vraagbaak; veelgestelde vragen

le **far** (m) Bretons gebak

faramin|eux, -euse fantastisch, buitengewoon

la **farce** (v) **1** klucht; grap; poets: *on lui a fait une ~* we hebben een grap met hem uitgehaald; *~s et attrapes* schertsartikelen **2** [cul] vulsel

le/la **farc|eur** (m), **-euse** (v) grappenmaker, -maakster

farci, -e de 1 gevuld, gefarceerd (met) **2** [fig] doorspekt (met), vol (met)

¹farcir de (ov ww) **1** farceren, (op)vullen (met) **2** [fig] volstoppen (met), doorspekken (met)

se **²farcir** (wdk ww) zich op de hals halen, moeten doen: *c'est elle qui s'est farci la vaisselle* zij heeft de afwas moeten doen; *il faut se le ~* je moet hem maar nemen zoals hij is

le **fard** (m) make-up: *sans ~* onomwonden; *piquer un ~* blozen; *~ à paupières* oogschaduw

le **fardeau** (m) last [ook fig]; vracht

¹farder (ov ww) **1** schminken, opmaken **2** [fig] mooier maken; verdoezelen: *ne pas ~ la vérité* er geen doekjes om winden

se **²farder** (wdk ww) zich opmaken

farfelu, -e zonderling, gek

farfouiller snuffelen, overhoop halen

la **faribole** (v) poespas, praatjes, onzin: *dire des ~s* onzin uitkramen

la **farine** (v) meel: *fleur de ~* bloem; *~ de maïs* maizena; [fig] *du ~ de la même ~* één pot nat

¹fariner (onov ww) schilferen

²fariner (ov ww) met meel bestrooien

farin|eux, -euse 1 melig, meelachtig **2** zetmeelhoudend

le **farniente** (m) (het) luieren, nietsdoen

farouche 1 wild, woest; hevig, fel **2** schuw

le **fart** (m) wax, skiwas

farter [ski's] waxen, met was inwrijven

le **fascicule** (m) aflevering

fascinant, -e betoverend, boeiend, fascinerend

la **fascination** (v) betovering, bekoring

fasciner fascineren, boeien, betoveren, bekoren

le/la **¹fasciste** (m/v) fascist(e)

²fasciste (bn) fascistisch

le **¹faste** (m) pracht, praal

²faste (bn) gunstig: *jour* ~ geluksdag

fastidi|eux, -euse vervelend, saai

fastoche [pop] makkelijk

fastu|eux, -euse luxueus, weelderig

fat, fate zelfingenomen, verwaand

fatal, -e 1 noodlottig, fataal, funest **2** onvermijdelijk

le **fatalisme** (m) **1** fatalisme **2** berusting

le/la **¹fataliste** (m/v) fatalist(e)

²fataliste (bn) fatalistisch

la **fatalité** (v) noodlot; onafwendbaarheid, lot

fatidique noodlottig

fatigant, -e vermoeiend; vervelend

la **fatigue** (v) vermoeienis; moeheid [ook techniek]: *mort de* ~ doodop

fatigué, -e 1 moe: *je suis* ~ *d'attendre* ik heb lang genoeg gewacht **2** versleten || [scherts] *tu n'es pas un peu* ~? ben je wel helemaal lekker?, ben je wel goed bij je hoofd?

¹fatiguer (onov ww) **1** moe worden **2** doorbuigen, overbelast zijn

²fatiguer (ov ww) **1** vermoeien; afmatten **2** vervelen, lastigvallen **3** uitputten, overbelasten **4** bewerken: ~ *la salade* de sla mengen

se **³fatiguer** (wdk ww) zich vermoeien, moe worden: *se ~ de qqch.* genoeg van iets krijgen

le **fatras** (m) rommel; hoop troep; opeenhoping

la **fatuité** (v) verwaandheid, inbeelding; arrogantie

la **fatwa** (v) fatwa

le **faubourg** (m) voorstad; buitenwijk

le/la **¹faubourien** (m), **-ne** (v) voorstadbewoner, -bewoonster

²faubourien, -ne (bn) volks-

le **fauchage** (m) (het) maaien

la **fauche** (v) (het) pikken, jatten, gappen

fauché, -e blut, platzak

faucher 1 maaien; [fig] doden, wegmaaien **2** [sport] onderuit halen **3** [inf] gappen

la **faucheuse** (v) maaimachine: *la Faucheuse* Magere Hein

la **faucille** (v) sikkel: *la* ~ *et le marteau* hamer en sikkel

le **faucon** (m) **1** valk **2** [pol] havik

la **fauconnerie** (v) valkerij; valkenjacht

le **fauconnier** (m) valkenier

¹faufiler (ov ww) rijgen

se **²faufiler** (wdk ww) binnensluipen, zich indringen

le **¹faune** (m) faun, bosgod

la **²faune** (v) fauna, dierenwereld

le/la **faussaire** (m/v) vervals(st)er

fausse v vorm van *¹faux*

faussement vals(elijk), verkeerd, ten onrechte, schijnbaar, quasi

fausser verwringen, verbuigen, verdraaien; [fig] vervalsen, vertekenen: ~ *le sens de qqch.* de betekenis van iets verkeerd weergeven || ~ *compagnie à qqn.* iem. in de steek laten, ongemerkt ervandoor gaan

le **fausset** (m) falset, kopstem

la **fausseté** (v) **1** onwaarheid, onjuistheid **2** valsheid, onoprechtheid

faut 3e pers enk van *¹falloir*

la **faute** (v) **1** fout, vergissing: ~ *de frappe* tikfout; *une* ~ *d'orthographe* een spelfout; [jur] ~ *professionnelle* beroepsfout, professionele fout **2** misstap; vergrijp: *prendre qqn. en* ~ iem. (op een misstap) betrappen **3** zonde; schuld: *c'est la* ~ *à* dat is de schuld van … **4** tekort, gemis: ~ *de* bij gebrek aan; ~ *de preuves* bij gebrek aan bewijs; *faire* ~ ontbreken; ~ *de mieux* bij gebrek aan beter; ~ *de quoi* zo niet …; *sans* ~ zonder mankeren, zeer zeker

fauter een misstap begaan, zich laten verleiden

le **fauteuil** (m) fauteuil, (leun)stoel: [sport] *arriver dans un* ~ zonder moeite winnen; ~ *à bascule* schommelstoel; ~ *roulant* rolstoel, invalidenwagentje; ~ *d'orchestre* stalles; *le* ~ *de président* voorzittersstoel

le/la **fau|teur** (m), **-trice** (v) aansticht(st)er: ~ *de troubles* onruststoker

faut|if, -ive 1 vol fouten, foutief, onjuist **2** schuldig **3** onbetrouwbaar

le **¹fauve** (m) roofdier

²fauve (bn) **1** rossig **2** wild; woest

le **¹faux** (m) het valse; namaak, vervalsing: ~ *en écritures* valsheid in geschrifte; *s'inscrire en* ~ *contre qqch.* iets aanvechten, opkomen tegen

la **²faux** (v) zeis

³faux, fausse (bn) **1** vals, onwaar, onjuist; verkeerd: *c'est* ~ het is niet waar; *calcul* ~ verkeerde berekening; *vrai ou* ~? waar of niet waar?; *tu chantes* ~ je zingt vals; ~ *pas* misstap; *situation fausse* scheve toestand; *faire fausse route* op een verkeerd spoor zitten; [taalk] ~ *amis* valse vrienden [woorden die in twee talen erg op elkaar lijken, maar niet hetzelfde betekenen]; ~ *départ* valse start **2** onecht, loos, schijnbaar, nagemaakt: *fausse alerte* loos alarm; ~ *problème* schijnprobleem; *fausses perles* namaakparels; *c'est un* ~ *dur* hij is niet zo flink als hij eruitziet **3** voorgewend, onoprecht; onbetrouwbaar: *fausse indifférence* voorgewende onverschilligheid **4** ongegrond: *fausse crainte* ongegronde vrees || *porter à* ~ overhangen [van een muur]

le **faux-filet** (m; mv: faux-filets) [cul] lenden-

fendre

stuk [van vlees]

le **faux-fuyant** (m; mv: faux-fuyants) uitvlucht; voorwendsel

le **faux-monnayeur** (m; mv: faux-mon-
nayeurs) valsemunter

le **faux-semblant** (m) valse schijn

la **faveur** (v) **1** gunst; begunstiging, welwillendheid; protectie, voorspraak: *à la ~ de*
dankzij; *traitement de ~* voorkeursbehande-
ling; *en ~ de* ten gunste van, omwille van;
prix de ~ speciale prijs, [Belg] gunstprijs; *accorder une ~ à qqn.* iem. een gunst verlenen
2 smal lintje

favorable 1 gunstig **2** gunstig gezind,
welgezind: *être ~ à qqch.* vóór iets zijn, voorstander van iets zijn

le/la **¹favori** (m), **-te** (v) **1** lieveling **2** favoriet: *il
part ~* hij is de gedoodverfde winnaar
²favori, -te (bn) favoriet, geliefd; lievelings-

les **favoris** (mv, m) bakkebaarden
favoriser begunstigen; bevorderen, bevoordelen

la **favorite** (v) minnares [van een koning]

le **favoritisme** (m) nepotisme; vriendjespoli-
tiek

le **fax** (m) **1** faxapparaat **2** faxbericht
faxer faxen

le **fayot** (m) [pop] **1** uitslover, slijmbal **2** witte
boon

fébrile koortsig, koortsachtig || *capitaux fé-
briles* flitskapitaal

la **fébrilité** (v) koortsigheid; onrust, gejaagdheid

fécal, -e fecaal-: *matières ~es* uitwerpselen

les **fèces** (mv, v) feces; uitwerpselen

fécond, -e vruchtbaar, vruchtdragend: *une
imagination ~e* een rijke verbeelding

la **fécondation** (v) bevruchting; bestuiving: *~
in vitro* reageerbuisbevruchting

féconder bevruchten; bestuiven; doen gedijen [ook fig]

la **fécondité** (v) vruchtbaarheid

la **fécule** (v) zetmeel

le **¹féculent** (m) zetmeelproduct
²féculent, -e (bn) **1** zetmeelhoudend
2 troebel, drabbig

fédéral, -e federaal; bonds-
fédéraliser federaliseren

le **fédéralisme** (m) federalisme
fédéralteur, -trice federaliserend, federa-
tief

la **fédération** (v) federatie, (staten)bond
fédéré, -e verbonden
fédérer tot een bond verenigen

la **fée** (v) fee; toverheks: *conte de ~s* sprookje;
doigts de ~ vingers die kunnen toveren

la **féerie** (v) **1** sprookjeswereld **2** sprookjesachtig schouwspel
féerique sprookjesachtig, feeëriek

le/la **feignant** (m), **-e** (v) nietsnut, luilak
feindre doen alsof, veinzen, voorwenden,

simuleren
feint, -e geveinsd, onecht

la **feinte** (v) schijnbeweging; valstrik
feinter een schijnbeweging maken: *~ qqn.*
[inf] iem. bedonderen

fêlé, -e gebarsten: *une voix ~e* een gebroken stem; *avoir le cerveau ~* niet goed snik
zijn

¹fêler (ov ww) doen barsten, splijten

se **²fêler** (wdk ww) barsten

les **félicitations** (mv, v) felicitaties, gelukwensen: *~!* gefeliciteerd!, proficiat!

la **félicité** (v) gelukzaligheid

¹féliciter (ov ww) feliciteren, gelukwensen:
~ qqn. pour ses vingt ans iem. gelukwensen
met zijn twintigste verjaardag

se **²féliciter de** (wdk ww) verheugd zijn (over),
zich gelukkig prijzen (met): *je m'en félicite* ik
ben er blij om

les **félicités** (mv, v) geluk, zegeningen
félin, -e katten-, als van een kat, katachtig

le **fellaga** (m) Algerijnse strijder voor onafhankelijkheid (1954-62)
félon, -ne trouweloos

la **félonie** (v) trouweloosheid, verraad

la **fêlure** (v) barst, scheur; [fig] breuk

la **¹femelle** (v) wijfje
²femelle (bn) [biol] vrouwelijk; wijfjes- || *fi-
che ~* contrastekker
féminin, -e vrouwelijk, van de vrouw(en):
revendications ~es eisen van de vrouwen;
équipe ~e damesploeg, vrouwenploeg
féminiser vrouwelijk maken, feminiseren

le **féminisme** (m) vrouwenbeweging, femi-
nisme

le/la **¹féministe** (m/v) feminist(e)
²féministe (bn) feministisch

la **féminité** (v) vrouwelijkheid

la **femme** (v) **1** vrouw: [inf] *bonne ~* vrouwtje,
vrouwmens; *~ de chambre* kamermeisje; *~ de
ménage* werkster; [Belg] *~ à journée* werkster; *~ au foyer* huisvrouw; *~ de lettres*
schrijfster; *remède de bonne ~* huismiddeltje;
~ fatale verleidelijke vrouw, vamp, femme
fatale **2** echtgenote, vrouw: *prendre pour ~*
trouwen met, tot zijn vrouw nemen

la **femme-enfant** (v; mv: femmes-enfants)
kindvrouwtje

la **femmelette** (v) **1** kwetsbare vrouw **2** [van
mannen] slappeling

la **femme-objet** (v) vrouw als lustobject

le **fémur** (m) dijbeen

la **fenaison** (v) **1** hooioogst, (het) hooien
2 hooitijd

¹fendiller (ov ww) doen openbarsten

se **²fendiller** (wdk ww) splijten, barsten;
[m.b.t. huid] springen

¹fendre (ov ww) kloven, splijten; doorklieven: *geler à pierre ~* vriezen dat het kraakt; *~
la foule* zich een weg banen door de menigte; *cela fend le cœur* dat is hartverscheurend

fendre

se ²**fendre** (wdk ww) **1** barsten, splijten **2** [sport] uitvallen; [pop] over de brug komen met; trakteren op
fendu, -e gespleten; gekloofd: *une jupe ~e* rok met split

la **fenêtre** (v) venster, raam: *~ à guillotine* schuifraam; *rentrer par la ~* door de achterdeur weer binnenkomen; *jeter son argent par les ~s* zijn geld over de balk gooien; *ouvrir une ~ sur* nieuwe perspectieven openen op; [comp] *appui de la ~* vensterkozijn; [comp] *~ de dialogue* dialoogvenster; *~ pop-up* pop-upvenster

le **fennec** (m) [dierk] woestijnvos

le **fenouil** (m) venkel

la **fente** (v) **1** reet, spleet, barst, kloof, gleuf **2** split

féodal, -e feodaal, uit het leenstelsel, leen-

la **féodalité** (v) **1** leenstelsel; feodaliteit **2** [ec] overheersing

le **fer** (m) **1** ijzer: *de ~* **a)** ijzeren; **b)** ijzersterk; *~ forgé* smeedijzer; *âge du ~* ijzeren tijdperk **2** ijzeren voorwerp: *~ de lance* speerpunt [ook fig]; *~ à friser* krultang; *~ à cheval* hoefijzer; *~ à souder* soldeerbout; [Belg] *~ à gaufres* wafelijzer; *~ à repasser* strijkijzer; [inf] *tomber les quatre ~s en l'air* achterovervallen **3** degen: *croiser le ~* de degens kruisen

le **fer-blanc** (m) blik

la **ferblanterie** (v) blikindustrie

férié, -e: *jour ~* feestdag, vrije dag

férir: *sans coup ~* zonder slag of stoot

le **fermage** (m) **1** pacht(som) **2** pachtstelsel

la ¹**ferme** (v) **1** boerderij, (pacht)hoeve: *~ d'élevage* veeboerderij **2** pacht, het verpachten: *bail à ~* pachtcontract; *donner à ~* verpachten; *prendre à ~* pachten
²**ferme** (bn) **1** vast, stevig: *la terre ~* de vaste grond, het vasteland, de vaste wal **2** [fig] standvastig: *de pied ~* vastberaden; *avoir la ~ intention* vast van plan zijn **3** [hand] vast, prijshoudend
³**ferme** (bw) **1** krachtig, flink: *tenir ~* volhouden **2** definitief: *dix mois de prison ~* tien maanden onvoorwaardelijke gevangenisstraf
fermé, -e gesloten: *~ à clef* op slot; [fig] *~ à* ongevoelig voor; *cercle ~* besloten kring; *visage ~* ondoorgrondelijk gezicht
fermement 1 vast, stevig: *tenir ~* stevig vasthouden; *~ décidé* vastbesloten **2** flink

le **ferment** (m) **1** gist **2** [fig] bron; kiem

la **fermentation** (v) **1** fermentatie, gisting **2** beroering
fermenter 1 gisten, fermenteren **2** [fig] in beroering zijn
¹**fermer** (ov ww) (af)sluiten, dichtdoen: [pop] *ferme-la* kop dicht; *on ferme!* we gaan sluiten!; *la porte est fermée* de deur is dicht; *~ boutique* zijn zaak opdoeken; *~ le gaz* het gas uitdraaien; *~ son cœur à qqch.* ongevoelig

zijn voor iets; *~ sa porte à qqn.* iem. de toegang weigeren; *les yeux fermés* blindelings

se ²**fermer** (wdk ww) dichtgaan, dichtvallen, zich sluiten

la **fermeté** (v) **1** vastheid, stevigheid, hardheid **2** standvastigheid, kordaatheid

la **fermette** (v) boerderijtje, [Belg] tweede huis

la **fermeture** (v) **1** sluiting: *~ annuelle* jaarlijkse (vakantie)sluiting; *~ d'un compte* (het) opzeggen van een rekening **2** slot: *~ éclair* ritssluiting

le/la ¹**ferm|ier** (m), **-ière** (v) **1** boer, boerin **2** pacht(st)er
²**ferm|ier, -ière** (bn) boeren-: *poulet ~* scharrelkip; *fromage ~* ± boerenkaas

le **fermoir** (m) slot; knip
féroce 1 woest, wild **2** meedogenloos, onbarmhartig **3** mateloos: *appétit ~* verschrikkelijke honger

la **férocité** (v) woestheid; bloeddorstigheid; wreedheid
Féroé: *les îles ~* de Faeröereilanden

la **ferraille** (v) **1** oud ijzer, ijzerafval; schroot **2** [inf] kleingeld
ferrailler 1 kletteren; rammelen **2** kijven **3** de degens kruisen

le **ferrailleur** (m) **1** schroothandelaar **2** vechtersbaas
ferré, -e 1 (met ijzer) beslagen: *voie ~e* spoorweg **2** knap: [inf] *~ sur* (of: *en*) doorkneed in, knap in; *il est très ~ en grammaire* hij weet alles over grammatica
ferrer 1 (met ijzers) beslaan **2** aan de haak slaan [vis]
ferr|eux, -euse ijzerhoudend

la **ferronnerie** (v) (sier)smeedwerk

le **ferronnier** (m) siersmid

le **ferroutage** (m) gecombineerd weg- en railvervoer
ferroviaire spoor(weg)-: *réseau ~* spoorwegnet
ferrugin|eux, -euse ijzerhoudend

la **ferrure** (v) ijzerbeslag

le **ferry** (m) veerboot

le **ferry-boat** (m) veerboot

les **fers** (mv, m) boeien: *mettre qqn. aux ~* iem. in de boeien slaan
fertile vruchtbaar; productief: [fig] *~ en* rijk aan
fertilisable bemestbaar
fertilisant, -e vruchtbaarmakend

la **fertilisation** (v) (het) vruchtbaar maken
fertiliser vruchtbaar maken, bemesten

la **fertilité** (v) vruchtbaarheid
féru, -e de verzot op, bezeten van

la **férule** (v) plak: [fig] *être sous la ~ de qqn.* onder de plak van iem. zitten

le/la ¹**fervent** (m), **-e** (v) vurig bewonderaar(ster); fan
²**fervent, -e** (bn) vurig, innig, hartstochtelijk

la **ferveur** (v) vurigheid; hartstocht

la **fessée** (v) pak voor de broek (billen); afstraffing

fesser een pak slaag geven

les **fesses** (mv, v) billen: [fig] *coûter la peau des* ~ peperduur zijn; *botter les* ~ *de qqn.* iem. een schop onder de kont geven; *serrer les* ~ 'm knijpen, in de rats zitten; *une scène de* ~ een naaktscène; *gare à tes* ~! pas op of je krijgt een pak voor je billen! || *occupe-toi de tes* ~! bemoei je met je eigen zaken!

le **¹fessier** (m) achterwerk

²fess|ier, -ière (bn) bil-: *muscle* ~ bilspier

fessu, -e met een stevig achterwerk

fest|if, -ive feestelijk

le **festin** (m) feestmaal

le **festival** (m) **1** festival **2** [fig] demonstratie, staaltje

la **festivité** (v) festiviteit, feest

le **feston** (m) **1** (bloem)slinger **2** feston [borduurwerk]

festonner 1 met slingers versieren **2** festonneren

festoyer feestvieren

la **feta** (v) feta [Griekse geitenkaas]

le/la **fêtard** (m), **-e** (v) fuifnummer

la **fête** (v) **1** feest: *ça va être ta* ~! dan ben je nog niet jarig!; *en* ~ in feeststemming; *être de la* ~ van de partij zijn; *être à la* ~ het best naar zijn zin hebben; *faire la* ~ feesten; *faire* ~ *à qqn.* met open armen ontvangen; ~ *foraine* kermis **2** feestdag: *jour de* ~ feestdag; ~ *des Mères* Moederdag; ~ *du Travail* Dag van de Arbeid (1 mei) **3** naamdag

la **Fête-Dieu** (v; mv: Fêtes-Dieu) Sacramentsdag

fêter 1 vieren, feestelijk gedenken **2** (feestelijk) onthalen, fêteren

le **fétichisme** (m) fetisjisme

fétide stinkend

le **¹feu** (m) **1** vuur [ook fig]; haardvuur: ~ *d'artifice* vuurwerk; *avez-vous du* ~? hebt u een vuurtje?; *coin du* ~ hoekje bij de haard; *être tout* ~ *tout flamme* enthousiast, geestdriftig zijn; *être sans* ~ *ni lieu* huis noch haard hebben; *faire* ~ *de tout bois* alles aangrijpen; ~ *sacré* heilig vuur, geestdrift; *mettre à* ~ *et à sang* te vuur en te zwaard verwoesten; *avoir le* ~ *au derrière* zich uit de voeten maken **2** schot, geweervuur: ~! vuur!; *armes à* ~ vuurwapens; *coup de* ~ schot; *faire* ~ schieten, vuren; *ne pas faire long* ~ geen lang leven beschoren zijn; ~ *roulant* spervuur **3** brand: ~ *de forêt* bosbrand; *au* ~! brand!; *en* ~ in brand; *il y a le* ~ er is brand; [fig] *il n'y a pas le* ~ het heeft geen haast; *mettre le* ~ *à* in brand steken; *faire la part du* ~ [fig] een offer brengen; *prendre* ~ vlam vatten **4** brander; verhitting: *réchaud à deux* ~x tweepitskooktoestel; *à* ~ *doux* op een laag pitje; *en* ~ gloeiend, vuurrood; *plat allant au* ~ vuurvaste

schaal **5** licht; lichtsignaal; verkeerslicht: [fig] *donner le* ~ *vert (à)* groen licht geven (voor); ~ *de recul* achteruitrijlicht; *brûler un* ~ *rouge* door een rood licht rijden; ~x *de la route* groot licht; ~x *de signalisation* verkeerslicht, stoplicht; ~x *de position*, ~ *de stationnement* parkeerlichten, [Belg] standlicht; ~x *de croisement* dimlichten; ~x *de la rampe* voetlicht; ~x *clignotants* knipperlichten

²feu, feue (bn) wijlen

le **feuillage** (m) gebladerte, loof

la **feuille** (v) **1** blad: ~ *morte* dor blad; ~ *de vigne* vijgenblad; *trembler comme une* ~ *(morte)* beven als een riet **2** vel (papier): *les bonnes* ~s voorpublicatie [van een boek] **3** tijdschrift, blad **4** formulier, lijst: ~ *de paie* loonstaat, loonstrookje; [med] ~ *de soins* ± behandelformulier [aangifteformulier voor arbeidsongeschiktheid en ziektekosten]; [comp] ~ *de calcul* spreadsheet **5** folie, plaat: ~ *d'or* bladgoud **6** [pop] oor: *dur de la* ~ hardhorend

le **feuillet** (m) vel papier, blad

le **¹feuilleté** (m) gebak van bladerdeeg

²feuilleté, -e (bn): *pâte* ~e bladerdeeg

feuilleter doorbladeren: ~ *un livre* een boek doorbladeren

le **feuilleton** (m) feuilleton, serie

feuillu, -e dichtbebladerd: *arbres* ~s loofbomen

feuler brullen [van een tijger]; blazen [van een kat]

le **feutre** (m) **1** vilt **2** (vilten) hoed **3** viltstift

feutré, -e 1 vilten, vilt- **2** [fig] fluwelen, zacht

feutrer met vilt bekleden; dempen [van geluid]: *à pas feutrés* geruisloos

la **fève** (v) (tuin)boon

le **février** (m) februari

le **fez** (m) fez

fi: *faire fi de* lak hebben aan, geen rekening houden met

la **fiabilité** (v) **1** betrouwbaarheid **2** bedrijfszekerheid

fiable 1 betrouwbaar **2** bedrijfszeker

le **fiacre** (m) huurrijtuig

les **fiançailles** (mv, v) verloving

le/la **fiancé** (m), **-e** (v) verloofde

se **fiancer** zich verloven

le **fiasco** (m) mislukking; fiasco

la **fibre** (v) **1** vezel: ~s *alimentaires* voedingsvezels; ~ *optique* glasvezel; ~ *de verre* glasvezel **2** [fig] snaar: ~ *paternelle* vaderlijk gevoel; ~ *sensible* gevoelige snaar

fibr|eux, -euse vezelachtig, vezelig

le **fibrome** (m) [med] fibroom [bindweefselgezwel]

le **ficelage** (m) (het) vastbinden

ficeler een touwtje doen om; vastbinden; inpakken: *une affaire bien ficelée* een zaak die goed in elkaar zit la **ficelle** (v) **1** touw; touwtje: [fig] *tirer les ~s aan de touwtjes trekken* **2** handigheidje, foefje **3** dun stokbrood

la **fiche** (v) **1** stift, pen **2** stekker: *~ femelle* contrastekker **3** systeemkaart, fiche || *~ technique* technische gegevens

[1]**ficher** (ov ww, voltooid deelwoord *fichu*) [inf] **1** gooien, smijten: *~ qqn. dehors* iem. eruit gooien **2** geven: *fiche-moi la paix!* laat me met rust!; *ça me fiche le cafard* daar word ik doodziek van || *ne rien ~* geen steek uitvoeren; *ça la fiche mal* dat is een beetje raar, dat maakt geen goede indruk; *~ le camp* [inf] opdonderen, ervandoor gaan

[2]**ficher** (ov ww) **1** inslaan, inheien **2** in een kaartsysteem invoeren: *être fiché à la police* in de kaartenbak van de politie zitten

se [3]**ficher** (wdk ww, voltooid deelwoord *fichu*) [inf] **1** (+ de) lak hebben aan: *je m'en fiche* het kan me niks schelen **2** (+ de) voor de gek houden || *se ~ par terre* op zijn gezicht vallen

le **fichier** (m) **1** kaartsysteem; kaartenbak **2** [comp] bestand: *~ zip* zipbestand, zipfile

fichtre [inf] verdomd; verrek

le [1]**fichu** (m) hoofddoek; omslagdoek

[2]**fichu, -e** (bn) **1** [inf] lelijk, gemeen, beroerd: *elle a un ~ caractère* zij heeft een rotkarakter **2** om zeep, naar de maan: *ce pneu est ~* die band is naar zijn mallemoer; *il est ~* het is gebeurd met hem **3** in staat zijn (om): *ne pas être ~ de* te stom zijn om || *mal ~* **a)** [van dingen] slecht gemaakt; **b)** [van personen] niet lekker, beroerd; *je me sens mal ~* ik voel me niet goed

fict|if, -ive fictief, verzonnen, gefingeerd

la **fiction** (v) fictie, verzinsel, verdichtsel

le **ficus** (m) [plantk] vijgenboom; ficus

le/la [1]**fidèle** (m/v) gelovige; getrouwe, aanhang-(st)er

[2]**fidèle** (bn) trouw; betrouwbaar: *un portrait ~* een gelijkend portret; *une traduction ~* een getrouwe vertaling; *rester ~ à soi-même* zichzelf blijven, niet veranderen

fidéliser aan zich binden

la **fidélité** (v) trouw, getrouwheid; betrouwbaarheid: *haute ~* hifi; *carte de ~* klantenkaart; [Belg] getrouwheidskaart; *~ conjugale* echtelijke trouw

le/la **Fidjien** (m), **-ne** (v) Fijiër, Fijische

le **fief** (m) **1** leengoed **2** domein, specialiteit: *~ électoral* verkiezingsbolwerk

fieffé, -e aarts-; doortrapt

le **fiel** (m) **1** gal **2** [fig] wrok, bitterheid

la **fiente** (v) drek, mest

[1]**fier, fière** (bn) trots, fier: *~ comme Artaban* trots als een pauw; *il n'est pas ~* hij doet heel gewoon

se [2]**fier** (wdk ww) vertrouwen op: *on ne sait plus à qui se ~* je weet niet meer wie je kunt vertrouwen; *ne vous y fiez pas!* pas op, wees op je hoede!

le **fier-à-bras** (m) opschepper

fièrement fier, moedig

la **fierté** (v) trots, fierheid

la **fiesta** (v) [inf] zuippartij

la **fièvre** (v) koorts; [fig] opwinding; koortsachtige bedrijvigheid: *~ aphteuse* mond-en-klauwzeer; *avoir 39 de ~* 39 graden koorts hebben

fiévr|eux, -euse 1 koortsig **2** koortsachtig, onrustig

la **fifille** (v) [kindert] dochtertje: *la ~ à son papa* vaders kleine meisje

le **fifre** (m) **1** dwarsfluitje, piccolofluit **2** fluitspeler

figé, -e star, versteend; stereotiep: *expression ~e* vaste uitdrukking

[1]**figer** (ov ww) doen stollen, doen verstijven

se [2]**figer** (wdk ww) **1** stollen **2** verstijven, verstarren: *un sourire qui se fige* een glimlach die verstart; *se ~ dans* krampachtig vasthouden aan

fignoler nauwkeurig afwerken

la **figue** (v) vijg: *mi ~, mi raisin* zuurzoet

le **figuier** (m) vijgenboom

le/la **figurant** (m), **-e** (v) figurant(e); [fig] bijfiguur

figurat|if, -ive figuratief; aanschouwelijk

la **figuration** (v) **1** voorstelling, afbeelding **2** (het) figureren; de figuranten: *faire de la ~* als decor dienen, niets te melden hebben

la **figure** (v) **1** figuur, gedaante, vorm: *~ de cire* een wassen beeld; *faire triste ~* een treurige indruk maken; *faire ~ de* doorgaan voor **2** afbeelding, tekening: *~ géométrique* meetkundige figuur **3** gezicht, gelaat: *il a reçu une tomate en pleine ~* hij kreeg een tomaat pal in het gezicht; *casser la ~ à qqn.* iem. aftuigen; *se casser la ~* **a)** vallen; **b)** [fig] mislukken, op zijn bek vallen; *en mettre plein la ~* eens wat laten zien, een poepie laten ruiken

figuré, -e 1 aanschouwelijk voorgesteld **2** figuurlijk: *au ~* figuurlijk

[1]**figurer** (onov ww) **1** voorkomen, staan: *votre nom ne figure pas sur la liste* uw naam staat niet op de lijst **2** figureren

[2]**figurer** (ov ww) **1** uitbeelden; voorstellen **2** verbeelden, symboliseren

se [3]**figurer** (wdk ww) zich voorstellen, zich verbeelden: *figurez-vous qu'il se trompe!* hij vergist zich nu eenmaal!

la **figurine** (v) beeldje, figuurtje

le **fil** (m) **1** vezel; garen; draad [ook fig]; touwtje: *~ à coudre* naaigaren; *~ conducteur, ~ d'Ariane* leidraad; *~ de fer* ijzerdraad; *~ à plomb* schietlood; *~s de la vierge* herfstdraden; *de ~ en aiguille* stukje bij beetje, geleidelijk; *c'est cousu de ~ blanc* het ligt er dik bovenop; *ne tenir qu'à un ~* aan een zijden draadje hangen **2** (telefoon)kabel; [fig] *coup de ~* telefoontje; *avoir qqn. au bout du ~* iem. aan de lijn hebben [telefoon] **3** [fig] loop, richting; stroom; aaneenschakeling: *au ~ des années* in de loop der jaren; *au ~ de l'eau* met de stroom mee; *perdre le ~* de draad kwijtraken **4** [van een mes] scherp(te): *passer au ~ de l'épée* over de kling jagen

le **filament** (m) vezel, draad; gloeidraad

filandr|eux, -euse 1 draderig: *viande filandreuse* draadjesvlees **2** [fig] langdradig

filant, -e stroperig || *étoile ~e* vallende ster; *pouls ~* zeer zwakke pols

filasse vlas: *cheveux ~* vlasblond haar

la **filature** (v) **1** spinnerij **2** (het) spinnen **3** (het) schaduwen: *prendre qqn. en ~* iem. schaduwen

la **file** (v) rij, file; gelid: *à la ~* achter elkaar; *~ d'attente* rij wachtenden; *chef de ~* leider, aanvoerder; *en ~ indienne* achter elkaar; [Belg] *faire la ~* in de rij (gaan) staan; *se garer en double ~* dubbel parkeren

¹filer (onov ww) **1** [langzaam] wegvloeien, uitlopen; loskomen, losschieten; [van een kous] ladderen **2** ervandoor gaan: *allez, file!* maak dat je wegkomt!; *~ en douce* 'm piepen, ertussenuit knijpen, z'n snor drukken **3** snel gaan, voorbijsnellen; [van tijd] omvliegen

²filer (ov ww) **1** [draad] spinnen **2** [metaal] trekken **3** afrollen, afwinden, vieren: [scheepv] *~ vingt nœuds* twintig knopen lopen **4** lang aanhouden [een toon]; uitspinnen: *~ des jours heureux* in geluk leven **5** (iem.) schaduwen **6** [pop] geven

le **filet** (m) **1** draadje, vezeltje **2** straaltje; scheutje: *~ de fumée* rookpluimpje; *~ de voix* dun stemmetje **3** net: *coup de ~* vangst; [fig] *monter au ~* zijn nek uitsteken; *~ à provision* boodschappennet **4** [vlees] filet: *~ de bœuf* ossenhaas; [Belg] *~ américain* (filet) americain **5** schroefdraad

le/la **fil|eur** (m), **-euse** (v) spinner, spinster

filial, -e kinder-, kinderlijk

la **filiale** (v) dochteronderneming

la **filiation** (v) **1** afstamming; verwantschap **2** [fig] samenhang, opeenvolging

la **filière** (v) **1** normale weg: *~ administrative* ambtelijke weg; *suivre la ~* de gebruikelijke weg volgen **2** [ond] richting, stroom, profiel, leerweg **3** drugslijn: *remonter la ~ d'un trafic de drogue* een drugslijn oprollen **4** reactiecyclus [kerncentrale]

filiforme 1 draadvormig **2** broodmager

le **filigrane** (m) **1** filigraan(werk) **2** watermerk: *en ~* impliciet, tussen de regels door

le **filin** (m) [scheepv] kabel, touw; tros

la **fille** (v) **1** dochter: *~ adoptive* aangenomen dochter; *~ aînée* oudste dochter **2** meisje; vrouw: *jeune ~* meisje; *nom de jeune ~* meisjesnaam [voor het huwelijk]; *petite ~* (klein) meisje, kind; *vieille ~* oude vrijster; *~ de joie* prostituee; *~ mère* ongetrouwde moeder; *~ de salle* serveerster

la **fille-mère** (v; mv: filles-mères) [pejoratief] ongehuwde moeder

la **fillette** (v) (klein) meisje

le/la **filleul** (m), **-e** (v) petekind

le **film** (m) **1** film: *~ des événements* overzicht, relaas van de gebeurtenissen; *~ publicitaire* promotiefilm **2** film, laagje: *~ d'huile* olielaagje; *~ alimentaire* huishoudfolie, plasticfolie; *~ plastique* plastic verpakkingsmateriaal, folie

le **film-culte** (m; mv: films-culte) cultfilm

filmer 1 (ver)filmen **2** coaten, met een laagje bedekken

la **filmographie** (v) lijst (van) films [van één auteur enz.]

le **filon** (m) (erts)ader; [fig] goudmijntje

le **filou** (m) schurk, oplichter

filouter: *~ qqn. de qqch.* iem. iets afhandig maken

le **fils** (m) **1** zoon: *~ à papa* rijkeluiszoontje; *~ adoptif* aangenomen zoon **2** afstammeling

le **filtrage** (m) filtratie; [fig] schifting

filtrant, -e filtrerend: *verres ~s* zonwerend glas

la **filtration** (v) filtratie; (het) doorsijpelen

le **filtre** (m) filter: *~ antispam* spamfilter; *bout ~* filter(sigaret); *café ~* filterkoffie

¹filtrer (onov ww) doorsijpelen; [fig] uitlekken; doorschemeren

²filtrer (ov ww) **1** filtreren; zuiveren, zeven **2** schiften, streng controleren **3** [van licht] filteren; [van geluid] temperen

le **¹fin** (m): *le ~ du fin* het allerbeste

la **²fin** (v) **1** einde: *à la ~* **a)** op het einde; **b)** eindelijk; *~ de série* restant [winkel]; *mener à bonne ~* tot een goed einde brengen; *en ~ de compte* per slot van rekening; *mettre ~ à* een eind maken aan; *mettre ~ à ses jours* zelfmoord plegen; *prendre ~* eindigen; *sans ~* onophoudelijk; *toucher* (of: *tirer*) *à sa ~* ten einde lopen **2** doel, doeleinde, bedoeling, oogmerk: *arriver à ses ~s, en venir à ses ~s* zijn doel bereiken; *à cette ~* daarom, daarvoor; *qui veut la ~ veut les moyens* waar een wil is, is een weg; *à seule ~ de* met het (enig) doel om, alleen maar om; *à toutes ~s* ten overvloede; *il m'a opposé une ~ de non-recevoir* dat kwam mij op een weigering van hem te staan

³fin, fine (bn) **1** fijn; zuiver: *goût ~* fijne smaak; *~es herbes* tuinkruiden **2** [m.b.t. zintuigen] scherp: *avoir l'oreille ~e* een scherp gehoor hebben; [inf] *une ~e gueule* een fijnproever **3** geslepen, slim: *bien ~ qui l'attrapera* een slimme jongen die hem vangt; *il n'est pas très ~* erg snugger is hij niet; *jouer au plus ~ avec qqn.* elkaar, iem. te slim af willen zijn **4** bekwaam **5** fijn: *pluie ~e* motregen **6** uiterst: *le ~ mot* het fijne van de zaak; *au ~ fond de la province* in een uithoek van de provincie || *la fine fleur de la haute finance* het

puikje van de financiële top
⁴fin (bw): ~ *prêt* kant-en-klaar
final, -e (mv: finals, finaux) eind-, slot-: *accords ~s* slotakkoorden; *mettre le point ~ à* een punt zetten achter; *utilisateur ~* eindgebruiker ‖ *au ~* uiteindelijk
le **¹finale** (m) finale, laatste deel van een muziekstuk
la **²finale** (v) finale, beslissende wedstrijd: *quart de ~* kwartfinale
finalement ten slotte
finaliser uitwerken
le/la **finaliste** (m/v) finalist(e)
la **finance** (v) geldwezen, bankwezen: *la haute ~* de grote bankiers ‖ *moyennant ~* tegen betaling
le **financement** (m) financiering
financer financieren, bekostigen
les **finances** (mv, v) financiën, geldmiddelen: *mes ~ vont mal* ik zit slecht bij kas; *les ~ publiques* overheidsfinanciën
le **¹financier** (m) financier; geldmagnaat
²financ|ier, -ière (bn) financieel, geldelijk; geld-, bank-: *opération financière* geldhandeling
finasser [inf] draaien, heel slim willen doen; zich eruit kletsen
la **finasserie** (v) slimmigheidje; handigheidje
le/la **¹finaud** (m), **-e** (v) slimmerd, goochemerd
²finaud, -e (bn) slim, geslepen
la **fine** (v) brandewijn: ~ *champagne* cognac
finement fijntjes; handig, slim
la **finesse** (v) **1** fijnheid; verfijning **2** scherpte [van zintuigen]
les **finesses** (mv, v) finesses, nuances
le **¹fini** (m): *le ~* **a)** het eindige; **b)** de perfecte afwerking
²fini, -e (bn) **1** uit, ten einde; af(gewerkt); klaar: *produit ~* eindproduct **2** volslagen: *un voyou ~* een aartsschoft **3** beperkt, eindig **4** versleten, uitgeblust
¹finir (onov ww) **1** eindigen, aflopen: *il ~a mal* het zal slecht met hem aflopen; *tout est bien qui finit bien* eind goed, al goed; *en ~* ermee ophouden, een einde maken aan; *on n'en finit plus!* het houdt maar niet op!; *en ~ avec* a) een eind maken aan iets; b) zich ontdoen van iem.; ~ *en* uitlopen op **2** sterven **3** (+ par) [+ onbep w] ten slotte, uiteindelijk … doen: *il a fini par avouer* hij heeft ten slotte bekend ‖ [Belg] *pour ~* eindelijk (eens)
²finir (ov ww) **1** beëindigen, afmaken, voltooien **2** (+ de) [+ onbep w] ophouden met: *ils ont fini de manger* zij zijn klaar met eten **3** opgebruiken; opeten, leegdrinken **4** stoppen (met)
le **finish** (m; mv: finishs, onveranderlijk) **1** uitputting: *match au ~* uitputtingswedstrijd **2** [sport] goede afwerking
le **finissage** (m) afwerking
la **finition** (v) (zorgvuldige) afwerking

les **finitions** (mv, v) de laatste hand
le **¹finlandais** (m) (het) Fins
²finlandais, -e (bn) Fins
le/la **Finlandais** (m), **-e** (v) Fin(se)
la **Finlande** (v) Finland
le **¹finnois** (m) (het) Fins
²finnois, -e (bn) Fins
la **fiole** (v) **1** flesje; kolfje **2** smoel, kop, snuit
le **fion** (m) [inf] afwerking: *donner le coup de ~ à* de laatste hand leggen aan
le **fioul** (m) *zie fuel*
le **firmament** (m) [form] firmament; uitspansel
la **firme** (v) firma, bedrijf
le **fisc** (m) fiscus
fiscal, -e fiscaal: *année ~e* belastingjaar; *conseiller ~* belastingconsulent; *fraude ~e* belastingfraude
fiscaliser belasten
la **fiscalité** (v) belastingstelsel
fissible [nat] splijtbaar: *matériel ~* splijtstof
la **fission** (v) [nat] splitsing: ~ *nucléaire* kernsplitsing
la **fissure** (v) spleet, scheur, barst; [fig] zwakke plek
fissurer splijten, splitsen; [fig] verdeeldheid brengen in
le **fiston** (m) [pop] zoon
la **fistule** (v) fistel
le **fitness** (m) fitness
la **FIV** (v) afk van *fécondation in vitro* ivf, reageerbuisbevruchting
le **fixateur** (m) fixeermiddel, fixeerspuit
le **fixatif** (m) [foto] fixeer
la **fixation** (v) **1** (vast)hechting: ~*s de ski* skibindingen **2** (het) fixeren, vastmaken **3** (het) vastleggen; bepaling **4** [psych] fixatie: *faire une ~ sur qqch.* geobsedeerd zijn door iets
fixe **1** vast, onbeweeglijk; strak: *barre ~* rekstok **2** onveranderlijk, bestendig: *beau ~* bestendig mooi weer; *à jour ~* steeds op dezelfde dag; *domicile ~* vaste woonplaats; *téléphone ~* vaste telefoon; *idée ~* obsessie, dwangvoorstelling
¹fixer (ov ww) **1** bevestigen, vastmaken **2** vastleggen, vaststellen: ~ *des conditions* voorwaarden stellen; ~ *un rendez-vous* een afspraak maken **3** fixeren **4** richten: ~ *son attention sur* zijn aandacht vestigen op; ~ *son choix sur* zijn keuze laten vallen op; *être fixé sur qqch.* weten waar men aan toe is **5** informeren: ~ *qqn. sur* iem. uitsluitsel geven over
se **²fixer** (wdk ww) **1** (+ sur) zich richten, zich vestigen op **2** zich vestigen, gaan wonen **3** vaste vorm krijgen **4** (+ sur) definitief zijn keuze laten vallen (op)
la **fixité** (v) stabiliteit, onbeweeglijkheid; onveranderlijkheid
le **fjord** (m) fjord
flac! plons!, plof!
le **flacon** (m) (stop)fles; kolf

flagada [inf] zwakjes; slapjes; futloos
la **flagellation** (v) geseling, zelfkastijding
flageller geselen; hekelen
flageoler trillen, knikken [van knieën]
le **flageolet** (m) **1** flageoletfluit **2** soort boon
la **flagornerie** (v) hielenlikkerij
le/la **flagorn|eur** (m), **-euse** (v) hielenlikker, -ster
flagrant, -e overduidelijk, zonneklaar: *en ~ délit* op heterdaad
le **flair** (m) **1** reukzin **2** fijne neus **3** flair, vaardigheid: *il manque de ~* hij is niet handig, alert
flairer ruiken (aan); (be)snuffelen; [fig] (be)speuren, vermoeden
le **¹flamand** (m) (het) Vlaams
²flamand, -e (bn) Vlaams
le/la **Flamand** (m), **-e** (v) Vlaming, Vlaamse
le **flamant** (m) flamingo
flambant, -e vlammend: *~ neuf* splinternieuw
la **flambe** (v) [plantk] lis(bloem); iris
le **flambeau** (m) toorts, fakkel [ook fig]; kandelaar: *retraite aux ~x* fakkeltocht, lampionoptocht; *(se) passer le ~* de fakkel doorgeven
la **flambée** (v) vlammend vuurtje; [fig] vlaag [van woede enz.]: *~ des prix* plotselinge prijsstijging
¹flamber (onov ww) **1** vlammen, (af)branden, in vuur en vlam staan **2** grof spel spelen || *les cours flambent* de koersen schieten omhoog
²flamber (ov ww) **1** schroeien, schoonbranden, flamberen **2** erdoor jagen: [inf] *être flambé(e)* verloren, geruïneerd zijn
le **flambeur** (m) gokker
le **flamboiement** (m) fonkeling, gloed
flamboyant, -e vlammend; [fig] fonkelend, schitterend
flamboyer vlammen, vonken schieten; [fig] fonkelen
le **¹flamenco** (m) flamenco
²flamenco (bn) flamenco-
la **flamiche** (v) preitaart
le/la **flamingant** (m), **-e** (v) aanhanger van de radicale Vlaamse beweging
la **flamme** (v) **1** vlam: *retour de ~* steekvlam; *passer à la ~* flamberen **2** hartstocht, gloed **3** wimpel **4** opdruk [naast poststempel]
flammé, -e gevlamd
la **flammèche** (v) vonk
les **flammes** (mv, v) vuur: *en ~* in lichterlaaie
le **flan** (m) flan [gebakken eiervla]: *en rester comme deux ronds de ~* grote ogen opzetten || [pop] *c'est du ~!* maak dat de kat wijs!
le **flanc** (m) **1** zij(de), flank, zijkant: *se battre les ~s* zich uitputten; *prêter le ~ à* zich blootstellen aan; *être sur le ~* uitgeput zijn; [pop] *tirer au ~* lijntrekken, 'm drukken **2** helling [van een heuvel]: *à ~ de coteau* een heuvelhelling

flancher (het) opgeven; (het) begeven
la **Flandre** (v) Vlaanderen
les **Flandres** (mv, v) [voornamelijk hist] Vlaanderen
la **flanelle** (v) flanel
flâner rondslenteren, flaneren, kuieren
la **flânerie** (v) wandeling; (het) rondslenteren
le **flâneur** (m) flaneur; lanterfanter
flanquer 1 flankeren, staan naast, vergezellen; [mil] in de flank dekken **2** [inf] smijten, kwakken: *~ à la porte* eruit gooien; [fig] *tout ~ en l'air* er de brui aan geven **3** [inf] geven, bezorgen: *~ une gifle* een oplawaai verkopen; *il m'a flanqué une peur bleue* hij heeft me de stuipen op het lijf gejaagd
flapi, -e [inf] bekaf
la **flaque** (v) plas
le **flash** (m) **1** flitslicht; flitser **2** korte nieuwsflits **3** korte scène: *~ publicitaire* reclamespotje
le **flash-back** (m; mv: onveranderlijk) flashback
flasher [foto] flitsen
flasque slap, week; mat
¹flatter (ov ww) **1** vleien **2** flatteren **3** aanmoedigen
se **²flatter de** (wdk ww) **1** zich iets inbeelden **2** zich vleien (met)
la **flatterie** (v) vleierij
le/la **¹flatt|eur** (m), **-euse** (v) vlei(st)er
²flatt|eur, -euse (bn) **1** vleiend **2** geflatteerd: *portrait ~* flatterend portret
la **flatulence** (v) winderigheid
le **FLE** (m) [ond] afk van *français langue étrangère* Frans als vreemde taal
le **fléau** (m) **1** (dors)vlegel; juk [van een balans] **2** plaag, gesel, ramp
le **fléchage** (m) bewegwijzering [d.m.v. pijlen]
la **flèche** (v) **1** pijl: *en ~* pijlsnel; *monter en ~* omhoogschieten; *faire ~ de tout bois* alles aangrijpen **2** spits [toren] **3** [Belg] ladder [in kous]
flécher bewegwijzeren
la **fléchette** (v) (werp)pijltje: *jeu de ~s* darts
¹fléchir (onov ww) **1** (door)buigen **2** verflauwen, zwakker worden; achteruitgaan, dalen [van prijzen] **3** zwichten, wijken; zich gewonnen geven
²fléchir (ov ww) **1** buigen, krommen **2** vermurwen
le **fléchissement** (m) (het) doorbuigen; achteruitgang, daling
le/la **¹flegmatique** (m/v) flegmaticus
²flegmatique (bn) flegmatiek, flegmatisch, onverstoorbaar
le **flegme** (m) flegma, onverstoorbaarheid
le/la **flemmard** (m), **-e** (v) [inf] luiwammes, luie trien
flemmarder [inf] luilakken
la **flemme** (v) [inf] lamlendigheid: *avoir la ~*

luilakken, geen zin hebben wat dan ook te
doen

la **Flessingue** (v) Vlissingen

le **flétan** (m) [dierk] heilbot

[1]**flétrir** (ov ww) **1** doen verwelken; doen
verbleken **2** zijn frisheid doen verliezen
3 onteren, bezoedelen

se [2]**flétrir** (wdk ww) verwelken; verbleken

la **flétrissure** (v) **1** ontluistering; schandvlek
2 (het) verwelken

la **fleur** (v) **1** bloem, bloesem: *en* ~ in bloei;
être ~ *bleue* erg sentimenteel zijn; *ni* ~*s ni
couronnes* geen bloemen, geen kransen; *jeter
des* ~*s à qqn.* iem. uitbundig prijzen **2** [fig]
bloem, het beste: *la fine* ~ het puikje
3 bloeitijd: *à la* ~ *de l'âge* in de bloei van het
leven **4** bloem [meel] || *à* ~ *de* aan de opper-
vlakte van; *une sensibilité à* ~ *de peau* heel
lichtgeraakt zijn

le **fleuret** (m) floret, schermdegen

la **fleurette** (v): *conter* ~ het hof maken
fleuri, -e 1 in bloei, vol bloemen **2** ge-
bloemd **3** bloemrijk; versierd [van stijl]
4 blozend, gezond: *teint* ~ gezonde kleur

[1]**fleurir** (onov ww) bloeien

[2]**fleurir** (ov ww) met bloemen versieren

le/la **fleuriste** (m/v) bloemist(e); bloemenverko-
per, -verkoopster

le **fleuron** (m) bloemvormig sieraad; [fig] parel

le **fleuve** (m) rivier, stroom [ook fig]: *roman-~*
hele lange roman

la **flexibilité** (v) buigzaamheid, lenigheid;
soepelheid, flexibiliteit; aanpassingsvermogen: ~ *de l'emploi* arbeidsflexibiliteit, flexar-
beid
flexible buigzaam, lenig; flexibel; [fig] soepel, meegaand

la **flexion** (v) buiging

le **flic** (m) [inf] smeris

la **flicaille** (v) [inf; pej] politie; [Belg] flikken

le **flingue** (m) [inf] spuit [geweer]; pistool, revolver
flinguer [inf] doodschieten

le [1]**flipper** (m) flipperkast

[2]**flipper** (onov ww) [inf] **1** flippen; depres-
sief zijn **2** erg bang zijn: ~ *grave* 'm behoorlijk knijpen, behoorlijk in de rats zitten

le **flirt** (m) flirt, vrijage; vlam, vriendje, vriendinnetje
flirter flirten

le **flocon** (m) vlok: ~ *de neige* (sneeuw)vlok; ~*s
d'avoine* havermout
floconn|eux, -euse vlokkig

les **flonflons** (mv, m) [inf] geschetter

le **flop** (m) [fig] flop: *faire un* ~ floppen; mislukken

la **flopée** (v) [pop] sleep, ris, 'n heleboel

la **floraison** (v) bloei; opbloei, opleving
floral, -e bloem-, bloemen-

les **floralies** (mv, v) bloementoonstelling:

les ~ *gantoises* [Belg] de Gentse Floraliën

la **flore** (v) flora

le/la **Florentin** (m), **-e** (v) inwoner, inwoonster
van Florence

la **floriculture** (v) bloementeelt; bloemisterij

le **florilège** (m) bloemlezing

le **florin** (m) gulden; florijn
florissant, -e bloeiend, welvarend, florissant

le **flot** (m) **1** golf, vloed **2** stroom, massa,
overvloed: ~ *de paroles* stortvloed van woorden; *être* (of: *remettre*) *à* ~ **a)** vlot zijn (*of:*
trekken); **b)** [fig] er weer bovenop zijn (*of:*
helpen); *à* ~*s* bij stromen

le **flottage** (m) (het) vlotten [van hout]

la **flottaison** (v) waterspiegel: *ligne de* ~ wa-
terlijn
flottant, -e 1 drijvend: *glaces* ~*es* drijfijs
2 wapperend: *des vêtements* ~*s* ruimzitten-
de kleren **3** zwevend: *monnaie* ~*e* zwevende
munt; *parquet* ~ zwevend parket **4** [fig] aarzelend, besluiteloos: *attention* ~*e* wisselende
aandacht

la **flotte** (v) **1** vloot: ~ *aérienne* luchtvloot
2 water, regen

le **flottement** (m) golvende beweging; aarzeling, onzekerheid

[1]**flotter** (onov ww) **1** drijven **2** wapperen
[van een vlag] **3** zweven: [fig] *il flottait dans
ses vêtements* zijn kleren slobberden om hem
heen

[2]**flotter** (onpers ww): [inf] *il flotte* het stortregent

le **flotteur** (m) drijver, dobber; vlotter

la **flottille** (v) flottielje, smaldeel

le [1]**flou** (m) wazigheid, vaagheid

[2]**flou, -e** (bn) wazig, vaag; onscherp
flouer [inf] bedonderen
fluctuant, -e 1 wisselend, schommelend
2 aarzelend

la **fluctuation** (v) golfbeweging; schommeling
fluctuer fluctueren, op en neer gaan
fluet, -te tenger, teer, smalletjes: *une voix*
~*te* een dun stemmetje

le [1]**fluide** (m) vloeistof; gas

[2]**fluide** (bn) **1** vloeibaar; gasvormig: *huile* ~
dunne olie **2** vloeiend: *circulation* ~ vlot rij-
dend verkeer **3** onbestemd; instabiel: *pensée* ~ moeilijk te vatten gedachte
fluidifier vloeibaar maken

la **fluidité** (v) vloeibaarheid: ~ *de la circulation*
vlotte doorstroming van het verkeer
fluo (mv: *onv*) verk van *fluorescent* fluorescerend: *jaune* ~ fluorescerend geel, fel geel

la **fluoration** (v) fluoridering
fluorescent, -e fluorescerend: *tube* ~ tl-
buis

la **flûte** (v) **1** fluit: *petite* ~ piccolo; ~ *traver-
sière* dwarsfluit; ~ *à bec* blokfluit **2** groot
stokbrood **3** (hoog) champagneglas

flûté, -e scherp: *voix ~e* hoge zachtklinkende stem

les **flûtes** (mv, v) [inf] benen

le/la **flûtiste** (m/v) fluitspeler

fluvial, -e rivier-: *navigation ~e* binnenvaart

le **flux** (m) vloed; [fig] stroom: *~ et reflux* eb en vloed; *~ de paroles* woordenvloed; *~ migratoire* migratiestroom; *~ menstruel* menstruele bloeding, menstruatie

le **FMI** (m) afk van *Fonds Monétaire International* IMF

la **FNAC** (v) afk van *fédération nationale des agents commerciaux* keten van grote muziek- en boekwinkels

le **foc** (m) fok

focal, -e brandpunts-

la **focale** (v) brandpuntsafstand

focaliser bundelen, concentreren: *~ l'attention* alle aandacht eisen

le **foehn** (m) föhn

le **fœtus** (m) foetus; embryo

fofolle gek

la **foi** (v) **1** geloof: *n'avoir ni ~ ni loi* God noch gebod kennen **2** vertrouwen: *de bonne* (of: *mauvaise*) *~* te goeder (of: kwader) trouw; *digne de ~* betrouwbaar; *ajouter ~ à* geloof hechten aan; *sur la ~ de qqn.* op iemands gezag; *faire ~* getuigen van; *le cachet de la poste faisant ~* waarbij het poststempel als bewijs geldt **3** trouw, belofte: *ma ~* tja

le **foie** (m) lever: *~ gras (d'oie)* ganzenlever; *huile de ~ de morue* levertraan; *crise de ~* galaanval, leveraanval

le **foin** (m) **1** hooi **2** herrie: *faire du ~* stampij, drukte maken

les **foins** (mv, m) hooigras: *faire les ~* hooien; *rhume des ~* hooikoorts

la **foire** (v) **1** jaarmarkt: *~ aux bestiaux* veemarkt **2** (jaar)beurs **3** kermis; [inf] bende ‖ *faire la ~* de bloemetjes buiten zetten; *~ aux puces* vlooienmarkt

foirer 1 slecht functioneren: *une vis qui foire* een schroef die dol draait **2** mislukken, fout gaan

foir|eux, -euse [inf] klote-

la **fois** (v) maal, keer: *à la ~* **a)** tegelijk; **b)** evenzeer; *une bonne ~,* *une ~ pour toutes* eens en voor altijd; *des ~* soms; *des ~ que* als soms …; *des ~ qu'il arriverait* voor het geval dat hij komt; *encore une ~* nog eens, nogmaals; *par trois ~* tot drie keer toe; *pour une ~* voor die ene keer; *une ~ que* zodra; *il était une ~* er was eens; *non, mais des ~!* nee maar, zeg!; *toutes les ~ que* telkens als; [Belg] *une ~* eens, even; *cette ~-ci* ditmaal, deze keer

la **foison** (v): *à ~* in overvloed

le **foisonnement** (m) overvloed, gekrioel

foisonner 1 wemelen, krioelen **2** welig tieren; zich vermenigvuldigen

fol zie ¹*fou*

folâtre dartel, speels

folâtrer dartelen, stoeien

foldingue [inf] achterlijk; bezopen; getikt

folichon, -ne vrolijk, leuk: *la vie n'est pas ~ne* het leven is geen lolletje

la **folie** (v) **1** waanzin, krankzinnigheid: *elle aime à la ~* zij is stapel op hem; *~ des grandeurs* grootheidswaanzin; *avoir un grain de ~* een beetje mesjogge zijn; *c'est de la ~ douce* het is je reinste waanzin (maar het geeft verder niet) **2** dwaasheid: *faire des ~s* **a)** domme dingen doen; **b)** buitensporige uitgaven doen; *dire des ~s* onzin uitkramen

folique: *acide ~* foliumzuur

le **folklore** (m) folklore: [fig] *c'est du ~* het is flauwekul

folklorique folkloristisch

folle zie ¹*fou*

follement dwaas, waanzinnig; razend, buitengewoon

follet, -te dwaas: *feu ~* dwaallichtje; *poil ~* donshaar, nesthaar

le **follicule** (m) [biol] follikel

fomenter aanwakkeren, aanstoken

foncé, -e donker [van kleur]

¹**foncer** (onov ww) **1** donkerder worden **2** zich storten (op) **3** vooruit stormen: *~ dans le brouillard* doordraven

²**foncer** (ov ww) **1** donkerder maken **2** boren

le **fonceur** (m) [inf] doordouwer

fonc|ier, -ière 1 grond-: *crédit ~* hypothecair krediet; *impôt ~* grondbelasting; *propriétaire ~* grondbezitter **2** wezenlijk, aangeboren, fundamenteel: *qualité foncière* karaktereigenschap

foncièrement wezenlijk; door en door

la **fonction** (v) **1** functie, ambt; taak; werking: *~ publique* overheidsdienst, ambtenarenapparaat, [Belg] openbaar ambt; *appartement de ~* ambtswoning; *en ~ de* naar(gelang), in verband met; *être ~ de* afhangen van; *faire ~ de* dienstdoen als

le/la **fonctionnaire** (m/v) ambtenaar, -nares

la **fonctionnalité** (v) functionaliteit

fonctionnel, -le functioneel

le **fonctionnement** (m) (het) functioneren, werking, werkwijze

fonctionner functioneren, werken, in werking zijn

le **fond** (m) **1** bodem: *à ~* grondig; *rouler à ~* heel hard rijden, scheuren; *de ~ en comble* geheel en al; *du ~ du cœur* uit de grond van zijn hart; *lame de ~* **a)** grondgolf; **b)** vloedgolf **2** restje: *un ~ de cognac* een bodempje cognac **3** diepte: *dix mètres de ~* tien meter diep; *mine de ~* dieptebom **4** ondergrond, fundering **5** hoofdzaak, kern: *le ~ du problème* de kern van de zaak; *je suis d'accord sur le ~* inhoudelijk ben ik het er mee eens; *de ~* fundamenteel; *article de ~* achtergrondarti-

kel; *au* ~ eigenlijk, in feite; *aller* au ~ des choses tot de kern doordringen **6** achtergrond:
~ *sonore* achtergrondgeluiden; [comp] ~
d'écran achtergrondscherm **7** onderste, achterste: *au* ~ *de* achterin, diep in; *au* ~ *du cou-*
loir aan het eind van de gang; *le fin* ~ de verst
verwijderde plaats **8** uithoudingsvermogen:
course de ~ langeafstandsloop [5000, 10.000
m]; *ski de* ~ het langlaufen, langlaufsport
fondamental, -e fundamenteel, essentieel, grond-: *loi* ~e grondwet; *question* ~e
kernvraag
le **fondamentalisme** (m) [rel] fundamentalisme
le ¹**fondant** (m) fondant, borstplaat
²**fondant, -e** (bn) **1** smeltend **2** sappig **3** in
elkaar overlopend ‖ [Belg] *chocolat* ~ bittere
chocolade
le/la **fonda|teur** (m), **-trice** (v) stichter, opricht-
(st)er, grondlegger
la **fondation** (v) **1** [meestal mv] fundament,
fundering **2** stichting, oprichting, (het) instellen [van een prijs, beurs] **3** [jur] stichting,
fonds
le ¹**fondé** (m): ~ *de pouvoir* a) procuratiehouder; b) gevolmachtigde
²**fondé, -e** (bn) **1** gefundeerd, gegrond; gerechtvaardigd: *être* ~ *sur* berusten op, gebaseerd zijn op; *une réputation* ~e een gevestigde reputatie **2** gemachtigd: *argument* ~
steekhoudend argument
le **fondement** (m) **1** fundering, fundament
2 [fig] grondslag, basis: *sans* ~ ongegrond;
jeter les ~s de de grondslag leggen voor
3 achterste
¹**fonder** (ov ww) **1** stichten, oprichten; instellen **2** (+ sur) baseren op
se ²**fonder sur** (wdk ww) berusten op, zich baseren op, gebaseerd zijn op
la **fonderie** (v) (metaal)gieterij, smelterij
le **fondeur** (m) (metaal)gieter, smelter
¹**fondre** (onov ww) **1** slinken; vermageren
2 (+ sur) zich werpen op, neerkomen op ‖ ~
en larmes in tranen uitbarsten
²**fondre** (ov ww) **1** smelten, oplossen: *faire* ~
le beurre de boter smelten **2** gieten **3** [van
kleuren] vermengen, samensmelten
se ³**fondre** (wdk ww) **1** zich vermengen
2 smelten
la **fondrière** (v) modderkuil
le ¹**fonds** (m) **1** grond; onroerend goed: ~ *de*
commerce handelsonderneming, zaak **2** kapitaal, bezit **3** fonds: *Fonds Monétaire* Inter-
national Internationaal Monetair Fonds
(IMF); ~ *de solidarité* solidariteitskas; [Belg]
Fonds des Calamités Nationale Kas voor Ram-
penschade; ~ *de pension* pensioenfonds; ~
secrets geheime fondsen; ~ *d'investissement*
investeringsfonds **4** effect: ~ *publics* staats-
fondsen, schatkist **5** (deel)collectie [van museum, bibliotheek]

les ²**fonds** (mv, m) gelden, contanten: ~ *de rou-*
lement bedrijfskapitaal; *détournement de* ~
verduistering; *rentrer dans ses* ~ zijn geld terugkrijgen
le ¹**fondu** (m) [radio] fading: [film] ~ *enchaîné*
(het) vervloeien [van het beeld]
²**fondu, -e** (bn) **1** gesmolten: *fromage* ~
smeerkaas **2** gegoten **3** verlopen [kleuren]:
couleurs ~es in elkaar vervloeiende kleuren
la **fondue** (v) kaasfondue ‖ ~ *bourguignonne*
vleesfondue
la **fontaine** (v) bron; fontein(tje)
la **fonte** (v) **1** (het) smelten, dooien **2** (het)
gieten **3** gietijzer
les **fonts** (mv, m): ~ *(baptismaux)* doopvont;
porter sur les ~ ten doop houden
le **foot** (m) [inf] voetbal: *jouer au* ~ voetballen
le **football** (m) voetbal: *jouer au* ~ voetballen;
match de ~ voetbalwedstrijd
le **footballeur** (m) voetballer, voetbalspeler
le **footing** (m): *faire du* ~ joggen
le **for** (m): ~ *intérieur* geweten; *en mon* ~ *inté-*
rieur in mijn binnenste
le **forage** (m) boring: *plateforme de* ~ boor-
platform, booreiland
le/la ¹**forain** (m), **-e** (v) kermisklant
²**forain, -e** (bn) kermis-: *fête* ~e kermis
le **forban** (m) zeeschuimer; schurk
le **forçat** (m) galeiboef; dwangarbeider; [fig]
slaaf: *travailler comme un* ~ werken als een
paard
la **force** (v) **1** kracht, sterkte: ~ *d'âme* geestkracht; ~ *motrice* stuwkracht, drijfkracht;
tour de ~ krachttoer; *travail de* ~ zware arbeid; *à bout de* ~s uitgeput; *dans la* ~ *de l'âge*
in de kracht van zijn leven; *être au-dessus de*
ses ~s zijn krachten te boven gaan; *redonner*
des ~s nieuwe energie geven **2** macht;
groep: *l'union fait la* ~ eendracht maakt
macht; ~ *de dissuasion* afschrikkingswapen;
~ *de frappe* atoomwapen; ~s *de l'ordre* politie; *ils sont arrivés en* ~ ze zijn in groten getale
aangekomen; *la* ~ *armée* de sterke arm; *la* ~
de vente verkoopteam, verkoopafdeling
3 dwang; geweld: *par la* ~ *des choses* uit de
aard der zaak; ~ *est de constater* je moet wel
constateren, je kunt er niet omheen; ~
majeure overmacht; *à* ~ *de* door veel, door
almaar; *de* ~ met (kracht en) geweld; *de gré*
ou de ~ goedschiks of kwaadschiks; *de toute*
sa ~ uit alle macht; *passer une loi en* ~ een wet
erdoor drukken; *recourir à la* ~ gebruikmaken
van geweld
forcé, -e 1 gedwongen; geforceerd; onnatuurlijk, gemaakt: *atterrissage* ~ noodlan-
ding; *travaux* ~s dwangarbeid **2** onvermijdelijk: *il sera en retard, c'est* ~ hij zal weer te laat
komen, dat kan niet anders
forcément noodzakelijk(erwijs), per se
le/la ¹**forcené** (m), **-e** (v) dolleman, waanzinnige
²**forcené, -e** (bn) uitzinnig, razend; overdre-

ven

le **forceps** (m) verlostang: [fig] *un accouche-ment au ~* iets wat met heel veel moeite is bereikt

¹**forcer** (onov ww) **1** kracht zetten; [sport] spurten, er een schepje bovenop doen: *ils ont forcé sur le cognac* ze hebben te veel cognac gedronken **2** aanwakkeren [van de wind]

²**forcer** (ov ww) **1** (+ à) dwingen, noodzaken (tot): *~ la main à qqn.* iem. dwingen iets te doen; *~ la nature* de natuur geweld aan-doen; *~ le respect* eerbied afdwingen **2** for-ceren: *~ un obstacle* een hindernis nemen **3** afjakkeren [van een paard]: *~ la dose* [inf] te ver gaan; *~ la note* een gepeperde reke-ning voorleggen

se ³**forcer** (wdk ww) zich dwingen, zich inspan-nen

les **forces** (mv, v) strijdmacht, strijdkrachten, troepen: *~ aériennes* luchtmacht

le **forcing** (m) de druk, het tempo: *faire le ~* de druk opvoeren

forer boren, doorboren

le **forestier** (m) boswachter, houtvester

²**forestier, -ière** (bn) **1** bos-: *garde ~* bos-wachter; *région forestière* bosachtig gebied **2** boswachters-

le **foret** (m) boor, fret(boor)

la **forêt** (v) woud, bos [ook fig]: *~ vierge* oer-woud; *~ domaniale* staatsbos; *les arbres ca-chent la ~* door de bomen het bos niet meer zien

la **forêt-noire** (v; mv: forêts-noires) schwarz-walderkirschgebak

la **foreuse** (v) boormachine

le **forfait** (m) **1** misdaad, misdrijf **2** overeen-gekomen prijs; vaste prijs, all-in: *~ mobile* beltegoed; *travail à ~* aangenomen werk **3** vast opgelegde belastingaanslag ‖ [sport] *déclarer ~* zich terugtrekken, verstek laten gaan

forfaitaire overeengekomen: *prix ~* vaste prijs (voor een totaalpakket)

le **forfait-séjour** (m; mv: forfaits-séjours) verblijf all-in

la **forfaiture** (v) misdrijf begaan door een ambtenaar in functie

la **forfanterie** (v) opschepperij

la **forge** (v) smederij

¹**forger** (ov ww) **1** smeden: *c'est en forgeant qu'on devient forgeron* al doende leert men **2** [fig] smeden [van een plan]; uitvinden, verzinnen

se ²**forger** (wdk ww) zich verschaffen: *se ~ des illusions* zich illusies maken

le **forgeron** (m) smid

se **formaliser de** kwalijk nemen; aanstoot nemen aan

le **formalisme** (m) formalisme, vormelijkheid

la **formalité** (v) formaliteit; plichtpleging

le **format** (m) formaat

formater formatteren

le/la ¹**forma|teur** (m), **-trice** (v) **1** opleid(st)er **2** [Belg; pol] formateur

²**forma|teur, -trice** (bn) vormend

la **formation** (v) **1** formatie; samenstelling; oprichting; vorming **2** opleiding: *~ profes-sionnelle* beroepsopleiding; *~ continue* per-manente educatie; *~ en ligne* e-learning, elektronisch leren **3** organisatie: *~ politique* politieke partij

la **forme** (v) **1** vorm, uiterlijk, gedaante, ge-stalte: *prendre la ~ de* zich voordoen als; *prendre ~* vaste vorm krijgen; *sous la ~ de* in de gedaante van, in de vorm; *la ~ et le fond* de vorm en de inhoud **2** voorschriften: *en bonne et due ~* volgens de regels; [inf] *y met-tre les ~s* omzichtig te werk gaan **3** [sport] vorm, conditie: *être en (pleine) ~* (prima) in vorm zijn; *centre de mise en ~* fitnesscentrum **4** vorm, matrijs, leest: *chapeau haut de ~* hoge hoed

formel, -le 1 duidelijk, stellig, uitdrukkelijk **2** vormelijk; formeel

formellement formeel: *c'est ~ interdit* het is nadrukkelijk verboden

¹**former** (ov ww) **1** vormen [in alle bet]; ma-ken, formeren, opstellen, samenstellen; ne-men [van een besluit]; opvatten [van een plan]; aangaan [van een verbond]; uiten [van een klacht]; koesteren [een wens] **2** vormen, opleiden: *formé* gevormd, volgroeid, volwas-sen

se ²**former** (wdk ww) zich vormen, gevormd worden, zich ontwikkelen, ontstaan

les **formes** (mv, v) vormen, figuur

formidable formidabel, geweldig; fantas-tisch (goed)

le **formulaire** (m) formulier, vragenlijst

la **formulation** (v) formulering

la **formule** (v) **1** formule: *~ week-end* week-endarrangement **2** formulering: *~ publi-citaire* reclameleus; *~ de politesse* slotzin [van een brief] **3** methode

formuler 1 formuleren, onder woorden brengen **2** [volgens een formule] opstellen: *~ une ordonnance* een recept schrijven

forniquer [scherts] hoereren

le **forsythia** (m) [plantk] forsythia

le ¹**fort** (m) **1** zwaartepunt: *au ~ de la tempête* als de storm het hevigst woedt **2** sterkste kant: *la patience n'est pas son ~* geduld is niet zijn, haar sterkste kant **3** fort, versterking **4** sterke; sterke man: *le plus ~* de machtigste **5** uitblinker

²**fort, -e** (bn) **1** sterk, stevig, duurzaam: *châ-teau ~* burcht; *monnaie ~e* harde valuta; *pla-ce ~e* vesting **2** sterk, zwaar, krachtig, taai: *café ~* sterke koffie; *la manière ~e* geweld; *remède ~* krachtig geneesmiddel; *c'est un peu ~,* *c'est ~ de café* dat is wat overdreven; *c'est plus ~ que moi* ik kan er niets aan doen;

une ~*e amende* een zware boete; ~*es hanches* brede heupen; *accent* ~ sterk accent; *haleine* ~*e* slechte adem; *le sexe* ~ het sterke geslacht; *temps* ~ [fig] hoogtepunt **3** knap, bekwaam: *être* ~ *à* (en) uitblinken in; *il est* ~ *aux échecs* hij is een zeer goede schaker; [inf] *être* ~ *en gueule* een grote bek hebben

³fort (bw) **1** hard, krachtig: [inf] *y aller* ~ overdrijven; *crier* ~ hard schreeuwen; *frapper* ~ raak slaan **2** zeer, erg: ~ *bien* heel goed; *avoir* ~ *à faire* heel wat omhanden hebben

fortement 1 stevig, hard **2** krachtig, nadrukkelijk

la **forteresse** (v) vesting; bolwerk; gevangenis

fortiche [inf] slim; goed (in)

le **¹fortifiant** (m) versterkend middel; [fig] opkikker

²fortifiant, -e (bn) versterkend, opbeurend

la **fortification** (v) versterking, vestingwerk; vestingmuur

¹fortifier (ov ww) versterken; sterken

se **²fortifier** (wdk ww) **1** aansterken, sterker worden **2** zich verschansen

fortiori *zie à fortiori*

fortissimo [muz] fortissimo; zeer luid

le **fortran** (m) universele programmeertaal

fortuit, -e toevallig; onvoorzien

la **fortune** (v) **1** fortuin, lot: *mauvaise* ~ tegenspoed, ongeluk; *revers de* ~ tegenslag, tegenspoed; *faire contre mauvaise* ~ *bon cœur* er het beste van maken **2** kans, toeval: *dîner à la* ~ *du pot* eten wat de pot schaft; *de* ~ voorlopig, geïmproviseerd; *des moyens de* ~ wat voorhanden is; *éclairage de* ~ noodverlichting **3** fortuin, rijkdom, vermogen: *faire* ~ rijk worden

fortuné, -e vermogend, gefortuneerd, welgesteld

le **forum** (m) forum(discussie)

la **fosse** (v) **1** kuil; put: ~ *d'orchestre* orkestbak; ~ *d'aisances* beerput **2** graf: ~ *commune* massagraf; *algemeen graf* **3** holte: ~*s nasales* neusholten

le **fossé** (m) sloot; greppel; [fig] kloof

la **fossette** (v) kuiltje (in de wang)

le **¹fossile** (m) **1** fossiel **2** zeer ouderwets iem.

²fossile (bn) **1** versteend **2** [fig] zeer ouderwets

se **fossiliser** verstenen; fossiliseren

le **fossoyeur** (m) doodgraver; grafdelver [ook fig]

le **¹fou** (m) **1** dwaas, krankzinnige; nar: *plus on est de* ~*s plus on rit* hoe meer zielen hoe meer vreugde; ~ *furieux* dolleman; *une histoire de* ~*s* een idioot verhaal **2** loper [in schaakspel] || ~ *de Bassan* jan-van-gent [vogel]

²fou, folle (bn, m voor klinker of aangeblazen h: *fol*) **1** gek, krankzinnig; dwaas, dol: ~ *à lier* knettergek; *c'est* ~ **a)** te gek; **b)** dat is

idioot; ~ *de* (qqch.) verzot op (iets); ~ *de* (qqn.) verliefd op (iem.); ~ *d'amour* smoorverliefd; *mèche folle* weerbarstige haarlok; *ça me donne un mal* ~ dat doet me ontzettend veel pijn **2** uitzinnig, buitensporig: *avoir le* ~ *rire* de slappe lach hebben; *un argent* ~ enorm veel geld; *un monde* ~ waanzinnig veel mensen; *un succès* ~ een waanzinnig succes || *herbes folles* onkruid; *c'est* ~ *ce que c'est cher* belachelijk zo duur als dat is

la **foudre** (v) bliksem: *coup de* ~ [fig] liefde op het eerste gezicht; *s'attirer les* ~*s de qqn.* zich iemands woede op de hals halen

foudroyant, -e 1 verpletterend, vernietigend **2** dodelijk, fataal **3** plotseling

foudroyer 1 treffen [door de bliksem]: *être foudroyé* geëlektrocuteerd worden **2** verpletteren, vernietigen: ~ *qqn. du regard* iem. met een vernietigende blik aankijken

le **fouet** (m) **1** zweep; [fig] gesel: *coup de* ~ **a)** zweepslag [ook medisch]; **b)** spierscheurtje; **c)** aansporing, prikkel; **d)** sarcasme; *de plein* ~ met volle kracht, frontaal **2** garde, klopper

fouetter 1 met de zweep slaan, geselen: [fig] *il n'y a pas de quoi* ~ *un chat* het sop is de kool niet waard; [fig] *j'ai d'autres chats à* ~ ik heb wel wat anders te doen **2** opzwepen; prikkelen, stimuleren **3** kloppen, klutsen: *crème fouettée* slagroom **4** kletteren, striemen [van regen]

foufou, fofolle [inf] getikt

la **fougère** (v) varen

la **fougue** (v) hartstocht; voortvarendheid, onstuimigheid

fougu|eux, -euse onstuimig, vurig

la **fouille** (v) **1** opgraving **2** [fig] onderzoek, het fouilleren **3** bouwput

¹fouiller (ov ww) **1** opgraven, uitgraven **2** doorzoeken; aftasten; fouilleren **3** uitdiepen [een probleem] || [fig] ~ *dans le passé* in het verleden duiken

se **²fouiller** (wdk ww) in zijn zakken voelen || *il peut se* ~ dat kan hij op zijn buik schrijven

le **fouillis** (m) warboel

la **fouine** (v) steenmarter

fouiner snuffelen; neuzen

le/la **¹fouin|eur** (m), **-euse** (v) snuffelaar(ster)

²fouin|eur, -euse (bn) nieuwsgierig; indiscreet

fouir wroeten

foulant, -e 1 pers-: *pompe* ~*e* perspomp **2** [inf] vermoeiend

le **foulard** (m) halsdoek, hoofddoek, sjaal; ~ *islamique* hoofddoek van moslimmeisjes en -vrouwen

la **foule** (v) menigte, massa: *la* ~ de grote massa; *en* ~ massaal

la **foulée** (v): *dans la* ~ aansluitend, achterelkaar, meteen

¹fouler (ov ww) **1** persen, drukken; vertrap-

pen, plattrappen: ~ *aux pieds* **a)** vertrappen;
b) [fig] met voeten treden **2** betreden: ~ *le
sol* de la patrie de vaderlandse bodem betreden

se **²fouler** (wdk ww) **1** verstuiken: *il s'est foulé le
pied* hij heeft zijn voet verzwikt **2** zich uitsloven: *se* ~ *la rate* zich uitsloven; *il ne se foule
pas* hij voert niet veel uit

la **foulure** (v) verstuiking, verzwikking

le **four** (m) **1** oven: ~ *à micro-ondes* magnetron; *cuire au* ~ braden in de oven **2** [fig] fiasco: *faire un* ~ floppen ‖ *petits* ~s kleine gebakjes, petitfours

le/la **¹fourbe** (m/v) gluiperd, schurk, bedrieg(st)er
²fourbe (bn) schijnheilig; doortrapt; vals

la **fourberie** (v) valsheid, bedrog; schurkenstreek

le **fourbi** (m) [mil; argot] bullen; rommel,
troep, boeltje: *tout le* ~ de hele handel

fourbir poetsen: ~ *ses armes* zich op de
strijd voorbereiden

fourbu, -e uitgeput, doodop

la **fourche** (v) **1** vork, gaffel: ~ *de bicyclette*
vork [van fietsframe] **2** tweesprong **3** [Belg]
tussenuur ‖ *passer sous les* ~s *caudines* verne-
deringen ondergaan

fourcher [Belg] een tussenuur hebben ‖ *la
langue lui a fourché* hij heeft zich versproken

la **fourchette** (v) **1** vork: *avoir un bon coup de*
~ een flinke eter zijn **2** [ec, statistiek] marge,
bandbreedte: ~ *de prix* prijsstelling, prijsindi-
catie

fourchu, -e gevorkt; vorkvormig: *pied* ~
gespleten hoef, bokkenpoot [van de duivel]

le **fourgon** (m) bagagewagen [trein]; vrachtwagen: ~ *à bestiaux* veewagen; ~ *funéraire*
(of: *mortuaire*) lijkwagen; ~ *blindé* gepant-
serde vrachtwagen

la **fourgonnette** (v) bestelwagen

fourguer aansmeren

la **fourmi** (v) mier: *avoir des* ~s *dans les jambes*
slapende benen hebben; [fig] *un travail de* ~
een geduldkarweitje

la **fourmilière** (v) mierenhoop, mierennest;
[fig] krioelende menigte

le **fourmillement** (m) gekrioel, gewemel;
kriebeling, prikkeling [in de ledematen]

fourmiller krioelen, wemelen; kriebelen

la **fournaise** (v) smeltoven; vuurgloed, vuurzee: *c'est une vraie* ~ *en été* 's zomers is het er
bloedheet

le **fourneau** (m) **1** fornuis **2** oven: *haut* ~
hoogoven

la **fournée** (v) vracht, lading, lichting

fourni, -e dicht: *barbe* ~e volle baard; *bien*
~ goed voorzien

¹fournir (ov ww) **1** (+ de) voorzien (van); leveren **2** leveren, produceren **3** verschaffen:
~ *la preuve* het bewijs leveren

se **²fournir chez** (wdk ww) zich bevoorraden
bij

le/la **¹fourniss|eur** (m), **-euse** (v) leverancier-
(ster)

le **²fournisseur** (m) [comp] provider: ~ *d'accès*
provider

la **fourniture** (v) (het) verschaffen; toelevering

les **fournitures** (mv, v) benodigdheden, four-
nituren: ~ *de bureau* kantoorartikelen

les **Fourons** (mv, v) Voerstreek

le **fourrage** (m) veevoeder; foerage
¹fourrag|er, -ère (bn) voeder-: *betterave
fourragère* voederbiet
²fourrager (onov ww) rommelen, snuffelen

le **¹fourré** (m) struikgewas
²fourré, -e (bn) **1** gevoerd: *gants* ~s gevoer-
de handschoenen **2** met een dikke pels
3 gevuld, gegarneerd **4** vermomd: *paix* ~e
schijnvrede; *coup* ~ **a)** gemene streek; **b)** valstrik

le **fourreau** (m) **1** schede; foedraal, hoes, holster **2** nauwsluitende jurk
¹fourrer (ov ww) **1** voeren **2** [cul] vullen
3 [in iets] steken, stoppen, doen: ~ *au lit* in
bed stoppen; ~ *son nez partout* overal zijn
neus in steken

se **²fourrer** (wdk ww) **1** zich verstoppen, wegkruipen: *se* ~ *le doigt dans l'œil* het bij het
verkeerde eind hebben **2** terechtkomen

le **fourre-tout** (m) rommelkamer, rommel-
zolder; tas

le **fourreur** (m) bontwerker, bonthandelaar

la **fourrière** (v) **1** dierenasiel **2** politiegarage:
la voiture a été emmenée à la ~ de auto is weg-
gesleept

la **fourrure** (v) pels, bont; bontmantel

les **fourrures** (mv, v) pelterijen
¹fourvoyer (ov ww) misleiden, op een
dwaalspoor brengen

se **²fourvoyer** (wdk ww) **1** verdwalen **2** zich
vergissen

la **foutaise** (v) flauwekul, onzin

le **foutoir** (m) [inf] rotzooi, bende
¹foutre (ov ww) [inf] **1** doen: *ne rien* ~ niets
uitspoken **2** gooien, smijten: ~ *à la poubelle*
in de vuilnisbak gooien; ~ *en l'air* weggooien
3 neuken, naaien ‖ *je n'en ai rien à* ~ dat kan
me niks schelen; ~ *le camp* opdonderen; *va te
faire* ~! krijg de klere!; *fous-moi la paix!* rot
op!, laat me met rust!; *ça la fout mal* dat is
geen stijl, dat is een schande, dat maakt een
klote-indruk

se **²foutre** (wdk ww) [inf] **1** zich werpen: *se* ~
en l'air vallen, zich dood rijden **2** (+ de) spotten met: *il se fout de moi* hij belazert me **3** (+
de) zich niet interesseren voor, lak hebben
aan: *je m'en fous!* kan mij wat schelen! ‖ *se* ~
sur la gueule elkaar op het gezicht timmeren

foutu, -e kapot, stuk, mislukt: *je suis* ~ ik
ben erbij, het is gebeurd met mij; *il a un* ~
caractère hij heeft een rotkarakter; *être mal*
~ zich rot (of: belabberd, beroerd) voelen ‖

elle est bien ~e wat een lekker stuk

le **fox-trot** (m) foxtrot

le **foyer** (m) **1** haard(vuur) **2** vuurhaard **3** (te)huis: *fonder un* ~ een gezin stichten; *femme au* ~ huisvrouw **4** foyer [van een schouwburg] **5** haard, centrum: ~ *de contagion* besmettingshaard **6** brandpunt: *des verres à double* ~ bifocale glazen **7** [Belg] trefcentrum

le **frac** (m) rok [herenkostuum]

le **fracas** (m) lawaai, herrie

fracassant, -e oorverdovend; opzienbarend; overdonderend

fracasser verbrijzelen, aan diggelen slaan

la **fraction** (v) **1** gedeelte, onderdeel, fractie **2** [wisk] breuk

fractionnaire [wisk] gebroken: *nombre* ~ breuk

le **fractionnement** (m) **1** versnippering, splitsing **2** [chem] (het) kraken

fractionner splitsen, versnipperen

la **fracture** (v) **1** [med] breuk, fractuur: [fig] ~ *sociale* maatschappelijke tweedeling **2** [geol] breuk, spleet

fracturer breken; openbreken; forceren

fragile 1 breekbaar, broos **2** tenger; teer, broos **3** vergankelijk

fragiliser breekbaar maken, verzwakken

la **fragilité** (v) **1** breekbaarheid, broosheid **2** kwetsbaarheid **3** vergankelijkheid

le **fragment** (m) fragment, scherf, deel, brokstuk, splinter

fragmentaire fragmentarisch; onvolledig, gedeeltelijk

la **fragmentation** (v) **1** versplintering **2** opdeling; onderbreking; fragmentatie

fragmenter in stukken verdelen

le **frai** (m) (het) kuitschieten

la **¹fraîche** (v): *à la* ~ in de koelte

²fraîche (bn) v vorm van *¹frais*

fraîchement 1 fris **2** pas **3** [fig] koeltjes

la **fraîcheur** (v) **1** koelte, frisheid; kilte **2** versheid, nieuwheid

fraîchir 1 koeler worden **2** aanwakkeren [van de wind]

le **¹frais** (m) frisse lucht: *prendre le* ~ een luchtje scheppen; *garder* (of: *tenir*) *au* ~ koel bewaren

les **²frais** (mv, m) kosten: ~ *d'administration* [Belg] werkingskosten; ~ *d'entreprise* [Belg] werkingskosten; ~ *d'exploitation* [Belg] bedrijfslasten; ~ *généraux* bedrijfskosten; ~ *de logement* woonlasten; *à grands* ~ met veel moeite; *à peu de* ~ makkelijk; *aux* ~ *de la princesse* op kosten van de zaak, van de staat; *en être pour ses* ~ inspanning voor niets hebben geleverd; *rentrer dans ses* ~ zijn kosten eruit halen; *faire les* ~ *de* opdraaien voor; *faire les* ~ *de la conversation* over de tong gaan; *se mettre en* ~ kosten maken, zich uitsloven

³frais, fraîche (bn) **1** fris, koel; kil: *il fait* ~ het is fris; *boisson fraîche* frisdrank, iets fris; *haleine fraîche* frisse adem **2** fris, vers, nieuw: *de fraîche date* recent; *peinture fraîche* pas geverfd; *rasé de* ~ fris geschoren **3** fris, jeugdig, argeloos, onschuldig: ~ *émoulu* pas, kersvers van school

la **fraise** (v) **1** aardbei: *tarte aux* ~s aardbeienvlaai **2** aardbeienlikeur **3** moedervlek **4** [pop] tronie: *voilà l'autre qui ramène sa* ~ daar heb je hem ook weer **5** frees, boor

fraiser uitboren, frezen

le **fraiseur** (m) frezer

la **fraiseuse** (v) boormachine, freesmachine

le **fraisier** (m) aardbeiplant

la **framboise** (v) **1** framboos **2** frambozenlikeur

le **framboisier** (m) frambozenstruik

le **¹franc** (m) [o.a. Frankrijk, Zwitserland] franc, [Belg] frank

²franc, franche (bn) **1** vrij: [sport] *coup* ~ vrije schop; *zone franche* tolvrije zone; ~ *de port* vrachtvrij, franco; *port* ~ vrijhaven **2** open(hartig), eerlijk, vrijmoedig; ondubbelzinnig: *jouer* ~ *jeu* open kaart spelen; ~ *comme l'or* zo eerlijk als goud; *pour être* ~ eerlijk gezegd; *à* ~ *parler* eerlijk gezegd **3** klaar, zuiver; onvervalst, geheel: *franche aversion* uitgesproken afkeer

³franc, franque (bn) Frankisch

le/la **Franc** (m), **Franque** (v) Frank, Frankische: *les* ~s de Franken

le **¹français** (m) (het) Frans: *parler* ~ Frans spreken; ~ *langue étrangère* Frans als tweede (of: vreemde) taal

²français, -e (bn) Frans: *à la* ~e op zijn Frans; *la République* ~e de Franse Republiek

le/la **Français** (m), **-e** (v) Fransman, Française

la **France** (v) Frankrijk

Francfort Frankfurt

franchement 1 openhartig, ronduit: *c'est* ~ *mauvais* dat is ronduit slecht **2** resoluut, zonder aarzelen **3** eenvoudig, gewoonweg: ~, *Jean!* zeg nou eens eerlijk, Jean!

franchir 1 stappen over, springen over, gaan over, gaan door, oversteken, overtrekken: ~ *le mur du son* de geluidsbarrière doorbreken; ~ *le pas* de beslissende stap doen; ~ *un obstacle* een hindernis nemen; ~ *une distance* een afstand afleggen **2** [fig] te buiten gaan [grenzen]; te boven komen [moeilijkheden]

la **franchise** (v) **1** vrijstelling: *en* ~ vrij van rechten; ~ *postale* vrij van port **2** openhartigheid, oprechtheid: *en toute* ~ in alle openheid **3** franchise **4** [verzekeringen] eigen risico

franchiser [hand] een franchise verlenen aan

franchissable waar men overheen kan (trekken)

fréquenté

le **franchissement** (m) overschrijding, doortocht

francilien, -ne van, uit Ile-de-France

le/la **Francilien** (m), **-ne** (v) inwoner, inwoonster van de regio Ile-de-France

franciser verfransen

le **franc-maçon** (m; mv: francs-maçons) vrijmetselaar

la **franc-maçonnerie** (v; mv: franc-maçonneries) vrijmetselarij

franco franco, vrachtvrij; portvrij

franco- Frans-: *la frontière franco-belge* de Frans-Belgische grens

le/la ¹**francophile** (m/v) francofiel, Fransgezinde

²**francophile** (bn) francofiel, Fransgezind

le/la ¹**francophone** (m/v) Franstalige

²**francophone** (bn) Franstalig

la **francophonie** (v) gemeenschap van Franstaligen

le **franc-parler** (m) openhartigheid: *elle a son ~* zij neemt geen blad voor de mond

le **franc-tireur** (m; mv: francs-tireurs) **1** partizaan, verzetsstrijder **2** vrijbuiter

la **frange** (v) franje; rand; randgroep: *une ~ de la population* een heel kleine minderheid van de bevolking; *des cheveux coupés en ~* ponykapsel

la **frangipane** (v) amandelspijs

le **franglais** (m) verengelst Frans

la **franquette** (v): *à la bonne ~* eenvoudig, geïmproviseerd, gewoon; *dîner à la bonne ~* eten wat de pot schaft

frappant, -e treffend

la **frappe** (v) **1** slaan [van munten] **2** aanslag [op piano, schrijfmachine]; (het) typen: *faute de ~* typefout **3** aanval: *force de ~* atoomwapen; *~ aérienne* luchtaanval || [inf] *petite ~* schurk, boefje

frappé, -e gekoeld in ijs

¹**frapper** (onov ww) slaan, kloppen: *on frappe* er wordt geklopt

²**frapper** (ov ww) **1** slaan [ook munt]; stoten; kloppen: *~ un grand coup* een goede slag slaan; *~ du pied* stampen; *~ un texte* een tekst typen **2** raken, treffen; frapperen: *~ l'imagination* tot de verbeelding spreken **3** koelen in ijs

frapp|eur, -euse kloppend: *esprit ~* klopgeest

la **frasque** (v) frats, kuur, gril

fraternel, -le 1 broederlijk, broeder- **2** vriendschappelijk

la **fraternisation** (v) verbroedering

fraterniser zich verbroederen

la **fraternité** (v) broederschap

le ¹**fratricide** (m) broedermoord, zustermoord

le/la ²**fratricide** (m/v) broedermoordenaar, -nares, zustermoordenaar, -nares

³**fratricide** (bn): *guerre ~* broederstrijd

la **fraude** (v) bedrog; fraude: *~ fiscale* belastingontduiking, belastingfraude; *~ électora-*

le verkiezingsfraude; *passer en ~* (binnen)-smokkelen

¹**frauder** (onov ww) bedrog plegen, knoeien, frauderen

²**frauder** (ov ww) oplichten, bedriegen: *~ le fisc* belasting ontduiken

le/la **fraud|eur** (m), **-euse** (v) bedrieg(st)er, knoei(st)er, fraudeur, -euse

fraudul|eux, -euse bedrieglijk, frauduleus

¹**frayer** (onov ww) **1** kuit schieten **2** (+ avec) omgaan (met)

²**frayer** (ov ww) banen [een weg]: *se ~ un chemin* zich een weg banen

la **frayeur** (v) schrik, angst

fredonner neuriën

le/la ¹**free-lance** (m/v; mv: free-lances) freelancer, freelancester

²**free-lance** (bn, onv) freelance

le **freesia** (m) fresia

le **freezer** (m) vriesvak

la **frégate** (v) **1** fregat **2** fregatvogel

le **frein** (m) **1** rem: *~ à disque* schijfrem; *~ de secours* noodrem; *~ à tambour* trommelrem; *donner un coup de ~* afremmen, tegenhouden; *~ moteur* het remmen op de motor **2** bit, teugel: [fig] *mettre un ~ à* beteugelen; *ronger son ~* [fig] zich verbijten

¹**freiner** (onov ww) remmen; tot stilstand komen

²**freiner** (ov ww) afremmen, tegenhouden

frelaté, -e 1 vervalst; ondeugdelijk **2** [fig] losbandig

frelater vervalsen, mengen, versnijden [van drank]

frêle broos, breekbaar; zwak, tenger

le **frelon** (m) horzel

frémir 1 beven, trillen, sidderen: *~ d'horreur* huiveren **2** ritselen **3** zingen [van water dat bijna kookt]

frémissant, -e bevend, trillend: *sensibilité ~e* overgevoeligheid

le **frémissement** (m) trilling, siddering

le **frêne** (m) **1** es **2** essenhout

la **frénésie** (v) frenesie, waanzin, bezetenheid

frénétique frenetiek, uitzinnig, mateloos: *applaudissements ~s* uitbundig applaus

fréquemment vaak, dikwijls

la **fréquence** (v) frequentie; aantal herhalingen; veelvuldigheid, trillingsgetal: *modulation de ~* FM; *à haute ~* hoogfrequent

fréquent, -e frequent, veelvuldig, herhaald

fréquentable met wie men kan omgaan; waar men naartoe kan gaan

la **fréquentation de** (v) het herhaald bezoeken (van); het veelvuldig omgaan met; omgang (met): *il a de mauvaises ~s* hij verkeert in verkeerde kringen, hij heeft verkeerde vrienden; *bien choisir ses ~s* de mensen met wie men omgaat goed uitzoeken

fréquenté, -e druk bezocht: *un établisse-*

ment bien (of: *mal*) ~ een gelegenheid met een goede (*of:* slechte) naam

¹fréquenter (onov ww) een (vaste) relatie hebben

²fréquenter (ov ww) (geregeld) bezoeken, omgaan met

se **³fréquenter** (wdkg ww) elkaar vaak ontmoeten: *ils ne se fréquentent plus* ze gaan niet meer met elkaar om

le **frère** (m) **1** broer **2** monnik, frater, broeder

le **frérot** (m) broertje

la **fresque** (v) fresco

le **fret** (m) **1** bevrachting, vervoer **2** vracht, lading **3** vrachtprijs

fréter [vervoermiddelen] verhuren; huren; charteren

frétillant, -e spartelend; dartel

le **frétillement** (m) (het) spartelen; beweeglijkheid: ~ *de la queue* gekwispel

frétiller trappelen; spartelen; dartelen: ~ *de la queue* kwispelstaarten; ~ *d'impatience* trappelen van ongeduld

le **fretin** (m) kleine visjes die teruggezet worden: *menu* ~ uitschot, onbelangrijke personen

freudien, -ne freudiaans

friable brokkelig, bros

le **¹friand** (m) **1** saucijzenbroodje **2** amandelbroodje

²friand, -e de (bn) verzot op, happig op

la **friandise** (v) lekkernij, snoepje

Fribourg Freiburg

le **fric** (m) [inf] poen

la **fricadelle** (v) [Belg] gehaktbal

la **fricassée** (v) ragout [van kip, konijn]

la **friche** (v) braakland: *en* ~ **a)** braak; **b)** [fig] ongebruikt, onontwikkeld; ~ *industrielle* onbenut industrieterrein

le **frichti** (m) [inf] eten, hap, prak

fricoter [fig] bekokstoven, in zijn schild voeren

la **friction** (v) **1** wrijving, frictie [ook fig]: *points de* ~ geschilpunten **2** friction; haarwater

frictionner wrijven, inwrijven

le **frigidaire** (m) koelkast

frigide frigide, koel, ijzig

la **frigidité** (v) frigiditeit

le **frigo** (m) koelkast, ijskast

frigorifier koelen: *je suis frigorifié* ik ben verkleumd

frigorifique koel-: *camion* ~ koelwagen; *système* ~ koelsysteem

fril|eux, -euse 1 kouwelijk **2** met koudwatervrees

la **frilosité** (v) koudwatervrees

la **frime** (v) nep, komedie: *pour la* ~ voor de schijn, om indruk te maken

frimer stoer doen

le **frimeur** (m) blitskikker

la **frimousse** (v) smoeltje, snoetje

la **fringale** (v) geeuwhonger; erge honger

fringant, -e monter, levendig, zwierig

fringuer [pop] aankleden

les **fringues** (mv, v) [inf] kleren

friper verkreukelen, verfrommelen; rimpelen

la **friperie** (v) oude kleren; uitdragerij, handel (in tweedehandskleren)

le/la **frip|ier, -ière** (v) handelaar(ster) in tweedehandskleren

le/la **¹fripon** (m), **-ne** (v) ondeugd; deugniet

²fripon, -ne (bn) ondeugend

la **fripouille** (v) schoft, ploert

friqué, -e [pop] rijk

frire frituren

la **frise** (v) [bouwk] fries

la **Frise** (v) Friesland

frisé, -e gekruld, gekroesd: *cheveux* ~s krullen; *chou* ~ boerenkool

la **frisée** (v) krulsla

friser 1 (doen) krullen **2** [fig] strijken, scheren langs **3** zwemen naar: *cela frise l'impertinence* dat is op het kantje van brutaal; *il frise la quarantaine* hij loopt tegen de veertig

la **frisette** (v) **1** krulletje **2** [meestal mv] schrootjes

frison, -ne Fries

le/la **Frison** (m), **-ne** (v) Fries, Friezin

frisotter kroezen

frisquet, -te [inf] frisjes, kil

le **frisson** (m) rilling, huivering: *donner le* ~ doen rillen, doen huiveren

frissonnant, -e rillend, huiverend

le **frissonnement** (m) huivering, het trillen

frissonner rillen, huiveren; griezelen

frit volt dw van *frire*

la **frite** (v, meestal mv) friet, frietje, patat ‖ [inf] *il a la* ~ hij is in vorm

la **friterie** (v) patattent, friettent, frietkraam

la **friteuse** (v) frituurpan

fritter [techn] **1** sinteren **2** fritten

la **friture** (v) **1** (het) frituren **2** frituur **3** frituurvet **4** geknetter [in telefoon, radio] **5** [Belg] friettent; [Belg] frietkot

frivole oppervlakkig, onbeduidend; frivool

la **frivolité** (v) **1** onbeduidendheid **2** frivoliteit, lichtzinnigheid

les **frivolités** (mv, v) snuisterijen

le **froc** (m) [pop] broek

le **¹froid** (m) **1** kou(de): *avoir* ~ het koud hebben; *mourir de* ~ sterven van de kou [ook fig]; *une vague de* ~ een koude golf; [fig] *il n'a pas* ~ *aux yeux* hij is voor geen kleintje vervaard; *donner* ~ *dans le dos à qqn.* iem. de koude rillingen bezorgen; *il fait* ~ het is koud; ~ *de loup* (of: *de canard*) bittere kou **2** verkoudheid: *prendre* ~ kouvatten **3** koeling **4** koelheid: *être en* ~ in onmin leven; *cela jette un* ~ dat is pijnlijk, onaangenaam

²froid, -e (bn) **1** koud, koel: *garder la tête* ~*e* het hoofd koel houden; *sueurs* ~*es* angst-

zweet, koude rillingen, klamme zweet
2 [fig] koel, onverschillig: *colère ~e* ingehouden woede **3** gereserveerd, saai, levenloos
³froid (bw) koud, koel: *à ~* **a)** zonder verwarming; **b)** zonder voorbereiding; **c)** [med] als
de koorts geweken is; **d)** als de gemoederen
bedaard zijn; *démarrage à ~* koude start;
prendre qqn. à ~ iem. overrompelen
froidement koeltjes, droogjes; in koelen
bloede
la **froideur** (v) koelheid; ongevoeligheid; onverschilligheid
le **froissement** (m) **1** (het) verkreukelen, verfrommelen **2** geritsel, geknister **3** kneuzing
[van een spier]
¹froisser (ov ww) **1** kreuken, verkreukelen,
verfrommelen, ineenfrommelen **2** kneuzen
3 (iem.) kwetsen
se **²froisser** (wdk ww) zich gekwetst voelen, op
zijn tenen getrapt zijn
le **frôlement** (m) lichte aanraking; ritseling
frôler 1 beroeren, even aanraken, strijken
langs: *ça frôle le ridicule* dat grenst aan het
belachelijke **2** rakelings passeren: [fig] *~ la
mort* ternauwernood aan de dood ontsnappen
le **fromage** (m) **1** kaas: *~ blanc* kwark, [Belg]
platte kaas; *~ de tête* hoofdkaas, zult; *~ fondu* smeerkaas; *~ à pâte molle* zachte kaas; *~
frais* verse kaas; *~ de chèvre* geitenkaas **2** lui-
zenbaan
le/la **¹fromag|er** (m), **-ère** (v) kaasboer, kaasver-
koper, -verkoopster
²fromag|er, -ère (bn) kaas-
la **fromagerie** (v) kaasmakerij; kaashandel
le **froment** (m) tarwe
la **fronce** (v) vouw, plooi
le **froncement** (m) (het) fronsen
froncer fronsen; rimpelen
la **frondaison** (v) loof
la **fronde** (v) **1** slinger, katapult **2** verzet
fronder hekelen, kritiseren
le/la **¹frond|eur** (m), **-euse** (v) dwarsligger, op-
positievoerder, -voerster
²frond|eur, -euse (bn) spottend, kritisch
le **front** (m) **1** voorhoofd; hoofd: *faire ~* zich
verzetten; [form] *baisser le ~* het hoofd buigen [ook fig] **2** voorzijde, voorgevel: *~ de
mer* boulevard; *de ~* **a)** frontaal; **b)** naast elkaar, gelijktijdig; *aborder le problème de ~* de
koe bij de hoorns vatten **3** front [militair,
meteorologie, politiek] **4** lef: *avoir le ~ de*
het lef hebben om
frontal, -e 1 voorhoofds- **2** frontaal
le/la **¹frontal|ier** (m), **-ière** (v) **1** grensbewoner,
-bewoonster **2** grensarbeid(st)er
²frontal|ier, -ière (bn) grens-
la **¹frontière** (v) grens
²frontière (bn) grens-: *région ~* grensstreek
le **frontispice** (m) titelblad, titelplaat
le **frontiste** [pol] van het Front national

le **fronton** (m) geveldriehoek [boven ingang
van een gebouw]
le **frottement** (m) **1** wrijving **2** [fig] wrijving,
onenigheid
¹frotter contre (onov ww) schuren (tegen),
strijken (langs), wrijven (langs)
²frotter (ov ww) **1** wrijven: *~ une allumette*
een lucifer afstrijken; *~ la manche* [Belg] hielenlikken **2** schuren, poetsen **3** insmeren
se **³frotter** (wdk ww) **1** (+ de) zich inwrijven
met **2** zich wrijven: *se ~ les mains* zich in de
handen wrijven; *se ~ les yeux* zich de ogen
uitwrijven **3** (+ à) in conflict komen met ‖ *qui
s'y frotte s'y pique* wie kaatst moet de bal
verwachten
le **frottis** (m) [med] uitstrijkje
le **froufrou** (m) geruis, geritsel [van stoffen]
froufrouter ritselen, ruisen
le/la **froussard** (m), **-e** (v) [inf] schijterd, lafbek
la **frousse** (v) angst: *avoir la ~* in de rats zitten
fructifier vrucht dragen; [fig] winst geven:
faire ~ son capital zijn kapitaal laten renderen
fructu|eux, -euse vruchtbaar, succesvol;
geslaagd; winstgevend
frugal, -e eenvoudig, sober
la **frugalité** (v) soberheid, karigheid
frugivore vruchtenetend
le **fruit** (m) vrucht [ook fig]; opbrengst; nut,
resultaat
fruité, -e fruitig
le/la **¹fruit|ier** (m), **-ière** (v) fruitverkoper, fruit-
verkoopster, fruithandelaar(ster)
le **²fruitier** (m) boomgaard
³fruit|ier, -ière (bn) fruit-, vrucht(en)-: *arbre
~* vruchtboom
la **fruitière** (v) [Zwi] kaasmakerij
les **fruits** (mv, m) fruit: *~ de mer* zeebanket; *~
secs* gedroogde vruchten
les **frusques** (mv, v) [pop] plunje; boeltje
fruste 1 ruw, onbehouwen **2** onbewerkt
frustrant, -e frustrerend
la **frustration** (v) teleurstelling; frustratie
frustrer frustreren, tekortdoen, teleurstellen
le **fuchsia** (m) fuchsia
le **fuel** (m) stookolie: *~ domestique* huisbrand-
olie
fugace vluchtig, voorbijgaand
la **fugacité** (v) [form] vluchtigheid
le/la **¹fugit|if** (m), **-ive** (v) vluchteling(e); voort-
vluchtige
²fugit|if, -ive (bn) **1** voortvluchtig **2** [fig]
vluchtig, voorbijgaand; vergankelijk
la **fugue** (v) **1** [muz] fuga **2** vlucht; escapade:
faire une ~ van huis weglopen
fuguer van huis weglopen
fui volt dw van *¹fuir*
¹fuir (onov ww) **1** vluchten: *~ devant l'ennemi* voor de vijand vluchten **2** wegstromen
[ook fig]: *le temps fuit* de tijd vliegt **3** lekken:
ce robinet fuit die kraan lekt

²**fuir** (ov ww) ontvluchten: ~ *le regard de qqn.* iemands blik ontwijken

se ³**fuir** (wdkg ww) elkaar ontlopen

la **fuite** (v) **1** vlucht: *délit de* ~ (het) doorrijden [na een ongeluk]; [Belg] vluchtmisdrijf; *être en* ~ op de vlucht zijn; *prendre la* ~ op de vlucht slaan; ~ *en avant* vlucht naar voren **2** (het) wegstromen [ook fig]; lekkage, lek [ook fig]: ~ *de gaz* gaslek; ~ *des capitaux* kapitaalvlucht; ~ *des cerveaux* braindrain

fulgurant, -e 1 bliksemend **2** flitsend; bliksemsnel: *douleur* ~e pijnscheut

fulminant, -e heftig uitvarend, fulminerend, dreigend

fulminer [fig] heftig uitvaren, fulmineren; ontploffen

le **fumage** (m) (het) roken [van vlees]; (het) bemesten

la **fumaison** (v) (het) bemesten

fumant, -e 1 rokend, dampend **2** ziedend || *un coup* ~ een meesterlijke zet

le **fume-cigare** (m; mv: fume-cigares) sigarenpijpje

le **fume-cigarette** (m; mv: fume-cigarettes) sigarettenpijpje

la **fumée** (v) rook: *avaler la* ~ inhaleren; *s'en aller en* ~ in rook opgaan; *il n'y a pas de* ~ *sans feu* geen rook zonder vuur

fumer 1 roken: *verre fumé* rookglas; *des verres fumés* donkere brillenglazen; *du lard fumé* gerookt spek **2** dampen **3** koken [van woede] **4** bemesten

la **fumerie** (v) opiumkit

le **fumet** (m) geur [van spijzen]; lucht [van wild]

la **fumette** (v) [inf] **1** drugs [om te roken] **2** (het) roken van drugs

le/la **fum|eur** (m), **-euse** (v) roker, rookster **fum|eux, -euse 1** rokerig, walmend **2** nevelig **3** warrig

le **fumier** (m) **1** mest, mesthoop **2** [pop] rotzak

fumigène rookverwekkend: *grenade* ~ rookgranaat; *bombe* ~ rookbom

le ¹**fumiste** (m) verwarmingsinstallateur

le/la ²**fumiste** (m/v) grapjas; fantast(e)

la **fumisterie** (v) grap, mystificatie

le **fumoir** (m) rooksalon; rokerij

la **fumure** (v) bemesting

le **fun** (m) funboard

le/la **funambule** (m/v) koorddanser(es)

le **funboard** (m) funboard

funèbre 1 doods-, lijk-, rouw-, begrafenis-: *cérémonie* ~ uitvaart; *marche* ~ dodenmars; *oraison* ~ lijkrede; *pompes* ~s begrafenisonderneming **2** somber, doods, treurig: *ton* ~ onheilspellende toon

les **funérailles** (mv, v) begrafenis: ~ *nationales* staatsbegrafenis

funéraire graf-, begrafenis-

le **funérarium** (m) rouwkamer

funeste funest, fataal, verderfelijk

le **funiculaire** (m) kabelbaan

le **fur** (m): *au* ~ *et à mesure de* naargelang; *au* ~ *et à mesure que* **a)** [voegwoord] naarmate; **b)** [bw] één voor één

furax [inf] woedend

le **furet** (m) **1** fret **2** [fig] snuffelaar

fureter snuffelen, rondneuzen

le/la ¹**furet|eur** (m), **-euse** (v) snuffelaar(ster)

²**furet|eur, -euse** (bn) snuffelend; spiedend, onderzoekend

la **fureur** (v) **1** woede, razernij: *mettre en* ~ woedend maken; *accès de* ~ woedeaanval **2** hartstocht; manie: *à la* ~ hartstochtelijk || *faire* ~ furore maken

furibond, -e woedend

la **furie** (v) **1** woede, razernij **2** helleveeg **3** [myth] furie, wraakgodin

furi|eux, -euse 1 woedend, razend; verwoed **2** hevig

le **furoncle** (m) steenpuist

furt|if, -ive steels, heimelijk: *avion* ~ voor radar onzichtbaar vliegtuig

furtivement tersluiks

le **fusain** (m) **1** houtskool **2** houtskooltekening

le **fuseau** (m) **1** spil, spijl **2** spoel, klos: *en* ~ **a)** spoelvormig; **b)** taps toelopend; *(pantalon)* ~ smal toelopende broek, skibroek; ~ *horaire* tijdzone

la **fusée** (v) vuurpijl; raket: ~ *de détresse* noodsignaal d.m.v. vuurpijl; ~ *à trois étages* drietrapsraket; ~ *éclairante* lichtraket; ~ *spatiale* ruimteraket; *partir comme une* ~ wegschieten

le **fuselage** (m) romp [van een vliegtuig]

fuselé, -e spilvormig; lang en dun: *doigts* ~s lange, dunne vingers

fuser 1 knetteren, branden zonder te ontploffen **2** afdruipen [van een kaars] **3** losbarsten [van gelach]

le ¹**fusible** (m) stop, zekering

²**fusible** (bn) smeltbaar

le **fusil** (m) **1** geweer: ~ *à pompe* **a)** luchtdrukgeweer; **b)** windbuks; ~ *de chasse* jachtgeweer; *changer son* ~ *d'épaule* **a)** een ommezwaai maken; **b)** uit een ander vaatje tappen; *coup de* ~ **a)** geweerschot; **b)** gepeperde rekening **2** schutter **3** wetsteen: ~ *à aiguiser* aanzetstaal || *pierre à* ~ vuursteen

le **fusilier** (m) fuselier: ~ *marin* marinier

la **fusillade** (v) **1** geweervuur **2** schietpartij **3** (het) fusilleren

fusiller 1 fusilleren: ~ *qqn. du regard* iem. met zijn blik doden **2** [pop] verknoeien, om zeep helpen

le **fusil-mitrailleur** (m; mv: fusils-mitrailleurs) machinegeweer

la **fusion** (v) **1** smelting; samensmelting; fusie [ook economie]: *point de* ~ smeltpunt; [ec] ~ *d'entreprises* fusie van bedrijven **2** [cul, muz]

fusion
le **fusionnement** (m) (het) fuseren, versmel-
ting
¹**fusionner** (onov ww) een fusie aangaan,
fuseren
²**fusionner** (ov ww) combineren, samenvoegen
fustiger 1 [form] aan de kaak stellen; hekelen **2** [gesch] geselen
le **fût** (m) **1** boomstam **2** fust: *vin élevé en* ~*s de*
chêne op eikenhout gerijpte wijn
la **futaie** (v) hoog opgaand hout
la **futaille** (v) **1** vat, fust **2** vaten, fusten
futé, -e sluw, geslepen, slim || [Fr] *Bison Futé*
alternatief toeristisch wegennet
futile nietig, futiel; nietszeggend
la **futilité** (v) nietszeggendheid; futiliteit: *des*
~*s* onbenulligheden
le **futsal** (m) futsal
le ¹**futur** (m) **1** toekomst **2** [taalk] toekomende
tijd
²**futur, -e** (bn) toekomstig, aanstaand
futuriste futuristisch
fuyant, -e vluchtend; wijkend, ontwijkend;
ongrijpbaar
le **fuyard** (m) (voor de vijand) vluchtende soldaat

g

le **g** (m) [de letter] g
le **gabarit** (m) mal; afmeting(en): *du même ~* van hetzelfde slag; *canal à grand ~* kanaal voor schepen met een grote diepgang
la **gabegie** (v) wanbeheer, verkwisting
la **gabelle** (v) zoutbelasting
le **Gabon** (m) Gabon
gabonais, -e Gabonees
le/la **Gabonais** (m), **-e** (v) Gabonees, Gabonese
gâcher 1 verknoeien; bederven: *~ le métier* onder de prijs werken **2** afraffelen **3** verspillen: *elle a gâché sa vie* zij heeft haar leven vergooid **4** [van specie] aanmaken
la **gâchette** (v) spanveer, trekker [van een geweer]: *appuyer sur la ~* de trekker overhalen
le **gâchis** (m) **1** knoeiboel; wanorde **2** modderpoel **3** verspilling **4** metselspecie
le **gadget** (m) **1** gadget, snufje, hebbedingetje **2** schijnoplossing; zoethoudertje
le **gadin** (m) [inf] smak: *ramasser un ~* een smak maken
la **gadoue** (v) [inf] modder, blubber
le ¹**gaélique** (m) (het) Keltisch
²**gaélique** (bn) Keltisch
la **gaffe** (v) **1** bootshaak **2** flater, blunder: *faire une ~* een blunder begaan || [pop] *faire ~* opletten
¹**gaffer** (onov ww) blunderen
²**gaffer** (ov ww) aanhaken [met bootshaak]
le/la ¹**gaff|eur** (m), **-euse** (v) stuntelaar; stoethaspel
²**gaff|eur, -euse** (bn) onhandig
le **gag** (m) [film] komisch effect; grap
gaga seniel, kinds
le **gage** (m) **1** onderpand, waarborg: *mettre en ~* verpanden, belenen; [sport] *payer un ~* een boete betalen **2** blijk, bewijs: *en ~ de gratitude* als blijk van dank **3** inzet **4** loon [van bedienden]; gage [van matroos]: *tueur à ~s* huurmoordenaar
gager 1 wedden **2** waarborgen
la **gageure** (v) gok; waagstuk, uitdaging
le/la ¹**gagnant** (m), **-e** (v) (prijs)winnaar, -nares
²**gagnant, -e** (bn) winnend
le **gagne-pain** (m) broodwinning
le **gagne-petit** (m) [neg] sappelaar, iem. die weinig verdient
¹**gagner** (onov ww) **1** winst maken, verdienen **2** winnen: *~ aux points* op punten winnen **3** erop vooruitgaan: *il gagne à être connu* bij nadere kennismaking valt hij mee; *~ en profondeur* aan diepgang winnen
²**gagner** (ov ww) **1** (geld) verdienen: *~ sa vie*

(of: *son bifteck*) de kost verdienen; *bien ~ sa vie* een goed salaris hebben **2** [prijs] winnen **3** winnen, uitsparen: *~ du temps* tijd winnen **4** verkrijgen, behalen: *~ l'estime* waardering krijgen; *~ du poids* aankomen **5** overtuigen, op zijn hand krijgen: *~ des amis* vrienden maken **6** (iem.) overtreffen: *~ qqn. de vitesse* iem. te vlug af zijn **7** bereiken: *~ la mer* zee kiezen; *~ sa place* gaan zitten; *le feu gagne l'atelier* het vuur breidt zich uit naar de werkplaats; *être gagné par le sommeil* door slaap overmand worden || *~ du terrain sur qqn.* terrein op iem. winnen
le/la **gagn|eur** (m), **-euse** (v) winnaar, -nares, winner
gai, gaie vrolijk, blij, opgewekt; wat aangeschoten
la **gaieté** (v) vrolijkheid; opgewektheid; plezier: *de ~ de cœur* vrijwillig, van harte
le/la ¹**gaillard** (m), **-e** (v) potig iem.; kerel
le ²**gaillard** (m) [scheepv] plecht
³**gaillard, -e** (bn) **1** kloek, stevig **2** schuin; gewaagd
la **gaillardise** (v) schuine mop, schuine taal
le **gain** (m) (het) winnen; winst, voordeel; aanwas, toename: *~ de temps* tijdwinst; *être âpre au ~* op winst belust zijn; *céder à l'appât du ~* de verleiding van geld niet kunnen weerstaan; *avoir ~ de cause* a) een proces winnen; b) in het gelijk gesteld worden, gelijk krijgen
la **gaine** (v) hoes, foedraal; mantel, bekleding: *~ de ventilation* luchtkoker; *~ d'ascenseur* liftschacht
gainer overtrekken, nauw omsluiten, bekleden
le **gala** (m) galafeest, galavoorstelling
galant, -e galant, hoffelijk: *femme ~e* lichte vrouw; *homme ~* een hoffelijke man; *aventure ~e* liefdesavontuurtje
la **galanterie** (v) hoffelijkheid; compliment
la **galantine** (v) galantine, vlees in gelei
la **galaxie** (v) melkweg(stelsel)
le **galbe** (m) welving, (mooie) ronding
galbé, -e met een ronding; goedgevormd
la **gale** (v) schurft: *mauvais comme la ~* schofterig; [scherts] *je n'ai pas la ~!* ik ben niet besmettelijk!
la **galéjade** (v) sterk verhaal
la **galère** (v) **1** galei: *vogue la ~* vooruit dan maar **2** [fig] problemen, netelige situatie: [pop] *c'est (la) ~* a) het is een ellende; b) het is afzien
galérer [pop] zich in een rotsituatie bevinden; moeten afzien
les **galères** (mv, v) dwangarbeid: *condamner aux ~* tot dwangarbeid veroordelen
la **galerie** (v) **1** zuilengang, galerij: *~ marchande* winkelpassage **2** tentoonstellingsruimte **3** [theat] schellinkje: *amuser la ~* op goedkoop succes uit zijn **4** tunnel, (onder-

aardse) gang **5** imperiaal [op een auto]

le **galérien** (m) galeiboef, dwangarbeider: *vie de ~* hondenleven

le **galet** (m) **1** strandkei: *plage de ~s* keienstrand **2** rolletje, wieltje

le **galetas** (m) hok, krot

la **galette** (v) **1** (platte) koek, [Belg] wafel: *~ des Rois* driekoningentaart; *être plate comme une ~* zo plat als een dubbeltje zijn **2** scheepsbeschuit; plat kussentje **3** [pop] poen

gal|eux, -euse schurftig: *brebis galeuse* **a)** het zwarte schaap; **b)** smerig

la **Galicie** (v) Galicië

la **galipette** (v) bokkensprong, capriool

la **galle** (v) galappel, galnoot

Galles: [Engeland] *Pays de ~* Wales

gallican, -e gallicaans: *Église ~e* Franse rooms-katholieke kerk

le **gallicisme** (m) gallicisme, typisch Franse uitdrukking; woord of uitdrukking ontleend aan het Frans

gallois, -e uit Wales, Welsh

gallo-romain, -e Gallo-Romeins

le/la **Gallo-Romain** (m), **-e** (v) Gallo-Romein(se)

gallo-roman, -e Gallo-Romaans

la **galoche** (v) klompschoen

le **galon** (m) galon, bies; [mil] streep: *prendre du ~* promotie maken [ook fig]

galonner met band versieren

le **galop** (m) galop: *au ~* **a)** in galop; **b)** in vliegende haast; *grand ~* gestrekte draf

galoper galopperen, rennen; [fig] op hol slaan

le **galopin** (m) kwajongen

galvaniser 1 galvaniseren, verzinken **2** [fig] doen opleven, bezielen, enthousiasmeren

galvauder misbruiken: *~ sa réputation* zijn goede naam te grabbel gooien

la **gambade** (v) luchtsprong, buiteling

la **gambader** buitelingen maken, rondhuppelen

gamberger [inf] nadenken, verzinnen

le **¹gambette** (m) [dierk] tureluur

la **²gambette** (v) [inf] been; poot

la **Gambie** (v) Gambia

gambien, -ne Gambiaans

le/la **Gambien** (m), **-ne** (v) Gambiaan(se)

la **gamelle** (v) gamel, eetketel(tje) ‖ *ramasser une ~* **a)** op zijn gezicht vallen; **b)** bot vangen

le/la **gamin** (m), **-e** (v) jongen; kereltje; meisje

la **gaminerie** (v) (kwa)jongensstreek

le **gamma** (m) gamma

la **gamme** (v) **1** gamma; toonladder **2** reeks **3** sortering, assortiment ‖ *haut de ~* topkwaliteit; *bas de ~* laagste kwaliteitsklasse; *~ de couleurs* kleurengamma; *toute la ~ des vins de Bourgogne* al de bourgognewijnen

gammé, -e: *croix ~e* hakenkruis

la **ganache** (v) ganache [toetje met chocola en room]

le **Gand** (m) Gent

le **gang** (m) criminele bende

le **Gange** (m) Ganges

le **ganglion** (m) klier

la **gangrène** (v) **1** [med] gangreen, koudvuur **2** [fig] voortschrijdende verloedering

¹gangrener (ov ww) door koudvuur aantasten

se **²gangrener** (wdk ww) wegsterven, verloederen

le **gangster** (m) misdadiger; schurk

la **gangue** (v) buitenlaag, korst

la **ganse** (v) bandje, galon, lus, bies

ganser omboorden, afbiezen

le **gant** (m) handschoen: *~ de toilette* washandje; *jeter le ~ à qqn.* iem. de handschoen toewerpen, iem. uitdagen; *relever le ~* de handschoen opnemen, de uitdaging aannemen; *boîte à ~s* handschoen(en)kastje [van auto]; *prendre* (of: *mettre*) *des ~s* voorzichtig te werk gaan, iem. met fluwelen handschoenen aanpakken; *il est souple comme un ~* je kunt hem om je vinger winden; *cela me va comme un ~* dat zit me als gegoten

gantois, -e Gents

le **Gantois** (m) Gentenaar

le **garage** (m) **1** stalling; hangar; remise: *~ à vélos* fietsenstalling **2** (het) stallen, bergen: *voie de ~* **a)** zijspoor; **b)** [fig] dood spoor

le **garagiste** (m) garagehouder, [Belg] garagist

le/la **garant** (m), **-e** (v) **1** borg [persoon]: *se porter ~ de* borg staan voor, instaan voor **2** onderpand

la **garantie** (v) garantie, waarborg, zekerheid, verzekering, borgstelling: *bon de ~* garantiebewijs; *~ de l'État* staatswaarborg; [fig] *une ~ pour l'avenir* een waarborg voor de toekomst

garantir 1 waarborgen, instaan voor **2** garanderen, verzekeren **3** (+ de) beschermen (tegen)

la **garce** (v) **1** [pop] slet **2** [inf] kreng: *quelle ~ de vie* wat een rotleven

le **garçon** (m) **1** jongen: *accoucher d'un ~* bevallen van een zoon **2** jongeman; vrijgezel: *mauvais ~* schavuit; *vieux ~* oude vrijgezel; *enterrer sa vie de ~* zijn vrijgezellenleven vaarwel zeggen **3** knecht, bediende, kelner: *~ boucher* slagersknecht, [Belg] slagersgast; *~!* ober!

la **garçonnière** (v) vrijgezellenflat

le **¹garde** (m) bewaker, wachter, oppas: *~ forestier* boswachter; *~ du corps* lijfwacht; *~ de nuit* nachtwaker; *~ républicain* soldaat van de Republikeinse Garde; *~ champêtre* veldwachter; [Fr] *Garde des Sceaux* minister van Justitie

la **²garde** (v) **1** verpleegster, oppas **2** garde: *la vieille ~* de oude garde, aanhang **3** bewaring: ~ *à vue* inverzekeringstelling; *sous bonne* ~ in veiligheid **4** bewaking: *chien de* ~ waakhond; *corps de* ~ **a)** wacht; **b)** wachtlokaal **5** oplettendheid; hoede, zorg: *père qui a la* ~ *des enfants* vader die de zorg heeft voor de kinderen; *être sur ses* ~s op zijn hoede zijn; *prendre* ~ opletten, uitkijken **6** wacht-(dienst): *être de* ~ **a)** de wacht hebben; **b)** dienst hebben; *médecin de* ~ dienstdoende arts; *monter la* ~ de wacht betrekken, surveilleren **7** [sport] verdedigingshouding: *en* ~*!* zet je schrap!; [fig] *mettre qqn. en* ~ iem. waarschuwen; [fig] *prendre* ~ *à* passen op, letten op **8** gevest [van een degen] **9** schutblad

le **¹garde-à-vous** (m) houding: *se mettre au* ~ in de houding gaan staan

²garde-à-vous (tw): ~*!* geeft acht!

le/la **garde-barrière** (m/v; mv: gardes-barrière(s)) overwegwacht(st)er

le **garde-boue** (m) spatbord

le **garde-chasse** (m; mv: garde-chasse(s)) jachtopziener, [Belg] jachtwachter

le **garde-côte** (m) kustwachtschip

le/la **garde d'enfants** (m/v) oppas

le **garde-fou** (m; mv: garde-fous) borstwering; brugleuning; [fig] vangnet

le **garde-frontière** (m) grenswachter

le/la **garde-malade** (m/v; mv: gardes-malades) ziekenverzorg(st)er

le **garde-manger** (m; mv: *onv*) provisiekast, vliegenkast

le **garde-meuble** (m; mv: garde-meubles) meubelbewaarplaats: *mettre ses affaires au* ~ zijn spullen opslaan

le **gardénia** (m) [plantk] gardenia

¹garder (ov ww) **1** verzorgen [een zieke]; passen op [een kind]; hoeden [van dieren] **2** bewaken: *chasse gardée* **a)** eigen jachtterrein; **b)** alleenheerschappij **3** zich blijvend bevinden (in, bij): ~ *la chambre* in zijn kamer blijven; ~ *le lit* bedlegerig zijn **4** (bij zich) houden: ~ *son chapeau* zijn hoed op houden **5** (+ de) behoeden (voor), beschermen (tegen) **6** bewaren, (be)houden [van een geheim, van kalmte, levensmiddelen]: ~ *l'équilibre* zijn evenwicht bewaren; ~ *le sourire* blijven glimlachen; ~ *le silence* stilzwijgen in acht nemen; ~ *pour soi* voor zich houden, niet vertellen **7** in acht nemen [voorschrift]: ~ *ses distances* [de gewenste] afstand bewaren

se **²garder** (wdk ww) **1** bewaard kunnen worden **2** (+ de) zich hoeden voor: *je m'en* ~*ai bien!* ik kijk wel uit!

la **garderie** (v) kinderdagverblijf, crèche, [Belg] peutertuin

la **garde-robe** (v; mv: garde-robes) kleerkast; garderobe

le **gardian** (m) veehoeder [Camargue]

le/la **¹gardien** (m), **-ne** (v) bewaker, bewaakster,

wachter; bescherm(st)er; oppas: ~ *de but* keeper, doelverdediger; ~ *d'immeuble* huismeester, conciërge; ~ *de musée* suppoost; ~ *de la paix* agent; ~ *de phare* vuurtorenwachter

²gardien, -ne (bn): *ange* ~ beschermengel; [Belg] *école* ~*ne* peuterschool

le **gardiennage** (m) bewaking: *service de* ~ bewakingsdienst

le **gardon** (m) voorn

la **¹gare** (v) station: ~ *routière* busstation; *entrer en* ~ binnenlopen [trein]; aankomen op het station

²gare (tw): ~*!* kijk uit!, pas op (voor)!; ~ *à la casse!* er komen brokken!, hou je gedekt!; *sans crier* ~ zonder te waarschuwen; ~ *à tes fesses!* moet je soms een pak slaag hebben!

le **garenne** (m): *lapin de* ~ wild konijn

¹garer (ov ww) stallen, parkeren: *je suis mal garé* ik sta slecht geparkeerd; *garé en double file* dubbel geparkeerd

se **²garer** (wdk ww) **1** parkeren **2** (+ de) ontlopen ‖ *gare-toi!* uit de weg, opzij!

le **gargantua** (m) veelvraat; slokop: *appétit de* ~ geweldige eetlust

se **gargariser** gorgelen; zwelgen

la **gargouille** (v) afvoerbuis [voor water]; waterspuwer [aan gotische kerken]

le **garnement** (m) rakker, deugniet

¹garnir (ov ww) **1** opmaken, meubileren, stofferen; voeren, bekleden: ~ *de bois* betimmeren **2** vullen **3** garneren, versieren

se **²garnir** (wdk ww) vol raken: *la salle se garnit* de zaal loopt vol

la **garnison** (v) garnizoen

la **garniture** (v) **1** garnituur, garnering **2** voering, vulling, pakking: ~ *de frein* remvoering

la **garrigue** (v) (struikgewas op de) kalkgronden [Provence]

le **garrot** (m) **1** schoft [van paard of rund] **2** knevel; knevelverband

garrotter knevelen; vastsjorren; [fig] aan banden leggen; afbinden [van een slagader]

le **gars** (m) jongen; kerel

Gascogne: *golfe de* ~ golf van Biskaje

gascon, -ne uit, van Gascogne [Zuidwest-Frankrijk]

le/la **Gascon (m), -ne** (v) **1** Gascogner, Gasconse **2** opschepper

le **gas-oil** (m) stookolie; dieselolie

le **gaspillage** (m) verkwisting, verspilling

gaspiller verkwisten, verspillen

le/la **¹gaspilleur** (m), **-euse** (v) verspiller, -ster

²gaspilleur, -euse (bn) verkwistend, spilziek

gastrique maag-: *suc* ~ maagsap; *anneau* ~ maagband

gastro-intestinal, -e maag-darm-

le **gastronome** (m) gastronoom, lekkerbek, smulpaap

la **gastronomie** (v) gastronomie

gastronomique gastronomisch

le **gâteau** (m) **1** koek(je); taart; gebak(je): ~ *sec* biscuitje **2** buit: *il veut sa part du* ~ hij wil zijn deel van de koek || ~ *de miel* honingraat; *papa* ~ vader die zijn kinderen verwent; *ce n'est pas du* ~ dat is niet niks; *c'est du* ~ dat is kinderspel; *la cerise sur le* ~ de kroon op het werk, de finishing touch; [fig] *n'avoir que des miettes du* ~ alleen wat kruimels toegeworpen krijgen

¹**gâter** (ov ww) **1** bederven **2** verwennen: *enfant gâté* verwend kind; *cela ne gâte rien* dat kan geen kwaad; *la vie ne l'a pas gâté* zijn leven is niet over rozen gegaan

se ²**gâter** (wdk ww) **1** bederven, verrotten **2** de verkeerde kant uit gaan: *le temps se gâte* het weer slaat om, de lucht betrekt

la **gâterie** (v) verwennerij; lekkernij
gât|eux, -euse seniel, kinds
gâtifier [inf] kinds, seniel worden

le ¹**gauche** (m) linkerhand, vuist, voet

la ²**gauche** (v) linkerzijde, linkse partijen: *à* ~ links; *tenir sa* ~ links houden; *jusqu'à la* ~ helemaal, diep; *passer l'arme à* ~ het hoekje om gaan; *la* ~ *caviar* de salonsocialisten; *voter à* ~ links stemmen

³**gauche** (bn) **1** linker-; links: *elle s'est levée du pied* ~ zij is met het verkeerde been uit bed gestapt **2** onhandig **3** scheef, krom
gauchement links, lomp, onhandig

le/la ¹**gauch|er** (m), **-ère** (v) linkshandige
²**gauch|er, -ère** (bn) linkshandig

la **gaucherie** (v) onhandigheid
gauchir kromtrekken; verdraaien
gauchiste uiterst links

le/la **gaucho** (m/v) [inf; pol] rode; rooie (rakker)

la **gaufre** (v) **1** wafel: *moule à* ~ wafelijzer; [Belg] *fer à* ~s wafelijzer **2** honingraat
gaufrer gaufreren

la **gaufrette** (v) wafeltje

le **gaufrier** (m) wafelijzer

la **gaule** (v) **1** staak; lange stok **2** hengel

la **Gaule** (v) Gallië
gaulé, -e: *bien* ~ goedgebouwd [van persoon]

le/la **gaulliste** (m/v) aanhanger/aanhangster van (de ideeën van) generaal de Gaulle (1890-1970)
gaulois, -e 1 Gallisch **2** gewaagd, pikant

le/la **Gaulois** (m), **-e** (v) Galliër: *Astérix le* ~ Asterix de Galliër

la **gauloiserie** (v) schuine mop

se **gausser** [scherts] de draak steken (met)

¹**gaver** (ov ww) vetmesten, volproppen [met eten]

se ²**gaver de** (wdk ww) zich volstoppen met

le **gavroche** (m) boefje, straatjongen [Parijs]

le **gay** (m) homoseksueel, gay: *mariage* ~ homohuwelijk

le **gaz** (m) gas: ~ *naturel* aardgas; ~ *de pétrole liquéfié (GPL)* lpg; ~ *d'échappement* uitlaat-

gas; ~ *lacrymogène* traangas; *pleins* ~ vol gas

la **gaze** (v) gaas, neteldoek

le/la **gazé** (m), **-e** (v) gifgasslachtoffer
gazéifier 1 gasvormig maken **2** koolzuurhoudend maken

la **gazelle** (v) [dierk] gazelle: *des yeux de* ~ gazelleogen
gazer vergassen: [inf] *ça gaze* het loopt gesmeerd; *ça gaze?* alles kits?

la **gazette** (v) [Belg] krant
gaz|eux, -euse gasvormig; koolzuurhoudend: *boisson* gazeuse priklimonade

le **gazoduc** (m) pijpleiding [voor gas]

le **gazole** (m) dieselolie

la **gazoline** (v) gasoline; petroleumether

le **gazon** (m) gras; gazon, grasveld

le **gazouillement** (m) gebrabbel [van een kind]; gesjilp; gemurmel [van een beekje]
gazouiller sjilpen; kabbelen; brabbelen

le **gazouillis** (m) gesjilp; gemurmel; gekir

la **gdb** (v) afk van *gueule de bois* kater: *avoir la* ~ een kater hebben

le **GDF** (m) afk van *Gaz de France* staatsgasbedrijf

le **geai** (m) (Vlaamse) gaai

le/la ¹**géant** (m), **-e** (v) reus, reuzin; gigant: *les* ~s *de l'automobile* de giganten uit de auto-industrie
²**géant, -e** (bn) reusachtig, reuzen-: *écran* ~ groot scherm [in bioscoop]; *à pas de* ~ heel snel; *slalom* ~ reuzenslalom

le/la ¹**geignard** (m), **-e** (v) zeurpiet, zeur
²**geignard, -e** (bn) zeurend
geindre kermen; zeuren, grienen; altijd klagen

le **gel** (m) **1** vorst(periode); vriesweer **2** bevriezing, stopzetting: ~ *de l'embauche* [Belg] wervingsstop; *le* ~ *des crédits* het bevriezen van de kredieten **3** gel: ~ *coiffant* gel [voor het haar]

la **gélatine** (v) gelatine
gélatin|eux, -euse gelatineachtig, geleiachtig, week
gelé, -e bevroren [ook fig]

la **gelée** (v) **1** vorst: ~ *blanche* rijp **2** gelei: ~ *de groseille* bessenjam
¹**geler** (onov ww) bevriezen [ook fig]: *je gèle* ik sterf van de kou, bevries
²**geler** (ov ww) (doen) bevriezen [ook fig]
³**geler** (onpers ww): *il gèle* het vriest

la **gélule** (v) [med] capsule

la **gelure** (v) [med] bevriezing

les **Gémeaux** (mv, m) [astron] Tweelingen
gémir kermen, kreunen, zuchten; [van de wind] huilen; [m.b.t. voorwerp] knarsen, kraken

le **gémissement** (m) gekerm, gesteun, gezucht

les **gémissements** (mv, m) gejammer

la **gemme** (v) **1** edelsteen **2** hars

les **gémonies** (mv, v): *vouer qqn. aux* ~ iem.

openlijk de mantel uitvegen

gênant, -e hinderlijk, lastig; storend; gênant

la **gencive** (v) tandvlees: [inf] *il a pris un coup dans les ~s* hij heeft een klap op zijn smoel gekregen

le **gendarme** (m) politieagent, marechaussee, [Belg] rijkswachter

la **gendarmerie** (v) [Belg] Rijkswacht; [Ned] rijkspolitie; marechaussee; politiebureau

le **gendre** (m) schoonzoon

le **gène** (m) [biol] gen

la **gêne** (v) **1** last, hinder, moeite **2** verlegenheid, gêne: *sans ~* brutaal, onbeschoft, ongemanierd **3** geldgebrek **4** overlast

gêné, -e verlegen

la **généalogie** (v) genealogie; stamboom

généalogique genealogisch: *arbre ~* stamboom

¹gêner (ov ww) **1** belemmeren, hinderen; knellen [van een schoen]: *~ la circulation* het verkeer ophouden; *être gêné aux entournures* krap bij kas zitten **2** hinderen, lastigvallen **3** in verlegenheid brengen

se **²gêner** (wdk ww) zich generen: [iron] *ne vous gênez pas!* je gaat je gang maar!

le **¹général** (m) **1** het algemene: *en ~* in, over het algemeen, gewoonlijk **2** generaal

²général, -e (bn) **1** algemeen: *dans l'intérêt ~* in het algemeen belang; *médecine ~e* huisartsengeneeskunde; *anesthésie ~e* narcose; *culture ~e* algemene ontwikkeling; *en règle ~e* in het algemeen **2** hoogste, hoofd-: *état-major ~* generale staf; *inspecteur ~* hoofdinspecteur; *quartier ~* hoofdkwartier

la **générale** (v) generale repetitie

généralement meestal, gewoonlijk, in (over) het algemeen

la **généralisation** (v) generalisatie, veralgemening; algehele verspreiding

¹généraliser (ov ww) generaliseren, veralgemenen, uitbreiden tot iedereen, tot alles

se **²généraliser** (wdk ww) algemeen worden, zich verbreiden

le/la **¹généraliste** (m/v) **1** huisarts, [Belg] omnipracticus **2** allrounder

²généraliste (bn) niet gespecialiseerd: *médecin ~* huisarts, [Belg] omnipracticus

la **généralité** (v) algemeenheid

les **généralités** (mv, v) algemeenheden, nietszeggendheden; algemeen [als kop]

le **¹générateur** (m) generator

²généra|teur, -trice (bn) voortbrengend, voortplantings-: [fig] *principe ~* grondbeginsel

la **génération** (v) **1** voortbrenging, voortplanting, ontstaan **2** afstammelingen; generatie: *la jeune ~* de jongeren; *le conflit des ~s* het generatieconflict; *toutes ~s confondues* jong en oud

la **génératrice** (v) generator; dynamo

générer voortbrengen, produceren, genereren

génér|eux, -euse 1 grootmoedig, edelmoedig **2** vrijgevig, gul, mild **3** [fig] vruchtbaar, overvloedig, rijk: *vin ~* vurige, volle wijn

le **¹générique** (m) aftiteling; [film; Belg] generiek

²générique (bn) generiek, generisch, geslachts-, soort-: *nom ~* soortnaam; *médicaments ~s* locopreparaten; *marque ~* eigen merk

la **générosité** (v) **1** edelmoedigheid; grootmoedigheid **2** vrijgevigheid, gulheid, mildheid

les **générosités** (mv, v) weldaden, milde gaven

Gênes Genua

la **genèse** (v) ontstaan, wording

la **Genèse** (v) Genesis

le **genêt** (m) brem

le **généticien** (m) geneticus

la **¹génétique** (v) genetica, erfelijkheidsleer

²génétique (bn) genetisch, wordings-, ontstaans-: *empreinte ~* genetische code; *maladie ~* erfelijke ziekte

le **gêneur** (m) lastpost, sta-in-de-weg

le **genévrier** (m) jeneverbes, jeneverstruik

génial, -e geniaal; geweldig, te gek

le **génie** (m) **1** genius, geest: *mauvais ~* boze geest **2** (het) genie, talent, aanleg: *de ~* geniaal **3** karakter, aard **4** [mil] (de) genie; engineering: *officier du ~* genieofficier; *~ civil* bouwkunde; *~ maritime* scheepsbouwkunde; *~ informatique* computerkunde

le **genièvre** (m) jeneverbes; jeneverstruik; jenever

la **génisse** (v) vaars

génital, -e geslachts-, genitaal: *parties ~es* geslachtsdelen

le **géniteur** (m) **1** verwekker **2** fokdier

les **géniteurs** (mv, m) [inf] ouwelui

le **génocide** (m) genocide, volkerenmoord

le **genou** (m; mv: genoux) knie: *à ~x* geknield, op de knieën; *demander à ~x* smeken; *se mettre à ~x* knielen; *être (assis) sur les ~x de qqn.* op iemands schoot zitten; *être sur les ~x* bekaf, gekraakt zijn; *faire du ~ à qqn.* knietjevrijen met iem.

la **genouillère** (v) kniebeschermer

le **genre** (m) **1** geslacht, genus: *le ~ humain* a) de mensheid; b) [taalk] geslacht **2** genre, aard, soort; stijl: *avoir bon* (of: *mauvais*) *~* beschaafd (of: onbeschaafd) zijn; *ce n'est pas mon ~* het is niets voor mij; *~ de vie* levenswijze; *unique en son ~* enig in zijn soort; *je ne suis pas le ~ à ...* ik ben niet het type dat/om ..., ik ben niet zo iem. die ...; *vous voyez le ~* u begrijpt het wel **3** [sociologie] gender

les **gens** (mv, m/v) mensen; lui [NB: voorafgaand bn neemt vrouwelijk mv]: *les vieilles ~*

de ouderen; *jeunes* ~ jongeren; *de braves* ~
beste mensen; ~ *de lettres* letterkundigen; ~
du métier mensen uit het vak, kenners
la **gentiane** (v) [plantk] gentiaan
gentil, -le lief, aardig; gezellig
le **gentilhomme** (m; mv: gentilshommes)
edelman
la **gentilhommière** (v) landhuis, kasteeltje
la **gentillesse** (v) vriendelijkheid, aardigheid:
ayez la ~ *de* wilt u zo vriendelijk zijn om
gentiment vriendelijk, aardig; braaf, rustig
le **gentleman** (m) gentleman
la **génuflexion** (v) kniebuiging; knieval
le/la **géographe** (m/v) geograaf, -grafe; aard-
rijkskundige
la **géographie** (v) geografie, aardrijkskunde:
~ *humaine* sociale geografie
géographique geografisch, aardrijkskun-
dig
la **géologie** (v) geologie, aardkunde
géologique geologisch, aardkundig
le/la **géologue** (m/v) geoloog, -loge, aardkundi-
ge
le **géomètre** (m) landmeter
la **géométrie** (v) **1** geometrie, meetkunde: ~
descriptive beschrijvende meetkunde
2 [luchtv] vleugelstand, vleugelvorm: [fig] *à*
~ *variable* flexibel, soepel
géométrique 1 geometrisch: *progression*
~ meetkundige reeks **2** regelmatig **3** streng
logisch
la **Géorgie** (v) Georgië
géorgien, -ne Georgisch
le/la **Géorgien** (m), **-ne** (v) Georgiër, Georgische
la **géostation** (v) [ruimtev] grondstation
la **géothermie** (v) aardwarmte
la **gérance** (v) beheer, bewind; zaakwaarne-
ming
le **géranium** (m) [plantk] geranium
le/la **gérant** (m), **-e** (v) gerant, beheerder, -ster,
[Belg] zaakvoerder, zaakvoerster: ~ *de succursale* filiaalhoud(st)er
la **gerbe** (v) schoof, garve; boeket, ruiker, bos
[bloemen]; bundel
gerber 1 bundelen, in schoven binden; sta-
pelen **2** [pop] kotsen
le **gerbera** (m) [plantk] gerbera
¹**gercer** (ov ww) doen barsten; [lippen] doen
springen: *lèvres gercées* gesprongen lippen
se ²**gercer** (wdk ww) barsten; [m.b.t. huid] kloven (gaan) vertonen
la **gerçure** (v) [techn] barstje; kloof(je) [in de
huid]
gérer beheren; omgaan met; verwerken: ~
un conflit een conflict beheersen; [pol] ~ *la
crise* met de crisis opgezadeld zitten
le **gerfaut** (m) giervalk
la **gériatrie** (v) geriatrie
gériatrique geriatrisch, ouderdomsver-
schijnselen en -ziekten betreffend
¹**germain, -e** (bn): *cousin(e)* ~*(e)* volle neef

(nicht)
²**germain, -e** (bn) Germaans
le/la **Germain** (m), **-e** (v) Germaan(se)
germanique Germaans; Duits
germaniser verduitsen
le **germanisme** (m) germanisme, woord of
uitdrukking overgenomen uit het Duits
le/la ¹**germanophile** (m/v) iem. die pro-Duits is
²**germanophile** (bn) pro-Duits
le/la ¹**germanophobe** (m/v) iem. die anti-Duits
is
²**germanophobe** (bn) anti-Duits
le/la ¹**germanophone** (m/v) Duitstalige
²**germanophone** (bn) Duitstalig
le **germe** (m) kiem; [fig] beginsel
germer (ont)kiemen; uitlopen, ontstaan
la **germination** (v) **1** [plantk] (ont)kieming
2 [fig] ontwikkeling
le **gérondif** (m) gérondif [tegenwoordig
deelwoord voorafgegaan door 'en']: *un
exemple d'un* ~ *est: 'en parlant'* 'al pratend' is
een voorbeeld van een gérondif
le/la **gérontologue** (m/v) gerontoloog, -loge
le **gésier** (m) **1** spiermaag [van vogels] **2** [inf]
pens
la **gestation** (v) **1** totstandkoming: *en* ~ in
wording **2** dracht, zwangerschap: ~ *pour autrui* draagmoederschap
le ¹**geste** (m) **1** gebaar; beweging: *ne pas faire
un* ~ geen vin verroeren **2** geste, opvallende
daad
la ²**geste** (v) [poëzie middeleeuwen] heldendaden: *chanson de* ~ middeleeuws heldenepos;
faits et ~*s* doen en laten
la **gesticulation** (v) gesticulatie, gebarenspel
gesticuler gesticuleren, gebaren
la **gestion** (v) beheer, management, [Belg]
handelswetenschappen: *école de* ~ manage-
mentopleiding; ~ *d'entreprise* bedrijfsvoering; ~ *des ressources humaines* humanre-
sourcesmanagement
le **gestionnaire** (m) beheerder; manager
gestuel, -le: *langage* ~ gebarentaal
le **geyser** (m) geiser
le **Ghana** (m) Ghana
ghanéen, -ne Ghanees
le/la **Ghanéen** (m), **-ne** (v) Ghanees, Ghanese
le **ghetto** (m) getto
la **gibecière** (v) weitas
le **gibet** (m) galg
le **gibier** (m) wild; jachtbuit: *gros* ~ grof wild;
[fig] ~ *de potence* galgenbrok, galgenaas
la **giboulée** (v) stortbui: ~*s de mars* maartse
buien
giboy|eux, -euse wildrijk
le **gibus** (m) hoge hoed
la **giclée** (v) gulp, plens
le **giclement** (m) (het) gutsen
gicler spuiten, gutsen, spatten
le **gicleur** (m) sproeier
la **gifle** (v) oorvijg, oorveeg; [fig] klap in het

gezicht

gifler slaan, een klap geven; in het gezicht striemen [van de wind]

gigantesque reusachtig, kolossaal, gigantisch

le **gigantisme** (m) geweldige groei; immense omvang

le **gigaoctet** (m) gigabyte

le **GIGN** (m) afk van *Groupement d'intervention de la gendarmerie nationale* antiterrorisme-eenheid

gigogne uitschuif-, bijzet-: *tables ~s* minitafeltjes; *poupées ~s* matroesjka, Russische poppetjes

le **gigolo** (m) gigolo

le **gigot** (m) bout: *~ de mouton* schapenbout

gigoter spartelen, woelen

le **gilet** (m) vest: *~ de sauvetage* zwemvest

le **gin** (m) gin

le **gingembre** (m) gember

la **gingivite** (v) tandvleesontsteking

la **girafe** (v) giraffe

giratoire (rond)draaiend, draai-: *sens ~* verplichte rijrichting [op verkeersplein]

le **girofle** (m): *clou de ~* kruidnagel

la **girolle** (v) cantharel

le **giron** (m) schoot: *le ~ de l'Église* de schoot der kerk

girondin, -e uit, van de Gironde

la **girouette** (v) weerhaan [ook fig]; windwijzer

le/la **¹gisant** (m), **-e** (v) liggend grafbeeld, liggende figuur

²gisant, -e (bn) liggend

le **gisement** (m) laag; afzetting: *~ pétrolifère* (aard)olieveld; *~ houiller* steenkoollaag; *~ de gaz naturel* aardgasbel; *~ d'huîtres* oesterbank; *~ d'emplois* arbeidsaanbod

le/la **gitan** (m), **-e** (v) zigeuner(in)

le **¹gîte** (m) **1** onderkomen, onderdak: *le ~ et le couvert* kost en inwoning; *~ rural* vakantiehuisje; *~ d'étape* overnachtingsplek **2** leger [van een haas]

la **²gîte** (v) slagzij: *donner de la ~* slagzij maken

le **givrage** (m) ijzelafzetting

givrant, -e: *brouillard ~* mist met rijpvorming

le **givre** (m) rijm, rijp

givré, -e 1 berijpt: *pare-brise ~* ijsafzetting op de voorruit [auto] **2** [inf] niet goed wijs

glabre onbehaard, glad

glaçant, -e ijskoud, ijzig

la **glace** (v) **1** ijs: *hockey sur ~* ijshockey; *rester de ~* onverstoorbaar blijven; *avoir un cœur de ~* een hart van steen hebben, gevoelloos zijn; [fig] *rompre* (of: *briser*) *la ~* het ijs breken **2** ijs, consumptie-ijs; ijsje: *~ à la vanille* vanille-ijs; *~ à l'eau* ijslolly, waterijsje; *~ à la crème* roomijs **3** spiegel **4** (spiegel)glas: *~ de sécurité* veiligheidsglas; *~ de vitrine* etalageruit **5** [cul] glazuur

glacé, -e 1 bevroren, ijskoud: *servir ~* ijskoud serveren **2** ijzig, koel **3** geglaceerd **4** glanzend: *papier ~* glanspapier

glacer 1 sterk koelen **2** doen verstijven [van kou, van schrik]; verlammen **3** vernissen; [cul] glaceren; [papier] satineren; [stoffen] glanzen

les **glaces** (mv, v) ijsmassa, pakijs

glaciaire ijs-: *période ~* ijstijd

glacial, -e 1 ijs-, koud: *vent ~* ijskoude wind **2** [fig] koel, ijzig: *accueil ~* zeer koele ontvangst

le **glacier** (m) **1** gletsjer **2** ijsverkoper, ijsbereider

la **glacière** (v) koelbox

le **glacis** (m) **1** aardglooiing **2** glazuur, vernis

le **glaçon** (m) **1** ijsblokje **2** ijsklomp, ijsschots **3** ijzig iem.

le **gladiateur** (m) gladiator, zwaardvechter

le **glaïeul** (m) gladiool

la **glaire** (v) **1** slijm **2** rauw eiwit

la **glaise** (v) klei, leem: *terre ~* pottenbakkersaarde

le **glaive** (m) [form] zwaard

le **gland** (m) eikel [in alle bet]

la **glande** (v) klier: [med] *avoir des ~s* opgezette klieren hebben; *~ thyroïde* schildklier

glander [inf] lanterfanten, luieren

glaner [aren] lezen; sprokkelen; bijeenrapen

glapir 1 janken, keffen **2** krijsen

le **glapissement** (m) gejank, gekef; gekrijs

le **glas** (m) geklep, gelui [van doodsklok]: *sonner le ~* uitluiden, het einde aankondigen

le **glaucome** (m) glaucoom, groene staar

glauque zeegroen; grijsgroen

la **glissade** (v) (het) (uit)glijden; glijpartij: *faire des ~s* (baantje) glijden

glissant, -e glibberig, glad: *s'engager sur un terrain ~* zich op glad ijs begeven

la **glisse** (v): *sports de ~* ijs- en sneeuwsporten

le **glissement** (m) (het) glijden; verschuiving

¹glisser (onov ww) **1** glijden **2** uitglijden, slippen **3** (+ sur) niet ingaan op **4** afglijden (naar) **5** glad zijn

²glisser (ov ww) schuiven, laten glijden: *un rayon de soleil glissa dans la chambre* er viel plotseling een zonnestraal in de kamer; [fig] *~ qqch. à (l'oreille de) qqn.* iem. iets toefluisteren

se **³glisser** (wdk ww) (behoedzaam) kruipen, sluipen: [inf] *se laisser ~* de pijp uitgaan

la **glissière** (v): *fermeture à ~* ritssluiting; *porte à ~* schuifdeur; *~ de sécurité* vangrail

la **glissoire** (v) glijbaan

global, -e (mv: globaux) globaal, rond

globalement globaal, in het algemeen; in zijn totaliteit

la **globalisation** (v) globalisering; mondialisering

le **globe** (m) **1** aardbol, aarde; globe **2** stolp:

[fig] *mettre sous* ~ (iem.) in de watten leggen
3 bol: ~ *oculaire* oogbal
globulaire bolrond; van de bloedlichaampjes

le **globule** (m) bolletje: ~ *blanc* wit bloedlichaampje; ~ *rouge* rood bloedlichaampje
globul|eux, -euse bolvormig: *œil* ~ uitpuilend oog

la **gloire** (v) **1** roem, glorie, eer: *rendre* ~ *à Dieu* aan God eer bewijzen; *à la* ~ *de* ter ere van **2** trots: *tirer* ~ *de qqch.* zich op iets beroemen op **3** beroemdheid
glori|eux, -euse roemrijk: *les trente glorieuses* de jaren 1945-1975

la **glorification** (v) verheerlijking
¹glorifier (ov ww) verheerlijken; eren, prijzen

se **²glorifier de** (wdk ww) zich beroemen op
gloser: ~ *sur des détails* doorzeuren over kleinigheden

le **gloss** (m) (lip)gloss: ~ *lèvres* lipgloss
le **glossaire** (m) verklarende woordenlijst
le **glouglou** (m) (het) klokken, geklok [van een fles, kalkoen]
glouglouter klokken

le **gloussement** (m) **1** (het) klokken [van een hen] **2** gekir, gegiechel
glousser 1 klokken [van een hen] **2** kirren, giechelen

le/la **¹glouton** (m), **-ne** (v) gulzigaard, slokop
²glouton, -ne (bn) gulzig, schrokkerig

la **gloutonnerie** (v) gulzigheid; [fig] hebzucht

la **glu** (v) vogellijm, kleefmiddel
gluant, -e glibberig, kleverig; [m.b.t. personen] plakkerig

le **glucide** (m) koolhydraat
les **glucides** (mv, m) koolhydraten
le **glucose** (m) glucose; druivensuiker
la **glycémie** (v) [med] bloedsuikerspiegel
la **glycine** (v) [plantk] blauweregen
le **glycogène** (m) spiersuiker
gnangnan (mv: onv) zeurderig: *elle est un peu* ~ zij is een zeurkous
gnognote *zie gnognotte*

la **gnognotte** (v) prut: *c'est de la* ~ het stelt niet veel voor

le **gnome** (m) gnoom; trol, aardgeest; kabouter
le **gnon** (m) [inf] optater; hengst: *recevoir un* ~ een opdoffer krijgen
le **gnou** (m) [dierk] gnoe
go: *tout de go* rechtstreeks, zonder omwegen
Go afk van *gigaoctet* GB (afk van *gigabyte*)
le **goal** (m) **1** doelverdediger, keeper **2** doelpunt, goal
le **gobelet** (m) beker
gober 1 opslurpen, slobberen; [inf] eten: [fig] ~ *les mouches* zijn tijd verbeuzelen; [fig] *je ne peux pas le* ~ ik kan hem niet uitstaan

2 voetstoots aannemen: *il gobe tout* hij slikt alles

la **godasse** (v) [pop] schoen
le **godemiché** (m) kunstpenis; dildo
le **godet** (m) **1** potje **2** drinkbekertje, borrelglaasje **3** bak, (bagger)emmer; transportemmer || *jupe à* ~s klokrok

le/la **¹godiche** (m/v) stuntel
²godiche (bn) onhandig, onbeholpen

la **godille** (v) wrikriem; [skiën] afdaling [in zigzag]
le **godillot** (m) **1** zware (soldaten)schoen **2** onvoorwaardelijke partijman
le **goéland** (m) zilvermeeuw
la **goélette** (v) schoener
le **goémon** (m) zeewier
le **¹gogo** (m) sukkel
²gogo (bw): *à* ~ volop
goguenard, -e spottend
la **goguenardise** (v) spotternij
le/la **goinfre** (m/v) slokop, gulzigaard
se **goinfrer** vreten, zich volvreten, schrokken
la **goinfrerie** (v) schrokkerigheid; gevreet
le **goitre** (m) struma
la **golden** (v) golden delicious [appel]
le **golf** (m) [sport] golf: ~ *miniature* minigolf
le **golfe** (m) golf, baai
le/la **golf|eur** (m), **-euse** (v) golfspeler, -speelster
la **gomme** (v) gom: *boule de* ~ **a)** gombal; **b)** gummetje
gommé, -e gegomd
gommer 1 met gom bestrijken **2** uitgummen; [fig] negeren, verdoezelen, doodzwijgen
le **gommier** (m) [plantk] gomboom
le **gond** (m) hengsel, scharnier: *sortir de ses* ~s uit zijn vel springen
la **gondole** (v) **1** gondel **2** winkelschap: *tête de* ~ opvallende plaats in de winkelschappen
¹gondoler (ov ww) omkrullen, kromtrekken
se **²gondoler** (wdk ww) [pop] zich krom lachen
gonflable opblaasbaar: *poupée* ~ opblaaspop
le **gonflage** (m) (het) oppompen, (het) opblazen
gonflant, -e irritant, vervelend
gonflé, -e opgeblazen, opgepompt: *des pneus bien* ~s harde banden; *yeux* ~s opgezwollen ogen || [inf] *être* ~ **a)** lef hebben; **b)** gek zijn; [inf] *être* ~ *à bloc* ontzettend veel lef hebben
le **gonflement** (m) opzwelling; (het) opzwellen, opblazen; overdrijven; oppompen; (het) vullen [van een ballon]; [fig] aanwas, toename
¹gonfler (onov ww) **1** zwellen: *la pâte a gonflé* het deeg is gerezen; *son genou gonfle* zijn knie zet op **2** ergeren: *tu commences à me* ~ jij begint me op de zenuwen te werken
²gonfler (ov ww) **1** doen opzwellen, opbla-

zen [ook fig]: ~ *un ballon* een ballon opblazen; ~ *un moteur* een motor opvoeren **2** oppompen

se **³gonfler** (wdk ww) (op)zwellen, opzetten;
gewichtig doen

le **gonfleur** (m) luchtpomp

le **gong** (m) gong

la **gonzesse** (v) [pop] meid, vrouw(tje)

googler googelen

gordien, -ne: *nœud* ~ gordiaanse knoop

le **goret** (m) big

la **gorge** (v) **1** hals **2** (vrouwen)buste **3** keel:
faire des ~s chaudes de qqch. zich vrolijk maken over iets; *rire à ~ déployée* schaterlachen;
couteau sous la ~ het mes op de keel; *mal à la*
~ keelpijn; *cela lui prend à la* ~ dat grijpt hem
(haar) bij de keel **4** bergengte, cañon: *les ~s*
du Tarn de engten van de rivier de Tarn

gorgé, -e de boordevol, verzadigd met

la **gorgée** (v) slokje, teugje

gorger de volproppen, verzadigen met

le **gorille** (m) gorilla; [inf] lijfwacht

la **gosette** (v) [Belg] appelflap [ook met andere vruchten]

le **gosier** (m) keel: *à plein* ~ luidkeels

le/la **gosse** (m/v) **1** jongen, meisje: *il est beau* ~
hij is knap om te zien **2** [inf] kind, jochie: *un*
sale ~ een boefje, een schelm

le **¹gothique** (m) [bouwk] gotiek

²gothique (bn) gotisch

la **gouaille** (v) spot

gouailler spotten

la **gouaillerie** (v) spotternij

gouaill|eur, -euse spottend

le **gouda** (m) Goudse kaas

le **goudron** (m) teer; asfalt

goudronner teren, asfalteren

le **gouffre** (m) **1** afgrond; diepte **2** [geol]
slenk **3** draaikolk **4** [fig] afgrond, bodemlo-
ze put: *ce pays est au bord du* ~ dat land staat
aan de rand van de afgrond

la **gouine** (v) [pej] pot; lesbienne

le **goujat** (m) schoft, lomperd

la **goujaterie** (v) ploertenstreek

le **goujon** (m) **1** [dierk] grondel **2** bout; tap

le **goulag** (m) goelag

le/la **goulasch** (m/v) goulash

gouleyant, -e [van wijn] lekker weg-
drinkend

le **goulot** (m) flessenhals: ~ *d'étranglement*
bottleneck, knelpunt

le/la **¹goulu** (m), **-e** (v) slokop, gulzigaard

²goulu, -e (bn) gulzig

la **goupille** (v) pinnetje

goupiller 1 vastpinnen **2** [inf] fiksen,
klaarspelen

le **goupillon** (m) **1** wijwaterkwast **2** flessen-
borstel

le **gourbi** (m) krot

la **gourde** (v) **1** veldfles **2** stom mens

le **gourdin** (m) knuppel

se **gourer** [inf] zich vergissen

le/la **¹gourmand** (m), **-e** (v) fijnproever; lekkerbek, smulpaap

²gourmand, -e (bn) gulzig; dol op lekker
eten: ~ *de* belust op; *regards ~s* begerige
blikken

la **gourmandise** (v) gulzigheid; snoeplust

les **gourmandises** (mv, v) lekkernijen, snoepgoed

le **gourmet** (m) lekkerbek, fijnproever

le **gourou** (m) goeroe

la **gousse** (v) dop, peul; teentje [knoflook]

le **gousset** (m) vestzakje: *montre de* ~ zak-
horloge

le **goût** (m) **1** smaak [in alle bet]: *avoir un* ~ *de*
smaken naar; *tous les ~s sont dans la nature*
smaken verschillen; *habillé avec* ~ smaakvol
gekleed; *à mon* ~ naar mijn smaak, naar mijn
mening; *de mauvais* ~ smakeloos **2** zin, eetlust, [Belg] goesting: *le* ~ *du travail* werklust;
~ *de vivre* levenslust **3** neiging, (voor)liefde
4 stijl, trant: *au* ~ *du jour* modieus

le **¹goûter** (m) [Belg] vieruurtje [tussendoortje
rond vier uur]

²goûter (onov ww) na school wat eten

³goûter (ov ww) **1** proeven **2** smaken; genieten van **3** waarderen **4** [Belg] smaken
naar

la **goutte** (v) **1** druppel: ~ *à* ~ druppelsgewijs
2 slok, druppel; glaasje: *boire la* ~ een glaasje drinken **3** jicht ‖ *n'y voir* ~ geen steek zien;
voulez-vous du café? juste une ~ wilt u koffie?
een heel klein beetje

le **goutte-à-goutte** (m) infuus

la **gouttelette** (v) druppeltje

goutter druppelen, druipen

la **gouttière** (v) **1** dakgoot: *chat de* ~ gewone
(huis)kat **2** [med] spalk

gouvernable bestuurbaar, regeerbaar

le **gouvernail** (m) roer; [fig] leiding

la **gouvernance** (v) [hand] bestuur

le/la **¹gouvernant** (m), **-e** (v) bestuurder; regeer-
der

²gouvernant, -e (bn) besturend

la **gouvernante** (v) gouvernante, kinderjuf-
frouw; huishoudster

le **gouvernement** (m) regering; bewind, bestuur; (het) besturen

gouvernemental, -e regerings-, bestuurs-
: *organisation non-~e, ONG* niet-gouvernementele organisatie, ngo

¹gouverner (ov ww) (be)sturen, beheren,
regeren, leiden

se **²gouverner** (wdk ww) zich zelf besturen,
zelfbestuur kennen

le **gouverneur** (m) landvoogd; gouverneur;
bestuurder, president: ~ *de province* [Belg]
(provincie)gouverneur; [Ned] commissaris
van de koningin

la **gova** (v) [inf] auto

la **goyave** (v) [plantk] guave

le **GPL** (m) afk van *gaz de pétrole liquéfié* lpg

le **GR** (m) afk van *grande randonnée* GR-route [langeafstandswandelpad]

le **grabat** (m) armzalig bed

grabataire bedlegerig

le **grabuge** (m) ruzie, mot, rotzooi

la **grâce** (v) **1** gunst: *de* ~ alsjeblieft; *être dans les bonnes* ~*s de qqn.* goed aangeschreven staan bij iem. **2** genade: *coup de* ~ genadeslag, genadeschot; *état de* ~ genadestaat, periode waarin alles lukt **3** gratie, vergiffenis: *crier* ~ zich gewonnen geven **4** dank(zegging): *rendre* ~*(s)* dank zeggen; *action de* ~*(s)* dankgebed; ~ *à* dankzij **5** gratie, bevalligheid **6** genoegen: *faire à qqn. la* ~ *de* iem. iets schenken, iem. vrijstellen van iets, iem. het genoegen doen te; *je te fais* ~ *du détail* ik spaar je de details; *de bonne* ~ welwillend, graag; *il aurait mauvaise* ~ *à se plaindre* hij heeft geen reden tot klagen; *les trois Grâces* de drie gratiën

gracier genade schenken aan, gratie verlenen aan

gracieusement 1 gratis, kosteloos **2** vriendelijk; met bevalligheid

la **gracieuseté** (v) vriendelijkheid, minzaamheid

graci|eux, -euse 1 lieftallig, bevallig, gracieus **2** vriendelijk, minzaam: *à titre* ~ kosteloos, gratis

gracile tenger

la **gracilité** (v) tengerheid, rankheid

la **gradation** (v) gradatie, trapsgewijze evolutie; stadium

le **grade** (m) rang, graad [België, universiteit]; [Ned] ± *cum laude*; graad: *monter en* ~ **a)** in rang stijgen; **b)** hogerop komen || *en prendre pour son* ~ op zijn dak krijgen

le/la **gradé** (m), **-e** (v) militair met een (lagere) rang

le **gradin** (m) **1** niveau, trap **2** trede; bank [van een tribune]

la **graduation** (v) graad- of schaalverdeling, graduering

le/la **¹gradué** (m), **-e** (v) [Belg] gegradueerde; [Ned] ± hbo'er

²gradué, -e (bn) **1** met een schaalverdeling **2** progressief geordend

graduel, -le gradueel, trapsgewijs evoluerend, geleidelijk

graduellement trapsgewijs

graduer 1 van een graadverdeling voorzien **2** geleidelijk doen toenemen, opvoeren

le **graffiti** (m) graffiti

le **grain** (m) **1** graan(korrel): *poulet de* ~ maiskip; *séparer le bon* ~ *de l'ivraie* het kaf van het koren scheiden **2** bolletje, pilletje, kraal **3** korrel(tje): ~ *de café* koffieboon; ~ *de raisin* (enkele) druif; *il met son* ~ *de sel partout* hij wil zich overal mee bemoeien **4** oneffenheid: ~ *de beauté* moedervlekje; [med] ~ *d'orge*

strontje [op oog] **5** [fig] beetje, grein(tje): *un* ~ *de folie, avoir un* ~ een beetje getikt zijn; *un* ~ *de bon sens* een greintje gezond verstand **6** [scheepv] stortbui, rukwind: *veiller au* ~ een oogje in het zeil houden

la **graine** (v) zaad: *mauvaise* ~ [fig] ondeugd; ~ *de pavot* maanzaad; [fig] *en prendre de la* ~ tot voorbeeld nemen

la **graineterie** (v) zaadhandel, graanhandel

le/la **grainet|ier** (m), **-ière** (v) zaadhandelaar(-ster), graanhandelaar(ster)

le **graissage** (m) (het) (door)smeren

la **graisse** (v) **1** vet; smeer: ~ *alimentaire* spijsvet; ~ *à frire* frituurvet; ~ *végétale* plantenvet **2** vet(heid), dikte

graisser invetten, doorsmeren, smeren, oliën, vet maken: [fig] ~ *la patte à qqn.* iem. smeergeld betalen

graiss|eux, -euse vettig, vetachtig: *tissu* ~ vetweefsel

la **graminée** (v) [plantk] grasachtige plant

la **grammaire** (v) grammatica, spraakkunst

le **grammairien** (m) grammaticus, taalkundige

grammatical, -e grammaticaal; grammaticaal correct

le **gramme** (m) gram: *200* ~*s* 200 gram

le/la **¹grand** (m), **-e** (v) **1** volwassene **2** belangrijk iem.: *les* ~*s de ce monde* de groten der aarde

²grand, -e (bn) **1** groot [in de ruimte]: *un* ~ *bâtiment* een hoog gebouw; *un homme (très)* ~ een lange man; ~ *magasin* warenhuis **2** aanzienlijk; ruim bemeten: *un* ~ *bruit* een flink lawaai; *le Grand Nord* het hoge Noorden; ~ *blessé* zwaar gewonde; ~ *âge* hoge leeftijd; ~ *froid* strenge kou; *à* ~*s frais* **a)** met hoge kosten; **b)** met veel moeite; *deux* ~*es heures* ruim twee uur; *à* ~*s pas* met rasse schreden; ~ *soupir* diepe zucht; *au* ~ *air* in de openlucht **3** onbelemmerd: *au* ~ *jour* in het volle daglicht; *au* ~ *jamais* nooit ofte nimmer **4** belangrijk: *les* ~*es puissances* de grote mogendheden; *une* ~*e affaire* een belangrijke kwestie; *un* ~ *homme* een groot man; ~ *vin* voortreffelijke wijn **5** [m.b.t. personen] volwassen: *les* ~*es personnes* de grote mensen

³grand (bw) **1** in ruime mate: *porte* ~*(e) ouverte* (met) wijd open deur **2** in het groot: *voir les choses en* ~ de dingen in het groot zien

grand-chose: *pas* ~ niet veel zaaks

le **grand-duc** (m; mv: grands-ducs) groothertog: [fig] *faire la tournée des grands-ducs* de bloemetjes buiten zetten

le **grand-duché** (m; mv: grands-duchés) groothertogdom

la **Grande-Bretagne** (v) Groot-Brittannië

la **grande-duchesse** (v; mv: grandes-duchesses) groothertogin

grandement royaal; ruimschoots; in hoge mate

la **grandeur** (v) **1** grootte: ~ *nature* op ware grootte **2** aanzien: ~ *d'âme* groothartig karakter; *traiter du haut de sa* ~ neerbuigend behandelen; *folie des* ~*s* grootheidswaanzin **3** omvang; grootheid

la **grand-faim** (v): *avoir* ~ erg honger hebben

la **grandiloquence** (v) hoogdravendheid

grandiloquent, -e hoogdravend; gezwollen

grandiose grandioos, groots, indrukwekkend

[1]**grandir** (onov ww) groter worden; groeien: *il est sorti grandi de cette épreuve* die beproeving heeft hem gelouterd

[2]**grandir** (ov ww) **1** groter maken **2** groter doen lijken, opblazen **3** verheffen; doen groeien, doen rijpen

se [3]**grandir** (wdk ww) **1** zich groter maken **2** [fig] zich verheffen

la **grand-mère** (v; mv: grands-mères) grootmoeder, oma

la **grand-messe** (v; mv: grands-messes) hoogmis

le **grand-oncle** (m; mv: grands-oncles) oudoom

grand-peine: *à* ~ met grote moeite

le **grand-père** (m; mv: grands-pères) grootvader

la **grand-route** (v) hoofdweg

les **grands-parents** (mv, m) grootouders

la **grand-tante** (v; mv: grands-tantes) oudtante

la **grange** (v) (koren)schuur

le **granit** (m) graniet

granite *zie* granit

le [1]**granivore** (m) zaadetende vogel

[2]**granivore** (bn) [dierk] zaadetend

granulaire korrelig

la **granule** (v) korreltje

le **granulé** (m) [med] pilletje: *des* ~*s de chocolat* chocoladehagelslag

granuler korrelig maken

granul||eux, -euse korrelig

la **graphie** (v) schrijfwijze

le [1]**graphique** (m) grafiek, diagram

[2]**graphique** (bn) grafisch

le **graphisme** (m) **1** schrijfwijze **2** grafische vormgeving **3** schilderwijze

le **graphite** (m) grafiet, potlood

le/la **graphologue** (m/v) grafoloog, -loge

la **grappe** (v) tros; [fig] massa, hoop, kluit

grappiller [inf] bij elkaar scharrelen, sjacheren

le **grappin** (m) dreg; enterhaak, scheepshaak; grijper

le [1]**gras** (m) **1** vet **2** dik gedeelte: ~ *de la jambe* kuit **3** [typ] vette letter

[2]**gras, -se** (bn) **1** vet: *le veau* ~ het gemeste kalf; *matières* ~*ses* vetgehalte; [inf] *être* ~ *du bide* een dikke pens hebben **2** dik: *plantes* ~*ses* vetplanten **3** vettig: *mains* ~*ses* vette

handen; [fig] *rire* ~ vettige lach **4** overvloedig: *faire la* ~*se matinée* uitslapen || *toux* ~*se* slijmhoest, losse hoest

grassement ruim, royaal; vettig

le **grasseyement** (m) (het) brouwen [bij het spreken]

grasseyer brouwen

grassouillet, -te mollig

le **graticiel** (m) freeware

gratifiant, -e voldoening gevend, dankbaar

la **gratification** (v) gratificatie, toelage; bonus; [psych] voldoening

gratifier 1 (+ de) begiftigen (met) **2** (+ de) [iron] trakteren op **3** voldoening geven

le **gratin** (m) **1** [cul] korstje **2** [cul] gegratineerde schotel: *au* ~ gegratineerd; ~ *dauphinois* gegratineerd aardappelgerecht **3** elite, neusje van de zalm

gratiné, -e 1 gegratineerd **2** [fig, inf] buitensporig

la **gratinée** (v) (gegratineerde) uiensoep

gratiner gratineren

gratis kosteloos, gratis

la **gratitude** (v) dankbaarheid

gratos [inf] voor nop, gratis

gratouiller kriebelen; krabbelen

le **grattage** (m) (het) afkrabben, afschrapen

le **gratte-ciel** (m) wolkenkrabber

le **gratte-cul** (m) rozenbottel

le **gratte-papier** (m) pennenlikker

[1]**gratter** (onov ww) **1** krabbelen: *un pull qui gratte* een trui die kriebelt; ~ *à la porte* zachtjes aankloppen; ~ *de la guitare* op de gitaar wat tokkelen **2** krassen **3** [pop] werken

[2]**gratter** (ov ww) **1** (weg)krabben, schrapen: ~ *une allumette* een lucifer aanstrijken **2** bijeenscharrelen: [inf] *il y a qqch. à* ~ er valt iets te halen

se [3]**gratter** (wdk ww) zich krabben: [inf] *tu peux toujours te* ~, *tu n'auras rien* je kan wachten tot je een ons weegt, je krijgt niks

le **gratuiciel** (m) [comp] freeware; gratis software

gratuit, -e 1 kosteloos, gratis: *à titre* ~ gratis; *entrée* ~*e* vrije toegang **2** belangeloos **3** ongegrond, ongemotiveerd: *acte* ~ irrationele daad; *violence* ~*e* zinloos geweld

la **gratuité** (v) kosteloosheid; ongegrondheid

les **gravats** (mv, m) puin, gruis; afbraakmateriaal

[1]**grave** (bn) **1** ernstig, plechtig **2** ernstig, gevaarlijk: *blessé* ~ zwaargewonde; *maladie* ~ ernstige ziekte **3** belangrijk: *motifs* ~*s* serieuze motieven **4** laag [van toon]

[2]**grave** (bw) (heel) veel: [inf] *j't'kiffe* ~ ik hou heel veel van je; *flipper* ~ 'm behoorlijk knijpen

gravel||eux, -euse 1 grindhoudend **2** schunnig

gravement ernstig; plechtig; erg

graver graveren, snijden, griffen, prenten: *ce souvenir est gravé dans ma mémoire* die herinnering staat in mijn geheugen gegrift

le **graveur** (m): *~ de CD(-ROM)* cd-brander

gravide drachtig; zwanger

le **gravier** (m) grind, grof zand

le **gravillon** (m) fijn grind; steentje

les **gravillons** (mv, m) split, steenslag

gravir beklimmen, bestijgen

la **gravitation** (v) gravitatie, zwaartekracht

la **gravité** (v) **1** ernst; belang(rijkheid): *accident sans ~* niet-ernstig ongeval; *la ~ de la situation* de ernst van de toestand **2** [vero] zwaartekracht: *centre de ~* zwaartepunt

graviter autour zich bewegen (om): *~ autour de* qqn. om iem. heendraaien, zich bevinden in de omgeving van iem.

la **gravure** (v) **1** (het) graveren, snijden, graveerkunst **2** gravure: *~ à l'eau forte* ets; *~ sur bois* houtsnede **3** prent

le **gré** (m) **1** goedvinden, smaak: *à son ~!* naar zijn zin; *au ~ du vent* zoals de wind waait, een speelbal van de wind; *au ~ des événements* naargelang de gebeurtenissen; *de ~ à ~* in der minne, onderhands **2** wil: *de son plein ~* uit vrije wil; *bon ~ mal ~* of men wil of niet; *de ~ ou de force* goedschiks of kwaadschiks; *contre mon ~* tegen mijn zin **3** [vero] dank: *savoir ~* dankbaar zijn; *je vous saurais ~ de me répondre* ik verzoek u mij een antwoord te geven

le **grèbe** (m) fuut

grec, grecque Grieks

le/la **Grec** (m), **-que** (v) Griek(se)

la **Grèce** (v) Griekenland

gréco-latin, -e Grieks-Latijns

gréco-romain, -e Grieks-Romeins

le **gréement** (m) [scheepv] (het) optuigen; tuigage

gréer optuigen

le **greffage** (m) **1** [!landb] het enten **2** transplantatie [van orgaan]

le ¹**greffe** (m) griffie: *déposer un acte au ~* een akte ter griffie deponeren

la ²**greffe** (v) **1** ent; (het) enten **2** transplantatie: *~ du poumon* longtransplantatie

¹**greffer** (ov ww) **1** enten **2** transplanteren, overplanten **3** toevoegen (aan)

se ²**greffer sur** (wdk ww) komen (bij)

le **greffier** (m) griffier

le **greffon** (m) ent, transplantaat

grégaire kudde-: *instinct ~* saamhorigheidsgevoel; *esprit ~* kuddegeest

grège 1 ruw [van zijde] **2** grijsbeige

grégorien, -ne gregoriaans

la ¹**grêle** (v) hagel; hagelbui: [fig] *~ d'injures* stortvloed van scheldwoorden

²**grêle** (bn) spichtig; schraal, dun; schril en zwak [van stem]: *intestin ~* dunne darm

grêlé, -e pokdalig

grêler: *il grêle* het hagelt

le **grêlon** (m) hagelsteen, hagelkorrel

le **grelot** (m) (rinkel)belletje: [fig] *attacher le ~* de kat de bel aanbinden

grelotter trillen, bibberen; rinkelen

la **greluche** (v) [inf; pej] griet; mokkel

la **grenade** (v) **1** granaatappel **2** [mil] granaat: *~ à main* handgranaat

la **grenadine** (v) limonadesiroop

la **grenaille** (v) hagel, schroot: [Belg] *~s errantes* steenslag

le ¹**grenat** (m) granaatsteen

²**grenat** (bn, mv: *onv*) granaatkleurig

le **grenier** (m) zolder; graanzolder; pakhuis; [fig] korenschuur: *~ à foin* hooizolder; [fig] *de la cave au ~* van onder tot boven

la **grenouille** (v) kikker

la **grenouillère** (v) kruippakje

le **grès** (m) zandsteen; pottenbakkersklei: *pot de ~* aarden pot

le **grésil** (m) fijne hagel

grésiller knisteren, knetteren

la **grève** (v) **1** staking: *faire (la) ~, se mettre en ~* staken; *~ de la faim* hongerstaking; *~ sauvage* wilde staking; *~ sur le tas* bezetting; *~ tournante* prikacties; *~ du zèle* stiptheidsactie **2** zandige oever, strand

grever drukken op, belasten: *maison grevée d'hypothèques* huis belast met hypotheken

le/la **gréviste** (m/v) staker, staakster

le **gribouillage** (m) gekrabbel; kladwerk

gribouiller kladden, krabbelen

le **gribouillis** (m) gekrabbel

le **grief** (m) grief; klacht: *faire ~ de qqch. à qqn.* iem. iets verwijten

les **griefs** (mv, m) klachten, bezwaren

grièvement: *~ blessé* zwaargewond, ernstig gewond

la **griffe** (v) **1** klauw [ook fig]: *coup de ~* felle uithaal, uitval; *sortir ses ~s* z'n klauwen uitslaan **2** stempel [ook fig]; (ken)merk **3** naamteken, logo, vignet

griffer krabben

le **griffonnage** (m) gekrabbel, hanenpoot

griffonner neerkrabbelen, ruw schetsen

le **grignotage** (m) **1** geknabbel **2** [fig] uitputtingspolitiek; ondermijning [van gezag]

grignoter 1 afknabbelen, opknabbelen, oppeuzelen [ook fig] **2** grazen [veel tussendoortjes eten]

le **gri-gri** (m) amulet, mascotte

le **gril** (m) **1** rooster, grill: [inf, fig] *être sur le ~* op hete kolen zitten **2** roosterconstructie, raster

la **grillade** (v) geroosterd vlees

le **grillage** (m) **1** traliewerk; afrastering; kippengaas **2** (het) roosteren

grillager van traliewerk voorzien, afrasteren

la **grille** (v) **1** hek; traliewerk: *être derrière les ~s* achter de tralies zitten **2** rooster [ook fig]; schema: *~ des programmes de télévision* overzicht van tv-programma's; ~ *de salaires* sala-risschaal, [Belg] barema **3** sleutel [van ge-heimschrift]

le **grille-pain** (m) broodrooster

¹griller (onov ww) **1** roosteren, gegrild wor-den **2** [fig] branden: ~ *d'impatience* branden van ongeduld

²griller (ov ww) **1** roosteren, grillen; [koffie] branden; [kastanjes] poffen: [fig] *être grillé* er gloeiend bij zijn; [inf] ~ *une cigarette* een sigaret roken **2** (ver)schroeien **3** [elek] laten doorbranden **4** in volle vaart voorbijrijden: ~ *un feu rouge* door het rode licht rijden

le **grillon** (m) krekel

grimaçant, -e grijnzend

la **grimace** (v) grimas, grijns: *faire la* ~ een zuur gezicht trekken; *faire des* ~s **a)** gezich-ten trekken; **b)** zich aanstellen

grimacer grijnzen, gezichten trekken

le **grimage** (m) (het) grimeren, schminken

grimer grimeren, schminken

grimpant, -e klimmend: *plante* ~e klim-plant

grimper 1 beklimmen, klauteren **2** stijgen: *les prix ont grimpé* de prijzen zijn flink geste-gen

la **grimpette** (v) **1** steil oplopend pad **2** klim; klimpartij

le **grimpeur** (m) klimmer

grinçant, -e knarsend; onaangenaam klin-kend; vals aandoend; wrang

le **grincement** (m) geknars

grincer knarsen, piepen: ~ *des dents* tan-denknarsen

le/la **¹grinch|eux** (m), **-euse** (v) knorrepot

²grinch|eux, -euse (bn) stuurs, nors, knor-rig

le **gringalet** (m) schriel ventje

le **griot** (m) dichter, zanger, tovenaar in zwart Afrika

la **griotte** (v) [plantk] griotte; morel

le **grippage** (m) (het) vastlopen [van een ma-chine]

la **grippe** (v) **1** griep: ~ *aviaire* vogelgriep **2** [fig] afkeer, hekel: *prendre en* ~ een hekel krijgen aan

grippé, -e 1 grieperig **2** [techn] vastgelo-pen

se **gripper** vastlopen

le **grippe-sou** (m; mv: grippe-sous) gierig-aard; krentenkakker

gris, -e 1 grijs, grauw: *il fait* ~ de lucht is be-trokken; *la nuit tous les chats sont* ~ in het donker zijn alle katjes grauw; *tabac* ~ zware tabak; *matière* ~e grijze cellen, hersens **2** [fig] droef, somber: *faire* ~e *mine à qqn.* iem. koeltjes ontvangen **3** aangeschoten

la **grisaille** (v) **1** eentonigheid, monotonie **2** grauwe kleuren [van landschap]

grisant, -e bedwelmend, opwindend

grisâtre grijsachtig, vaal, grauw

¹griser (ov ww) dronken maken, in een roes brengen, naar het hoofd stijgen; bedwel-men, opwinden

se **²griser** (wdk ww) **1** dronken worden, zich bedrinken **2** (+ de) [fig] bedwelmd raken door

la **griserie** (v) bedwelming; [fig] roes, opwin-ding

gris-gris *zie* gri-gri

le/la **Grison** (m), **-ne** (v) [Zwi] Graubünder

grisonnant, -e grijzend

grisonner grijs worden, grijzen

le **grisou** (m) mijngas: *coup de* ~ ontploffing van mijngas

la **grive** (v) lijster

la **grivèlerie** (v) flessentrekkerij

grivois, -e schuin, schunnig, grof

la **grivoiserie** (v) schuine mop, schunnigheid

le **Groenland** (m) Groenland

groenlandais, -e Groenlands

le/la **Groenlandais** (m), **-e** (v) Groenlander, Groenlandse

le **grog** (m) grog, kwast met rum

le **grognard** (m) [gesch] soldaat van de garde van Napoleon I

la **grogne** (v) ontevredenheid

le **grognement** (m) geknor; gegrom; ge-mopper

grogner knorren; grommen; mopperen, (verwensingen) mompelen

le/la **¹grognon** (m), **-ne** (v) knorrepot, brombeer

²grognon, -ne (bn) brommerig, knorrig

le **groin** (m) **1** varkenssnuit **2** [fig] apentronie

grommeler mopperen; brommen

le **grommellement** (m) gemopper, gebrom

le **grondement** (m) gebrom; gegrom [van een dier]; gebulder

¹gronder (onov ww) **1** grommen **2** bulde-ren **3** mopperen, morren **4** dreigen: *l'orage gronde au loin* het onweer rommelt in de ver-te

²gronder (ov ww) berispen, uitkafferen: *se faire* ~ op z'n kop krijgen

grond|eur, -euse 1 knorrig, mopperend **2** bulderend [van de wind]

la **Groningue** (v) Groningen

le **groom** (m) piccolo

le **groove** (m) groove

le/la **¹gros** (m), **-se** (v) **1** dikkerd **2** gros, meren-deel **3** groothandel: *prix de* ~ groothandels-prijs; *commerce de* ~ groothandel

²gros, -se (bn) **1** dik, groot, zwaar: *en* ~ *ca-ractères* groot gedrukt, dik gedrukt; *avoir le cœur* ~ verdrietig zijn; ~*se voix* zware stem **2** groot, belangrijk: *une* ~*se affaire* een be-langrijk bedrijf, een omvangrijke zaak; *une affaire de* ~ *sous* een zaak waar veel geld mee is gemoeid; *il a la* ~*se tête* hij voelt zich ge-wichtig; ~*se averse* zware bui; ~ *bonnet*, ~*se légume* hoge piet **3** grof, ruw: ~*se mer* ruwe zee; ~ *rire* vettige lach; ~*se plaisanterie* onsmakelijke grap; ~ *mot* scheldwoord; *c'est un peu* ~ dat is wat overdreven ‖ ~ *de* vol van

le **³gros** (bw) **1** groot: *écrire* ~ met grote letters schrijven; *en* ~ in grote lijnen, globaal, grofweg, grosso modo; *vente en* ~ groothandel **2** veel: *gagner* ~ grof geld verdienen; *il y a* ~ *à parier que ...* wedden dat ...; *risquer* ~ een groot risico lopen ‖ *en avoir* ~ *sur le cœur* het er erg moeilijk mee hebben

le **gros-cul** (m) [inf] vrachtauto

la **¹groseille** (v) aalbes; bessensiroop: ~ *à maquereau* kruisbes

²groseille (bn, mv: *onv*) bessenrood

le **groseillier** (m) bessenstruik

le **gros-porteur** (m; mv: gros-porteurs) jumbojet

la **grosse** (v) **1** gros [twaalf dozijn] **2** afschrift

la **grossesse** (v) zwangerschap: *interruption volontaire de* ~ abortus (provocatus)

la **grosseur** (v) **1** dikte **2** grootte; afmeting **3** knobbeltje, verdikking, gezwel

gros|ier, -ière 1 grof, ruw **2** ruw, onafgewerkt **3** vulgair, grof

la **grossièreté** (v) grofheid; ruwheid

¹grossir (onov ww) **1** dikker worden, aankomen **2** groter worden **3** aangroeien: *la rumeur grossit* het gerucht zwelt aan

²grossir (ov ww) **1** dikker maken **2** vergroten: ~ *la voix* zijn stem verheffen **3** doen aangroeien **4** overdrijven, aandikken: *on a grossi l'incident* de zaak is opgeblazen

le **grossiste** (m) grossier

grosso modo ruw geschat, ruwweg, grosso modo

grotesque 1 grotesk, karikaturaal **2** bespottelijk, belachelijk

la **grotte** (v) grot, spelonk

grouillant, -e wemelend (van); krioelend

le **grouillement** (m) gekrioel, gewriemel

¹grouiller (onov ww) **1** wriemelen, krioelen **2** boordevol zijn met, wemelen van: ~ *d'insectes* wemelen van de insecten

se **²grouiller** (wdk ww) zich haasten: *grouille-toi!* schiet (een beetje) op!

le **groupe** (m) **1** groep, verzameling [personen]: ~ *parlementaire* fractie; *cabinet de* ~ groepspraktijk; ~ *ethnique* etnische groep **2** [ec] concern; combinatie: ~ *de sociétés* concern; ~ *financier* holding; ~ *hôtelier* hotelketen **3** groep, verzameling [dingen]; samenstel: ~ *scolaire* scholencomplex **4** groep, onderverdeling: ~ *de combat* gevechtseenheid; ~ *électrogène* aggregaat; ~ *sanguin* bloedgroep; ~ *O* bloedgroep O

le **groupement** (m) **1** verzameling, bundeling **2** groepering, groep: ~ *d'achat* inkoopcombinatie; ~ *d'intérêt économique (GIE)* economische belangenorganisatie

¹grouper (ov ww) **1** groeperen, verzamelen **2** indelen, rangschikken

se **²grouper** (wdk ww) de krachten bundelen,

samen (gaan) werken

la **groupuscule** (v) groepje, splinterpartijtje

le **gruau** (m) **1** grutten **2** fijne tarwebloem

la **grue** (v) **1** kraanvogel **2** [techn] kraan **3** [pop] snol

gruger oplichten, afzetten

le **grumeau** (m) klonter, klontje

se **grumeler** klonteren

grumel|eux, -euse klonterig; korrelig

le **grutier** (m) kraanmachinist

la **gruyère** (m) gruyèrekaas

le **GSM** (m) **1** afk van *Global System Mobile* gsm [systeem] **2** gsm [telefoon]

la **Guadeloupe** (v) Guadeloupe

guadeloupéen, -ne Guadeloups

le/la **Guadeloupéen** (m), **-ne** (v) Guadelouper, Guadeloupse

le **Guatemala** (m) Guatemala

guatémaltèque Guatemalteeks

le/la **Guatémaltèque** (m/v) Guatemalteek(se)

le **gué** (m) wad, doorwaadbare plaats: *traverser à* ~ doorwaden

la **guéguerre** (v) [inf] geruzie; geharrewar

la **Gueldre** (v) Gelderland

la **guenille** (v, meestal mv) lomp, vod

la **guenon** (v) wijfjesaap; [fig] lelijk wijf

le **guépard** (m) jachtluipaard

la **guêpe** (v) wesp: *taille de* ~ wespentaille

le **guêpier** (m) wespennest [ook fig]

guère: *ne* ~ bijna niet, nauwelijks, niet erg (veel); *il n'y a* ~ *que toi à le savoir* jij bent zowat de enige die het weet

guéri, -e beter, genezen

le **guéridon** (m) siertafeltje

la **guérilla** (v) guerrilla: ~ *urbaine* stadsguerrilla

le **guérillero** (m) guerrillastrijder

¹guérir (ov ww) genezen, helen [ook fig]; afhelpen van: *l'alcool, j'en suis guéri!* alcohol, ik heb er genoeg van!

se **²guérir de** (wdk ww) afkomen van

la **guérison** (v) genezing, herstel: *en voie de* ~ aan de beterende hand

guérissable geneeslijk

le **guérisseur** (m) genezer; kwakzalver

la **guérite** (v) wachthuisje

la **guerre** (v) oorlog, strijd: ~ *civile* burgeroorlog; ~ *mondiale* wereldoorlog; *la Grande Guerre* de Eerste Wereldoorlog; *Seconde Guerre mondiale* Tweede Wereldoorlog; ~ *des nerfs* zenuw(en)oorlog; ~ *froide* koude oorlog; *à la* ~ *comme à la* ~ nood breekt wet; *c'est de bonne* ~ dat zijn de regels van het spel; *conseil de* ~ krijgsraad; *faire la* ~ *(à)* oorlog, strijd voeren (tegen) [ook fig]; *foudre de* ~ ijzervreter; *homme de* ~ krijgsman; *de* ~ *lasse* strijdensmoe, ten einde raad; *nom de* ~ schuilnaam; *petite* ~ **a)** guerrillaoorlog; **b)** schijngevecht

le **¹guerrier** (m) krijger, soldaat

²guerr|ier, -ière (bn) oorlogs-; krijgshaftig,

oorlogszuchtig
guerroyer oorlog voeren, strijden
le **guet** (m) (het) loeren: *faire le* ~ op de uitkijk staan, op de loer liggen
le **guet-apens** (m; mv: guets-apens) hinderlaag, valstrik
la **guêtre** (v) **1** slobkous **2** beenkap || [Belg] *avoir qqch. à ses* ~s voor iets opdraaien
guetter 1 bespieden, beloeren, op de uitkijk staan **2** afwachten, opwachten, bedreigen
le **guetteur** (m) wachtpost; [scheepv] uitkijk
la **gueulante** (v): [pop] *pousser une* ~ een grote bek opzetten
le/la **¹gueulard** (m), **-e** (v) schreeuwlelijk
²gueulard, -e (bn) [pop] luidruchtig
la **gueule** (v) **1** bek, muil: *se jeter dans la* ~ *du loup* zich in het hol van de leeuw wagen **2** [pop] smoel, bek, kop: *avoir la* ~ *de bois* een kater hebben; *avoir une bonne* ~ vertrouwen wekken; *casser la* ~ *à qqn.* iem. de hersens inslaan; *se casser la* ~ **a)** vallen; **b)** op zijn bek gaan; *se fendre la* ~ zich bescheuren; *être fort en* ~ een grote bek hebben; *faire la* ~ nukken, mokken, chagrijnen; *ta* ~! hou je bek; *fine* ~ lekkerbek; *une jolie petite* ~ een leuk smoeltje; *sale* ~ rotkop **3** vorm, uiterlijk: *avoir de la* ~ ~ klasse hebben **4** mond, opening [van een kanon, oven]
la **gueule-de-loup** (v; mv: gueules-de-loup) leeuwenbek [plant]
gueuler [pop] schreeuwen, brullen; protesteren, mekkeren
le **gueuleton** (m) [inf] lekker etentje
les **gueux** (mv, m) geuzen
la **gueuze** (v) geuze [Belgisch bier]
le **gui** (m) vogellijm, maretak, mistel
les **guibolles** (mv, v) [inf] benen
le **guichet** (m) **1** loket **2** (doorgeef)luikje; schuifje: *jouer à* ~s *fermés* voor een uitverkochte zaal spelen; ~ *automatique* geldautomaat
le/la **guichet|ier** (m), **-ière** (v) lokettist(e), loketbeambte
le **guidage** (m) geleiding(smechanisme), geleider; [luchtv] (verkeers)leiding
le **¹guide** (m) **1** gids, reisleider **2** begeleider, raadsman **3** leidraad **4** (reis)gids, [Belg] spoorboekje **5** instructieboekje
la **²guide** (v) padvindster
¹guider (ov ww) **1** leiden, begeleiden, rondleiden **2** besturen (op afstand)
se **²guider sur** (wdk ww) zich richten naar, zich laten leiden door
les **guides** (mv, v) teugels
le **guidon** (m) stuur [van fiets]: ~ *de course* racestuur
la **guigne** (v) tegenslag, pech: *je m'en soucie comme d'une* ~ het kan me geen fluit schelen
guigner loeren naar, op
le **guignol** (m) **1** marionet **2** hanswurst: *ne*

fais pas le ~ hang niet de clown uit **3** poppenkast
Guignol Jan Klaassen
la **guilde** (v) gilde; club
le **guili-guili** (m; mv: onv) [inf] kielekiele: *faire* ~ *à qqn.* iem. kietelen
le **guillemet** (m) aanhalingsteken: *fermez les* ~s einde citaat, haakje sluiten; *mettre entre* ~s tussen aanhalingstekens zetten
guilleret, -te vrolijk
la **guillotine** (v) guillotine, valbijl: *fenêtre à* ~ schuifraam
guillotiner guillotineren, onthoofden
la **guimauve** (v): *pâte de* ~ ± marshmallow
la **guimbarde** (v) oude auto
guindé, -e onnatuurlijk, gemaakt; stijf
la **Guinée** (v) Guinee: *la* ~ *équatoriale* Equatoriaal-Guinea
la **Guinée-Bissau** (v) Guinee-Bissau
guinéen, -ne Guinees
le/la **Guinéen** (m), **-ne** (v) Guinees(e)
la **guirlande** (v) guirlande, (bloem)slinger
la **guise** (v) wijze: *elle n'en fait qu'à sa* ~ ze doet gewoon haar eigen zin; *en* ~ *de* bij wijze van; *à votre* ~ zoals u wilt
la **guitare** (v) gitaar
le/la **guitariste** (m/v) gitarist(e)
le **gus** (m) vent, kerel; raar type
gustat|if, -ive smaak-: *nerf* ~ smaakzenuw; *papilles gustatives* smaakpapillen
guttural, -e keel-: *son* ~ keelklank
guyanais, -e Guyanees
le/la **Guyanais** (m), **-e** (v) Guyanees, Guyanese
la **Guyane** (v) Guyana: *la* ~ *française* Frans-Guyana
la **gym** (v) *zie gymnastique*
le **gymkhana** (m) race met hindernissen
le **gymnase** (m) gymnastieklokaal; sportcentrum; gymnasium [Zwitserland]
le/la **gymnaste** (m/v) turn(st)er
la **gymnastique** (v) gymnastiek, het turnen: ~ *corrective* heilgymnastiek; ~ *intellectuelle* hersengymnastiek
le/la **gynéco** (m/v) [inf] verk van *gynécologue* vrouwenarts; gynacoloog
la **gynécologie** (v) gynaecologie, leer der vrouwenziekten
gynécologique gynaecologisch
le/la **gynécologue** (m/v) vrouwenarts, gynaecoloog, -loge
le **gypse** (m) gips
le **gyrophare** (m) zwaailicht
le **gyroscope** (m) gyroscoop

h

le **h** (m) [de letter] h: *h aspiré* aangeblazen h; *h muet* stomme h; *8h30* 8.30 u.
hab' verk van *habitude*: [inf] *comme d'~* als gewoonlijk
habile 1 bekwaam, knap, handig (in); diplomatiek **2** [jur] gerechtigd, bevoegd
habilement slim; knap; handig
l' **habileté** (v) bekwaamheid, bedrevenheid, handigheid: *agir avec* ~ diplomatiek te werk gaan
habiliter machtigen; bevoegd verklaren
l' **habillage** (m) **1** (het) aan-, bekleden **2** [hand] ~ *de bilan* windowdressing
l' **habillement** (m) **1** kleding **2** aankleden **3** kledingbranche
¹habiller (ov ww) **1** kleden, aankleden; kleren leveren: *habillé de noir* in het zwart (gekleed) **2** (goed) staan, zitten, afkleden: *cette robe vous habille bien* deze jurk staat u goed **3** bedekken
s' **²habiller** (wdk ww) zich (aan)kleden
l' **habit** (m) **1** rok(kostuum): ~ *vert* officiële tenue van de leden van de Académie française **2** soutane, habijt: *l'~ ne fait pas le moine* kleren maken de man niet
l' **habitabilité** (v) bewoonbaarheid; (woon)-ruimte
habitable bewoonbaar
l' **habitacle** (m) cabine: ~ *renforcé* veiligheidskooi [van een auto]
l' **habitant** (m), **-e** (v) bewoner, bewoonster; inwoner
l' **habitat** (m) **1** woonomstandigheden **2** woongelegenheid **3** biotoop, woongebied [van planten en dieren]
l' **habitation** (v) woning, huis; woonplaats: *taxe d'~* ± onroerendezaakbelasting; ~ *à loyer modéré* goedkope huurflat
¹habiter (onov ww) verblijven: *station spatiale habitée* bemand ruimtestation
²habiter (ov ww) (be)wonen; [fig] zetelen, huizen in: *le doute m'habite* ik sta in dubio
les **habits** (mv, m) kleren, kleding
l' **habitude** (v) gewoonte: *avoir l'~ de* a) gewend zijn, gewoon zijn te; b) ervaring hebben met; *d'~* gewoonlijk; *comme d'~* zoals altijd; *par* ~ uit gewoonte; *avoir ses petites ~s* zo zijn vaste gewoontes hebben
l' **¹habitué** (m), **-e** (v) vaste bezoeker, stamgast
²habitué, -e (bn) gewend, gewoon (aan)
habituel, -le gewoon, gebruikelijk
habituellement gewoonlijk, meestal,

doorgaans
¹habituer à (ov ww) wennen aan
s' **²habituer à** (wdk ww) wennen aan
le/la **hâbl|eur** (m), **-euse** (v) opschepper
la **hache** (v) bijl: *enterrer la* ~ *de guerre* de strijdbijl begraven
le **¹haché** (m) [Belg] gehakt
²haché, -e (bn) fijngehakt: *steak* ~ gehakte biefstuk, ± hamburger; [fig] *style* ~ hortende stijl
hacher hakken, (fijn)hakken: ~ *menu* fijnhakken, snipperen
le **hachis** (m) gehakt
le **hachoir** (m) **1** hakblok, hakbord **2** snijmachine; groentemolen, vleesmolen
la **hachure** (v) arcering
hachurer arceren
le **hacker** (m) [comp] hacker; computerkraker
le **haddock** (m) gerookte schelvis
le **hadj** (m) hadj
le **hadji** (m) hadji
hagard, -e verwilderd [van blik]
la **haie** (v) **1** haag, heg: *course de ~s* hordeloop; *le 110 m ~s* 110 m horden **2** [fig] haag, rij, kordon: *faire la* ~ een kordon vormen; ~ *d'honneur* erehaag
le **haillon** (m) lomp, vod
le **Hainaut** (m) Henegouwen
la **haine de** (v) haat (tegen); afschuw (van), afkeer (van): *il a la* ~ hij zit vol haat; *en ~ de* uit afkeer tegen; *prendre qqn. en* ~ een hekel aan iem. krijgen; *s'attirer la* ~ *de qqn.* zich iemands haat op de hals halen; ~ *raciale* rassenhaat
hain|eux, -euse haatdragend; vijandig, nijdig
haïr haten, verafschuwen
haïssable verfoeilijk, afschuwelijk
l' **Haïti** (m) Haïti: *en* ~ in Haïti
haïtien, -ne Haïtiaans
l' **Haïtien** (m), **-ne** (v) Haïtiaan(se)
le **hâle** (m) bruine kleur [van huid]
hâlé, -e gebruind
l' **haleine** (v) adem: *avoir l'~ forte* (of: *mauvaise haleine*) een slechte adem hebben; *avoir l'~ fraîche* frisse adem hebben; [fig] *tenir qqn. en* ~ **a)** iem. in spanning houden; **b)** iem. aan het lijntje houden; *de longue* ~ langdurig, van lange adem [werk]; *perdre* ~ buiten adem raken; *hors d'~* buiten adem; *reprendre* ~ weer op adem, op zijn verhaal komen; *retenir son* ~ zijn adem inhouden
haler [scheepv] hijsen, (op)halen; voorttrekken, jagen [een schip]
haletant, -e hijgend
le **halètement** (m) gehijg; gepuf
haleter hijgen; [fig] ademloos toekijken, luisteren
le **half-pipe** (m; mv: *onv*) halfpipe
le **hall** (m) hal, grote zaal: ~ *de gare* stationshal
la **halle** (v) hal, overdekte markt: ~ *de sport*

sporthal; [hist] *les Halles* Parijse hallen; *les ~s de Rungis* markthallencomplex ten zuiden van Parijs

la **h**a**llebarde** (v) hellebaard: *il pleut* (of: *tombe*) *des ~s* het regent pijpenstelen

hallucinant, -e verbijsterend; buitengewoon

l' **hallucination** (v) hallucinatie, zinsbegoocheling

hallucinatoire hallucinaties opwekkend

halluciné, -e lijdende aan hallucinaties: *regard* ~ verwilderde blik

halluciner hallucineren

l' **¹hallucinogène** (m) geestverruimend middel

²hallucinogène (bn) geestverruimend

halogène halogeen

la **h**a**lte** (v) halte, stilstand; rustplaats, stopplaats; onderbreking: *~!* halt, blijf staan!; *~-là!* ho!, hou op!; *faire ~* halt maken, ophouden

la **h**a**lte-garderie** (v) kinderopvang [voor kort verblijf]

l' **h**a**ltère** (m) halter: *faire des ~s* met halters werken

l' **h**a**ltérophile** (m/v) gewichtheffer, -ster

l' **h**a**ltérophilie** (v) [sport] (het) gewichtheffen

le **h**a**mac** (m) hangmat

le **h**a**mburger** (m) hamburger

le **h**a**meau** (m) gehucht

l' **h**a**meçon** (m) vishaak: [fig] *mordre à l'~* toehappen, in de val lopen

le **h**a**mmam** (m) hamam

la **h**a**mpe** (v) (vlaggen)stok; bilstuk [van koe]

le **h**a**mster** (m) hamster

la **h**a**nche** (v) heup: *mettre les mains sur les ~s* de handen in de zij zetten

le **handball** (m) [sport] handbal

le **handicap** (m) handicap, belemmering

le/la **¹handicapé** (m), **-e** (v) gehandicapte: ~ *mental* geestelijk gehandicapte; ~ *physique* lichamelijk gehandicapte; *un ~ visuel* slechtziende, blinde

²handicapé, -e (bn) gehandicapt; belemmerd, gebrekkig

handicaper 1 [sport] een handicap opleggen **2** handicappen, belemmeren

le **h**a**ngar** (m) hangar; schuur, loods

le **h**a**nneton** (m) meikever || *qqch. qui n'est pas piqué des ~s* iets dat er niet om liegt

la **H**a**nse** (v) Hanze

ha**nséatique** Hanze-: *villes ~s* Hanzesteden

ha**nté, -e** spook-: *maison ~e* spookhuis

ha**nter** spoken in, achtervolgen, rondwaren in: ~ *qqn.*, ~ *l'esprit de qqn.* iem. obsederen; *cette idée la hante* zij wordt gekweld door die gedachte

la **h**a**ntise** (v) **1** idee-fixe, obsessie **2** angst

ha**pper** happen; pakken, grijpen: *être happé par le train* door de trein gegrepen worden

l' **h**a**ptonomie** (v) haptonomie

le **h**a**ra-kiri** (m) harakiri: *(se) faire ~* harakiri plegen

la **h**a**rangue** (v) rede, toespraak; gepreek

ha**ranguer** toespreken

le **h**a**ras** (m) stoeterij, paardenfokkerij

ha**rassant, -e** afmattend, zwaar

ha**rassé, -e** doodmoe, afgemat

le **h**a**rassement** (m) afmatting

ha**rasser** afmatten

ha**rcelant, -e** lastig, hinderlijk

le **h**a**rcèlement** (m) (het) bestoken; (het) tergen, lastigvallen: ~ *sexuel* seksuele intimidatie, ongewenste intimiteiten; *tir de* ~ spervuur

ha**rceler** bestoken, tergen; lastigvallen

le/la **h**a**rcel|eur** (m), **-euse** (v) stalker

les **h**a**rdes** (mv, v) plunje, kleren

ha**rdi, -e** stoutmoedig, ondernemend; gedurfd; brutaal

ha**rdi!** vooruit!: *hardi les gars!* hup jongens!

la **h**a**rdiesse** (v) stoutmoedigheid, dapperheid; brutaliteit, durf

le **h**a**rdware** (m) [comp] hardware

le **h**a**rem** (m) [ook fig] harem

le **h**a**reng** (m) haring: ~ *saur* bokking; ~ *frais* groene haring; *être serrés comme des ~s* als haringen (of: sardientjes) opeengepakt zijn

la **h**a**rgne** (v) kribbigheid

ha**rgn|eux, -euse** kribbig

le **h**a**ricot** (m) boon: *~s rouges* bruine bonen; *~s beurre* gele bonen; *~s verts* sperzieboontjes, prinsessenboontjes; *~s mange-tout* peulen

la **h**a**ridelle** (v) knol [oud paard]

le **h**a**rki** (m) harki [Noord-Afrikaan die diende in het Franse leger tijdens de Algerijnse oorlog (1954-1962)]

l' **h**a**rmonica** (m) mondharmonica

l' **h**a**rmonie** (v) [muz] **1** harmonie, samenklank; welluidendheid: *table d'~* klankbodem [van een piano] **2** harmonieleer **3** harmonie(orkest) **4** goede verstandhouding

ha**rmoni|eux, -euse** harmonisch; harmonieus, welluidend

ha**rmonique** [muz] harmonisch

l' **h**a**rmonisation** (v) harmonisatie; afstemming

ha**rmoniser** orkestreren; arrangeren; [fig] afstemmen: *leurs caractères s'harmonisent bien* hun karakters passen goed bij elkaar

le **h**a**rnachement** (m) **1** (het) optuigen [van een paard]; tuig **2** (zware) uitrusting [van soldaat]

¹harnacher (ov ww) optuigen; opdirken; toetakelen

se **²harnacher** (wdk ww) zich uitrusten

le **h**a**rnais** (m) **1** tuig [van een paard] **2** harnas || *blanchir sous le* ~ in de dienst vergrijzen, zijn sporen verdiend hebben

ha**ro**: *crier* ~ *(sur qqn.)* schande roepen (over

iem.)

la **harpe** (v) harp

la **harpie** (v) helleveeg

le/la **harpiste** (m/v) harpist(e), harpspeler, -speelster

le **harpon** (m) harpoen; enterhaak

harponner 1 harpoeneren **2** inrekenen

le **hasard** (m) toeval; kans; lot: *le ~ fait bien les choses* geluk gehad; *les ~s de la guerre* de gevaren van de oorlog; *coup de ~* toevalstreffer; *au ~*, *à tout ~* op goed geluk; *au ~ de* al naargelang; *jeu de ~* kansspel; *par ~* toevallig; *comme par ~* als bij toeval

hasardé, -e gewaagd, onzeker, hachelijk

¹**hasarder** (ov ww) wagen, op het spel zetten

se ²**hasarder à** (wdk ww) het wagen (om)

hasard|eux, -euse gewaagd, hachelijk

le **hasch** (m) hasj

le **haschisch** (m) hasjiesj

la **hâte** (v) haast, spoed: *à la ~* inderhaast; *en ~* haastig, vlug; *avoir ~ de* haast hebben om

¹**hâter** (ov ww) (ver)haasten, versnellen; vervroegen: *~ le pas* sneller gaan lopen

se ²**hâter de** (wdk ww) zich haasten (om)

hât|if, -ive vroegrijp, voortijdig; overhaast

hâtivement haastig

le **hauban** (m) [scheepv] hoofdtouw; kabel, spandraad: *pont à ~* hangbrug

la **hausse** (v) stijging, verhoging [van prijs, waarde]: *en ~* stijgend; *jouer à la ~* à la hausse speculeren; [van prijzen] *revu à la ~* verhoogd, naar boven bijgesteld

le **haussement** (m) (het) verhogen: *~ d'épaules* (het) schouderophalen

¹**hausser** (ov ww) verhogen, ophogen; opheffen, verheffen; optrekken, ophalen: *~ les épaules* de schouders ophalen; *~ le ton* een hoge toon aanslaan; *~ la voix* de stem verheffen

se ²**hausser** (wdk ww) zich verheffen; hoger, groter worden: *se ~ sur la pointe des pieds* op zijn tenen gaan staan

le ¹**haut** (m) **1** hoogte: *des ~s et des bas* ups en downs; *traiter du ~ de sa grandeur* met minachting, uit de hoogte behandelen **2** bovenkant; lijfje [van jurk]; top, hoogste deel

²**haut, -e** (bn) **1** hoog; opper-, boven-; ver, vroeg; [fig] groot, verheven, aanzienlijk, trots: *~e bourgeoisie* deftige burgerij; *marée ~e* vloed; *~ plateau* hoogvlakte; *~e fidélité* hi(gh)fi(delity); *en ~ lieu* van hogerhand; *avoir la ~e main sur* de leiding hebben van, de dienst uitmaken; *le Rhin* Boven-Rijn; *~e trahison* hoogverraad; *ville ~e* bovenstad; *(aller) la tête ~e* met opgeheven hoofd; *~ en couleur* kleurrijk; *un personnage ~ placé* een hooggeplaatst persoon **2** sterk, geweldig, moeilijk: *emporter de ~e lutte* moeizaam veroveren; *de la plus ~e importance* uiterst belangrijk **3** luid; hoog [van toon]: *pousser les ~s cris*

moord en brand schreeuwen; *à ~e voix* hardop

³**haut** (bw) **1** hoog: *~ la main* met glans, met (alle) gemak; *~ les mains!* handen omhoog!; *voir plus ~* zie hierboven [in een tekst]; *en ~* bovenaan; *là-~* daarboven; *le prendre de ~* op arrogante toon spreken; *voir les choses de ~* de dingen breed opvatten; *regarder qqn. de ~* op iem. neerzien **2** luid: *penser tout ~* hardop denken ‖ [fig] *tomber de ~* **a)** diep vallen [fig]; **b)** veel tegenslagen incasseren

hautain, -e hoogmoedig, trots, uit de hoogte

le/la **hautbois** (m/v) **1** hobo **2** hoboïst(e)

le/la **hautboïste** (m/v) hoboïst(e)

le **haut-commissaire** (m) hoge commissaris

le **haut-de-forme** (m; mv: hauts-de-forme) hoge hoed

la **haute** (v) hoge pieten, hoge heren

la **haute-fidélité** (v) high fidelity; hifi

hautement 1 luid **2** openlijk, ronduit **3** zeer, bijzonder: *~ improbable* hoogst onwaarschijnlijk

la **hauteur** (v) **1** hoogte: *à la ~ de* op de, ter hoogte van; *à ~ d'appui* op borsthoogte; [luchtv] *prendre de la ~* hoogte verkrijgen; *saut en ~* (het) hoogspringen; *à la ~* **a)** bekwaam, capabel; **b)** van hetzelfde niveau; *être à la ~ d'une situation* tegen een situatie opgewassen zijn; *il n'est pas à la ~* hij kan het niet aan; *les ~s qui entourent le village* de heuvels rond het dorp **2** [fig] hoogheid; trots, aanmatiging: *tomber de sa ~* heel verbaasd zijn; *~ de vues* ruime blik

le **haut-fond** (m; mv: hauts-fonds) ondiepte, zandbank

le **haut-le-cœur** (m) misselijkheid; walging

le **haut-le-corps** (m) onverhoedse beweging; schrikreactie, woedereactie

le **haut-parleur** (m; mv: haut-parleurs) luidspreker, box

le ¹**havane** (m) havanna(sigaar)

²**havane** (bn) havannakleurig

Havane: *La ~* Havana

le **havre** (m) [fig] veilige haven, toevluchtsoord: *~ de paix* een oord, een oase van rust

Haye: *La ~* Den Haag, 's-Gravenhage

le **hayon** (m) vijfde deur, achterdeur [van een auto]

hé! hé!: *hé bien!* welnu!

l' **hebdo** (m) *zie* ¹*hebdomadaire*

l' ¹**hebdomadaire** (m) weekblad

²**hebdomadaire** (bn) wekelijks, week-

l' **hébergement** (m) **1** onderdak, huisvesting **2** [comp] hosting

héberger huisvesten, onderdak geven

l' **hébergeur** (m) [comp] webhost; host

hébété, -e versuft, verdoofd; wezenloos

hébéter doen afstompen, versuffen

l' **hébétude** (v) geestelijke achteruitgang; verdoving, versuftheid

hébraïque Hebreeuws
hébreu Hebreeuws: *pour moi, c'est de l'~* ik snap er niets van
l' **Hébreu** (m) Hebreeër
l' **hécatombe** (v) slachting
l' **hectare** (m) hectare
l' **hectogramme** (m) hectogram; ons
l' **hectolitre** (m) hectoliter
l' **hectopascal** (m) hectopascal, millibar
h**ein!** hè? hé? wat?; hoor!
h**élas!** helaas!, jammer!
h**éler** aanroepen
l' **hélianthe** (m) zonnebloem
l' **hélice** (v) spiraallijn, schroeflijn; schroef [van boot, vliegtuig]: *escalier en* ~ wenteltrap
l' **hélico** (m) [inf] verk van *hélicoptère* heli
l' **hélicoptère** (m) helikopter, hefschroefvliegtuig: ~ *de secours* traumahelikopter
l' **héliogravure** (v) lichtdruk
l' **héliport** (m) helihaven, heliport
héliporté, -e per helikopter vervoerd
hélitreuiller ophijsen vanuit een helikopter
l' **hélium** (m) helium
hellénique Helleens, Grieks
l' **Helvète** (m/v) Zwitser(se)
helvétique Zwitsers: *Confédération* ~ Zwitserland
l' **hématologie** (v) hematologie
l' **hématome** (m) bloeduitstorting, blauwe plek
l' **hémicycle** (m) **1** halfrond, halve kring **2** halfronde zaal, amfitheater, collegezaal **3** vergaderzaal [van de volksvertegenwoordiging in België en Frankrijk]
l' **hémiplégie** (v) eenzijdige verlamming
l' **hémisphère** (m) halve bol, halfrond; hemisfeer; hersenhelft
l' **hémoglobine** (v) hemoglobine
l' **hémophilie** (v) bloederziekte
l' **hémorragie** (v) bloeduitstorting: ~ *cérébrale* hersenbloeding; ~ *nasale* **a)** neusbloeding; **b)** [fig] aderlating
les **hémorroïdes** (mv, v) aambeien
le **henné** (m) henna
h**ennir** hinniken
le **hennissement** (m) gehinnik
h**ennuyer, -ère** uit Henegouwen
h**ep!** hé daar!: ~, *taxi!* taxi graag!
l' **¹hépatique** (m/v) leverpatiënt(e)
²hépatique (bn) lever-: *colique* ~ galaanval
l' **hépatite** (v) hepatitis, leverontsteking: ~ *virale* geelzucht
l' **heptagone** (m) zevenhoek
l' **¹héraldique** (v) heraldiek, wapenkunde
²héraldique (bn) heraldisch, wapenkundig
l' **herbage** (m) grasland, weiland
l' **herbe** (v) **1** gras: [fig] *couper l'~ sous le pied de qqn.* iem. het gras voor de voeten wegmaaien; *en* ~ **a)** groen, onrijp; **b)** [fig] in de dop, aankomend **2** kruid: *fines herbes* (tuin)-

kruiden; *~s de Provence* Provençaalse kruiden; *mauvaise* ~ onkruid; *mauvaise* ~ *croît toujours* onkruid vergaat niet **3** hasj
herb|eux, -euse vol gras, gras-
l' **¹herbicide** (m) onkruidverdelger
²herbicide (bn) onkruidverdelgend
l' **herbier** (m) herbarium; plantenboek
l' **¹herbivore** (m) planteneter
²herbivore (bn) plantenetend
herboriser botaniseren, kruiden zoeken
l' **herboriste** (m/v) kruidenverkoper, -verkoopster
herbu, -e grazig
l' **hercule** (m) krachtpatser
le **hère** (m): [form] *un pauvre* ~ een arme drommel, stakker
héréditaire erfelijk: *ennemi* ~ erfvijand; *maladie* ~ erfelijke ziekte
l' **hérédité** (v) erfelijkheid: *avoir une* ~ *chargée* erfelijk belast zijn
l' **hérésie** (v) ketterij
l' **¹hérétique** (m/v) ketter(se); [pol] dissident(e)
²hérétique (bn) ketters
h**érissé, -e 1** rechtopstaand, te berge rijzend, borstelig, stekelig **2** (+ de) bezet (met)
¹hérisser (ov ww) **1** [veren, stekels] overeind zetten **2** (iem.) tegen de haren in strijken **3** voorzien van
se **²hérisser** (wdk ww) **1** rechtop gaan staan, te berge rijzen **2** in opstand komen; zijn stekels uitzetten
le **hérisson** (m) **1** egel **2** *faire le* ~ zijn stekels uitzetten **3** stekelig voorwerp, punt [op hek]
l' **héritage** (m) erfenis, nalatenschap; erfgoed
hériter erven
l' **hérit|ier** (m), **-ière** (v) erfgenaam, -name: ~ *de la couronne* troonopvolger; ~ *du nom* stamhouder
l' **hermaphrodite** (m/v) hermafrodiet
hermétique 1 hermetisch; luchtdicht, waterdicht **2** [fig] onbegrijpelijk, ontoegankelijk
l' **hermétisme** (m) onbegrijpelijkheid, ontoegankelijkheid; hermetisme
l' **hermine** (v) hermelijn; hermelijnbont; hermelijnstrook [op een toga]
la **hernie** (v) **1** hernia, breuk: ~ *étranglée* beklemde breuk; ~ *discale* hernia [in de rug] **2** bult op fietsband
l' **héroïne** (v) **1** heroïne **2** heldin, hoofdpersoon
héroïnomane verslaafd aan heroïne
héroïque helden-; heldhaftig
l' **héroïsme** (m) heldenmoed, heldhaftigheid
le **héron** (m) reiger
le **héros** (m) halfgod; held; hoofdpersoon: *le ~ de la fête* het feestvarken; *un ~ de roman* een romanheld
l' **herpès** (m) herpes

la **h**erse (v) eg
herser eggen
hertzien, -ne hertz-: *câble* ~ hertzkabel
l' **hésitant, -e** aarzelend, onzeker
l' **hésitation** (v) aarzeling, weifeling
hésiter 1 (+ à) weifelen, aarzelen (om te): ~
devant terugdeinzen **2** hakkelen **3** (+ sur)
onzeker zijn over, in het onzekere zijn omtrent
l' **hétéro** (m/v) heteroseksueel, -suele
hétéroclite vreemd, wonderlijk; uiteenlopend, bont: *des objets* ~s allegaartje
hétérogène heterogeen, ongelijksoortig
l' **¹hétérosexuel** (m), **-le** (v) heteroseksueel
²hétérosexuel, -le (bn) heteroseksueel
le **h**être (m) beuk; beukenhout
heu! hè!(?), hm! [drukt twijfel, verlegenheid uit]
l' **h**eure (v) uur; tijd; tijdstip, ogenblik: ~ *H* uur
U; ~s *de consultation* spreekuur; ~ *d'affluence* spitsuur, spits, piekuur; ~s *de classe*
schooltijden; *aux* ~s *de repas* onder etenstijd;
[radio, tv] ~ *de grande écoute* primetime; ~
d'été zomertijd; *de longues* ~s uren achter-
een; *des* ~s *entières* urenlang; *quelle* ~ *est-il?*
hoe laat is het?; *il est six* ~s het is zes uur; *il est
cinq* ~s *et demie* het is half zes; *à cinq* ~s
trente-cinq om vijf over half zes; *il est parti à
neuf* ~s *moins* le quart hij ging om kwart voor
negen weg; *l'*~ *où* het ogenblik dat, waarop;
à l'~ *actuelle, à l'*~ *qu'il est* nu, tegenwoordig;
de bonne ~ vroeg; *à la bonne* ~! oké!, goed
zo!; *dernière* ~ **a)** uur van de dood; **b)** laatste
nieuws [rubriek van krant]; *compagnon de la
première* ~ (strijd)makker vanaf het eerste
begin; *semaine de 32* ~s 32-urige werkweek; *à
cette* ~-ci om deze tijd; *se mettre à l'*~ *du XXIe
siècle* zich aanpassen aan de 21e eeuw; *il est
philosophe à ses* ~s hij filosofeert weleens
wat; *demander l'*~ vragen hoe laat het is;
avez-vous l'~? weet u hoe laat het is?; *mettre
sa montre à l'*~ zijn horloge gelijk zetten; *il est
l'*~ *(de)* het is tijd (om); *il est six* ~s *passées* het
is zes uur geweest; *être à l'*~ **a)** op tijd zijn;
b) gelijk lopen [van een horloge]; *rouler à 80
km à l'*~ 80 km per uur rijden; *à toute* ~ op elk
uur van de dag; *toutes les* ~s, *d'*~ *en* ~ om het
uur; *tout à l'*~ daarnet, zo juist; *dans une* ~
over een uur; *avant l'*~ te vroeg, voortijdig;
après l'~ te laat; *son* ~ *viendra* zijn tijd komt
nog wel
heureusement gelukkig
l' **¹heur|eux** (m), **-euse** (v) gelukkige: *faire des*
~ mensen gelukkig, blij maken
²heur|eux, -euse (bn) gelukkig, blij: *avoir la
main heureuse* een gelukkige hand hebben; *il
peut s'estimer* ~ hij mag van geluk spreken;
encore ~ *que* [+ subj] nog een geluk dat
le **h**eurt (m) stoot, klap, duw; [fig] tegenstelling, botsing: *sans* ~s zonder incidenten, met
een kalm verloop

heurté, **-e** contrasterend; hortend: *style* ~
stroeve stijl
¹heurter (onov ww) (aan)kloppen
²heurter (ov ww) **1** stoten, tegen aanstoten,
duwen: *la voiture a heurté la façade* de auto is
tegen de voorgevel gebotst **2** aanstoot geven, voor het hoofd stoten, kwetsen; in aanvaring komen met
se **³h**eurter (wdk ww) **1** zich stoten **2** (+ à) [fig]
stuiten op
se **⁴h**eurter (wdkg ww) met elkaar in botsing
komen
le **h**eurtoir (m) klopper
hexagonal, -e 1 zeshoekig **2** Frans [zoals
in Frankrijk]
l' **hexagone** (m) zeshoek; [fig] *l'Hexagone*
Frankrijk
le **hiatus** (m) hiaat, gaping; [fig] onderbreking
hibernal, -e winter-: *sommeil* ~ winterslaap
hibernant, -e: *animal* ~ winterslaper
l' **hibernation** (v) winterslaap
hiberner een winterslaap houden
le **h**ibou (m; mv: hiboux) uil
le **h**ic (m): *voilà le* ~ daar zit 'm de kneep
la **h**ideur (v) afzichtelijkheid
hid|eux, -euse afzichtelijk; [fig] gruwelijk
hier gisteren: ~ *(au) soir* gisteravond; *comme
si c'était* ~ als de dag van gisteren; *il n'est pas
né d'*~ hij is niet van gisteren
la **hiérarchie** (v) hiërarchie, rangorde
hiérarchique hiërarchisch, hiërarchiek: *par
la voie* ~ volgens de hiërarchieke weg
le **hiérarque** (m) kopstuk, leider
le **hiéroglyphe** (m) hiëroglief
hi-fi hifi: *chaîne* ~ hifi-installatie
hi-han ia, ezelgebalk
le **hijab** (m) hidjab [soort hoofddoek]
hilarant, -e vermakelijk, lachwekkend: *gaz*
~ lachgas
hilare vrolijk
l' **hilarité** (v) vrolijkheid, lachlust, hilariteit
l' **¹hindou** (m), **-e** (v) hindoe, hindoevrouw
²hindou, -e (bn) hindoes
l' **hindouisme** (m) hindoeïsme
hippique hippisch: *concours* ~ concours
hippique, springconcours, dressuurwedstrijd
l' **hippisme** (m) paardensport
l' **hippocampe** (m) zeepaardje
l' **hippodrome** (m) (paarden)renbaan, hip-
podroom
l' **hippopotame** (m) nijlpaard
l' **h**irondelle (v) zwaluw: *une* ~ *ne fait pas le
printemps* één zwaluw maakt nog geen zo-
mer
hirsute ruig, harig
hispanique Spaans
hispano-américain, -e Latijns-Amerikaans
hispanophone Spaanssprekend
hisser hijsen, ophijsen

l' **histoire** (v) **1** geschiedenis, historie: ~ *sainte* Bijbelse geschiedenis; ~ *contemporaine* eigentijdse geschiedenis; ~ *universelle* wereldgeschiedenis **2** verhaal: ~ *drôle* mop; *c'est une* ~ *vraie* het is waargebeurd; *une* ~ *à dormir debout* een indianenverhaal, een onwaarschijnlijk verhaal; *c'est une autre* ~ dat is een verhaal apart; *c'est de l'*~ *ancienne* dat is te geweest; *c'est toute une* ~ het heeft heel wat voeten in de aarde; *faire des* ~s moeilijk doen; *allons, pas d'*~s! kom, geen gezeur!; *et voici le plus beau de l'*~ maar het mooiste komt nog || ~ *de rire* zomaar, voor de grap

l' **historicité** (v) historiciteit, historische juistheid

l' **historien** (m), **-ne** (v) historicus, -ca; geschiedschrijver, -schrijfster

l' **historiette** (v) verhaaltje, grapje

l' **historiographie** (v) geschiedschrijving

l' **¹historique** (m) voorgeschiedenis, historisch overzicht
   ²historique (bn) historisch; geschiedkundig: *personnage* ~ beroemd, berucht personage; *un jour* ~ een gedenkwaardige dag

le **hit** (m) hit

l' **hiver** (m) winter: *en* ~ 's winters; *sports d'*~ wintersport; *un* ~ *rigoureux* (of: *rude*) een strenge winter

l' **hivernage** (m) overwintering; winterverblijf

hivernal, -e winter-

l' **hivernant** (m), **-e** (v) wintergast, overwinteraar

hiverner overwinteren

HLM afk van *habitation à loyer modéré* goedkope huurflat, [Belg] sociale woning, flat: *une cité* ~ complex van huurflats

ho! ho!, oho!

le **hobby** (m) hobby

le **hobereau** (m) **1** landjonker **2** boomvalk

le **hochement** (m) (het) schudden (met het hoofd)
   hocher: ~ *la tête* het hoofd schudden

le **hochet** (m) rammelaar; [fig] klungelding, hebbeding

le **hockey** (m) hockey: ~ *sur gazon* hockey; ~ *sur glace* ijshockey

le/la **hockey|eur** (m), **-euse** (v) hockeyer, hockeyspeler, -speelster
   holà: ~/ a) hola!, ho!; b) hé daar!; *mettre le* ~ *(à)* een stokje steken (voor), een eind maken (aan)

le/la **holding** (m/v) holding(maatschappij)

le **hold-up** (m) gewapende overval

hollandais, -e Hollands: *une (vache)* ~e een zwartbonte koe

le/la **Hollandais** (m), **-e** (v) Hollander, Hollandse

le **hollande** (m) Hollandse kaas

la **Hollande** (v) Holland: ~ *septentrionale* Noord-Holland; ~ *méridionale* Zuid-Holland

l' **holocauste** (m) **1** brandoffer **2** massamoord van Joden, Holocaust

l' **hologramme** (m) hologram

le **homard** (m) (zee)kreeft

le **home** (m) **1** [Belg] verzorgingstehuis; bejaardentehuis: ~ *d'enfants* vakantiekolonie **2** [vero] thuis, huiselijke haard

le **home cinéma** (m) thuisbioscoop

l' **homélie** (v) preek; zedenpreek

l' **homéopathie** (v) homeopathie
   homéopathique homeopathisch
   Homère Homerus
   homérique homerisch

l' **¹homicide** (m) **1** moordenaar **2** doodslag: ~ *involontaire* dood door door schuld; ~ *volontaire* moord
   ²homicide (bn) moordend, moorddadig

l' **hommage** (m) hulde, eerbewijs: *rendre* ~ hulde brengen; *rendre un dernier* ~ een laatste groet brengen; *en* ~ *à* ter ere van; *présenter ses* ~*s à qqn.* iem. eerbiedig groeten
   hommasse manachtig: *femme* ~ manwijf

l' **homme** (m) **1** mens **2** man: *je ne suis pas* ~ *à* ik ben er de man niet naar om; ~ *politique* politicus; ~ *d'affaires* zakenman; ~ *de cœur* edelmoedig mens; ~ *de confiance* vertrouwensman; ~ *de couleur* kleurling; *l'âge d'*~ volwassenheid; ~ *d'État* staatsman; ~ *de lettres* letterkundige; ~ *de bien* rechtschapen man; ~ *public* iem. die een grote rol speelt in het openbare leven; ~ *de loi* rechtsgeleerde; *l'*~ *de la rue* Jan met de pet; *un* ~ *à femmes* een ladykiller; *voilà mon* ~ dat is de man die ik zoek; *je suis votre* ~ ik ben uw man, ik ben bereid dat voor u te doen **3** [pop] echtgenoot, man, vent

l' **homme-grenouille** (m; mv: hommes-grenouilles) kikvorsman, duiker

l' **homme-orchestre** (m; mv: hommes-orchestres) **1** eenmansorkest **2** manusje-van-alles

les **hommes** (mv, m) manschappen

l' **homme-sandwich** (m; mv: hommes-sandwichs) sandwichman

l' **homo** (m) homo(seksueel)
   homogène homogeen, gelijksoortig

l' **homogénéisation** (v) (het) homogeniseren
   homogénéiser homogeniseren

l' **¹homologue** (m) ambtgenoot, evenknie
   ²homologue (bn) homoloog, overeenstemmend
   homologuer homologeren, officieel bekrachtigen; [sport] officieel erkennen [een record]

l' **¹homonyme** (m) homoniem, naamgenoot
   ²homonyme (bn) homoniem

l' **homonymie** (v) **1** gelijknamigheid **2** [taalk] homonymie

l' **homoparentalité** (v) ouderschap van homoparen

l' **homophilie** (v) homofilie

l' **homosexualité** (v) homoseksualiteit

l' **¹homosexuel** (m), **-le** (v) homoseksueel

²homosexuel, -le (bn) homoseksueel

le **Honduras** (m) Honduras

hondurien, -ne Hondurees

le/la **Hondurien** (m), **-ne** (v) Hondurees, Hondurese

le **¹hongre** (m) ruin

²hongre (bn): *cheval* ~ ruin

la **Hongrie** (v) Hongarije

le **¹hongrois** (m) (het) Hongaars

²hongrois, -e (bn) Hongaars

le/la **Hongrois** (m), **-e** (v) Hongaar(se)

honnête eerlijk; rechtschapen; fatsoenlijk, eerbaar; behoorlijk, redelijk [van prijs]: ~ *homme* eerlijk, fatsoenlijk man; *homme* ~ rechtschapen man; *un prix* ~ een redelijke prijs

honnêtement eerlijk; behoorlijk

l' **honnêteté** (v) eerlijkheid; fatsoen

l' **honneur** (m) eer; eergevoel: *en l'* ~ *de* ter ere van; [scherts] *en quel* ~*?* ter ere van wie (of: wat)?; *au champ d'* ~ op het veld van eer; *croix d'* ~ erekruis; *dame d'* ~ hofdame; *demoiselle d'* ~ bruidsmeisje; *garçon d'* ~ bruidsjonker; *parole d'* ~ erewoord; *point d'* ~ eergevoel; *être à l'* ~ gevierd worden; *à qui ai-je l'* ~*?* met wie heb ik het genoegen?; *vin d'* ~ receptie; *être en* ~ in aanzien, in de mode zijn; *faire* ~ *à* a) eer bewijzen aan, eer aandoen; b) nakomen, gestand doen, honoreren; *mettre son point d'* ~ er een eer in stellen

les **honneurs** (mv, m) eerbewijzen, ereambten; [bridge] hoge kaarten, honneurs: ~ *militaires* militaire eer; ~ *funèbres* laatste eer; *faire les* ~ de honneurs waarnemen; *faire les* ~ *d'une maison à qqn.* iem. gastvrij ontvangen; *obtenir les* ~ *de guerre* vrije aftocht krijgen

h**onnir**: [vero] *honni soit qui mal y pense* schande over wie er kwaad van denkt

l' **honorabilité** (v) achtbaarheid, eerbaarheid; betrouwbaarheid

honorable achtbaar, loffelijk, eervol; betrouwbaar, solide: *amende* ~ erkenning van ongelijk; *famille* ~ achtenswaardige familie

honoraire honorair, ere-: *professeur* ~ emeritus hoogleraar

les **honoraires** (mv, m) honorarium

¹honorer (ov ww) **1** (+ de) (ver)eren (met) **2** tot eer strekken **3** honoreren, nakomen: ~ *ses engagements* zijn verplichtingen nakomen

s' **²honorer** (wdk ww) trots zijn op

honorifique ere-: *titre* ~ eretitel; *à titre* ~ als eerbewijs

la h**onte** (v) **1** schande: *c'est une* ~ het is schandelijk, schandalig; [inf] *c'est la* ~ het is een schande **2** schaamte: *fausse* ~ valse schaamte; *faire* ~ *à* a) vernederen; b) te schande maken; *avoir* ~ *de* zich schamen

(voor); *tu n'as pas* ~*!* schaam jij je niet!; *avoir toute* ~ *bue* alle schaamtegevoel verloren hebben; *mourir de* ~ zich dood schamen

h**ont|eux, -euse** schandelijk; beschaamd; verlegen, beschroomd: *être* ~ *(de)* zich schamen (over); *c'est* ~*!* schande!; *parties honteuses* schaamdelen; *trafic* ~ beschamend gesjoemel

le h**ooligan** (m) hooligan, vandaal

h**op!** hop! hup!: *allez,* ~ vooruit!; kom op!

l' h**ôpital** (m) ziekenhuis; gasthuis

le h**oquet** (m) hik

h**oqueter** hikken

l' **¹horaire** (m) dienstregeling; lesrooster, werkrooster: *train en avance sur l'* ~ trein die te vroeg is; ~ *flexible,* ~ *mobile,* ~ *à la carte* variabele werktijden; *changement d'* ~ a) roosterwijziging; b) wijziging van de dienstregeling

²horaire (bn) uur-: *salaire* ~ uurloon

la h**orde** (v) wilde troep, horde, bende

l' **horizon** (m) horizon, gezichtseinder; vooruitzichten, perspectieven: *faire un tour d'* ~ de zaken op een rijtje zetten; *changer d'* ~ wat anders gaan doen

horizontal, -e horizontaal, waterpas: [inf] *prendre la position* ~*e* platgaan

l' **horizontale** (v) **1** horizontale lijn **2** [inf] hoer

l' **horizontalité** (v) horizontale stand, ligging

l' **horloge** (v) uurwerk; klok: ~ *parlante* tijdmelding [van telefoon]; ~ *biologique* biologische klok

l' **¹horlog|er** (m), **-ère** (v) horlogemaker, -maakster

²horlog|er, -ère (bn) uurwerk-

l' **horlogerie** (v) horlogemakerswerk, horlogewinkel; uurwerkindustrie; uurwerken

h**ormis** behalve

hormonal, -e hormonaal: *traitement* ~ hormoonbehandeling

l' **hormone** (v) hormoon

l' **horodateur** (m) **1** uur- en datumstempel, prikklok **2** parkeerautomaat

l' **horoscope** (m) horoscoop: *dresser l'* ~ *de qqn.* iemands horoscoop trekken

l' **horreur** (v) **1** afschuw, afgrijzen, walging: *avoir en* ~ een afschuw hebben van; *avoir* ~ *de* verafschuwen, een hekel hebben aan; *faire* ~ tegenstaan, tegen de borst stuiten **2** gruwel(ijkheid); verschrikking: *film d'* ~ griezelfilm **3** wreedheid; monster; schanddaad: *quelle* ~*!* wat afschuwelijk!

les **horreurs** (mv, v) verschrikkingen: *dire des* ~ gemene taal uitslaan; *les* ~ *de la guerre* de gruwelen van de oorlog

horrible afschuwelijk, verschrikkelijk

horrifiant, -e angstaanjagend, verschrikkelijk

horrifié, -e ontsteld, geschokt

horripilant, -e ergerlijk

horripiler ergeren; kippenvel bezorgen

h**ors** buiten; behalve: ~ *deux ou trois exceptions* behalve twee of drie uitzonderingen; ~ *de combat* buiten gevecht; [mil] ~ *cadre* buiten dienst; ~ *de* buiten; ~ *d'atteinte* buiten bereik; ~ *de danger* buiten gevaar; *mettre* ~ *de cause* ontlasten, vrijspreken; ~ *commerce* niet in de handel; ~ *de doute* zeker; ~ *de question* geen sprake van; ~ *concours* buiten mededinging; ~ *d'ici* ga weg! verdwijn!; ~ *pair* onvergelijkelijk, weergaloos; ~ *de prix* peperduur, onbetaalbaar; ~ *saison* buiten het seizoen; ~ *série* niet in serie geproduceerd, apart; ~ *service* buiten dienst; ~ *de soi* buiten zichzelf; ~ *d'usage* in onbruik, stuk, kapot; ~ *taxes* taxfree

le h**ors-bord** (m) boot met buitenboordmotor; speedboot

le ¹h**ors-concours** (m) deelnemer, -neemster buiten mededinging

²h**ors-concours** (bn) van mededinging uitgesloten

le h**ors-d'œuvre** (m) voorgerecht, entree

le h**ors-jeu** (m) [sport] buitenspel, offside

le h**ors-la-loi** (m) vogelvrije; bandiet

le h**ors-piste** (m) skiën buiten de pistes

le h**ors-sol** (m) niet-grondgebonden tuinbouw of veeteelt

hors-sol: *culture* ~ grondloze teelt

le h**ors-texte** (m) toegevoegde afbeelding

l' h**ortensia** (m) hortensia

horticole tuinbouw-, tuinders-

l' **horticul|teur** (m), **-trice** (v) tuinder; sierplantenkweker

l' **horticulture** (v) tuinbouw; sierteelt; ~ *sous terre* glastuinbouw

l' **hospice** (m) (bejaarden)tehuis

l' **hospital|ier, -ière 1** gastvrij **2** ziekenhuis-: *centre* ~ ziekenhuis

l' **hospitalisation** (v) opname in een ziekenhuis: ~ *à domicile* thuisverpleging

hospitaliser opnemen (in een ziekenhuis)

l' **hospitalité** (v) gastvrijheid: *demander l'*~ onderdak vragen

l' **hosteau** (m) [argot] ziekenhuis

l' **hostellerie** (v) luxe hotel, restaurant [buiten de stad]

l' **hostie** (v) hostie, ouwel

hostile vijandig: ~ *à* gekant tegen

l' **hostilité** (v) vijandigheid, vijandschap

les **hostilités** (mv, v) vijandelijkheden

l' **hosto** (m) [pop] ziekenhuis

le **hot-dog** (m) hotdog, warm worstenbroodje

l' **hôte** (m) **1** gastheer; gast: ~ *payant* paying guest, betalend logé; *chambre d'*~ logies met ontbijt; *table d'*~ in hotel of pension gemeenschappelijk menu **2** [comp] host: *ordinateur* ~ centrale computer, host(computer)

l' **hôtel** (m) hotel: *maître d'*~ oberkellner ‖ ~ *particulier* herenhuis; ~ *de ville* stadhuis,

raadhuis; ~ *de la Région* zetel van het regiobestuur [in Fr]; ~ *des ventes* veilinghuis

l' **hôtel-Dieu** (m; mv: hôtels-Dieu) ziekenhuis

l' ¹**hôtel|ier** (m), **-ière** (v) hotelhoud(st)er

²**hôtel|ier, -ière** (bn) hotel-: *industrie hôtelière* hotelwezen, horeca

l' **hôtellerie** (v) **1** hotelwezen, horeca **2** luxe hotel, restaurant [buiten de stad]

l' **hôtel-restaurant** (m; mv: hôtels-restaurants) hotel-restaurant

l' **hôtesse** (v) gastvrouw; hostess: ~ *de l'air* stewardess; ~ *d'accueil* receptioniste

la **hot-line** (v) helpdesk

la **hotte** (v) **1** draagkorf: ~ *du père Noël* zak van de Kerstman **2** rookvang; wasemkap: ~ *aspirante* afzuigkap

hou! boe!

le **houblon** (m) hop [plant]

la **houille** (v) steenkool: ~ *blanche* witte steenkool

houiller steenkoolhoudend: *bassin* ~ kolenbekken

la **houillère** (v) steenkolenmijn

la **houle** (v) deining, golving

la **houlette** (v) herdersstaf: *sous la* ~ *de* onder leiding van

houl|eux, -euse hol [van de zee]; deinend; [fig] rumoerig, stormachtig

la **houppe** (v) kwastje; pompon; kuif: ~ *à poudrer* poederdonsje

la **houppette** (v) klein kwastje; poederdonsje

hourra! hoera!

la **house** (v) house(muziek)

houspiller uitschelden

la **housse** (v) hoes, overtrek: ~ *de couette* dekbedhoes, dekbedovertrek

le **houx** (m) hulst

le **hublot** (m) patrijspoort; raampje [van vliegtuig]; venster [van wasmachine, oven]

hue ~! vort, hu!; [fig] *tirer à* ~ *et à dia* elkaar dwarsbomen, ongeordend te werk gaan

la **huée** (v) gejouw

¹**huer** (onov ww) schreeuwen [van een uil]

²**huer** (ov ww) uitjouwen

le/la **huguenot** (m), **-e** (v) hugenoot, -note

l' **huilage** (m) (het) oliën, smeren

l' **huile** (v) **1** olie: ~ *alimentaire* spijsolie; *cuisine à l'*~ met olie bereide gerechten; ~ *de foie de morue* levertraan; ~ *essentielle* etherische olie; ~ *d'olive* olijfolie; ~ *de ricin* wonderolie; ~ *solaire* zonnebrandolie; ~ *de table* slaolie; *peinture à l'*~ olieverf; [fig] *ça baigne dans l'*~ dat loopt gesmeerd; [fig] *une mer d'*~ een spiegelgladde zee; [fig] *faire tache d'*~ een sneeuwbaleffect hebben **2** hoge piet, bobo **3** olieverfschilderij ‖ ~ *de bras* (of: *de coude*) spierkracht

huiler oliën, smeren: *bien huilé* goed, gesmeerd lopend

huil|eux, -euse olieachtig; vettig

l' **huilier** (m) olie-en-azijnstel

l' **huis** (m) deur: *à ~ clos* met gesloten deuren; *le ~ clos* beraadslaging, verhoor met gesloten deuren

l' **huissier** (m) deurwaarder; bode: *~ audiencier* gerechtsbode

h**uit** acht: *aujourd'hui en ~* vandaag over een week; *le 8* de achtste [van de maand] || *le grand ~* de achtbaan

la h**uitaine** (v) achttal: *sous ~* binnen een week

le **¹huitième** (m) achtste (deel)
²huitième (bn) achtste

l' **huître** (v) oester: *~ perlière* pareloester

l' **huîtrière** (v) oesterbank; oesterkwekerij

la h**ulotte** (v) bosuil

h**ululer** huilen, schreeuwen [van nachtroofvogels]

h**um** hm

l' **¹humain** (m) menselijk wezen, mens
²humain, -e (bn) menselijk; menslievend, humaan: *un être ~* een mens; *à l'échelle ~e* naar menselijke maatstaven; *géographie ~e* sociale geografie; *sciences ~es* geesteswetenschappen

humainement menselijk(erwijs); humaan

l' **humanisation** (v) vermenselijking; beschaving

¹humaniser (ov ww) humaniseren, menselijker maken

s' **²humaniser** (wdk ww) menselijker worden

l' **humanisme** (m) humanisme

humanitaire humanitair; menslievend

l' **humanitarisme** (m) onrealistisch menslievende denkbeelden

l' **humanité** (v) mensheid; menselijke natuur; menselijkheid: *crimes contre l'~* misdaden tegen de menselijkheid

les **humanités** (mv, v) **1** humaniora, studie van de klassieke taal en letteren: *~ anciennes* oude humanioria; *~ modernes* moderne humanioria **2** [Belg] humaniora [voortgezet onderwijs]

l' **¹humanoïde** (m/v) mensachtige
²humanoïde (bn) mensachtig

l' **¹humble** (m/v): *les ~s* de eenvoudige mensen
²humble (bn) nederig; bescheiden, gering: *à mon ~ avis* naar mijn bescheiden mening

¹humecter (ov ww) bevochtigen, vochtig maken

s' **²humecter** (wdk ww) **1** vochtig worden **2** nat, vochtig maken

h**umer** inademen; opsnuiven

l' **humérus** (m) opperarmbeen

l' **humeur** (v) humeur, bui, stemming: *de bonne ~* opgewekt, goed gehumeurd; *être d'~ à* in de stemming zijn om; *de mauvaise ~* slecht gehumeurd, uit zijn humeur; *~ de chien* rothumeur; *être d'une ~ exécrable* de bokkenpruik op hebben, een onuitstaanbaar humeur hebben; *geste d'~, mouvement*

d'~ opwelling, uitval; *dans la joie et la bonne ~* in een vrolijke, prettige stemming, sfeer

humide vochtig, nat

l' **humidificateur** (m) luchtbevochtiger

l' **humidification** (v) bevochtiging

humidifier vochtig maken, bevochtigen

l' **humidité** (v) vocht(igheid): *craint l'~!* droog houden!

humiliant, -e vernederend

l' **humiliation** (v) vernedering: *essuyer* (of: *subir) une ~* een vernedering ondergaan

humilier vernederen, kleineren; verootmoedigen

l' **humilité** (v) nederigheid; bescheidenheid

l' **¹humoriste** (m/v) humorist(e)
²humoriste (bn) humoristisch

humoristique humoristisch: *dessin ~* cartoon

l' **humour** (m) humor: *sens de l'~* gevoel voor humor; *~ macabre* (of: *noir*) galgenhumor

l' **humus** (m) humus, teelaarde

la h**uppe** (v) **1** kuif **2** hop [vogel]

h**uppé, -e 1** gekuifd **2** voornaam, rijk: *gens ~s* deftige lui

h**urlant, -e** schreeuwend, brullend

le h**urlement** (m) gehuil, gejank; gebrul

h**urler 1** huilen, janken; brullen; schreeuwen; gieren [auto in de bocht]: *~ avec les loups* huilen met de wolven in het bos; *~ de douleur* janken van de pijn; *~ de rire* brullen (of: gieren) van het lachen; *~ sa douleur* zijn pijn uitschreeuwen **2** [fig] met elkaar vloeken [van kleuren]

l' h**urluberlu** (m) zonderling, snoeshaan

le h**usky** (m) husky

le h**ussard** (m) huzaar

la h**utte** (v) hut(je)

l' **¹hybride** (m) hybride; bastaard
²hybride (bn) hybridisch; bastaard-

hybrider kruisen

l' **¹hydratant** (m) vochtinbrengende crème
²hydratant, -e (bn) vochtinbrengend

¹hydrater (ov ww) **1** hydrateren **2** vocht inbrengen in [de huid]

s' **²hydrater** (wdk ww) [inf] drinken

l' **hydraulicien** (m) waterbouwkundige

hydraulique hydraulisch; waterbouwkundig: *énergie ~* waterkracht

l' **hydravion** (m) watervliegtuig

l' **hydre** (v) hydra; [fig] kwaad, kanker

hydro- water-, hydro-

l' **hydrocarbure** (m) koolwaterstof

hydrocéphale met een waterhoofd

hydroélectrique hydro-elektrisch: *usine ~* waterkrachtcentrale

hydrofuge vochtwerend

l' **hydrogène** (m) waterstof: *bombe à ~* waterstofbom

l' **hydroglisseur** (m) hovercraft

l' **hydromel** (m) mede, honingdrank

la **hyène** (v) hyena

l' **hygiaphone** (m) spreekraampje
l' **hygiène** (v) hygiëne, gezondheidsleer, gezondheidszorg
hygiénique hygiënisch: *papier* ~ toiletpapier; *serviette* ~ maandverband
l' **hygrométrie** (v) luchtvochtigheid
l' **¹hymen** (m) maagdenvlies
l' **²hymen** (m) [form] huwelijk, echt
l' **hyménée** (m) [form] huwelijk, echt
l' **¹hymne** (m) (ge)zang; lofzang, lied: ~ *national* volkslied
l' **²hymne** (m/v) kerkgezang
hyperact|if, -ive hyperactief
l' **hyperbole** (v) hyperbool; overdrijving
hyperbolique hyperbolisch; overdreven
l' **hyperlien** (m) hyperlink
l' **hypermarché** (m) grote supermarkt, megamarkt
hypernerv|eux, -euse hypernerveus, uiterst zenuwachtig
l' **hypersensibilité** (v) overgevoeligheid
hypersensible overgevoelig
hyper-sympa [inf] **1** hartstikke leuk; ontzettend gaaf **2** [van mensen] hartstikke aardig, supertof
l' **hypertension** (v) [med] verhoogde bloeddruk
l' **hypertexte** (m) hypertekst
hypertexte [comp] hypertekst-: *lien* ~ hyperlink
l' **hypnose** (v) hypnose
l' **¹hypnotique** (m) slaapverwekkend middel
²hypnotique (bn) hypnotisch; slaapverwekkend
¹hypnotiser (ov ww) hypnotiseren; biologeren
s' **²hypnotiser sur** (wdk ww) bezeten zijn van
hypoallergénique hypoallergeen
l' **¹hypocondriaque** (m/v) hypochonder
²hypocondriaque (bn) zwaarmoedig
l' **hypocondrie** (v) hypochondrie
l' **hypocrisie** (v) schijnheiligheid, huichelarij
l' **¹hypocrite** (m/v) schijnheilige, huichelaar(ster), hypocriet
²hypocrite (bn) schijnheilig; huichelachtig
hypodermique onderhuids; subcutaan
l' **hypotension** (v) te lage bloeddruk
hypothécaire hypothecair; hypotheek-
l' **hypothèque** (v) hypotheek
hypothéquer verpanden, met een hypotheek bezwaren; in gevaar brengen: ~ *l'avenir* de toekomst op het spel zetten
l' **hypothèse** (v) hypothese, (ver)onderstelling
hypothétique hypothetisch; onzeker
l' **hystérie** (v) hysterie
l' **¹hystérique** (m/v) hystericus, -rica
²hystérique (bn) hysterisch, driftig

i

l' **i** (m) [de letter] i: *mettre les points sur les i* de puntjes op de i zetten
ibérique Iberisch: *la péninsule Ibérique* het Iberisch Schiereiland
l' **iceberg** (m) ijsberg: *la partie visible de l'~* het topje van de ijsberg
ici hier; nu: *~-bas* op dit ondermaanse; *d'~* van hier, van nu af; *d'~ quelques jours* binnen enige dagen; *d'~ peu* binnenkort; *jusqu'~* tot hier, tot nu toe; *d'~ là nous verrons* dan zien we wel weer; *par ~* **a)** hierheen, hierlangs; **b)** aan deze kant; *~ même* precies hier, op deze (zelfde) plaats
ici-bas [rel] hier op aarde
l' **icone** (m) icoon [bij computers]
l' **icône** (v) icoon
l' **iconoclasme** (m) [ook fig] beeldenstorm
l' **¹idéal** (m; mv: idéals, idéaux) ideaal; (het) ideale; droombeeld
²idéal, -e (bn) **1** ideëel, denkbeeldig **2** ideaal, volmaakt
l' **idéalisation** (v) idealisering
idéaliser idealiseren
l' **idéalisme** (m) idealisme
l' **¹idéaliste** (m/v) idealist(e)
²idéaliste (bn) idealistisch
l' **idée** (v) **1** idee: *~ force* leidmotief, richtsnoer; *il y a de l'~* het idee is goed (maar het moet nog wel uitgewerkt worden); *se faire des ~s* zich iets in het hoofd halen, vreemde ideeën in zijn hoofd halen; *je n'en ai pas la moindre ~* ik heb er geen flauw benul van **2** begrip, voorstelling: *~ fixe* idee-fixe, obsessie, dwanggedachte; *~ reçue* heersende opvatting **3** mening, opvatting **4** gedachten: *changer d'~* van gedachten veranderen; *se changer les ~s* de zinnen verzetten, afleiding zoeken; *il me revient à l'~* daar schiet me te binnen; *~s noires* sombere gedachten; *avoir des ~s de derrière la tête* bijgedachten hebben; *à l'~ de* bij de gedachte **5** inval: *l'~ lui a pris* hij haalde het in zijn hoofd
idem 1 idem **2** ook
identifiable herkenbaar, identificeerbaar
l' **identifiant** (m) [comp] identifier
les **identifiants** (mv, m) [comp] identificatiegegevens
l' **identification** (v) identificatie, vereenzelviging
¹identifier (ov ww) **1** gelijkstellen, vereenzelvigen **2** herkennen, identificeren
s' **²identifier avec, à** (wdk ww) zich vereenzelvigen met

identique à identiek, gelijk (aan)
l' **identité** (v) identiteit; gelijkheid: *carte d'~* identiteitsbewijs; [Belg] identiteitskaart, persoonsbewijs; *photo d'~* pasfoto; *~ judiciaire* identificatiedienst [van de politie]; *crise d'~* identiteitscrisis; *relevé d'~ bancaire* bankgegevens [van een persoon]
l' **idéologie** (v) ideologie
l' **idiome** (m) idioom, taaleigen; dialect
l' **¹idiot** (m), **-e** (v) idioot, gek, halvegare
²idiot, -e (bn) idioot; dom; onnozel
l' **idiotie** (v) **1** idiotie; zwakzinnigheid **2** dwaasheid **3** stommiteit
idolâtre afgodisch: *~ de* idolaat van, verzot op
idolâtrer verafgoden, hartstochtelijk houden van (iets)
l' **idolâtrie** (v) **1** idolatrie, afgodendienst **2** idolate liefde
l' **idole** (v) afgod(sbeeld); [fig] idool
l' **idylle** (v) idylle, liefdesavontuur
idyllique idyllisch
l' **igloo** (m) iglo, sneeuwhut
l' **¹ignare** (m/v) domoor
²ignare (bn) onwetend, dom, stompzinnig
ignifuge brandwerend
ignoble 1 verachtelijk, gemeen; laag **2** afstotend, weerzinwekkend, walgelijk
l' **ignominie** (v) schande; schanddaad
ignomini|eux, -euse schandelijk, smadelijk
l' **ignorance** (v) onwetendheid: *tenir qqn. dans l'~* iem. onkundig laten
l' **¹ignorant** (m), **-e** (v) onwetende: *il fait l'~* hij houdt zich van den domme
²ignorant, -e (bn) onwetend, dom: *~ de* onkundig van
ignoré, -e onbekend
¹ignorer (ov ww) **1** niet weten, onkundig zijn van; niet kennen: *je n'ignore pas* ik weet heel goed; *nul n'est censé ~ la loi* eenieder wordt geacht de wet te kennen; *~ la peur* geen vrees kennen **2** negeren, niet willen kennen; niet willen weten **3** miskennen
s' **²ignorer** (wdk ww) **1** zichzelf niet kennen **2** elkaar negeren
l' **iguane** (m) kamhagedis; leguaan
il 1 hij **2** [onveranderlijk] het: *il était une fois* er was eens; *il y a* er is, zijn; *il faut l'avoir vu* je moet het gezien hebben
l' **île** (v) eiland: *~ déserte* onbewoond eiland; *l'~ de Beauté* Corsica; *~ flottante* soort nagerecht [schuimgebak op saus]
illégal, -e onwettig, illegaal
l' **illégalité** (v) illegaliteit; onwettigheid; onwettige daad
illégitime ongegrond; onwettig; onecht, buitenechtelijk
l' **illégitimité** (v) onwettigheid
l' **¹illettré** (m), **-e** (v) analfabeet, -bete
²illettré, -e (bn) analfabetisch

l' **illettrisme** (m) taalarmoede, taalachter-
stand

illicite ongeoorloofd; onwettig

illico dadelijk, terstond, onmiddellijk

illimité, -e onbegrensd, onbeperkt

illisible onleesbaar

illogique onlogisch; ongerijmd

l' **illumination** (v) **1** (feest)verlichting **2** [fig]
ingeving

l' **illuminé** (m), **-e** (v) **1** ziener, zieneres
2 mysticus, mystica **3** fanaat, dweper,
dweepster

illuminer 1 (feestelijk) verlichten **2** doen
oplichten, stralen

l' **illusion** (v) **1** illusie, zinsbedrog **2** visioen;
hersenschim; waanvoorstelling: *faire* ~
a) misleiden; **b)** de schijn ophouden; *nourrir
des* ~*s* illusies koesteren; *se faire* ~ zichzelf
wat wijsmaken; ~ *d'optique* gezichtsbedrog

s' **illusionner** zich illusies maken, zichzelf
wat wijsmaken

l' **illusionnisme** (m) goochelkunst

l' **illusionniste** (m/v) goochelaar(ster)

illusoire bedrieglijk; illusoir, vruchteloos

l' **illustrateur** (m) illustrator, tekenaar

l' **illustration** (v) verduidelijking, voorbeeld;
illustratie, afbeelding; tekening

illustre beroemd, illuster: *un* ~ *inconnu* een
grote onbekende

l' **illustré** (m) geïllustreerd tijdschrift; strip-
blad

¹illustrer (ov ww) **1** illustreren, van tekenin-
gen voorzien **2** toelichten, verduidelijken
[d.m.v. voorbeelden]

s' **²illustrer** (wdk ww) zich onderscheiden

l' **îlot** (m) **1** eilandje [ook fig] **2** huizenblok

l' **îlotier** (m) wijkagent

ils (mmv) ze, zij

l' **image** (v) **1** beeld, afbeelding, prent: *enfant
sage comme une* ~ een zoet kind; *il n'y a pas
d'*~ er is geen beeld; *arrêt sur* ~ stilzetten van
het (tv-)beeld; ~ *d'Epinal* cliché; ~ *de synthèse* simulatie; ~ *de soi* zelfbeeld **2** evenbeeld,
gelijkenis: *elle est l'*~ *de sa mère* zij lijkt sprekend op haar moeder **3** beeldspraak **4** imago: ~ *de marque* imago, image, reputatie

imagé, -e beeldrijk: *style* ~ kleurrijke stijl

l' **imagerie** (v) serie afbeeldingen: ~ *médicale* [med] beeldvormende technieken

imaginable voorstelbaar, denkbaar

imaginaire denkbeeldig, imaginair: *Le Malade* ~ De ingebeelde zieke (Molière)

imaginat|if, -ive vernuftig, vol verbeel-
dingskracht

l' **imagination** (v) **1** voorstellingsvermogen;
verbeelding(skracht), fantasie **2** inbeelding,
hersenschim

¹imaginer (ov ww) **1** uitdenken; verzinnen
2 zich voorstellen

s' **²imaginer** (wdk ww) zich voorstellen, zich
indenken

l' **imam** (m) imam

imbattable niet te verslaan, niet te overtreffen: *prix* ~*s* allerlaagste prijzen

l' **¹imbécile** (m/v) **1** stommerik, ezel **2** zwakzinnige

²imbécile (bn) **1** dom, stompzinnig **2** zwak-
zinnig

l' **imbécilité** (v) **1** stompzinnigheid; stommiteit **2** zwakzinnigheid

l' **imbécillité** (v) **1** imbeciliteit; achterlijkheid
2 stommiteit

imberbe baardeloos

¹imbiber (ov ww) nat maken, (door)weken

s' **²imbiber** (wdk ww) **1** doordrenkt worden
met **2** zich volgieten met

l' **imbrication** (v) dakpansgewijze plaatsing;
[fig] (het) nauw met elkaar verbonden zijn

imbriqué, -e 1 elkaar overlappend **2** nauw
met elkaar verbonden

s' **imbriquer** in elkaar grijpen; elkaar overlappen, nauw verbonden zijn met elkaar

l' **imbroglio** (m) ingewikkelde situatie

imbu, -e de [fig] doortrokken met, vol met:
être ~ *de soi-même* erg met zichzelf ingenomen zijn

imbuvable 1 ondrinkbaar **2** onuitstaanbaar

imitable navolgbaar; na te bootsen

l' **imita|teur** (m), **-trice** (v) navolg(st)er, vol-
geling(e); nabootser, imitator, -trice

l' **imitation** (v) navolging, nabootsing, imitatie, namaak: *à l'*~ *de* in navolging van, naar
voorbeeld van; *bijoux d'*~ namaakjuwelen

imiter nabootsen, navolgen, na-apen; imiteren; namaken

immaculé, -e onbevlekt; ongerept, brand-
schoon, smetteloos: *l'Immaculée Conception*
de onbevlekte ontvangenis

immangeable oneetbaar

immanquable onvermijdelijk, onontkoombaar

immanquablement onvermijdelijk, zonder mankeren

immatériel, -le immaterieel, onstoffelijk

l' **immatriculation** (v) inschrijving [in een
register]; registratie; kenteken [van een
auto]: *plaque d'*~ nummerbord

immatriculer inschrijven, registreren

l' **immaturité** (v) onrijpheid

l' **¹immédiat** (m) nabije toekomst: *dans l'*~
voor het moment

²immédiat, -e (bn) direct; onmiddellijk:
alentours ~*s* naaste omgeving; *danger* ~ onmiddellijk gevaar

immédiatement rechtstreeks; dadelijk,
meteen

immémorial, -e onheuglijk: *depuis des
temps immémoriaux* sedert onheuglijke tijden

immense immens, onmetelijk, ontzaglijk
(groot)

l' **immensité** (v) onmetelijkheid, uitgestrektheid, eindeloosheid

¹immerger (ov ww) onderdompelen

s' **²immerger** (wdk ww) onderduiken, opgaan in

immérité, -e onverdiend

l' **immersion** (v) **1** onderdompeling **2** [m.b.t. duikboot] (het) duiken **3** (het) onder water zetten [van polderland]

l' **¹immeuble** (m) flatgebouw: ~ à *loyer modéré* goedkope huurflat

²immeuble (bn) onroerend: *biens* ~s onroerende goederen

l' **immigrant** (m), **-e** (v) immigrant(e), [Belg] inwijkeling(e)

l' **immigration** (v) immigratie

l' **immigré** (m), **-e** (v) immigrant(e); ± allochtoon: *travailleur* ~ gastarbeider

immigrer immigreren, [Belg] inwijken

l' **imminence** (v) dreiging; nadering

imminent, -e dreigend, ophanden, naderend

s' **immiscer dans** zich bemoeien met, zich inlaten met

l' **immixtion** (v) inmenging

immobile onbeweeglijk

l' **¹immobilier** (m) vastgoedsector, [Belg] immobiliën

²immobil|ier, -ière (bn) **1** onroerend **2** onroerendgoed-, woning-: *vente immobilière* verkoop van onroerend goed; *agence immobilière* makelaardij; *promoteur* ~ projectontwikkelaar

l' **immobilisation** (v) (het) onbeweeglijk maken; (het) stilzetten, (het) stilleggen; blokkering

¹immobiliser (ov ww) **1** stilleggen, stilzetten; verlammen: *cet accident l'a immobilisé un mois* door dat ongeluk moest hij een maand het bed houden **2** [geld] blokkeren, vastzetten

s' **²immobiliser** (wdk ww) halt houden, blijven staan

l' **immobilité** (v) onbeweeglijkheid; [pol] afwachtende houding

immodéré, -e bovenmatig, onmatig, mateloos

¹immoler (ov ww) offeren; doden

s' **²immoler** (wdk ww) zich opofferen

immonde smerig, vuil; gemeen; obsceen

les **immondices** (mv, v) vuilnis, huisvuil

immoral, -e immoreel, onzedelijk, zedeloos

l' **immoralité** (v) immoraliteit, zedeloosheid

immortaliser onsterfelijk maken, vereeuwigen

l' **immortalité** (v) onsterfelijkheid

l' **¹immortel** (m) onsterfelijke [godheid]: *les* ~s de leden van de Académie française

²immortel, -le (bn) onsterfelijk; overgankelijk

l' **immortelle** (v) strobloem

immotivé, -e ongemotiveerd; ongegrond

immuable onveranderlijk; blijvend; onwankelbaar

l' **immunisation** (v) immunisatie

immuniser 1 [med] immuun maken, vaccineren **2** [fig] vrijwaren tegen

l' **immunité** (v) **1** onschendbaarheid: ~ *diplomatique* diplomatieke onschendbaarheid; ~ *parlementaire* parlementaire onschendbaarheid **2** [med] immuniteit, onvatbaarheid

l' **immunodéficience** (v) [med] immunodeficiëntie: *syndrome d'*~ *acquise* aids

l' **i-mode** (m) i-mode

l' **impact** (m) **1** schok, stoot: *point d'*~ plaats van inslag **2** effect, impact, uitwerking, invloed

impacter impact, invloed hebben op

l' **¹impair** (m) blunder, uitglijder: *commettre un* ~ een flater slaan, begaan

²impair, -e (bn) oneven [van een getal]: *côté* ~ *d'une rue* oneven kant van een straat

impalpable ontastbaar; uiterst fijn: [Belg] *sucre* ~ poedersuiker

imparable onhoudbaar, onafweerbaar

impardonnable onvergeeflijk

l' **¹imparfait** (m) [taalk] onvoltooid verleden tijd

²imparfait, -e (bn) onvolmaakt, onvolkomen

impartial, -e onpartijdig; objectief

l' **impartialité** (v) onpartijdigheid, objectiviteit

impartir toekennen

l' **impasse** (v) **1** slop, doodlopend straatje, [Belg] beluik **2** [fig] impasse, dood punt, patstelling: *faire l'*~ *sur qqch.* van iets geen notitie willen nemen; iets terzijde laten; *être* (of: *se trouver*) *dans une* ~ zich in een impasse bevinden, in het slop geraakt zijn; *sortir de l'*~ de impasse doorbreken

l' **impassibilité** (v) **1** onbewogenheid, onverstoorbaarheid **2** harteloosheid, ongevoeligheid

impassible onbewogen, onverstoorbaar, ongevoelig, harteloos

l' **impatience** (v) ongeduld, ongedurigheid

impatient, -e 1 ongeduldig, ongedurig **2** (+ de) verlangend (naar): *je suis* ~ *de le revoir* ik snak ernaar hem weer te zien

s' **impatienter** zijn geduld verliezen

impayable 1 onbetaalbaar **2** [inf] te gek

l' **¹impayé** (m) achterstallig bedrag

²impayé, -e (bn) onbetaald

impeccable vlekkeloos, onberispelijk

impénétrable ondoordringbaar; ondoorgrondelijk

impénitent, -e geen berouw tonend; verstokt, onverbeterlijk

impensable ondenkbaar, onvoorstelbaar

l' **imper** (m) regenjas
l' **¹impératif** (m) **1** voorschrift, gebod **2** [taalk] gebiedende wijs
²impérat|if, -ive (bn) gebiedend; dwingend, bindend
l' **impératrice** (v) keizerin
imperceptible onmerkbaar, onwaarneembaar
imperdable niet te verliezen
l' **imperfection** (v) onvolkomenheid, onvoltooidheid; gebrek, tekortkoming
impérial, -e keizerlijk, keizers-
l' **impériale** (v) imperiaal [verdieping van een autobus]: *autobus à ~* dubbeldekker
l' **impérialisme** (m) imperialisme
l' **¹impérialiste** (m/v) **1** imperialist(e) **2** aanhang(st)er van de keizer
²impérialiste (bn) imperialistisch
impéri|eux, -euse 1 gebiedend; heerszuchtig; dwingend **2** dringend
impérissable onvergankelijk, eeuwig
imperméabiliser waterdicht maken
l' **¹imperméable** (m) regenjas
²imperméable (bn) **1** waterdicht, ondoordringbaar **2** (+ à) [fig] niet vatbaar (voor), immuun (voor)
impersonnel, -le onpersoonlijk; objectief: *verbe ~* onpersoonlijk werkwoord
l' **impertinence** (v) brutaliteit, onbeschaamdheid, impertinentie
l' **¹impertinent** (m), **-e** (v) brutale vlegel, nest
²impertinent, -e (bn) brutaal, onbeschaamd
imperturbable onverstoorbaar
impétu|eux, -euse onstuimig, woest; heftig, hevig; driftig, vurig
l' **impétuosité** (v) onstuimigheid, vurigheid, driftigheid
l' **¹impie** (m/v) atheïst(e); godslasteraar(ster)
²impie (bn) goddeloos, godslasterlijk
l' **impiété** (v) goddeloosheid, godslastering
impitoyable meedogenloos, ongenadig; hardvochtig
implacable onvermurwbaar, onverbiddelijk; onafwendbaar, fataal
l' **implant** (m) [med] implantaat
l' **implantation** (v) **1** vestiging, oprichting **2** invoering **3** ligging, bouwplaats **4** inplanting
¹implanter (ov ww) **1** vestigen **2** implanteren, inbrengen
s' **²implanter** (wdk ww) **1** zich vestigen **2** ingang vinden
implémenter [comp] implementeren; installeren
l' **implication** (v) **1** verwikkeling, betrokkenheid **2** implicatie, gevolg
implicite impliciet, stilzwijgend [inbegrepen]
¹impliquer (ov ww) **1** verwikkelen, betrekken [in iets] **2** impliceren, met zich meebrengen, inhouden
s' **²impliquer dans** (wdk ww) zich geheel geven aan: *s'~ dans une affaire* nauw bij een zaak betrokken zijn; *il ne se sent pas impliqué* hij voelt zich niet aangesproken
implorer afsmeken, smeken (om); aanroepen
imploser imploderen
l' **implosion** (v) implosie
impoli, -e onbeleefd, ongemanierd
l' **impolitesse** (v) onbeleefdheid, ongemanierdheid; onbeleefd gedrag
impondérable 1 onweegbaar **2** [fig] onberekenbaar
impopulaire impopulair, onbemind
l' **impopularité** (v) impopulariteit, onbemindheid
l' **importance** (v) **1** belang(rijkheid), gewicht: *d'~* gewichtig, van belang; *ça n'a pas d'~* het geeft niet, het maakt niets uit; *accorder de l'~ à qqch.* gewicht hechten aan iets; *saisir l'~ de* het belang inzien van **2** aanzien, invloed; gewichtigheid: *se donner de l'~* gewichtig doen **3** omvang, duur
l' **¹important** (m) **1** (het) voornaamste, hoofdzaak **2** drukdoener: *faire l'~* gewichtig doen
²important, -e (bn) belangrijk, gewichtig, voornaam; aanzienlijk, invloedrijk; omvangrijk: *se donner des airs ~s* gewichtig doen
l' **¹importa|teur** (m), **-trice** (v) importeur
²importa|teur, -trice (bn) importerend, import-
l' **importation** (v) invoer, import
les **importations** (mv, v) import, ingevoerde producten
¹importer (ov ww) **1** invoeren, importeren **2** introduceren, ingang doen vinden
²importer (onpers ww) erop aankomen; van belang zijn: *peu importe* het komt er niet, weinig op aan; *qu'importe ?* wat doet het ertoe?; *n'importe qui* (of: *quoi*) om het even wie (of: wat); *n'importe où* (of: *quand, comment*) het kan me niet schelen waar (of: wanneer, hoe)
l' **import-export** (m): *société d'~* import-exportonderneming
l' **¹importun** (m), **-e** (v) lastpost, lastig mens
²importun, -e (bn) lastig, opdringerig, hinderlijk; ongelegen
importuner lastigvallen, overlast aandoen, hinderen
imposable belastbaar, belastingplichtig
imposant, -e imposant, indrukwekkend, ontzagwekkend
imposé, -e 1 [fiscaal] belast **2** opgelegd, verplicht, vastgesteld: *figures ~es* verplichte figuren
¹imposer (onov ww): *en ~ à qqn.* imponeren
²imposer (ov ww) **1** opleggen **2** voorschrijven, opdringen: *~ le respect* ontzag inboeze-

men **3** belasten, belasting heffen van (iem.), op (iets)

s' **3imposer** (wdk ww) **1** zich opdringen; de aangewezen persoon zijn **2** noodzakelijk zijn: *cette décision s'impose* die beslissing ligt voor de hand; *une visite au Louvre s'impose* een bezoek aan het Louvre is een 'must', het Louvre moet je gezien hebben **3** zich tot taak stellen, zichzelf opleggen

l' **imposition** (v) **1** aanslag [belasting]: *année d'~* belastingjaar; *avis d'~* aanslagbiljet **2** (het) opleggen: *~ des mains* handoplegging **3** toekenning

l' **impossibilité** (v) onmogelijkheid: *être dans l'~ de* onmogelijk kunnen

l' **1impossible** (m): *l'~* het onmogelijke; *faire l'~* al het mogelijke doen; *à l'~ nul n'est tenu* men kan geen ijzer met handen breken

2impossible (bn) onmogelijk

l' **imposteur** (m) bedrieger; huichelaar

l' **imposture** (v) bedriegerij, bedrog

l' **impôt** (m) belasting: *feuille d'~s* belastingbiljet; *~ sur le revenu* inkomstenbelasting; *~ sur les sociétés* vennootschapsbelasting; *~ sur le capital* vermogensbelasting; *~ foncier* onroerendezaakbelasting; *exonération d'~s* vrijstelling van belasting; *~ sur la fortune* vermogensbelasting

l' **impotence** (v) invaliditeit

impotent, -e invalide, gehandicapt

impraticable onuitvoerbaar; onbruikbaar; onbevaarbaar; onbegaanbaar

l' **imprécation** (v) vervloeking, verwensing

imprécis, -e vaag, onduidelijk, onnauwkeurig

l' **imprécision** (v) vaagheid, onduidelijkheid, onnauwkeurigheid

1imprégner (ov ww) **1** impregneren, doordrenken, vermengen **2** [abstract] doordringen, beïnvloeden

s' **2imprégner** (wdk ww) **1** doordrenkt raken met **2** zich onderdompelen in **3** beïnvloed worden door

imprenable onneembaar: *vue ~* [gegarandeerd] vrij uitzicht

l' **imprésario** (m) impresario

imprescriptible altijd geldig blijvend, onaantastbaar; [jur] onverjaarbaar

l' **impression** (v) **1** indruk: *donner l'~ de* de indruk geven van, lijken te; *avoir l'~* de indruk hebben; *faire ~* indruk maken **2** druk, editie **3** (het) (af)drukken; (af)druk: *lancer l'~ d'un document* een document uitprinten

impressionnable (over)gevoelig; kwetsbaar; [foto] lichtgevoelig

impressionnant, -e indrukwekkend

impressionner 1 beïnvloeden **2** inwerken op **3** indruk maken op, treffen

l' **impressionnisme** (m) impressionisme

imprévisible niet te voorzien, onvoorspelbaar

l' **imprévoyance** (v) zorgeloosheid, kortzichtigheid; onbedachtzaamheid

imprévoyant, -e zorgeloos; kortzichtig, onbedachtzaam

l' **1imprévu** (m) onvoorziene omstandigheid

2imprévu, -e (bn) onvoorzien, onverwacht

l' **imprimante** (v) [comp] printer: *~ à laser* laserprinter; *~ à jet d'encre* inkjetprinter

l' **1imprimé** (m) **1** drukwerk; formulier **2** bedrukte stof

2imprimé, -e (bn) gedrukt, bedrukt

imprimer 1 inprenten, bijbrengen **2** afdrukken, een spoor achterlaten **3** [typ] (af)drukken **4** drukken, uitgeven

l' **imprimerie** (v) boekdrukkunst; drukkerij

l' **imprimeur** (m) drukker

l' **improbabilité** (v) onwaarschijnlijkheid

improbable onwaarschijnlijk

improduct|if, -ive improductief; niet rendabel

l' **1impromptu** (m) improvisatie; impromptu

2impromptu, -e (bn) geïmproviseerd

3impromptu (bw) voor de vuist weg

imprononçable onuitspreekbaar

impropre oneigenlijk, onjuist: *être ~ à …* ongeschikt zijn voor …

l' **impropriété** (v) verkeerd gebruik

l' **improvisa|teur** (m), **-trice** (v) improvisator, -trice

l' **improvisation** (v) improvisatie

1improviser (ov ww) **1** improviseren **2** [fig] bombarderen: *~ qqn. …* iem. bombarderen tot …

s' **2improviser** (wdk ww) zomaar worden: *on ne s'improvise pas médecin* je wordt niet zomaar arts

improviste: *à l'~* onvoorbereid, onverwachts

l' **imprudence** (v) onvoorzichtigheid; onbezonnenheid

imprudent, -e onvoorzichtig, roekeloos

impubère onvolwassen

l' **impudence** (v) onbeschaamdheid, brutaliteit

impudent, -e onbeschaamd, brutaal; schaamteloos

l' **impudeur** (v) zedeloosheid, losbandigheid; schaamteloosheid

impudique onzedig, obsceen, schaamteloos

l' **impuissance** (v) **1** machteloosheid, onmacht **2** [med] impotentie

impuissant, -e 1 (+ à) machteloos, niet bij machte (om) **2** [med] impotent

impulser stimuleren, inspireren: *être impulsé* impuls krijgen

impuls|if, -ive impulsief, onbeheerst

l' **impulsion** (v) **1** stoot, aandrijving; impuls **2** impuls, aandrift; opwelling, prikkel **3** aandrang, neiging

l' **impulsivité** (v) impulsiviteit; onbeheerst-

heid; onbeheerst gedrag
impunément straffeloos, ongestraft
impuni, -e ongestraft
l' **impunité** (v) straffeloosheid
impur, -e onzuiver, vervuild; onrein
l' **impureté** (v) onzuiverheid, onreinheid
imputable 1 (+ à) toe te schrijven aan, te wijten aan **2** (+ sur) te rekenen bij, te boeken op
l' **imputation** (v) **1** beschuldiging, aantijging **2** boeking
imputer 1 (+ à) toeschrijven aan, toerekenen, verwijten **2** (+ sur) boeken bij, onder
inabordable 1 ontoegankelijk; ongenaakbaar **2** onbetaalbaar
inabouti, -e onvoltooid; onaf
inacceptable onaanvaardbaar
l' **inaccessibilité** (v) ontoegankelijkheid; onbereikbaarheid; ongenaakbaarheid
inaccessible 1 ontoegankelijk; onbereikbaar: *un objectif* ~ een onmogelijke doelstelling **2** [m.b.t. personen] ongenaakbaar, gesloten, ongevoelig
inaccoutumé, -e ongewoon; ongekend
inachevé, -e onaf(gewerkt), onvoltooid
l' **inachèvement** (m) onafgewerktheid, onvoltooidheid
inact|if, -ive 1 inactief, buiten dienst, niet werkend **2** lui, lusteloos, niets doend **3** [m.b.t. geneesmiddel] niet werkzaam
l' **inaction** (v) (het) nietsdoen; (het) werkeloos toezien
l' **inactivité** (v) **1** non-activiteit, inactiviteit: *en* ~ op non-actief **2** passiviteit, (het) nietsdoen
l' **inadaptation** (v) onaangepastheid
inadapté, -e onaangepast, met aanpassingsproblemen
inadéquat, -e inadequaat, ongeschikt, ontoereikend
inadmissible ontoelaatbaar
l' **inadvertance** (v) onoplettendheid; onachtzaamheid: *par* ~ bij vergissing
inaliénable [jur] onvervreemdbaar
inaltérable onveranderlijk; bestendig; duurzaam; [fig] onvergankelijk: *couleur* ~ kleurecht; *metal* ~ roestvrij metaal; *humeur* ~ gelijkmatig humeur
inamical, -e onvriendschappelijk
l' **inamovibilité** (v) onafzetbaarheid, (het) voor het leven benoemd zijn [van rechters bijv.]
inamovible onafzetbaar, voor het leven benoemd
inanimé, -e ontzield, levenloos; bewusteloos; [fig] onbezield, koel
l' **inanité** (v) ijdelheid, nietigheid; leegte; zinloosheid
l' **inanition** (v) uitputting
inaperçu, -e onbemerkt: *ne pas passer* ~ niet onopgemerkt blijven

inapplicable niet toepasbaar, onuitvoerbaar
inappréciable onschatbaar
inapte onbekwaam, ongeschikt
l' **inaptitude** (v) onbekwaamheid, ongeschiktheid
inarticulé, -e onduidelijk uitgesproken, onverstaanbaar
inassouvi, -e onverzadigd, onvoldaan, onbevredigd
inattaquable onaanvechtbaar, onaantastbaar
inattendu, -e onverwacht, onverhoopt
inattent|if, -ive onoplettend
l' **inattention** (v) onoplettendheid, onachtzaamheid, verstrooidheid: *faute* d'~ **a)** verspreking; **b)** verschrijving
inaudible onhoorbaar; niet om aan te horen
inaugural, -e inaugureel, tot inwijding, openings-: *discours* ~ openingstoespraak
l' **inauguration** (v) inauguratie, inwijding, (feestelijke) opening; onthulling [van standbeeld]
inaugurer inwijden, openen; onthullen, in gebruik nemen, inluiden
inauthentique onecht
inavouable schandelijk
inavoué, -e onuitgesproken, verborgen
incalculable onberekenbaar; ontelbaar
l' **incandescence** (v) gloeihitte: *lampe* à ~ gloeilamp; *porter* à l'~ witgloeiend stoken
incandescent, -e roodgloeiend, witgloeiend; [fig] oververhit
l' **incantation** (v) bezwering, toverformule
incantatoire bezwerings-
l' **¹incapable** (m/v) nietsnut
²incapable (bn) **1** ongeschikt, niet in staat **2** [jur] onbekwaam; onbevoegd
l' **incapacité** (v) onbekwaamheid, onbevoegdheid; ongeschiktheid: ~ *de travail* arbeidsongeschiktheid, ziekteverzuim, ziekteverlof, [Belg] werkongeschiktheid; *être dans* l'~ *de* niet bij machte zijn om
l' **incarcération** (v) opsluiting, gevangenschap, detentie
incarcérer opsluiten, gevangen zetten
l' **incarnation** (v) vleeswording; belichaming; incarnatie; [fig] verpersoonlijking, levend symbool
incarné, -e 1 vleesgeworden: *le diable* ~ de duivel in persoon **2** verpersoonlijkt **3** ingegroeid: *ongle* ~ in het vlees gegroeide nagel
¹incarner (ov ww) **1** belichamen, symboliseren **2** uitbeelden
s' **²incarner** (wdk ww) **1** [rel] vlees worden **2** (een) vorm krijgen **3** ingroeien [nagel]
l' **incartade** (v) slippertje, gril
incassable onbreekbaar
l' **¹incendiaire** (m/v) brandsticht(st)er
²incendiaire (bn) **1** brandstichtend, brand-:

bombe ~ brandbom **2** [fig] opruiend; op-
zwepend: *des propos* ~*s* opruiende praat

l' **incendie** (m) brand: ~ *criminel* brandstichting; *poste d'*~ brandweerpost; ~ *de forêt*
bosbrand

incendier in brand steken; [fig] in vuur en
vlam zetten, opwinden; [pop] uitschelden,
afbranden

incertain, -e 1 onzeker; onbestemd, onbepaald **2** besluiteloos

l' **incertitude** (v) **1** onzekerheid **2** besluiteloosheid **3** vaagheid

incessamment heel binnenkort, dadelijk

incessant, -e onophoudelijk, aanhoudend,
constant

l' **inceste** (m) incest, bloedschande

incestu|eux, -euse incestueus

inchangé, -e onveranderd, ongewijzigd

incidemment toevallig, terloops, inciden-
teel

l' **incidence** (v) **1** [ec] doorwerking **2** gevolg,
invloed, weerslag

l' **incident** (m) **1** incident, storende gebeurtenis: *l'*~ *est clos* we praten er niet meer over,
zand erover; ~ *de parcours* tegenvaller, onvoorziene gebeurtenis **2** voorval; bijkomsti-
ge omstandigheid

l' **incinérateur** (m) vuilverbrandingsoven

l' **incinération** (v) **1** verbranding **2** crematie

incinérer 1 verbranden **2** cremeren

l' **incise** (v) tussenzinnetje

inciser insnijden

incis|if, -ive snijdend; [fig] bijtend, vlijm-
scherp

l' **incision** (v) insnijding: ~ *fiscale* belasting-
maatregel ‖ *faire une* ~ *dans qqch.* ergens een
snee in maken

l' **incisive** (v) snijtand

incitat|if, -ive aansporend, aanmoedigend

l' **incitation** (v) opwekking, ophitsing, aansporing, aanzetting; [med] prikkeling

inciter aanzetten, aansporen; stimuleren;
ophitsen

les **incivilités** (mv, v) asociaal gedrag

l' ¹**incivique** (m/v) [Belg] inciviek, collaborateur, -trice

²**incivique** (bn) **1** onmaatschappelijk
2 [Belg] inciviek

inclassable niet te classificeren

l' **inclinaison** (v) **1** helling, schuinte **2** incli-
natie **3** buiging, gebogen houding

l' **inclination** (v) **1** buiging, knik **2** [fig] neiging **3** genegenheid

incliné, -e hellend, schuin: *plan* ~ hellend
vlak

¹**incliner à** (onov ww) neigen tot

²**incliner** (ov ww) schuin zetten, doen hellen: ~ *le front* het hoofd buigen

s' ³**incliner** (wdk ww) **1** zich buigen; groeten;
knielen **2** zwichten, door de knieën gaan: *s'*~
devant les faits zich bij de feiten neerleggen

inclure insluiten

inclus, -e ingesloten: *jusqu'à la page 20* ~*e*
tot en met bladzijde 20

l' **inclusion** (v) (het) insluiten, ingesloten zijn

inclusivement erin begrepen, inclusief:
jusqu'à la page 4 ~ tot en met bladzijde 4

incoercible onbedwingbaar

incognito incognito: *voyager* ~ incognito
reizen

l' **incohérence** (v) incoherentie, gebrek aan
samenhang

incohérent, -e incoherent, onsamenhangend

incollable 1 niet plakkend: *riz* ~ rijst die
niet kleeft **2** niet te verslaan: *être* ~ *sur un
sujet* alles van iets weten

incolore kleurloos, ongekleurd; saai

¹**incomber à** (onov ww) ten deel vallen aan,
toekomen aan

²**incomber** (onpers ww) de plicht hebben
om: [form] *il m'incombe de* het is mijn plicht
om …, het is aan mij om …

incombustible onbrandbaar

incommensurable onmeetbaar; onmetelijk

incommode ongemakkelijk, onpraktisch,
lastig, hinderlijk

incommoder hinderen, lastigvallen: *être
incommodé par* last hebben van

l' **incommodité** (v) wat praktisch, onhandig
is; last

incommunicable 1 onzegbaar **2** strikt
gescheiden

incomparable weergaloos, onvergelijkelijk

l' **incompatibilité** (v) onverenigbaarheid: ~
d'humeur onverenigbaarheid van karakter

incompatible onverenigbaar

l' **incompétence** (v) **1** onbevoegdheid; on-
deskundigheid **2** ongeschiktheid

incompétent, -e 1 onbevoegd; ondeskundig **2** ongeschikt, onbekwaam

incompl|et, -ète incompleet, onvolledig,
niet voltallig

incompréhensible onbegrijpelijk, onverstaanbaar, onverklaarbaar

incompréhens|if, -ive niet begrijpend,
vol onbegrip, bekrompen

l' **incompréhension** (v) gebrek aan begrip;
miskenning

incompressible niet te verlagen, te verkorten: *peine* ~ straf die niet verminderd kan
worden

incompris, -e onbegrepen, miskend, on-
dergewaardeerd

inconcevable onbegrijpelijk; ondenkbaar,
onvoorstelbaar

inconciliable onverenigbaar, strijdig (met
elkaar)

l' ¹**inconditionnel** (m): *les* ~*s de la gauche* de
trouwe aanhang van links

²**inconditionnel, -le** (bn) onvoorwaardelijk, absoluut

l' **inconduite** (v) wangedrag

l' **inconfort** (m) ongemak

inconfortable ongeriefelijk, ongemakkelijk

incongru, -e ongepast, onbetamelijk; ongemanierd

l' **incongruité** (v) onbetamelijkheid, ongemanierdheid; grofheid

l' ¹**inconnu** (m) **1** (het) onbekende **2** vreemdeling

²**inconnu, -e** (bn) **1** ongekend **2** onbekend

l' **inconnue** (v) [wisk] onbekende (grootheid)

inconsciemment onbewust

l' **inconscience** (v) **1** onbewustheid **2** bewusteloosheid **3** onverantwoordelijkheid

l' ¹**inconscient** (m), **-e** (v) onverantwoordelijk persoon: *c'est un* ~ hij gedraagt zich lichtzinnig

l' ²**inconscient** (m) (het) onbewuste

³**inconscient, -e** (bn) **1** onbewust **2** bewusteloos **3** onverantwoordelijk: *être complètement* ~ geen greintje gezond verstand hebben

l' **inconséquence** (v) **1** inconsequentie **2** onsamenhangend gedrag **3** onbezonnenheid

inconséquent, -e 1 inconsequent, onlogisch **2** onbezonnen

inconsidéré, -e onbesuisd, ondoordacht

l' **inconsistance** (v) onbetrouwbaarheid, zwakheid; gemis aan consistentie

inconsistant, -e onsamenhangend, zwak

inconsolable ontroostbaar

l' **inconstance** (v) onstandvastigheid, ontrouw, wispelturigheid; wisselvalligheid, veranderlijkheid

inconstant, -e onstandvastig; wispelturig; trouweloos, wisselvallig

inconstitutionnel, -le ongrondwettelijk

inconstructible waar niet gebouwd mag worden

incontestable onbetwistbaar, ontegenzeggelijk, onomstreden

incontesté, -e onomstreden

l' **incontinence** (v) [med] incontinentie

incontinent, -e [med] incontinent

incontournable niet te vermijden; waar men niet om heen kan

incontrôlable oncontroleerbaar

incontrôlé, -e ongecontroleerd, ongrijpbaar

l' **inconvenance** (v) ongepastheid, onbehoorlijkheid

inconvenant, -e ongepast, onbehoorlijk

l' **inconvénient** (m) **1** nadeel: *les avantages et les ~s* de voor- en nadelen **2** bezwaar; schaduwzijde: *si vous n'y voyez pas d'*~ als u geen bezwaar hebt

l' **incorporation** (v) inmenging, vermenging; opneming, inlijving

incorporer inmengen, vermengen; incorporeren, opnemen, inlijven; inbouwen: *antenne incorporée* ingebouwde antenne; ~ *qqch. à* (of: *dans*) *qqch.* iets in iets opnemen

incorrect, -e onnauwkeurig, onjuist, foutief; ongepast, onbehoorlijk

l' **incorrection** (v) fout, onjuistheid; ongepastheid, onbeleefdheid

incorrigible onverbeterlijk, verstokt

incorruptible 1 onkreukbaar **2** onvergankelijk, duurzaam

l' **incrédibilité** (v) ongeloofwaardigheid

incrédule ongelovig; sceptisch

l' **incrédulité** (v) ongeloof, scepsis

increvable 1 [m.b.t. luchtband] die niet kan springen **2** [inf] onvermoeibaar

l' **incrimination** (v) beschuldiging, aantijging

incriminer beschuldigen; aan de kaak stellen

incroyable ongelofelijk; onvoorstelbaar

l' **incroyance** (v) ongelovigheid; ongeloof

l' ¹**incroyant** (m), **-e** (v) ongelovige

²**incroyant, -e** (bn) ongelovig

l' **incrustation** (v) **1** korstvorming; ketelsteenafzetting, kalkneerslag **2** vatting, zetting [van edelstenen]

¹**incruster** (ov ww) **1** kalk, ketelsteen afzetten (op) **2** vatten, zetten [van edelstenen]

s' ²**incruster** (wdk ww) **1** aankoeken **2** ingezet worden [van edelstenen] **3** [m.b.t. personen] zich nestelen, wortel schieten

l' **incubateur** (m) broedmachine

l' **incubation** (v) (het) broeden; broedtijd; [med] incubatietijd

l' **inculpation** (v) beschuldiging, aanklacht

l' **inculpé** (m), **-e** (v) [jur] verdachte

inculper beschuldigen; aanklagen

inculquer inprenten, inscherpen

inculte 1 onbebouwd, braak(liggend); onverzorgd **2** [fig] onontwikkeld, onbeschaafd

incurable ongeneeslijk; onverbeterlijk

l' **incurie** (v) zorgeloosheid; slordigheid

l' **incursion** (v) **1** [mil] inval **2** [fig] uitstapje op vreemd terrein: *faire une* ~ *en politique* een blauwe maandag aan politiek doen

l' **Inde** (v) India

indéboulonnable [inf] **1** niet uit zijn baan, ambt te zetten **2** niet weg te krijgen

indécelable niet op te sporen; onvindbaar

l' **indécence** (v) onzedigheid, onbetamelijkheid; ongepaste opmerking; schaamteloosheid

indécent, -e ongepast, onbetamelijk; mateloos

indéchiffrable onleesbaar; [fig] onbegrijpelijk, duister

indécis, -e 1 besluiteloos; onbeslist **2** vaag, onduidelijk, onbepaald

l' **indécision** (v) besluiteloosheid, aarzeling

indécrottable onverbeterlijk, zonder manieren

indéfectible altijddurend, onfeilbaar

indéfendable onverdedigbaar

indéfini, -e onbeperkt, oneindig, eindeloos; onduidelijk, vaag: *article* ~ onbepaald lidwoord

indéfinissable ondefinieerbaar; onbestemd, vaag; onverklaarbaar, raadselachtig

indélébile onuitwisbaar [ook fig]

indélicat, -e onkies, grof; oneerlijk

l' **indélicatesse** (v) onkiesheid, grofheid, oneerlijkheid

indemne zonder letsel, ongedeerd

l' **indemnisation** (v) schadeloosstelling, vergoeding

indemniser de schadeloos stellen (voor), vergoeden

l' **indemnité** (v) **1** schadeloosstelling, vergoeding **2** toelage, vergoeding, uitkering: ~ *de déplacement* reiskostenvergoeding; ~ *de licenciement* ontslagvergoeding

indémodable tijdloos, niet modegevoelig

indémontrable niet aantoonbaar, niet bewijsbaar

indéniable onweerlegbaar, onbetwistbaar

indépendamment onafhankelijk: ~ *de* ongeacht, (nog) afgezien van, los van

l' **indépendance** (v) onafhankelijkheid; zelfstandigheid

indépendant, -e onafhankelijk; zelfstandig; losstaand [van een huis enz.]

l' ¹**indépendantiste** (m/v) voorstand(st)er van onafhankelijkheid

²**indépendantiste** (bn) onafhankelijkheids-: *mouvement* ~ onafhankelijkheidsbeweging

indéracinable onuitroeibaar

les **Indes** (mv, v) [hist] Indië

indescriptible onbeschrijflijk

l' ¹**indésirable** (m/v) ongewenste vreemdeling, persona non grata

²**indésirable** (bn) ongewenst

indestructible 1 onvernietigbaar, onuitroeibaar; onverwoestbaar **2** onvergankelijk

indétectable niet op te sporen

indéterminable onbepaalbaar, niet te bepalen

l' **indétermination** (v) **1** onbepaaldheid **2** besluiteloosheid

indéterminé, -e 1 onbepaald, vaag **2** besluiteloos

l' **index** (m) wijsvinger; index [in alle bet]; register, inhoudsopgave: *mettre à l'*~ verbieden

l' **indexation** (v) indexatie, indexering; prijscompensatie

indexer indexeren; waardevast maken

l' **indic** (m) [inf] verklikker

l' ¹**indica|teur** (m), **-trice** (v) tipgever, -geefster, verklikker, informant(e)

l' ²**indicateur** (m) **1** informatiebrochure, gids:

~ *des chemins de fer* spoorboekje **2** (aan)wijzer, meter, teller **3** indicator, index: ~ *de tendance* beursindex

³**indica|teur, -trice** (bn) aanwijzend: *poteau* ~ wegwijzer; *tableau* ~ **a)** mededelingenbord; **b)** [elek] instrumentenpaneel

l' ¹**indicatif** (m) **1** indicatief **2** [telec] kengetal **3** herkenningsmelodie

²**indicat|if, -ive** (bn) aanwijzend, aanduidend: *à titre* ~ ter informatie

l' **indication** (v) aanwijzing, aanduiding; teken, indicatie; [med] indicatie

l' **indice** (m) **1** aanduiding, aanwijzing; teken, symptoom **2** index

indicible onuitsprekelijk, onbeschrijflijk

indien, -ne 1 Indiaas **2** Indisch: *l'Océan* ~ de Indische Oceaan **3** indiaans: *en file* ~*ne* in ganzenpas

l' **Indien** (m), **-ne** (v) **1** Indiër, Indische **2** indiaan(se)

indifféremment zonder onderscheid, onverschillig, door elkaar

l' **indifférence** (v) **1** onverschilligheid **2** ongevoeligheid

indifférent, -e 1 onverschillig, ongeïnteresseerd **2** ongevoelig **3** om het even **4** onbelangrijk

indifférer koud laten: *cela l'indiffère totalement* dat laat hem koud

l' **indigence** (v) armoede, behoeftigheid; gebrek

l' ¹**indigène** (m/v) inlander, inlandse, inboorling(e)

²**indigène** (bn) inheems, inlands

indigent, -e arm, behoeftig, noodlijdend

indigeste moeilijk verteerbaar, onverteerbaar [ook fig]

l' **indigestion** (v) indigestie: *il a eu une* ~ hij was misselijk; [inf] *avoir une* ~ *de qqch.* de buik vol hebben van iets

l' **indignation** (v) verontwaardiging

indigne 1 onwaardig; niet waard; verachtelijk **2** gemeen, onwaardig

indigné, -e verontwaardigd

¹**indigner** (ov ww) verontwaardigen

s' ²**indigner** (wdk ww) verontwaardigd zijn

l' **indignité** (v) **1** [form] onwaardigheid, schande **2** schandalig gedrag

indiqué, -e aangewezen, geschikt

indiquer 1 (aan)wijzen, aangeven: ~ *du doigt* aanwijzen **2** wijzen op: *tout indique qu'il est parti* alles wijst erop dat hij vertrokken is

indirect, -e indirect, niet rechtstreeks: *complément* ~ meewerkend voorwerp; *style* ~ indirecte rede

indiscernable niet te onderscheiden

indiscipliné, -e ongedisciplineerd; ongezeglijk: *cheveux* ~*s* weerbarstig haar

indiscr|et, -ète indiscreet; onbescheiden; loslippig

l' **indiscrétion** (v) indiscretie; onbescheidenheid; loslippigheid

indiscutable onbetwistbaar, onweerlegbaar

indiscuté, -e onbetwist

indispensable onmisbaar; (absoluut) noodzakelijk

indisponible niet beschikbaar

indisposé, -e misselijk; niet lekker; ongesteld

indisposer onwel (misselijk) maken; ergeren

l' **indisposition** (v) onpasselijkheid; ongesteldheid

indissociable de onverbrekelijk verbonden (met)

l' **indissolubilité** (v) onverbrekelijkheid

indissoluble onverbrekelijk, onontbindbaar

indistinct, -e 1 vaag, onduidelijk **2** verward

indistinctement onduidelijk; zonder onderscheid

l' **individu** (m) individu, enkeling, persoon, wezen; [neg] type, kerel

l' **individualisation** (v) individualisering

¹**individualiser** (ov ww) individualiseren, personaliseren, aanpassen aan de persoon

s' ²**individualiser** (wdk ww) een eigen karakter krijgen

l' **individualisme** (m) individualisme

l' ¹**individualiste** (m/v) individualist(e)

²**individualiste** (bn) individualistisch

l' **individualité** (v) individualiteit, persoonlijkheid; eigen karakter

individuel, -le individueel, afzonderlijk, persoonlijk

indivis, -e onverdeeld: *par ~* onverdeeld, gemeenschappelijk; *propriétaires ~* mede-eigenaars

l' **indivisibilité** (v) ondeelbaarheid

indivisible ondeelbaar

l' **Indochine** (v) Indochina

indochinois, -e Indochinees

l' **Indochinois** (m), **-e** (v) Indochinees, -nese

indocile ongezeglijk; ongehoorzaam

indo-européen, -ne Indo-Europees, Indo-Germaans

l' **Indo-Européen** (m), **-ne** (v) Indo-Germaan

l' **indolence** (v) lusteloosheid, onverschilligheid

indolent, -e lusteloos, onverschillig

indolore pijnloos

indomptable ontembaar; onbedwingbaar

l' **Indonésie** (v) Indonesië

indonésien, -ne Indonesisch

l' **Indonésien** (m), **-ne** (v) Indonesiër, -sische

indu, -e 1 onbehoorlijk: *à une heure ~e* op een onchristelijke tijd **2** onverschuldigd

indubitable ontwijfelbaar, stellig

l' **induction** (v) inductie; gevolgtrekking

induire 1 (+ de) afleiden (uit) **2** leiden tot; tot gevolg hebben: *~ en erreur* op een dwaalspoor brengen

l' **indulgence** (v) toegeeflijkheid, vergeving(sgezindheid); inschikkelijkheid

indulgent, -e vergevingsgezind, inschikkelijk; mild

indûment ten onrechte, onrechtmatig

l' **industrialisation** (v) industrialisatie

industrialiser industrialiseren

l' **industrie** (v) industrie, nijverheid: *~ du spectacle* showbusiness; *capitaine d'~* grootindustrieel || *chevalier d'~* oplichter

l' ¹**industriel** (m) industrieel, fabrikant

²**industriel, -le** (bn) industrieel, industrie-: *produits ~s* fabrieksproducten; *zone ~le* industrieterrein; [Belg] *ingénieur ~* industrieel ingenieur; [Ned] ± hbo-ingenieur [ing.]

inébranlable onwrikbaar, onverzettelijk; onwankelbaar, solide

l' ¹**inédit** (m) onuitgegeven werk

²**inédit, -e** (bn) **1** onuitgegeven **2** nooit vertoond, nieuw, origineel

ineffable onuitsprekelijk; waar geen woorden voor zijn; subliem

ineffaçable onuitwisbaar [ook fig]; onvergetelijk

inefficace niet doeltreffend; ondoelmatig, inefficiënt, ongeschikt

l' **inefficacité** (v) ondoelmatigheid, ondoeltreffendheid

inégal, -e ongelijk; oneffen; ongelijkmatig; [fig] wisselvallig

inégalable niet te evenaren, weergaloos

inégalé, -e ongeëvenaard, onovertroffen

l' **inégalité** (v) **1** ongelijkheid, verschil **2** oneffenheid **3** onregelmatigheid

l' **inélégance** (v) **1** gebrek aan elegantie **2** tactloosheid

inélégant, -e 1 onelegant, plomp **2** tactloos

l' **inéligibilité** (v) onverkiesbaarheid

inéligible onverkiesbaar

inéluctable onontkoombaar, onvermijdelijk

inemployé, -e ongebruikt

inénarrable lachwekkend, dolkomisch

inepte onzinnig; absurd, dwaas

l' **ineptie** (v) dwaasheid, domheid; onzin(nigheid), stommiteit

inépuisable onuitputtelijk

inerte 1 inert, bewegingloos, onbeweeglijk **2** willoos, futloos

l' **inertie** (v) **1** [nat] inertie, traagheid: *force d'~* traagheid **2** [fig] willoosheid; futloosheid

inespéré, -e onverhoopt, onverwacht

inestimable onschatbaar, van onschatbare waarde

inévitable onvermijdelijk

inexact, -e onjuist, onnauwkeurig

l' **inexactitude** (v) onjuistheid, onnauwkeu-

righeid; gebrek aan stiptheid; slordigheid
inexcusable onvergeeflijk, niet goed te praten
inexistant, -e 1 niet bestaand **2** minimaal, te verwaarlozen
inexorable onverbiddelijk; meedogenloos; onvermijdelijk, fataal
l' **inexpérience** (v) onervarenheid
inexpérimenté, -e onervaren; onbeproefd
inexpiable niet goed te maken; onverzoenlijk
inexplicable onverklaarbaar, geheimzinnig
inexpliqué, -e onverklaard, onopgelost
inexploité, -e onontgonnen, ongebruikt, onbenut
inexploré, -e 1 niet onderzocht; onbekend **2** onontgonnen, nooit betreden
inexpress|if, -ive zonder uitdrukking, nietszeggend
inexprimable onuitsprekelijk
inexprimé, -e onuitgesproken
inexpugnable onneembaar
inextinguible 1 onblusbaar **2** [fig] onweerstaanbaar: *rire* ~ onbedaarlijk gelach
in extremis op het laatste moment; op het nippertje
inextricable onontwarbaar; [fig] onoplosbaar, uiterst verward
l' **infaillibilité** (v) onfeilbaarheid
infaillible 1 onfeilbaar **2** feilloos
infaisable ondoenlijk, niet haalbaar
infamant, -e onterend, smadelijk
infâme 1 schandelijk, schandalig **2** eerloos, infaam **3** walgelijk
l' **infamie** (v) schanddaad, gemeenheid
l' **infanterie** (v) infanterie
l' **¹infanticide** (m) kindermoord
l' **²infanticide** (m/v) kindermoordenaar, -nares
infantile 1 kinder-, van kinderen: *maladie* ~ kinderziekte; *mortalité* ~ kindersterfte **2** infantiel; kinderachtig
l' **infantilisme** (m) kinderachtigheid; kinderlijkheid
l' **infarctus** (m) [med] (hart)infarct
infatigable onvermoeibaar
l' **infatuation** (v) [form] verwaandheid, zelfingenomenheid
infécond, -e onvruchtbaar; weinig productief
l' **infécondité** (v) onvruchtbaarheid; improductiviteit
infect, -e 1 walgelijk, weerzinwekkend **2** afschuwelijk: *ce vin est* ~ die wijn is niet te drinken
¹infecter (ov ww) **1** verpesten **2** [med] infecteren, besmetten, aansteken
s' **²infecter** (wdk ww) ontsteken: *sa blessure s'est infectée* zijn wond is ontstoken (geraakt)

infecti|eux, -euse besmettelijk; besmettend
l' **infection** (v) **1** infectie, besmetting: ~ *sexuellement transmissible* seksueel overdraagbare aandoening **2** stank
inféodé, -e onderworpen, onderdanig
l' **inférence** (v) afleiding; gevolgtrekking
l' **¹inférieur** (m), **-e** (v) ondergeschikte
²inférieur, -e (bn) **1** lager: *le montant est* ~ *à 100 euros* de prijs bedraagt minder dan 100 euro; *cours* ~ *du Rhin* benedenloop van de Rijn; *lèvre* ~e onderlip **2** [m.b.t. dieren] lager, minder ontwikkeld **3** inferieur, minder, ondergeschikt: *de qualité* ~e ondermaats
l' **infériorité** (v) minderwaardigheid: ~ *numérique* minderheid; *complexe d'*~ minderwaardigheidscomplex
infernal, -e hels, duivels; onuitstaanbaar, verschrikkelijk
infertile onvruchtbaar, schraal; improductief; steriel
infester teisteren; onveilig maken: *être infesté de* wemelen van
l' **¹infidèle** (m/v) **1** trouweloze **2** ongelovige, heiden
²infidèle (bn) **1** ontrouw, trouweloos **2** onbetrouwbaar **3** [form] heidens; ongelovig
l' **infidélité** (v) **1** ontrouw, trouweloosheid **2** onnauwkeurigheid
l' **infiltration** (v) **1** (het) doorsijpelen, doordringen **2** infiltratie
s' **infiltrer** doordringen, infiltreren
infime 1 onbelangrijk, gering **2** miniem, heel klein
l' **¹infini** (m) (het) oneindige
²infini, -e (bn) oneindig, onbegrensd
infiniment oneindig; buitengewoon; grenzeloos
l' **infinité** (v) oneindigheid; zeer groot aantal
infinitésimal, -e 1 minuscuul **2** [wisk]: *calcul* ~ infinitesimaalrekening
l' **infinitif** (m) infinitief, onbepaalde wijs
l' **¹infirme** (m/v) invalide
²infirme (bn) invalide, gehandicapt
infirmer 1 ontkrachten, ondergraven, verzwakken **2** [jur] nietig verklaren, ongeldig verklaren
l' **infirmerie** (v) ziekenzaal, eerstehulppost
l' **infirm|ier** (m), **-ière** (v) verpleegkundige, verpleger, -pleegster, broeder, zuster
l' **infirmité** (v) gebrek; invaliditeit; gebrekkigheid
inflammable ontvlambaar; brandbaar
l' **inflammation** (v) [med] ontsteking
inflammatoire [med] met ontsteking gepaard, ontstekings-
l' **inflation** (v) inflatie
¹infléchir (ov ww) ombuigen, bijsturen, doen afwijken
s' **²infléchir** (wdk ww) **1** doorbuigen **2** afwijken; zwenken

l' **infléchissement** (m) ombuiging, aanpassing, bijsturing

l' **inflexibilité** (v) onbuigzaamheid, onverzettelijkheid, onverbiddelijkheid
inflexible onbuigzaam, onverzettelijk, onverbiddelijk

l' **inflexion** (v) **1** buiging; knik; afwijking **2** aanpassing, wijziging: ~*s de la voix* stembuigingen, intonatie
infliger toedienen, toebrengen, opleggen, aandoen
influençable te beïnvloeden

l' **influence** (v) invloed; gezag: *trafic d'*~ corruptie; *il a beaucoup d'*~ hij is een invloedrijk man; *exercer une grande ~ sur* een grote invloed uitoefenen op; *user de son ~* zijn invloed aanwenden; *être sous ~* onder invloed zijn [van alcohol, drugs]
influencer beïnvloeden
influent, -e invloedrijk, gezaghebbend
influer sur invloed hebben op, beïnvloeden

l' **info** (v) informatie, nieuws: *les ~s de 20 heures* het nieuws van acht uur

l' **infobulle** (v) [inf; comp] tooltip

l' **infographie** (v) grafische computertechniek, computergraphics

l' **informa|teur** (m), **-trice** (v) **1** informant(e), zegsman, -vrouwe **2** aanbreng(st)er **3** [Belg; pol] informateur, -trice

l' **informaticien** (m), **-ne** (v) computerdeskundige, informaticus, -ca

l' **information** (v) inlichting, informatie

les **informations** (mv, v) **1** nieuwsberichten **2** [wetenschap] gegevens

l' **¹informatique** (v) informatica
²informatique (bn) informatica-, computer-: *fichier ~* databestand; *matériel ~* hardware; *réseau ~* computernet(werk)
informatiser informatiseren; met een computer verwerken
informe 1 vormeloos **2** misvormd; wanstaltig
informé, -e ingelicht: *milieux bien ~s* welingelichte kringen; *jusqu'à plus ample ~* tot nader bericht
informel, -le informeel, onofficieel, vrijblijvend
¹informer (ov ww) op de hoogte brengen, inlichten, berichten, meedelen

s' **²informer de** (wdk ww) informeren (naar), inlichtingen inwinnen (over), zich op de hoogte stellen (van)

l' **inforoute** (v) digitale snelweg

l' **infortune** (v) rampspoed, tegenspoed
infortuné, -e ongelukkig, onfortuinlijk

les **infos** (mv, v) [inf] (het) nieuws

l' **infraction** (v) **1** schending, inbreuk; schending **2** overtreding, strafbaar feit, delict: *être en ~* in overtreding zijn
infranchissable onoverkomelijk; onoverbrugbaar; onmogelijk te overschrijden
infrarouge infrarood

l' **infrastructure** (v) infrastructuur
infréquentable: *un endroit ~* een plek waar je je beter niet kunt vertonen
infroissable kreukvrij, kreukherstellend
infructu|eux, -euse vruchteloos, vergeefs
infus, -e aangeboren: *avoir la science ~e* de wijsheid in pacht hebben
infuser (staan) te trekken [van thee enz.]: *laisser ~ du thé* thee laten trekken

l' **infusion** (v) **1** aftreksel, kruidenthee: ~ *de tilleul* lindebloesemthee **2** (het) laten trekken

s' **ingénier** zijn best doen (om)

l' **ingénierie** (v) engineering, projectontwikkeling, projectmanagement

l' **ingénieur** (m) ingenieur
ingéni|eux, -euse vernuftig, schrander, vindingrijk; [m.b.t. zaken] geniaal, handig

l' **ingéniosité** (v) vernuftigheid, schranderheid, vindingrijkheid

l' **¹ingénu** (m), **-e** (v) naïeveling(e)
²ingénu, -e (bn) argeloos, naïef

l' **ingénuité** (v) onbedorvenheid; onschuld: *en toute ~* in alle onschuld
ingérable onbestuurbaar, niet te beheersen

l' **ingérence** (v) inmenging, bemoeienis, tussenkomst
¹ingérer (ov ww) innemen [van medicijnen]

s' **²ingérer dans** (wdk ww) zich mengen in; tussenbeide komen

l' **ingestion** (v) **1** (het) innemen [van iets] **2** (het) opnemen [in het organisme]

l' **Ingouchie** (v) Ingoesjetië
ingouvernable niet te regeren, onhandelbaar

l' **¹ingrat** (m), **-e** (v) ondankbaar persoon
²ingrat, -e (bn) **1** ondankbaar **2** onaantrekkelijk: *visage ~* lelijk gezicht; *âge ~* puberteit **3** niet lonend, moeilijk: *tâche ~e* onbegonnen werk; *terre ~e* schrale grond

l' **ingratitude** (v) ondankbaarheid

l' **ingrédient** (m) ingrediënt, bestanddeel
inguérissable ongeneeslijk
ingurgiter 1 opslokken, verzwelgen **2** [van kennis] erin stampen
inhabitable onbewoonbaar
inhabité, -e onbewoond
inhabituel, -le ongewoon, uitzonderlijk

l' **inhalation** (v) inademing
inhaler inademen, inhaleren
inhérent, -e à inherent aan, onafscheidelijk verbonden met, eigen aan
inhiber belemmeren, remmen

l' **inhibition** (v) remming
inhospital|ier, -ière 1 ongastvrij **2** onherbergzaam
inhumain, -e onmenselijk, meedogenloos; mensonwaardig

l' **inhumation** (v) [form] begrafenis
inhumer [form] begraven, ter aarde bestellen: *permis d'~* ± overlijdensakte
inimaginable onvoorstelbaar, ondenkbaar
inimitable onnavolgbaar

l' **inimitié** (v) vijandschap, vijandigheid
ininflammable onbrandbaar
inintelligible onbegrijpelijk, onverstaanbaar
ininterrompu, -e ononderbroken, continu, doorlopend
inique onrechtvaardig, onbillijk

l' **iniquité** (v) **1** onbillijkheid, onrecht **2** on-
gerechtigheid
initial, -e aanvangs-, begin-: *lettre ~e* be-
ginletter, voorletter, initiaal; *cause ~e*
hoofdoorzaak

l' **initiale** (v) voorletter, initiaal
initialement in het begin; oorspronkelijk
initialiser [comp] initialiseren; formatteren

l' ¹**initia|teur** (m), **-trice** (v) **1** inwijd(st)er
2 leermeester(es) **3** baanbreker, -breekster
4 initiatiefnemer, -neemster
²**initia|teur, -trice** (bn) baanbrekend

l' **initiation** (v) inwijding; [fig] inleiding; eerste kennismaking
initiatique inwijdings-; initiatie-

l' **initiative** (v) **1** initiatief, eerste stap of
stoot **2** maatregel

l' ¹**initié** (m), **-e** (v) ingewijde
²**initié, -e** (bn) ingewijd
¹**initier** (ov ww) **1** (+ à) inwijden (in) **2** (+ à)
inwijden (in), de eerste beginselen bijbren-
gen (van) **3** inzetten, beginnen, initiëren
s' ²**initier à** (wdk ww) zich vertrouwd maken
met
injecter inspuiten; impregneren

l' **injection** (v) injectie: *moteur à ~* injectie-
motor; *~ de capitaux* kapitaalinjectie
injoignable onbereikbaar [ook telefo-
nisch]; incommunicado

l' **injonction** (v) bevel
injouable onspeelbaar

l' **injure** (v) **1** belediging; scheldwoord
2 schade, beschadiging; *les ~s du temps* de
tand des tijds
injurier beledigen, beschimpen; uitschelden
injuri|eux, -euse beledigend, smadelijk
injuste onrechtvaardig; onbillijk; onverdiend

l' **injustice** (v) onrecht(vaardigheid), on-
rechtmatigheid
injustifiable niet te rechtvaardigen, onverdedigbaar
injustifié, -e ongerechtvaardigd
inlassable onvermoeibaar
inlassablement zonder ophouden
inné, -e in-, aangeboren

l' **innéité** (v) (het) aangeboren zijn

l' **innocence** (v) **1** onschuld **2** onnozelheid,
argeloosheid, naïviteit

l' ¹**innocent** (m), **-e** (v) **1** onschuldige: *le massacre des saints Innocents* de kindermoord in
Bethlehem **2** onnozele hals: *faire l'~* doen of
men van niets weet; *l'~ du village* de dorpsgek
²**innocent, -e** (bn) **1** onschuldig **2** onnozel,
argeloos, naïef **3** onschadelijk
innocenter niet schuldig verklaren

l' **innocuité** (v) onschadelijkheid
innombrable ontelbaar, talloos
innommable 1 niet te noemen **2** afgrijselijk
innovant, -e vernieuwend; innovatief

l' ¹**innova|teur** (m), **-trice** (v) vernieuwer,
baanbreker
²**innova|teur, -trice** (bn) vernieuwend,
baanbrekend

l' **innovation** (v) **1** nieuwigheid **2** innovatie
3 vernieuwing
innover vernieuwen; innoveren

l' **inobservation** (v) niet-naleving, (het) niet
nakomen
inoccupé, -e 1 werkeloos **2** ledig, onbewoond, onbezet: *terrain ~* braakliggend terrein; *poste ~* vacature

l' **inoculation** (v) inenting
inoculer 1 overdragen; inenten **2** (+ à) [fig]
overbrengen (op)
inodore reukloos
inoffens|if, -ive onschadelijk, ongevaar-
lijk; onschuldig

l' **inondation** (v) **1** overstroming, waters-
nood **2** (het) onder water zetten, inundatie
3 [fig] stortvloed
inonder 1 onder water zetten, overstromen [ook fig]: *la côte est inondée de touristes*
de kust is overstroomd met toeristen
2 doornat maken **3** doen baden in: *inondé de
lumière* badend in licht
inopérant, -e zonder uitwerking; inefficiënt
inopiné, -e onverwacht, onvoorzien
inopportun, -e ongelegen (komend), ongeschikt

l' **inopportunité** (v) ongelegenheid, ongeschiktheid
inorganisé, -e ongeorganiseerd
inoubliable onvergetelijk
inouï, -e ongehoord, uitzonderlijk

l' ¹**inox** (m) roestvrij staal
²**inox** (bn) roestvrijstalen
inoxydable roestvrij
inqualifiable ongehoord, beneden alle
kritiek
inqui|et, -ète bezorgd, ongerust
inquiétant, -e onrustbarend, verontrustend, zorgwekkend
¹**inquiéter** (ov ww) **1** verontrusten **2** lastigvallen

s' **²inquiéter de** (wdk ww) zich ongerust maken (over), zich druk maken (over)

l' **inquiétude** (v) bezorgdheid, ongerustheid; zorgen; onrust, rusteloosheid

l' **¹inquisiteur** (m) inquisiteur

²inquisi|teur, -trice (bn) onderzoekend

l' **inquisition** (v) onderzoek; inquisitie

insaisissable 1 ongrijpbaar, niet te vatten **2** onbegrijpelijk

insalubre ongezond; onbewoonbaar verklaard: *logement* ~ krot

l' **insalubrité** (v) ongezondheid; onbewoonbaarheid [van een woning]

l' **insanité** (v) dwaasheid, zinloosheid, onzin

insatiable onverzadelijk, onverzadigbaar, niet te stillen [van honger]; onlesbaar [van dorst]; niet te bevredigen [van nieuwsgierigheid]

l' **insatisfaction** (v) onvoldaanheid, ontevredenheid, onbevredigdheid

insatisfait, -e onvoldaan, ontevreden, onbevredigd

insaturé, -e onverzadigd

l' **inscription** (v) **1** inscriptie, opschrift **2** inschrijving, registratie; boeking

¹inscrire (ov ww) **1** als opschrift aanbrengen, griffen [ook fig] **2** inschrijven, registreren, noteren

s' **²inscrire** (wdk ww) **1** (+ à) zich (laten) inschrijven (voor); ingeschreven worden (voor) **2** (+ dans) passen in, deel uitmaken van ‖ *s'~ en faux contre* tegenspreken, weerleggen, tegen zijn

l' **¹inscrit** (m), **-e** (v) ingeschrevene

²inscrit, -e (bn) ingeschreven

insécable ondeelbaar; onscheidbaar

l' **insecte** (m) insect

l' **¹insecticide** (m) insecticide, insectenmiddel

²insecticide (bn) insectenverdelgend

l' **¹insectivore** (m) insecteneter

²insectivore (bn) insectenetend

l' **insécurité** (v) onveiligheid; onzekerheid

l' **INSEE** (m) afk van *Institut National de la Statistique et des Etudes Economiques* bureau voor economie en statistiek; [ongeveer] CBS

l' **insémination** (v) inseminatie: ~ *artificielle* kunstmatige bevruchting, kunstmatige inseminatie; ~ *in vitro* in-vitrofertilisatie, reageerbuisbevruchting

inséminer kunstmatig bevruchten, insemineren

insensé, -e 1 waanzinnig, dwaas, onzinnig **2** [inf] gek, idioot, buitennissig

l' **insensibilisation** (v) (het) gevoelloos maken; verdoving

insensibiliser gevoelloos maken, verdoven

l' **insensibilité** (v) gevoelloos-, ongevoeligheid

insensible gevoelloos; ongevoelig, onver-

schillig (voor); onmerkbaar

insensiblement ongemerkt, geleidelijk

inséparable onscheidbaar, onafscheidelijk

¹insérer (ov ww) opnemen [in een publicatie]; invoegen; integreren

s' **²insérer** (wdk ww) **1** zich integreren, opgenomen worden **2** zich vasthechten

l' **insert** (m) ingevoegd beeld, ingelast gesprek, tekst bij beeld [tv, radio]

l' **insertion** (v) **1** invoeging, plaatsing, inlassing **2** aanhechting **3** integratie: *revenu minimum d'~, RMI* ± bijstandsuitkering

insidi|eux, -euse 1 geniepig **2** verraderlijk

l' **¹insigne** (m) **1** insigne, badge, button **2** onderscheidingsteken

²insigne (bn) buitengewoon, opmerkelijk

l' **insignifiance** (v) onbeduidendheid, onbenulligheid

insignifiant, -e onbeduidend, onbenullig, onbelangrijk

l' **insinuation** (v) insinuatie; toespeling

¹insinuer (ov ww) insinueren

s' **²insinuer** (wdk ww) binnendringen, zich opdringen

l' **insipide** (v) **1** smakeloos, flauw **2** vervelend, ongenietbaar **3** smaakloos, zonder smaak

l' **insistance** (v) aandrang: *avec* ~ nadrukkelijk

insistant, -e aandringend, opdringerig

insister 1 nadruk leggen (op iets): ~ *sur le fait que*, ~ *pour dire que* er met nadruk op wijzen dat **2** aandringen: *n'insistons pas* laten we erover ophouden; *inutile d'~!* houd er maar over op!

l' **insolation** (v) **1** blootstelling aan de zon: *heures d'~* uren zon(neschijn) **2** zonnesteek

l' **insolence** (v) onbeschaamdheid, brutaliteit; arrogantie

insolent, -e 1 vrijpostig, onbeschaamd, brutaal **2** arrogant

insolite ongebruikelijk, ongewoon; eigenaardig

insoluble onoplosbaar

l' **insolvabilité** (v) insolventie, onvermogen [om te betalen]

insolvable insolvent, onvermogend

insomniaque slapeloos

l' **insomnie** (v) slapeloosheid: *avoir des* ~s aan slapeloosheid lijden

insondable onpeilbaar; onmetelijk; ondoorgrondelijk

insonore geluiddempend

l' **insonorisation** (v) geluidsisolatie

insonoriser geluiddicht maken

l' **insouciance** (v) zorgeloosheid, onbezorgdheid

insouciant, -e 1 zorgeloos, nonchalant **2** onbekommerd, onbezorgd

l' **¹insoumis** (m) dienstweigeraar

²insoumis, -e (bn) weerspannig; niet onderdanig

l' **insoumission** (v) weerspannigheid; verzet; dienstweigering

insoupçonnable niet te vermoeden, boven alle verdenking verheven

insoupçonné, -e onverwacht; nooit vermoed

insoutenable onhoudbaar; onverdraaglijk

inspecter inspecteren, controleren; aandachtig bekijken, onderzoeken

l' **inspec|teur** (m), **-trice** (v) inspecteur, -trice

l' **inspection** (v) inspectie; toezicht: ~ du travail arbeidsinspectie; rapport d'~ inspectieverslag

l' **¹inspira|teur** (m), **-trice** (v) beziel(st)er, aansticht(st)er

²inspira|teur, -trice (bn) **1** [anat] ademhalings- **2** inspirerend

l' **inspiration** (v) inspiratie, bezieling; inademing

inspiré, -e bezield, geïnspireerd: il a été bien ~ de hij heeft het gelukkige idee gehad

¹inspirer (ov ww) **1** inademen **2** inspireren, bezielen; aanzetten (tot) **3** suggereren, ingeven: ~ confiance vertrouwen inboezemen

s' **²inspirer de** (wdk ww) geïnspireerd worden door, het voorbeeld volgen van, zich baseren op

l' **instabilité** (v) instabiliteit; labiel evenwicht; onstandvastigheid

instable 1 onstabiel, labiel, wankel **2** onbestendig, wisselvallig

l' **installateur** (m) monteur: ~ de chauffage central verwarmingsinstallateur

l' **installation** (v) **1** installatie **2** bevestiging [in een ambt] **3** plaatsing, montage, aanleg **4** apparatuur **5** vestiging

¹installer (ov ww) **1** installeren, plaatsen, monteren **2** inrichten **3** onderbrengen [van een persoon] **4** aanstellen (tot), installeren

s' **²installer** (wdk ww) **1** zich (gaan) vestigen: s'~ comme médecin zich als arts vestigen; s'~ à la campagne buiten gaan wonen **2** zich installeren, zich nestelen **3** zich thuis voelen: s'~ dans le mensonge met leugens leren leven

instamment dringend, met nadruk

l' **instance** (v) **1** rechtspleging: être en ~ hangende zijn; tribunal d'~ ± kantongerecht; tribunal de grande ~ ± arrondissementsrechtbank; [Belg] tribunal de première ~ rechtbank van eerste aanleg; [Ned] ± arrondissementsrechtbank; affaire en ~ zaak in behandeling **2** instantie, autoriteit: ~s locales plaatselijke autoriteiten

les **instances** (mv, v) dringend verzoek, aandrang: sur les ~ de op aandringen van

l' **¹instant** (m) ogenblikje, moment: en un ~ in een ommezien; à l'~ ~ a) ogenblikkelijk; b) zojuist; à tout ~ steeds; dès l'~ que vanaf het moment dat; dans un ~ dadelijk; par ~s nu en dan

²instant, -e (bn) dringend: une demande ~e een dringend verzoek || café ~ oploskoffie

l' **¹instantané** (m) [foto] momentopname

²instantané, -e (bn) **1** kortstondig **2** ogenblikkelijk: la mort fut ~e hij was op slag dood || café ~ instantkoffie, oploskoffie

instantanément ogenblikkelijk, onmiddellijk

instar: à l'~ de naar het voorbeeld van, zoals

l' **instauration** (v) stichting; invoering, instelling

instaurer stichten; instellen, invoeren

l' **instiga|teur** (m), **-trice** (v) aansticht(st)er

l' **instigation** (v) aansporing: à l'~ de op aandringen van

l' **instinct** (m) **1** instinct, drift: ~ maternel moederinstinct; ~ de conservation drang tot zelfbehoud; d'~ instinctief, spontaan **2** talent, aanleg; neiging: avoir l'~ du commerce over handelsgeest beschikken

instinct|if, -ive instinctief, instinctmatig

instituer 1 instellen; stichten: ~ une enquête een onderzoek instellen **2** bekleden met het ambt van; aanstellen

l' **institut** (m) instituut, instelling: ~ de beauté schoonheidssalon

l' **institu|teur** (m), **-trice** (v) onderwijzer(es); [Ned] groepsleerkracht

l' **institution** (v) **1** instelling, instituut: l'absentéisme est devenu une ~ het absenteïsme is een normale zaak geworden; les ~s de staatsinstellingen **2** instituut, bijzondere (rooms-katholieke) school

¹institutionnaliser (ov ww) **1** tot een instelling maken **2** permanent maken, stabiliseren

s' **²institutionnaliser** (wdk ww) **1** tot een instelling worden **2** gewoon (frequent) worden

institutionnel, -le betreffende de instellingen

l' **instructeur** (m) instructeur: juge ~ rechtercommissaris, [Belg] onderzoeksrechter

instruct|if, -ive leerzaam, leerrijk

l' **instruction** (v) **1** onderwijs, onderricht, opleiding **2** kennis, kunde, scholing: sans ~ onontwikkeld, zonder enige scholing **3** [jur] instructie; vooronderzoek: juge d'~ rechtercommissaris, [Belg] onderzoeksrechter

les **instructions** (mv, v) instructies, voorschriften: ~ d'emploi handleiding

¹instruire (ov ww) **1** onderwijzen, onderrichten, opleiden **2** [jur] in (voor)onderzoek nemen: le juge qui instruit l'affaire de rechtercommissaris die met de zaak belast is

s' **²instruire** (wdk ww) leren, zich ontwikkelen: s'~ auprès de qqn. bij iem. informatie inwinnen

instruit, -e knap, ontwikkeld, geschoold

l' **instrument** (m) instrument, gereedschap; werktuig, middel: un ~ à vent een blaasin-

strument; *de quel ~ joues-tu?* welk instrument bespeel je?; *~ de mesure* meetinstrument; *~ à cordes* snaarinstrument
instrumental, -e [muz] instrumentaal

l' **insu** (m): *à l'~ de* buiten medeweten van; *à mon ~* buiten mijn weten
insubmersible onzinkbaar

l' **insubordination** (v) insubordinatie, weerspannigheid, ongehoorzaamheid
insubordonné, -e weerspannig, ongehoorzaam

l' **insuccès** (m) mislukking, tegenslag; fiasco
insuffisamment (in) onvoldoende (mate)

l' **insuffisance** (v) **1** ontoereikendheid; gebrek **2** [med] insufficiëntie

les **insuffisances** (mv, v) tekortkomingen
insuffisant, -e onvoldoend, ontoereikend; onbekwaam
insuffler inblazen [ook fig]

l' **¹insulaire** (m/v) eilandbewoner, -bewoonster
²insulaire (bn) eiland-

l' **insuline** (v) insuline
insultant, -e beledigend

l' **insulte** (v) belediging; aanfluiting
insulter beledigen
insupportable onverdraaglijk, onuitstaanbaar

l' **¹insurgé** (m), **-e** (v) opstandeling(e)
²insurgé, -e (bn) opstandig, rebellerend

s' **insurger** in opstand komen, protesteren
insurmontable onoverkomelijk, niet te overwinnen

l' **insurrection** (v) opstand, oproer
insurrectionnel, -le oproerig
intact, -e intact, gaaf, ongeschonden; onaangeroerd

l' **intangibilité** (v) onaantastbaarheid
intangible onaantastbaar; ongrijpbaar
intarissable onuitputtelijk; niet te stuiten
intégral, -e geheel, volkomen, volledig; integraal: [Belg] *pain ~* volkoren brood; *voile ~* gezichtssluier [nikab of boerka]
intégrant, -e integrerend, wezenlijk [deel]: *casque ~* integraalhelm; *partie ~e* wezenlijk onderdeel

l' **intégration** (v) integratie, het opnemen
intègre integer, onkreukbaar, onomkoopbaar

¹intégrer (ov ww) integreren; opnemen [in een geheel]; invoegen: *gestion intégrée* managementinformatiesysteem

s' **²intégrer** (wdk ww) opgenomen worden: *s'~ à* (of: *dans*) *un groupe* zich aanpassen aan een groep, geheel opgenomen worden in een groep

l' **intégrisme** (m) fundamentalisme, conservatisme: *~ musulman* moslimfundamentalisme

l' **¹intégriste** (m/v) fundamentalist(e)
²intégriste (bn) fundamentalistisch

l' **intégrité** (v) **1** integriteit: *~ du territoire* onschendbaarheid van het grondgebied **2** [fig] integriteit, onkreukbaarheid, rechtschapenheid, onomkoopbaarheid

l' **intellectualisme** (m) intellectualisme

l' **¹intellectuel** (m), **-le** (v) intellectueel
²intellectuel, -le (bn) intellectueel, verstandelijk, geestelijk: *facultés ~les* verstandelijke vermogens; *niveau ~* intelligentiepeil; *travail ~* hoofd-, denkwerk

l' **intelligence** (v) **1** intelligentie, verstand, intellect **2** inzicht, schranderheid: *~ des affaires* zakelijk inzicht **3** intelligent wezen, brein; vernuft **4** *être d'~ avec qqn.* met iem. samenspannen; *vivre en bonne ~* in goede verstandhouding leven; *~s avec l'ennemi* verstandhouding met de vijand
intelligent, -e intelligent, slim, begaafd

l' **intelligentsia** (v) de intellectuelen

l' **intelligibilité** (v) verstaanbaarheid, duidelijkheid
intelligible begrijpelijk, verstaanbaar

l' **intello** (m/v) [inf] intellectueel

l' **intempérance** (v) onmatigheid; buitensporigheid; losbandigheid

les **intempéries** (mv, v) ruw weer, weer en wind
intempest|if, -ive ontijdig, ongelegen, misplaatst
intemporel, -le tijdeloos; immaterieel, onwerkelijk
intenable onhoudbaar; niet uit te houden; [m.b.t. personen] onhandelbaar

l' **intendance** (v) **1** [hist] intendance **2** beheer; administratie, [Belg] economaat **3** (directie belast met) materiële zaken: *avoir des problèmes d'~* slecht bij kas zitten

l' **intendant** (m) intendant, beheerder; rentmeester; administrateur; [Belg] econoom; [Belg ook] huismeester
intense intens, hevig, sterk, hard: *circulation ~* druk verkeer; *bleu ~* diep blauw; *joie ~* intense vreugde; *lumière ~* fel licht
intensément intens, intensief, nadrukkelijk
intens|if, -ive intensief, krachtig

l' **intensification** (v) intensivering, opvoering

¹intensifier (ov ww) intensiveren, opvoeren

s' **²intensifier** (wdk ww) opgevoerd, krachtiger worden

l' **intensité** (v) intensiteit, hevigheid; kracht, nadruk
intenter [jur] aanspannen [een proces]

l' **intention** (v) intentie, bedoeling, voornemen; opzet: *à votre ~* voor u; *avoir l'~ de* van plan zijn; *dans l'~ de* met het oog op; *c'est l'~ qui compte* het gaat om het gebaar; *être plein de bonnes ~s* vol goede voornemens (*of:* bedoelingen) zijn; *~s de vote* stemvoorkeur [opiniepeiling]

intentionné, -e: *bien* (of: *mal*) ~ met goede (*of*: kwade) bedoelingen

intentionnel, -le opzettelijk, expres

l' **inter** (m) [sport] binnenspeler: ~ *droit* rechtsbinnen

interact|if, -ive interactief

l' **interaction** (v) wisselwerking; interactie

l' **interactivité** (v) interactiviteit

intercalaire ingevoegd: *feuille* ~ inlegvel

intercaler tussenvoegen, inlassen

intercéder een goed woord doen, bemiddelen

intercepter onderscheppen, opvangen

l' **interception** (v) onderschepping

interchangeable uitwisselbaar, verwisselbaar

l' **interclasse** (m) pauze [bij leswisseling]

intercommunal, -e intergemeentelijk, [Belg] tussengemeentelijk

l' **intercommunale** (v) [Belg] intercommunale, intergemeentelijk samenwerkingsverband

interconnecter koppelen

l' **interconnexion** (v) koppeling: ~ *de fichiers* koppeling van bestanden

intercontinental, -e intercontinentaal

interculturel, -le intercultureel

l' **interdépendance** (v) onderlinge afhankelijkheid

interdépendant, -e onderling afhankelijk

l' **interdiction** (v) 1 verbod 2 schorsing; ontzegging [van een recht]: ~ *légale* ontzetting uit burgerrechten; ~ *judiciaire* (het) onder curatele stellen; ~ *de fumer* verboden te roken; ~ *de séjour* verblijfsverbod

interdire 1 verbieden; ontzeggen **2** schorsen

l' ¹**interdit** (m) schorsing; taboe: [fig] *jeter l'~ sur* uitsluiten; *lever l'~* een verbod opheffen

²**interdit, -e** (bn) **1** verboden: *film ~ aux moins de 12 ans* film voor boven de 12 jaar **2** geschorst; uit zijn ambt gezet; onder curatele **3** sprakeloos, met stomheid geslagen: *ils restaient ~s* ze stonden perplex

¹**intéressant, -e** (bn) interessant, belangwekkend, boeiend; aantrekkelijk: *prix ~* aantrekkelijke prijs

l' ²**intéressant** (m): *faire l'~* zich aanstellen

l' ¹**intéressé** (m), **-e** (v) belanghebbende, betrokkene

²**intéressé, -e** (bn) **1** geïnteresseerd, belangstellend **2** belanghebbend: *parties ~es* betrokken partijen **3** berekenend, baatzuchtig

l' **intéressement** (m) winstdeling

¹**intéresser** (ov ww) **1** betreffen **2** interesseren, boeien, belangstelling wekken **3** (iem.) laten delen in **4** van belang zijn voor: *être intéressé dans une affaire* belang hebben in een zaak

s' ²**intéresser à** (wdk ww) zich interesseren

voor, belangstelling hebben voor

l' **intérêt** (m) **1** (eigen)belang: ~ *public* algemeen belang; *tu as* ~ *à le faire!* ik zou het maar doen!; *mariage d'~* verstandshuwelijk; *défendre les ~s de qqn.* iemands belangen behartigen **2** belangstelling; interesse; aandacht: *marques d'~* blijk van belangstelling; *prendre* ~ *à* belangstellen in **3** belang(rijkheid): *centre d'~* aandachtsveld, thema **4** interest, rente: *taux d'~* rentepercentage

l' **interface** (v) interface

l' **interférence** (v) **1** interferentie **2** wisselwerking **3** [pol] inmenging

interférer 1 interfereren **2** (+ avec) doorkruisen, inwerken op

l' ¹**intérieur** (m) **1** (het) inwendige, binnenste: *à l'~ de* binnenin **2** binnenland: *ministère de l'Interieur* Ministerie van Binnenlandse Zaken **3** interieur, binnenhuis: *à l'~* binnen(shuis); *femme d'~* huisvrouw

²**intérieur, -e** (bn) **1** binnen-, inwendig: *cour ~e* binnenplaats; *mer ~e* binnenzee **2** innerlijk: *vie ~e* geestesleven; *voix ~e* innerlijke stem, stem in iemands binnenste **3** binnenlands, nationaal

l' **intérim** (m) waarneming, tijdelijke (uitzend)activiteiten: *agence d'~* uitzendbureau; *par* ~ tussentijds

l' ¹**intérimaire** (m/v) waarnemer; uitzendkracht, [Belg] interimaris

²**intérimaire** (bn) ad interim, interimair, tijdelijk

l' **interjection** (v) tussenwerpsel

interjeter aantekenen: ~ *appel* in hoger beroep gaan

l' **interligne** (m) tussenregel

l' **interlocu|teur** (m), **-trice** (v) gesprekspartner, aangesprokene

interlope illegaal, louche

interloquer van zijn stuk brengen, met stomheid slaan: *j'en suis resté interloqué* ik stond helemaal paf

l' **interlude** (m) muzikaal intermezzo

l' **intermède** (m) intermezzo, tussenspel; onderbreking

l' ¹**intermédiaire** (m) **1** bemiddeling, tussenkomst: *par l'~ de* via **2** overgang: *sans* ~ zonder overgang, rechtstreeks

l' ²**intermédiaire** (m/v) **1** tussenpersoon **2** bemiddelaar(ster), onderhandelaar(ster)

³**intermédiaire** (bn) tussengelegen, tussenliggend; tussen-: *biens ~s* halffabricaten

interminable eindeloos

l' **intermittence** (v) onregelmatigheid: *par* ~ a) onregelmatig; b) bij tussenpozen

intermittent, -e onregelmatig; met tussenpozen

l' **internat** (m) **1** internaat; kostschool **2** [med] coassistentschap

international, -e internationaal: *droit* ~ *public* volkenrecht l' **internaute** (m/v) gebruik(st)er van internet, websurf(st)er

l' **¹interne** (m/v) **1** inwonende leerling(e) **2** coassistent(e)

²interne (bn) **1** intern, binnen **2** inwendig: *médicament à usage* ~ medicijn voor inwendig gebruik **3** inwonend

l' **¹interné** (m), **-e** (v) gevangene

²interné, -e (bn) opgesloten

l' **internement** (m) opname [in een psychiatrische inrichting]; opsluiting, internering
interner interneren, opsluiten, gevangenzetten

l' **Internet** (m) internet: ~ *à haut débit, à large bande* breedbandinternet; *être connecté sur* ~ op internet zitten; *une site* ~ een website

l' **interniste** (m/v) [med] internist(e)

l' **interpellation** (v) (het) aanspreken; sommatie; (het) staande houden; interpellatie
interpeller aanspreken; sommeren: [m.b.t. politie] ~ *qqn.* **a)** iem. naar zijn papieren vragen, staande houden; **b)** interpelleren; *ça m'interpelle quelque part* ergens zegt me dat wel wat

l' **interphone** (m) huistelefoon, intercom
interplanétaire interplanetair, ruimte-: *fusée* ~ ruimteraket

l' **interpolation** (v) interpolatie, inlassing, tussenvoeging
interpoler 1 tussenvoegen, inlassen **2** [door inlassingen] vervormen

¹interposer (ov ww) **1** plaatsen (tussen): ~ *une paroi* een tussenmuur plaatsen **2** naar voren brengen

s' **²interposer** (wdk ww) tussenbeide komen, bemiddelen: *par personnes interposées* via via; *par journaux interposés* via de pers

l' **interprétation** (v) interpretatie, uitlegging, vertolking, opvatting: ~ *simultanée* simultaantolken; *prix de la meilleure* ~ *masculine* prijs voor de beste vertolking van een mannelijke filmrol

l' **interprète** (m/v) **1** tolk: ~ *de liaison* gesprekstolk; ~ *en langue des signes* gebarentolk **2** vertolk(st)er: *être l'*~ *de la chanson* de zanger zijn van het liedje
interpréter verklaren, uitleggen, interpreteren, vertolken
interprofessionnel, -le tussen verschillende beroepsgroepen, [Belg] interprofessioneel
interrégional, -e interregionaal, [Belg] intergewestelijk

l' **interrègne** (m) tussenbewind

l' **interro** (v) [studententaal] verk van *interrogation* [mondelinge, schriftelijke] overhoring; so (afk van *schriftelijke overhoring*)

l' **¹interroga|teur** (m), **-trice** (v) examinator, -trice

²interroga|teur, -trice (bn) (onder)vragend

interrogat|if, -ive vragend

l' **interrogation** (v) vraag, ondervraging; overhoring; examen: *point d'*~ vraagteken

l' **interrogatoire** (m) verhoor; ondervraging

¹interroger (ov ww) **1** ondervragen **2** overhoren **3** [fig] raadplegen, te rade gaan bij: ~ *du regard* onderzoekend, vragend aankijken **4** verhoren

s' **²interroger** (wdk ww) zich afvragen, zich vragen stellen

¹interrompre (ov ww) **1** onderbreken, afbreken, opschorten **2** storen **3** in de rede vallen

s' **²interrompre** (wdk ww) **1** stoppen, ophouden **2** zijn zin afbreken

l' **interrupteur** (m) schakelaar

l' **interruption** (v) **1** onderbreking, storing, afbreking **2** opschorting **3** interruptie: *sans* ~ aan één stuk door

l' **intersaison** (v) halfseizoen

l' **intersection** (v) kruising

l' **interstice** (m) tussenruimte, kier, spleet
interurbain, -e interlokaal

l' **intervalle** (m) **1** tussentijd, tussenpoos: *dans l'*~ ondertussen; *par* ~*s* van tijd tot tijd; *sans* ~ onophoudelijk; *à* ~*s réguliers* met regelmatige tussenpozen **2** tussenruimte, afstand: *à 100 m d'*~ om de 100 m **3** [muz] interval **4** onderbreking, pauze

l' **intervenant** (m), **-e** (v) deelnemer, -neemster aan een discussie
intervenir 1 tussenbeide komen, [Belg] tussenkomen; bemiddelen; interveniëren, zich mengen in; ingrijpen [ook medisch]: ~ *auprès de qqn.* een goed woordje doen bij iem. **2** [jur] optreden, zich voordoen, verwezenlijkt worden: *un accord est intervenu* er is overeenstemming bereikt

l' **intervention** (v) **1** interventie: *forces d'*~ *de l'ONU* interventiemacht van de VN **2** tussenkomst, optreden; betoog, spreekbeurt; bemiddeling; [med] ingreep: ~ *chirurgicale* operatief ingrijpen

l' **interversion** (v) omzetting, verwisseling
intervertir verwisselen, omkeren

l' **interview** (v) interview

l' **interviewer** (m) interviewer

l' **¹intestin** (m) darm: *les* ~*s* de ingewanden; *grêle* dunne darm; *gros* ~ dikke darm

²intestin, -e (bn) [m.b.t. strijd] onderling, intern: *guerre* ~*e* burgeroorlog
intestinal, -e darm-, ingewands-

l' **¹intime** (m/v) vertrouweling(e)

²intime (bn) **1** vertrouwd, vertrouwelijk: *journal* ~ dagboek **2** innig, intiem: *ami* ~ boezemvriend; ~ *conviction* heilige overtuiging; *vie* ~ privéleven **3** gezellig
intimement innig, intiem; heilig: ~ *lié* nauw met elkaar verbonden

l' **intimidation** (v) intimidatie, afschrikking
intimider 1 intimideren, afschrikken,

schrik aanjagen **2** verlegen maken

l' **intimité** (v) intimiteit, vertrouwelijkheid; huiselijke kring; privacy: *dans la plus stricte* ~ **a)** in familiekring; **b)** in alle stilte [bij begrafenis]

l' **¹intitulé** (m) titel, opschrift

²intitulé, -e (bn) getiteld

¹intituler (ov ww) een titel geven aan

s' **²intituler** (wdk ww) heten [boek, film]

intolérable onverdraaglijk, onuitstaanbaar, onduldbaar

l' **intolérance** (v) onverdraagzaamheid, intolerantie; [med] allergie

intolérant, -e onverdraagzaam, intolerant

l' **intonation** (v) intonatie

intouchable taboe; heilig, onaantastbaar

l' **intoxication** (v) **1** vergiftiging [ook fig] **2** [pol] manipulatie, desinformatie

l' **intoxiqué** (m), **-e** (v) verslaafde

intoxiquer vergiftigen

intracommunautaire intracommunautair; binnen de Europese Unie

intraduisible onvertaalbaar

intraitable onhandelbaar; onvermurwbaar: *il est* ~ *sur ce point* op dat punt is hij onverzettelijk

intra-muros binnen de muren, in de stad

l' **intranet** (m) intranet

l' **intransigeance** (v) onverzoenlijkheid; onverzettelijkheid, onbuigzaamheid

intransigeant, -e onverzoenlijk, wars van elk compromis

intransit|if, -ive [taalk] onovergankelijk, intransitief: *verbe* ~ onovergankelijk werkwoord

intransmissible onoverdraagbaar

intransportable onvervoerbaar

l' **intrant** (m) [ec] input

l' **intraveineuse** (v) [med] intraveneuze injectie

intravein|eux, -euse intraveneus

intrépide onverschrokken, stoutmoedig

l' **intrépidité** (v) onverschrokkenheid, stoutmoedig optreden

l' **¹intrigant** (m), **-e** (v) intrigant(e)

²intrigant, -e (bn) intrigerend

l' **intrigue** (v) intrige [in alle bet]; gekonkel

¹intriguer (onov ww) intrigeren; konkelen

²intriguer (ov ww) nieuwsgierig maken

intrinsèque inherent, wezenlijk, intrinsiek

l' **introduc|teur** (m), **-trice** (v) inleid(st)er, degene die iem. (iets) introduceert; initiatiefnemer, -neemster

l' **introduction** (v) **1** (het) binnenbrengen, invoering: ~ *en Bourse* beursintroductie **2** introductie, aanbeveling **3** introductie, inleiding

¹introduire (ov ww) **1** binnenlaten; introduceren **2** invoeren: ~ *une réforme* een hervorming invoeren **3** ergens in doen: ~ *la clé dans la serrure* de sleutel in het slot doen

s' **²introduire** (wdk ww) **1** naar binnen gaan; binnendringen, zich naar binnen werken **2** ingevoerd worden, ingang vinden

l' **intronisation** (v) inhuldiging, (het) installeren

introniser installeren, inwijden, inhuldigen

l' **introspection** (v) introspectie, zelfbeschouwing

introuvable onvindbaar, uiterst zeldzaam

introverti, -e introvert

l' **¹intrus** (m) vreemde eend in de bijt: [spel, test] *cherchez l'*~ wat hoort er niet in dit rijtje thuis?

l' **²intrus** (m), **-e** (v) indring(st)er, ongenode gast

l' **intrusion** (v) binnendringing, indringing, inmenging: *faire* ~ binnendringen

intuit|if, -ive intuïtief, onberedeneerd, instinctief; [m.b.t. personen] met intuïtie

l' **intuition** (v) intuïtie; ingeving; voorgevoel

inuit Eskimo-

les **Inuits** (mv, m) Inuit, Eskimo's

inusable onverslijtbaar

inusité, -e ongebruikelijk

inutile nutteloos; onnodig, overbodig

inutilement nutteloos, vergeefs, vruchteloos

inutilisable onbruikbaar

inutilisé, -e ongebruikt

l' **¹invalide** (m/v) invalide

²invalide (bn) invalide, gebrekkig, gehandicapt; verminkt

invalider nietig, ongeldig verklaren

l' **invalidité** (v) invaliditeit; arbeidsongeschiktheid; [jur] ongeldigheid

invariable onveranderlijk

l' **invasion** (v) **1** inval, invasie, binnendringen: *les grandes* ~s de grote volksverhuizingen (3e-5e eeuw) **2** overlast: ~ *de sauterelles* sprinkhanenplaag

l' **invective** (v) scheldwoord

invectiver contre uitvaren (tegen), schelden (op)

les **invectives** (mv, v) uitval, scheldpartij

invendable onverkoopbaar

l' **¹invendu** (m): *les* ~s de onverkochte goederen

²invendu, -e (bn) onverkocht

l' **inventaire** (m) **1** inventaris: *dresser un* ~ een inventaris opmaken; *faire l'*~ *de* inventariseren; [fig] *sous bénéfice d'*~ onder voorbehoud **2** opsomming, (nauwkeurige) beschrijving

inventer 1 uitvinden **2** ontdekken **3** verzinnen, bedenken: *cela ne s'invente pas* dat verzin je niet; *inventé de toutes pièces* volledig uit zijn duim gezogen; *elle n'a pas inventé le fil à couper le beurre* zij heeft het buskruit niet uitgevonden

l' **inven|teur** (m), **-trice** (v) uitvind(st)er;

ontdekker, -ster; bedenker
invent|if, -ive inventief, vindingrijk
l' **invention** (v) uitvinding; verzinsel, bedenksel, vinding(rijkheid)
l' **inventivité** (v) inventiviteit, vindingrijkheid
inventorier inventariseren; opsommen, beschrijven
invérifiable niet na te gaan, onverifieerbaar, oncontroleerbaar
l' **¹inverse** (m) omgekeerde, tegengestelde: *à l'~ de* in tegenstelling tot
²inverse (bn) omgekeerd; tegengesteld: *sens ~* tegenovergestelde rijrichting
inversement vice versa
inverser verwisselen, omkeren; [elek] omschakelen: *~ les rôles* de rollen omdraaien
l' **inversion** (v) **1** inversie **2** omzetting, omkering
invertébré, -e ongewerveld
les **invertébrés** (mv, m) ongewervelde dieren
investiga|teur, -trice onderzoekend, vragend
l' **investigation** (v) onderzoek(ing), nasporing
investir 1 (+ de) bekleden met, bevestigen in [ambt, waardigheid] **2** omsingelen, belegeren **3** [ec] investeren [ook fig]; beleggen
l' **investissement** (m) investering, belegging
l' **investisseur** (m) investeerder, belegger
l' **investiture** (v) aanstelling; bekleding [met een ambt]; benoeming: *déclaration d'~* regeringsverklaring
invétéré, -e ingeroest, ingeworteld; verstokt, onverbeterlijk
invincible onoverwinnelijk; onoverkomelijk; onweerstaanbaar
inviolable onschendbaar
inviolé, -e ongeschonden
l' **invisibilité** (v) onzichtbaarheid
invisible 1 onzichtbaar **2** [m.b.t. personen] onbereikbaar
l' **invitation** (v) uitnodiging; aansporing
l' **invite** (v) vingerwijzing, wenk, hint
l' **invité** (m), **-e** (v) genodigde, gast; logé, logee: *~ d'honneur* eregast; *~ de marque* belangrijke gast
inviter à 1 uitnodigen (tot): *~ à dîner* te eten vragen **2** aansporen (tot): *~ qqn. à la prudence* iem. tot voorzichtigheid manen
invivable 1 onuitstaanbaar **2** onleefbaar
l' **invocation** (v) **1** aanroeping **2** (het) zich beroepen op
involontaire 1 onwillekeurig; onopzettelijk **2** onvrijwillig; ongewild
invoquer 1 aanroepen **2** inroepen; zich beroepen op **3** citeren, aanhalen
invraisemblable onwaarschijnlijk, onmogelijk
l' **invraisemblance** (v) onwaarschijnlijkheid

l' **invulnérabilité** (v) onkwetsbaarheid
invulnérable onkwetsbaar
l' **iode** (m) jodium
iodé, -e jodiumhoudend
l' **iota** (m) jota: *sans changer un ~* zonder ook maar iets te veranderen
ipso facto feitelijk
l' **Irak** (m) Irak
irakien, -ne Iraaks
l' **Irakien** (m), **-ne** (v) Irakees, Irakese
l' **Iran** (m) Iran
iranien, -ne Iraans
l' **Iranien** (m), **-ne** (v) Iraniër, Iranese
Iraq *zie Irak*
l' **irascibilité** (v) prikkelbaarheid, lichtgeraaktheid
irascible prikkelbaar, lichtgeraakt
l' **iris** (m) **1** iris, regenboogvlies **2** iris [bloem]; lis
¹iriser (ov ww) alle kleuren van de regenboog geven
s' **²iriser** (wdk ww) alle kleuren van de regenboog vertonen
irlandais, -e Iers
l' **Irlandais** (m), **-e** (v) Ier(se)
l' **Irlande** (v) Ierland
l' **IRM** (v) afk van *imagerie par résonance magnétique* MRI-scan
l' **ironie** (v) ironie
ironique ironisch
ironiser zich ironisch uitlaten, schamperen
l' **irradiation** (v) uitstraling; bestraling: *danger d'~* stralingsgevaar
¹irradier (onov ww) (uit)stralen; [m.b.t. pijn] uitstralen, zich verbreiden
²irradier (ov ww) bestralen: *personne irradiée* aan straling blootgesteld iem.
irraisonné, -e onberedeneerd
irrationnel, -le irrationeel, onredelijk
irréalisable niet te verwezenlijken, onbereikbaar, onuitvoerbaar
irréaliste onrealistisch
l' **irréalité** (v) onwerkelijkheid
irrecevable onaanvaardbaar; [jur] niet ontvankelijk
irréconciliable onverzoenlijk; niet met elkaar te rijmen
irrécupérable 1 onbruikbaar geworden **2** verloren [van een persoon]
irrécusable onweerlegbaar
irréductible 1 onherleidbaar **2** onverzettelijk, onvermurwbaar
irréel, -le onwezenlijk, onwerkelijk, irreëel
irréfléchi, -e onnadenkend, ondoordacht, onbedachtzaam
l' **irréflexion** (v) onnadenkendheid; lichtzinnigheid
irréfutable onweerlegbaar
l' **irrégularité** (v) onregelmatigheid; ongeregeldheid; oneffenheid
irrégul|ier, -ière 1 onregelmatig: *pouls ~*

onregelmatige pols(slag) **2** ongeregeld, irregulier **3** ongelijkmatig, wisselend; zonder regelmaat: *étranger en situation irrégulière* illegaal

irréligi|eux, -euse ongodsdienstig; buitenkerkelijk

irrémédiable onherstelbaar: *situation* ~ hopeloze situatie

irremplaçable onvervangbaar; [m.b.t. personen] van onschatbare waarde

irréparable onherstelbaar, niet terug te draaien

irrépressible onbedwingbaar, onweerstaanbaar

irréprochable onberispelijk, voorbeeldig

irrésistible onweerstaanbaar; oerkomisch, onbetaalbaar

l' **¹irrésolu** (m), **-e** (v) twijfelaar(ster)
 ²irrésolu, -e (bn) besluiteloos, weifelend

l' **irrésolution** (v) besluiteloosheid

l' **irrespect** (m) oneerbiedigheid

irrespectu|eux, -euse oneerbiedig

irrespirable niet om in te ademen, verstikkend; onverdraaglijk

l' **irresponsabilité** (v) **1** onverantwoordelijkheid **2** onschendbaarheid **3** ontoerekeningsvatbaarheid

irresponsable 1 onverantwoordelijk **2** onschendbaar [van staatshoofd] **3** ontoerekeningsvatbaar

irrétrécissable krimpvrij

l' **irrévérence** (v) oneerbiedigheid; brutaliteit

irrévérenci|eux, -euse oneerbiedig, brutaal, vrijpostig

irréversible onomkeerbaar

irrévocable onherroepelijk

irrigable bevloeibaar

l' **irrigateur** (m) sproeier

l' **irrigation** (v) irrigatie, bevloeiing; doorbloeding

irriguer bevloeien, irrigeren

l' **irritabilité** (v) prikkelbaarheid, lichtgeraaktheid

irritable prikkelbaar

irritant, -e irriterend; prikkelend, irritant, ergerlijk

l' **irritation** (v) irritatie, prikkeling; geprikkeldheid; ergernis

irrité, -e geïrriteerd, geërgerd, geprikkeld; licht ontstoken

¹irriter (ov ww) irriteren, prikkelen; ergeren

s' **²irriter** (wdk ww) kwaad worden, zich ergeren

l' **irruption** (v) **1** overrompeling, inval: *faire* ~ *dans* binnenvallen **2** overstroming

l' **islam** (m) islam [godsdienst]

l' **Islam** (m) islamitische volken, cultuur

islamique islamitisch

islamiser tot de islam bekeren

l' **islamisme** (m) islamisme

l' **¹islandais** (m) (het) IJslands
 ²islandais, -e (bn) IJslands

l' **Islandais** (m), **-e** (v) IJslander, IJslandse

l' **Islande** (v) IJsland

l' **¹isolant** (m) isolatiemiddel
 ²isolant, -e (bn) isolerend, niet-geleidend

l' **isolation** (v) isolatie [elektriciteit, geluid]

isolationniste [pol] isolationistisch

isolé, -e 1 geïsoleerd **2** losstaand **3** afgezonderd, eenzaam

l' **isolement** (m) **1** isolement, afzondering, eenzaamheid **2** (het) op zichzelf aangewezen zijn **3** afgelegen ligging **4** isolatie

isolément afzonderlijk, apart, op zichzelf

¹isoler (ov ww) **1** isoleren [in alle bet]; afzonderen **2** afzonderlijk beschouwen; uit zijn context halen

s' **²isoler** (wdk ww) zich terugtrekken, zich afzonderen

l' **isoloir** (m) stemhokje

l' **Israël** (m) Israël

israélien, -ne Israëlisch

l' **Israélien** (m), **-ne** (v) Israëliër, Israëlische

israélite Israëlitisch, israëlitisch

l' **Israélite** (m/v) Israëliet, israëliet, Jood(se), jood(se)

issu, -e de ontsproten (uit); voortkomend (uit), geboren (uit), ontstaan (uit)

l' **issue** (v) **1** uitgang: ~ *de secours* nooduitgang **2** uitweg: *sans* ~ **a)** doodlopend; **b)** hopeloos **3** afloop: *à l'* ~ *de* aan het einde van

l' **IST** (v) afk van *infection sexuellement transmissible* soa, seksueel overdraagbare aandoening

l' **isthme** (m) (land)engte

l' **Italie** (v) Italië

l' **¹italien** (m) (het) Italiaans
 ²italien, -ne (bn) Italiaans

l' **Italien** (m), **-ne** (v) Italiaan(se)

l' **italique** (m) cursieve letter: *en* ~ cursief

l' **itinéraire** (m) reisweg, route, traject; routebeschrijving

itinérant, -e rondtrekkend: *ambassadeur* ~ reizend ambassadeur

l' **IUFM** (m) afk van *Institut universitaire de formation des maîtres* universitaire lerarenopleiding

l' **IUT** (m) afk van *Institut universitaire de technologie* ± hbo-instelling voor technisch onderwijs

l' **IVG** (v) afk van *interruption volontaire de grossesse* zwangerschapsafbreking, abortus (provocatus)

l' **ivoire** (m) **1** ivoor **2** ivoren voorwerp

l' **Ivoirien** (m), **-ne** (v) Ivoriaan(se)

l' **ivraie** (v): *séparer le bon grain de l'* ~ het kaf van het koren scheiden

ivre dronken: ~ *de colère* witheet; ~ *de bonheur* gelukzalig; ~ *mort* stomdronken

l' **ivresse** (v) dronkenschap; [fig] bedwelming, roes

I' **ivrogne** (m/v) dronkaard, dronkenlap

I' **ivrognerie** (v) dronkenschap, drankzucht

j

le **j** (m) [de letter] j

le **jabot** (m) **1** [van vogels] krop **2** bef

jacasser 1 [van ekster] klappen **2** kwebbelen, kakelen

la **jachère** (v) (het) braak liggen; braakland: *en* ~ braak(liggend); [fig] *laisser qqch. en* ~ iets onbenut laten

la **jacinthe** (v) hyacint

le/la **¹jacobin** (m), **-e** (v) jakobijn(se), felle republikein(se)

²jacobin, -e (bn) jakobijns

jacquard (mv: onv) jacquard [stof met ingeweven patroon]

la **jactance** (v) [pop] gezwam

jacter [pop] kletsen, zwammen

le **jacuzzi** (m) jacuzzi, bubbelbad, whirlpool

le **jade** (m) **1** jade **2** jaden voorwerp

jadis [form] eertijds, vroeger: *au temps* ~ in vroegere tijden

le **jaguar** (m) jaguar

jaillir 1 (op)springen, (op)spatten, (op)spuiten; ontspringen; uitslaan [van vlammen] **2** [ook fig] (plotseling) tevoorschijn komen, opkomen, opwellen

le **jaillissement** (m) het tevoorschijn komen; *zie jaillir*

le **jais** (m) git: *de* ~, *noir comme du* ~ gitzwart

le **jalon** (m) jalon, bakenstok; [fig] baken, richtsnoer: *poser* (of: *planter*) *les* ~s *de qqch.* iets uitstippelen

le **jalonnement** (m) afpaling, afbakening

jalonner afbakenen, afpalen; van afstand tot afstand plaatsen; [fig] markeren; uitstippelen: *arbres qui jalonnent la route* bomen langs de weg; *entreprise jalonnée d'obstacles* onderneming met veel hindernissen

jalousement 1 jaloers **2** angstvallig

jalouser jaloers zijn op

la **jalousie** (v) **1** jaloezie, afgunst, jaloersheid **2** jaloezie, zonneblind

jal|oux, -ouse de jaloers (op), afgunstig (op)

jamaïcain, -e Jamaicaans

le/la **Jamaïcain** (m), **-e** (v) Jamaicaan(se)

la **Jamaïque** (v) Jamaica

jamais 1 ooit: *à* (*tout*) ~ voorgoed, voor eeuwig **2** [met *ne* of zonder ww] nooit: ~ *de la vie, au grand* ~ nooit ofte nimmer; *ne plus* ~ nooit meer; *mieux vaut tard que* ~ beter laat dan nooit

la **jambe** (v) **1** been; poot: *elle s'est cassé la* ~ zij heeft haar been gebroken; *à toutes* ~s zo hard als je kunt; *être dans les* ~s *de qqn.* iem.

voor de voeten lopen; *la peur lui coupe les* ~s de schrik slaat hem in de benen; *prendre ses* ~s *à son cou* het op een lopen zetten; *les* ~s *écartées* wijdbeens; *les* ~s *d'un compas* de benen van een passer; [fig] *faire qqch. par-dessous la* ~ iets op zijn janboerenfluitjes doen; [fig] *ça me fait une belle* ~! daar schiet ik wat mee op! **2** broekspijp

la **jambière** (v) beenkap, beenbeschermer

le **jambon** (m) ham, [Belg] hesp

le **jambon-beurre** (m; mv: jambons-beurres) sandwich [met boter en ham]

le **jambonneau** (m) hammetje

la **jante** (v) velg

le **janvier** (m) januari: *le premier* ~ één januari, nieuwjaarsdag

le **Japon** (m) Japan

le **¹japonais** (m) (het) Japans

²japonais, -e (bn) Japans

le/la **Japonais** (m), **-e** (v) Japanner, Japanse

le **jappement** (m) gekef

japper keffen

la **jaquette** (v) **1** jacquet [jas] **2** (boek)omslag **3** [tandheelkunde] jacketkroon

le **jardin** (m) tuin: ~ *botanique* hortus, botanische tuin; ~ *public* park; ~ *potager* moestuin; *c'est une pierre dans son* ~ dat is een steek onder water || ~ *d'enfants* kleuterschool, [Belg] peutertuin; ~ *du souvenir* strooiveld [van crematorium]

le **jardinage** (m) (het) tuinieren: *matériel de* ~ tuingereedschap; *faire du* ~ tuinieren

jardiner tuinieren

la **jardinerie** (v) tuincentrum

le **jardinet** (m) tuintje

le/la **¹jardin|ier** (m), **-ière** (v) tuinman, tuinier(ster); tuinder || ~ *d'enfants* kleuterleidster

²jardin|ier, -ière (bn) tuin-

la **jardinière** (v) **1** bloembak **2** (gerecht van) allerlei groenten

le **jargon** (m) **1** brabbeltaal; koeterwaals **2** jargon, vaktaal, groepstaal: ~ *de métier* vakjargon

jargonner brabbelen

la **jarre** (v) kruik; aarden vat

le **jarret** (m) **1** knieholte **2** spronggewricht [van dieren] **3** [cul] schenkel

la **jarretelle** (v) jarretelle

la **jarretière** (v) kousenband

le **jars** (m) mannetjesgans

jaser roddelen: *faire* ~ aanleiding geven tot kletspraatjes

le/la **¹jas|eur** (m), **-euse** (v) roddelaar(ster)

le **²jaseur** (m) **1** pestvogel **2** kletskous

le **jasmin** (m) jasmijn

la **jauge** (v) **1** vereiste inhoud **2** ijkmaat **3** peilstok, meetschaal: ~ *d'essence* benzinemeter

¹jauger (onov ww) diepgang hebben van; een tonnenmaat hebben van: *cargo qui jauge 50 000 tonnes* vrachtschip van 50.000 ton

²jauger (ov ww) meten, ijken; peilen; [fig] naar waarde schatten

jaunâtre geelachtig

le **¹jaune** (m) **1** (het) geel: ~ d'œuf eierdooier, eigeel **2** onderkruiper [bij staking]

²jaune (bn) geel: teint ~ gelige gelaatskleur || rire ~ lachen als een boer die kiespijn heeft

¹jaunir (onov ww) geel worden

²jaunir (ov ww) geel maken, kleuren, verven

la **jaunisse** (v) geelzucht

la **java** (v) java [soort dans]; [pop] faire la ~ feesten, de bloemetjes buiten zetten

javanais, -e Javaans

le/la **Javanais** (m), **-e** (v) Javaan(se)

la **Javel** (v): eau de ~ bleekwater

javelliser [water] chloreren

le **javelot** (m) **1** werpspies, speer **2** (het) speerwerpen

le **jazz** (m) jazz

J.-C. afk van Jésus-Christ J.C.: 52 av. ~ 52 v.Chr.

je (voor klinkers en stomme h: j') ik

le **jean** (m) **1** spijkerbroek **2** spijkerstof

Jean-Baptiste [Bijb] Johannes de Doper

le **jean-foutre** (m) sukkel

la **jeep** (v) jeep

Jéhovah [Bijb] Jehova: témoin de Jéhova Jehova's getuige

le **je-m'en-fichisme** (m; mv: onv) onverschilligheid

le **je-m'en-foutisme** (m; mv: onv) onverschilligheid

le **je-ne-sais-quoi** (m; mv: onv) iets onbestemds, ik weet niet wat: elle a un ~ de provocant ze heeft iets uitdagends

la **jérémiade** (v) [inf] jeremiade; jammerklacht; geklaag

le **jerricane** (m) jerrycan

le **jésuite** (m) jezuïet

jésuitique 1 jezuïtisch, jezuïeten- **2** [neg] schijnheilig

le **Jésus-Christ** (m) Jezus Christus

le **¹jet** (m) **1** (het) (weg)werpen, worp: à un ~ de pierre op een steenworp afstand **2** [van metaal] (het) gieten **3** straal: ~ d'eau **a)** waterstraal; **b)** fontein; ~ de lumière lichtstraal; ~ de vapeur ontsnappende stoom **4** uitspruitsel, loot, scheut || ~ d'encre inkjet(printer); à ~ continu onafgebroken; du premier ~ meteen; d'un (seul) ~ in één keer, ineens; premier ~ schets, ontwerp

le **²jet** (m) straalvliegtuig

jetable wegwerp-

la **jetée** (v) havenhoofd, pier

¹jeter (ov ww) **1** werpen, afwerpen, neerwerpen, uitwerpen, wegwerpen, gooien, toewerpen; smijten: ~ qqn. dans le désespoir iem. tot wanhoop brengen; ~ un coup d'œil sur een blik werpen op; [fig] ~ qqch. à la tête de qqn. iem. iets naar het hoofd slingeren, iem. iets verwijten; [fig] ~ un froid een pijn-

lijke stilte teweegbrengen **2** [van metaal] gieten **3** leggen, vormen: ~ un pont sur een brug slaan over

se **²jeter** (wdk ww) **1** zich werpen, zich storten: se ~ au cou de qqn. iem. om de hals vliegen; [fig] se ~ à l'eau de gok wagen **2** uitmonden, uitkomen: ce fleuve se jette dans la mer du Nord deze rivier mondt in de Noordzee uit

le **jeton** (m) fiche, speelmunt, telefoonmunt: ~s de présence presentiegeld, [Belg] zitpenning || un faux ~ een huichelaar; avoir les ~s in de rats zitten

le **jet-ski** (m; mv: jet-skis) jetski

le **jeu** (m) **1** spel; spelletje: le ~ ne vaut pas la chandelle het sop is de kool niet waard; avoir beau ~ gemakkelijk spel hebben; entrer dans le ~ de qqn. met iem. meedoen; entrer en ~ **a)** beginnen te spelen; **b)** in werking treden, er aan te pas komen; d'entrée de ~ meteen al; faire le ~ de qqn. iem. in de kaart spelen; faites vos ~x! u kunt inzetten!; les ~x sont faits daar valt niets meer aan te veranderen, de kous is af; se faire un ~ de qqch. vermaak scheppen in; b) gemakkelijk aankunnen; ~x de main/b) handtastelijkheden; [sport] hors ~ buitenspel; ~ de mots woordspeling; ~ télévisé tv-quiz; maison de ~ speelhuis, casino; être en ~ op het spel staan; être dans le ~ meedoen; ce n'est qu'un ~ het is maar kinderspel; ~ de dames damspel; ~ informatique computerspelletje; ~ de société gezelschapsspel; se piquer au ~ koppig volhouden; c'est un ~ d'enfant een kind kan de was doen; se prendre au ~ de de smaak te pakken krijgen van; tricher au ~ vals spelen; tirer son épingle du ~ ergens handig uitdraaien; ~ d'orgue orgelregister; jouer le grand ~ alles uit de kast halen **2** beweging, werking: ~x d'eau waterwerken; mettre en ~ in het werk stellen **3** speling: avoir du ~ speling hebben **4** stel, set || vieux ~ ouderwets

le **jeudi** (m) donderdag: ~ saint Witte Donderdag; la semaine des quatre ~s met sint-juttemis

jeun: à ~ nuchter

le/la **¹jeune** (m/v) jongere; [van dier] jong: les ~s de jongeren, de jeugd

²jeune (bn) **1** jong, jeugdig: ~ fille meisje; ~s gens jongelui; ~ homme jongmens; sa ~ sœur zijn, haar jongere zus; il fait plus ~ que son âge hij ziet er jong uit; ~ d'esprit jong van geest **2** nieuw, recent: les ~s mariés het pasgetrouwde stel; être ~ dans le métier een nieuweling in het vak zijn

le **jeûne** (m) (het) vasten, onthouding

jeûner vasten

la **jeunesse** (v) jeugd, jeugdigheid: ~ dorée rijke jongelui; il faut que ~ se passe de jeugd moet jong zijn; [pop] ça va, la ~? alles goed, jongelui?

jeunet, -te piepjong

le/la **jeunot** (m), **-te** (v) jongeman; jong meisje

le **jihad** (m) jihad

le **jiu-jitsu** (m) jiujitsu [vechtsport]

le **¹JO** (m) afk van *Journal officiel* Stct., Staatscourant; [Belg] Stbl., Staatsblad

les **²JO** (mv, m) afk van *Jeux olympiques* OS (afk
van *Olympische Spelen*)

la **joaillerie** (v) **1** juweliersvak **2** juweliers-
winkel **3** juwelen

le/la **joaill|ier** (m), **-ière** (v) juwelier(ster)

le **job** (m) baantje; werk

le/la **¹jobard** (m), **-e** (v) onnozele hals

²jobard, -e (bn) onnozel

le/la **jobiste** (m/v) [Belg] jobstudent(e) [Belg];
werkstudent(e)

le/la **jociste** (m/v) [bestuur] kajotter

le **jockey** (m) jockey

la **Joconde** (v) [bk] Mona Lisa

le **¹joggeur** (m) joggingschoen

le/la **²jogg|eur** (m), **-euse** (v) jogger, trimmer,
trimster

le **jogging** (m) **1** jogging, het joggen **2** trainingspak

la **joie** (v) vreugde, blijdschap, genot: *à cœur* ~
naar hartenlust; *se faire une* ~ *de* a) zich verheugen op; b) genoegen scheppen in; *faire la*
~ *de* het geluk uitmaken van; *mettre en* ~
vrolijk maken; *fille de* ~ meisje van plezier; *de
vivre* levensvreugde; *cache ta* ~*!* niet zo
enthousiast! [als aansporing]; *cris de* ~
vreugdekreten; *être fou de* ~ gek van vreugde zijn

¹joindre (onov ww) sluiten, passen, aaneensluiten

²joindre (ov ww) **1** samenvoegen, (samen)-
vouwen, verbinden, bij(een)voegen, toevoegen, verenigen; ~ *les mains* de handen vouwen; ~ *les deux bouts* de eindjes aan elkaar
knopen, rondkomen; ~ *les pièces justificatives*
bewijsstukken bijvoegen; ~ *l'utile à l'agréable*
het nuttige met het aangename verenigen;
~ *le geste à la parole* de daad bij het woord
voegen **2** bereiken, zich voegen bij: *je n'arrive
pas à la* ~ ik krijg haar maar niet te pakken

se **³joindre à** (wdk ww) **1** zich aansluiten bij,
zich voegen bij **2** deelnemen aan

le **¹joint** (m) **1** naad, las, voeg **2** pakking, afsluiting **3** koppeling **4** joint ‖ *trouver le* ~ de
goede manier vinden

²joint, -e (bn) **1** samengevoegd **2** bijgevoegd: *ci-*~ bijgevoegd; *pièces* ~*es* bijlagen

³joint volt dw van *¹joindre*

jointoyer voegen [bouw]

la **jointure** (v) **1** gewricht **2** naad, voeg

le **¹jojo** (m): [pop] *un affreux* ~ een enfant ter-
rible

²jojo (bn) [pop] leuk

le **joker** (m) joker

joli, -e mooi; aardig; leuk; knap: *c'est du* ~
het is me wat moois!

joliment 1 mooi, aardig: *on est* ~ *bien ici* we

zitten hier heel goed; [iron] *tu te trompes* ~ je
hebt het glad mis **2** behoorlijk, heel wat

le **jonc** (m) bies, riet: *corbeille de* ~ rieten
mand

joncher de bezaaien, bedekken, bestrooi-
en met: *le sol est jonché de papier* de vloer ligt
vol met papier

la **jonction** (v) verbinding(spunt); aansluiting

jongler 1 jongleren **2** goochelen

la **jonglerie** (v, vaak mv) gegoochel, truc; vertoon van virtuositeit

le/la **jongl|eur** (m), **-euse** (v) jongleur

la **jonque** (v) jonk [Chinees schip]

la **¹jonquille** (v) (gele) narcis

²jonquille (bn, mv: *onv*) lichtgeel

la **Jordanie** (v) Jordanië

jordanien, -ne Jordaans

le/la **Jordanien** (m), **-ne** (v) Jordaniër, Jordaan-
se

jouable speelbaar: *c'est* ~ dat is te doen

le **joual** (m) in Canada gesproken familiair
Frans

la **joubarbe** (v) huislook

la **joue** (v) wang: *coucher* (of: *mettre*) *en* ~
aanleggen [een geweer]; *de cabillaud* kib-
beling

le **joueb** (m) weblog

¹jouer (onov ww) **1** spelen: *à vous de* ~ u
bent aan zet; *bien joué!* goed gedaan!; ~ *à un
jeu* een spel spelen; ~ *au foot* voetballen; ~ *au
tennis* tennissen; ~ *aux courses* gokken [bij
paardenrennen]; ~ *aux dames* dammen; ~ *à la
bourse* speculeren; ~ *sur les mots* woordspelingen maken **2** [van een instrument] spelen,
bespelen: ~ *du piano* pianospelen **3** werken,
zich bewegen, speling hebben: *faire* ~ laten
werken; *le temps joue en sa faveur* de tijd
werkt in zijn voordeel ‖ ~ *des coudes* zijn ellebogen gebruiken

²jouer (ov ww) **1** spelen: ~ *gros (jeu)* grof
spelen; *il joue bien son jeu* hij legt het handig
aan; ~ *le jeu de qqn.* iem. in de kaart spelen; *il
faut* ~ *le jeu* je moet het spel volgens de regels spelen; ~ *un tour à qqn.* iem. een poets
bakken **2** uitspelen: ~ *une carte* een kaart
uitspelen; ~ *un pion* a) [schaken] een pion
verzetten; b) [dammen] een damschijf verzetten **3** inzetten: ~ *sa vie* zijn leven op het
spel zetten; ~ *sa fortune* zijn geld wagen ‖ ~
de son autorité zijn gezag uitspelen

se **³jouer** (wdk ww) **1** gespeeld worden; zich
afspelen **2** op het spel staan **3** (+ de) spotten
met; maling hebben aan; aankunnen: *se* ~
des difficultés de moeilijkheden aankunnen;
(comme) en se jouant spelenderwijs

le **jouet** (m) speelgoed, speeltje; [fig] speelbal

jouette speels

le/la **¹jou|eur** (m), **-euse** (v) speler, speelster:
beau ~ goede verliezer; *mauvais* ~ slechte
verliezer

²jou|eur, -euse (bn) speels; goklustig

joufflu, -e bolwangig

le **joug** (m) juk [ook fig]

jouir 1 (+ de) genieten van **2** (+ de) beschikken over; in het genot zijn van **3** klaarkomen, een orgasme hebben

la **jouissance** (v) **1** genot, genieting **2** [jur] vruchtgebruik **3** [jur] bezit: *avoir* la ~ *de* in het bezit zijn van

jouissant, -e [pop] heerlijk, reuze

le/la **jouiss|eur** (m), **-euse** (v) genotzoek(st)er, levensgeniet(st)er

jouiss|if, -ive [pop] heerlijk, reuze

le **joujou** (m) stuk speelgoed, speeltje: *des ~x* speelgoed; *faire ~ avec* spelen met

le **jour** (m) **1** dag: *le ~ J* D-day; *l'autre ~* onlangs; *de ~* overdag, bij dag; *vivre au ~ le ~* le dag leven; *un (beau) ~* op zekere dag; *un ~ de congé* vrije dag, snipperdag; *un ~ férié* een feestdag; *du ~ au lendemain* **a)** van de ene dag op de andere; **b)** op staande voet; *de nos ~s* tegenwoordig, heden; *un de ces ~s* één dezer dagen; *ce ~-là* die dag; *~ pour ~* op de dag af; *ce n'est pas mon ~* ik heb mijn dag niet; *de tous les ~s* (alle)daags, doordeweeks; *d'un ~ à l'autre* **a)** binnenkort; **b)** van de ene dag op de andere; *un ~ ou l'autre* eens; *~ de l'An* nieuwjaarsdag; *huit ~s* een week; *quinze ~s* veertien dagen; *des morts* Allerzielen; *grands ~s* hoogtijdagen; *vieux ~s* oude dag, ouderdom; *être à ~* bij(gehouden) zijn; *(re)mettre à ~* bijwerken; *tenir à ~* bijhouden, updaten **2** daglicht, licht; levenslicht: *le ~ se lève* de dag breekt aan; *en plein ~* op klaarlichte dag; *au grand ~* open en bloot; *petit ~* vroege morgen; *il fait ~* het is licht; *au point du ~* bij het aanbreken van de dag; *présenter sous un ~ favorable* in een gunstig daglicht stellen; *donner le ~ à* het leven schenken aan; *voir le ~* het levenslicht aanschouwen, ontstaan; *se faire ~* duidelijk worden, naar boven komen; *mettre au ~* voor de dag halen, blootleggen

le **journal** (m) **1** dagblad, krant: *~ clandestin* [Belg] sluikblad; *~ des SDF* daklozenkrant; [Fr] *Journal officiel* Staatscourant, [Belg] Staatsblad; *~ sportif* sportkrant **2** tijdschrift **3** journaal: *~ parlé* radiojournaal; *~ télévisé* televisiejournaal **4** dagboek: *tenir un ~* een dagboek bijhouden; *~ de bord* scheepsjournaal, logboek; *~ de classe* **a)** [Belg] schoolagenda; **b)** [hand] journaal

le/la **¹journal|ier** (m), **-ière** (v) dagloner

²journal|ier, -ière (bn) dagelijks

le **journalisme** (m) journalistiek

le/la **journaliste** (m/v) journalist(e)

journalistique journalistiek

la **journée** (v) **1** dag: *à la ~* per dag; *à longueur de ~*, *toute la sainte ~* de hele dag door; *pendant la ~* overdag **2** werkdag **3** dagloon || [Belg] *femme à ~* werkster

journellement dagelijks

la **joute** (v) steekspel, toernooi; [fig] *~ oratoire* debat, steekspel met woorden

jovial, -e joviaal, opgeruimd

la **jovialité** (v) jovialiteit, opgeruimdheid

le **joyau** (m) juweel

joy|eux, -euse vrolijk, blij, opgeruimd; vreugdevol: *joyeuse ambiance* leuke sfeer; *~ Noël!* vrolijk, zalig kerstfeest!

la **jubilation** (v) gejubel, uitgelaten vreugde

le **jubilé** (m) **1** [jodendom; r-k] jubeljaar **2** gouden jubileum [vijftigjarig]

jubiler jubelen

¹jucher (ov ww) hoog plaatsen: *refuge juché sur une pente* berghut hoog op een helling

se **²jucher** (wdk ww) hoog gaan zitten

judaïque joods, Joods

le **judaïsme** (m) joodse godsdienst

le **judas** (m) **1** verrader, judas **2** kijkgaatje

judéo-chrétien, -ne joods-christelijk

judiciaire rechterlijk, gerechtelijk, rechts-: *police ~* recherche; *casier ~* strafblad; *aide ~* rechtshulp; [Belg] *code ~* [Belg] gerechtelijk wetboek

judici|eux, -euse oordeelkundig, verstandig

le **judo** (m) judo

le **juge** (m) **1** rechter: *~ des enfants* kinderrechter, [Belg] jeugdrechter; *~ d'instance* kantonrechter; *~ d'instruction* onderzoeksrechter, rechter-commissaris; *~ de paix* [Belg] vrederechter; *~ des référés* kortgedingrechter; *être ~ et partie* rechter in eigen zaak zijn **2** scheidsrechter: [sport] *~ de touche* grensrechter **3** beoordelaar || [fig] *je vous laisse ~ de* aan u om te oordelen over

le **jugement** (m) **1** beoordeling; oordeel, mening: *~ de valeur* waardeoordeel; *manquer de ~* geen oordeelsvermogen hebben **2** vonnis, uitspraak: *rendre un ~* uitspraak doen, een vonnis vellen

la **jugeote** (v) gezond verstand

¹juger de (onov ww) **1** oordelen (over), vinden, achten: *à en ~ par* te oordelen naar; *au jugé* op goed geluk; *vous jugez du reste* de rest kun je je wel voorstellen; *jugez un peu!* nu vraag ik je! **2** zich voorstellen, zich indenken

²juger (ov ww) **1** beoordelen; oordelen over **2** uitspraak doen in, rechtspreken over

se **³juger** (wdk ww) **1** beoordeeld worden; berecht worden **2** elkaar beoordelen

la **¹jugulaire** (v) keelband; stormband

²jugulaire (bn) keel-

juguler onderdrukken, tot staan brengen, stuiten

le/la **¹juif** (m), **juive** (v) jood, Jood, jodin, Jodin

²juif, juive (bn) joods, Joods: *le peuple ~* het Joodse volk

le **juillet** (m) juli: *le 14 Juillet* Franse nationale feestdag; *le 21 Juillet* Belgische nationale feestdag

le **juin** (m) juni

le **juke-box** (m) jukebox

le **jules** (m) [pop] vrijer; kerel

la **julienne** (v) **1** fijn gesneden groente; soepgroenten **2** groentesoep

le/la **¹jumeau** (m), **jumelle** (v) tweeling; tweelingbroer, tweelingzus; evenbeeld: *faux ~x* twee-eiige (*of:* niet-identieke) tweelingen
²jumeau, jumelle (bn) tweeling-; gelijk: *sœur* jumelle tweelingzus; *lits ~x* (het) lits-jumeaux

le **jumelage** (m) **1** (het) koppelen, samenvoegen **2** het vormen van een zustergemeente, stedenband, [Belg] verzustering
jumeler koppelen, samenvoegen: *villes* jumelées zustersteden; *maisons* jumelées twee-onder-een-kapwoningen

la **¹jumelle** (v) verrekijker, toneelkijker: *une paire* de ~s een verrekijker

la **²jumelle** (v) v vorm van ¹*jumeau*
³jumelle (bn) v vorm van ¹*jumeau*

la **jument** (v) merrie

la **jungle** (v) jungle

junior junior, jongere

la **junte** (v) junta

la **jupe** (v) rok: ~ *plissée* plooirok ‖ *être dans les* ~*s de sa mère* aan moeders rokken hangen

la **jupe-culotte** (v; mv: jupes-culottes) broekrok

la **jupe-portefeuille** (v; mv: jupes-portefeuilles) wikkelrok

la **jupette** (v) kort rokje; minirok

le **jupon** (m) onderrok; rok: *courir le* ~ achter de vrouwen aanzitten; *coureur de* ~ rokkenjager
jurassien, -ne van de Jura

le/la **¹juré** (m), **-e** (v) jurylid
²juré, -e (bn) gezworen; beëdigd: *ennemi* ~ aartsvijand
¹jurer (onov ww) **1** zweren, een eed afleggen: *j'en* ~*ais* ik zou er een eed op durven doen; *il ne faut* ~ *de rien* alles is mogelijk, niets is zeker **2** vloeken
²jurer (ov ww) zweren, verzekeren: [inf] ~ *ses grands dieux* bij hoog en laag beweren

la **juridiction** (v) **1** rechtsbevoegdheid, jurisdictie; rechtspraak **2** gerecht; rechtscollege **3** rechtsgebied
juridique juridisch, rechtskundig: *action* ~ rechtsvordering; *statut* ~ rechtspositie

la **jurisprudence** (v) jurisprudentie; rechtspraak: [fig] *faire* ~ gezaghebbend zijn

le/la **juriste** (m/v) jurist(e), rechtsgeleerde

le **juron** (m) vloek

le **jury** (m) **1** jury **2** juryrechtbank **3** examencommissie, [Belg] jury

le **jus** (m) **1** sap; nat: ~ *de raisins* druivensap; [fig] *laisser cuire qqn. dans son* ~ iem. in zijn eigen sop gaar laten koken **2** [pop] koffie **3** [pop] elektrische stroom: *mettre le* ~ de stroom aansluiten

le/la **jusqu'au-boutiste** (m/v) (verbeten) doorzetter, extremist(e)

la **jusque** (voor klinker of stomme h *jusqu'*, meestal *jusqu'à*) **1** tot, tot aan, tot en met: *du matin jusqu'au soir* van 's morgens vroeg tot 's avonds laat; *jusqu'où?* tot waar?; *jusqu'à quand?* tot wanneer?; *aller jusqu'à* zover gaan, dat; *jusqu'à ce que* totdat; *jusqu'ici* **a)** tot hier; **b)** tot nu toe; *jusqu'à présent* tot dusver; ~*-là* tot daar, tot zover; *j'en ai* ~*-là* het zit me tot hier **2** zelfs: *ignorer jusqu'au nom de qqn.* iemands naam niet eens kennen

le **¹juste** (m) rechtvaardige ‖ *au* ~ precies; *au plus* ~ zo precies mogelijk
²juste (bn) **1** rechtvaardig, rechtmatig: *il est sévère mais* ~ hij is streng maar rechtvaardig **2** gerechtvaardigd, gegrond: *à* ~ *titre* terecht **3** juist, nauwkeurig, zuiver: *le* ~ *milieu* de gulden middenweg; *oreille* ~ zuiver gehoor **4** nauw(sluitend); krap: *deux heures, c'est un peu* ~ twee uur, dat is wat krap; *c'était* ~ het was op het nippertje
³juste (bw) **1** juist, nauwkeurig, precies: *chanter* ~ zuiver zingen; *tu as deviné* ~ je had gelijk **2** nauwelijks, maar net; krap: *c'est tout* ~ *si je peux payer le loyer* ik kan de huur amper betalen **3** slechts, alleen maar ‖ *comme de* ~ natuurlijk, zoals het hoort
justement 1 met recht, met reden, terecht **2** juist, juist daarom

la **justesse** (v) **1** juistheid, zuiverheid **2** nauwkeurigheid, precisie: *de* ~ maar net, op het nippertje

la **justice** (v) **1** rechtvaardigheid; gerechtigheid **2** justitie, gerecht, recht(spraak): *palais de* ~ gerechtsgebouw, [Belg] paleis van justitie; ~ *pénale* strafrechtspraak; *demander* ~ recht eisen; *faire* ~ *à qqn.* iem. recht doen; *il faut que* ~ *se fasse* het recht moet zijn loop hebben; *se faire* ~ de hand aan zichzelf slaan

la **Justice** (v) (Vrouwe) Justitia
justiciable de te berechten (door)

le/la **justic|ier** (m), **-ière** (v) voltrekker, handhaver van het recht
justifiable te rechtvaardigen, verdedigbaar

le **¹justificatif** (m) bewijsstuk
²justificat|if, -ive (bn) rechtvaardigend: *numéro* ~ bewijsnummer; *pièce* justificative bewijsstuk

la **justification** (v) rechtvaardiging; verantwoording
¹justifier (ov ww) **1** rechtvaardigen, verantwoorden: *ce prix* est tout à fait justifié die prijs is alleszins billijk; *la fin justifie les moyens* het doel heiligt de middelen **2** wettigen, verdedigen, aantonen
se **²justifier** (wdk ww) zich rechtvaardigen, gerechtvaardigd zijn

le **jute** (m) jute: *toile de* ~ juteweefsel
jut|eux, -euse 1 sappig **2** [pop] voordelig
juvénile jeugdig: *délinquance* ~ jeugdcri-

minaliteit
la **juvénilité** (v) jeugdigheid
juxtaposé, -e naast elkaar geplaatst
juxtaposer naast elkaar plaatsen
la **juxtaposition** (v) **1** (het) naast elkaar
plaatsen **2** nevenschikking

k

le **k** (m) [de letter] k
le **kakatoès** (m) kaketoe
le **¹kaki** (m; mv: *onv*) kaki
   ²kaki (bn, mv: *onv*) kaki(kleurig)
le **kaléidoscope** (m) caleidoscoop
le **kamikaze** (m) **1** kamikaze(piloot) **2** kami-
   kazevliegtuig **3** [fig] waaghals
le **kangourou** (m) kangoeroe
le **karaoké** (m) karaoke
le **karaté** (m) karate
le **karcher** (m) kärcher; hogedrukreiniger:
   passer au ~ **a)** schoonspuiten met de hogedrukreiniger; **b)** [fig] keihard aanpakken
le **karma** (m) [rel] karma
le **kart** (m) skelter
le **karting** (m) skeltersport: *faire du ~* karten
   kascher (mv: *onv*) koosjer
le **kayak** (m) kajak
   kazakh Kazachs
le/la **Kazakh** (m/v) Kazach(se)
le **Kazakhstan** (m) Kazachstan
le **kébab** (m) kebab
le **kelvin** (m) kelvin
le **Kenya** (m) Kenia
   kényan, -e Keniaans
le/la **Kényan** (m), **-e** (v) Keniaan(se)
le **képi** (m) kepie, uniformpet
la **kermesse** (v) **1** [Belg, N-Fr] kermis **2** liefda-
   digheidsfeest [in de openlucht]
le **kérosène** (m) kerosine
le **keuf** (m) [argot] smeris
le **keum** (m) [argot] gozer
la **khâgne** (v) [inf] voorbereidingsklas voor de
   'Ecole normale supérieure' (letteren)
le **khalife** (m) kalief
le **khôl** (m) [cosmetica] kohl [ogenzwart]
le **kibboutz** (m) kibboets
le **kicker** (m) [Belg] tafelvoetbal
   kidnapper kidnappen, ontvoeren
   ¹kifer (onov ww) [inf] leuk vinden
   ²kifer (ov ww) [inf] houden van
   kiffer *zie* ¹*kifer*
   kif-kif (mv: *onv*) [inf] gelijk, hetzelfde
le **kiki** (m) [pop] keel, strot
le **kilo** (m) kilo
le **kiloeuro** (m) duizend euro
le **kilogramme** (m) kilogram
le **kilométrage** (m) kilometerstand; aantal
   kilometers
le **kilomètre** (m) kilometer
le **kilomètre-heure** (m; mv: kilomètres-
   heure) kilometer per uur
   kilométrer 1 in kilometers meten **2** kilo-
meterpaaltjes zetten langs
   kilométrique kilometer-: *borne ~* kilome-
   terpaaltje
le **kilo-octet** (m) [comp] kilobyte
le **kilowattheure** (m) kilowattuur
le **kilt** (m) kilt; Schotse rok
le **kimono** (m) kimono
le/la **kiné** (m/v) *zie kinésithérapeute*
le/la **kinésiste** (m/v) [Belg] fysiotherapeut(e),
   [Belg] kinesitherapeut(e)
le/la **kinésithérapeute** (m/v) fysiotherapeu-
   t(e), [Belg] kinesitherapeut(e)
la **kinésithérapie** (v) fysiotherapie, [Belg] ki-
   nesitherapie
le **kiosque** (m) tuinhuisje: *~ à journeaux* kiosk;
   ~ à musique muziektent
la **kippa** (v) keppeltje
le **kir** (m) kir [aperitief, droge witte wijn met
   zwartebessenlikeur]
   kirghiz Kirgizisch
le/la **Kirghiz** (m/v) Kirgies, Kirgizische
le **Kirghizistan** (m) Kirgizië
le **Kiribati** (m) Kiribati
   kiribatien, -ne Kiribatisch
le/la **Kiribatien** (m), **-ne** (v) Kiribatiër, Kiribati-
   sche
le **kirsch** (m) kirsch; kersenbrandewijn
le **kit** (m) bouwpakket: *~ mains libres (auto)*
   carkit
le **kitch** (m) kitsch
la **kitchenette** (v) minikeuken
le **kitesurf** (m): *faire du ~* kitesurfen
le **kiwi** (m) **1** kiwi [vrucht] **2** [dierk] kiwi
le **klaxon** (m) claxon, toeter: *donner un coup
   de ~* even toeteren
   klaxonner toeteren
le **kleenex** (m) papieren zakdoekje: [fig] *traiter qqn. comme un ~* iem. behandelen als een
   wegwerpartikel
le/la **kleptomane** (m/v) kleptomaan, -mane
les **knickers** (mv, m) knickerbocker
   Ko afk van *kilo-octet* kB, kilobyte
   K.-O. knock-out: *je suis ~* ik ben bekaf
le **koala** (m) koala; buidelbeertje
le **kot** (m) [Belg] studentenkamer; [Belg] kot
le/la **kot|eur** (m), **-euse** (v) [Belg] kotstudent(e)
   [Belg]; student(e) die op kamers woont
le **kouglof** (m) [cul] (Oost-Franse) tulband
le **Koweït** (m) Koeweit
   koweïtien, -ne Koeweits
le/la **Koweïtien** (m), **-ne** (v) Koeweiti, Koeweit-
   se
le **krach** (m) beurskrach
le **kraft** (m) (stevig) pakpapier
   kurde Koerdisch
le/la **Kurde** (m/v) Koerd, Koerdische
le **Kurdistan** (m) Koerdistan
la **kyrielle** (v) een hele sleep, reeks
le **kyste** (m) cyste [knobbeltje]

l

le **l** (m) [de letter] l

le **¹la** (m) [muz] la, a: *donner le la* [fig] de toon
aangeven

²la (pers vnw) haar, hem, het: *je viens de la voir*
ik heb haar net nog gezien

³la (lidw) de, het

¹là (bw) **1** daar, ginds: *ça et là* hier en daar; *de
là que* vandaar dat; *par là* **a)** daar ergens;
b) daarlangs; *de là* vandaar, dan ook; *d'ici là*
intussen, tot dan; *qu'entendez-vous par là?*
wat wilt u daarmee zeggen? **2** [versterkend
bij aanwijzend voornaamwoord] daar: *ce li-
vre-là* dat (bepaalde) boek, dát boek **3** er,
hier, aanwezig: *je ne suis pas là* ik ben er niet;
nous n'en sommes pas là zover is het nog niet;
en arriver là op een bepaald punt komen;
tout est là alles is er; *les faits sont là* de feiten
liggen er **4** toen, op dat moment: *là, il s'est tu*
toen zweeg hij

²là (tw): *là!* **a)** och; **b)** toe; **c)** komkom; *hé là!* jij
daar!; *hé là! doucement* hé, kalm aan!

là-bas daar(ginds): *hé, ~!* hé, jij daar!

le **label** (m) controlemerk, etiket, label: *~ de
qualité* keurmerk

labelliser labelen; voorzien van een kwali-
teitslabel

le **labeur** (m) zware arbeid, [Belg] labeur

le **labo** (m) [inf] verk van *laboratoire* lab

le/la **laborantin** (m), **-e** (v) laborant(e), ana-
list(e)

le **laboratoire** (m) laboratorium: *~ de recherche* onderzoekslaboratorium; *~ de langues*
talenpracticum, [Belg] taallab(oratorium)

laborieusement met veel moeite, moeizaam

labori|eux, -euse 1 werkzaam, arbeid-
zaam, ijverig: *les classes laborieuses* arbei-
dersklasse **2** moeilijk, zwaar: *c'est ~* er komt
(maar) geen eind aan, het is een hele klus

le **labour** (m) (het) ploegen, bewerken

labourable omploegbaar: *terre ~* bouwland, akkerland

le **labourage** (m) (het) ploegen

labourer (om)ploegen

le **laboureur** (m) ploeger; [vero] landbouwer

les **labours** (mv, m) geploegd veld

le **labrador** (m) labrador(-retriever)

le **labyrinthe** (m) labyrint, doolhof

le **lac** (m) meer: *~ Léman* meer van Genève; *~
artificiel* stuwmeer

lacer (dicht)rijgen, dichtsnoeren: *~ ses
chaussures* zijn schoenen vastmaken

lacérer verscheuren

le **lacet** (m) **1** veter **2** strik; strop; haarspeldbocht: *chemin en ~s* zigzagweg

le **lâchage** (m) **1** (het) loslaten **2** (het) in de
steek laten, laten vallen; *zie ¹lâcher*

le/la **¹lâche** (m/v) lafaard

²lâche (bn) **1** laf(hartig) **2** los, slap, loshan-
gend **3** krachteloos **4** willoos, slap, zwak

le **¹lâcher** (m) lossing [van duiven]; oplaten
[van een ballon]

²lâcher (ov ww) **1** losmaken; *~ les amarres* de
kabels losgooien; *~ la bride à qqn.* iem. de
vrije teugel laten **2** loslaten: [inf] *~ le morceau* alles bekennen; *~ pied* opgeven, toegeven; *lâche-moi (les baskets)* hou op met je gezeur; *~ prise* loslaten; [fig] *~ l'affaire* het opgeven; *~ dans la nature* **a)** (in het wild) loslaten; **b)** [fig] in het diepe gooien, aan zijn lot
overlaten **3** (iem.) laten vallen, in de steek
laten: *les freins ont lâché* de remmen deden
het (opeens) niet meer **4** [sport] zich losmaken uit **5** afvuren

la **lâcheté** (v) **1** laf(hartig)heid; gemeenheid
2 gemene streek **3** zwakheid, slapheid

le/la **lâch|eur** (m), **-euse** (v) ontrouw iem.: *c'est
un ~* hij laat ons zitten

le **lacis** (m) netwerk; wirwar

laconique laconiek, kort en bondig

le **laconisme** (m) bondigheid, beknoptheid

lacrymal, -e traan-: *glande ~e* traanklier

lacrymogène: *gaz ~* traangas; *grenade ~*
traangasgranaat

la **lactation** (v) (het) zogen

lacté, -e 1 melk-: *voie ~e* Melkweg; *régime
~* melkdieet **2** melkachtig wit

lactique melkzuur-

le **lactose** (m) melksuiker

lacunaire onvolledig

la **lacune** (v) **1** leemte, weglating, lacune, hiaat **2** holte

lacustre in (bij) een meer: *cité* (of: *village*) *~*
paaldorp

le **lad** (m) stalknecht

là-dedans daarbinnen

là-dehors daarbuiten

là-dessous daaronder: *il y a qqch. ~* **a)** daaronder zit iets; **b)** [fig] daar steekt iets achter

là-dessus 1 daarop, daarboven **2** daarna,
kort daarop

le **lagon** (m) lagune

la **lagune** (v) lagune

là-haut daarboven

le/la **laïc** (m), **laïque** (v) leek

la **laïcité** (v) niet religieus karakter [van het
onderwijs]

laid, -e lelijk

la **laideur** (v) lelijkheid; slechtheid

la **laie** (v) **1** zeug [van everzwijn] **2** brandgang
[in bos]

le **lainage** (m) wollen stof; wollen kledingstuk
[vnl. wollen vest]

la **laine** (v) **1** wol: *pure ~* zuiver scheerwol

2 isolatie-, kunstvezel: ~ *de bois* houtwol; ~ *de verre* glaswol; ~ *de roche* steenwol
le/la **lain|eux, -euse** wollig
lain|ier, -ière wol-
le/la **¹laïque** (m/v) leek
²laïque (bn) **1** leken- **2** neutraal, zonder kerkelijke binding: *école* ~ openbare school
la **laisse** (v) **1** riem; leiband: *tenir les chiens en ~!* honden aan de lijn!; [fig] *tenir qqn. en ~* iem. kort houden **2** uiterwaard
le **laissé-pour-compte** (m; mv: laissés-pour-compte) **1** geweigerd artikel **2** verschoppeling, paria
laisser 1 (toe)laten; ~ *faire* laten doen, er niet op reageren; *se ~ faire* zich alles laten aanleunen; ~ *faire, ~ passer* alles op zijn beloop laten; *cela se laisse boire* dat is best te drinken **2** achterlaten, nalaten: *il laisse trois enfants* hij laat drie kinderen achter; ~ *des traces* sporen achterlaten; ~ *qqn. pour mort* iem. voor dood laten liggen **3** laten staan (liggen, zitten); niet nemen, niet gebruiken: *c'est à prendre ou à ~* slikken of stikken **4** (+ à) laten, overlaten: ~ *à désirer* te wensen overlaten; ~ *à juger à qqn.* aan iemands oordeel overlaten; ~ *à penser* te denken geven **5** opgeven, in de steek laten: *laisse tomber* laat maar (zitten); *laissons-là les plaisanteries* nu even ernstig
le **laisser-aller** (m) slordigheid; ongedwongenheid
le **laisser-faire** (m) laisser faire
le **laissez-passer** (m) toegangsbewijs, pasje; vrijgeleide
le **lait** (m) melk: ~ *après-soleil* aftersun; [Belg] ~ *battu* karnemelk; [Belg] botermelk; ~ *entier* volle melk; ~ *demi-écrémé* halfvolle melk; *café au* ~ koffie met melk; ~ *de coco* klappermelk; ~ *de beauté* reinigingsmelk; *dent de* ~ melktand; *cochon de* ~ speenvarken; *frère de* ~ zoogbroeder; [fig] *boire du petit-~* (stil) genieten
les **laitages** (mv, m) melkproducten; zuivel
la **laitance** (v) hom
laite *zie laitance*
la **laiterie** (v) **1** melkfabriek, [Belg] melkerij **2** zuivelindustrie **3** melkstal
lait|eux, -euse melkachtig; melkwit
le **¹laitier** (m) melkman, melkboer: *à l'heure du* ~ vroeg in de ochtend
²lait|ier, -ière (bn) melk-, zuivel-: *industrie laitière* zuivelindustrie; *vache laitière* melkkoe; *produits ~s* zuivelproducten
la **laitière** (v) **1** melkverkoopster, melkvrouw **2** melkkoe
le **laiton** (m) messing, geel koper
la **laitue** (v) sla(krop)
le **laïus** (m) speech, betoog
le **lama** (m) **1** [dierk] lama **2** [rel] lama; [Tibetaanse] monnik: *grand* ~ dalai lama
le **lambeau** (m) lap, stuk, flard; brokstuk: *en ~x* aan flarden (gescheurd)
le **lambic** (m) [Belg] lambiek(bier)
le/la **¹lambin** (m), **-e** (v) treuzelaar(ster)
²lambin, -e (bn) sloom, treuzelend
lambiner treuzelen
le **lambris** (m) **1** lambrisering, paneelwerk; wandbekleding **2** plafonnering
lambrisser lambriseren, beschieten; pleisteren [een plafond]
le **lambswool** (m) lamswol
la **lame** (v) **1** lamel, (metaal)plaatje, blad **2** lemmet: ~ *de rasoir* scheermes **3** lat: ~ *de parquet* parketstrook **4** [lange] golf: ~ *de fond* grondzee
la **lamelle** (v) plaatje, microscoopglaasje: *couper en ~s* in plakjes snijden
lamentable 1 beklagenswaardig **2** erbarmelijk, slecht; jammerlijk
la **lamentation** (v) **1** (wee)klacht: *Mur des Lamentations* Klaagmuur **2** geweeklaag, gejammer
se **lamenter** zich beklagen: ~ *sur qqch.* klagen over iets
laminer 1 pletten, walsen: *acier laminé* plaatstaal **2** drastisch beperken
le **laminoir** (m) **1** pletmolen, wals: [fig] *passer au* ~ zwaar beproefd worden **2** pletterij, walserij
le **lampadaire** (m) **1** staande (schemer)lamp **2** lichtmast
la **lampe** (v) **1** lamp; gloeilamp: ~ *à halogène* halogeenlamp; ~ *à bronzer* hoogtezon; ~ *de poche* zaklantaarn; ~ *témoin* controlelampje; ~ *torche* zaklamp **2** brander: ~ *à alcool* spiritusbrander, spiritustoestel; ~ *à souder* soldeerbout || [inf] *s'en mettre plein la* ~ zich volgieten, zich volproppen
la **lampée** (v) [pop] flinke slok, teug
lamper [inf] naar binnen gieten
le **lampion** (m) **1** lampion **2** [inf] oog || *sur l'air des ~s* in spreekkoor
le **lampiste** (m) **1** lampenist **2** ondergeschikte, pispaal
la **lance** (v) lans, speer: *fer de* ~ **a)** speerpunt; **b)** stoottroepen; *rompre une ~ avec qqn.* een woordenwisseling met iem. hebben || ~ *d'incendie* spuit
la **lancée** (v) snelheid, vaart: *continuer sur sa* ~ in één ruk verder gaan
le **lance-flammes** (m) vlammenwerper
le **lance-fusées** (m) raketwerper
le **lance-grenades** (m) granaatwerper
le **lancement** (m) **1** (het) werpen: [sport] ~ *du javelot* speerwerpen; ~ *du poids* kogelstoten **2** lancering, (het) afvuren, tewaterlating: *rampe de* ~ **a)** lanceerbasis; **b)** scheepshelling **3** lancering, (het) op de markt brengen: *prix de* ~ introductieprijs
le **lance-missiles** (m) raketbasis: *sous-marin* ~ onderzeeër met geleide projectielen
le **lance-pierre** (m; mv: lance-pierres) kata-

pult; slinger

le **lance-pierres** (m) katapult, slinger

le **¹lancer** (m) **1** [sport] (het) werpen **2** (het) vissen met de werphengel

²lancer (ov ww) **1** werpen, slingeren: ~ *le ballon vers qqn.* iem. de bal toespelen; ~ *un regard de colère* een woedende blik werpen **2** afvuren, afschieten, wegschieten **3** [klanken, licht] afgeven: ~ *des cris* kreten uitstoten **4** te kennen geven: ~ *un ultimatum* een ultimatum stellen; ~ *une nouvelle* een bericht verspreiden **5** in beweging zetten: ~ *un moteur* een motor starten; ~ *qqn. sur un sujet* iem. op een onderwerp brengen **6** [een raket] lanceren; [een schip] te water laten **7** lanceren, bekendmaken; op de markt brengen

se **³lancer** (wdk ww) zich storten: *être lancé* op dreef zijn; *se ~ dans une aventure* zich in een avontuur storten; *se ~ à la poursuite de qqn.* de achtervolging van iem. inzetten

la **lancette** (v) lancet

le **lanceur** (m) **1** -werper: [sport] ~ *de disque* discuswerper; ~ *de poids* kogelstoter **2** draagraket

lancinant, -e 1 stekend, met scheuten: *douleur ~e* stekende pijn **2** [fig] kwellend, obsederend

lanciner steken, met scheuten pijn doen; [fig] kwellen

landais, -e van, uit de Landes [in Zuidwest-Frankrijk]: *berger ~* herder op stelten

le **landau** (m) kinderwagen

la **lande** (v) heideveld

le **langage** (m) **1** taal: ~ *écrit* schrijftaal **2** taalgebruik; jargon: *surveiller son ~* op zijn woorden letten; *tenir un double ~* met twee monden spreken

le **lange** (m) luier: [fig] *dans les ~s* in de kinderschoenen

langer een luier omdoen, [Belg] inbusselen

langoureux, -euse smachtend, verlangend

la **langouste** (v) langoest, hoornkreeft

le **langoustier** (m) kreeftennet, kreeftenboot

la **langoustine** (v) Noorse kreeft

la **langue** (v) **1** tong: *avoir la ~ bien pendue* goed van de tongriem gesneden zijn; [fig] *donner sa ~ au chat* het opgeven; *tenir à sa ~* zijn mond houden; *mauvaise ~* kwaadspreker, -spreekster; *prendre ~ avec qqn.* contact met iem. opnemen; [cul] ~ *de bœuf* rundertong, ossentong **2** taal: ~ *verte* volkstaal; ~ *officielle* [Belg] bestuurstaal; ~ *de bois* wollig taalgebruik van politici; *la ~ de Molière* het Frans **3** tong(vormig voorwerp): ~ *de terre* landtong

la **langue-de-bœuf** (v; mv: langues-de-bœuf) [plantk] ossentong

la **langue-de-chat** (v; mv: langues-de-chat)

kattentong [koekje]

la **languette** (v) **1** tongetje, lipje **2** messing [van een plank]

la **langueur** (v) loomheid; lusteloosheid; melancholie

languir [form] **1** futloos zijn: *l'affaire languit* de zaak blijft maar slepen **2** uitzien naar, ongeduldig wachten (op): *faire ~ qqn.* iem. voor niets laten wachten

languissant, -e kwijnend, mat; smachtend

la **lanière** (v) riem

la **lanterne** (v) lantaarn: ~ *vénitienne* lampion; ~ *magique* toverlantaarn; [fig] *éclairer sa ~* zich op de hoogte stellen; [fig] ~ *rouge* hekkensluiter, de laatste; [fig] *prendre des vessies pour des ~s* zich knollen voor citroenen laten verkopen

lanterner lanterfanten, zijn tijd verbeuzelen: *faire ~ qqn.* iem. laten wachten

le **Laos** (m) Laos

laotien, -ne Laotiaans

le/la **Laotien** (m), **-ne** (v) Laotiaan(se)

la **lapalissade** (v) waarheid als een koe

laper opslobberen, oplikken

le **lapereau** (m) konijnenjong

lapidaire kort en bondig

la **lapidation** (v) steniging

lapider stenigen; met stenen bekogelen

le **lapin** (m) konijn: *mon petit ~!* lieverd, schatje!; *courir comme un ~* als een haas ervandoor gaan; ~ *domestique*, ~ *de clapier* tam konijn; ~ *de garenne* wild konijn; [inf] *chaud ~* geile vent; [fig] *poser un ~* niet op komen dagen bij een afspraak

la **lapine** (v) konijn, voedster

la **lapinière** (v) konijnenhok

le **lapinisme** (m) [inf] buitensporige vruchtbaarheid

le **lapis** (m) lazuursteen

lapon, -ne Laplands

le/la **Lapon** (m), **-ne** (v) Laplander, Laplandse

la **Laponie** (v) Lapland

le **laps** (m): ~ *de temps* tijdsverloop, periode

le **lapsus** (m) vergissing, verspreking, verschrijving

le **laquais** (m) lakei, knecht

la **laque** (v) lak; lakverf; haarlak, haarspray

laquelle *zie ¹lequel*

laquer lakken

le **larbin** (m) huisknecht; [neg] lakei, slaafs iem.

le **larcin** (m) kruimeldiefstal

le **lard** (m) spek: *se faire du ~* op zijn luie krent zitten; *gros ~* [m.b.t. personen] vetzak; *tête de ~* stijfkop; *il lui est rentré dans le ~* hij heeft hem in elkaar geslagen

larder larderen [ook fig]

le **lardon** (m) reepje, blokje spek; [pop] koter

le **largage** (m) (het) afwerpen

le **¹large** (m) **1** breedte: *cette table a 80 cm de ~* deze tafel is 80 cm breed; *de long en ~* heen en weer [lopen] **2** volle zee, ruime sop: *vent du ~* zeewind; *prendre le ~* **a)** het ruime sop kiezen; **b)** [fig] 'm smeren; *au ~ du Havre* ter hoogte van Le Havre

²large (bn) **1** breed **2** ruim [ook fig]; wijd: *esprit ~* ruimdenkende geest; *~ d'idées* ruim van opvatting, ruimdenkend; *vêtements ~s* ruim zittende kleren **3** aanzienlijk: *dans une ~ mesure* in hoge mate; *faire une ~ part à* veel gewicht hechten aan **4** royaal, vrijgevig **5** uitgebreid

³large (bw) **1** ruim, breed, breeduit: *il n'en mène pas ~* hij zit in de problemen **2** ruim, wijd: *il voit ~* hij heeft een ruime blik **3** ruim, onnauwkeurig

largement 1 ruim, breed **2** ruimschoots; overvloedig **3** royaal

la **largesse** (v) **1** [form] vrijgevigheid **2** milde gift: *faire des ~s* vrijgevig zijn

la **largeur** (v) breedte, wijdte; [fig] ruimdenkendheid

larguer 1 vieren, losgooien **2** (iem.) laten vallen; (iem.) ontslaan **3** afwerpen [bommen]; parachuteren || *je suis largué* ik kan het niet meer volgen

la **larme** (v) **1** traan: *avoir les ~s aux yeux* tot tranen toe geroerd zijn; *être au bord des ~s* op het punt staan in huilen uit te barsten; *~s de crocodile* krokodillentranen **2** [inf] druppel(tje), tikje: *une ~ de vin* een slokje wijn

le **larmoiement** (m) (het) tranen; gehuil

larmoyant, -e 1 huilerig **2** tranend **3** sentimenteel

larmoyer huilen, grienen; tranen

le **larron** (m) [form] dief: *l'occasion fait le ~* de gelegenheid maakt de dief; [fig] *ils s'entendent comme ~s en foire* zij zijn twee handen op één buik

la **larve** (v) **1** larve **2** slappeling

larvé, -e sluimerend, verkapt

la **laryngite** (v) strottenhoofdontsteking

le **larynx** (m) strottenhoofd

las, lasse moe, vermoeid: *être ~ de qqch.* iets beu zijn; *de guerre ~se* strijdensmoe

la **lasagne** (v) lasagne

le **lascar** (m) **1** slimme vogel **2** type, kerel

lasc|if, -ive wellustig, wulps: *regards ~s* begerige blikken

la **lasciveté** (v) wellustigheid; wulpsheid

le **laser** (m) laser: *faisceau ~* laserbundel; *disque ~* laserdisk

lassant, -e vermoeiend; saai, vervelend

¹lasser (ov ww) **1** vermoeien; vervelen **2** op de zenuwen werken **3** afstompen, ontmoedigen

se **²lasser de** (wdk ww) genoeg krijgen van, iets beu worden

la **lassitude** (v) moeheid, vermoeidheid; afkeer, verveling

le **lasso** (m) lasso

latent, -e latent, verborgen: *structure ~e*

onderliggende structuur

latéral, -e zij-, zijdelings, lateraal

latéralement van opzij, van terzijde; zijdelings

le **¹latin** (m) Latijn: *~ de cuisine* potjeslatijn; *j'y perds mon ~* ik begrijp er niets meer van

²latin, -e (bn) Latijns: *Quartier ~* studentenwijk te Parijs; *tempérament ~* Zuid-Europees (of: mediterraan) temperament

le/la **latino** (m/v) [inf] latino

latino-américain, -e Latijns-Amerikaans

la **latitude** (v) **1** [aardr] breedte(graad): *30° de ~ Nord* 30° noorderbreedte **2** vrijheid van handelen, speelruimte

les **latrines** (mv, v) latrine

la **latte** (v) lat, [Belg] liniaal

latter van latten voorzien

le **lattis** (m) latwerk

laudat|if, -ive prijzend, lovend, lof-

le/la **¹lauréat** (m), **-e** (v) prijswinnaar, -nares: *~ du prix Nobel* Nobelprijswinnaar

²lauréat, -e (bn) bekroond

le **laurier** (m) laurier(boom): *couronne de ~* lauwerkrans

le **laurier-rose** (m; mv: lauriers-roses) oleander

les **lauriers** (mv, m) lauweren, roem, eer: *se reposer sur ses ~* op zijn lauweren rusten; *être couvert de ~* gelauwerd zijn

lavable afwasbaar, wasecht

le **lavabo** (m) **1** wastafel **2** [meestal mv] toiletruimte; toiletten

le **lavage** (m) (het) wassen, spoeling: *~ de cerveau* hersenspoeling; *poudre de ~* waspoeder, zeeppoeder

la **lavande** (v) lavendel

la **lavasse** (v) [fig] slootwater

la **lave** (v) lava(steen)

le **lave-auto** (m) autowasstraat

le **lave-glace** (m; mv: lave-glaces) ruitensproeier [van een auto]

le **lave-linge** (m; mv: *onv*) wasmachine

le **lavement** (m) **1** darmspoeling; lavement **2** [r-k] wassing

¹laver (ov ww) **1** wassen, afwassen; spoelen: *~ à grande eau* schrobben; [fig] *~ son linge sale en famille* zijn vuile was niet buiten hangen; [fig] *~ la tête à qqn.* iem. de oren wassen, [Belg] iem. een bolwassing geven **2** [fig] uitwissen; vrijpleiten, zuiveren: *~ une injure* een belediging wreken; *~ qqn. de qqch.* iem. van iets vrijpleiten

se **²laver** (wdk ww) **1** zich wassen: *se ~ les dents* zijn tanden poetsen; *je m'en lave les mains* ik was mijn handen in onschuld **2** zich vrijpleiten, zich rechtvaardigen

la **laverie** (v): *~ automatique* wasserette

la **lavette** (v) **1** afwaskwast **2** [Belg] vaatdoek **3** [pop] slappeling

le **laveur** (m): *~ de carreaux* glazenwasser

le **lave-vaisselle** (m; mv: *onv*) afwasmachine

le **lavis** (m) gewassen tekening

le **lavoir** (m): ~ *public* openbare wasplaats

le ¹**laxatif** (m) laxeermiddel

²**laxat|if, -ive** (bn) laxerend

le **laxisme** (m) [te grote] toegeeflijkheid; laksheid

laxiste laks, slap

la **layette** (v) babyuitzet

le **LCD** (m) afk van *Liquid Cristal Display* lcd

¹**le** (pers vnw, voor klinker of stomme h: *l'*; v: *la*; mv: *les*) hem, haar, het, hen, ze: *je les ai vus* ik heb hen gezien; *je le lui ai donné* ik heb het hem gegeven

²**le** (lidw, voor klinker of stomme h: *l'*; v *la*; mv *les*) de, het [soms onvertaald]: *le 10 juin* op 10 juni; *20 euros l'heure* 20 euro per uur; *trois fois l'an* drie keer per jaar; *à la française* op zijn Frans; *oh, le beau chien* wat een mooie hond; *l'addition pour la six!* de rekening voor tafel zes!

le **leader** (m) **1** partijleider **2** [sport] koploper: ~ *d'opinion* opinieleider; ~ *mondial* wereldleider ‖ *article* ~ hoofdartikel

le **leadership** (m) leiderschap

le **leasing** (m) [hand] leasing: *une voiture en* ~ een leaseauto

le **lèche-bottes** (m) [pop] hielenlikker

le **lèche-cul** (m) [pop] hielenlikker

la **lèchefrite** (v) druippan [onder het braadspit]

le **lèche-plat** (m) [Belg] pannenlikker

lécher 1 likken, oplikken, aflikken: *s'en* ~ *les doigts* zijn vingers erbij aflikken; [inf] ~ *les bottes de qqn.* iemands hielen likken; *ours mal léché* ongelikte beer **2** lekken aan [vlammen]

le **lèche-vitrine** (m): *faire du* ~ winkels en etalages bekijken; funshoppen

la **leçon** (v) **1** les, college, te leren stof: ~ *de choses* aanschouwelijk onderwijs; ~ *de français* Franse les, les Frans; ~s *particulières* bijles **2** les; lering: *faire la* ~ *à qqn.* iem. de les lezen; *n'avoir de* ~s *à recevoir de personne* het zelf wel uitmaken, uitzoeken

le **lecteur** (m) **1** lezer **2** lector **3** afleesapparatuur, afspeelapparatuur: ~ *CD* cd-speler; ~ *CD portable* discman; ~ *DVD* dvd-speler; ~ *MP3* mp3-speler; ~ *de cassettes* cassettedeck **4** [comp] lezer, scanner

la **lectrice** (v) lezeres

la **lecture** (v) **1** (het) lezen **2** benadering, interpretatie; lezing: *en première* ~ bij eerste lezing **3** voorlezing: *faire la* ~ *à qqn.* iem. voorlezen **4** weergave [van klankmateriaal] **5** [comp] inlezing [van gegevens in geheugen]: *ouvrir un fichier en* ~ een bestand openen met alleenlezentoegang

légal, -e wettig, wettelijk; gerechtelijk: *médecine* ~*e* gerechtelijke geneeskunde

la **légalisation** (v) legalisatie; wettiging

légaliser legaliseren, wettigen, echt verklaren

la **légalité** (v) wettelijkheid, legaliteit: *sortir de la* ~ onwettig handelen

le **légat** (m) [r-k] legaat, pauselijk gezant

le/la **légataire** (m/v) erfgenaam, -name; [jur] legataris

la **légation** (v) legatie, gezantschap(sgebouw)

légendaire legendarisch

la **légende** (v) **1** legende, sage: *entrer dans la* ~ legendarisch worden **2** legenda [van tekens op een kaart]; onderschrift: ~ *des photos* fotobijschriften **3** randschrift, opschrift [op medaille, munt]

lég|er, -ère 1 licht: *poids* ~ lichtgewicht; *manger* ~ lichtverteerbare producten eten; *d'un pas* ~ met snelle pas; ~ *comme une plume* zo licht als een veertje, vederlicht **2** onbelast: *le cœur* ~ opgeruimd, onbekommerd **3** dun, fijn; rank **4** lichtzinnig: *agir à la légère* roekeloos handelen; *prendre à la légère* makkelijk opnemen; *manières légères* wuft gedrag; *propos* ~s platte taal **5** nauwelijks merkbaar: *bruit* ~ zwak geluid ‖ *c'est* un peu ~ dat is een beetje dunnetjes (of: magertjes)

légèrement 1 licht(elijk), enigszins **2** lichtzinnig, zonder nadenken

la **légèreté** (v) **1** lichtheid, dunheid, fijnheid, souplesse **2** lichtzinnigheid, lichtvaardigheid; oppervlakkigheid

légiférer wetten uitvaardigen

la **légion** (v) **1** legioen: *la Légion étrangère* het vreemdelingenlegioen; *Légion d'honneur* Legioen van Eer [Franse onderscheiding] **2** [fig] groot aantal, legio: *les erreurs sont* ~ er zijn heel veel fouten

la **légionellose** (v) veteranenziekte

le **légionnaire** (m) soldaat van het vreemdelingenlegioen

le/la **législa|teur** (m), **-trice** (v) wetgever

législat|if, -ive wetgevend: *élections législatives* parlementsverkiezingen; *le* ~ de wetgevende macht

la **législation** (v) wetgeving: ~ *linguistique* [Belg] taalwetgeving; ~ *du travail* arbeidsrecht, arbeidswetgeving

les **législatives** (mv, v): [pol] *les* ~ de parlementsverkiezingen

la **législature** (v) zittingsperiode van de volksvertegenwoordiging, [Belg] legislatuur

le **légiste** (m) rechtskundige, -geleerde: *médecin* ~ gerechtelijk arts, [Belg] wetsdokter

la **légitimation** (v) (het) wettigen; legitimering; rechtvaardiging

légitime legitiem, wettig, echt, rechtmatig, geoorloofd: ~ *défense* noodweer; *femme* ~ wettige echtgenote; *pour des raisons* ~s om gegronde redenen

légitimer 1 legitimeren **2** wettigen **3** rechtvaardigen

la **légitimité** (v) **1** legitimiteit, wettigheid, echtheid **2** gegrondheid

le **legs** (m) legaat; [fig] erfenis
léguer 1 legateren, nalaten, vermaken **2** [fig] doorgeven
le **¹légume** (m) groente: ~s secs peulvruchten; ~s verts bladgroenten
la **²légume** (v): grosse ~ hoge piet, kopstuk
le **¹légumier** (m) **1** groenteschaal **2** [Belg] groenteboer
²légum|ier, -ière (bn) groente-
les **légumineuses** (mv, v) peulvruchten
le **leitmotiv** (m) leidmotief, thema
le **lemming** (m) lemming
le **lémurien** (m) [dierk] maki
le **lendemain** (m) **1** volgende dag: le ~ de daags na, kort na; le ~ matin de volgende morgen; du jour au ~ van de ene dag op de andere, ineens **2** [fig] toekomst; gevolgen: un succès sans ~ een kortstondig succes
lénifiant, -e kalmerend; verzachtend
lénifier verzachten, kalmeren, lenigen
lent, -e langzaam; langzaamwerkend; traag
la **lente** (v) neet; luizenei
la **lenteur** (v) langzaamheid, traagheid
les **lenteurs** (mv, v) getalm
la **lenticule** (v) eendenkroos
la **lentille** (v) **1** lens: ~s (of: lentilles de contact) contactlenzen **2** linze: ~ d'eau eendenkroos
léonin, -e leeuwachtig, leeuwen-: contrat ~ contract waarbij al het voordeel aan één kant is
le **léopard** (m) luipaard
la **lèpre** (v) lepra, melaatsheid; [fig] kanker, plaag
le/la **¹lépr|eux** (m), **-euse** (v) melaats(e)
²lépr|eux, -euse (bn) melaats ‖ mur ~ a) afbrokkelende muur; b) muur met kale plekken
la **léproserie** (v) leprozenhuis, ziekenhuis voor lepralijders
¹lequel, laquelle (vr vnw, mv: lesquel(le)s) welke?
²lequel, laquelle (betr vnw, mv: lesquel(le)s) (de)welke
¹les (pers vnw) hen, haar
²les (lidw) de
la **lesbienne** (v) lesbische (vrouw)
la **lèse-majesté** (v): crime de ~ majesteitsschennis
léser 1 kwetsen **2** schaden, benadelen **3** raken
lésiner beknibbelen, bezuinigen: il n'a pas lésiné sur les vins hij is royaal geweest met de wijnen
la **lésion** (v) **1** verwonding, letsel, beschadiging **2** benadeling, schade
la **lessive** (v) **1** zeepsop **2** wasmiddel **3** was: faire la ~ de was doen **4** wasgoed
lessivé, -e: être ~ doodop zijn
lessiver 1 wassen, in de was doen **2** (iem.) uitschakelen

la **lessiveuse** (v) [Belg] wasmachine
le **lest** (m) ballast: lâcher du ~ toegeven, concessies doen
leste 1 kwiek, actief, vief: elle a la main ~ zij slaat er gemakkelijk op los **2** pikant, gewaagd
lester ballasten; zich volproppen
létal, -e dodelijk
la **léthargie** (v) lethargie, verdoving, slaapzucht; [fig] doffe onverschilligheid
léthargique lethargisch, in slaapziekte vervallen; [fig] onverschillig, sloom: sommeil ~ diepe slaap, verdoving
le/la **¹letton** (m), **-ne** (v) Lets
²letton, -ne (bn) Lets, Letlands
le/la **Letton** (m), **-ne** (v) Let(se)
la **Lettonie** (v) Letland
la **lettre** (v) **1** letter: à la ~, au pied de la ~ letterlijk, woordelijk; [fig] avant la ~ in de dop; en toutes ~s voluit; rester ~ morte geen effect hebben **2** brief: ~ circulaire circulaire, rondschrijven; ~ de change wissel; passer comme une ~ à la poste als vanzelf gaan; ~ ouverte open brief; ~ recommandée aangetekende brief; ~ de faire-part aankondiging [van huwelijk, sterfgeval]
le/la **¹lettré** (m), **-e** (v) geletterde, geleerde
²lettré, -e (bn) erudiet, gestudeerd
les **lettres** (mv, v) letteren, letterkunde: femme de ~ schrijfster; homme de ~ schrijver
leu: à la queue ~ ~ achter elkaar, op een rijtje
la **leucémie** (v) leukemie
le **leucocyte** (m) wit bloedlichaampje
¹leur (pers vnw) hun, haar, aan hen: je le ~ dirai ik zal het hun zeggen
²leur (bez bn, mv: leurs) hun, haar: le ~, la ~ de (of: het) hunne, de (of: het) hare; nos enfants sont partis avec les ~s onze kinderen zijn vertrokken met die van hen; il est des ~s hij hoort bij hen
le **leurre** (m) lokvogel, lokaas; [fig] valstrik, bedrog, illusie
¹leurrer (ov ww) **1** lokken **2** iem. om de tuin leiden, paaien, bedriegen
se **²leurrer de** (wdk ww) zich illusies maken (over)
le **levage** (m) (het) (op)heffen, ophijsen; (het) rijzen [van deeg]: appareils de ~ hefwerktuigen
le **levain** (m) **1** zuurdesem, gist **2** [fig] kiem
le **¹levant** (m) oosten
²levant, -e (bn) opgaand: le soleil ~ de opgaande zon
le **¹levé** (m) opmeting [van een terrein]
²levé, -e (bn) **1** opgeheven: le front ~ vastberaden; au pied ~ onvoorbereid **2** (recht-op)staand: je suis ~ depuis six heures ik ben al vanaf zes uur op; voter par assis et ~s stemmen door opstaan en zitten ‖ voter à main ~e met handopsteken stemmen

la **levée** (v) **1** grondophoging, dijk **2** (het) opheffen; ~ *du corps* vertrek van het sterfhuis; ~ *du siège* opheffen van het beleg **3** kwijtschelding [van een straf] **4** lichting [van een brievenbus] **5** [kaartsp] slag **6** heffing [van belastingen]

le **lève-malade** (m; mv: lève-malades) tillift

le **¹lever** (m) **1** (het) opgaan [van de zon] **2** (het) opstaan **3** (het) opgaan [van het doek]

²lever (onov ww) **1** [plantk] opkomen **2** rijzen [van deeg]

³lever (ov ww) **1** (op)heffen, (op)lichten: ~ *les yeux sur* kijken naar; ~ *le coude* drinken **2** opjagen [van wild] **3** opheffen, verwijderen: ~ *le camp* **a)** het kamp opbreken; **b)** vertrekken **4** beëindigen: ~ *la séance* de zitting sluiten **5** [brievenbus] lichten: ~ *une armée* een leger mobiliseren **6** heffen [van belastingen]

se **⁴lever** (wdk ww) **1** opsteken [van de wind]; opkomen [van de zon] **2** zich verheffen, opstaan, recht gaan staan: *se* ~ *de table* van tafel gaan

le/la **lève-tard** (m/v) [inf] langslaper

le/la **lève-tôt** (m/v) [inf] vroege opstaander; vroege vogel

le **levier** (m) **1** hefboom; hendel: ~ *de commande* stuurknuppel; *être aux* ~*s de commande* het heft in handen hebben; ~ *de vitesse* versnellingspook **2** drijfveer, beweegreden

la **lèvre** (v) **1** lip: ~ *supérieure* bovenlip; *rire du bout des* ~*s* flauwtjes lachen; *manger du bout des* ~*s* eten met lange tanden; *s'en mordre les* ~*s* er spijt van hebben **2** lip, rand **3** schaamlip

la **levrette** (v) teef van de hazewindhond: [fig; seks] *en* ~ op zijn hondjes

le **lévrier** (m) hazewind, windhond

la **levure** (v) gist

le **lexique** (m) lexicon, woordenlijst; woordenschat

le **lézard** (m) hagedis

la **lézarde** (v) spleet, scheur [in muur]

¹lézarder (onov ww) zich in de zon koesteren

²lézarder (ov ww) doen scheuren, barsten

se **³lézarder** (wdk ww) [m.b.t. muur] scheuren, barsten vertonen

les **LGBT** (mv, m) afk van *lesbiennes, gays, bisexuels, transgenres* lhbt'ers; ± holebi

la **LGV** (v) afk van *ligne à grande vitesse* hsl (afk van *hogesnelheidslijn*)

la **liaison** (v) **1** verhouding, affaire; relatie, contact **2** vaste verbinding, lijn **3** (het) binden [van gerechten]; binding, bindmiddel [specie, gips, soldeer] **4** samenhang, verband

la **liane** (v) liaan

le **¹liant** (m) **1** soepelheid [ook fig] **2** bindmiddel

²liant, -e (bn) sociaal, vriendelijk

la **liasse** (v) bundel

le **Liban** (m) Libanon

libanais, -e Libanees

le/la **Libanais** (m), **-e** (v) Libanees, Libanese

la **libation** (v): *faire des* ~*s* veel drinken

le **libelle** (m) schotschrift, pamflet

le **libellé** (m) formulering, bewoordingen

libeller **1** opstellen [van akte, vonnis] **2** formuleren, verwoorden; invullen: ~ *un chèque* een cheque invullen

la **libellule** (v) libel, waterjuffer

libéral, -e liberaal, verdraagzaam: *les libéraux* de liberalen; *profession* ~*e* vrij beroep

la **libéralisation** (v) liberalisering, liberalisatie

libéraliser liberaliseren

le **libéralisme** (m) **1** liberalisme **2** tolerantie

la **libéralité** (v) vrijgevigheid, gulheid; [jur] schenking

les **libéralités** (mv, v) milde gaven

le/la **¹libéra|teur** (m), **-trice** (v) bevrijd(st)er

²libéra|teur, -trice (bn) bevrijdend, bevrijdings-

la **libération** (v) **1** invrijheidstelling; bevrijding **2** emancipatie: ~ *de la femme* vrouwenemancipatie **3** (het) vrijkomen [van energie enz.] **4** vrijmaking, opheffing van belemmeringen

¹libérer (ov ww) **1** bevrijden, in vrijheid stellen **2** (iem.) vrijstellen; ontslaan [van een verplichting] **3** vrijmaken, losmaken: ~ *les prix* de prijzen vrijgeven; ~ *sa conscience* zijn geweten ontlasten

se **²libérer** (wdk ww) **1** zich vrijmaken [van werk]; zich losrukken **2** zich bevrijden: *se* ~ *d'une dette* een schuld afbetalen

le **Liberia** (m) Liberia

libérien, -ne Liberiaans

le/la **Libérien** (m), **-ne** (v) Liberiaan(se)

libertaire [pol] libertair; extreem liberaal

la **liberté** (v) vrijheid

les **libertés** (mv, v) vrijpostigheden: *prendre des* ~ *avec* **a)** al te vrijpostig worden met; **b)** het niet te nauw nemen met

le/la **¹libertin** (m), **-e** (v) **1** losbol **2** [hist] vrijdenker, libertijn

²libertin, -e (bn) **1** losbandig, zedeloos **2** gewaagd, schunnig

le **libertinage** (m) **1** losbandigheid **2** [hist] vrijdenkerij

libidin|eux, -euse [inf] geil, wellustig

la **libido** (v) libido; geslachtsdrift

le/la **libraire** (m/v) boekhandelaar(ster)

la **librairie** (v) boekhandel, boekwinkel

la **librairie-papeterie** (v; mv: librairies-papeteries) boek- en kantoorboekhandel

libre **1** vrij, onafhankelijk, zelfstandig: *école* ~ bijzondere school **2** vrij, onbezet, beschikbaar **3** vrij, onbelemmerd, onbeperkt: *à l'air* ~ in de openlucht, in de vrije natuur; *ac-*

cès ~ vrije toegang; *donner* ~ *cours à qqch.* iets de vrije loop laten **4** ongedwongen: *mœurs* ~s losse zeden; *propos* ~s gewaagde uitlatingen

le **libre-échange** (m) vrijhandel

le/la **libre-échangiste** (m/v) [ec] voorstand-(st)er van de vrijhandel

le **libre-penseur** (m; mv: libres-penseurs) vrijdenker

le **libre-service** (m; mv: libres-services) zelfbedieningszaak

la **Libye** (v) Libië
libyen, -ne Libisch

le/la **Libyen** (m), **-ne** (v) Libiër, Libische

la **lice** (v) strijdperk: *entrer en* ~ in het krijt treden, zich in het debat mengen

la **licence** (v) **1** vergunning, licentie **2** Frans diploma na drie jaar universiteit **3** [Belg] licentiaat [vergelijkbaar doctoraal]

le/la ¹**licencié** (m), **-e** (v) **1** [sport] lid [van bond]; licentiehoud(st)er **2** houder van Frans diploma na drie jaar universiteit **3** [Belg] licentiaat [vergelijkbaar doctorandus]
²**licencié, -e** (bn) **1** ontslagen **2** [sport] met licentie

le **licenciement** (m) ontslag
licencier ontslaan

le **lichen** (m) korstmos

la **lichette** (v) [Belg] lusje
licite geoorloofd

le **licol** (m) halster

la **licorne** (v) eenhoorn
licou *zie licol*

la **lie** (v) droesem, bezinksel; [fig] uitvaagsel: *la* ~ *du peuple* het gepeupel; *boire le calice jusqu'à la* ~ de bittere beker tot de bodem ledigen

le **Liechtenstein** (m) Liechtenstein
liechtensteinois, -e Liechtensteins

le/la **Liechtensteinois** (m), **-e** (v) Liechtensteiner, -steinse

le **liège** (m) kurk

la **Liège** (v) Luik
liégeois, -e Luiks

le/la **Liégeois** (m), **-e** (v) Luikenaar, Luikse

le **lien** (m) **1** band, touw, riem **2** [fig] band, binding **3** [fig] verband, samenhang **4** [fig] keten, slavernij
lier 1 vastbinden, samenbinden, verbinden: *j'ai les mains liées* ik heb mijn handen niet vrij; [fig] *fou à* ~ knettergek **2** (samen)voegen **3** [cul] binden [een saus]: *tout est lié* alles houdt verband met elkaar **4** aanknopen: ~ *connaissance* kennismaken; ~ *une conversation* in gesprek raken; *il se lie facilement* hij legt gemakkelijk contacten; *ils sont très liés* zij zijn dik bevriend

le **lierre** (m) klimop

la **liesse** (v): *en* ~ in feeststemming; *foule en* ~ uitgelaten menigte

le **lieu** (m) **1** plaats, plek: ~ *commun* gemeen-plaats; *en premier* ~ in de eerste plaats; *en dernier* ~ ten slotte; *en haut* ~ in hoge kringen; *un haut* ~ *du cinéma* een centrum van de filmindustrie; ~ *saint* heiligdom; ~ *sûr* veilige plaats; *sur les* ~x ter plaatse; *au* ~ *de* in plaats van; *avoir* ~ plaatsvinden, gebeuren; *tenir* ~ *de* dienstdoen als **2** aanleiding: *il n'y a pas* ~ *de* er is geen reden om; *donner* ~ *à* aanleiding geven tot

le **lieu-dit** (m; mv: lieux-dits) buurtschap

la **lieue** (v) mijl: *j'étais à cent* ~s *de le supposer* ik vermoedde dat in de verste verte niet; ~ *marine* zeemijl; *les bottes de sept* ~s zevenmijlslaarzen

le **lieutenant** (m) **1** luitenant **2** [sport] helper [van de kopman van wielerploeg]

les **lieux** (mv, m) woning: *état des* ~ omschrijving van de staat waarin een woning zich bevindt; *quitter les* ~ weggaan, een huis verlaten

le **lièvre** (m) haas: *civet de* ~ hazenpeper; [fig] *courir deux* ~s *à la fois* van twee walletjes willen eten; [fig] *(sou)lever un* ~ een knuppel in het hoenderhok gooien

le **lift** (m) **1** topspin **2** [Belg] lift
lifter 1 faceliften **2** [fig] een verjongingskuur doen ondergaan **3** topspin geven aan een tennisbal

le/la **lift|ier** (m), **-ière** (v) liftbediende

le **lifting** (m) facelift

le **ligament** (m) gewrichtsband

la **ligature** (v) **1** [med] afbinding **2** binding
ligaturer (af)binden
lige: *être l'homme* ~ *de* blind gehoorzamen aan
light [van voedsel, sigaretten] light; caloriearm; nicotinearm

le **lignage** (m) [vero] afstamming, geslacht

la **ligne** (v) **1** lijn, streep **2** (grens)lijn: *franchir la* ~ de grens over trekken; [sport] ~ *d'arrivée* finish, eindstreep **3** (slanke) lijn: *garder la* ~ een goed figuur houden **4** (verbindings)lijn: *navire de* ~ lijnschip; ~ *aérienne* **a)** luchtlijn; **b)** [techn] bovengrondse leiding, bovenleiding **5** richtlijn, regel: ~ *de conduite* handelwijze, gedragscode **6** snoer: ~ *de pêche* vislijn, hengel; ~ *téléphonique* telefoonlijn; *la* ~ *est coupée* de verbinding is verbroken; *vous êtes en* ~ **a)** u bent goed verbonden; **b)** ik hoor u wel **7** reeks: *hors* ~ buitengewoon, superieur **8** [mil] (front)lijn **9** regel [van geschrift]: *aller à la* ~ een nieuwe regel (beginnen); *entrer en* ~ *de compte* in aanmerking komen, meetellen; *lire entre les* ~s tussen de regels lezen **10** linie, afstamming ‖ [comp] *en* ~ online
ligné, -e gelinieerd: *papier* ~ gelinieerd papier

la **lignée** (v) nakomelingschap, geslacht
lign|eux, -euse houtachtig
ligoter vastbinden, knevelen

la **ligue** (v) verbond, bond, liga

se **liguer contre** een verbond aangaan, samenspannen (tegen)

le **¹lilas** (m) sering

²lilas (bn, mv: *onv*) lila

la **Lille** (v) Lille, [Belg] Rijsel

le/la **¹lilliputien** (m), **-ne** (v) lilliputter

²lilliputien, -ne (bn) lilliputachtig

la **limace** (v) (naakte) slak; [fig] slak, treuzelaar

le **limaçon** (m) **1** [Belg] slak **2** slakkenhuis [van het oor]

la **limaille** (v) vijlsel

la **limande** (v) schar

les **limbes** (mv, m) [r-k] voorgeborchte: [fig] *rester dans les* ~ niet uit de verf komen

le **Limbourg** (m) Limburg

limbourgeois, -e Limburgs

le/la **Limbourgeois** (m), **-e** (v) Limburger, Limburgse

la **lime** (v) vijl

limer vijlen; [fig] polijsten, bijschaven

le **limier** (m) speurhond [ook fig]

liminaire: *propos* ~ voorwoord

limitat|if, -ive beperkend: *énumération limitative* uitputtende opsomming

la **limitation** (v) beperking

la **limite** (v) **1** limiet, grens **2** begrenzing: *sans ~s* onbeperkt **3** uiterst, grens: ~ *d'âge* maximumleeftijd; *cas* ~ grensgeval; *date* ~ uiterste datum; *arriver avant la* ~ [sport] voor sluitingstijd binnen zijn; *vitesse* ~ maximumsnelheid ‖ *à la* ~ in het uiterste geval, desnoods

limité, -e beperkt

¹limiter (ov ww) begrenzen, beperken

se **²limiter à** (wdk ww) zich beperkingen opleggen, zich beperken (tot)

limitrophe aangrenzend: *pays* ~ buurland

le **limogeage** (m) ontslag

limoger afdanken, aan de dijk zetten

le **limon** (m) slijk, slib, leem

la **limonade** (v) priklimonade

limousin, -e uit Limoges

le/la **Limousin** (m), **-e** (v) inwoner, inwoonster van Limoges of van het Limousingebied

la **limousine** (v) limousine

limpide helder [ook fig]; doorzichtig

la **limpidité** (v) helderheid, klaarheid; duidelijkheid

le **lin** (m) **1** vlas: *graine de* ~ lijnzaad; *huile de* ~ lijnolie **2** linnen

le **linceul** (m) lijkwade

linéaire 1 lijn-, lijnvormig **2** eendimensionaal **3** lineair, enkelvoudig: *récit* ~ rechtlijnig verhaal [zonder uitweidingen] ‖ *mètre* ~ strekkende meter

le **linge** (m) **1** linnen(goed); wasgoed: ~ *blanc* witte was, [Belg] witwas; ~ *de couleur* bonte was; *pince à* ~ wasknijper; ~ *sale* vuile was; [pop] *il y a du beau* ~! er zijn mooie vrouwen!; ~ *de table* tafellinnen **2** ondergoed: ~ *de corps* ondergoed; ~ *de rechange* verschoning; *changer de* ~ schoon ondergoed aantrekken **3** doek: *blanc comme un* ~ lijkbleek

la **lingerie** (v) **1** linnenkamer, linnenkast **2** ondergoed, lingerie

la **lingette** (v) vochtig tissue

le **lingot** (m) baar, staaf [van metaal]

le/la **linguiste** (m/v) linguïst(e), taalkundige

la **¹linguistique** (v) linguïstiek, taalkunde

²linguistique (bn) taalkundig, linguïstisch; taal-: [Belg] *lois* ~s taalwetten; *communauté* ~ taalgemeenschap; *frontière* ~ taalgrens; *séjour* ~ verblijf in buitenland om de taal te leren

le **lino** (m) *zie* linoléum

le **linoléum** (m) linoleum

la **linotte** (v): *tête de* ~ kip zonder kop

le **linteau** (m) [bouwk] bovendorpel [van deur]; latei

le/la **lion** (m), **-ne** (v) leeuw(in): *part du* ~ leeuwendeel; [inf] *il a bouffé* (of: *mangé*) *du* ~ hij is niet te houden

le **lionceau** (m) leeuwenwelp

le **lipide** (m) vetstof; lipide

les **lipides** (mv, m) vetten, vetstoffen

la **liposuccion** (v) liposuctie

la **lippe** (v) dikke onderlip: *faire la* ~ pruilen

lippu, -e met dikke lippen

la **liquéfaction** (v) vloeibaarwording, vloeibaarmaking [van gassen]

liquéfiable vloeibaar te maken [van gassen]

¹liquéfier (ov ww) vloeibaar maken: *gaz de pétrole liquéfié (GPL)* lpg

se **²liquéfier** (wdk ww) vloeibaar worden; [fig] verslappen, moedeloos worden

la **liqueur** (v) likeur

le **liquidateur** (m): ~ *judiciaire* curator [in faillissement]

la **liquidation** (v) [jur] **1** liquidatie; vereffening; afrekening **2** verdeling [van een erfenis] **3** oplossing [van een conflict] **4** opruiming, uitverkoop **5** liquidatie, (het) uit de weg ruimen

le **¹liquide** (m) **1** vloeistof **2** contant geld

²liquide (bn) **1** vloeibaar: ~ *vaisselle* (vloeibaar) afwasmiddel; *sauce trop* ~ te dunne saus **2** vlottend: *dette* ~ vlottende schuld; *argent* ~ contant geld

liquider 1 liquideren, vereffenen, uitverkopen, te gelde maken **2** (iets) uit de wereld helpen **3** (iem.) uit de weg ruimen

la **liquidité** (v) **1** vloeibaarheid **2** [fin] liquiditeit

les **liquidités** (mv, v) contanten, liquide middelen

liquor|eux, -euse likeurachtig, zoet, zwaar [van wijnen]

la **¹lire** (v) lire [Italiaanse munt]

²lire (ov ww) **1** lezen, voorlezen **2** aflezen,

herkennen: ~ *les pensées de qqn.* iemands gedachten doorgronden; *la peur se lisait sur son
visage* de angst stond op zijn gezicht te lezen
|| ~ *le français* Frans kunnen lezen

le **lis** (m) lelie: *fleur de* ~ Franse lelie

la **Lisbonne** (v) Lissabon

le **liséré** (m) boord, galon; bies

le **liseron** (m) winde

le/la **lis|eur** (m), **-euse** (v) iem. die veel leest,
boekenwurm

la **liseuse** (v) **1** bladwijzer **2** boekomslag
3 bedjasje **4** leeslampje **5** e-reader

la **lisez-moi** (m) [comp] leesmij; readme

la **lisibilité** (v) leesbaarheid, begrijpelijkheid

   lisible 1 leesbaar **2** het lezen waard **3** te
begrijpen

le **lisier** (m) gier, drijfmest

la **lisière** (v) **1** zelfkant [van een stof] **2** zoom
[van een bos]

la **¹lisse** (v) schering; reling, verschansing

   ²lisse (bn) glad, effen

   lissé, -e glad; geglaceerd

   lisser gladstrijken, gladmaken, glanzen

le **listage** (m) [comp] (het) afdrukken, (computer)uitdraai

la **liste** (v) **1** lijst, staat: *~ d'attente* wachtlijst;
~ de mariage [Belg] huwelijkslijst; [comp] *~
de diffusion* mailinglist, verzendlijst; *je suis
sur la ~ rouge* ik heb een geheim telefoonnummer **2** reeks, opsomming

   lister [comp] afdrukken

le **listing** (m) (computer)uitdraai

le **lit** (m) **1** bed: *~s superposés* stapelbed; *~ de
camp* veldbed, stretcher; *~ double* tweeper-
soonsbed; *faire son ~* zijn bed opmaken;
mourir dans son ~ een natuurlijke dood sterven; *aller au ~* gaan slapen **2** ziekbed: *être
cloué au ~* aan bed gekluisterd zijn; *garder le
~* bed(rust) houden **3** huwelijksbed **4** laag: *~
de gravier* grindlaag **5** bedding [van rivier,
gletsjer]

la **litanie** (v) [fig] reeks jammerklachten, opsomming

la **literie** (v) beddengoed

la **litière** (v) **1** [hist] draagstoel **2** stalstro,
strooisel; kattenbakvulling

le **litige** (m) **1** [jur] twistpunt **2** geschil: *en ~*
a) betwist; **b)** onbeslist

   litigi|eux, -euse betwist(baar): *point ~* ge-
schilpunt

le **litre** (m) liter, literfles, literpak

le **litron** (m) literfles rode wijn

   littéraire literair, letterkundig

   littéral, -e letterlijk

le **littérateur** (m) literator [vnl. minachtend]

la **littérature** (v) literatuur, letterkunde

le **¹littoral** (m) kust(streek)

   ²littoral, -e (bn) kust-

la **Lituanie** (v) Litouwen

le **¹lituanien** (m) (het) Litouws

   ²lituanien, -ne (bn) Litouws

le/la **Lituanien** (m), **-ne** (v) Litouwer, Litouwse

la **liturgie** (v) liturgie

   liturgique liturgisch

   livide vaal; doodsbleek

la **lividité** (v) bleekheid, vaalheid

   livrable leverbaar

la **livraison** (v) **1** levering: *prendre ~ de* in
ontvangst nemen; *voiture de* ~ bestelwagen
2 deel, aflevering [van een tijdschrift enz.]

le **¹livre** (m) boek: *~ de bord* scheepsjournaal; *~
de caisse* kasboek; *~ de classe* schoolboek; *~
de poche* pocket(boek); *industrie du ~* druk-
kersvak, drukkerswereld; [fig] *à ~ ouvert* van
het blad, voor de vuist weg

la **²livre** (v) **1** pond [gewicht] **2** [Engeland]
pond (sterling) £

le **livre-cassette** (m) boek met ingesproken
tekst

la **livrée** (v) **1** livrei **2** uiterlijke kenmerken

   ¹livrer (ov ww) **1** overleveren, uitleveren: *~
un secret* een geheim prijsgeven **2** leveren,
bezorgen: *~ bataille* slag leveren; *~ passage*
doorgang verlenen

se **²livrer** (wdk ww) **1** (+ à) zichzelf uitleveren,
zich overgeven (aan): *se ~ aux pires excès* de
ergste uitspattingen begaan **2** (+ à) zich wijden aan, zich toeleggen op **3** zich (spontaan)
uiten

   livresque boeken-: *savoir ~* boekenwijs-
heid

le **livret** (m) **1** boekje; bundeltje: *~ de famille*
trouwboekje; *~ scolaire* schoolrapport **2** li-
bretto

le/la **livr|eur** (m), **-euse** (v) bezorg(st)er: *~ de
pizza* pizzakoerier

le **LMD** (m) afk van *Licence, Master, Doctorat*
[in Nederland vergelijkbaar met] bamastruc-
tuur

le **lobby** (m) pressiegroep

le **lobe** (m) kwab; lel; lob

   lobé, -e gelobd

   lober [sport] een lob maken; passeren met
een lob

le **¹local** (m) lokaal, ruimte, kamer

   ²local, -e (bn) plaatselijk, lokaal: *les collectivités ~es* de lagere overheden; *couleur ~e* lokale kleur; *heure ~e* plaatselijke tijd

   localisable te plaatsen

la **localisation** (v) **1** lokalisatie, lokalisering;
plaatsbepaling **2** begrenzing

   localiser 1 lokaliseren, thuis kunnen brengen **2** begrenzen; beperken in de ruimte

la **localité** (v) plaats

le/la **locataire** (m/v) huurder, -ster

   locat|if, -ive huur-, van de huurder: *char-
ges locatives* servicekosten; *réparations locatives* reparaties ten laste van de huurder; *valeur locative* huurwaarde

la **location** (v) **1** (het) (ver)huren: *donner en* ~
verhuren; *prendre en* ~ huren **2** huur(prijs)
3 plaatsbespreking: *bureau de* ~ bespreek-

bureau, plaatskaartenbureau
la **location-vente** (v) huurkoop
la **locomotion** (v) voortbeweging: *moyens* de
~ middelen van vervoer
la **locomotive** (v) **1** locomotief: [fig] *c'est une*
~ hij (zij) is niet te stoppen; *fumer comme une*
~ roken als een schoorsteen **2** gangmaker
le **locuteur** (m) spreker
la **locution** (v) uitdrukking, zegswijze: ~ *ad-*
verbiale bijwoordelijke uitdrukking
le **loden** (m) loden jas
le **logarithme** (m) [wisk] logaritme
la **loge** (v) **1** loge; loggia **2** [theat] loge: *être*
aux premières ~s **a)** op de beste plaatsen zitten; **b)** er met zijn neus bovenop zitten
3 [theat] (individuele) kleedkamer **4** (vrij-
metselaars)loge **5** conciërgewoning
logeable bewoonbaar
le **logement** (m) **1** huisvesting: *crise du* ~ woningnood **2** woonruimte, woning, huis: *la*
construction de ~s de woningbouw
1loger (onov ww) wonen, verblijven
2loger (ov ww) **1** (iem.) onderbrengen, logies verstrekken aan: *logé et nourri* kost en
inwoning **2** (iets) wegzetten, plaatsen, onderbrengen: ~ *une balle dans …* een kogel
door … jagen
se **3loger** (wdk ww) **1** onderdak vinden, gaan
wonen: *trouver à se* ~ woonruimte (*of:* onderdak) vinden **2** indringen, blijven zitten
le/la **log|eur** (m), **-euse** (v) kamerverhuurder,
-ster, hospita
le **1logiciel** (m) [comp] software; programma:
~ *espion* spyware; ~ *antivirus* virusscanner,
antivirussoftware; ~ *libre* vrije software
2logiciel, -le (bn) software-: *erreur ~le* pro-
grammabug
le **logicien** (m) logicus
la **1logique** (v) logica
2logique (bn) logisch; redelijk, rationeel:
c'est ~ dat is nogal logisch; *être* ~ *avec soi-*
même consequent zijn
le **logis** (m) [form] woning, huis; onderdak:
corps de ~ hoofdgebouw; *maréchal des* ~
wachtmeester
la **1logistique** (v) logistiek
2logistique (bn) logistiek
le **logo** (m) logo
se **loguer** inloggen
la **loi** (v) wet: *homme de* ~ jurist; **~-cadre** [Belg]
eenheidswet, raamwet; ~ *de finances* [verge-
lijkbaar] miljoenennota; ~ *du silence* zwijg-
plicht; *la ~ de la jungle* de wet van de sterkste; [ec] ~ *du marché* wet van vraag en aanbod, marktmechanisme; *un projet de* ~ een
wetsontwerp; *une proposition de* ~ een
wetsvoorstel; ~ *en vigueur* geldende wet;
hors la ~ vogelvrij; *faire la* ~ de wet voorschrijven
la **loi-cadre** (v; mv: lois-cadres) kaderwet
le **1loin** (m) verte: *au* ~ in de verte; *partir au* ~

naar de vreemde vertrekken; *dater de* ~ lang
geleden zijn; *revenir de* ~ van een ernstige
ziekte herstellen; *c'est de* ~ *son meilleur roman*
dat is verreweg zijn beste roman || *de* ~ *en* ~
(slechts) zo nu en dan
2loin (bw) ver: *aller* ~ het ver brengen; *le pa-*
tient n'ira pas ~ **a)** de zieke zal het niet lang
meer maken; **b)** verstrekkende gevolgen
hebben
3loin de (vz) (ver) verwijderd van: ~ *de là* integendeel; ~ *de moi l'idée de* ik denk er niet
over om; ~ *des yeux,* ~ *du cœur* uit het oog uit
het hart; *nous sommes* ~ *de prétendre que* wij
willen helemaal niet beweren dat
le **1lointain** (m) verte; verschiet: *au* (of: *dans le*)
~ in de verte
2lointain, -e (bn) ver (verwijderd); veraf
(gelegen): *idée ~e* vaag idee; *rapport* ~ zijdelings verband
le **loir** (m) zevenslaper: *paresseux comme un* ~
zo lui als een varken; *dormir comme un* ~ slapen als een marmot
loisible: *il m'est* ~ *de* het staat mij vrij om
le **loisir** (m) vrije tijd: *avoir le* ~ de tijd hebben
om; *à ses moments de* ~ in zijn vrije uren || *à* ~
zoveel men wil
les **loisirs** (mv, m) vrijetijdsbesteding, hobby:
parc de ~ recreatiepark; *la société des* ~ de
vrijetijdsmaatschappij
lombaire lenden-: *ponction* ~ lumbaal-
punctie; *vertèbres ~s* lendenwervels
le **lombric** (m) regenworm; pier
l'on *zie* on
londonien, -ne Londens
le/la **Londonien** (m), **-ne** (v) Londenaar, Lon-
dense
la **Londres** (v) Londen
le **1long** (m) lengte: *le* ~ *de* langs; *tout au* ~ *de la*
côte langs de hele kust; *de tout son* ~ languit;
tout le ~ *du jour* de hele dag door; *de* ~ *en lar-*
ge heen en weer
2long, longue (bn) **1** lang, langwerpig:
avoir les dents longues eerzuchtig zijn **2** lang-
(durig): *de longue date* allang; *de longues*
heures urenlang; *être* ~ *à* veel tijd nodig
hebben om
3long (bw) veel, uitgebreid: *en dire* ~ veel
zeggen(d zijn)
le **long-courrier** (m; mv: long-courriers) schip
voor de grote vaart; langeafstandsvliegtuig
la **longe** (v) **1** halster; lijn, leiband, riem **2** [cul]
lendenstuk
longer langs iets lopen, rijden enz.: *le che-*
min qui longe le cimetière het pad langs het
kerkhof
la **longévité** (v) lang leven: ~ *moyenne* gemiddelde levensduur
longiligne met lange ledematen, rijzig
la **longitude** (v) [aardr] lengte: *50° de* ~ *Est*
50° oosterlengte
longitudinal, -e lengte-, in de lengte

longtemps lang(e tijd): *depuis ~, il y a ~* al heel lang; *je n'en ai pas pour ~* **a)** ik ben zo klaar; **b)** ik ben zo terug; *il n'en a plus pour ~* hij maakt het niet lang meer; *on ne le reverrait plus avant ~* ze zouden hem lang niet terugzien

la **¹longue** (v): *à la ~* op den duur

²longue (bn) v vorm van *¹long*

longuement lang, lange tijd; langdurig

la **longueur** (v) **1** lengte: *saut en ~* verspringen; *~ d'onde* golflengte; *dans le sens de la ~* in de lengterichting **2** langdurigheid: *traîner en ~* eindeloos duren; *tirer en ~* op de lange baan schuiven; *à ~ de journée* de hele dag door, urenlang

la **longue-vue** (v; mv: longues-vues) verrekijker

le **look** (m) uiterlijk: *changer de ~* er anders uitzien

le **lopin** (m) lap, stuk(je) grond

loquace praatziek, spraakzaam

la **loque** (v) **1** vod, lomp: *en ~s* aan flarden **2** [Belg] poetsdoek, lap **3** [m.b.t. personen] wrak

le **loquet** (m) deurklink

loquet|eux, -euse in vodden gekleed, haveloos

le **lord** (m) lord: *Chambre des Lords* Hogerhuis

lorgner 1 beloeren, begluren, steels kijken naar **2** belust zijn op: *~ un poste* azen op een betrekking

la **lorgnette** (v) toneelkijker

le **loriot** (m) wielewaal

lorrain, -e Lotharings

le/la **Lorrain** (m), **-e** (v) Lotharinger, -ringse

la **Lorraine** (v) Lotharingen

lors toen: *~ de* tijdens; *depuis ~* sindsdien; *~ même que* zelfs als || *dès ~* **a)** derhalve; **b)** van dat ogenblik af

lorsque toen; wanneer, als; terwijl

le **losange** (m) ruit: *en ~* ruitvormig

le **lot** (m) **1** onderdeel **2** (levens)lot **3** hoeveelheid, partij: *~ de marchandises* partij goederen **4** lot; loterijprijs

la **loterie** (v) loterij; kansspel

loti, -e: *être bien* (of: *mal*) *~* goed (of: slecht) af zijn

la **lotion** (v) lotion: *~ capillaire* haarlotion

lotir verkavelen

le **lotissement** (m) **1** verkaveling **2** verkaveld terrein **3** kavel, perceel

le **loto** (m) bingo; lotto

la **lotte** (v) kwabaal: *~ de mer* zeeduivel

le **lotus** (m) lotus(bloem) || *position du ~* lotushouding; kleermakerszit

louable 1 prijzenswaard, loffelijk **2** (ver)huurbaar

la **louange** (v) loftuiting, lof; aanprijzing: *à la ~ de* ter ere van

louang|eur, -euse prijzend, lovend

le **loubard** (m) [inf] crimineeltje

la **¹louche** (v) soeplepel [om op te scheppen] || [inf] *serrer la ~* de hand schudden

²louche (bn) verdacht: *un individu ~* een onguur individu

loucher scheel kijken, loensen

le/la **louch|eur** (m), **-euse** (v) schele

¹louer (ov ww) **1** huren **2** verhuren: *à ~* te huur **3** bespreken [van plaatsen] **4** prijzen, roemen **5** feliciteren (met iets)

se **²louer de** (wdk ww) tevreden zijn over, zich gelukwensen met

le/la **lou|eur** (m), **-euse** (v) verhuurder, -ster

loufoque gek, getikt; [m.b.t. zaken] belachelijk, dwaas

la **loufoquerie** (v) gekheid, dwaasheid

le **loukoum** (m) Turks fruit

le **loup** (m) **1** wolf: *mon petit ~* liefje, schatje; *faim de ~* honger als een wolf; *froid de ~* hevige kou; *jeune ~* jong ambitieus iem.; *~ de mer* zeebonk; *à pas de ~* op de tenen, heel zachtjes; *quand on parle du ~ on en voit la queue* als je van de duivel spreekt trap je op zijn staart **2** zeebaars, zeewolf **3** fluwelen halfmasker **4** eerzuchtig iem. **5** fabricagefout

le **loup-cervier** (m; mv: loups-cerviers) lynx

la **loupe** (v) **1** loep, vergrootglas: *à la ~* heel nauwkeurig **2** knoest **3** [med] cyste

¹louper (ov ww) **1** verknoeien **2** missen

se **²louper** (wdkg ww) elkaar mislopen

le **loup-garou** (m; mv: loups-garous) weerwolf

le **loupiot** (m) [pop] kind

la **loupiote** (v) nachtlampje

¹lourd, -e (bn) **1** zwaar: *poids ~* **a)** [sport] zwaargewicht; **b)** vrachtwagen; *avoir la main ~e* te scheutig zijn met **2** log, lomp, onhandelbaar **3** drukkend, loom: *le temps est ~* het is benauwd (weer); [Belg] *il fait ~* het is benauwd (weer); *marché ~* gedrukte markt; *sommeil ~* diepe slaap **4** [fig] zwaarwegend

²lourd (bw): *peser ~* zwaar zijn; *cela ne pèse pas ~ dans la balance* dat legt geen gewicht in de schaal, dat is onbelangrijk

le/la **¹lourdaud** (m), **-e** (v) lomperik, botterik

²lourdaud, -e (bn) bot, onbeholpen

lourder 1 [inf; iem.] de laan uit sturen; de bons geven; dumpen: *se faire ~* de bons krijgen **2** [inf; iets] afdanken

la **lourdeur** (v) **1** zwaarte **2** lompheid, logheid **3** (ondraaglijke) druk

le **loustic** (m) grappenmaker, grapjas, snuiter

la **loutre** (v) otter; otterbont, ottervel

Louvain Leuven

la **louve** (v) wolvin

le **louveteau** (m) **1** welp, wolvenjong **2** welp [padvinder]

louvoyer laveren; [fig] schipperen

se **lover** [slang] kronkelen; [persoon] zich oprollen

loyal, -e 1 eerlijk, loyaal, trouw **2** fair

le **loyalisme** (m) trouw; loyaliteit

la **loyauté** (v) eerlijkheid, loyaliteit, trouw

le **loyer** (m) huur(prijs): *habitation à ~ modéré*, HLM goedkope huurflat, woningwetwoning

le **LSD** (m) lsd

lu volt dw van ¹*lire*

la **lubie** (v) dwaze inval, gril, kuur

le ¹**lubrifiant** (m) smeermiddel

²**lubrifiant, -e** (bn) smerend, smeer-

la **lubrification** (v) smering

lubrifier smeren, oliën

lubrique geil, wellustig

la **lucarne** (v) dakraam

lucide 1 helder, duidelijk **2** scherpzinnig

la **lucidité** (v) **1** helderheid **2** helder inzicht, scherpzinnigheid

la **luciole** (v) vuurvliegje

lucrat|if, -ive lucratief; winstgevend: *à but ~* met winstoogmerk; *à but non ~* zonder winstoogmerk, non-profit-

ludique ludiek, speels

la **ludothèque** (v) spelotheek

la **luette** (v) huig

la **lueur** (v) **1** schijnsel, licht **2** [fig] vleugje: *~ d'espoir* glimpje hoop

la **luge** (v) **1** slee; bobslee **2** (het) sleeën, rodelen: *faire de la ~* sleeën

lugubre luguber, akelig, naargeestig

lui hij; hem, haar: *il ~ ressemble* hij lijkt op hem (haar); *un ami à ~* één van zijn vrienden; *à ~ (tout) seul* alleen, in zijn eentje

lui-même hijzelf; zich(zelf); hemzelf

luire 1 schijnen; blinken, glimmen **2** [fig] glanzen, schitteren

luisant, -e glanzend, glimmend, blinkend: *ver ~* glimworm

le **lumbago** (m) spit, [Belg] verschot

la **lumière** (v) **1** licht: *son et ~* klank- en lichtspel; *Ville Lumière* lichtstad (Parijs); *sous la ~ des projecteurs* in het licht van de schijnwerpers; [fig] *ce n'est pas une ~* het is geen groot licht **2** [fig] klaarheid, duidelijkheid: *faire la ~ sur une affaire* een zaak tot klaarheid brengen; *mettre en ~* onder de aandacht brengen, duidelijk maken; *à la ~ de* in het licht van **3** [veelal mv] kennis: *siècle des Lumières* 18e eeuw, tijdperk van de verlichting ‖ *habit de ~* stierenvechterspak

le **lumignon** (m) pitje, lichtje

le **luminaire** (m) lamp; verlichting

lumin|eux, -euse 1 lichtgevend, lichtend, licht- **2** helder, duidelijk **3** vernuftig, lumineus

la **luminosité** (v) **1** helderheid **2** lichtsterkte

lunaire 1 maan- **2** maanachtig: *face ~* vollemaansgezicht

lunatique maanziek; grillig, zonderling

le **lundi** (m) maandag: *~ de Pâques* paasmaandag, tweede paasdag

la **lune** (v) maan: *croissant de ~* maansikkel; *au clair de ~* in de maneschijn ‖ *~ de miel* wittebroodsweken; *être dans la ~* verstrooid zijn; *demander la ~* iets onmogelijks vragen; *promettre la ~* gouden bergen beloven

luné, -e: *bien ~* goedgemutst; *mal ~* slecht gehumeurd

la **lunette** (v) **1** verrekijker: *~ d'approche* verrekijker; *fusil à ~* geweer met telescoopvizier **2** bril [van wc] ‖ *~ arrière* achterruit [van een auto]

la **lunetterie** (v) brillenwinkel, optiekzaak; opticiensvak

les **lunettes** (mv, v) bril: *serpent à ~* brilslang; *~ noires* donkere bril; *~ de soleil* zonnebril; *~ de plongée* duikbril

le **lupin** (m) lupine

la **lurette** (v): *il y a belle ~* het is een hele poos geleden

le/la **luron** (m), **-ne** (v): *un joyeux ~* een vrolijke frans

le **lustre** (m) **1** lustrum: *cela fait des ~s* het is lang geleden **2** glans, schittering **3** kroonluchter **4** aanzien, luister

lustré, -e glanzend; glimmend

les **lustres** (mv, m): *depuis des ~* al jaren lang; *ça fait des ~* dat is al tijden geleden

le **luth** (m) luit; lier

le/la ¹**luthérien** (m), **-ne** (v) lutheraan, lutherse

²**luthérien, -ne** (bn) luthers

le **luthier** (m) vioolbouwer; (snaar)instrumentenverkoper

le **lutin** (m) **1** kweldtuivel; kobold, kabouter **2** guit(ig kind)

lutiner handtastelijk worden

le **lutrin** (m) koorlessenaar

la **lutte** (v) **1** worsteling; worstelsport: *~ libre* vrij worstelen **2** strijd, gevecht: *~ à mort* strijd op leven en dood; *~ antipollution* strijd tegen de milieuvervuiling; *la ~ contre la criminalité* de criminaliteitsbestrijding; *~ des classes* klassenstrijd; *de haute ~* met veel moeite

lutter 1 worstelen **2** (be)strijden, vechten: *~ contre le sommeil* tegen de slaap vechten; *~ pour la première place* om de eerste plaats strijden **3** (+ de) wedijveren in: *~ de vitesse* om het hardst rijden

le/la **lutt|eur** (m), **-euse** (v) worstelaar(ster); strijd(st)er

la **luxation** (v) [med] ontwrichting, verstuiking, verrekking

le **luxe** (m) **1** luxe, weelde: *c'est du ~* dat is een overbodige luxe **2** overvloed, overdaad: *un grand ~ de précautions* een overdreven aantal voorzorgsmaatregelen

le **Luxembourg** (m) Luxemburg: *à ~* in Luxemburg [stad]; *au ~* in Luxemburg [land]

luxembourgeois, -e Luxemburgs

le/la **Luxembourgeois** (m), **-e** (v) Luxemburger, -burgse

luxer [med] ontwrichten, verstuiken, verrekken

luxu|eux, -euse luxueus, weelderig

la **luxure** (v) ontucht, wellust

la **luxuriance** (v) weelderigheid, overvloedigheid

luxuriant, -e weelderig; overvloedig, overdadig: *imagination* ~*e* te grote fantasie

le **lycée** (m) lyceum, middelbare school: ~ *d'enseignement général et technologique* ± tweede fase vo + mbo; ~ *professionnel* ± mbo

le/la **¹lycéen** (m), **-ne** (v) middelbare scholier(e), lyceïst(e)

²lycéen, -ne (bn) van middelbare scholieren

la **lymphe** (v) lymfe

le **lynchage** (m) (het) lynchen, afmaken

lyncher lynchen, afmaken

le **lynx** (m) lynx: *des yeux de* ~ scherpe ogen, arendsblik, haviksogen

lyophiliser vriesdrogen

la **lyre** (v) lier

lyrique lyrisch; poëtisch: *artiste* ~ operazanger(es); *spectacle* ~ operaopvoering; *théâtre* ~ opera

le **lyrisme** (m) lyriek, lyrische stijl

le **lys** (m) *zie lis*

m

le **m** (m) [de letter] m
le **M.** (m) afk van *Monsieur* dhr., meneer
ma v vorm van *mon*
le/la ¹**maboul** (m), **-e** (v) gek
²**maboul, -e** (bn) [pop] getikt
macabre macaber, griezelig; doods: *danse* ~ dodendans; *découverte* ~ afschuwelijke ontdekking; *humour* ~ galgenhumor
le **macadam** (m) **1** asfalt **2** asfaltweg
le **macadamia** (m) macadamia(noot)
le **macaque** (m) makaak; [fig] lelijke vent, baviaan
le **macaron** (m) **1** bitterkoekje **2** sticker, plakplaatje **3** klap, stomp **4** [haardracht] tegen de oren aan gedrukte knoet
le **macaroni** (m) [bel] spaghettivreter
les **macaronis** (mv, m) macaroni
le **macchabée** (m) [inf] kadaver, lijk
la **macédoine** (v) **1** gemengde groenten of vruchten: ~ *de fruits* vruchtensalade, fruitcocktail **2** [fig] mengelmoes, warboel
la **Macédoine** (v) Macedonië
macédonien, -ne Macedonisch
le/la **Macédonien** (m), **-ne** (v) Macedoniër, Macedonische
la **macération** (v) **1** (het) weken, trekken [in een vloeistof] **2** aftreksel
¹**macérer** (onov ww) weken, trekken
²**macérer** (ov ww) marineren
la **mâche** (v) veldsla
le **mâchefer** (m) slakken, sintels
mâcher kauwen; ~ *à qqn.* iem. het werk gemakkelijk maken; *il ne mâche pas ses mots* hij windt er geen doekjes om
la **machette** (v) kapmes
machiavélique machiavellistisch, sluw, doortrapt
le **machin** (m) [pop] ding: *Machin* Dinges
machinal, -e werktuiglijk; automatisch
machinalement werktuiglijk; onwillekeurig; automatisch
la **machination** (v) machinatie, intrige, samenzwering
la **machine** (v) [ook fig] machine, toestel, werktuig; apparaat; (motor)rijwiel: ~ *à café* koffieautomaat; ~ *à sous* gokautomaat; *la ~ administrative* het ambtelijk apparaat; *écrire à la ~* typen; *faire ~ arrière* **a)** achteruitrijden; **b)** terugkrabbelen
la **machine-outil** (v) gereedschapsmachine
la **machinerie** (v) machinerie; machinekamer
le **machinisme** (m) mechanisatie
le **machiniste** (m) toneelknecht

le **machisme** (m) machocultuur; machogedrag
le/la ¹**machiste** (m/v) macho
²**machiste** (bn) macho-
le ¹**macho** (m) macho
²**macho** (bn) macho
la **mâchoire** (v) **1** kaak: ~ *inférieure* onderkaak; ~ *supérieure* bovenkaak **2** bek [van bankschroef, nijptang]: ~ *de frein* remschoen
mâchonner kauwen op; kieskauwen; [fig] prevelen, mompelen
mâchouiller [inf] voortdurend kauwen op
le **maçon** (m) metselaar: *franc-*~ vrijmetselaar
maçonner metselen, dichtmetselen
la **maçonnerie** (v) **1** metselwerk **2** vrijmetselarij
maçonnique de vrijmetselarij betreffende: *loge* ~ vrijmetselaarsloge
le **macramé** (m) macramé, knoopwerk
macrobiotique macrobiotisch
le **macrocosme** (m) macrokosmos; heelal
la **macroéconomie** (v) macro-economie
macroscopique macroscopisch
le **Madagascar** (m) Madagaskar
la **madame** (v; mv: mesdames) mevrouw: *mesdames et messieurs* dames en heren; ~ *pipi* toiletjuffrouw
la **madeleine** (v) madeleine [koekje]: *pleurer comme une* ~ tranen met tuiten huilen
la **mademoiselle** (v; mv: mesdemoiselles) (me)juffrouw, dames
le **madère** (m) madera
Madère (v) Madeira
la **madone** (v) madonna, Mariabeeld
le **madras** (m) halsdoek, hoofddoek van madras
le **madrier** (m) zware plank
le **madrigal** (m) madrigaal
le/la **Madrilène** (m/v) Madrileen(se)
le **maelstrom** (m) maalstroom
la **maestria** (v) meesterschap, virtuositeit
la **maffia** (v) **1** maffia **2** kliek
le ¹**maffieux** (m) maffioso
²**maffi|eux, -euse** (bn) maffia-
la **mafia** (v) maffia
mafi|eux, -euse maffioos: *pratiques mafieuses* maffiapraktijken
le **magasin** (m) **1** winkel: ~ *spécialisé* speciaalzaak; *grand* ~ warenhuis; ~ *à grande surface* supermarkt; ~ *de bricolage* doe-het-zelfzaak; ~ *de proximité* buurtwinkel **2** magazijn, opslagplaats: ~ *d'armes* wapenarsenaal; *en* ~ in voorraad
le **magasinage** (m) [hand] opslag in een pakhuis
le **magasinier** (m) magazijnmeester, [Belg] magazijnier
le **magazine** (m) **1** tijdschrift: ~ *de charme* blootblad **2** radiorubriek, televisierubriek, programma: ~ *féminin* vrouwenprogramma
le **mage** (m) magiër: *les Rois* ~s de Wijzen uit

het Oosten, de drie Koningen

le **Maghreb** (m) Maghreb [Noord-Afrikaanse landen: Marokko, Algerije, Tunesië]
maghrébin, -e van, uit Noord-Afrika; Noord-Afrikaans; Maghrebijns

le/la **Maghrébin** (m), **-e** (v) Noord-Afrikaan(se); Maghrebijn(se)

le/la **magicien** (m), **-ne** (v) tovenaar, -nares

la **magie** (v) magie, toverij; toverkracht: ~ *noire* zwarte kunst; *comme par* ~ als bij toverslag
magique magisch, toverachtig, tover-; wonderbaarlijk: *baguette* ~ toverstaf, toverstokje

le **magistère** (m) 1 [ond] master [diploma] 2 oppergezag
magistral, -e meesterlijk, meester-, magistraal: *cours* ~ hoorcollege

le **magistrat** (m) 1 magistraat 2 lid van de rechterlijke macht

la **magistrature** (v) magistratuur; ambtsduur: ~ *debout* staande magistratuur; ~ *assise* zittende magistratuur

le **magma** (m) 1 [geol] magma 2 [fig] mengelmoes; samenraapsel
magnanime groot-, edelmoedig

la **magnanimité** (v) groot-, edelmoedigheid

le **magnat** (m) magnaat

le **magnésium** (m) magnesium
magnétique magnetisch; [fig] onweerstaanbaar: *bande* ~ geluidsband, beeldband
magnétiser 1 magnetiseren 2 biologeren, fascineren

le **magnétiseur** (m) magnetiseur

le **magnétisme** (m) magnetisme

la **magnéto** (v) 1 inductor, dynamo 2 bobine [auto]

le **magnétophone** (m) bandrecorder

le **magnétoscope** (m) videorecorder

la **magnificence** (v) pracht, praal, luister, heerlijkheid; (vorstelijke) mildheid
magnifier [form] verheerlijken; roemen
magnifique prachtig, luisterrijk; voortreffelijk; geweldig

la **magnitude** (v) [van aardbeving] kracht

le **magot** (m) [inf] spaargeld [in oude kous]; poet

la **magouille** (v) intriges, gekonkel
magouiller [inf] konkelen, ritselen, intrigeren

le **magouilleur** (m) [inf] intrigant, ritselaar
magrébin, -e Maghreb-

le **magret** (m): ~ *de canard* eendenborst(filet)

le/la **Magyar** (m), **-e** (v) Hongaar(se)

le **Mahomet** (m) Mohammed

le **mai** (m) mei: *le 1er Mai* de Dag van de Arbeid; *Mai 68* (de onrust in) mei 1968
maigre 1 mager, dun 2 mager, vetarm, vetloos; vleesloos: *repas* ~ maaltijd zonder vlees of vet 3 schraal, onvruchtbaar, dor 4 karig, mager, pover, gering, armzalig, on-

beduidend: ~ *salaire* karig salaris
maigrelet, -te een beetje (te) mager, sprietig
maigrement mager, schraaltjes; dun, dunnetjes

la **maigreur** (v) 1 magerte 2 onvruchtbaarheid, schraalheid 3 karigheid
maigrichon, -ne aan de magere kant, sprietig
maigrir vermageren; magerder, dunner maken

le **mail** (m) mail: ~ *d'insulte(s)* hatemail; *envoyer des* ~s mailen

le **mailing** (m) [hand, reclame] mailing

le **maillage** (m) maaswijdte

la **maille** (v) 1 steek: ~ à *l'envers* averechtse steek 2 schakel 3 maas: *passer à travers les* ~s *du filet* tussen de mazen van het net doorglippen ‖ *avoir* ~ à *partir avec qqn.* een appeltje met iem. te schillen hebben

le **maillet** (m) (houten) hamer

le **maillon** (m) schakel [van een ketting]

le **maillot** (m) trui; shirt; maillot: ~ *de bain* badpak, zwempak; ~ *de corps* hemd; [sport] ~ *jaune* gele trui; [inf] *mouiller le* ~ zich in het zweet lopen (*of:* werken)

la **main** (v) 1 hand; handigheid, bedrevenheid: à *pleines* ~s royaal, overvloedig; *attaque à* ~ *armée* gewapende overval; *de sa* (*of: ses*) *propre(s)* ~(s) eigenhandig; *de la* ~ à *la* ~ onderhands; *sous la* ~ bij de hand, binnen bereik; *haut les* ~s! handen omhoog!; *haut la* ~ zonder moeite, heel makkelijk; *avoir les* ~s *lisses* de handen vrij hebben; *avoir les* ~s *liées* gebonden zijn; *donner un coup de* ~ een handje helpen; *ne pas y aller de* ~ *morte* **a)** erop los slaan; **b)** het al te bont maken; *avoir la* ~ *haute* de lakens uitdelen; *écrit à la* ~ met de hand geschreven; *ils ont gagné haut la* ~ zij hebben makkelijk gewonnen; *faire* ~ *basse sur qqch.* iets in de wacht slepen; *forcer la* ~ à *qqn.* iem. dwingen; *mettre la* ~ à *l'ouvrage* (*of: à la pâte*) de handen uit de mouwen steken; *passer la* ~ passen, het opgeven; *mettre la* ~ *sur qqch.* **a)** iets in beslag nemen; **b)** iets te pakken krijgen, bemachtigen; *prendre une affaire en* ~(s) een zaak aanpakken, op zich nemen; *se prendre en* ~ zichzelf aanpakken; *être pris la* ~ *dans le sac* op heterdaad betrapt worden; *prêter la* ~ à helpen; *remettre en* ~s *propres* persoonlijk ter hand stellen; *en venir aux* ~s handgemeen raken; *tendre la* ~ de hand ophouden; *un tour de* ~ in een handomdraai; *être en bonnes* ~s in goede handen zijn 2 handschrift 3 [sport] hands! 4 [kaartsp] voorhand

la **main-d'œuvre** (v; mv: mains-d'œuvre) 1 arbeidskrachten 2 arbeid: *frais de* ~ arbeidsloon

la **main-forte** (v) bijstand, hulp, assistentie: *prêter* ~ bijstand, hulp verlenen la **mainmise** (v) **1** beslag(legging) **2** (+ sur) beheersing van, greep op

maint, -e menig: *~es fois* (zo) dikwijls

la **maintenance** (v) **1** onderhoud [van machines, enz.] **2** [mil] onderhoudstroepen

¹maintenant (bw) nu, thans: *dès* ~ van nu af aan

²maintenant que (vw) nu

¹maintenir (ov ww) **1** handhaven, (in stand) houden, behouden, bewaren **2** op zijn plaats houden, vasthouden, tegenhouden **3** volhouden, blijven bij

se **²maintenir** (wdk ww) zich handhaven, blijven (bestaan), voortduren: *le beau temps se maintiendra* het mooie weer blijft aanhouden; *se ~ en forme* in conditie blijven

le **maintien** (m) **1** handhaving, behoud, instandhouding: *~ de l'ordre* ordehandhaving **2** houding, voorkomen, optreden

le **maire** (m) burgemeester: *madame le ~* mevrouw de burgemeester; *le ~ et ses adjoints* burgemeester en wethouders, B en W; *premier adjoint au ~* ± locoburgemeester

la **mairie** (v) **1** stadhuis, gemeentehuis, raadhuis **2** gemeentesecretarie

le **¹mais** (m) tegenwerping, maar: *il y a un ~* er is één maar

²mais (vw) **1** maar, echter; (en) wel: *~ encore!* nee maar! hoor eens!; *~ enfin!* kom nou!; *~ non* welnee; *~ oui* welja; *~ si!* jawel, jazeker!; *~ pas du tout* helemaal niet **2** [aarzelend]: *oui, ~ ...* ja, maar ...; *eh ~!* hoe nu?

le **maïs** (m) mais: *épi de ~* maiskolf

la **maison** (v) **1** huis, woning, gebouw: *~ jumelée* twee-onder-een-kapwoning; *~ de vacances* vakantiehuis(je); *~ de maître* herenhuis; *~ d'arrêt* huis van bewaring; *je suis à la ~* ik ben thuis; *~ de campagne* **a)** buitenhuis; **b)** tweede huis; *~ de correction* verbeteringsgesticht; *~ du bon Dieu* **a)** kerk; **b)** gastvrij huis; *~ des jeunes et de la culture (MJC)* centrum voor jeugd- en cultureel werk; *~ de jeu* speelhuis, casino; *~ de retraite* bejaardentehuis; *une tarte ~* zelfgemaakte vlaai **2** huis [de bewoners]; gezin: *~ du roi* koninklijke hofhouding; *être de la ~* tot het gezin, het bedrijf behoren; *tenir la ~* de huishouding doen, huisvrouw zijn **3** vorstenhuis, adellijk geslacht **4** handelshuis, firma: *~ mère* moedermaatschappij; *~ de disques* platenmaatschappij; *~ d'édition* uitgeverij

la **Maison-Blanche** (v) [pol] (het) Witte Huis

la **maisonnée** (v) huisgenoten

la **maisonnette** (v) huisje

le **¹maître** (m) **1** meester, heerser, patroon, baas: *~ après Dieu* schipper naast God; *~ d'équipage* bootsman; *~ d'hôtel* eerste kelner, ceremoniemeester; *~ de maison* heer des huizes; *~ d'œuvre* uitvoerder [bouw]; *~ de l'ouvrage* opdrachtgever [bouw]; *de main de ~* meesterlijk; *en ~* met gezag; *régner en ~*

onbetwist de baas zijn; *être ~ de ses actes* kunnen doen en laten wat men wil; *être ~ de son sujet* zijn stof beheersen; *être ~ de soi* zich beheersen; *passer ~ en* bijzonder bekwaam worden in; *se rendre ~ de* zich meester maken van **2** eigenaar; baasje **3** (leer)meester, onderwijzer, leraar: *~ auxiliaire* ± onderwijsassistent; *~ de conférences* universitair hoofddocent, [Belg] docent; *~ nageur* badmeester, zwemleraar; *~ à penser* opinievormer **4** meester [titel, aanspreektitel van advocaat, notaris, deurwaarder]

²maître, maîtresse (bn) belangrijkste, voornaamste, meester-, hoofd-: *idée maîtresse* hoofdgedachte, leidende gedachte

le **maître-autel** (m; mv: maîtres-autels) hoogaltaar

le **maître-chien** (m; mv: maîtres-chiens) hondengeleid(st)er

la **maîtresse** (v) **1** meesteres, bazin: *~ de maison* vrouw des huizes **2** onderwijzeres, juf(frouw) **3** minnares, maîtresse

maîtrisable beheersbaar

la **maîtrise** (v) **1** meesterschap **2** controle, over-, beheersing: *~ de l'air* heerschappij in de lucht; *~ de soi* zelfbeheersing **3** ± doctoraal **4** muziekschool voor koorknapen; kerkkoor ‖ *agent de ~* voorman, opzichter

¹maîtriser (ov ww) bedwingen, overmeesteren; beheersen: *~ sa voiture* zijn auto onder controle houden

se **²maîtriser** (wdk ww) zich beheersen

la **maïzena** (v) maizena

la **majesté** (v) majesteit; grootsheid; waardigheid, pracht

majestu|eux, -euse majestueus, majestatisch, verheven, statig

le **¹majeur** (m) **1** middelvinger **2** meerderjarige

²majeur, -e (bn) **1** meerderjarig: *être ~ et vacciné* oud en wijs genoeg zijn **2** groter, grootst: *force ~e* overmacht; *~e partie* merendeel, grootste deel; *le lac Majeur* Lago Maggiore **3** gewichtig: *raison ~e* dwingende reden **4** majeur, dur; grote terts

le **major** (m) [mil] officier, kwartiermeester ‖ *~ d'une promotion* [ond] eerste, beste van een lichting

la **majoration** (v) (prijs)verhoging

le **majordome** (m) hofmeester, (eerste) butler

majorer verhogen

la **majorette** (v) majorette

le/la **¹majoritaire** (m/v) lid van de meerderheid, van de regeringspartij(en)

²majoritaire (bn) meerderheids-

la **majorité** (v) **1** meerderjarigheid **2** meerderheid, merendeel: *~ gouvernementale* regeringspartij(en); *la ~ et l'opposition* de meerderheid en de oppositie; *la ~ des gens* het merendeel van de mensen

Majorque (v) Mallorca

le/la **Majorquin** (m), **-e** (v) Mallorcaan(se)

la **majuscule** (v) hoofdletter

le ¹**mal** (m; mv: maux) **1** kwaad (het kwade), kwaal, ramp, iets verkeerds, ongeluk: *les maux de la guerre* oorlogsleed; *dire du* ~ *de* kwaadspreken van; *faire du* ~ kwaad doen, schade berokkenen; *ça va faire* ~*!* dat zullen ze voelen!; *aux grands maux les grands remèdes* hier helpen alleen ingrijpende maatregelen; *être en* ~ *de* erg om iets verlegen zijn; *vouloir du* ~ *à* een kwaad hart toedragen **2** ziekte, pijn; moeite, last: ~ *de l'air* luchtziekte; *avoir* ~ *au cœur* misselijk zijn; ~ *de la route* wagenziekte; *faire* ~ pijn doen; ~ *du pays* heimwee; *avoir* ~ *à la tête* hoofdpijn hebben; *avoir du* ~ *à* moeite hebben om, het moeilijk hebben om; *se donner du* ~ moeite doen, zich moeite getroosten

²**mal** (bn) slecht, kwaad, verkeerd: *être* ~ er slecht aan toe zijn; *bon an* ~ *an* gemiddeld (per jaar); *bon gré* ~ *gré* goedschiks of kwaadschiks

³**mal** (bw) **1** slecht, niet correct, onvoldoende, verkeerd: ~ *à l'aise* niet op zijn gemak; ~ *embouché* lomp, grof; ~ *famé* berucht; *aller* ~: *il va* ~ het gaat slecht met hem; *ça va* ~ het gaat niet goed; *tant bien que* ~ zo goed en zo kwaad als het gaat; *de* ~ *en pis* van kwaad tot erger; ~ *en point* lelijk toegetakeld; ~ *à propos* te onpas; *cela tombe* ~ dat komt slecht uit; *tourner* ~ een slechte wending nemen; *l'affaire a* ~ *tourné* het is slecht afgelopen; ~ *vu* niet bemind; *c'est* ~ *vu* dat doe je niet; *être* ~ *vu de qqn.* slecht aangeschreven staan bij iem.; *pas* ~ **a)** niet weinig, heel wat; **b)** niet gek, niet onaardig; *il boit pas* ~ *de vin* hij drinkt heel wat wijn; *elle n'est pas* ~ zij mag er zijn [m.b.t. uiterlijk] **2** ziek: *il est au plus* ~ hij is ernstig ziek; *se trouver* ~ **a)** onwel worden; **b)** flauw vallen

le **malabar** (m) krachtpatser

le/la ¹**malade** (m/v) zieke, lijder; patiënt(e): ~ *mental* geesteszieke

²**malade** (bn) ziek; [fig] er slecht aan toe: ~ *de* lijdende aan; *être* ~ *du cœur* aan zijn hart hebben, hartpatiënt zijn; ~ *de chagrin* ziek van verdriet; *se faire porter* ~ zich ziek laten melden; *tomber* ~ ziek worden; *tu es* ~*!* ben je niet wijs!

la **maladie** (v) **1** ziekte, kwaal: ~ *sexuellement transmissible (MST)* seksueel overdraagbare aandoening (soa); ~ *de cœur* hartkwaal; ~*s cardiovasculaires* hart- en vaatziekten; ~ *honteuse* geslachtsziekte; ~ *infantile* kinderziekte; ~ *de la vache folle* gekkekoeienziekte; *il en fait une* ~ dat ergert hem verschrikkelijk **2** manie: ~ *du rangement* opruimwoede

malad|if, -ive ziekelijk

la **maladresse** (v) onhandigheid, onbeholpenheid

le/la ¹**maladroit** (m), **-e** (v) stuntel

²**maladroit, -e** (bn) onhandig, onbeholpen

le **malaga** (m) malaga(wijn)

mal-aimé, -e niet geliefd: *enfants* ~*s* kinderen die onvoldoende liefde krijgen

malais, -e Maleis

le **malaise** (m) **1** onbehaaglijk gevoel, gedruktheid: *éprouver un* ~ zich onwel, niet prettig voelen; ~ *cardiaque* hartstoornis **2** [ec] malaise, slapte [in zaken] **3** crisis, onrust

malaisé, -e moeilijk, ongemakkelijk

la **Malaisie** (v) Maleisië

la **malaria** (v) malaria

le **Malawi** (m) Malawi

malawite Malawisch

le/la **Malawite** (m/v) Malawiër, Malawische

malaxer kneden, masseren, mengen

le **malaxeur** (m) kneedmachine: ~ *à béton* betonmolen

la **malbouffe** (v) **1** junkfood, vulvoer **2** onveilig voedsel [in verband met voedselschandalen]

la **malchance** (v) tegenspoed, ongeluk: *jouer de* ~ pech hebben

le/la ¹**malchanc|eux** (m), **-euse** (v) pechvogel

²**malchanc|eux, -euse** (bn) onfortuinlijk

malcommode ongemakkelijk, onpraktisch

les **Maldives** (mv, v) Malediven

maldivien, -ne Maledivisch

le/la **Maldivien** (m), **-ne** (v) Malediviër, Maledivische

la **maldonne** (v) **1** misverstand **2** het verkeerd geven [bij kaartspel]

le ¹**mâle** (m) **1** mannetje [van dieren] **2** [inf] kerel

²**mâle** (bn) **1** mannelijk **2** [fig] flink, kloek, manhaftig ‖ *fiche* ~ stekker; *prise* ~ stekker

la **malédiction** (v) vervloeking, vloek, verwensing; noodlot

le **maléfice** (m) hekserij, betovering, bezwering

maléfique onheil stichtend; noodlottig

malencontr|eux, -euse ongelukkig, ongelegen

malentendant, -e slechthorend

le **malentendu** (m) misverstand

le **mal-être** (m) (gevoel van) onbehagen

la **malfaçon** (v) gebrek, fout; knoeiwerk

malfaisant, -e boosaardig, kwaadwillig, schadelijk

le/la **malfai|teur** (m), **-trice** (v) boosdoen(st)er, booswicht; misdadig(st)er

malfamé, -e met een slechte reputatie, berucht

la **malformation** (v) [med] misvorming, afwijking

le **malfrat** (m) misdadiger

malgache Malagassisch, van Madagaskar

le/la **Malgache** (m/v) Malagassiër, -sische

malgré ondanks, niettegenstaande: ~ *moi* tegen mijn zin; ~ *que* hoewel

malhabile onhandig, stuntelig

le **malheur** (m) ongeluk, ramp, slag, beproeving, leed, onheil: ~ *à ... wee ...; à qqch.* ~ *est bon* een geluk bij een ongeluk; *faire le* ~ *de* ongelukkig maken; *faire un* ~ **a)** [fig] een ongeluk begaan; **b)** geweldig veel succes hebben; *jouer de* ~ het ongelukkig treffen; *par* ~ ongelukkigerwijs; *porter* ~ ongeluk brengen; *encore cette pluie de* ~ alweer die vervloekte regen

malheureusement 1 ongelukkig **2** helaas, jammer genoeg

le/la **¹malheur|eux** (m), **-euse** (v) ongelukkige, stakker; ellendeling

²malheur|eux, -euse (bn) **1** ongelukkig; rampzalig, droevig, ellendig, armzalig; *il est* ~ *que* het is jammer dat; *jour* ~ ongeluksdag **2** onbeduidend, onbelangrijk

malhonnête oneerlijk

la **malhonnêteté** (v) oneerlijkheid

le **mali** (m) [Belg] tekort

le **Mali** (m) Mali

la **malice** (v) grap; slimmigheid; guitenstreek, poets: *il est sans* ~ er zit geen kwaad bij; *sac à* ~ [fig] trukendoos

malici|eux, -euse schalks, spottend, plagerig

malien, -ne Malinees

le/la **Malien** (m), **-ne** (v) Maliër, Malinese

le **¹malin** (m) slimmerd: *petit* ~ ondeugend ventje; [fig] grapjas; *gros* ~ botterik, domkop; *faire le* ~ slimmer willen zijn dan anderen ‖ *le* ~ de duivel

²malin, maligne (bn) **1** boos, boosaardig: *esprit* ~ duivel; *joie maligne,* ~ *plaisir* leedvermaak; *tumeur maligne* kwaadaardige tumor **2** schalks, spottend, ondeugend **3** slim, leep, sluw, uitgeslapen ‖ *ce n'est pas plus* ~ *que ça* zó ingewikkeld is het nu ook weer niet

Malines Mechelen

malingre zwak, ziekelijk, tenger

malinois, -e uit Mechelen, Mechels: *berger* ~ Mechelse herdershond

le/la **Malinois** (m), **-e** (v) Mechelaar, Mechelse

malintentionné, -e kwaadwillig

la **malle** (v) (hut)koffer: *faire sa* ~ weggaan; *se faire la* ~ 'm smeren

malléable smeedbaar, pletbaar; [fig] buigzaam, meegaand

la **mallette** (v) diplomatenkoffertje; schooltas

le **mal-logement** (m) slechte behuizing

malmener mishandelen, toetakelen, ervanlangs geven

la **malnutrition** (v) slechte voeding, ondervoeding

malodorant, -e onwelriekend

le **malotru** (m) lomperd, vlegel

malpoli, -e lomp, onbehouwen

malpropre 1 [ook fig] vies, onzindelijk, vuil **2** onfatsoenlijk **3** oneerlijk

la **malpropreté** (v) **1** onzindelijkheid, vuil-(heid) **2** onfatsoenlijkheid **3** oneerlijkheid

malsain, -e 1 ongezond; [fig] ziekelijk **2** schadelijk

le **malt** (m) mout

maltais, -e Maltees

le/la **Maltais** (m), **-e** (v) Maltees, Maltese

la **Malte** (v) Malta

la **maltraitance** (v) mishandeling

maltraiter mishandelen, slecht behandelen; [fig] hekelen, afmaken

le **malus** (m) malus [bij verzekeringen]

la **malveillance** (v) kwaadwilligheid, vijandigheid: *acte de* ~ boos opzet

malveillant, -e kwaadwillig, vijandig

malvenu, -e 1 onbevoegd, niet gerechtigd; misplaatst **2** slecht uitgegroeid, mislukt

la **malversation** (v) malversatie, verduistering

malvoyant, -e slechtziend

la **maman** (v) mamma, moeder: *jouer au papa et à la* ~ vadertje en moedertje spelen

la **mamelle** (v) borst; uier; tepel

le **mamelon** (m) **1** tepel **2** knobbel, bult; heuvel **3** [techn] nippel

la **mamie** (v) [inf] oma

mammaire 1 borst-; tepel- **2** uier-

la **mammectomie** (v) [med] mammectomie; borstamputatie

le **mammifère** (m) zoogdier

la **mammographie** (v) [med] mammografie, borstfoto

le **mammouth** (m) mammoet

les **mamours** (mv, m) liefkozingen: [fig] *faire des* ~ *à qqn.* iem. stroop om de mond smeren

la **manade** (v) kudde runderen, paarden [in de Provence]

le **management** (m) management

le **manager** (m) manager

managérial, -e leidinggevend; bestuurlijk; m.b.t. het management

le **¹manche** (m) heft, handvat; steel; hals [van viool]: *poêle à* ~ steelpan; ~ *à balai* **a)** bezemsteel; **b)** [luchtv] stuurknuppel ‖ *quel* ~*!* wat een idioot!; *jeter le* ~ *après la cognée* het bijltje erbij neergooien; *se mettre du côté du* ~ zich bij de sterkste partij aansluiten

la **²manche** (v) **1** mouw: *avoir qqn. dans sa* ~ iem. in zijn zak hebben; [fig] *c'est une autre paire de* ~*s* dat is heel wat anders, dat is andere koek; [fig] *retrousser ses* ~*s* de handen uit de mouwen steken; [fig] *tirer qqn. par la* ~ iem. aan zijn jasje trekken; *en* ~*s de chemise* in hemdsmouwen, zonder jasje; [Belg] *frotter la* ~ *à qqn.* hielenlikken **2** [sport] manche: *il a gagné la première* ~ de eerste slag is voor hem **3** [techn] pijp, buis, (water)slang: [luchtv] ~ *à air* **a)** windzak; **b)** luchtkoker ‖

faire la ~ bedelen [vooral van straatmuzikanten]
Manche: *La* ~ het Kanaal
la **manchette** (v) **1** manchet **2** vette kop [krant] **3** [sport] onderarmse slag
le **manchon** (m) **1** mof **2** gloeikousje **3** [techn] mof, sok, bus, huls, cilinder
le **¹manchot** (m) pinguïn
²manchot, -e (bn) **1** eenarmig, eenhandig **2** zonder armen, zonder handen **3** onhandig: *il n'est pas* ~ dat is een handige jongen
le **mandarin** (m) **1** mandarijn; invloedrijk intellectueel **2** Mandarijnen [eerste taal in China]
la **¹mandarine** (v) mandarijntje
²mandarine (bn) oranje
le **mandarinier** (m) mandarijnboom
le **mandat** (m) **1** mandaat; bevel(schrift); opdracht, volmacht: ~ *d'arrêt* bevel tot aanhouding; ~ *d'amener* bevel tot voorgeleiding; ~ *de dépôt* bevel tot inverzekeringstelling, [Belg] inbewaringstelling **2** mandaat, ambt(stermijn): ~ *présidentiel* presidentschap; *cumul des* ~s stapeling van gekozen functies; *son* ~ *expire en juin* zijn ambtstermijn eindigt in juni **3** postwissel: ~ *télégraphique* telegrafische postwissel
le/la **mandataire** (m/v) mandataris, lasthebber, -ster, afgevaardigde, gevolmachtigde
mandater (iem.) volmacht, opdracht geven
le **mandat-lettre** (m) [Belg] postassignatie
le **mandat-poste** (m) postwissel, [Belg] postmandaat
la **mandibule** (v) kaak; snavel
les **mandibules** (mv, v) kaken; snavel; bek
la **mandoline** (v) mandoline
le **mandrin** (m) **1** boorkop **2** klauwplaat **3** drevel
le **manège** (m) **1** manege, rijschool; rijkunst **2** draaimolen **3** (listig) optreden, gekonkel; intrige
les **mânes** (mv, m) schimmen van gestorvenen
la **manette** (v) hefboom, hendel
le **manganèse** (m) mangaan
mangeable eetbaar
la **mangeoire** (v) trog; voederbakje
le **¹manger** (m) (het) eten
²manger (ov ww) eten, opeten; verslinden; verkwisten, verbrassen, opmaken, verteren; aantasten: ~ *à sa faim* eten tot men geheel verzadigd is, (meer dan) genoeg eten; ~ *son argent* zijn geld opmaken; *il y a à boire et à* ~ er is van alles bij; [inf] *ça mange pas de pain* dat kan geen kwaad; *il mange ses mots* hij slikt zijn woorden in; [pop] ~ *le morceau* bekennen; ~ *des yeux* met de ogen verslinden
se **³manger** (wdk ww) **1** eetbaar zijn, gegeten worden: *ça se mange?* kun je dat eten? **2** [ook fig] elkaar opeten
le **mange-tout** (m) peul
le/la **mang|eur** (m), **-euse** (v) eter, eetster

la **mangue** (v) mango
le **manguier** (m) mangoboom
la **maniabilité** (v) **1** hanteerbaarheid **2** bestuurbaarheid
maniable 1 hanteerbaar, soepel **2** wendbaar **3** handelbaar, gedwee
maniacodépress|if, -ive manisch-depressief
le/la **¹maniaque** (m/v) maniak
²maniaque (bn) manisch
le **manichéisme** (m) [rel] manicheïsme
la **manie** (v) **1** manie, geobsedeerdheid, overdreven voorliefde; dwangvoorstelling: ~ *de la persécution* vervolgingswaanzin **2** dwaze gewoonte, hebbelijkheid, manie: ~ *de tout ranger* opruimwoede
le **maniement de** (m) (het) hanteren, omgaan (met); behandeling, bediening: *d'un* ~ *difficile* moeilijk te hanteren
manier hanteren, behandelen, zich bedienen van, omgaan met: ~ *des fonds* met veel geld omgaan; ~ *les esprits* de gemoederen manipuleren
maniéré, -e gekunsteld, gemaakt, gezocht
la **manière** (v) manier, wijze, gewoonte, stijl: *la* ~ *forte* de harde lijn; *à la* ~ *de* in de trant van; *d'aucune* ~ in geen geval; *de toute* ~ in elk geval; *de* ~ *à* zodat, opdat; *de* ~ *que* zo(danig) dat; *d'une* ~ *générale* over het algemeen; *il y a la* ~ het gaat om de manier waarop; *adverbe de* ~ bepaling van wijze
les **manières** (mv, v) manieren: *manquer de* ~ geen manieren hebben; *en voilà des* ~! wat zijn dat voor manieren!; *faire des* ~ zich aanstellen
le **maniérisme** (m) gekunsteldheid
le **manieur** (m): ~ *d'hommes* leidersfiguur; ~ *d'argent* financier
la **manif** (v) [inf] verk van *manifestation* betoging, demonstratie, manifestatie
le/la **manifestant** (m), **-e** (v) demonstrant(e); betoger, betoogster
la **manifestation** (v) **1** uiting, (het) aan de dag leggen, blijk, betuiging; symptoom: ~s *d'une maladie* symptomen van een ziekte **2** betoging, demonstratie, manifestatie **3** evenement: *une* ~ *culturelle* een cultureel evenement
le **¹manifeste** (m) manifest: ~ *des passagers* passagierslijst
²manifeste (bn) klaarblijkelijk, duidelijk, evident
¹manifester (onov ww) demonstreren, een betoging houden
²manifester (ov ww) uiten, te kennen geven; blijk geven van; betonen, verraden
se **³manifester** (wdk ww) zich openbaren, zich uiten, blijken, aan het licht treden: *elle ne s'est pas manifesté* ze heeft zich niet laten zien, horen
la **manigance** (v) [inf] slinkse streek

manigancer [inf] bedisselen, bekokstoven

la **manille** (v) **1** kaartspel **2** harpsluiting

le **manioc** (m) maniok

la **manip** (v) [jeugdt] verk van *manipulation* (scheikunde)proefje

le/la **manipula|teur** (m), **-trice** (v) **1** manipulator, -trice **2** goochelaar

la **manipulation** (v) **1** hantering, behandeling; manipulatie; verrichting: ~ *génétique* genetische manipulatie **2** vingervlugheid [van de goochelaar] **3** bediening [van een toestel]

manipuler 1 [ook fig] manipuleren; behandelen, hanteren, spelen met **2** [een toestel] bedienen

la **manique** (v) pannenlap

la **manivelle** (v) kruk; zwengel, slinger: *retour de* ~ [fig] terugslag

la **manne** (v) **1** manna **2** [fig] meevaller, weldaad

le **mannequin** (m) **1** ledenpop; paspop **2** mannequin, model

manœuvrable manoeuvreerbaar, bestuurbaar, wendbaar

le **¹manœuvre** (m) ongeschoolde arbeider

la **²manœuvre** (v) **1** manoeuvre, beweging; (het) manoeuvreren, rangeren; exercitie: *champ de* ~s oefenterrein; *fausse* ~ **a)** verkeerde manoeuvre, **b)** misgreep **2** bediening, behandeling, besturing: [fig] *être à la* ~ **a)** het voortouw nemen; **b)** aan de touwtjes trekken, aan de knoppen zitten **3** kunstgreep, manipulatie

manœuvrer 1 bedienen, hanteren, besturen, manoeuvreren **2** bewerken, manipuleren **3** [mil] exerceren; een troepenbeweging (laten) uitvoeren **4** rangeren **5** listig te werk gaan

le **manoir** (m) kasteeltje; landhuis, buitenplaats

le **manomètre** (m) manometer; drukmeter

le/la **manouche** (m/v) [inf] zigeuner(in)

manquant, -e ontbrekend, afwezig; vermist, mankerend: *le chaînon* ~ de ontbrekende schakel

le **manque** (m) gebrek, ontbreken, gemis; het ontbrekende, lacune; schaarste, tekort: ~ *de pot,* ~ *de bol* pech; ~ *de cœur* hartelooosheid; ~ *à gagner* winstderving; ~ *de naturel* onnatuurlijkheid, gekunsteldheid; *combler un* ~ een tekort (*of:* lacune) aanvullen; *état de* ~ onthoudingsverschijnselen hebben, cold turkey; *être en* ~ onthoudingsverschijnselen hebben

manqué, -e mislukt; gebrekkig; gemist, misgelopen: *coup* ~ misslag, misschot, misser; *un cuisinier* ~ iem. die zijn roeping van kok is misgelopen; *un garçon* ~ een meisje dat erg jongensachtig is

le **manquement** (m) verzuim, nalatigheid, (het) niet nakomen, inbreuk

¹manquer (onov ww) **1** ontbreken, mankeren: *il me manque* ik mis hem; *il ne manquerai plus que cela!* dat is het toppunt! **2** (+ de) gebrek hebben aan, te kort komen, ontberen: *il ne manque de rien* het ontbreekt hem aan niets **3** verzuimen, nalaten, vergeten: *je n'y ~ai pas* ik zal het niet vergeten (te doen); *il ne manquera pas d'être étonné* hij zal ongetwijfeld verbaasd zijn **4** tekortschieten, in gebreke blijven, niet nakomen **5** niet slagen; mislukken, falen: *la tentative a manqué* de poging is mislukt ‖ ~ *de se faire écraser* bijna onder een auto terechtkomen; ~ *de tomber* bijna vallen

²manquer (ov ww) **1** missen **2** niet slagen **3** laten mislukken, verknoeien **4** laten voorbijgaan, niet aangrijpen: ~ *une occasion* een gelegenheid voorbij laten gaan **5** verzuimen: ~ *la classe* spijbelen **6** mislopen

se **³manquer** (wdk ww) **1** een vergeefse zelfmoordpoging doen **2** elkaar mislopen

la **mansarde** (v) zolderkamertje

la **mansuétude** (v) zachtmoedigheid

le **manteau** (m) mantel; jas: ~ *de pluie* regenjas; [fig] *sous le* ~ heimelijk, clandestien, in het verborgen ‖ ~ *de cheminée* schoorsteenmantel

le **mantra** (m) mantra

la **manucure** (v) manicure

manucurer manicuren

le/la **¹manuel** (m), **-le** (v) handarbeid(st)er

le **²manuel** (m) hand-, leerboek; schoolboek: ~ *scolaire* schoolboek

³manuel, -le (bn) manueel, hand-: *travail* ~ handenarbeid

manuellement met de handen

la **manufacture** (v) fabriek

manufacturer fabriceren: *produit manufacturé* industrieproduct

le **¹manuscrit** (m) manuscript, handschrift

²manuscrit, -e (bn) met de hand geschreven

la **manutention** (v) **1** goederenbehandeling [verpakking, opslag, verlading, verzending e.d.]; (het) laden en lossen **2** opslagruimte

le **manutentionnaire** (m) magazijnbediende

le/la **Maori** (m), **-e** (v) Maori(vrouw)

maous, -se [inf] enorm; kolossaal

la **mappemonde** (v) wereldkaart; globe

le **maquereau** (m) **1** makreel: *groseille à* ~ kruisbes, klapbes **2** [pop] souteneur, pooier

la **maquerelle** (v) [pop] bordeelhoudster

la **maquette** (v) maquette, schaalmodel

le/la **maquettiste** (m/v) maquettemaker; ontwerper; modelmaker

le **maquignon** (m) **1** paardenkoper **2** sjacheraar

le **maquignonnage** (m) **1** paardenhandel **2** knoeierij

le **maquillage** (m) (het) opmaken, make-up;

(het) bijwerken; (het) onherkenbaar maken

¹maquiller (ov ww) **1** opmaken; schminken, grimeren **2** bijwerken; [een gestolen auto] onherkenbaar maken; [de waarheid] verdraaien

se **²maquiller** (wdk ww) zich opmaken

le/la **maquill|eur** (m), **-euse** (v) grimeur, toneelkapper, -ster

le **maquis** (m) **1** dicht struikgewas **2** warnet, warwinkel **3** [WO II] verzet(sbeweging), ondergrondse: *prendre le* ~ zich bij het verzet aansluiten

le **maquisard** (m) verzetsstrijder

le **marabout** (m) maraboe(t)

le **maraîchage** (m) groenteteelt

le/la **¹maraîch|er** (m), **-ère** (v) tuinder

²maraîch|er, -ère (bn) groente-: *jardin* ~ moestuin

le **marais** (m) **1** moeras: ~ *salant* zoutpan **2** tuingrond [terrein]

le **marasme** (m) **1** neerslachtigheid, lusteloosheid **2** [hand] slapte, malaise

le **marathon** (m) marathon; marathonsessie, marathonbijeenkomst, marathonzitting

le/la **marathonien** (m), **-ne** (v) marathonloper

la **marâtre** (v) **1** stiefmoeder [met name in sprookjes] **2** slechte moeder

marauder (op het veld) stropen

le/la **maraud|eur** (m), **-euse** (v) velddief, velddievegge, stroper

le **marbre** (m) **1** marmer; marmeren beeld, plaat, voorwerp; blok marmer: *froid comme le* ~ steenkoud; *de* ~ **a)** marmeren; **b)** [fig] ongevoelig, ijskoud; *visage de* ~ stalen (*of:* uitdrukkingsloos) gezicht **2** [typ] opmaaktafel

marbré, -e gemarmerd; marmerachtig

la **marbrerie** (v) marmerbewerking, marmerwerk, marmerslijperij, marmerwerkplaats; steenhouwerij

la **marbrure** (v) marmering; marmerachtig aanzien [van de huid]

le **marc** (m) **1** droesem, bezinksel: ~ *de café* koffiedik **2** brandewijn

le **marcassin** (m) jong van everzwijn

le **marcel** (m) hemd (voor mannen)

le/la **¹marchand** (m), **-e** (v) koopman, koopvrouw; handelaar(ster); winkelier(ster): ~ *de journaux* krantenverkoper; ~ *au détail* detaillist; ~ *en gros* grossier; *trouver* ~ een koper vinden

²marchand, -e (bn) handels-, handeldrijvend: *denrée* ~*e* artikel dat vlot verkoopt; *marine* ~*e* koopvaardij; *rue* ~*e* winkelstraat

le **marchandage** (m) (het) loven en bieden, gepingel; koehandel

marchander (af)dingen (op iets), loven en bieden; marchanderen

le/la **marchand|eur** (m), **-euse** (v) **1** pingelaar **2** koppelbaas

la **marchandise** (v) (koop)waar

les **marchandises** (mv, v) goederen: ~ *en vrac* bulkgoederen; *train de* ~ goederentrein

marchant, -e: [fig] *aile* ~*e d'un parti* militante vleugel van een partij

la **marche** (v) **1** loop, (het) lopen; (het) marcheren; dagmars, etappe; mars: ~ *nordique* nordic walking; *chaussures de* ~ wandelschoenen; *trois heures de* ~ drie uren lopen; *faire* ~ *arrière* **a)** achteruitrijden; **b)** [fig] een stap terug doen; *être en état de* ~ het doen, functioneren; *sens de la* ~ rijrichting; *se mettre en* ~ op weg gaan; *ouvrir la* ~ vooraan lopen; *mettre en* ~ in werking stellen, starten **2** ontwikkeling, gang, verloop **3** trede; pedaal, trapper, afstapje: *attention à la* ~! pas op het afstapje!

le **marché** (m) **1** koop, overeenkomst, transactie: *bon* ~ goedkoop; *conclure un* ~ een koop sluiten; *s'en tirer à bon* ~ ergens goedkoop afkomen; *par-dessus le* ~ op de koop toe **2** markt, marktplaats, afzetgebied: ~ *aux poissons* vismarkt; ~ *aux puces* vlooienmarkt; ~ *noir* zwarte handel; ~ *du travail* arbeidsmarkt; ~ *porteur* veelbelovende marktsector; ~ *commun* (*of:* *unique*) gemeenschappelijke (*of:* interne) markt; ~ *financier* financiële markt, kapitaalmarkt; ~ *libre* vrije markt; ~ *mondial* wereldmarkt; *économie de* ~ marketeconomie; *faire son* ~ boodschappen doen

le **marchepied** (m) **1** tree, opstapje **2** [fig] springplank

marcher 1 lopen, zich voortbewegen, gaan, marcheren; [met een bepaalde snelheid] rijden, lopen, varen; de voet zetten, stappen; werken, functioneren, draaien, lopen [klok]; [fig] vorderen, voortgang hebben: *son entreprise marche bien* zijn bedrijf draait goed; ~ *sur les traces de qqn.* in iemands voetstappen treden; *comment ça marche?* hoe gaat het?; *ça a marché?* ging het? **2** [inf] toestemmen; *je ne marche pas* daar ga ik niet op in **3** naïef geloof hechten: *faire* ~ *qqn.* iem. wat wijsmaken; *il a marché* hij is erin gestonken

le/la **march|eur** (m), **-euse** (v) loper, loopster, wandelaar(ster)

le **mardi** (m) dinsdag: ~ *gras* Vastenavond

la **mare** (v) plas; poel: ~ *aux canards* eendenvijver

le **marécage** (m) moeras; drassig land

marécag|eux, -euse moerassig; drassig; moeras-

le **maréchal** (m) maarschalk: ~ *des logis* wachtmeester

le **maréchal-ferrant** (m; mv: maréchaux-ferrants) hoefsmid

la **maréchaussée** (v) [gesch] bereden politie

la **marée** (v) **1** getij; [fig] vloed, stroom: ~ *basse* laagtij, eb; ~ *descendante* afgaand tij, eb; *grandes* ~*s* springvloed; ~ *haute* hoogtij, vloed; ~ *montante* opkomend getij, vloed; ~ *noire* olieramp [op strand]; ~ *humaine* mensenmassa; [fig] *contre vents et* ~s ondanks alle moeilijkheden, tegen alles in **2** verse zeevis en schaaldieren

la **marelle** (v): *jouer à la* ~ hinkelen

le **mareyage** (m) zeevishandel

le/la **marey|eur** (m), **-euse** (v) handelaar(ster) in zeevis

la **margarine** (v) margarine

la **marge** (v) kantlijn, rand; [fig] marge, (speel)ruimte, speling: ~ *de réflexion* bedenktijd; ~ *de manœuvre* speelruimte; ~ *de sécurité* veiligheidsmarge; *vivre en* ~ *(de la société)* **a)** zich afzijdig houden van de samenleving; **b)** aan de zelfkant van de samenleving leven; **c)** niet aanvaard worden door de medemensen; *en* ~ *de l'actualité* los van de actualiteit

la **margelle** (v) putrand

le/la **¹marginal** (m), **-e** (v) asociaal iem.: *des marginaux* randgroepmensen; *de jeunes marginaux* randgroepjongeren

²marginal, -e (v) **1** marginaal, rand-, aan de rand, in de marge, in de kantlijn: *note* ~*e* kanttekening **2** [fig] bijkomstig, ondergeschikt, marginaal, grens-, nauwelijks rendabel; onaangepast: *phénomène* ~ randverschijnsel

marginaliser marginaliseren, buiten de samenleving plaatsen

la **marginalité** (v) marginaliteit

le **margoulin** (m) kleine speculant; sjacheraar

la **marguerite** (v) margriet

le **marguillier** (m) koster

le **mari** (m) man, echtgenoot

le **mariage** (m) **1** huwelijk: ~ *de raison* verstandshuwelijk; *né hors* ~ buitenechtelijk; ~ *civil* burgerlijk huwelijk; ~ *religieux* kerkelijk huwelijk; *demander en* ~ ten huwelijk vragen **2** bruiloft, trouwplechtigheid **3** (het) samengaan, vermenging, verbinding

marial, -e [r-k] voor, van Maria: *culte* ~ Mariavering

le/la **¹marié** (m), **-e** (v) bruidegom, bruid: *les jeunes* ~*s* het bruidspaar, het jonge paar; *robe de* ~*e* trouwjurk; *se plaindre que la* ~*e est trop belle* klagen dat men van het goede te veel krijgt

²marié, -e (bn) getrouwd

¹marier (ov ww) **1** trouwen, in de echt verbinden **2** uithuwelijken **3** [Belg] trouwen met: *il a marié la fille du boulanger* hij is getrouwd met de dochter van de bakker **4** verenigen, verbinden, vermengen; doen harmoniëren

se **²marier à, avec** (wdk ww) **1** trouwen, huwen (met): *il cherche à se* ~ hij is op zoek naar een vrouw **2** [fig] zich vermengen, zich verbinden met; harmoniëren: *ces couleurs se marient bien* deze kleuren passen goed bij elkaar

le/la **mari|eur** (m), **-euse** (v) [inf] koppelaar(ster)

la **marihuana** (v) marihuana, wiet

marijuana *zie marihuana*

le **¹marin** (m) zeeman, matroos: ~ *d'eau douce* slecht zeeman

²marin, -e (bn) zee-: *col* ~ matrozenkraag; *avoir le pied* ~ zeebenen hebben; *peuple* ~ zeevarend volk; *animaux* ~s zeedieren

la **marina** (v) watersportdorp aan zee

la **marinade** (v) marinade; gemarineerd vlees

le **¹marine** (m) **1** marineblauw **2** marinier [uit de VS, Engeland]

la **²marine** (v) **1** marine, zeewezen: ~ *marchande* koopvaardij(vloot); ~ *(militaire)* marine, zeemacht **2** zeestuk, zeegezicht [schilderij]

³marine (bn): *bleu* ~ marineblauw

¹mariner (onov ww) **1** gemarineerd worden: *hareng mariné* pekelharing **2** [inf] lang in de narigheid zitten

²mariner (ov ww) marineren, inmaken

le **marinier** (m) binnenschipper; bootsman

la **marinière** (v) **1** schippersvrouw **2** wijde damesbloes ‖ *sauce à la* ~ wijnsaus met uien; *moules* ~ mosselen gekookt in witte wijn

le **marin-pêcheur** (m) visser op zee

le/la **¹mariol** (m), **-le** (v) leperd: *faire le* ~ de aandacht trekken

²mariol, -le (bn) gewiekst, gehaaid, leep

la **marionnette** (v) marionet; ledenpop

le/la **marionnettiste** (m/v) marionettenspeler, -speelster

maritime zee-; maritiem: *gare* ~ havenstation; *météo* ~ weerbericht voor de zeevaart; *puissance* ~ zeemogendheid; *port* ~ zeehaven

la **marjolaine** (v) [plantk] marjolein; majoraan

le **mark** (m) Duitse mark

marketer vermarkten

le **marketing** (m) marketing

la **marmaille** (v) [inf] klein (luidruchtig) grut

la **marmelade** (v) moes, compote

la **marmite** (v) kookpan, kookpot; waterketel; de pot [het eten]: *cela fait bouillir la* ~ daar moet de schoorsteen van roken

le **marmiton** (m) koksjongen

marmonner prevelen, mompelen

le **marmot** (m) [inf] dreumes, kleuter, jochie

la **marmotte** (v) marmot

marmotter [inf] prevelen, mompelen

la **marne** (v) mergel: *carrière de* ~ mergelgroeve

la **marnière** (v) mergelgroeve

le **Maroc** (m) Marokko

marocain, -e Marokkaans

le/la **Marocain** (m), **-e** (v) Marokkaan(se)

le **maroquin** (m) marokijn(leer); portefeuille [ministerspost]

la **maroquinerie** (v) **1** leerlooierij; leerbe-
werking; leerindustrie **2** artikelen van leer
3 handel in fijne lederwaren

le **maroquinier** (m) leerwerker; fabrikant,
verkoper van fijne lederwaren

la **marotte** (v) stokpaardje

le **marquage** (m) (het) merken
marquant, -e markant, opvallend; van betekenis, gedenkwaardig

la **marque** (v) **1** merk, teken: ~ *déposée* gedeponeerd handelsmerk; ~ *de fabrique* fa-
brieksmerk; *image de* ~ imago **2** brandmerk;
stempel; litteken; vlek, spoor, afdruk; bewijs,
blijk: *de* ~ **a)** van prima kwaliteit; **b)** van grote betekenis; ~*s de pas* voetsporen **3** [sport]
startblok, streep; [sport] stand: *à vos* ~*s ...
prêts? ... partez!* op uw plaatsen ... klaar? ...
af!
marqué, -e 1 gemerkt, gemarkeerd, getekend; vermeld: ~ *de rides* gerimpeld **2** aangewezen, aangegeven, aangeduid **3** sterk
getekend, geprononceerd, duidelijk: *traits*
~*s* scherpe trekken

le **marque-page** (m; mv: marque-pages)
1 bladwijzer; boekenlegger **2** [comp] bookmark

[1]**marquer** (onov ww) een indruk achterlaten; in de herinnering voortleven; grote betekenis hebben: *événements qui marquent*
bijzondere (of: belangrijke) gebeurtenissen

[2]**marquer** (ov ww) **1** merken, aanstrepen,
stempelen, kenmerken, brandmerken; [inf]
noteren; [m.b.t. uurwerk e.d.] wijzen; aangeven, markeren, betekenen, doen uitkomen, onderstrepen, te kennen geven, erop
duiden: ~ *un but* een doelpunt maken; ~ *le
coup* [fig] een feit onderstrepen; *ne pas* ~ *le
coup* er niet op ingaan; ~ *le pas* **a)** niet opschieten, zich voortslepen; **b)** stagneren; ~ *un
point* een winstpunt boeken, scoren; ~ *de
l'intérêt* blijk geven van belangstelling **2** vieren, herdenken **3** [een concurrent] van zeer
nabij in het oog houden; dekken

la **marqueterie** (v) inlegwerk; mozaïek [ook
fig]

le **marqueur** (m) viltstift

le **marquis** (m) markies [persoon]

la **marquise** (v) **1** markiezin **2** afdak; kap
[van station]; luifel [van tent]

la **marraine** (v) meter, peettante; zij die een
schip doopt
marrant, -e [pop] **1** lollig **2** vreemd, raar
marre: [pop] *j'en ai* ~ ik heb er schoon genoeg van

se **marrer** [pop] lol hebben, zich krom lachen:
tu me fais ~! laat me niet lachen!

le [1]**marron** (m) **1** tamme kastanje: ~*s glacés*
gekonfijte kastanjes; *tirer les* ~*s du feu* de
kastanjes uit het vuur halen **2** [pop] opstopper
[2]**marron, -ne** (bn) [pop] malafide: *avocat* ~
nepadvocaat

[3]**marron** (bn, mv: *onv*) (kastanje)bruin

le **marronnier** (m) tamme kastanjeboom

le **mars** (m) maart: *giboulées de* ~ maartse
buien

la **Marseillaise** (v) Franse volkslied

le **marsouin** (m) **1** bruinvis **2** [inf] marinier

le **marsupial** (m) buideldier
marte *zie martre*

le [1]**marteau** (m) **1** hamer: ~*-pilon* luchtdruk-
hamer; ~*-piqueur* pikhamer **2** deurklopper;
hamer [gehoorbeentje]; hamertje [piano]
3 [sport] slingerkogel
[2]**marteau** (bn): [pop] *être* ~ getikt zijn, niet
goed snik zijn

le **marteau-pilon** (m; mv: marteaux-pilons)
valhamer; smeedhamer

le **marteau-piqueur** (m; mv: marteaux-pi-
queurs) drilboor

le **martel** (m): *se mettre* ~ *en tête* zich kopzor-
gen maken

le **martèlement** (m) gehamer; hamerend geluid, geratel, getrappel
marteler hameren, beuken; bestoken
martial, -e martiaal, krijgshaftig; krijgs-:
cour ~*e* buitengewone krijgsraad; *arts mar-
tiaux* oosterse vechtsporten

le/la [1]**martien** (m), **-ne** (v) marsmannetje, Mars-
bewoner, -bewoonster
[2]**martien, -ne** (bn) van de planeet Mars

le/la **Martien** (m), **-ne** (v) marsmannetje

le **martinet** (m) **1** gierzwaluw **2** smeedhamer
3 zweepje

le **martin-pêcheur** (m; mv: martins-pê-
cheurs) ijsvogel

la **martre** (v) marter; martervel, marterbont

le/la [1]**martyr** (m), **-e** (v) martelaar, -lares
[2]**martyr, -e** (bn): *enfant* ~ slachtoffer van
kindermishandeling

le **martyre** (m) martelaarschap; marteldood;
marteling; smartelijk lijden; marteling; kwelling: *souffrir le* ~ a) de marteldood sterven;
b) hevig lijden; **c)** als een kwelling ervaren
martyriser martelen; de marteldood doen
sterven; folteren, kwellen

le **marxisme** (m) marxisme

le **mas** (m) buitenhuis, boerderij [in de Pro-
vence]

le **mascara** (m) mascara

la **mascarade** (v) **1** maskerade **2** vermomming **3** huichelarij, schijnvertoning

le **mascarpone** (m) mascarpone

la **mascotte** (v) mascotte

le [1]**masculin** (m) [taalk] mannelijk geslacht
[2]**masculin, -e** (bn) mannelijk: *du sexe* ~ van
het mannelijk geslacht; *mode* ~*e* herenmode

la **masculinité** (v) mannelijkheid: *taux de* ~
percentage mannelijke geboorten
maso *zie* [1]*masochiste*

le **masochisme** (m) masochisme

le/la [1]**masochiste** (m/v) masochist(e)

²**masochiste** (bn) masochistisch

le **masque** (m) masker; mombakkes; vermomming: *lever le ~* het masker afwerpen; *sous le ~ de* onder het mom van; *~ mortuaire* dodenmasker; *~ à gaz* gasmasker; *~ de beauté* schoonheidsmasker

masquer maskeren, vermommen, verbergen: *bal masqué* gemaskerd bal; *~ la vue* het uitzicht benemen; *chercher à ~ ses défauts* proberen zijn gebreken te verbergen

massacrant, -e onuitstaanbaar: *il est d'une humeur ~e* hij is onuitstaanbaar

le **massacre** (m) **1** moordpartij, bloedbad, slachting: *jeu de ~* ballen gooien [kermis]; *tourner au ~* op een slachting uitlopen **2** vernieling; [inf] verminking [van een tekst]

massacrer 1 vermoorden **2** afslachten; [inf] toetakelen, verminken: *le boxeur a massacré son adversaire* de bokser heeft zijn tegenstander lelijk toegetakeld **3** verknoeien: *~ une sonate* een sonate verkrachten

le **massacreur** (m) **1** moordenaar **2** [fig] knoeier

le **massage** (m) massage: *~ cardiaque* hartmassage

la **masse** (v) **1** massa: *taillé dans la ~* uit één stuk gehouwen; *tomber comme une ~* als een blok neervallen; *~ salariale* totale loonsom [van alle werknemers]; loonpost **2** klomp, kluit: *s'endormir comme une ~* als een blok in slaap vallen **3** (grote) hoop, menigte, grote meerderheid: *en ~* massaal; *moyens de communication de ~* massacommunicatiemiddelen; *~s populaires* het volk; [inf] *pas des ~s* niet erg veel **4** totaliteit; [indrukwekkend] geheel **5** moker: [fig] *recevoir un coup de ~* een schok te verwerken krijgen

le **massepain** (m) marsepein

¹**masser** (ov ww) **1** [troepen] verzamelen, samentrekken; opeenhopen **2** masseren

se ²**masser** (wdk ww) samendrommen

la **massette** (v) **1** lisdodde **2** moker, voorhamer

le ¹**masseur** (m) massageapparaat

le/la ²**mass|eur** (m), **-euse** (v) masseur, masseuse

le **massicot** (m) snijmachine [voor papier]

le **massif** (m) **1** bloembed; groep bomen **2** berggroep, bergmassief

²**mass|if, -ive** (bn) **1** massief **2** dik, zwaar, log **3** massaal

la **massification** (v) massificatie, grootschaligheid

les **mass media** (mv, m) massamedia

la **massue** (v) knots: [fig] *coup de ~* zware slag

le **master** (m) **1** [comp] moederband **2** master [titel]

le ¹**mastic** (m) mastiek, stopverf

²**mastic** (bn, mv: *onv*) licht beige

la **mastication** (v) (het) kauwen

mastiquer 1 met stopverf dicht- of vastzetten; stoppen; vullen **2** kauwen

le **mastodonte** (m) mastodont; dikzak; gevaarte

la **masturbation** (v) masturbatie, zelfbevrediging

se **masturber** masturberen

le/la **m'as-tu-vu** (m/v) verwaande kwast

la **masure** (v) krot, bouwvallig huis

le ¹**mat** (m) mat [schaakspel]

²**mat, mate** (bn) mat, dof

le **mât** (m) mast: *~ de beaupré* boegspriet; *~ de charge* laadboom; *~ de cocagne* klimmast [bij volksspelen]; *~ de misaine* fokkenmast; *~ de sémaphore* seinpaal; *trois-~s* driemaster

le **matador** (m) matador, stierenvechter

le **matamore** (m) lefgozer

le **match** (m; mv: match(e)s) wedstrijd: *~ nul* gelijk spel, remise; *~ à risque(s)* risicowedstrijd; *~ aller* eerste wedstrijd in een kampioenschap, [Belg] heenwedstrijd; *~ retour* returnwedstrijd, [Belg] terugwedstrijd; *~ à domicile* thuiswedstrijd

le **matelas** (m) matras: *~ pneumatique* luchtbed; *~ d'air* luchtlaag, luchtkussen

matelasser 1 capitonneren; opvullen: *étoffe matelassée* gewatteerde stof **2** zich warmpjes inpakken

le **matelot** (m) matroos

la **matelote** (v) visragout

mater 1 mat zetten; [fig] bedwingen, het verzet breken van, klein krijgen **2** matteren, dof maken **3** [inf] begluren, zich vergapen aan

mâter [scheepv] van masten voorzien

¹**matérialiser** (ov ww) **1** concretiseren, belichamen, aanschouwelijk voorstellen, als iets stoffelijks beschouwen, symboliseren **2** [belofte] nakomen; [plan] realiseren

se ²**matérialiser** (wdk ww) verwezenlijkt worden

le **matérialisme** (m) materialisme

le/la ¹**matérialiste** (m/v) materialist(e)

²**matérialiste** (bn) materialistisch

la **matérialité** (v) **1** [fil] stoffelijkheid **2** materialistische instelling

le **matériau** (m) bouwstof, materiaal

les **matériaux** (mv, m) grondstoffen; [fig] gegevens, materiaal, bouwstenen: *~ de construction* bouwmaterialen

le ¹**matériel** (m) **1** (het) stoffelijke, waarneembare **2** materieel, uitrusting; benodigdheden: *~ scolaire* leermiddelen, onderwijsmateriaal **3** [comp] hardware **4** materiaal, gegevens: [biol] *~ génétique* erfelijk (*of:* genetisch) materiaal

²**matériel, -le** (bn) materieel, stoffelijk, lichamelijk; zichtbaar; materialistisch: *avantages ~s* financiële voordelen

maternel, -le (bn) moederlijk; van moederskant; moeder-: *(école) ~le* kleuterschool; [Ned] groepen één en twee van basisschool; *langue ~le* moedertaal

materner bemoederen

la **maternité** (v) **1** moederschap **2** bevalling; zwangerschap: *congé de* ~ zwangerschapsverlof, [Belg] bevallingsverlof **3** kraamkliniek

math *zie* maths

le/la **mathématicien** (m), **-ne** (v) wiskundige

mathématique wiskundig, mathematisch: *c'est* ~ dat is absoluut zeker, het kan niet anders

les **mathématiques** (mv, v) wiskunde

le/la **math|eux** (m), **-euse** (v) wiskundestudent(e); leerling(e) met wiskundeknobbel

les **maths** (mv, v) [inf] verk van *mathématiques* wiskunde

Mathusalem [Bijb] Methusalem: *vieux comme* ~ zo oud als Methusalem

la **matière** (v) **1** stof, materie; materiaal; bestanddeel: ~ *grasse* vetgehalte; ~ *plastique* plastic; ~*s premières* grondstoffen; ~ *grise* grijze cellen, hersenen **2** onderwerp; (leer)vak: ~ *obligatoire* verplicht vak; ~ *à option* keuzevak; *en* ~ *de* op het gebied van, wat betreft; *entrer en* ~ ter zake komen **3** reden, aanleiding

le **Matignon** (m) ambtswoning van de Franse premier

le **matin** (m) ochtend, morgen: *un beau* ~ op een (goeie) morgen; *de bon* ~, *de grand* ~, *au petit* ~ vroeg in de ochtend; *ce* ~ vanochtend, vanmorgen; *le* ~ 's ochtends, 's morgens; *être du* ~ een ochtendmens zijn; *trois heures du* ~ drie uur 's nachts

le **mâtin** (m) grote jacht-, waakhond

matinal, -e morgen-, ochtend-; matineus, vroeg opgestaan

matiné, -e vermengd

la **matinée** (v) **1** morgen(tijd), ochtend, voormiddag: *dans la* ~ in de loop van de morgen; *en fin de* ~ tegen twaalven **2** matinee, middagvoorstelling, middaguitvoering: ~ *musicale* middagconcert

les **matines** (mv, v) (vroeg)metten

le **matou** (m) kater

le **matraquage** (m) **1** (het) erop los slaan met de gummistok **2** [fig] (het) op iets hameren: ~ *publicitaire* intensieve reclamecampagne

la **matraque** (v) gummiknuppel, wapenstok

matraquer 1 met de gummistok slaan **2** [fig] (op iets) hameren; iets erin rammen, pushen **3** afzetten, te veel laten betalen

matriarcal, -e matriarchaal

le **matriarcat** (m) matriarchaat

la **matrice** (v) **1** matrijs **2** matrix **3** baarmoeder

le ¹**matricule** (m) registratie-, stamboek-, legernummer

la ²**matricule** (v) register; registratie

matrimonial, -e huwelijks-: *agence* ~*e* huwelijksbureau; *régime* ~ huwelijksvermogenstelsel

la **matrone** (v) matrone; dikke, bazige vrouw

Matthieu [Bijb] Mattheus

la **maturation** (v) rijping

mature (geslachts)rijp

la **maturité** (v) **1** rijpheid: *en pleine* ~ tot volle rijpheid, in de bloei van zijn jaren; *arriver à* ~ rijp worden **2** [ond] ± vwo-diploma [in Zwitserland]

maudire vervloeken, verwensen; verdoemen

le/la ¹**maudit** (m), **-e** (v) verdoemde

²**maudit, -e** (bn) **1** vervloekt, verwenst **2** verdoemd; op wie (waarop) een vloek rust **3** onzalig, ellendig, beroerd

maugréer mopperen, morren

maure Moors

le/la **Maure** (m/v) Moor(se)

mauresque Moors

la **Mauresque** (v) Moorse vrouw

Maurice: *l'île* ~ Mauritius

mauricien, -ne Mauritiaans

le/la **Mauricien** (m), **-ne** (v) Mauritiaan(se)

la **Mauritanie** (v) Mauritanië

le **mausolée** (m) mausoleum, praalgraf

maussade chagrijnig, humeurig, nors; naargeestig, druilerig [van het weer]; somber

le ¹**mauvais** (m) het kwade

²**mauvais, -e** (bn) slecht; verkeerd, lelijk, kwaad, kwalijk, vies, ongunstig, schadelijk, boosaardig: ~*e odeur* stank; ~*e fortune* tegenspoed; ~ *goût* wansmaak; ~*e chute* lelijke val; *avoir* ~*e mine* er slecht uitzien; ~ *rêve* nachtmerrie; ~*e tête* lastpak; *la mer est* ~*e* de zee is onstuimig; ~*e santé* zwakke gezondheid; ~ *caractère* nare vent

³**mauvais** (bw) slecht: *sentir* ~ stinken; *il fait* ~ het is slecht weer

la ¹**mauve** (v) malve, kaasjeskruid

²**mauve** (bn) lichtpaars

le **max** (m) [inf] heleboel; zoveel mogelijk

maxi [inf] verk van *(au) maximum* maximaal; hoogstens

le ¹**maxillaire** (m) kaakbeen

²**maxillaire** (bn) kaak-

maximal, -e maximaal, maximum, hoogste

la **maxime** (v) **1** stelregel, grondstelling **2** kernachtige uitspraak; spreuk

maximiser maximaliseren, zo groot mogelijk maken

le ¹**maximum** (m) **1** (het) meeste, hoogste, grootste, maximum, zoveel mogelijk: *au* ~ ten hoogste; *faire le* ~ zijn uiterste best doen **2** maximum

²**maximum** (bn) hoogst, meest, grootst, maximaal, maximum-

Mayence Mainz

la **mayonnaise** (v) mayonaise: *la* ~ *prend* [fig] er komt schot in de zaak

la ¹**mazette** (v) stumper; slappeling

²**mazette** (tw) verdorie

le **mazout** (m) stookolie

mazouter [scheepv] **1** olie innemen **2** met stookolie vervuilen: *oiseaux mazoutés* vogels die onder de olie zitten

me (voor klinker of stomme h: *m'*) mij, me: *il m'a vu* hij heeft me gezien; *me voici* hier ben ik

le **Mᵉ** (m) [jur] afk van *Maître* mr.: *Mᵉ Durand* advocaat, notaris, deurwaarder Durand

le **mea-culpa** (m): *faire son* ~ schuld bekennen

le **méandre** (m) **1** meander **2** bocht, kronkel

les **méandres** (mv, m) kronkelwegen: *les* ~ *de la politique* de kronkelwegen van de politiek

le **mec** (m) [inf] vent, kerel

le **mécanicien** (m) **1** werktuig(bouw)kundige; mecanicien, [Belg] mechanieker: *ingénieur-*~ werktuigbouwkundig ingenieur; ~*-dentiste* tandtechnicus **2** machinist [op trein] **3** monteur, [Belg] garagist

la ¹**mécanique** (v) **1** mechanica, werktuigkunde **2** mechaniek, machine; mechanisme: [fig] *rouler les* ~*s* zijn spierballen laten zien

²**mécanique** (bn) mechanisch, werktuigelijk, machinaal: *atelier de constructions* ~*s* constructiewerkplaats; *escalier* ~ roltrap; *geste* ~ **a)** automatische beweging; **b)** reflex

la **mécanisation** (v) mechanisatie

mécaniser mechaniseren

le **mécanisme** (m) mechanisme, mechaniek; (het) functioneren: ~ *du corps humain* organisme van de mens; ~ *de la pensée* gedachtegang; *les* ~*s du marché* de marktwerking

le **mécano** (m) *zie mécanicien*

le **mécénat** (m) mecenaat

le **mécène** (m) mecenas; sponsor

méchamment boosaardig

la **méchanceté** (v) boosaardigheid; gemene streek, hatelijke opmerking

méchant, -e 1 gemeen, vals, kwaadaardig: *chien* ~ gevaarlijke hond; ~*e langue* scherpe tong **2** stout, ondeugend: *ce n'est pas bien* ~ dat is niet kwaad bedoeld

la **mèche** (v) **1** pit [van een kaars]; lont **2** haarlok ‖ *être de* ~ *avec qqn.* met iem. onder één hoedje spelen; *vendre la* ~ zijn mond voorbijpraten

le **méchoui** (m) **1** schaap gebraden aan het spit **2** barbecue [van schapenvlees]

le **mécompte** (m) misrekening; teleurstelling

se **méconduire** [Belg] zich misdragen

la **méconduite** (v) [Belg] wangedrag

méconnaissable onherkenbaar

méconnaître niet erkennen; miskennen; niet dankbaar zijn voor

méconnu, -e miskend, onbegrepen

mécontent, -e de ontevreden (met, over), ontstemd (over)

le **mécontentement** (m) ontevredenheid, ontstemming

mécontenter ontevreden stemmen

Mecque: *La* ~ Mekka

mécréant, -e ongelovig, ongodsdienstig

la **médaille** (v) medaille, gedenkpenning, erepenning: ~ *d'identité* identiteitsplaatje; *le revers de la* ~ de keerzijde van de medaille

le **médaillon** (m) medaillon: ~ *de veau* kalfsmedaillon

le **médecin** (m) dokter, arts; geneesheer, medicus: ~ *du travail* bedrijfsarts; ~ *généraliste*, ~ *de famille* huisarts; ~ *légiste* gerechtsarts, [Belg] wetsdokter; ~ *traitant* behandelend arts

le **médecin-conseil** (m; mv: médecins-conseils) controlerend geneesheer

la **médecine** (v) geneeskunde: *étudiant en* ~ student in de medicijnen; *exercer la* ~ de geneeskunst uitoefenen; *faire sa* ~ medicijnen studeren; ~ *légale* gerechtelijke geneeskunde; ~ *du travail* bedrijfsgeneeskunde; ~*s douces* (of: *naturelles, alternatives*) natuurgeneeswijzen

le **Médef** (m) afk van *Mouvement des Entreprises de France* werkgeversorganisatie

le **média** (m) medium: *un nouveau* ~ een nieuw (massa)medium; ~*s de masse* massamedia

médian, -e midden-, middelst, mediaan: *ligne* ~*e* middenwegmarkering; [fig, form] *la voie* ~*e* de tussenweg, de middenweg

la **médiane** (v) zwaartelijn; mediaan

le/la ¹**média|teur** (m), **-trice** (v) bemiddelaar(ster); ombudsman, -vrouw

²**média|teur, -trice** (bn) bemiddelend

la **médiathèque** (v) mediatheek

la **médiation** (v) bemiddeling, tussenkomst

médiatique van, door de media; mediageniek

la **médiatisation** (v) verspreiding via de media; een mediagebeurtenis worden

médiatiser via de media verspreiden; een hype doen worden

médical, -e medisch, geneeskundig; dokters-; ziekte-: *visiteur* ~ artsenbezoeker

médicalement uit medisch oogpunt

médicaliser medicaliseren; medisch toerusten

le **médicament** (m) geneesmiddel, medicijn

¹**médicamenter** (ov ww) [soms pej] medicijnen toedienen (aan)

se ²**médicamenter** (wdk ww) zelf dokteren

médicament|eux, -euse 1 geneeskrachtig **2** door medicijnen veroorzaakt

la **médication** (v) medicatie

médicinal, -e medicinaal, genezend, geneeskrachtig

médicolégal, -e gerechtelijk-geneeskundig

médicosocial, -e medisch-sociaal: *centre* ~ ± GGD

médiéval, -e middeleeuws

le/la ¹**médiocre** (m/v) middelmatig iem.

²**médiocre** (bn) middelmatig, gering, klein, nauwelijks toereikend, bescheiden: *élève* ~ zwakke leerling

médiocrement nauwelijks, weinig, matig

la **médiocrité** (v) middelmatigheid, bescheidenheid, geringe kwaliteit

médire kwaadspreken

la **médisance** (v) kwaadsprekerij, achterklap

médisant, -e kwaadsprekend

méditat|if, -ive nadenkend, peinzend; meditatief

la **méditation** (v) overdenking, overpeinzing, beschouwing, meditatie

méditer 1 mediteren **2** (diepgaand) overdenken, overpeinzen **3** uitdenken, beramen

la **Méditerranée** (v) Middellandse Zee

méditerranéen, -ne mediterraan, Middellandse Zee-

le/la **Méditerranéen** (m), **-ne** (v) bewoner van (iem. die afkomstig is uit) het Middellandse Zeegebied

le **médium** (m) medium

le **médius** (m) middelvinger

le **médoc** (m) medoc [wijn]

la **méduse** (v) (zee)kwal

méduser doen verstijven [van schrik]

le **meeting** (m) bijeenkomst; sportevenement

le **méfait** (m) misdrijf

les **méfaits** (mv, m) kwade gevolgen

la **méfiance** (v) wantrouwen, achterdocht

méfiant, -e wantrouwend; achterdochtig

se **méfier de** wantrouwen, niet vertrouwen, argwaan koesteren tegenover: *méfiez-vous!* pas op!

le **mégalithe** (m) reuzensteen; ± hunebed

mégalo *zie* ¹*mégalomane*

le/la ¹**mégalomane** (m/v) megalomaan, -mane

²**mégalomane** (bn) megalomaan, lijdend aan grootheidswaanzin

la **mégalomanie** (v) grootheidswaanzin

la **mégalopole** (v) megalopolis, megastad

le **méga-octet** (m) [comp] megabyte

le **mégaphone** (m) megafoon

la **mégarde** (v): *par* ~ bij vergissing, per ongeluk

la **mégère** (v) kwaadaardig wijf, helleveeg, feeks

le **mégot** (m) [pop] peukje

mégoter beknibbelen; krenterig zijn

le ¹**meilleur** (m) (het) beste: *unis pour le* ~ *et pour le pire* vereend in lief en leed

²**meilleur, -e** (bn) beter: *le* ~ de beste, het best; ~ *marché* goedkoper; *mes* ~*s vœux* mijn beste wensen; *j'en passe et des* ~*es* ik zou nog sterker kunnen vertellen; ~*e santé* beterschap

³**meilleur** (bw) beter: *cette fleur sent* ~ deze bloem ruikt lekkerder

méjuger verkeerd beoordelen, onderschatten, miskennen

le **mektoub** (m) [Maghreb] (nood)lot

la **mélancolie** (v) melancholie, zwaarmoedigheid

mélancolique melancholisch, melancholiek, zwaarmoedig

le **mélange** (m) (ver)menging, mengsel, melange, mengeling; kruising [van rassen]: *sans* ~ zuiver, onvermengd; *bonheur sans* ~ ongestoord geluk

¹**mélanger** (ov ww) mengen, vermengen, combineren, door elkaar halen, met elkaar verwarren: ~ *des dates* data door elkaar halen

se ²**mélanger** (wdk ww): [inf] *se* ~ *les pédales* (of: *les pinceaux*) alles door elkaar halen, de kluts kwijt zijn

le **mélangeur** (m) mengmachine, mengmolen: ~ *de son* geluidmixer; *robinet* ~ mengkraan

le **mélanome** (m) [med] melanoom

la **mélasse** (v) **1** stroop **2** modder **3** dichte mist **4** misère, beroerdigheid

la **mélatonine** (v) [biol] melatonine

mêlé, -e 1 vermengd, gemengd: *sang* ~ halfbloed; *couleurs* ~*es* gemêleerde kleuren **2** (+ à, dans) [fig] betrokken bij, in

la **mêlée** (v) **1** strijdgewoel; gevecht: *au-dessus de la* ~ boven het strijdgewoel verheven, afstandelijk **2** wirwar, warnet **3** gedrang [bij rugby]

¹**mêler** (ov ww) **1** mengen, vermengen, dooreenmengen; mixen; gepaard doen gaan met; in zich verenigen; in de war brengen, verwarren; schudden [van kaarten]: ~ *les cartes* de kaarten schudden **2** (+ dans) [fig] betrekken (bij), verwikkelen (in) || ~ *qqn. à la conversation* iem. bij het gesprek betrekken; *être mêlé à une affaire* in een zaak verwikkeld raken

se ²**mêler** (wdk ww) **1** (+ à) zich vermengen, versmelten (met); zich mengen (onder), opgaan (in): *se* ~ *à la foule* in de menigte opgaan **2** (+ à, de) zich bemoeien (met): *mêlez-vous de vos affaires!* bemoei je met je eigen zaken!

le **mêle-tout** (m) [Belg] bemoeial

le **mélèze** (m) lariks

le **méli-mélo** (m) mengelmoes, allegaartje; rommel, bende

le ¹**mélo** (m) [inf] verk van *mélodrame* melodrama

²**mélo** (bn) [inf] verk van *mélodramatique* sentimenteel: *film* ~ tranentrekker

la **mélodie** (v) wijs, melodie, lied

mélodi|eux, -euse melodieus, zangerig, welluidend

mélodramatique melodramatisch; [iron] hartroerend

le **mélodrame** (m) melodrama

le/la **mélomane** (m/v) melomaan, (groot) muziekliefhebber, -ster

le **melon** (m) meloen: *chapeau* ~ bolhoed,

dop

la **membrane** (v) vlies(je); membraan

le **membre** (m) **1** lid [in alle bet]: *pays ~, État* ~ lidstaat; *la qualité de* ~ het lidmaatschap **2** deel [van een vers, zin]

les **membres** (mv, m) ledematen

la **membrure** (v) ledematen; geraamte: *de forte* ~ stevig gebouwd

la **mémé** (v) [inf] opoe

¹même (bn) **1** zelfde, eender: *la ~ chose* hetzelfde; *en ~ temps* tegelijkertijd; *cela revient au* ~ dat komt op hetzelfde neer **2** [achter een woord] zelf, eigen: *moi-~* (ik) zelf; *la bonté* ~ de goedheid zelve

²même (bw) zelfs; juist: *aujourd'hui* ~ vandaag nog; *quand* ~, *tout de* ~ toch, niettemin, desondanks, ook al; *ça, c'est un peu exagéré, tout de* ~! dat is nou toch wel wat overdreven!; *à* ~ *de* in staat om, in de gelegenheid om; *boire à* ~ *la bouteille* direct uit de fles drinken; *de* ~ *que* evenals; *à vous de* ~! insgelijks!; *il ne m'a* ~ *pas entendu* hij heeft me niet eens gehoord; ~ *si* zelfs als

le **mémento** (m) geheugensteuntje; notitie

la **mémère** (v) **1** moeke **2** oma

le **¹mémoire** (m) rekening; memorie, opstel, verslag; verhandeling; scriptie; werkstuk: ~ *de fin d'études* afstudeerscriptie, eindscriptie

la **²mémoire** (v) **1** geheugen: *si j'ai bonne* ~ als ik me goed herinner; *de* ~ uit het hoofd; *de* ~ *d'homme* sinds mensenheugenis; *pour* ~ pro memorie; *graver dans sa* ~ in zijn geheugen prenten; *avoir un trou de* ~ er niet op kunnen komen, een black-out hebben; [comp] ~ *interne* intern geheugen; ~ *vive* [comp] RAM-geheugen **2** aandenken, herinnering, nagedachtenis: *à la* ~ *de* ter nagedachtenis aan

les **mémoires** (mv, m) gedenkschriften, memoires

mémorable gedenkwaardig

le **mémorandum** (m) **1** memorandum; (diplomatieke) nota **2** notitie **3** notitieboekje **4** [hand] bestelnota

le **mémorial** (m) **1** gedenkboek **2** gedenkteken

la **mémorisation** (v) het van buiten leren

mémoriser van buiten leren, memoriseren; [comp] in het geheugen opslaan

menaçant, -e dreigend, gevaarlijk

la **menace** (v) (be)dreiging, dreigement: ~ *en l'air* loos dreigement, bangmakerij; *être sous la* ~ *de* bedreigd worden door; ~ *de mort* bedreiging met de dood; *lettre de ~s* dreigbrief

menacer de (be)dreigen (met); een gevaar vormen (voor): ~ *ruine* op instorten staan; ~ *qqn. de qqch.* iem. bedreigen met iets

le **ménage** (m) **1** huishouden: *faire le* ~ het huishouden doen; *faire le grand* ~ **a)** de grote schoonmaak doen; **b)** [fig] opruiming houden; *femme de* ~ werkster **2** huisgezin; echtpaar: *jeune* ~ jonggehuwden, jong stel; *faire*

bon (of: *mauvais*) ~ *avec qqn.* met iem. goed (of: slecht) overweg kunnen; *monter son* ~ zich inrichten, een eigen huishouden opzetten; *scène de* ~ huiselijke twist; *se mettre en* ~ gaan samenwonen; ~ *à trois* driehoeksverhouding

le **ménagement** (m) omzichtigheid, (het) ontzien; (het) sparen [van iem.]: *sans* ~ zonder consideratie, botweg; *traiter qqch. avec* ~ omzichtig te werk gaan bij iets

¹ménag|er, -ère (bn) huishoudelijk, huishoud-: *salon des arts ~s* huishoudbeurs; *ordures ménagères* huisvuil

²ménager (ov ww) **1** ontzien, sparen, voorzichtig omgaan met: ~ *ses paroles* geen woord te veel zeggen; *ménagez vos expressions!* let op uw woorden! **2** regelen, bezorgen, zorgen voor

se **³ménager** (wdk ww) **1** zich in acht nemen, op zijn gezondheid letten **2** zichzelf bezorgen: *se* ~ *une porte de sortie* een slag om de arm houden

la **ménagère** (v) **1** huisvrouw **2** cassette met tafelzilver

la **ménagerie** (v) menagerie, beestenspel; dierentuin

le/la **mendiant** (m), **-e** (v) bedelaar, bedelares

la **mendicité** (v) bedelarij: *réduit à la* ~ tot de bedelstaf gebracht

mendier bedelen (om); afbedelen

les **menées** (mv, v) intriges; [kwalijke] praktijken

mener leiden, (weg)brengen, meenemen, (mee)voeren, (voor zich uit) drijven, vervoeren; mennen, rijden, besturen, beheersen, naar zijn hand zetten; uitvoeren, instellen: ~ *la vie dure à qqn.* iem. hard aanpakken; ~ *loin* verstrekkende gevolgen hebben; *cela ne mène pas loin* daar kom je niet ver mee; *cela ne mène à rien* dat loopt op niets uit; ~ *la danse* **a)** voordansen; **b)** [fig] haantje-de-voorste zijn; [fig] ~ *qqn. par le bout du nez* iem. om zijn vinger winden; [sport] ~ *au score* voorstaan; [sport] ~ *par 2 à 0* met 2-0 voorstaan

le **ménestrel** (m) minstreel

le/la **men|eur** (m), **-euse** (v) (volks)leid(st)er, volksmenner; agitator: ~ *de jeu* spelleider

le **menhir** (m) menhir; rechtopstaande, langwerpige steen [prehistorie]

la **méninge** (v) hersenvlies

les **méninges** (mv, v) [pop] hersens

la **méningite** (v) hersenvliesontsteking

le **méningocoque** (m) meningokok [nekkrampbacterie]

le **ménisque** (m) meniscus

la **ménopause** (v) menopauze; overgang(sjaren)

la **menotte** (v) handje, knuistje

les **menottes** (mv, v) handboeien: *passer les* ~ *à qqn.* iem. de handboeien omdoen

mens 1e, 2e pers enk van *mentir*

le **mensonge** (m) leugen; (het) liegen; verdichtsel, illusie: *débiter des ~s* leugens verkopen; *~ par omission* iets bewust verzwijgen

mensonger leugenachtig, bedrieglijk, onwaar

la **menstruation** (v) menstruatie

la **mensualité** (v) maandelijkse (uit)betaling, afbetaling, storting

le/la ¹**mensuel** (m), **-le** (v) **1** maandloner, -loonster **2** maandblad

²**mensuel, -le** (bn) maandelijks, maand-

les **mensurations** (mv, v) lichaamsmaten: *~ idéales* ideale maten

mental, -e geestelijk, geestes-: *âge ~* verstandelijke leeftijd; *aliénation ~e* krankzinnigheid; *médecine ~e* psychiatrie; *maladie ~e* geestesziekte; *calcul ~* (het) hoofdrekenen

mentalement in geestelijk opzicht; in gedachten, bij zichzelf; uit het hoofd

la **mentalité** (v) geestesgesteldheid, mentaliteit; houding

le/la ¹**ment|eur** (m), **-euse** (v) leugenaar(ster)

²**ment|eur, -euse** (bn) vals, leugenachtig, onwaar

la **menthe** (v) munt [plant]: *essence de ~* muntolie; *~ à l'eau* pepermuntlimonade; *~ poivrée* pepermunt [plant]

le **menthol** (m) menthol

la **mention** (v) (ver)melding, gewag: *faire de* vermelden; *rayer les ~s inutiles* doorhalen wat niet van toepassing is; *être reçu avec la ~ bien* ruim voldoende geslaagd zijn; *~ très bien* cum laude

mentionner vermelden, melding (gewag) maken van

mentir liegen; een valse voorstelling van zaken geven: *~ comme un arracheur de dents* liegen alsof het gedrukt staat; *sans ~* ongelogen, echt waar; *il nous a menti* hij heeft ons voorgelogen; *se ~ à soi-même* iets niet onder ogen willen zien; *photo qui ne ment pas* sprekend lijkende foto

le **menton** (m) kin: *double* (of: *triple*) *~* onderkin

le **mentor** (m) [form; vaak scherts] mentor; leidsman; raadsman

le ¹**menu** (m) **1** menu; kaart: *~ du jour* dagmenu **2** bijzonderheden: *par le ~* in bijzonderheden ‖ [comp] *~ déroulant* rolmenu; [comp] *~ principal* hoofdmenu

²**menu, -e** (bn) klein, dun, fijn; onbeduidend: *~e monnaie* kleingeld

³**menu** (bw) klein, fijn: *hacher ~* fijnhakken

menuiser [hout] bewerken, betimmeren; [meubels] maken

la **menuiserie** (v) **1** fijn timmerwerk **2** *(atelier de)* timmermanswerkplaats, [Belg] schrijnwerkerij

le **menuisier** (m) timmerman; meubelmaker, schrijnwerker

se **méprendre à** zich vergissen (in): *ils se ressemblent à s'y ~* ze lijken op elkaar als twee druppels water

le **mépris** (m) verachting, minachting; onverschilligheid: *au ~ de* in weerwil van, ondanks; *avoir du ~ pour qqn.* minachting voor iem. hebben

méprisable verachtelijk

méprisant, -e minachtend, arrogant

la **méprise** (v) vergissing: *par ~* per abuis

mépriser verachten, minachten; niet tellen; versmaden; niet vrezen

la **mer** (v) [ook fig] zee: *mal de ~* zeeziekte; *~ d'huile* kalme zee; *pleine* (of: *haute*) *~* volle (*of:* open) zee, ruime sop; *~ basse* laag water; *au bord de la ~* aan zee; *en ~* op zee; *un homme à la ~!* man overboord!; *prendre la ~* het ruime sop kiezen; *ce n'est pas la ~ à boire* zo moeilijk is het niet; *une ~ de sable* een zandwoestijn; *la ~ du Nord* de Noordzee; *la ~ Egée* de Egeïsche Zee

mercantile op winstbejag gericht: *il a l'esprit ~* hij is op winst uit

la **mercatique** (v) marketing; marktonderzoek

le **mercenaire** (m) huurling

la **mercerie** (v) garen-en-band(winkel)

le **merchandising** (m) merchandising

le ¹**merci** (m) dank(betuiging)

la ²**merci** (v) genade, erbarmen; willekeur: *à ~* naar believen, willekeurig; *à la ~ de* overgeleverd aan, ten prooi aan; *crier ~* om genade smeken; *sans ~* zonder pardon, genadeloos

³**merci** (tw) dank je (u), wel bedankt: *non ~* dank u [bij weigering]; *~ bien, ~ beaucoup* dank je wel; *dire un grand ~* hartelijk bedanken; *Dieu ~* goddank; *~ mille fois* duizendmaal dank; [scherts] *ah ça, ~ (bien)* dat? nee, dank je feestelijk

le/la **merc|ier** (m), **-ière** (v) garen-en-bandverkoper, -verkoopster

le **mercredi** (m) woensdag: *~ des Cendres* Aswoensdag

le **mercure** (m) kwik(zilver)

Mercure Mercurius [god; planeet]

le **mercurochrome** (m) desinfecterende rode jodium

la **merde** (v) [inf] **1** poep, stront **2** rotzooi: *c'est de la ~* dat is rotzooi, waardeloos; *un bouquin de ~* een rotboek; *être dans la ~* in de narigheid zitten; *foutre la ~* rotzooi trappen, iets verzieken **3** [m.b.t. personen] stuk vuil ‖ *~!* [inf] shit!, verrek!; *oui ou ~* ja ofte nee

merder [pop] fout lopen

le/la ¹**merd|eux** (m), **-euse** (v) snotaap: *petit ~* ettertje

²**merd|eux, -euse** (bn) [pop] bescheten: *affaire merdeuse* rotzaak, vuil zaakje

le **merdier** (m) [pop] rotzooi, bende

merdique [inf] rot-; klote-

la ¹**mère** (v) moeder: *~ au foyer* huisvrouw; *~ de*

famille huismoeder; ~ *adoptive* pleegmoeder; ~ *célibataire* ongehuwde moeder; ~ *porteuse* draagmoeder; ~ *indigne* ontaarde moeder; ~ *(supérieure)* moeder-overste

²**mère** (bn) moeder-: *branche* ~ hoofdtak; *idée* ~ grondgedachte; *reine* ~ koninginmoeder; ~ *patrie* moederland; *maison* ~ hoofdkantoor

le **merguez** (m) sterk gekruid worstje [uit Noord-Afrika]

le ¹**méridien** (m) meridiaan

²**méridien, -ne** (bn) middag-, meridiaan-: *hauteur* ~*ne* meridiaanshoogte

la **méridienne** (v) **1** [astron] meridiaan **2** canapé, ligbank

méridional, -e zuidelijk; Zuid-Frans

le **Méridional** (m) zuiderling; bewoner van Zuid-Frankrijk

la **meringue** (v) schuimgebak

le **mérinos** (m) **1** merinosschaap **2** merinoswol

le **merisier** (m) wilde kersenboom

méritant, -e verdienstelijk

le **mérite** (m) **1** verdienste, merite, verdienstelijkheid: *se faire un* ~ *de* het zich als een verdienste aanrekenen; *pas sans* ~ niet onverdienstelijk; *tout le* ~ *lui revient* dat is geheel en al zijn verdienste **2** voordeel, nut

mériter verdienen, waard zijn: *il l'a bien mérité* dat is welverdiend; *tout travail mérite salaire* moeite moet beloond worden; *il a bien mérité de la patrie* hij heeft zich zeer verdienstelijk gemaakt voor het vaderland

méritoire verdienstelijk, lofwaardig

le **merlan** (m) wijting

le **merle** (m) merel: [fig] ~ *blanc* witte raaf

le **merlot** (m) merlot [wijndruif]

le **mérou** (m) [dierk] tandbaars

le/la **Mérovingien** (m), **-ne** (v) [gesch] Merovinger

la **merveille** (v) wonder [iets voortreffelijks, prachtigs]: *à* ~ prachtig, uitstekend, opperbest; *dire des* ~*s* roemen; *faire* ~, *faire des* ~*s* wonderen doen, geweldig functioneren

le ¹**merveilleux** (m) **1** (het) wonderbare, (het) bovennatuurlijke **2** [Belg] merveilleux, gebakje [met schuim en chocola]

²**merveill|eux, -euse** (bn) wonderbaarlijk, heerlijk, bewonderenswaardig; prachtig; uitstekend; wonderwel

mes mv van *mamon*

la **mésalliance** (v) huwelijk beneden zijn stand

la **mésange** (v) mees: ~ *charbonnière* koolmees; ~ *bleue* pimpelmees

la **mésaventure** (v) tegenspoed, ongeval, tegenvaller; onaangename ervaring

les **mesdames** (mv, v) dames

la **mésentente** (v) onmin, onenigheid, slechte verstandhouding

mésestimer onderschatten, geringschat-

ten, miskennen; onderwaarderen

la **Mésopotamie** (v) Mesopotamië

mesquin, -e kleingeestig, pietluttig; karig, krenterig

la **mesquinerie** (v) kleingeestigheid, pietluttigheid; karigheid, krenterigheid

le **mess** (m) (onder)officierskantine, mess

le **message** (m) boodschap; bericht: ~ *publicitaire* reclamespot; *recevoir un* ~ een boodschap ontvangen

le/la **messag|er** (m), **-ère** (v) boodschapper, -ster; bode; voorbode

la **messagerie** (v, vaak mv) **1** koeriersbedrijf **2** snelgoedvervoer **3** distributiebedrijf: ~ *de presse* distributiebedrijf van dagbladen en tijdschriften **4** elektronische postbus, e-mail: ~ *vocale* voicemail

la **messe** (v) mis [dienst, muziek]: *dire la* ~ de mis lezen; ~ *basse* stille mis; *grand-*~ hoogmis; ~ *des morts* a) zielenmis; b) requiem; ~ *de minuit* (kerst)mis

messianique Messiaans

le **Messie** (m) Messias, Verlosser

le **messieurs** (m) mv van *monsieur*

mesurable meetbaar

la **mesure** (v) **1** maat [in alle bet]: *battre la* ~ de maat slaan; *chanter en* ~ in de maat zingen; ~ *à trois temps* driekwartsmaat; *à* ~ *que* naarmate; *à la* ~ *de* a) opgewassen tegen; b) evenredig aan; *un adversaire à sa* ~ een tegenstander van zijn kaliber; *dans la* ~ *où* voor zover; *donner* toute sa ~ tonen wat men waard is; *faire deux poids deux* ~*s* met twee maten meten; *dépasser la* ~ de perken te buiten gaan; *en* ~ in staat; *dans la* ~ *du possible* naar vermogen; *avec* ~ gematigd, met mate; *outre* ~ buitensporig; *sur* ~ op maat; *n'avoir aucune* ~ *commune* onvergelijkbaar zijn; *sans commune* ~ *avec* in geen verhouding staande tot **2** meting **3** maatregel: *prendre des* ~*s* maatregelen treffen; *par* ~ *d'économie* om te besparen

mesuré, -e afgemeten, afgepast; regelmatig, ritmisch; gematigd, weloverwogen

¹**mesurer** (ov ww) **1** meten, opmeten, afmeten, de maat nemen **2** schatten; berekenen: ~ *ses propos* zijn woorden wikken; ~ *qqn. des yeux* iem. goed opnemen (bekijken) **3** (+ d'après, sur) beoordelen naar

se ²**mesurer** (wdk ww) **1** gemeten worden **2** meetbaar zijn **3** (+ avec, à) zich meten met **4** elkaar opnemen

met 3e pers enk van ¹*mettre*

le **métabolisme** (m) stofwisseling

le **métacarpien** (m) middenhandsbeentje

la **métairie** (v) pachtboerderij

le **métal** (m) metaal: ~ *précieux* edelmetaal

métallique metalen, metaal-, metaalachtig: *éclat* ~ metaalglans

métallisé, -e metallic, metalliek: *peinture* ~*e* metallic lak le **métallo** (m) metaalbewerker

la **métallurgie** (v) metaalbewerking, metaal-industrie

métallurgique metaal-

le **métallurgiste** (m) metaalbewerker, metaalarbeider; metaalproducent

la **métamorphose** (v) gedaanteverwisseling, metamorfose; ingrijpende verandering

¹métamorphoser (ov ww) **1** van gedaante doen veranderen **2** grondig veranderen

se **²métamorphoser** (wdk ww) van gedaante veranderen; grondig veranderen

la **métaphore** (v) beeldspraak, metafoor

la **¹métaphysique** (v) metafysica

²métaphysique (bn) metafysisch, bovennatuurlijk

la **métastase** (v) [med] uitzaaiing

le **métatarsien** (m) middenvoetsbeentje

le **métayage** (m) pacht

le/la **métay|er** (m), **-ère** (v) pacht(st)er

la **¹météo** (v) weerbericht

²météo (bn, mv: *onv*) weerkundig: *prévisions* ~ weersverwachting, weerbericht

le **météore** (m) meteoor; [fig] korte, schitterende verschijning

météorique meteoor-

le **météorite** (m) meteoriet, meteoorsteen

la **météorologie** (v) **1** meteorologische dienst **2** weerkunde

météorologique meteorologisch, weerkundig: *prévisions météorologiques* weersverwachting, weerbericht

météorologiste *zie météorologue*

le/la **météorologue** (m/v) meteoroloog, -loge, weerkundige

le **métèque** (m) [neg] vreemdeling [met name zuiderling]

la **méthadone** (v) methadon

le **méthane** (m) methaan, moerasgas; mijngas

le **méthanier** (m) gastanker

la **méthode** (v) methode; systeem: ~ *de travail* werkwijze; *il a de la* ~ hij gaat systematisch te werk; *agir avec* ~ methodisch te werk gaan

méthodique methodisch, stelselmatig

le/la **méthodiste** (m/v) methodist(e)

le **méthyle** (m) methyl

le **méthylène** (m) methyleen

méticul|eux, -euse uiterst nauwgezet (zorgvuldig); pietluttig

la **méticulosité** (v) uiterste nauwgezetheid, angstvalligheid

le **métier** (m) **1** beroep, vak, ambacht, werk; functie, taak, rol, bezigheid: ~ *manuel* handwerk; *corps de* ~ gilde; *homme de* ~ vakman; *il est du* ~ hij kent het vak; *armée de* ~ beroepsleger; *gâcher le* ~ beunhazen **2** vakmanschap, techniek: *il a du* ~ hij beheerst zijn vak **3** ~ *à tisser* weefgetouw, weefstoel; *mettre sur le* ~ op touw (stapel) zetten

le/la **¹métis** (m), **-se** (v) halfbloed

²métis, -se (bn) halfbloed; [biol] door kruising verkregen: *tissu* ~ halflinnen

le **métissage** (m) kruising, vermenging

le **métrage** (m) meting, opmeting, afmeting; lengte ‖ *court* ~ korte film

le **mètre** (m) **1** meter; maatstok, meetlint: ~ *(pliant)* duimstok; ~ *à ruban* metalen meetlint; ~ *de couturière* centimeter; ~ *carré* vierkante meter, m²; ~ *cube* kubieke meter, m³ **2** metrum, versmaat; versvoet

métrer [bouwk] opmeten

la **¹métrique** (v) metriek; leer van de versbouw

²métrique (bn) **1** metriek: *tonne* ~ metrieke ton [1000 kg] **2** metrisch: *vers* ~ metrisch vers

le **métro** (m) metro, ondergrondse: *bouche de* ~ **a)** metro-ingang; **b)** metro-uitgang; *ticket de* ~ metrokaartje

le **métronome** (m) metronoom

la **métropole** (v) **1** metropool, metropolis **2** moederland

le/la **¹métropolitain** (m), **-e** (v) Fransman, Française van het vasteland [dus niet uit Corsica of overzeese Franse gebieden]

²métropolitain, -e (bn) **1** metropolitaans **2** van het moederland: *la France ~e et la Corse* Frankrijk op het vasteland en Corsica

le **mets** (m) gerecht

mettable draagbaar, toonbaar

le **metteur** (m): [radio, tv] ~ *en ondes* productieleider; [typ] ~ *en pages* iem. die de lay-out verzorgt; ~ *en scène* regisseur

¹mettre (ov ww) **1** plaatsen, leggen, zetten, doen, steken, bergen, brengen, stellen: ~ *au monde* ter wereld brengen; ~ *à nu* blootleggen; ~ *à part* **a)** apart leggen; **b)** buiten beschouwing laten; ~ *bas* [jongen] werpen; ~ *au régime* op dieet zetten; ~ *au lit* in bed stoppen; ~ *à la poste* posten; ~ *à la retraite* pensioneren; ~ *en action* in werking stellen; ~ *en colère* boos maken; ~ *en contact* in contact brengen; ~ *en doute* in twijfel trekken; ~ *en fuite* op de vlucht jagen; ~ *hors circuit* uitschakelen; ~ *en marche* starten; ~ *le couvert* de tafel dekken; ~ *à l'heure* gelijkzetten; ~ *son plaisir à* vermaak scheppen in; *y* ~ *du sien* **a)** een bijdrage leveren; **b)** zich toeschietelijk tonen, concessies doen **2** aantrekken, opzetten, aandoen **3** besteden, gebruiken, aanwenden: *j'ai mis trois heures pour faire ce travail* ik heb drie uur over dat werk gedaan **4** onderstellen, aannemen: *mettons que* stel dat **5** overbrengen, overzetten **6** schrijven, noteren

se **²mettre** (wdk ww) **1** zich zetten, zich plaatsen, gaan zitten, gaan liggen, zich begeven: *se* ~ *à l'abri* schuilen; *se* ~ *à l'aise* het zich gemakkelijk maken; *se* ~ *à l'écart* zich afzonderen; *se* ~ *à pleurer* beginnen te huilen; *se* ~ *à table* **a)** aan tafel gaan; **b)** [fig] bekennen; *se*

~ *debout* gaan staan; *mettez-vous à sa place* stelt u zich eens in zijn plaats; *se ~ en quatre* zich uitsloven; *se ~ en route* zich op weg begeven; *se ~ en sueur* zich in het zweet werken; *ne plus savoir où se ~* in een moeilijk parket zitten **2** zich kleden, aantrekken: *je n'ai rien à me ~* ik heb niks om aan te doen **3** (+ à) beginnen te **4** (+ à) gewennen aan, de smaak te pakken krijgen van **5** worden: *se ~ d'accord* het eens worden; *se ~ en forme* in vorm komen

le **¹meuble** (m) **1** meubel, stuk huisraad: *~s de bureau* kantoormeubilair; *~s de jardin* tuinmeubels **2** meubelindustrie, meubelhandel
²meuble (bn) verplaatsbaar: *biens ~s* roerende goederen; *terre ~* losse grond

le **¹meublé** (m) gemeubileerd(e) kamer(s), appartement
²meublé, -e (bn) gemeubileerd

¹meubler (ov ww) meubileren; [fig] vullen, verrijken

se **²meubler** (wdk ww) zich inrichten

la **meuf** (v) [argot] mokkel; meid; wijf

le **meuglement** (m) geloei [van koeien]
meugler loeien
meuh! boe!

la **meule** (v) **1** molensteen; slijpsteen **2** grote platte kaas **3** hooimijt, hooiberg

le **meunier** (m) molenaar: *échelle de ~* steile trap

la **meunière** (v) molenaarsvrouw || [cul] *(à la) ~* in bloem gewenteld

le **meurtre** (m) moord, doodslag

le/la **¹meurtr|ier** (m), **-ière** (v) moordenaar, moordenares
²meurtr|ier, -ière (bn) moorddadig; moordend, dodelijk: *arme meurtrière* moordtuig; *combat ~* bloedig gevecht; *folie meurtrière* moordlust

la **meurtrière** (v) schietgat
meurtrir kwetsen, krenken

la **meurtrissure** (v) **1** kneuzing; blauwe plek **2** spoor [van vermoeidheid, ouderdom] **3** kwetsing, krenking

la **Meuse** (v) Maas

la **meute** (v) meute, horde

la **mévente** (v) [hand] slapte, afzetmoeilijkheden
mexicain, -e Mexicaans

le/la **Mexicain** (m), **-e** (v) Mexicaan(se)

le **Mexique** (m) Mexico

la **mezzanine** (v) **1** tussenetage **2** frontbalkon [schouwburg]

le **mi** (m) [muz] mi; e
mi- half(-); midden: *à la mi-janvier* half januari
miam-miam! mmm…, lekker!
miaou! miauw!

le **miasme** (m) uitwaseming, kwalijke damp

le **miaulement** (m) gemiauw
miauler miauwen

le **mi-bas** (m; mv: *onv*) kniekous; pantykous

le **mica** (m) mica

la **mi-carême** (v) halfvasten

la **miche** (v) mik, groot rond brood

Michel-Ange Michelangelo
mi-chemin: *à ~* halverwege

les **miches** (mv, v) [inf] billen
mi-clos, mi-close half dicht

le **micmac** (m) gekonkel; warboel
mi-corps: *à ~* tot aan het middel
mi-côte: *à ~* halverwege de helling
mi-course: *à ~* halverwege (de rit)

le **micro** (m) microfoon

le **microbe** (m) microbe, bacterie

la **microbiologie** (v) microbiologie

le **microcosme** (m) microkosmos, wereld in het klein: *le ~ politique* het politieke wereldje

la **micro-entreprise** (v) micro-onderneming

la **microfibre** (v) microvezel

le **microfilm** (m) microfilm

la **micro-informatique** (v) [comp] miniprocessoren, minicomputers

le **micromètre** (m) micrometer; micron

la **Micronésie** (v) Micronesië

le **micro-ondes** (m) magnetron; [Belg] microgolfoven

le **micro-ordinateur** (m) [comp] personal computer, pc

le **micro-organisme** (m) micro-organisme

le **microphone** (m) microfoon

le **microprocesseur** (m) microprocessor

le **microscope** (m) microscoop
microscopique microscopisch

le **microsillon** (m) langspeelplaat

le **micro-trottoir** (m; mv: micros-trottoirs) straatinterview

la **miction** (v) [med] mictie; urinelozing

le **midi** (m) **1** middag, 12 uur: *~ et demi* half een; *en plein ~* op klaarlichte dag; *entre ~ et deux heures* tussen de middag; [Belg] *entre l'heure de ~* tussen de middag; [fig] *chercher ~ à quatorze heures* de zaak nodeloos ingewikkeld maken **2** zuiden: *le Midi* het zuiden van Frankrijk; *être exposé au ~* op het zuiden gelegen zijn

la **midinette** (v) dom gansje

la **mie** (v) (brood)kruim: *pain de ~* brood met zachte korst

le **miel** (m) honing: *lune de ~* wittebroodsweken; *être tout sucre tout ~* poeslief doen
miell|eux, -euse honingachtig; flauw, smaakloos; [fig] honingzoet
mien, mienne van mij: *le ~* de, het mijne; *les ~s* de mijnen; *j'y ai mis du ~* ik heb mijn best gedaan

la **miette** (v) kruimel, brokje; brokstuk: *mettre en ~s* in gruzelementen gooien; *il n'a pas perdu une ~ de la scène* hij heeft niets gemist van wat er gebeurde

le **¹mieux** (m) beterschap; vooruitgang, verbetering; iets beters; het beste: *être au ~ avec dikke vrienden zijn met*; *il y a du ~* er is beterschap; *faire pour le ~* zo goed mogelijk doen; *faire de son ~* zijn best doen; *faute de ~* bij gebrek aan beter; *au ~* zo goed mogelijk

²**mieux** (bw) **1** beter: *de ~ en ~* hoe langer hoe beter; *le ~* het best; *à qui ~ mieux* om strijd; *d'autant ~* des te beter; *tant ~* des te beter, gelukkig maar, mooi zo!; *valoir ~* beter zijn; *il vaut ~ rester* je kunt beter blijven **2** liever: *aimer ~* liever hebben, meer houden van; *je ne demande pas ~* ik verlang niets liever; *que voulez-vous de ~?* wat wil je nog meer?

mièvre gemaakt lief; zoetelijk

la **mièvrerie** (v) zoetsappigheid, zoetelijkheid; lievigheid

mi-figue: *~, mi-raisin* half schertsend; zoetzuur

mi-fin, -e middelfijn

la **mignardise** (v) **1** snoezigheid; liefheid **2** onnatuurlijkheid **3** tuinanjer **4** [cul] bonbons en andere fijne zoetigheden

le/la ¹**mignon** (m), **-ne** (v) lieveling, schat: *elle est tellement ~ne, cette petite fille* het is toch zo'n schatje, dat meisje

²**mignon, -ne** (bn) schattig, lief, aardig: *péché ~* kleine zwakheid || *filet ~* puntje van de ossenhaas

la **mignonnette** (v) Brussels lof; witlo(o)f

la **migraine** (v) migraine, hoofdpijn

le/la **migrant** (m), **-e** (v) migrant, landverhuizer; gastarbeid(st)er

migra|teur, -trice zwervend, trek-: *oiseaux ~s* trekvogels

la **migration** (v) landverhuizing; volksverhuizing; migratie, verschuiving; trek [van vogels, vissen]

migratoire verhuizend, trekkend: *excédent ~* migratieoverschot

migrer migreren, verhuizen, verplaatsen

mi-jambe: *à ~* tot halverwege het been

¹**mijoter** (onov ww) sudderen

²**mijoter** (ov ww) stoven; gaar laten sudderen; met zorg bereiden; [fig] bekokstoven

le ¹**mil** (m) tropisch graangewas, sorghum

²**mil** (telw) duizend [in jaartallen]

le **Milan** (m) Milaan

milanais, -e Milanees

le/la **Milanais** (m), **-e** (v) Milanees, -nese

le **mile** (m) Engelse mijl

la **milice** (v) militie; Landwacht [WO II]

le **milicien** (m) lid van de militie

le **milieu** (m) **1** midden, middenweg, tussenweg: *le juste ~* de gulden middenweg; *au ~ de* te (in het) midden van, midden in, op; *au beau ~ de la nuit* in het holst van de nacht; [inf] *au ~ de nulle part* in een uithoek, in the middle of nowhere; *par le ~* doormidden, middendoor **2** kring, omgeving, milieu: *~ familial* familiekring; *~x scientifiques* weten-

schappelijke kringen **3** onderwereld

le ¹**militaire** (m) militair: *~ de carrière* beroepsmilitair

²**militaire** (bn) militair, krijgskundig: *art ~* krijgskunde; *service ~* militaire dienst

le/la ¹**militant** (m), **-e** (v) strijd(st)er; actief lid van partij, vakbond, organisatie, actievoerder, -ster

²**militant, -e** (bn) militant, strijdend: *politique ~e* actief beleid

le **militantisme** (m) [pol] actieve houding

militariser militariseren, op militaire leest schoeien

le **militarisme** (m) militarisme

militer [fig] strijd, actie voeren; actief zijn [in politieke partij, vakbond enz.]; een lans breken; pleiten

le ¹**mille** (m) mijl

²**mille** (telw) duizend; veel, talloos: *je vous remercie ~ fois* reuze bedankt; *deux pour ~* twee promille; *briller de ~ feux* schitteren, fonkelen || *mettre dans le ~* in de roos schieten

le **millefeuille** (m) tompoes [gebakje, taart]

le ¹**millénaire** (m) millennium; [tijdperk van] duizend jaren; duizendjarig bestaan: *ces monuments subsistent depuis des ~s* deze monumenten zijn duizenden jaren oud

²**millénaire** (bn) duizendjarig

le **mille-pattes** (m) duizendpoot

le **millepertuis** (m; mv: *onv*) [plantk] hertshooi; sint-janskruid

le **millésime** (m) jaartal [vnl. op munten, wijnflessen]: *un grand ~* een prima jaar [wijn]

le **millet** (m) gierst

le **milliard** (m) miljard

le/la **milliardaire** (m/v) miljardair(e)

le ¹**millième** (m) duizendste (deel)

²**millième** (bn) duizendste

le **millier** (m) duizendtal: *des ~s* duizenden; *des centaines de ~s* honderdduizenden

le **millimètre** (m) millimeter

le **million** (m) miljoen

le ¹**millionième** (m) miljoenste (deel)

²**millionième** (bn) miljoenste

le/la **millionnaire** (m/v) miljonair(e)

le **mi-lourd** (m) [boksen] halfzwaargewicht

le **mime** (m) **1** pantomimespeler **2** pantomimespel

mimer door gebaren uitbeelden; nabootsen, nadoen

le **mimétisme** (m) mimicry, imitatie, nabootsing

le ¹**mimi** (m) **1** [kindert] poes **2** [inf] zoen

²**mimi** (bn, onv) [inf] schattig

la ¹**mimique** (v) mimiek, gebarenspel

²**mimique** (bn) mimisch

le **mimosa** (m) [plantk] **1** mimosa(struik) **2** mimosa(bloem) || [cul] *œuf ~* fijngehakt (hardgekookt) eigeel

minable deerniswekkend; erbarmelijk;

[inf] sjofel, pover, armzalig
le **minage** (m) het mijnen leggen
le **minaret** (m) minaret
minauder koketteren, zich aanstellen
la **minauderie** (v) aanstellerij, lievigheid, koketterie
les **minauderies** (mv, v) maniertjes
¹**mince** (bn) **1** dun, smal; slank **2** gering, onbeduidend, pover: *ce n'est pas une ~ affaire* dat is geen kleinigheid, dat is geen eenvoudige zaak; *ses connaissances sont bien ~s* zijn kennis is nogal mager [hij weet vrij weinig]
²**mince** (tw): [pop] *~!* [inf] nee maar! verdorie!
la **minceur** (v) **1** dunheid, dunte, smalte; slankheid **2** geringheid, onbeduidendheid
mincir afslanken; afkleden
la ¹**mine** (v) **1** mijn: *ingénieur des ~s* mijnbouwkundig ingenieur **2** [fig] bron: *une ~ inépuisable d'informations* een onuitputtelijke informatiebron **3** [mil] mijn: *~ antichar* antitankmijn **4** potloodstift
la ²**mine** (v) uiterlijk, voorkomen, gezicht: *~ de rien* alsof er geen vuiltje aan de lucht is; *avoir bonne* (of: *mauvaise*) *~ er* goed (of: slecht) uitzien; *avoir une ~ de papier mâché* lijkbleek zien; *faire la ~* mokken; *faire des ~s* gezichten trekken, zich aanstellen; *faire bonne ~ à qqn.* iem. vriendelijk ontvangen; *faire triste ~* sip kijken, een lang gezicht trekken; *faire ~ grise à qqn.* iem. onvriendelijk ontvangen; *cela ne paie pas de ~* dat oogt niet
miner 1 mijnen leggen (in, onder): *zone minée* mijnenveld **2** ondergraven, ondermijnen; [fig] ondermijnen, slopen, verzwakken: *~ la santé* de gezondheid ondermijnen
le **minerai** (m) erts
le ¹**minéral** (m) mineraal, delfstof
²**minéral, -e** (bn) mineraal, delfstoffen-: *eau ~e* mineraalwater; *règne ~e* delfstoffenrijk
le **minéralier** (m) ertsschip
minéraliser mineraliseren
la **minéralogie** (v) mineralogie, delfstofkunde
minéralogique mineralogisch; mijnbouw- || *numéro ~* kenteken, autonummer; *plaque ~* nummerbord
le/la **minéralogiste** (m/v) delfstofkundige
le **minerval** (m) [Belg] schoolgeld; collegegeld
le/la **minet** (m), **-te** (v) **1** poesje, katje **2** lieveling **3** [inf] kakker
le/la ¹**mineur** (m), **-e** (v) minderjarige
le ²**mineur** (m) mijnwerker: *~ de fond* ondergrondse mijnwerker
³**mineur, -e** (bn) **1** minder, kleiner; gering(er); minder belangrijk: *Asie Mineure* Klein-Azië; *intérêt ~* ondergeschikt belang **2** minderjarig **3** [muz] klein: *en do ~* in C klein
mini (onv) [inf] mini-; zeer kort: *la mode ~*

de minimode
la **miniature** (v) miniatuur; miniatuurschildering: *en ~* in miniatuur, in het klein
miniaturiser sterk verkleinen
le/la **miniaturiste** (m/v) miniatuurschilder(es)
le **minibar** (m) minibar
le **minibus** (m) kleine autobus, minibusje
le ¹**minicassette** (m) cassetterecorder
la ²**minicassette** (v) cassettebandje
la **minichaîne** (v) miniset, stereoset
le **minidisc** (m) minidisc
min|ier, -ière delfstof-; mijn-: *industrie minière* mijnbouw; *gisement ~* ertslaag
le **minigolf** (m) midgetgolf; minigolf
la **minijupe** (v) minirok
les **minima** (mv, m) *zie* minimum
minimal, -e laagste, kleinste, geringste, minimaal: *température ~e* minimumtemperatuur
le ¹**minime** (m) [sport] junior, [Belg] miniem
²**minime** (bn) miniem; uiterst klein, gering, onbetekenend
le **mini-message** (m; mv: mini-messages) tekstbericht, sms-bericht [naar een vast toestel]
minimiser tot een minimum terugbrengen, minimaliseren; verkleinen, vergoelijken; bagatelliseren
le **minimum** (m; mv: minima) **1** minimum, (het) kleinste: *au ~* op zijn minst; *salaire ~* minimumloon; *les minima sociaux* de (sociale) minima **2** minimumstraf
le **mini-ordinateur** (m) minicomputer
le **ministère** (m) ministerie, departement; ministerschap: *~ public* Openbaar Ministerie; *~ des Finances* ministerie van Financiën
ministériel, -le ministerieel, minister-, kabinets-: *officiers ~s* openbare ambtenaren
ministrable die minister kan worden
le **ministre** (m) minister; gezant: *~ de tutelle* toezichthoudende minister, [Belg] voogdijminister; *~ du culte* geestelijke; *le conseil des ~s* de ministerraad [in Frankrijk voorgezeten door het staatshoofd]; *le ~ de l'Intérieur* de minister van Binnenlandse Zaken
le/la **ministre-président** (m; mv: ministres-présidents), **-e** (v; mv: ministres-présidentes) [Belg] minister-president(e) [van gewest of gemeenschap]; minister-voorzitter [hoofdstedelijke regering]
le **minitel** (m) Franse voorloper van internet; ± viditel
le **minium** (m) menie
le **minois** (m) (aardig) gezichtje, snoetje
minorer onderwaarderen; onderschatten
le/la ¹**minoritaire** (m/v) lid van een minderheid
²**minoritaire** (bn) minderheids-
la **minorité** (v) **1** minderjarigheid **2** minderheid, minoriteit: *mettre en ~* wegstemmen; *~s ethniques* etnische minderheden
la **minoterie** (v) meelfabriek, meelindustrie

le **minotier** (m) meelfabrikant

le **minou** (m) **1** poesje **2** lieverd, poesje
minouche [Belg] schattig

les **minous** (mv, m) [Belg] stofnesten

le **minuit** (m) 12 uur 's nachts, middernacht: ~
et demi half een; *messe de* ~ (Kerst)nachtmis

le **minus** (m) nul, stommerd

la **¹minuscule** (v) kleine letter
²minuscule (bn) (heel) klein, minuscuul

le **minutage** (m) timing

la **minute** (v) minuut [in alle bet]; ogenblik-
(je): ~ *de communication* belminuut; ~!
wacht even!; *à la* ~ meteen, ogenblikkelijk;
d'une ~ *à l'autre* ieder ogenblik; *dans dix ~s*
over tien minuten; [hand] *clé* ~ sleutel klaar
terwijl u wacht
minuter timen, volgens vast tijdschema indelen

la **minuterie** (v) uurwerk [van klok]; schakel-
klok [in trappenhuis]

le **minuteur** (m) tijdklok, tijdschakelaar

la **minutie** (v) (uiterste) zorg(vuldigheid)
minuti|eux, -euse uiterst zorgvuldig, ui-
terst precies

le **mioche** (m) peuter, dreumes, hummel
mi-parcours: *à* ~ halverwege; tussentijds

la **mirabelle** (v) **1** mirabel **2** mirabellen-
brandewijn

le **miracle** (m) wonder; [hist] mirakelspel: *cela
tient du* ~ het lijkt wel een wonder; *remède* ~
wondermiddel; *crier (au)* ~ opgetogen zijn;
par ~ als door een wonder; *faire des* ~s wonderen verrichten

le/la **miraculé** (m), **-e** (v) iem. die op wonderbare manier genezen is
miracul|eux, -euse **1** bovennatuurlijk,
wonderbaarlijk **2** onverklaarbaar, onbegrijpelijk

le **mirador** (m) uitkijkpost, uitkijktoren

le **mirage** (m) **1** luchtspiegeling, fata morga-
na **2** ijdele voorspiegeling, schone schijn

la **mire** (v) baak; vizier; [tv] testbeeld: *être dans
la ligne de* ~ in de gaten gehouden worden;
point de ~ mikpunt, doelwit [ook fig]
mirer spiegelen; bekijken; weerspiegelen

les **mirettes** (v) [inf] ogen, kijkers
mirifique wonderbaarlijk, buitengewoon
miro [inf] bijziend
mirobolant, -e fenomenaal, adembenemend

le **miroir** (m) spiegel; [fig] afspiegeling: ~
d'eau vijver; ~ *aux alouettes* [fig] lokkertje; ~
de courtoisie spiegeltje in auto (achter zonneklep)
miroitant, -e spiegelend, glanzend, glin-
sterend

le **miroitement** (m) (weer)spiegeling, weerschijn, glans; glinstering
miroiter glinsteren, spiegelen: *faire* ~ *qqch.
à qqn.* iem. iets voorspiegelen
mis volt dw van *¹mettre*

la **misaine** (v) fok

le/la **¹misanthrope** (m/v) misantroop; mensen-
hater, -haatster
²misanthrope (bn) mensenschuw, eenzelvig

la **mise** (v) **1** (het) leggen, zetten, plaatsen
enz.: ~ *au tombeau* graflegging; ~ *en accusation* (of: *en cause*) (het) in staat van beschuldiging stellen; ~ *en examen* beschuldiging;
[hand] ~ *à prix* inzet, bod; ~ *en pages* lay-out,
opmaak; ~ *en scène* regie; ~ *en garde* waarschuwing; ~ *à pied* ontslag; ~ *en place* invoering; ~ *en œuvre* uitvoering, realisatie; ~ *en
vente* het in de handel brengen **2** inzet, in-
leg, inbreng **3** kledij, kleding || *de* ~ gang-
baar, algemeen aanvaard; *cela n'est pas de* ~
dat hoort niet; *zie ¹mettre*
miser 1 inzetten; wedden [op een paard]
2 (+ sur) [fig] speculeren op, rekenen op: ~
sur les deux tableaux op twee paarden tegelijk
wedden

le/la **¹misérable** (m/v) **1** ongelukkige; straatarme
man (vrouw) **2** ellendeling
²misérable (bn) **1** ellendig; beroerd; ongelukkig, deerniswekkend **2** waardeloos, armzalig **3** straatarm, miserabel

la **misère** (v) **1** ellende, nood: *quelle* ~! wat
een ellende! **2** armoede, miserabele toestand: *salaire de* ~ hongerloon **3** kleinigheid:
se quereller pour une ~ ruzie maken om niks ||
faire des ~s *à qqn.* iem. treiteren

les **misères** (mv, v) ongemakken: ~ *de l'âge*
ouderdomsgebreken

le/la **¹misér|eux** (m), **-euse** (v) arme drommel,
arme sloeber
²misér|eux, -euse (bn) **1** straatarm **2** ar-
moedig, armzalig

la **miséricorde** (v) genade, vergeving, barm-
hartigheid, vergiffenis: ~! [inf] goeie hemel!
miséricordi|eux, -euse barmhartig, ge-
nadig, vergevingsgezind

le **¹misogyne** (m) vrouwenhater
²misogyne (bn) afkerig van vrouwen

la **misogynie** (v) vrouwenhaat

la **miss** (v) miss: ~ *France* Miss Frankrijk

le **missel** (m) misboek, missaal

le **missile** (m) (geleid) projectiel, raket

la **mission** (v) missie [in alle bet]; zending; opdracht; zendingspost; [fig] levenstaak, roeping: *chargé de* ~ **a)** speciale afgevaardigde;
b) beleidsambtenaar; *en* ~ *spéciale* met bijzondere opdracht; *ordre de* ~ **a)** (regerings)-
opdracht; **b)** marsorder; ~ *commerciale* han-
delsmissie

le/la **missionnaire** (m/v) missionaris, missiezus-
ter; zendeling(e)

le **mission-suicide** (m; mv: missions-suicide)
zelfmoordactie

la **missive** (v) bericht, brief

le **mistigri** (m) **1** kaartspel; ± klaverjassen
2 [fig] zwartepiet: *refiler* (of: *repasser*) *le* ~ *à*

qqn. iem. de zwartepiet toespelen

le **mistral** (m) mistral [harde noordenwind in Zuid-Frankrijk]

la **mitaine** (v) handschoen zonder vingers

le **mitard** (m) [inf] bajes, nor

la **mite** (v) **1** mot **2** mijt [in kaas enz.]

mité, -e mottig

le **¹mi-temps** (m; mv: *onv*) halve baan: *travailler à ~* halve dagen werken

la **²mi-temps** (v; mv: *onv*) **1** [sport] rust **2** [sport] speelhelft: *la troisième ~* de derde helft [feest na overwinning]

le/la **¹mit|eux** (m), **-euse** (v) arme drommel

²mit|eux, -euse (bn) sjofel, armzalig

mitigé, -e gemengd: *sentiments ~s* gemengde gevoelens

le **mitigeur** (m) mengkraan

mitonner 1 laten sudderen [van een gerecht] **2** met zorg bereiden

mitoyen, -ne midden-, tussen-: *mur ~* gemeenschappelijke muur

le **mitraillage** (m) beschieting; mitrailleurvuur; (het) mitrailleren

la **mitraille** (v) **1** schroot, oud ijzer **2** artillerievuur **3** kleingeld

mitrailler 1 mitrailleren **2** belagen [door persfotografen]; bestoken [met vragen]

la **mitraillette** (v) pistoolmitrailleur, machinepistool

le **mitrailleur** (m) mitrailleurschutter

la **mitrailleuse** (v) mitrailleur

la **mitre** (v) mijter

le **mitron** (m) bakkersjongen, bakkersknecht

mi-voix: *à ~* halfluid, gedempt

le **mixage** (m) geluidsmixage

le **¹mixer** (m) mixer

²mixer (ov ww) [geluid] mixen

le **mixeur** (m) mixer

la **mixité** (v) gemengd karakter

mixte gemengd: *salade ~* gemengde sla; [sport] *double ~* gemengd dubbel; [rel] *mariage ~* gemengd huwelijk

la **mixture** (v) brouwsel

la **Mlle** (v) afk van *Mademoiselle* mej., mejuffrouw

la **Mlles** (v) afk van *Mesdemoiselles* dames

le **MM.** (m) afk van *Messieurs* heren

la **Mme** (v) afk van *Madame* Mevr., mevrouw

la **Mmes** (v) afk van *Mesdames* dames

le **MMS** (m) afk van *Multimedia Message Service* mms, multimedia message service

mnémotechnique mnemotechnisch: *moyen ~* geheugensteuntje

la **mobicarte** (v) telefoonkaart [voor een mobiele telefoon]

le **¹mobile** (m) **1** [techn] bewegend lichaam; mobile **2** motief, beweegreden, drijfveer **3** draagbare telefoon, gsm

²mobile (bn) **1** beweeglijk, los, verplaatsbaar, mobiel; beweegbaar: *échelle ~* glijdende schaal; *fêtes ~s* christelijke feestdagen

zonder vaste data; *population ~* nomaden; à *feuilles ~s* losbladig **2** veranderlijk, wispelturig **3** lenig

le **mobile home** (m) kampeerwagen, camper

le **¹mobilier** (m) meubilair, ameublement: *~ urbain* stadsmeubilair

²mobil|ier, -ière (bn) roerend: *valeur mobilière* waardepapier; *vente mobilière* verkoop van roerend goed

mobilisable mobiliseerbaar; [fig] op wie, waarop men een beroep kan doen; inzetbaar

mobilisa|teur, -trice mobilisatie-, in beweging brengend

la **mobilisation** (v) mobilisatie; het doen van een beroep op iets

mobiliser 1 mobiliseren; mobiel maken **2** een beroep doen op

la **mobilité** (v) **1** beweeglijkheid, verplaatsbaarheid, mobiliteit **2** veranderlijkheid, wispelturigheid **3** lenigheid [van geest]; beweeglijkheid [van gezicht]

le/la **mobinaute** (m/v) mobiele internetter

la **mobylette** (v) brommer

le **mocassin** (m) instapschoen, mocassin

moche lelijk, slecht, beroerd

la **mocheté** (v) [inf] lelijkerd; lelijk ding

modal, -e modaal: [taalk] *auxiliaire ~* modaal hulpwerkwoord

la **modalité** (v) modaliteit; wijze; voorwaarde

le **¹mode** (m) **1** wijze, manier, methode: *~ d'emploi* gebruiksaanwijzing **2** wijs: [taalk] *~ infinitif* onbepaalde wijs ‖ [comp] *~ conversationnel* interactieve modus

la **²mode** (v) **1** mode: *à la ~* in de mode; *revenir à la ~* weer in de mode komen; *couleurs ~* modekleuren; *passé de ~* ouderwets **2** manier: *à la ~ de* op de manier van **3** industrie van, handel in modeartikelen: *magasin de ~s* hoedenwinkel

le **modelage** (m) (het) modelleren; plastiek

le **modèle** (m) **1** model; voorbeeld; toonbeeld: *enfant ~* voorbeeldig kind; *ferme ~* modelboerderij; *prendre ~ sur* een voorbeeld nemen aan; *~ réduit* schaalmodel; *dernier ~* nieuwste model; *~ d'entreprise* businessmodel **2** gietvorm

¹modeler (ov ww) **1** modelleren, vormen, boetseren **2** (+ sur) [fig] richten (naar), afstemmen (op)

se **²modeler sur** (wdk ww) zich richten naar, een voorbeeld nemen aan

le **modeleur** (m) boetseerder; modelmaker, maker van gietvormen

le **modélisme** (m) modelbouw

le/la **modéliste** (m/v) modeltekenaar; modelontwerp(st)er; modelbouwer

le **modem** (m) modem

le/la **¹modéra|teur** (m), **-trice** (v) **1** iem. die matigend, regelend optreedt **2** discussieleider

²modéra|teur, -trice (bn) matigend, regelend: *ticket* ~ eigen risico [bij ziekenfonds]

la **modération** (v) **1** matiging, gematigd-heid: ~ *salariale* loonmatiging **2** verzachting [van straf]; verlaging [van belasting]

modéré, -e gematigd, matig

modérer matigen, verzachten, temperen

moderne modern, nieuw, hedendaags

¹moderniser (ov ww) moderniseren

se **²moderniser** (wdk ww) zich vernieuwen, met zijn tijd meegaan

le **modernisme** (m) modernisme

la **modernité** (v) moderniteit, modern karak-ter

le **modern style** (m) jugendstil, art nouveau

modeste 1 bescheiden; eenvoudig **2** inge-togen

la **modestie** (v) **1** bescheidenheid: *fausse* ~ valse bescheidenheid **2** eenvoud **3** ingeto-genheid

la **modif** (v) [inf] verk van *modification*

modifiable voor wijziging vatbaar

le **¹modificateur** (m) wijzigende factor

²modifica|teur, -trice (bn) wijzigend

la **modification** (v) wijziging, verandering

¹modifier (ov ww) wijzigen, veranderen

se **²modifier** (wdk ww) veranderen, wijzigin-gen ondergaan, gewijzigd worden

modique gering, karig, matig; billijk

la **modiste** (v) hoedenmaakster, hoedenver-koopster

la **modulation** (v) **1** modulatie: ~ *de fré-quence* frequentiemodulatie, FM **2** stembui-ging **3** schakering

le **module** (m) **1** module: [comp] ~ *d'exten-sion* plug-in **2** (aan)bouwelement **3** leerstof-eenheid

moduler moduleren, variëren, aanpassen

la **moelle** (v) **1** merg: ~ *osseuse* beenmerg; *jusqu'à la* ~ tot op het bot **2** [fig] essentie, kern

moell|eux, -euse zacht, soepel; aange-naam van smaak, voor het oog; welluidend

les **mœurs** (mv, v) zeden, gebruiken; gewoon-ten; leefwijze; opvattingen: *attentat aux* ~ zedenmisdrijf; *la police des* ~ de zedenpoli-tie; *entrer dans les* ~ zich inburgeren

mofler: [Belg] ~ *un élève* een leerling laten zakken

le **mohair** (m) angorawol; mohair: *de* ~ mo-hair(en) [bijvoeglijk naamwoord]

le **¹moi** (m) (het) ik, ego

²moi (pers vnw) ik, mij: *chez* ~ (bij mij) thuis; *mon chez* ~ mijn thuis; *culte du* ~ zelfver-heerlijking; *regarde-moi un peu* ça kijk dat toch eens aan

le **moignon** (m) stomp(je)

moi-même ikzelf; mezelf; mijzelf

moindre kleiner, minder, geringer: *le* ~ het (de) minste, geringste; *c'est la* ~ *des choses* dit is vanzelfsprekend, het minste wat je kunt doen

le **moine** (m) monnik

le **moineau** (m) mus

le **¹moins** (m) (het) minste: *c'est bien le* ~! dat is wel het minste!

²moins (bw) minder: *le* (of: *la, les*) ~ ... de (het) minst ...; *les produits les* ~ *chers* de goedkoopste producten; *le* ~ *souvent possible* zo min (weinig) mogelijk; *les* ~ *de vingt ans* personen onder de twintig jaar; *d'autant* ~ *que* **a)** des te minder naarmate; **b)** vooral niet omdat; *pas le* ~ *du monde* in de verste verte niet, allerminst; *à* ~ voor minder; *on se fâche-rait à* ~ er is alle aanleiding boos te worden; *à* ~ *de* tenzij, als tenminste niet; *à* ~ *que* tenzij; *au* ~ **a)** minstens, op zijn minst, ten minste; **b)** toch (wel); *du* ~ **a)** tenminste, althans; **b)** dan toch, niettemin; *de* ~ *en* ~ hoe langer hoe minder; *en* ~ **a)** minder; **b)** te kort, te weinig; *en* ~ *de deux mois* binnen twee maanden; *en* ~ *de rien, en* ~ *de deux* in een wip

³moins (vz) min, minus: *il fait* ~ *dix* het vriest tien graden; *dix heures* ~ *dix* tien voor tien

la **moins-value** (v; mv: moins-values) waar-devermindering; verminderde opbrengst

le **mois** (m) **1** maand: *au* ~, *par* ~, *tous les* ~ per maand, maandelijks; *six* ~ halfjaar; *tous les 36 du* ~ (bijna) nooit **2** maandgeld, maandloon, maandhuur

Moïse Mozes

le **¹moisi** (m) schimmel: *sentir le* ~ muf ruiken

²moisi, -e (bn) beschimmeld

moisir 1 beschimmelen **2** renteloos liggen, niets opbrengen; nutteloos staan **3** liggen, rondhangen: *je ne vais pas* ~ *ici* ik blijf hier niet lang

la **moisissure** (v) schimmel

la **moisson** (v) **1** graanoogst; (het) oogsten; oogsttijd: *faire la* ~ oogsten **2** [fig] grote hoeveelheid: *une* ~ *de souvenirs* een schat aan herinneringen

moissonner 1 oogsten; maaien **2** verza-melen, oogsten

le/la **moissonn|eur** (m), **-euse** (v) maai(st)er

la **moissonneuse** (v) maaimachine: ~-*bat-teuse* maaidorser, combine

la **moissonneuse-batteuse** (v; mv: mois-sonneuses-batteuses) [landb] combine; maaidorser

moite klam, vochtig

la **moiteur** (v) klamheid, vochtigheid

la **moitié** (v) helft; wederhelft; een groot deel; half: *à* ~ half, voor de helft; *à* ~ *plein* half vol; *à* ~ *prix* voor de halve prijs; ~ *moitié* ieder de helft; *de* ~, *pour* ~ voor de helft; *il est à* ~ *fou* hij is niet goed snik; *la* ~ *du temps* il vient en retard hij komt de helft van de tijd (of: meestal) te laat

moitié-moitié 1 halfhalf; zozo **2** samsam; fiftyfifty

le **moka** (m) mokka(koffie); mokkagebakje

mol m voor een klinker, van ¹*mou*
la **molaire** (v) kies
moldave Moldavisch
le/la **Moldave** (m/v) Moldaviër, Moldavische
la **Moldavie** (v) Moldavië
le **môle** (m) havenhoofd, havendam, kade
moléculaire moleculair, molecule-
la **molécule** (v) molecuul
la **moleskine** (v) imitatieleer
molester molesteren, mishandelen
la **molette** (v) gekarteld wieltje: *clé à* ~ Engelse sleutel
mollasse pafferig, opgeblazen; [fig] slap,
futloos
le/la **mollasson** (m), **-ne** (v) slappeling
molle v vorm van ¹*mou*
mollement 1 zachtjes, rustig 2 behaaglijk
3 lusteloos, onverschillig, traag; loom, slapjes, zwakjes
la **mollesse** (v) 1 zachtheid 2 lusteloosheid,
traagheid, loomheid; slapheid
le ¹**mollet** (m) kuit [van het onderbeen]
²**mollet, -te** (bn) zacht: *œuf* ~ zachtgekookt
ei; *pain* ~ zacht witbroodje
le **molleton** (m) molton
molletonné, -e met molton gevoerd
mollir week worden, verslappen; [m.b.t.
wind] afnemen; weifelen; zwichten
mollo rustig aan
le **mollusque** (m) weekdier; slappeling
le **molosse** (m) grote waakhond
le/la ¹**môme** (m/v) kind
la ²**môme** (v) [pop] (jong) meisje, jonge vrouw
le **moment** (m) ogenblik, moment: *à ce* ~*(-là)*
op dat moment; *au* ~ *de l'achat* direct bij de
aankoop; *au* ~ *où* op het moment dat, toen;
dans un ~ spoedig, weldra; *du* ~ huidig; *en un*
~ in een oogwenk; *par* ~*s* zo nu en dan; *à*
tout ~ steeds; *en ce* ~ op dit ogenblik; *il peut*
venir d'un ~ *à l'autre* hij kan elk moment komen; *un long* ~, *un bon* ~ geruime tijd; *elle*
aime lire à ses ~*s perdus* in haar verloren uur-
tjes leest zij graag
momentané, -e kortstondig, voorbijgaand
momentanément tijdelijk, voorlopig
la **momie** (v) mummie
la **momification** (v) mummificatie
¹**momifier** (ov ww) 1 mummificeren 2 futloos maken
se ²**momifier** (wdk ww) 1 mummificeren
2 [m.b.t. de geest] afstompen
mon, ma (mv: mes) mijn: *viens,* ~ *garçon*
kom, jongen; [mil] ~ *capitaine* kapitein [on-
vertaald bij het aanspreken van een per-
soon]; *à* ~ *intention* voor mij; *il est venu à* ~
secours hij kwam mij te hulp; *j'ai ma migraine*
ik heb weer migraine (of: hoofdpijn)
monacal, -e monniken-, klooster-
Monaco (m) Monaco: *la principauté de* ~
het vorstendom Monaco

la **monarchie** (v) monarchie
monarchique monarchaal, eenhoofdig
le/la ¹**monarchiste** (m/v) monarchist(e)
²**monarchiste** (bn) monarchistisch
le **monarque** (m) monarch, vorst
le **monastère** (m) klooster
monastique klooster-, monniken-: *ordres*
~*s* kloosterorden
le **monceau** (m) hoop, stapel
le/la ¹**mondain** (m), **-e** (v) mondaine man
(vrouw)
²**mondain, -e** (bn) mondain, werelds, van
de grote wereld: *(police)* ~*e* zedenpolitie;
chronique ~*e* societynieuws
la **mondanité** (v) mondain karakter, mondaine leven
les **mondanités** (mv, v) societyleven; societynieuws
le **monde** (m) 1 wereld: *au bout du* ~ **a)** aan
het eind van de wereld; **b)** ver weg; *le Nou-*
veau Monde de Nieuwe Wereld (Amerika); *le*
tiers(-) ~ de derde wereld; *ce bas* ~ dit ondermaanse; *le tour du* ~ reis om de wereld; *refai-*
re le ~ [fig] eindeloos discussiëren; *le* ~ *entier*
de hele wereld; *le mieux du* ~ opperbest; *pas*
le moins du ~ niet in het minst; *envoyer dans*
l'autre ~ naar de andere wereld helpen; *il*
n'est plus de ce ~ hij is overleden; *courir le* ~
de wereld afreizen; *venir au* ~ geboren worden; *ainsi va le* ~ zo gaat het nu eenmaal; *il*
faut de tout pour faire un ~ Onze-Lieve-Heer
heeft rare kostgangers; *il y a un* ~ *entre les*
deux frères de twee broers zijn erg verschillend; *c'est se moquer du* ~ dat is wel heel
brutaal 2 mensen, milieu, kringen, wereld: *le*
beau ~ de uitgaande wereld; *tout le* ~ iedereen; *un* ~ *fou* een enorme menigte; ~ *des let-*
tres letterkundige kringen; *monsieur* Tout-le-
Monde Jan met de pet; *avoir du* ~ *(chez soi)*
gasten hebben; *il y a du* ~ *à la porte* er zijn
mensen aan de deur; *il n'y a pas grand* ~ het is
niet druk
le ¹**mondial** (m) [voetb] wereldkampioen-
schap
²**mondial, -e** (bn) wereld-, wereldwijd, wereldomvattend
le **Mondial** (m) [sport] WK
la **mondialisation** (v) globalisering
la **mondovision** (v) wereldwijde satelliette-
levisie
monégasque van, uit Monaco
le/la **Monégasque** (m/v) Monegask, Monegas-
kische
la **Moneo** (v) ± chipknip: *payer par* ~ chippen
monétaire munt-, geld-, monetair: *le mar-*
ché ~ geldmarkt; *union* ~ muntunie; *unité* ~
munteenheid
monétiser [ec] tot munten verwerken;
aanmunten
mongol, -e Mongools
le/la **Mongol** (m), **-e** (v) Mongool(se)

la **Mongolie** (v) Mongolië
le/la **¹mongolien** (m), **-ne** (v) mongooltje
  ²mongolien, -ne (bn) [med] mongoloïde
le/la **Mongolien** (m), **-ne** (v) Mongool(se)
le **mongolisme** (m) [med] syndroom van
  Down
le/la **¹moni|teur** (m), **-trice** (v) instructeur, -trice,
  train(st)er, leid(st)er; jeugdleider, [Belg] monitor: ~ *de ski* skileraar
le **²moniteur** (m) monitor ǁ *le Moniteur belge*
  het Belgisch Staatsblad
la **monnaie** (v) munt, geld; kleingeld, wisselgeld; gepast geld: ~ *forte* harde valuta; ~
  d'échange ruilmiddel; *battre* ~ munten
  slaan; *c'est* ~ *courante* het is schering en inslag; ~*s étrangères* vreemde valuta; *pièce de*
  ~ muntstuk; *hôtel de la Monnaie* Rijksmunt;
  faire de la ~ geld wisselen; *avez-vous la* ~ *de*
  100 euros? kunt u 100 euro wisselen?; *vous*
  n'avez pas la ~? hebt u niet gepast?; *rendre de*
  la ~ *à qqn.* iem. geld teruggeven; [fig] *rendre à*
  qqn. la ~ *de sa pièce* iem. met gelijke munt
  betalen; [fig] *payer en* ~ *de singe* met praatjes
  afschepen
la **monnaie-du-pape** (v; mv: monnaies-du-
  pape) judaspenning [plant]
  monnayable dat in geld omgezet kan
  worden
  monnayer munten, aanmunten; te gelde
  maken [ook fig]; munt slaan uit
le/la **mono** (m/v) [inf] verk van *moniteur, moni-*
  trice
  monobloc uit één stuk
  monochrome monochroom; eenkleurig
le **monocle** (m) monocle, oogglas
le **monocoque** (m) boot met één romp
  monocorde met één snaar; [fig] eentonig
la **monoculture** (v) monocultuur, verbouw
  van één gewas
  monogame monogaam
la **monogamie** (v) monogamie
le **monogramme** (m) monogram
la **monographie** (v) monografie
le **monoï** (m) monoï [geurige kokosolie]
le **monokini** (m) monokini
  monolingue eentalig
le **monolithe** (m) monument dat uit één stuk
  steen bestaat
  monolithique 1 monolithisch **2** een hechte eenheid vormend **3** onbuigzaam, onverzettelijk
le **monolithisme** (m) **1** [bouwk] monoliet-
  bouw **2** [fig] onverzettelijkheid
le **monologue** (m) alleenspraak, monoloog:
  ~ *intérieur* innerlijke monoloog
  monologuer hardop denken; een alleenspraak houden
le **monomoteur** (m) eenmotorig vliegtuig
  monoparental, -e: *famille* ~*e* eenouder-
  gezin
  monoplace eenpersoons-

le **monoplan** (m) eendekker
le **monopole** (m) alleenrecht; alleenverkoop;
  monopolie
  monopoliser monopoliseren; beslag leggen op, voor zich alleen opeisen
le **monorail** (m) monorail(baan)
le **monoski** (m) monoski
le **monospace** (m) ruimtewagen; MPV
le **monosyllabe** (m) eenlettergrepig woord
le **monothéisme** (m) monotheïsme
le/la **¹monothéiste** (m/v) monotheïst(e)
  ²monothéiste (bn) monotheïstisch
  monotone monotoon, eentonig
la **monotonie** (v) monotonie, eentonigheid
le **monoxyde** (m) monoxide: ~ *de carbone*
  koolstofmonoxide
le **Mons** (m) Mons, Bergen [Belg]
le **monseigneur** (m; mv: messeigneurs) monseigneur, hoogwaardige excellentie [aan-
  spreekvorm]
le **monsieur** (m; mv: messieurs) mijnheer,
  meneer; heer: *c'est un* ~ het is iem. van betekenis, het is een heer; ~ *Tout-le-monde* iedereen, de eerste de beste
le **¹monstre** (m) monster, gedrocht
  ²monstre (bn) monster-, reusachtig
  monstru|eux, -euse 1 monsterachtig,
  monsterlijk **2** gedrochtelijk, wanstaltig
  3 enorm, reusachtig **4** afgrijselijk, weerzinwekkend
la **monstruosité** (v) **1** monsterachtigheid
  2 wanstaltigheid **3** iets afgrijselijks
le **mont** (m) berg: *promettre* ~*s et merveilles*
  gouden bergen beloven; *par* ~*s et par vaux*
  over bergen en dalen, overal; ~ *de Vénus* ve-
  nusheuvel
le **montage** (m) **1** (het) opzetten; (het) in elkaar zetten, assemblage **2** [elek] schakeling,
  circuit **3** montering, montage [film, foto]
  4 [fin] constructie
le/la **montagnard** (m), **-e** (v) bergbewoner,
  -bewoonster
la **montagne** (v) berg, gebergte: *vacances à la*
  ~ vakantie in de bergen; *haute* ~ hoogge-
  bergte; [inf] ~ *à vaches* licht glooiend berg-
  landschap; ~*s russes* achtbaan; [fig] *se faire*
  une ~ *de qqch.* als een berg tegen iets opzien
  montagn|eux, -euse bergachtig
le **¹montant** (m) **1** stijl, post [van een deur, ko-
  zijn] **2** bedrag
  ²montant, -e (bn) stijgend, opgaand: *géné-*
  ration ~*e* opgroeiende generatie; *robe* ~*e*
  hooggesloten japon; *chaussures* ~*es* hoge
  schoenen
le **mont-de-piété** (m; mv: monts-de-piété)
  bank van lening
la **monte** (v) **1** dekken [van merrie] **2** zit [van
  paardrijden]
le **monte-charge** (m) goederenlift
la **montée** (v) **1** bestijging, beklimming; stijging, (het) opstijgen; (het) wassen [van het

water]; (het) instappen **2** steile weg, helling

le **monte-malade** (m; mv: monte-malades) tillift

monténégrin, -e Montenegrijns

le/la **Monténégrin** (m), **-e** (v) Montenegrijn(se)

le **Monténégro** (m) Montenegro

le **monte-plat** (m) keukenlift

¹**monter** (onov ww) **1** stijgen, opstijgen; klimmen; rijzen, verrijzen, opgaan, naar boven gaan/komen, hoger worden, zich verheffen; opkomen [van graan]; wassen [van water]: ~ *dans* sa chambre naar zijn kamer gaan; *le ton monte* het gesprek raakt verhit **2** [fig] opklimmen: ~ *en grade* promotie maken **3** stappen in [vervoermiddel]; instappen, opstappen: ~ *à cheval* paardrijden

²**monter** (ov ww) **1** opgaan, bestijgen, beklimmen, opvaren: ~ *à bicyclette* op de fiets stappen; [ook] fietsen **2** [een paard] berijden; te paard stijgen **3** naar boven brengen; ophalen [ook kleur]; opdraaien; [prijzen] verhogen **4** dekken [van paard] **5** monteren, in elkaar zetten: [fig] ~ *en épingle* overdrijven, opschroeven **6** [een tent] opzetten **7** monteren, op touw zetten, organiseren; [een complot] smeden: ~ *une opération* een actie (of: campagne) opzetten; *c'est un coup monté* dat is doorgestoken kaart **8** opzetten, voorbereiden, gereedmaken ‖ ~ *la garde* de wacht betrekken

se ³**monter** (wdk ww) **1** te beklimmen (bestijgen, berijden) zijn **2** zich opwinden **3** (+ à) bedragen, belopen

le/la **mont|eur** (m), **-euse** (v) monteur; [film] montageman: ~ *électricien* elektromonteur

la **montgolfière** (v) heteluchtballon

le **monticule** (m) heuvel, hoop

le/la **Montois** (m), **-e** (v) inwoner, inwoonster van Mons [Bergen]

la **montre** (v) **1** horloge: ~ *à quartz* kwartshorloge; [sport] *course contre la* ~ **a)** tijdrit; **b)** [fig] race tegen de klok; *jouer la* ~ tijdrekken **2** vertoon: *faire* ~ *de* blijk geven van; *il a fait* ~ *de courage* hij heeft moed getoond

la **montre-bracelet** (v; mv: montres-bracelets) polshorloge

¹**montrer** (ov ww) (ver)tonen, laten zien, (aan)wijzen, laten blijken; uitleggen: ~ *le dos* (les talons) de hielen lichten; ~ *la porte à qqn.* iem. de deur wijzen

se ²**montrer** (wdk ww) **1** zijn gezag doen gelden **2** zich vertonen, verschijnen: *se* ~ *à son avantage* zich van een gunstige kant laten zien; *se* ~ *sous son vrai jour* zijn ware aard tonen

le/la **montr|eur** (m), **-euse** (v) vertoner, -toonster: ~ *de marionnettes* marionettenspeler

la **monture** (v) **1** rijdier; [inf] stalen ros, (motor)fiets **2** vatting; frame; zetting; montuur

le **monument** (m) monument, gedenkteken; [fig] indrukwekkend werk; gevaarte: ~ *aux morts* monument voor de gevallenen (in de oorlogen); ~ *historique* (classé) door monumentenzorg beschermd monument; *être un* ~ *de bêtise* oliedom zijn

monumental, -e monumentaal, groots, indrukwekkend; kolossaal

se **moquer 1** (+ de) uitlachen, spotten met, de draak steken met, voor de gek houden: *vous vous moquez de moi* dat meent u niet; *c'est se* ~ *du monde* dat is wel heel brutaal **2** (+ de) zich niet storen aan, trotseren: *se* ~ *du danger* het gevaar trotseren

la **moquerie** (v) spot(ternij)

la **moquette** (v) vaste vloerbedekking, moquette

le/la **moqu|eur** (m), **-euse** (v) spotter, -ster

le ²**moqueur** (m) spotvogel

³**moqu|eur, -euse** (bn) spottend

le ¹**moral** (m) stemming; moreel: *avoir le* ~ *bas* ontmoedigd zijn; *tu as le* ~! optimist!; *remonter le* ~ *de qqn.* iem. opmonteren, bemoedigen ‖ *au* ~ op het geestelijk vlak

²**moral, -e** (bn) **1** moreel; zedelijk; in overeenstemming met de goede zeden: *conscience* ~e geweten **2** geestelijk: *force* ~e geestkracht; *sciences* ~es geesteswetenschappen; [jur] *personne* ~e rechtspersoon

la **morale** (v) moraal; zedenleer, zedenleer, ethiek: *faire la* ~ *à qqn.* iem. de les lezen; *la* ~ *de l'histoire* de moraal van het verhaal

moralisant, -e moraliserend

le/la ¹**moralisa|teur** (m), **-trice** (v) zedenpreker, -preekster

²**moralisa|teur, -trice** (bn) [vaak neg] moraliserend, stichtelijk

moraliser moraliseren; de les lezen

le/la **moraliste** (m/v) moralist(e)

la **moralité** (v) **1** moraliteit, zedelijkheid, zedelijk gedrag **2** moraal, les

le **moratoire** (m) moratorium, opschorting

morbide ziekelijk, ongezond, ziekte-

la **morbidité** (v) **1** ziekelijk karakter **2** ziektecijfer

le **morceau** (m) **1** stuk, brok, beetje, eind, gedeelte, lap: *sucre en* ~x suikerklontjes; *pour un* ~ *de pain* voor een appel en een ei; *emporter le* ~ het winnen; *manger un* ~ een hapje eten; [pop] *cracher* (of: *lâcher, manger*) le ~ doorslaan, bekennen; *tomber en* ~x uiteenvallen; [fig, inf] *recoller les* ~x **a)** de strijdbijl begraven; **b)** zich verzoenen **2** (muziek)stuk **3** stuk, kunstwerk: ~x *choisis* bloemlezing

morceler (in stukken) verdelen; verkavelen; versnipperen, verbrokkelen

le **morcellement** (m) verbrokkeling, versnippering

le ¹**mordant** (m) **1** bijtmiddel **2** [fig] doordringendheid; felheid, levendigheid

²**mordant, -e** (bn) **1** bijtend [ook fig] **2** doordringend, snijdend, scherp; bits

mordicus hardnekkig: *soutenir* ~ bij hoog en laag beweren

mordiller knabbelen aan

mordoré, -e goudbruin

¹mordre (onov ww) **1** (+ à) bijten in **2** (+ sur) afknabbelen van **3** (+ sur) vat hebben op **4** (+ sur) inwerken op **5** (+ sur) overschrijden

²mordre (ov ww) **1** bijten, steken, pikken: *le froid mord le visage* de kou bijt in het gezicht **2** [fig] grijpen, zich hechten: *ça ne mord pas* **a)** het pakt niet; **b)** de vis bijt niet; **c)** die vlieger gaat niet op **3** uitbijten, aantasten, invreten, inwerken op: [fig] *l'inquiétude lui mordait le cœur* hij werd verteerd door ongerustheid **4** overschrijden: ~ *la ligne jaune* over de witte streep gaan ‖ [fig] *se ~ les doigts de qqch.* ergens spijt van hebben

mordu, -e 1 gebeten **2** (+ de) gek van, dol op, bezeten van

More zie Maure

morfler [argot, inf] incasseren: ~ *une beigne* een optater (of: aframmeling) krijgen

se **morfondre** het wachten beu zijn, neerslachtig worden

morfondu, -e zeer teleurgesteld, terneergeslagen

la **morgue** (v) **1** aanmatiging, verwaandheid **2** lijkenhuis

le/la **¹moribond** (m), **-e** (v) stervende

²moribond, -e (bn) stervend, zieltogend

morigéner de les lezen, een standje geven

la **morille** (v) morielje [paddenstoel]

mormon, -e mormoons

morne somber, treurig, doods, naargeestig

morose somber, droefgeestig, zwaarmoedig

la **morosité** (v) somberheid, malaise

la **morphine** (v) morfine

le/la **morphinomane** (m/v) morfineverslaafde

la **morphologie** (v) vorm, vormleer, morfologie

le **morpion** (m) **1** [pop] platluis **2** jochie **3** spelletje [een soort 'boter, kaas en eieren']

le **mors** (m) **1** bit [van een paard]: *prendre le ~ aux dents* **a)** op hol slaan; **b)** in woede losbarsten; **c)** ineens hard beginnen te werken **2** bek [van nijptang, bankschroef]

le **morse** (m) **1** walrus **2** morse

la **morsure** (v) beet, steek; verwonding, letsel; aantasting [door zuur]

le/la **¹mort** (m), **-e** (v) dode; gestorvene; [kaartsp] blinde: *faire le ~* **a)** doen of men dood is; **b)** zich stil (koest) houden; *le jour des ~s* Allerzielen; *la place du ~* plaats naast bestuurder [in auto]

la **²mort** (v) dood, overlijden, sterven; ondergang: *à ~* dodelijk; *à la vie et à la ~* voor altijd; *arrêt de ~* doodvonnis; *peine de ~* doodstraf; *danger de ~* levensgevaar; *avoir la ~ dans l'âme* doodongelukkig zijn; *tête de ~* doodshoofd; *se donner la ~* zelfmoord plegen; ~

clinique klinische dood; *obéir la ~ dans l'âme* met bloedend hart gehoorzamen

³mort, -e (bn) **1** dood, gestorven; [fig] doods, uitgestorven: ~ *de froid* verkleumd; ~ *de fatigue* doodop; ~ *de peur* doodsbang; *ivre* ~ stomdronken; *saison* ~e slappe tijd; *être au point* ~ **a)** in zijn vrij staan [auto]; **b)** [fig] vastgelopen zijn; *nature* ~e stilleven **2** dor: *feuille* ~e dor blad **3** uit [van vuur] ‖ [inf] *freiner à* ~ vol op de rem trappen; *angle* ~ dode hoek

la **mortadelle** (v) mortadella(worst)

la **mortalité** (v) sterfte: *taux de* ~ sterftecijfer

la **mort-aux-rats** (v) rattenkruit

le/la **¹mortel** (m), **-le** (v) sterveling(e): *le commun des* ~s de gewone sterveling

²mortel, -le (bn) **1** dodelijk; met dodelijke afloop; stomvervelend: *ennemi* ~ aartsvijand, doodsvijand; *péché* ~ doodzonde **2** sterfelijk: *dépouille* ~le stoffelijk overschot ‖ *d'une pâleur* ~le lijkbleek

la **morte-saison** (v; mv: mortes-saisons) stille, slappe tijd

le **mortier** (m) **1** mortel, metselspecie **2** vijzel **3** mortier

mortifiant, -e vernederend

la **mortification** (v) (zelf)kastijding; vernedering

mortifier 1 kastijden **2** vernederen, krenken

mort-né, -e 1 doodgeboren **2** [fig] tot mislukking gedoemd

la **¹mortuaire** (v) [Belg] sterfhuis

²mortuaire (bn) overlijdens-: *couronne* ~ rouwkrans; *masque* ~ doodsmasker

la **morue** (v) **1** kabeljauw: ~ *séchée* stokvis **2** [inf; scheldwoord] hoer, slet

le **morutier** (m) kabeljauwvisser [man, schip]

la **morve** (v) snot

le/la **¹morv|eux, -euse** (v) snotneus

²morv|eux, -euse (bn) snotterig: *qui se sent* ~ *(qu'il) se mouche* wie de schoen past, trekke hem aan

la **mosaïque** (v) mozaïek, inlegwerk; [fig] bonte mengeling

mosan, -e Maas-: *batelier* ~ Maasschipper

Moscou Moskou

moscovite uit Moskou

le/la **Moscovite** (m/v) inwoner, inwoonster van Moskou

mosellan, -e Moezel-

la **Moselle** (v) Moezel

la **mosquée** (v) moskee

le **mot** (m) woord; kort briefje; gezegde: *petit* ~ berichtje; ~ *à* ~ woordelijk; *au bas* ~ op zijn minst; ~ *clé* sleutelwoord; *le* ~ *de l'énigme* de oplossing van het raadsel; *bon* ~ geestig gezegde; *deux* ~s een kort onderhoud; *j'ai deux* ~s *à vous dire* ik moet even met u praten; ~s *croisés* kruiswoordraadsel; *en un* ~ kortom; *le fin* ~ *de l'affaire* het fijne van de zaak; *le* ~ *de* *la fin* pakkende slotzin; *gros* ~ scheldwoord, ruwe uitdrukking; *maître* ~ kern, sleutelbegrip; ~ *d'ordre* consigne; *avoir* son ~ *à dire* een stem in het kapittel hebben; *avoir toujours le* ~ *pour rire* altijd met een grap uit de hoek komen; *sans* ~ *dire* zonder iets te zeggen; *se donner le* ~ het eens worden met elkaar; *se payer de* ~*s* het bij woorden laten; *jouer sur les* ~*s* woordspelingen maken; *prendre au* ~ het letterlijk opvatten

le **motard** (m) motorrijder, motoragent, [Belg] zwaantje

le **mot-clé** (m; mv: mots-clés) sleutelwoord; zoekwoord; trefwoord

le **mot-clic** (m; mv: mots-clics) [comm] hashtag

le **motel** (m) motel

le ¹**moteur** (m) **1** motor: ~ *à deux temps* tweetaktmotor; [comp] ~ *de recherche* zoekmachine **2** [fig] stuwende kracht

²**moteur, motrice** (bn) bewegend, motorisch, motor-: *bloc* ~ motorblok; *force motrice* drijfkracht; *roue motrice* drijfwiel; *voiture à quatre roues motrices* auto met vierwielaandrijving

le **motif** (m) motief; beweegreden, aanleiding

la **motion** (v) motie: ~ *de censure* motie van wantrouwen

la **motivation** (v) motivering, beweegreden(en); [psych] motivatie: *étude de* ~ consumentenonderzoek

motiver motiveren, met redenen omkleden, gronden aanvoeren voor **2** noodzakelijk maken; rechtvaardigen

la **moto** (v) verk van *motocyclette* motor(fiets)

le **motocross** (m) motorcross

le **motoculteur** (m) motorfrees, motorploeg

la **motocyclette** (v) motorfiets

le **motocyclisme** (m) motorsport

le/la **motocycliste** (m/v) motorrijd(st)er

la **motoneige** (v) sneeuwscooter

la **motorisation** (v) mechanisering; motorisering: *taux de* ~ autodichtheid

motoriser motoriseren: *être motorisé* over een motorvoertuig beschikken

le **motoriste** (m) **1** motorfabrikant **2** motormonteur

la **motrice** (v) motorwagen [van trein]

la **motricité** (v) motoriek

la **motte** (v) kluit, klomp; aardhoop: ~ *de gazon* **a)** graszode; **b)** [vulg] schaamhaar

motus! mondje dicht!

le **mot-valise** (m) samentrekking [bijv. motor + hotel = motel]

le ¹**mou** (m) **1** wat slap is: *du* ~ speling; *donner du* ~ een touw laten vieren **2** slapheid

²**mou, molle** (bn) **1** zacht, week **2** [geluid] dof **3** slap, zwak: *avoir des jambes molles* geen kracht meer in zijn benen hebben **4** [m.b.t. gezicht] pafferig; futloos, willoos, slap

³**mou** (bw) [pop] zachtjes aan

le/la ¹**mouchard** (m), **-e** (v) **1** spion(ne) **2** verklikker, -ster

le ²**mouchard** (m) controleapparaat

moucharder spioneren; (ver)klikken

la **mouche** (v) vlieg: *pattes de* ~ kriebelschrift; *poids* ~ [boksen] vlieggewicht; *fine* ~ slimme vogel; *quelle* ~ *le pique?* wat mankeert hem? waarom wordt hij zo boos?; *entendre voler une* ~ een speld horen vallen; *mourir comme des* ~*s* als vliegen doodgaan; *faire* ~ in de roos schieten; *bateau-*~ rondvaartboot; *il ne ferait pas de mal à une* ~ hij doet geen vlieg kwaad

¹**moucher** (ov ww) **1** snuiten **2** op zijn nummer zetten: *il s'est fait* ~ hij heeft op zijn kop gehad

se ²**moucher** (wdk ww) zijn neus snuiten: *il ne se mouche pas du coude* hij heeft een hoge dunk van zichzelf

le **moucheron** (m) vliegje

moucheté, -e gevlekt, gespikkeld; bont

le **mouchoir** (m) zakdoek: [sport] *arrivée dans un* ~ close finish, nipte overwinning

moudre malen

la **moue** (v) pruillip: *faire la* ~ pruilen, verongelijkt kijken

la **mouette** (v) meeuw

la **mouffette** (v) stinkdier, skunk

la **moufle** (v) want [kledingstuk]

mouflet, -te [inf] kindje

le **mouflon** (m) moeflon

moufter [inf] tegensputteren

le **mouillage** (m) **1** ankergrond; (het) ankeren, aanleggen **2** (het) nat maken, bevochtiging, invochten **3** (het) verdunnen, aanlengen

mouillé, -e 1 nat, vochtig: *d'une voix* ~*e* met tranen in de stem; *regard* ~ ogen vol tranen **2** verdund, aangelengd **3** voor anker liggend

¹**mouiller** (onov ww) **1** voor anker gaan **2** vochtig worden **3** geil worden [van vrouwen]

²**mouiller** (ov ww) **1** nat maken, bevochtigen, invochten **2** verdunnen, aanlengen **3** uitwerpen [anker] **4** [inf] in opspraak brengen

se ³**mouiller** (wdk ww) **1** nat (vochtig) worden **2** zich nat maken **3** in opspraak komen, risico's nemen **4** (+ dans) betrokken raken (bij, in)

la **mouillette** (v) stukje brood om mee te soppen

la **mouillure** (v) vochtige plek

la **mouise** (v) [pop] penarie

le **moulage** (m) (het) gieten, vormen; afgietsel

moulant, -e nauwsluitend

le ¹**moule** (m) (giet)vorm, model; mal; bakvorm; [fig] keurslijf

la **²moule** (v) **1** mossel **2** slappeling, sukkel
mouler 1 gieten, vormen; een afdruk maken van **2** goed doen uitkomen, als gegoten zitten om **3** (+ sur) [fig] afstemmen op **4** [van kleding] strak zitten

le **moulin** (m) molen: ~ à poivre pepermolen; ~ à vent windmolen; on y entre comme dans un ~ het is er de zoete inval; ~ à paroles kletskous, ratel; cela apporte de l'eau à mon ~ dat is koren op mijn molen
mouliner door de molen draaien [groenten]

le **moulinet** (m) **1** trommel [van een lier] **2** haspel **3** [sportvisserij] werpmolen ‖ faire des ~s (avec) ronddraaien, rondzwaaien (met)

la **moulinette** (v) groentemolentje, draaizeef: passer à la ~ pureren
moulu, -e 1 gemalen **2** bekaf: ~ de fatigue geradbraakt

la **moulure** (v) sierlijst

la **moumoute** (v) pruik, toupet

le/la **¹mourant** (m), **-e** (v) stervende
²mourant, -e (bn) stervend; [fig] verzwakkend, wegstervend; kwijnend; dovend, zwak
¹mourir (ov ww) sterven, overlijden, doodgaan, omkomen, om het leven komen; [m.b.t. bloemen] verwelken; [m.b.t. vuur] uitgaan; [m.b.t. geluid] wegsterven; [m.b.t. kleuren] verschieten; [m.b.t. golven] doodlopen; [m.b.t. gesprek] kwijnen, ten einde lopen: ~ accidentellement verongelukken; ~ d'amour tot over zijn oren verliefd zijn; ~ d'envie hevig verlangen naar; ~ de rire stikken van het lachen; s'ennuyer à ~ zich dood vervelen; ~ de vieillesse doodgaan van ouderdom; le feu meurt het vuur gaat uit

se **²mourir** (wdk ww) op sterven liggen, er slecht aan toe zijn; doven, kwijnen, wegsterven, ten einde lopen, verdwijnen

le **mouroir** (m) [fig] sterfhuis, eindstation

le **mouron** (m) muur [plant]

le **mouse-elbow** (m; mv: mouse-elbows) muisarm

le **mousquet** (m) musket

le **mousquetaire** (m) musketier

le **mousqueton** (m) karabijn, musketon(haak)
moussant, -e schuimend: bain ~ schuimbad

le **¹mousse** (m) scheepsjongen

la **²mousse** (v) **1** mos: [onv.] vert ~ mosgroen **2** schuim [van bier, zeep enz.]; moes, luchtige puree: ~ au chocolat chocolademousse; caoutchouc ~ schuimrubber; ~ à raser scheerschuim; ~ coiffante modelleerschuim [in de haarverzorging]

la **mousseline** (v) mousseline [soort stof] ‖ pommes ~ (luchtige) aardappelpuree
mousser schuimen, mousseren: faire ~ opschroeven, ophemelen; [pop] faire ~ qqn. iem. woedend maken, doen schuimbekken

le **¹mousseux** (m) mousserende wijn
²mouss|eux, -euse (bn) **1** mousserend, schuimend **2** luchtig, licht

la **mousson** (v) moesson

la **moustache** (v) snor
moustachu, -e met een snor, snordragend

la **moustiquaire** (v) muskietennet, klamboe; hor

le **moustique** (m) **1** muskiet, mug **2** ukkepuk

le **moût** (m) most

le **moutard** (m) [pop] jochie

la **moutarde** (v) mosterd, mosterdplant, mosterdzaad: [fig] la ~ lui monte au nez hij begint kwaad te worden

le **moutardier** (m) **1** mosterdpot **2** mosterdfabrikant

le **¹mouton** (m) **1** schaap [ook fig]: [fig] compter les ~s schaapjes tellen **2** schapenvlees, schapenvacht, schapenleer **3** valhamer, heiblok ‖ revenons à nos ~s laten we op ons onderwerp terugkomen
²mouton, -ne (bn) volgzaam, slaafs
moutonné, -e krullend, golvend: nuages ~s schapenwolkjes
moutonner kroezen, krullen [als schapenwol]; schuimen, witte koppen hebben [van de zee]
moutonn|ier, -ière schaapachtig; volgzaam als een kuddedier

les **moutons** (mv, m) **1** schapenwolkjes **2** schuimkoppen

la **mouture** (v) **1** maalsel, maling **2** (herziene) versie

la **mouvance** (v) **1** invloedssfeer **2** [gesch] leenroerigheid
mouvant, -e bewegend; wisselend, veranderlijk; onvast, instabiel: sables ~s drijfzand

le **mouvement** (m) **1** beweging [in alle bet]; verplaatsing, treinenloop; [van prijzen] schommeling: ~ de tête hoofdknik; mettre en ~ in beweging brengen, bewegen; ~s d'un stock voorraadmutaties; ~ des ports havenverkeer; suivre le ~ de stroom volgen, met de stroom meegaan **2** drukte, levendigheid; bedrijvigheid **3** stroming [in politiek, kunst]; beweging; actie: ~ syndical vakbeweging; ~ de grève staking **4** opwelling, aandoening, reactie: ~s de l'âme zielenroerselen **5** werk [van uurwerk]; [muz] tempo: ~ de terrain golving van een terrein
mouvementé, -e 1 bewogen, veelbewogen; levendig, roerig; vol afwisseling **2** geaccidenteerd [terrein]
¹mouvoir (ov ww) bewegen, in beweging brengen, aandrijven; [fig] aanzetten

se **²mouvoir** (wdk ww) zich (voort)bewegen

le **¹moyen** (m) **1** middel; mogelijkheid: un ~ de een manier van; il n'y a pas ~ de het is onmogelijk om; au ~ de door middel van; par le ~ de dankzij; avec les ~s du bord met wat voorhanden is; par ses propres ~s op eigen kracht;

employer les grands ~s krachtdadig optreden; *trouver* ~ *de* de kans zien om **2** naaf

²**moyen, -ne** (bn) midden-, middel-, gemiddeld; middelmatig: *âge* ~ middelbare leeftijd; *classes* ~*nes* middenklassen, [Belg] middenstand; *le Français* ~ de doorsnee Fransman; *à* ~ *terme* op middellange termijn

le **Moyen Age** (m) middeleeuwen

moyen-âge *zie Moyen Age*

moyenâg|eux, -euse middeleeuws

le **moyen-courrier** (m; mv: moyen-courriers) vliegtuig voor de middellange afstanden

moyennant tegen [vergoeding, betaling van]; door middel van; voor: ~ *finance* tegen betaling; ~ *quoi* waartegen, waardoor, in ruil waarvoor

la **moyenne** (v) gemiddelde; (gemiddeld) cijfer: ~ *d'âge* gemiddelde leeftijd; *avoir la* ~ (*à un examen*) een voldoende hebben (bij een examen); *en* ~ gemiddeld, door elkaar genomen

moyennement middelmatig, matig

le **Moyen-Orient** (m) Midden-Oosten

les **moyens** (mv, m) **1** aanleg, gaven, capaciteiten, talenten: *dans la mesure de ses* ~ naar vermogen; *avoir de grands* ~ zeer begaafd zijn; *en pleine possession de ses* ~ in de beste conditie **2** geldmiddelen, fortuin: *avoir les* ~ het zich kunnen permitteren

le **moyeu** (m) (wiel)naaf

mozambicain, -e Mozambikaans

le/la **Mozambicain** (m), **-e** (v) Mozambikaan(se)

le **Mozambique** (m) Mozambique

la **MST** (v) afk van *maladie sexuellement transmissible* soa, seksueel overdraagbare aandoening

mû volt dw van ¹*mouvoir*

la **mucosité** (v) slijm

la **mucoviscidose** (v) taaislijmziekte

la **mue** (v) **1** rui, verharing, vervelling, hoornwisseling, ruitijd **2** afgeworpen opperhuid, gewei **3** stemwisseling **4** verandering, gedaanteverwisseling

¹**muer** (onov ww) **1** ruien, verharen, vervellen, de hoorns vernieuwen **2** [m.b.t. de stem] wisselen, de baard in de keel hebben

se ²**muer en** (wdk ww) veranderen in

le **muesli** (m) muesli

le/la ¹**muet** (m), **-te** (v) stomme

²**muet, -te** (bn) stom; zwijgend, sprakeloos, stil: *cinéma* ~ stomme film; *être* ~ *comme une carpe* (of: *la tombe*) zwijgen als het graf; *carte* ~*te* blinde kaart

la **muette** (v): *la grande* ~ het leger

le **muezzin** (m) muezzin; gebedsomroeper

le **muffin** (m) muffin

le ¹**mufle** (m) **1** snuit **2** lomperd

²**mufle** (bn) lomp

la **muflerie** (v) lompheid, grofheid

le **mufti** (m) moefti

le **mug** (m) mok

mugir loeien; gieren, huilen [van de wind]; bulderen [van de storm]; brullen

le **mugissement** (m) geloei; gebulder, gehuil, gebrul

le **muguet** (m) lelietje-van-dalen

le/la **mulâtre** (m/v) halfbloed

la **mule** (v) **1** muil(tje) **2** muilezelin; [inf] pakezel: *tête de* ~ stijfkop; *être chargé comme une* ~ bepakt en bezakt zijn

le **mulet** (m) **1** muilezel; muildier: *chargé comme un* ~ bepakt en bezakt **2** harder [zeevis]

le **muletier** (m) muilezeldrijver

le **mulot** (m) veldmuis

multi- multi-, veel-

multicolore veelkleurig, bont

multiculturel, -le multicultureel

multidisciplinaire multidisciplinair

multifonctionnel, -le multifunctioneel

multifonctions multifunctioneel; veelzijdig

multiforme veelvormig

multijoueur multiuser

multilatéral, -e multilateraal

multilingue meertalig

le ¹**multimédia** (m) multimedia

²**multimédia** (bn) multimediaal

le/la **multimillionnaire** (m/v) multimiljonair(e)

multinational, -e multinationaal

la **multinationale** (v) multinationale onderneming

le **multipartisme** (m) meerpartijenstelsel

le ¹**multiple** (m) veelvoud

²**multiple** (bn) veelvuldig; menigvuldig; veel-, meervoudig, gevarieerd: *prise* ~ stekkerdoos; *à usages* ~*s* voor verschillende doeleinden

multiples (mv) herhaald, verscheidene: *à de* ~ *reprises* herhaaldelijk

le **multiplexe** (m) bioscoopcomplex

le ¹**multiplicateur** (m) vermenigvuldiger; multiplicator

²**multiplica|teur, -trice** (bn) vermenigvuldigend

multiplicat|if, -ive vermenigvuldigings-

la **multiplication** (v) vermenigvuldiging

la **multiplicité** (v) menigte, groot aantal, veelheid

¹**multiplier** (ov ww) vermenigvuldigen, vermeerderen

se ²**multiplier** (wdk ww) zich vermenigvuldigen; steeds talrijker worden; overal tegelijk zijn

la **multipropriété** (v) timesharing

multiracial, -e multiraciaal

le/la **multirécidiviste** (m/v) draaideurcrimineel, veelpleger

multisupport [comm] mediumneutraal; mediumonafhankelijk

multitâche multitasking

la **multitude** (v) menigte, massa

la **multivitamine** (v) multivitamine

Munich München
municipal, -e gemeentelijk, gemeente-: *conseil* ~ gemeenteraad; *élections* ~*es* gemeenteraadsverkiezingen
les **municipales** (mv, v) gemeenteraadsverkiezingen
la **municipalité** (v) gemeenteraad, gemeentebestuur; gemeente
munir de voorzien (van): *être muni de* in het bezit zijn van; *se* ~ *de patience* veel geduld oefenen
les **munitions** (mv, v) munitie
la **muqueuse** (v) slijmvlies
muqu|eux, -euse slijmerig; slijm-
le **mur** (m) muur; wand: ~ *d'du son* geluidsbarrière; ~ *d'escalade* klimmuur, klimwand; ~ *antibruit* geluidswal; ~ *de soutènement* steunmuur; [fig] *être le dos au* ~ met de rug tegen de muur staan; *mettre au pied du* ~ in het nauw drijven, voor het blok zetten; [fig] *aller (droit) dans le* ~ geheid de mist ingaan
mûr, mûre rijp [in alle bet]; gerijpt, ervaren: *après* ~*e réflexion* na rijp beraad; [fig] *le projet n'est pas* ~ het plan is nog niet uitgewerkt
la **muraille** (v) muur [dik en hoog]; vestingmuur: *la grande* ~ *(de Chine)* de Chinese Muur; *couleur (de)* ~ grauw, onopvallend
mural, -e wand-, muur-: *peinture* ~*e* muurschildering
la **mûre** (v) braam; moerbei
mûrement rijpelijk: *j'ai* ~ *réfléchi* ik heb lang nagedacht
la **murène** (v) moeraal; murene
¹murer (ov ww) met muren omringen, in-, dichtmetselen; [fig] afsluiten, isoleren
se **²murer** (wdk ww) zich isoleren, zich op-, afsluiten
le **muret** (m) muurtje
la **murette** (v) muurtje
le **mûrier** (m) moerbeiboom; [foutief gebruik] braamstruik
¹mûrir (onov ww) rijp worden, tot rijpheid komen, volwassen (wijs) worden
²mûrir (ov ww) rijpen, laten rijpen, rijpelijk overwegen
le **murmure** (m) gemurmel, geritsel, geruis; gemor; gemompel
¹murmurer (onov ww) kabbelen, ruisen, ~ ritselen; morren
²murmurer (ov ww) prevelen, fluisteren, mompelen
la **musaraigne** (v) spitsmuis
musarder zijn tijd verbeuzelen
le **musc** (m) muskus
la **muscade** (v) muskaatnoot; nootmuskaat
le **muscadet** (m) muskaatwijn
le **muscat** (m) muskaatdruif; muskaatwijn
le **muscle** (m) spier: *gonfler les* ~*s* zijn spierballen laten rollen; *se froisser un* ~ een spier verrekken

musclé, -e gespierd, krachtig, sterk
muscler spieren ontwikkelen
musculaire spier-
la **musculation** (v) spiertraining, spieroefeningen: *exercices de* ~ fitness
la **musculature** (v) musculatuur, spierstelsel: *quelle* ~*!* wat een spieren!
la **muse** (v) muze
le **museau** (m) snuit; [van een vis] bek; snoet(je), snuit(je)
le **musée** (m) museum
museler muilkorven [ook fig]
la **muselière** (v) muilkorf
muser [Belg] brommen, een bromgeluid voortbrengen [om te treiteren]
le **¹musette** (m) accordeonmusettemuziek: *bal-*~ volksbal
la **²musette** (v) **1** doedelzak **2** linnen (schouder)tas
musical, -e muziek-; muzikaal, melodieus: *critique* ~ muziekrecensent; *comédie* ~*e* musical; *soirée* ~*e* muziekavond; *avoir l'oreille* ~*e* een muzikaal gehoor hebben
la **musicalité** (v) muzikaliteit, welluidendheid
le **music-hall** (m) **1** ± kleinkunst **2** variététheater
le/la **¹musicien** (m), **-ne** (v) muzikant(e); musicus, musicienne; toonkunstenaar, -nares; componist(e)
²musicien, -ne (bn) muzikaal
la **musique** (v) muziek; toonkunst; kapel, fanfare: ~ *sacrée* gewijde muziek; ~ *urbaine* urban; ~ *de scène* toneelmuziek; *chef de* ~ [mil] kapelmeester, dirigent; *jouer sans* ~ uit het hoofd spelen [niet van het blad]; [fig] *connaître la* ~ weten waar het om gaat, het klappen van de zweep kennen; [fig] *toujours la même* ~ altijd hetzelfde liedje; *réglé comme du papier à* ~ **a)** stipt georganiseerd; **b)** volgens een vast plan
musli *zie* muesli
musqué, -e 1 muskus-: *rat* ~ muskusrat **2** naar muskus ruikend
le/la **¹musulman** (m), **-e** (v) islamiet, islamitische, moslim, mohammedaan(se)
²musulman, -e (bn) islamitisch, mohammedaans
le **mutant** (m) mutant
la **mutation** (v) **1** verandering **2** mutatie; overplaatsing; [sport] transfer **3** [jur] overdracht **4** [biol] mutatie
muter overplaatsen
la **mutilation** (v) verminking
le **mutilé** (m) verminkte: *grand* ~ zwaar verminkte; ~ *de guerre* oorlogsinvalide
mutiler verminken, havenen, ontsieren: ~ *un texte* een tekst verknoeien
le/la **¹mutin** (m), **-e** (v) muiter, oproerling(e)
²mutin, -e (bn) schalks, ondeugend, plaagziek

se **mutiner** muiten, in opstand komen
la **mutinerie** (v) oproer; muiterij
le **mutisme** (m) (het) stilzwijgen
mutualiste mutualistisch: *société* ~ onderlinge verzekeringsmaatschappij
la **mutualité** (v) (onderling) ziekenfonds;
[Belg] ziekenkas, mutualiteit
mutuel, -le wederkerig, wederzijds: *assurance* ~*le* onderlinge verzekering
la **mutuelle** (v) onderlinge verzekering;
[Belg] mutualiteit, ziekenfonds
la **mycose** (v) [med] schimmelaandoening
la **myélite** (v) ruggenmergsontsteking
la **mygale** (v) vogelspin
le **myocarde** (m) hartspier: *infarctus du* ~
hartinfarct
la **myopathie** (v) spierziekte
le/la **¹myope** (m/v) bijziende
²myope (bn) bijziend; kortzichtig
la **myopie** (v) bijziendheid; kortzichtigheid
le **myosotis** (m) vergeet-me-niet(je)
la **myriade** (v) immense hoeveelheid
la **myrrhe** (v) mirre
la **myrtille** (v) blauwe bosbes
le **mystère** (m) **1** mysterie, geheim; geheim-
zinnigheid; raadsel; mysteriespel: *faire* ~ *de*
geheimhouden, geheimzinnig doen met; *il y
a un* ~ *là-dessous* daar steekt iets geheimzin-
nigs achter; *éclaircir un* ~ een raadsel oplossen; *la solution du* ~ de oplossing van het
raadsel **2** schuimgebak
mystéri|eux, -euse mysterieus, geheim-
zinnig; raadselachtig; moeilijk te doorgronden
le/la **¹mystifica|teur** (m), **-trice** (v) fopper, fop-
ster; bedrieg(st)er
²mystifica|teur, -trice (bn) misleidend
la **mystification** (v) mystificatie, voor-de-
gek-houderij
mystifier mystificeren, foppen, voor de
gek houden, misleiden
le/la **¹mystique** (m/v) mysticus, -ca
la **²mystique** (v) mystiek
³mystique (bn) mystiek
le **mythe** (m) mythe, fabeltje
mythique mythisch, fabelachtig, legendarisch, denkbeeldig
la **mythologie** (v) mythologie
mythologique mythologisch
le/la **mythomane** (m/v) fantast(e), leugenaar
mythoner [inf] liegen

n

le **n** (m) [de letter] n
na [kindertaal of informeel] punt (uit): *j'irai quand même, na!* ik ga lekker toch!
le **nabab** (m) rijke stinkerd
le/la **nabot** (m), **-e** (v) dwerg
les **NAC** (mv, m) afk van *nouveaux animaux de compagnie* exotisch huisdier
la **nacelle** (v) mand [van een luchtballon]
le **nacho** (m) [cul] nacho
la **nacre** (v) paarlemoer
nacré, -e paarlemoerachtig
la **nage** (v) **1** (het) zwemmen: ~ *libre* vrije slag; ~ *synchronisée* (het) synchroonzwemmen; *à la* ~ zwemmends **2** (het) roeien ‖ *en* ~ doornat van het zweet, bezweet
la **nageoire** (v) vin
nager 1 zwemmen; drijven: ~ *le 100 mètres dos* de 100 meter rugslag zwemmen; [fig] *il nage* hij snapt er niets van, hij komt er niet uit; *savoir* ~ zich weten te redden; [fig] ~ *entre deux eaux* de kool en de geit sparen, beide partijen te vriend houden; ~ *dans le sang* in bloed baden; ~ *dans ses vêtements* veel te ruime kleren aanhebben **2** roeien
le/la **nag|eur** (m), **-euse** (v) **1** zwemmer, -ster: *être bon* ~ goed kunnen zwemmen; *maître* ~ badmeester, zwemleraar; [mil] ~ *de combat* kikvorsman **2** roei(st)er
naguère onlangs, kort geleden
naïf, naïve naïef, ongekunsteld, onnozel, argeloos
le/la **¹nain** (m), **-e** (v) dwerg; kabouter
²nain, -e (bn) dwerg(achtig)
la **naissance** (v) geboorte; afkomst; ontstaan, oorsprong; opkomst: *de* ~ van zijn geboorte af; *aveugle de* ~ blind geboren; *acte de* ~ geboortebewijs; *date de* ~ geboortedatum; *donner* ~ *à* **a)** het leven schenken aan; **b)** [fig] doen ontstaan, aanleiding geven tot; ~ *du jour* aanbreken, krieken van de dag; *prendre* ~ ontstaan, ontspringen ‖ *la* ~ *du cou* de aanzet van de hals
naissant, -e aanbrekend, beginnend
naître 1 geboren worden; afstammen: *en naissant* bij zijn geboorte **2** ontstaan, ontspringen, groeien, uitkomen, ontluiken, aanbreken; opkomen: *faire* ~ doen ontstaan, veroorzaken **3** (+ de) voortkomen (uit)
la **naïveté** (v) **1** naïviteit, ongekunsteldheid; eenvoud, openhartigheid, argeloosheid **2** onnozelheid, lichtgelovigheid
la **Namibie** (v) Namibië
namibien, -ne Namibisch

le/la **Namibien** (m), **-ne** (v) Namibiër, Namibische
le **Namur** (m) Namen
namurois, -e Naams
le/la **Namurois** (m), **-e** (v) Namenaar, Naamse
la **nana** (v) [pop] griet, meisje; vrouw
le **nanisme** (m) [med] dwerggroei
le **nanoréseau** (m) [comp] LAN (afk van *Local Area Network*)
le/la **¹nanti** (m), **-e** (v) rijke: *les* ~*s* de welgestelden
²nanti, -e (bn) rijk: ~ *de* in het bezit van, met
nantir [jur] **1** onderpand geven **2** verschaffen
le **napalm** (m) napalm
la **naphtaline** (v) naftaleen: *boules de* ~ mottenballen
la **Naples** (v) Napels
napoléonien, -ne Napoleontisch, van Napoleon
napolitain, -e Napolitaans ‖ *tranche* ~*e* (plak) ijs
le/la **Napolitain** (m), **-e** (v) Napolitaan(se)
le **nappage** (m) [cul] saus
la **nappe** (v) **1** tafellaken: *mettre la* ~ de tafel dekken **2** vlak(te), laag; uitgestrektheid: ~ *de brouillard* mistbank; ~ *d'eau* watervlak(te); ~ *de pétrole* **a)** olieveld; **b)** olievlek; ~ *de feu* vuurzee
napper de 1 [van een tafel] dekken (met) **2** bedekken (met) [met een saus]
le **napperon** (m) **1** placemat **2** kleedje
le **narcisse** (m) narcis
narcissique narcistisch
le **narcissisme** (m) narcisme; ik-cultus
le **narco** (m) [inf] verk van *narcotrafiquant*
les **narcodollars** (mv, m) drugsgeld(en)
le **narco-Etat** (m; mv: narco-Etats) narcostaat
la **narcose** (v) narcose, verdoving
le **¹narcotique** (m) narcoticum, verdovend middel
²narcotique (bn) narcotisch; bedwelmend, verdovend
le **narcotrafic** (m) drugshandel
narguer honen, spotten met
le **narguilé** (m) (Turkse) waterpijp
la **narine** (v) neusgat
narquois, -e spottend, ironisch
le/la **narra|teur** (m), **-trice** (v) verteller, -ster; de ik-figuur
narrat|if, -ive verhalend
la **narration** (v) verhaal; verslag
nasal, -e neus-, nasaal: *fosse* ~*e* neusholte; *voix* ~*e* nasale stem
la **nasale** (v) neusklank
nasaliser door de neus uitspreken
nase [inf] kapot; in de vernieling
le **naseau** (m) neusgat [van een paard]: [inf] *les* ~*x* de neus
nasillard, -e nasaal, neus-
le **nasillement** (m) **1** (het) door de neus spreken; (het) neuzelen **2** gekwaak [van eenden]

nasiller 1 door de neus spreken **2** kwaken [van eenden]

la **nasse** (v) **1** fuik **2** vogelnet

natal, -e geboorte-: *pays* ~ geboorteland, geboortestreek

la **natalité** (v) geboortecijfer: *taux de* ~ geboortecijfer

la **natation** (v) (het) zwemmen; zwemsport

le/la **¹nat|if** (m), **-ive** (v) inboorling(e)

²nat|if, -ive (bn) **1** geboren: ~ *de Brest* afkomstig uit Brest; *locuteur* ~ native speaker **2** aangeboren, natuurlijk **3** zuiver [van metalen]

la **nation** (v) natie, volk: *Organisation des Nations Unies* Verenigde Naties

national, -e 1 nationaal, staats-, rijks-, volks-; landelijk: *fête* ~*e* nationale feestdag; *histoire* ~*e* vaderlandse geschiedenis; *route* ~*e* rijksweg; *l'Assemblée* ~*e* Tweede Kamer [in Fr]; *plat* ~ nationaal gerecht

la **nationale** (v) rijksweg

la **nationalisation** (v) nationalisering, tot staatsbezit maken

nationaliser nationaliseren

le **nationalisme** (m) nationalisme

la **nationalité** (v) nationaliteit

la **nativité** (v) geboortedag [van Jezus, de H. Maagd en Johannes de Doper]; Kerstmis

la **natte** (v) **1** mat, vlechtwerk **2** vlecht

natter vlechten

la **naturalisation** (v) **1** naturalisatie **2** acclimatisatie; inburgering **3** (het) opzetten [van dieren]; (het) drogen [van planten]

naturaliser 1 naturaliseren **2** acclimatiseren; inburgeren **3** opzetten [van dieren]; drogen [van planten]

le/la **¹naturaliste** (m/v) **1** natuuronderzoek(st)er **2** dierenopzetter **3** naturalist(e)

²naturaliste (bn) naturalistisch

la **¹nature** (v) **1** natuur [in alle bet]; wereld, heelal: ~ *morte* stilleven; *contre* ~ tegennatuurlijk; *de* ~, *par* ~ van nature; *de* ~ *à* in staat om, geschikt om; *en* ~ in natura; *plus grand que* ~ meer dan levensgroot **2** wezen, aard, geaardheid: *ce n'est pas dans sa* ~ dat ligt niet in zijn aard; *être une petite* ~ een slappeling zijn

²nature (bn) **1** echt, oprecht, openhartig, spontaan: *grandeur* ~ op ware grootte **2** zonder toevoegingen; ongekruid: *yaourt* ~ naturel yoghurt

le **¹naturel** (m) **1** karakter, temperament; natuurlijke aanleg: *d'un* ~ *jaloux* jaloers van aard **2** natuurlijkheid: *avec* ~ ongedwongen; *au* ~ naturel, ongekruid ‖ *chassez le* ~, *il revient au galop* de natuur gaat boven de leer (verloochent zich nooit)

²naturel, -le (bn) **1** natuurlijk, natuur-: *gaz* ~ aardgas; *conséquence* ~*le* logisch gevolg; *sciences* ~*les* natuurwetenschappen; *talent* ~ aangeboren talent; *parc* ~ natuurgebied;

enfant ~ onwettig kind **2** normaal: *c'est* ~ dat spreekt vanzelf

naturellement 1 van nature, natuurlijk(erwijs) **2** uiteraard, vanzelfsprekend **3** ongedwongen, spontaan

le **naturisme** (m) **1** naturisme, nudisme **2** natuurgeneeswijze

le/la **¹naturiste** (m/v) nudist(e)

²naturiste (bn) naturistisch: *plage* ~ nudistenstrand

le/la **naturopathe** (m/v) natuurgenezer

la **naturopathie** (v) natuurgeneeswijze

le **naufrage** (m) **1** schipbreuk: *faire* ~ schipbreuk lijden **2** [fig] ineenstorting, mislukking

le/la **¹naufragé** (m), **-e** (v) schipbreukeling(e)

²naufragé, -e (bn) gestrand, verongelukt [met schip]

nauséabond, -e walgelijk

la **nausée** (v) misselijkheid; walging: *avoir des* ~*s* misselijk zijn; *donner la* ~ doen walgen, misselijk maken

nausé|eux, -euse 1 misselijk **2** walgelijk, weerzinwekkend

nautique nautisch, scheepvaart-: *carte* ~ zeekaart; *centre* ~ watersportcentrum; *ski* ~ waterskisport; *sport* ~ watersport

le **nautisme** (m) watersport

naval, -e 1 scheeps-, zeevaart-: *chantier* ~ scheepswerf **2** [mil] marine-, zee-: *bataille* ~*e* zeeslag; *forces* ~*es* marine

le **navarin** (m) stoofschotel van schapenvlees

le **navet** (m) **1** knol **2** prulschilderij; snertfilm

la **navette** (v) **1** pendeldienst: *faire la* ~ geregeld op en neer reizen, pendelen **2** pendelbus, pendeltrein; ruimteveer: ~ *spatiale* ruimteveer **3** spoeltje

le/la **navett|eur** (m), **-euse** (v) [Belg] pendelaar(ster), forens

la **navigabilité** (v) **1** bevaarbaarheid **2** zee-, luchtwaardigheid

navigable bevaarbaar: *voie* ~ waterweg

navigant, -e varend; vliegend; boord-: *personnel* ~ boordpersoneel

le/la **¹naviga|teur** (m), **-trice** (v) navigator, -trice

le **²navigateur** (m) **1** zeevaarder, zeeman **2** [comp] browser

³naviga|teur, -trice (bn) zeevarend

la **navigation** (v) **1** scheepvaart: ~ *aérienne* luchtvaart; ~ *spatiale* ruimtevaart; *couloir de* ~ vliegroute; *journal de* ~ logboek **2** navigatie: *permis de* ~ vaarbewijs **3** [comp] (het) surfen

naviguer 1 varen; vliegen **2** navigeren, sturen: [fig] ~ *entre les écueils* gemakkelijk gevaren omzeilen; *il sait* ~ hij weet zich goed te redden **3** [comp] surfen

le **navire** (m) schip: ~ *marchand* koopvaardijschip; ~ *de guerre* oorlogsbodem; ~ *cuirassé* pantserschip

le **navire-citerne** (m; mv: navires-citernes) tanker

le **navire-école** (m; mv: navires-écoles) oplei-
dingsschip

le **navire-hôpital** (m; mv: navires-hôpitaux)
hospitaalschip

navrant, -e bedroevend, hartverscheurend

navrer diep bedroeven ‖ *je suis navré* het
spijt me heel erg

le/la ¹**nazi** (m), **-e** (v) nazi

²**nazi, -e** (bn) nazi-

le **nazisme** (m) nazisme

la **N.-D.** (v) afk van *Notre-Dame* O.L.V. (afk van
Onze-Lieve-Vrouwe)

la **NDLR** (v) afk van *note de la rédaction* n.d.r.

ne (voor klinker of stomme h *n'*) **1** (+ ... pas,
point) niet: *il n'est pas là* hij is er niet; *ne ...
plus* niet meer; *ne ... rien* niets **2** [onver-
taald]: *il est plus fort que vous ne pensez* hij is
sterker dan u denkt; *zie jamais,* ¹*personne*

¹**né, née** (bn) geboren: *né de* **a)** geboren uit;
b) [pop] afkomstig uit; *un orateur né* een geboren redenaar

²**né** volt dw van *naître*

néanmoins niettemin, evenwel

le **néant** (m) **1** (het) niet, niets: *réduire à ~*
vernietigen; *signes particuliers: ~* bijzondere
kenmerken: geen **2** iets nietigs, nietigheid
3 waardeloosheid

la **nébuleuse** (v) nevel(vlek); [fig] wirwar

nébul|eux, -euse 1 bewolkt, betrokken,
nevelachtig **2** [fig] verward, vaag, duister

la **nébulosité** (v) **1** bewolking; nevelachtig-
heid **2** [med] troebelheid **3** [fig] vaagheid

le ¹**nécessaire** (m) **1** (het) nodige, noodzake-
lijke: *manquer du ~* gebrek lijden; *faire le ~* al
het nodige doen **2** necessaire, etui, tasje,
doosje [met het benodigde]: *~ à ongles* na-
gelgarnituur

²**nécessaire** (bn) nodig, noodzakelijk; onmisbaar, onvermijdelijk: *se rendre ~* zich onmisbaar maken

la **nécessité** (v) noodzaak, noodzakelijkheid,
behoefte: *être dans la ~ de* moeten, genood-
zaakt zijn om, gedwongen zijn om; *vivre dans
la ~* arm zijn; *par ~* noodgedwongen; *dépenses de première ~* uitgaven voor de eerste le-
vensbehoeften

nécessiter vereisen, nodig maken

le/la ¹**nécessit|eux** (m), **-euse** (v) noodlijdende,
minderbedeelde, minstbedeelde

²**nécessit|eux, -euse** (bn) behoeftig, nood-
lijdend

la **nécrologie** (v) **1** necrologie, in memoriam
2 lijst van gestorvenen

la **nécropole** (v) necropool, dodenstad

le **nectar** (m) **1** nectar **2** godendrank

la **nectarine** (v) nectarine

le ¹**néerlandais** (m) (het) Nederlands

²**néerlandais, -e** (bn) Nederlands

le/la **Néerlandais** (m), **-e** (v) Nederlander, Ne-
derlandse

néerlandophone Nederlandstalig

la **nef** (v) schip [van een kerk]: *grande ~, ~
principale* middenschip; *~ latérale* zijbeuk

néfaste noodlottig, rampzalig; verderfelijk: *~ jour ~* ongeluksdag

la **nèfle** (v) mispel

le ¹**négatif** (m) [foto] negatief

²**négat|if, -ive** (bn) negatief, ontkennend

la **négation** (v) ontkenning

la **négative** (v) ontkenning; weigering: *dans
la ~* zo niet; *répondre par la ~* ontkennend
antwoorden, weigeren

la **négativité** (v) negatieve houding

le ¹**négligé** (m) slordigheid

²**négligé, -e** (bn) slordig, verwaarloosd

négligeable 1 te verwaarlozen, onbelangrijk, niet noemenswaard: *traiter qqn. comme
quantité ~* absoluut geen rekening met iem.
houden **2** onverzorgd

négligemment 1 slordig **2** achteloos

la **négligence** (v) **1** slordigheid **2** onachtzaamheid **3** verzuim, verwaarlozing

négligent, -e 1 slordig **2** onachtzaam,
achteloos **3** nalatig

négliger 1 verwaarlozen, veronachtzamen
2 verzuimen; achterwege laten **3** zich niet
storen aan, in de wind slaan; geen gebruik
maken van

le **négoce** (m) internationale groothandel

négociable 1 verhandelbaar **2** bespreek-
baar

le/la **négociant** (m), **-e** (v) groothandelaar, han-
delaar(ster)

le/la **négocia|teur** (m), **-trice** (v) onderhande-
laar(ster)

la **négociation** (v) onderhandeling

¹**négocier** (onov ww) onderhandelen ‖ *un
accord se négocie* er wordt over een akkoord
onderhandeld

²**négocier** (ov ww) **1** onderhandelen (over),
bespreken **2** [hand] verhandelen ‖ *~ un virage* een bocht met hoge snelheid goed nemen

le/la ¹**nègre** (m), **négresse** (v) [neg] nikker, negerin ‖ *petit ~* koeterwaals; *tête-de-nègre*
[cul] moorkop

le ²**nègre** (m) ghostwriter

³**nègre** (bn) **1** [neg] nikker-; neger- **2** donkerbruin

le ¹**négrier** (m) **1** slavenhandelaar **2** slaven-
schip

²**négr|ier, -ière** (bn) neger-

la **négritude** (v) (het) neger-zijn

négroïde negroïde

la **neige** (v) **1** sneeuw: *~ artificielle* kunst-
sneeuw; *faire boule de ~* een sneeuwbaleffect hebben; *battre des œufs en ~* eiwitten
stijfkloppen; *bonhomme de ~* sneeuwpop;
œufs à la ~ nagerecht van opgeklopt eiwit;
partir pour la ~ naar de wintersport gaan
2 [pop] cocaïne, sneeuw

neiger sneeuwen

le **neig|eux, -euse 1** besneeuwd; sneeuw-achtig **2** sneeuwwit

le **nem** (m) Vietnamese loempia

le **néné** (m) [inf] tiet, borst

la **nénette** (v) meisje

le **nénuphar** (m) waterlelie: ~ *jaune* gele plomp

néo-calédonien, -ne Nieuw-Caledonisch

le/la **Néo-Calédonien** (m), **-ne** (v) Nieuw-Cale-doniër, -nische

le **néologisme** (m) [taalk] neologisme

le **néon** (m) **1** neon: *enseigne au* ~ neonrecla-me **2** tl-buis; tl-verlichting: *tube au* ~ neon-buis, tl-buis

néonatal, -e (mv: néonatals) zuigeling(en)-

le/la **néonazi** (m), **-e** (v) neonazi

le/la **néophyte** (m/v) **1** neofiet, pasbekeerde **2** nieuw lid, nieuweling(e)

néo-zélandais, -e Nieuw-Zeelands

le/la **Néo-Zélandais** (m), **-e** (v) Nieuw-Zeelan-der, -landse

le **Népal** (m) Nepal

népalais, -e Nepalees

le/la **Népalais** (m), **-e** (v) Nepalees, Nepalese

le **népotisme** (m) nepotisme, vriendjespoli-tiek

Neptune Neptunus

le **nerf** (m) **1** zenuw **2** kracht, pit: *il a du* ~ hij is flink, hij heeft pit

les **nerfs** (mv, m) zenuwen: *cela me met les* ~ *en boule* ik krijg er wat van; *elle pique une crise de* ~ zij krijgt het op de zenuwen; *il me tape sur les* ~ hij werkt me op de zenuwen; *un pa-quet de* ~ zenuwpees; *à bout de* ~ op van de zenuwen; *il a ses* ~ hij heeft het weer te pak-ken; *avoir les* ~ *fragiles* zwakke zenuwen hebben

le/la **¹nerv|eux** (m), **-euse** (v) zenuwachtig iem., zenuwlijer

²nerv|eux, -euse (bn) **1** zenuwachtig, ner-veus: *tu me rends* ~ je maakt me zenuwachtig **2** zenuw-: *système* ~ zenuwstelsel **3** pezig; gespierd, krachtig, pittig: *style* ~ gespierde stijl; *moteur* ~ pittige motor ‖ [med] *gros-sesse nerveuse* schijnzwangerschap

la **nervosité** (v) nervositeit, zenuwachtigheid

la **nervure** (v) nerf [van een blad]; rib [van een gewelf]

n'est-ce-pas? nietwaar?

¹net, nette (bn) **1** helder, zuiver, schoon: [fig] *j'ai les mains ~tes* ik heb me niets te ver-wijten; *faire place ~te* schoon schip maken; *je veux en avoir le cœur* ~ daar wil ik het mijne van weten **2** net, keurig, verzorgd: *chambre ~te et propre* keurig nette kamer **3** duidelijk, scherp, ondubbelzinnig: *être* ~ klare taal spreken; *mettre au* ~ in het net schrijven; *ma position est ~te* mijn standpunt is duidelijk; *pour parler* ~ eerlijk gezegd **4** netto: *poids* ~ nettogewicht; *salaire* ~ nettosalaris

²net (bw) **1** ineens, plotseling **2** duidelijk,

rondweg, vierkant: *refuser* ~ vierkant wei-geren **3** netto

le **netsurfing** (m) [comp] (het) netsurfen

nettement 1 duidelijk, scherp; ronduit **2** onmiskenbaar

la **netteté** (v) duidelijkheid, scherpte, helder-heid

le **nettoiement** (m) reiniging

le **nettoyage** (m) (het) schoonmaken, schoonmaak, [Belg] (het) kuisen; [mil] zuive-ring [van vijanden]; (het) schoonvegen [door politie]: ~ *à sec* **a)** (het) chemisch reinigen; **b)** [Belg] (het) stomen; **c)** [Belg] droogkuis; ~ *à la vapeur* (het) stomen; ~ *par le vide* het stofzuigen; *produit de* ~ schoonmaakmiddel

le **nettoyant** (m) reinigingsmiddel; allesreini-ger

nettoyer 1 schoonmaken, schoonvegen, schoonspoelen, schoonboenen, schrobben, poetsen, [Belg] (het) kuisen **2** zuiveren; ont-ruimen, leegmaken **3** [inf] plunderen, ruïne-ren

le/la **¹nettoy|eur** (m), **-euse** (v) schoonmaker, -maakster

le **²nettoyeur** (m) zuiveringstoestel, reini-gingsinstallatie

¹neuf, neuve (bn) **1** nieuw, ongebruikt: *comme* ~ (zo goed) als nieuw; *flambant* ~ splinternieuw; *habillé de* ~ met nieuwe kle-ren aan; *remettre à* ~ vernieuwen, opknap-pen; *rien de* ~ niets nieuws; *quoi de ~?* is er nog nieuws?; *faire peau neuve* een ander mens worden **2** groen, onervaren **3** oor-spronkelijk: *un regard* ~ een frisse kijk

²neuf (telw) negen; negende: *preuve par* ~ **a)** negenproef; **b)** onweerlegbaar bewijs

le/la **¹neu-neu** (m/v) onnozele hals

²neu-neu (bn) onnozel

le/la **neurochirurgien** (m), **-ne** (v) neuro-chirurg(e)

la **neurologie** (v) neurologie

neurologique neurologisch

le/la **neurologue** (m/v) neuroloog, -loge

le **neurone** (m) neuron; zenuwcel

les **neurosciences** (mv, v) neurowetenschap-pen

neurotique neurotisch

neurotoxique: *gaz* ~ zenuwgas

le **neurotransmetteur** (m) neurotransmit-ter

la **neutralisation** (v) neutralisering, (het) on-schadelijk maken

¹neutraliser (ov ww) neutraliseren; teniet-doen, opheffen; onschadelijk maken; com-penseren

se **²neutraliser** (wdkg ww) elkaar in even-wicht houden

la **neutralité** (v) neutraliteit

neutre 1 neutraal; kleurloos, zonder uit-drukking **2** [taalk] onzijdig

le **neutron** (m) neutron: *bombe à ~s* neutronenbom

le **¹neuvième** (m) negende (deel)
  ²neuvième (telw) negende

le **névé** (m) firn, gletsjer in wording

le **neveu** (m) neef, neefje [zoon van broer,
  zus]

la **névralgie** (v) **1** zenuwpijn, neuralgie
  2 hoofdpijn

  névralgique zenuwpijn-: *point* ~ gevoelige plek; *centre* ~ zenuwcentrum

  névralgique [med] neuralgisch; zenuw-
  pijn- ‖ *le centre* ~ het zenuwcentrum [fig]; *le
  point* ~ *de la situation* de crux van de situatie

la **névrite** (v) zenuwontsteking, zenuwaan-
  doening

la **névrose** (v) neurose

le/la **¹névrosé** (m), **-e** (v) neuroticus, -ca, zenuw-
  patiënt(e)
  ²névrosé, -e (bn) neurotisch
  névrotique neurose-; neurotisch

le **newsmagazine** (m) **1** opinieweekblad
  2 actualiteitenprogramma [op tv]

le **nez** (m) neus; snuit; gezicht; reuk: *avoir du* ~
  een fijne neus hebben; *avoir qqn. dans le* ~
  iem. niet kunnen uitstaan; *se casser le* ~ *à la
  porte de qqn.* **a)** niemand thuis vinden; **b)** zijn
  neus stoten bij iem.; *mener qqn. par le bout du*
  ~ iem. om zijn vinger winden; *mettre le* ~ *de-*
  hors de neus buiten de deur steken; *se bouf-*
  fer le ~ ruzie hebben; *passer sous le* ~ *à* zijn
  neus voorbijgaan; *cela lui pend au* ~ dat staat
  hem te wachten; *les doigts dans le* ~ heel gemakkelijk; *un pied de* ~ een lange neus (maken); *saigner du* ~ een neusbloeding hebben;
  crottes de ~ neussnotjes, neuskeutels; *avoir le*
  ~ *à* ~ *pris* verkouden zijn; ~ *à* ~ vlak tegenover
  elkaar; *au* ~ *de qqn.* in iemands gezicht; *sous
  le* ~ *de qqn.* vlak voor iemands neus; *rire au* ~
  de qqn. iem. in zijn gezicht uitlachen; *à vue
  de* ~ op het eerste gezicht, bij benadering

  ni 1 noch, en ook niet: *ni moi (non plus)* ik
  ook niet; *ni l'un ni l'autre* geen van beide(n)
  2 of: *sans queue ni tête* zonder kop of staart

le/la **¹niais** (m), **-e** (v) onnozele hals
  ²niais, -e (bn) onnozel, simpel

la **niaiserie** (v) onnozelheid; onnozele daad,
  opmerking

le **Nicaragua** (m) Nicaragua
  nicaraguayen, -ne Nicaraguaans

le/la **Nicaraguayen** (m), **-ne** (v) Nicaraguaan-
  (se)

la **niche** (v) **1** nis **2** hondenhok: *à la* ~*!* in je
  hok! **3** grap **4** [hand] niche, nichemarkt: ~ *de
  marché* nichemarkt

la **nichée** (v) **1** nest [met jonge vogels] **2** kinderen, kroost

  ¹nicher (onov ww) **1** nestelen **2** wonen, huizen

se **²nicher** (wdk ww) **1** zijn nest maken **2** schuil
  gaan, zich verschuilen

la **nichoir** (v) nestkastje

le **nichon** (m) [inf] tiet

le **¹nickel** (m) nikkel
  ²nickel (bn, mv: *onv*) [inf] **1** perfect, gaaf
  2 pico bello

le/la **Niçois** (m), **-e** (v) inwoner, inwoonster van
  Nice

la **nicotine** (v) nicotine

le **nid** (m) nest; hol: ~ *de guêpes* wespennest;
  [scheepv] ~*-de-pie* kraaiennest; ~*-de-poule*
  gat [in wegdek]

le **nid-de-poule** (m; mv: nids-de-poule) kuil in
  de weg

  nidifier [dierk] nestelen; een nest bouwen

la **nièce** (v) nicht, nichtje [kind van broer, zus]

  nième zoveelste ‖ [wisk] *à la puissance* ~ tot
  de n'de macht

  nier ontkennen, (ver)loochenen

le/la **¹nigaud** (m), **-e** (v) domkop, uilskuiken
  ²nigaud, -e (bn) onnozel, onhandig, dom

le **Niger** (m) Niger

le **Nigeria** (m) Nigeria

  nigérian, -ne Nigeriaans

le/la **Nigérian** (m), **-ne** (v) Nigeriaan(se)
  nigérien, -ne Nigerees

le/la **Nigérien** (m), **-ne** (v) Nigerees, Nigerese

le/la **¹nihiliste** (m/v) nihilist(e)
  ²nihiliste (bn) nihilistisch

le **nikab** (m) nikab

le **Nil** (m) Nijl

le **nimbe** (m) nimbus, stralenkrans

se **nipper 1** [inf] kleren kopen **2** zich kleden
  nippon, -ne [vero] Japans

la **nique** (v): *faire la* ~ *à qqn.* met iem. spotten
  niquer 1 [inf] beduvelen **2** [vulg] neuken

le **nirvana** (m) [rel] nirwana

le **nitrate** (m) nitraat

le **nitrite** (m) nitriet

le **niveau** (m) **1** peil, hoogte, niveau: *à* ~ gelijkvloers; *passage à* ~ overweg; ~ *de langue*
  taalregister; *au* ~ *de* **a)** op gelijke hoogte
  met; **b)** op het gebied van, wat betreft, qua;
  être à ~ bij zijn (in zijn vak); ~ *de la mer* zee-
  spiegel; ~ *de vie* levensstandaard, levenspeil;
  [fin] ~ *record* alltime high **2** verdieping, etage **3** waterpas

  niveler 1 egaliseren, nivelleren **2** waterpas
  maken **3** gelijkmaken

le **nivellement** (m) **1** gelijkmaking, egalise-
  ring; gelijkschakeling; nivellering: ~ *par le bas*
  nivellering naar beneden **2** (het) waterpas
  maken

le **N-O** (m) afk van *nord-ouest* N.W., noord-
  west

  nobiliaire van de adel, adellijk

le/la **¹noble** (m/v) edelman, -vrouw
  ²noble (bn) **1** adellijk, van adel **2** edel(moedig), nobel, voornaam: *style* ~ verheven stijl

la **noblesse** (v) **1** adel(stand); adeldom: ~ *d'é-
  pée* krijgsadel; ~ *de robe* ambtsadel; ~ *oblige*
  adeldom verplicht **2** voornaamheid, waardigheid

la **noce** (v) **1** [meestal mv] bruiloft; huwelijk: ~s *d'argent* zilveren bruiloft; *épouser en se-condes* ~s hertrouwen, een tweede huwelijk aangaan; [fig] *il n'est pas à la* ~ hij kan zijn plezier wel op **2** bruidsstoet; trouwpartij: *faire la* ~ feestvieren, boemelen

nocer [inf] fuiven; aan de zwier zijn

le/la **noc|eur** (m), **-euse** (v) fuifnummer, feestneus

noc|if, -ive schadelijk, gevaarlijk; kwaadaardig

la **nocivité** (v) schadelijkheid; verderfelijkheid

le/la **noctambule** (m/v) nachtbraker, -braakster

le **¹nocturne** (m) **1** [muz] nocturne **2** avondvoorstelling, avondwedstrijd; nachtvoorstelling, nachtwedstrijd **3** koopavond

²nocturne (bn) nachtelijk, nacht-

le **nodule** (m) [med] knobbeltje

Noé [Bijb] Noach

le **noël** (m) kerstlied

le **Noël** (m) Kerstmis: *arbre de* ~ kerstboom; *le père* ~ de Kerstman; *Joyeux* ~! zalig, vrolijk kerstfeest!

le **nœud** (m) **1** knoop [ook snelheid] **2** strik: ~ *coulant* lus; ~ *papillon* vlinderdasje **3** kwast, knoest [in hout] **4** knooppunt: ~ *routier* verkeersknooppunt **5** hoofdzaak: *voilà le* ~ *de l'affaire* daar zit 'm de kneep **6** [inf] eikel

le/la **¹noir** (m), **-e** (v) neger, negerin, zwarte

le **²noir** (m) **1** (het) zwart: *un petit* ~ een kopje koffie zonder melk; *en* ~ *et blanc* zwart-wit **2** het donker, duisternis: [fig] *être dans le* ~ in het duister tasten **3** zwarte markt: *au* ~ op de zwarte markt, clandestien; *travailler au* ~ zwartwerken ‖ *mettre dans le* ~ in de roos schieten; *broyer du* ~ somber gestemd zijn

³noir, -e (bn) **1** zwart; donker, met een donkere huidskleur: *il fait* ~ het is donker; *nuit* ~e pikdonkere nacht; *raisin* ~ blauwe druif; *tableau* ~ schoolbord; [fig] *la bête* ~e het zwarte schaap **2** donker, somber, zwaarmoedig: *idées* ~es naargeestige gedachten **3** boosaardig, afschuwelijk, onheilspellend: *de* ~s *desseins* duistere bedoelingen, snode plannen; *magie* ~e zwarte kunst **4** clandestien: *caisse* ~e zwart geld; *marché* ~ zwarte markt **5** [inf] dronken ‖ *rue* ~s *de monde* straat die zwart ziet van de mensen

noirâtre zwartachtig

noiraud, -e zwart, donker [van haar en huid]

la **noirceur** (v) **1** zwartheid **2** zwarte vlek

¹noircir (onov ww) donker, zwart worden

²noircir (ov ww) **1** zwart maken, donker maken, bekladden [ook fig]: *il ne faut pas* ~ *la situation* we moeten de toestand niet somberder voorstellen dan hij is **2** zwartmaken; belasteren

la **noise** (v): *chercher* ~ *à qqn.* ruzie zoeken met iem.

le **noisetier** (m) hazelaar

la **¹noisette** (v) hazelnoot: ~ *de beurre* klontje boter

²noisette (bn) hazelnootbruin

la **noix** (v) **1** noot, walnoot: ~ *de coco* kokosnoot; ~ *d'acajou* cashewnoot; ~ *du Brésil* paranoot; ~ *de muscade* muskaatnoot; [cul] nootmuskaat **2** domoor ‖ [cul] ~ *de veau* stuk kalfsvlees [van de poot]; *une* ~ *de beurre* een boterballetje; *gîte à la* ~ runderlende

le **nom** (m) **1** naam: *au* ~ *de* **a)** ten name van; **b)** in naam van; ~ *de baptême* voornaam, doopnaam; ~ *de domaine* domeinnaam; *petit* ~ voornaam, roepnaam; ~ *de famille* achternaam; *se faire un* ~ naam maken; ~ *de guerre, de plume* schuilnaam, pseudoniem; [comp] ~ *d'utilisateur* gebruikersnaam; *traiter qqn. de tous les* ~s iem. uitmaken voor alles wat (mooi en) lelijk is **2** zelfstandig naamwoord: ~ *propre* eigennaam

le/la **¹nomade** (m/v) nomade

²nomade (bn) nomaden-; zwervend

le **nombre** (m) **1** getal, aantal: *au* ~ *de* **a)** in getal; **b)** tot, onder, erbij; *au* ~ *de trois* drie in getal; *je te compte au* ~ *de mes amis* ik reken jou tot mijn vrienden; *être du* ~ erbij horen, van de partij zijn; *faire* ~ meetellen, talrijk zijn; *sans* ~ ontelbaar, talloos; *un certain* ~ *de livres ont été vendus* een aantal boeken zijn verkocht **2** groot aantal, massa, overmacht: ~ *de, bon* ~ *de* veel, tal van; *en* ~ in groten getale **3** telwoord

nombr|eux, -euse talrijk, in groten getale: *de nombreuses familles* tal van gezinnen; *une famille nombreuse* een groot gezin; *venir* ~ in groten getale komen

le **nombril** (m) navel: *le* ~ *du monde* het middelpunt van de wereld; *se regarder le* ~ navelstaren

le **nombrilisme** (m) [inf] navelstaarderij

la **nomenclature** (v) **1** nomenclatuur, terminologie **2** inventaris

nominal, -e in naam; naams-; nominaal: *appel* ~ het afroepen van de namen; *valeur* ~e nominale waarde

le **¹nominatif** (m) [taalk] eerste naamval, nominatief

²nominat|if, -ive (bn) de namen bevattend; op naam: *état* ~, *liste nominative* naamlijst; *titre* ~ stuk, effect op naam

la **nomination** (v) **1** benoeming, aanstelling **2** vermelding

nominativement met name

le/la **nominé** (m), **-e** (v) genomineerde

le/la **¹nommé** (m), **-e** (v): *un* ~ *Duval, le* ~ *Duval* een zekere Duval

²nommé, -e (bn) **1** genaamd **2** genoemd **3** benoemd ‖ *à point* ~ op het juiste ogenblik

nommément met name; met naam en toenaam

¹nommer (ov ww) noemen; benoemen: ~ *qqn. ministre* iem. tot minister benoemen se **²nommer** (wdk ww) heten

le **¹non** (m) (het) nee: *pour un oui ou pour un ~* om het minste of geringste, zonder reden; *je ne dis pas ~* ik zeg geen nee, ik wil best wel

²non (bw) nee; niet: *~ pas* niet; *~ plus* ook niet, evenmin; *~ que* niet dat; *mais ~!* wel-nee!

la **non-activité** (v) non-activiteit: *mettre en ~* op non-actief, wachtgeld stellen

le/la **¹nonagénaire** (m/v) negentigjarige

²nonagénaire (bn) negentigjarig

la **non-agression** (v) non-agressie: *pacte de ~* niet-aanvalsverdrag

non-aligné, -e [pol] neutraal, niet gebon-den

le **non-alignement** (m) niet-gebondenheid

nonante [Belg, Zwi] negentig

nonantième [Belg, Zwi] negentigste

la **non-assistance** (v) [jur] (het) niet-bijstaan

le **nonce** (m) nuntius

la **nonchalance** (v) nonchalance, slordigheid, achteloosheid, onverschilligheid

nonchalant, -e slordig, onverschillig

le/la **¹non-conformiste** (m/v) non-conformis-tist(e)

²non-conformiste (bn) non-conformistisch

le **non-dit** (m) wat niet uitgesproken is

le **non-droit** (m, enk): *zone de ~* no-goarea

la **nonette** (v) [Belg] non, kloosterzuster

la **non-exécution** (v) [jur] het niet-nakomen; het niet-uitvoeren

le **non-fumeur** (m) niet-roker: *espace ~s* rookvrije ruimte

le/la **non-inscrit** (m), **-e** (v) [pol] partijloos par-lementslid; [Europees Parlement] niet-inge-schrevene

le **non-lieu** (m) [jur] ontslag van rechtsvervol-ging

le **non-paiement** (m; mv: non-paiements) [jur]: *en cas de ~* bij wanbetaling

la **non-prolifération** (v) [pol]: *traité de ~* non-proliferatieverdrag

le **non-recevoir** (m): *fin de ~* grond van niet-ontvankelijkheid; [fig] nul op 't rekest

le **non-retour** (m): [ook fig] *point de ~* point of no return; punt vanwaaruit geen terug-keer mogelijk is

le **non-sens** (m) nonsens, onzin; ongerijmd-heid

non-stop (onv) non-stop-; ononderbroken

la **non-violence** (v) geweldloosheid

le/la **¹non-violent** (m), **-e** (v) voorstand(st)er van geweldloosheid

²non-violent, -e (bn) geweldloos

le **non-voyant** (m) blinde

le **¹nord** (m) noord(en): *au ~ de* ten noorden van; *dans le ~ de* in het noorden van; *du ~* van het noorden, noord(er)-; *Amérique du Nord* Noord-Amerika; *vent du ~* noorden-wind; *le Grand Nord* het hoge noorden; *mer du Nord* Noordzee ‖ *perdre le ~* de kluts

kwijtraken

²nord (bn, mv: *onv*) noord-, noordelijk, noorder-

nord-coréen, -ne Noord-Koreaans

le/la **Nord-Coréen** (m), **-ne** (v) Noord-Koreaan-(se)

le **¹nord-est** (m) noordoost(en)

²nord-est (bn, mv: *onv*) noordoostelijk

nordique Scandinavisch, noords

le/la **Nordique** (m/v) noorderling(e); Scandina-viër, Scandinavische

le **¹nord-ouest** (m) noordwest(en)

²nord-ouest (bn, mv: *onv*) noordwestelijk

normal, -e normaal, natuurlijk, gewoon: *école ~e* pedagogische academie, pabo, [Belg] normaalschool; *école ~e supérieure* ± wetenschappelijke opleiding tot leraar of onderzoeker

la **normale** (v) (het) normale, regel; gemid-delde: *supérieur à la ~* bovengemiddeld; *~s saisonnières* seizoengemiddelden

normalement normaal, in normale om-standigheden

le/la **normalien** (m), **-ne** (v) student(e) van een 'école normale (supérieure)', [Belg] norma-list(e); *zie normal*

la **normalisation** (v) normalisatie, normali-sering; *zie ¹normaliser*

¹normaliser (ov ww) **1** normaliseren, stan-daardiseren **2** weer normaal maken

se **²normaliser** (wdk ww) normaal worden

la **normalité** (v) normale toestand

le/la **Normand** (m), **-e** (v) Normandiër, Norman-dische: *réponse de ~* [fig] dubbelzinnig ant-woord

la **Normandie** (v) Normandië

les **Normands** (mv, m) [hist] Noormannen

normat|if, -ive normatief

la **norme** (v) norm, regel, maatstaf, standaard

le **noroît** (m) [scheepv] noordwestenwind

la **Norvège** (v) Noorwegen

le **¹norvégien** (m) (het) Noors

²norvégien, -ne (bn) Noors

le/la **Norvégien** (m), **-ne** (v) Noor(se)

nos mv van *notre*

la **nostalgie** (v) nostalgie, heimwee: *avoir la ~ de qqch.* naar iets terugverlangen

nostalgique nostalgisch, vol heimwee; weemoedig

nota NB [nota bene]

la **notabilité** (v) aanzienlijk persoon, notabe-le

le **¹notable** (m) aanzienlijk persoon, notabele

²notable (bn) **1** opmerkelijk, belangrijk **2** aanzienlijk

le **notaire** (m) notaris

notamment met name, in het bijzonder

notarial, -e notarieel, notaris-

le **notariat** (m) notariaat

notarié, -e notarieel

la **notation** (v) **1** notatie, notering, schrift

2 notitie, aantekening **3** beoordeling: [fin] *agence de ~* kredietbeoordelaar, ratingbureau

la **note** (v) **1** noot, aantekening, notitie: *prendre ~ de* **a)** aantekeningen maken van; **b)** nota nemen van, onthouden; *~ marginale* kanttekening **2** cijfer, beoordeling: *carnet de ~s* schoolrapport; *c'est une mauvaise ~ pour lui* hij heeft een slechte beurt gemaakt **3** kenmerk, teken: *~ personnelle* persoonlijke noot, iets persoonlijks **4** rekening: *~ de frais* onkostenrekening, declaratie; *présenter la ~ de* rekening indienen **5** [muz] noot, toon: *être dans la ~* in overeenstemming zijn; [fig] *forcer la ~* overdrijven; *~ juste* juiste toon; [fig] treffend detail

le **notebook** (m) [comp] notebook

noter 1 aantekenen, noteren **2** constateren; aandacht schenken aan, letten op: *notez bien* let wel **3** merken, aanstippen, aanstrepen **4** een cijfer geven, beoordelen: *être bien noté* goed aangeschreven staan

la **notice** (v) **1** kort bericht; overzicht: *~ biographique* korte levensbeschrijving, biografie; *~ explicative* handleiding; *~ (de mode) d'emploi* gebruiksaanwijzing **2** bijsluiter

la **notification** (v) kennisgeving, aankondiging; [jur] betekening; aanzegging

notifier kennis geven van, aankondigen; [jur] betekenen, aanzeggen

la **notion** (v) notie, besef: *la ~ du bien et du mal* de kennis van goed en kwaad; *~ du temps* tijdsbesef **2** concept, begrip

les **notions** (mv, v) grondbeginselen

notoire (algemeen) bekend, berucht, vermaard, notoir

la **notoriété** (v) **1** (algemene) bekendheid, vermaardheid, faam, roep, reputatie: *il est de ~ publique* het is algemeen bekend **2** bekend iem.

notre (mv: nos) ons, onze

nôtre (zelfstandig) van ons, (de, het) onze: *les ~s* de onzen [bloedverwanten, partijgenoten e.d.]; *il est des ~s* hij staat aan onze kant

la **Notre-Dame** (v) Onze-Lieve-Vrouwe

le **Notre-Seigneur** (m) Onze-Lieve-Heer

la **nouba** (v): [inf] *faire la ~* flink de bloemetjes buiten zetten

noué [fig] verkrampt, nerveus: *avoir la gorge ~e* een brok in de keel hebben

¹nouer (ov ww) **1** knopen, vastknopen, strikken, vastmaken, binden, bijeenbinden, ombinden **2** [een gesprek] aanknopen; [vriendschap] sluiten: *~ des relations* betrekkingen aanknopen **3** [een complot] smeden || *un sanglot lui noua la gorge* hij had een brok in de keel

se **²nouer** (wdk ww) **1** zich ineenstrengelen **2** aangeknoopt, gesloten worden [gesprek, vriendschap] **3** beginnen: *le drame se noue* het wordt nu een echt drama

nou|eux, -euse knoestig, knobbelig, knokig

le **nougat** (m) noga

la **nouille** (v) [inf] oen: *quelle ~!* wat een ei!

les **nouilles** (mv, v) noedels

la **nounou** (v) kinderoppas

le **nounours** (m) teddybeer

nourri, -e 1 gevoed; in de kost: *bien ~* weldoorvoed **2** onderhouden; krachtig; [m.b.t. stijl] rijk; [m.b.t. gesprek] levendig; [m.b.t. kleur] vol: *fusillade ~e* zwaar geweervuur

la **nourrice** (v) **1** min, voedster: *épingle de ~* veiligheidsspeld **2** kinderoppas

nourric|ier, -ière voedend, voedings- || *père ~* pleegvader

¹nourrir (ov ww) voeden [ook fig]; zogen; de kost geven, eten geven: *ce métier ne nourrit pas son homme* van dat beroep kun je niet leven; *~ le feu* het vuur onderhouden

se **²nourrir de** (wdk ww) zich voeden (met) [ook fig]

nourrissant, -e voedzaam

le **nourrisson** (m) zuigeling

la **nourriture** (v) voedsel, kost

nous 1 wij; ons: *~ autres* wij; *~ autres Français* wij Fransen; *chez ~* **a)** (bij ons) thuis; **b)** in ons land; *~ voilà enfin!* daar zijn we dan eindelijk! **2** elkaar: *~ nous sommes parlés* wij hebben met elkaar gesproken

nous-mêmes wijzelf; onszelf

le/la **¹nouveau** (m), **nouvelle** (v) nieuweling(e), nieuwaangekomene

le **²nouveau** (m): *du ~* iets nieuws; *il y a du ~ dans cette affaire* er is een nieuwe ontwikkeling in de zaak

³nouveau, nouvelle (bn, m voor klinker of stomme h: *nouvel*) **1** nieuw; pas verschenen, pas uitgekomen; jong, modern: *nouvel an* nieuwjaarsdag; *le Nouveau Monde* de Nieuwe Wereld [Amerika]; *art ~* jugendstil; *jusqu'à nouvel ordre* tot nader bericht (opzeggens); *robe nouvelle* nieuwe jurk; *vin ~* jonge wijn; *un ~ riche* een nieuwe rijke; *quoi de ~?* wat is er voor nieuws? **2** ander, nieuw, tweede: *un monde ~* een veranderde wereld; *nouvelle robe* andere jurk; *à ~* (of: *de*) *~* weer, opnieuw

le **¹nouveau-né** (m) pasgeborene

²nouveau-né, -e (bn) pasgeboren

la **nouveauté** (v) **1** nieuw(ig)heid: *une ~* iets nieuws **2** nieuw uitgekomen boek

la **nouvelle** (v) **1** nieuwtje, nieuws, bericht, tijding: *à la jour* iets het grote nieuws, het gesprek van de dag; *annoncer une ~* een bericht bekendmaken; *la Bonne Nouvelle* de blijde boodschap; *vous m'en direz des ~s* u zult er wel tevreden over zijn; *donnez-moi de vos ~s* laat eens wat horen, schrijf eens **2** novelle

la **Nouvelle-Calédonie** (v) Nieuw-Caledonië

         numériser

la **Nouvelle-Guinée** (v) Nieuw-Guinea
nouvellement pas, onlangs
les **nouvelles** (mv, v) nieuwsberichten, het nieuws
la **Nouvelle-Zélande** (v) Nieuw-Zeeland
le/la **nouvelliste** (m/v) novellist(e)
le/la **¹nova|teur** (m), **-trice** (v) hervorm(st)er, baanbreker, -breekster
²nova|teur, -trice (bn) baanbrekend; vernieuwings-
le **novembre** (m) november: *le 1ᵉʳ Novembre* Allerheiligen
le **¹novice** (m) lichtmatroos
le/la **²novice** (m/v) **1** [r-k] novice **2** nieuweling(e), groentje
³novice (bn) groen, ongeoefend, onbedreven
la **noyade** (v) verdrinking(sdood)
le **noyau** (m) **1** pit: *fruits à ~* steenvruchten **2** kern [ook fig]: ~ *dur* harde kern; ~ *de résistance* verzetshaard
noyauter [pol] infiltreren
le/la **¹noyé** (m), **-e** (v) drenkeling(e)
²noyé, -e (bn) verdronken; overstroomd; [fig] verloren: ~ *dans* **a)** gehuld in; **b)** gedrenkt in; ~ *de larmes* nat van tranen
le **¹noyer** (m) **1** notenboom **2** notenhout
²noyer (ov ww) **1** (doen) verdrinken **2** overstromen, onder water zetten; [van een motor] verzuipen; [fig] ~ *son chagrin* zijn verdriet verdrinken; [fig] ~ *dans le sang* in bloed smoren; ~ *un clou* een spijker verzinken **3** [omtrekken] verdoezelen; [kleuren] in elkaar laten vloeien **4** overstemmen, onhoorbaar maken || *être noyé dans la foule* in de menigte opgaan; ~ *le poisson* [fig] proberen de zaak te laten doodbloeden
se **³noyer** (wdk ww) **1** verdrinken **2** zich verdrinken **3** (+ dans) opgaan in; [fig] zich verliezen in, verward raken in
le **¹nu** (m) (het) naakt, naaktmodel; naaktfiguur, naaktschilderij
²nu, nue (bn) naakt, (ont)bloot, onbedekt, kaal; [m.b.t. stijl] onopgesmukt: *nu comme un ver* spiernaakt; *tête nue* blootshoofds; *à mains nues* met blote handen; *à l'œil nu* met het blote oog; *mettre à nu* blootleggen, aantonen; *la vérité toute nue* de naakte waarheid; *nue propriété* blote eigendom
le **nuage** (m) wolk; [fig] somberheid: *sans ~s* wolkeloos [ook fig]; [fig] *être dans les ~s* verstrooid zijn; *un ~ de lait* een scheutje (wolkje) melk
nuag|eux, -euse bewolkt, wolken-; [fig] vaag, onduidelijk: *esprit ~* warhoofd
la **nuance** (v) **1** nuance, schakering, tint **2** klein verschil, nuance: ~*!* laten we niet alles door elkaar halen!
nuancer nuanceren; een fijn onderscheid aanbrengen in
nubile 1 huwbaar **2** geslachtsrijp

la **nubilité** (v) huwbare leeftijd
le **nubuck** (m) nubuck
nucléaire kern-, atoom-: *énergie ~* kernenergie; *propulsion ~* kernaandrijving; *physique ~* kernfysica
le **nudisme** (m) naaktloperij
le/la **¹nudiste** (m/v) nudist(e), naaktloper, -loopster
²nudiste (bn) nudistisch: *camp ~* nudistenkamp
la **nudité** (v) **1** naaktheid; kaalheid; [fig] onbeschaamdheid **2** naaktfiguur
la **nue** (v) [form] wolk: *porter aux ~s* hemelhoog verheffen; *tomber des ~s* raar staan te kijken
la **nuée** (v) **1** [form] (dikke) wolk **2** menigte, zwerm
le **nugget** (m) [cul] nugget
nui volt dw van *nuire*
nuire à benadelen, schaden, afbreuk doen aan: *fumer nuit à la santé* roken schaadt de gezondheid
la **nuisance** (v) hinder, overlast, vervuiling: ~*s liées à la drogue* drugsoverlast
la **nuisette** (v) babydoll
nuisible nadelig, schadelijk
la **nuit** (v) **1** nacht: *passer la ~* overnachten; ~ *blanche* slapeloze nacht; *cette ~* vannacht; *de ~, la ~* 's nachts, bij nacht; [inf] *être de ~* nachtdienst hebben; *boîte de ~* nachtclub; *bonne ~!* welterusten; *c'est le jour et la ~* dat is een verschil van dag en nacht; [fig] *la ~ des temps* de oertijd **2** duisternis: *il fait ~* het is donker; ~ *noire* pikdonker; *la ~ tombe* de avond valt
la **nuitée** (v) overnachting
le/la **¹nul** (m), **nulle** (v) nul [van een persoon]: *c'est un ~* het is een sukkel
²nul, nulle (bn) nul, nietig; ongeldig; waardeloos: ~ *et non avenu* van nul en gener waarde; *match ~* gelijk spel; *il est ~ en math* hij snapt niets van wiskunde
³nul, nulle (onb bn, vaak met *ne*) geen (enkel); niets, niemand: ~ *autre* niemand anders; ~*le part* nergens; *sans ~le crainte* zonder enige vrees; ~ *besoin* geen enkele behoefte; ~ *doute* geen enkele twijfel, ongetwijfeld
nullement in het geheel niet, geenszins
la **nullité** (v) **1** nietigheid; ongeldigheid; nietigverklaring **2** nul, onbeduidend mens
le **numéraire** (m) munt, gemunt geld; klinkende munt: *payer en ~* contant betalen
numéral, -e 1 getalsaanduidend, getal-**2** [taalk] telwoord: *adjectifs numéraux* telwoorden
la **numération** (v) (het) tellen; telling
numérique 1 numeriek, getals-, in aantal: *force ~* getalsterkte **2** [comp] numeriek, digitaal: *caméra ~* digitale camera; *l'âge ~* het digitale tijdperk
numériser [comp] digitaliseren

le **numériseur** (m) scanner
le **numéro** (m) **1** nummer: ~ *vert* gratis telefoonnummer [in Fr]; *composer* (of: *faire*) *un*
~ een (telefoon)nummer draaien; ~ *de*
portable mobiel nummer, 06-nummer **2** aflevering: *vente au* ~ losse verkoop **3** [inf]
nummer, portret [persoon]: *c'est un drôle de*
~ het is een gekke vent; *tu as fini ton* ~*?* is de
bui over?
la **numérotation** (v) **1** nummering **2** het in-
tikken van een nummer
numéroter nummeren
la **numismatique** (v) numismatiek; munt- en
penningkunde
nu-pieds blootsvoets
nuptial, -e huwelijks-, bruids-, bruilofts-
la **nuptialité** (v): *taux de* ~ huwelijkscijfer
la **nuque** (v) nek
la **nurse** (v) kindermeisje
nu-tête blootshoofds
le **nutriment** (m) voedingsstof; nutriënt
nutrit|if, -ive 1 voedzaam; voedend
2 voedings-
la **nutrition** (v) voeding
nutritionnel, -le [form] voedings-
le/la **nutritionniste** (m/v) voedingsdeskundige
le **nylon** (m) nylon
la **nymphe** (v) **1** nimf **2** pop [van insect]
la [1]**nymphomane** (v) nymfomane
[2]**nymphomane** (bn) nymfomaan, manziek
la **nymphomanie** (v) nymfomanie

O

l' **o** (m) [de letter] o
l' **oasis** (v) oase
obéir à gehoorzamen (aan); luisteren naar, (op)volgen, reageren op
l' **obéissance** (v) gehoorzaamheid; naleving
l' **obéissant, -e** gehoorzaam, gedwee; volgzaam
l' **obélisque** (m) obelisk
l' **¹obèse** (m/v) zwaarlijvige
²obèse (bn) zwaarlijvig
l' **obésité** (v) zwaarlijvigheid
objecter 1 (+ à) tegenwerpen, aanvoeren (tegen); [een bedenking] opperen, inbrengen (tegen) **2** verwijten
l' **objecteur** (m): ~ *de conscience* **a)** gewetensbezwaarde; **b)** dienstweigeraar
l' **¹objectif** (m) **1** doel(wit), oogmerk **2** [foto] objectief
²object|if, -ive (bn) objectief, onpartijdig
l' **objection** (v) tegenwerping, bedenking: *si vous n'y voyez pas d'~* als u geen bezwaar hebt
l' **objectivité** (v) objectiviteit, onpartijdigheid
l' **objet** (m) **1** object, voorwerp, ding: ~ *volant non indentifié (ovni)* ufo; *~s de toilette* toiletartikelen; ~ *d'usage courant* gebruiksvoorwerp **2** doel, oogmerk: *sans* ~ doelloos; *être l'~ de* het doel(wit) zijn van; *avoir pour* ~ ten doel hebben **3** onderwerp: *faire l'~ de* het onderwerp zijn van, ondergaan; ~ *de recherche* onderwerp van onderzoek **4** [taalk] voorwerp: *(complément d')~ direct* lijdend voorwerp
l' **¹obligataire** (m/v) obligatiehoud(st)er
²obligataire (bn) obligatie-: *emprunt* ~ obligatielening
l' **obligation** (v) **1** verplichting, verbintenis, noodzaak: ~ *alimentaire* alimentatieplicht; ~ *scolaire* leerplicht; *sans* ~ *d'achat* geen koopverplichting; *être dans l'~ de* moeten, verplicht, gedwongen zijn om **2** obligatie
obligatoire 1 verplicht; bindend: *instruction* ~ leerplicht; *arrêt* ~ vaste halte **2** [inf] onvermijdelijk
l' **¹obligé** (m), **-e** (v) debiteur, -trice || *je suis votre* ~ ik ben u zeer verplicht
²obligé, -e (bn) **1** verplicht: *vous devez composter votre billet, c'est* ~ u dient uw kaartje af te stempelen **2** noodzakelijk, onvermijdelijk **3** erkentelijk
obligeamment welwillend
l' **obligeance** (v) vriendelijkheid, voorkomendheid, gedienstigheid
obligeant, -e vriendelijk, voorkomend, gedienstig
¹obliger (ov ww) **1** (+ à) verplichten (tot), een verplichting opleggen, dwingen tot **2** een dienst bewijzen: *vous m'obliez en m'envoyant ce livre* ik zou u willen verzoeken om mij dat boek toe te sturen; *rien ne vous y oblige* niets dwingt u daartoe
s' **²obliger à** (wdk ww) zich verplichten tot, zich verbinden tot; het zich tot taak stellen om
oblique schuin, scheef: *en* ~ diagonaal; *regard* ~ schuinse blik
obliquer in schuine richting lopen, uit-, afwijken: ~ *vers la droite* rechts aanhouden
l' **oblitération** (v) **1** (af)stempeling **2** [med] verstopping
oblitérer 1 (af)stempelen **2** [med] verstoppen
oblong, oblongue langwerpig
l' **obole** (v) kleine bijdrage: *apporter son* ~ een steentje bijdragen
obscène obsceen, onzedelijk, smerig, schunnig
l' **obscénité** (v) **1** onzedelijkheid **2** schuine mop; schunnige taal
obscur, -e 1 donker, duister, somber, triest **2** vaag, onbegrijpelijk; onduidelijk **3** onaanzienlijk, onbekend; eenvoudig, onopvallend
¹obscurcir (ov ww) **1** verduisteren, donker maken **2** onduidelijk maken; verhullen
s' **²obscurcir** (wdk ww) **1** donker worden, betrekken **2** vervagen
l' **obscurcissement** (m) **1** verduistering **2** onduidelijkheid **3** vermindering; achteruitgang
obscurément onduidelijk, vaag, duister
l' **obscurité** (v) **1** duisternis, donker(te) **2** onduidelijkheid, duistere passage: *laisser dans l'~* onopgehelderd laten **3** onbekendheid: *sortir de l'~* **a)** bekend worden; **b)** bekendmaken
obsédant, -e obsederend, geen rust latend
l' **obsédé** (m), **-e** (v) bezetene; maniak: ~ *sexuel* seksmaniak
obséder obsederen, niet met rust laten, achtervolgen, kwellen
les **obsèques** (mv, v) teraardebestelling, uitvaart: ~ *nationales* staatsbegrafenis
obséqui|eux, -euse overdreven beleefd, overgediensig; kruiperig
l' **obséquiosité** (v) overdreven beleefdheid; onderdanig-, kruiperigheid
observable waarneembaar, bemerkbaar
l' **observance** (v) inachtneming, naleving
l' **¹observa|teur** (m), **-trice** (v) waarnemer, -ster; toeschouw(st)er, getuige
²observa|teur, -trice (bn) scherp waarnemend, kritisch
l' **observation** (v) **1** waarneming, observa-

tie, verkenning: *esprit* d'~ opmerkingsvermogen; *malade mis en* ~ zieke die in observatie ligt **2** opmerking, aanmerking: *pas* d'~! geen commentaar! **3** inachtneming, naleving

l' **observatoire** (m) **1** observatorium, sterrenwacht **2** uitkijkpost

¹**observer** (ov ww) **1** waarnemen, observeren, bestuderen, gadeslaan **2** in acht nemen; nakomen: ~ *le silence* het stilzwijgen in acht nemen; ~ *les règles du jeu* zich aan de spelregels houden **3** opmerken, constateren: *je vous fais* ~ *que* mag ik opmerken dat

s' ²**observer** (wdk ww) **1** zichzelf observeren **2** op zijn tellen passen **3** elkaar observeren

l' **obsession** (v) obsessie, dwangvoorstelling
obsessionnel, -le dwangmatig: *névrose* ~*le* dwangneurose
obsolète verouderd

l' **obstacle** (m) beletsel, obstakel, belemmering; hinderpaal, hindernis: *course* d'~s hindernisloop [hordeloop, steeplechase]; *faire* ~ *à* in de weg staan, dwarsbomen; *franchir des* ~*s* hindernissen nemen, moeilijkheden overwinnen
obstétrical, -e verloskundig

l' **obstétricien** (m), **-ne** (v) verloskundige [arts]

l' **obstétrique** (v) verloskunde

l' **obstination** (v) **1** hardnekkigheid, volharding **2** koppigheid
obstiné, -e 1 volhardend, hardnekkig **2** obstinaat, koppig

s' **obstiner à** volharden (in), hardnekkig volhouden: *s'*~ *dans son opinion* bij zijn mening blijven

l' **obstruction** (v) **1** [med] verstopping **2** [sport, pol] obstructie: *faire de l'*~ obstructie plegen, hinderen
obstruer 1 verstoppen, versperren **2** belemmeren, beletten
obtempérer à [jur] gehoorzamen, gevolg geven aan
obtenir (ver)krijgen, behalen, bereiken, gedaan krijgen, [Belg] bekomen

l' **obtention** (v) verkrijging, het behalen, het bereiken

l' **obturateur** (m) afsluiter, klep; [foto] sluiter

l' **obturation** (v) **1** afsluiting **2** vulling [van een kies]
obturer 1 (af)sluiten, (af)dichten **2** vullen [van een kies]
obtus, -e 1 [wisk] stomp [van een hoek] **2** bot, stompzinnig

l' **obus** (m) granaat: ~ *de mortier* mortiergranaat; ~ *fumigène* rookgranaat; *éclat* d'~ granaatscherf

l' **oc** (m): *langue* d'*oc* Occitaans, taal van Zuid-Frankrijk

l' **occase** (v) [inf] koopje

l' **occasion** (v) **1** gelegenheid, omstandigheid: *à l'*~ bij gelegenheid; *à l'*~ *de* ter gelegenheid van; *grandes* ~s officiële gelegenheden; *c'est l'*~ *ou jamais* (het is) nu of nooit; *par* la même ~ bij diezelfde gelegenheid **2** aanleiding, reden **3** buitenkansje: *bonne* ~ koopje; *d'*~ tweedehands-; *voiture* d'~ tweedehandse auto, [Belg] occasiewagen
occasionnel, -le toevallig, gelegenheids-
occasionnellement bij gelegenheid, af en toe
occasionner teweegbrengen, veroorzaken

l' **occident** (m) (het) westen

l' ¹**occidental** (m), **-e** (v) westerling(e)
²**occidental, -e** (bn) **1** westers **2** westelijk, west-
occidentaliser westers worden, verwestersen

l' **occiput** (m) achterhoofd

l' ¹**occitan** (m) Occitaans, taal van Zuid-Frankrijk
²**occitan, -e** (bn) Occitaans

l' **occlusion** (v) afsluiting

l' **occultation** (v) verduistering; (het) wegwerken, versluieren
occulte verborgen, geheim, occult
occulter verduisteren; wegwerken, versluieren

l' **occultisme** (m) occultisme

l' ¹**occupant** (m), **-e** (v) **1** bewoner, bewoonster **2** inzittende

l' ²**occupant** (m) bezetter
³**occupant, -e** (bn) bezettend, bezettings-

l' **occupation** (v) **1** werk, bezigheid: *être sans* ~ **a)** niets te doen hebben; **b)** werkloos zijn **2** bezetting; inbezitneming: *l'Occupation* de Bezetting [de periode 1940-1944] **3** bewoning
occupé, -e 1 (+ à) bezig (met); druk (met): *il est* ~ *à travailler* hij is aan het werken; *être très* ~ het erg druk hebben **2** bezet; in gesprek [telefoon]

¹**occuper** (ov ww) **1** bezetten, innemen, beslaan, beslag leggen op: ~ *la première place* de eerste plaats innemen **2** (+ à) bezighouden (met), werk verschaffen aan: ~ *ses loisirs* zijn vrije tijd besteden aan, vullen met **3** bewonen **4** vervullen, bekleden

s' ²**occuper** (wdk ww) **1** (+ de) iets te doen hebben, zich bezighouden met; zich bekommeren om, zorgen voor: *s'*~ *de tout* alles regelen; [inf] *t'occupe*! bemoei je met je eigen zaken! **2** (+ à) zich wijden aan

l' **occurrence** (v) geval, omstandigheid: *en l'*~ in dit geval, in het onderhavige geval

l' **OCDE** (v) afk van *Organisation de Coopération et de Développement Economiques* OESO

l' **océan** (m) oceaan

l' **Océanie** (v) Oceanië

l' **océanien, -ne** Oceanisch
l' **Océanien** (m), **-ne** (v) Oceaniër, Oceanische
océanique oceaan-, van de oceaan
l' **océanographie** (v) oceanografie
l' **¹ocre** (v) oker
²ocre (bn, mv: *onv*) okerkleurig
l' **octane** (m) octaan
octante [Zwi] tachtig
l' **octave** (v) octaaf
l' **octet** (m) [comp] byte
l' **octobre** (m) oktober
l' **¹octogénaire** (m/v) tachtigjarige
²octogénaire (bn) tachtigjarig
octogonal, -e achthoekig, achtzijdig
l' **octogone** (m) achthoek
l' **octroi** (m) **1** [hist] tol **2** vergunning, toekenning
¹octroyer (ov ww) toekennen
s' **²octroyer** (wdk ww) zich gunnen, zich veroorloven
l' **¹oculaire** (m) oculair, (oog)lens
²oculaire (bn) oog-
l' **oculiste** (m/v) oogarts
l' **odalisque** (v) haremslavin; haremvrouw
l' **ode** (v) lofdicht, ode
l' **odeur** (v) geur, lucht, reuk: *mauvaise ~*
stank; *l'argent n'a pas d'~* geld stinkt niet
odi|eux, -euse 1 hatelijk, verfoeilijk, af-
schuwelijk **2** onuitstaanbaar: *se rendre ~* zich
gehaat maken
odorant, -e geurig, (wel)riekend
l' **odorat** (m) reuk(zin)
odoriférant, -e geurig, welriekend
l' **odyssée** (v) odyssee, lange zwerftocht;
veelbewogen leven
œcuménique oecumenisch
l' **œcuménisme** (m) oecumenisme
l' **œdème** (m) oedeem, waterzucht
Œdipe Oedipus
l' **œil** (m; mv: yeux) **1** oog: *à vue d'~* zienderー
ogen; *à l'~ nu* met het blote oog; *du coin de
l'~* tersluiks; *loin des yeux, loin du cœur* uit het
oog, uit het hart; *voir d'un bon ~* goedvinden;
voir d'un mauvais ~ afkeuren; *les yeux fermés*
met de ogen dicht; *coup d'~* **a)** oogopslag,
blik; **b)** uitzicht; *coup d'~ sur la ville* uitzicht op
de stad; *fermer les yeux* een oogje toedoen; *il
n'a d'yeux que pour elle* hij kan zijn ogen niet
van haar afhouden; *jeter un coup d'~ sur*
a) een blik werpen op; **b)** een inkijken; [fig] *lever
les yeux* belangstelling tonen; [fig] *ouvrir les
yeux à qqn. (sur qqch.)* iem. de ogen openen
(voor iets); *crever les yeux* zonneklaar zijn; *ne
dormir que d'un ~* een hazenslaapje doen;
tenir à l'~ in de gaten houden **2** ronde opening, rond gat ‖ *à l'~* gratis; [pop] *mon ~!* m'n
neus!; *coûter les yeux de la tête* peperduur
zijn; *ne pas avoir froid aux yeux* niet voor een
kleintje vervaard zijn; *taper dans l'~* bevallen
in de smaak vallen; *tourner de l'~* flauwvalー
len; *faire de l'~ à qqn.* een oogje op iem. heb-

ben
l' **œil-de-bœuf** (m; mv: œils-de-bœuf) ovaal,
rond lichtvenster
l' **œil-de-perdrix** (m; mv: œils-de-perdrix)
eksteroog, likdoorn
l' **œillade** (v) (knip)oogje; blik van verstandhouding: *faire des ~s* lonken, knipogen
l' **œillère** (v) oogklep [van paarden, ook fig]
l' **œillet** (m) **1** anjelier **2** vetergaatje; knoopsgat **3** oogje, verstevigingsringetje
l' **œilleton** (m) oogschelp, vizier
l' **œillette** (v) [plantk] slaapbol: *graines de l'~*
maanzaad
l' **œnologie** (v) wijnkunde
l' **œsophage** (m) slokdarm
l' **œstrogène** (v) oestrogeen
l' **œuf** (m) ei: *jaune d'~* dooier; *l'~ de Colomb*
het ei van Columbus; *plein comme un ~* propvol; [Belg; fig] *avoir un ~ à peler avec qqn.* een
appeltje met iem. te schillen hebben; *~s
brouillés* roereieren; *~ à la coque* zachtgekookt ei; *~ sur le plat* gebakken ei, spiegelei;
étouffer dans l'~ in de kiem smoren; *mettre
tous ses ~s dans le même panier* alles op één
kaart zetten; [fig] *marcher sur des ~s* op eieren lopen
l' **¹œuvre** (m) oeuvre [alle werken van een
kunstenaar]; bouwwerk: *chef-d'œuvre*
meesterwerk; [bouwk] *gros ~* ruwbouw; *à
pied d'~* op de bouwplaats; *être à pied d'~*
klaar staan om aan de slag te gaan
l' **²œuvre** (v) werk, arbeid: *~ d'art* kunstwerk;
bonnes ~s liefdadigheid(svereniging), goede
werken; *se mettre à l'~* aan het werk gaan; *~s
complètes* verzameld werk, volledig werk
œuvrer [form] werken; zich inspannen
off (mv: *onv*): *voix ~* **a)** stem buiten beeld;
b) commentaarstem
l' **offense** (v) **1** belediging **2** [rel] schuld,
zonde
l' **offensé** (m), **-e** (v) beledigde
¹offenser (ov ww) **1** beledigen, kwetsen: *~
la vue* pijn doen aan de ogen **2** zondigen tegen
s' **²offenser de** (wdk ww) beledigd zijn (over):
il s'offense d'un rien hij is zomaar beledigd
l' **offenseur** (m) belediger
offens|if, -ive offensief, aanvallend: *arme
offensive* aanvalswapen
l' **offensive** (v) offensief, aanval: *prendre l'~*
aanvallen, het offensief openen
l' **office** (m) **1** dienst: *faire ~ de* dienen als,
dienstdoen als **2** ambt: *d'~* ambtshalve; *avocat commis d'~* toegewezen advocaat **3** kerkdienst, mis **4** dienst, bureau, kantoor: *~ du
tourisme* [vergelijkbaar] VVV; *Office européen des brevets* Europees Octrooibureau
officialiser een officieel karakter geven
l' **officiant** (m) celebrant
l' **¹officiel** (m) **1** officieel persoon **2** [sport] of-
ficial

l' ²**officiel, -le** (bn) ambtelijk, officieel, ambts-, van overheidswege: *Journal* ~ Staatscourant; *visite* ~le staatsbezoek

l' ¹**officier** (m) **1** officier: ~ *de la Légion d'honneur* officier van het Legioen van Eer **2** ambtenaar: ~ *de l'état civil* ambtenaar van de burgerlijke stand; ~ *de police judiciaire* opsporingsambtenaar

²**officier** (onov ww) **1** de mis opdragen **2** [fig] plechtig te werk gaan

offici|eux, -euse officieus

l' **officine** (v) **1** apothekerslaboratorium **2** [neg] broeinest

l' **offrande** (v) **1** offer(ande) **2** geschenk

l' **offrant** (m): *au plus* ~ aan de meestbiedende

l' **offre** (v) (aan)bod, aanbieding, offerte; voorstel; l'~ *et la demande* vraag en aanbod; ~s *d'emploi* vacatures, [Belg] werkaanbieding

¹**offrir** (ov ww) (aan)bieden: ~ *le choix à qqn.* iem. de keuze laten; *qu'est-ce que je vous offre?* wat mag ik u aanbieden?

s' ²**offrir** (wdk ww) **1** zich aanbieden: *s'~ pour aider* zijn hulp aanbieden **2** zich voordoen, zich vertonen **3** zich blootstellen

l' **offset** (m) offset

l' **offshore** (m) oliewinning op zee

¹**offusquer** (ov ww) hinderen, aanstoot geven: *il est offusqué* hij is gekrenkt

s' ²**offusquer de** (wdk ww) zich ergeren aan, aanstoot nemen aan

l' **ogive** (v) **1** spitsboog **2** kop, neuskegel [van projectiel]

l' **OGM** (m) afk van *organisme génétiquement modifié* ggo, genetisch gemodificeerd organisme

l' **ogre** (m), **ogresse** (v) [in sprookjes] mensenetende reus, reuzin

l' ¹**oh** (m): *pousser des oh! et des ah!* ach en wee roepen

²**oh** (tw) [uiting van verbazing, bewondering of afkeer] o!; och!; ach!: *oh là là!* ach jee!; o jee!

ohé! hé daar!

l' **oie** (v) gans: ~ *blanche* dom gansje; *jeu de l'~* ganzenbord

l' **oignon** (m) **1** ui: *ce sont mes ~s* dat gaat mij alleen aan; *s'occuper de ses ~s* zich met zijn eigen zaken bemoeien; *aux petits ~s* heel goed; *en rang d'~s* in een rij **2** bloembol: ~ *de tulipe* tulpenbol **3** eeltknobbel

oindre oliën, zalven

l' **oint** (m) gezalfde

l' **oiseau** (m) **1** vogel: *être comme l'~ sur la branche* op de schopstoel zitten; *un ~ de mauvais augure* ongeluksbode; ~ *de proie* roofvogel; *à vol d'~* in rechte lijn, in vogelvlucht; [Belg] ~ *sans tête* [cul] blinde vink **2** individu, kerel: *un drôle d'~* een vreemde vogel; *un ~ rare* een witte raaf

l' **oiseau-mouche** (m; mv: oiseaux-mouches) kolibrie

l' **oiselet** (m) **1** vogeltje **2** [golf] birdie

l' **oiseleur** (m) vogelaar

ois|eux, -euse nutteloos, ijdel; niet ter zake, overbodig

l' ¹**ois|if, -ive** (v) leegloper, -loopster, iem. die niets te doen heeft

²**ois|if, -ive** (bn) nietsdoend, ledig

l' **oisillon** (m) jong vogeltje

l' **oisiveté** (v) ledigheid, werkeloosheid, (het) nietsdoen: *l'~ est la mère de tous les vices* ledigheid is des duivels oorkussen

l' **O.K.** [inf] oké; goed

l' **okapi** (m) okapi

l' **ola** (v): *faire la* ~ de wave doen

olé (onv): [inf] *être un peu* ~ ~ een beetje vrij zijn [in manieren, taal]; een beetje studentikoos zijn

oléagin|eux, -euse olieachtig, oliehoudend

oléifère [m.b.t. planten, zaden] oliehoudend

l' **oléoduc** (m) (olie)pijpleiding

olfact|if, -ive reuk-

l' **olfaction** (v) reukzintuig, reuk

l' **olibrius** (m) [inf] rare snuiter

l' **oligarchie** (v) oligarchie

olivâtre olijfkleurig

l' ¹**olive** (v) olijf

²**olive** (bn) olijfkleurig: *vert* ~ olijfgroen

l' **oliveraie** (v) olijfgaard

l' **olivier** (m) olijfboom: *rameau d'~s* olijftak [als vredeteken]

l' **Olympe** (m) Olympus

l' **olympiade** (v) **1** [vaak mv; sport] Olympische Spelen; olympiade [enk.] **2** [in de Griekse oudheid] olympiade [tijdvak van vier jaar tussen twee opeenvolgende Olympische Spelen]

les **olympiades** (mv, v) Olympische Spelen

olympique olympisch [m.b.t. spelen]

l' **Oman** (m) Oman

omanais, -e Omanitisch

l' **Omanais** (m), **-e** (v) Omaniet, Omanitische

l' **ombilic** (m) **1** navel **2** [fig] middelpunt

ombilical, -e navel-: *cordon* ~ navelstreng

l' **ombrage** (m) lommer, schaduw || *porter* ~ *à qqn.* iem. krenken; *prendre* ~ zich gekrenkt voelen

ombragé, -e schaduwrijk

ombrager be-, overschaduwen

ombrag|eux, -euse **1** schichtig; lichtgeraakt **2** [fig] achterdochtig

l' **ombre** (v) **1** schaduw; duisternis; donkere partij [op schilderij]; verborgenheid: *faire de l'~ à qqn.* iem. in de schaduw stellen; *il a peur de son* ~ hij is bangelijk; *à l'~* **a)** in de schaduw; **b)** in de onmiddellijke nabijheid; **c)** beschut, beschermd; *dans l'~* **a)** in het donker; **b)** in het ongewisse; **c)** op de achtergrond;

d) in het geheim; *sous l'~ de* in de schaduw van; *sortir de l'~* bekend worden; ~ *à paupières* oogschaduw **2** schim: *~s chinoises* schimmenspel **3** schijn, spoor, zweem, greintje, vleugje: *l'~ d'un espoir* een vleugje hoop

l' **ombrelle** (v) [draagbare] parasol [voor vrouwen]
ombr|eux, -euse 1 schaduwrijk **2** donker

l' **Ombrie** (v) Umbrië

l' **ombudsman** (m) ombudsman

l' **OMC** (v) [ec] afk van *organisation mondiale du commerce* WTO (afk van *World Trade Organization*)

l' **oméga** (m) **1** omega **2** [fig] *l'alpha et l'~* het begin en het eind

l' **omelette** (v) omelet: *on ne fait pas d'~ sans casser des œufs* waar gehakt wordt vallen spaanders
omettre weglaten, verzwijgen, vergeten, overslaan; nalaten: *~ de faire qqch.* verzuimen iets te doen
omis volt dw van *omettre*

l' **omission** (v) **1** weglating, (het) vergeten, (het) overslaan **2** leemte **3** nalatigheid, verzuim, omissie
omni- al-, alles-

l' **omnibus** (m) stoptrein, boemel
omnipotent, -e almachtig

l' **omnipraticien** (m), **-ne** (v) huisarts

l' **omniprésence** (v) alomtegenwoordigheid
omniprésent, -e alomtegenwoordig

l' **omniscience** (v) alwetendheid
omniscient, -e alwetend
omnisports: *salle ~* sportzaal; *palais ~* sportpaleis

l' **omnium** (v): [Belg] *(assurance) ~* omnium-(verzekering), allriskverzekering
omnivore allesetend

l' **omoplate** (v) schouderblad

l' **OMS** (v) afk van *organisation mondiale de la santé* WHO (afk van *World Health Organization*)
on 1 men: *on danse* er wordt gedanst; *on dirait …* het lijkt wel of …; *on a frappé à la porte* er heeft iem. aan de deur geklopt; *on se tait!* stilte! **2** wij: *on y va?* zullen we gaan? **3** ik, jij, hij, zij, jullie, zij

l' **once** (v) **1** ounce, Engelse ons **2** greintje

l' **oncle** (m) oom

l' **oncologue** (m/v) oncoloog, oncologe, kankerspecialist

l' **onction** (v) **1** zalving **2** zachtmoedigheid
onctu|eux, -euse 1 olieachtig, zalfachtig, vettig: *savon ~* zachte zeep **2** stichtelijk, zalvend **3** [soep, saus] romig

l' **onctuosité** (v) **1** vettigheid; smeuïgheid **2** zalverigheid

l' **onde** (v) golf, golfbeweging: *~ sismique* seismische golf; [fig] *être sur la même longueur d'~* op dezelfde golflengte zitten

l' **ondée** (v) regenbui

les **ondes** (mv, v) ether, radio: *sur les ~* over de radio; *~ courtes* korte golf; *~ moyennes* middengolf; *grandes ~* lange golf

l' **on-dit** (m) gerucht

l' **ondoiement** (m) golving
ondoyant, -e golvend; [fig] veranderlijk, afwisselend, grillig
ondoyer golven; wapperen
ondulant, -e golvend: *fièvre ~e* op- en neergaande koorts

l' **ondulation** (v) golving; golvende beweging, lijn, vorm
ondulé, -e gegolfd; golvend: *tôle ~e* golfplaat
onduler golven
ondul|eux, -euse golvend

l' **one man show** (m) solovoorstelling; onemanshow
onér|eux, -euse kostbaar, duur: *à titre ~* tegen betaling

l' **ONG** (v; mv: onveranderlijk) afk van *organisation non gouvernementale* ngo (afk van *niet-gouvernementele organisatie*)

l' **ongle** (m) nagel; klauw: *pince à ~s* nageltangetje; *vernis à ~s* nagellak; *~s en deuil* nagels met rouwrandjes; *se faire les ~s* zijn nagels knippen, verzorgen; *se ronger les ~s* nagelbijten ‖ *jusqu'au bout des ~s* op-en-top; *connaître qqch. sur le bout des ~s* iets op zijn duimpje kennen

l' **onglet** (m) **1** keep, gleuf **2** [techn] verstek: *boîte à ~s* verstekbak **3** [cul] soort biefstuk

l' **onguent** (m) zalf

les **ongulés** (mv, m) hoefdieren
onirique droom-, dromerig

l' **onomatopée** (v) klanknabootsing, onomatopee
ont 3e pers mv van ¹*avoir*

l' **ONU** (v) afk van *Organisation des Nations Unies* VN (afk van *Verenigde Naties*)

l' ¹**onusien** (m), **-ne** (v) functionaris van de VN
²**onusien, -ne** (bn) VN-, van de VN

l' ¹**onze** (m) **1** (de) elf: *le ~ du mois* de elfde van de maand **2** [sport] elftal
²**onze** (telw) elf; elfde
onzième elfde

l' **OPA** (v) afk van *offre publique d'achat* overnamebod van beursgenoteerde onderneming

l' **opacité** (v) ondoorschijnendheid, ondoorzichtigheid

l' **opale** (v) opaal
opalin, -e opaalachtig

l' **opaline** (v) (voorwerp van) melkglas
opaque ondoorschijnend; [fig] duister, ondoorgrondelijk, raadselachtig
open [sport] open toernooi

l' **OPEP** (v) afk van *Organisation des pays exportateurs de pétrole* OPEC (afk van *Organisatie van olie-exporterende landen*)

l' **opéra** (m) **1** opera **2** operagebouw

opérable opereerbaar, operabel

opérant, -e werkend, werkzaam, effectief

l' **opéra|teur** (m), **-trice** (v) **1** [van een toestel] bediener, operator, -trice; cameraman **2** beurshandelaar(ster) **3** [telec] operator, aanbieder: ~ *mobile* mobiele operator, aanbieder van mobiele telefonie

l' **opération** (v) **1** [med, mil] operatie: *subir une* ~ geopereerd worden **2** werking, handeling, verrichting, actie: ~ *coup de poing* bliksemactie [van politie, leger]; ~ *de sauvetage* reddingsactie **3** [hand] zaak, transactie: ~ *commerciale* transactie; ~ *financière* geldhandeling

opérationnel, -le 1 [mil] operationeel **2** gebruiksklaar

opératoire operatief, operatie-: *bloc* ~ operatieafdeling; *choc* ~ shock na een operatie

¹**opérer** (onov ww) werken, uitwerking hebben; te werk gaan: *laisser* ~ *la nature* de natuur haar gang laten gaan

²**opérer** (ov ww) **1** opereren: *se faire* ~ een operatie ondergaan **2** doen, uitvoeren, verrichten; teweegbrengen: ~ *une sélection* een selectie toepassen

s' ³**opérer** (wdk ww) plaatshebben, tot stand komen

l' **opérette** (v) operette: *général d'*~ schertsgeneraal

l' **ophtalmo** (m/v) [inf] verk van *ophtalmologue* oogarts

l' **ophtalmologie** (v) oogheelkunde

l' **ophtalmologiste** (m/v) oogarts

ophtalmologue *zie ophtalmologiste*

l' ¹**opiacé** (m) opiaat

²**opiacé, -e** (bn) opiumhoudend

opiner: ~ *de la tête,* ~ *du bonnet* ja knikken, (stilzwijgend) toestemmen

opiniâtre hardnekkig; onverzettelijk, onwrikbaar, volhardend

l' **opiniâtreté** (v) hardnekkigheid, vasthoudendheid, volharding

l' **opinion** (v) opinie, mening, oordeel, zienswijze: *à mon* ~ volgens mij; *l'*~ *publique* de publieke opinie; *avoir bonne* (of: *mauvaise*) ~ *de* een goede (of: slechte) dunk hebben van; *se faire une* ~ zich een mening vormen; *liberté d'*~ vrijheid van meningsuiting; *monter dans l'*~ *de qqn.* in iemands achting stijgen; *journal d'*~ opinieblad

l' **opiomane** (m/v) opiumverslaafde

l' **opiomanie** (v) opiumverslaafdheid

l' **opium** (m) opium

l' **opossum** (m) [dierk] opossum

opportun, -e geschikt, van pas (komend), gelegen, wenselijk, opportuun

l' **opportunisme** (m) opportunisme

l' ¹**opportuniste** (m/v) opportunist(e)

²**opportuniste** (bn) opportunistisch

l' **opportunité** (v) **1** geschiktheid, opportu-

niteit, wenselijkheid **2** gelegenheid, kans

opposable 1 tegenover elkaar te brengen **2** [jur] aan te voeren tegen

l' ¹**opposant** (m), **-e** (v) opponent(e), tegenstand(st)er; lid van de oppositie; bestrijd(st)er

²**opposant, -e** (bn) zich verzettend

l' ¹**opposé** (m) (het) tegenovergestelde, tegendeel, tegenovergestelde richting: *à l'*~ daarentegen; *à l'*~ *de* **a)** tegenover; **b)** in tegenstelling tot

²**opposé, -e** (bn) tegenovergeplaatst, tegenovergesteld, tegenstrijdig, in strijd met: *sens* ~ omgekeerde richting; *du côté* ~ aan de overzijde; *être* ~ *à* een tegenstander zijn van; *être diamétralement* ~ **a)** helemaal aan het andere eind liggen; **b)** [fig] lijnrecht tegenover elkaar staan [wat mening betreft]

¹**opposer à** (ov ww) **1** tegenover (elkaar) plaatsen, stellen **2** contrasteren (met), confronteren (met), vergelijken (met) **3** inbrengen (tegen)

s' ²**opposer à** (wdk ww) **1** zich verzetten tegen **2** geplaatst zijn tegenover **3** het tegenovergestelde zijn van

l' **opposition** (v) **1** (het) tegenover elkaar geplaatst zijn **2** tegenstelling, tegenstrijdigheid: *en* ~ *avec* in strijd met; *par* ~ *à* in tegenstelling tot **3** oppositie, verzet, bezwaar: *faire* ~ *à* zich verzetten tegen

oppresser benauwen, drukken

l' **oppresseur** (m) verdrukker, onderdrukker

oppress|if, -ive onderdrukkend, onderdrukkings-

l' **oppression** (v) **1** onderdrukking, verdrukking **2** benauwdheid

l' ¹**opprimé** (m), **-e** (v): *les* ~*s* de onderdrukten

²**opprimé, -e** (bn) onderdrukt

opprimer onderdrukken, verdrukken; benauwen

l' **opprobre** (m) schande; schandvlek [persoon]

opter kiezen, opteren

l' **opticien** (m), **-ne** (v) opticien

optimal, -e optimaal

optimiser optimaliseren

l' **optimisme** (m) optimisme

l' ¹**optimiste** (m/v) optimist(e)

²**optimiste** (bn) optimistisch

l' **optimum** (m) optimum, optimale toestand: ~ *de production* optimale productie

l' **option** (v) **1** optie, keus: *matière à* ~ keuzevak **2** [jur] recht van voorkeur: *prendre une* ~ *sur* in optie nemen **3** [fin] optie: ~ *d'achat* calloptie

optionnel, -le facultatief, naar keuze

l' ¹**optique** (v) **1** optica, optiek: *illusion d'*~ gezichtsbedrog **2** [fig] optiek, zienswijze, standpunt: *dans cette* ~ vanuit dit oogpunt, vanuit deze invalshoek

²**optique** (bn) optisch, gezichts-: *verres* ~*s*

brillenglazen; *fibre* ~ fiberglas, glasfiber; *nerf* ~ oogzenuw

l' **opulence** (v) **1** overvloed, weelde **2** weelderigheid [van vormen]
opulent, -e 1 weelderig, overvloedig **2** schatrijk

l' **opus** (m) [muz] opus; werk

l' **opuscule** (m) werkje, boekje

l' **¹or** (m) goud: *d'or, en* or gouden; *mine* d'or goudmijn [ook fig]; *affaire en* or goudmijn; *or en barre* goudstaaf; *rouler* sur l'or, être *cousu* d'or schatrijk zijn; *payer* qqch. *à prix* d'or (of: *au poids* de l'or) iets peperduur betalen; *rôle en* or prachtrol; [fig] *un mari en* or een schat van een man; *valoir son pesant* d'or zijn gewicht in goud waard zijn; *pour tout* l'or du *monde* voor geen goud; [Bijb] *le veau* d'or het gouden kalf
²or (vw) welnu, maar, echter

l' **oracle** (m) orakel

l' **orage** (m) **1** onweer: *pluie* d'~ onweersbui, slagregen; *faire* de l'~ onweren **2** [fig] opschudding, storm; woede-uitbarsting
orag|eux, -euse 1 onweerachtig, onweers-: *chaleur orageuse* drukkende hitte; *ciel* ~ onweerslucht **2** onstuimig, stormachtig, opvliegend

l' **oraison** (v) gebed; oratie ‖ ~ *funèbre* lijkrede

l' **¹oral** (m) mondeling (examen)
²oral, -e (bn) mondeling; mond-: *épreuve* ~ mondeling examen; *par voie orale* door de mond

l' **¹orange** (v) sinaasappel, [Belg] appelsien
²orange (bn, mv: *onv*) oranje
orangé, -e oranje: *jaune* ~ oranjegeel

l' **orangeade** (v) sinaasappellimonade

l' **oranger** (m) sinaasappelboom

l' **orangeraie** (v) sinaasappelboomgaard

l' **orangerie** (v) oranjerie

l' **orang-outan** (m) orang-oetang

l' **ora|teur** (m), **-trice** (v) **1** redenaar(ster); spreker, spreekster **2** welbespraakt iem., groot redenaar(ster)
oratoire oratorisch, redenaars-: *art* ~ welsprekendheid

l' **oratorio** (m) [muz] oratorium
orbital, -e orbitaal, de baan van hemellichamen betreffend: *station* ~e ruimtestation

l' **orbite** (v) **1** oogholte, oogkas **2** baan [van een hemellichaam, kunstmaan, elektronen]: *mettre en* (of: *sur*) ~ in zijn baan brengen **3** [fig] invloedssfeer

l' **orchestration** (v) orkestratie

l' **orchestre** (m) **1** orkest: *chef* d'~ dirigent; ~ *de chambre* kamerorkest **2** orkestbak **3** stalles [in schouwburg]
orchestrer 1 orkestreren, voor orkest bewerken **2** [op grote schaal] organiseren, op touw zetten

l' **orchidée** (v) orchidee

l' **ordi** (m) [inf] verk van *ordinateur*

l' **¹ordinaire** (m) **1** gewoonte, (het) gewone, (het) alledaagse: *sortir* de l'~ ongewoon zijn **2** dagelijkse kost
²ordinaire (bn) **1** gewoon, alledaags: *vin* ~ tafelwijn; *le cours* ~ *des choses* de gewone gang van zaken **2** gebruikelijk

l' **ordinal** (m): *nombre* ~ rangtelwoord

l' **¹ordinateur** (m) computer: ~ *portable* laptop; ~ *de poche* palmtop
²ordina|teur, -trice (bn) regelend, regulerend

l' **ordination** (v) priesterwijding

l' **ordonnance** (v) **1** ordening, schikking, indeling, volgorde **2** regeling, bevel, verordening; [jur] beschikking: ~ *de référé* uitspraak in kort geding **3** [med] voorschrift, recept: *délivré sur* ~ op recept verkrijgbaar

l' **ordonna|teur** (m), **-trice** (v) organisator, -trice; leid(st)er: ~ *des pompes* funèbres uitvaartleider
ordonné, -e geregeld, ordelijk, geordend
ordonner 1 rangschikken, ordenen, indelen, inrichten: *savoir* ~ *ses idées* zijn gedachten goed kunnen ordenen **2** beschikken, bevelen, gelasten, voorschrijven **3** wijden: ~ *prêtre* tot priester wijden

l' **ordre** (m) **1** orde [in alle bet]; rang-, volgorde; [mil] slagorde, opstelling: *de* l'~ *de* in de orde van; ~ *établi* gevestigde orde; *par* ~ *alphabétique* alfabetisch gerangschikt; *par* ~ *d'arrivée* in volgorde van binnenkomst; *dans le même* ~ *d'idées* in verband daarmee; ~ *du jour* **a)** orde van de dag; **b)** [van een vergadering] agenda; **c)** [mil] dagorder; *une question qui est à* l'~ *du jour* een actueel probleem; ~ *de mots* woordschikking; ~ *public* openbare orde; *établir à* l'~ *de* op naam zetten van; *être aux* ~s *de* qqn. tot iemands orders, dienst zijn; *c'est dans* l'~ *des choses* dat is de normale gang van zaken; *en* ~ in orde; *mettre de* l'~ *dans* op orde brengen; *mettre en* ~ ordenen; *rappeler à* l'~ tot de orde roepen; *rentrer dans* l'~ weer tot rust komen; *maison où règne* l'~ huis dat op orde is; *une inquiétude de cet* ~ een dermate grote onrust **2** soort, rang; klasse, stand: *de premier* ~ eersterangs, voortreffelijk **3** bevel, order, opdracht: *mot* d'~ instructie; ~ *de mission* (regerings)opdracht, instructie, dienstorder; *jusqu'à nouvel* ~ tot nader bericht, voorlopig **4** (ridder)orde, genootschap

l' **ordure** (v) **1** vuil(igheid) **2** vies woord; smerig gedrag **3** vuilak, smeerlap, zwijn

les **ordures** (mv, v) vuilnis: ~ *ménagères* huisvuil
ordur|ier, -ière vuil, smerig, schunnig

l' **orée** (v) zoom [van een bos]

l' **oreille** (v) **1** oor: *la puce* à l'~ op zijn hoede; *casser les* ~s een oorverdovend lawaai maken; *vous pouvez dormir sur les deux* ~s! maakt u zich geen zorgen!; *dresser l'~* de oren spitsen; *écouter de toutes ses ~s* een en al oor zijn; *n'écouter que d'une ~* met een half oor luisteren; *il ne l'entend pas de cette ~ là* daar wil hij niet van weten; *faire la sourde ~* doen alsof men doof is; *se faire tirer l'~* niet gauw iets toestaan; *cela n'est pas tombé dans l'~ d'un sourd* dat is niet aan dovemansoren gezegd **2** gehoor: *avoir de l'~* een goed (zuiver) gehoor hebben; *avoir l'~ de qqn.* een willig oor bij iem. vinden; *avoir l'~ dure* hardhorend zijn; *avoir l'~ fine* een fijn, scherp gehoor hebben

l' **oreiller** (m) hoofdkussen

l' **oreillette** (v) **1** oorklep **2** boezem [van het hart] **3** oortelefoon, oortje

les **oreillons** (mv, m) [med] bof

ores: *d'~ et déjà* van nu af aan, nu al

l' **orfèvre** (m) edelsmid, goudsmid, zilversmid: [fig] *être ~ en la matière* deskundig zijn

l' **orfèvre-bijoutier** (m; mv: orfèvres-bijoutiers) goud- en zilversmid

l' **orfèvrerie** (v) **1** edelsmederij, goudsmederij, zilversmederij **2** edelsmeedwerk **3** edelsmidswinkel

l' **orfraie** (v) zeearend: *pousser des cris d'~* luidkeels schreeuwen

l' **organe** (m) **1** orgaan [in alle bet]: *~ de donneur* donororgaan; *les ~s génitaux* genitaliën **2** instelling **3** werktuig **4** stem, spreekbuis

l' **organigramme** (m) organisatieschema

organique 1 organisch **2** aangeboren

l' **¹organisa|teur** (m), **-trice** (v) organisator, -trice

²organisa|teur, -trice (bn) organiserend, organisatorisch

l' **organisation** (v) **1** organisatie [in alle bet]; (het) organiseren, ordening, regeling, inrichting: *avoir l'esprit d'~* over organisatietalent beschikken **2** [van een orgaan] leiding, structuur: *~ professionnelle* beroepsvereniging; *~ d'une entreprise* bedrijfsvoering, management

organisé, -e georganiseerd: *idées mal ~es* onsamenhangende gedachten; *c'est une tête ~e* hij gaat altijd systematisch te werk

¹organiser (ov ww) **1** organiseren, regelen, op touw zetten: *~ une réunion* een vergadering beleggen **2** ordenen, indelen, samenstellen: *~ son temps* (of: *sa vie*) zijn tijd goed plannen

s' **²organiser** (wdk ww) **1** zijn zaken goed regelen **2** zich organiseren **3** geregeld worden, in orde komen

l' **organiseur** (m) organizer

l' **organisme** (m) **1** organisme **2** instelling

l' **organiste** (m/v) organist(e)

l' **orgasme** (m) orgasme

l' **orge** (v) gerst

l' **orgeat** (m) orgeade; amandelmelk

l' **orgelet** (m) strontje, gerstkorrel [op het ooglid]

orgiaque heftig, woest [van uitspatting]

l' **orgie** (v) **1** orgie, zwelgpartij, uitspatting; bacchanaal **2** (+ de) overdaad aan

l' **¹orgue** (m) orgel: *facteur d'~s* orgelbouwer; *jeu d'~* register; *~ de Barbarie* draaiorgel

les **²orgue** (mv, v): *grandes ~s* kerkorgel

l' **orgueil** (m) **1** trots: *faire l'~ de* de trots zijn van; *par ~* uit trots **2** hoogmoed

l' **¹orgueill|eux** (m), **-euse** (v) hoogmoedige

²orgueill|eux, -euse (bn) **1** trots, fier **2** hoogmoedig

l' **orient** (m) **1** oosten **2** parelglans

l' **Orient** (m) Oriënt, Oosten ‖ *le Grand ~* het grootoosten [vrijmetselaarsloge]

orientable richtbaar, verstelbaar: *antenne ~* richtantenne

oriental, -e 1 oosters **2** oost-, oostelijk

l' **Oriental**, **-e** (v) oosterling(e)

l' **orientalisme** (m) **1** oosters karakter **2** oriëntalisme

l' **orientation** (v) **1** oriëntatie; oriëntering(svermogen): *avoir le sens de l'~* zich goed kunnen oriënteren **2** koers, richting; ligging **3** (het) oriënteren, kiezen: *~ professionnelle* beroepsvoorlichting; [Belg] beroepsoriëntering, studieoriëntering; *conseiller d'~ professionnelle* beroepskeuzeadviseur; *~ scolaire* studiekeuze

¹orienter (ov ww) **1** (+ vers) oriënteren (naar); richten (op): *maison orientée au nord* op het noorden gelegen huis **2** de weg wijzen [ook fig]; leiden, voorlichten: *~ un élève* een leerling voorlichten bij studie- en beroepskeuze

s' **²orienter** (wdk ww) **1** zich oriënteren; zich richten **2** (+ vers) [fig] gaan in de richting (van), zich bezig gaan houden (met): *s'~ vers une carrière diplomatique* zich voorbereiden op een diplomatieke loopbaan

l' **orient|eur** (m), **-euse** (v) ± schooldecaan

l' **orifice** (m) opening, gat

l' **oriflamme** (v) standaard, banier, vaantje

l' **origami** (m) origami [Japanse papiervouwkunst]

l' **origan** (m) marjolein [plant]; oregano [kruid]

originaire de afkomstig uit

l' **¹original** (m), **-e** (v) zonderling(e)

l' **²original** (m) **1** (het) origineel, oorspronkelijk stuk **2** model [voor een kunstwerk]

³original, -e (bn) **1** origineel [in alle bet]; oorspronkelijk **2** zonderling, eigenaardig

l' **originalité** (v) **1** originaliteit, oorspronkelijkheid **2** eigenaardigheid

l' **origine** (v) oorsprong, afkomst: *les ~s* de achtergrond; *des ~s à nos jours* vanaf het begin tot nu; *à l'~* aanvankelijk, oorspronkelijk; *dès l'~* van het begin af aan; *certificat d'~* verklaring van herkomst; *être à l'~ de* ten grondslag liggen aan, de oorzaak zijn van;

marchandises d'~ goederen waarvan de herkomst gegarandeerd is; *appellation* d'~ herkomstaanduiding; *prendre* (of: *tirer*) *son ~ de* voortkomen uit

originel, -le oorspronkelijk, aanvankelijk; aangeboren: *péché* ~ erfzonde

originellement oorspronkelijk, van het begin af aan

les **oripeaux** (mv, m) lompen

l' **ORL** (m/v) afk van *oto-rhino-laryngiste* knoarts

l' **orme** (m) **1** iep, olm **2** iepenhout

l' **ormeau** (m) zeeoor

l' **ornement** (m) ornament, versiersel, versiering; sieraad: *plantes* d'~ sierplanten; *sans* ~ zonder opsmuk

ornemental, -e versierend; sier-, decoratief

l' **ornementation** (v) versiering

ornementer versieren

orner de (ver)sieren (met), verfraaien (met)

l' **ornière** (v) **1** (wagen)spoor, karrenspoor: ~*s!* spoorvorming! **2** [fig] sleur, routine: *sortir de l'~* de sleur doorbreken

l' **ornithologie** (v) vogelkunde

l' **ornithologue** (m/v) ornitholoog, -loge, vogelkenner, -ster

l' **orpailleur** (m) goudzoeker

l' **orphelin** (m), **-e** (v) wees, weesjongen, -meisje: *être ~ (de père et de mère)* geen ouders meer hebben, wees zijn

l' **orphelinat** (m) weeshuis

l' **orque** (v) orka

l' **orteil** (m) teen: *gros* ~ grote teen

l' **orthodontie** (v) othodontie

l' **¹orthodoxe** (m/v) orthodoxe, rechtzinnige

²orthodoxe (bn) **1** orthodox, rechtzinnig **2** traditioneel, gebruikelijk

l' **orthographe** (v) schrijfwijze, spelling: *faute* d'~ spelfout

orthographier spellen, schrijven

orthographique orthografisch, spelling(s)-: *correcteur* ~ spellingchecker

l' **orthopédie** (v) orthopedie

l' **orthophoniste** (m/v) logopedist(e)

l' **ortie** (v) brandnetel: ~ *blanche* witte dovenetel

l' **ortolan** (m) ortolaan

l' **os** (m; mv: os) been, bot: *les os* de beenderen, het gebeente; *os à moelle* mergpijp; *en chair et en os* in levenden lijve; [fig] *il y laissera ses os* hij zal er het hachje bij inschieten; [fig] *donner un os à ronger à qqn.* iem. met een zoethoudertje afschepen; [fig] *il ne fera pas de vieux os* hij wordt niet oud; [fig] *il y a un os* daar zit een probleem; [fig] *trempé jusqu'aux os* doornat; [fig] *tomber sur un os* op een onverwachte moeilijkheid stuiten; [fig] *rompre les os de qqn.* iem. aftuigen

l' **oscar** (m) [filmprijs] Oscar

oscillant, -e 1 schommelend, slingerend

2 weifelend

l' **oscillation** (v) **1** slingering, trilling **2** [fig] wisseling, schommeling

osciller 1 slingeren, trillen, heen en weer gaan **2** weifelen

osé, osée gedurfd, gewaagd; driest

l' **oseille** (v) **1** zuring **2** [pop] poen

oser durven, wagen; zich veroorloven, mogen: *si j'ose le dire* als ik het zeggen mag; *il a osé venir me voir* hij heeft het gewaagd me op te zoeken

l' **osier** (m) **1** teenwilg **2** teen(rijs): *panier* d'~ tenen mand

l' **osmose** (v) [chem; ook fig] osmose

l' **ossature** (v) **1** beendergestel, skelet **2** [fig] frame, geraamte, structuur

l' **osselet** (m) beentje, botje

les **ossements** (mv, m) gebeente, beenderen

oss|eux, -euse 1 been- **2** benig, knokig

s' **ossifier** verbenen; [fig] verharden

l' **osso buco** (m) [cul] ossobuco

l' **ossuaire** (m) knekelhuis

ostensible openlijk, opvallend, onverholen

l' **ostensoir** (m) [r-k] monstrans

l' **ostentation** (v) uiterlijk vertoon: *avec* ~ opzichtig; *faire* ~ *de* te koop lopen met

ostentatoire pronkerig; de aandacht trekkend

l' **ostéopathe** (m/v) [med] osteopaat, osteopate

l' **ostéoporose** (v) [med] osteoporose, botontkalking

l' **ostracisme** (m) **1** [hist] ostracisme, schervengericht **2** uitsluiting: *frapper qqn. d'~* iem. uitsluiten

l' **ostréicul|teur** (m), **-trice** (v) oesterkweker, -kweekster

l' **ostréiculture** (v) oesterteelt

l' **otage** (m) gijzelaar, gegijzelde: *prise* d'~*s* gijzeling

l' **OTAN** (v) afk van *Organisation du traité de l'Atlantique Nord* NAVO (afk van *Noord-Atlantische Verdragsorganisatie*)

l' **otarie** (v) zeeleeuw

¹ôter (ov ww) **1** af-, ont-, be-, wegnemen: ~ *la vie* het leven benemen; ~ *le pain de la bouche* het brood uit de mond stoten **2** uitdoen, uittrekken, afzetten **3** [wisk] aftrekken

s' **²ôter** (wdk ww): *s'~ qqch. de l'esprit* zich iets uit het hoofd zetten; *ôtez-vous de là!* ga weg!, maak dat je wegkomt!

l' **otite** (v) oorontsteking

l' **oto-rhino** (m/v) *zie oto-rhino-laryngologiste*

l' **oto-rhino-laryngologiste** (m/v) keel-, neus- en oorarts

ottoman, -e Ottomaans, Turks

ou of, ofwel, oftewel: *ou bien* of, ofwel; *tout ou rien* alles of niets

où waar, waarheen, waarin, waaruit, waarop: *l'heure où, l'instant où* het ogenblik dat (waarop); *d'où* **a)** waaruit, waarvandaan, vanwaar; **b)** vandaar; *où que* waar ook; *par où va-t-on commencer?* waar beginnen we?; *au prix où est le sucre* met de huidige prijs van de suiker

ouah **1** waf **2** [uitroep van bewondering] wow

les **ouailles** (mv, v) [fig] schaapjes, kudde

ouais! tja!

l' **ouate** (v) watten: ~ *hydrophile* verbandwatten

ouaté, -e gewatteerd; zacht; [m.b.t. geluid] gedempt

l' **oubli** (m) **1** (het) vergeten; veronachtzaming, verwaarlozing; vergeetachtigheid; vergetelheid: ~ *de soi-même* zelfverloochening; *tirer de l'*~ aan de vergetelheid ontrukken; *tomber dans l'*~ in vergetelheid raken **2** verzuim, nalatigheid

¹**oublier** (ov ww) vergeten, niet meer denken aan: *c'est oublié!* [vergeven] we praten er niet meer over

s' ²**oublier** (wdk ww) **1** vergeten worden, aan de aandacht ontsnappen **2** zich wegcijferen: *il ne s'est pas oublié* hij heeft goed voor zichzelf gezorgd **3** zich laten gaan ‖ *il s'est oublié dans sa culotte* hij heeft het in zijn broek gedaan

l' **oubliette** (v, meestal mv) kerker: *jeter aux* ~*s* zich niet meer bekommeren om

oubli|eux, -euse vergeetachtig: ~ *de* niet denkend aan, geen rekening houdend met

l' **oued** (m) [N-Afr] wadi

l' ¹**ouest** (m) westen

²**ouest** (bn, mv: *onv*) west-, westelijk, wester-

ouf! hè!, oef! [van opluchting]

l' **Ouganda** (m) Uganda

ougandais, -e Ugandees

l' **Ougandais** (m), **-e** (v) Ugandees, Ugandese

l' ¹**oui** (m) ja(woord): *dire le* ~ het jawoord geven; *pour un* ~ *(ou) pour un non* bij het minste of geringste, om de haverklap

²**oui** (bw) ja: *ah, bien* ~ dat kun je denken!; *mais* ~ welzeker; *que* ~ nou en of!; *je crois que* ~ ik denk van wel; [inf] *tu viens,* ~ kom je nog?

l' **ouï-dire** (m) gerucht: *par* ~ van horen zeggen, bij geruchte

l' **ouïe** (v) gehoor: *avoir l'*~ *fine* een scherp gehoor hebben

les **ouïes** (mv, v) **1** kieuwen **2** [muz] klankgaten [in viool]

ouille! oei!; au!

l' **ouistiti** (m) penseelaapje; zijdeaapje ‖ [inf] *un drôle de* ~ een vreemde snuiter

l' **ouragan** (m) **1** orkaan **2** [fig] tumult, hevige beroering, opschudding: *entrer comme un* ~ komen binnenstormen

l' **Oural** (m) Oeral

ourdir smeden, beramen

ourler zomen, omranden

l' **ourlet** (m) **1** zoom **2** (omgekrulde) rand

l' **ours** (m) **1** beer: ~ *blanc* ijsbeer; ~ *en peluche* teddybeer **2** brompot: ~ *mal léché* ongelikte beer

l' **ourse** (v) berin: [astron] *Grande Ourse* Grote Beer; *Petite Ourse* Kleine Beer

l' **oursin** (m) zee-egel

l' **ourson** (m) beertje, berenjong

oust, -e wegwezen! eruit! hup!

l' **outil** (m) werktuig, gereedschap: *boîte à* ~*s* gereedschapskist

l' **outillage** (m) uitrusting, gerei, werktuigen; machinerieën; materieel

outillé, -e: *bien* ~ goed toegerust

¹**outiller** (ov ww) van gereedschap voorzien, met werktuigen uitrusten

s' ²**outiller** (wdk ww) zich uitrusten

l' **outing** (m) outing: *faire son* ~ uit de kast komen

l' **outlaw** (m) vogelvrijverklaarde

l' **outplacement** (m) outplacement

l' **outrage** (m) (grove) belediging, smaad: *faire* ~ *à* **a)** beledigen; **b)** schenden, zondigen tegen; ~ *à* vergrijp tegen; ~ *aux bonnes mœurs* zedenmisdrijf; *les* ~*s du temps* de tand des tijds

outrager 1 zwaar beledigen **2** zondigen tegen, schenden

outrageusement buitensporig

l' **outrance** (v) overmaat; buitensporigheid; overdrijving: *à* ~ **a)** buitensporig, overdreven; **b)** tot het uiterste

outranc|ier, -ière buitensporig

l' ¹**outre** (v) leren wijnzak

²**outre** (bw): *passer* ~ *à* zich niet bekommeren om, voorbijgaan aan; *en* ~ bovendien, daarbij

³**outre** (vz) behalve: ~ *cela* bovendien; ~ *mesure* bovenmatig, uitermate; ~ *que* behalve dat

outre- aan de overzijde van

outré, -e 1 overdreven, excessief **2** (+ de) verontwaardigd (over)

outre-Atlantique aan de andere zijde van de Atlantische Oceaan, in Amerika

l' **outrecuidance** (v) verwaandheid, aanmatiging

outrecuidant, -e verwaand, aanmatigend

outre-Manche aan de overzijde van het Kanaal, in Groot-Brittannië

outremer 1 helderblauw **2** ultramarijn

outre-mer aan de overzijde van de zee: *d'*~ overzees; *l'*~ de overzeese gebieden

outrepasser overschrijden, te buiten gaan

outre-Quiévrain, -e 1 in België [voor de Fransen] **2** in Frankrijk [voor de Belgen]

outrer ergernis verwekken: *cela m'a outré* daar heb ik me zeer aan geërgerd

outre-Rhin in Duitsland [voor de Fransen]

outre-tombe aan gene zijde van het graf,

in het hiernamaals

l' **outsider** (m) outsider [tegenover favoriet]; verrassende winnaar

ouvert, -e open, geopend; [fig] openlijk; openhartig: ~ *à* **a)** ontvankelijk voor; **b)** onbeschermd tegen; *opération à cœur* ~ openhartoperatie; *à livre* ~ van het blad, voor de vuist weg; *à tombeau* ~ plankgas, met een levensgevaarlijke snelheid; *grand* ~ wijd open; ~ *au public* publiek toegankelijk; *visage* ~ open gezicht

ouvertement openlijk, ronduit

l' **ouverture** (v) **1** (het) openen; opening, gat; begin; [muz] ouverture: *heures d'*~ openingstijden **2** openheid: ~ *de cœur* openhartigheid, mededeelzaamheid; ~ *d'esprit* ontvankelijkheid, onbevangenheid **3** voorstel; begin van onderhandeling || ~ *de crédit* (het) openen van een krediet, (het) afsluiten van een lening; *politique d'*~ toenaderingspolitiek

ouvrable: *jour* ~ werkdag

l' **ouvrage** (m) werk; geschrift: [bouwk] ~ *d'art* kunstwerk [tunnels, bruggen enz.]; ~*s de dame* (vrouwelijke) handwerken; ~ *de référence* naslagwerk; *se mettre à l'*~ aan de slag gaan; *il a le cœur à l'*~ hij heeft hart voor de zaak

ouvragé, -e fijn, kunstig bewerkt

ouvrant, -e openend: *toit* ~ schuifdak, open dak [van een auto]

ouvré, -e bewerkt: *produit* ~ eindproduct || *jour* ~ werkdag

l' **ouvre-boîte** (m; mv: ouvre-boîtes) blikopener

l' **ouvre-bouteille** (m; mv: ouvre-bouteilles) flesopener

l' **ouvreuse** (v) ouvreuse, [Belg] zaaljuffrouw

l' **¹ouvr|ier** (m), **-ière** (v) werker, arbeid(st)er: ~ *agricole* boerenknecht; ~ *du bâtiment* bouwvakker; ~ *qualifié* geschoolde arbeider; ~ *spécialisé* ongeschoolde arbeider

²ouvr|ier, -ière (bn) arbeiders-, werkend: *cheville ouvrière* [fig] de spil waar alles om draait; *classe ouvrière* arbeidersklasse

¹ouvrir (onov ww) **1** open zijn; open gaan, geopend worden **2** beginnen

²ouvrir (ov ww) openen, opendoen, openmaken, opensnijden, openzetten; openstellen; ontsluiten: ~ *une enquête* een onderzoek instellen; ~ *un journal* een krant openslaan; ~ *le feu* het vuur openen [ook fig]; ~ *le gaz* het gas aansteken; ~ *sa pensée* zijn gedachten blootleggen; ~ *une route* een weg aanleggen; ~ *la voie à* de weg vrijmaken voor; ~ *de grands yeux* grote ogen opzetten; [fig] ~ *l'œil* opletten; [fig] ~ *les yeux à qqn.* iem. de ogen openen

s' **³ouvrir** (wdk ww) **1** opengaan; zich ontsluiten, ontluiken: *une vie nouvelle s'ouvrait devant moi* een nieuw leven lag voor mij **2** (+ par) beginnen (met) **3** (+ sur) uitkomen op, uitzien op, toegang geven tot **4** (+ à) openstaan voor **5** openhalen: *elle s'est ouvert le genou* zij heeft haar knie opengehaald

l' **¹ouzbek** (m) (het) Oezbeeks

²ouzbek (bn) Oezbeeks

l' **Ouzbek** (m/v) Oezbeek(se)

l' **Ouzbékistan** (m) Oezbekistan

l' **ouzo** (m) ouzo

l' **ovaire** (m) eierstok, ovarium

l' **¹ovale** (m) ovaal

²ovale (bn) ovaal, eirond: *ballon* ~ rugbybal

l' **ovation** (v) ovatie

ovationner toejuichen; een ovatie brengen

l' **overdose** (v) overdosis

Ovide Ovidius

ovin, -e schapen-, schaaps-: *race* ~*e* schapenras

l' **¹ovipare** (m) eierleggend dier

²ovipare (bn) eierleggend

l' **ovni** (m) afk van *objet volant non identifié* ufo, vliegende schotel

l' **¹ovovivipare** (m) eierlevendbarend dier

²ovovivipare (bn) eierlevendbarend

l' **ovulation** (v) ovulatie, eisprong

ovulatoire ovulair [m.b.t. de eisprong]; ovulatie-

l' **ovule** (m) onbevrucht eitje; [plantk] zaadkiem

oxydable oxideerbaar

l' **oxydant** (m) oxidant

l' **oxydation** (v) oxidatie

¹oxyder (ov ww) oxideren

s' **²oxyder** (wdk ww) roesten, oxideren

l' **oxygénation** (v) **1** zuurstoftoevoer **2** behandeling met waterstofperoxide **3** [med] zuurstofbehandeling

oxygéné, -e zuurstofhoudend: *cheveux* ~*s* geblondeerd haar; *eau* ~*e* waterstofperoxide

l' **oxygène** (m) zuurstof: *elle a pris un bol d'*~ *à la montagne* zij heeft een frisse neus gehaald in de bergen

¹oxygéner (ov ww) **1** zuurstof toevoegen aan **2** blonderen

s' **²oxygéner** (wdk ww) frisse lucht (gaan) happen

l' **oyat** (m) helmgras

l' **ozone** (m) ozon: *la couche d'*~ de ozonlaag

l' **ozonosphère** (v) ozonlaag

p

le **p** (m) [de letter] p
la **p.** (v) afk van *page* bladzijde
le **pacage** (m) **1** weidegrond **2** (het) laten grazen
pacager weiden; laten grazen
le **pacemaker** (m) [med] pacemaker
le **pacha** (m) pasja: *une vie de ~* een leven in weelde
le **pachyderme** (m) olifant; dikhuid
le/la **pacifica|teur** (m), **-trice** (v) vredesticht-(st)er
la **pacification** (v) pacificatie, herstel van de vrede
pacifier 1 de vrede herstellen in **2** kalmeren, bedaren
pacifique vredelievend; vreedzaam
le **Pacifique** (m) Stille Zuidzee
le **pacifisme** (m) pacifisme
le/la **¹pacifiste** (m/v) pacifist(e)
²pacifiste (bn) pacifistisch
le **pack** (m) **1** pakijs **2** [rugby] voorhoede **3** [hand] (ver)pak(king) [flessen, blikken]; draagkarton
le **package** (m) **1** [reclame] all-inprijs; koppelverkoop **2** [comp] programmapakket
le **packaging** (m) [reclame] (het) (aantrekkelijk) verpakken [van artikelen]
la **pacotille** (v) waardeloos spul: *de ~* rommel-, prul-; *héroïsme de ~* heldhaftigheid van niks
le **Pacs** (m) afk van *Pacte Civil de Solidarité* ± geregistreerd partnerschap
pacsé, -e: *couple ~* geregistreerde partners
le **pacte** (m) pact, overeenkomst, verdrag: *~ de stabilité* stabiliteitspact; *conclure un ~* een pact sluiten
pactiser een verdrag sluiten; ± het op een akkoordje gooien: *~ avec l'ennemi* met de vijand heulen
le **pactole** (m) [fig] goudmijn
la **paella** (v) paella
paf 1 boem **2** dronken
le **PAF** (m) afk van *paysage audiovisuel français* Frans omroepbestel
la **pagaie** (v) pagaai, peddel
la **pagaille** (v) rotzooi: *en ~* **a)** in overvloed; **b)** overhoop
le **paganisme** (m) heidendom
pagayer pagaaien, peddelen
le/la **pagay|eur** (m), **-euse** (v) pagaai(st)er
le/la **page** (m) page, edelknaap: *effronté comme un ~* zo brutaal als de beul
la **²page** (v) bladzijde, pagina: [fig] *être à la ~*

bij, op de hoogte zijn; [fig] *~ blanche* onbeschreven blad; *~ Internet* internetpagina; *~ de démarrage* startpagina; [typ] *mise en ~s* lay-out; *première ~* voorpagina; *~ de garde* schutblad; [fig] *tourner la ~* **a)** het blad omslaan; **b)** het verleden laten rusten
le **pager** (m) buzzer
le **pagne** (m) lendendoek; schaamschortje
la **pagode** (v) pagode
paie zie paye
le **paiement** (m) betaling; beloning: *~ sécurisé* beveiligde betaling, (het) veilig betalen
le/la **¹païen** (m), **-ne** (v) heiden, heidin: *jurer comme un ~* vloeken als een ketter
²païen, -ne (bn) heidens
le/la **¹paillard** (m), **-e** (v) geile vent, vrouw: *un vieux ~* ouwe viezerik
²paillard, -e (bn) geil; schuin
la **paillardise** (v) schunnigheid
la **paillasse** (v) stromatras
le **paillasson** (m) **1** deurmat: *mettre la clef sous le ~* ervandoor gaan **2** rietmat [voor planten]
la **¹paille** (v) **1** stro: *de ~* strooien, stro-; [fig] *feu de ~* strovuurtje; [fig] *mettre sur la ~* ruïneren **2** strohalm; [limonade] rietje: [fig] *tirer à la courte ~* strootje trekken, loten; [fig] *la ~ et la poutre* de splinter en de balk
²paille (bn, mv: onv) strogeel
paillé, -e 1 strogeel **2** strooien, van stro: *chaise ~* stoel met biezen zitting
pailler [van stoelen] matten
la **paillette** (v) **1** lovertje, flonkertje; paillette: *savon en ~s* zeepvlokken **2** goudkorreltje [in rivierzand]; goudschilfertje
le **paillis** (m) strolaag; strobed
la **paillote** (v) strohut; strandtent [Corsica]
le **pain** (m) **1** brood; stokbrood: *~ bis* bruinbrood; *~ complet* volkorenbrood; *~ d'épice* kruidkoek, ontbijtkoek; [Belg] *~ intégral* volkorenbrood; [Belg] *~ français* stokbrood; *mie de ~* broodkruim; *petit ~* broodje; *~ perdu* wentelteefjes, [Belg] gewonnen brood; *planche à ~* broodplank; *~ rassis* oudbakken brood; [fig] *ça mange pas de ~* dat kan geen kwaad; [fig] *c'est ~ bénit* dat is mooi meegenomen; [fig] *avoir du ~ sur la planche* heel wat werk voor de boeg hebben; [fig] *pour une bouchée de ~* voor een appel en een ei; [fig] *ôter le ~ de la bouche* iem. het brood uit de mond stoten; [fig] *se vendre comme des petits ~s* als warme broodjes over de toonbank vliegen **2** brood, langwerpig stuk: *~ de savon* stuk zeep; *~ de hachisch* plak hasjiesj **3** klap, stomp, dreun
le **¹pair** (m) **1** gelijke: *être de ~ à égal avec qqn.* op voet van gelijkheid met iem. zijn; *aller de ~ (avec)* gelijke tred houden, samengaan, gepaard gaan (met); *hors (de) ~* ongeëvenaard, zonder weerga **2** [hand] pariteit: *au ~* a pari ‖ *au ~* au pair, tegen kost en inwoning

²**pair, -e** (bn) [van een getal] even

la **paire** (v) paar, span, stel; tweetal: ~ *de ci-seaux* schaar; ~ *de lunettes* bril; [fig] *ils font la* ~ ze zijn aan elkaar gewaagd; [fig] *c'est une autre* ~ *de manches* dat is andere koek

paisible rustig, vredig, vreedzaam

paître grazen, weiden; hoeden: [inf] *envoyer* ~ afschepen

la **paix** (v) vrede; rust, vredigheid, kalmte; gemoedsrust: *en* ~ kalm, rustig, vredig; *avoir la conscience en* ~ een gerust geweten hebben; *faire la* ~ vrede sluiten, zich verzoenen; *gardien de la* ~ politieagent; [Belg] *juge de* ~ [Belg] vrederechter; ± kantonrechter; *traité de* ~ vredesverdrag; *laisser la* ~ *à qqn.* iem. met rust laten

le **Pakistan** (m) Pakistan

pakistanais, -e Pakistaans

le/la **Pakistanais** (m), **-e** (v) Pakistaan(se)

le **pal** (m; mv: pals) spiets, puntige paal: *supplice du* ~ het spietsen [foltering]

palabrer eindeloos discussiëren

les **palabres** (mv, v) (eindeloos) gepraat, geredeneer

le **palace** (m) luxehotel

le **palais** (m) **1** paleis; gebouw: ~ *des congrès* congresgebouw; ~ *de justice* paleis van justitie, gerechtsgebouw; ~ *Bourbon* zetel van de Franse Nationale Vergadering; *le Palais* de rechtbank **2** ge-, verhemelte: *il a le* ~ *fin* het is een fijnproever; *flatter le* ~ de tong strelen

le **palan** (m) takel

la **palanche** (v) juk

le **Palatinat** (m) Palts

la **pale** (v) blad [van een roeiriem, propeller]; schoep

pâle 1 bleek, flets, bloedeloos, dof: *bleu* ~ lichtblauw; *se faire porter* ~ zich ziek melden **2** flauw, zwak [van licht] **3** [fig] kleurloos, karakterloos: ~ *imitation* zwakke nabootsing, slap aftreksel

le **palefrenier** (m) stalknecht

la **paléontologie** (v) paleontologie [bestudering van fossielen]

Palerme Palermo

la **Palestine** (v) Palestina

palestinien, -ne Palestijns

le/la **Palestinien** (m), **-ne** (v) Palestijn(se)

le **palet** (m) werpschijfje; puck

le **paletot** (m) [vrij korte] overjas

la **palette** (v) **1** palet **2** [sport] bat, slaghout **3** pallet, laadbord **4** schoep van waterrad

la **pâleur** (v) bleekheid

pâlichon, -ne bleekjes

le **palier** (m) **1** trapportaal, overloop: *voisin de* ~ buurman (op de overloop) **2** [fig] trap, niveau; fase: *par* ~s trapsgewijs, geleidelijk

la **palinodie** (v) ommezwaai

¹**pâlir** (onov ww) **1** bleek worden, verbleken **2** [fig] verbleken, zwakker worden, verflauwen

²**pâlir** (ov ww) bleek, bleker maken

la **palissade** (v) omheining

le ¹**palliatif** (m) verzachtend middel; [fig] lapmiddel

²**palliat|if, -ive** (bn) verzachtend: *soins* ~s a) pijnbestrijding; b) terminale zorg

pallier 1 vergoelijken, verbloemen **2** verlichten, verzachten; verhelpen

le **palmarès** (m) lijst van prijswinnaars; ranglijst, hitlijst

la **palme** (v) **1** palm(blad): *huile de* ~ palmolie **2** zegepalm: *remporter la* ~ de overwinning, de prijs behalen **3** [sport] zwemvlies

palmé, -e 1 [plantk] handvormig **2** [dierk] met zwemvliezen: *patte palmée* zwempoot

la **palmeraie** (v) palmbos

le **palmier** (m) **1** palmboom **2** vlinder van bladerdeeg

le **palmier-dattier** (m; mv: palmiers-dattiers) dadelpalm

le **palmipède** (m) zwemvogel

le **palmtop** (m) palmtop

la **palombe** (v) houtduif

pâlot, -te bleekjes

la **palourde** (v) steenmossel, tapijtschelp; venusschelp

palpable tastbaar

la **palpation** (v) [med] (het) palperen, het betasten en bekloppen

palper 1 bevoelen, betasten **2** [med] palperen **3** [geld] beuren

le ¹**palpitant** (m) rikketik

²**palpitant, -e** (bn) **1** kloppend; bonzend **2** bevend, trillend **3** aangrijpend; spannend, opwindend

la **palpitation** (v) **1** trilling **2** hartklopping

palpiter 1 bonzen, trillen, beven, heen en weer gaan **2** hartkloppingen hebben

la **paluche** (v) [pop] poot [hand]

paludique malaria-

le **paludisme** (m) malaria, moeraskoorts

se **pâmer** buiten zichzelf geraken; flauwvallen; zwijmelen: *être pâmé d'effroi* verstijfd staan van schrik

la **pâmoison** (v) [form] flauwte: *tomber en* ~ flauwvallen

la **pampa** (v) pampa

le **pamphlet** (m) pamflet, schotschrift

le/la **pamphlétaire** (m/v) pamflettist(e), pamfletschrijver, -schrijfster

le **pamplemousse** (m) **1** pompelmoes **2** grapefruit

le **pampre** (m) wijnrank

le ¹**pan** (m) **1** pand, slip; baan [strook stof] **2** vlak [van een muur] **3** zijde; stuk, deel

²**pan** (tw): ~*!* paf! pats!

la **panacée** (v) panacee, middel tegen alle kwalen

le **panachage** (m) **1** menging **2** voorkeurstemming op verschillende lijsten, [Belg] (het) panacheren

le **panache** (m) **1** vederbos, pluim **2** [fig] zwier, bravoure

le **¹panaché** (m) (een glas) bier met limonade
²panaché, -e (bn) **1** veelkleurig **2** gemengd

panacher 1 bont kleuren **2** uit verschillende elementen samenstellen: ~ *une liste* électorale een voorkeurslijst opstellen **3** [Belg; pol] panacheren

la **panade** (v) broodsoep, broodpap: [pop] *être dans la* ~ in de puree zitten

panafricain, -e pan-Afrikaans

Panama Panama: *le* ~ Panama [staat]

le **Paname** (m) [pop] Parijs

panaméen, -ne Panamees

le/la **Panaméen** (m), **-ne** (v) Panamees, Panamese

panaméricain, -e pan-Amerikaans

panarabe pan-Arabisch

le **panard** (m) [pop] poot [voet]

le **panaris** (m) fijt

le **pan-bagnat** (m; mv: pans-bagnats) broodbol, gevuld met salade niçoise

la **pancarte** (v) bord met opschrift

le **pancréas** (m) alvleesklier

le **panda** (m) panda

la **pandémie** (v) grootschalige epidemie

le **pandémonium** (m) pandemonium; [fig] heksenketel, hels lawaai

Pandore: *boîte de* ~ doos van Pandora

pané, -e gepaneerd: *escalope* ~ wienerschnitzel

le **panégyrique** (m) lofrede

le **panel** (m) panel; steekproef

le/la **panéliste** (m/v) panellid; forumlid

paner paneren

le **panier** (m) **1** mand, mandvol: *un* ~ *de crabes* [fig] wespennest; [fig] ~ *percé* verkwister; [fig] *mettre dans le même* ~ over één kam scheren; ~ *à salade* **a)** slamand; **b)** [fig] boevenwagen; ~ *à ordures* vuilnisbak, afvalbak; *mettre au* ~ **a)** in de prullenmand gooien, weggooien; **b)** [fig] de neus ophalen voor, neerkijken op; ~ *de la ménagère* huishoudbudget **2** [sport] korf, doelpunt

la **panière** (v) (grote) mand met hengsels

le **panier-repas** (m) lunchpakket

panifier tot brood verwerken

le **panini** (m) panino [plat, langwerpig Italiaans broodje]

la **¹panique** (v) paniek, panische schrik
²panique (bn) panisch

¹paniquer (onov ww) in paniek raken
²paniquer (ov ww) paniek zaaien

se **³paniquer** (wdk ww) in paniek raken

la **panne** (v) (motor)pech, panne; storing: *tomber en* ~ defect raken; ~ *sèche* (het) zonder benzine zitten; [scherts] *j'ai eu une* ~ *d'oreiller* ik heb me verslapen; *être en* ~ kapot zijn; *être en* ~ *de qqch.* iets missen, zonder iets zitten

le **panneau** (m) paneel, bord, vlak: ~ *in-*

dicateur verkeersbord; ~ *publicitaire* reclamebord; ~ *de signalisation* verkeersbord ‖ *donner dans le* ~ in de val lopen

la **panoplie** (v) **1** wapenrusting; [fig] arsenaal: ~ *de cowboy* cowboyuitrusting **2** reeks, serie: ~ *de mesures* serie maatregelen, maatregelenpakket

le **panorama** (m) panorama; overzicht

le **¹panoramique** (m) panoramische opname
²panoramique (bn) panorama-, panoramisch; overzichts-, als in een panorama

la **panse** (v) **1** [dierk] pens **2** buik, pens; rond gedeelte, buik

le **pansement** (m) (het) verbinden; verband, zwachtel: ~ *provisoire* noodverband

panser 1 verbinden, verzorgen **2** roskammen

pansu, -e dikbuikig

la **pantacourt** (v) driekwartbroek; kuitbroek

pantagruélique pantagruelesk; reusachtig, reuzen-

le **pantalon** (m) pantalon, lange broek: ~ *à pinces* bandplooibroek; ~ *transformable* (en *pantacourt*) afritsbroek; *enfiler* (of: *mettre*) *son* ~ zijn broek aantrekken

la **pantalonnade** (v) klucht; veinzerij, smoes

pantelant, -e hijgend; trillend, bevend

le **Panthéon** (m) Pantheon

la **panthère** (v) panter

le **pantin** (m) trekpop, marionet; hansworst

pantois, -e verstomd, beduusd

la **pantomime** (v) **1** (panto)mime, gebarenspel **2** aanstellerij

le **pantouflard** (m) huismus

la **pantoufle** (v) pantoffel, slof: *en* ~*s* op sloffen; [Belg] ~ *de gymnastique* [Belg] turnpantoffel, gymschoen

pantoufler van de staatsdienst naar de particuliere sector gaan, zich laten uitkopen

le **panty** (m) step-in **2** [Belg] panty

la **panure** (v) paneermeel

la **PAO** (v) **1** [comp] afk van *production assistée par ordinateur* CAP **2** [comp] afk van *publication assistée par ordinateur* dtp

le **paon** (m) **1** pauw: *se parer des plumes du* ~ met andermans veren pronken **2** pauwoog [vlinder]

le **papa** (m) papa, vader: ~ *gâteau* vader die zijn kinderen verwent; *bon-*~, *grand-*~ opa; *... de* ~ ouderwets ‖ *à la* ~ **a)** op zijn dooie gemak; **b)** zonder risico

papal, -e pauselijk

le **paparazzi** (m) paparazzo [agressieve persfotograaf]

la **papauté** (v) pausdom; pausschap

la **papaye** (v) papaja

le **pape** (m) paus: *il est sérieux comme un* ~ hij is doodserieus

la **paperasse** (v) nutteloze papieren; [fig] papierwinkel

la **paperasserie** (v) papieren rompslomp, papierwinkel

les **paperasses** (mv, v) paperassen

la **papeterie** (v) **1** papierfabricage **2** papier-
fabriek **3** papierhandel **4** kantoorboekhandel

le/la [1]**papet|ier** (m), **-ière** (v) **1** papier-
fabrikant(e) **2** kantoorboekhandelaar(ster)
[2]**papet|ier, -ière** (bn) papier-

le **papier** (m) **1** papier: ~ à cigarettes vloei; ~ à
lettres briefpapier; ~ à en-tête briefpapier
met briefhoofd; ~ à dessin tekenpapier; ~
peint behang(papier); ~ toilette wc-papier; ~
d'aluminium aluminiumfolie; ~ émeri, ~ de
verre schuurpapier; [inf] ~ cul pleepapier; ~
recyclé kringlooppapier **2** geschrift, kran-
tenartikel **3** [hand] wissel ‖ être dans les petits
~s de qqn. bij iem. in een goed blaadje staan

le **papier-monnaie** (m) papiergeld

les **papiers** (mv, m) documenten, (identiteits)-
papieren, stukken, bescheiden

le **papier-toilette** (m) toiletpapier

la **papille** (v) papil

le **papillon** (m) **1** vlinder: brasse ~ vlinderslag;
~ de nuit nachtvlinder **2** inlegvel **3** bon [op
voorruit]; bekeuring **4** [techn] vleugelmoer
papillonner 1 fladderen **2** van de hak op
de tak springen

la **papillote** (v) **1** papillot **2** papiertje om
snoepje **3** folie of papier waarin gebakken
of gebraden wordt

le **papillotement** (m) schittering
papilloter 1 knipperen [met de ogen]
2 glinsteren

le **papotage** (m) gekwebbel
papoter kwebbelen, kletsen
papou, -e Papoeaas

le/la **Papou** (m), **-e** (v) Papoea(se)

la **papouille** (v) [inf] handtastelijkheid; gefrunnik: faire des ~s à qqn. aan iem. frunniken

le **paprika** (m) paprikapoeder

la **Pâque** (v) Pesach [joods paasfeest]

le **paquebot** (m) passagiersschip

la **pâquerette** (v) madeliefje: au ras des ~s
laag bij de grond

le [1]**Pâques** (m) Pasen

les [2]**Pâques** (mv, v) Pasen, paasfeest: joyeuses ~
vrolijk Pasen; lundi de ~ tweede paasdag,
paasmaandag; œuf de ~ paasei

le **paquet** (m) **1** pakket; pak(je); bos, bundel;
grote hoeveelheid: un ~ de nerfs één brok
zenuwen; faire ses ~s inpakken, opstappen;
[pop] lâcher le ~ uitpakken [tegen iem.];
mettre le ~ alles op alles zetten; risquer le ~
alles op het spel zetten **2** [rugby] voorhoede

le **paquetage** (m) bepakking

le **paquet-poste** (m; mv: paquets-poste)
postpakket
par door, uit, met, per, om, over, langs, bij,
op, door middel van: ~ mer over zee; ~ mer
calme bij kalme zee; ~ terre **a)** op de grond;

b) over de grond; ~-ci ~-là hier en daar; ~ là
a) daarheen, daarlangs; **b)** daar ergens;
c) daarom, daardoor; ~ tous les temps in weer
en wind; ~ une belle journée op een mooie
dag; voyager ~ avion vliegen; voyager ~ Anvers via Antwerpen reizen; ~ la force met geweld; appeler les choses ~ leur nom geen blad
voor de mond nemen; il a commencé ~ nous
expliquer que … hij begon met ons uit te leggen dat …; ~ trois fois tot drie keer toe; mètre ~ mètre meter voor meter; répondre ~ oui
met ja antwoorden; conduire ~ la main aan
de hand leiden; ~ la douceur met zachtheid,
zachtjes; ~ milliers bij duizenden; ~ cœur uit
het hoofd ‖ de ~ la loi in naam van de wet; finir ~ [+ onbep w] ten slotte, uiteindelijk;
qu'entendez-vous ~ là wat verstaat u daaronder

le **para** (m) para(chutist)

la **parabole** (v) **1** parabel, gelijkenis **2** para-
bool
parabolique parabolisch: antenne ~ scho-
telantenne
parachever geheel afmaken, vervolmaken, voltooien

le **parachutage** (m) **1** (het) parachuteren,
dropping **2** onverwachte benoeming

le **parachute** (m) parachute: sauter en ~ parachutespringen; [inf] ~ doré (of: en or) gouden handdruk
parachuter 1 parachuteren, droppen
2 onverwacht benoemen

le **parachutisme** (m) [sport] (het) parachutespringen: ~ ascensionnel parasailing

le/la **parachutiste** (m/v) parachutist(e)

la **parade** (v) **1** uiterlijk vertoon: de ~ staat-
sie-; **b)** voor de show; habit de ~ galakos-
tuum; lit de ~ praalbed **2** [mil] parade, wapenschouw **3** vertoning [voor kermistent]
4 (het) pareren: trouver la ~ een weerwoord
vinden
parader 1 [mil] paraderen **2** [fig] pronken

le **paradis** (m) **1** paradijs: oiseau de ~ paradijsvogel; ~ fiscal belastingparadijs **2** [theat]
engelenbak
paradisiaque paradijselijk

le **paradisier** (m) paradijsvogel
paradoxal, -e paradoxaal

le **paradoxe** (m) paradox, schijnbare tegenstrijdigheid

le **parafe** (m) paraaf
parafer paraferen

la **paraffine** (v) (harde) paraffine

le **parafoudre** (m) bliksemafleider

les **parages** (mv, m) streek, omgeving: dans les
~ in de buurt

le **paragraphe** (m) **1** paragraaf; paragraafte-
ken: § 2 lid: article 2, ~ 3 artikel 2, lid 3

le **Paraguay** (m) Paraguay
paraguayen, -ne Paraguayaans

le/la **Paraguayen** (m), **-ne** (v) Paraguayaan(se)

¹paraître (onov ww) **1** verschijnen, zich vertonen; uitkomen [van een boek]; opkomen [van een acteur]; zich laten zien; aanbreken [van de dag]: *faire* ~ **a)** uitgeven, publiceren; **b)** laten blijken, tonen, kenbaar maken; *vient de* ~ net verschenen; ~ *en justice* voorkomen, voor de rechtbank verschijnen **2** lijken, schijnen; doorgaan voor: ~ *jeune* er jong uitzien; *il paraît étonné de cette réponse* hij lijkt verbaasd over dit antwoord; *ne pas ~ son âge* jonger lijken dan men is; ~ *long* lang vallen **3** goed voor de dag komen, opvallen, zich manifesteren

²paraître (onpers ww): *il paraît que ...* het schijnt dat ..., er wordt verteld dat ..., het gerucht gaat dat ...; *à ce qu'il paraît* naar het schijnt

le **¹parallèle** (m) parallel; breedtecirkel; vergelijking: *établir* (of: *faire*) *un* ~ een parallel trekken, vergelijken

la **²parallèle** (v) evenwijdige lijn: [elek] *montage en* ~ parallelschakeling

³parallèle (bn) **1** parallel, evenwijdig: *barres* ~*s* brug [gymnastiek] **2** niet officieel, alternatief: *marché* ~ zwarte markt; *presse* ~ alternatieve pers; *police* ~ geheime politie

le **parallélépipède** (m) [meetk] parallellepipedum

paralympique paralympisch: *les Jeux* ~*s de* Paralympische Spelen, de Paralympics

paralyser verlammen; lam leggen

la **paralysie** (v) verlamming; onmacht, machteloosheid; (het) stilliggen

le/la **¹paralytique** (m/v) lamme

²paralytique (bn) verlamd

paramédical, -e paramedisch

les **paramédicaux** (mv, m) paramedische beroepen

le **paramètre** (m) parameter; factor

le **parangon** (m) model, toonbeeld

le/la **¹parano** (m/v) [inf] verk van *paranoïaque*

²parano (bn) [inf] verk van *paranoïaque*

la **paranoïa** (v) paranoia

le/la **¹paranoïaque** (m/v) iem. die lijdt aan paranoïa

²paranoïaque (bn) paranoïde

paranormal, -e paranormaal

le **parapente** (m) paragliding

le **parapet** (m) borstwering; muurtje

la **parapharmacie** (v) verkoop van drogisterijartikelen door apotheken

le **paraphe** (m) paraaf

parapher paraferen

la **paraphrase** (v) **1** parafrase, omschrijving **2** uitweiding, omhaal van woorden

paraphraser parafraseren, omschrijven

la **paraplégie** (v) verlamming van beide benen of armen

le **parapluie** (m) paraplu

parapublic [ec] semioverheid-; [Belg] parastataal

parascolaire naast de schoolactiviteiten, buitenschools

le **¹parasite** (m) parasiet; klaploper; [biol] woekerplant, woekerdiertje

²parasite (bn) parasiterend, woekerend; overbodig: *bruits* ~*s* storende bijgeluiden

parasiter 1 als parasiet leven op **2** [fig] ten koste leven van **3** [comm] [de ontvangst] storen

les **parasites** (mv, m) storing, ruis

le **parasitisme** (m) parasitisme; klaploperij

le **parasol** (m) parasol: *pin* ~ pijnboom

le **parasoleil** (m) [foto] zonnekap

parastatal, -e [Belg] parastataal, semioverheids-

le **paratonnerre** (m) bliksemafleider

la **paratyphoïde** (v) paratyfus

le **paravent** (m) **1** kamerscherm **2** [fig] dekmantel

le **parc** (m) **1** park: ~ *d'attractions* pretpark; ~ *automobile* wagenpark; ~ *à huîtres* oesterbank, oesterput; ~ *national* natuurreservaat; ~ *naturel* natuurgebied; ~ *de stationnement* parkeerterrein **2** verplaatsbare omheining [voor schapen] **3** (baby)box

parcellaire in percelen; in gedeelten: *tâche* ~ deeltaak

la **parcelle** (v) **1** perceel, kavel **2** beetje, deeltje, stukje

parce que omdat: *pourquoi ...?* ~ waarom ...? daarom

le **parchemin** (m) **1** perkament **2** oorkonde, manuscript, document **3** universitair diploma

parcheminé, -e perkamentachtig

par-ci: ~ *par-là* hier en daar

la **parcimonie** (v) karigheid, schrielheid: *avec* ~ mondjesmaat, spaarzaam

parcimoni|eux, -euse karig, schriel

le **parcmètre** (m) parkeermeter

parcourir 1 doorlopen, doortrekken, doorkruisen; rondreizen **2** afleggen [van een afstand] **3** doorbladeren; doornemen, vluchtig doorlezen

le **parcours** (m) **1** parcours, af te leggen weg, baan, route, traject: ~ *du combattant* **a)** [mil] stormbaan; **b)** [fig] weg met veel hindernissen; *accident de* ~ tegenvaller, onvoorziene gebeurtenis; ~ *de santé* trimbaan **2** rit

par-derrière van achteren; achter de rug om

par-dessous onder(door); eronder

le **pardessus** (m) overjas, winterjas

par-dessus over(heen): [fig] *en avoir* ~ *la tête* er schoon genoeg van hebben

par-devant voor; in tegenwoordigheid van

pardi! [inf] verdorie!

le **pardon** (m) vergiffenis, vergeving, kwijtschelding: *Grand Pardon, jour du Pardon* Grote Verzoendag; *je vous demande* ~ **a)** neem me niet kwalijk; **b)** wat belieft u?; *sans* ~ ge-

nadeloos; ~! **a)** sorry!; **b)** allemachtig!; ~ *breton* religieus feest (Bretagne)
pardonnable vergeeflijk
¹pardonner (ov ww) vergeven, vergiffenis schenken, gunnen, niet kwalijk nemen, excuseren: ~ à qqn. d'avoir fait qqch. iem. vergeven dat hij iets gedaan heeft; *pardonnez-moi* neem me niet kwalijk; *on ne lui pardonne pas son succès* men misgunt hem zijn succes
se **²pardonner** (wdk ww) **1** vergeven worden **2** elkaar vergiffenis schenken
paré, -e 1 getooid, opgeschikt **2** [m.b.t. vlees] gereed voor verwerking in de keuken **3** (+ contre) beschermd (tegen)
le **pare-balles** (m; mv: *onv*) kogelvanger: *gilet* ~ kogelvrij vest
le **pare-boue** (m) spatlap; spatbord
le **pare-brise** (m; mv: *onv*) voorruit
le **pare-chocs** (m; mv: *onv*) bumper
le **pare-étincelles** (m) haardscherm
le **pare-feu** (m; mv: pare-feu(x)) **1** brandscherm: *porte* ~ brandwerende deur **2** brandgang [in bos] **3** [comp] firewall
le/la **¹pareil** (m), **-le** (v) gelijke, weerga: *c'est du* ~ *au même* het is lood om oud ijzer; *rendre la* ~*le à qqn.* iem. met gelijke munt betalen; *ils ne sont pas* ~*s* ze lijken niet op elkaar
²pareil, -le (bn) dergelijke, gelijk; zelfde: *en* ~ *cas* in zo'n geval
pareillement eveneens, insgelijks, op dezelfde wijze; ook, evenzo, ook zo, hetzelfde
le **parement** (m) versiersel, oplegsel; opslag [van een mouw]
le/la **¹parent** (m), **-e** (v) **1** bloedverwant(e), familielid **2** (vader, moeder) ouder: *comité des* ~*s* oudercommissie; ~*s adoptifs* pleegouders, adoptieouders; ~*s biologiques* biologische ouders; ~*s demandeurs* wensouders; *traiter qqn. en* ~ *pauvre* iem. stiefmoederlijk behandelen
²parent, -e (bn) [ook fig] verwant: *être* ~ *avec* familie zijn van
parental, -e ouderlijk: *congé* ~ ouderschapsverlof
la **parentalité** (v) ouderschap
la **parenté** (v) (bloed)verwantschap; [fig] verwantschap: *lien de* ~ familieband
la **parenthèse** (v) **1** tussenzin **2** (rond) haakje; tekst tussen haakjes: *faire une* ~ iets tussenvoegen; *ouvrir une* ~ even uitweiden; *entre* ~*s* tussen haakjes; *soit dit par* ~ tussen twee haakjes gezegd
¹parer (onov ww) (+ à) voorzien (in), maatregelen nemen (tegen), zich beschermen (tegen): ~ à des *difficultés* moeilijkheden ondervangen
²parer (ov ww) **1** (ver)sieren, tooien; opmaken, mooi aankleden **2** toeschrijven **3** bereiden; gereedmaken **4** afweren, pareren; vermijden, afwenden: ~ *le coup* de klap opvangen; [scheepv] ~ *un cap* om een kaap varen

se **³parer de** (wdk ww) zich tooien, pronken met
le **pare-soleil** (m; mv: *onv*) zonneklep
la **paresse** (v) luiheid; traagheid
paresser luieren
le/la **¹paress|eux** (m), **-euse** (v) **1** luilak **2** [dierk] luiaard
²paress|eux, -euse (bn) lui, traag, gemakzuchtig
le **pare-vent** (m) windscherm
parfaire 1 afmaken, voltooien; vervolmaken **2** aanzuiveren
le **¹parfait** (m) **1** [taalk] voltooid tegenwoordige tijd **2** parfait [ijs]
²parfait, -e (bn) volmaakt, volkomen, perfect, voortreffelijk; volleerd: ~! uitstekend! prachtig! in orde! prima!; ~ *imbécile* volslagen idioot; *en* ~*e santé* kerngezond; *filer le* ~ *amour* smoorverliefd zijn, dolgelukkig (met elkaar) zijn, leven als tortelduifjes
parfaitement volmaakt, volslagen, volkomen; zeker, juist
parfois soms, af en toe
le **parfum** (m) **1** geur, reuk **2** parfum, reukwerk **3** aroma, smaak **4** zweem, waas: *être au* ~ lucht hebben van, op de hoogte zijn van
parfumer 1 parfumeren **2** geurig, welriekend maken
la **parfumerie** (v) **1** cosmetica-industrie **2** parfumerie; parfumwinkel
le **pari** (m) weddenschap; inzet: *engager* (of: *faire*) *un* ~ een weddenschap aangaan; ~ *mutuel* totalisator; [fig] *les* ~*s sont ouverts* er kan nog van alles gebeuren
le **paria** (m) verstoteling(e); paria; outcast
parier (ver)wedden, inzetten; *je l'aurais parié!* dat dacht ik wel!; *on parie?* wedden?; *il y a gros à* ~ *que* tien tegen één dat
pariétal, -e: *peinture* ~*e* grotschildering
le/la **pari|eur** (m), **-euse** (v) wedder, wedster
parigot, -e [pop] van Parijs: *l'accent* ~ het Parijse accent
le/la **Parigot** (m), **-e** (v) [pop] Parijzenaar, Parisienne
Paris Parijs
parisien, -ne van Parijs
le/la **Parisien** (m), **-ne** (v) Parijzenaar, Parisienne
paritaire paritair, gelijkelijk vertegenwoordigd
la **parité** (v) gelijkheid; overeenkomst; [hand] pariteit: ~ *linguistique* [Belg] taalpariteit
le **¹parjure** (m) meineed; eedbreuk
le/la **²parjure** (m/v) meinedige
³parjure (bn) meinedig; trouweloos
se **parjurer** meineed plegen
le/la **parka** (m/v) parka
le **parking** (m) **1** (het) parkeren: ~ *interdit* verboden te parkeren **2** parkeerterrein, parkeergarage: ~ *de rabattement* transferium
par-là: *par-ci, ~* **a)** [m.b.t. plaats] zo'n beetje overal; **b)** [m.b.t. tijd] altijd en eeuwig

parlant, -e sprekend; treffend: *horloge* ~*e* tijdmelding; *preuves* ~*es* overtuigende bewijzen

parlé, -e gesproken, mondeling: *journal* ~ (nieuws)berichten [op radio]; nieuws; *langue* ~*e* spreektaal

le **parlement** (m) parlement, volksvertegenwoordiging: *le Parlement a examiné la question* het parlement heeft de zaak behandeld

le [1]**parlementaire** (m) onderhandelaar

le/la [2]**parlementaire** (m/v) parlementariër, kamerlid

[3]**parlementaire** (bn) parlementair, parlements-

parlementer onderhandelen; praten, eindeloos discussiëren

le [1]**parler** (m) spraak, wijze van spreken: ~ *régional* streektaal

[2]**parler** (onov ww) spreken, praten: *de quoi parles-tu?* waar heb je het over?; ~ *contre* pleiten tegen; *tu parles d'un con!* wat een oen!; ~ *tu parles!* en of!; *qu'on ne m'en parle plus* ik wil er niets meer over horen; ~ *crûment* geen blad voor de mond nemen; [fig] ~ *à un mur* tegen een muur praten, voor dovemansoren spreken; [inf] *tu parles si je m'en moque* wat kan mij dat schelen

[3]**parler** (ov ww) spreken over, praten over, het hebben over: ~ *politique* over politiek praten

se [4]**parler** (wdk ww) **1** gesproken worden: *cette langue ne se parle plus* die taal wordt niet meer gesproken **2** met elkaar spreken

le/la **parl|eur** (m), **-euse** (v) prater, praatster: *beau* ~ mooiprater; *haut* ~ luidspreker

le **parloir** (m) spreekkamer

la **parlote** (v) gebabbel

le [1]**parme** (m) **1** parmaham **2** paars

[2]**parme** (bn, mv: *onv*) paars

le [1]**parmesan** (m) Parmezaanse kaas

[2]**parmesan, -e** (bn) uit Parma

parmi onder, te midden van, bij; tussen: *ranger* ~ rekenen tot; *compter* ~ gerekend worden tot

la **parodie** (v) parodie, karikatuur

parodier parodiëren; nadoen, nabootsen

la **paroi** (v) wand

la **paroisse** (v) parochie

paroissial, -e parochiaal, parochie-

le/la [1]**paroissien** (m), **-ne** (v) parochiaan

le [2]**paroissien** (m) kerkboek

la **parole** (v) **1** woord; (het) spreken: *temps de* ~ spreektijd; *couper la* ~ *à qqn.* iem. in de rede vallen; *boire les* ~*s de qqn.* aan iemands lippen hangen; *adresser la* ~ *à qqn.* iem. aanspreken; *prendre la* ~ het woord nemen; *ce sont des* ~*s en l'air* dat zijn loze praatjes **2** (ere)woord, belofte: *sur* ~ op mijn erewoord; *homme de* ~ man van zijn woord **3** spraak(vermogen); taalgebruik: *perdre la* ~ sprakeloos zijn, staan

les **paroles** (mv, v) tekst: ~ *d'une chanson* tekst van een lied; *histoire sans* ~ beeldverhaal

le/la **parol|ier** (m), **-ière** (v) tekstschrijver, -schrijfster

le **paroxysme** (m) paroxisme, hoogste graad, toppunt: *être à son* ~ op het hoogtepunt zijn

le **parpaing** (m) (cement)blok

parquer 1 parkeren [auto] **2** [fig] opsluiten

le **parquet** (m) **1** parket(vloer) **2** [jur] parket

le **parrain** (m) **1** [r-k] peter, peetoom **2** peetvader **3** maffiabaas

le **parrainage** (m) **1** peetschap **2** steun; sponsoring

parrainer steunen, sponsoren

le [1]**parricide** (m) vadermoord, moedermoord

le/la [2]**parricide** (m/v) vadermoordenaar, vadermoordenares, moedermoordenaar, moedermoordenares

[3]**parricide** (bn) die vadermoord, moedermoord heeft gepleegd

pars 1e, 2e pers enk van *partir*

parsemer 1 (+ de) bezaaien, bestrooien, doorspekken (met) **2** verspreid liggen

la **part** (v) **1** deel, part, aandeel, gedeelte: ~ *de marché* marktaandeel; *pour une bonne* (of: *large*) ~ grotendeels; *pour ma* ~ voor mijn part, wat mij betreft; *à* ~ *entière* volwaardig; *faire* ~ *de* meedelen, kennis geven van; *faire la* ~ *de qqch.* rekening met iets houden, in aanmerking nemen; ~ *du lion* leeuwendeel; *prendre* ~ *à* deelnemen, meedoen aan **2** kant, zijde: *à* ~ **a)** opzij, terzijde, apart; **b)** afzonderlijk; **c)** zeer bijzonder, apart; **d)** met uitzondering van; *à* ~ *cela* afgezien daarvan; *à* ~ *moi* bij mezelf; *autre* ~ ergens anders, elders; *de* ~ *et d'autre* **a)** aan weerskanten; **b)** over en weer; *de* ~ *en* ~ door en door; *de la* ~ *de qqn.* namens, vanwege iem.; *de votre* ~ uwerzijds; *d'une* ~ ... *de l'autre* ~ enerzijds ... anderzijds; *nulle* ~ nergens; *quelque* ~ ergens; *de toutes* ~*s* allerwegen, aan (van) alle kanten; *mettre à* ~ terzijde leggen; *mis à* ~ afgezien van; *prendre en bonne* (of: *en mauvaise*) ~ gunstig (of: ongunstig) opvatten; [euf; inf] *aller quelque* ~ naar een zekere plaats gaan [wc]

le **partage** (m) **1** verdeling: ~ *des voix* staking van stemmen; *sans* ~ zonder voorbehoud; ~ *des bénéfices* winstdeling **2** (aan)deel, lot: *avoir en* ~ beschikken over; *donner en* ~ schenken; *recevoir en* ~ ontvangen, deelhebben

partageable verdeelbaar

[1]**partager** (ov ww) **1** verdelen; delen in; delen met: *je partage votre avis* ik ben het met u eens; *amour partagé* wederzijdse liefde; *partagé entre* heen en weer geslingerd tussen ...; [comp] *temps partagé* timesharing; *avis sont partagés* de meningen zijn verdeeld; ~ *l'enthousiasme de qqn.* iemands enthousiasme delen; ~ *la vie de* (of: *avec*) *qqn.* iemands

leven delen, zijn leven met iem. delen **2** bedelen

se ²**partager** (wdk ww) **1** verdeeld worden
(zijn) **2** onderling verdelen

la **partance** (v): *en* ~ op het punt om te vertrekken

le ¹**partant** (m) vertrekkende

²**partant, -e** (bn) [sport] aan de start verschijnend: *je ne suis pas* ~ ik doe niet mee

le/la **partenaire** (m/v) partner; medespeler,
-speelster

le **partenariat** (m) partnerschap

le **parterre** (m) **1** bloemperk, border **2** [theat]
parterre **3** vloer

le ¹**parti** (m) **1** partij, groepering: ~ *de droite*
rechtse partij; *prendre* ~ *pour (contre)* partij
kiezen voor (tegen); *prendre le* ~ *de qqn.* het
voor iem. opnemen; *se mettre du* ~ *de* zich
aan de zijde scharen van; *en tirer le meilleur* ~
er het beste van maken, eruit halen wat erin
zit **2** besluit: *(en) prendre son* ~ berusten, zich
erbij neerleggen; ~ *pris* vooropgezette mening, vooroordeel

²**parti, -e** (bn) vertrokken, weg: *c'est* ~*!* van
start!; *le voilà* ~*!* en weg is hij!, daar gaat hij
weer!

partial, -e partijdig

la **partialité** (v) partijdigheid, vooringeno-
menheid

le/la ¹**participant** (m), **-e** (v) **1** deelnemer,
-neemster **2** cursist(e)

²**participant, -e** (bn) deelnemend

la **participation** (v) **1** aandeel; deelneming,
medewerking, bijdrage: ~ *au bénéfice* winstdeling **2** inspraak, medezeggenschap

le **participe** (m) deelwoord

participer 1 (+ à) delen in; deelnemen aan;
bijdragen in; meewerken aan: ~ *aux bénéfices* delen in de winst; ~ *au chagrin de qqn.*
delen in iemands verdriet **2** (+ de) iets (weg)
hebben van

la **particularisation** (v) verbijzondering

¹**particulariser** (ov ww) onderscheiden,
verbijzonderen

se ²**particulariser** (wdk ww) zich onderscheiden

la **particularité** (v) bijzonderheid; (het) bijzondere

la **particule** (v) **1** deeltje **2** [taalk] partikel:
verbe à ~ *inséparable* onscheidbaar werkwoord **3** adellijk voorvoegsel: *avoir un nom à*
~ een adellijke naam hebben, van adel zijn

le/la ¹**particul|ier** (m), **-ière** (v) [persoon] parti-
culier(e)

le ²**particulier** (m) het bijzondere: *en* ~ met
name, vooral

³**particul|ier, -ière** (bn) **1** particulier, privé,
persoonlijk, eigen: *être* ~ *à* eigen zijn aan
2 speciaal, kenmerkend, bijzonder, buitengewoon: *cas* ~ bijzonder geval; *signes* ~*s* bijzondere kenmerken; *c'est un peu* ~ dat is
nogal bijzonder, dat is een beetje raar

la **partie** (v) **1** deel; gedeelte: *en* ~ gedeeltelijk; *pour la plus grande* ~ grotendeels; ~ *du
monde* werelddeel; *faire* ~ *de* deel uitmaken
van, behoren tot; *les* ~*s sexuelles* de geslachtsdelen **2** beroep, vak: *il est très compétent dans sa* ~ hij is heel deskundig op zijn
terrein **3** wedstrijd, partij; strijd; strijdende
partij: *la* ~ *n'est pas égale* het is een ongelijke
strijd; *gagner* (of: *perdre*) *la* ~ het winnen
(of: verliezen); *abandonner la* ~ het opgeven;
[fig] *ce n'est que* ~ *remise* uitstel is geen afstel
4 partij [spel, vermaak]: ~ *de plaisir* pretje,
feestje; ~ *de jambes en l'air* vrijpartij; ~ *carrée*
partnerruil; *être de la* ~ van de partij zijn; *en
première* ~ in het voorprogramma **5** [jur]
partij: *les* ~*s contractantes* de verdragsluiten-
de partijen; *prendre qqn. à* ~ **a)** iem. aanvallen; **b)** iem. aanklagen; ~ *civile* civiele partij

le ¹**partiel** (m) deelexamen, tentamen

²**partiel, -le** (bn) partieel, gedeeltelijk: *travail
à temps* ~ deeltijdwerk

les **parties** (mv, v) mannelijke geslachtsdelen

partir 1 (+ pour) vertrekken, (weg)gaan,
(weg)rijden (naar): *ils sont déjà partis* ze zijn al
weg; ~ *de chez soi* van huis gaan; ~ *en vacances* met vakantie gaan **2** (+ de) uitgaan van,
voortkomen uit **3** beginnen, aanslaan, starten: *prêts? partez!* klaar? af!; *à* ~ *de* vanaf; *à* ~
d'ici van hier af; *il est mal parti* hij heeft een
slechte start gemaakt **4** afgaan, exploderen:
~ *d'un éclat de rire* in lachen uitbarsten; *faire* ~
afschieten

le/la ¹**partisan** (m), **-e** (v) **1** aanhang(st)er, voor-
stand(st)er: *être* ~ *de qqch.* vóór iets zijn,
voorstander van iets zijn **2** guerrillastrijd-
(st)er; verzetsstrijd(st)er: *guerre de* ~*s* guerrillaoorlog

²**partisan, -e** (bn) partij-; partijdig; voorin-
genomen, bevooroordeeld

partit|if, -ive delend: *article* ~ delend lid-
woord

la **partition** (v) (ver)deling; [muz] partituur

partouse *zie* **partouze**

partout overal

la **partouze** (v) [inf] orgie

paru volt dw van ¹*paraître*

la **parure** (v) sieraad, aankleding; (bij elkaar
passende) sieraden, linnengoed; versiersel

la **parution** (v) verschijning [van een boek]

parvenir à 1 aankomen, bereiken, doordringen (tot): *faire* ~ doen toekomen; ~ *à
qqch.* iets bereiken **2** slagen

le **parvenu** (m) parvenu; nieuwe rijke

le **parvis** (m) kerkplein, voorplein

le ¹**pas** (m) **1** pas, stap, schrede, voetstap, voet-
spoor: *rouler au* ~ stapvoets (of: langzaam)
rijden; ~ *à* ~ stap voor stap, voorzichtig; *à
deux* ~ *de* vlak bij …; *faire les cent* ~ op en
neer lopen, ijsberen; *à* ~ *comptés* met afgemeten tred; *faire un faux* ~ **a)** struikelen;

b) [fig] een misstap begaan; *à ~ de géant* met reuzenschreden; *marcher d'un même ~* gelijke tred houden; *mettre au ~* weer in het gareel brengen; *il n'y a que le premier ~ qui coûte* alle begin is moeilijk; *retourner sur ses ~* rechtsomkeert maken; *tirer qqn. d'un mauvais ~* iem. uit een moeilijke situatie helpen **2** voorrang, doorgang; drempel: *prendre le ~ sur qqn.* iem. achter zich laten [ook fig]; [fig] *franchir le ~* **a)** de moeilijkheid te boven komen; **b)** de sprong wagen **3** nauw, zee-engte: *~ de Calais* Nauw van Calais ‖ *~ de porte* [hand] overnamesom [te betalen door nieuwe huurder]; sleutelgeld

²pas (bw, vaak met *ne*) niet: *il n'est ~ là* hij is er niet; *~ un* **a)** niet één, geen enkele; **b)** niemand; *~ du tout* **a)** helemaal niet; **b)** [inf] nee; *pourquoi ~?* waarom niet?; *ce n'est ~ que* niet dat; *~ mal de* nog al wat; *~ non plus* ook niet, evenmin; *~ plus que* evenmin als; *il n'y a ~ que lui* hij is het niet alleen; *comme ~ un* als geen ander

pascal, -e paas-: *agneau ~* paaslam

le **pas-de-porte** (m) sleutelgeld

passable aanvaardbaar, passabel

passablement 1 tamelijk, redelijk **2** nog al, flink

la **passade** (v) liefdesavontuurtje; bevlieging, gril

le **passage** (m) **1** (het) passeren, voorbijgaan, doortrekken, langstrekken, oversteken; doortocht, overtocht: *~s nuageux* overtrekkende wolkenvelden; *de ~* **a)** op doorreis; **b)** kortstondig; *examen de ~* **a)** overgangsexamen; **b)** herkansing **2** (+ à) overgang naar: *~ à vide* dood punt, black out **3** doorgang, gang, engte; passage [overdekte winkelstraat]; oversteekplaats: *~ clouté* oversteekplaats voor voetgangers, zebra(pad); *~ à niveau* overweg; *~ interdit* verboden toegang; *~ protégé* voorrangskruising; *~ souterrain* voetgangerstunnel; verkeerstunnel; *lieu de ~* doorgangsweg, druk punt; *céder le ~* voorrang verlenen; *laissez le ~* laat de doorgang vrij; *livrer ~ à* doorlaten; *barrer le ~ à qqn.* iem. de doorgang versperren, in de weg staan ‖ *~ à tabac* aframmeling; *prendre au ~* onderscheppen

le/la **¹passag|er** (m), **-ère** (v) passagier, inzittende, opvarende: *~ clandestin* verstekeling

²passag|er, -ère (bn) voorbijgaand, kortstondig, vluchtig; doortrekkend, op doorreis

le/la **¹passant** (m), **-e** (v) voorbijgang(st)er

le **²passant** (m) lusje [voor riem, ceintuur]

³passant, -e (bn) druk, met veel verkeer

la **passation** (v) **1** [jur] (het) passeren [van een akte] **2** overdracht [van bevoegdheid]

le **¹passe** (m) [inf] passe-partout, loper

la **²passe** (v) **1** vaargeul, doorvaart: *être en ~ de* op het punt staan; *être dans une mauvaise ~* een moeilijke tijd doormaken **2** [schermen]

uitval: [fig] *~ d'armes* woordenwisseling **3** trek [van vogels] **4** [sport] pass: *~ décisive* assist ‖ *maison de ~* bordeel; *mot de ~* wachtwoord

le **¹passé** (m) **1** verleden: *par le ~* vroeger; [inf] *tout ça, c'est du ~* dat is ouwe koek; *évoquer le ~* herinneringen ophalen **2** [taalk] verleden tijd: *~ composé* voltooid tegenwoordige tijd; *~ simple* onvoltooid verleden tijd; *les temps du ~* de voltooide tijden

²passé, -e (bn) **1** voorbij(gegaan), verleden; vorig: *il est deux heures ~es* het is over tweeën; *histoires du temps ~* verhalen van vroeger; *participe ~* voltooid deelwoord **2** verschoten, verbleekt: *bleu ~* fletsblauw

³passé (vz) **1** na: *~ deux heures* na twee uur **2** voorbij

le **passe-droit** (m) privilege, bevoorrechting

le **passéisme** (m) hang naar het verleden

le **passe-montagne** (m; mv: passe-montagnes) bivakmuts

le **¹passe-partout** (m) **1** loper [sleutel] **2** passe-partout [lijst]

²passe-partout (bn, mv: *onv*) **1** bruikbaar voor alles, multi-inzetbaar **2** clichématig

le **passe-passe** (m): *tour de ~* goocheltoer, foefje

le **passe-plat** (m; mv: passe-plats) doorgeefluik; dienluikje

le **passepoil** (m) [textielindustrie] boordsel, bies

le **passeport** (m) pas, paspoort

¹passer (onov ww) **1** gaan, reizen, trekken; doorgaan, doortrekken, doorrijden, doorvaren; langs komen, voorbijgaan, voorbijkomen; passeren; overgaan; [van tijd] verlopen; [inf] verteerd worden [van voedsel]: *en passant* in het voorbijgaan, terloops; *on ne passe pas!* verboden toegang!; *où est-il passé?* waar blijft hij?; *ne pas ~ inaperçu* niet onopgemerkt blijven; *~ chez qqn.* even bij iem. langsgaan; *ne faire que ~* even blijven; *cela passe encore* dat kan er nog mee door; *le message n'a pas passé* de boodschap is niet overgekomen; *laisser ~* **a)** niet opmerken [van iem., iets]; **b)** doorlaten [van licht]; *il ne laisse rien ~* **a)** niets ontsnapt aan zijn aandacht; **b)** hij ziet niets door de vingers; *le temps passe vite* de tijd vliegt om; *~ à* overgaan tot, op; *~ à la caisse* afrekenen; *~ à l'ennemi* naar de vijand overlopen; *il passe très bien à la télé* hij komt goed over op tv; *~ au vert* op groen springen [verkeerslicht]; *~ à travers* erdoorheen steken; *y ~* eraan gaan, eraan geloven; *~ de mode* uit de mode raken; *~ en terminale* in de laatste klas (van het vwo) komen; *~ avant* [ook fig] voorgaan; *~ devant* **a)** voorgaan; **b)** voorbijgaan, langsgaan, langskomen; *~ par* **a)** gaan, rijden, reizen door, langs, over, via; **b)** doorlopen [school, rang]; **c)** doorstaan [van een beproeving]; *~*

par Paris over Parijs reizen; ~ *par la porte* door de deur gaan; [fig] *il faut en* ~ *par là* er zit niets anders op; *cela lui a passé par la tête* dat is bij hem opgekomen; *passons là-dessus* laten we daar niet langer over praten; ~ *pour* doorgaan voor; *se faire* ~ *pour* zich uitgeven voor **2** draaien; uitgezonden worden: ~ *à la télé* op de tv komen **3** heengaan, sterven **4** bevorderd worden tot: ~ *capitaine* tot kapitein bevorderd worden; *être passé maître dans l'art de* een meester, volleerd zijn in **5** [jur] voorkomen [van een zaak] **6** [kaartsp] passen **7** verwelken [van bloemen]; verschieten [van kleuren]; vergaan [van lust] **8** (ergens) doorheen steken, uitsteken, uitkomen, eronderuit komen

²**passer** (ov ww) **1** oversteken, overtrekken, passeren, overgaan, doorkomen, gaan door, over: ~ *en fraude* smokkelen; ~ *son permis* rijexamen doen; ~ *en revue* de revue laten passeren, kort behandelen, inspecteren **2** doorbrengen, besteden [van tijd] **3** overbrengen [van een boodschap, ziekte]; overzetten [met een boot]; overdragen, aangeven, aanreiken, overhandigen; *je vous passe … ik verbind u door met …;* ~ *(sa colère) sur* (zijn) woede) afreageren op **4** voorbijgaan, passeren; voorbijstreven, overtreffen, te boven gaan: ~ *les limites* de perken te buiten gaan; *il ne ~a pas la nuit* hij zal de morgen niet halen; *cela fait* ~ *le temps* dat doodt de tijd **5** zeven, filteren **6** aandoen, aantrekken [van een kledingstuk] **7** doen ondergaan, onderwerpen aan: ~ *à tabac* een aframmeling geven; ~ *qqn. par les armes* iem. doodschieten, fusilleren **8** draaien; uitzenden: ~ *un film* (of: *un disque*) een film (of: een plaat) draaien **9** laten gaan, halen door **10** halen door, langs: ~ *la tête par la vitre* zijn hoofd buiten het portierraampje steken; ~ *à l'eau* met water afspoelen **11** [jur] passeren, opmaken: ~ *un contrat* een contract afsluiten; ~ *un marché* een koop sluiten **12** overslaan: ~ *sous silence* stilzwijgend voorbijgaan aan; *et j'en passe* en dan noem ik nog niet alles, allen **13** toelaten || *le courant ne passe pas* **a)** er is geen stroom; **b)** [fig] er is geen contact, het klikt niet; *faire* ~ *le temps* de tijd verdrijven; ~ *d'un extrême à l'autre* van het ene uiterste in het andere (ver)vallen; ~ *en deuxième* naar de tweede versnelling schakelen; ~ *un examen* een examen afleggen; ~ *commande à un fournisseur* een bestelling plaatsen bij een leverancier; ~ *un coup de fil à qqn.* iem. opbellen; ~ *l'aspirateur* stofzuigen; ~ *un savon à qqn.* iem. een standje geven; *on lui passe tous ses caprices* al zijn grillen worden getolereerd

se ³**passer** (wdk ww) **1** voorbijgaan, verstrijken; overgaan, ophouden: *il faut que jeunesse se passe* de jeugd moet zijn tijd hebben

2 gebeuren, voorvallen; plaatshebben: *cela s'est bien passé* dat is goed gegaan; *que s'est-il passé?* wat is er gebeurd?; *la scène se passe à Rome* het toneel speelt in Rome **3** (+ de) zich onthouden van; buiten (iets) kunnen, niet nodig hebben; kunnen missen: *cela se passe de commentaire* dat spreekt voor zich; *il ne peut se ~ de fumer* hij kan het roken niet laten, hij kan niet zonder sigaret

le **passereau** (m) zangvogel

la **passerelle** (v) **1** voetgangersbrug **2** loopplank, loopbrug **3** commandobrug: ~ *téléscopique* slurf [vliegtuig] **4** aansluiting, verbinding

le **passe-temps** (m) tijdverdrijf

le **passe-thé** (m) theezeefje

le **passeur** (m) veerman; smokkelaar [ook van mensen]

passible de: ~ *d'une amende* waarop een boete staat; ~ *d'une peine* strafbaar

le ¹**passif** (m) **1** [taalk] lijdende vorm **2** [boekh] passief, passiva

²**pass|if, -ive** (bn) passief, lijdend; lijdelijk: [taalk] *voix passive* lijdende vorm

la **passiflore** (v) passiebloem

le **passing-shot** (m; mv: passing-shots) [tennis] passeerslag

la **passion de** (v) hartstocht, passie, (grote) liefde (voor); sterk verlangen (naar): ~ *du pouvoir* machtsdrift; ~ *des voyages* reislust

la **Passion** (v) [hist] lijden van Christus; lijdensevangelie, lijdensverhaal; passie, passiespel: *la ~ selon saint Matthieu* de Mattheuspassie

passionnant, -e boeiend, aangrijpend, meeslepend

passionné, -e hartstochtelijk: *être* ~ *de* (of: *pour, par*) dol zijn op, een hartstochtelijk liefhebber zijn van

passionnel, -le voortkomend uit hartstocht: *crime* ~ misdaad uit hartstocht, jaloezie begaan

passionnément hartstochtelijk

¹**passionner** (ov ww) in vuur doen geraken, hevig boeien

se ²**passionner pour** (wdk ww) enthousiast worden (over), erg geïnteresseerd zijn (in)

la **passivité** (v) lijdelijkheid, passiviteit

la **passoire** (v) zeef, vergiet; *sa mémoire est une* ~ zijn geheugen is zo lek als een zeef

le **pastel** (m) **1** pastel(kleur) **2** pasteltekening

la **pastèque** (v) watermeloen

le **pasteur** (m) [ook fig] **1** herder **2** dominee, predikant

la **pasteurisation** (v) pasteurisatie

pasteuriser pasteuriseren

le **pastiche** (m) imitatie, nabootsing

pasticher imiteren, nabootsen

la **pastille** (v) **1** pastille: ~ *de chocolat* flikje, chocolaatje; ~ *de menthe* pepermuntje **2** rondje

le **pastis** (m) aperitief, anijslikeur

pastoral, -e pastoraal, herderlijk, herders-
le **¹patapouf** (m) [inf] dikzak
 ²patapouf (tw): ~! plof! bons!
le **pataquès** (m) [taalk] verbindingsfout
le/la **¹patate** (m/v) [pop] stommerd
 la **²patate** (v) [inf] aardappel, pieper || [inf]
 avoir la ~ op dreef zijn, in vorm zijn; *en avoir*
 gros sur la ~ verdriet hebben
 patati: *et* ~ *et patata* en maar doorkletsen
 patatras pats, boem
le/la **¹pataud** (m), **-e** (v) dikzak, lomperik
 ²pataud, -e (bn) onbeholpen
le **pataugas** (m) hoge, linnen wandelschoen
la **pataugeoire** (v) pierenbadje
 patauger door de modder baggeren; [fig]
 aanmodderen
le **patch** (m) [comp] patch
le **patchwork** (m) **1** lapjeswerk; patchwork
 2 [fig] lappendeken
la **pâte** (v) **1** deeg, beslag: ~ *feuilletée* bladerdeeg; ~ *brisée* kruimeldeeg **2** brij, pasta: ~ *à*
 modeler boetseerklei; ~ *d'amandes* amandelspijs; ~ *dentifrice* tandpasta; ~ *de fruits*
 gomachtig snoep met fruitsmaak; *fromage à*
 ~ *cuite* harde kaas; *fromage à* ~ *molle* zachte
 kaas; ~ *fraîche* verse kaas [bv. kwark] || *mettre*
 la main à la ~ de handen uit de mouwen steken; *une bonne* ~ een goeierd; *une* ~ *molle*
 een slappeling
le **pâté** (m) **1** pastei; paté: ~ *de foie* leverpas-
 tei; ~ *de campagne* boerenpaté **2** zandtaart-
 je **3** inktvlek || ~ *de maisons* blok huizen
la **pâtée** (v) voer [voor dieren]
le **patelin** (m) dorp, gat
 patent, -e zonneklaar, duidelijk
 patenté, -e gepatenteerd; bekend zijn als:
 un voleur ~ een doortrapte dief
le **Pater** (m) onzevader
la **patère** (v) haak [van een kapstok]
le **paternalisme** (m) paternalisme; bevoog-
 ding
 paternaliste paternalistisch, betuttelend
 paternel, -le vader-, vaderlijk; van vaderszijde: *maison* ~*le* ouderlijke woning; *grand-*
 père ~ grootvader van vaderskant
la **paternité** (v) [ook fig] vaderschap
les **pâtes** (mv, v) deegwaren, pasta [macaroni,
 spaghetti e.d.]: ~ *alimentaires* deegwaren
 pât|eux, -euse dik [van vloeistof]; melig
 [van fruit]: *langue pâteuse* dikke tong; *style* ~
 stroeve stijl
 pathétique pathetisch, hartstochtelijk,
 aandoenlijk, roerend
 pathogène ziekteverwekkend
la **pathologie** (v) leer van de ziekten; ziektebeeld
 patibulaire onbetrouwbaar: *visage* ~ boe-
 ventronie
 patiemment geduldig
la **patience** (v) **1** geduld; lijdzaamheid: *avoir la*
 ~ *de faire qqch.* het geduld voor iets hebben;

prendre ~ geduld oefenen; *prendre son mal*
en ~ berusten **2** volharding **3** [kaartsp] patience
le/la **¹patient** (m), **-e** (v) patiënt(e)
 ²patient, -e (bn) geduldig, lijdzaam
 patienter geduld oefenen, hebben; even
 wachten
le **patin** (m) **1** schaats: ~ *à roulettes* rolschaats;
 ~ *en ligne* inlineskate; *faire du* ~ schaatsen
 2 vilten zool [om parket te sparen] **3** [techn]
 slede: ~ *de frein* remschoen **4** [pop] tongzoen: *rouler un* ~ *à qqn.* iem. een tongzoen
 geven
le **patinage** (m) **1** (het) schaatsenrijden: ~ *ar-*
 tistique kunstrijden; ~ *de vitesse* hardrijden
 2 (het) slippen, doorslaan
la **patine** (v) patina
 patiner 1 schaatsen **2** (+ sur) glijden (over)
 3 slippen [van wielen, koppeling] **4** stagneren: *l'affaire patine* de zaak schiet niet op
la **patinette** (v) step, autoped
le/la **patin|eur** (m), **-euse** (v) schaatsenrijd(st)er
la **patinoire** (v) ijsbaan
le **patio** (m) patio, binnenplaats
 pâtir de lijden onder
la **pâtisserie** (v) **1** banketbakkerij **2** gebak
le/la **¹pâtiss|ier** (m), **-ière** (v) banketbakker, -ster
 ²pâtiss|ier, -ière (bn): *crème pâtissière* ban-
 ketbakkersroom
le **patois** (m) streektaal, dialect
 patraque [inf] gammel
le **pâtre** (m) herder
 patriarcal, -e patriarchaal, aartsvaderlijk
le **patriarcat** (m) patriarchaat
le **patriarche** (m) patriarch, aartsvader
le/la **¹patricien** (m), **-ne** (v) patriciër, patricische
 vrouw
 ²patricien, -ne (bn) patricisch, patriciërs-;
 aanzienlijk, aristocratisch
la **patrie** (v) **1** vaderland: *mère* ~ moederland
 2 geboortestreek, geboorteplaats **3** [fig]
 wieg, bakermat
le **patrimoine** (m) erfdeel, erfgoed, patrimo-
 nium: ~ *génétique* **a)** [biol] erfmassa; **b)** ge-
 notype; ~ *culturel* cultureel erfgoed
 patrimonial, -e 1 van de ouders geërfd,
 erf- **2** [jur] vermogensrechtelijk
le/la **¹patriote** (m/v) patriot
 ²patriote (bn) patriottisch, vaderlandslie-
 vend
 patriotique patriottisch, vaderlandslie-
 vend
le **patriotisme** (m) vaderlandsliefde
le/la **¹patron**, **-ne** (v) **1** directeur, chef(fin),
 baas, bazin, werkgever, -geefster **2** eigenaar, eigenares, waard(in) **3** beschermheili-
 ge **4** patroon, patrones; beschermheer,
 -vrouw
le **²patron** (m) patroon; model, voorbeeld;
 knippatroon
le **patronage** (m) **1** beschermheerschap, be-

schermvrouwschap **2** steun, medewerking, sponsoring **3** reclasseringsvereniging **4** organisatie voor jeugdwerk, [Belg] Chiro; jeugdhuis

patronal, -e 1 van de schutspatroon: *fête ~e* naamdag **2** werkgevers-, [Belg] patronaal

le **patronat** (m) de werkgevers, [Belg] patronaat

patronner beschermen; steunen, aanbevelen

patronnesse: *dame ~* lid van een liefdadigheidsinstelling [vaak ironisch]

le **patronyme** (m) achternaam

patronymique: *nom ~* familienaam, geslachtsnaam

la **patrouille** (v) patrouille; brigade, detachement

patrouiller patrouilleren

le **patrouilleur** (m) lid van een patrouille, patrouillevliegtuig, patrouillevaartuig

la **patte** (v) poot; hand, been: *bas les ~s* afblijven!; [fig] *graisser la ~ à qqn.* iem. smeergeld betalen, omkopen; *une deux ~s* een Citroën deux-chevaux; *à quatre ~s* op handen en voeten; [inf] *nos compagnons à quatre ~s* onze trouwe viervoeters; [fig] *coup de ~* hatelijke opmerking; [fig] *montrer ~ blanche* zich legitimeren om toegelaten te worden; [fig] *retomber sur ses ~s* op zijn pootjes terecht komen; [fig] *en avoir plein les ~s* bekaf zijn, er de balen van hebben

la **patte-d'oie** (v; mv: pattes-d'oie) **1** kruispunt van verscheidene wegen **2** kraaienpootje [rimpel]

les **pattes** (mv, v) korte bakkebaarden

le **pâturage** (m) wei(land); (het) weiden

la **pâture** (v) **1** weide **2** [ook fig] voedsel: *jeter en ~* **a)** opofferen, overleveren aan; **b)** te grabbel gooien

pâturer weiden, grazen

la **paume** (v) **1** handpalm **2** kaatsspel: *jeu de ~* kaatsbaan

le **¹paumé** (m) sukkel, loser

²paumé, -e (bn) de kluts kwijt, verdwaald, verloren

la **paumelle** (v) hengsel [scharnier]

¹paumer (onov ww) [inf] verliezen, kwijtraken

se **²paumer** (wdk ww) verdwalen

la **paupérisation** (v) (het) verpauperen

se **paupériser** verpauperen

la **paupière** (v) ooglid: *battre des ~s* met de oogleden knipperen; *avoir les ~s lourdes* zware oogleden hebben, slaap hebben

la **paupiette** (v) [cul] blinde vink

la **pause** (v) rust, pauze: *faire une ~ café* koffiepauze houden

la **pause-café** (v; mv: pauses-café) koffiepauze

le/la **¹pauvre** (m/v) arme: *les nouveaux ~s* de nieuwe armen

²pauvre (bn) **1** arm; behoeftig; armoedig

2 armzalig, pover, schamel: *sol ~* schrale bodem **3** beklagenswaardig: *~ type* zielenpoot; *~ sourire* triest lachje; *mon ~ ami* beste vriend; *mon ami ~* mijn arme vriend; *~ de moi!* arme ik!

le/la **pauvret** (m), **-te** (v) arm schepseltje

la **pauvreté** (v) **1** armoede **2** schraalheid: *~ n'est pas vice* armoe is geen schande

le **pavage** (m) plaveisel, bestrating; (het) plaveien, bestraten

se **pavaner** stappen als een pauw; zich trots gedragen, paraderen

le **pavé** (m) **1** (straat)steen, tegel; kinderhoofdje, kassei: *c'est le ~ dans la mare* dat is de knuppel in het hoenderhok **2** plaveisel, bestrating; straat, weg: *battre le ~* over straat slenteren; [fig] *tenir le haut du ~* een vooraanstaande plaats innemen; [fig] *brûler le ~* rennen; [fig] *être sur le ~* op straat staan **3** pil [dik boek] **4** dikke lap biefstuk

le **pavement** (m) **1** bestrating **2** tegelvloer

paver bestraten, plaveien

le **paveur** (m) stratenmaker

le **pavillon** (m) **1** tuinhuisje, buitenhuisje; alleenstaand huis: *~ de chasse* jachthuis **2** oorschelp; geluidstrechter [van een blaasinstrument] **3** [scheepv] vlag: *amener* (of: *baisser, rentrer*) *le ~* de vlag strijken; *battre ~* (*français*) de (Franse) vlag voeren; *naviguer sous ~ étranger* onder vreemde vlag varen

pavillonnaire: *quartier ~* laagbouwwoonwijk

¹pavoiser (onov ww) juichen, te koop lopen met: *il n'y a pas de quoi ~* er is geen reden tot juichen

²pavoiser (ov ww) pavoiseren, bevlaggen

le **pavot** (m) papaver: *~ rouge* klaproos

payable betaalbaar: *~ à 90 jours* te betalen binnen 90 dagen

payant, -e 1 betalend **2** waar voor betaald moet worden: *parking ~* betaald parkeren **3** [fig] lonend, de moeite waard

la **paye** (v) loon, soldij, salaris; uitbetaling: *feuille de ~* loonstrookje; [inf] *ça fait une ~* dat is al een hele tijd geleden

payement zie paiement

¹payer (onov ww) **1** lonen, lonend zijn **2** betalen || *d'audace* brutaal optreden; *il ne paie pas de mine* hij oogt niet, heeft zijn uiterlijk niet mee; *~ de sa personne* zich niet ontzien

²payer (ov ww) (uit)betalen; belonen: *~ qqch. 100 euros* 100 euro voor iets betalen; *je suis payé pour le savoir* ik heb leergeld betaald; *~ qqn. de retour* iem. met gelijke munt betalen; *~ cher* duur betalen, zwaar boeten voor; *~ qqch. de sa vie* iets met zijn leven bekopen; *tu me le paieras* ik zal het je betaald zetten

se **³payer** (wdk ww) **1** betaald moeten, kunnen worden **2** zich trakteren op, zich gunnen: *se ~ le luxe de* zich de weelde veroorloven van ||

se ~ *la tête de qqn.* de draak steken met iem.;
se ~ *de mots* alleen maar praten

le/la **pay|eur** (m), **-euse** (v) betaler, betaalster: *mauvais* ~ wanbetaler

le **pays** (m) land, streek; vaderland; geboorteplaats, geboortestreek, geboortestadje, geboortedorp: *mal du* ~ heimwee; ~ *à bas salaires* lagelonenland; ~ *du tiers-monde* derdewereldland; ~ *de la zone* euro euroland; ~ *de cocagne* Luilekkerland; *être du* ~ uit de streek komen; *jambon de* ~ rauwe ham; *être en* ~ *de connaissance* op bekend terrein zijn; ~ *membre* lidstaat; ~ *perdu* uithoek; *voir du* ~ veel reizen; ~ *développé* ontwikkeld land; ~ *de provenance* **a)** land van herkomst; **b)** [hand] uitvoerland, exportland

le **paysage** (m) **1** landschap **2** (algemeen) beeld: ~ *politique* politieke kaart, situatie; ~ *audiovisuel* medialand, omroepbestel

le/la **paysagiste** (m/v) **1** landschapschilder(es) **2** tuinarchitect(e)

le/la ¹**paysan** (m), **-ne** (v) boer, boerin
²**paysan, -ne** (bn) boeren-, van de boeren

le **paysannat** (m) boeren(stand)

la **paysannerie** (v) (de) boeren

les **Pays-Bas** (mv, m) Nederland: *aux* ~ in Nederland; *le Royaume des* ~ het Koninkrijk der Nederlanden

p.c.c. afk van *pour copie conforme* voor kopie conform

le **PCF** (m) afk van *Parti communiste français* Franse Communistische Partij

le **PCV** (m) afk van *paiement contre vérification* collect call

le **PDG** (m) afk van *président-directeur général* president-directeur

le **péage** (m) tol: *autoroute à* ~ tolweg; *chaîne à* ~ betaaltelevisie

le/la **péagiste** (m/v) tolbeambte

la **peau** (v) **1** huid, vel; schil [van een vrucht]; vel [van melk]; vlies(je): ~ *de chamois* zeemleer; *sac en* ~ tas van fijn leer; ~*x mortes* huidschilfers; *changer de* ~ vervellen; [pop, fig] *avoir qqn. dans la* ~ smoorverliefd zijn op; [fig] *être bien dans sa* ~ goed in zijn vel zitten; [fig] *faire* ~ *neuve* een ander mens worden; [fig] *avoir la* ~ *dure* een taaie zijn; [fig] *une* ~ *de vache* een ongenadig iem.; ~ *d'orange* **a)** sinaasappelschil; **b)** [med] sinaasappelhuid, cellulitis; ~ *de pêche* **a)** perzikschil; **b)** [fig] perzikhuid **2** hachje, leven: *j'aurai sa* ~ hij zal eraan gaan; [pop] *faire la* ~ *à qqn.* iem. om zeep brengen; *risquer sa* ~ zijn leven op het spel zetten ‖ [pop] *vieille* ~ oud wijf

peaufiner afwerken, tot in de puntjes verzorgen

les **Peaux-Rouges** (mv, v) roodhuiden

le **pécan** (m) pecannoot

la **peccadille** (v) lichte fout, misstap

le **péché** (m) zonde: ~ *capital* hoofdzonde; ~ *mortel* doodzonde; ~ *originel* erfzonde; ~ *de*

(la) chair vleselijke zonde; ~ *de jeunesse* jeugdzonde; *un* ~ *mignon* een nare gewoonte, een zwak

la **pêche** (v) **1** perzik **2** [pop] klap **3** (het) vissen, visserij; (vis)vangst: *aller à la* ~ **a)** gaan vissen; **b)** [fig] hengelen naar; ~ *à la ligne* hengelsport, het vissen; *port de* ~ vissershaven **4** gevangen vis ‖ *avoir la* ~ zich prima voelen

pécher (+ contre) zondigen (tegen); in strijd zijn met

le ¹**pêcher** (m) perzikboom
²**pêcher** (ov ww) vissen, opvissen; [fig] vandaan halen, opdiepen: ~ *à la ligne* hengelen; [fig] ~ *en eau trouble* in troebel water vissen

la **pêcherie** (v) viswater, visplaats

le/la **péch|eur** (m), **-eresse** (v) zondaar, zondares

le/la ¹**pêch|eur** (m), **-euse** (v) visser, vissersvrouw: ~ *à la ligne* hengelaar
²**pêch|eur, -euse** (bn) vissers-: *marin* ~ (zee)visser

le **pecorino** (m) pecorino(kaas)

pectoral, -e borst-: *nageoire* ~*e* borstvin

les **pectoraux** (mv, m) borstspieren

le **pécule** (m) spaarcentjes

pécuniaire geld-, geldelijk, financieel

la **pédagogie** (v) pedagogie(k), opvoedkunde

pédagogique pedagogisch, opvoedkundig

le/la **pédagogue** (m/v) pedagoog, -goge

la **pédale** (v) **1** pedaal; trapper: ~ *d'accélérateur* gaspedaal; [pop] *perdre les* ~*s* de kluts kwijtraken, de draad verliezen; *frein à* ~ voetrem **2** [inf] flikker: *être de la* ~ van de verkeerde kant zijn

pédaler trappen, peddelen, fietsen: [fig] ~ *dans la choucroute* (of: *la semoule*) geen stap verder komen; [inf, fig] ~ *à vide* geen stap verder komen, voor geen meter opschieten

le **pédalier** (m) **1** [muz] voetklavier **2** [van een fiets] trapas met trappers

le **pédalo** (m) [merknaam] waterfiets: *faire du* ~ waterfietsen

le/la ¹**pédant** (m), **-e** (v) betweter, -weetster; wijsneus
²**pédant, -e** (bn) pedant, betweterig

la **pédanterie** (v) betweterij

le **pédantisme** (m) pedanterie

le **pédé** (m) [inf] flikker, nicht

la **pédégère** (v) [inf] vrouwelijke topmanager; vrouwelijke directeur

le **pédéraste** (m) homofiel

la **pédérastie** (v) homofilie

pédestre te voet: *randonnée* ~ voettocht; *statue* ~ standbeeld ten voeten uit

le **pédiatre** (m/v) kinderarts

la **pédiatrie** (v) kindergeneeskunde

pedibus cum jambis te voet, lopend

la **pédicule** (v) [biol] steel

le/la **pédicure** (m/v) pedicure

le **pedigree** (m) [dierk] stamboom, afstamming

le **pédoncule** (m) steel

le/la **pédophile** (m/v) pedofiel

la **pédophilie** (v) pedofilie

la **pédopornographie** (v) kinderporno

le **peeling** (m) peeling

la **pègre** (v) onderwereld [misdadigers]

le **peigne** (m) kam: *se donner* un coup de ~ zijn haar wat opkammen; [fig] *passer au ~ fin* zorgvuldig onderzoeken

le **peigne-cul** (m) [pop] minkukel, zakkenwasser

¹**peigner** (ov ww) kammen

se ²**peigner** (wdk ww) zich kammen

le **peignoir** (m) peignoir; kamer-, ochtend-, badjas

peinard, -e [inf] rustig, ontspannen

¹**peindre** (onov ww) schilderen, verven: ~ *en bleu* blauw verven

²**peindre** (ov ww) **1** schilderen **2** beschilderen: *papier peint* behang **3** afschilderen, beschrijven

se ³**peindre** (wdk ww) [fig] zich aftekenen; te lezen zijn

la **peine** (v) **1** straf: *sous ~ de* op straffe van; *purger sa ~* zijn straf uitzitten **2** smart, verdriet, zorg, nood: *comme âme en ~* ontroostbaar; *avoir de la ~* verdriet hebben; *faire de la ~ à qqn.* iem. verdriet doen; *cela fait ~ à voir* dat is zielig **3** moeite: *à ~* nauwelijks; *à ~ … que …* nauwelijks … of …; *à grand-~* met veel moeite; *avoir ~ à* nauwelijks kunnen; *avoir de la ~ à marcher* moeilijk (kunnen) lopen; *se donner de la ~* zich inspannen, moeite doen; *donnez-vous la ~ d'entrer* komt u alstublieft binnen; *je le crois sans ~* dat geloof ik direct; *en être pour sa ~* vergeefse moeite gedaan hebben; *c'est ~ perdue* het is vergeefse moeite, onbegonnen werk; *toute ~ mérite salaire* niets voor niets; *cela ne vaut pas la ~* het is de moeite niet waard

¹**peiner** (onov ww) **1** moeilijk vooruitkomen **2** zwoegen, zich afsloven

²**peiner** (ov ww) verdriet doen, leed doen

le **peintre** (m) schilder; [fig] beschrijver: *artiste ~* kunstschilder; ~ *en bâtiments* huisschilder; ~ *décorateur* toneelschilder

la **peinture** (v) **1** (het) schilderen, verven; schilderkunst: *faire de la ~* schilderen; *la ~ flamande* de Vlaamse schilderkunst **2** schildering, schilderij; beschrijving, uitbeelding: *exposition de ~* schilderijententoonstelling; ~ *à l'huile* olieverfschilderij; ~ *murale* muurschildering; *je ne peux pas le voir en ~* ik kan hem niet luchten of zien **3** verf(laag), lak: ~ *à l'eau* waterverf; *attention, ~ fraîche!* let op, nat!

peinturer met verf kliederen

peinturlurer met schelle, bonte kleuren

beschilderen: *se ~* zich vreselijk opmaken

péjorat|if, -ive pejoratief, ongunstig; negatief

le **Pékin** (m) Peking (Beijing)

le **pékinois** (m) **1** pekinees [hond] **2** Pekinees [persoon]

le **pelage** (m) haar, vacht, pels

pelant, -e [Belg] saai, vervelend

le ¹**pelé** (m) **1** kaalkop **2** [Belg] (soort) biefstuk || *quatre ~s et un tondu* anderhalve man en een paardenkop

²**pelé, -e** (bn) kaal

le ¹**pêle-mêle** (m) verzamellijst voor foto's

²**pêle-mêle** (bw) dooreen, door elkaar, overhoop

¹**peler** (onov ww) **1** vervellen **2** [pop] vernikkelen (van de kou) **3** [Belg] vervellen

²**peler** (ov ww) schillen, pellen, ontschorsen: [fig] *avoir un œuf à ~ avec qqn.* met iem. een appeltje te schillen hebben

le **pèlerin** (m) pelgrim, bedevaartganger

le **pèlerinage** (m) pelgrimstocht; bedevaart

la **pèlerine** (v) cape

le **pélican** (m) pelikaan

la **pelisse** (v) pelsjas, pelsmantel

la **pelle** (v) **1** spade, schop, schep: ~ *à poussière* (stof)blik; ~ *mécanique* graafmachine; *à la ~* bij hopen; *ramasser une ~* **a)** een buiteling maken, vallen; **b)** bot vangen **2** [inf] tongzoen: *rouler une ~ à qqn.* iem. een tongzoen geven

la **pelletée** (v) schopvol; [fig] lading

pelleter om-, overscheppen, omspitten

la **pelleterie** (v) **1** pelterij, bontwerk **2** bontwerkerij, bonthandel

la **pelleteuse** (v) laadschop; graafmachine

la **pellicule** (v) **1** vliesje **2** film [ook foto]

les **pellicules** (mv, v) (hoofd)roos

le **pelochon** (m) [Belg] (ronde) peluw; rolkussen

la **pelote** (v) **1** kluwen: ~ *de laine* bol wol **2** (spelden)kussen || *avoir les nerfs en ~* op zijn van de zenuwen; ~ *basque* Baskisch kaatsspel

peloter [inf] bevoelen, betasten; frunniken

le **peloton** (m) **1** [mil, sport] peloton: ~ *de tête* kopgroep; ~ *d'exécution* vuurpeloton **2** kluwentje

¹**pelotonner** (ov ww) opwinden

se ²**pelotonner** (wdk ww) zich oprollen, wegkruipen

la **pelouse** (v) grasperk, grasveld

la **peluche** (v) pluche; pluis: *ours en ~* teddybeer

pelucher pluizen, pluizen afgeven

peluch|eux, -euse pluizig, wollig

la **pelure** (v) schil: ~ *d'oignon* **a)** uienvelletje; **b)** heel lichtrode wijn

pelvien, -ne [anat] bekken-

le **pelvis** (m) bekken

pénal, -e straf-: *code ~* wetboek van straf-

recht; *code de procédure* ~e wetboek van
strafvordering

la **pénalisation** (v) [sport] straf, strafpunt

pénaliser bestraffen, beboeten

la **pénalité** (v) **1** strafbaarheid **2** boete, straf;
[rugby] penalty

le **penalty** (m) penalty

pénard, -e [inf] koest; rustig: *petit emploi
bien* ~ rustig baantje; *mener une vie* ~e een
onbezorgd leventje leiden; *se tenir* ~ zich
gedeisd houden

les **pénates** (mv, m) **1** huisgoden **2** huiselijke
haard

penaud, -e verlegen, beteuterd, bedrem-
meld

le **penchant** (m) neiging, hang, aanleg: *avoir
un* ~ *à* (of: *pour*) neigen tot

penché, -e gebogen: *tour* ~e scheve toren

¹pencher (onov ww) **1** (over)hellen, scheef
(gaan) staan: [fig] *faire* ~ *la balance* de doorslag geven **2** (+ pour, vers) neigen tot, geneigd zijn tot: ~ *pour cette solution* naar deze
oplossing overhellen

²pencher (ov ww) buigen, doen hellen,
schuin zetten

se **³pencher** (wdk ww) **1** voorover buigen: [in
trein] *ne pas se* ~ *au dehors!* niet naar buiten
leunen! **2** (+ sur) zich buigen over [ook fig]

pendable: *jouer un tour* ~ *à qqn.* een gemene streek met iem. uithalen

la **pendaison** (v) ophanging, opknoping

le **¹pendant** (m) **1** hanger; oorhanger: ~ *d'o-
reille* oorhanger **2** tegenhanger, pendant: *se
faire* ~ bij elkaar horen

²pendant, -e (bn) **1** (neer)hangend: *la langue* ~e met de tong uit de bek **2** hangende,
onbeslist

³pendant (vz) gedurende, tijdens, in: ~ *ce
temps* ondertussen, intussen; ~ *longtemps*
lang

⁴pendant que (vw) terwijl, nu: ~ *que vous y
êtes* nu u er toch bent

le **pendentif** (m) hanger; oorhanger

la **penderie** (v) hangkast

pendiller bengelen; wapperen

pendouiller bengelen; wapperen

¹pendre (onov ww) hangen, afhangen,
neerhangen: ~ *jusqu'à terre* over de grond
slepen; [fig] *cela lui pend au nez* dat staat hem
te wachten; *être pendu au téléphone* aan de
telefoon hangen; *être pendu aux lèvres de
qqn.* aan iemands lippen hangen

²pendre (ov ww) hangen, ophangen: [Belg]
~ *le linge* de was ophangen; [fig] *dire pis que
~ de qqn.* iem. afkraken

se **³pendre** (wdk ww) **1** zich verhangen **2** zich
vasthouden, zich vastklampen: *se* ~ *au cou de
qqn.* iem. om de hals vallen

le/la **¹pendu** (m), **-e** (v) gehangene: *il ne faut pas
parler de corde dans la maison d'un* ~ in het
huis van de gehangene spreekt men niet

over de strop ‖ *jouer au* ~ galgje spelen

²pendu, -e (bn) opgehangen, hangend: *avoir
la langue bien* ~e goed van de tongriem gesneden zijn

pendulaire slingerend; pendel-: *migration*
~ (het) pendelen

le **¹pendule** (m) slinger

la **²pendule** (v) pendule, klokje: *remettre les* ~s
à l'heure [fig] de horloges gelijkzetten; *remonter une* ~ een klok opwinden; [vulg] *en
chier une* ~ veel heisa over iets maken, van
een scheet een donderslag maken

la **pendulette** (v) klokje

le **pêne** (m) schoot [van slot]

pénétrable à doordringbaar (voor); [fig]
toegankelijk, te doorgronden

pénétrant, -e 1 doordringend; scherp
2 [fig] scherpzinnig

la **pénétration** (v) **1** (het) binnendringen,
doordringing, penetratie **2** [fig] begrip, inzicht; scherpzinnigheid

pénétré, -e de doordrongen, vervuld,
overtuigd (van)

¹pénétrer (onov ww) binnendringen, binnengaan, binnenrijden, binnenkomen

²pénétrer (ov ww) **1** doordringen, dringen
door; indringen in; doordringen, doortrekken **2** doorgronden, doorzien

se **³pénétrer de** (wdk ww) doordrongen worden van, zich iets inprenten

pénible 1 zwaar, inspannend, vermoeiend,
lastig, moeilijk **2** moeizaam **3** pijnlijk, verdrietig, onaangenaam

péniblement 1 met moeite, moeizaam
2 nauwelijks, ternauwernood

la **péniche** (v) aak: ~ *de débarquement* lan-
dingsvaartuig

la **pénicilline** (v) penicilline

péninsulaire van een schiereiland

la **péninsule** (v) schiereiland

le **pénis** (m) penis

la **pénitence** (v) **1** wroeging, spijt, berouw
2 straf; [r-k] penitentie, boetedoening: *faire*
~ boete doen

le **pénitencier** (m) tuchthuis, strafgevangenis

le/la **¹pénitent** (m), **-e** (v) biechteling(e)

²pénitent, -e (bn) berouwvol

pénitentiaire penitentiair, straf-: *établissement* ~ strafinrichting; *organisation* ~ ge-
vangeniswezen

la **penne** (v) **1** slagpen; staartpen, veer
2 [Belg] studentenpet

les **pennes** (mv, v) [cul] penne

la **pénombre** (v) halfschaduw; schemerdon-
ker; [fig] achtergrond

pensable denkbaar, voorstelbaar

le **pense-bête** (m; mv: pense-bêtes) geheugensteuntje

la **pensée** (v) **1** gedachte, idee, denkbeeld;
denkwereld; (het) denken: *être perdu dans
ses* ~s in gepeins verzonken zijn; *j'aurai une*

petite ~ pour toi ik zal aan je denken **2** bedoeling, voornemen **3** mening, denkwijze, denkvermogen, geest **4** driekleurig viooltje
¹penser (onov ww) denken, nadenken: *vous pensez bien que* u kunt zich wel voorstellen dat; *sans y ~* onbewust, zonder er bij na te denken; *sans ~ à mal* zonder erg, zonder kwade bedoeling; *penses-tu!* dat had je gedacht! kom nou!; *ah, j'y pense* tussen twee haakjes, dat is waar ook
²penser (ov ww) **1** denken, menen, vinden, geloven: *je pense que non* ik denk van niet; *~ du bien* (of: *du mal*) *de qqn.* een goede (of: slechte) dunk van iem. hebben **2** hopen, verwachten, van plan zijn **3** bedenken, niet vergeten: *faites-moi ~ à lui écrire* help me eraan herinneren dat ik hem nog moet schrijven
le **penseur** (m) denker: *libre ~* vrijdenker
pens|if, -ive nadenkend, in gedachten, peinzend
la **pension** (v) **1** jaargeld, uitkering; pensioen: *~ de vieillesse* ouderdomspensioen, AOW; *~ alimentaire* alimentatie; *~ de retraite* pensioen **2** pension, kost; kosthuis, kostgeld: *~ complète* volpension; *prendre qqn. chez soi en ~* iem. in de kost nemen **3** internaat, kostschool: *mettre en ~* op een kostschool doen
le/la **pensionnaire** (m/v) **1** kostgang(st)er; pensiongast(e) **2** kostleerling(e)
le **pensionnat** (m) **1** kostschool(leerlingen) **2** internaat, kostschool
le/la **pensionné** (m), **-e** (v) [Belg] gepensioneerde
le **pensum** (m) **1** strafwerk **2** [fig] vervelend karwei
pentagonal, -e vijfhoekig
le **pentagone** (m) vijfhoek
le **Pentagone** (m) Pentagon
le **pentathlon** (m) vijfkamp
la **pente** (v) **1** helling: *en ~* hellend, schuin; *en ~ douce* zacht glooiend; *~ abrupte* (of: *raide*) steile helling **2** neiging, hang ‖ *être sur une mauvaise ~* (of: *pente dangereuse*) op een hellend vlak zijn; *remonter la ~* er weer bovenop komen
la **Pentecôte** (v) Pinksteren: *lundi de ~* pinkstermaandag, tweede pinksterdag
pentu, -e sterk hellend
la **¹pénultième** (v) [taalk] voorlaatste lettergreep
²pénultième (bn) [voornamelijk taalk] voorlaatste
la **pénurie de** (v) gebrek, schaarste (aan)
le **¹people** (m; mv: *onv*) beroemdheid
²people (bn, mv: *onv*) m.b.t. beroemdheden: *presse ~* roddelpers
le **pépé** (m) opa
la **pépée** (v) [pop] meid, stuk [meisje, vrouw]
le **¹pépère** (m) [kindert] opa: *un gros ~* een lobbes
²pépère (bn) [pop] rustig, kalm; aangenaam

le **pépiement** (m) getjilp
pépier tjilpen
le **pépin** (m) **1** pit: *fruit à pépins* pitvrucht; *huile de ~s de raisin* druivenpittenolie **2** moeilijkheid, pech: *en cas de ~* in geval van nood **3** [inf] plu [paraplu]
la **pépinière** (v) **1** boomkwekerij **2** [fig] kweekplaats, kweekvijver: *~ d'entreprises* starterscentrum
le/la **pépiniériste** (m/v) boomkweker, -kweekster
la **pépite** (v) goudklompje
le **péplum** (m) [inf] spektakelfilm [die zich afspeelt in de oudheid]
le **péquenaud** (m) [pop] boer; hork, boerenpummel
péquenot *zie péquenaud*
perçant, -e doordringend, scherp; schril
percé, -e doorboord; met een gat (gaten)
la **percée** (v) **1** doorgang **2** gat **3** [ook fig] doorbraak
le **percement** (m) doorboring; *zie ¹percer*
le/la **perce-neige** (m/v) sneeuwklokje
le **perce-oreille** (m) oorworm
le **percepteur** (m) ontvanger [van belastingen]; [Belg] hoofd van een postkantoor
perceptible 1 waarneembaar **2** begrijpelijk **3** invorderbaar
la **perception** (v) **1** waarneming, perceptie **2** invordering [van belastingen]; (het) innen **3** ontvangkantoor
¹percer (onov ww) **1** doorbreken [van gezwel]; doorkomen [van tandjes]; [mil] een doorbraak forceren **2** aan het licht komen, uitlekken, doorschemeren **3** bekendheid krijgen
²percer (ov ww) **1** doorboren; een opening (gat) maken in; [een tunnel] graven; een doorbraak maken [voor aanleg van een straat]: *~ le cœur* door de ziel snijden; *~ un coffre-fort* een brandkast kraken; *~ une porte* een deuropening maken; *bruit qui perce les oreilles* oorverdovend lawaai **2** dringen (breken) door; zich een weg banen door **3** doorgronden, doorzien: *~ un complot* een samenzwering ontdekken
le/la **perceur** (m/v): *~ de coffres-forts* brandkastkraker
la **perceuse** (v) boormachine
percevable invorderbaar, inbaar
percevoir 1 waarnemen, bemerken; begrijpen, vatten **2** innen, ontvangen; invorderen
la **perche** (v) **1** rivierbaars **2** polsstok, staak, stok: *saut à la ~* polsstokspringen; [fig] *tendre la ~ à qqn.* iem. de helpende hand toesteken **3** vaarboom **4** microfoonhengel **5** stroomafnemer [van tram] **6** [fig] lange lijs, bonenstaak
¹percher (onov ww) **1** op een tak zitten **2** [inf] hoog wonen; bivakkeren, huizen

²percher (ov ww) hoog (neer)zetten

se **³percher sur** (wdk ww) [m.b.t. vogels] hoog gaan zitten (op); klimmen (op)

le/la **perchiste** (m/v) **1** polsstokhoogspring(st)er **2** hengelaar [met microfoonhengel]

le **perchoir** (m) (roest)stok, hoenderrek; hooggelegen flat; hoge zitplaats, met name van de voorzitter van de Franse Assemblée Nationale [Tweede Kamer]

perclus, -e de verstijfd (van)

le **percolateur** (m) koffiezetapparaat

la **percussion** (v) **1** schok, stoot, slag: *instrument de* ~ slaginstrument; *perceuse à* ~ klopboor **2** [med] percussie, beklopping

le/la **percussionniste** (m/v) slagwerk(st)er

percutant, -e [fig] schokkend, wat inslaat: *argument* ~ argument dat erin hakt

¹percuter (onov ww) **1** exploderen in aanraking met **2** slaan (vliegen) tegen: *la voiture a percuté un arbre* de wagen is op een boom geknald

²percuter (ov ww) **1** stoten, slaan tegen; botsen tegen **2** [med] percuteren, bekloppen

le **percuteur** (m) slagpin

le/la **¹perdant** (m), **-e** (v) verliezer, verliezende partij: *il est mauvais* ~ hij kan niet tegen zijn verlies

²perdant, -e (bn) verliezend

la **perdition** (v) verderf, verdoemenis: *navire en* ~ schip in nood

¹perdre (ov ww) **1** verliezen, kwijtraken, verspelen, erbij inschieten, verknoeien: ~ *son chemin* verdwalen; ~ *connaissance* flauwvallen; ~ *l'habitude* afleren; ~ *sa peine* vergeefse moeite doen; *tu n'y perds rien* je verliest er niets aan; ~ *de vue* uit het oog verliezen; ~ *au change* erop achteruitgaan [bij een ruil]; er slechter van worden; ~ *ses forces* verzwakken; ~ *du poids* afvallen; [fig] ~ *du terrain* terrein verliezen; *ne pas* ~ *son temps* geen tijd verliezen, er geen gras over laten groeien **2** in het verderf storten, ruïneren, te schande maken **3** doen verdwalen

se **²perdre** (wdk ww) **1** verloren gaan, in onbruik raken **2** (+ dans) onhoorbaar worden, verdwijnen, opgaan (in) **3** [ook fig] verdwalen: *je m'y perds* ik kan er niet uit wijs worden **4** (+ dans, en) verzinken in, zich verliezen in: *se* ~ *en conjectures* allerlei vermoedens uiten; *se* ~ *en explications* uitvoerig uitleggen **5** zich in het verderf storten, zich te gronde richten **6** vergaan, verloren gaan

le **perdreau** (m) jonge patrijs

la **perdrix** (v) patrijs

perdu, -e 1 verloren (gegaan), kwijt, weg(geraakt), verdwaald: *argent* ~ weggegooid geld; *chien* ~ zwerfhond; *peine* ~*e* vergeefse moeite; *occasion* ~*e* gemiste kans; *objets* ~*s* gevonden voorwerpen **2** afgelegen: *coin* ~

uithoek **3** te gronde gericht, verslagen, geruïneerd: *je suis* ~! ik ben er geweest!; *femme* ~*e* gevallen vrouw; *malade* ~ zieke die is opgegeven **4** verknoeid, bedorven **5** (+ dans) verdwenen, opgegaan (in); onzichtbaar **6** (+ dans) verzonken, opgaande (in); [m.b.t. blik] wezenloos || *à corps* ~ roekeloos; *comme un* ~ als een bezetene; *à ses moments* ~*s* in zijn verloren uurtjes

perdurer [voornamelijk Belg] voortduren

le **père** (m) **1** vader; senior: *Dumas* ~ Dumas senior; ~ *de famille* huisvader; *le* ~ *Durand* de oude Durand; *le* ~ *Noël* de Kerstman; *croire au* ~ *Noël* (nog) in sprookjes geloven; *tel* ~, *tel fils* zo vader, zo zoon; *la fête des Pères* Vaderdag **2** [r-k] pater, eerwaarde (vader): *Père de l'Église* kerkvader

le **Père** (m) Vader [God]

les **pérégrinations** (mv, v) zwerftochten, omzwervingen

la **péremption** (v) [jur] verjaring: *date de* ~ uiterste gebruiksdatum

péremptoire beslissend, afdoend

pérenniser [form] vereeuwigen; duurzaam maken

les **pères** (mv, m) voorvaderen, voorgeslacht

perfectible voor verbetering vatbaar

la **perfection** (v) **1** volmaaktheid, volkomenheid, perfectie: *à la* ~ volmaakt; *souci de la* ~ perfectionisme, streven naar perfectie **2** [m.b.t. personen] parel, juweel: *cet appareil est une* ~ dat is een juweel van een apparaat **3** voortreffelijke eigenschap

le **perfectionnement** (m) vervolmaking, verbetering: *cours de* ~ bijscholingscursus

¹perfectionner (ov ww) vervolmaken, verbeteren, perfectioneren

se **²perfectionner** (wdk ww) verbeterd (vervolmaakt) worden; zich verder bekwamen

le **perfectionnisme** (m) perfectionisme

le/la **¹perfectionniste** (m/v) perfectionist

²perfectionniste (bn) perfectionistisch

perfide vals, trouweloos; verraderlijk: *la* ~ *Albion* Engeland

la **perfidie** (v) valsheid, trouweloosheid, onbetrouwbaarheid, verraderlijkheid

le **¹perforateur** (m) boormachine, perforator, ponsmachine

²perfora|teur, -trice (bn) doorborend

la **perforation** (v) perforatie [ook medisch]; ponsgaatje

perforer perforeren, doorboren; ponsen

la **perforeuse** (v) ponsmachine

la **performance** (v) prestatie; [techn] vermogen

performant, -e veel presterend, met een hoog rendement; zeer concurrerend

la **perfusion** (v) [med] infusie, infuus

la **pergola** (v) pergola

péricliter in verval zijn, achteruitgaan

la **péridurale** (v) [med] ruggenprik

le **péril** (m) gevaar: *à vos risques et* ~*s* op eigen risico; *au* ~ *de sa vie* met gevaar voor eigen leven
péril|leux, -euse gevaarlijk, hachelijk: *saut* ~ salto (mortale)
périmé, -e verlopen; verouderd, uit de tijd
se **périmer 1** verjaren, vervallen, verlopen **2** verouderen, uit de tijd raken: *laisser* ~ laten verlopen
le **périmètre** (m) omtrek
la **période** (v) **1** periode; tijd; tijdperk; stadium **2** [astron] omlooptijd **3** volzin
la **périodicité** (v) periodiciteit, geregelde terugkeer
le **¹périodique** (m) tijdschrift, periodiek
²périodique (bn) periodiek, geregeld terugkerend, verschijnend: *serviettes* ~*s* maandverband; *publication* ~ tijdschrift; *tampon* ~ tampon
la **péripatéticienne** (v) lichtekooi, tippelaarster
la **péripétie** (v) (onverwachte) wending, voorval
les **péripéties** (mv, v) wederwaardigheden, gebeurtenissen
le **périph** (m) [inf] verk van *périphérique*
la **périphérie** (v) periferie, omtrek; buitenwijken [van een stad]
le **¹périphérique** (m) **1** ringweg **2** [comp] randapparatuur
²périphérique (bn) perifeer, rand-, aan de rand van een stad: *(boulevard)* ~ ringweg; *quartier* ~ buitenwijk
la **périphrase** (v) omschrijving
le **périple** (m) zeereis, rondreis
périr omkomen, vergaan, ondergaan, te gronde gaan: ~ *corps et biens* met man en muis vergaan
périscolaire buitenschools
le **périscope** (m) periscoop
périssable vergankelijk; aan bederf onderhevig
la **péritonite** (v) buikvliesontsteking
la **perle** (v) **1** parel [ook fig]: *jeter des* ~*s aux cochons* parels voor de zwijnen gooien; *collier de* ~*s* parelketting; *une* ~ *rare* een parel, iem. uit duizenden **2** kraal: *enfiler des* ~*s*
a) kralen rijgen; b) zijn tijd verdoen **3** druppel **4** capsule [geneesmiddel] **5** stijlbloempje; stommiteit
perlé, -e bepareld, met parels versierd; [fig] voortreffelijk uitgevoerd; [muz] parelend: *riz* ~ gepelde rijst; *grève* ~*e* langzaamaanactie
perler parelen
perl|ier, -ière parel-: *huître perlière* pareloester
la **perm** (v) **1** [inf] verk van *permission* verlof **2** [inf] verk van *permanence* studiezaal
le **permalien** (m) [comp] permanente link
la **permanence** (v) duur(zaamheid), bestendigheid; doorlopende dienst, dienstruimte die doorlopend open is; studiezaal(school): *en* ~ permanent, blijvend; *assurer* la ~ de dienst gaande houden; *être* ~ avond-, nacht-, weekenddienst hebben
le **¹permanent** (m) vaste medewerker
²permanent, -e (bn) permanent, blijvend, duurzaam, vast: *spectacle* ~ doorlopende voorstelling
la **permanente** (v) permanent
la **perméabilité** (v) **1** doorlatendheid **2** [fig] ontvankelijkheid
perméable à doorlatend; toegankelijk, ontvankelijk (voor)
¹permettre (ov ww) **1** toestaan (te); toelaten, permitteren: *vous permettez?* mag ik zo vrij zijn?; *sa mère ne le lui permet pas* hij mag niet van zijn moeder; *il se croit tout permis* hij denkt dat hij alles mag (of: kan maken) **2** mogelijk maken, in staat stellen: *cela nous permet de partir plus tôt* daardoor kunnen we eerder weg
se **²permettre de** (wdk ww) zich veroorloven (om), zo vrij zijn, de vrijheid nemen (om)
le **permis** (m) bewijs, vergunning: ~ *de conduire* rijbewijs; *passer son* ~ rijexamen doen; ~ *de circuler* keuringsbewijs [auto]; ~ *de chasse* jachtakte, [Belg] jachtvergunning; ~ *de pêche* visakte, [Belg] visverlof; ~ *de construire* bouwvergunning; ~ *de séjour* verblijfsvergunning
permiss|if, -ive zeer toegeeflijk
la **permission** (v) toestemming, vergunning, permissie (om): *avec votre* ~ met uw welnemen; *accorder la* ~ de [+ onbep w] toestemming verlenen om te; [mil] *en* ~ met verlof; ~ *de minuit* avondpermissie
le **¹permissionnaire** (m) verlofganger
le/la **²permissionnaire** (m/v) vergunninghoud(-st)er
permutable verwisselbaar
la **permutation** (v) permutatie, omwisseling, omzetting
¹permuter (onov ww) van plaats ruilen
²permuter (ov ww) verwisselen, omzetten
pernici|eux, -euse verderfelijk, schadelijk, kwaadaardig
le **péroné** (m) kuitbeen
pérorer oreren
le **Pérou** (m) Peru
le **peroxyde** (m) peroxide: ~ *d'hydrogène* waterstofperoxide
la **¹perpendiculaire** (v) loodlijn
²perpendiculaire (bn) loodrecht; rechtstandig, verticaal
perpète zie perpette
perpétrer bedrijven, begaan, plegen
la **perpette** (v): [pop] *à* ~ tot in eeuwigheid, levenslang
la **perpétuation** (v) instandhouding, het voortbestaan

perpétuel, -le 1 altijd durend, blijvend, eeuwig(durend) **2** levenslang; voor het leven

¹perpétuer (ov ww) in stand houden, levendig houden, in ere houden

se **²perpétuer** (wdk ww) voortduren, voortbestaan, voortleven

la **perpétuité** (v) voortbestaan, duurzaamheid: *à* ~ levenslang, voor altijd; *être condamné à* ~ tot levenslang veroordeeld zijn

perplexe verbijsterd, perplex

la **perplexité** (v) verbijstering

la **perquisition** (v) **1** huiszoeking **2** onderzoek; nasporing

perquisitionner een huiszoeking verrichten

le **perron** (m) bordes, stoep

le **perroquet** (m) papegaai

la **perruche** (v) **1** parkiet **2** wijfjespapegaai **3** [fig] kletskous

la **perruque** (v) pruik

persan, -e Perzisch

le/la **Persan** (m), - (v) Pers, Perzische

perse Perzisch

la **Perse** (v) [hist] Perzië

persécuter vervolgen; lastigvallen, kwellen, verdrukken

le/la **¹persécu|teur** (m), **-trice** (v) treiteraar, beul

²persécu|teur, -trice (bn) vervolgend

la **persécution** (v) vervolging; kwelling, verdrukking

la **persévérance** (v) volharding, standvastigheid

persévérant, -e volhardend, standvastig

persévérer volharden, volhouden, doorzetten

la **persienne** (v) zonneblind, luik

le **persiflage** (m) persiflage, spot(ternij)

persifler persifleren, belachelijk maken

persifl|eur, -euse spottend

le **persil** (m) peterselie

la **persillade** (v) gehakte peterselie met knoflook

persillé, -e 1 met peterselie **2** met schimmelplekjes [kaas] || *viande* ~*é* doorregen vlees

la **persistance** (v) **1** volharding, onverzettelijkheid; hardnekkigheid **2** (het) aanhouden, voortduren

persistant, -e 1 volhardend, onverzettelijk, hardnekkig **2** aanhoudend, voortdurend; blijvend: *odeur* ~*e* geur die blijft hangen; [plantk] *feuilles* ~*es* groenblijvende bladeren

persister 1 (+ dans) blijven bij, volharden (in): ~ *dans* son opinion bij zijn mening blijven; ~ *à* nier blijven ontkennen; *je persiste et signe* ik blijf erbij **2** aanhouden, blijven bestaan, voortduren

la **persona non grata** (v) persona non grata

le **personnage** (m) **1** (belangrijke) figuur,

persoon(lijkheid): ~ *connu* bekende figuur **2** personage, rol; romanfiguur: ~ *principal* hoofdpersoon

personnalisable [Belg] persoonsgebonden: [pol] *matières* ~*s* persoonsgebonden materies

la **personnalisation** (v) individualisering, personalisering

personnaliser een persoonlijk karakter geven aan, individualiseren

la **personnalité** (v) **1** persoonlijkheid: [jur] ~ *civile* (of: *juridique*) rechtspersoonlijkheid; *avoir une forte* ~ een sterke persoonlijkheid bezitten; [psych] *troubles de la* ~ persoonlijkheidsstoornissen **2** [meestal mv] belangrijke persoonlijkheid, kopstuk **3** persoonlijk karakter

la **¹personne** (v) persoon, mens: ~ *âgée* bejaarde; [jur] ~ *morale* rechtspersoon; [jur] ~ *physique* natuurlijke persoon; *en* ~ in eigen persoon; *grande* ~ volwassene; *être content de sa petite* ~ met zichzelf ingenomen zijn; ~ *privée* particulier; *ne savoir que faire de sa* ~ zich met zijn houding geen raad weten || *roman écrit à la première* ~ roman die is geschreven in de ik-vorm

²personne (onb vnw) **1** (+ ne) niemand: ~ *ne le sait* niemand weet het; *il n'y a* ~ *de blessé* niemand is gewond; *qui est venu?* ~ wie is gekomen? niemand **2** iemand: *mieux que* ~ beter dan wie ook

le **¹personnel** (m) personeel: ~ *enseignant* onderwijzend personeel; ~ *administratif* administratief personeel, [Belg] bestuurspersoneel; ~ *d'entretien* onderhoudspersoneel, [Belg] dienstpersoneel; ~ *au sol* grondpersoneel; ~ *soignant* verzorgend personeel

²personnel, -le (bn) persoonlijk, eigen, privé: *conversations* ~*les* privégesprekken [aan de telefoon]; *se faire une opinion* ~*le* zich een eigen mening vormen

la **personnification** (v) personificatie, verpersoonlijking

personnifier verpersoonlijken, belichamen

la **perspective** (v) **1** perspectief; vergezicht: *mettre en* ~ in een breder verband plaatsen **2** perspectief, vooruitzicht, toekomst: *c'est dans cette* ~ *que* met het oog hierop; *en* ~ in het vooruitzicht; *à la* ~ *de faire qqch.* (alleen al) bij het vooruitzicht iets te doen

perspicace scherpzinnig

la **perspicacité** (v) scherpzinnigheid

¹persuader (ov ww) overtuigen, overreden, overhalen: ~ *qqn. de qqch.* iem. ergens van overtuigen

se **²persuader** (wdk ww) **1** zich inbeelden, overtuigd zijn **2** elkaar overtuigen

persuas|if, -ive overtuigend

la **persuasion** (v) overtuiging; overreding: *pouvoir de* ~ overtuigingskracht, overredingskracht

la **perte** (v) **1** verlies; lek; verspilling: *être en ~ de vitesse* **a)** snelheid verliezen; **b)** [fig] achterblijven; *~ d'énergie* energieverlies; *~ de temps* tijdverspilling; *essuyer* (of: *faire*) *une ~* een verlies lijden; *en pure ~* zinloos; *vendre à ~* met verlies verkopen; *passer par ~s et profits* afschrijven; *à ~ de vue* **a)** zover het oog reikt; **b)** tot in het oneindige **2** ondergang, verderf; verval; verdoemenis: *courir à sa ~* zijn ondergang tegemoet gaan

les **pertes** (mv, v) [med] vloeiing

pertinemment pertinent; met stelligheid, zeker

la **pertinence** (v) toepasselijkheid, relevantie, gegrondheid: *avec ~* stellig, vast overtuigd

pertinent, -e toepasselijk, relevant; deugdelijk; oordeelkundig, deskundig; [jur] *faits ~s* relevante feiten

le/la ¹**perturba|teur** (m), **-trice** (v) ordeverstoorder, -ster, onruststoker, -stookster

²**perturba|teur, -trice** (bn) (ver)storend, ontregelend

la **perturbation** (v) (ver)storing, ontregeling

les **perturbations** (mv, v) onrust, beroering, onlusten

perturber (ver)storen, ontregelen; (iem.) schokken

péruvien, -ne Peruaans

le/la **Péruvien** (m), **-ne** (v) Peruaan(se)

la **pervenche** (v) maagdenpalm; blauwpaars; vrouwelijke parkeerwachter

pervers, -e pervers, verdorven, slecht ‖ *effet ~* averechts effect

la **perversion** (v) verdorvenheid, ontaarding, perversie: *~ des mœurs* zedenverwildering

la **perversité** (v) kwaadaardigheid, verdorvenheid; perversiteit

perverti, -e verdorven, ontaard

¹**pervertir** (ov ww) bederven; verdraaien

se ²**pervertir** (wdk ww) bederven, ontaarden

le **pesage** (m) (het) wegen

le ¹**pesant** (m): *cela vaut son ~ d'or* dat is zijn gewicht in goud waard

²**pesant, -e** (bn) [ook fig] zwaar, log, onbeholpen

la **pesanteur** (m) **1** [ook fig] zwaarte, druk; gewicht; logheid, traagheid **2** zwaartekracht

le **pèse-bébé** (m; mv: pèse-bébés) babyweegschaal

la **pesée** (v) **1** weging **2** [het in een keer] gewogene; druk

le **pèse-lettre** (m; mv: pèse-lettres) brievenweger

le **pèse-personne** (m; mv: pèse-personnes) personenweegschaal

¹**peser** (onov ww) zwaar zijn; [fig] zwaar vallen, zwaar wegen, drukken, invloed uitoefenen: *~ le plus* het zwaarst wegen; *la solitude lui pèse* de eenzaamheid drukt hem zwaar; *~*

sur l'estomac zwaar op de maag liggen

²**peser** (ov ww) wegen, afwegen; [fig] wikken, overwegen

la **peseta** (v) peseta [Spaanse munt]

le **peso** (m) peso [Zuid-Amerikaanse munt]

le **peson** (m) weeghaak, unster

le **pessimisme** (m) pessimisme

le/la ¹**pessimiste** (m/v) pessimist(e), zwartkijk(-st)er

²**pessimiste** (bn) pessimistisch

la **peste** (v) pest; plaag: *~ aviaire* vogelpest ‖ *petite ~* kreng

pester contre uitvaren (tegen), schelden op

le **pesticide** (m) bestrijdingsmiddel

le/la **pestiféré** (m), **-e** (v) pestlijder(es)

la **pestilence** (v) stank

pestilentiel, -le stinkend, verpestend, walgelijk

le **pesto** (m) pesto

le **pet** (m) scheet: [pop] *cela ne vaut pas un ~ de lapin* dat is geen cent waard

la **pétale** (v) bloemblaadje

la **pétanque** (v) petanque, jeu de boules

la **pétarade** (v) geknal, geknetter

pétarader knetteren

le **pétard** (m) **1** rotje, klapper: *~ mouillé* sisser, drukte om niks **2** [inf] deining, heibel, kabaal **3** [inf] kontje **4** [inf] blaffer [revolver] **5** [inf] stickie

la **pétaudière** (v) wanorde

¹**péter** (onov ww) [inf] **1** een scheet laten: [fig] *~ plus haut que son cul* veel noten op zijn zang hebben, kapsones hebben **2** knallen, knetteren **3** breken, kapotgaan: *l'affaire va nous ~ dans la main* de zaak dreigt voor ons mis te lopen

²**péter** (ov ww) [inf] kapotmaken ‖ *~ le feu* razend enthousiast zijn; *ça va ~ (des flammes)* daar zal je de poppen aan het dansen hebben, daar komt gedonder van; *~ la santé* blaken van gezondheid; *~ les plombs* uit zijn dak gaan, door het lint gaan; *~ la gueule à qqn.* iem. op zijn falie geven; *se la ~* dik doen, opscheppen

le/la ¹**pète-sec** (m/v) bars, bazig iem.

²**pète-sec** (bn, mv: *onv*) bars, bazig

le/la ¹**pét|eux** (m), **-euse** (v) [inf] schijtlaars

²**pét|eux, -euse** (bn) [inf] verwaand

pétillant, -e 1 knappend, knetterend **2** schuimend, parelend, tintelend: *eau ~e* **a)** koolzuurhoudend water; **b)** [inf] spa rood **3** bruisend **4** schitterend, fonkelend: *esprit ~* sprankelende geest

le **pétillement** (m) **1** (het) knappen, knetteren, knisperen **2** (het) bruisen **3** fonkeling, tinteling

pétiller 1 knappen, knetteren, knisteren **2** bruisen **3** fonkelen, schitteren, tintelen **4** sprankelen [van geest]

le/la ¹**petiot** (m), **-e** (v) kleintje

²**petiot, -e** (bn) heel klein

le/la ¹**petit** (m), **-e** (v) **1** (de, het) kleine, benjamin; kind: *le ~ dernier* de jongste, de benjamin **2** jong [van een dier]: *faire des ~s* **a)** jongen (werpen); **b)** [fig] zich vermenigvuldigen

²**petit, -e** (bn) klein, gering; kort; onbeduidend, kleingeestig, bekrompen: *~es classes* lagere klassen; *~(e) ami(e)* vriendje, vriendinnetje; *~ vieux* oud mannetje; [hartelijk] *mon ~ gars* lieve jongen; *mon ~* lieverd; [neerbuigend] *mon ~ monsieur* meneertje; *une ~e minute!* ogenblikje!; *au ~ jour* 's morgens heel vroeg, bij het krieken van de dag; *être aux ~s soins pour qqn.* iem. met veel zorg omringen

³**petit** (bw) een beetje: *~ à ~* langzamerhand, stap voor stap, beetje bij beetje; *en ~* in het klein

le **petit-beurre** (m) boterkoekje

le/la ¹**petit-bourgeois** (m), **-e** (v) kleinburgerlijk mens

²**petit-bourgeois, -e** (bn) kleinburgerlijk, bekrompen

le ¹**petit-déj'** (m; mv: petits-déj') [inf] verk van *petit-déjeuner*

le ¹**petit-déjeuner** (m) ontbijt

²**petit-déjeuner** (onov ww) ontbijten

la **petite-fille** (v; mv: petites-filles) kleindochter

petitement klein; krap, op zeer bescheiden voet

la **petite-nièce** (v; mv: petites-nièces) achternicht

la **petitesse** (v) **1** kleinheid, geringheid; bescheidenheid **2** [fig] kleingeestigheid

le **petit-fils** (m; mv: petits-fils) kleinzoon

le **petit-four** (m; mv: petits-fours) petitfour: *petits-fours frais* kleine gebakjes; *petits-fours secs* petitfours

le **petit-gris** (m) wijngaardslak

la **pétition** (v) petitie, verzoekschrift

le/la **pétitionnaire** (m/v) indien(st)er van een verzoekschrift

le **petit-lait** (m; mv: petits-laits) wei

le **petit-nègre** (m) koeterwaals, brabbeltaal

le **petit-neveu** (m; mv: petits-neveux) achterneef

le **petit-pois** (m; mv: petits-pois) (dop)erwt

le **Petit Poucet** (m) Klein Duimpje

les **petits-enfants** (mv, m) kleinkinderen

le **petit-suisse** (m) roomkwark

le/la **pétochard** (m), **-e** (v) [inf] schijterd

la **pétoche** (v): [pop] *avoir la ~* 'm knijpen

la **pétoire** (v) proppenschieter [geweer]

la **pétrification** (v) verstening; verharding, verstarring

¹**pétrifier** (ov ww) (doen) verstenen, verstijfd doen staan, aan de grond nagelen

se ²**pétrifier** (wdk ww) verstenen, verstijven, verstarren

le **pétrin** (m) kneedtrog ‖ *être dans le ~* lelijk in de knoei zitten

pétrir 1 kneden **2** [fig] vormen

le **pétrissage** (m) (het) kneden; stevige massage

la **pétrochimie** (v) petrochemie

pétrochimique petrochemisch

le **pétrodollar** (m) oliedollar

le **pétrole** (m) **1** (aard)olie: *puits de ~* oliebron **2** petroleum

le ¹**pétrolier** (m) **1** oliemagnaat **2** olietanker

²**pétrol|ier, -ière** (bn) olie-

pétrolifère oliehoudend: *gisement ~* olieveld

la **pétulance** (v) uitbundigheid, uitgelatenheid

pétulant, -e uitbundig, uitgelaten

le **pétunia** (m) [plantk] petunia

peu 1 weinig, niet veel, niet vaak, niet erg: *~ après* kort daarna; *à ~ (de chose) près* ongeveer, bijna; *~ à ~* langzamerhand, hoe langer hoe meer; *manquer qqn. de ~* **a)** iem. net mislopen; **b)** [bij schieten] bijna raken; *échouer de ~* op het allerlaatst mislukken; *~ de chose* weinig, een kleinigheid, niet veel bijzonders; *sous ~* binnenkort, [Belg] kortelings; *depuis ~* sedert kort; *~ ou prou* enigszins; *pour un ~* het scheelde maar weinig of; *un ~ partout* bijna overal; *~ importe* het doet er ook niet toe; *quelque ~* nogal, enigszins; *tant soit ~* **a)** een beetje, enigszins; **b)** eventjes; *pour ~ que* mits; *c'est un ~ fort* dat is nogal sterk; *éviter de ~* maar net kunnen ontwijken; *un (tout) petit ~* een (heel) klein beetje, enigszins, ietwat; *viens voir un ~* kom 's kijken **2** niet heel, niet (erg): *~ banal* niet alledaags; *~ peuplé* dunbevolkt; *~ sérieux* niet ernstig; *~ nombreux* niet talrijk

peuh! pf!, kom nou!

la **peuplade** (v) volksstam

le **peuple** (m) **1** volk **2** gewone volk, grote massa: *le petit ~* het mindere volk; *que demande le ~?* wat wil je nog meer?; *il y a du ~* het is druk

le **peuplement** (m) bevolking; populatie

¹**peupler** (ov ww) **1** bevolken: *très peuplé* dichtbevolkt **2** vullen

se ²**peupler** (wdk ww) bevolkt worden, raken

le **peuplier** (m) populier

la **peur** (v) vrees, angst; bezorgdheid; schrik: *~ bleue* hevige angst; *j'ai eu une ~ bleue* ik schrok me dood; *de ~ de, par ~ de* uit vrees voor; *de ~ que* uit vrees dat; *avoir ~ (de)* **a)** bang zijn (voor); **b)** vrezen; *il n'a pas ~ des mots* hij neemt geen blad voor de mond; *avoir ~ pour* bezorgd zijn voor; *faire ~ à* bang maken, aan het schrikken maken; *laid à faire ~* foeilelijk; *prendre ~* bang worden, schrikken

le/la ¹**peur|eux** (m), **-euse** (v) bangerd

²**peur|eux, -euse** (bn) bang, angstig, schichtig

peut-être misschien, wellicht

p.ex. afk van *par exemple* bijv. (afk van *bij-voorbeeld*)

le **pgcd** (m) afk van *plus grand commun diviseur* g.g.d., grootste gemene deler

le **pH** (m; mv: *onv*) pH(-waarde)

le **phacochère** (m) wrattenzwijn

phagocyter 1 [biol] fagocyteren; door fagocytose vernietigen 2 [fig] opslokken

la **phalange** (v) kootje [van een vinger of teen]

phallique fallisch; fallus-

le ¹**phallocrate** (m) macho

²**phallocrate** (bn) macho-

la **phallocratie** (v) fallocratie

le **phallus** (m) 1 fallus 2 [plantk] stinkzwam

le **phantasme** (m) fantasie, hersenschim, droombeeld

pharamin|eux, -euse [inf] fantastisch, verbazingwekkend: *prix* ~ torenhoge prijzen

le **pharaon** (m) farao

le **phare** (m) 1 vuurtoren; lichtbaak 2 koplamp: ~ *antibrouillard* mistlamp; *bateau-*~ lichtschip; *faire des appels de* ~ lichtsignalen geven 3 lichtend voorbeeld, model, gids: *un pays* ~ een gidsland

le **pharisien** (m) farizeeër [ook fig]

pharmaceutique farmaceutisch

la **pharmacie** (v) 1 farmacie 2 apotheek 3 medicijnkastje 4 geneesmiddelen

le/la **pharmacien** (m), **-ne** (v) apotheker(es)

la **pharmacologie** (v) geneesmiddelenleer; farmacologie

la **pharmacopée** (v) 1 apothekersboek 2 geneesmiddelenlijst 3 [het geheel van de] geneesmiddelen

la **pharyngite** (v) keelontsteking

le **pharynx** (m) keelholte

la **phase** (v) fase [in alle bet]; [astron] schijngestalte; stadium: *être en* ~ *avec* invoelen, op dezelfde golflengte zitten

le **phénix** (m) 1 [myth] feniks 2 [fig] witte raaf; hoogvlieger

phénoménal, -e 1 verbazingwekkend 2 fenomenaal

le **phénomène** (m) 1 verschijnsel, fenomeen 2 iets bijzonders, wonder 3 rare snuiter

le/la **philanthrope** (m/v) filantroop, -trope, mensenvriend

philanthropique filantropisch, menslievend

la **philatélie** (v) filatelie

le/la ¹**philatéliste** (m/v) filatelist(e), postzegelverzamelaar(ster)

²**philatéliste** (bn) filatelistisch

philharmonique filharmonisch: *société* ~ muziekvereniging

philippin, -e Filipijns

le/la **Philippin** (m), **-e** (v) Filipijn(se)

les **Philippines** (mv, v) Filipijnen: *aux* ~ op de Filipijnen

la **philippique** (v) filippica, heftige uitval

le **philistin** (m) droogstoppel, botterik

la **philo** (v) filosofie

philosophale (v): *pierre* ~ steen der wijzen

le/la **philosophe** (m/v) 1 filosoof, -sofe, wijsgeer 2 wijs mens

philosopher filosoferen

la **philosophie** (v) 1 filosofie, wijsbegeerte 2 wijsheid, gematigdheid, berusting, gelatenheid 3 visie, opvattingen

philosophique 1 filosofisch, wijsgerig 2 wijs, gematigd, gelijkmoedig; gelaten

le **philtre** (m) liefdesdrank

la **phlébite** (v) aderontsteking

la **phobie** (v) 1 vrees, afkeer 2 [psych] ziekelijke angst, fobie

le/la **phobique** (m/v) iem. die lijdt aan een fobie

la ¹**phonétique** (v) fonetiek, klankleer

²**phonétique** (bn) fonetisch: *écriture* ~ fonetisch schrift

le **phonographe** (m) grammofoon

la **phonothèque** (v) fonotheek

le **phoque** (m) 1 zeehond, rob 2 zeehondenpels

le **phosphate** (m) fosfaat

phosphater met fosfaten bemesten

le **phosphore** (m) fosfor

phosphorer [inf] zijn hersens op volle toeren laten draaien

la **phosphorescence** (v) fosforescentie, lichtgevendheid

phosphorescent, -e 1 fosforescerend 2 lichtend

la **photo** (v) foto: ~ *d'identité* pasfoto; ~ *de vacances* vakantiefoto; ~*-choc* opzienbarende foto; *appareil* ~ fototoestel, camera; *tu me prends en* ~? maak je een foto van me?; *faire de la* ~ aan fotograferen doen; *le développement d'une* ~ het ontwikkelen van een foto || *il n'y a pas* ~ het staat buiten kijf

la **photocellule** (v) fotocel; foto-elektrische cel

la **photocopie** (v) fotokopie

photocopier fotokopiëren

le **photocopieur** (m) fotokopieerapparaat

la **photocopieuse** (v) fotokopieerapparaat

photoélectrique foto-elektrisch

photogénique fotogeniek

le/la **photographe** (m/v) fotograaf, -grafe

la **photographie** (v) fotografie, fotokunst; foto; getrouwe weergave

photographier 1 fotograferen 2 nauwkeurig in het geheugen prenten 3 nauwkeurig weergeven

photographique fotografisch: *archives* ~*s* fotoarchief

la **photogravure** (v) [typ] fotogravure

le/la **photojournaliste** (m/v) fotojournalist(e)

le **photomaton** (m) pasfotoautomaat

le **photon** (m) [kernfysica] foton; lichtquant

le **photophore** (m) 1 kaarslantaarn 2 lantaarn [bv. op een mijnhelm]

la **photopile** (v) fotocel
le **photoreportage** (m) fotoreportage
photosensible lichtgevoelig
le **photoshopping** (m): *faire du* ~ fotoshoppen
le **photostyle** (m) [comp] leespen
la **photosynthèse** (v) fotosynthese
la **phrase** (v) zin, volzin: *faire des* ~*s* holle woorden gebruiken; *sans* ~*s* zonder omhaal van woorden
la **phraséologie** (v) **1** fraseologie; zinsbouw, taalgebruik **2** (gebruik van) holle frasen
phraser [muz] fraseren
le/la **phras|eur** (m), **-euse** (v) praatjesmaker
phrygien, -ne: *bonnet* ~ Frygische muts, gedragen door de Franse revolutionairen (1789)
le **phylloxéra** (m) druifluis
le/la **physicien** (m), **-ne** (v) fysicus, -ca, natuurkundige
la **physiologie** (v) fysiologie
physiologique fysiologisch
la **physionomie** (v) fysionomie, gelaat(suitdrukking); uiterlijk, voorkomen, aanzien
le/la **physiothérapeute** (m/v) natuurarts
le **¹physique** (m) uiterlijk; voorkomen; (het) uiterlijke; lijf, lichaam: *il a le* ~ *de l'emploi* hij is er geknipt voor; *au* ~ in lichamelijk opzicht
la **²physique** (v) fysica, natuurkunde: ~ *nucléaire* kernfysica
³physique (bn) **1** fysisch, natuurkundig **2** fysiek; lichamelijk; lichaams-: *éducation* ~ lichamelijke opvoeding, gymnastiek; *amour* ~ lichamelijke liefde; *effort* ~ krachtsinspanning; *un handicapé* ~ een lichamelijk gehandicapte; *plaisir* ~ zinnelijk genot
la **phytopharmacie** (v) fytofarmacie; plantenartsenijkunde
le **piaf** (m) [inf] mus, vogeltje
piaffer trappelen
le **piaillement** (m) gepiep; gekrijs, geschreeuw
piailler blèren, schreeuwen; piepen [van vogels]
pianissimo 1 [muz] pianissimo; heel zacht **2** [inf] kalmpjes aan
le/la **pianiste** (m/v) pianist(e)
le **¹piano** (m) piano: ~ *à queue* vleugel; *jouer du* ~ piano spelen
²piano (bw) [muz] piano; zachtjes, kalmpjes aan
le **pianotage** (m) **1** gepingel **2** getrommel (op) [met de vingers]
pianoter op de piano pingelen; met zijn vingers trommelen
la **piaule** (v) [pop] (slaap)kamer
le **piaulement** (m) gepiep [van kuikentjes e.d.]
piauler piepen
le **PIB** (m) [ec] afk van *produit intérieur brut* bbp (afk van *bruto binnenlands product*)

le **¹pic** (m) specht: ~ *de montagne* zwarte specht
le **²pic** (m) **1** houweel **2** piek, bergspits: ~ *de circulation* verkeerspiek, spits
³pic (bw): *à* ~ **a)** loodrecht; **b)** steil; *couler à* ~ zinken als een baksteen; *arriver à* ~ op het juiste moment komen; *tomber à* ~ goed van pas komen
picard, -e Picardisch
la **Picardie** (v) Picardië
picaresque: *roman* ~ schelmenroman
le **piccalilli** (m) [cul] piccalilly
le **piccolo** (m) piccolo(fluit)
la **pichenette** (v) knip [met de vingers]
le **pichet** (m) karaf, kannetje
les **pickles** (mv, m) pickles, piccalilly
le **pickpocket** (m) zakkenroller
picoler [inf] pimpelen
picorer [m.b.t. vogels] pikken, oppikken
le **picotement** (m) prikkeling, gekriebel
picoter 1 prikjes geven in **2** prikkelen, kriebelen **3** [m.b.t. vogels] oppikken
le **pictogramme** (m) pictogram
pictural, -e schilder-: *art* ~ schilderkunst
le **pic-vert** (m) groene specht
la **¹pie** (v) **1** ekster **2** babbelkous ‖ [scheepv] *nid de* ~ kraaiennest
²pie (bn, mv: *onv*) bont: *une vache* ~ een zwartbonte koe; *une vache* ~*-rouge* een roodbonte koe
la **pièce** (v) **1** stuk, brok: *mettre en* ~*s* verbrijzelen, in stukken breken, verscheuren; [mil] *tailler en* ~*s* in de pan hakken **2** stuk, exemplaar: *deux-*~*s* tweedelig badpak, bikini; ~ *de monnaie* geldstuk; *à la* ~ per stuk; *travailler à la* ~ voor stukloon werken **3** stuk, onderdeel: ~ *détachée* (los) onderdeel; ~ *de rechange* reserveonderdeel; *un homme tout d'une* ~ een man uit één stuk; *tout d'une* ~ uit één stuk gemaakt; *de toutes* ~*s* van top tot teen, van a tot z; *inventé de toutes* ~*s* uit de lucht gegrepen, van a tot z verzonnen **4** stuk, document: *juger sur* ~*s* oordelen op basis van bewijsstukken; ~*s d'identité* identiteitspapieren; ~*s justificatives* bewijsstukken **5** [muz, theat] stuk: ~ *de théâtre* toneelstuk **6** vertrek: *(appartement de) deux* ~*s* tweekamerflat ‖ ~ *d'eau* vijver; ~ *montée* monumentale taart
la **piécette** (v) muntje
le **pied** (m) **1** voet [van een mens]: *à* ~ te voet; *avoir* ~ grond onder de voeten hebben; *de* ~ *en cap* van top tot teen; [fig] *casser les* ~*s* zeuren, oervervelend zijn; *coup de* ~ schop, trap; [fig] *ne savoir sur quel* ~ *danser* niet weten waar men zich aan moet houden; *(portrait) en* ~ ten voeten uit; *faire du* ~ *à qqn.* iem. voetjes geven, met de voet aanstoten; [fig] *faire des* ~*s et des mains* hemel en aarde bewegen; [fig] *de* ~ *ferme* standvastig, vastberaden; [fig] *fouler aux* ~*s* met voeten treden;

se lever du ~ gauche met het verkeerde been uit bed stappen; [fig] *au ~ levé* onvoorbereid; [fig] *~s et poings liés* aan handen en voeten gebonden; [fig] *mettre à ~* ontslaan, schorsen; *perdre ~* **a)** geen grond meer voelen; **b)** [fig] van zijn stuk raken; *avoir le ~ marin* zeebenen hebben; *mettre les ~s dans le plat* tactloos optreden, een blunder begaan; [fig] *mettre sur ~* in het leven roepen, op touw, op poten zetten, opzetten, organiseren; *mettre ~ à terre* **a)** afstijgen; **b)** voet aan wal zetten; [fig] *il est bête comme ses ~s* hij is oerdom; *à ~s joints* **a)** met aaneengesloten voeten; **b)** [fig] zonder aarzelen **2** poot [van dieren, meubels]; statief **3** voet [onderste gedeelte]: *~ du lit* voeteneind; *à ~ d'œuvre* **a)** vlak bij het werk [de bouw]; **b)** klaar om aan de slag te gaan; *retomber sur ses ~s* weer op zijn pootjes terechtkomen; *~ de la vigne* wijnstok **4** voet [maat]: *~ à coulisse* schuifmaat **5** genot: *prendre son ~* genieten, klaarkomen; *c'est le ~* dat is te gek **6** versvoet ‖ *au ~ de la lettre* letterlijk

le **pied-à-terre** (m) pied-à-terre, optrekje

le **pied-de-biche** (m; mv: pieds-de-biche) koevoet

le **pied-de-poule** (m) pied-de-pouledessin [textiel]

le **piédestal** (m) voetstuk

le **pied-noir** (m) Fransman uit Algerije

le **piège** (m) klem, strik, valstrik, val, hinderlaag: *tomber* (of: *donner*) *dans le ~* in de val lopen; *prendre au ~* vangen, verschalken; *tendre un ~* een valstrik spannen

piéger 1 met strikken (in vallen) vangen **2** met explosieven beveiligen: *voiture piégée* bomauto; *lettre piégée* bombrief **3** [fig] in de val laten lopen

la **pie-grièche** (v; mv: pies-grièches) klapekster

le **piercing** (m) piercing

la **pierrade** (v): *faire une ~* steengrillen

la **pierraille** (v) steengruis, steenslag

la **pierre** (v) steen; gesteente; rots; edelsteen: *de ~* [ook fig] stenen, van steen; *en ~* natuurstenen; *~ d'angle, ~ angulaire* hoeksteen; *~ à feu* vuursteen; *~ fine* halfedelsteen; *~ précieuse* edelsteen; [bouwk] *~ de taille* natuursteen; *âge de (la) ~* steentijd(-perk); *faire d'une ~ deux coups* twee vliegen in één klap slaan; *dur comme la* (of: *une*) *~* keihard, meedogenloos; [fig] *rester de ~* onbewogen blijven

les **pierreries** (mv, v) juwelen, edelstenen

pierr|eux, -euse steenachtig; vol stenen

le **pierrot** (m) clown

la **piétaille** (v) voetvolk

la **piété** (v) **1** vroomheid **2** liefdevolle eerbied, piëteit: *~ filiale* kinderliefde [jegens de ouders]

le **piétinement** (m) **1** getrappel, gestamp

2 [fig] stilstand, stagnatie

¹**piétiner** (onov ww) **1** trappelen, stampvoeten **2** [fig] niet opschieten

²**piétiner** (ov ww) vertrappen, plattrappen, onder de voet lopen; [fig] met voeten treden, schenden

le/la ¹**piéton** (m), **-ne** (v) voetgang(st)er

²**piéton, -ne** (bn) voetgangers-

piètre armzalig, pover, schamel, schraal, zwak, gering, onbeduidend: *faire ~ figure* een slecht figuur slaan

le **pieu** (m) **1** (puntige) paal **2** [pop] nest [bed]

se **pieuter** [pop] in zijn nest kruipen

la **pieuvre** (v) **1** (grote) inktvis; octopus **2** uitbuiter [die zijn prooi nooit loslaat]

pieux, pieuse vroom, godvruchtig: *un vœu ~* een vrome wens; *~ mensonge* leugentje om bestwil

le **pif** (m) neus ‖ *au ~* op de gok, op het gevoel; *avoir qqn. dans le ~* iem. niet kunnen uitstaan

pifer [pop] *ne pas pouvoir ~ qqn.* iem. niet kunnen uitstaan

piffer *zie pifer*

le **pifomètre** (m) flair: *au ~* op de gok, op het gevoel

la **pige** (v) **1** [pop] jaar **2** lengtemaat

le **pigeon** (m) **1** duif: *~ d'argile* kleiduif; *tir au ~* kleiduivenschieten; *~ vole!* alle vogels vliegen!; *mon (petit) ~* m'n duifje **2** dupe: *être le ~* het kind van de rekening zijn, de pineut zijn

pigeonnant, -e [inf] **1** opwelvend **2** [van beha's] push-up-

pigeonner (iem.) plukken

le **pigeonnier** (m) duiventil

piger [pop] snappen

le/la **pigiste** (m/v) journalist(e), redacteur, -trice die per regel betaald wordt

le **pigment** (m) pigment

la **pigmentation** (v) pigmentatie, pigmentering; (het) verven met een pigmentkleurstof

pigmenter pigmenteren; kleuren

le **pignon** (m) **1** puntgevel: [fig] *avoir ~ sur rue* te goeder naam en faam bekendstaan **2** kamrad, kamwiel, tandwiel

le/la **pignouf** (m), **-e** (v) [inf] lomperik

le **pilaf** (m) pilav [gemengd rijstgerecht]

la ¹**pile** (v) **1** stapel **2** batterij: *~ atomique* atoomreactor; *~ au lithium* lithiumbatterij **3** brugpijler **4** achterzijde van een munt: *~ ou face* kruis of munt

²**pile** (bw): *s'arrêter ~* plotseling stilstaan; *tomber ~* goed treffen; *à trois heures ~* kloklag drie; *~ devant nous* vlak voor ons

pile-poil [inf] exact, precies

piler 1 verpulveren, fijnstampen **2** plotseling remmen

pil|eux, -euse haar-: *système ~* lichaamsbeharing

le **pilier** (m) **1** pilaar, pijler **2** [fig] steunpilaar **3** [rugby] vleugelspeler van de eerste linie ‖

~ *de bar* kroegloper

le **pili-pili** (m; mv: *onv*) [cul] pilipili

le **pillage** (m) plundering

le/la ¹**pillard** (m), **-e** (v) plunderaar(ster)

²**pillard, -e** (bn) plunderend

piller 1 plunderen, roven, stelen **2** plagiaat plegen

le/la **pill|eur** (m), **-euse** (v) plunderaar(ster)

le **pilon** (m) **1** stamper: *mettre* un livre au ~ de oplage van een boek vernietigen **2** houten been

le **pilonnage** (m) **1** (het) (fijn)stampen **2** hevig bombardement

pilonner 1 (fijn)stampen **2** hevig bombarderen

le **pilori** (m) schandpaal; [fig] *clouer* au ~ aan de kaak stellen

la **pilosité** (v) beharing

le **pilotage** (m) (het) besturen, loodsen; besturing [van een vliegtuig]: ~ *sans visibilité* blind vliegen; ~ *téléguidé* afstandsbesturing

le **pilote** (m) **1** loods **2** piloot, vliegenier: ~ *d'essai* testpiloot **3** bestuurder [van een racewagen, tank]: ~ *de course* autocoureur **4** gids, leidsman, leider || [in samenstelling, als bn] *classe-~* experimenteerklas; *projet-~* pilotproject, [Belg] pilootproject; *commune-~* voorbeeldgemeente, [Belg] pilootgemeente

piloter 1 besturen, sturen **2** (binnen)loodsen **3** tot gids dienen; rondleiden

le **pilotis** (m) fundering [van heipalen]; heiwerk

la **pils** (v) [Belg] pils

la **pilule** (v) pil; bittere pil: *prendre* la ~ aan de pil zijn; *la ~ du lendemain* de morning-afterpil

la **pimbêche** (v) aanstelster, verwaand nest

le **piment** (m) piment, Spaanse peper; [fig] pikanterie

pimenter [ook fig] sterk kruiden, peperen

pimpant, -e fijn uitgedost, elegant, koket, fris

le **pin** (m) den, pijnboom: *de* ~ van grenenhout

le **pinacle** (m): *porter* au ~ ophemelen

la **pinacothèque** (v) pinacotheek; schilderijenkabinet

pinailler muggenziften

le/la **pinaill|eur** (m), **-euse** (v) muggenzift(st)er, pietlut

le **pinard** (m) wijn; wijntje

la **pince** (v) **1** knijper, pincet: ~ *universelle* combinatietang; ~ *à linge* wasknijper; ~ *coupante* snijtang **2** schaar [van kreeften e.d.] **3** bandplooi: *pantalon à ~s* bandplooibroek **4** broekklem || [pop] *serrer la ~ à qqn.* iem. de vijf geven

pincé, -e 1 gedwongen, geforceerd, hooghartig **2** dichtgeknepen, dun

le **pinceau** (m) **1** penseel, kwast: *coup de* ~ streek, met het penseel **2** smalle lichtbundel

la **pincée** (v) klein beetje, snufje [van zout]

le **pincement** (m) (het) knijpen, kneep: ~ *au cœur* [fig] (het) even zeer doen

le **pince-monseigneur** (m) breekijzer

le **pince-nez** (m) lorgnet; knijpbril

le **pince-oreille** (m) oorwurm

¹**pincer** (ov ww) **1** knijpen; (vast)klemmen; [Belg] ~ *son français* bekakt (Frans) spreken; ~ *les lèvres* de lippen op elkaar klemmen; *le froid nous pince au visage* de kou snijdt ons in het gezicht **2** betrappen, pakken: *se faire* ~ gepakt, betrapt worden; *être pincé* erbij zijn, erin lopen **3** [muz] tokkelen || *il en pince pour elle* hij is verkikkerd op haar

se ²**pincer** (wdk ww) **1** dichtknijpen: *se* ~ *le nez* zijn neus dichtknijpen **2** klemmen

les **pinces** (mv, v) (nijp)tang

le **pince-sans-rire** (m) droogkomiek

la **pincette** (v) tangetje; pincet: *elle n'est pas à prendre avec des ~s* er is geen land met haar te bezeilen

la **pine** (v) [pop] pik

la **pinède** (v) dennenbos(je)

le **pingouin** (m) pinguïn

le **ping-pong** (m) pingpong, tafeltennis

le ¹**pingre** (m) gierigaard, krent

²**pingre** (bn) schriel, krenterig

la **pingrerie** (v) gierig-, krenterigheid

le **pinot** (m) pinotdruif [wijndruif]

pin-pon [nabootsing van brandweersirene] 'ta-die-ta-die!'

le **pin's** (m) speldje, button

le **pinson** (m) vink

la **pintade** (v) parelhoen

la **pinte** (v) **1** pint: ~ *de vin* kroes wijn **2** [Belg] pint; biertje

pinter [volkst] zuipen; hijsen; pimpelen

la **pioche** (v) houweel

¹**piocher** (onov ww) **1** hard werken, blokken op **2** graaien

²**piocher** (ov ww) be-, omwerken met een houweel

le **piolet** (m) pickel [houweel]

le ¹**pion** (m) pion; damschijf: [fig] *damer le* ~ *à qqn.* iem. de loef afsteken

le/la ²**pion** (m), **-ne** (v) [school] surveillant(e)

le **pionnier** (m) pionier, baanbreker

la **pipe** (v) (tabaks)pijp || [pop] *casser sa* ~ om zeep gaan; [pop] *par tête de* ~ per persoon; [pop] *faire* (of: *tailler*) *une* ~ pijpen

le **pipeau** (m) schalmei; vogelfluitje || *c'est du* ~ het is onzin

pipeauter 1 [inf; iem.] voor de gek houden, om de tuin leiden **2** [bv. boekhouding, cv] vervalsen

le/la **pipelet** (m), **-te** (v) [pop] conciërge; kletskous

le **pipeline** (m) pijpleiding

¹**piper** (onov ww): [pop] *ne pas* ~ geen kik geven

²**piper** (ov ww) vervalsen: *les dés sont pipés* het is doorgestoken kaart

la **pipérade** (v) tomaten-paprikaomelet

la **pipette** (v) pipet

le **pipi** (m) pies, plasje: *du ~ de chat* [inf] uilenzeik

le **pipo** (m) [studententaal] student aan de 'Ecole polytechnique'

le ¹**piquant** (m) **1** stekel **2** [fig] (het) pikante

²**piquant, -e** (bn) **1** stekelig, stekend; puntig, scherp **2** pikant **3** sterk gekruid, scherp **4** bijtend, bits

le ¹**pique** (m) [kaartsp] schoppen: *le six de ~* schoppen zes

la ²**pique** (v) piek; [stierengevecht] lans: *envoyer des ~s* jennen, sarren

le ¹**piqué** (m) **1** piqué [stof] **2** [luchtv] duikvlucht

²**piqué, -e** (bn) **1** geprikt **2** (door)gestikt **3** met donkere vlekjes; verweerd **4** [muz] staccato **5** getikt ‖ *ce n'est pas ~ des vers* dat is lang niet gek

le/la **pique-assiette** (m/v) klaploper, -loopster

le **pique-nique** (m; mv: pique-niques) picknick

pique-niquer picknicken

¹**piquer** (onov ww) **1** (+ sur) vooruitvliegen, recht afgaan (op) **2** duiken: *~ du nez* voorover tuimelen **3** irriteren, prikkelen: *froid qui pique* snijdende kou

²**piquer** (ov ww) **1** prikken, prikkelen: *~ un cent mètres* wegrennen **2** een injectie geven; prikken **3** [m.b.t. insecten] steken **4** opwekken: *~ au vif* diep krenken **5** jatten, pikken **6** betrappen, oppakken **7** krijgen: *~ une crise de larmes* een huilbui krijgen; *~ une tête* (zich) voorover (laten) vallen

se ³**piquer** (wdk ww) **1** zich prikken: *se ~ au jeu* **a)** zich laten meeslepen; **b)** volhouden **2** (+ de) zich laten voorstaan

le **piquet** (m) paaltje, piket: *~ de tente* tentharing; *être au ~* in de hoek staan [als straf] ‖ [mil] *~ d'incendie* brandpiket; *~ de grève* groep posters [stakers]

piqueter spikkelen

la **piquette** (v) bocht, slechte wijn

le ¹**piqueur** (m) **1** pikeur **2** houwer [mijnwerker]

²**piqu|eur, -euse** (bn) stekend

la **piqûre** (v) **1** prik, steek; branderig gevoel **2** gaatje **3** injectie, spuitje **4** stiksel, stiknaad **5** vocht-, roestvlekje

le **piranha** (m) piranha

le **piratage** (m) illegaal kopiëren

le ¹**pirate** (m) zeerover, piraat, kaper; rover; oplichter

²**pirate** (bn) onwettig: *émetteur ~* piratenzender; *enregistrement ~* bootleg

¹**pirater** (onov ww) (zee)roof plegen

²**pirater** (ov ww) bestelen, beroven; illegaal kopiëren; [comp] kraken

la **piraterie** (v) zeeroverij, piraterij; oplichterij

le ¹**pire** (m): *le ~* het ergst, slechtst; *le ~ de tout* het allerergste; *au ~* in het ergste geval; *pour le meilleur et pour le ~* in voor- en tegenspoed; *politique du ~* wanhoopspolitiek

²**pire** (bn) erger, slechter: *mon (ton etc.) ~ ennemi* mijn (jouw enz.) ergste vijand

la **pirogue** (v) prauw

la **pirouette** (v) **1** pirouette; snelle draai **2** ommezwaai: *s'en tirer par une ~* zich met een geintje van iets afmaken

le ¹**pis** (m) uier

le ²**pis** (m): *le ~* het ergste, het slechtst

³**pis** (bw) erger, slechter: *au ~* in het ergste geval; *tant ~* jammer, pech gehad, niets aan te doen; *tant ~ pour lui* het is zijn eigen schuld, hij moet het zelf maar weten; *de mal en ~* van kwaad tot erger

le **pis-aller** (m) laatste toevlucht; noodmaatregel, lapmiddel, noodsprong; *bij gebrek aan beter*

le/la **piscicul|teur** (m), **-trice** (v) viskweker, -kweekster

la **pisciculture** (v) visteelt

la **piscine** (v) zwembad: *~ de plein air* openluchtzwembad; *~ à vagues* golfslagbad; *~ olympique* vijftigmeterbad

la **Pise** (v) Pisa

la **pissaladière** (v) pissaladière [soort pizza]

la **pisse** (v) [plat] pis

le **pissenlit** (m) paardenbloem: [fig] *manger les ~s par la racine* onder de groene zoden liggen

pisser [inf] pissen: *~ du sang* veel bloed verliezen; *c'est à ~ de rire* (of: *dans sa culotte*) het is om je te bescheuren (of: te gillen); [fig] *ça ne pisse pas loin* dat is naatje, dat is knudde (met een rietje); [fig] *ne plus se sentir ~* het hoog in zijn bol gekregen hebben

piss|eux, -euse stinkend naar urine; vergeeld

le **pissoir** (m) pisbak

la **pissotière** (v) urinoir

la ¹**pistache** (v) pistache

²**pistache** (bn) pistachegroen

la **piste** (v) **1** spoor: *brouiller les ~s* de sporen uitwissen; *~ sonore* geluidsspoor; *être sur la bonne ~* op de goede weg zijn **2** baan, renbaan; piste: *~ cavalière* ruiterpad; *~ cyclable* fietspad; *~ d'atterrissage* landingsbaan **3** arena: *~ de danse* dansvloer

pister bespieden, volgen, de gangen nagaan van

le **pistil** (m) stamper [van een bloem]

le **pistolet** (m) **1** pistool **2** verfspuit **3** [Belg] pistolet(je) [broodje]

le **pistolet-mitrailleur** (m) machinepistool

le **piston** (m) **1** zuiger **2** [muz] piston, klep **3** kruiwagen, protectie

pistonner (aan een baantje) helpen

le **pistou** (m) [cul]: *soupe au ~* basilicumsoep

le **pita** (m) pita: *pain* ~ pitabroodje
le **pit-bull** (m) pitbull(terriër)
pit|eux, -euse beklagenswaardig, treurig; armzalig, pover
la **pitié** (v) medelijden: *faire* ~ medelijden wekken; *par* ~ [inf] in hemelsnaam; *quelle* ~*!* wat jammer!; *sans* ~ meedogenloos; *prendre qqn. en* ~ medelijden krijgen met iem.
le **piton** (m) **1** schroefoog; rotshaak **2** [bergsport] bergtop
pitoyable 1 erbarmelijk [slecht] **2** beklagenswaardig
le **pitre** (m) clown, pias, hansworst: *faire le* ~ de pias uithangen
la **pitrerie** (v) grapjasserij
pittoresque schilderachtig, pittoresk
le **pivert** (m) groene specht
la **pivoine** (v) pioenroos
le **pivot** (m) spil; as: *dent sur* ~ stifttand
pivoter (om een spil) draaien
le **pixel** (m) pixel
la **pizza** (v) pizza
la **pizzeria** (v) pizzeria
la **PJ** (v) afk van *police judiciaire* recherche
le **placard** (m) **1** muurkast **2** aanplakbiljet, grote advertentie: *mettre qqn. au* ~ iem. aan de kant zetten; ~ *publicitaire* grote advertentie
placarder aanplakken
la **place** (v) **1** plaats; ruimte: ~ *assise* zitplaats; *à sa* ~ … in zijn plaats, als ik hem was …; *remettre qqn. à sa* ~ iem. op zijn nummer zetten; *mettre en* ~ **a)** plaatsen; **b)** organiseren, instellen; *mise en* ~ plaatsing, organisatie, instelling; *ne pas tenir en* ~ niet stil (kunnen) zitten, rust noch duur hebben; *laisser sur* ~ achterlaten; *tout est en* ~ alles staat klaar; ~ *de parking* (auto)parkeerplaats; [fig] *les* ~*s sont chères* de concurrentie is hevig, er zijn veel gegadigden **2** baantje, betrekking: *gens en* ~ hooggeplaatste personen **3** plein: *la* ~ *publique* [fig] de openbaarheid **4** vesting, garnizoensplaats **5** beurs: *sur la* ~ *de Paris* op de Parijse beurs **6** [Belg] vertrek, kamer **7** entreekaartjes: *des* ~*s de cinéma* bioscoopkaartjes
placé, -e geplaatst: *je suis bien* ~ *pour le savoir* ik kan het weten; *avoir le cœur bien* ~ het hart op de rechte plaats hebben
le **placement** (m) **1** plaatsing **2** geldbelegging, investering: ~ *de père de famille* uiterst solide belegging **3** (het) verschaffen van werk: *bureau de* ~ (arbeids)bemiddelingsbureau, arbeidsbureau **4** verkoop, afzet
le **placenta** (m) nageboorte; moederkoek; placenta
¹**placer** (ov ww) **1** plaatsen, leggen, zetten; zijn plaats wijzen; stellen: ~ *un mot* een duit in het zakje doen **2** een betrekking vinden voor; te werk stellen **3** aan de man brengen **4** investeren, beleggen

se ²**placer** (wdk ww) plaats nemen, zich plaatsen; geplaatst worden: *se* ~ *sous la protection de qqn.* zich onder iemands bescherming stellen
le/la **plac|eur** (m), **-euse** (v) iem. die plaatsen aanwijst; ouvreuse
placide bedaard, kalm, vredig; onverstoorbaar
la **placidité** (v) bedaardheid, kalmte, vredigheid; onverstoorbaarheid
le **placoplâtre** (m) gipsplaat
le **plafond** (m) **1** plafond, zoldering, dak: *faux* ~ verlaagd plafond; [fig] *sauter au* ~ uit zijn vel springen **2** wolkendek **3** bovengrens, limiet **4** plafondschildering
le **plafonnement** (m) (het) bereiken van de limiet, hoogtegrens; beperking [naar boven]
¹**plafonner** (onov ww) [fig] zijn plafond bereiken: *faire* ~ *à* niet hoger laten oplopen dan
²**plafonner** (ov ww) plafonneren
le **plafonneur** (m) [Belg] stukadoor
le **plafonnier** (m) plafonnière; binnenverlichting [van een auto]
la **plage** (v) **1** strand **2** [radio, tv] programmablok; speelruimte, marge; periode, tijd; track [van een cd] || ~ *arrière* hoedenplank [in auto]
le **plagiat** (m) plagiaat
plagier plagiaat plegen
le/la **plagiste** (m/v) strandexploitant(e)
le **plaid** (m) plaid; reisdeken
¹**plaider** (onov ww) procederen; pleiten: *cela plaide en sa faveur* dat strekt hem (haar) tot eer
²**plaider** (ov ww) bepleiten: ~ *coupable* schuld erkennen; ~ *la cause de qqn.* iemands zaak bepleiten, het voor iem. opnemen; ~ *le faux pour savoir le vrai* door een leugen achter de waarheid trachten te komen
le/la **plaid|eur** (m), **-euse** (v) pleit(st)er; procesvoerende partij
la **plaidoirie** (v) pleidooi
le **plaidoyer** (m) verdediging; pleidooi
la **plaie** (v) **1** wond **2** geleden verdriet, pijnlijke herinnering; wonde: *mettre le doigt sur la* ~ de vinger op de wonde plek leggen **3** plaag: *quelle* ~*!* wat een ellende!
le/la ¹**plaignant** (m), **-e** (v) eiser(es)
²**plaignant, -e** (bn) eisend: *partie* ~*e* eisende partij
plain, -e: [Belg] *tapis* ~ vaste vloerbedekking
¹**plaindre** (ov ww) beklagen, medelijden hebben met: *je te plains!* arme jij!; *il n'est vraiment pas à* ~ hij heeft niks te klagen
se ²**plaindre** (wdk ww) klagen; een klacht indienen
la **plaine** (v) vlakte
plain-pied: *de* ~ **a)** gelijkvloers; **b)** op voet van gelijkheid

plaint volt dw van ¹*plaindre*

la **plainte** (v) **1** klacht; klaaglijk geluid **2** [jur] aanklacht: *porter* ~ aangifte doen, een klacht indienen; *déposer une* ~ *contre qqn.* een aanklacht tegen iem. indienen

plaint|if, -ive klagend, klaaglijk

¹**plaire** (onov ww) bevallen, aanstaan, in de smaak vallen bij: *ça te plaît?* vind je dat leuk?; *à Dieu ne plaise* God verhoede; *s'il vous plaît* alstublieft [in België ook wanneer je iets aanreikt]

se ²**plaire** (wdk ww) **1** elkaar mogen: [inf; scherts] *il commence à me* ~ ik krijg de kriebels van hem **2** (+ à) plezier hebben in, houden van **3** graag zijn: *se* ~ *avec qqn.* graag met iem. omgaan; *se* ~ *dans la solitude* graag alleen zijn; *je me plais à la campagne* het bevalt me op het platteland

la **plaisance** (v) watersport: *port de* ~ jachthaven; *bateau* ~ plezierjacht; *navigation de* ~ pleziervaart

le **plaisancier** (m) pleziervaarder

le ¹**plaisant** (m) prettige kant ‖ *mauvais* ~ flauwe grappenmaker

²**plaisant, -e** (bn) **1** grappig, vermakelijk **2** leuk, aangenaam, prettig

¹**plaisanter** (onov ww) grappen, gekheid maken, schertsen: *je ne plaisante pas* het is me ernst; *on ne plaisante pas avec la religion* met godsdienst valt niet te spotten

²**plaisanter** (ov ww) voor de gek houden, plagen

la **plaisanterie** (v) grap, gekheid, scherts: *il ne comprend pas la* ~ hij kan niet tegen een grapje; *mauvaise* ~ misplaatste grap

le **plaisantin** (m) flauwe grappenmaker

le **plaisir** (m) **1** genoegen, plezier, vreugde, genot: ~ *solitaire* zelfbevrediging; *au* ~ *de vous revoir!, au* ~! tot ziens!; *faire* ~ genoegen doen; *prendre* ~ *à* er behagen in scheppen om; *ce n'est pas une partie de* ~ het is geen lolletje; [ook iron] *faire durer le* ~ ergens (lekker) mee doorgaan, iets doorzetten; *se faire* ~ de verleiding niet kunnen weerstaan, iets leuks voor zichzelf kopen **2** believen, goedvinden: *à* ~ zonder reden, zomaar, naar willekeur

les **plaisirs** (mv, m) vermaak, geneugten

le ¹**plan** (m) **1** vlak: ~ *d'eau* waterpartij; ~ *de travail* werkblad; ~ *incliné* hellend vlak; *arrière-*~ achtergrond; *premier* ~ voorgrond; *de premier* ~ eersterangs, vooraanstaand; *sur le* ~ *de* op het gebied van, wat betreft, qua; *sur le* ~ *pratique* in de praktijk; [foto] *gros* ~ close-up; [fig] *gros* ~ *sur* (ruim) aandacht voor [m.b.t. televisiereportages e.d.] **2** plan, project, ontwerp, schets; plattegrond, kaart: ~ *du métro* plattegrond van de metro **3** schema: *laisser en* ~ laten rusten, niet afmaken, in de steek laten; [Belg] *tirer son* ~ zich weten te redden

²**plan, -e** (bn) vlak, plat, effen

la **planche** (v) **1** plank; loopplank: *faire la* ~ op de rug drijven [bij zwemmen]; ~ *à voile* surfplank; ~ *à repasser* strijkplank; ~ *à roulettes* skateboard; [fig] ~ *de salut* laatste redmiddel; [fig] *avoir du pain sur la* ~ heel wat werk voor de boeg hebben **2** plaat, prent, gravure **3** tuinbed

le ¹**plancher** (m) **1** (planken) vloer: *mettre le pied au* ~ plankgas geven; [fig] *débarrasser le* ~ ertussenuit knijpen; [fig] *le* ~ *des vaches* de (vaste) wal **2** ondergrens: *prix* ~ minimumprijs

²**plancher** (onov ww) **1** (+ sur) [pop; ond] een uiteenzetting geven over **2** overhoord worden

les **planches** (mv, v) planken [toneel]: [theat] *brûler les* ~ vurig spelen

la **planchette** (v) plankje

le/la **planchiste** (m/v) surf(st)er

le **plancton** (m) plankton

plané, -e: *vol* ~ glijvlucht

¹**planer** (onov ww) **1** zweven **2** (+ sur) glijden (over) [van de blik]; overzien **3** dromen, zweven **4** dreigend hangen boven **5** high zijn ‖ *ça plane pour lui* alles loopt lekker voor hem

²**planer** (ov ww) planeren, gladmaken; uitdeuken

planétaire planetair, planeet-, planeten-; wereldwijd: *le village* ~ de wereld als dorp, global village

le **planétarium** (m) planetarium

la **planète** (v) planeet, dwaalster

le **planeur** (m) zweefvliegtuig

le/la ¹**planifica|teur** (m), **-trice** (v) [ec] organisator, organisatrice; planningsdeskundige

²**planifica|teur, -trice** (bn) plannings-, organisatorisch

la **planification** (v) planning

planifier plannen, volgens een vast plan ordenen: *économie planifiée* geleide economie

le **planisphère** (m) wereldkaart

le **planning** (m) planning: ~ *familial* geboorteregeling, gezinsplanning; *respecter le* ~ zich aan de planning houden

la **planque** (v) [pop] schuilplaats; gemakkelijk baantje

¹**planquer** (ov ww) [pop] wegstoppen, opbergen

se ²**planquer** (wdk ww) zich verschuilen, onderduiken

le **plant** (m) **1** jong plantje, stekje; pootgoed **2** aanplant; beplanting

la **plantation** (v) (het) planten, poten; aanplant, beplanting; plantage; inplanting [van haar]

la **plante** (v) **1** plant: *jardin des* ~*s* botanische tuin, hortus **2** voetzool ‖ [inf] *belle* ~ lekker ding, (lekker) stuk

¹**planter** (ov ww) **1** (aan)planten; poten: ~ *le jardin* de roses de tuin met rozen beplanten **2** in de grond slaan; [spijkers] inslaan **3** (neer)zetten, oprichten; [zijn blik] vestigen, plaatsen, aanbrengen; [fig] ~ *le décor de qqch.* de omstandigheden van iets schilderen ‖ ~ *là* aan zijn lot overlaten, in de steek laten

se ²**planter** (wdk ww) **1** geplant worden **2** blijven steken: *mon PC s'est planté* mijn pc is gecrasht **3** gaan staan **4** in de berm belanden **5** [inf] zich vergissen, geen succes hebben

le **planteur** (m) planter

la **planteuse** (v) pootmachine

plantigrade: [dierk] *animal* ~ zoolganger

le **planton** (m) [mil] planton(wacht): *être de* ~ dienst hebben; *faire le* ~ staan wachten

plantur|eux, -euse overvloedig: *femme plantureuse* vrouw met weelderige vormen

la **plaque** (v) **1** plaat; (naam)bord: ~ *tournante* [fig] centrum, spil, hart; ~ *chauffante* kookplaat; ~ *de verglas* ijzellaag; ~ *de chocolat* plak chocola; ~ *d'immatriculation* nummerplaat; ~ *minéralogique* nummerplaat; *être à côté de la* ~ de plank misslaan **2** ridderorde **3** plek [op de huid]: ~ *dentaire* tandplak; *sclérose en* ~s multiple sclerose

le ¹**plaqué** (m) fineer; ~ *or* doublé; ~ *argent* pleet

²**plaqué, -e** (bn) erbij geflanst

¹**plaquer** (ov ww) **1** platdrukken: *des cheveux plaqués en arrière* strak naar achteren gekamd haar **2** (+ contre, sur) drukken (tegen); plakken **3** vergulden, verzilveren; plateren; fineren **4** [rugby] ten val brengen **5** in de steek laten

se ²**plaquer contre** (wdk ww) zich drukken tegen

la **plaquette** (v) **1** plaquette; plaatje, schijfje; strip **2** dun boekje **3** gedenkpenning **4** bloedplaatje

le **plasma** (m) plasma

le **plastic** (m) kneedbom, plastiekbom

le **plasticage** (m) aanslag met een kneedbom

le/la **plasticien** (m), **-ne** (v) beeldend(e) kunstenaar, -nares

la **plasticité** (v) plasticiteit, kneedbaarheid; vervormbaarheid; [fig] soepelheid

la **plastification** (v) plastificatie

plastifier plastificeren

plastiquage *zie plasticage*

le ¹**plastique** (m) plastic, kunststof

la ²**plastique** (v) schoonheid van vorm

³**plastique** (bn) **1** plastisch, beeldend: *arts* ~s beeldende kunsten **2** kneedbaar: *matières* ~s kunststof, plastic **3** mooi van vorm

plastiquer met een kneedbom opblazen

le **plastiqueur** (m) pleger van een bomaanslag

le **plastoc** (m) [inf] plastiek; plastic

le **plastron** (m) borststuk, frontje

plastronner een hoge borst opzetten; paraderen

le ¹**plat** (m) **1** platte, vlakke kant, plat [van de hand]; blad; plat stuk [van een weg]: [inf] *faire du* ~ hielen likken, vleien **2** schaal, schotel, groot bord; gang, maaltijd, gerecht: *de bons petits* ~s lekkere hapjes; ~ *de résistance* hoofdgerecht; ~ *du jour* dagschotel; ~ *unique* eenpansmaaltijd; *œuf sur le* ~ spiegelei; [fig] *mettre les petits* ~s *dans les grands* vorstelijk onthalen; [fig] *en faire tout un* ~ veel drukte maken om

²**plat, -e** (bn) **1** plat, vlak, effen; sluik [van haren]: *avoir la bourse* ~e platzak zijn; *calme* ~ windstilte [op zee]; *être à* ~ **a)** erg moe zijn; **b)** een lekke band hebben; **c)** down zijn; *soulier* ~ schoen met lage hak; *à* ~ *ventre* op zijn buik [liggend]; [fig] *se mettre à* ~ *(ventre) devant qqn.* voor iem. kruipen; *mettre un problème à* ~ een probleem grondig analyseren **2** zonder smaak; platvloers, banaal, alledaags: *eau* ~e water zonder prik **3** onderdanig, kruiperig

le **platane** (m) plataan

le **plateau** (m) **1** (thee)blad, dien-, presenteerblad: ~ *de fromages* kaasplateau [assortiment]; [fig] *il voudrait qu'on lui apporte tout sur un* ~ hij wil alles op een presenteerblaadje aangeboden krijgen **2** plateau, hoogvlakte: [geol] ~ *continental* continentaal plat **3** schaal [van een balans] **4** toneel; speelruimte; (film)set

le **plateau-repas** (m) maaltijd [bv. in vliegtuig]

le **plateau-télé** (m) kant-en-klaarmaaltijd

la **platebande** (v) **1** border, bloembed: [fig] *marcher sur les* ~s *de qqn.* onder iemands duiven schieten **2** [bouwk] platte lijst

la **platée** (v) flinke schaal (vol)

la **plateforme** (v) **1** platform; perron(zijde): *toit en* ~ plat dak; ~ *de forage* booreiland; ~ *de correspondance* overstapluchthaven, hub **2** balkon [van tram, bus] **3** [spoorw] platte wagen **4** beginselprogramma [van een politieke partij] ‖ ~ *continentale* continentaal plat

platement banaal

le ¹**platine** (m) platina

la ²**platine** (v) [techn] plaat(je); draaitafel: ~ *laser* cd-speler

³**platine** (bn) platinablond

platiné, -e platinablond: *vis* ~es contactpunten [van auto]

platiner platineren

la **platitude** (v) platvloersheid, banaliteit, alledaagsheid, afgezaagde opmerking

platonique platonisch

le **plâtrage** (m) bepleistering; pleisterwerk

le **plâtras** (m) (kalk)puin

le **plâtre** (m) **1** pleister(kalk); gips; gipsverband: ~ *de marche* loopgips; *four à* ~ kalkoven **2** gipsafgietsel, gipsbeeldje ‖ *battre* *comme* ~ afrossen

plâtrer pleisteren, bepleisteren; [med] in het gips zetten

les **plâtres** (mv, m) pleisterwerk

plâtr|eux, -euse 1 bepleisterd **2** wit als krijt **3** onrijp [van zachte kaas]

le **plâtrier** (m) stukadoor

plausible plausibel, geloofwaardig, aannemelijk

le **play-boy** (m; mv: play-boys) playboy

la **plèbe** (v) plebs; [neg] gepeupel

le **plébiscite** (m) volksstemming, referendum

plébisciter bij referendum kiezen (goedkeuren); met een overweldigende meerderheid kiezen (goedkeuren)

la **pléiade** (v) kring, gezelschap

le **¹plein** (m) volheid, maximum; massief gedeelte: *battre son* ~ **a)** op het hoogste punt zijn; **b)** in volle gang zijn; *faire le* ~ **a)** helemaal vullen; **b)** vol tanken; *faire le* ~ *des voix* maximaal aantal stemmen behalen; *mettre dans le* ~ midden in het doel schieten

²plein, -e (bn) **1** vol, gevuld; volkomen, geheel; massief; geheel vervuld (van), opgaand (in): *tout* ~ *de* boordevol; *une journée* ~*e* een druk bezette, een welbestede dag; *il est* ~ hij is zat; ~ *à craquer* propvol; ~ *cuir* geheel van leer; *(mettre)* ~*s gaz* vol gas (geven); ~*s pouvoirs* volmacht; ~*e lune* vollemaan; *à* ~*e gorge* luidkeels; *à* ~ ten volle; *à* ~ *temps* voltijds, volledig; *en* ~ *hiver* hartje winter; *en* ~ *jour* midden op de dag, op klaarlichte dag; *en* ~*e mer* op volle zee; *en* ~ *midi* **a)** midden op de dag; **b)** pal op het zuiden; *en* ~*e nature* in de vrije natuur; *frapper en* ~ *visage* vlak, midden in het gezicht slaan; [inf] *taper en* ~ *dedans* precies raak slaan; *tomber en* ~ *sur* precies vallen op **2** drachtig || *se heurter de* ~ *fouet* frontaal botsen; *un argument qui porte à* ~ een steekhoudend argument; [inf] *en mettre* ~ *la vue à qqn.* iem. de ogen uitsteken

³plein (bw) vol; volop: *tout* ~ hartstikke; *avoir de l'argent* ~ *les poches* zijn zakken vol geld hebben; *en avoir* ~ *la bouche* er de mond vol van hebben; *sonner* ~ vol klinken; *avoir* ~ *d'argent* geld zat hebben; *il y avait* ~ *de monde* er waren massa's mensen

pleinement volkomen, ten volle, geheel en al, volop

le **plein-emploi** (m) volledige werkgelegenheid

le **¹plein-temps** (m) volledige baan

²plein-temps (bn) fulltime

plén|ier, -ière volledig, voltallig: *assemblée plénière* plenaire vergadering

le **¹plénipotentiaire** (m) gevolmachtigde

²plénipotentiaire (bn) gevolmachtigd

la **plénitude** (v) **1** volheid **2** volledigheid: *dans la* ~ *de sa beauté* in al zijn, haar schoonheid

la **pléthore** (v) overvloed, overmaat

pléthorique overvol, overmatig, overladen, overbezet

le **pleur** (m): *verser des* ~*s* tranen plengen; [iron] *verser un* ~ *(sur)* een traantje laten (om)

¹pleurer (onov ww) huilen, wenen, tranen, zijn beklag doen; [m.b.t. kaars] druipen: ~ *de rire* zich tranen lachen; *triste à* ~ zeer verdrietig

²pleurer (ov ww) betreuren, rouwen om, berouw hebben over

la **pleurésie** (v) pleuris, pleuritis

pleur|eur, -euse huilerig: *saule* ~ treurwilg

la **pleureuse** (v) klaagvrouw

pleurnichard, -e dreinerig, huilerig

pleurnicher grienen

la **pleurnicherie** (v) gegrien

le/la **¹pleurnich|eur** (m), **-euse** (v) huilebalk

²pleurnich|eur, -euse (bn) grienerig, huilerig

le **pleurote** (m) [plantk] oesterzwam

le **¹pleutre** (m) lafaard

²pleutre (bn) laf

pleuvasser motregenen; miezeren

pleuviner motregenen; miezeren

¹pleuvoir (onov ww) regenen; vallen, toestromen

²pleuvoir (onpers ww): *il pleut* het regent; *il pleut des cordes* (of: *des hallebardes*) het regent dat het giet, het regent pijpenstelen

la **plèvre** (v) borstvlies; pleura

le **pli** (m) **1** vouw; [ook aardr] plooi: *faire des* ~*s* kreukelen, niet glad zitten; *mise en* ~*s* (het) watergolven; *prendre un* ~ [fig] een gewoonte aannemen **2** val [manier waarop kleding, haar valt]: *faux* ~ kreuk **3** brief(je); enveloppe: *sous ce* ~ hierbij ingesloten; *sous* ~ *cacheté* in verzegelde enveloppe; *sous* ~ *séparé* separaat || *cela ne fait pas un* ~ dat zit wel snor

pliable opvouwbaar; plooibaar, soepel

le **pliage** (m) (het) vouwen, opvouwen

pliant, -e opvouwbaar: *caravane* ~*e* vouwcaravan; *lit* ~ veldbed

plic-ploc [Belg] van tijd tot tijd

la **plie** (v) schol

¹plier (onov ww) **1** (door)buigen **2** zwichten, wijken

²plier (ov ww) **1** vouwen, opvouwen, omvouwen, dubbelvouwen: ~ *bagage* zijn biezen pakken **2** (om)buigen: *plié en deux par l'âge* krom van ouderdom; *être plié* (of: *plié en deux*) *de rire* dubbel liggen van het lachen **3** dichtklappen, dichtstaan, sluiten **4** (+ à) (laten) wennen (aan); aanpassen (aan)

se **³plier** (wdk ww) **1** opvouwbaar zijn **2** zich voegen (schikken) naar; toegeven aan, zich onderwerpen, zich aanpassen

la **plinthe** (v) plint

le **plissage** (m) (het) plooien

plissé, -e geplooid, gerimpeld: *jupe* ~*e* plooirok

le **plissement** (m) **1** (het) fronsen; (het) dichtknijpen [van de ogen] **2** [geol] plooiing

¹**plisser** (ov ww) **1** plooien **2** kreukelen **3** fronsen, rimpelen; [de ogen] toeknijpen: ~ les *yeux* de ogen samenknijpen

se ²**plisser** (wdk ww) **1** zich laten plooien **2** kreukelen, rimpelen; [m.b.t. de mond] samentrekken: *son front se plissait* hij fronste het voorhoofd

la **plisseuse** (v) plisseermachine

la **pliure** (v) vouw: ~ *du genou* knieholte

ploc plof, plons

le **ploiement** (m) (het) plooien, buigen

le **plomb** (m) **1** lood; kogel: *avoir du ~ dans l'aile* [fig] in moeilijkheden zijn; *soleil de ~* drukkende hitte; *sommeil de ~* zware slaap; *fil à ~* schietlood; *à ~* loodrecht **2** stop, zekering: [fig] *péter les ~s* uit zijn dak gaan, door het lint gaan **3** loodje: *mettre un ~ à* verzegelen

le **plombage** (m) **1** bekleding met lood **2** verzegeling [met een loodje] **3** (het) plomberen, vulling [van tanden]

la **plombe** (v) [argot] uur

plombé, -e 1 met lood bekleed, bedekt, verzegeld; geplombeerd **2** loodgrijs

¹**plomber** (ov ww) **1** met lood bekleden, bedekken, verzwaren **2** verzegelen met een loodje **3** plomberen, vullen [van tanden] **4** in het lood brengen: ~ *un mur* een muur loden **5** [pottenbakkerij] verglazen **6** loodgrijs kleuren

se ²**plomber** (wdk ww) een loodkleur aannemen

la **plomberie** (v) **1** loodgieterij **2** de leidingen **3** loodgieterswerk

le **plombier** (m) loodgieter

la **plonge** (v): *faire la ~* borden wassen

plongeant, -e: *vue ~e* uitzicht van boven

la **plongée** (v) **1** (het) onderduiken: *en ~* onder water **2** (het) filmen van boven af

le **plongeoir** (m) springtoren, duikplank

le **plongeon** (m) **1** duik, duiksprong **2** duiker [zwemvogel]

¹**plonger** (onov ww) **1** (onder)duiken; [sport] een duiksprong maken; zich storten **2** vallen, verzinken **3** (omlaag) kijken naar

²**plonger** (ov ww) onderdompelen, indopen, insteken, stoppen (in); [fig] dompelen, storten (in): *plongé dans ses réflexions* in gepeins verzonken; ~ *son regard dans les yeux de qqn.* iem. diep in de ogen kijken; *plongé dans l'obscurité* in duisternis gehuld

se ³**plonger dans** (wdk ww) zich verdiepen (in)

le/la **plong|eur** (m), **-euse** (v) **1** [sport] duik(st)er **2** duikvogel, duikeend **3** bordenwasser [in restaurant]

le **plot** (m) **1** startblok **2** contactplaatje

le **plouc** (m) [neg] lomperd

plouf plons

¹**ployer** (onov ww) doorbuigen; [fig] gebukt gaan onder; zwichten: *ses jambes ploient sous lui* zijn benen kunnen hem niet langer dragen

²**ployer** (ov ww) buigen, doen doorbuigen: ~ *les genoux* **a)** de knieën buigen; **b)** door de knieën gaan

se ³**ployer** (wdk ww) vooroverbuigen

¹**plu**: *il a ~* het heeft geregend; *zie* ¹*pleuvoir*

²**plu**: *cela m'a ~* dat vond ik leuk; *zie* ¹*plaire*

la **pluie** (v) regen, bui; [fig] overvloed, stroom, regen: ~s *acides* zure regen; ~ *fine* motregen; ~ *battante* slagregen; *faire la ~ et le beau temps* veel invloed hebben; *parler de la ~ et du beau temps* over koetjes en kalfjes spreken; *sous la ~* in de regen; *verser en ~* strooien

le **plumage** (m) veren, pluimage

le **plumard** (m) [inf] bed, nest

la **plume** (v) **1** veer; pluim: *poids ~* vedergewicht; *perdre ses ~s* kaal worden; *voler dans les ~s à qqn.* iem. in de haren zitten **2** pen; [fig] pen, schrijftrant: *nom de ~* schuilnaam

le **plumeau** (m) plumeau, borstel

plumer [ook fig] plukken

le **plumet** (m) vederdos, pluim

le **plumier** (m) pennendoos

la **plupart** (v, altijd voorafgegaan door *la*) het merendeel, de meeste(n): *la ~ des gens* de meeste mensen; *la ~ du temps* meestal; *pour la ~* merendeels

le **pluralisme** (m) pluralisme; pluriformiteit

pluraliste pluriform

la **pluralité** (v) veelheid

le ¹**pluriel** (m) meervoud

²**pluriel, -le** (bn) meervoudig

plurilingue meertalig

le **pluripartisme** (m) meerpartijenstelsel

le ¹**plus** (m) **1** het meeste: *le ~ de mal* het meeste kwaad; *(tout) au ~* hoogstens, ten hoogste **2** pluspunt: *la connaissance de l'espagnol est un ~* kennis van de Spaanse taal is een pre

²**plus** (bw) **1** meer: *il est ~ bête que méchant* hij is eerder dom dan boosaardig; *le ~ de ... possible* zoveel mogelijk; *le ~ souvent* meestal; ~ *beau* mooier; *le ~ de meeste*, het meest; *le ~ beau* de mooiste; ~ *de* meer dan; *il est ~ de six heures* het is over zessen; *les ~ de soixante ans* de zestigplussers; ~ *d'un* menig; *j'ai ~ d'argent que lui* ik heb meer geld dan hij; ~ *que jamais* meer dan ooit; *il est ~ que temps* het is hoog tijd; *situation on ne peut ~ difficile* uiterst moeilijke toestand; *ce qu'il y a de ~ difficile* het allermoeilijkste; *un homme des ~ fidèles* uiterst trouw man; *d'autant ~ (que)* te meer (omdat), temeer omdat; *de ~* bovendien; *un an de ~* een jaar meer; *une fois de ~* voor de zoveelste maal, alweer; *au ~ tard* op zijn laatst; *rien de ~* niets meer; *de ~ en ~* hoe langer hoe meer; ~ *il chante fort, plus les gens quittent la salle* hoe harder hij zingt, hoe meer mensen de zaal verlaten; *en ~ de*

behalve, buiten; ~ *ou moins* min of meer; ~ *un jour à perdre!* geen dag meer te verliezen!; *jamais* ~ nooit meer; *sans* ~ *de difficultés* zonder verdere moeilijkheden **2** [meestal met *ne*] niet meer: *elle n'est* ~ zij is niet meer; *ne* ~ *du tout* helemaal niet meer; *ne jamais* ~ nooit meer; *(pas) non* ~ ook niet, evenmin; *moi non* ~ ik ook niet; *pas* ~ *que* evenmin als; *il n'y a* ~ *que lui* alleen hij is er nog; *il ne manquait* ~ *que* ça! ook dat nog! **3** plus, en: *la moitié des voix* ~ *une* de helft van de stemmen plus één

les **¹plusieurs** (mv, m) vele(n), verscheidene(n)
    ²plusieurs (bn) verscheidene

le **plus-que-parfait** (m) [taalk] voltooid verleden tijd

la **plus-value** (v; mv: plus-values) waardestijging; meerwaarde
    plutôt 1 liever; eer(der), veeleer, meer nog: ~ *que* liever dan, meer dan **2** nogal, tamelijk, vrij: *il est* ~ *bavard* hij is nogal een kletskous
    pluvial, -e regen-: *eaux* ~*es* regenwater
    pluvi|eux, -euse regenachtig
    pluviner motregenen; miezeren

le **pluviomètre** (m) regenmeter
la **pluviosité** (v) regenachtigheid; regenval

les **PME** (mv, v) afk van *petites et moyennes entreprises* mkb, midden- en kleinbedrijf, [Belg] kmo, kleine en middelgrote ondernemingen

le **PMU** (m) afk van *Pari mutuel urbain* paardentotalisator, supertrio

le **PNB** (m) afk van *produit national brut* bnp, bruto nationaal product

le **pneu** (m) (lucht)band
    pneumatique pneumatisch, lucht-: *coussin* ~ luchtkussen; *matelas* ~ luchtbed

la **pneumonie** (v) longontsteking

le/la **pochard** (m), **-e** (v) [pop] zuiplap, zuipschuit

la **¹poche** (v) **1** [geol] holte, laag: ~ *de gaz* gasbel **2** haard: ~ *de résistance* verzetshaard **3** pocketboek

la **²poche** (v) **1** zak(je); vak(je), zijtas: *de* ~ zak-, in zakformaat; *argent de* ~ zakgeld; *livre de* ~ pocketboek; *avoir en* ~ op zak hebben; ~*s sous les yeux* wallen onder de ogen; *connaître comme sa* ~ als zijn broekzak kennen; *avoir* (of: *tenir) une affaire en* ~ zeker zijn van zijn zaak; *les mains dans les* ~*s* zonder een hand uit te steken; [inf] *c'est dans la* ~ het is voor de bakker; *n'avoir pas sa langue dans sa* ~ zijn woordje goed kunnen doen; *payer* (of: *en être) de sa* ~ uit eigen zak betalen **2** [anat] holte, zakje, blaas
    pocher 1 blauw slaan [van ogen] **2** [cul] pocheren

la **pochette** (v) **1** mapje, omslag, etui, hoes **2** pochet, lefdoekje

la **pochette-surprise** (v; mv: pochettes-surprises) verrassingspakket ‖ [inf] *il a eu son*

permis dans une ~ Joost mag weten hoe hij aan zijn rijbewijs gekomen is

le **pochoir** (m) sjabloon
le **podium** (m) podium, ereschavot
le **¹poêle** (m) kachel
la **²poêle** (v) koekenpan: ~ *à frire* koekenpan
la **poêlée** (v) pan [inhoud]: *une* ~ *de ...* een pan vol ...
    poêler braden, bakken
le **poêlon** (m) steelpan
le **poème** (m) gedicht
la **poésie** (v) **1** poëzie, dichtkunst **2** gedicht(je) **3** (het) poëtische
le/la **poète** (m/v) dichter(es)
la **poétesse** (v) dichteres
la **¹poétique** (v) poëtica, dichtleer
    ²poétique (bn) poëtisch, dichterlijk
la **pogne** (v) [inf] knuist; (de) vijf
le **pognon** (m) [inf] poen
le **pogrom** (m) pogrom
le **poids** (m) **1** gewicht; zwaarte, druk, last [ook fig]: ~ *lourd* **a)** (zware) vrachtauto; **b)** [sport, pol] zwaargewicht; ~ *mort* **a)** dood gewicht; **b)** [fig] ballast; ~ *spécifique* soortelijk gewicht; *homme de* ~ man van gewicht, aanzien; *de tout son* ~ met zijn volle gewicht; *donner du* ~ *à ses paroles* zijn woorden kracht bijzetten; *être de* ~ van belang zijn; *un argument de* ~ een gewichtig argument; *avoir deux* ~ *deux mesures* met twee maten meten; *il ne fait pas le* ~ hij is onder de maat; *prendre du* ~ aankomen [van gewicht]; *surveiller son* ~ op zijn gewicht letten; *perdre du* ~ afvallen **2** [sport] kogel: *lancement du* ~ kogelstoten; *faire des* ~ *et haltères* gewichtheffen
    poignant, -e aangrijpend, hartverscheurend
le **poignard** (m) dolk: *coup de* ~ dolksteek
    poignarder een dolksteek toebrengen [ook fig]
la **poigne** (v) kracht van hand; [fig] doortastendheid: *homme à* ~ energiek man
la **poignée** (v) **1** handvol, handjevol [ook fig] **2** handvat, greep, hendel: ~ *de porte* deurkruk; [inf] ~*s d'amour* vetkussentjes [op de heupen]; zwembandjes ‖ ~ *de main* handdruk
le **poignet** (m) pols: *à la force du* ~ op eigen kracht
le **poil** (m) haar; vacht, pels; pool [van tapijt]; haartje, greintje: [inf] *à* ~ spiernaakt; [pop] *se mettre à* ~ alles uitgooien; *au* ~ **a)** precies op tijd; **b)** juist; **c)** reuze, fantastisch; [fig] *avoir un* ~ *dans la main* aan werken een broertje dood hebben; [fig] *caresser qqn. dans le sens du* ~ iem. vleien; [fig] *reprendre du* ~ *de la bête* zich herstellen, er weer bovenop komen; [fig] *il n'est pas de bon* ~ hij is slecht gemutst; [fig] *de tout* ~ van allerlei slag
    poilant, -te [inf] om je te bescheuren; waanzinnig grappig

le **¹poilu** (m) soldaat (1914-1918)
²poilu, -e (bn) behaard, harig
le **poinçon** (m) **1** priem, els **2** keur, waarmerk; stempel; ponsgaatje
le **poinçonnage** (m) stempeling, (het) merken; perforatie
poinçonner stempelen, merken; knippen [van kaartjes]; perforeren, ponsen
la **poinçonneuse** (v) kniptang; perforeer-, ponsmachine
poindre 1 aanbreken [van de dag]; gloren **2** uitbotten, uitlopen
le **poing** (m) vuist: *coup de* ~ stomp, vuistslag; *donner un coup de* ~ een vuistslag uitdelen, een stomp geven; *faire le coup de* ~ op de vuist gaan; *dormir à* ~*s fermés* vast slapen; *serrer les* ~*s* **a)** de vuisten ballen; **b)** de tanden op elkaar zetten
le **¹point** (m) **1** punt; plaats, streek: ~ *de vente* verkooppunt; ~ *de chute* **a)** punt van inslag; **b)** iem., iets om op terug te vallen; **c)** plek waar men tijdelijk onder dak is; ~ *d'eau* **a)** bron, wel, put; **b)** (water)kraan; *être au* ~ *mort* op een dood punt zijn, vastgelopen zijn; **b)** [auto] in zijn vrij zijn; ~ *sensible* gevoelige, kwetsbare plek; ~ *chaud* [fig] brandhaard, centrum; *les* ~*s cardinaux* de windstreken; ~ *G* g-spot **2** positie; situatie: ~ *de vue* **a)** standpunt; **b)** mooi uitzicht; *faire le* ~ **a)** [scheepv] het bestek opmaken; **b)** [fig] de toestand evalueren; *jusqu'à un certain* ~ tot op zekere hoogte; *mettre au* ~ **a)** (zuiver) instellen, afstellen; **b)** ophelderen, rechtzetten; *mise au* ~ **a)** afstelling; **b)** bijstelling; **c)** uitleg **3** toestand, staat; punt, graad; maat [van kleding]: *être mal en* ~ er slecht uit zien; *au* ~ *où vous en êtes* in uw positie, zoals u ervoor staat; *au dernier* ~, *au plus haut* ~ uiterst **4** [handwerken] steek: ~ *de tapisserie* borduursteek; ~ *de suture* hechting; ~ *de côté* steek in de zij [pijn] **5** [sport; waardering] punt: *bon* (of: *mauvais*) ~ goede (slechte) aantekening; *marquer un* ~ scoren [ook fig]; *marquer les* ~*s* de punten noteren **6** [typ] punt: *deux* ~*s* dubbelepunt; ~ *d'interrogation* vraagteken; ~ *d'exclamation* uitroepteken; ~-*virgule* puntkomma; *un* ~ *c'est tout* en daarmee uit, punt uit; [fig] *mettre le* ~ *final à* een punt zetten achter **7** [fig] punt, zaak, onderwerp: ~ *d'honneur* punt van eer, eergevoel; *c'est un* ~ *acquis* dat is een uitgemaakte zaak; *n'insistez pas sur ce* ~ ga nu niet hierop door; *répéter de* ~ *en* ~ letterlijk herhalen ‖ *à* ~ **a)** precies op tijd; **b)** precies zoals het moet; *cuit à* ~ even doorgebakken, medium [van vlees]; *à* ~ *nommé* precies op tijd, juist van pas; *au* ~ *de*, *au* ~ *que*, *à tel* ~ *que*, *à ce* ~ zozeer dat, zodanig dat; *à quel* ~ hoezeer; *le* ~ *du jour* de dageraad, het aanbreken van de dag
²point (bw): *ne … * ~ niet; *(ne)* ~ *de* geen; ~ *du*

tout volstrekt niet; *non* ~ niet
le **pointage** (m) **1** (het) aankruisen [op een lijst]; registratie via prikklok **2** (het) richten [van geschut, telescoop]
la **pointe** (v) **1** spits, punt, piek, prikkel; stekel [van een egel]; [sport] schoenpunt: *souliers à* ~*s* spikes; *être à la* ~ aan de top staan; *de* ~ top-; *recherche de* ~ onderzoek van geavanceerd technologische aard, topenderzoek; *heure de* ~ spits; *vitesse de* ~ topsnelheid; *en* ~ puntig, spits toelopend; *sur la* ~ *des pieds* op zijn tenen; ~ *du crayon* potloodpunt **2** graveernaald: ~ *sèche* **a)** droge naald; **b)** ets, gravure **3** omslagdoekje **4** hatelijkheid **5** nagel; puntig instrument: ~ *de diamant* glassnijder **6** weinigje, een tikje
¹pointer (onov ww) **1** verschijnen; uitsteken; oprijzen, zich verheffen **2** prikken [van personeel]; stempelen [van werklozen]: *machine à* ~ prikklok
²pointer (ov ww) **1** aankruisen; aanstippen **2** slijpen, scherpen **3** [de oren] spitsen **4** richten **5** [comp] aanwijzen [met muiscursor]
se **³pointer** (wdk ww) komen opdagen: *il s'est pointé chez moi dès six heures* hij stond om zes uur al bij mij op de stoep
les **pointes** (mv, v) spitzen [ballet]
le **pointeur** (m) **1** richter [van geschut] **2** [sport] puntenteller **3** [comp] muiscursor
la **pointeuse** (v) prikklok
le **pointillé** (m) stippeltekening; geperforeerde lijn; stippellijn
pointiller stippelen
pointill|eux, -euse precies; pietluttig
pointu, -e 1 puntig, spits: *nez* ~ spitse neus **2** lichtgeraakt **3** specialistisch, zeer geavanceerd: *formation* ~*e* zeer specialistische opleiding
la **pointure** (v) maat, nummer
le **point-virgule** (m; mv: points-virgules) puntkomma
la **poire** (v) **1** peer: ~ *électrique* drukschakelaar; [fig] *garder une* ~ *pour la soif* een appeltje voor de dorst bewaren; [fig] *couper la* ~ *en deux* over en weer toegeven **2** [pop] gezicht, snuit: *en pleine* ~ pal in het gezicht **3** sukkel, uilskuiken ‖ [Belg] *faire de sa* ~ opscheppen
le **poireau** (m) prei
poireauter staan te wachten
le **poirier** (m) perenboom; perenhout: *faire le* ~ op zijn hoofd staan
le **pois** (m) erwt: ~ *cassés* spliterwten; ~ *chiche* kikkererwt; *petits* ~ doperwtjes; ~ *de senteur* lathyrus ‖ *à* ~ gestippeld
le **¹poison** (m) **1** (ver)gif **2** venijn, iets verderfelijks
la **²poison** (v) [inf] serpent, kreng
la **poisse** (v) pech
poisser 1 met pek besmeren; kleverig ma-

ken **2** [pop] arresteren, te pakken krijgen
poiss|eux, -euse kleverig
le **poisson** (m) vis: ~ *rouge* goudvis; *petit ~ deviendra grand* kleine boompjes worden groot; *faire une* **queue** *de* ~ snijden [van een auto]; *finir en queue de* ~ met een sisser aflopen; ~ *d'avril* aprilgrap, [Belg] aprilvis
le **poisson-chat** (m; mv: poissons-chats) [dierk] meerval
la **poissonnerie** (v) viswinkel, vismarkt, vishal
poissonn|eux, -euse visrijk
le/la **poissonn|ier** (m), **-ière** (v) visboer, -vrouw
poitevin, -e uit de Poitou
le **poitrail** (m) borst [van een paard, ezel, koe]
la **poitrine** (v) borst; boezem; borststuk: *fluxion de* ~ longontsteking; *tour de* ~ borstomvang
le **poivre** (m) peper: ~ *et sel* peper- en zoutkleurig
poivré, -e 1 gepeperd **2** [fig] grof, schuin [van een mop]
poivrer peperen
le **poivrier** (m) **1** peperbus; pepervaatje **2** peperstruik; peperboom
la **poivrière** (v) peperbus, pepervaatje
le **poivron** (m) paprika
le/la **poivrot** (m), **-e** (v) zuip(st)er; [pop] dronkenlap
la **poix** (v) pek
le **poker** (m) pokerspel: *coup de* ~ gok; ~ *menteur* blufpoker
polaire pool-, van de pool, polair: *ours* ~ ijsbeer; *l'étoile* Polaire de Poolster
le **polar** (m) detective [roman, film]
la **polarisation** (v) [ook fig] polarisatie
polariser polariseren; [fig] concentreren
le **polaroïd** (m) polaroidcamera
le **polder** (m) polder
le **pôle** (m) **1** pool [in vele betekenissen]: ~ *d'attraction* trekpleister **2** [ec] kern, centrum
la **¹polémique** (v) polemiek, pennenstrijd; debat
²polémique (bn) polemisch
polémiquer polemiseren, debatteren
le **¹poli** (m) glans
²poli, -e (bn) **1** gepolijst, glad, glanzend **2** beleefd; beschaafd
la **police** (v) **1** politie: *faire la* ~ de orde bewaren; ~ *fluviale* rivierpolitie; ~ *des mœurs* zedenpolitie; ~ *judiciaire* recherche, opsporingsdienst; *commissariat de* ~ politiebureau; *Police secours* alarmcentrale; *tribunal de* ~ ± kantongerecht **2** polis
policé, -e 1 beschaafd **2** geciviliseerd
le **polichinelle** (m) Jan Klaassen; potsenmaker, pias || *un secret de* ~ een publiek geheim
le/la **¹polic|ier** (m), **-ière** (v) politieagent
²polic|ier, -ière (bn) politie-: *État* ~ politiestaat; *(roman)* ~ detectiveroman
la **policlinique** (v) polikliniek

poliment beleefd
la **polio** (v) [inf] verk van *poliomyélite* polio
la **poliomyélite** (v) polio, kinderverlamming
polir 1 polijsten, politoeren **2** bijschaven, vijlen aan, afronden
le **polissage** (m) (het) polijsten
le **polissoir** (m) polijststeen, polijststaal, vijl
le/la **¹polisson** (m), **-ne** (v) deugniet, rakker
²polisson, -ne (bn) ondeugend [in alle bet]
la **polissonnerie** (v) kwajongensstreek
la **politesse** (v) beleefdheid, wellevendheid; beschaafdheid; beleefdheidsbetuiging: ~ *du cœur* innerlijke beschaving; *par* ~ uit beleefdheid
le/la **politicard** (m), **-e** (v) gewetenloos politicus
le/la **¹politicien** (m), **-ne** (v) politicus, -ca [veelal negatief]
²politicien, -ne (bn) politiek-strategisch; partijpolitiek; bekrompen
le **¹politique** (m) politicus; politiek gebied
la **²politique** (v) **1** politiek, staatkunde; beleid: *faire de la* ~ politiek bedrijven; ~ *de l'emploi* werkgelegenheidsbeleid; ~ *des prix* prijsbeleid **2** tactiek, strategie
³politique (bn) **1** politiek, staatkundig; beleidsmatig: *économie* ~ staathuishoudkunde; *homme* ~ politicus; *femme* ~ politica **2** listig, handig
la **politisation** (v) politisering
politiser politiek bewust maken, politiseren
la **polka** (v) polka [dans, muziek]
le **pollen** (m) pollen, stuifmeel
la **pollinisation** (v) [plantk] bestuiving
le **¹polluant** (m) vervuilende stof
²polluant, -e (bn) vervuilend
polluer verontreinigen; vervuilen
le/la **pollu|eur** (m), **-euse** (v) vervuil(st)er: *le principe du* ~ *payeur* de vervuiler betaalt
la **pollution** (v) verontreiniging; vervuiling: ~ *atmosphérique* luchtvervuiling, [Belg] luchtbezoedeling; ~ *sonore* geluidshinder
le **polo** (m) **1** poloshirt **2** polospel
le **polochon** (m) peluw: *bataille de* ~*s* kussengevecht
la **Pologne** (v) Polen
le **¹polonais** (m) (het) Pools
²polonais, -e (bn) Pools
le/la **Polonais** (m), **-e** (v) Pool(se)
le/la **¹poltron** (m), **-ne** (v) lafaard, bangerd
²poltron, -ne (bn) lafhartig
la **poltronnerie** (v) lafhartigheid
polychrome veelkleurig
la **polyclinique** (v) algemene kliniek
la **polycopie** (v) (het) stencilen
le **polycopié** (m) stencil; syllabus
polycopier stencilen
le **polyester** (m) polyester
la **polygamie** (v) polygamie
le/la **¹polyglotte** (m/v) polyglot
²polyglotte (bn) veeltalig

le **polygone** (m) veelhoek
poly-insaturé, -e meervoudig onverzadigd
la **Polynésie** (v): ~ *française* Frans-Polynesië
polynésien, -ne Polynesisch
le/la **Polynésien** (m), **-ne** (v) Polynesiër, Polyne-
sische
le **polype** (m) [dierk, med] poliep
le **polystyrène** (m) polystyreen: ~ *expansé*
piepschuim
le/la **polytechnicien** (m), **-ne** (v) student(e), afgestudeerde, van de École polytechnique
[technische universiteit]
polytechnique polytechnisch
la **Polytechnique** (v) École polytechnique
[technische universiteit]
le **polyuréthanne** (m) polyurethaan; poly-
ether: *mousse de* ~ schuimplastic
la **polyvalence** (v) veelzijdigheid
polyvalent, -e veelzijdig: *salle* ~e multi-
functionele zaal
la **pommade** (v) zalf: [fig] *passer de la* ~ *à qqn.*
iem. stroop om de mond smeren
la **pomme** (v) **1** appel: [Belg] ~ *de table* [Belg]
eetappel, handappel; ~ *de pin* dennenappel;
haut comme trois ~s drie turven hoog; [fig]
tomber dans les ~s van zijn stokje gaan
2 aardappel: ~ *de terre* aardappel; ~s *mous-*
seline luchtige aardappelpuree; ~s *nature*
gekookte aardappelen ‖ ~ *d'arrosoir* mondstuk van een gieter; ~ *de douche* douchekop;
[inf] *ma* ~ ik, mij
pommé, -e: *laitue* ~e kropsla
le **pommeau** (m) knop [van sabel, wandel-
stok, zadel]
pommelé, -e 1 met schapenwolkjes bedekt **2** *(gris)* ~ appelgrauw; *cheval* ~ appel-
schimmel
la **pommeraie** (v) appelboomgaard
la **pommette** (v) jukbeen, koon
le **pommier** (m) appelboom
le **pompage** (m) (het) (op)pompen: *station de*
~ gemaal
la **pompe** (v) **1** pomp: ~ *à eau* waterpomp; ~ *à*
essence benzinepomp; ~ *foulante* perspomp
2 [pop] schoen: *marcher à côté de ses* ~s geen
aandacht hebben voor de realiteit **3** praal,
staatsie, luister, pracht: *entreprise de* ~s *funè-*
bres begrafenisonderneming; *en grande* ~
met veel pracht en praal ‖ [inf] *à toute* ~
vliegensvlug; [pop] *avoir un coup de* ~ afknappen; *faire des* ~s zich opdrukken
pompé, -e doodop
pomper 1 pompen, oppompen, uitpompen, verpompen **2** opzuigen **3** [alcohol]
door het keelgat jagen **4** absorberen **5** [fig]
naar zich toe trekken **6** [m.b.t. scholieren]
spieken
pompette aangeschoten
pomp|eux, -euse hoogdravend
le **pompier** (m) brandweerman

les **pompiers** (mv, m) brandweer
le/la **pompiste** (m/v) pompbediende
le **pompon** (m) kwastje: *avoir le* ~ de kroon
spannen; *c'est le* ~*!* dat is het toppunt!
pomponner mooi maken, opsmukken,
zich mooi maken
le **ponçage** (m) (het) gladschuren
la **ponce** (v) puimsteen: *pierre* ~ puimsteen
ponceau (mv: *onv*) hoogrood
poncer (glad)schuren
la **ponceuse** (v) schuurmachine
le **poncho** (m) poncho
le **poncif** (m) banaliteit, cliché
la **ponction** (v) **1** [med] punctie **2** geldelijke
aderlating
ponctionner 1 [med] een punctie uitvoeren op **2** [inf] [iem.] pakken [laten betalen];
korten op: ~ *le revenu des salariés* het inkomen van de werknemers aanpakken; de
werknemers korten
la **ponctualité** (v) stiptheid, punctualiteit
la **ponctuation** (v) interpunctie: *signe de* ~
leesteken
ponctuel, -le stipt, punctueel: *action* ~*le*
eenmalige, gerichte actie
ponctuer 1 leestekens zetten **2** kracht
bijzetten; de nadruk leggen
la **pondaison** (v) legtijd [van een vogel]
pondérable weegbaar
pondéral, -e gewichts-
pondéra|teur, -trice matigend
la **pondération** (v) evenwicht, juiste afwe-
ging; [fig] evenwichtig-, bezadigdheid
pondéré, -e evenwichtig, bezadigd; gematigd: *une majorité* ~e een gewogen meerderheid
pondérer in evenwicht houden, afwegen
pond|eur, -euse eierleggend: *poule pon-*
deuse legkip
la **pondeuse** (v) [dierk] eierlegster
pondre [eieren] leggen; produceren
le **poney** (m) pony
le/la **pongiste** (m/v) pingpongspeler, -speelster
le **pont** (m) **1** brug: *tête de* ~ bruggenhoofd; ~
aérien luchtbrug; ~ *aux ânes* [fig] banaliteit;
~ *de bateaux, ~ flottant* schipbrug; ~s *et*
chaussées [vergelijkbaar] Waterstaat, [Belg]
Bruggen en Wegen; [fig] *brûler les* ~s de
schepen achter zich verbranden; [fig] *couper*
les ~s *avec qqn.* alle contacten met iem. verbreken; [fig] *faire un* ~ *d'or à qqn.* iets voor
iem. financieel aantrekkelijk maken [met
name nieuwe baan]; *faire le* ~ **a)** een snipperdag opnemen, krijgen [tussen twee vrije
dagen]; **b)** [Belg] de brug maken, een extra
lang weekend nemen; *faire le* ~ *entre* als be-
middelaar optreden; *jeter un* ~ *sur* een brug
slaan over; ~ *suspendu* hangbrug **2** [scheepv]
dek: ~ *arrière* achterdek; ~ *d'envol* vliegdek
3 klep
le **pontage** (m) [med] bypass [omleiding van

een bloedvat]

le **¹ponte** (m): *un (grand)* ~ een hoge piet

la **²ponte** (v) (het) leggen, leg; legsel

le **pontife** (m) **1** [oudheid] pontifex **2** [r-k] hoge dignitaris: *le souverain* ~ de paus **3** kopstuk; gewichtigdoener

pontifical, -e pontificaal, pauselijk

le **pontificat** (m) pontificaat, pausschap

pontifier belerend optreden

le **pont-levis** (m; mv: ponts-levis) ophaalbrug

le **Pont-Neuf** (m): *être solide comme le* ~ kerngezond zijn; zo gezond zijn als een vis

le **ponton** (m) ponton: ~ *grue* drijvende kraan

le **pool** (m) groep: ~ *de dactylos* typekamer

le **pop** (m) popmuziek

la **¹popote** (v) **1** [inf] pot [eten]: *faire la* ~ koken **2** officiersmess

²popote (bn, mv: *onv*) huisbakken, alledaags

la **populace** (v) gepeupel, grauw

populaire 1 volks-: *classes* ~*s* werkende klasse **2** populair; volks-, gewoon, gemeenzaam: *un quartier* ~ een volksbuurt; *édition* ~ goedkope uitgave

populairement in de volkstaal, in de volksmond

la **popularisation** (v) verbreiding onder de massa

populariser verbreiden onder de massa; populair maken

la **popularité** (v) populariteit, volksgunst

la **population** (v) bevolking: ~ *active* beroepsbevolking; ~ *scolaire* schooljeugd

popul|eux, -euse dichtbevolkt, volkrijk

le **populo** (m) [inf] klootjesvolk

le **pop-up** (m; mv: pop-ups) pop-up

le **porc** (m) varken [ook fig]; varkensvlees: *en (peau de)* ~ van varkensleer

la **porcelaine** (v) **1** porselein [ook voorwerp] **2** porseleinschelp

porcelain|ier, -ière porselein-

le **porcelet** (m) big, varkentje

le **porc-épic** (m; mv: porcs-épics) stekelvarken

le **porche** (m) portaal

le/la **porcher** (m), **porchère** (v) varkenshoed-(st)er

la **porcherie** (v) varkensstal; [fig] zwijnenstal

porcin, -e varkens-: *la peste* ~*e* de varkenspest

le **pore** (m) porie

por|eux, -euse poreus

le **¹porno** (m) porno

²porno (bn) porno-: *une revue* ~ een seksblad

la **pornographie** (v) pornografie: ~ *infantile* kinderporno

la **porosité** (v) poreusheid

le **port** (m) **1** haven; havenstad: ~ *d'attache* thuishaven; [fig] *arriver au* ~ zijn doel bereiken; *arriver à bon* ~ behouden aankomen; ~ *franc* vrijhaven; ~ *maritime* zeehaven; ~ *mili-*

taire oorlogshaven **2** (het) dragen: ~ *d'armes* (het) dragen van wapens **3** port(o): *franco de* ~ franco, portvrij; [scheepv] ~ *en lourd* tonnage **4** houding, postuur **5** [comp] poort: ~ *USB* USB-poort

le **¹portable** (m) draagbare telefoon, mobiel; laptop

²portable (bn) draagbaar

le **portage** (m) **1** [media] bezorging [van kranten e.d.] **2** *frais de* ~ vervoerkosten

le **portail** (m) **1** hoofdingang, (kerk)portaal **2** [comp] startpagina

le/la **¹portant** (m), **-e** (v): *les biens* ~*s* de gezonde mensen

²portant, -e (bn) dragend ‖ *à bout* ~ **a)** van vlakbij; **b)** op de man af, in iemands gezicht; *bien* ~ gezond; *mal* ~ sukkelend

portat|if, -ive draagbaar, portable

la **porte** (v) deur, poort; toegang: ~ *coulissante* schuifdeur; ~ *à tambour* draaideur; ~ *cochère* inrijpoort; ~ *de communication* tussendeur; *défendre sa* ~ niemand toelaten; ~ *d'entrée* voordeur; [Belg] ~ *de rue* voordeur; *mettre à la* ~ de deur wijzen, wegsturen; [Belg] *à la* ~ buiten; ~ *de secours* nooduitgang; ~ *de service* personeelsingang; ~ *vitrée* glazen deur; *faire du* ~ *à* ~ huis aan huis verkopen; *journée* ~ *ouvertes* open dag; [inf] *ce n'est pas la* ~ *à côté* het is niet naast de deur [niet dichtbij]; [fig] *entre deux* ~*s* in de gauwigheid

le **porte-à-faux** (m; mv: *onv*): *en* ~ **a)** overhangend, uit het lood hangend; **b)** [fig] in het onzekere, in een wankele positie

le **porte-à-porte** (m) huis-aan-huisverkoop; colportage

le **porte-avions** (m) vliegdekschip

le **porte-bagages** (m) bagagedrager, bagagenet, bagagerek

le **porte-bébé** (m) kinderzitje; draagdoek, reismand, reiswieg

le **porte-bonheur** (m) talisman, mascotte

le **porte-bouteilles** (m) flessenrek

le **porte-cigarettes** (m) sigarettenkoker

le **porte-clés** (m) sleutelhanger, sleuteletui

le **porte-conteneurs** (m) containerschip

le **porte-crayon** (m) potloodhouder

le **porte-documents** (m) aktetas

le **porte-drapeau** (m) vaandeldrager; leid-(st)er

la **portée** (v) **1** worp [aantal jongen] **2** draagvermogen: ~ *en lourd* laadvermogen **3** [bouwk] belasting **4** overspanning [van een brug] **5** bereik, draagwijdte: *à* ~ *de la main* binnen handbereik; *hors de* ~ buiten bereik **6** belang, waarde, betekenis, portee **7** notenbalk

la **porte-fenêtre** (v) tuindeur, balkondeur

le **portefeuille** (m) portefeuille [in alle bet]

le **porte-flambeau** (m) fakkeldrager

le **porte-jarretelles** (m) jarretellenhouder

le **portemanteau** (m) kapstok
le **portemine** (m) vulpotlood
le **porte-mine** (m) vulpotlood
le **porte-monnaie** (m) portemonnee: ~ *électronique* chipknip, chipper
le **porte-parapluies** (m) paraplubak, paraplustander
le **porte-parole** (m) woordvoerder; [fig] spreekbuis
le **porte-plume** (m) penhouder: ~ *réservoir* vulpen
¹**porter** (onov ww) **1** (+ *sur*) steunen, rusten op **2** (+ *sur*) slaan, stoten tegen **3** (+ *sur*) slaan op, betrekking hebben op, gaan over: ~ *sur les nerfs* op de zenuwen werken **4** dragen, reiken, een zekere draagwijdte hebben; raken, het doel treffen, zijn uitwerking niet missen, indruk maken **5** [van dieren] zwanger zijn, drachtig zijn ‖ *tout porte à croire que* er is alle reden om te geloven dat
²**porter** (ov ww) **1** dragen [in vele betekenissen]; meevoeren; aan hebben **2** brengen, bezorgen, meebrengen; [fig] behelzen, inhouden: ~ *atteinte à* afbreuk doen aan; ~ *son attention sur* zijn aandacht richten op; ~ *bonheur* geluk brengen; ~ *qqch. à la connaissance de qqn.* iets ter kennis van iem. brengen; ~ *un coup* een klap, een knauw geven; ~ *disparu* als vermist vermelden; ~ *à l'écran* verfilmen; ~ *à la scène* voor het toneel bewerken; ~ *la main sur* de hand leggen op; ~ *plainte* een klacht indienen; ~ *au pouvoir* aan de macht brengen; ~ *remède à qqch.* iets verhelpen; ~ *secours à* hulp verlenen aan; ~ *témoignage* getuigen; ~ *un toast* een dronk uitbrengen **3** (ver)tonen **4** (+ *à*) brengen, bewegen, aanzetten, drijven tot: *être porté à* geneigd zijn tot ‖ *il est porté sur la bonne chère* hij mag graag lekker eten; *elle est portée sur la bagatelle* (of: *la chose*) ze houdt van seks
se ³**porter** (wdk ww) **1** (het) maken: *il se porte bien* hij maakt het goed **2** gedragen worden **3** gaan, stromen, zich richten: *la voiture s'est portée sur la gauche* de auto week uit naar links **4** (+ *à*) vervallen tot, komen tot **5** zich presenteren als: *se ~ candidat* zich kandidaat stellen
le **porte-savon** (m) zeepbakje
le **porte-serviettes** (m) handdoekenrekje
le **porte-skis** (m) ski-imperiaal [op een auto]
le/la ¹**port|eur** (m), **-euse** (v) **1** drager, draagster; bezorg(st)er **2** [hand] houd(st)er: *chèque au* ~ cheque aan toonder; *petits ~s* kleine aandeelhouders
le ²**porteur** (m) sjouwer, kruier
³**port|eur, -euse** (bn) **1** draag-, dragend: *avion gros* ~ jumbojet; *fusée porteuse* draagraket; *mère porteuse* draagmoeder **2** veelbelovend: *marché* ~ groeimarkt
le **porte-voix** (m) (scheeps)roeper, megafoon: *les mains en* ~ met de handen aan de mond [om te roepen]

le/la **port|ier** (m), **-ière** (v) portier(ster), conciërge
la **portière** (v) **1** [van een auto, trein] portier **2** deurgordijn
le **portillon** (m) (klap)deurtje, (klap)hekje: [fig] *ça se bouscule au* ~ het is druk, er is veel belangstelling voor
la **portion** (v) portie, stuk, erfdeel
le **portique** (m) **1** zuilengang **2** kerkportaal ‖ ~ *de lavage* wasstraat; ~ *de jardin* speeltoestel; ~ *de détection* detectiepoortje
le **porto** (m) port(wijn)
le **portrait** (m) **1** portret, beeltenis; [fig] evenbeeld: *c'est tout le* ~ *de son père!* het is precies zijn vader!; *abîmer le* ~ *à qqn.* iem. op zijn smoel slaan **2** karakterbeschrijving, typering
le/la **portraitiste** (m/v) portretschilder(es)
le **portrait-robot** (m; mv: portraits-robots) compositiefoto, montagefoto
portuaire haven-: *zone* ~ havengebied
le ¹**portugais** (m) (het) Portugees
²**portugais, -e** (bn) Portugees
le/la **Portugais** (m), **-e** (v) Portugees, Portugese
le **Portugal** (m) Portugal
la **pose** (v) **1** (het) leggen, zetten, ophangen enz.: ~ *de pare-brise* montage van een voorruit; *la* ~ *d'une moquette* het leggen van vloerbedekking **2** houding; stand [van een model]; pose: *prendre la* ~ in de goede houding gaan zitten (of: staan, liggen) **3** aanstellerij **4** [foto] belichting: *24* ~*s* 24 opnamen
posé, -e bedaard, bedachtzaam: *voix* ~*e* vaste stem
le **posemètre** (m) [foto] belichtingsmeter
¹**poser** (onov ww) **1** (+ *sur*) rusten, steunen (op); [fig] berusten (op) **2** poseren [als model] **3** (+ *à*) [fig] zich aanstellen, willen doorgaan voor
²**poser** (ov ww) **1** (neer)zetten, (neer)leggen, op-, afleggen; aanbrengen; aanleggen; plaatsen, drukken: ~ *le regard sur* zijn blik laten rusten op **2** [fig] stellen, opstellen: ~ *sa candidature* zich kandidaat stellen; [Belg] ~ *un acte* een daad stellen; ~ *en principe* als beginsel aannemen; ~ *une question* een vraag stellen; *se ~ une question* zich afvragen **3** aanzien verlenen; [iemands] naam vestigen
se ³**poser** (wdk ww) **1** geplaatst worden, neergezet worden; berusten op **2** zich voordoen: *la question se pose de savoir si ...* de vraag is of ... **3** zich neerzetten, neerstrijken, gaan zitten; landen **4** (+ *en*) zich opwerpen tot, zich voordoen als
le/la ¹**pos|eur** (m), **-euse** (v) **1** iem. die iets aanbrengt: ~ *de carrelages* tegelzetter; ~ *de pavés* stratenmaker **2** poseur, aansteller, -ster
²**pos|eur, -euse** (bn) aanstellerig

le **¹positif** (m) (het) positieve; [taalk] stellende trap

²posit|if, -ive (bn) **1** positief, vast(staand), zeker, stellig **2** tastbaar, concreet **3** praktisch, zakelijk; opbouwend, gunstig, bevestigend

la **position** (v) **1** stand, houding; plaats, ligging; positie; opstelling: *feu de* ~ **a)** navigatielicht; **b)** parkeerlicht; ~ *clé* sleutelpositie; ~ *foetale* foetushouding; *guerre de* ~*s* stellingenoorlog; [sport] *arriver en première* ~ als eerste finishen; [sport] ~ *des joueurs* opstelling van de spelers **2** omstandigheden, situatie, toestand **3** [maatschappelijke] positie **4** standpunt, overtuiging: *prise de* ~ stellingname; *rester sur ses* ~*s* voet bij stuk houden **5** banksaldo **6** (het) stellen, poneren; formulering

la **position-clé** (v) sleutelpositie

positionner instellen: ~ *un produit* de markt van een product bepalen

positiver zich positief opstellen

le **positon** (m) [kernfysica] positron

la **posologie** (v) dosering

les **¹possédant** (mv, m) (de) rijken

²possédant, -e (bn) bezittend

le/la **¹possédé** (m), **-e** (v) bezetene

²possédé, -e (bn) bezeten

posséder 1 bezitten **2** beheersen, grondig kennen **3** [inf] te grazen nemen

le **possesseur** (m) bezitter

le **¹possessif** (m) [taalk] bezittelijk voornaamwoord

²possess|if, -ive (bn) **1** bezittelijk: *pronom* ~ bezittelijk voornaamwoord **2** bazig, dominant

la **possession** (v) **1** bezit; bezitting: *entrer en* ~ in het bezit treden; *en pleine* ~ *de ses moyens* in het volle bezit van zijn (geestelijke) vermogens; [jur] ~ *vaut titre* bezit geldt als eigendomsbewijs; ~ *de soi* zelfbeheersing **2** bezetenheid

la **possibilité** (v) mogelijkheid, kans

les **possibilités** (mv, v) capaciteiten: *chacun selon ses* ~ ieder naar eigen vermogen

le **¹possible** (m) (het) mogelijke: *faire (tout) son* ~ alles doen wat men kan; *irritant au* ~ uiterst irritant

²possible (bn) **1** mogelijk, eventueel: *le moins* ~ zo min mogelijk; *autant que* ~, *le plus* ~ zoveel mogelijk; *dès que* ~ zo spoedig mogelijk; *le mieux* ~ zo goed mogelijk **2** draaglijk; die (dat) ermee door kan

les **possibles** (mv, m) mogelijkheden, kansen

postal, -e post-: *carte* ~*e* briefkaart

la **postcure** (v) nabehandeling

postdater postdateren

le **¹poste** (m) **1** post [plaats, persoon]: *conduire au* ~ naar het bureau brengen, opbrengen; ~ *de contrôle* doorlaatpost; ~ *de pilotage* stuurhut, cockpit; ~ *d'incendie* brandblusin-

stallatie; ~ *de secours* eerste hulppost; *fidèle au* ~ altijd paraat; ~ *de surveillance* controlepost **2** [radio, tv] toestel **3** betrekking, ambt, functie: ~ *de nuit* nachtdienst; ~ *clé* sleutelpositie

la **²poste** (v) post, postkantoor: *mettre à la* ~ posten, in de bus doen; [inf] *passer comme une lettre à la* ~ vlot verlopen, probleemloos geaccepteerd worden

posté, -e: *travail* ~ ploegendienst

le **poste-clé** (m) sleutelpositie

le **poste-frontière** (m) grenspost

le **¹poster** (m) poster, affiche

²poster (ov ww) **1** posten [brief] **2** posteren [wacht]; uitzetten

se **³poster** (wdk ww) zich posteren

poste-restante [post] poste restante

le **¹postérieur** (m) achterste

²postérieur, -e à (bn) volgend (op), komend na, later (dan); achter

postérieurement later

posteriori: *a* ~ achteraf (bezien)

la **postérité** (v) nakomelingschap; nageslacht

les **postes** (mv, v) posterijen

la **postface** (v) naschrift, nawoord

posthume postuum, nagelaten

le **¹postiche** (m) postiche, haarstukje

²postiche (bn) **1** nagemaakt, vals, onecht **2** naderhand ingelast, bijgevoegd

le/la **post|ier** (m), **-ière** (v) postbeambte

le **postillon** (m) [hist] postiljon, postrijder ‖ *envoyer des* ~*s* met consumptie praten

postillonner vochtig spreken

le **post-it** (m; mv: *onv*) geeltje, post-it (note)

postmoderne postmodern

postnatal, -e postnataal, direct na de geboorte

postposer [Belg] uitstellen, verzetten

postscolaire na de school(jaren): *enseignement* ~ aanvullend onderwijs

le **post-scriptum** (m) naschrift; postscriptum

la **postsynchronisation** (v) nasynchronisatie

postsynchroniser nasynchroniseren

le/la **postulant** (m), **-e** (v) gegadigde; sollicitant(e)

postuler solliciteren naar

la **posture** (v) **1** houding, postuur **2** situatie: *en mauvaise* ~ in een lelijk parket

le **pot** (m) **1** pot, glas, kan: *prendre un* ~ wat gaan drinken; *payer plein* ~ de volle mep betalen; [fig] *payer les* ~*s cassés* het gelag betalen, met de brokken zitten; ~ *de chambre* po; ~ *à eau* waterkan, lampetkan; ~ *d'échappement* knalpot; ~ *catalytique* katalysator; *sourd comme un* ~ stokdoof; [fig] *tourner autour du* ~ eromheen draaien; [fig] *découvrir le* ~ *aux roses* achter het geheim komen **2** borrel: *un* ~ *d'adieu* een afscheidsborrel **3** [sport] pot, inzet **4** [pop] bof, mazzel: *avoir du* ~ boffen, zwijnen; *manque de* ~

pech
potable 1 drinkbaar: *eau* ~ drinkwater
2 behoorlijk, acceptabel
le **potache** (m) leerling van een middelbare school
le **potage** (m) soep
le **¹potager** (m) moestuin
²potag|er, -ère (bn): *jardin* ~ moestuin; *herbes potagères* tuinkruiden; *plantes potagères* groenten
la **potasse** (v) kali: *mine de* ~ kalimijn
potasser blokken op
le **potassium** (m) kalium
le **pot-au-feu** (m; mv: *onv*) stoofschotel, gestoofd rundvlees met groenten
le **pot-de-vin** (m; mv: pots-de-vin) steekpenning
le/la **pote** (m/v) [inf] vriend(in), makker
le **poteau** (m) paal, post: ~ *d'arrivée* eindpaal; ~ *indicateur* wegwijzer; *envoyer qqn. au* ~ iem. laten terechtstellen; *au* ~*!* weg met …!; [fig] *coiffer qqn. sur le* ~ iem. op de valreep verslaan
la **potée** (v) stoofschotel
potelé, -e mollig
la **potence** (v) galg: [fig] *gibier de* ~ galgenbrok
le **potentat** (m) potentaat
le **¹potentiel** (m) potentieel
²potentiel, -le (bn) potentieel, mogelijk
la **poterie** (v) aardewerk; pottenbakkerij
la **potiche** (v) **1** (grote) Chinese vaas **2** iem. die een erebaantje heeft
le/la **pot|ier** (m), **-ière** (v) pottenbakker, -ster; fabrikant(e) van aardewerk, handelaar(ster) in aardewerk
le **potimarron** (m) pompoensoort met kastanjeachtige smaak
le **potin** (m) **1** kletspraatje, roddelpraatje **2** lawaai, herrie
la **potion** (v) [med] drankje: ~ *magique* toverdrank
le **potiron** (m) pompoen
le **pot-pourri** (m) potpourri
le **pou** (m; mv: poux) luis: [fig] *chercher des* ~*x à qqn.* (of: *dans la tête de qqn.*) steeds vitten op iem.; [fig] *laid comme un* ~ foeilelijk
pouah bah
la **poubelle** (v) vuilnisbak: ~ *à pédale* pedaalemmer; *faire les* ~*s* in vuilnisbakken snuffelen
le **pouce** (m) duim; grote teen; duimbreed: *donner un coup de* ~ *(à)* in het zadel helpen, een duw in de goede richting geven; [kindert] *et* ~*!* ik doe even niet mee; *manger sur le* ~ uit het vuistje eten; *mettre les* ~*s* zich gewonnen geven; *se tourner les* ~*s* duimen draaien
le **Poucet** (m): *le Petit* ~ Klein Duimpje
la **poudre** (v) **1** poeder; stof: *en* ~ in poedervorm; *sucre en* ~ poedersuiker; ~ *d'or* stof-

goud; ~ *de riz* toiletpoeder; *boîte à* ~ poederdoos; [fig] *jeter de la* ~ *aux yeux de qqn.* iem. zand in de ogen strooien; *réduire en* ~ verpulveren **2** (bus)kruit; springstof: *il n'a pas inventé la* ~ hij heeft het buskruit niet uitgevonden; [fig] *mettre le feu aux* ~*s* de lont in het kruitvat steken **3** [inf] heroïne
poudrer (be)poederen
la **poudrerie** (v) kruitfabriek
la **poudreuse** (v) **1** suikerstrooier **2** [landb] verstuiver **3** poedersneeuw
poudr|eux, -euse poederachtig: *neige poudreuse* poedersneeuw
le **poudrier** (m) poederdoos
la **poudrière** (v) kruitmagazijn; [fig] kruitvat
le **pouf** (m) **1** poef **2** plof || [Belg] *à* ~ **a)** op de pof; **b)** op goed geluk
la **pouffe** (v) [vulg; pej] verk van *pouffiasse*
pouffer: ~ *de rire* het uitproesten van het lachen
la **pouffiasse** (v) [inf] snol, slet
le **¹pouilleux** (m) arme drommel
²pouill|eux, -euse (bn) vol luizen, luizig; armoedig, vies, smerig
le **poujadisme** (m) **1** [gesch] poujadisme **2** conservatisme; kleinburgerlijkheid
le **poulailler** (m) kippenhok; [theat] engelenbak
le **poulain** (m) veulen; [sport] pupil [van een trainer]
la **poularde** (v) jong gemest hoen; braadkip
la **poule** (v) **1** kip, hen: ~ *d'eau* waterhoen; *mère* ~ [fig] kloek; [inf] ~ *mouillée* schijterd, angsthaas; [inf] *quand les* ~*s auront des dents* met sint-juttemis **2** lieveling, schat; snolletje; grietje, vrouwtje **3** [sport] poule [groep deelnemers, inzet, pot]
le **poulet** (m) **1** kuiken; kip [consumptie]: *cuisse de* ~ kippenboutje, kippenpoot; ~ *fermier* ± scharrelkip **2** schattebout **3** [inf] smeris
la **poulette** (v) **1** [inf] kippetje **2** schatje; liefje
la **pouliche** (v) merrieveulen
la **poulie** (v) katrol
le **poulpe** (m) inktvis
le **pouls** (m) pols [hartslag]: *prendre* (of: *tâter*) *le* ~ *à qqn.* **a)** iem. de pols voelen; **b)** [fig] polsen
le **poumon** (m) long: *crier à pleins* ~*s* uit alle macht schreeuwen; [inf] *cracher ses* ~*s* z'n longen uit z'n lijf hoesten
la **poupe** (v) achtersteven: *avoir le vent en* ~ voor de wind zeilen; [fig] *il a le vent en* ~ het gaat hem voor de wind
la **poupée** (v) **1** pop: ~ *gonflable* opblaaspop; *de* ~ popperig, piepklein **2** poppetje [vrouw]
poupin, -e popperig: *figure* ~*e* poppengezicht
le **poupon** (m) baby
pouponner moederen
la **pouponnière** (v) peuterverblijf

le **¹pour** (m) (het) voor: *peser* le ~ *et* le *contre* de voor- en nadelen tegen elkaar afwegen

²pour (vz) **1** voor; in plaats van, in ruil voor: *œil* ~ *œil, dent* ~ *dent* oog om oog, tand om tand; *y être* ~ *qqch.* een rol spelen; *je n'y suis* ~ *rien* ik heb er niks mee te maken; *cinq* ~ *cent* vijf procent; *une fois* ~ *toutes* eens en voor al; *il y a un an, jour* ~ *jour* het is op de dag af een jaar geleden **2** voor, als, tot, bij wijze van: ~ *de bon* voorgoed; ~ *le moins* op zijn minst; *laisser* ~ *mort* voor dood achterlaten **3** voor, wat betreft: ~ *moi* wat mij betreft **4** voor, naar: *voyageurs* ~ *Paris* reizigers met bestemming Parijs; ~ *le cas où* voor het geval dat; ~ *quand?* voor wanneer?; ~ *quoi (faire)?* waarvoor? **5** [doelaanduiding] voor, ten gunste van: *livres* ~ *enfants* kinderboeken; *remède* ~ *la toux* middel tegen de hoest, hoestdrank **6** [+ onbep w] om te: ~ *ainsi dire* om zo te zeggen, bij wijze van spreken; ~ *ce faire* hiertoe, hiervoor; [inf] *ce n'est pas* ~ *dire* alles goed en wel, maar; *ce n'est pas* ~ *me plaire* dat bevalt me niet **7** wegens: *arrestation* ~ *espionnage* arrestatie wegens spionage; ~ *cause de maladie* wegens ziekte; *et* ~ *cause!* en terecht! **8** [tijdsaanduiding] voor || ~ *peu que* mits; ~ *autant que* voor zover als; ~ *que* opdat, dat; ~ *le moment* op dit ogenblik, momenteel, voorlopig

le **pourboire** (m) fooi, drinkgeld

le **pourcentage** (m) percentage

pourchasser najagen, achtervolgen

pourfendre te lijf gaan

se **pourlécher**: *se* ~ *les babines* likkebaarden

les **pourparlers** (mv, m) onderhandelingen; *être en* ~ *avec* in onderhandeling zijn met

le **pourpier** (m) postelein

le **¹pourpre** (m) purper(kleur); purperslak

la **²pourpre** (v) purper(verf); purperen mantel [van kardinaal]

³pourpre (bn) purperrood

pourpré, -e purperkleurig

le **¹pourquoi** (m) (het) waarom, (de) reden

²pourquoi (bw) waarom: *c'est* ~ *je l'ai fait* daarom heb ik het gedaan; *voilà* ~ daarom

le **¹pourri** (m) **1** rotheid: *odeur de* ~ rottingslucht; *sentir le* ~ bedorven ruiken **2** [pop] rotzak, smeerlap

²pourri, -e (bn) **1** (ver)rot, bedorven; [fig] verdorven: [inf] *engueuler qqn. comme du poisson* ~ iem. uitmaken voor rotte vis **2** nat, vochtig: *été* ~ natte, verregende zomer **3** (+ de) [inf] vol van: ~ *d'orgueil* stinkend verwaand

le **pourriel** (m) spam

pourrir 1 doen (ver)rotten **2** verzieken, aantasten, bederven, door en door verwennen, verpesten

le **pourrissement** (m) [fig] verslechtering, verzieking; ontaarding

la **pourriture** (v) **1** verrotting, bederf; verrot gedeelte **2** [fig] verdorvenheid, ontaarding; verloedering **3** [pop] rotzak, smeerlap

la **poursuite** (v) **1** achtervolging, vervolging: *jeu de* ~ tikkertje, krijgertje; *engager des* ~*s contre qqn.* [jur] iem. vervolgen **2** (het) nastreven, najagen, trachten (te, naar); voortzetting

le/la **¹poursuivant** (m), **-e** (v) **1** eiser(es) **2** achtervolg(st)er

²poursuivant, -e (bn) vervolgend [in rechte]

¹poursuivre (ov ww) **1** ver-, achtervolgen; [fig] niet met rust laten **2** nastreven, najagen **3** voortzetten, vervolgen: *poursuivez!* gaat u maar verder!; ~ *ses études* doorstuderen

se **²poursuivre** (wdk ww) **1** voortgezet worden **2** elkaar naziiten

pourtant toch, echter, evenwel

le **pourtour** (m) **1** omloop, rand **2** omtrek

le **pourvoi** (m) [jur] beroep; verzoek: ~ *en cassation* cassatieberoep

¹pourvoir à (onov ww) voorzien in: ~ *aux besoins de qqn.* in iemands behoeften voorzien

²pourvoir de (ov ww) voorzien van, toe- of uitrusten met

se **³pourvoir** (wdk ww) **1** (+ de) zich voorzien van **2** in hoger beroep gaan: *se* ~ *en appel* in hoger beroep gaan

le/la **pourvoy|eur** (m), **-euse** (v) leverancier(ster)

pourvu que (+ subj) mits; als ... maar: ~ *ça dure!* en nu maar hopen dat het zo blijft!

la **pousse** (v) **1** groei **2** loot, uitloper, spruit

le **pousse-café** (m) pousse-café, afzakkertje

la **poussée** (v) **1** duw, stoot **2** gedrang, (het) (op)dringen, opmars **3** aandrift, aandrang; opwelling **4** druk **5** [med] aanval: ~ *de fièvre* koortsaanval **6** plotselinge stijging

le **pousse-pousse** (m) riksja

¹pousser (onov ww) **1** duwen, drukken **2** overdrijven: *faut pas* ~*!* niet overdrijven! **3** groeien

²pousser (ov ww) **1** duwen, een duw geven, voortduwen, dringen, voortdrijven; aanstoten: ~ *une porte* een deur open-, dichtduwen **2** (+ à) aanzetten (tot), aanmoedigen, drijven (tot): ~ *à la consommation* de mensen kooplustig maken, tot consumeren (of: kopen) aanzetten **3** de snelheid opvoeren; bevorderen, voorthelpen, pousseren; doorzetten, (krachtig) voortzetten: ~ *à bout* tot het uiterste drijven, wanhopig maken; *étude poussée* diepgaande studie; ~ *trop loin* overdrijven, te ver gaan met **4** uitstoten: ~ *des cris* kreten slaken; ~ *des gémissements* kermen

se **³pousser** (wdk ww) **1** opdringen **2** vooruitkomen, carrière maken **3** opzijgaan: *pousse-toi!* schuif eens op! **4** elkaar aanstoten, elkaar duwen, elkaar verdringen la **poussette** (v) **1** wandelwagentje, buggy **2** boodschappenwagentje [in supermarkt]

la **poussière** (v) stof: [Belg] *prendre les* ~s afstoffen; *faire de la* ~ **a)** stuiven; **b)** stof maken; *grain de* ~ stofje; *mordre la* ~ in het stof bijten; *réduire en* ~ vernietigen; *tomber en* ~ tot stof vergaan || *et des* ~s en nog wat

poussiér|eux, -euse stoffig; verwaarloosd: *teint* ~ grauwe tint

pouss|if, -ive 1 kortademig; puffend [motor] **2** ongeïnspireerd, moeizaam

le **poussin** (m) **1** kuikentje **2** [sport] jeugd tot 11 jaar **3** schatje

le **poussoir** (m) drukknop

la **poutre** (v) **1** balk **2** evenwichtsbalk

la **poutrelle** (v) balkje

le **¹pouvoir** (m) **1** macht, vermogen, kracht: ~ *d'achat* koopkracht; ~ *créateur* scheppend vermogen; *cela dépasse mon* ~ dat gaat boven mijn macht **2** [jur] bevoegdheid, volmacht: *fondé de* ~ procuratiehouder; *donner* ~ *de* machtigen; *les pleins* ~s volmacht **3** macht, gezag, bewind; invloed: *le* ~ *exécutif* de uitvoerende macht; *les* ~s *publics* de overheid; *arriver au* ~ aan het bewind, de macht komen

²pouvoir (ov ww) **1** kunnen; in staat zijn, vermogen: *n'en* ~ *plus* op zijn, niet meer kunnen; *on ne peut plus beau* bijzonder mooi **2** mogen || *advienne que pourra* wat er ook gebeuren moge

se **³pouvoir** (wdk ww) mogelijk zijn, kunnen: *il se peut que* het kan zijn dat; *cela se peut* dat is mogelijk

pragmatique pragmatisch; zakelijk

le **pragmatisme** (m) pragmatisme

la **Prague** (v) Praag

la **prairie** (v) weide, weiland; prairie

la **praline** (v) **1** praline **2** [Belg] praline, [Belg] bonbon || [inf] *cucul la* ~ truttig

le **¹praticable** (m) rollend platform [film, tv]

²praticable (bn) uitvoerbaar; toepasbaar; begaanbaar

le/la **praticien** (m), **-ne** (v) **1** practicus, -ca **2** praktiserend arts

le/la **¹pratiquant** (m), **-e** (v) praktiserend gelovige

²pratiquant, -e (bn) praktiserend

la **¹pratique** (v) **1** praktijk; be-, uitoefening; ervaring: *mettre en* ~ in praktijk brengen, toepassen; ~ *des sports* sportbeoefening **2** toepassing **3** gebruik, gewoonte

²pratique (bn) **1** praktisch: *travaux* ~s practica, werkcolleges **2** doelmatig, bruikbaar, nuttig: *le métro est* ~ *pour se déplacer* de metro is een handig vervoermiddel

pratiquement 1 praktisch **2** in de praktijk; in feite **3** bijna: *j'ai* ~ *fini* ik ben zogoed als klaar

¹pratiquer (ov ww) **1** naleven, in acht nemen; uitvoeren, in praktijk brengen, verrichten, doen (aan), be-, uitoefenen; toepassen **2** aanbrengen, aanleggen **3** praktiseren

se **²pratiquer** (wdk ww) gebruikelijk zijn

le **pré** (m) weiland, weitje; ~ *carré* [fig] eigen terrein, domein

le/la **préadolescent** (m), **-e** (v) kind in de pre-puberteit

le **¹préalable** (m) (eerste) voorwaarde: *au* ~ eerst, van tevoren

²préalable à (bn) voorafgaand (aan)

préalablement van tevoren

le **préambule** (m) inleiding, preambule; [fig] voorspel: *sans* ~ zonder omwegen

le **préau** (m) binnenplaats [gevangenis, klooster]; overdekte speelplaats [school]

le **préavis** (m) **1** voorafgaande kennisgeving **2** opzegging; opzeggingstermijn

précaire precair, onzeker, wankel, hachelijk: *travail* ~ tijdelijk werk

¹précariser (ov ww) op het spel zetten

se **²précariser** (wdk ww) op de tocht komen te staan; bedreigd worden

la **précarité** (v) onzekerheid; tijdelijk karakter

la **précaution** (v) voorzorg(smaatregel); om-, voorzichtigheid: *avec* ~ voorzichtig; *par* ~ uit voorzorg; *prendre ses* ~s voorzorgsmaatregelen nemen

précautionn|eux, -euse voorzichtig

précédemment van tevoren, vroeger, eerder

le **¹précédent** (m) precedent: *sans* ~ **a)** ongehoord; **b)** nog nooit vertoond; **c)** ongekend

²précédent, -e (bn) vorig, voorafgaand, daarvoor

précéder voorafgaan, voorgaan; zich bevinden voor; eerder aankomen dan

le **précepte** (m) voorschrift

le/la **précep|teur** (m), **-trice** (v) [huisonderwijs] gouverneur, gouvernante; leermeester

préchauffer voorverwarmen

le **prêche** (m) [prot] preek; zedenpreek

¹prêcher (onov ww) preken || ~ *par l'exemple* zelf het voorbeeld geven; ~ *dans le désert* roepen in de woestijn

²prêcher (ov ww) **1** prediken, verkondigen **2** de les lezen, vermanen: *vous prêchez un converti* ik ben al overtuigd; ~ *la tolérance* verdraagzaamheid aanbevelen, aanprijzen

le **prêcheur** (m) zedenprediker

le **prêchi-prêcha** (m) gebazel

précieusement als iets kostbaars; zorgvuldig

préci|eux, -euse 1 kostbaar, waardevol; onvervangbaar; edel [van stenen, metaal]; [fig] dierbaar **2** verfijnd; gezocht, gemaakt, gekunsteld

la **préciosité** (v) **1** gekunsteldheid, gemaaktheid, aanstellerij **2** verfijning

le **précipice** (m) afgrond [ook fig]

précipitamment overhaast, in allerijl

la **précipitation** (v) haast; overhaasting

les **précipitations** (mv, v) neerslag: ~ *atmosphériques* neerslag
précipité, -e overhaast; haastig
¹**précipiter** (ov ww) **1** naar beneden storten, gooien **2** [chem] laten neerslaan **3** (+ dans) storten (in): ~ *dans le malheur* in het ongeluk storten **4** verhaasten, overhaasten, versnellen
se ²**précipiter** (wdk ww) **1** naar beneden springen; zich werpen, zich storten: *se ~ dans les bras de qqn.* in iemands armen vliegen **2** zich haasten, snellen, versnellen **3** [chem] neerslaan, bezinken **4** elkaar snel opvolgen
le ¹**précis** (m) beknopt overzicht
²**précis, -e** (bn) **1** precies, juist, nauwkeurig **2** duidelijk (waarneembaar) **3** bondig [van stijl]
précisément precies, bepaald, juist: *c'est ~ la raison pour laquelle je vous le demande* daarom juist vraag ik het u
¹**préciser** (ov ww) duidelijk(er) aangeven, nader verklaren, verduidelijken, preciseren; uitwerken
se ²**préciser** (wdk ww) duidelijker worden, zich duidelijker aftekenen
la **précision** (v) **1** nauwkeurigheid, juistheid: *instruments de* ~ precisie-instrumenten **2** bondigheid **3** duidelijkheid
les **précisions** (mv, v) nauwkeurige inlichtingen, nadere bijzonderheden
précité, -e voornoemd, bovengenoemd
précoce 1 vroeg(rijp) **2** vroegtijdig **3** vroegrijp, voorlijk
la **précocité** (v) vroegrijpheid
le **précompte** (m) voorheffing: [Belg] ~ *mobilier* [Belg] roerende voorheffing
préconçu, -e vooropgezet, voorbarig: *idée ~e* vooroordeel
préconiser aanprijzen, aanbevelen
précuit, -e voorgekookt
le ¹**précurseur** (m) voorloper
²**précurseur** (bn): *signe ~* voorteken, voorbode
le **prédateur** (m) roofdier
le **prédécesseur** (m) voorganger
les **prédécesseurs** (mv, m) voorouders
la **prédestination** (v) predestinatie, voorbeschikking
le/la ¹**prédestiné** (m), **-e** (v) uitverkorene
²**prédestiné, -e à** (bn) voorbeschikt (tot), voorbestemd (tot); uitverkoren (om)
prédestiner voorbeschikken, voorbestemmen; vooraf bepalen; uitverkiezen
prédéterminer vooraf bepalen
le **prédicat** (m) [taalk] gezegde
le **prédicateur** (m) prediker
la **prédication** (v) preek; prediking
la **prédiction** (v) voorspelling
la **prédilection** (v) voorliefde, voorkeur: *lecture de* ~ lievelingslectuur
prédire voorspellen

prédisposer à ontvankelijk, vatbaar maken (voor); beïnvloeden; ertoe doen neigen
la **prédisposition** (v) neiging, vatbaarheid, ontvankelijkheid, aanleg
la **prédominance** (v) overheersing, overwicht
prédominant, -e overheersend, dominerend
prédominer overheersen, de overhand hebben
préélectoral, -e van voor de verkiezingen
préemballé, -e voorverpakt
la **prééminence** (v) voorrang, superioriteit
préempter [jur] in voorkoop nemen
la **préemption** (v): *droit de* ~ recht van voorkoop
préenregistré, -e al opgenomen, voorbespeeld
préétablir vooruit vaststellen
préexistant, -e reeds bestaand
la **préfabrication** (v) prefabricatie, montagebouw
préfabriqué, -e 1 prefab, montage- **2** [fig] voorgekookt
la **préface** (v) voorwoord, woord vooraf
préfectoral, -e van de prefect
la **préfecture** (v) prefectuur [ambt, stad, gebouw, diensten]: ~ *de police* hoofdbureau van politie [in Parijs]
préférable à te verkiezen (boven); beter zijn
préféré, -e lievelings-
la **préférence** (v) voorkeur; voorrang: *de* ~ bij voorkeur; *avoir une ~ marquée pour* een duidelijke voorkeur hebben voor
préférentiel, -le voorkeurs-
préférer à verkiezen (boven); de voorkeur geven aan; liever willen: *je préfère partir* ik ga liever weg; ~ *une chose à une autre* iets verkiezen boven iets anders
le **préfet** (m) **1** prefect: ~ *de police* hoofdcommissaris van politie **2** [Belg] rector [van een atheneum]
préfigurer een voorafschaduwing zijn van, aankondigen
le **préfinancement** (m) voorfinanciering
le **préfixe** (m) **1** [taalk] voorvoegsel **2** netnummer
la **préhistoire** (v) prehistorie
préhistorique voor-, prehistorisch; [spottend] voorwereldlijk
le **préjudice** (m) nadeel, schade, afbreuk: ~ *moral* immateriële schade; *au ~ de* ten nadele van; *porter ~ à* tekortdoen aan, benadelen, schade toebrengen
préjudiciable à schadelijk, nadelig (voor)
le **préjugé** (m) **1** vooroordeel **2** aanwijzing, teken
préjuger de vooruitlopen op
se **prélasser** zijn gemak ervan nemen
le **prélat** (m) prelaat

le **prélavage** (m) voorwas

le **prélèvement** (m) **1** (het) afnemen, afhouden, trekken [van monsters]: ~ *de sang* (het)
aftappen van bloed **2** heffing: ~ *automatique* automatische afschrijving; ~*s obligatoi-
res* verplichte inhoudingen (op salaris)

prélever sur afhouden, afnemen (van);
[monsters] inhouden; afschrijven

préliminaire voorafgaand, inleidend

les **préliminaires** (mv, m) **1** inleiding: ~ *de
paix* voorlopig vredesakkoord **2** voorbereidende verrichtingen; voorspel

le **prélude** (m) voorspel, inleiding, aanloop,
begin, voorteken; [muz] prelude

préluder 1 preluderen [proberen] **2** aankondigen, inleiden

le/la **¹prématuré** (m), **-e** (v) couveusekind

²prématuré, -e (bn) voorbarig; ontijdig, te
vroeg, prematuur, vroegtijdig, voortijdig, te
vroeg geboren

la **préméditation** (v) opzettelijkheid; van tevoren overdacht: *avec* ~ met voorbedachten
rade

préméditer beramen, voorbereiden:
meurtre prémédité moord met voorbedachten rade

les **prémices** (mv, v) aanvang

le/la **¹prem|ier** (m), **-ière** (v) (de) eerste, koplo-
per, -loopster: *le* ~ *venu* de eerste de beste;
parler le ~ als eerste spreken; *passez donc le
(la)* ~ *(première)!* na u!; *plonger la tête la première* vooroverduiken

le **²premier** (m) **1** eerste verdieping **2** eerste
dag: *le* ~ *de l'an* nieuwjaarsdag; *en* ~ als eerste **3** premier, eerste minister

³prem|ier, -ière (bn) eerste, oudste, oor-
spronkelijke, voornaamste, beste; grond-:
arriver ~ als eerste aankomen; *première page*
eerste bladzij; *matières premières* grondstoffen; ~ *plan* voorgrond; ~ *ministre* minister-
president, premier; *à première vue* op het
eerste gezicht

la **première** (v) **1** première [eerste opvoe-
ring]: ~ *mondiale* wereldpremiere **2** [wedren-
nen] eerste ronde **3** eerste klas: *voyager en* ~
eerste klas reizen **4** eerste versnelling **5** ±
vijfde klas vwo

premièrement ten eerste, in de eerste
plaats

le/la **¹premier-né** (m; mv: premiers-nés), **première-née** (v) eerstgeborene, oudste

²premier-né, première-née (bn) eerstgeboren

le **prémix** (m) frisdrank met alcohol

la **prémolaire** (v) voorkies

la **prémonition** (v) voorgevoel

prémonitoire voorspellend

¹prémunir (ov ww) beschermen, behoeden

se **²prémunir contre** (wdk ww) (zich) wapenen, zich beveiligen (tegen)

prenant, -e 1 die belang heeft in een aan-

bod: *être partie* ~*e* belangstelling hebben
voor **2** boeiend

prénatal, -e (van) vóór de geboorte, pre-
nataal; zwangerschaps-

¹prendre (onov ww) **1** [van planten] wortel
schieten **2** [van jam, melk] bevriezen, stollen, stijf worden, dik worden **3** aankoeken,
vastplakken; kleven, zich hechten **4** slagen,
indruk maken **5** inslaan, afslaan: ~ *à droite*
rechts afslaan **6** [van vuur] aangaan: *le feu a
pris tout seul* de brand is spontaan ontstaan

²prendre (ov ww) **1** nemen, mee-, af-, weg-,
opnemen, (aan)pakken, (aan)grijpen; inslaan [weg]; afhalen [iem.]: *passer* ~ *qqn.*
iem. (komen) ophalen, afhalen; ~ *dans* nemen uit; *c'est à* ~ *ou à laisser* graag of niet; *où
a-t-il pris cela?* waar haalt hij dat vandaan?; ~
à témoin tot getuige nemen; ~ *en charge* op
zich nemen; ~ *conseil* raad inwinnen; ~ *mal*
kwalijk nemen; ~ *des notes* aantekeningen
maken; ~ *qqn. par la douceur* iem. met zachtheid behandelen; *savoir* ~ *qqn.* met iem. weten om te gaan; ~ *qqn. par les sentiments* op
iemands gevoel werken; [inf] *qu'est-ce qui lui
prend?* wat bezielt hem (haar)? **2** opvatten,
beschouwen: *à tout* ~ alles wel beschouwd; ~
de haut hoog opnemen; ~ *pour* houden
voor, aanzien voor; *pour qui me prenez-vous?*
waarvoor ziet u mij aan? **3** aannemen, krijgen: ~ *de la signification* betekenis krijgen
4 veroveren, (in)nemen, overvallen; vangen:
~ *en faute* betrappen; *on ne m'y prendra plus*
dat zal mij niet meer overkomen **5** (in)ne-
men, gebruiken: ~ *l'air* (of: *le frais*) een
luchtje scheppen; ~ *le café* (of: *le thé*) koffie
(of: thee) drinken; *la réparation a pris une journée* het herstel duurde een dag **6** vatten,
krijgen: ~ *de l'âge* oud worden; *il a pris un
coup* hij heeft een klap gekregen; *il a été pris
de peur* hij is bang geworden; ~ *feu* vuur
vatten; ~ *froid* kouvatten; ~ *goût à* de smaak
te pakken krijgen van; ~ *une habitude* een
gewoonte aannemen; ~ *racine* wortel schieten; ~ *du retard* vertraging hebben; ~ *du
poids* aankomen [gewicht]; ~ *l'eau* water
doorlaten, lek zijn

se **³prendre** (wdk ww) **1** zich vastgrijpen; zich
vasthouden **2** beet-, aangepakt worden;
blijven vastzitten (haken, hangen); [fig] zich
laten meeslepen **3** gevangen worden: *se* ~ *le
doigt dans une porte* zijn vinger tussen de
deur klemmen **4** [m.b.t. medicijnen] ingenomen (moeten) worden **5** hard worden; bevriezen **6** elkaar (vast)grijpen **7** (+ pour) zich
houden voor; zich beschouwen als || *s'y* ~
a) zich ermee bezighouden; **b)** het aanleggen; *s'en* ~ *à qqn.* iem. de schuld geven, iem.
iets aanrekenen

le/la **¹pren|eur, -euse** (v) koper, koopster;
afnemer, -neemster: ~ *de son* geluidsman

²pren|eur, -euse (bn): *benne* preneuse grijper [van een kraan]

le **prénom** (m) voornaam

le/la **prénommé** (m), **-e** (v) [jur] voornoemde

prénuptial, -e (van) vóór het huwelijk

préoccupant, -e zorgelijk, verontrustend, zorgwekkend

la **préoccupation** (v) bezorgdheid; zorg; aandacht

préoccupé, -e de 1 zorgelijk, bezorgd (over), ongerust (over) **2** in beslag genomen (door), in gedachten

¹**préoccuper** (ov ww) bezorgd maken

se ²**préoccuper de** (wdk ww) zich bezorgd maken (over), zich zorgen maken (over)

le/la **prépara|teur** (m), **-trice** (v) amanuensis: ~ *en pharmacie* apothekersassistent(e)

les **préparatifs** (mv, m) voorbereidingen, toebereidselen

la **préparation** (v) **1** voorbereiding **2** toebereiding; bereiding **3** [chem] preparaat

préparatoire voorbereidend: *cours* ~ eerste klas van de lagere school; ± groep drie

¹**préparer** (ov ww) **1** toebereiden, bereiden; prepareren; gereed maken, klaar maken, in orde brengen: ~ *ses bagages* zijn koffers pakken; ~ *le café* koffiezetten; ~ *la viande* het vlees klaarmaken **2** (+ à) voorbereiden (op)

se ²**préparer** (wdk ww) zich voorbereiden, aanstalten maken: *un orage se prépare* er is onweer op komst ‖ *se ~ un sandwich* (voor zichzelf) een boterham smeren

prépayé, -e vooruitbetaald, prepaid: *carte ~e* prepaidkaart

la **prépension** (v) [Belg] vervroegd pensioen, prepensioen, VUT

le/la **prépensionné** (m), **-e** (v) [Belg] vutter

la **prépondérance** (v) overwicht

prépondérant, -e (over)heersend, van overwegend belang: *voix ~e* beslissende stem

le/la **préposé** (m), **-e** (v) **1** beambte **2** postbode

préposer à belasten (met): ~ *qqn. à qqch.* iem. iets opdragen

la **préposition** (v) voorzetsel

le **prépuce** (m) voorhuid

la **préretraite** (v) vervroegd pensioen, prepensioen, VUT

le/la **préretraité** (m), **-e** (v) vutter

la **prérogative** (v) prerogatief, voorrecht

¹**près** (bw) (er) dichtbij: *à beaucoup ~* bij lange na niet; *à cela ~ (que)* op dat na, behalve dat; *ce n'est pas à deux jours ~* op twee dagen meer of minder komt het niet aan; *à quelques voix ~* op enkele stemmen na; *au centime ~* tot op de cent nauwkeurig; *au plus ~* **a)** zo dicht mogelijk bij; **b)** zo nauwkeurig mogelijk; *à peu ~, à peu de chose(s) ~* ongeveer; *de ~* nabij; *rasé de ~* gladgeschoren; *surveiller de ~* streng bewaken; *suivre de ~* van nabij, op de voet volgen; *il n'y regarde pas de*

si ~ hij kijkt niet zo nauw; *tout ~* vlakbij

²**près de** (vz) **1** bij, dicht bij **2** bijna **3** op het punt (van, om): *être ~ de ses sous* op de penning zijn; *être ~ de partir* op het punt staan te vertrekken

le **présage** (m) voorteken

présager voorspellen, voorzien

le/la ¹**presbyte** (m/v) verziende

²**presbyte** (bn) verziend

le **presbytère** (m) pastorie

la **presbytie** (v) verziendheid

la **prescience** (v) voorkennis, voorwetenschap

préscolaire voorschools

la **prescription** (v) voorschrift, instructie, recept; [jur] verjaring

¹**prescrire** (ov ww) **1** bevelen, voorschrijven: *dose prescrite* voorgeschreven hoeveelheid **2** vereisen

se ²**prescrire** (wdk ww) **1** voorgeschreven worden **2** [jur] verjaren

la **préséance** (v) voorrang

la **présélection** (v) voorselectie: *touches de ~* voorkeuzetoetsen

présélectionner voorselecteren

la **présence** (v) tegenwoordigheid, aanwezigheid, bijzijn; (het) voorkomen; (sterke) persoonlijkheid: *feuille de ~* presentielijst; *jeton de ~* presentiegeld, [Belg] zitpenning; *faire acte de ~* acte de présence geven; *en ~ de* tegenover, in tegenwoordigheid van, in het bijzijn van, voor; *en ~* tegenover elkaar (staand); ~ *d'esprit* tegenwoordigheid van geest

le ¹**présent** (m) **1** (het) tegenwoordige, (het) heden; [taalk] tegenwoordige tijd: *les ~s* de aanwezigen; *dès à ~* van nu af, nu reeds **2** geschenk

²**présent, -e** (bn) **1** aanwezig, tegenwoordig, voorkomend: *avoir ~ à l'esprit* voor de geest hebben; [fig] *répondre ~* er zijn, er staan [om te helpen, iem. bij te staan] **2** huidig, deze: *à ~* op dit ogenblik, nu; *par la ~e* bij dezen

présentable presentabel, toonbaar

le/la **présenta|teur** (m), **-trice** (v) aanbied-(st)er; presentator, omroep(st)er

la **présentation** (v) **1** voordracht [aanbeveling] **2** (het) voorstellen, introductie: *faire les ~s* mensen aan elkaar voorstellen **3** aanbieding, (het) tonen, presentatie: ~ *de modèles* modeshow; ~ *du numéro* nummerweergave; *sur ~ de* op vertoon van **4** uiteenzetting [van gedachten]

¹**présenter** (onov ww): ~ *bien* (of: *mal*) een goede (of: slechte) indruk maken

²**présenter** (ov ww) **1** voorstellen, introduceren **2** (iem.) voordragen, aanmelden: ~ *sa candidature* zich kandidaat stellen **3** (aan)-bieden, ter hand stellen, laten zien; vertonen: ~ *des difficultés* moeilijkheden opleve-

ren **4** aankondigen **5** uiteenzetten **6** uitbeelden, afschilderen

se ³**présenter** (wdk ww) **1** zich aandienen, zich
aanmelden; opgaan [voor een examen]
2 zich voorstellen: *se ~ aux élections* zich
kandidaat stellen voor de verkiezingen
3 opkomen [in de geest] **4** zich voordoen: *si
l'occasion se présente* indien de gelegenheid
zich voordoet; *se ~ bien* **a)** zich gunstig laten
aanzien; **b)** zich weten te bewegen

le **présentoir** (m) stelling, display

le **préservateur** (m) conserveermiddel

le **préservatif** (m) condoom, voorbehoedmiddel

la **préservation** (v) bescherming, beveiliging;
vrijwaring

préserver de behoeden, bewaren voor;
beschermen, beveiligen tegen

la **présidence** (v) voorzitterschap, presidium;
presidentschap; zetel, bureau van een president

le/la **président** (m), **-e** (v) president(e), voorzit-
(s)ter

présidentiable die president kan worden

présidentiel, -le presidents-

les **présidentielles** (mv, v) presidentsverkiezingen

¹**présider à** (onov ww) de leiding hebben
van, toezien op, waken voor

²**présider** (ov ww) voorzitter zijn, voorzitten

présompt|if, -ive vermoedelijk

la **présomption** (v) **1** gissing, onderstelling
2 [jur] vermoeden **3** verwaandheid, inbeelding

le ¹**présomptueux** (m) verwaande kwast

²**présomptu|eux, -euse** (bn) verwaand,
ingebeeld

presque bijna; nagenoeg, vrijwel

la **presqu'île** (v) schiereiland

le **pressage** (m) (het) persen

pressant, -e (aan)dringend; spoedeisend

la **presse** (v) **1** pers [werktuig, medium]: *~ à vis*
schroefpers **2** pers, (de) journalisten: *être
sous ~* ter perse zijn; *~ people* roddelpers; *~
périodique* tijdschriften; *~ à sensation* bou-
levardpers; *~ du cœur* vrouwenbladen; *~
d'opinion* opiniebladen

pressé, -e (uit)geperst; [fig] dringend; ge-
haast: *c'est ~* er is haast bij; *je suis ~* ik heb
haast; *aller au plus ~* het dringendste het eerst
afdoen

le **presse-agrumes** (m) citruspers

le **presse-ail** (m) knoflookpers

le **presse-citron** (m) citroenpers

le **presse-fruits** (m) vruchtenpers

le **pressentiment** (m) voorgevoel

pressentir 1 voorvoelen; raden, vermoeden **2** polsen

le **presse-papiers** (m) **1** presse-papier
2 [comp] klembord

le **presse-purée** (m) pureestamper

¹**presser** (onov ww) dringend zijn: *rien ne
presse* er is geen haast bij

²**presser** (ov ww) **1** persen, oppersen, uitpersen, uitknijpen; drukken op: *~ qqn. dans
ses bras* iem. in zijn armen sluiten **2** (+ de)
vervolgen, overstelpen, bestormen (met): *~
qqn. de questions* iem. met vragen bestormen
3 aandrijven, aanzetten, druk uitoefenen
4 verhaasten, bespoedigen: *~ l'allure* de
snelheid opvoeren

se ³**presser** (wdk ww) **1** (+ contre) zich aandrukken (tegen) **2** zich verdringen **3** zich
haasten

le **pressing** (m) **1** (het) persen **2** stomerij

la **pression** (v) **1** druk; spanning; [fig] pressie,
aandrang: *~ artérielle* bloeddruk; *~
atmosphérique* luchtdruk; *bière à la ~* tap-
bier; *bouton à ~* drukknoopje; *sous ~* onder
druk, onder stoom; *faire ~ sur* druk uitoefenen op; *groupe de ~* belangengroep, lobby,
pressiegroep **2** (het) (uit)persen

le **pressoir** (m) pers, wijn-, oliepers

pressuriser: *cabine pressurisée* drukcabine

la **prestance** (v) indrukwekkend voorkomen

le **prestataire** (m) **1** uitkeringsgerechtigde
2 uitkeringsverstrekker: *~ de services* dienst-
verlener

la **prestation** (v) **1** uitkering: *~s sociales* sociale voorzieningen **2** aflegging: *~ de serment*
eedaflegging **3** dienstverlening; levering: *~
de services* dienstverlening **4** sportprestatie
5 optreden: *~ télévisée* televisieoptreden

preste vlug, behendig

prester [Belg] presteren [Belg]: *les heures
prestées* de gepresteerde uren

le/la **prestidigita|teur** (m), **-trice** (v) gooche-
laar(ster)

la **prestidigitation** (v) goochelkunst

le **prestige** (m) prestige, aanzien

prestigi|eux, -euse schitterend, indruk-
wekkend; beroemd

presto 1 als de wiedeweerga; als een speer:
illico ~ als de wiedeweerga; *subito ~* op stel
en sprong **2** [muz] presto; snel

présumer vermoeden, veronderstellen:
être présumé innocent geacht worden onschuldig te zijn; *(trop) ~ de* een (te) hoge
dunk hebben van, overschatten; *auteurs pré-
sumés d'un crime* vermoedelijke daders van
een misdaad

présupposer vooronderstellen; aannemen

le ¹**prêt** (m) **1** uitlening, het lenen: *bibliothèque
de ~* uitleenbibliotheek, [Belg] bedienings-
post **2** lening, geleend geld: *~ gratuit* rente-
loze lening; *~ hypothécaire* hypothecaire lening, [Belg] woningkrediet; *~ à usage* bruik-
leen

²**prêt, -e** (bn) **1** gereed, klaar (tot, om), op
het punt (om): *être ~ à toute éventualité* op alles voorbereid zijn **2** bereid

le **prêt-à-porter** (m; mv: prêts-à-porter) confectiekleding

le/la **¹prétendant** (m), **-e** (v) (kroon)pretendent(e)

le **¹prétendant** (m) aanbidder

¹prétendre (ov ww) **1** beweren, voorwenden **2** willen **3** (+ à) opeisen, aanspraak maken op

se **²prétendre** (wdk ww) beweren te zijn

prétendu, -e vermeend, zogenaamd

le **prête-nom** (m; mv: prête-noms) stroman

prétenti|eux, -euse pretentieus, aanmatigend; gekunsteld

la **prétention** (v) **1** aanspraak, vordering, eis, voorwaarde **2** pretentie, aanmatiging, verwaandheid

¹prêter à (onov ww) aanleiding, reden geven tot: *une attitude qui prête à rire* een lachwekkende houding

²prêter (ov ww) **1** (uit)lenen **2** geven, verlenen; verschaffen: ~ *attention* aandacht schenken; ~ *l'oreille* het oor lenen, luisteren; ~ *secours* hulp verlenen, helpen **3** toeschrijven, toekennen

se **³prêter à** (wdk ww) **1** zich lenen tot; toestemmen in: *se* ~ *au jeu* het spel meespelen, meewerken **2** geschikt zijn voor

le/la **prêt|eur** (m), **-euse** (v) uitlener, -leenster: ~ *sur gages* pandjesbaas

le **prétexte** (m) voorwendsel; gelegenheid, aanleiding

prétexter voorwenden, beweren

le **prétoire** (m) rechtszaal

prétraité, -e voorbehandeld

le **prêtre** (m) priester

la **prêtresse** (v) priesteres

la **prêtrise** (v) priesterschap

la **preuve** (v) bewijs; blijk; proef (op de som): *à* ~ zoals blijkt uit; *faire* (of: *fournir*) *la* ~ het bewijs leveren; *faire* ~ *de* tonen, getuigen van; ~ *d'amour* blijk van liefde; *donner* (of: *faire*) *ses* ~*s* de toets doorstaan, laten zien wat men kan; *jusqu'à* ~ *du contraire* tot het tegendeel is bewezen

¹prévaloir (onov ww) de overhand hebben, het winnen van

se **²prévaloir de** (wdk ww) prat gaan op, zich laten voorstaan op

la **prévenance** (v) voorkomendheid

les **prévenances** (mv, v) attenties

prévenant, -e voorkomend, innemend

prévenir 1 vóór zijn, voorkomen, verhinderen: ~ *un danger* een gevaar afwenden **2** waarschuwen, op de hoogte stellen, verwittigen: *tu pourrais* ~ dat had je (me) weleens eerder mogen zeggen ‖ ~ *contre* (of: *en faveur*) *de qqn.* tegen (of: vóór) iem. innemen

prévent|if, -ive preventief, voorkomend, verhoedend: *détention* préventive voorlopige hechtenis; *mesures* ~*s* voorzorgsmaatregelen; *médecine* préventive preventieve geneeskunde

la **prévention** (v) **1** voorzorgsmaatregelen, preventie, (het) voorkomen: *Prévention routière* organisatie voor verkeersveiligheid [vergelijkbaar met 3VO] **2** vooroordeel **3** voorarrest

le/la **prévenu** (m), **-e** (v) verdachte

prévisible te voorzien, voorspelbaar

la **prévision** (v) voorspelling; vooruitzicht, verwachting, prognose: *en* ~ *de* met het oog op; ~*s* météo weersverwachting, weerbericht

prévisionnel, -le vooruitlopend: *plan* ~ raming

prévoir 1 voorzien, verwachten, rekening houden met: *comme* prévu zoals verwacht, zoals gepland, volgens plan **2** zorgen voor, plannen; schatten, ramen: *la loi prévoit que …* de wet bepaalt dat …

la **prévoyance** (v) voorzorg

prévoyant, -e vooruitziend, zorgzaam

¹prévu, -e (bn) voorzien, bepaald: ~ *pour* bestemd voor, gepland voor; *date* ~*e* streefdatum, geplande datum

²prévu volt dw van *prévoir*

le **prie-Dieu** (m) bidstoel

prier 1 bidden (tot) **2** (+ de) verzoeken (om), vragen (om): *je vous prie* alstublieft; *je vous en prie!* **a)** alstublieft!; **b)** ga uw gang; **c)** graag gedaan!, geen dank!; *je vous prie d'agréer, Monsieur, l'expression de mes salutations très distinguées* met de meeste hoogachting [in een brief]

la **prière** (v) **1** gebed: *lieu de* ~ gebedshuis **2** verzoek: ~ *de* men wordt verzocht (om), gelieve te

le **prieur** (m) prior, overste

la **prieure** (v) priores, overste

le **prieuré** (m) priorij [kerk, klooster]; woning, ambt van een prior

primaire 1 primair, elementair; (in het) eerste (stadium): *couleurs* ~*s* primaire kleuren; *école* ~ lagere school; [Ned] basisschool; *enseignement* ~ lager onderwijs; [Ned] basisonderwijs **2** [neg] bekrompen, oppervlakkig

les **primaires** (mv, v) [pol] voorverkiezingen

le **primat** (m) primaat; voorrang

le **primate** (m) **1** [dierk] primaat **2** stommeling

la **primauté** (v) **1** hoogste gezag **2** voorrang

la **¹prime** (v) premie; vergoeding; [fig] aanmoediging: *en* ~ als cadeau, extra, gratis; ~ *de départ* **a)** gouden handdruk; **b)** oprotpremie; **c)** [wielersp] startgeld

²prime (bn): *de* ~ *abord* op het eerste gezicht; *dans ma* ~ *jeunesse* in mijn prilste jeugd

primer 1 een premie, een prijs toekennen aan (voor), bekronen **2** overtreffen; op de eerste plaats komen: *la force prime le droit* macht gaat boven recht

primesaut|ier, -ière spontaan, impulsief

la **primeur** (v) primeur, iets nieuws: *vin dans sa ~* jonge wijn [eerste wijn van het jaar]; *avoir la ~ de* de primeur hebben van

les **primeurs** (mv, v) primeurs [eerste jonge groente en fruit]

la **primevère** (v) sleutelbloem, primula

le **¹primitif** (m) primitief [mens, schilderkunst]

²primit|if, -ive (bn) primitief; oorspronkelijk; grond-: *formes primitives* oervormen, stamvormen; [taalk] *temps ~s* hoofdtijden

primitivement oorspronkelijk, aanvankelijk

primo ten eerste

le/la **primoaccédant** (m), **-e** (v) starter [m.b.t. koopwoning]

le/la **primodélinquant** (m), **-e** (v) [jur] first offender; niet eerder veroordeelde

primordial, -e 1 oorspronkelijk, oer- **2** fundamenteel, uitermate belangrijk

le **prince** (m) **1** vorst: *~ de l'Église* kerkvorst; *fait du ~* eigenmachtig optreden van de overheid; *être bon ~* edelmoedig zijn **2** prins: *~ charmant* sprookjesprins; *~ consort* prinsgemaal

la **princesse** (v) prinses: *aux frais de la ~* op staatskosten, op kosten van de zaak, gratis

princ|ier, -ière vorstelijk; vorsten-; van een prins(es)

le **¹principal** (m) **1** hoofdzaak **2** hoofdsom **3** ± directeur van een mavo

²principal, -e (bn) voornaamste, belangrijkste, hoofd-

la **principale** (v) hoofdzin

principalement voornamelijk, vooral, hoofdzakelijk

la **principauté** (v) vorstendom

le **principe** (m) oorsprong, (grond)beginsel, stelregel, principe: *par ~* uit principe; *de ~* principieel; *en ~* in beginsel; *avoir des ~s* principes hebben

les **principes** (mv, m) grondbeginselen, elementaire kennis

printan|ier, -ière lente-, van de lente, voorjaars-

le **printemps** (m) lente, voorjaar

prioriser 1 voorrang geven aan: *~ la qualité* de kwaliteit boven alles laten gaan **2** een prioriteit aanbrengen in: *il faut savoir ~* je moet prioriteiten kunnen stellen

prioritaire voorrangs-

la **priorité** (v) prioriteit, voorrang: *avoir la ~* voorrang hebben, eerst aan bod komen; *en ~, par ~* bij voorrang, in de eerste plaats

¹pris, -e (bn) **1** ingenomen, bezet: *être très ~* het erg druk hebben **2** bevangen: *~ de boisson* dronken **3** stijf geworden, gestold, bevroren ‖ *c'est toujours* ça de *~!* dat is mooi meegenomen!; *pas vu, pas ~* wat niet weet, wat niet deert

²pris volt dw van *¹prendre*

la **prise** (v) **1** (het) grijpen, greep, (het) vastpakken, nemen; houvast; inneming: *~ directe* directe aandrijving; *être en ~ directe* in rechtstreeks contact staan; *être en ~ sur* aansluiten bij; *~ d'armes* parade, wapenschouw; *~ de conscience* bewustwording; *~ de bec* woordenwisseling; *~ de contact* kennismaking; *~ en charge* verzorging, bekostiging, overname; *~ d'eau* **a)** kraan; **b)** tappunt; *~ de position* stellingname; *~ de sang* afnemen van bloed, bloedproef; *~ de terre* aardleiding; *~ de vue(s)* filmopname, (het) fotograferen; *donner ~ à* aanleiding geven tot; *être aux ~s avec* **a)** slaags zijn met; **b)** te kampen hebben met; *lâcher ~* **a)** loslaten; **b)** het opgeven **2** vangst, buit **3** snuifje [tabak, heroïne] **4** stolling, bevriezing; [van cement] binding **5** stopcontact: *~ multiple* meervoudig stopcontact; *~ électrique* stopcontact; *~ péritel* scartaansluiting, euroconnector

priser 1 waarderen; op prijs stellen **2** [tabak] snuiven

le **prisme** (m) prisma

la **prison** (v) gevangenis; gevangenisstraf, hechtenis: *mettre en ~* in hechtenis nemen, opsluiten; *gardien de ~* gevangenbewaarder

le/la **¹prisonn|ier, -ière** (v) gevangene: *~ de guerre* krijgsgevangene; *faire ~* gevangen nemen

²prisonn|ier, -ière (bn) gevangen

priv|if, -ive privaat, privatief: *jardin ~* eigen tuin ‖ *peine privative de liberté* vrijheidsstraf

la **privation** (v) **1** beroving; ontneming **2** afwezigheid, verlies, gemis **3** onthouding, ontzegging

les **privations** (mv, v) gebrek, ontberingen

la **privatisation** (v) privatisering

privatiser [ec] privatiseren, van de staat naar de privésector brengen

les **privautés** (mv, v) vrij(postig)heden

le **¹privé** (m): *dans le ~* **a)** in het privéleven; **b)** in de privésector; *en ~* onder vier ogen

²privé, -e (bn) privaat, privé, particulier, bijzonder, eigen, persoonlijk, niet-officieel: *séance ~e* besloten vergadering, voorstelling; *la vie ~e* het privéleven, de privacy

¹priver de (ov ww) beroven van, ontnemen, ontdoen van: *être privé de* moeten missen, te kort komen; *elle était privée de dessert* zij kreeg geen toetje

se **²priver de** (wdk ww) zich (iets) ontzeggen, zich onthouden (van): *il n'aime pas se ~* hij houdt van het goede leven

le **privilège** (m) privilege, voorrecht; [fig] voordeel

le/la **¹privilégié** (m), **-e** (v) bevoorrecht persoon

²privilégié, -e (bn) bevoorrecht: *une place ~e* een uitzonderlijk goede plaats

privilégier bevoorrechten, bevoordelen; een bijzondere waarde toekennen, voorrang geven (aan)

le **prix** (m) prijs [in alle bet]; waarde; beloning: *à* ~ *d'or* voor heel veel geld; *à aucun* ~ voor geen goud; *à bas* ~ voor een zacht prijsje; *à tout* ~ tot elke prijs, met alle geweld; *au* ~ *fort* tegen de volle prijs; *au* ~ *de* ten koste van, tegen, met opoffering van; *hors de* ~ peperduur; *sans* ~ onbetaalbaar, van onschatbare waarde; ~ *pilote* richtprijs; ~ *de lancement* introductieprijs, [Belg] lanceerprijs; ~ *de revient* kostprijs; ~ *d'achat* koopprijs; *à* ~ *modéré* tegen schappelijke prijs; *blocage des* ~ prijsstop; *voulez-vous enlever le* ~? wilt u het prijsje eraf halen?; *mettre le* ~ *à qqch.* een hoge prijs voor iets (moeten) betalen [ook fig]; *mise à* ~ inzet [op een veiling]; *distribution de(s)* ~ prijsuitreiking; *grand* ~ **a)** eerste prijs; **b)** winnaar van de eerste prijs; **c)** grote prijs, grand prix [autosport]; *décerner un* ~ een prijs toekennen; *le* ~ *Nobel* de Nobelprijs

le **prix-choc** (m; mv: prix-chocs) stuntprijs, afbraakprijs

le/la **pro** (m/v) [inf] **1** verk van *professionnel* prof **2** verk van *professionnel* vakman, -vrouw

proact|if, -ive proactief

la **probabilité** (v) waarschijnlijkheid; gissing: *calcul des* ~s kansberekeningen

probable waarschijnlijk, vermoedelijk, aannemelijk

probant, -e deugdelijk, afdoend, overtuigend

la **probation** (v) proeftijd

probatoire proef-

probiotique probiotisch

la **probité** (v) eerlijkheid, onkreukbaarheid, rechtschapenheid

la **¹problématique** (v) problematiek

²problématique (bn) problematisch, twijfelachtig, onzeker

le **problème** (m) probleem; vraagstuk, moeilijkheid; opgave, som: *aucun* ~! geen bezwaar; *poser un* ~, *faire* ~ problemen geven; [wisk] *faire un* ~ een som maken; ~ *de société* maatschappelijk probleem

le **procédé** (m) procedé, methode, werkwijze **procéder 1** te werk gaan, handelen **2** (+ de) voortkomen uit, ontstaan uit, voortvloeien uit **3** (+ à) overgaan tot

la **procédure** (v) procedure, werkwijze: *code de* ~ *pénale* wetboek van strafvordering; ~ *de divorce* echtscheidingsprocedure

le **procès** (m) proces, rechtsgeding: *faire le* ~ *de qqn.* scherpe kritiek op iem. leveren; *sans autre forme de* ~ zomaar

le **processeur** (m) processor

la **procession** (v) processie; stoet; optocht

le **processus** (m) proces, verloop: ~ *de paix* vredesproces; ~ *de fabrication* fabricageprocedé

le **procès-verbal** (m) **1** proces-verbaal; bekeuring: *dresser* ~ proces-verbaal opmaken,

bekeuren **2** notulen, verslag

le **¹prochain** (m) naaste, medemens

²prochain, -e (bn) naast(bijzijnd), naburig, nabij; volgend, aanstaand, op handen zijnd: *à la* ~*e!* tot de volgende keer!; *lundi* ~ aanstaande (*of:* komende) maandag; *la semaine* ~*e* volgende week; *le* ~ *train* de (eerst)volgende trein

prochainement eerstdaags, binnenkort, [Belg] kortelings

¹proche de (bn) **1** dichtbij, nabij, nabijzijnd, nabijgelegen, naburig: ~ *banlieue* randgemeenten; *dans un* ~ *avenir* in de naaste toekomst **2** dichtbij, verwant aan: ~ *(parent)* naaste bloedverwant; *ami* ~ zeer goede vriend, boezemvriend

²proche (bw): *de* ~ *en* ~ steeds verder, stukje bij beetje, hoe langer hoe meer

le **Proche-Orient** (m) Midden-Oosten, Nabije Oosten

la **proclamation** (v) proclamatie, afkondiging, bekendmaking

proclamer 1 proclameren, uitroepen tot; afkondigen, bekendmaken: ~ *qqn. roi* iem. tot koning uitroepen **2** getuigen van, blijk geven van

procréa|teur, -trice voortbrengend, barend, verwekkend

la **procréation** (v) verwekking, voortbrenging; voortplanting: [med] ~ *médicalement assistée* fertilisatietechnieken

procréer verwekken, voortbrengen, baren

la **procuration** (v) procuratie, volmacht: *fondé de* ~ procuratiehouder

¹procurer (ov ww) **1** verschaffen **2** bezorgen

se **²procurer** (wdk ww) zich verschaffen, aanschaffen, verkrijgen, verwerven

le **procureur** (m) procureur, gevolmachtigde, zaakgelastigde: ~ *de la République* officier van justitie; [Belg] ~ *du Roi* procureur des Konings

la **prodigalité** (v) verkwisting

le **prodige** (m) wonder: *enfant* ~ wonderkind; *tenir du* ~ aan het wonderbaarlijke grenzen

prodigi|eux, -euse wonderbaarlijk, buitengewoon; kolossaal, ontzaglijk

prodigue 1 verkwistend: [Bijb] *l'Enfant* ~ de Verloren Zoon **2** (+ de) kwistig (met)

¹prodiguer (ov ww) verkwisten, kwistig (gul) zijn met, niet sparen: ~ *des soins à qqn.* iem. goed verzorgen

se **²prodiguer** (wdk ww) zich niet ontzien, zich geheel geven

le/la **¹produc|teur** (m), **-trice** (v) producent(e), producer

²produc|teur, -trice (bn) voortbrengend, producerend, productie-

product|if, -ive winstgevend; productief, vruchtbaar

la **production** (v) **1** productie; voortbrengsel,

opbrengst **2** productie, film **3** overlegging [van stukken]

la **productique** (v) informatisering van de productie

la **productivité** (v) productiviteit, winstgevendheid, productievermogen

¹produire (ov ww) **1** ten gevolge hebben, veroorzaken **2** schrijven, creëren **3** opbrengen, opleveren, produceren: *faire* ~ *son argent* zijn geld beleggen, op rente zetten **4** overleggen, tonen; opvoeren: ~ *une pièce d'identité* een identiteitsbewijs tonen

se **²produire** (wdk ww) **1** [theat] optreden **2** gebeuren, plaatshebben, voorkomen, zich voordoen

le **produit** (m) **1** product, voortbrengsel, resultaat, opbrengst: ~ *fini* eindproduct; ~ *semi-fini* halffabricaat; ~*s d'entretien* schoonmaakmiddelen; ~*s de beauté* cosmetica; ~*s alimentaires* voedingsmiddelen, levensmiddelen; ~ *national brut* bruto nationaal product **2** uitkomst

la **proéminence** (v) (het) vooruitsteken, uitspringen; wat uitspringt, uitsteeksel

proéminent, -e (voor)uitstekend, uitspringend

le/la **prof** (m/v) [inf] **1** leraar, lerares **2** prof: ~ *de fac* prof

la **profanation** (v) ontwijding, heiligschennis: ~ *de sépulture* grafschennis

le/la **¹profane** (m/v) oningewijde, profaan; leek [niet-deskundige]

²profane (bn) **1** profaan; werelds, wereldlijk **2** ondeskundig

profaner ontwijden, ontheiligen; misbruiken, schenden

proférer uitbrengen, uiten, uitspreken

professer belijden, betuigen, verkondigen [mening]

le **professeur** (m) professor, hoogleraar; leraar, lerares: ~ *des écoles* groepsleerkracht; ~ *de faculté, ~ d'université* hoogleraar

la **profession** (v) **1** beroep **2** belijdenis, openbare verklaring: ~ *de foi* geloofsbelijdenis

professionnaliser professionaliseren

le/la **¹professionnel** (m), **-le** (v) vakman, vakvrouw; professional, beroepsspeler: *les* ~*s du cyclisme* de mensen uit de wielerwereld

²professionnel, -le (bn) beroeps-, professioneel: *bac* ~ ± mbo-diploma; *lycée* ~ ± mbo-school; *activités* ~*les* beroep(sbezigheden); *footballeur* ~ beroepsvoetballer

professionnellement beroepshalve; als vakman

le **professorat** (m) professoraat, leraarschap

le **profil** (m) profiel; zijaanzicht, silhouet; verticale doorsnede: *voir qqn. de* ~ iem. van opzij zien; *le* ~ *d'un pneu* het profiel van een (lucht)band; ~ *du candidat* vereiste eigenschappen van gegadigde; *avoir le* ~ *recherché*

aan de functie-eisen voldoen

¹profiler (ov ww) in profiel voorstellen, tekenen; in doorsnee tekenen; profileren

se **²profiler** (wdk ww) zich aftekenen; [fig] zich profileren

le **profit** (m) winst, voordeel, profijt: *au* ~ *de* ten bate van; *mettre à* ~ ten nutte maken, gebruikmaken van; *tirer* ~ *de qqch.* voordeel halen uit iets; *(compte de) pertes et* ~*s* winst en verlies(rekening)

profitable voordelig, winstgevend; nuttig

profiter 1 voordeel behalen, vorderen: ~ *de* profijt trekken, gebruikmaken, profiteren (van) **2** van nut zijn, winstgevend zijn

la **profiterole** (v) met saus overgoten soesje

le/la **profit|eur** (m), **-euse** (v) profiteur, uitbuit(st)er

profond, -e 1 diep (gelegen): *regard* ~ doordringende blik; *voix* ~*e* zware stem **2** diepgaand, diepgevoeld; diepzinnig: *peu* ~ ondiep; *au plus* ~ *de* in het diepste van; *ignorance* ~*e* grove onwetendheid; *pensées* ~*es* diepzinnige gedachten; *débile* ~ ernstig zwakzinnige; *j'ai le sommeil* ~ ik slaap altijd vast

profondément diep, grondig, sterk: *il était* ~ *endormi* hij sliep vast

la **profondeur** (v) **1** diepte, binnenste **2** diepgang, diepzinnigheid: *en* ~ grondig

la **profusion** (v) overvloed, overdaad: *à* ~ overvloedig, rijkelijk

la **progéniture** (v) nakomelingschap; [inf] kroost

le **progiciel** (m) [comp] package, programmatuurpakket

programmable programmeerbaar

le/la **programma|teur** (m), **-trice** (v) programmamaker, -maakster; programmaregelaar

la **programmation** (v) (het) maken van een programma; [comp] programmering

le **programme** (m) programma, plan: ~ *de télévision* televisieprogramma; ~ *scolaire* leerplan; ~ *électoral* verkiezingsprogramma, [Belg] kiesplatform; *vaste* ~! ga er maar aan staan!

programmer een programma opstellen; programmeren, plannen

le/la **programm|eur** (m), **-euse** (v) programmeur

le **progrès** (m) **1** vordering, (het) vorderen, verergering **2** uitbreiding, ontwikkeling, voortschrijding **3** vooruitgang: *faire des* ~ vorderingen maken; *parti du* ~ progressieve partij; *être en* ~ vooruitgaan; *il y a du* ~ het gaat beter

progresser vooruitkomen, oprukken; zich uitbreiden, zich verspreiden; zich ontwikkelen; verergeren; vooruitgaan, vorderen

progress|if, -ive 1 geleidelijk **2** progressief **3** zich ontwikkelend; verergerend, toenemend la **progression** (v) **1** opeenvolging, opklimming, reeks: ~ *géométrique* meetkundige reeks **2** geleidelijke toename; voorwaartse beweging, verbetering; vooruitgang, ontwikkeling, stijging; verbreiding; verergering, toename

progressiste progressief, vooruitstrevend, links

progressivement geleidelijk (aan)

la **progressivité** (v) progressiviteit, progressief karakter

prohibé, -e verboden

prohiber verbieden

prohibit|if, -ive verbiedend, verbod-; onbetaalbaar: *prix* ~s onredelijk hoge prijzen

la **prohibition** (v) (invoer)verbod; [fig] drooglegging

la **proie** (v) prooi; buit: *en* ~ *à* ten prooi aan; *oiseau de* ~ roofvogel

le **projecteur** (m) **1** zoeklicht, schijnwerper; spot **2** projector

le **projectile** (m) projectiel

la **projection** (v) **1** (het) gooien, op-, uitwerpen: ~ *de gravillons* opspattend steenslag **2** projectie, vertoning; ~s *économiques* voorspellingen op economisch gebied

le/la **projectionniste** (m/v) filmoperateur

le **projet** (m) project, plan, voornemen; ontwerp, schets: *en* ~ op papier, in ontwerp; ~ *de voyage* voorgenomen reis, reisplan; ~ *de loi* wetsontwerp; *vous avez des* ~*s?* bent u wat van plan?

projeter 1 wegslingeren, (vooruit)werpen; uitsteken **2** afdraaien, vertonen; projecteren [ook psychologie] **3** plannen, een plan maken voor, beramen, ontwerpen; van plan zijn

le **projeteur** (m) ontwerper

le **prolétaire** (m) proletariër

le **prolétariat** (m) proletariaat

prolétarien, -ne proletarisch

la **prolifération** (v) **1** snelle toename, vermenigvuldiging **2** woekering, snelle groei; wildgroei

proliférer zich vermenigvuldigen, woekeren, welig tieren

prolifique vruchtbaar [ook fig]

prolixe langdradig, omslachtig

la **prolixité** (v) langdradigheid, omslachtigheid

le **prolo** (m) [inf] proletariër

le **prologue** (m) proloog, voorwoord, voorspel, inleiding

la **prolongation** (v) verlenging, prolongatie: [sport] *jouer les* ~s in de verlenging spelen

le **prolongement** (m) verlenging; verlengstuk; [fig] vervolg: *dans le* ~ *de* cette décision in het verlengde van deze beslissing

¹**prolonger** (ov ww) **1** verlengen, doortrekken **2** rekken, langer laten duren; prolongeren **3** een verlengstuk vormen van

se ²**prolonger** (wdk ww) **1** voortduren **2** overgaan in, zich voortzetten

la **promenade** (v) **1** wandeling, uitstapje, tochtje, ritje: ~ *en voiture* autotochtje **2** promenade, boulevard

¹**promener** (onov ww): *envoyer qqn.* ~ iem. wegsturen, afschepen; *envoyer* ~ *qqch.* opgeven, afzien van

²**promener** (ov ww) **1** rondleiden, uitgaan met; [zijn hond] uitlaten **2** meeslepen: ~ *un air triste* er verdrietig uitzien **3** (+ sur) [zijn blikken, vingers] laten gaan (glijden) (over)

se ³**promener** (wdk ww) **1** wandelen; een tochtje (ritje, toer, uitstapje) maken **2** (+ sur) glijden, zich bewegen (over)

le/la **promen|eur** (m), **-euse** (v) wandelaar(ster)

la **promesse** (v) belofte, toezegging: ~ *de vente* ± voorlopige verkoopakte; ~ *en l'air* loze belofte; *tenir sa* ~ zijn belofte nakomen

promett|eur, -euse veelbelovend

¹**promettre** (ov ww) **1** beloven, toezeggen: [inf] *c'est promis juré* dat is beloofd **2** verzekeren **3** voorspellen **4** veelbelovend zijn: [inf] *ça promet!* dat belooft wat!

se ²**promettre** (wdk ww) **1** zich voornemen **2** verwachten, rekenen op **3** elkaar beloven

promis, -e beloofd: *chose* ~*e, chose due* belofte maakt schuld; ~ *à* voorbestemd tot

la **promiscuité** (v) het dicht op elkaar leven; ongewilde confrontatie met mensen

la **promo** (v) [inf] verk van *promotion*

le **promontoire** (m) voorgebergte, kaap

le/la ¹**promo|teur** (m), **-trice** (v) initiatiefnemer, -neemster; stuwende kracht

le ²**promoteur** (m) promotor: ~ *immobilier* projectontwikkelaar, [Belg] bouwpromotor

la **promotion** (v) **1** bevordering, (het) bevorderen: ~ *des ventes* [hand] verkoopstimulering; *en* ~ in de aanbieding; ~ *immobilière* projectontwikkeling, [Belg] bouwpromotie **2** militairen, studenten van hetzelfde jaar: *un camarade de* ~ een jaargenoot

promotionnel, -le promotie-: *vente* ~*le* (verkoop)actie

promouvoir bevorderen; stimuleren

prompt, -e snel, vlug, spoedig; voortvarend: ~ *à se décider* besluitvaardig

le **prompteur** (m) teleprompter

la **promptitude** (v) vlugheid, snelheid; gevatheid; voortvarendheid

la **promulgation** (v) afkondiging, uitvaardiging; openbaarmaking

promulguer afkondigen; uitvaardigen

prôner prijzen, aanbevelen

le **pronom** (m) [taalk] voornaamwoord

pronominal, -e [taalk] voornaamwoordelijk: [taalk] *verbe* ~ wederkerend werkwoord

¹**prononcer** (ov ww) **1** uitspreken; uiten, verklaren; uitspraak doen: ~ *un discours* een redevoering houden

se ²**prononcer** (wdk ww) zich uitspreken; uit-

gesproken worden; duidelijker worden
la **prononciation** (v) uitspraak
le **pronostic** (m) vooruitzicht; voorspelling; prognose
pronostiquer voorspellen, een prognose geven
la **propagande** (v) propaganda; reclame
le/la **¹propagandiste** (m/v) propagandist(e)
²propagandiste (bn) propagandistisch
la **propagation** (v) verbreiding, verspreiding; voortplanting
¹propager (ov ww) **1** verbreiden, verspreiden; propageren **2** voortplanten
se **²propager** (wdk ww) zich verbreiden, zich voortplanten
le **propane** (m) propaan(gas)
la **propédeutique** (v) voorbereidend hoger onderwijs
la **propension à** (v) neiging, geneigdheid (tot)
le **prophète** (m) profeet: *nul n'est ~ en son pays* niemand is profeet in eigen land
la **prophétesse** (v) profetes
la **prophétie** (v) profetie, voorspelling
prophétique profetisch
prophétiser profeteren, voorspellen
propice 1 genadig, gunstig gezind **2** geschikt, juist
la **proportion** (v) proportie, verhouding; percentage; evenredigheid; harmonie: *en ~* naar verhouding; *toutes ~s gardées* naar verhouding, vergelijkenderwijs; *hors de ~* buitensporig
la **proportionnalité** (v) evenredigheid
proportionné, -e evenredig: *bien ~* goed geproportioneerd
proportionnel, -le à evenredig (aan): *représentation ~le* evenredige vertegenwoordiging
la **proportionnelle** (v): *élection à la ~* verkiezing volgens het systeem van evenredige vertegenwoordiging
proportionner à evenredig maken (aan), afwegen, afmeten (naar); afstemmen op, in overeenstemming brengen met
les **proportions** (mv, v) afmetingen
le **¹propos** (m) voornemen: *ce n'était pas mon ~* dat was niet mijn bedoeling; *de ~ délibéré* met opzet ‖ *à ~* **a)** van pas, op het goede moment, als geroepen; **b)** raadzaam; **c)** tussen twee haakjes; *avoir de l'à~-~* ad rem zijn; *à ce ~* in verband hiermee; *à tout ~* om de haverklap; *à ~ de* naar aanleiding van; *hors de ~*, *mal à ~* te onpas, ongelegen
les **²propos** (mv, m) woorden, gepraat: *des ~ en l'air* gebabbel, geklets
¹proposer (ov ww) voorstellen; aanbieden: *~ un sujet* een onderwerp opgeven, voordragen [voor een ambt]
se **²proposer** (wdk ww) **1** zich aanbieden **2** (+ de) zich voornemen, van plan zijn om

la **proposition** (v) **1** voorstel, aanbod **2** stelling **3** [taalk] zin: *~ principale* hoofdzin; *~ subordonnée* bijzin; *sur ~ de* op voordracht van; *~ de loi* wetsvoorstel
le **¹propre** (m) **1** (het) eigene, kenmerkende, specifieke: *au ~* in eigenlijke zin **2** netheid: *ça sent le ~* het ruikt hier schoon; *mettre au ~* in het net schrijven; *c'est du ~!* dat is me ook wat moois!
²propre (bn) **1** (+ à) eigen (aan), kenmerkend (voor); persoonlijk: *nom ~* eigennaam; *leur ~ vie* hun eigen leven; *sens ~* eigenlijke betekenis **2** (+ à) geschikt (om te, voor): *le mot ~* het juiste woord **3** zindelijk, schoon, helder **4** net, keurig, onberispelijk **5** integer; [m.b.t. geld] eerlijk verdiend: *affaire pas très ~* een zaak waar een luchtje aanzit
proprement 1 eigenlijk: *à ~ parler* eigenlijk gezegd, strikt genomen; *~ dit* eigenlijk **2** netjes; keurig; behoorlijk
propret, -te keurig, netjes
la **propreté** (v) **1** zindelijkheid, helderheid **2** onberispelijkheid
le/la **propriétaire** (m/v) **1** (huis)eigenaar, -nares **2** verhuurder, huisbaas
la **propriété** (v) **1** eigendom(srecht): *accession à la ~* **a)** het krijgen van een eigen huis; **b)** eigenwoningbezit **2** landgoed: *une ~ à la campagne* een buiten(plaats) **3** eigenschap
le **proprio** (m) [inf] huisbaas
propulser voortstuwen
le **propulseur** (m) propeller, voortstuwingsmechanisme, buitenboordmotor
la **propulsion** (v) aandrijving, voortstuwing: *force de ~* aandrijving, stuwkracht
le **prorata au** (m; mv: *onv*) naar rato: *au ~ de* naar rato van
proroger verlengen; uitstellen, opschorten, verdagen
prosaïque prozaïsch; alledaags; zakelijk
le **prosateur** (m) prozaschrijver
la **proscription** (v) **1** vogelvrijverklaring; verbanning **2** verwerping, veroordeling; verbod
proscrire 1 vogelvrij verklaren; verbannen **2** verbieden **3** veroordelen, weren
le/la **proscrit** (m), **-e** (v) vogelvrijverklaarde, banneling(e)
la **prose** (v) proza
le/la **prosélyte** (m/v) bekeerling(e); nieuw lid, nieuwe aanhanger
le **prosélytisme** (m) (het) zieltjes winnen, bekeringsijver
prospecter [op delfstoffen] onderzoeken; verkennen [van de markt]
le/la **prospec|teur** (m), **-trice** (v) prospector, -trice, onderzoek(st)er
prospect|if, -ive toekomstgericht
la **prospection** (v) bodemonderzoek; marktverkenning
le **prospectus** (m) prospectus, folder
prospère welvarend, voorspoedig, bloei-

provocation

end
prospérer gedijen, bloeien; voorspoed genieten
la **prospérité** (v) welvaart, bloei, voorspoed
la **prostate** (v) prostaat
la **prosternation** (v) (het) neerknielen; voetval
se **prosterner** zich ter aarde werpen, neerknielen; zich vernederen, kruipen [voor iem.]
le/la **prostitué** (m), **-e** (v) prostitué, prostituee
¹**prostituer** (ov ww) **1** prostitueren **2** te grabbel gooien; schande maken
se ²**prostituer** (wdk ww) **1** zich aan de prostitutie overgeven **2** zich verlagen, zich vergooien
la **prostitution** (v) prostitutie
la **prostration** (v) neerslachtigheid; inzinking
prostré, -e down; terneergeslagen
le **protagoniste** (m) **1** protagonist(e); hoofdrolspeler **2** [fig] hoofdpersoon; kopstuk
le/la ¹**protec|teur** (m), **-trice** (v) bescherm(st)er, beschermheer, -vrouw
²**protec|teur, -trice** (bn) **1** beschermend: *Société protectrice des animaux* dierenbescherming **2** neerbuigend
la **protection** (v) **1** bescherming; [mil] dekking: ~ *de l'enfance* kinderbescherming, [Belg] jeugdbescherming; *prendre sous sa* ~ in bescherming, onder zijn hoede nemen; ~ *civile* burgerbescherming **2** protectie **3** neerbuigendheid: *ton de* ~ neerbuigende toon
le **protectionnisme** (m) protectionisme
le/la ¹**protectionniste** (m/v) protectionist(e)
²**protectionniste** (bn) protectionistisch
le **protectorat** (m) protectoraat
le/la ¹**protégé** (m), **-e** (v) protegé, beschermeling(e)
²**protégé, -e** (bn) beschermd: *passage* ~ beschermde oversteekplaats, zebrapad
le **protège-cahier** (m) omslag [van een schrift]
le **protège-dents** (m) gebitsbeschermer
le **protège-jambe** (m) beenbeschermer
protéger 1 beschermen, verdedigen, beschutten, beveiligen; [mil] dekken **2** steunen, begunstigen
le **protège-slip** (m) inlegkruisje
la **protéine** (v) eiwit
protestant, -e protestant
le **protestantisme** (m) **1** protestantisme **2** de protestanten
protestataire protesterend
la **protestation** (v) **1** protest **2** verklaring, betuiging
protester 1 (+ contre) protesteren, opkomen (tegen) **2** (+ de) betuigen, verklaren
la **prothèse** (v) prothese: ~ *dentaire* kunstgebit; ~ *de la hanche* kunstheup, heupprothese
le/la **prothésiste** (m/v) tandtechnicus; fabrikant(e) van prothesen
protocolaire protocollair

le **protocole** (m) **1** protocol **2** verslag **3** ceremonieel, etiquette
le **proton** (m) proton
le **prototype** (m) prototype
la **protubérance** (v) uitsteeksel, knobbel
protubérant, -e uitspringend; uitstekend
la **proue** (v) voorsteven, boeg: *figure de* ~ **a)** boegbeeld; **b)** [fig] belangrijk iem.
la **prouesse** (v) [form] heldendaad, krachttoer; stunt
le **prout** (m) [pop] scheet
¹**prouver** (ov ww) **1** bewijzen **2** tonen, laten zien, blijk geven van; wijzen op
se ²**prouver** (wdk ww) bewezen (kunnen) worden
la **provenance** (v) herkomst: *en* ~ *de* afkomstig uit
provençal, -e Provençaals
provenir de afkomstig zijn uit, van; voortkomen uit: *d'où provient …?* waar komt … vandaan?
le **proverbe** (m) spreekwoord; spreuk: *passer en* ~ spreekwoordelijk worden
proverbial, -e spreekwoordelijk
la **providence** (v) **1** voorzienigheid: *État* ~ verzorgingsstaat **2** toevlucht
providentiel, -le beschikt door de Voorzienigheid; heel verrassend, als een geschenk uit de hemel: *son arrivée fut* ~*le* hij, zij kwam als geroepen
la **province** (v) **1** provincie: *les Provinces-Unies* de Zeven Provinciën **2** gewest **3** land buiten de hoofdstad: *vivre en* ~ in de provincie, niet in Parijs wonen
le/la ¹**provincial** (m), **-e** (v) iem. uit de provincie
²**provincial, -e** (bn) provinciaal, gewestelijk; kleinsteeds
le **proviseur** (m) directeur, rector [van school]; [Belg] studieprefect
la **provision** (v) **1** provisie, voorraad: ~*s de bouche* mondvoorraad, proviand; *faire* ~ *de qqch.* iets inslaan; *placard à* ~*s* voorraadkast; *faire des* ~*s* boodschappen doen **2** [hand] dekking: *chèque sans* ~ ongedekte cheque || *par* ~ voorlopig
provisionnel, -le voorlopig: *tiers* ~ aanbetaling [belastingen]
provisionner aanzuiveren
provisoire provisorisch, voorlopig; tijdelijk: *à titre* ~ voorlopig, tijdelijk
la **provoc** (v) [inf] verk van *provocation* provocatie; uitdaging
provocant, -e provocerend, uitdagend; prikkelend, pikant
le/la ¹**provoca|teur** (m), **-trice** (v) uitdager, -daagster, ophits(st)er, oprui(st)er: *agent* ~ provocateur
²**provoca|teur, -trice** (bn) uitdagend, uitlokkend
la **provocation** (v) provocatie, uitdaging; [jur] uitlokking

provoquer 1 provoceren, uitdagen **2** ophitsen **3** uitlokken; teweegbrengen, veroorzaken

le **proxénète** (m) souteneur

le **proxénétisme** (m) souteneurschap

la **proximité** (v) nabijheid: *à ~ de* in de buurt van; *commerce de ~* buurtwinkel; *police de ~* wijkpolitie

le **proxy** (m) proxy: *serveur ~* proxyserver

la **¹prude** (v) preutse vrouw

²prude (bn) preuts

prudemment voorzichtig

la **prudence** (v) voorzichtigheid, bedachtzaamheid: *par ~* uit voorzorg; *conseiller la ~ à qqn.* iem. tot voorzichtigheid manen

prudent, -e 1 voorzichtig, bedachtzaam **2** wijs, verstandig

la **pruderie** (v) preutsheid

le **prud'homme** (m) lid van de raad voor arbeidsgeschillen: *conseil de ~s* raad voor arbeidsgeschillen

la **¹prune** (v) **1** pruim **2** pruimenbrandewijn ‖ [inf] *pour des ~s* voor niets

²prune (bn) paars

le **pruneau** (m) **1** gedroogde pruim **2** [pop] blauwe boon [kogel]

la **prunelle** (v) **1** wilde pruim **2** pruimenbrandewijn **3** pupil: *il y tient comme à la ~ de ses yeux* hij is er erg op gesteld

le **prunier** (m) pruimenboom

le **prurit** (m) [med] jeuk

la **Prusse** (v) Pruisen

prussien, -ne Pruisisch

le **PS** (m) afk van *Parti socialiste* Socialistische Partij

psalmodier psalmodiëren; [fig] opdreunen

le **psaume** (m) psalm

le **psautier** (m) psalmboek

le **¹pschitt** (m) [inf] verstuiver

²pschitt (tw) psj! [geluid van (weg)spuitende vloeistof]

le **pseudo** (m) [inf] verk van *pseudonyme*

le **pseudonyme** (m) pseudoniem, schuilnaam

le **psy** (m) [inf] psychiater, psychoanalyticus, psycholoog

la **psychanalyse** (v) psychoanalyse

la **psyché** (v) **1** psyche **2** draaispiegel

le/la **psychiatre** (m/v) psychiater

la **psychiatrie** (v) psychiatrie

psychique psychisch

le **psychisme** (m) (werking van de) psyche; zielenleven

la **psycho** (v) [inf] verk van *psychologie* psychologie [als studievak]

la **psychologie** (v) psychologie: *~ du comportement* gedragspsychologie

psychologique psychologisch

le/la **psychologue** (m/v) psycholoog, -loge

psychomo|teur, -trice psychomotorisch

le/la **psychopathe** (m/v) psychopaat, -pate

la **psychose** (v) psychose

psychosomatique psychosomatisch

le/la **psychothérapeute** (m/v) psychotherapeut(e)

la **psychothérapie** (v) psychotherapie

psychotique psychotisch

pu volt dw van *¹pouvoir*

puant, -e stinkend: *~ d'orgueil* stinkend verwaand

la **puanteur** (v) stank

la **pub** (v) [inf] verk van *publicité* reclame(spot): *coup de ~* reclamestunt

pubère geslachtsrijp

la **puberté** (v) puberteit

pubien, -ne schaam-

le **pubis** (m) schaamstreek: *(os) ~* schaambeen

le **¹public** (m) (het) publiek, mensen, lezers: *en ~* in het openbaar; *parler en ~* spreken in het openbaar; *le grand ~* het grote publiek, de grote massa

²public, publique (bn) publiek, openbaar, algemeen: *affaires publiques* staatszaken; *dette publique* staatsschuld; *ennemi ~* staatsvijand; *homme ~* bekend persoon; *pouvoirs ~s* overheid; *vente publique* veiling; *jardin ~* park; *place publique* plein, marktplein; *rendre ~* bekendmaken; *santé publique* volksgezondheid; *service ~* collectieve voorziening; *services ~s* overheidsinstellingen

la **publication** (v) **1** publicatie; uitgave, geschrift; (het) uitgeven; verschijning **2** afkondiging, bekendmaking

le/la **¹publicitaire** (m/v) reclameman, -vrouw

²publicitaire (bn) reclame-

la **publicité** (v) **1** reclame, advertentie(s), reclameboodschap: *~ mensongère* misleidende reclame; *faire de la ~ pour* reclame maken voor, promoten **2** bekendheid, openbaarheid, ruchtbaarheid; publiciteit

publier 1 publiceren, uitgeven **2** afkondigen, bekendmaken, openbaar maken

le **publiphone** (m) kaarttelefooncel, [Belg] publifoon

le **publipostage** (m) mailing

publiquement in het openbaar, openlijk, publiekelijk

le **publireportage** (m) advertorial; infomercial

la **puce** (v) **1** vlo: *sac à ~s* nest [bed]; *les ~s, le marché aux ~s* de rommelmarkt; *ça va, ma ~?* hoe is het, honnepon?; [fig] *mettre à qqn. la ~ à l'oreille* bij iem. argwaan opwekken **2** [comp] chip: *carte à ~* chipkaart

le **pucelage** (m) [inf] maagdelijkheid

la **pucelle** (v) maagd: *la Pucelle d'Orléans* Jeanne d'Arc

pucer [van huisdier enz.] voorzien van een chip, chippen

le **puceron** (m) bladluis

le **pudding** (m) (plum)pudding

la **pudeur** (v) **1** schaamte(gevoel): *sans ~* schaamteloos; *attentat à la ~* aanranding (van de eerbaarheid) **2** schroom; kiesheid; discretie

pudibond, -e preuts

la **pudibonderie** (v) preutsheid

pudique zedig, ingetogen; discreet

¹puer (onov ww) stinken

²puer (ov ww) stinken naar

la **puéricultrice** (v) kinderverzorgster

la **puériculture** (v) kinderverzorging

puéril, -e kinder-, kinderlijk; kinderachtig

la **puérilité** (v) kinderachtigheid; kinderlijkheid

le **pugilat** (m) knokpartij

pugnace [form] strijdlustig; vechtlustig

puis vervolgens, daarna, toen: *et ~ maar ook, en bovendien, trouwens; et ~?* en wat dan nog?; *et ~ après?* nou en?; *et ~ c'est tout* maar dat is dan ook alles

le **puisard** (m) zinkput

puiser 1 (+ dans) putten, halen (uit) **2** (+ à) ontlenen (aan)

puisque aangezien, daar … immers: *~ tu es là* nu je er toch bent; *~ je vous le dis* ik zeg het u toch!

puissamment krachtig, sterk, krachtdadig

la **puissance** (v) **1** macht; kracht, invloed: *en ~* **a)** potentieel; **b)** mogelijk **2** [jur] gezag **3** [pol] mogendheid: *les grandes ~s* de grote mogendheden **4** [nat] vermogen: *~ du son* geluidssterkte; *à pleine ~* op volle sterkte

le **¹puissant** (m) machtig man, machthebber

²puissant, -e (bn) **1** machtig **2** sterk; krachtig (werkend)

le **puits** (m) **1** put **2** mijnschacht: *~ de construction* bouwput **3** [fig] bron, put: *~ de science* wonder van geleerdheid

le **pull** (m) trui

le **pull-over** (m) trui

le **pullulement** (m) **1** snelle vermenigvuldiging, voortwoekering **2** gekrioel, gewemel

pulluler 1 voortwoekeren, welig tieren **2** wemelen, krioelen

pulmonaire long-

la **pulpe** (v) **1** vruchtvlees **2** pulp **3** merg: *~ dentaire* tandpulpa

pulp|eux, -euse vlezig; [fig] weelderig

la **pulsation** (v) (het) kloppen; klopping

pulsé, -e: *air ~* hete lucht

la **pulsion** (v) [psych] neiging, drang; (aan)drift

le **pulvérisateur** (m) verstuiver, spuitbus

la **pulvérisation** (v) verpulvering; verstuiving

pulvériser 1 fijnwrijven, fijnstampen, verpulveren **2** sprayen, sproeien; verstuiven **3** vernietigen, verpletteren, vermorzelen, vergruizen; [fig] vernietigen: *~ un record* een record verbrijzelen

le **puma** (m) poema

la **¹punaise** (v) **1** wandluis **2** [fig] kruiper: *plat*

comme une ~ kruiperig **3** punaise, [Belg] duimspijker

²punaise (tw): [inf] *~!* verrek! drommels!

punaiser met punaises vastprikken

le **punch** (m) **1** punch **2** stootkracht: *avoir du ~* pit hebben

punir (be)straffen

punissable strafbaar

punit|if, -ive straffend, straf-

la **punition** (v) straf; afstraffing

le **¹punk** (m) punk

le/la **²punk** (m/v) punker

le/la **¹pupille** (m/v) pupil, minderjarige wees: *~ de la Nation* oorlogswees

la **²pupille** (v) pupil [van het oog]

le **pupitre** (m) **1** lessenaar; muziekstandaard **2** bedieningspaneel

pur, pure zuiver, rein, puur, vlekkeloos, echt, onvervalst, onvermengd: *~ et simple* zonder meer, onvoorwaardelijk; *~ et dur* [fig] onversneden, onvervalst; *saucisson ~ porc* worst van honderd procent varkensvlees

la **purée** (v) **1** puree, moes: *~ de pois* dikke mist **2** armoede, ellende: [inf] *~!* wat een ellende!

purement zuiver, louter, enkel: *~ et simplement* enkel en alleen

la **pureté** (v) zuiverheid, reinheid, onbedorvenheid

le **¹purgatif** (m) laxeermiddel

²purgat|if, -ive (bn) laxerend

le **purgatoire** (m) vagevuur

la **purge** (v) **1** laxeermiddel **2** reiniging, doorspoeling **3** [pol] zuivering

¹purger (ov ww) **1** [techn] reinigen, doorspoelen, doorblazen, ontluchten; aftappen **2** (+ de) ontdoen van, bevrijden van **3** uitzitten: *~ une peine* een straf uitzitten

se **²purger** (wdk ww) een laxeermiddel innemen

le **¹purificateur** (m) zuiveringstoestel: *~ d'air* luchtververser

²purifica|teur, -trice (bn) reinigend, zuiverend

la **purification** (v) zuivering, reiniging: *la Purification* Maria-Lichtmis [2 februari]

purifier zuiveren, reinigen; [fig] louteren

le **purin** (m) gier [mest]

le/la **¹puritain** (m), **-e** (v) puritein(se)

²puritain, -e (bn) puriteins

le **pur-sang** (m) volbloed

purulent, -e etterend, etterig, etter-

le **pus** (m) pus, etter

la **pustule** (v) puist

la **¹putain** (v) [inf] hoer || *quel ~ de métier* wat een rotvak

²putain (tw): [inf] *~!* verrek! shit!

putat|if, -ive vermeend, verondersteld; [jur] putatief

la **pute** (v) [pop] hoer, snol: [inf; scheldwoord]

fils de ~ klootzak
le **putois** (m) bunzing: *crier comme un* ~ een keel opzetten
la **putréfaction** (v) (ver)rotting: *en état de* ~ *avancée* in verregaande staat van ontbinding
putréfié, -e verrot, in staat van ontbinding
[1]**putréfier** (ov ww) doen verrotten, bederven
se [2]**putréfier** (wdk ww) (ver)rotten, bederven, in staat van ontbinding zijn
putrescible [form] bederfelijk
putride 1 rottend, rottings-, bedorven, stinkend **2** een slechte invloed hebbend
le **putsch** (m) putsch, staatsgreep
le **putschiste** (m) deelnemer aan, voorstander van staatsgreep
le **puzzle** (m) (leg)puzzel
le **p.-v.** (m) [inf] afk van *procès-verbal* proces-verbaal, bekeuring
le **pygmée** (m) **1** pygmee **2** [neg] dwerg
le **pyjama** (m) pyjama
le **pylône** (m) pijler, brugpijler; [elek] mast
pyramidal, -e piramidaal; piramidevormig
la **pyramide** (v) piramide
les **Pyrénées** (mv, v) Pyreneeën
le **pyrex** (m) pyrex [vuurvast glas]
la **pyrogravure** (v) **1** brandschilderkunst **2** brandschilderwerk
le **pyromane** (m) pyromaan
la **pyrotechnie** (v) pyrotechniek, vuurwerktechniek
la **pythie** (v) waarzegster, orakel
le **python** (m) python

q

le **q** (m) [de letter] q
le **Qatar** (m) Qatar
   qatari, -e Qatarees
le/la **Qatari** (m), **-e** (v) Qatarees, Qatarese
le **QCM** (m) afk van *questionnaire à choix multiple* meerkeuzevragenlijst
le **QG** (m) afk van *quartier général* hoofdkwartier
le **QI** (m) afk van *quotient intellectuel* IQ (afk van *intelligentiequotiënt*)
le **quad** (m) quad
le/la **¹quadragénaire** (m/v) veertiger
   ²quadragénaire (bn) veertigjarige
   quadrangulaire vierhoekig
le **quadrant** (m) kwadrant, kwart van cirkelomtrek
la **quadrature** (v) kwadratuur: *la ~ du cercle* kwadratuur van de cirkel
le **quadrilatère** (m) vierhoek
le **quadrillage** (m) **1** (het) verdelen in ruiten, vakken **2** ruitjespatroon **3** (mil; politie) (het) intensief patrouilleren, systematisch uitkammen
   quadrillé, -e geruit: *papier ~* ruitjespapier
   quadriller in ruiten, vakken verdelen: (mil; politie) *~ un quartier* een dicht controlenet voor een wijk opzetten, intensief surveilleren in een wijk
le **quadrimoteur** (m) viermotorig vliegtuig
le **¹quadrupède** (m) viervoeter
   ²quadrupède (bn) viervoetig
le **¹quadruple** (m) viervoud
   ²quadruple (bn) viervoudig
   quadrupler verviervoudigen
les **quadrupl|és** (mv, m), **-ées** (mv, v) vierling
le **quai** (m) **1** kade: *le Quai d'Orsay* het Franse ministerie van Buitenlandse Zaken **2** perron [van station]: *~ de métro* metroperron
   qualifiable bepaalbaar, te (be)noemen, te kwalificeren
le **¹qualificatif** (m) kwalificatie, benaming
   ²qualificat|if, -ive (bn) kwalificatief, bepalend: [taalk] *adjectif ~* bijvoeglijk naamwoord
la **qualification** (v) **1** betiteling **2** vakbekwaamheid, bevoegdheid **3** [sport] kwalificatie, plaatsing
   qualifié, -e 1 bevoegd, gerechtigd **2** (vak)bekwaam, geschoold, gediplomeerd: *ouvrier ~* geschoolde arbeider; *hautement ~* hooggekwalificeerd **3** geschikt: *être ~ pour* de aangewezen persoon zijn om **4** [sport] toegelaten, geplaatst || [jur] *vol ~* diefstal met

verzwarende omstandigheden
   ¹qualifier (ov ww) **1** kwalificeren, kenschetsen **2** (+ de) bepalen; betitelen **3** geschikt maken **4** aanwijzen (voor)
se **²qualifier** (wdk ww) **1** zijn geschiktheid tonen voor iets **2** [sport] zich plaatsen, geplaatst worden
   qualitat|if, -ive kwalitatief: *analyse qualitative* kwaliteitsonderzoek, kwaliteitsanalyse
la **qualité** (v) **1** kwaliteit, hoedanigheid: *en ~ de* als; *marchandise de ~* kwaliteitswaar; *de haute ~* van hoog niveau **2** goede eigenschap [van een persoon] **3** bevoegdheid: *avoir ~ pour agir* bevoegd zijn om te handelen
   ¹quand (bw) wanneer: *depuis ~?* sinds wanneer?; *~ aurez-vous fini?* wanneer bent u klaar?; *~ vous aurez fini de bavarder …* willen jullie ophouden met kletsen; *à ~ le mariage?* nog niet getrouwd? || *~ même* toch, in elk geval; *~ même!* dat is sterk!
   ²quand (vw) **1** als, wanneer **2** zelfs al(s): *~ bien même il nierait* ook al zou hij ontkennen
   quant à wat betreft, qua
le **quant-à-soi** (m) gereserveerdheid, gevoel van eigenwaarde: *rester sur son ~* afstand bewaren, zich niet blootgeven
le **quantième** (m) zoveelste, hoeveelste (van de maand)
   quantifiable kwantificeerbaar, meetbaar
la **quantification** (v) (het) in eenheden uitdrukken, kwantificeren
   quantifier kwantificeren, becijferen, in eenheden uitdrukken
   quantitat|if, -ive kwantitatief, naar de hoeveelheid: *analyse quantitative* kwantitatieve analyse
la **quantité** (v) kwantiteit, hoeveelheid, grootheid; menigte, groot aantal: *en ~* in grote hoeveelheid; *~ négligeable* iem. (iets) waarmee men geen rekening hoeft te houden; *des ~s industrielles* zeer grote hoeveelheden
la **quarantaine** (v) **1** veertigtal **2** veertigjarige leeftijd: *avoir la ~* veertig zijn **3** quarantaine: *mettre qqn. en ~* iem. negeren, uitsluiten
   quarante veertig: *~-quatre* vierenveertig; *les Quarante* de veertig leden van de Académie française; [inf] *je m'en fous comme de l'an ~* dit kan me geen barst schelen
le **¹quarantième** (m) veertigste (deel)
   ²quarantième (bn) veertigste
le **quart** (m) **1** kwart, kwart liter, pond: *(portrait) de trois ~s* half van opzij; *~ d'heure* kwartier; [fig] *mauvais ~ d'heure* benauwd ogenblik; [fig] *le dernier ~ d'heure* approche het laatste uurtje is geslagen; *deux heures et ~* kwart over twee; *deux heures moins le ~* kwart voor twee; *les trois ~s du temps* meestal, het grootste deel van de tijd; *~ de tour*

kwartslag; *démarrer au ~ de tour* **a)** direct aanslaan [van een motor]; **b)** [fig] direct goed op gang komen; *~ de finale* kwartfinale **2** [scheepv] wacht: *être de ~* de wacht hebben

la **quarte** (v) [muz] kwart

le **quarté** (m) weddenschap op vier paarden

le **quarteron** (m) een handjevol, een paar

le **quartette** (m) kwartet [jazz]

le **quartier** (m) **1** vierde deel, kwart; (vierde) part **2** groot stuk, brok, blok **3** kwartier [van de maan] **4** kwartier [van troepen]; kazerne: *~ de haute sécurité* streng bewaakte afdeling [in gevangenis]; *~ général* hoofdkwartier **5** wijk [van een stad]; buurt: *~ résidentiel* woonwijk; *Quartier latin* (studenten)wijk in Parijs; *les bas ~s* de benedenstad; [ook] de volkswijken; *les beaux ~s* de rijke buurten, de goudkust ‖ *avoir ~ libre* vrijaf hebben

le **quartier-maître** (m; mv: quartiers-maîtres) kwartiermeester; [scheepv] tweede bootsman

le **quart-monde** (m) vierde wereld [de allerarmsten in de rijke landen]

le **quartz** (m) bergkristal, kwarts

quasi bijna, nagenoeg

quasi-: *la quasi-totalité des pays* bijna alle landen

quasiment bijna, nagenoeg: *j'ai ~ terminé* ik ben zogoed als klaar

quatorze veertien

quatorzième veertiende

le **quatrain** (m) vierregelig vers, kwatrijn

quatre vier: *à ~* met zijn vieren; *en ~* in vieren; *comme ~* voor vier, heel veel; *descendre l'escalier ~ à ~* de trap af rennen; *il n'y va pas par ~ chemins* hij gaat recht op zijn doel af; *se mettre en ~* zich uitsloven; *dire à qqn. ses ~ vérités* iem. vierkant de waarheid zeggen; *un de ces ~ matins* vandaag of morgen

le **quatre-heures** (m) vieruurtje

le **quatre-quarts** (m) cake

le **quatre-quatre** (m) 4wd, auto met vierwielaandrijving

la **quatre-saisons** (v): *marchand de(s) ~* groenteventer

quatre-vingt-dix negentig

le **¹quatre-vingtdixième** (m) negentigste (deel)

²quatre-vingtdixième (bn) negentigste

le **¹quatre-vingtième** (m) tachtigste (deel)

²quatre-vingtième (bn) tachtigste

quatre-vingts tachtig: *quatre-vingt-deux* tweeëntachtig; *les années ~* de tachtiger jaren

le **¹quatrième** (m) vierde verdieping

la **²quatrième** (v) **1** vierde versnelling **2** [Fr] derde klas van het voortgezet onderwijs: *il passe en ~* hij gaat naar de derde klas

³quatrième (bn) vierde

quatrièmement ten vierde

le **quatuor** (m) kwartet: *~ à cordes* strijkkwartet; *~ à vent* blaaskwartet

¹que (vr vnw, voor klinker of stomme h: *qu'*) wat: *~ faire?* wat te doen?; *qu'est-ce qui? qu'est-ce ~?* wat?; *qu'est-ce ~ c'est ~ ça?* wat is dat?

²que (betr vnw, voor klinker of stomme h: *qu'*) die, dat, wat: *advienne ~ pourra* kome wat er wil; *ce ~* hetgeen, wat; *il n'est pas là ~ je sache* voor zover ik weet is hij niet thuis

³que (bw, voor klinker of stomme h: *qu'*) **1** waarom, wat: *~ tardez-vous?* waarop wacht u? **2** hoe(veel), wat een: [pop] *~ dalle* nul komma nul, geen bal

⁴que (vw, voor klinker of stomme h: *qu'*) **1** dat: *il dit ~ c'est possible* hij zegt dat het mogelijk is; *je dis ~ non* ik zeg (van) nee (niet); *douter ~* twijfelen of; *attendre ~* wachten tot **2** of: *qu'il parte ou qu'il reste* of hij nu vertrekt of blijft **3** dan: *mieux vaut tard ~ jamais* beter laat dan nooit **4** [voorafgegaan door *ne*] slechts: *il n'a ~ dix ans* hij is pas tien **5** opdat

le/la **Québécois** (m), **-e** (v) inwoner, inwoonster van Quebec

quel, quelle welk(e), wie, wat, wat voor een?: *~ est votre métier?* wat is uw vak?; *~le heure est-il?* hoe laat is het?; *~ est donc cet homme?* wie is die man?; *~ malheur!* wat een ongeluk!; *~ qu'il soit* wie hij ook is; *~ que soit le plaisir* hoe groot het genoegen ook is; *tel ~* zoals hij (zij, het) is, als zodanig; *laisser les choses telles ~les* de dingen laten voor wat ze zijn; *~ crétin!* wat een klootzak!; *~ dommage!* wat jammer!

quelconque 1 een of ander, willekeurig: *un point ~* een willekeurig punt; *il est ~* hij is niets bijzonders, middelmatig **2** middelmatig, niets bijzonders

¹quelque (bn) een of ander, enig(e): *~ chose* iets; *~ chose de bon* **a)** iets goeds; **b)** iets lekkers; *~ part* ergens; *~ temps* enige tijd

²quelque (bw) **1** (+ que) welk(e) (ook), hoe (ook) **2** ongeveer: *~ huit jours* ongeveer acht dagen, een dag of acht; *~ peu* enigszins, een beetje

quelquefois soms, af en toe

quelques (mv) enkele, een paar, enige: *les ~ sous qui me restent* het weinige geld dat ik over heb; *il y avait cinquante et ~ personnes* er waren ruim vijftig personen

les **quelques-uns** (mv, m), **quelques-unes** (mv, v) enige(n), sommige(n), sommige mensen

le/la **quelqu'un** (m), **-e** (v) iemand; iemand van betekenis, 'iemand'

quémander bedelen om

le/la **quémand|eur** (m), **-euse** (v) bedelaar, -lares

le **qu'en-dira-t-on** (m) commentaar van het publiek, geroddel: *ne pas se soucier du ~* lak hebben aan roddelpraatjes

la **quenelle** (v) quenelle [gepocheerd balletje of rolletje van gemalen vis of vlees]

la **quenotte** (v) (melk)tandje

la **quenouille** (v): *tomber* en ~ verloederen, verloren gaan

la **quéquette** (v) [inf] piemel(tje)

la **querelle** (v) twist, ruzie; meningsverschil: *chercher* ~ *à* ruzie zoeken met

se **quereller avec** ruzie maken (met), twisten

le/la **¹querell|eur** (m), **-euse** (v) ruziemaker, -maakster

²querell|eur, -euse (bn) ruzieachtig, ruziezoekend

la **question** (v) **1** vraag, vraagstuk, kwestie, probleem: ~ *à choix multiple* meerkeuzevraag; *poser la ~ de confiance* een motie van vertrouwen indienen; *l'homme en ~* de betrokken man; ~ *santé, tout va bien* wat mijn gezondheid betreft, is alles in orde; *de quoi est-il ~?* waarvan is er sprake?; *pas ~!* geen sprake van!; *il n'en est pas ~!* ik denk er niet aan!; *être en ~* ter discussie staan; *mettre en ~* in twijfel trekken; *remettre en ~* weer aan de orde stellen; *tout est remis en ~* alles staat weer op losse schroeven; *la ~ de savoir si* de vraag of **2** [hist] foltering: *mettre à la ~* op de pijnbank leggen

le **questionnaire** (m) vragenlijst: ~ *à choix multiple* multiplechoicetest, meerkeuzevragenlijst

questionner ondervragen; vragen stellen

le/la **questionn|eur** (m), **-euse** (v) vraagal

la **quête** (v) **1** inzameling, collecte: *faire* la ~ geld inzamelen, collecteren **2** zoektocht: *en* ~ *de* op zoek naar

quêter 1 zoeken naar; vragen, bedelen om **2** collecteren, een inzameling houden

le/la **quêt|eur** (m), **-euse** (v) collectant(e)

la **quetsche** (v) kwets [pruim]

la **queue** (v) **1** staart; sleep [van japon]: ~ *de cheval* paardenstaart [haar]; [fig] *finir en* ~ *de poisson* met een sisser aflopen, als een nachtkaars uitgaan; [fig] *sans* ~ *ni tête* zonder kop of staart, waar geen touw aan vast te knopen is **2** steel [van vrucht, bloem]: [fig, inf] *pour des* ~*s de cerise* voor een habbekrats, voor een appel en een ei **3** steel [van een braadpan] **4** rij personen, file, queue: *à la* ~, *en* ~ achteraan; *faire la* ~ in de rij staan; *à la* ~ *leu leu* achter elkaar, op een rijtje; *wagon de* ~ achterste wagon **5** (biljart)keu **6** [inf] pik, lul

la **queue-d'aronde** (v; mv: queues-d'aronde) [techn] zwaluwstaart

la **queue-de-pie** (v; mv: queues-de-pie) **1** zwaluwstaart [rokkostuum] **2** rokpand

le **queux** (m): *maître* ~ kok

¹qui (vr vnw) wie: ~ *est-ce* ~/*que* wie; ~ *est-ce?* wie is het?; *à* ~ (of: *de qui*) *parlez-vous?* met wie (of: over wie) spreek je?; ~ *que ce soit* wie

dan ook, wie het ook zij

²qui (betr vnw) **1** die, wie; dat, wat, hetgeen: *la personne à* ~ *je parlais* degene met wie ik sprak; *qu'est-ce* ~ *vous amène?* wat brengt u hier?; ~ *pis* est wat erger is; ~ *plus* est wat meer is; *voilà* ~ *va bien* **a)** dat gaat goed; **b)** het is welletjes!; *le voilà* ~ *s'amène* daar komt hij **2** wie: *c'était à* ~ *l'aiderait* om het hardst bood men hem hulp aan

la **quiche** (v) quiche, hartige taart

quiconque wie ook, al wie, iedereen die

quid: [inf] ~ *de ...?* hoe zit het met?

le **quidam** (m) vent, zomaar iem.

la **quiétude** (v) [form] rust, gemoedsrust: *en toute* ~ in alle rust

le **quignon** (m): ~ *de pain* homp brood

la **quille** (v) **1** kegel: *arriver comme un chien dans un jeu de* ~s heel ongelegen komen **2** [scheepv] kiel **3** [mil; argot] (het) afzwaaien

la **quincaillerie** (v) ijzerwinkel; ijzerwaren

le/la **quincaill|ier** (m), **-ière** (v) handelaar(ster) in ijzerwaren

le **quinconce** (m): *en* ~ geplaatst als de vijf ogen op een dobbelsteen

la **quinine** (v) kinine

le/la **quinquagénaire** (m/v) vijftiger

quinquennal, -e vijfjarig, vijfjaarlijks, vijfjaren-: *plan* ~ vijfjarenplan

le **quinquennat** (m) vijfjarige (ambts)periode

le **quinquina** (m) **1** kina **2** kinawijn

quint, -e: *Charles Quint* Keizer Karel, Karel de Vijfde

le **quintal** (m) kwintaal, 100 kg

la **quinte** (v) **1** [muz] kwint **2** hoestbui

la **quintessence** (v) kwintessens, (het) voornaamste, kern; (het) beste, fijnste

le **quintette** (m) kwintet

le **¹quintuple** (m) vijfvoud

²quintuple (bn) vijfvoudig

quintupler vervijfvoudigen

les **quintupl|és** (mv, m), **-ées** (mv, v) vijfling

la **quinzaine** (v) vijftiental; twee weken, veertien dagen: *dans une* ~ over veertien dagen

le **¹quinze** (m) rugbyploeg: *le* ~ *de France* Franse nationale rugbyploeg

²quinze (telw) vijftien: ~ *jours* veertien dagen, twee weken; *(d')aujourd'hui en* ~ vandaag over veertien dagen

quinzième vijftiende

le **quiproquo** (m) misverstand; verwisseling

la **quittance** (v) kwitantie, [Belg] kwijtschrift

quitte niets (meer) schuldig; quitte: [fig] *jouer* ~ *ou double* alles op het spel zetten; ~ *à* op gevaar af van, ook al ...; *en être* ~ *pour la peur* er met de schrik afkomen

¹quitter (ov ww) verlaten, weggaan van, vaarwel zeggen: *ne quittez pas!* blijf aan de lijn!, ik verbind u door! [aan de telefoon]; ~

la *partie* het opgeven; ~ *la table* van tafel opstaan; *ne pas* ~ *des yeux* de ogen niet afwenden van, niet uit het oog verliezen; *ne pas* ~ *d'une semelle* geen duimbreed wijken

se **²quitter** (wdkg ww) uit elkaar gaan

le **qui-vive** (m): *être sur le* ~ op zijn hoede zijn

le **quiz** (m) quiz

¹quoi (vr vnw) **1** wat: ~ *donc!* wat nou weer!?; *à* ~ *bon?* waartoe dient het, waarom zou men? **2** [aan het eind van een zin; inf] zie je?, hè?, nietwaar?: *c'est joli,* ~? dat is mooi, hè?; *eh bien,* ~? wel, wat zou dat?; *pour* ~ *faire?* **a)** waarom?; **b)** [journalistiek] waar is het goed voor?

²quoi (betr vnw, altijd met een voorzetsel) wat: *à* ~ waaraan; *après* ~ waarna; *n'importe* ~ wat ook, onverschillig wat; *il dit n'importe* ~ hij kletst maar wat; *de* ~ wat nodig is om te …; *de* ~ *écrire* iets om mee te schrijven; *il n'y a pas de* ~ *rire* er valt niets te lachen; *il a de* ~ *vivre* hij heeft geld genoeg, hij heeft genoeg om van te leven; *(il n'y a) pas de* ~ tot je dienst, niet te danken; ~ *que* wat ook; ~ *qu'il en soit* hoe dan ook, hoe het ook zij; *comme* ~ … waaruit blijkt dat …

quoique (+ subj; voor klinker of stomme h: *quoiqu'*) ofschoon, (al)hoewel

le **quolibet** (m) spotternij, kwinkslag, spottende opmerking: *sous les* ~-*s de la foule* gehoond door de menigte

le **quota** (m) quotum, contingent

la **quote-part** (v; mv: quotes-parts) aandeel, bijdrage; evenredig deel

le **¹quotidien** (m) dagblad; dagelijks leven: *au* ~ in het dagelijkse leven

²quotidien, -ne (bn) dagelijks; alledaags

le **quotient** (m) quotiënt: ~ *intellectuel (QI)* intelligentiequotiënt, IQ; ~ *familial* factor bij bepaling van inkomstenbelasting

r

le **r** (m) [de letter] r: *rouler les r* de r laten rollen
le **rab** (m) verk van *rabiot* rest, overschot: *avoir en* ~ over hebben
  rabâcher zeuren, zaniken, doorzagen over
le/la **rabâch|eur** (m), **-euse** (v) zeurkous
le **rabais** (m) korting, rabat: *au* ~ tegen verlaagde prijs, met korting; *vente au* ~ uitverkoop
  ¹**rabaisser** (ov ww) **1** [in waarde] verminderen; [iemands gezag] beperken; vernederen, kleineren: ~ *le caquet à qqn.* iem. een toontje lager doen zingen **2** neerhalen, lager plaatsen, laten zakken
se ²**rabaisser** (wdk ww) zich vernederen
le **rabat** (m) **1** bef **2** klep
le/la **rabat-joie** (m/v; mv: *onv*) spelbreker, zuurpruim
  rabattable opklapbaar: *table* ~ opklaptafel
le **rabattage** (m) (het) opdrijven [van wild]
le/la **rabatt|eur** (m), **-euse** (v) **1** drijver, drijfster **2** ronselaar(ster)
  ¹**rabattre** (ov ww) **1** neerslaan, neerdrukken, neerklappen **2** verminderen; matigen, temperen: ~ *le caquet à qqn.* iem. een toontje lager laten zingen **3** omslaan, omvouwen; [luiken] sluiten **4** [wild] opdrijven; terugdringen
se ²**rabattre** (wdk ww) **1** dichtklappen; neergeklapt worden **2** van rijstrook veranderen: *se* ~ *après un dépassement* weer invoegen na inhalen **3** (+ sur) genoegen nemen met, zijn toevlucht nemen tot
le **rabbin** (m) rabbijn: *grand* ~ opperrabbijn
  rabibocher [inf] **1** oplappen; opknappen **2** [fig] verzoenen
le **rabiot** (m) **1** overschot **2** extraatje; overwerk
  rabioter [pop] schnabbelen; beknibbelen
le **râble** (m) rugfilet [van haas, konijn]: ~ *de lièvre* hazenrug
  râblé, -e stevig gebouwd
le **rabot** (m) schaaf: *donner un coup de* ~ *à* bijschaven
  raboter schaven
la **raboteuse** (v) schaafmachine
  rabot|eux, -euse hobbelig, ruw; [m.b.t. stijl] hortend
  rabougri, -e verpieterd, mismaakt, onvolgroeid
se **rabougrir** verschrompelen
  rabrouer afsnauwen
la **racaille** (v) rapaille; tuig

le **raccommodage** (m) (het) herstellen, verstellen
le **raccommodement** (m) verzoening
  ¹**raccommoder** (ov ww) **1** her-, verstellen. oplappen **2** verzoenen
se ²**raccommoder** (wdkg ww) zich met elkaar verzoenen
  raccompagner uitgeleide doen, thuisbrengen
le **raccord** (m) **1** verbindingsstuk, koppeling, overgang, aansluiting **2** (het) bijwerken
le **raccordement** (m) verbinding, aansluiting: *voie de* ~ verbindingsspoor
  ¹**raccorder** (ov ww) (met elkaar) verbinden, samenvoegen, aansluiten op
se ²**raccorder** (wdk ww) **1** met elkaar verbonden zijn **2** (+ à) verbonden zijn (met), in verbinding staan (met), aangesloten zijn (op); [fig] in verband staan met
le **raccourci** (m) **1** ellips, verkorte vorm: *en* ~ in het kort **2** kortere weg: *nous avons pris un* ~ wij zijn binnendoor gegaan
le **raccourci-clavier** (m; mv: raccourcis-claviers) sneltoets
  ¹**raccourcir** (onov ww) korter worden, (in)krimpen ǁ *à bras* ~s uit alle macht
  ²**raccourcir** (ov ww) korten, verkorten, bekorten, inkorten
le **raccourcissement** (m) verkorting, inkorting
  ¹**raccrocher** (ov ww) **1** (weer) ophangen; [telefoon] neerleggen **2** (iem.) aanklampen
se ²**raccrocher** (wdk ww) **1** zich vastgrijpen **2** (+ à) blijven haken aan **3** zich vastklampen aan
la **race** (v) ras; geslacht: *de* ~ raszuiver, rasecht; *un chien de* ~ een rashond; *la* ~ *humaine* de mensheid
  racé, -e 1 ras-, rasecht, raszuiver **2** met natuurlijke distinctie
le **rachat** (m) **1** terug-, afkoop **2** [rel] vergeving
  ¹**racheter** (ov ww) **1** terugkopen, weer kopen **2** overnemen **3** afkopen, los-, vrijkopen **4** [fig] goedmaken, ongedaan maken, doen vergeten
se ²**racheter** (wdk ww) het weer goedmaken
  rachidien, -ne wervelkolom-, ruggengraats-
  rachitique rachitisch; [fig] mager: *un légume* ~ een onvolgroeide groente
le **rachitisme** (m) rachitis, Engelse ziekte
  racial, -e ras-, raciaal: *ségrégation* ~e rassenscheiding
la **racine** (v) **1** wortel: ~ *des cheveux* haarwortel; ~ *d'une dent* tandwortel; *prendre* ~ **a)** wortel schieten; **b)** [fig] lang blijven plakken; [wisk] ~ *carée* vierkantswortel **2** [fig] oorsprong, stam
le **racisme** (m) racisme: ~ *xénophobe* vreemdelingenhaat

le/la **¹raciste** (m/v) racist(e)
  ²raciste (bn) racistisch
le **racket** (m) afpersing
  racketter afpersen
le **racketteur** (m) afperser
le **raclage** (m) (het) afschrap(p)en
la **raclée** (v) **1** aframmeling **2** nederlaag
  racler afkrabben, afschrap(p)en; schuren
  langs; bijeenschrapen: ~ *un violon* op een vi-
  ool krassen; *se ~ la gorge* zijn keel schrapen
la **raclette** (v) **1** wisser **2** raclette [kaasge-
  recht] **3** raclettekaas
le **racloir** (m) schraapijzer
la **raclure** (v) schraapsel; afval
le **racolage** (m) **1** (het) werven, strikken
  2 (het) tippelen
  ¹racoler (onov ww) tippelen
  ²racoler (ov ww) **1** ronselen; [klanten, le-
  den] winnen **2** [van prostituee] aanklampen
le/la **¹racol|eur** (m), **-euse** (v) **1** ronselaar(ster)
  2 tippelaar(ster)
  ²racol|eur, -euse (bn) wervend
le **racontar** (m, meestal mv) roddel, praatje
  raconter vertellen, verhalen, beschrijven
  racornir 1 verharden **2** verschrompelen
le **radar** (m) radar: ~ *fixe* flitspaal; *écran* ~ ra-
  darscherm
la **rade** (v) rede [ankerplaats] ‖ *rester en* ~ blijven steken; *laisser en* ~ in de steek laten;
  tomber en ~ pech krijgen
le **radeau** (m) vlot; houtvlot
  radial, -e radiaal, stralen-: *pneu à carcasse*
  ~*e* radiaalband; *voie* ~*e* toegangsweg (tot
  stadscentrum)
  radiant, -e (uit)stralend
le **radiateur** (m) radiator
la **radiation** (v) **1** doorhaling, schrapping,
  royement **2** (uit)straling
le **¹radical** (m) stam, wortel; wortelteken √
  ²radical, -e (bn) **1** wortel-, van de wortel
  2 radicaal [in alle bet]; volkomen, totaal
se **radicaliser** zich verharden
  radier schrappen, royeren
le/la **radiesthésiste** (m/v) wichelroedeloper:
  baguette de ~ wichelroede
  radieux, -euse stralend [ook fig]
le/la **¹radin** (m), **-e** (v) [inf] gierigaard
  ²radin, -e (bn) gierig, krenterig
le **¹radio** (m) marconist
la **²radio** (v) **1** radio, radiotoestel, radio-omroep: *station de* ~ radiostation, radiozender
  2 röntgenfoto: *faire passer à la* ~ doorlichten
  radioact|if, -ive radioactief
la **radioactivité** (v) radioactiviteit
la **radiocassette** (v) radio-cassetterecorder
la **radiocommande** (v) radiobesturing
  radiodiffuser uitzenden
la **radiodiffusion** (v) radio-omroep
  radioélectrique radio-
la **radiographie** (v) **1** röntgenfoto **2** *passer à
  la* ~ doorgelicht worden

  radiographier doorlichten, een röntgenfoto maken van
le **radioguidage** (m) **1** radiografische besturing **2** verkeersberichten [op de radio]
  radioguider radiografisch besturen
la **radiologie** (v) radiologie; röntgenologie
  radiologique röntgenologisch, radiolo-
  gisch
le/la **radiologue** (m/v) radioloog, -loge
le **radiomessageur** (m) buzzer
  radiophonique radio-
le **radio-réveil** (m) wekkerradio
la **radioscopie** (v) (het) doorlichten
  radiotélévisé, -e door radio en televisie
  tegelijkertijd uitgezonden
la **radiothérapie** (v) radiotherapie, bestraling
le **radis** (m) radijs: ~ *noir* rammenas ‖ [pop]
  plus un ~ geen rooie cent meer
le **radium** (m) radium
le **radotage** (m) gezeur; wartaal
  radoter wartaal spreken; zeuren
le/la **radot|eur** (m), **-euse** (v) zeurder, -ster
le **radoub** (m) kalfatering, reparatie, onderhoud [van scheepsromp]: *bassin de* ~ dok
  radouber 1 kalfateren, repareren **2** [net-
  ten] boeten
  ¹radoucir (ov ww) zachter, aangenamer
  maken
se **²radoucir** (wdk ww) zachter worden, bedaren
le **radoucissement** (m) verzachting, verbetering
la **rafale** (v) **1** rukwind, stormvlaag: *par* ~*s* bij
  vlagen **2** [mil] salvo
  ¹raffermir (ov ww) **1** versterken, verstevigen **2** verhogen, doen toenemen
se **²raffermir** (wdk ww) **1** vaster, sterker, steviger worden **2** zich herstellen
le **raffinage** (m) raffinage, (het) raffineren,
  zuiveren
  raffiné, -e geraffineerd [in alle bet]; verfijnd
le **raffinement** (m) verfijning
  raffiner raffineren; [fig] verfijnen
la **raffinerie** (v) raffinaderij
  raffoler de verzot zijn op
le **raffut** (m) stampij, lawaai
le **rafiot** (m) snertbootje, schuit
le **rafistolage** (m) (het) oplappen: *c'est du* ~
  het is maar voor tijdelijk
  rafistoler oplappen
la **rafle** (v) **1** razzia, plundering **2** tros [bloei-
  wijze]; maiskolf
  rafler wegkapen, plunderen
  ¹rafraîchir (ov ww) **1** verfrissen, (af)koelen;
  opfrissen: ~ *la mémoire* het geheugen opfrissen **2** opknappen, vernieuwen
se **²rafraîchir** (wdk ww) **1** koeler, frisser worden **2** zich verfrissen, iets koels drinken; zich
  wat opfrissen [wassen]

rafraîchissant, -e verfrissend [ook fig]; verkoelend: *boissons ~es* frisdranken

le **rafraîchissement** (m) **1** afkoeling **2** verfrissing, verversing **3** frisdrank

le **raft** (m) rubberboot

le **rafting** (m) rafting

ragaillardir opvrolijken, opkikkeren

la **rage** (v) **1** hondsdolheid, rabiës **2** razernij, blinde woede: *être en ~* razend zijn **3** manie, zucht, behoefte, rage ‖ *~ de dents* hevige kiespijn; [inf] *avoir la ~* woest zijn

rager razend worden (zijn)

rag|eur, -euse woedend, driftig

rageusement woedend, als een razende

le **ragot** (m, meestal mv) kletspraatje, roddel

le **ragoût** (m) ragout

ragoûtant, -e [vaak spottend] smakelijk; appetijtelijk, aanlokkelijk

le **raï** (m) rai, Noord-Afrikaanse muzieksoort

le **raid** (m) **1** raid: *~ aérien* luchtaanval **2** [sport] afstands-, uithoudingsrit

[1]**raide** (bn) **1** stijf [ook fig]; stug, star, stram **2** strak (gespannen): *être sur la corde ~* in een hachelijke positie verkeren **3** steil: *elle est ~, celle-là!* die is sterk, zeg! [ongelooflijk] **4** [pop] dronken: *être ~ bourré* straalbezopen zijn

[2]**raide** (bw) **1** strak **2** ineens: *~ mort* morsdood **3** steil

la **raideur** (v) **1** stijfheid, strakheid; stramheid **2** steilte **3** starheid, onverzettelijkheid

le **raidillon** (m) steil stukje weg, steil pad

[1]**raidir** (ov ww) **1** verstijven, stijf maken **2** aanhalen [van een touw]; spannen

se [2]**raidir** (wdk ww) stijf worden, verstijven; [fig] zich schrap zetten, zich verzetten tegen

le **raidissement** (m) **1** stijfheid, stramheid **2** [fig] onverzettelijkheid; [van standpunt] verharding

la **raie** (v) **1** rog [vis] **2** lijn, streep; scheiding [in haar]: *~ des fesses* bilnaad

le **raifort** (m) **1** mierikswortel; rettich **2** rammenas

le **rail** (m) rail: *par ~* per spoor; *sortir des ~s* ontsporen; *remettre sur les ~s* weer op de rails zetten

railler bespotten, belachelijk maken

la **raillerie** (v) spotternij

le/la [1]**raill|eur** (m), **-euse** (v) spotter, -ster

[2]**raill|eur, -euse** (bn) spottend

la **rainette** (v) boomkikvors

la **rainure** (v) gleuf, sleuf, groef; sponning: *assemblage à ~ et languette* houtverbinding met messing en groef

le **raisin** (m) druif: *du ~* druiven; *~ de Corinthe* krent; *~ noir* blauwe druif; *~ sec* rozijn

la **raison** (v) **1** rede, verstand, oordeel: *il a perdu la ~* hij is gek geworden; *âge de ~* jaren des onderscheids; *faire entendre ~ à qqn.* iem. tot rede brengen; *mettre à la ~* tot rede brengen; *se rendre à la ~* naar rede luisteren; *se*

faire une ~ zich erbij neerleggen **2** redelijkheid: *plus que de ~* meer dan redelijk is **3** reden: *avec ~* terecht; *pour quelle ~?* waarom?; *en ~ de* om, wegens; *~ d'État* reden van staatsbelang; *~ d'être* reden van bestaan; *pour ~s de famille* wegens familieomstandigheden; *à plus forte ~* reden te meer; *à tort ou à ~* terecht of ten onrechte **4** gelijk: *comme de ~* zoals billijk is; *avoir ~* gelijk hebben ‖ *avoir ~ de* overwinnen, bedwingen, te boven komen; *à ~ de* **a)** in verhouding tot; **b)** tegen (de prijs van); *~ sociale* handelsnaam

raisonnable 1 redelijk [in alle bet]; verstandig **2** billijk, schappelijk

raisonné, -e doordacht: *agriculture ~e* geïntegreerde landbouw

le **raisonnement** (m) redenering

[1]**raisonner** (onov ww) **1** redeneren **2** discussiëren

[2]**raisonner** (ov ww) tot rede brengen

se [3]**raisonner** (wdk ww) naar rede luisteren; verstandig zijn

[1]**rajeunir** (onov ww) jonger worden

[2]**rajeunir** (ov ww) **1** verjongen; jonger maken **2** opknappen, moderniseren, vernieuwen **3** jonger doen schijnen: *~ qqn.* iem. voor jonger aanzien dan hij is

se [3]**rajeunir** (wdk ww) **1** zich vernieuwen **2** zich jonger voorgeven dan men is

le **rajeunissement** (m) verjonging; vernieuwing

le **rajout** (m) toevoegsel, toevoeging

la **rajoute** (v) [Belg] toevoegsel, toevoeging

rajouter (weer) toevoegen: *n'en ~ pas!* niet overdrijven!

[1]**rajuster** (ov ww) **1** in orde brengen, goed zetten **2** scherp in-, afstellen: *le tir* beter richten **3** herzien, aanpassen, bijstellen

se [2]**rajuster** (wdk ww) zijn kleren in orde brengen

le **râle** (m) gereutel, (het) rochelen

râlement zie râle

[1]**ralenti** (m) vertraagde beweging; slowmotion; laagste toerental [van motor]: *au ~* vertraagd, stationair

[2]**ralenti, -e** (bn) vertraagd

[1]**ralentir** (onov ww) vaart minderen; teruglopen

[2]**ralentir** (ov ww) vertragen; [fig] minderen, afremmen

se [3]**ralentir** (wdk ww) trager worden, verminderen, verslappen, afnemen

le **ralentissement** (m) vertraging, vermindering; terugloop; (het) langzaam rijden [bij file]

le **ralentisseur** (m) **1** vertragingsmechanisme **2** verkeersdrempel

râler 1 rochelen, reutelen **2** kankeren, mopperen

le/la **râl|eur** (m), **-euse** (v) kankerpit

le **ralliement** (m) aansluiting; hereniging: *si-*

gne de ~ herkenningsteken
¹rallier (ov ww) **1** herenigen, verzamelen, hergroeperen, voor zich winnen **2** zich weer voegen bij **3** varen naar, bereiken, zich aansluiten bij
se **²rallier** (wdk ww) **1** zich scharen **2** zich voegen, aansluiten bij, instemmen met: *se* ~ *à l'avis de qqn.* iemands mening delen
la **rallonge** (v) verlengstuk; verlengsnoer; extra, aanvulling: *table à* ~s uittrektafel
rallonger verlengen, uitleggen, uittrekken
¹rallumer (ov ww) **1** weer aansteken **2** aanwakkeren; doen herleven, opleven
se **²rallumer** (wdk ww) **1** weer aangaan, weer gaan branden **2** op-, herleven; weer opvlammen
le **rallye** (m) **1** rally **2** dansfeest waar de jeugd uit de betere kringen contact maakt
le **ramadan** (m) ramadan [islamitische vastenmaand]
le **ramage** (m) gekweel, gezang
les **ramages** (mv, m) rankmotieven
le **ramassage** (m) inzamelen; (het) oprapen, ophalen: ~ *scolaire* schoolbusdienst; ~ *des ordures* huisvuilophaaldienst
ramassé, -e gedrongen; bondig
le **ramasse-miettes** (m) kruimelveger
¹ramasser (ov ww) oppikken; verzamelen, ophalen, oprapen, bijeenbrengen, verenigen, hergroeperen: *être à* ~ *à la petite cuillère* **a)** uitgeteld zijn; **b)** er beroerd aan toe zijn; *se faire* ~ **a)** ingerekend worden; **b)** een uitbrander krijgen
se **²ramasser** (wdk ww) **1** weer opstaan, overeind komen **2** ineenduiken **3** vallen; [fig] mislukken: *se* ~ *à un examen* afgaan (op een examen)
la **ramassette** (v) [Belg] blik [om stof op te vegen]
le/la **ramass|eur** (m), **-euse** (v) opraper, -raapster; verzamelaar(ster); ophaler, -haalster
le **ramassis** (m) samenraapsel
la **rambarde** (v) reling, leuning
le **ramdam** (m) lawaai, herrie
la **rame** (v) **1** roeispaan, roeiriem **2** staak [voor gewassen] **3** riem [500 vel papier] **4** treinstel; metrotrein ‖ *il n'en fiche pas une* ~ hij voert geen moer uit
le **rameau** (m) takje, twijg
les **Rameaux** (mv, m) Palmpasen: *dimanche des* ~ Palmpasen
¹ramener (ov ww) **1** mee-, terugbrengen, terugvoeren; mee naar huis nemen: ~ *à la vie* tot leven wekken **2** (+ à) herleiden (tot) **3** in een bepaalde positie brengen: ~ *ses cheveux le long des tempes* zijn haar over zijn slapen kammen **4** doen herleven ‖ [inf] *la* ~ het hoogste woord hebben, de bink uithangen, hoog van de toren blazen
se **²ramener** (wdk ww) **1** (+ à) herleid (kunnen) worden tot **2** [inf] komen

le **ramequin** (m) schaaltje, kommetje
ramer 1 roeien **2** zwoegen
le/la **ram|eur** (m), **-euse** (v) roei(st)er
rameuter optrommelen, mobiliseren
le **ramier** (m) houtduif: *pigeon* ~ houtduif
la **ramification** (v) **1** vertakking [ook fig]; aftakking; onderverdeling **2** alternatief
se **ramifier** zich vertakken
ramolli, -e week geworden: *cerveau* ~ verweekte hersenen, kinds
¹ramollir (ov ww) **1** week, zacht maken **2** verwekelijken, verwijven
se **²ramollir** (wdk ww) **1** verwekelijken **2** verslappen; zacht worden
le **ramollissement** (m) **1** verwekelijking, verslapping **2** (het) week worden; weekheid: ~ *cérébral* hersenverweking
ramoner [een schoorsteen] vegen
le **ramoneur** (m) schoorsteenveger
rampant, -e kruipend; [fig] kruiperig; sluipend
la **rampe** (v) **1** trapleuning **2** helling: ~ *d'accès* oprit; ~ *de lancement* lanceerbasis **3** voetlicht: *passer la* ~ goed over het voetlicht komen, inslaan
ramper kruipen [ook fig]
la **ramure** (v) gewei; takken [van boom]
le **rancard** (m) [inf] afspraak
le **rancart** (m): *mettre au* ~ laten vallen, afzien van, afdanken
le **¹rance** (m) ranzige lucht, smaak
²rance (bn) ranzig
le **ranch** (m) ranch; boerderij
ranci, -e ranzig; [fig] verzuurd
rancir ranzig worden; verouderen
la **rancœur** (v) wrok, verbittering
la **rançon** (v) losgeld; [fig] prijs die men moet betalen: *c'est la* ~ *de la gloire* het is de prijs van de roem
rançonner een losgeld eisen voor; afpersen
le/la **rançonn|eur** (m), **-euse** (v) afperser
la **rancune** (v) wrok; rancune: *sans* ~ zand erover
rancun|ier, -ière rancuneus, haatdragend
la **randonnée** (v) lange tocht; trektocht
le/la **randonn|eur** (m), **-euse** (v) trekker, -ster; wandelaar(ster)
le **rang** (m) rij, gelid; orde, slag-, volgorde; rang, graad, positie, stand: *en* ~ *d'oignons* in een rij; *mettre au* ~ *de* tellen, rekenen onder (tot); *se mettre* (of: *être*) *sur les* ~s de de mededingen naar; *rentrer dans le* ~ weer in het gareel gaan lopen; *serrer les* ~s de gelederen sluiten
rangé, -e geregeld, ordelijk; oppassend: *bataille* ~e gevecht in slagorde
le **range-bouteilles** (m) wijnrek; flessenrek
la **rangée** (v) rij, reeks
le **rangement** (m) (het) opruimen; rangschikking: *meuble de* ~ bergmeubel; *faire du* ~

opruimen

¹ranger (ov ww) **1** op een rij zetten, op zijn plaats zetten, ordenen, opstellen; opbergen, opruimen; opzijzetten; parkeren [van een auto]: *rangez vos affaires* ruim jullie spullen op; *chambre bien rangée* netjes opgeruimde kamer **2** (+ au nombre de, parmi) [fig] tellen (onder), rekenen (tot) **3** [scheepv] varen langs

se **²ranger** (wdk ww) **1** in het gelid (een rij, in rijen) gaan staan; zich scharen: *se ~ à l'avis de qqn.* het met iem. eens zijn; *se ~ du côté* (of: *du parti, dans le camp*) de qqn. zich bij iem. (iemands partij) aansluiten **2** opzijgaan, uitwijken; plaatsmaken **3** een oppassend mens worden: *il s'est rangé* hij heeft zijn wilde haren verloren **4** zich onderwerpen

¹ranimer (ov ww) **1** weer tot bewustzijn brengen, reanimeren **2** [fig] doen herleven; weer opwekken; nieuwe moed geven; [vuur; fig] aanwakkeren

se **²ranimer** (wdk ww) **1** bijkomen **2** [m.b.t. haat] oplaaien **3** herleven, opleven

le **rap** (m) rap

le **¹rapace** (m) roofvogel

²rapace (bn) roofzuchtig; [fig] hebzuchtig

la **rapacité** (v) roofzucht; [fig] hebzucht

le **rapatrié** (m) gerepatrieerde

le **rapatriement** (m) repatriëring

rapatrier repatriëren, naar het vaderland terugzenden

la **râpe** (v) rasp, grove vijl

le **¹râpé** (m) geraspte kaas

²râpé, -e (bn) **1** geraspt **2** tot op de draad versleten || [fig] *c'est ~* **a)** dat is in de soep gelopen; **b)** dat kun je schudden

raper rappen

râper raspen; (af)vijlen: *vin qui râpe la gorge* wrange wijn

le **rapetissement** (m) verkleining; (het) verkleinen

¹rapetisser (onov ww) kleiner worden, krimpen; korten [van dagen]

²rapetisser (ov ww) **1** verkleinen, inkorten **2** kleiner doen schijnen **3** [fig] kleineren

le/la **rap|eur** (m), **-euse** (v) rapper

râp|eux, -euse ruw; wrang [wijn]

le **raphia** (m) raffia

le **¹rapide** (m) **1** stroomversnelling **2** sneltrein

²rapide (bn) snel, vlug, snelwerkend: *style ~* levendige stijl; *elle a l'esprit ~* zij is snel van begrip; *pente ~* steile helling

la **rapidité** (v) snelheid, vlugheid: *avec la ~ de l'éclair* bliksemsnel

rapidos [inf] **1** als de sodemieter; als een speer **2** vluchtig; snel

le **rapiéçage** (m) (het) verstellen; versteld gedeelte

rapiécer verstellen

la **rapine** (v) roof, plundering; gestolen goed, buit

raplapla (onv) [inf] **1** afgepeigerd; uitgeteld **2** plat; geplet

raplatir weer plat maken, platter maken || *il est tout raplati* hij is afgepeigerd

le **rappel** (m) **1** terugroeping; [mil] oproep: *battre le ~* verzamelen, optrommelen **2** (het) in herinnering brengen, waarschuwing; rappel; aanmaning: *lettre de ~* aanmaning **3** herhaling **4** nabetaling || *descente en ~* afdaling met dubbel touw

¹rappeler (ov ww) **1** terugroepen, terug laten komen; oproepen: *~ à la vie* weer tot bewustzijn brengen **2** nog eens roepen, laten komen, opbellen: *~ le médecin* opnieuw de dokter laten komen **3** in herinnering brengen, rappelleren: *~ à l'ordre* tot de orde roepen **4** doen denken aan **5** [m.b.t. bergbeklimmers] het touw inhalen

se **²rappeler** (wdk ww) zich herinneren: *je ne me rappelle plus son nom* ik ben zijn naam kwijt; *rappelez-vous que* vergeet niet dat

le **rapper** (m) rapper

rappeur *zie* rapper

¹rappliquer (onov ww) [inf] terugkomen

²rappliquer (ov ww) **1** opnieuw toepassen **2** opnieuw aanbrengen

le **rapport** (m) **1** opbrengst; verslag, relaas; rapport: *~ annuel* jaarverslag **2** overeenkomst; verhouding; verband, samenhang, betrekking: *~s sociaux* sociale verhoudingen; *avoir ~ à* betrekking hebben op; *mettre en ~* in verband brengen; *en ~ avec* in verband met; *par ~ à* **a)** in verhouding tot; **b)** ten opzichte van, met betrekking tot; *sous tous les ~s* in alle opzichten **3** [meestal mv] verstandhouding, contact, omgang, relatie: *~s (sexuels)* geslachtsgemeenschap; *se mettre en ~ avec qqn.* contact opnemen met iem. || *immeuble de ~* huurpand

le **rapportage** (m) [inf, jeugdt] geklik

¹rapporter (ov ww) **1** terug-, nog eens, opnieuw brengen **2** meebrengen; meenemen, aanvoeren; terugkomen met **3** aanbrengen; aannaaien **4** opbrengen, opleveren: *~ gros* veel opbrengen (of: opleveren) **5** rapporteren, melden; verklikken **6** in verband brengen met, toeschrijven aan

se **²rapporter** (wdk ww) betrekking hebben, slaan op: *s'en ~ à* vertrouwen op

le/la **¹rapport|eur** (m), **-euse** (v) verklikker, -ster, klikspaan

le **²rapporteur** (m) rapporteur, opsteller van een rapport

le **rapprochement** (m) **1** toenadering **2** vergelijking, verband

¹rapprocher (ov ww) **1** dichter bij elkaar brengen; dichterbij brengen (plaatsen, zetten) **2** met elkaar in contact brengen; nader tot elkaar brengen; toenadering zoeken **3** met elkaar in verband brengen, vergelijken **4** vervroegen se **²rapprocher** (wdk ww) **1** naderbij komen, dichter komen bij, naderen **2** nader tot elkaar komen; toenadering zoeken **3** overeenkomst vertonen

le **rapt** (m) ontvoering, kidnapping

la **raquette** (v) **1** racket, pingpongbat **2** sneeuwschoen

rare 1 zeldzaam, zelden, schaars: *objet* ~ zeldzaam voorwerp; *se faire* ~ niet vaak meer komen; *à de* ~*s exceptions près* op enkele uitzonderingen na; *pour les* ~*s fois que je l'ai vu* voor die enkele keren dat ik hem gezien heb; *une intelligence* ~ een uitzonderlijk verstand **2** [m.b.t. haar, baard] dun

la **raréfaction** (v) **1** verdunning; (het) ijler worden **2** [ec] (het) schaars worden

¹raréfier (ov ww) **1** verdunnen **2** schaars maken

se **²raréfier** (wdk ww) **1** dunner, ijler worden **2** schaarser, zeldzamer worden

rarement zelden

la **rareté** (v) zeldzaamheid, schaarste; rariteit, curiosum

rarissime uiterst, hoogst zeldzaam

¹ras, rase (bn) **1** glad, kaal, kort **2** vlak, open: *en* ~*e campagne* in het open veld; *faire table* ~*e* schoon schip maken **3** boordevol: *à* ~ *bords* tot aan de rand; *pull* ~ *de cou* trui met ronde hals

²ras (bw) *coupé (à)* ~ kort geknipt; *en avoir* ~ *le bol* het zat zijn; *au* (of: *à*) ~ *de* vlak langs, gelijk met; *au* ~ *des pâquerettes* laag-bij-de-gronds

la **rasade** (v) boordevol glas

le **rasage** (m) (het) scheren

rasant, -e 1 stomvervelend **2** langs scherend: *lumière* ~*e* strijklicht

le **rascasse** (m) schorpioenvis

le **rase-mottes** (m) [luchtv] scheervlucht: *un vol en* ~ een scheervlucht

¹raser (ov ww) **1** afscheren, kort scheren, kort knippen: *crème à* ~ scheercrème **2** slechten, slopen, met de grond gelijk maken **3** vervelen **4** [fig] strijken langs: ~ *les murs* vlak langs de muren lopen

se **²raser** (wdk ww) zich scheren

le/la **ras|eur, -euse** (m/v) zeur

le **ras-le-bol** (m) (het) balen; ergernis: *c'est le* ~ dat is balen

le **¹rasoir** (m) **1** scheermes, scheerapparaat: ~ *électrique* elektrisch scheerapparaat; *feu du* ~ geïrriteerde huid na het scheren **2** [pop] vervelend iem.

²rasoir (bn) vervelend

¹rassasier (ov ww) **1** verzadigen **2** volkomen bevredigen **3** oververzadigen

se **²rassasier** (wdk ww) **1** zich verzadigen **2** (+ de) schoon genoeg krijgen van

le **rassemblement** (m) **1** verzameling **2** bijeenkomst; vergadering; oploop, samenscholing: [mil] *sonner le* ~ 'verzamelen' blazen

3 [pol] beweging die verschillende partijen omvat

¹rassembler (ov ww) verzamelen, bijeenbrengen, samentrekken: ~ *ses esprits* zich vermannen

se **²rassembler** (wdk ww) bijeenkomen

le/la **rassembl|eur** (m), **-euse** (v) iem. die bijeenbrengt, samenbindt

¹rasseoir (ov ww) weer neerzetten; op zijn plaats terugzetten

se **²rasseoir** (wdk ww) weer gaan zitten

¹rasséréner (ov ww) geruststellen, tot kalmte brengen

se **²rasséréner** (wdk ww) tot kalmte komen, kalm worden

rassis, -e 1 oudbakken [brood] **2** bezadigd, bedachtzaam

rassurant, -e geruststellend

¹rassurer (ov ww) geruststellen

se **²rassurer** (wdk ww) zich geruststellen, niet bezorgd zijn: *rassure-toi* maak je niet bezorgd

le/la **rasta** (m/v) rasta

le **rastaquouère** (m) [inf; pej] (buitenlandse) snoeshaan; rijke parvenu

le **rat** (m) **1** rat: *être fait comme un* ~ in de val zitten; ~ *de bibliothèque* boekenwurm; ~ *d'hôtel* hoteldief; *à bon chat, bon* ~ leer om leer **2** gierigaard: *les petits* ~*s de l'Opéra* balletleerlingen van de Parijse Opéra

le **ratage** (m) mislukking

rataplan rombom(bom) [geluid van tromgeroffel]

ratatiné, -e gerimpeld, verschrompeld

la **ratatouille** (v) **1** Provençaalse groenteschotel **2** aframmeling

la **rate** (v) **1** milt **2** wijfjesrat ‖ [inf] *dilater la* ~ doen schudden van het lachen; *ne pas se fouler la* ~ zich niet doodwerken

le **¹raté** (m) **1** (het) ketsen [van pistool, geweer] **2** (het) overslaan [van een motor] **3** mislukkeling

²raté, -e (bn) mis!

le **²râteau** (m) hark; geldhark [van een croupier]

la **ratée** (v) mislukkelinge

râteler harken, aanharken, bijeenharken

le **râtelier** (m) ruif: [inf] *manger à tous les* ~*s* met alle winden meewaaien **2** rek **3** kunstgebit

¹rater (onov ww) [m.b.t. vuurwapen] ketsen, weigeren: *ça n'a pas raté* dat was te voorzien

²rater (ov ww) **1** missen, niet raken **2** niet slagen in: *elle a raté son coup* het is haar niet gelukt; ~ *un examen* voor een examen zakken **3** mislopen; verknoeien: *il n'en rate pas une* hij laat geen gelegenheid voorbijgaan om een flater te begaan; ~ *le train* de trein missen; [fig] ~ *une occasion* een kans missen

ratiboiser [inf] **1** inpikken **2** [ook fig] ruïneren **3** [iem.] kortwieken [m.b.t. zijn haar]

le **raticide** (m) rattenverdelgingsmiddel

le **ratier** (m) rattenvanger

la **ratification** (v) bekrachtiging, ratificatie
ratifier bekrachtigen, ratificeren

la **ration** (v) **1** rantsoen, portie **2** aantal, hoeveelheid

la **rationalisation** (v) rationalisatie, rationalisering
rationaliser rationaliseren; rationeel organiseren; stroomlijnen

le **rationalisme** (m) rationalisme
rationnel, -le rationeel, verstandelijk

le **rationnement** (m) distributie, rantsoenering: *ticket de* ~ distributiebon
rationner op rantsoen stellen; rantsoeneren

ratisser 1 harken, aanharken, bijeenharken: [fig] ~ *large* een brede doelgroep bewerken **2** [mil] uitkammen [een gebied]

le **raton** (m) ratje ‖ ~ *laveur* wasbeer

la **ratonnade** (v) geweld tegen Noord-Afrikanen; racistische gewelddadigheden

la **RATP** (v) [verk] afk van *Régie autonome des transports parisiens* Parijs gemeentelijk vervoerbedrijf

le **rattachement** (m) (het) vastmaken; [pol] aansluiting
¹rattacher (ov ww) **1** (weer) vastmaken **2** (+ à) in verband brengen (met) **3** (+ à) binden (aan) **4** inlijven

se **²rattacher à** (wdk ww) verbonden zijn met, in verband staan met, samenhangen

le/la **¹rattachiste** (m/v) [Belg] iem. die voor aansluiting van Wallonië bij Frankrijk is
²rattachiste (bn) [Belg] voor aansluiting van Wallonië bij Frankrijk

le **rattrapage** (m) **1** inhaling: *cours de* ~ inhaalcursus **2** aanpassing [van lonen, prijzen]
¹rattraper (ov ww) **1** inhalen; achterhalen, terugwinnen **2** weer gevangen nemen **3** vastgrijpen [wat dreigt te vallen] **4** herstellen, redden

se **²rattraper** (wdk ww) **1** zich vastgrijpen **2** [fig] de schade inhalen

la **rature** (v) doorhaling
raturer 1 doorhalen **2** afschaffen

rauque schor, hees, rauw: [Belg] *je suis encore* ~ ik ben nog schor

le **ravage** (m) verwoesting, vernieling: *les* ~*s du temps* de tand des tijds; *faire des* ~*s* **a)** verwoestingen aanrichten; **b)** harten breken
ravager vernielen, verwoesten; teisteren: *visage* ravagé doorploegd gelaat
ravag|eur, -euse verwoestend

le **ravalement** (m) (het) opknappen; [van muren] bepleistering
¹ravaler (ov ww) **1** [fig] naar beneden halen **2** weer inslikken; [fig] zich bedwingen **3** opknappen; [van muren] opnieuw bepleisteren

se **²ravaler au rang de** (wdk ww) zich verlagen (tot)

le **ravaudage** (m) (het) verstellen, oplappen,

stoppen; verstelwerk; [fig] lapwerk
ravauder verstellen, stoppen, lappen

la **¹rave** (v) raap; knol: *céleri(-)*~ knolselderie

la **²rave** (v) houseparty, rave

le/la **rav|eur** (m), **-euse** (v) housepartyganger
ravi, -e de verrukt over, dolblij

la **ravigote** (v) ravigotesaus
ravigoter opkikkeren, nieuwe kracht geven

le **ravin** (m) ravijn; geul

la **ravine** (v) **1** klein ravijn **2** bedding van bergstroom
raviner uithollen: [fig] *visage* raviné gegroefd gezicht

la **raviole** (v) ravioli

le **ravioli** (m) ravioli
ravir 1 roven, ontvoeren, kidnappen **2** [form, fig] ontrukken, ontnemen **3** verrukken: *à* ~ schitterend; *cette jupe te va à* ~ die rok staat je geweldig, snoezig

se **raviser** zich bedenken
ravissant, -e verrukkelijk, allerliefst

le **ravissement** (m) verrukking, bekoring

le/la **raviss|eur** (m), **-euse** (v) ontvoerder, -ster; kidnapper

le **ravitaillement** (m) bevoorrading, proviandering, ravitaillering; voedselvoorziening, proviand
¹ravitailler (ov ww) bevoorraden, ravitailleren, provianderen, van brandstof voorzien

se **²ravitailler** (wdk ww) proviand innemen
ravitailleur: *navire* ~ bevoorradingsschip
raviver 1 aanwakkeren **2** verlevendigen, doen herleven, oprakelen; ophalen [van kleuren]; herstellen, weer in zwang brengen: ~ *les couleurs* kleuren opfrissen; [fig] ~ *une blessure* een oude wond openrijten

ravoir (alleen onbep w) terugkrijgen; [inf] weer schoon krijgen
rayé, -e gestreept; gelinieerd; bekrast: *costume* ~ streepjespak
rayer 1 strepen **2** liniëren **3** bekrassen **4** doorhalen; schrappen, royeren

le **rayon** (m) **1** honingraat **2** kast-, boekenplank **3** afdeling, rayon: *ce n'est pas mon* ~ daar ga ik niet over; ~ *du frais* afdeling verse producten, versafdeling **4** straal; gebied: ~ *d'action* actieradius, vliegbereik; ~*s X* röntgenstralen; [ook fig] ~ *de soleil* zonnestraal, zonnetje **5** spaak

le **rayonnage** (m) boeken-, bergplanken, schappen
rayonnant, -e stralend; stralings-, straalvormig

la **rayonne** (v) rayon, kunstzijde

le **rayonnement** (m) **1** straling **2** uitstraling, luister, glans, prestige, invloed
¹rayonner (onov ww) **1** straalsgewijs uitgaan; in alle richtingen verbreiden **2** tochtjes maken vanuit één plaats
²rayonner (ov ww) (uit)stralen

la **rayure** (v) **1** strepen [op een stof] **2** kras **3** gleuf, groef

le **raz** (m) (sterke stroom in) zee-engte

le **raz-de-marée** (m; mv: *onv*) **1** [ook fig] vloedgolf; stortvloed **2** [fig] aardverschuiving

la **razzia** (v) strooptocht; razzia

rdv afk van *rendez-vous* afspraak

¹**réabonner** (ov ww) weer abonneren

se ²**réabonner** (wdk ww) zijn abonnement vernieuwen

le/la **réac** (m/v) reactionair; conservatief

le **réacteur** (m) reactiemotor; reactor

le ¹**réactif** (m) reagens

²**réact|if, -ive** (bn) reactief

la **réaction** (v) reactie [in alle bet]; terugslag: *avoir une* ~ reageren; *avion à* ~ straalvliegtuig; ~ *en chaîne* kettingreactie; *il a eu une* ~ *d'étonnement* hij reageerde verbaasd

réactionnaire reactionair; conservatief

réactiver reactiveren

le **réactivité** (m) reactievermogen

la **réadaptation** (v) (het) weer aanpassen; revalidatie: ~ *professionnelle* herscholing

réadapter opnieuw aanpassen; revalideren

réaffecter 1 opnieuw inzetten **2** overplaatsen [van personeel]

réaffirmer opnieuw bevestigen, verklaren

réagir à 1 reageren (op), inwerken, terugwerken (op) **2** (+ contre) zich verzetten tegen

réajuster zie ¹*rajuster*

réalisable realiseerbaar, uitvoerbaar, haalbaar; te gelde te maken

le/la ¹**réalisa|teur** (m), **-trice** (v) uitvoerder, -ster; productieleider, cineast(e), regisseur, -seuse

²**réalisa|teur, -trice** (bn) uitvoerend

la **réalisation** (v) **1** realisatie, verwezenlijking, tenuitvoerlegging **2** productie, regie **3** prestatie **4** [hand] (het) te gelde maken

¹**réaliser** (ov ww) **1** verwezenlijken, uitvoeren, tot stand brengen, realiseren, bewerkstelligen **2** zich realiseren, beseffen **3** belichamen **4** [ec] te gelde maken: ~ *des bénéfices* winsten maken

se ²**réaliser** (wdk ww) **1** werkelijkheid worden **2** zich ontplooien

le **réalisme** (m) realisme, realiteitszin

le/la ¹**réaliste** (m/v) realist(e)

²**réaliste** (bn) realistisch

la **réalité** (v) realiteit, werkelijkheid: *en* ~ in werkelijkheid, eigenlijk, echter

le **reality show** (m) realityshow

la **réanimation** (v) [med] reanimatie: *service de* ~ intensivecare(afdeling)

réanimer zie ¹*ranimer*

réapparaître opnieuw verschijnen, weer opduiken

réapprendre opnieuw leren

se **réapprovisionner** een nieuwe voorraad

inslaan

réarmer opnieuw bewapenen: ~ *un fusil* een geweer opnieuw laden

réarranger [kapsels, kleren] weer in orde brengen

rébarbat|if, -ive 1 nors, bars **2** afschrikwekkend; moeilijk en saai

rebâtir herbouwen

rebattre: ~ *les oreilles à qqn.* iem. aan zijn hoofd zeuren

rebattu, -e [fig] afgezaagd: *avoir les oreilles ~es de qqch.* het gezeur over iets beu zijn

le/la ¹**rebelle** (m/v) muiter, rebel, oproerling(e)

²**rebelle** (bn) **1** (+ à) rebels, opstandig, oproerig, ongehoorzaam: *maladie* ~ hardnekkige ziekte; *mèche* ~ weerbarstige lok **2** (+ à) wars, afkerig (van) **3** (+ à) niet lenend (voor) **4** (+ à) zonder aanleg (voor)

se **rebeller contre** rebelleren; zich verzetten, in opstand komen (tegen)

la **rébellion** (v) **1** verzet, opstand, oproer **2** opstandelingen **3** opstandig-, weerbarstig-, ongezeglijkheid

rebelote [inf] nog een keer; weer bingo

le/la **rebeu** (m/v; mv: rebeus) [inf] jonge Noord-Afrikaan(se) [tweede- of derdegeneratie-immigrant(e)]

se **rebiffer** zich verzetten

le **reblochon** (m) kaassoort

reboiser herbebossen

le **rebond** (m) **1** (het) op-, terugstuiten **2** rebound

rebondi, -e rond, mollig: *une gorge ~e* volle borsten

rebondir opspringen, (terug)stuiten; [fig] opleven; weer op gang komen

le **rebondissement** (m) het weer actueel worden; nieuwe ontwikkeling [in een zaak]

le **rebord** (m) omslag [van kledingstuk]; kant, rand: ~ *d'une fenêtre* vensterbank

le **rebours** (m): *à* ~ **a)** tegen de draad, de haren in; **b)** achteruit, andersom, van achter naar voren; **c)** in strijd met het gebruik, het gezond verstand; *à* ~ *de* tegen … in, in tegenstelling (strijd) met; *compte à* ~ (het) aftellen

le/la **rebouteux** (m), **-euse** (v) bottenkraker

reboutonner weer dichtknopen

rebrousse-poil: *à* ~ **a)** tegen de haren in; **b)** [fig] averechts; *prendre qqn. à* ~ iem. tegen de haren instrijken

rebrousser: ~ *chemin* (op zijn schreden) terugkeren

la **rebuffade** (v) barse bejegening, botte afwijzing

le **rébus** (m) rebus

le **rebut** (m) afval, uitschot; uitvaagsel: *de* ~ onbruikbaar, afgekeurd, slecht; *mettre au* ~ wegdoen, afdanken

rebuter 1 afschrikken, tegenstaan, ontmoedigen, tegen de borst stuiten **2** bars afwijzen

le/la **¹récalcitrant** (m), **-e** (v) dwarsligger
²récalcitrant, -e (bn) weerbarstig, weerspannig, koppig, onwillig

le **recalé** (m) gezakte, afgewezene
recaler laten zakken, afwijzen: *être recalé* zakken, gezakt zijn

récapitulat|if, -ive samenvattend

la **récapitulation** (v) samenvatting, overzicht

récapituler recapituleren, kort herhalen, samenvatten; samenvattend doornemen

¹recaser (ov ww) opnieuw ergens onderbrengen

se **²recaser** (wdk ww) weer werk vinden

le **recel** (m) heling; (het) verbergen
receler *zie recéler*
recéler 1 helen **2** geheim houden, verbergen **3** inhouden, bevatten: *~ des mystères* geheimen in zich bergen

le/la **recel|eur** (m), **-euse** (v) heler, heelster

récemment kort geleden, onlangs

le **recensement** (m) telling; volkstelling; inventarisatie
recenser tellen; inventariseren
récent, -e recent, kort geleden, pas gebeurd, nieuw, jong, (kers)vers

le **recentrage** (m) bijstelling, aanpassing
recentrer aanpassen, bijstellen; omschakelen

le **récépissé** (m) ontvangstbewijs, reçu

le **réceptacle** (m) opvangbak, vergaarbak

le **¹récepteur** (m) ontvanger, ontvangtoestel, hoorn [van een telefoon]
²récep|teur, -trice (bn) ontvangend: *poste ~* ontvangtoestel
récept|if, -ive ontvankelijk, vatbaar

la **réception** (v) **1** (het) in ontvangst nemen; onthaal, ontvangst: *accusé de ~* ontvangstbewijs **2** receptie **3** opnemen [van een lid]; installatie **4** [sport] (het) opvangen; wijze van neerkomen
réceptionner in ontvangst nemen, bij ontvangst controleren [van goederen]; [sport] opvangen

le/la **réceptionniste** (m/v) receptionist(e)

la **réceptivité** (v) **1** gevoeligheid [van radioontvanger] **2** ontvankelijkheid

la **récession** (v) teruggang; recessie

la **recette** (v) **1** inning **2** recette, opbrengst: *~s et dépenses* inkomsten en uitgaven; *faire ~* veel geld in het laatje brengen, veel succes hebben **3** belastingontvangkantoor **4** recept [in alle bet]: [fig] *une ~ miracle* een wondermiddel; *livre de ~s* kookboek; *donnez-moi la ~!* kun je mij dat ook leren?
recevable 1 aanvaardbaar **2** [jur] ontvankelijk

le/la **recev|eur** (m), **-euse** (v) **1** ontvang(st)er: *~ municipal* gemeenteontvanger; [Belg] *~ communal* gemeenteontvanger **2** conduc-

teur, -trice **3** [med] ontvanger

¹recevoir (onov ww) (bezoek) ontvangen

²recevoir (ov ww) **1** ontvangen, krijgen, [Belg] bekomen: *~ des injures* beledigd worden; *~ la visite de qqn.* bezoek van iem. krijgen; *reçu* **a)** ontvangen; **b)** geslaagd; **c)** algemeen gebruikelijk, ingeburgerd, gangbaar, geijkt; *idée reçue* algemeen aanvaard begrip, heersende opvatting **2** onthalen **3** aan-, opnemen, toelaten

se **³recevoir** (wdk ww) **1** [sport] neerkomen [na een sprong] **2** bij elkaar op bezoek gaan

le **rechange** (m) iets dat vervangt: *pièce de ~* reserveonderdeel; *linge de ~* verschoning; *solution de ~* alternatief

rechaper coveren [van banden]

réchapper ontkomen: *en ~* er levend vanaf komen

la **recharge** (v) (het) weer laden; vulling; (het) opladen
rechargeable navulbaar, oplaadbaar
recharger weer (op)laden, bijladen; weer vullen

le **réchaud** (m) komfoor; schotelwarmer: *~ à alcool* spiritusstel

le **¹réchauffé** (m) opgewarmd eten; oude kost
²réchauffé, -e (bn) **1** opgewarmd **2** [fig] opgerakeld; afgezaagd

le **réchauffement** (m) verwarming, (het) warmer worden, temperatuurstijging

¹réchauffer (ov ww) verwarmen, opwarmen; [fig] aanwakkeren: [fig] *cela vous réchauffe le cœur* dat doet je goed, dat beurt je op

se **²réchauffer** (wdk ww) **1** zich verwarmen: *se ~ au soleil* zich koesteren in de zon **2** warmer worden

rêche 1 ruw aanvoelend **2** [fig] stug

la **recherche** (v) **1** onderzoek(ing), research; [Belg] navorsing, nasporing: *à la ~ de* op zoek naar; *faire de la ~, faire des ~s* onderzoek doen; *abandonner les ~s* de zoekacties staken **2** (het) najagen: *~ de la vérité* waarheidsvinding **3** verzorgdheid, verfijning; gekunsteld-, gezochtheid: *être habillé avec ~* smaakvol gekleed zijn

recherché, -e 1 gezocht, veel gevraagd; geliefd, in trek **2** zeldzaam **3** verzorgd, verfijnd, uitgelezen; onnatuurlijk, gemaakt, gezocht

rechercher 1 opnieuw zoeken **2** zoeken (naar); onderzoeken **3** weer halen **4** najagen, streven naar

rechigner à zijn neus optrekken (voor), zijn weerzin laten blijken (tegen)

la **rechute** (v) [med] terugval [van een zieke]; [fig] (het) vervallen in een oude fout
rechuter weer instorten, weer ziek worden

la **récidive** (v) recidive; herhaling
récidiver recidiveren; weer optreden

le/la **récidiviste** (m/v) recidivist(e)

le **récif** (m) klip, rif
le/la **récipiendaire** (m/v) **1** nieuw lid **2** geslaagde [voor diploma]
le **récipient** (m) vat, bak(je)
la **réciprocité** (v) wederkerigheid: *sous réserve de* ~ op basis van reciprociteit
la **¹réciproque** (v): *rendre la* ~ met gelijke munt betalen
 ²réciproque (bn) wederzijds, wederkerig: *amour* ~ wederzijdse liefde
 réciproquement wederzijds, wederkerig; omgekeerd
 réciproquer [Belg] terugwensen
le **récit** (m) verhaal, vertelling, relaas
le **récital** (m) recital
le/la **¹récitant** (m), **-e** (v) [muz] iem. die de recitatieven zingt; verteller, commentator
 ²récitant, -e (bn) [muz] solo-: *partie ~e* solopartij
la **récitation** (v) (het) opzeggen, reciteren; declamatie, voordracht; op te zeggen tekst, gedicht, versje
 réciter reciteren, opzeggen; voordragen, declameren
la **réclamation** (v) klacht, vordering, eis; protest: *faire une* ~ **a)** een klacht indienen; **b)** protest aantekenen
la **réclame** (v) reclame, publiciteit; advertentie, aanbeveling: *article en* ~ reclameaanbieding
 ¹réclamer (onov ww) klagen
 ²réclamer (ov ww) **1** inroepen, aandringen op **2** vereisen **3** vorderen, terugvorderen; terugeisen, opeisen
se **³réclamer de** (wdk ww) zich beroepen op
le **reclassement** (m) herindeling, herplaatsing; reclassering
 reclasser 1 opnieuw indelen **2** [lonen] herwaarderen, gelijktrekken **3** herplaatsen, reclasseren
le/la **¹reclus** (m), **-e** (v) kluizenaar(ster)
 ²reclus, -e (bn) teruggetrokken, afgezonderd
la **réclusion** (v) opsluiting; afzondering: ~ *criminelle à perpétuité* levenslange gevangenisstraf
le **recoin** (m) uithoek; verborgen hoekje: *coins et ~s* hoekjes en gaatjes
 ¹recoller (onov ww): [sport] ~ *au peloton* zich weer bij het peloton voegen
 ²recoller (ov ww) weer dicht-, vastplakken, (vast)lijmen
la **récolte** (v) oogst; [van aardappelen] (het) rooien; [fig] opbrengst
 récolter oogsten [ook fig]; inzamelen, winnen
 recommandable aanbevelenswaardig
la **recommandation** (v) **1** aanbeveling: *lettre de* ~ aanbevelingsbrief **2** (het) aantekenen [van poststuk] **3** dringend advies
 ¹recommander (ov ww) **1** aanbevelen,

dringend aanraden: *ce n'est pas recommandé* dat wordt afgeraden; ~ *qqch. à qqn.* iem. iets op het hart binden **2** aantekenen: *en recommandé* aangetekend
se **²recommander** (wdk ww) **1** zichzelf aanbevelen **2** (+ de) een beroep doen op, zich beroepen op, als referentie opgeven
 recommencer weer, opnieuw beginnen, [Belg] herbeginnen, hervatten, herhalen; nog eens doen: *si c'était à* ~ als ik het over zou moeten doen
la **récompense** (v) beloning
 récompenser de belonen (voor)
la **recomposition** (v) herstel, reconstructie
 recompter overtellen, narekenen
la **réconciliation** (v) verzoening
 ¹réconcilier (ov ww) **1** verzoenen; overeenbrengen **2** [r-k] reconciliëren
se **²réconcilier** (wdk ww) zich met elkaar verzoenen: *se* ~ *avec soi-même* met zichzelf in het reine komen
 reconductible verlengbaar
la **reconduction** (v) **1** verlenging [van een contract]: *tacite* ~ stilzwijgende verlenging **2** voortzetting
 reconduire 1 (naar huis) brengen, terugbrengen; uitgeleide doen, uitlaten **2** [een contract] verlengen; voortzetten: ~ *qqn. dans ses fonctions* iem. herbenoemen
le **réconfort** (m) troost, soelaas; steun
 ¹réconforter (ov ww) **1** sterken, bemoedigen, opbeuren, troosten **2** versterken, stimuleren
se **²réconforter** (wdk ww) nieuwe kracht opdoen, opkikkeren
 reconnaissable herkenbaar, identificeerbaar
la **reconnaissance** (v) **1** herkenning **2** erkenning: ~ *de dette* schuldbekentenis **3** erkentelijkheid; dankbaarheid: *en signe de* ~ uit dankbaarheid **4** verkenning
 reconnaissant, -e de erkentelijk, dankbaar (voor)
 reconnaître 1 herkennen; kunnen onderscheiden, identificeren: *je ne m'y reconnais plus* ik kom er niet meer uit **2** erkennen, inzien, toegeven: ~ *un enfant* een kind erkennen **3** vaststellen, constateren **4** toekennen **5** erkentelijk, dankbaar zijn voor **6** verkennen, onderzoeken
 reconnu, -e erkend, algemeen bekend
 reconquérir opnieuw veroveren
la **reconquête** (v) herovering, het herkrijgen
 reconsidérer heroverwegen
le **¹reconstituant** (m) versterkend middel
 ²reconstituant, -e (bn) versterkend
 reconstituer opnieuw samenstellen; (in de oude staat) herstellen; reconstrueren
la **reconstitution** (v) het opnieuw samenstellen; (het) reconstrueren
la **reconstruction** (v) wederopbouw, her-

bouw; reconstructie
reconstruire weer opbouwen, herbouwen, reconstrueren
la **reconversion** (v) omschakeling, omscholing
reconvertir omschakelen, omscholen
recopier 1 overschrijven; in het net schrijven **2** kopiëren **3** na-apen
le **record** (m) record: ~ *de vitesse* snelheidsrecord; ~ *d'affluence* ongekende belangstelling; *battre tous les* ~s alle records breken
recoudre weer dicht-, vastnaaien, herstellen; [een wond] hechten
le **recoupement** (m) vergelijking: *par* ~ vergelijkenderwijs
¹**recouper** (ov ww) **1** opnieuw snijden **2** natrekken
se ²**recouper** (wdk ww) elkaar snijden
¹**recourber** (ov ww) ombuigen; weer buigen
se ²**recourber** (wdk ww) zich krommen, ombuigen
recourir à zijn toevlucht nemen tot, overgaan tot; zich wenden tot, een beroep doen op; aanwenden, gebruiken
le **recours** (m) **1** toevlucht: *avoir* ~ *à* zijn toevlucht nemen tot, gebruikmaken van; *avoir* ~ *aux armes* (het) grijpen naar de wapenen; *en dernier* ~ als laatste redmiddel **2** [jur] verhaal; beroep: *introduire un* ~ een beroep indienen, in beroep gaan; ~ *en cassation* cassatieberoep
le **recouvrement** (m) **1** inning **2** (het) bedekken
recouvrer 1 terugkrijgen, herwinnen **2** innen, invorderen
¹**recouvrir** (ov ww) **1** weer bedekken; van een nieuwe kaft voorzien; het deksel leggen op; bekleden; overdekken; [een kussen] overtrekken **2** verbergen, versluieren **3** bevatten, betrekking hebben op
se ²**recouvrir** (wdk ww) weer betrekken, weer bewolken
recracher (weer) uitspuwen
la **récré** (v) [inf] speelkwartier
récréat|if, -ive ontspannend, ontspannings-
la **récréation** (v) ontspanning, afleiding; pauze, speelkwartier: *cour de* ~ schoolplein
recréer herscheppen, reconstrueren
se **récréer** zich ontspannen
se **récrier** een uitroep slaken; luid protesteren
la **récrimination** (v) scherpe kritiek; klacht, protest
récriminer contre scherpe kritiek leveren op, protesteren tegen
récrire weer schrijven; terugschrijven; herschrijven, omwerken [van een boek]
se **recroqueviller 1** ineenduiken **2** verschrompelen
recru, -e: ~ *de fatigue* uitgeput, doodmoe
la **recrudescence** (v) verergering, verheviging, toename, opleving

la **recrue** (v) [mil] rekruut; nieuweling
le **recrutement** (m) [mil] rekrutering; werving
¹**recruter** (ov ww) rekruteren, (aan)werven
se ²**recruter** (wdk ww) **1** aangeworven worden **2** (+ dans, parmi) voortkomen uit
le **recruteur** (m) werver, ronselaar, intercedent
recta [Belg] voorspelbaar: *c'est* ~ *avec lui* dat kun je van hem verwachten
rectal, -e rectaal
le ¹**rectangle** (m) rechthoek
²**rectangle** (bn) rechthoekig
rectangulaire rechthoekig
le **recteur** (m) rector; ± hoofdinspecteur [van onderwijs]
le ¹**rectificatif** (m) rectificatie
²**rectificat|if, -ive** (bn) ter rectificatie, corrigerend
la **rectification** (v) rectificatie, rechtzetting, verbetering
rectifier 1 rectificeren, recht zetten, verbeteren **2** recht maken **3** [techn] afwerken
rectiligne rechtlijnig
la **rectitude** (v) rechtheid; [fig] rechtschapenheid; juistheid
le **recto** (m) voorzijde [van een blad papier]: ~ *verso* voor- en achterkant, dubbelzijdig
le **rectorat** (m) rectoraat
le ¹**reçu** (m) reçu, ontvangstbewijs
²**reçu, -e** (bn) volt dw van ¹*recevoir*
le **recueil** (m) verzameling, bundel
le **recueillement** (m) zelfinkeer, bezinning, meditatie; plechtige stilte
recueilli, -e in zichzelf gekeerd, peinzend
¹**recueillir** (ov ww) **1** ver-, inzamelen, bundelen, ophalen, inwinnen; opvangen **2** oogsten, verkrijgen; verwerven; plukken **3** opnemen, onderdak verschaffen **4** nota nemen van; vastleggen, registreren
se ²**recueillir** (wdk ww) tot zichzelf inkeren, mediteren
le **recul** (m) **1** terugloop [ook van geschut]; terug-, achteruitgang: [fig] *accuser un* ~ teruglopen, achteruitgaan **2** afstand: *prendre du* ~ afstand nemen; *avec le* ~ achteraf gezien
la **reculade** (v) (het) terugdeinzen; stap terug
reculé, -e afgelegen; lang vervlogen
¹**reculer** (onov ww) **1** achteruitgaan, achteruitrijden; wijken; [mil] zich terugtrekken; [m.b.t. vuurwapen] terugstoten: *faire* ~ terugdringen **2** aarzelen, terugdeinzen, terugschrikken **3** (het) opgeven **4** [fig] terrein verliezen
²**reculer** (ov ww) **1** achteruit zetten, naar achteren verplaatsen; [grenzen] verleggen: ~ *d'un pas* een stap achteruitdoen **2** uitstellen, verschuiven, opschorten
reculons: *à* ~ achteruit
la **récup** (v) [inf] verk van *récupération*

récupérable 1 [hand] invorderbaar
2 [techn] terug te winnen **3** nog bruikbaar,
recyclebaar; weer in te schakelen: *heures ~s*
uren die ingehaald moeten worden
le **récupérateur** (m): *~ de chaleur* warmtewisselaar
la **récupération** (v) **1** [hand] invordering
2 terugwinning, recycling: *chaudière à ~* hr-
ketel **3** [pol] annexatie **4** (het) weer inschakelen (in arbeidsproces) **5** (het) inhalen van
arbeidstijd
¹récupérer (onov ww) weer op krachten
komen, uitrusten
²récupérer (ov ww) **1** terugkrijgen, hervinden: *~ ses forces* weer op krachten komen
2 terugwinnen, recyclen **3** [pol] inkapselen,
voor zijn karretje spannen **4** weer in het arbeidsproces opnemen **5** [tijd] inhalen **6** af-,
op-, terughalen: *~ ses enfants à la sortie de
l'école* de kinderen van school halen
récurer schrobben, schoonmaken
la **récurrence** (v) herhaling; terugkeer
récurrent, -e steeds terugkomend
¹récuser (ov ww) weigeren, verwerpen; [jur]
wraken
se **²récuser** (wdk ww) zich onbevoegd verklaren
recyclable recyclebaar
le **recyclage** (m) **1** bij-, na-, omscholing: *cours
de ~* applicatiecursus **2** verandering van studierichting **3** recycling; kringloopproductie
¹recycler (ov ww) **1** bij-, na-, omscholen
2 [afvalstoffen] recyclen
se **²recycler** (wdk ww) een bij-, nascholingscur-
sus volgen, zich omscholen
le/la **rédac|teur** (m), **-trice** (v) redacteur, -trice;
opsteller, -ster
la **rédaction** (v) (het) opstellen, redactie; bewoordingen; opstel
rédactionnel, -le redactioneel
la **reddition** (v) overgave, capitulatie
redécouvrir opnieuw ontdekken
redemander opnieuw vragen: *il en rede-
mande!* hij kan er geen genoeg van krijgen!
redémarrer 1 [van voertuigen] weer optrekken **2** [fig] weer aantrekken; weer op
gang komen
le **Rédempteur** (m) Verlosser, Zaligmaker
la **rédemption** (v) **1** verlossing, zaligmaking
2 afkoop
le **redéploiement** (m) herstructurering
redéployer 1 [ec] (budgettair neutraal)
herstructureren **2** [mil; eenheden] herschik-
ken
redescendre weer naar beneden komen:
redescendez sur terre! wees realistisch!
redevable 1 schuldig **2** erkentelijk: *être ~
de qqch. à qqn.* aan iem. iets te danken hebben
la **redevance** (v) op vaste termijnen te betalen bedrag: *~ télé* kijkgeld

la **redif** (v) [inf] verk van *rediffusion*
la **rediffusion** (v) herhaling [van tv-, radio-
programma]
rédiger redigeren, schrijven; opmaken
la **redingote** (v) geklede damesmantel
redire herhalen; nazeggen; overbrieven ||
trouver à ~ aanmerkingen op hebben
redistribuer herverdelen
la **redite** (v) (onnodige) herhaling
la **redondance** (v) overtolligheid; omslachtigheid
redondant, -e overtollig; omslachtig
redonner opnieuw geven, teruggeven
redorer weer vergulden: [fig] *~ son blason*
zijn imago verbeteren
redoublé, -e herhaald, (ver)dubbel(d), versterkt: *à coups ~s* eens zo hard; *pas ~* ver-
snelde pas
le **redoublement** (m) **1** verdubbeling **2** vermeerdering, toename **3** verergering **4** (het)
zitten blijven [school]
¹redoubler (onov ww): *~ d'enthousiasme*
nog enthousiaster worden
²redoubler (ov ww) **1** verdubbelen **2** vergroten, vermeerderen **3** verergeren, verhe-
vigen **4** [ond] blijven zitten, doubleren: *~
une classe* (een klas) doubleren, blijven zitten
redoutable geducht, vreesaanjagend
redouter vrezen, bang zijn voor
le **redoux** (m) zacht weer [in de winter]; dooi-
periode
le **redressement** (m) **1** (het) weer recht buigen **2** (het) zich (weer) oprichten **3** herstel:
plan de ~ economisch herstelplan **4** rectificatie: *~ fiscal* navordering [belasting]
redresser 1 weer rechtbuigen **2** weer oprichten **3** herstellen, corrigeren **4** rectificeren
la **réduc** (v) [inf] verk van *réduction*
réduc|teur, -trice versimpelend, bagatelli-
serend
réductible reduceerbaar, herleidbaar
la **réduction** (v) **1** reductie; vermindering,
verlaging, beperking; korting, (schaal)ver-
kleining; in-, verkorting; indikking: *billet de
~* kortingskaartje; *en ~* verkleind, in het klein
2 (+ à) herleiding tot
¹réduire (ov ww) **1** reduceren; verminderen,
verlagen, beperken, inkorten, verkleinen: *un
modèle réduit* een schaalmodel **2** [m.b.t. op-
lossing] indampen, indikken **3** (+ à, en) terugbrengen tot: *~ en poussière* tot stof doen
vergaan; *~ de moitié* tot de helft terugbrengen; *~ en poudre* verpulveren **4** (+ à) herleiden tot **5** (+ à) brengen, dwingen tot; onderwerpen: *en être réduit à* gedwongen zijn
om
se **²réduire** (wdk ww) **1** indikken, inkoken **2** (+
à) bezuinigen, zich beperken tot, zich bepalen tot **3** (+ à) teruggebracht, herleid (kunnen) worden tot **4** (+ en) overgaan, veran-

deren in

le **réduit** (m) optrekje, kot, hok

rééchelonner een afbetalingsregeling treffen voor [een schuld]

la **réécriture** (v) (het) herschrijven

rééditer weer, opnieuw uitgeven: *il a ré-édité son exploit* hij heeft zijn prestatie nog eens overgedaan

la **réédition** (v) heruitgave, nieuwe uitgave

la **rééducation** (v) revalidatie; heropvoeding

rééduquer revalideren; heropvoeden

le **¹réel** (m) werkelijkheid

²réel, -le (bn) werkelijk, echt, waar, reëel: [jur] *droit* ~ zakelijk recht; [comp] *temps* ~ real time

la **réélection** (v) herverkiezing

réélire herkiezen

le **réémetteur** (m) steunzender

réemployer *zie remployer*

rééquilibrer weer in evenwicht brengen

réessayer opnieuw proberen

la **réévaluation** (v) revaluatie; herziening

réexaminer aan een hernieuwd onderzoek onderwerpen; heroverwegen

réexpédier 1 weer verzenden **2** terugzenden **3** doorzenden

¹refaire (ov ww) **1** overdoen, opnieuw maken, overmaken **2** herstellen, opknappen, weer in orde brengen: ~ *ses forces* weer op krachten komen

se **²refaire** (wdk ww) weer op krachten komen ‖ *elle s'est refait une santé* ze is er weer bovenop; *se ~ une beauté* zich optutten

la **réfection** (v) herstelling, vernieuwing

le **réfectoire** (m) eetzaal, refter

le **référé** (m) kort geding

la **référence** (v) verwijzing, bronvermelding; [in briefhoofd] referentie: *faire* ~ *à* verwijzen naar; *ouvrage de* ~ naslagwerk, standaardwerk; *ce n'est pas une* ~*!* dat is nu niet een aanbeveling!

les **références** (mv, v) referenties

le **référendum** (m) volksraadpleging, referendum

¹référer à (onov ww) verwijzen (naar): *en* ~ *à qqn.* aan iem. voorleggen, zich wenden tot iem.

se **²référer à** (wdk ww) zich beroepen op, verwijzen naar

se **refermer** (weer) dichtgaan

refiler [pop] in de handen stoppen; geven, overdragen: *il m'a refilé le bébé* nu zit ik met het probleem opgezadeld

réfléchi, -e 1 teruggekaatst **2** bedachtzaam, bezonken; wel overdacht ‖ [taalk] *verbe* ~ wederkerend werkwoord; [taalk] *pronom* ~ wederkerend voornaamwoord

¹réfléchir (onov ww) nadenken: ~ *à* (of: *sur*) *une question* over een kwestie nadenken

²réfléchir (ov ww) terugkaatsen; weerspiegelen

se **³réfléchir** (wdk ww) weerkaatst worden, zich afspiegelen, weerspiegelen

le **réflecteur** (m) reflector

le **reflet** (m) **1** weerschijn; weerspiegeling, spiegelbeeld **2** [fig] afspiegeling

refléter weerspiegelen, weerkaatsen; [fig] weergeven, een afspiegeling zijn van

le **reflex** (m) reflexcamera

le **réflexe** (m) reflex, automatische reactie; reflexbeweging

la **réflexion** (v) **1** terugkaatsing, spiegeling **2** (het) nadenken; overdenking: *(toute)* ~ *faite* bij nader inzien, alles weloverwogen; *après mûre* ~ na rijp overleg (beraad); *à la* ~ bij nader inzien **3** opmerking, aanmerking, commentaar: [inf] *garde tes* ~*s devant toi* houd jij je opmerkingen maar voor je

refluer terugvloeien; [fig] terugstromen

le **reflux** (m) **1** eb **2** [fig] (het) terugvloeien; terugloop

refondre 1 over-, omsmelten **2** [een tekst] omwerken

la **refonte** (v) omsmelting; [fig] omwerking

réformable hervormbaar, voor verbetering vatbaar

le/la **¹réforma|teur** (m), **-trice** (v) hervorm(st)er, reformator

²réforma|teur, -trice (bn) hervormings-

la **réforme** (v) **1** hervorming, herziening, verbetering: [hist] *la Réforme* de Reformatie **2** [mil] afkeuring

réformé, -e hervormd, protestants; [mil] afgekeurd

¹réformer (ov ww) weer vormen, opnieuw samenstellen, hergroeperen

se **²réformer** (wdk ww) zich hergroeperen; weer, opnieuw ontstaan

réformer 1 hervormen, verbeteren; [wetten] herzien **2** [mil] afkeuren

reformuler herformuleren

le **refoulement** (m) **1** (het) terugdrijven **2** uitwijzing **3** [psych] verdringing

refouler 1 terugdringen, terugdrijven **2** uitwijzen, het land uitzetten: ~ *à la frontière* over de grens zetten **3** [psych] verdringen

réfractaire 1 onwillig, ongehoorzaam, weerspannig, opstandig **2** ongevoelig, niet vatbaar voor **3** hittebestendig

la **réfraction** (v) refractie, (straal)breking

le **refrain** (m) refrein; deun; monotoon geluid: *c'est toujours le même* ~ het is altijd hetzelfde liedje

refréner beteugelen, intomen; bedwingen

réfrigérant, -e koel-; koel, ijzig

le **réfrigérateur** (m) koelkast

réfrigérer 1 koelen **2** verkillen **3** [fig] een koude douche geven

¹refroidir (ov ww) **1** koelen, afkoelen, verkoelen; bekoelen; koud worden: *laisser* ~ *qqch.* iets voorlopig laten rusten, laten betijen **2** afschrikken, ontmoedigen

se **²refroidir** (wdk ww) kouder worden; bekoelen

le **refroidissement** (m) **1** afkoeling **2** kou, verkoudheid **3** [fig] verkoeling; bekoeling **4** coolingdown

le **refuge** (m) toevlucht(soord), schuilplaats; vluchtheuvel; nachtverblijf; berghut; [fig] toevlucht, toeverlaat: *valeur* ~ veilige belegging

le/la **réfugié** (m), **-e** (v) vluchteling(e)

se **réfugier** vluchten, uitwijken, de wijk nemen; beschutting zoeken

le **refus de** (m) weigering (om); afwijzing: *ce n'est pas de* ~ daar zeg ik geen nee op

¹refuser (ov ww) weigeren, ontzeggen, afslaan, afwijzen, niet toekennen, van de hand wijzen: *on refuse du monde* niet iedereen kan binnengelaten worden

se **²refuser** (wdk ww) **1** weigeren: *cela ne se refuse pas* dat kun je niet afslaan; *il ne se refuse rien* hij neemt het er goed van **2** (+ à) zich niet lenen tot, weigeren, afwijzen, niet erkennen

réfuter weerleggen: ~ *un auteur* weerleggen wat een schrijver beweert

regagner terug-, herwinnen; [tijd] inhalen; terugkeren naar, weer bereiken

le **regain** (m) **1** nagras **2** [fig] terugkeer, herstel: ~ *de vie* herleving; ~ *d'intérêt* hernieuwde belangstelling

le **régal** (m; mv: régals) traktatie, lievelingsgerecht; [fig] feest, genot

¹régaler de, avec (ov ww) onthalen (met), trakteren (op)

se **²régaler** (wdk ww) **1** zich te goed doen **2** genieten

le **regard** (m) **1** blik, oogopslag: *dévorer du* ~ met de ogen verslinden; *fixer du* ~ strak aankijken; ~ *fixe* strakke blik; *au* ~ *de* ten opzichte van, ten aanzien van; *mettre en* ~ vergelijken; *porter son* ~ *sur* zijn oog richten op; *droit(s) de* ~ recht van controle, van toezicht **2** [techn] kijkgat

regardant, -e zuinig, krenterig; oplettend

¹regarder (onov ww) aandacht schenken aan, letten op: *y* ~ *à deux fois* zich wel tweemaal bedenken; *y* ~ *de près* zorgvuldig overwegen; ~ *à la dépense* zuinig zijn

²regarder (ov ww) **1** kijken naar, aankijken, bekijken, inkijken, toekijken, gadeslaan: ~ *en face* onder ogen zien; [inf] *regardez voir!* kom eens kijken!; ~ *de travers* scheef, achterdochtig aankijken **2** (+ comme) beschouwen (als) **3** uitzien op, gericht zijn op **4** raken, betrekking hebben op: *cela ne vous regarde pas* dat gaat u niets aan; *mêle-toi de ce qui te regarde* bemoei je met je eigen zaken

se **³regarder** (wdk ww) **1** zichzelf bekijken: *tu ne t'es pas regardé!* je zou eens naar jezelf moeten kijken! **2** (+ comme) zich beschouwen als **3** bekeken worden **4** elkaar bekijken **5** tegenover elkaar liggen

la **régate** (v) regatta, roeiwedstrijd, zeilwedstrijd

la **régence** (v) **1** regentschap **2** [Belg] regentaat [vergelijkbaar tweedegraads bevoegdheid]

le **¹régénérateur** (m) [techn] regenerator; warmtewisselaar

²régénéra|teur, -trice (bn) herstellend

la **régénération** (v) herstel; [biol] regeneratie

régénérer regenereren, herstellen, hernieuwen; [fig] doen herleven, hervormen

le/la **régent** (m), **-e** (v) **1** regent(es) **2** [Belg] regent [vergelijkbaar leraar met tweedegraads bevoegdheid]

le **régentat** (m) [Belg] regentaat [vergelijkbaar tweedegraads bevoegdheid]

régenter de baas spelen over, ringeloren

le **reggae** (m) reggae(muziek)

le **¹régicide** (m) koningsmoord

le/la **²régicide** (m/v) koningsmoordenaar, -nares

³régicide (bn) die de koning vermoordt of ter dood veroordeelt, van de koningsmoord

la **régie** (v) beheer; regie [in alle bet]; openbaar nutsbedrijf: *Régie autonome des transports parisiens (RATP)* openbaarvervoerbedrijf in Parijs

regimber zich verzetten, tegenstribbelen

le **régime** (m) **1** leefregel, dieet: *se mettre au* ~ gaan lijnen; ~ *sec* **a)** zonder alcohol te drinken; **b)** drooglegging; *suivre un* ~ *pour maigrir* een dieet volgen om af te vallen **2** regime, regeringsvorm; bewind: *Ancien Régime* Franse monarchie vóór de revolutie van 1789; ~ *totalitaire* totalitair systeem **3** stelsel: ~ *de préretraite* VUT-regeling; ~ *matrimonial* stelsel van huwelijkse voorwaarden **4** [techn] toerental: *tourner à plein* ~ op volle toeren draaien **5** tros: *un* ~ *de bananes* een tros bananen

le **régiment** (m) **1** regiment **2** leger, militaire dienst **3** menigte, massa

la **région** (v) streek, gebied, district, regio

régional, -e regionaal, streek-; plaatselijk

la **régionalisation** (v) regionalisering

régir regelen, bepalen; [taalk] regeren

le **régisseur** (m) **1** beheerder, rentmeester **2** floormanager, toneelmeester

le **registre** (m) register [in vele betekenissen]: ~ *du commerce* handelsregister

réglable 1 regelbaar, verstelbaar **2** betaalbaar

le **réglage** (m) regeling, (het) gelijkzetten, in-, bij-, ver-, afstellen

réglé, -e 1 gelinieerd **2** ordelijk, geregeld, regelmatig **3** afgehandeld; betaald **4** af-, bij-, in-, vastgesteld: *c'est* ~ *comme du papier à musique* het is perfect georganiseerd; *carburateur mal* ~ niet goed afgestelde carburateur

la **règle** (v) **1** liniaal **2** regel, voorschrift: *dans les ~s* volgens de regels; *en ~* in orde; *en ~ générale* in het algemeen; *les ~s de la politesse* de beleefde omgangsvormen

le **règlement** (m) **1** reglement, verordening **2** regeling, afhandeling **3** betaling, vereffening; betaald bedrag: *~ de comptes dans le milieu* [fig] afrekening in de onderwereld

réglementaire reglementair, voorgeschreven, volgens voorschrift

la **réglementation** (v) **1** reglementering **2** reglement; voorschriften

réglementer reglementeren, bij verordening regelen

¹**régler** (ov ww) **1** liniëren **2** regelen, afhandelen; [van een geschil] bijleggen **3** af-, bij-, instellen; [uurwerk] gelijkzetten: *faire ~ les phares de sa voiture* de lichten van zijn auto laten afstellen **4** afrekenen, betalen: *~ par chèque* met een cheque betalen; *~ l'addition* afrekenen, (de rekening) betalen **5** vaststellen: *leur sort est réglé* hun lot is bezegeld

se ²**régler** (wdk ww) **1** geregeld worden; afgesteld worden **2** (+ sur) zich richten naar

les **règles** (mv, v) menstruatie

la **réglisse** (v) zoethout; drop

la **réglo** (mv: *onv*) [inf] correct, betrouwbaar

régnant, -e regerend; [fig] heersend

le **règne** (m) **1** regering, bewind; heerschappij **2** rijk: *~ animal* dierenrijk; *~ végétal* plantenrijk

régner 1 regeren, heersen [ook fig] **2** in zwang zijn, de overhand hebben

regonfler 1 weer oppompen **2** moed inspreken

regorger de overvloeien van; stampvol zijn met; rijkelijk bedeeld zijn met

régresser achteruitgaan, verminderen

régress|if, -ive regressief, achterwaarts, teruggaand

la **régression** (v) teruggang, achteruitgang, daling

le **regret** (m) (het) betreuren; spijt, berouw, leedwezen; (het) terugverlangen: *je suis au ~ de ne pouvoir vous aider* het spijt me dat ik u niet kan helpen; *à ~* met tegenzin, ongaarne

regrettable jammer, spijtig, betreurenswaardig

regretter 1 betreuren; spijt, berouw hebben: *je regrette* het spijt me; *n'avoir rien à ~* er niets aan gemist hebben **2** iemands afwezigheid betreuren: *beaucoup le ~ont* velen zullen hem missen **3** terugverlangen naar

le **regroupement** (m) hergroepering: *~ familial* gezinshereniging

regrouper hergroeperen

la **régularisation** (v) regularisatie: *la ~ des sans-papiers* het legaliseren van de illegalen

régulariser regulariseren, in orde brengen, regelen, regelmatig doen verlopen, normaliseren; legaliseren

la **régularité** (v) regelmaat, regelmatigheid, geregeldheid

le ¹**régulateur** (m) regelaar, regulateur: *~ de vitesse* cruisecontrol

²**régula|teur, -trice** (bn) regelend, regulerend, regel-

la **régulation** (v) regeling, regulatie; organisatie; regeltechniek: *~ des naissances* gezinsplanning

régul|ier, -ière 1 regelmatig, geregeld: *écriture régulière* regelmatig handschrift **2** reglementair, wettig **3** stipt, nauwgezet **4** betrouwbaar ‖ *le clergé ~* ordegeestelijken

la **réhabilitation** (v) **1** eerherstel **2** rehabilitatie **3** renovatie; (het) weer bewoonbaar maken

¹**réhabiliter** (ov ww) **1** rehabiliteren **2** in eer herstellen **3** renoveren, weer bewoonbaar maken

se ²**réhabiliter** (wdk ww) zich rehabiliteren

le **rehaussement** (m) op-, verhoging

rehausser 1 ver-, ophogen **2** [fig] sterker doen uitkomen **3** opluisteren; versieren, verfraaien

réimplanter weer implanteren, transplanteren

la **réimpression** (v) herdruk

le **rein** (m) nier: *~ artificiel* kunstnier

la **réincarnation** (v) reïncarnatie

réincarner reïncarneren

la **reine** (v) koningin: *bouchée à la ~* pasteitje; [Belg] koninginnenhapje; *la petite ~* de fiets; [inf] *la ~ des idiotes* de domste (vrouw (*of:* trut)) van de wereld

la **reine-claude** (v) reine-claude [groene pruim]

la **reinette** (v) renetappel

réinitialiser resetten

les **reins** (mv, m) lendenen, lendenstreek: *casser les ~ à qqn.* [fig] de nek breken, ruïneren; *avoir les ~ solides* [fig] een stootje kunnen velen; *mal aux ~* rugpijn; *tour de ~* spit

se **réinscrire** zich opnieuw inschrijven

réinsérer weer opnemen, weer in de maatschappij plaatsen

la **réinsertion** (v) herplaatsing in de maatschappij

¹**réinstaller** (ov ww) in ambt herstellen

se ²**réinstaller** (wdk ww) weer zijn intrek nemen, zich weer vestigen

la **réintégration** (v) herstel; terugkeer

réintégrer 1 herstellen; herbenoemen, herplaatsen **2** weer betrekken; terugkeren in, naar

la **réintroduction** (v) (het) weer invoeren, weer binnenleiden

réintroduire weer invoeren enz.; *zie* ¹*introduire*

le/la **réitérant** (m), **-e** (v) draaideurcrimineel

réitérer herhalen

rejaillir 1 (+ sur) opspatten, spatten (tegen)
2 (+ sur) [fig] afstralen, neerkomen op
le **rejet** (m) **1** terugwerping **2** verplaatsing
3 (het) wegwerpen enz. **4** nieuwe spruit
5 verwerping, afwijzing; [med] afstoting; *zie
rejeter*
rejeter 1 weer gooien **2** teruggooien, terugslaan, terugdrijven **3** gooien, werpen,
verplaatsen **4** wegwerpen, uitstoten, bannen; [med] afstoten; uitspuwen, uitbraken
5 uitlopers krijgen **6** verwerpen, afwijzen;
[verantwoordelijkheid] afschuiven
le **rejeton** (m) spruit, loot; kind
¹rejoindre (ov ww) **1** zich weer voegen bij,
teruggaan naar, weer bereiken; uitkomen
op; inhalen, achterhalen **2** grote gelijkenis
vertonen met
se **²rejoindre** (wdkg ww) elkaar weer ontmoeten, treffen
rejouer overspelen; nog eens spelen
réjoui, -e opgeruimd, vrolijk
¹réjouir (ov ww) verheugen, verblijden, opvrolijken
se **²réjouir de** (wdk ww) blij zijn, zich verheugen over
la **réjouissance** (v) vrolijkheid, vreugde, pret
les **réjouissances** (mv, v) vermakelijkheden,
feestelijkheden
réjouissant, -e verblijdend; vermakelijk
le **¹relâche** (m) **1** [theat] onderbreking; geen
voorstelling **2** verpozing, rust, ontspanning:
sans ~ continu, zonder ophouden; *moment
de* ~ moment van ontspanning
la **²relâche** (v) [scheepv] (het) aandoen van een
haven; aanloophaven: *faire* ~ binnenlopen,
aandoen
relâché, -e 1 slap **2** losbandig
le **relâchement** (m) **1** verslapping **2** losbandigheid, ontaarding **3** slapheid, verflauwing
¹relâcher (onov ww) aandoen: ~ *dans un port*
een haven binnenlopen
²relâcher (ov ww) **1** ontspannen; [teugels]
vieren **2** [fig] laten verslappen, losser maken:
~ *son attention* zijn aandacht laten verslappen **3** in vrijheid stellen
se **³relâcher** (wdk ww) **1** zich ontspannen
2 verflauwen, verslappen
le **relais** (m) **1** relais; etappe, pleisterplaats: *de*
~ wissel-; *course de* ~ estafetteloop; ~ *4×100
mètres* 4×100 m estafette **2** aflossing: *prendre le* ~ aflossen; *servir de* ~ bemiddelen
la **relance** (v) **1** [sport] verhoogde inzet **2** [fig]
opleving; nieuwe impuls: *lettre de* ~ herin-
neringsbrief
relancer 1 terug-, opnieuw werpen **2** weer
op gang brengen **3** [fig] achtervolgen; aandringen bij **4** [sport] de inzet verhogen
5 opnieuw lanceren **6** een nieuwe impuls
geven
relater vermelden; verslag geven van
le **¹relatif** (m) (het) betrekkelijke

²relat|if, -ive (bn) relatief, betrekkelijk; on-
volledig: ~ *à* betreffend, betrekking hebbend op; [taalk] *pronom* ~ betrekkelijk voornaamwoord; [taalk] *(proposition) relative* bijvoeglijke bijzin
la **relation** (v) **1** relatie, verband; betrekking:
~*s diplomatiques* diplomatieke betrekkingen; *entrer en* ~ *avec qqn*. met iem. in contact
treden **2** kennis [persoon] **3** relaas, verslag ‖
~*s publiques* public relations; ~*s sexuelles*
geslachtsverkeer
relativement betrekkelijk; naar verhouding; nogal: ~ *à* in verhouding tot
la **relativisation** (v) relativering
relativiser relativeren
la **relativité** (v) betrekkelijkheid
relax, -e rustgevend, ontspannen(d), relaxed; informeel
la **relaxation** (v) **1** verslapping, ontspanning
2 rust, verpozing
la **relaxe** (v) [jur] ontslag van rechtsvervol-
ging; invrijheidstelling
¹relaxer (ov ww) **1** in vrijheid stellen **2** ontspannen
se **²relaxer** (wdk ww) relaxen
¹relayer (ov ww) aflossen: ~ *une information*
een bericht overnemen
se **²relayer** (wdkg ww) elkaar aflossen
reléguer verbannen, verstoppen, verbergen; wegzetten: ~ *au second plan* op de achtergrond schuiven
le **relent** (m) **1** kwalijke geur **2** spoor, zweem
le **¹relevé** (m) **1** (het) inschrijven, optekenen;
lijst, staat, overzicht: ~ *de compte* rekening-
afschrift; ~ *d'identité bancaire (RIB)* bank-
identificatie(nummer) [in Fr] **2** opmeting
²relevé, -e (bn) **1** verhoogd; opgeslagen
[rand] **2** verheven **3** pikant, sterk gekruid:
sauce ~*e* pittige saus
la **relève** (v) aflossing: *prendre la* ~ aflossen,
opvolgen, vervangen
¹relever de (onov ww) **1** afhangen van, vallen onder **2** herstellen van [ziekte]
²relever (ov ww) **1** weer oprichten, opheffen, overeind zetten **2** verhogen, optrekken;
[haar] opsteken; [mouwen] opstropen;
[kraag] opzetten; [raampje] omhoogdraaien
3 herstellen, doen opleven **4** pikanter maken, kruiden **5** aantrekkelijker maken
6 aantekenen: ~ *un compteur* een meter opnemen **7** beter doen uitkomen **8** ontdekken; signaleren **9** de aandacht vestigen op
10 ontheffen (van): ~ *qqn. de ses fonctions*
iem. van zijn functie ontheffen **11** [de
wacht] aflossen ‖ ~ *le défi* de uitdaging aannemen
se **³relever** (wdk ww) **1** weer opstaan, overeind komen **2** naar boven gericht zijn, oplopen **3** opgeslagen, opgeklapt kunnen worden **4** herrijzen, herleven **5** (+ de) herstellen
van **6** elkaar aflossen

le **relief** (m) reliëf; oneffenheid; ruimte-, diepte-effect: *mettre en* ~ reliëf geven aan, op de voorgrond plaatsen, (beter) doen uitkomen

les **reliefs** (mv, m) restjes

relier 1 weer vastbinden, weer verbinden **2** inbinden [van een boek] **3** [verkeer; telec] verbinden **4** in verband brengen met

religieusement 1 godsdienstig, vroom: *se marier* ~ in de kerk trouwen **2** angstvallig, heel aandachtig; uiterst nauwkeurig

le/la **¹religi|eux** (m), **-euse** (v) monnik, non; kloosterling(e)

²religi|eux, -euse (bn) **1** religieus, godsdienst-, geloofs-, kerkelijk, geestelijk: *art* ~ religieuze kunst, kerkelijke kunst; *fêtes religieuses* kerkelijke feesten; *mariage* ~ kerkelijk huwelijk; *un silence* ~ een ingekeerde stilte; *musique religieuse* gewijde muziek **2** kloosterlijk, klooster- **3** gelovig, vroom **4** eerbiedig

la **religion** (v) **1** godsdienst, religie, geloof: ~ *musulmane* islam; *ma* ~ *est faite* [fig] ik ben eruit **2** vroomheid **3** kloosterleven, kloostergemeenschap: *entrer en* ~ in het klooster gaan **4** cultus, (het) cultiveren

la **religiosité** (v) godsdienstigheid

le **reliquaire** (m) relikwieënschrijn, relikwieënhouder

le **reliquat** (m) restant, nog uitstaande schuld

la **relique** (v) relikwie; reliek; [biol] levend fossiel

relire herlezen, overlezen

la **reliure** (v) (het) inbinden, boekbinden; (boek)band

relocaliser [onderneming] elders vestigen; verplaatsen

reloger weer huisvesten, onderbrengen

relooker [inf] een nieuw uiterlijk geven (aan); restylen

le **relooking** (m) make-over

reluire blinken, glimmen, glanzen: *brosse à* ~ borstel voor het uitpoetsen

reluisant, -e blinkend, glimmend, glanzend

reluquer begluren, begerige blikken werpen op; azen op, loeren op

remâcher herkauwen; [fig] niet van zich (kunnen) afzetten

le **remake** (m) [m.b.t. film] remake

le **remaniement** (m) wijziging; bewerking: ~ *ministériel* tussentijdse kabinetswijziging

remanier omwerken; herzien, wijzigingen aanbrengen, reorganiseren, veranderen

le **remariage** (m) tweede huwelijk

se **remarier** hertrouwen

remarquable opmerkelijk; voortreffelijk; merkwaardig

la **remarque** (v) opmerking; aanmerking; aantekening

¹remarquer (ov ww) **1** weer merken **2** op-

merken, bemerken; onderscheiden, constateren: *une absence remarquée* een opvallende afwezigheid; *faire* ~ de aandacht vestigen op, duidelijk maken

se **²remarquer** (wdk ww) opvallen: *se faire* ~ **a)** zich onderscheiden; **b)** de aandacht trekken; *sans se faire* ~ onopvallend; *tu n'as rien remarqué?* is jou niets opgevallen?

le **remballage** (m) (het) weer inpakken; nieuwe verpakking

remballer weer inpakken

rembarrer afsnauwen: *se faire* ~ de wind van voren krijgen

le **remblai** (m) ophoging, dam; opgebrachte aarde

remblayer ophogen

rembobiner terugspoelen

remboîter 1 weer goed zetten **2** [med] weer in de kom zetten

rembourrer opvullen

remboursable terug te betalen; aflosbaar

le **remboursement** (m) **1** aflossing, terugbetaling **2** rembours: *contre* ~ onder rembours

¹rembourser (ov ww) (terug)betalen, aflossen, vergoeden

se **²rembourser** (wdk ww) zijn geld terugkrijgen, zich schadeloos stellen

se **rembrunir** [m.b.t. gelaat] versomberen, betrekken

le **remède** (m) geneesmiddel, remedie; (hulp)middel; redmiddel, oplossing: ~ *universel* panacee, wondermiddel; ~ *de bonne femme* huismiddeltje; ~ *de cheval* paardenmiddel; *porter* ~ *à* verhelpen; *sans* ~ ongeneeslijk, niet te verhelpen; *aux grands maux les grands* ~*s* zachte heelmeesters maken stinkende wonden

la **remédiation** (v) remedial teaching

remédier à verhelpen, voorzien in, verbetering brengen in, een eind maken aan

le **remembrement** (m) (ruil)verkaveling

remembrer herverkavelen

se **remémorer** zich herinneren, zich weer voor de geest halen

le **remerciement** (m) dankzegging, dankbetuiging, bedankje: *avec tous mes* ~*s* hartelijk dank

remercier 1 (+ de, pour) bedanken (voor) **2** ontslaan, wegzenden

¹remettre (onov ww) [Belg] overgeven, braken

²remettre (ov ww) **1** terugplaatsen, terugzenden: ~ *debout (d'aplomb)* weer op de been helpen; ~ *qqn. à sa place* iem. terechtwijzen; ~ *en cause* opnieuw ter discussie stellen; ~ *en état* herstellen **2** weer aandoen, aantrekken, opzetten **3** overdoen **4** overhandigen, teruggeven, inleveren, overdragen, toevertrouwen; [hand] overmaken; [ontslag] indienen **5** schenken, kwijtschelden **6** uitstellen: *ce n'est que partie remise* het is maar uitstel, geen afstel; ~ *qqch. à plus tard* iets uitstellen (tot later) **7** [Belg] ter overname aanbieden

se **³remettre** (wdk ww) **1** weer plaats nemen **2** weer beginnen, hervatten **3** herstellen; [m.b.t. weer] opklaren ‖ *s'en* ~ *à qqn.* op iem. vertrouwen

la **réminiscence** (v) (flauwe) herinnering

la **remise** (v) **1** (het) terugplaatsen, weer plaatsen: *cours de* ~ *à niveau* opfriscursus **2** stalling, garage; remise **3** overhandiging, afgifte, overmaking **4** kwijtschelding, vermindering; vergeving: ~ *de peine* strafvermindering **5** korting, reductie **6** uitstel

remiser 1 stallen **2** (op)bergen, wegbergen

la **rémission** (v) **1** vergiffenis, vergeving, kwijtschelding van straf, gratie **2** tijdelijke verbetering: *sans* ~ onverbiddelijk

remixer [muz] een remix maken van; remixen

remmener weer meenemen; terugbrengen, brengen

remodeler bewerken, hervormen; reorganiseren

le **remontage** (m) **1** (het) opwinden **2** (het) weer monteren, in elkaar zetten; *zie ¹remonter*

le **remontant** (m) opwekkend middel, opkikker

la **remontée** (v) (het) weer naar boven gaan (komen): ~ *mécanique* skilift

le **remonte-pente** (m; mv: remonte-pentes) skilift, sleeplift

¹remonter (onov ww) **1** weer naar boven gaan; omhoogkruipen [van kleding]; instappen: *jupe qui remonte* omhoogkruipend rokje **2** stroomopwaarts gaan **3** weer uitlopen, nabloeien **4** (+ à, dans) teruggaan (naar): ~ *à la source* tot de bron teruggaan; ~ *dans le temps* in het verleden teruggaan **5** (+ à) dateren uit

²remonter (ov ww) **1** weer opgaan (oprijden), weer bestijgen **2** opvaren: ~ *une côte* langs de kust noordwaarts varen; ~ *une rue* een straat weer aflopen; ~ *le courant* tegen de stroom op roeien **3** (weer) naar boven brengen: ~ *son col* zijn kraag opzetten; ~ *son pantalon* zijn broek ophijsen **4** verhogen, ophogen; [kraag] opzetten **5** [sport] inhalen **6** [een uurwerk] opwinden; opnieuw monteren **7** opmonteren; oppeppen: ~ *le moral à qqn.* iem. opbeuren

se **³remonter** (wdk ww) weer op krachten komen

la **remontrance** (v) terechtwijzing

remontrer: *en* ~ *à qqn.* iem. een lesje geven, iem. de baas zijn

le **remords** (m) wroeging, berouw

le **remorquage** (m) (het) slepen, op sleeptouw nemen; sleepvaart

la **remorque** (v) **1** (het) slepen **2** sleepkabel, sleeptouw **3** aanhangwagen: *prendre en* ~ op sleeptouw nemen; *être à la* ~ *de qqn.* iem. blindelings volgen

remorquer slepen, voorttrekken; [fig] meeslepen

le **remorqueur** (m) sleepboot

la **rémoulade** (v) remouladesaus

le **rémouleur** (m) scharenslijper

le **¹remous** (m) **1** kielzog **2** kolk

les **²remous** (mv, m) beroering, deining, onrust

rempailler matten [van stoelen]

le **rempart** (m) **1** ringwal; vestingmuur **2** [fig] schild; bescherming

¹rempiler (onov ww) bijtekenen

²rempiler (ov ww) weer opstapelen

le/la **remplaçant** (m), **-e** (v) (plaats)vervang-(st)er; [sport] invaller, -ster

le **remplacement** (m) vervanging

remplacer vervangen; in de plaats treden van, opvolgen, aflossen

¹remplir (ov ww) **1** (+ de) vullen, aan-, invullen (met) **2** vervullen, uitoefenen, bekleden **3** [aan de verwachtingen] beantwoorden; [aan een voorwaarde] voldoen; [een belofte] houden

se **²remplir** (wdk ww) **1** (+ de) zich vullen, vollopen (met) **2** vervuld worden **3** [inf] zich volstoppen

le **remplissage** (m) **1** (het) vullen, dichtstoppen **2** bladvulling

le **remploi** (m) hergebruik

remployer 1 opnieuw gebruiken **2** weer beleggen, weer besteden [van geld]

se **remplumer 1** nieuwe veren krijgen **2** er bovenop komen; er weer goed uit gaan zien

remporter 1 terugbrengen, weer meenemen **2** [fig] behalen, winnen, oogsten: ~ *un succès* een succes behalen

rempoter verpotten

remuant, -e 1 beweeglijk **2** bedrijvig, dynamisch: *un enfant* ~ een druk kind

le **remue-ménage** (m) opschudding, bedrijvigheid, drukte

le **remue-méninges** (m) [scherts] brainstorming

le **remuement** (m) beweging; verplaatsing; *zie ¹remuer*

¹remuer (ov ww) **1** bewegen, verplaatsen: [fig] ~ *ciel et terre* hemel en aarde bewegen; *ne pas* ~ *le petit doigt* geen vinger uitsteken; ~ *la queue* kwispelen **2** (om)roeren, schudden: ~ *la salade* de sla mengen **3** omspitten, omwerken, omwoelen; overhoop halen **4** mengen **5** ontroeren

se **²remuer** (wdk ww) **1** zich bewegen, zich (ver)roeren **2** flink aanpakken, zich druk maken

rémunéra|teur, -trice lonend

la **rémunération** (v) loon, beloning, betaling

rémunérer belonen, betalen

renâcler 1 snuiven **2** (+ à, sur) de neus optrekken (voor); geen zin hebben (in): *en renâclant* met tegenzin

la **renaissance** (v) wedergeboorte, herleving, opleving

la **Renaissance** (v) renaissance: *un château ~* een renaissancekasteel

renaissant, -e herlevend, oplevend, opnieuw beginnend

renaître herboren worden, herleven, opleven; weer verschijnen: *~ de ses cendres* uit zijn as herrijzen; *~ à l'espoir* weer hoop krijgen; *faire ~ le passé* het verleden doen herleven

rénal, -e van de nieren, nier-: *calculs renaux* nierstenen

le **renard** (m) **1** vos; [fig] slimme vos **2** vossenbont

la **renarde** (v) moervos; wijfjesvos

le **renardeau** (m) vossenwelp, vossenjong

le **rencard** (m) [inf] afspraakje

¹**renchérir** (onov ww) **1** opslaan, duurder worden **2** er een schepje opdoen **3** (+ sur) overtreffen, verder gaan dan

²**renchérir** (ov ww) duurder maken

le **renchérissement** (m) prijsverhoging, opslag

la **rencontre** (v) **1** ontmoeting, bijeenkomst, samenkomst: *aller à la ~ de* tegemoet gaan; *faire la ~ de qqn.* iem. ontmoeten, iem. tegenkomen **2** botsing; [mil] treffen **3** duel; [sport] wedstrijd **4** toeval

¹**rencontrer** (onov ww) **1** ontmoeten, tegenkomen, in aanraking komen met; ondervinden: *~ qqn. sur son chemin* iem. onderweg tegenkomen **2** in botsing komen met **3** [Belg] tegemoetkomen, beantwoorden; *~ un problème* een probleem oplossen **4** [sport] spelen (tegen)

se ²**rencontrer** (wdk ww) **1** aangetroffen worden, voorkomen: *les grands esprits se rencontrent* twee zielen, één gedachte **2** elkaar ontmoeten: *nous nous sommes déjà rencontrés* wij hebben elkaar al eens eerder ontmoet

le **rendement** (m) opbrengst, productiviteit; rendement

le **rendez-vous** (m) (plaats van) samenkomst; afspraak, trefpunt: *donner ~, prendre ~* een afspraak maken; *sur ~* volgens afspraak

se **rendormir** weer inslapen

¹**rendre** (onov ww) resultaat hebben, renderen

²**rendre** (ov ww) **1** teruggeven: *~ l'espoir* nieuwe moed geven; *~ la monnaie* kleingeld teruggeven **2** weergeven, vertolken; vertalen **3** uitbraken, (uit)braken; [bloed] opgeven **4** (over)geven: *~ compte* verslag uitbrengen; *~ les armes* zich overgeven; *~ hommage* hulde brengen; *~ la justice* rechtspreken; *~ service* een dienst bewijzen; *~ visite*

bezoeken [op bezoek gaan] **5** opleveren **6** [met bn] maken; *~ meilleur* verbeteren; *~ responsable* verantwoordelijk stellen

se ³**rendre** (wdk ww) **1** gehoor (gevolg) geven: *se ~ à la raison* voor rede vatbaar zijn **2** weergegeven, vertaald (kunnen) worden **3** zich overgeven **4** [met bn] zich maken **5** (+ à) zich begeven, gaan (naar)

le ¹**rendu** (m) [kunst] getrouwe weergave van de werkelijkheid ‖ *c'est un prêté pour un ~* boontje komt om zijn loontje

²**rendu, -e** (bn) aangekomen [te bestemder plaatse]: *nous voilà ~s* daar zijn we dan

la **rêne** (v) teugel, toom: [fig] *tenir les ~s de* de touwtjes in handen hebben

le/la **renégat** (m), **-e** (v) renegaat, afvallige

renégocier heronderhandelen

le ¹**renfermé** (m) mufheid, muffe lucht: *odeur de ~* bedomptheid; *sentir le ~* muf ruiken

²**renfermé, -e** (bn) gesloten, in zichzelf gekeerd

¹**renfermer** (ov ww) **1** weer opsluiten **2** bevatten, inhouden

se ²**renfermer** (wdk ww) zich opsluiten: *se ~ en soi-même* zijn gevoelens niet laten blijken

renflé, -e opgezet, opgezwollen

le **renflement** (m) verdikking, zwelling

se **renfler** (op)zwellen, verdikken, opzetten, uitzetten

renflouer 1 (het) weer vlot maken; lichten **2** er bovenop brengen [met geldmiddelen]: *~ les caisses de l'État* se staatskas spekken

le **renfoncement** (m) insprong, uitholling, nis

renfoncer 1 dieper inslaan, indrukken: *~ son chapeau* zijn hoed dieper in de ogen zetten **2** [typ] inspringen

renforcé, -e nog sterker, versterkt

¹**renforcer** (ov ww) versterken, verstevigen, verzwaren, vergroten

se ²**renforcer** (wdk ww) sterker worden

le **renfort** (m) versterking; hulptroepen: *à grand ~ de* met behulp van veel

renfrogné, -e stuurs, nors

se **renfrogner** een nors, zuur gezicht zetten

¹**rengager** (ov ww) weer in dienst nemen

se ²**rengager** (wdk ww) bijtekenen

la **rengaine** (v) afgezaagd gezegde, oude liedje; deun

rengainer weer in de schede, het foedraal steken; [fig] vóór zich houden

se **rengorger** een hoge borst opzetten

le **reniement** (m) ontkenning, verloochening

¹**renier** (ov ww) verloochenen, afzweren, verzaken; [belofte] breken

se ²**renier** (wdk ww) ontrouw worden aan zijn principes

le **reniflement** (m) gesnuif

renifler (op)snuiven; ruiken aan; [fig] de lucht krijgen van

le **renne** (m) rendier

le **renom** (m) faam, bekendheid: *de* ~ vermaard, bekend
renommé, -e beroemd, vermaard
la **renommée** (v) vermaardheid, faam; reputatie
renommer hernoemen; [straatnaam] omdopen: [comp] ~ *un fichier* een bestand hernoemen
le **renon** (m) [Belg] opzegging [van een huurcontract]
le **renoncement** (m) afstand, verloochening, ontzegging: *vie de* ~ leven van afzien
renoncer 1 (+ à) afstand doen van, afzien van, opgeven **2** [Belg] verbreken [huurovereenkomst]; opzeggen [van huurder]
la **renonciation à** (v) (het) afstand doen, afzien (van); verloochening, afzwering
la **renoncule** (v) ranonkel; boterbloem
renouer weer vastbinden; [fig] weer aanknopen, hervatten
le **renouveau** (m) opleving, vernieuwing, terugkeer, wedergeboorte
renouvelable te vernieuwen, herhaalbaar: *énergies* ~s duurzame energiebronnen
[1]**renouveler** (ov ww) hernieuwen; vervangen; herhalen: ~ *l'air* de lucht verversen; ~ *un bail* een huurcontract verlengen; ~ *sa demande* zijn verzoek herhalen
se [2]**renouveler** (wdk ww) vernieuwd worden, vervangen worden, weer terugkomen
le **renouvellement** (m) vernieuwing; hervatting, vervanging; verlenging; aanvulling; herhaling
le/la [1]**rénova|teur** (m), **-trice** (v) vernieuw(st)er; hervorm(st)er
[2]**rénova|teur, -trice** (bn) vernieuwend
la **rénovation** (v) vernieuwing; renovatie, restauratie; modernisering
le **rénové** (m) [Belg] gerenoveerd onderwijs
rénover vernieuwen; moderniseren, renoveren, restaureren; nieuw leven inblazen
le **renseignement** (m) inlichting: *prendre des* ~s inlichtingen inwinnen; *pour tout* ~ … voor nadere inlichtingen …
les **renseignements** (mv, m) inlichtingenbureau, inlichtingendienst: *Renseignements Généraux* inlichtingendienst van de politie
[1]**renseigner** (ov ww) inlichten
se [2]**renseigner sur** (wdk ww) inlichtingen inwinnen (over), informeren (naar), zich op de hoogte stellen (van)
rentabiliser rendabel maken
la **rentabilité** (v) rentabiliteit
rentable rendabel; [fig] lonend
la **rente** (v) **1** jaargeld; rente: ~ *viagère* lijfrente; *vivre de ses* ~s rentenieren; ~ *de situation* profijt dat men trekt van een verworven positie **2** [fig] melkkoe
le/la **rent|ier** (m), **-ière** (v) rentenier(ster)
rentrant, -e inspringend; intrekbaar
rentré, -e 1 ingehouden: *colère* ~e ingehouden woede **2** hol: *joues* ~es ingevallen wangen; *yeux* ~s diepliggende ogen
le **rentre-dedans** (m): [inf] **1** *faire du* ~ *à qqn* iem. opdringerig proberen te versieren **2** agressieve houding
la **rentrée** (v) **1** thuiskomst, terugkeer **2** begin van het nieuwe schooljaar; hervatting van de werkzaamheden: *à la* ~ na de vakantie **3** (het) binnenhalen [van de oogst] **4** comeback **5** ontvangsten [geld]
[1]**rentrer** (onov ww) **1** weer naar binnen gaan, terugkomen, teruggaan; thuiskomen, naar huis gaan; [m.b.t. gelden] binnenkomen: ~ *dans* sa coquille in zijn schulp kruipen; ~ *dans l'ordre* in orde komen; *tout est rentré dans l'ordre* alles is weer gewoon; ~ *dans la police* in dienst gaan bij de politie **2** weer beginnen ‖ ~ *dans ses frais* zijn kosten eruit halen; ~ *dans un arbre* tegen een boom rijden; ~ *dedans* erop los slaan
[2]**rentrer** (ov ww) binnenbrengen, stoppen; [landingsgestel] intrekken; [woede] bedwingen: ~ *le ventre* zijn buik inhouden; ~ *sa chemise dans son pantalon* zijn hemd in de broek stoppen
renversant, -e verbazend, ongelofelijk
la **renverse** (v): *tomber à la* ~ achterover vallen
renversé, -e 1 omgekeerd: *crème* ~e ± pudding **2** stomverbaasd, ontdaan
le **renversement** (m) **1** omkering, omzetting, omschakeling **2** ommekeer, ommezwaai **3** omverwerping, val, ineenstorting **4** achteroverbuigen
[1]**renverser** (ov ww) **1** omverlopen, omverrijden, aanrijden; omgooien, omkeren: ~ *la tête* zijn hoofd achterover werpen; ~ *la vapeur* het roer omgooien; *voiture qui renverse un piéton* auto die een voetganger aanrijdt **2** omverwerpen, ten val brengen **3** omzetten, verwisselen **4** afbreken, slopen, omverhalen
se [2]**renverser** (wdk ww) **1** omvallen, kapseizen, achterover hellen **2** ondersteboven gekeerd worden
le **renvoi** (m) **1** terugzending **2** [sport] terugslag, (het) terugspelen **3** weerkaatsing **4** (het) wegzenden, ontslag **5** uitstel **6** verwijzing(steken) **7** boer: *faire un* ~ boeren
[1]**renvoyer** (ov ww) **1** terugzenden, naar huis zenden **2** [sport] terugspelen; [fig] terugkaatsen **3** weerkaatsen **4** wegzenden, ontslaan: ~ *de l'école* van school sturen **5** uitstellen, verdagen **6** verwijzen
se [2]**renvoyer** (wdk ww): [fig] *se* ~ *la balle* **a)** elkaar van repliek dienen; **b)** de verantwoordelijkheid op elkaar afschuiven; *se* ~ *l'ascenseur* [fig] elkaar de bal toespelen
la **réorganisation** (v) reorganisatie
réorganiser reorganiseren
la **réorientation** (v) omschakeling; heroriëntering

réorienter heroriënteren

la **réouverture** (v) heropening

le **repaire** (m) hol [van dieren, rovers]

se **repaître 1** [m.b.t. dieren] zijn honger stillen **2** (+ de) zich te goed doen aan, zich verlustigen in, zich vleien met

¹répandre (ov ww) **1** uit-, rondstrooien, ver-, uitspreiden **2** (uit)gieten, storten, morsen, doen stromen **3** gul zijn met **4** verbreiden, propageren

se **²répandre** (wdk ww) **1** zich verbreiden, zich verspreiden; stromen, vloeien; [m.b.t. geruchten] de ronde doen **2** (+ en) zich uitputten in

répandu, -e verspreid, verbreid

réparable herstelbaar

reparaître weer verschijnen

le/la **¹répara|teur** (m), **-trice** (v) reparateur, hersteller, -ster

²répara|teur, -trice (bn) herstellend; verkwikkend

la **réparation** (v) **1** reparatie; genezing **2** vergoeding **3** (het) weer goedmaken, genoegdoening, eerherstel || *coup (de pied) de* ~ strafschop; *surface de* ~ strafschopgebied

les **réparations** (mv, v) herstelwerkzaamheden

réparer 1 repareren, herstellen, weer in orde brengen, genezen **2** vergoeden **3** goedmaken, ongedaan maken, verhelpen

reparler weer spreken (over iets): *on en* ~*a* we zullen zien

la **repartie** (v) (snedig) antwoord

repartir 1 weer vertrekken **2** terugkeren **3** opnieuw beginnen

¹répartir (ov ww) **1** verdelen **2** (ver)spreiden **3** indelen

se **²répartir** (wdk ww) **1** verdeeld, ingedeeld worden **2** onder elkaar verdelen

la **répartition** (v) verdeling, indeling; rantsoenering; spreiding

le **repas** (m) maal(tijd): *coin* ~ eethoek; *heure du* ~ etenstijd

le **repassage** (m) (het) strijken

¹repasser (onov ww) teruggaan, terugkeren, weer langskomen

²repasser (ov ww) **1** weer laten oversteken, weer overbrengen **2** doorgeven **3** slijpen **4** strijken: *fer à* ~ strijkijzer **5** overlezen, nakijken; herhalen: ~ *un examen* een examen overdoen

la **repasseuse** (v) **1** strijkster **2** strijkmachine

le **repêchage** (m) **1** het weer opvissen **2** herexamen; [sport] herkansing

repêcher 1 (weer) opvissen **2** redden, uit de brand helpen: ~ *un candidat* een kandidaat redden

repeindre weer verven, overschilderen

repenser weer denken; opnieuw bekijken, heroverwegen

repentant, -e berouwvol

le/la **¹repenti** (m), **-e** (v) iem. die tot inkeer is gekomen

²repenti, -e (bn) berouwvol

le **¹repentir** (m) berouw, spijt

se **²repentir de** (wdk ww) berouw hebben (over), spijt hebben (van), berouwen, spijten

repérable opspoorbaar, te vinden

le **repérage** (m) (het) voorzien van merktekens; opsporing; register [in boek]; positiebepaling; [film] proefopname buiten

la **répercussion** (v) **1** weerkaatsing [van geluid] **2** terugstoot **3** terugslag, weerslag, repercussie

¹répercuter (ov ww) **1** weerkaatsen **2** doorgeven **3** (+ sur) verhalen, afwentelen op

se **²répercuter** (wdk ww) teruggekaatst worden; [fig] gevolgen hebben

le **repère** (m) merk(teken): *point de* ~ herkenningspunt, aanknopingspunt

¹repérer (ov ww) **1** aangeven, markeren **2** opsporen, vinden; peilen, positie bepalen **3** ontdekken: ~ *un ami dans la foule* een vriend in de menigte ontdekken

se **²repérer** (wdk ww) zich oriënteren: *se faire* ~ **a)** de aandacht trekken; **b)** betrapt worden

le **répertoire** (m) klapper, (zaak)register, alfabetisch notitieboekje; [theat, muz] repertoire; verzameling

répertorier inventariseren

¹répéter (ov ww) weer herhalen, overdoen; nog eens zeggen, weergeven; repeteren

se **²répéter** (wdk ww) herhaald worden, zich herhalen, meer dan eens gebeuren; in herhalingen vervallen

le/la **répéti|teur** (m), **-trice** (v) repetitor

répétit|if, -ive zich herhalend, terugkerend

la **répétition** (v) repetitie, herhaling; (het) repeteren

repeupler weer bevolken; herbeplanten; weer uitzetten

repiquer 1 (het) verpoten, verspenen **2** kopiëren, opnieuw opnemen

le **répit** (m) **1** uitstel, respijt **2** pauze, onderbreking, rust: *sans* ~ onafgebroken, voortdurend

replacer weer plaatsen, herplaatsen

replanter verplanten; herbeplanten

replâtrer bij-, overpleisteren; [fig] oplappen

replet, -te mollig, dik, vlezig

le **repli** (m) **1** vouw, plooi, omslag **2** golving; terreinplooi **3** [ook mil] (het) terugtrekken: ~ *sur soi-même* zelfinkeer

le **repliement** (m) **1** het in zichzelf gekeerd zijn **2** het opvouwen, -rollen

¹replier (ov ww) **1** weer plooien, vouwen, omslaan: ~ *un journal* een krant opvouwen **2** [zijn benen] intrekken **3** [mil] terugtrekken

se **²replier** (wdk ww) [mil] (volgens plan) terugtrekken: *se ~ sur soi-même* tot zichzelf inkeren

la **réplique** (v) **1** repliek, antwoord; protest:
un argument sans ~ een afdoend argument;
avoir la ~ facile altijd een antwoord klaar
hebben **2** replica [beeldende kunst]

répliquer 1 [heftig, raak] antwoorden; van
repliek dienen; protesteren **2** de aanval beantwoorden

les **replis** (mv, m) [fig] diepste van zijn hart (*of:*
ziel)

replonger weer storten in; weer duiken in:
se ~ dans son livre weer in zijn boek duiken

le **répondeur** (m) antwoordapparaat

¹répondre (onov ww) **1** (+ à) antwoorden
op, beantwoorden **2** (+ à) gehoor, gevolg
geven (aan); reageren (op): *ça ne répond pas*
er wordt niet opgenomen; *~ à un besoin*
voorzien in een behoefte; *~ au téléphone* de
telefoon aannemen **3** (+ à) beantwoorden
aan, overeenkomen met **4** (+ de, pour) verantwoordelijk zijn, instaan voor, garanderen

²répondre (ov ww) antwoorden

se **³répondre** (wdk ww) **1** symmetrisch zijn
2 veel gemeen hebben, (met elkaar) overeenstemmen **3** elkaar antwoorden

la **réponse** (v) antwoord, beantwoording,
weerlegging; reactie; respons: *droit de ~*
recht op weerwoord; *~ de Normand* dubbelzinnig antwoord; *~ évasive* ontwijkend antwoord

le **report** (m) **1** [boekh] transport: *~ des voix*
overdracht van stemmen **2** [hand] prolongatie **3** uitstel

le **reportage** (m) reportage, verslag

le/la **¹reporter** (m/v) reporter, verslaggever,
-geefster

²reporter (ov ww) **1** opnieuw dragen **2** terugbrengen; overbrengen, overdragen, verplaatsen; [zijn stem] uitbrengen **3** uitstellen
4 [boekh] transporteren; overboeken

se **³reporter** (wdk ww) **1** (+ à) terugdenken
aan **2** (+ à) verwijzen naar **3** (+ à) zich beroepen op, raadplegen **4** (+ sur) zich verplaatsen
naar, overgaan op

le **repos** (m) rust; pauze; onderbreking: *au ~*
in rust, bewegingloos; *aire de ~* stopplaats;
de tout ~ volkomen betrouwbaar, zeker; *un*
emploi de tout ~ een rustig baantje; *avoir sa*
conscience en ~ een gerust geweten hebben

reposant, -e rustgevend, ontspannend

reposé, -e 1 kalm, rustig **2** uitgerust, fris: *à*
tête ~e weldoordacht, in alle rust

le **repose-pied** (m) voetsteun

¹reposer (onov ww) **1** rusten; slapen; [m.b.t.
overledene] rusten, liggen **2** bezinken **3** (+
sur) steunen, (be)rusten op

²reposer (ov ww) **1** laten (uit)rusten; verademing geven, ontspannen: [cul] *laisser ~*
une pâte deeg laten rusten **2** opnieuw plaat-

sen enz.; *zie ¹poser*

se **³reposer** (wdk ww) rusten: *se ~ sur qqn.* zich
op iem. verlaten

le **repose-tête** (m) hoofdsteun

le **repositionner** weer in de juiste positie
brengen; [ec] herpositioneren

repoussant, -e weerzinwekkend

¹repousser (onov ww) [plantk] weer uitlopen: *laisser ~ sa barbe* zijn baard laten staan

²repousser (ov ww) **1** terug-, wegduwen,
af-, terugstoten; terugdrijven; afslaan [een
aanval] **2** verwerpen, afwijzen **3** [metaal]
drijven **4** uitstellen, opschorten

répréhensible afkeurenswaard, laakbaar

¹reprendre (onov ww) **1** aanslaan, weer
wortel schieten; weer opleven **2** weer beginnen

²reprendre (ov ww) **1** hernemen, terugne-
men: *~ haleine* weer op adem komen; *~ des*
forces weer op krachten komen **2** weer te
pakken hebben: *on ne m'y reprendra plus* dat
zal me niet weer gebeuren **3** overnemen
4 terugkrijgen: *~ connaissance* weer bij kennis komen **5** hervatten, hernemen; voortzetten **6** herhalen, overdoen **7** wijzigingen
aanbrengen in; bijwerken, herstellen **8** innemen, nauwer maken **9** bekritiseren; corrigeren **10** [Belg] vermelden: *son nom n'est pas*
repris sur la liste zijn naam staat niet op de lijst

se **³reprendre** (wdk ww) **1** (+ à) hervat worden; weer beginnen met, te: *s'y ~ à plusieurs*
fois herhaaldelijk opnieuw beginnen **2** zichzelf weer meester worden, zich vermannen;
zich herpakken; zich corrigeren

le **repreneur** (m) koper

les **représailles** (mv, v) represaille(maatregelen), vergelding: *user de ~* wraak nemen

le/la **représentant** (m), **-e** (v) vertegenwoordiger, handelsreiziger: *les ~s du peuple* de
volksvertegenwoordigers; *~ de commerce*
handelsreiziger

représentat|if, -ive vertegenwoordigend;
representatief, typisch

la **représentation** (v) **1** vertegenwoordiging: *~ nationale* volksvertegenwoordiging
2 voorstelling, opvoering; uitbeelding, beschrijving, weergave **3** representatie; uiterlijk vertoon: *se donner en ~* **a)** pronken; **b)** opscheppen

¹représenter (ov ww) **1** vertegenwoordi-
gen; waard zijn **2** zijn, betekenen **3** voorstellen, af-, uitbeelden, weergeven: *qu'est-ce*
que ce tableau représente? wat stelt dat schilderij voor? **4** doen denken aan **5** opnieuw
aanbieden

se **²représenter** (wdk ww) **1** zich voorstellen
2 zich opnieuw aandienen: *se ~ aux élections*
zich weer kandidaat stellen bij de verkiezingen **3** weer verschijnen; zich weer voordoen
4 uitgebeeld worden

répress|if, -ive repressief, onderdrukkend

la **répression** (v) repressie, onderdrukking

la **réprimande** (v) berisping
réprimander berispen, terechtwijzen
réprimer onderdrukken

le **¹repris** (m): ~ *de justice* recidivist, oude bekende van de politie
²repris volt dw van *¹reprendre*

le **reprisage** (m) (het) stoppen, verstellen

la **reprise** (v) **1** terugname, herneming, herovering **2** overname **3** opnieuw arresteren **4** (het) opnieuw beginnen, hervatting **5** herhaling; [theat] heropvoering: *à plusieurs* ~s herhaaldelijk **6** reparatie; (het) verstellen: *faire des* ~s *à un vêtement* een kledingstuk verstellen **7** herstel, herleving **8** acceleratievermogen
repriser stoppen, verstellen
réproba|teur, -trice afkeurend

la **réprobation** (v) afkeuring, blaam, veroordeling

le **reproche** (m) verwijt: *sans* ~(s) onberispelijk
¹reprocher (ov ww) verwijten

se **²reprocher** (wdk ww) **1** zich verwijten **2** elkaar verwijten
reproduc|teur, -trice reproductief; voortplantings-: *un taureau* ~ een dekstier; *organe* ~ voortplantingsorgaan

la **reproduction** (v) **1** reproductie; nadruk, kopie, namaak **2** weergave **3** voortplanting
¹reproduire (ov ww) **1** reproduceren **2** weergeven; nadrukken, namaken, kopiëren; herhalen

se **²reproduire** (wdk ww) **1** zich weer voordoen **2** zich voortplanten
reprogrammer 1 [comp] herprogrammeren **2** opnieuw op het programma zetten

le/la **réprouvé** (m), **-e** (v) verschoppeling, uitgestoten(e)
réprouver verwerpen, afkeuren; verdoemen

la **reptation** (v) (het) kruipen [van dieren]

le **reptile** (m) **1** reptiel **2** slang **3** [fig] kruiper
¹repu, -e (bn) verzadigd
²repu volt dw van *repaître*

le/la **¹républicain** (m), **-e** (v) republikein(se)
²républicain, -e (bn) republikeins

la **république** (v) republiek: *la République tchèque* Tsjechië; *on est en* ~*!* we leven in een vrij land!, dat pik ik niet!

la **répudiation** (v) verstoting; [jur] afstand, verwerping
répudier 1 verstoten **2** [jur] verwerpen, afstand doen van **3** afwijzen

la **répugnance** (v) afkeer, weerzin, tegenzin
répugnant, -e afstotend, weerzinwekkend, walgelijk

¹répugner à (onov ww) **1** tegenstaan, afstoten **2** een afkeer hebben (van), geen zin hebben (in)
²répugner (ov ww) afkeer inboezemen
répuls|if, -ive afstotend, afstotelijk, afzichtelijk

la **répulsion** (v) afstoting; [fig] afkeer, weerzin

la **réputation** (v) reputatie, goede naam; vermaardheid
réputé, -e 1 bekend (als) **2** vermaard

le/la **requérant** (m), **-e** (v) eiser(es)
requérir 1 dringend verzoeken, verlangen **2** vorderen; eisen **3** vereisen

la **requête** (v) rekest, verzoekschrift; (dringend) verzoek: *à* (of: *sur*) *la* ~ op verzoek van; *adresser une* ~ *à qqn.* een verzoekschrift tot iem. richten

le **requiem** (m) requiem

le **requin** (m) haai; [fig] gehaaid iem., geldwolf
¹requinquer (ov ww) [inf] opknappen, opmonteren

se **²requinquer** (wdk ww) opknappen, opkikkeren

requis, -e vereist; verplicht tewerkgesteld: *qualités* ~ses gewenste eigenschappen

la **réquisition** (v) vordering, (het) opeisen: *la* ~ *de l'armée* het inzetten van het leger
réquisitionner 1 vorderen, opeisen **2** (iem.) inschakelen

le **réquisitoire** (m) eis: ~ *contre* aanklacht tegen

le **RER** (m) afk van *réseau express régional* metronet rond Parijs

le/la **¹rescapé** (m), **-e** (v) geredde, overlevende
²rescapé, -e (bn) ontkomen

la **rescousse** (v): *à la* ~ te hulp

le **réseau** (m) net, netwerk [ook fig]

le **réseautage** (m) het netwerken

la **résection** (v) [med] verwijdering

la **réservation** (v) (het) reserveren, boeking

la **réserve** (v) **1** reserve: *tenir en* ~ in voorraad houden, bewaren; *vivres de* ~ voorraad van levensmiddelen **2** magazijn, opslagplaats; magazijnvoorraad **3** reservaat: ~ *naturelle* natuurreservaat **4** besloten jacht, viswater **5** voorbehoud: *sans* ~ zonder voorbehoud; *sous toutes* ~s vrijblijvend; *sous* ~ *(de)* onder voorbehoud (van); *faire des* ~s *sur* bedenkingen hebben ten aanzien van **6** terughoudendheid, gereserveerdheid
réservé, -e 1 gereserveerd, besproken **2** (+ *à*) (uitsluitend) bestemd (voor) **3** terughoudend

¹réserver (ov ww) **1** bewaren; in petto houden: ~ *du bois pour l'hiver* hout wegzetten voor de winter **2** bespreken, reserveren **3** (+ *à*) bestemmen (voor): ~ *un accueil chaleureux à qqn.* iem. een hartelijk welkom toebereiden **4** voorbehouden **5** uitsparen, openlaten

se **²réserver** (wdk ww) **1** een afwachtende houding aannemen, wachten: *je me réserve pour le fromage* ik hou nog een plaatsje over voor de kaas **2** voor zichzelf houden; [sport] zijn krachten sparen **3** zich het recht, de vrijheid voorbehouden

le **réservoir** (m) reservoir, bassin, (vergaar)-bak, waterbekken; houder; tank

le/la **¹résidant** (m), **-e** (v) ingezetene

²résidant, -e (bn) verblijf houdend, woonachtig

la **résidence** (v) 1 woonplaats; standplaats: ~ *secondaire* tweede huis, [Belg] fermette 2 (verplichte) verblijf(plaats), residentie: ~ *forcée* huisarrest; *certificat de* ~ ± uittreksel uit bevolkingsregister 3 luxe wooncomplex; verzorgingsflat

la **résidence-services** (v; mv: résidences-services) woon-zorgcentrum

le **résident** (m) 1 resident 2 zaakgelastigde 3 buitenlander: ~s *français de Belgique* in België wonende Fransen

résidentiel, -le bestemd voor particuliere bewoning: *quartier* ~ woonwijk

résider 1 zetelen, verblijf houden, wonen 2 [fig] zich bevinden, liggen

le **résidu** (m) overschot, overblijfsel, bezinksel, rest; afval

résiduel, -le overblijvend, rest-

la **résignation** (v) berusting, gelatenheid

résigné, -e à berustend (in), gelaten

se **résigner à** berusten in; zich neerleggen bij

la **résiliation** (v) ontbinding

la **résilience** (v) veerkracht [van een metaal]

résilier [jur] ontbinden

la **résille** (v) haarnetje

la **résine** (v) hars

le **¹résineux** (m) naaldboom

²résin|eux, -euse (bn) harsachtig, harshoudend

la **résistance** (v) 1 weerstand; verzet, tegenstand, weerstand: [WO II] *la Résistance* het verzet, [Belg] de weerstand 2 resistentie, uithoudings-, weerstandsvermogen: ~ *des matériaux* sterkteleer; ~ *à la chaleur* het hittebestendig zijn ‖ *plat de* ~ hoofdschotel

le/la **¹résistant** (m), **-e** (v) verzetsstrijd(st)er, [Belg] weerstander

²résistant, -e (bn) 1 tegenstand (weerstand) biedend 2 resistent, taai, stevig: ~ *au froid* bestand tegen koude

résister à 1 weerstand bieden aan, weerstaan, zich verzetten tegen 2 bestand zijn tegen 3 doorstaan

résolu, -e beslist, vastberaden, resoluut

la **résolution** (v) 1 oplossing 2 besluit 3 vastberadenheid 4 [jur] vernietiging, ontbinding

la **résonance** (v) resonantie, weerklank [ook fig]: *caisse de* ~ a) klankbodem; b) [fig] klankbord

résonner weerklinken, weergalmen

¹résorber (ov ww) opnemen, doen verdwijnen

se **²résorber** (wdk ww) verdwijnen

la **résorption** (v) verdwijning

¹résoudre (ov ww) 1 oplossen: ~ *des diffi-*

cultés moeilijkheden uit de weg ruimen 2 doen verdwijnen 3 besluiten: *il a été résolu que* er is besloten dat 4 (+ à) doen besluiten te, ertoe brengen te, overhalen tot

se **²résoudre** (wdk ww) 1 opgelost (kunnen) worden 2 (+ à) besluiten te, tot: *se* ~ *à faire qqch.* besluiten iets te doen

le **respect de, pour** (m) respect, eerbied, ontzag (voor): *je vous présente mes* ~s met mijn complimenten; *sauf votre* ~ met uw welnemen, met alle respect; *tenir en* ~ in bedwang houden

la **respectabilité** (v) eerbiedwaardigheid, achtenswaardigheid

respectable eerbiedwaardig, respectabel, achtenswaardig

¹respecter (ov ww) 1 respecteren, eerbiedigen: *se faire* ~ respect afdwingen; ~ *la tradition* de traditie in ere houden 2 ontzien, sparen 3 in acht nemen, naleven, nakomen

se **²respecter** (wdk ww) zich waardig gedragen, zich respecteren: *qui se respecte* a) zichzelf respecterend; b) rechtgeaard

se **³respecter** (wdkg ww) elkaar respecteren

respect|if, -ive respectief

respectivement respectievelijk; elk van zijn kant

respectu|eux, -euse eerbiedig: *être* ~ *de* in acht nemen

respirable in te ademen

le **respirateur** (m) beademingstoestel

la **respiration** (v) ademhaling; inademing: ~ *artificielle* beademing; *avoir la* ~ *courte* kortademig zijn; *retenir sa* ~ zijn adem inhouden

respiratoire ademhalings-, van de ademhaling: *voies* ~s luchtwegen; *insuffisance* ~ ademnood

¹respirer (onov ww) 1 ademhalen 2 herademen, op verhaal komen

²respirer (ov ww) 1 inademen 2 uitstralen, ademen, getuigen van

resplendir schitteren, stralen

resplendissant, -e schitterend, stralend

responsabiliser verantwoordelijk stellen, maken

la **responsabilité** (v) 1 verantwoording, verantwoordelijkheid; aansprakelijkheid: *sens des* ~s verantwoordelijkheidsgevoel; ~ *atténuée* verminderde toerekeningsvatbaarheid; ~ *civile* wettelijke aansprakelijkheid, [Belg] burgerrechtelijke aansprakelijkheid 2 *poste de* ~ verantwoordelijke post

le/la **¹responsable** (m/v) functionaris; verantwoordelijke, dader

²responsable (bn) verantwoordelijk, aansprakelijk; toerekeningsvatbaar, verstandig; verantwoord

le/la **resquillage** (m), **resquille** (v) het zonder betaling naar binnen gaan; zwartrijden

resquiller 1 zwartrijden 2 ritselen

le/la **resquill|eur** (m), **-euse** (v) zwartrij(st)er;

iem. die niet betaald heeft en toch profiteert

le **ressac** (m) branding

¹ressaisir (ov ww) weer grijpen

se **²ressaisir** (wdk ww) zich vermannen, zichzelf weer meester worden

ressasser [fig] herkauwen, tot vervelens toe herhalen

la **ressemblance** (v) gelijkenis; overeenkomst

les **ressemblances** (mv, v) punten van overeenkomst

ressemblant, -e gelijkend

¹ressembler à (onov ww) lijken op: *cela ne lui ressemble pas!* dat is niets voor hem (haar); *ça ne ressemble à rien* dat lijkt nergens op

se **²ressembler** (wdkg ww) op elkaar lijken: *qui se ressemble s'assemble* soort zoekt soort

le **ressentiment** (m) wrok, wraakzucht

¹ressentir (ov ww) voelen, beleven, ervaren, ondervinden

se **²ressentir de** (wdk ww) de gevolgen, de nawerking ondervinden van; sporen vertonen van

¹resserrer (ov ww) **1** nauwer aanhalen, vaster aantrekken, samentrekken; [tanden] opeenklemmen; [moer] aandraaien: ~ *les rangs* de gelederen sluiten; ~ *un nœud* een knoop strakker aantrekken **2** vernauwen, versmallen, verkleinen; [het hart] doen ineenkrimpen **3** [fig] inperken **4** opnieuw aanhalen

se **²resserrer** (wdk ww) **1** nauwer aangehaald worden **2** zich samentrekken, dichter bijeen gaan staan (zitten) **3** zich vernauwen, zich versmallen, kleiner, nauwer worden, inkrimpen; [m.b.t. hart] ineenkrimpen: *mon cœur se resserre* mijn hart krimpt ineen

¹resservir (onov ww) weer van nut zijn

²resservir (ov ww) weer opdienen

le **ressort** (m) **1** veer, springveer; beweegreden; geest-, veerkracht, fut: *sans* ~ slap, futloos; *manquer de* ~ geen veerkracht hebben **2** ressort, gebied, instantie; bevoegdheid: *être du* ~ *de* vallen onder; *en dernier* ~ **a)** in laatste instantie; **b)** ten slotte

¹ressortir (onov ww, vervoegd als *dormir*) **1** weer uitgaan, weer naar buiten gaan (komen) **2** (duidelijk) uitkomen, uit-, afsteken: *faire* ~ *qqch.* iets goed laten uitkomen, iets onderstrepen **3** (+ de) volgen (uit), blijken (uit): *il en ressort que* daaruit volgt dat

²ressortir (ov ww, vervoegd als *dormir*) weer tevoorschijn halen

³ressortir (onov ww, vervoegd als *finir*) **1** (+ à) ressorteren, vallen (onder) **2** (+ à) raken, aangaan, betreffen, behoren tot

le **ressortissant** (m) staatsburger, onderdaan

ressouder weer solderen; weer tot elkaar brengen

la **ressource** (v) toevlucht, uitweg, redmiddel; mogelijkheid ‖ *c'est un homme de* ~s je hebt

wat aan die man; *à bout de* ~s ten einde raad

se **ressourcer** nieuwe energie opdoen; zich bezinnen op de essentie van het bestaan

les **ressources** (mv, v) middelen van bestaan: *sans* ~ zonder inkomsten; ~ *naturelles* natuurlijke rijkdommen; ~ *humaines* menselijk potentieel; ~ *pétrolières* olievoorraad

ressurgir weer opduiken

¹ressusciter (onov ww) herrijzen, opstaan uit de dood; [fig] herleven

²ressusciter (ov ww) uit de dood opwekken; doen herleven

le **¹restant** (m) rest, restant

²restant, -e (bn) resterend, overblijvend

le **restau** (m) *zie* restaurant

le **restaurant** (m) restaurant: ~ *universitaire* mensa; *tenir un* ~ een restaurant hebben

le/la **restaura|teur** (m), **-trice** (v) restaurateur [in alle bet]

la **restauration** (v) **1** restauratie [van een kunstwerk, vorstenhuis]; herstel **2** horeca: ~ *rapide* fastfood

¹restaurer (ov ww) **1** [een kunstwerk] restaureren **2** op de troon herstellen **3** in ere herstellen **4** te eten geven

se **²restaurer** (wdk ww) de inwendige mens versterken

le **reste** (m) overblijfsel, overschot, rest(ant); (het) overige (deel): *du* ~ overigens; *de* ~ te over; *ne pas demander son* ~ **a)** het erbij laten; **b)** [fig] achterblijven; demeurer (of: *être*) *en* ~ nog iets schuldig zijn; *les* ~s **a)** de ruïnes; **b)** de resten, de kliekjes [eten]

rester 1 blijven: ~ *à dîner* blijven eten; ~ *les bras croisés* werkeloos toezien; *en* ~ *là* het daarbij laten; ~ *sur sa faim* **a)** niet genoeg krijgen; **b)** [fig] niet aan zijn trekken komen; ~ *tranquille* stil zitten, staan, blijven **2** overblijven, over zijn, overschieten, resteren: *ce qui me reste à faire* wat mij nu te doen staat; *reste à savoir si* blijft nog de vraag of

restituer 1 restitueren, teruggeven **2** weergeven [van geluid] **3** in zijn oorspronkelijke vorm (toestand) herstellen, reconstrueren **4** [energie] vrijmaken

la **restitution** (v) **1** restitutie, teruggave, terugbetaling **2** reconstructie

le **resto** (m) [inf] restaurant

le **restoroute** (m) wegrestaurant

¹restreindre (ov ww) beperken, beknotten, verkleinen

se **²restreindre** (wdk ww) zich beperken; inkrimpen; bezuinigen

restrict|if, -ive beperkend

la **restriction** (v) **1** beperking, restrictie; inkrimping: *faire des* ~s voorbehoud maken; *sans* ~ zonder voorbehoud **2** rantsoenering, distributie

la **restructuration** (v) herstructurering

restructurer reorganiseren; herstructureren

la **résultante** (v) gevolg, resultaat

le **résultat** (m) resultaat, gevolg, uitwerking, uitkomst; afloop; opbrengst: ~ *d'exploitation* bedrijfsresultaat; *sans* ~ **a)** tevergeefs; **b)** [sport] onbeslist

les **résultats** (mv, m) eind-, jaarcijfers
résulter 1 resulteren **2** (+ de) voortvloeien (uit), volgen (uit), een gevolg zijn (van) **3** blijken (uit): *il en est résulté que* daaruit bleek dat

le **résumé** (m) samenvatting: *en* ~ kortom, in het kort; *faire un* ~ een samenvatting maken

¹**résumer** (ov ww) resumeren, samenvatten

se ²**résumer** (wdk ww) geresumeerd worden; samenvatten wat men gezegd heeft

la **résurgence** (v) [fig] het weer de kop opsteken
resurgir weer opduiken

la **résurrection** (v) **1** opstanding, verrijzenis **2** herleving, opbloei

¹**rétablir** (ov ww) **1** herstellen **2** opnieuw invoeren **3** reconstrueren

se ²**rétablir** (wdk ww) **1** (zich) herstellen **2** genezen

le **rétablissement** (m) **1** herstel: [fig] ~ *des finances* sanering van de financiën **2** genezing: *bon* ~*!* beterschap! **3** [gymn] (het) optrekken aan rekstok, ringen

¹**rétamer** (ov ww) [inf] op z'n lazer (*of:* donder) geven: *se faire* ~ op z'n lazer (*of:* donder) krijgen

se ²**rétamer** (wdk ww) [inf] onderuitgaan

la **retape** (v) **1** [pop] (het) tippelen: *faire la* ~ tippelen **2** schreeuwerige reclame

¹**retaper** (ov ww) **1** oplappen: ~ *une maison* een huis opknappen **2** overtypen

se ²**retaper** (wdk ww) opknappen

le **retard** (m) vertraging, uitstel; achterstand; (het) achterlopen [van klok]: *en* ~ **a)** te laat; **b)** achterstallig; *loyer en* ~ achterstallige huur; *sans* ~ direct; *enfant qui est en* ~ *pour son âge* kind dat achter is bij zijn leeftijdgenoten; [inf] *être en* ~ *d'une guerre* achterlopen, niet erg bij de tijd zijn

le/la ¹**retardataire** (m/v) achterblijver, laatkomer

²**retardataire** (bn) **1** die te laat komt **2** achterstallig **3** [fig] achtergebleven
retardé, -e 1 vertraagd **2** uitgesteld **3** achterlijk; achtergeraakt, achtergebleven

le **retardement** (m): *bombe à* ~ tijdbom; *réagir à* ~ traag reageren

¹**retarder** (ov ww) **1** vertragen, ophouden **2** [uurwerk] achteruitzetten **3** een achterstand doen oplopen **4** uitstellen **5** achterlopen

se ²**retarder** (wdk ww) achterlopen [ook fig]

¹**retenir** (ov ww) **1** bijeen-, op-, tegen-, terug-, vast-, weerhouden, (op zijn plaats) houden, doen blijven: *je ne te retiens pas* je kunt gaan **2** achter-, af-, be-, inhouden **3** bespreken, reserveren **4** bedwingen, matigen **5** onthouden, niet vergeten: *il a retenu la leçon* daar heeft hij van geleerd **6** in overweging, in studie nemen; [jur] ten laste leggen

se ²**retenir** (wdk ww) **1** zich vasthouden **2** zich inhouden **3** ophouden [van behoeften] **4** onthouden worden

la **rétention** (v) (het) vasthouden: *centre de* ~ uitzetcentrum, detentiecentrum
retentir weerklinken, weergalmen: ~ *sur* [fig] terugwerken (op)
retentissant, -e luid; [fig] opzienbarend

le **retentissement** (m) **1** weergalm, weerklank **2** [fig] weerslag, terugslag: *avoir un grand* ~ veel opzien baren
retenu, -e 1 ingehouden, onderdrukt **2** besproken, gereserveerd **3** terughoudend, beheerst

la **retenue** (v) **1** verzwijging, achterhouding **2** (het) nablijven (op school) **2** tegenhouding **3** af-, inhouding: ~ *à la source* bronheffing, bronbelasting **4** terughoudendheid, beheerstheid: *sans* ~ **a)** uitbundig; **b)** onbeheerst **5** [scheepv] tros, touw **6** (het) stuwen; stuwdam: *bassin de* ~ stuwbekken **7** file: *cinq km de* ~ *sur la A2* vijf km file op de A2

la **réticence** (v) **1** verzwijging, achterhouding **2** gereserveerdheid, terughoudendheid, aarzeling
réticent, -e terughoudend; aarzelend
rét|if, -ive weerspannig, onhandelbaar, koppig

la **rétine** (v) netvlies
retiré, -e 1 afgelegen **2** teruggetrokken, afgezonderd **3** teruggetrokken, gepensioneerd

¹**retirer** (ov ww) **1** terugtrekken, terughalen, nemen: ~ *de* **a)** trekken, halen, nemen, redden uit; **b)** [een net] ophalen; ~ *de l'argent de la banque* geld van de bank halen **2** af-, ont-, wegnemen; intrekken, inhouden: ~ *à qqn. sa confiance* zijn vertrouwen in iem. opzeggen **3** uittrekken, uitdoen, afzetten **4** behalen; verwerven

se ²**retirer** (wdk ww) **1** weggaan; zich terugtrekken **2** stil gaan leven, met pensioen gaan **3** vluchten, zich verbergen

la **retombée** (v) **1** aanzet [van een gewelf] **2** (het) neerhangen; neervallen

les **retombées** (mv, v) neerslag; gevolgen, weerslag
retomber 1 weer vallen **2** neerslaan, neerhangen; neervallen **3** terugvallen; weer vervallen: ~ *en enfance* seniel, kinds worden **4** neerkomen: [fig] ~ *sur ses pieds* weer op zijn pootjes terecht komen; [inf] *ça va lui* ~ *sur le nez* hij zal zijn trekken thuiskrijgen **5** steunen, rusten (op)
retoquer [inf] afwijzen [bij sollicitatiegesprek]
retordre weer uitwringen; twijnen: [fig]

donner du fil à ~ heel wat last veroorzaken
rétorquer (snedig) antwoorden, tegenwerpen
retors, -e [fig] doortrapt, geslepen
la **rétorsion** (v) wraak, vergelding: *mesures
de* ~ tegenmaatregelen
la **retouche** (v) bijwerking; wijziging, verbetering
retoucher retoucheren, bijwerken; verbeteren
le **retour** (m) 1 terugkeer, terugkomst, terug-
reis, retour; terugzending: *à son* ~ bij zijn terugkeer; *à mon* (of: *ton, son*) ~ *de vacances …*
terug van vakantie …; ~ *à la case départ* terug
naar af; *aller-*~ retourtje; *bon* ~! wel thuis!;
match ~ returnwedstrijd, terugwedstrijd; *il
est de* ~ hij is terug; ~ *en arrière* flashback; ~
de flamme a) steekvlam; b) [fig] terugslag;
c) opleving; *par* ~ *du courrier* per omgaande;
sans ~ onherroepelijk; *être sur le* ~ a) op het
punt staan terug te keren; b) aftakelen
2 ommekeer; [fig] opleving: *faire un* ~ *sur soi-
même* tot zichzelf inkeren; *en* ~ daarvoor [in
ruil]
le **retournement** (m) 1 omkering, omdraaiing 2 [fig] ommekeer
¹**retourner** (onov ww) 1 terugkeren, teruggaan 2 [onpersoonlijk]: *de quoi retourne-t-il?*
waar gaat het om?
²**retourner** (ov ww) 1 omdraaien, keren;
omwoelen, omspitten; overhoop gooien:
[fig] ~ *sa veste* van mening veranderen; ~ *une
situation* een situatie keren 2 weer draaien
3 [inf] van streek brengen 4 [inf] ompraten
5 terugzenden, retourneren; lik op stuk geven
se ³**retourner** (wdk ww) 1 zich omdraaien,
omkijken 2 (+ contre) zich keren tegen: *se* ~
contre zich keren tegen, aanklagen 3 omslaan 4 (+ vers) zich opnieuw wenden tot
5 *s'en* ~ terugkeren, naar huis gaan
retracer weer tekenen, opnieuw trekken;
[fig] afschilderen, schetsen
la **rétractation** (v) intrekking, herroeping
¹**rétracter** (ov ww) samentrekken, intrekken; herroepen
se ²**rétracter** (wdk ww) 1 zich samentrekken
2 zijn woorden intrekken
rétractile intrekbaar [van nagels]
le **retrait** (m) 1 intrekking 2 inkrimping, samentrekking 3 (het) afhalen; geldopname
4 terugtrekking, (het) zich terugtrekken,
(het) wijken: *en* ~ wijkend, inspringend; [fig]
rester en ~ op de achtergrond blijven
la **retraite** (v) 1 terugtocht; (het) terugtrekken; (het) weggaan: *battre en* ~ bakzeil halen; *faire une* ~ in retraite gaan 2 pensioen,
[Belg] opruststelling: *maison de* ~ bejaarden-
huis; *à la* ~ met pensioen, [Belg] op rust gesteld; *prendre sa* ~ met pensioen gaan 3 toevluchtsoord; schuilplaats

le/la ¹**retraité** (m), **-e** (v) gepensioneerde
²**retraité, -e** (bn) gepensioneerd
le **retraitement** (m) opwerking
retraiter opwerken
le **retranchement** (m) [mil] verschansing,
bolwerk: [fig] *attaquer* (of: *pousser*) qqn.
dans ses derniers ~s iem. in het nauw drijven
¹**retrancher** (ov ww) 1 aftrekken (van), inhouden 2 schrappen; uitsluiten; weglaten:
camp retranché versterkt legerkamp
se ²**retrancher** (wdk ww) zich verschansen;
[fig] zich verschuilen
retransmettre opnieuw uitzenden
la **retransmission** (v) (her)uitzending
rétréci, -e bekrompen; gekrompen; [m.b.t.
weg] smaller
¹**rétrécir** (onov ww) krimpen; nauwer, kleiner worden
²**rétrécir** (ov ww) nauwer, kleiner maken
se ³**rétrécir** (wdk ww) smaller worden
le **rétrécissement** (m) vernauwing, krim-
ping, beperking
rétribuer belonen, betalen
la **rétribution** (v) betaling, loon; beloning:
moyennant ~ tegen betaling
rétro (mv: *onv*) nostalgisch: *style* ~ retrostijl;
mode ~ mode uit grootmoeders tijd
rétro- terug-, retro-
les **rétroactes** (mv, m) [Belg] achtergrond
rétroact|if, -ive terugwerkend: *avec effet*
~ met terugwerkende kracht
la **rétroaction** (v) 1 terugwerkende kracht
2 feedback
la **rétroactivité** (v) terugwerkende kracht
rétrocéder weer afstaan; doorverkopen
la **rétrocession** (v) teruggave; doorverkoop
la **rétrofusée** (v) remraket
la **rétrogradation** (v) achteruitgang; [fig]
degradatie
rétrograde 1 achteruitgaand, achter-
waarts 2 [fig] reactionair
¹**rétrograder** (onov ww) 1 achteruitgaan
2 terugschakelen [auto]
²**rétrograder** (ov ww) degraderen
le **rétroprojecteur** (m) overheadprojector
rétrospect|if, -ive terugkijkend: *peur ré-
trospective* angst achteraf
la **rétrospective** (v) overzichtstentoonstel-
ling
rétrospectivement achteraf (gezien)
retroussé, -e opgestroopt, opgetrokken:
nez ~ wipneus
¹**retrousser** (ov ww) optrekken, opstropen,
opnemen
se ²**retrousser** (wdk ww) haar rok opnemen,
zijn broek opstropen; omhoogkruipen
les **retrouvailles** (mv, v) 1 (het) weerzien
2 herstel van de betrekkingen
¹**retrouver** (ov ww) 1 weer vinden 2 terugvinden, hervinden 3 terugzien: *aller* ~ qqn.
iem. weer opzoeken, bezoeken 4 herkrij-

gen, herwinnen: ~ *le sommeil* weer inslapen
5 herkennen
se **²retrouver** (wdk ww) **1** teruggevonden
worden **2** zich weer bevinden; (ineens) weer
zijn, staan **3** de weg terugvinden **4** elkaar
terugvinden, elkaar terugzien, elkaar weer
ontmoeten **5** zijn evenwicht hervinden || *je
ne m'y retrouve plus* ik kom er niet meer uit; *se
~ dans* wijs worden uit

le **rétrovirus** (m) retrovirus

le **rétroviseur** (m) achteruitkijkspiegel

la **réunification** (v) hereniging

réunifier herenigen

la **réunion** (v) **1** hereniging **2** bijeenkomst,
vergadering: ~ *de parents d'élèves* ouder-
avond; *en* ~ in vergadering **3** groep, verzameling: [jur] *viol en* ~ groepsverkrachting
4 inlijving

¹réunir (ov ww) **1** (in zich) verenigen, herenigen, bijeenbrengen, verzamelen, samenvoegen, verbinden: ~ *toutes les conditions*
aan alle voorwaarden voldaan **2** inlijven

se **²réunir** (wdk ww) samen-, bijeenkomen,
vergaderen

réussi, -e (goed) geslaagd, (goed) gelukt

¹réussir à (onov ww) slagen, (ge)lukken,
succes hebben; voor elkaar krijgen

²réussir (ov ww) (iets) goed treffen, goed
volbrengen: [Belg] ~ *un examen* voor een
examen slagen

la **réussite** (v) welslagen, succes || *faire une ~*
een spelletje patience spelen

réutiliser weer gebruiken

revaloriser revalueren; her-, opwaarderen

le/la **¹revanchard** (m), **-e** (v) iem. die om wraak
schreeuwt

²revanchard, -e (bn) wraakgierig

la **revanche** (v) **1** vergelding, wraak: *prendre
sa ~* revanche nemen **2** [sport] revanche(par-
tij) || *en ~* daarentegen

rêvasser mijmeren, dromen, soezen

la **rêvasserie** (v) gemijmer, gedroom, gesoes

le **rêve** (m) droom; illusie: *mauvais ~* nachtmerrie; *métier de ~* ideaal beroep; *une femme de ~* een droomvrouw; *faire un ~* dromen; *réaliser un ~* een droom verwezenlijken

rêche stug, nors, bars, stuurs

le **réveil** (m) **1** (het) ontwaken, wakker worden; [mil] reveille; [fig] opleving, herleving;
[fig] ontnuchtering **2** wekker

le **réveille-matin** (m) wekker

¹réveiller (ov ww) **1** wekken, wakker maken: *être réveillé* wakker zijn **2** [fig] doen
ontwaken; opwekken: ~ *l'appétit* de eetlust
opwekken; ~ *des souvenirs* herinneringen
oproepen

se **²réveiller** (wdk ww) wakker worden, ontwaken [ook fig]; weer opleven

le **réveillon** (m) feestmaal [op kerst-, oude-
jaarsavond]

réveillonner feest vieren [op kerst-, oude-
jaarsavond]

le **¹révélateur** (m) [foto] ontwikkelaar

²révéla|teur, -trice (bn) veelzeggend, ont-
hullend

la **révélation** (v) openbaring; onthulling

¹révéler (ov ww) **1** openbaren **2** bekendmaken, onthullen, aan het licht brengen
3 [foto] ontwikkelen

se **²révéler** (wdk ww) zich openbaren, aan het
licht komen, blijken (te zijn)

le **revenant** (m) spook, geest(verschijning)

le/la **revend|eur** (m), **-euse** (v) uitdrager,
-draagster, opkoper, -koopster; kleinhande-
laar(ster): ~ *de drogue* dealer

revendicat|if, -ive eisen bevattend: *mou-
vement* ~ protestbeweging, actiegolf

la **revendication** (v) eis, (het) opeisen: ~*s
salariales* looneisen

revendiquer (op)eisen, aanspraak maken
op

revendre weer verkopen, doorverkopen:
[fig] *à* ~ meer dan genoeg; [fig] *il a de l'énergie à* ~ hij is ontzettend actief

¹revenir (onov ww) **1** terugkomen, terugkeren: ~ *sur ses pas* op zijn schreden terugkeren; ~ *sur une décision* op een beslissing terugkomen; *je vais y* ~ ik kom er nog op terug;
il revient de loin [fig] hij was ver heen; *l'appétit
me revient* ik krijg weer trek in eten; ~ *à soi*
bijkomen, bij bewustzijn komen; ~ *sur le tapis*
opnieuw aan de orde komen **2** (+ de) terugkomen (van), afzien (van) **3** (+ de) bekomen
van: *je n'en reviens pas* ik sta paf **4** te binnen
schieten: *ça me revient* nu weet ik het weer
5 ter ore komen: *il m'est revenu que* ik heb
gehoord dat **6** neerkomen op, kosten: *cela
revient au même* dat komt op hetzelfde neer
7 aanstaan, bevallen **8** toekomen, ten deel
vallen

s'en **²revenir** (wdk ww) terugkomen

la **revente** (v) doorverkoop

le **revenu** (m) opbrengst, rente, inkomen: *impôt à le* ~ inkomstenbelasting

les **revenus** (mv, m) inkomsten: ~ *d'appoint*
bijverdiensten

rêver dromen: *vous rêvez!* dat had je ge-
droomd!; *on croit* ~ het is niet te geloven; ~ *à*
peinzen over, denken over

la **réverbération** (v) terugkaatsing, afstra-
ling; nagalm

le **réverbère** (m) straatlantaarn

réverbérer terugkaatsen, afstralen

reverdir weer groen worden

la **révérence** (v) eerbied, ontzag; buiging: *tirer sa ~* (iem.) verlaten

révérend, -e eerwaarde

révérer eerbiedigen, vereren

la **rêverie** (v) gedroom, mijmering; droombeeld, illusie

le **revers** (m) **1** keerzijde, achterkant; [van de
hand] rug: ~ *de la médaille* keerzijde van de

medaille; ~ *de main* klap met de rug van de
hand **2** revers, omslag **3** [tennis] backhand
4 tegenspoed

le **reversement** (m) terugstorting
reverser 1 nog eens inschenken **2** terug-
gieten **3** terugstorten
réversible 1 omkeerbaar **2** [m.b.t. kle-
ding] ook binnenste buiten te dragen
le **revêtement** (m) bekleding, laag; wegdek
¹**revêtir** (ov ww) **1** aandoen, aantrekken
2 bekleden, bedekken **3** voorzien (van), begiftigen (met) **4** [de vorm, het karakter]
aannemen
se ²**revêtir de** (wdk ww) aantrekken, zich bekleden met [ook fig]
le/la ¹**rêv|eur** (m), **-euse** (v) dromer, droomster
²**rêv|eur, -euse** (bn) dromerig, mijmerend:
cela me laisse ~ daar sta ik van te kijken
le **revient** (m): *prix de* ~ kostprijs
revigorer nieuwe kracht geven, sterken
le **revirement** (m) **1** ommekeer, omzwaai
2 wending, zwenking; (het) overstag gaan
réviser 1 nog eens doornemen; herhalen
2 herzien **3** reviseren
le **réviseur** (m) revisor; corrector
la **révision** (v) **1** (het) opnieuw doornemen
2 verbetering, correctie **3** herziening **4** revi-
sie, (het) nazien **5** beurt [van auto]
revisiter 1 opnieuw bezoeken **2** terugkomen op [een theorie] **3** [een werk, schrijver]
herinterpreteren
revitaliser 1 nieuwe (levens)kracht geven;
oppeppen **2** [cosmetica] voeden [huid, haar]
revivifier doen opleven; verlevendigen;
opfrissen
revivre herleven; voortleven; weer beleven
révocable herroepbaar; afzetbaar
la **révocation** (v) herroeping, intrekking;
ontslag, afzetting
revoici: *me* ~ hier (daar) ben ik weer; *zie*
voici, voilà
revoilà *zie* revoici
le ¹**revoir** (m) terug-, weerzien; her-, nazien: *au*
~ tot ziens
²**revoir** (ov ww) opnieuw zien: ~ *un film* een
film nog een keer gaan zien
révoltant, -e schandelijk, weerzinwekkend
la **révolte** (v) opstand, oproer, muiterij, verzet
le/la ¹**révolté** (m), **-e** (v) oproerling(e), opstande-
ling(e)
²**révolté, -e** (bn) opstandig; verontwaardigd
¹**révolter** (ov ww) weerzin (verontwaardiging) wekken; aanstoot geven
se ²**révolter** (wdk ww) **1** in opstand komen
2 verontwaardigd worden
révolu, -e voorbij: *avoir quarante ans* ~*s de*
veertig gepasseerd zijn
la **révolution** (v) **1** omwenteling, omloop-
(tijd) **2** [pol] revolutie: *la Révolution* de Franse
revolutie (1789-99) **3** (radicale) ommekeer
révolutionnaire revolutionair

révolutionner een omwenteling teweegbrengen in, radicaal veranderen: ~ *qqn.* van
streek maken
le **revolver** (m) revolver
révoquer herroepen, intrekken; uit zijn
ambt ontzetten
la **revoyure** (v) [inf] weerzien: *à la* ~ tot kijk
la **revue** (v) **1** revue [in alle bet] **2** [mil] parade; inspectie **3** tijdschrift **4** overzicht: ~ *de*
presse nieuwsoverzicht [uit de kranten]
5 (het) nazien: *passer en* ~ **a)** inspecteren;
b) de revue laten passeren
révulsé, -e verwrongen, vertrokken; ontsteld: *yeux* ~*s* rollende ogen
se **révulser** [van gelaat] vertrekken; [van
ogen] rollen ‖ *ça me révulse* dat stuit me tegen de borst
le **rez-de-chaussée** (m) benedenverdieping,
begane grond: *au* ~ gelijkvloers, beneden
la **RF** (v) afk van *République française* de Franse Republiek
rhabiller weer aankleden: [inf] *va te* ~! inpakken!
rhénan, -e van de Rijn, Rijn-
la **Rhénanie** (v) Rijnland
le **rhésus** (m) **1** resus(factor): *facteur* ~ resusfactor **2** resusaap
la **rhétorique** (v) **1** retorica; retoriek **2** [Belg]
retorica [vergelijkbaar eindexamenklas vwo]
le **Rhin** (m) Rijn
la **rhinite** (v) neusverkoudheid
le **rhinocéros** (m) neushoorn
rhodanien, -ne van de Rhône, Rhône
le **rhododendron** (m) rododendron; alpen-
roos
la **rhubarbe** (v) rabarber
le **rhum** (m) rum
le/la ¹**rhumatisant** (m), **-e** (v) reumapatiënt(e)
²**rhumatisant, -e** (bn) reumatisch
rhumatismal, -e reumatisch
le **rhumatisme** (m) reuma(tiek)
le/la **rhumatologue** (m/v) reumatoloog, reu-
matologe
le **rhume** (m) verkoudheid: ~ *de cerveau* neusverkoudheid; ~ *des foins* hooikoorts
ri volt dw van ¹*rire*
riant, -e 1 vrolijk, opgewekt **2** aanlokkelijk;
bekoorlijk
la **ribambelle** (v) sleep, rist
ricain, -e [inf] Amerikaan, yankee
le **ricanement** (m) gegrinnik, hoongelach;
onnozel gelach
ricaner 1 grijnzend zeggen **2** spottend lachen **3** onnozel lachen
le/la ¹**rican|eur** (m), **-euse** (v) spotter, -ster
²**rican|eur, -euse** (bn) honend, spottend
le **richard** (m) rijkaard
le ¹**riche** (m) rijke: *nouveau* ~ parvenu; *gosse de*
~*s* rijkeluiskind
²**riche** (bn) rijk, overvloedig, vruchtbaar,
welvarend; kostbaar, prachtig: ~ *à millions*

schatrijk; ~ *en* (of: *de*) rijk aan; ~ *en calories* calorierijk; *ça fait* ~ dat staat chic; *quartier* ~ chique buurt

le **richelieu** (m) molière [schoen]

richement rijk, rijkelijk

la **richesse** (v) rijkdom, overvloed; kostbaarheid, pracht; iets van hoog gehalte (grote waarde): *la* ~ *en protéines de la viande* het hoge proteïnegehalte van vlees; *vivre dans la* ~ in weelde leven

richissime schatrijk

le **ricin** (m): *huile de* ~ wonderolie

ricocher weer opspringen

le **ricochet** (m) (het) opspringen: *faire des* ~*s* keilen, scheren; *par* ~ zijdelings, langs een omweg

la **ricotta** (v) ricotta [Italiaanse kaas]

ric-rac [inf] **1** heel precies **2** kantje boord

le **rictus** (m) grijns

la **ride** (v) rimpel, ribbel; plooi

ridé, -e gerimpeld

le **rideau** (m) gordijn; toneelscherm; doek; scherm: ~ *de fer* **a)** ijzeren rolluik [winkel]; **b)** IJzeren Gordijn; *doubles* ~*x* overgordijnen; [theat] *lever de* ~ aanvang

la **ridelle** (v) zijschot [wagen]

¹rider (ov ww) rimpelen, rimpels doen krijgen

se **²rider** (wdk ww) rimpelen, rimpelig worden

le **¹ridicule** (m) (het) belachelijke: *tourner en* ~ belachelijk maken; *le* ~ *tue* belachelijk zijn is dodelijk

²ridicule (bn) belachelijk, bespottelijk; onbelangrijk: *un montant* ~ een onbenullig bedrag

ridiculiser belachelijk maken

la **ridule** (v) rimpeltje

le **¹rien** (m) kleinigheid, wissewasje; ietsje: *en un* ~ *de temps* in minder dan geen tijd

²rien (onb vnw, meestal met *ne*) niets; iets: *cela ne fait* ~ dat doet er niet toe; *sans dire* ~ zonder iets te zeggen; *comme si de* ~ *n'était* alsof er niks aan de hand was; *merci … de* ~ bedankt … niks te danken, graag gedaan; [pop] ~ *à faire* (of: *foutre, cirer, secouer*)*!* niks mee te maken!; ~ *du tout* helemaal niks; *en* ~ in het geheel niet; *mine de* ~ ongemerkt; *en moins de* ~ in minder dan geen tijd; *j'ai le frisson* ~ *que d'y penser* bij de gedachte alleen al krijg ik rillingen over de rug; *n'y être pour* ~ er niets mee te maken hebben; ~ *qu'à* alleen al

le **riesling** (m) **1** riesling(druif) **2** riesling(wijn)

le/la **¹rieur** (m), **rieuse** (v) lacher, lachster

²rieur, rieuse (bn) lachend, goedlachs: *des yeux* ~*s* pretogen

le **riff** (m) [muz] riff, loopje

le **rififi** (m) [argot] herrie, ruzie, knokpartij

le **rifle** (m): *carabine 22 long* ~ sport rifle, jachtkarabijn

rigide 1 stijf, onbuigzaam **2** niet soepel,

star, streng

la **rigidité** (v) **1** stijf-, onbuigzaamheid **2** gebrek aan soepelheid; gestrengheid; starheid

la **rigolade** (v) **1** lol; grap: *à la* ~ voor de grap; *prendre qqch. à la* ~ iets als een grapje opvatten **2** kleinigheid, peulenschil: *c'est pas de la* ~ dat is niet niks

le/la **¹rigolard** (m), **-e** (v) [pop] vrolijk iem.

²rigolard, -e (bn) [pop] vrolijk

la **rigole** (v) **1** greppel, sleuf, gootje, geultje **2** straaltje [water]

rigoler [pop] lachen, lol hebben, grapjes maken: *pour* ~ voor de lol; *tu rigoles!* dat meen je niet!

le/la **¹rigolo** (m), **-te** (v) [inf] schertsfiguur: *c'est un* ~ dat is ook een mooie

²rigolo, -te (bn) [inf] lollig, leuk; gek, zonderling

rigour|eux, -euse streng, rigoureus; stipt

la **rigueur** (v) **1** (ge)strengheid: *tenir* ~ *à qqn. de qqch.* iem. iets niet vergeven **2** stiptheid, uiterste nauwgezetheid **3** onverbiddelijke logica ‖ *à la* ~ eventueel, desnoods; *de* ~ voorgeschreven, verplicht

rikiki *zie riquiqui*

les **rillettes** (mv, v) [in eigen vet geconserveerd] gebraden varkens-, ganzengehakt

la **rime** (v) rijm ‖ *n'avoir ni* ~ *ni raison* kant noch wal raken

rimer rijmen ‖ *cela ne rime à rien* dat lijkt nergens naar

le/la **rim|eur** (m), **-euse** (v) rijmelaar(ster)

le **rimmel** (m) mascara

le **rinçage** (m) (het) spoelen; kleurspoeling

le **rince-doigts** (m) vingerkommetje

¹rincer (ov ww) spoelen, omspoelen, uitspoelen

se **²rincer** (wdk ww) zich afspoelen: *se* ~ *la bouche* zijn mond spoelen ‖ [pop] *se* ~ *l'œil* zijn ogen de kost geven

le **ring** (m) **1** boksring **2** [Belg] ringweg

le/la **¹ringard** (m), **-e** (v) nul, onbenul, ouwe zak

²ringard, -e (bn) [inf] oudbakken, achterhaald, beschimmeld

la **ripaille** (v) schranspartij: *faire* ~ schransen

riper verschuiven; wegglijden

le **ripolin** (m) [merknaam] lakverf

ripoliner verven

la **riposte** (v) **1** snedig antwoord: *prompt à la* ~ gevat, slagvaardig, ad rem **2** tegenstoot, tegenoffensief

riposter gevat antwoorden; terugstoten, terugslaan

le **¹ripou** (m) corrupte smeris

²ripou (bn) [inf] rot, corrupt

riquiqui (mv: *onv*) armzalig, petieterig

le **¹rire** (m) (het) lachen, gelach, lach: *fou* ~ slappe lach

²rire (onov ww) lachen: ~ *de* lachen om, niet geven om; ~ *aux anges* gelukzalig (glim)lachen; ~ *du bout des lèvres* zuinigjes lachen; *se*

tordre de ~ dubbel liggen van het lachen; ~ *au nez de qqn.* iem. in zijn gezicht uitlachen; ~ *aux éclats* schaterlachen; ~ *jaune* lachen als een boer die kiespijn heeft; ~ *à gorge déployée* bulderen van het lachen; *avoir toujours le mot pour* ~ altijd een grapje bij de hand hebben; *pour* ~ voor de grap; *sans* ~ zonder gekheid; *vous voulez* ~ u maakt een grapje

¹ris 1e, 2e pers enk van *¹rire*

le **²ris** (m) **1** reef [in een zeil]: *prendre un* ~ reven **2** zwezerik: ~ *de veau* kalfszwezerik

la **risée** (v) mikpunt van spot

la **risette** (v) lachje [van een kind]; gedwongen lachje: *faire* ~ lachen (tegen)

risible bespottelijk, belachelijk

le **risque** (m) risico: *au* ~ *de* op gevaar af (van); ~*s du métier* risico's van het vak; *à ses* ~*s et périls* op eigen risico; *assurance tous* ~*s* all-riskverzekering; ~ *zéro* nulrisico

risqué, -e gewaagd

¹risquer (ov ww) **1** wagen, op het spel zetten, riskeren: ~ *gros* hoog spel spelen; ~ *le coup* het erop wagen; ~ *le tout pour le tout* alles op alles zetten; *je ne veux rien* ~ ik neem geen enkel risico; ~ *sa vie* zijn leven wagen; *je ne risque pas de l'oublier* dat zal ik niet snel vergeten **2** (+ de) dreigen te; kans maken om, kunnen

se **²risquer à** (wdk ww) zich wagen; (het) wagen (om)

le **risque-tout** (m) waaghals

rissoler bruin bakken, fruiten

la **ristourne** (v) korting

ristourner terugbetalen; korting geven

le/la **rital** (m), **-e** (v) [inf; pej] spaghettivreter

le **rite** (m) **1** ritus, rite **2** gebruik, gewoonte

la **ritournelle** (v) refrein, deuntje; [fig] oude liedje

le **¹rituel** (m) [r-k] ritueel [boek]; ritueel

²rituel, -le (bn) ritueel; nauwkeurig geregeld

le **rivage** (m) oever, kust

le/la **¹rival** (m), **-e** (v) rivaal, rivale

²rival, -e (bn) concurrerend

rivaliser de wedijveren (in), concurreren (op het gebied van)

la **rivalité** (v) wedijver, rivaliteit, concurrentie

la **rive** (v) oever; [fig] rand: ~ *gauche* linkeroever; [in Parijs] linker Seineoever [waar veel kunstenaars, intellectuelen e.d. wonen]

river vastklinken, vastspijkeren, vastnagelen, vastpinnen; [fig] verbinden: *rivé sur place* als vastgenageld; *être rivé à son travail* aan zijn werk vastzitten; [inf] ~ *son clou à qqn.* iem. de mond snoeren; *regard rivé sur* blik strak gericht op

le/la **¹riverain** (m), **-e** (v) oeverbewoner; aanwonende [van een straat]: *accès réservé aux* ~*s* alleen toegang voor omwonenden

²riverain, -e (bn) langs de oever (een weg) gelegen, wonend, oever-: *les États* ~*s de Rhin* de Rijnoeverstaten

le **rivet** (m) klinknagel, klinkbout

riveter vastklinken

la **rivière** (v) rivier: ~ *de diamants* diamanten halssnoer

la **rixe** (v) vechtpartij, knokpartij

le **riz** (m) rijst: ~ *cantonais* ± nasi goreng; ~ *au lait* rijstepap

la **rizerie** (v) rijstpellerij

le/la **rizicul|teur** (m), **-trice** (v) rijstverbouw(st)er

la **riziculture** (v) rijstbouw

la **rizière** (v) rijstveld

le **RMI** (m) afk van *revenu minimum d'insertion* [vergelijkbaar] bijstandsuitkering

le/la **RMiste** (m/v) bijstandtrekker, bijstandtrekster

la **RN** (v) afk van *route nationale* [vergelijkbaar] rijksweg

la **robe** (v) **1** jurk, japon: ~ *de grossesse* positiejurk; ~ *de mariée* bruidsjurk; ~ *de chambre* kamerjas, peignoir **2** toga; magistratuur **3** vacht, huid **4** dekblad [van sigaar] **5** schil: *pommes de terre en* ~ *des champs* (of: *de chambre*) aardappels in de schil gekookt **6** kleur [van de wijn]

le **robert** (m) [inf] tiet; koplamp

le **robinet** (m) kraan

le **robinier** (m) acacia

le **robot** (m) **1** robot **2** keukenmachine

la **robotique** (v) robotica

robotiser robotiseren

robuste robuust, sterk, gespierd, krachtig; stevig

la **robustesse** (v) stevigheid, kracht, sterkte; [fig] onverwoestbaarheid

le **roc** (m) rots, rotssteen: [fig] *ferme comme un* ~ rotsvast

la **rocade** (v) rondweg

la **rocaille** (v) (met) rotsgruis (bezaaid terrein); rotstuin

rocaill|eux, -euse steenachtig; [m.b.t. stem] schor

rocambolesque ongelofelijk, onwaarschijnlijk

la **roche** (v) rots; [geol] gesteente: *cristal de* ~ bergkristal; *eau de* ~ bergwater

le **rocher** (m) **1** rots; rotsmassa **2** rotsje [lekkernij]

roch|eux, -euse rotsachtig

le **rock** (m) rockmuziek: *chanteur* ~ rockzanger

le **rocker** (m) rocker

rockeur *zie rocker*

le **rocking-chair** (m; mv: rocking-chairs) schommelstoel

le **rodage** (m) (het) slijpen; (het) inlopen [van een motor]; (het) proefdraaien: *période de* ~ inwerkperiode

le **rodéo** (m) **1** rodeo **2** (het) rondscheuren met een auto's en motoren

roder 1 slijpen **2** laten inlopen [van een motor] **3** inrijden [van een auto] **4** uitproberen **5** inwerken

rôder (rond)zwerven, rondsluipen

le/la **rôd|eur** (m), **-euse** (v) zwerver, zwerfster, vagebond

le **rœsti** (m) rösti [aardappelgerecht]

les **rogatons** (mv, m) kliekjes van een maaltijd

la **rogne** (v): *être en* ~ een pestbui hebben

rogner afsnijden, knippen; snoeien, besnoeien [ook fig]; beknibbelen: ~ *les ailes à qqn.* iem. kortwieken

le **rognon** (m) [cul] nier(tje)

les **rognures** (mv, v) afval, spaanders, snippers, resten

rogue arrogant

le **roi** (m) koning: *fête des* ~s Driekoningen; *le* ~ *des cons* [inf; scheldwoord] de grootste klootzak die er is; ~ *du pétrole* oliemagnaat

le **Roi-Soleil** (m) [gesch] Zonnekoning [Lodewijk XIV]

le **roitelet** (m) koninkje || ~ *huppé* goudhaantje [vogel]

le **rôle** (m) rol, lijst, register: ~ *d'équipage* [scheepv] scheepsrol; *à tour de* ~ om beurten; *sortir de son* ~ uit zijn rol vallen; *avoir le beau* ~ een makkelijk succes hebben

le **rollator** (m) rollator

le/la ¹**roll|er** (m), **-euse** (v) skater

le ²**roller** (m) skeeler: *faire du* ~ skeeleren

le/la ¹**rom** (m/v) Roma

²**rom** (bn) Roma-

romain, -e Romeins

le/la **Romain** (m), **-e** (v) inwoner van Rome

la **romaine** (v) unster, weeghaak; bindsla

le ¹**roman** (m) roman: ~ *policier* detectiveroman

²**roman, -e** (bn) **1** Romaans [m.b.t. taal] **2** romaans: *une église* ~*e* een kerk in romaanse stijl

la **romance** (v) sentimenteel lied

romancé, -e 1 in romanvorm **2** geromantiseerd

le/la **romanc|ier** (m), **-ière** (v) romanschrijver, -schrijfster

romand, -e: *Suisse* ~*e* Frans-Zwitserland

romanesque roman-, romanesk; romantisch

le **roman-feuilleton** (m; mv: romans-feuilletons) feuilleton; vervolgverhaal

le **roman-fleuve** (m; mv: romans-fleuves) lange roman; romancyclus

le ¹**romani** (m) Romani [zigeunerdialect]

le/la ²**romani** (m/v) zigeuner(in)

le/la **romanichel** (m), **-le** (v) **1** zigeuner(in) **2** vagebond, zwerver, zwerfster

le **roman-photo** (m; mv: romans-photos) fotoroman

le ¹**romantique** (m) romanticus

²**romantique** (bn) romantisch

le **romantisme** (m) romantiek

le **romarin** (m) rozemarijn

la **rombière** (v) [neg] oude taart

Rome Rome || *tous les chemins mènent à* ~ alle wegen leiden naar Rome

rompre 1 breken, afbreken, doorbreken, onderbreken, opbreken, verbreken, opheffen: ~ *les rangs* uiteengaan; *rompez!* ingerukt!; *se* ~ *avec qqn.* met iem. breken; ~ *avec son passé* met zijn verleden afrekenen **2** [sport] wijken

rompu, -e 1 gebroken: *à bâtons* ~*s* van de hak op de tak **2** doodmoe **3** verbroken **4** (+ à) zeer bedreven (in)

le **romsteck** (m) lendenbiefstuk

la **ronce** (v) braamstruik

le/la **ronchon** (m), **-ne** (v) mopperpot

ronchonner brommen, mopperen

le/la **ronchonn|eur** (m), **-euse** (v) brompot, mopperaar(ster)

le ¹**rond** (m) **1** cirkel, kring; rondje, plakje, schijf; ring: *en* ~ in het rond, in een kring; ~ *de serviette* servetring **2** poen: [inf] *il n'a pas un* ~ hij heeft geen rooie cent

²**rond, -e** (bn) **1** rond **2** mollig, kort en dik: *femme* ~*e* mollige vrouw; *joues* ~*es* bolle wangen **3** rondborstig, loyaal, eerlijk **4** dronken: *être complètement* ~ ladderzat zijn

³**rond** (bw) rond: *tourner en* ~ er niet uit komen, op een dood spoor zitten || *ne pas tourner* ~ niet kloppen, niet goed gaan

le **rond-de-cuir** (m; mv: ronds-de-cuir) pennenlikker

la **ronde** (v) **1** ronde, wacht, patrouille: *à la* ~ **a)** in het rond, in de omtrek; **b)** om de beurt; *la Ronde de nuit* de Nachtwacht **2** rondedans; reidans **3** [muz] hele noot

rondelet, -te mollig: *ventre* ~*te* buikje; *somme* ~*te* aardig sommetje

la **rondelle** (v) schijfje, plakje; ringetje

rondement vlug; ronduit

la **rondeur** (v) **1** (het) rond zijn; ronde vorm **2** molligheid **3** [fig] rondborstigheid, openhartigheid

le **rondin** (m) **1** rondhout; blokhout: *cabane en* ~*s* blokhut **2** knuppel

rondouillard, -e [iron] welgedaan, weldoorvoed

le **rond-point** (m; mv: ronds-points) verkeersplein, rotonde, [Belg] rondpunt

ronflant, -e [fig] hoogdravend, gezwollen

le **ronflement** (m) gesnurk, gebrom, geronk

ronfler snurken; snorren, ruisen, brommen

le/la ¹**ronfl|eur** (m), **-euse** (v) snurk(st)er

le ²**ronfleur** (m) zoemer

¹**ronger** (ov ww) **1** knagen aan; bijten op: *rongé par les vers* wormstekig **2** aantasten, aan-, in-, wegvreten, verteren **3** ondermijnen; kwellen

se ²**ronger** (wdk ww): *se* ~ *les ongles* op zijn nagels bijten; *se* ~ *d'inquiétude* zich opvreten van ongerustheid

le **¹rongeur** (m, vaak mv) knaagdier
　²rong|eur, -euse (bn) knagend; verterend
le **ronron** (m) gespin [van een kat]; gesnor,
　gezoem, gedreun, geronk
le **ronronnement** (m) gespin, gesnor, enz.
　ronronner spinnen, snorren; brommen,
　zoemen, dreunen, ronken
le **roquefort** (m) roquefort [kaassoort]
le **roquet** (m) **1** keffertje **2** [fig] chagrijn
la **roquette** (v) raket
la **rosace** (v) rozet; roosvenster
le **rosaire** (m) rozenkrans
　rosâtre vuil roze
le **rosbif** (m) rosbief
le **¹rose** (m) lichtrode kleur, roze: *voir tout en ~,
　voir la vie en ~* alles rooskleurig inzien
la **²rose** (v) **1** roos: *à l'eau de ~* zoetelijk; [fig] *ça
　ne sent pas la ~* dat stinkt; [fig] *envoyer sur les
　~s* met een kluitje in het riet sturen; *frais
　comme une ~* zo fris als een hoentje
　2 [bouwk] roosvenster ‖ *~ des vents* wind-,
　kompasroos
　³rose (bn) roze; [fig] rooskleurig: *~ bonbon*
　zuurstokroze; *~ saumon* zalmroze
le **¹rosé** (m) rosé [wijn]
　²rosé, -e (bn) bleekrood
le **roseau** (m) riet
la **rosée** (v) dauw: *~ du matin* ochtenddauw
la **roseraie** (v) rosarium
la **rosette** (v) roosje, rozet; [fig] lintje
le **rosier** (m) rozenstruik
　rosir roze worden, roze maken
la **¹rosse** (v) kwaadaardige kerel, kreng
　²rosse (bn) kwaadaardig, gemeen; onrede-
　lijk streng
la **rossée** (v) [inf] pak slaag
　rosser afrossen
la **rosserie** (v) gemene streek; gemeenheid
le **rossignol** (m) **1** nachtegaal **2** loper [sleu-
　tel] **3** slecht verkopend product
le **rot** (m) boer
　rotat|if, -ive draaiend: *presse rotative* rota-
　tiepers
la **rotation** (v) wenteling, rotatie, draaibewe-
　ging; doorstroming, roulatie
la **rotative** (v) rotatiepers
　rotatoire draaiend
　roter [inf] **1** een boer laten, boeren **2** [Belg]
　mopperen, mokken
le **¹rôti** (m) gebraad; rollade
　²rôti, -e (bn) gebraden, gebakken
le **rotin** (m) rotan
　rôtir roosteren, braden, bakken, grillen:
　faire ~ de la viande vlees braden; *se ~ au soleil*
　in de zon liggen bakken
la **rôtisserie** (v) grillroom
le/la **rôtiss|eur** (m), **-euse** (v) **1** eigenaar, eigen-
　nares van een grill(room) **2** vleesbrader,
　vleesbraadster
la **rôtissoire** (v) grill

la **rotonde** (v) rond gebouw
la **rotondité** (v) rondheid; ronding, ronde
　vorm
le **rotor** (m) **1** rotor; schoepenrad [van turbi-
　ne] **2** draaischroef [van helikopter]
la **rotule** (v) knieschijf; [techn] kogelscharnier
　‖ *être sur les ~s* bekaf zijn
le/la **¹rotur|ier** (m), **-ière** (v) [hist] niet-adellijke;
　burgerman, -vrouw
　²rotur|ier, -ière (bn) burgerlijk, niet van
　adel
le **rouage** (m) raderwerk; [fig] radertje, on-
　derdeel
les **roubignoles** (mv, v) [pop] ballen, kloten
le/la **¹roublard** (m), **-e** (v) gladjanus, goochemerd
　²roublard, -e (bn) gewiekst, geslepen, ge-
　haaid
la **roublardise** (v) gewiekstheid
le **rouble** (m) roebel
le **roucoulement** (m) (het) koeren; kirren
　¹roucouler (onov ww) koeren, kirren
　²roucouler (ov ww) kwelen
la **roue** (v) wiel, rad: *~ arrière* achterwiel; *~
　dentée* tandwiel; *en ~ libre* freewheelend,
　zonder te trappen; *~ de la fortune* rad van
　avontuur; *grande ~* reuzenrad; *faire la ~*
　a) een radslag maken; **b)** [van vogels] zijn
　staart uitspreiden; **c)** [fig] pronken
le/la **¹roué** (m), **-e** (v) doortrapt iem.
　²roué, -e (bn) **1** geradbraakt **2** sluw; door-
　trapt
　rouer radbraken: *~ de coups* afranselen
la **rouerie** (v) doortraptheid, sluwheid
le **rouet** (m) spinnewiel
la **rouflaquette** (v) [inf] tochtlat
le **¹rouge** (m) **1** rode kleur: [onv.] *~ bordeaux*
　bordeaux(rood); *(bâton de) ~ à lèvres* lippen-
　stift; *être dans le ~* rood staan **2** schaamrood
　3 rode wijn: *un petit ~* een glaasje rode wijn
　4 gloeihitte
　²rouge (bn) **1** rood: *poisson ~* goudvis; *liste ~*
　lijst met geheime telefoonnummers **2** rossig
　3 roodgloeiend
　³rouge (bw) rood
　rougeâtre roodachtig
le/la **¹rougeaud** (m), **-e** (v) iem. met een hoogro-
　de blos
　²rougeaud, -e (bn) met een hoogrode kleur
le **rouge-gorge** (m; mv: rouges-gorges)
　roodborstje
le **rougeoiement** (m) roodachtige weer-
　schijn
la **rougeole** (v) mazelen
　rougeoyer (zich) rood kleuren, een rood-
　achtige tint krijgen
le **rouget** (m) poon
la **rougeur** (v) roodheid, rode kleur (tint);
　rode vlek; blos
　¹rougir (onov ww) **1** rood(gloeiend) worden
　2 blozen, kleuren, een kleur krijgen; zich
　schamen

²**rougir** (ov ww) rood verven (kleuren); roodgloeiend maken

la ¹**rouille** (v) roest

²**rouille** (bn, mv: *onv*) roestkleurig

rouillé, -e 1 verroest, roestig; vastgeroest **2** stijf, stram **3** roestbruin

¹**rouiller** (onov ww) (ver)roesten; vastroesten

²**rouiller** (ov ww) **1** doen roesten **2** stijf doen worden; [de geest] afstompen

se ³**rouiller** (wdk ww) (ver)roesten, vastroesten [ook fig]; stijf worden

la **roulade** (v) **1** koprol **2** [muz] roulade **3** rollade

le **roulage** (m) **1** vervoer per as **2** [Belg] verkeer: *taxe de* ~ wegenbelasting

roulant, -e rollend, rijdend, met wielen: *escalier* ~ roltrap; *fauteuil* ~ rolstoel; *tapis* ~ transportband; *trottoir* ~ transportband [ook voor personen] || *feu* ~ spervuur

le **rouleau** (m) **1** rol; verfroller: ~ *compresseur* wals; ~ *à pâtisserie* deegroller; [fig] *être au bout du* ~ **a)** uitgeput zijn; **b)** aan het eind van zijn Latijn zijn **2** haarkrul **3** [golf] roller || [cul] ~ *de printemps* (kleine) loempia

le **roulé-boulé** (m) [sport] koprol; (het) breken van de val: *faire* ~ kopje duikelen, naar beneden rollen

le **roulement** (m) **1** gerol, (het) rijden, rollen: ~ *à billes* kogellager **2** roffel, gerommel [van de donder] **3** roulatie, roulering, circulatie: *par* ~ bij toerbeurt; *fonds de* ~ vlottend kapitaal, bedrijfskapitaal

¹**rouler** (onov ww) **1** rollen: [fig] ~ *sur l'or* bulken van het geld **2** rijden: [fig] *ça roule* prima, OK **3** (+ sur) gaan, handelen over **4** rondtrekken, rondzwerven **5** roffelen, rollen **6** in omloop zijn; rouleren || [inf] ~ *pour qqn.* zich inzetten voor iemands belangen

²**rouler** (ov ww) **1** draaien, opdraaien, uitdraaien, verdraaien, wikkelen; rijden; rollen, wentelen: ~ *sa bosse* rondreizen; ~ *en boule* tot een prop maken; ~ *les hanches* heupwiegen; ~ *les épaules* **a)** met de schouders wiegen; **b)** [fig] gewichtig doen **2** [inf] belazeren: *se faire* ~ zich laten belazeren

se ³**rouler** (wdk ww) zich oprollen, rondwentelen, rollen; zich rollen, hullen, wikkelen: *c'était à se* ~ *par terre* het was om je dood te lachen

le **Roulers** (m) Roeselare

la **roulette** (v) **1** (rol)wieltje: *aller comme sur des* ~*s* op rolletjes lopen; *patins à* ~*s* rolschaatsen **2** boor [van tandarts] **3** [sport] roulette **4** radeerwieltje

le **rouleur** (m) wielrenner [op de vlakke baan]

le **roulis** (m) (het) rollen, slingeren [van een schip]

la **roulotte** (v) woonwagen: *vol à la* ~ diefstal uit auto

la **roulure** (v) [bel] hoer, slet

le ¹**roumain** (m) (het) Roemeens

²**roumain, -e** (bn) Roemeens

le/la **Roumain** (m), **-e** (v) Roemeen(se)

la **Roumanie** (v) Roemenië

le **round** (m) [sport] ronde

la **roupie** (v) roepia || [inf] *ce n'est pas de la* ~ *de sansonnet* dat is geen kattendrek

roupiller [inf] tukken, dutten

le **roupillon** (m) [inf] tukje: *piquer un* ~ een dutje doen

le/la ¹**rouquin** (m), **-e** (v) rooie

²**rouquin, -e** (bn) rossig

rouspéter tegensputteren, kankeren

le/la **rouspét|eur** (m), **-euse** (v) kankeraar(ster)

roussâtre rossig

la **rousseur** (v) rossigheid: *taches de* ~ sproeten

le **roussi** (m) schroeilucht: *cela sent le* ~ dat loopt mis

¹**roussir** (onov ww) rossig worden; bruin worden: *faire* ~ bruin braden, fruiten

²**roussir** (ov ww) schroeien, zengen

le **routage** (m) (het) sorteren en bundelen

le **routard** (m) trekker, avonturier

la **route** (v) weg, route, richting, koers; reis, tocht: *en* ~! op weg, vooruit!; *accident de la* ~ verkeersongeluk; *code de la* ~ verkeersregels; *en cours de* ~ onderweg; *faire fausse* ~ verdwalen, een verkeerd spoor volgen; *feuille de* ~ marsorder; *grand-*~ hoofdweg; ~ *à péage* tolweg; ~ *nationale* rijksweg; *mettre en* ~ op gang brengen; *mise en* ~ (het) opstarten; *tenue de* ~ wegligging

router sorteren en bundelen

le ¹**routeur** (m) [comp] router

le/la ²**rout|eur** (m), **-euse** (v) [scheepv] routeerder

le ¹**routier** (m) **1** vrachtwagenchauffeur **2** wegrenner **3** wegrestaurant **4** voortrekker [padvinder] || *vieux* ~ ouwe rot

²**rout|ier, -ière** (bn) wegen-: *gare routière* busstation; *trafic* ~ wegverkeer; *transport* ~ wegtransport; *tunnel* ~ verkeerstunnel

la **routière** (v) auto voor de lange afstanden

la **routine** (v) routine: *de* ~ gewoonte-, routine-

le/la ¹**routin|ier** (m), **-ière** (v) sleurmens, gewoontemens

²**routin|ier, -ière** (bn) routine-, sleur, gewoonte-

le/la ¹**roux** (m), **rousse** (v) roodharige

le ²**roux** (m) rosse kleur

³**roux, rousse** (bn) rossig, rood: *beurre* ~ gebruinde boter

royal, -e koninklijk, vorstelijk: *tigre* ~ koningstijger; [bijenteelt] *gelée* ~*e* koninginnengelei; *salaire* ~ vorstelijk salaris

royalement vorstelijk

le **royalisme** (m) koningsgezindheid

le/la ¹**royaliste** (m/v) koningsgezinde, royalist(e)

²**royaliste** (bn) koningsgezind: *être plus* ~

que le roi roomser dan de paus zijn

le **royaume** (m) koninkrijk; rijk

le **Royaume-Uni** (m) Verenigd Koninkrijk

la **royauté** (v) koningschap, monarchie

la **RTT** (v) afk van *réduction du temps de travail* atv, arbeidstijdverkorting

la **ruade** (v) (het) achteruitslaan [van een paard]

le **ruban** (m) lint(je), band: [scheepv] ~ *bleu* blauwe wimpel; *mètre à* ~ meetlint; ~ *adhésif* plakband

la **rubéole** (v) [med] rodehond

rubicond, -e hoogrood, vuurrood

le **rubis** (m) **1** robijn **2** robijnrood ‖ *payer* ~ *sur l'ongle* contant betalen

la **rubrique** (v) rubriek, categorie: *la* ~ *des faits divers* gemengde berichten

la **ruche** (v) **1** bijenkorf [ook fig]; bijenvolk **2** ruche

le **rucher** (m) bijenstal

rude 1 ruw, grof; hard; geducht: ~ *gaillard* geducht heerschap; *voix* ~ barse stem **2** streng [m.b.t. winter]; moeilijk, zwaar, lastig: *soumettre à* ~ *épreuve* zwaar op de proef stellen; *c'est un peu* ~ dat is kras; *métier* ~ zwaar beroep

rudement 1 ruw, hard, zwaar; meedogenloos **2** [inf] erg, reuze: ~ *bien* hartstikke goed

la **rudesse** (v) **1** ruwheid, grofheid, hardheid **2** zwaarte, moeilijkheid

rudimentaire 1 primitief **2** gebrekkig **3** rudimentair, oppervlakkig

les **rudiments** (mv, m) eerste beginselen, grondslagen: *avoir des* ~ *d'anglais* drie woorden Engels spreken

rudoyer ruw bejegenen

la **rue** (v) straat: *dans la* ~ op straat; *descendre dans la* ~ de straat op gaan; *être à la* ~ op straat staan [zonder onderdak]; *homme de la* ~ Jan met de pet; *en pleine* ~ **a)** midden op straat; **b)** [fig] voor het oog van iedereen; [inf] *à tous les coins de* ~ overal; ~ *piétonne* voetgangerspromenade

la **ruée** (v) stormloop; gedrang

la **ruelle** (v) steeg(je)

¹**ruer** (onov ww) achteruitschoppen, achteruitslaan

se ²**ruer sur** (wdk ww) zich storten (op); rennen (naar)

le **rugby** (m) rugby

rugir brullen; bulderen, loeien

le **rugissement** (m) gebrul; gebulder

la **rugosité** (v) ruwheid

rugu|eux, -euse ruw

la **ruine** (v) **1** instorting, verval; ruïne, puinhoop: *menacer* ~ dreigen in te storten; *tomber en* ~ vervallen, instorten **2** vernietiging, verwoesting, ondergang, verderf: *courir à sa* ~ zijn ondergang tegemoet gaan **3** [m.b.t. mens] wrak

¹**ruiner** (ov ww) **1** in het verderf storten, verwoesten; [fig] niets heel laten van **2** ruïneren

se ²**ruiner** (wdk ww) zich ruïneren, te veel geld uitgeven

ruin|eux, -euse kostbaar, zeer duur; ruïneus

le **ruisseau** (m) **1** beek: ~ *de larmes* stortvloed van tranen **2** (straat)goot

ruisselant, -e druipnat: *pluie* ~e stromende regen; ~ *de lumière* badend in licht

ruisseler stromen, druipen, vloeien, afgutsen

le **ruisselet** (m) beekje

le **ruissellement** (m) (het) stromen, doorsijpelen

la **rumeur** (v) **1** gerucht: *faire courir une* ~ een gerucht in omloop brengen; ~ *publique* geruchten, praatjes **2** geroezemoes, rumoer

le **ruminant** (m) herkauwer

ruminer herkauwen; steeds weer denken aan

le **rumsteak** (m) biefstuk

le **rumsteck** (m) lendenbiefstuk

rupestre rots-, op rotsen groeiend: *peintures* ~*s* grotschilderingen

le/la ¹**rupin, -e** (v) rijke stinkerd
²**rupin, -e** (bn) [inf] rijk

la **rupture** (v) breuk, (het) breken; doorbraak; [fig] breuk; verbreking; plotselinge verandering: *en* ~ *de* bij gebrek aan; ~ *de stock* onvoldoende voorraad; *être en* ~ *de ban* met zijn verleden gebroken hebben; *en* ~ *avec la tradition* haaks op de traditie

le/la ¹**rural** (m; mv: ruraux), **-e** (v) plattelandsbewoner, -bewoonster
²**rural, -e** (bn) landelijk, plattelands-

la **ruse** (v) list; sluwheid

le/la ¹**rusé** (m), **-e** (v) sluwe vos
²**rusé, -e** (bn) listig, slim, sluw

ruser list gebruiken

le **rush** (m) stormloop

le ¹**russe** (m) (het) Russisch
²**russe** (bn) Russisch

le/la **Russe** (m/v) Rus(sin)

la **Russie** (v) Rusland

le/la ¹**rustaud** (m), **-e** (v) lomperd, botterik
²**rustaud, -e** (bn) lomp

la **rusticité** (v) **1** lompheid **2** landelijkheid; landelijke eenvoud

la **rustine** (v) bandenplakkertje

rustique 1 landelijk, land-: *vie* ~ buitenleven **2** eenvoudig **3** rustiek [van stijl]

le ¹**rustre** (m) lomperd
²**rustre** (bn) lomp

le **rut** (m) [dierk] **1** bronst: *entrer en* ~ bronstig worden **2** bronsttijd

le **rutabaga** (m) koolraap

rutilant, -e helrood; fonkelend

rutiler fonkelen

le **Rwanda** (m) Rwanda

rwandais, -e Rwandees

le/la **Rwandais** (m), **-e** (v) Rwandees, Rwandese

le **rythme** (m) ritme, maat; tempo: [fig] *suivre le même* ~ gelijke tred houden; *vivre au* ~ *de son temps* met de tijd meegaan; *marquer le* ~ het ritme aangeven; ~ *respiratoire* ritme van de ademhaling

rythmé, -e ritmisch

rythmer in de maat brengen, ritmisch maken

la [1]**rythmique** (v) ritmiek

[2]**rythmique** (bn) ritmisch

S

le **s** (m) **1** [de letter] s **2** S-vorm, slinger: *un vi-rage en s* een S-bocht
sa v vorm van ¹*son*

la **SA** (v) afk van *société anonyme* [vergelijk-baar] nv, naamloze vennootschap

le **sabayon** (m) sabayon, schuimig gerecht van eidooier, suiker en witte wijn

le **sabbat** (m) sabbat; heksensabbat; [fig] hels lawaai
sabbatique: *année* ~ a) sabbatjaar; b) [fig] sabbatical year

le **sabir** (m) mengtaal; onbegrijpelijk taaltje

le **sablage** (m) (het) strooien met zand; zand-stralen

le ¹**sable** (m) zand: *le marchand de* ~ Klaas Vaak; ~*s mouvants* drijfzand; [fig] *être sur le* ~ aan de grond zitten
²**sable** (bn) zandkleurig

le **sablé** (m) zandkoekje
sabler 1 met zand bestrooien (bedekken) **2** zandstralen ‖ ~ *le champagne* champagne drinken

la **sableuse** (v) zandstraalapparaat
sabl|eux, -euse zanderig

le **sablier** (m) zandloper

la **sablière** (v) zandgroeve, zanderij
sablonn|eux, -euse zanderig

le **sabordage** (m) (het) tot zinken brengen
saborder tot zinken brengen, in de grond boren; [fig] opheffen

le **sabot** (m) **1** klomp: *je te vois venir avec tes gros* ~*s* ik heb je wel door **2** hoef **3** schoen [onder poot van een meubel] ‖ ~ *de frein* remblok; *baignoire* ~ zitbad

le **sabotage** (m) sabotage
saboter 1 afraffelen **2** door sabotage ver-nielen; saboteren

la **saboterie** (v) klompenmakerij

le **saboteur** (m) saboteur

le/la **sabot|ier** (m), **-ière** (v) klompenmaker, -maakster

le **sabre** (m) sabel: ~ *au clair* met getrokken sabel; *le* ~ *et le goupillon* [fig] het leger en de kerk
sabrer 1 neersabelen **2** schrappen; [een ar-tikel] inkorten

le **sac** (m) **1** zak; tas: ~ *de couchage* slaapzak; ~ *à dos* rugzak; ~ *à main* handtasje; *prendre la main dans le* ~ op heterdaad betrappen; ~ *de marin* plunjezak; [fig] *mettre dans le même* ~ over één kam scheren; [fig] *l'affaire est dans le* ~ de zaak is in orde; [fig] ~ *à vin* zuiplap; [fig] *vider son* ~ zijn hart uitstorten, alles zeggen

wat men op het hart heeft; [inf, fig] *en avoir plein son* ~ het zat zijn, er genoeg van heb-ben **2** plundering: *mettre à* ~ plunderen

la **saccade** (v) schok: *par* ~*s* met horten en stoten
saccadé, -e hortend, stotend

le **saccage** (m) plundering; verwoesting
saccager plunderen, verwoesten; over-hoop gooien

la **saccharine** (v) sacharine, zoetstof

le **saccharose** (m) sucrose

le **sacerdoce** (m) **1** priesterambt, priester-schap, priesterlijke waardigheid **2** [fig] roe-ping
sacerdotal, -e priesterlijk, priester-

le **sachet** (m) sachet, zakje

la **sacoche** (v) **1** tas; fietstas **2** [Belg] handtas

le **sac-poubelle** (m) vuilniszak
sacquer [inf] te grazen nemen; hard aan-pakken; [bij examen] laten zakken
sacraliser heiligen; een gewijd karakter verlenen

le **sacre** (m) zalving; wijding
sacré, -e 1 gewijd; heilig: [inf] *son sommeil, c'est* ~ zijn slaap is (hem) heilig **2** [inf] enorm: *un* ~ *chançard* een ongelooflijke bofferd; *une* ~*e chance* een prachtkans

le **Sacré-Cœur** (m) [r-k] **1** Heilig Hart **2** Sacré-Coeur [kerk in Parijs]

le **sacrement** (m) sacrament: *saint* ~ eucharis-tie; *les derniers* ~*s* de sacramenten der ster-venden
sacrément erg veel; [inf] verduiveld
sacrer wijden; zalven; uitroepen tot

le **sacrifice** (m) offer; opoffering: *faire le* ~ *de* (op)offeren; *faire des* ~*s* offers brengen

le/la ¹**sacrifié** (m), **-e** (v) slachtoffer; iem. die zich opoffert
²**sacrifié, -e** (bn) tegen een afbraakprijs van de hand gedaan: *un prix* ~ een spotprijs
¹**sacrifier à** (onov ww) zich onderwerpen aan, zich voegen naar, zich schikken in
²**sacrifier** (ov ww) **1** (op)offeren **2** zich ont-doen van
se ³**sacrifier** (wdk ww) zich opofferen

le ¹**sacrilège** (m) heiligschennis

le/la ²**sacrilège** (m/v) heiligschenner, -ster
³**sacrilège** (bn) heiligschennend, godslaster-lijk

le **sacristain** (m) koster

la **sacristie** (v) sacristie
sacro-saint, -e [iron] onaantastbaar, heilig

le/la ¹**sadique** (m/v) sadist(e)
²**sadique** (bn) sadistisch

le **sadisme** (m) sadisme

le/la **sado** (m/v) [inf] verk van *sadique*

le/la ¹**sadomasochiste** (m/v) sadomasochist(e)
²**sadomasochiste** (bn) sadomasochistisch

le **safari** (m) safari: ~-*photo* fotosafari

le ¹**safran** (m) saffraan
²**safran** (bn, mv: *onv*) saffraangeel

la **saga** (v) saga, kroniek
sagace scherpzinnig
la **sagacité** (v) scherpzinnigheid
la **sagaie** (v) assegaai [werpspies]
le ¹**sage** (m) wijze, wijze man: *Comité de ~s* commissie van wijze mannen
²**sage** (bn) **1** wijs, verstandig **2** zedig, ingetogen **3** zoet, lief, braaf || *sois ~!* **a)** gedraag je netjes!; **b)** [tegen hond] koest!
la **sage-femme** (v; mv: sages-femmes) verloskundige, vroedvrouw
la **sagesse** (v) **1** wijsheid, verstandigheid: *~ des nations* volkswijsheid; *dent de ~* verstandskies **2** braafheid, gehoorzaamheid
le **sagittaire** (m) boogschutter
le **sagouin** (m) viezerd, smeerpoes
le **Sahara** (m) Sahara
saignant, -e 1 bloedend, bloederig: *plaie ~e* verse wond **2** [cul]: *bifteck ~* zeer kort gebakken biefstuk [vanbinnen nog rood]
la **saignée** (v) **1** aderlating **2** elleboogsplooi **3** greppel, sloot, sleuf
le **saignement** (m) bloeding
¹**saigner** (onov ww) bloeden: *~ du nez* een bloedneus hebben
²**saigner** (ov ww) **1** (laten) doodbloeden, leegbloeden **2** aderlaten, [fig] laten bloeden, geld afpersen: *~ à blanc* geheel uitpersen, leegplunderen **3** kelen, doden **4** uitputten; (iem.) van zijn bestaansmiddelen beroven
se ³**saigner** (wdk ww) een zwaar offer brengen: *se ~ aux quatre veines* alles afstaan (offeren)
saillant, -e 1 (voor)uitspringend, uitstekend, uitpuilend **2** opvallend, markant
la **saillie** (v) **1** uitsteeksel: *en ~* vooruitspringend **2** [fig] inval, geestige zet **3** (het) bespringen, dekken
¹**saillir** (onov ww) vooruitsteken, uitpuilen
²**saillir** (ov ww) bespringen, dekken
sain, -e gezond [ook fig]; gaaf: *~ d'esprit* bij zijn volle verstand; *~ et sauf* heelhuids, gezond en wel
le **saindoux** (m) reuzel
le/la ¹**saint** (m), **-e** (v) heilige: *les ~s de glace* de ijsheiligen; [fig] *ne pas savoir à quel ~ se vouer* zich geen raad weten
²**saint, -e** (bn) sint, heilig, rein, verheven, vroom; gewijd: *Terre ~e* Heilige Land; *la ~e Vierge* de Heilige Maagd [Maria]; *vendredi ~* Goede Vrijdag; *guerre ~e* heilige oorlog; [inf] *toute la ~e journée* de godganse dag
la **Saint-Barthélemy** (v) [gesch] Bartholomeusnacht [24 augustus 1572]
le **saint-bernard** (m) sint-bernard(shond)
le **saint-cyrien** (m; mv: saint-cyriens) cadet [van de Militaire Academie van Saint-Cyr]
saintement heilig, vroom
le **Saint-Esprit** (m) Heilige Geest: *par l'opération du ~* op onverklaarbare wijze

la **sainteté** (v) heiligheid: *être en odeur de ~ auprès de qqn.* hoog aangeschreven staan bij iem.
le **saint-frusquin** (m) [pop] hebben en houden: *et tout le ~* en de hele handel
saint-glinglin: *à la ~* met sint-juttemis
la **Saint-Jean** (v): *les feux de la ~* het sint-jansvuur
le **Saint-Martin** (m) Sint-Maarten
le ¹**Saint-Nicolas** (m) Sinterklaas
la ²**Saint-Nicolas** (v) sinterklaas(feest)
le **Saint-Père** (m) Heilige Vader
le **Saint-Pierre** (v) Sint-Pieter [Rome]
le **Saint-Siège** (m) Heilige Stoel; Vaticaan
la **Saint-Sylvestre** (v) oudejaarsavond
la **Saint-Valentin** (v) Valentijnsdag: *à la ~* op Valentijnsdag
la **saisie** (v) **1** [jur] (gerechtelijk) beslag, inbeslagneming **2** [comp] invoer [van gegevens]
la **saisie-exécution** (v; mv: saisies-exécutions) [jur] executoriaal beslag
la **saisine** (v) (het) aanhangig maken
¹**saisir** (ov ww) **1** (vast)grijpen, pakken, (op)vangen; [comp] *~ des données* gegevens invoeren; *~ l'occasion* de gelegenheid aangrijpen **2** [jur] beslag leggen op, in beslag nemen **3** aangrijpen; [m.b.t. kou] bevangen **4** begrijpen, inzien, overzien: *vous saisissez?* begrijpt u? **5** [Belg] doen schrikken **6** aanbraden, dichtschroeien **7** aanhangig maken: *~ un tribunal d'une affaire* een zaak aanhangig maken bij een rechtbank; *être saisi de* in behandeling nemen, (straf)vervolging instellen inzake
se ²**saisir** (wdk ww) **1** [Belg] schrikken **2** (+ de) zich meester maken van
saisissant, -e 1 verrassend, boeiend; aangrijpend **2** [m.b.t. kou] doordringend
le **saisissement** (m) **1** (het) bevangen worden van kou **2** ontroering, schrik, ontsteltenis
la **saison** (v) jaargetijde, seizoen, (geschikte) tijd: *~ des cerises* kersentijd; *haute ~* hoogseizoen; *morte ~* slappe tijd; *~ nouvelle* lente; *~ des vacances* vakantietijd; *pour la ~* voor de tijd van het jaar; *marchand de(s) quatre ~s* groenteboer; *de ~* van pas
le/la ¹**saisonn|ier** (m), **-ière** (v) seizoenarbeid(st)er
²**saisonn|ier, -ière** (bn) seizoen-, seizoengebonden
salace wulps; geil
la **salade** (v) **1** salade; sla: *~ composée* gemengde salade; *~ de fruits* vruchtensalade; *~ russe* ± huzarensalade **2** rommeltje, warboel
la **salade-repas** (v; mv: salades-repas) maaltijdsalade
les **salades** (mv, v) smoesjes
le **saladier** (m) slabak
le **salaire** (m) salaris, loon; beloning, vergelding: *~ de misère* hongerloon; *~ de départ, ~*

initial aanvangssalaris, [Belg] beginwedde; *bulletin de* ~ loonstrookje; *augmentation de* ~ loonsverhoging [individueel]

la **salaison** (v) (het) (in)zouten, pekelen

les **salaisons** (mv, v) ingezouten levensmiddelen

la **salamandre** (v) salamander

le **salami** (m) salami; cervelaatworst

salant, -e zout-: *marais* ~ zoutpan

salarial, -e loon-: *charges* ~*es* loonkosten

le **salariat** (m) **1** loonstelsel, loondienst, loontrekkers **2** werknemers

le/la **¹salarié** (m), **-e** (v) werknemer, werkneemster

²salarié, -e (bn) salaris-, loontrekkend

salarier salariëren, bezoldigen

le **salaud** (m) [pop] smeerlap, rotzak: *enfant de* ~ rotzak

¹sale (bn) **1** vuil, vies, smerig: *linge* ~ wasgoed, vuile was **2** lelijk, beroerd, rot: *avoir une* ~ *tête* **a)** er slecht, beroerd uitzien; **b)** een rotkop hebben **3** gemeen: ~ *type* vuilak

le **²sale** (m): [inf] *mettre qqch. au* ~ iets in de was doen

le **¹salé** (m) pekelvlees, gezouten varkensvlees: *petit* ~ gezouten varkensvlees

²salé, -e (bn) **1** (in)gezouten, gepekeld, zout **2** zouthoudend: *lac* ~ zoutmeer **3** overdreven: *note* ~*e* gepeperde rekening **4** schunnig, gewaagd

salement vuil, smerig; gemeen; [pop] verschrikkelijk

saler 1 zouten, inzouten, pekelen: ~ *une route* zout strooien op een weg **2** afzetten, te veel laten betalen: *une note salée* een gepeperde rekening

la **saleté** (v) **1** vuilheid, smerigheid; vuil **2** gemene streek **3** prul **4** schunnigheid

la **salicorne** (v) [plantk] zeekraal

la **salière** (v) zoutvat; zoutvaatje

le/la **saligaud** (m), **-e** (v) [pop] smeerpoes; smeerlap, rotzak

salin, -e zouthoudend, zout; zilt

la **saline** (v) **1** zoutpan **2** zoutfabriek

la **salinité** (v) zoutgehalte

salique: *loi* ~ Salische wet

¹salir (ov ww) vuilmaken, bevuilen; [fig] bezoedelen: ~ *la réputation de qqn.* iemands reputatie bezoedelen

se **²salir** (wdk ww) zich vuilmaken: *se* ~ *les mains* vuile handen maken [ook fig]

salissant, -e 1 wat vuilmaakt: *travail* ~ vuil werk **2** besmettelijk

la **salissure** (v) vuiligheid

la **salive** (v) speeksel: [inf] *avaler sa* ~ zich inhouden; [fig] *ne gaspille pas ta* ~ klets maar raak, ik luister toch niet

saliver kwijlen

la **salle** (v) zaal, lokaal, vertrek: ~ *d'attente* wachtkamer; ~ *d'audience* rechtszaal; ~

commune zaal [ziekenhuis]; ~ *de bains* badkamer; ~ *d'eau* waslokaal, wasgelegenheid; ~ *à manger* eetkamer, eetzaal; ~*s obscures* bioscopen; ~ *de séjour* (woon)kamer; ~ *de classe* schoollokaal; ~ *des pas perdus* stationshal; ~ *d'exposition* showroom; ~ *de spectacle* theater, schouwburgzaal, toneelzaal; *faire* ~ *comble* voor een volle zaal spelen; ~ *des ventes* venduhuis

le **salmigondis** (m) **1** allegaartje **2** kletskoek

la **salmonelle** (v) salmonella(bacterie)

le **salon** (m) **1** salon, ontvangkamer: ~ *de thé* tearoom; ~ *de coiffure* kapsalon **2** expositie(ruimte), tentoonstelling; beurs: *Salon des arts ménagers* huishoudbeurs; ~ *de l'auto* autotentoonstelling

le **salopard** (m) [inf] gemene kerel, smeerlap, rotzak

la **salope** (v) [pop] slons, sloerie; [inf; scheldwoord] slet; secreet

saloper [pop] verprutsen

la **saloperie** (v) [pop] rotzooi; smerige streek; schunnige praat

la **salopette** (v) overall; tuinbroek, werkbroek; kruippakje

le **salpêtre** (m) salpeter

la **salsa** (v) salsa(muziek)

le **salsifis** (m) schorseneer

le **saltimbanque** (m) kunstenmaker, (kermis)acrobaat; artiest

salubre gezond, heilzaam

la **salubrité** (v) gezondheid; heilzaamheid: ~ *publique* volkshygiëne

saluer groeten; begroeten; salueren; eren: ~ *de la main* de hand opsteken [om te groeten]; [r-k] *je vous salue, Marie* wees gegroet, Maria

le **¹salut** (m) **1** saluut; groet **2** redding, behoud; heil: *Armée du Salut* Leger des Heils

²salut (tw) **1** gegroet, hallo: *à bon entendeur,* ~ een goed verstaander heeft maar een half woord nodig **2** ja dag, bekijk het maar

salutaire heilzaam; gezond

la **salutation** (v) overdreven begroeting: *recevez mes* ~*s distinguées* hoogachtend

le/la **¹salutiste** (m/v) heilsoldaat, -soldate

²salutiste (bn) van het Leger des Heils

le **Salvador** (m) El Salvador

salvadorien, -ne Salvadoraans

le/la **Salvadorien** (m), **-ne** (v) Salvadoraan(se)

la **salve** (v) salvo

la **samba** (v) samba

le **samedi** (m) zaterdag: ~ *saint* paaszaterdag

le **samouraï** (m) samoerai(krijger)

le **samovar** (m) samowaar

le **SAMU** (m) afk van *service d'aide médicale d'urgence* ambulancedienst

le **sana** (m) *zie sanatorium*

le **sanatorium** (m) sanatorium

la **sanctification** (v) heiligmaking, heiliging; verheerlijking

sanctifier 1 vieren, heiligen: ~ *le dimanche* zondag vieren **2** heilig maken: ~ *sa vie* een heilig leven leiden

la **sanction** (v) **1** sanctie, bekrachtiging, wettiging, gevolg, goedkeuring **2** straf

sanctionner 1 sanctioneren, bekrachtigen, goedkeuren **2** (be)straffen

le **sanctuaire** (m) **1** heiligdom; het Heilige der Heiligen **2** toevluchtsoord, onaantastbaar gebied

la **sandale** (v) sandaal: [Belg] ~ *de gymnastique* gymschoen

la **sandalette** (v) sandaaltje

la **sandre** (v) snoekbaars

le **sandwich** (m) sandwich, broodje: ~ *fourré* belegd broodje || *prendre qqn. en* ~ iem. klemzetten

la **sandwicherie** (v) broodjeszaak

le **sang** (m) bloed, leven: *jusqu'au* ~ tot bloedens toe; *du* ~ *frais* nieuw bloed [ook fig]; *être tout en* ~ baden in zijn bloed; *prise de* ~ **a)** bloedmonster; **b)** bloedproef; [fig] *mettre à feu et à* ~ te vuur en te zwaard verwoesten; [fig] *son* ~ *n'a fait qu'un tour* het bloed stolde hem in de aderen; [fig] *se faire du mauvais* ~ zich erg ongerust maken; [fig] *avoir le* ~ *chaud* heetgebakerd (*of:* opvliegend) zijn || *bon* ~! [inf] goeie genade!

le **sang-froid** (m) koelbloedigheid, zelfbeheersing: *de* ~ in koelen bloede; *perdre son* ~ zijn zelfbeheersing verliezen

sanglant, -e 1 bloedig; bebloed **2** grievend

la **sangle** (v) riem, band, singelband

sangler de riemen aanhalen, insnoeren

le **sanglier** (m) wild zwijn, everzwijn; zwijnenvlees: ~ *d'Asie* hangbuikzwijn

le **sanglot** (m) snik

sangloter snikken

la **sangria** (v) sangria

la **sangsue** (v) **1** bloedzuiger **2** uitzuiger

sanguin, -e 1 bloed-: *groupe* ~ bloedgroep; *vaisseau* ~ bloedvat **2** driftig

sanguinaire bloeddorstig, wreed

la **sanguine** (v) **1** roodkrijt; roodkrijttekening **2** bloedsinaasappel

sanguinolent, -e bloederig; bloedrood

sanitaire sanitair, gezondheids-

les **sanitaires** (mv, m) (het) sanitair; toiletten

sans zonder, bij afwezigheid van; niet meegerekend: ~ *cela* anders; ~ *cesse* onophoudelijk; ~ *doute* waarschijnlijk; ~ *quoi* anders; ~ *remède* **a)** ongeneeslijk; **b)** niet te verhelpen; ~ *danger* ongevaarlijk; ~ *pitié* meedogenloos; *ne pas être* ~ *savoir qqch.* iets heel goed weten; *cela va* ~ *dire* dat spreekt vanzelf; ~ *que* zonder dat

le/la **sans-abri** (m/v; mv: *onv*) dakloze

le/la **sans-cœur** (m/v; mv: *onv*) ongevoelig, harteloos mens

les **sans-culottes** (mv, m) sansculottes [voorvechters van de Franse revolutie (1789)]

le/la **sans-emploi** (m/v; mv: *onv*) werkloze

le **sans-faute** (m; mv: *onv*) **1** foutloos parcours **2** schitterende prestatie

le **¹sans-gêne** (m; mv: *onv*) ongegeneerdheid

²sans-gêne (bn, mv: *onv*) ongegeneerd

le **sanskrit** (m) (het) Sanskriet

le/la **sans-le-sou** (m/v; mv: *onv*) arme drommel, armoelij(st)er

le/la **sans-logis** (m/v; mv: *onv*) dakloze

le **sansonnet** (m) spreeuw

le/la **sans-papiers** (m/v; mv: *onv*) illegaal

le/la **sans-parti** (m/v) partijloze

sans-souci zorgeloos

le/la **sans-travail** (m/v; mv: *onv*) werkloze

le **santal** (m; mv: santals) sandelboom; sandelhout; sandelolie

la **santé** (v) gezondheid: ~ *publique* volksgezondheid; *maison de* ~ psychiatrische inrichting; *il n'a pas de* ~ hij heeft een slechte gezondheid; *à votre* ~! op uw gezondheid!; *être en parfaite* ~ kerngezond zijn; *se refaire une* ~ aan de beterende hand zijn, er weer bovenop komen

les **santiags** (mv, m) cowboylaarzen

le **santon** (m) Provençaals kleifiguurtje [bij de kerstkribbe]

saoudien, -ne Saudisch

le/la **Saoudien** (m), **-ne** (v) Saudiër, Saudische

saoul *zie* ¹*soûl*

saouler *zie* ¹*soûler*

la **sape** (v) **1** [mil] ondergraving, ondermijning [ook fig]; loopgraaf: *faire un travail de* ~ ondermijnen **2** [inf] (mooie) kleren

¹saper (ov ww) **1** ondergraven **2** ondermijnen

se **²saper** (wdk ww) [pop] zich kleden

le **sapeur-pompier** (m; mv: sapeurs-pompiers) brandweerman

le **saphir** (m) saffier

le **sapin** (m) **1** spar, den: ~ *de Noël* kerstboom **2** vurenhout

la **sapinière** (v) sparrenbos, dennenbos

sapristi [inf] verdorie; wel verdraaid

saquer *zie* sacquer

la **sarabande** (v) lawaai, kabaal: *faire la* ~ kabaal schoppen

la **sarbacane** (v) blaaspijpje

le **sarcasme** (m) sarcasme, hatelijkheid

sarcastique sarcastisch, bijtend

la **sarcelle** (v) taling [vogel]

sarcler schoffelen, wieden

le **sarcloir** (m) schoffel

le **sarcophage** (m) stenen grafkist

la **Sardaigne** (v) Sardinië

sarde Sardinisch

le/la **Sarde** (m/v) Sardiniër, Sardinische

la **sardine** (v) **1** sardientje **2** tentharing

le/la **¹sardin|ier** (m), **-ière** (v) arbeid(st)er in een sardineconservenfabriek

le **²sardinier** (m) sardinevisser(sboot)

sardonique sardonisch, schamper

la **SARL** (v) afk van *société à responsabilité limitée* [vergelijkbaar] bv, besloten vennootschap

le **sarment** (m) (wijn)rank

le **sarrasin** (m) boekweit

le **sarrau** (m) kiel

la **Sarre** (v) Saarland

le **sas** (m) **1** zeef **2** sluiskolk; schutsluis; sluis

le **sashimi** (m) sashimi

le **Satan** (m) Satan

satané, -e [inf] verduiveld, vervloekt

satanique satanisch, duivels, hels

le **satanisme** (m) satanisme

la **satellisation** (v) **1** (het) afhankelijk maken, tot een satellietstaat maken **2** (het) lanceren van een kunstmaan

satelliser 1 afhankelijk maken, tot een satellietstaat maken **2** in een baan om de aarde brengen

le **satellite** (m) satelliet, kunstmaan: *liaison par* ~ satellietverbinding

le **satellite-relais** (m; mv: satellites-relais) [ruimtev] (tele)communicatiesatelliet

la **satiété** (v) verzadiging: *manger à* ~ zich verzadigen; *à* ~ meer dan genoeg

le **satin** (m) satijn: *de* ~ **a)** satijnen; **b)** zacht als satijn

satiné, -e glanzend; zo zacht als satijn

satiner glanzend maken

la **satire** (v) satire

satirique satirisch, hekelend

la **satisfaction** (v) voldoening, genoegdoening, bevrediging; genoegen, tevredenheid: [Belg] *réussir avec* ~ [Belg] met voldoening slagen [op universiteit]; *à la* ~ *générale* tot ieders tevredenheid

[1]satisfaire à (onov ww) voldoen aan, voorzien in, nakomen, vervullen, inwilligen: ~ *à la demande* aan de vraag voldoen

[2]satisfaire (ov ww) voldoen, voldoening geven aan, tevreden stellen, bevredigen: ~ *un besoin* in een behoefte voorzien

se **[3]satisfaire** (wdk ww) **1** (+ de) zich tevreden stellen, tevreden zijn (met) **2** zich bevredigen

satisfaisant, -e bevredigend; voldoend, toereikend

satisfait, -e de voldaan, tevreden (met, over); bevredigd

la **saturation** (v) verzadiging

saturer verzadigen: *être saturé de qqch.* iets beu zijn; *routes saturées* overvolle wegen

Saturne Saturnus

le **satyre** (m) sater, bosgod; wellusteling

la **sauce** (v) **1** saus, jus: *poisson en* ~ vis met saus; ~ *vinaigrette* vinaigrette(saus); [fig] *à quelle* ~ *serai-je mangé?* wat staat me te wachten?; [fig] *pour varier la* ~ voor de verandering; [inf, fig] *donner* (of: *mettre*) *toute la* ~ plankgas geven **2** [inf] plensbui

la **saucée** (v) [pop] plensbui

saucer: ~ *son assiette* zijn bord schoonmaken (met een stukje brood)

la **saucière** (v) sauskom

la **saucisse** (v) **1** worst, braadworst, saucijs **2** uilskuiken

le **saucisson** (m) worst

saucissonner uit het vuistje eten ‖ *film saucissonné par de la publicité* door reclamespotjes onderbroken film

[1]sauf, sauve (bn) behouden: *avoir la vie sauve* het er levend vanaf brengen

[2]sauf (vz) behoudens, behalve, afgezien van: *tout – ça!* alles liever dan dat!; ~ *avis contraire* behoudens tegenbericht; ~ *erreur* tenzij ik me vergis; ~ *que* behalve dat

le **sauf-conduit** (m; mv: sauf-conduits) vrijgeleide

la **sauge** (v) salie

saugrenu, -e absurd, zot

le **saule** (m) wilg: ~ *pleureur* treurwilg

saumâtre brak; [fig] onaangenaam, bitter: *je la trouve* ~ ik vind het geen grap

le **[1]saumon** (m) zalm

[2]saumon (bn, mv: onv) saumon, zalmkleurig

saumoné, -e: *truite* ~*e* zalmforel

la **saumure** (v) pekel; zoutoplossing

le **sauna** (m) sauna

saupoudrer de 1 bestrooien (met); doorspekken (met) **2** [geld] versnipperen; uitsmeren, verdelen

saur: *hareng* ~ bokking, gerookte haring

les **sauriens** (mv, m) hagedisachtigen

le **saut** (m) **1** sprong [ook fig]: ~ *à l'élastique* (het) bungeejumpen; [het] elastieksprong; ~ *en longueur* (het) verspringen; *le* ~ *en parachute* het parachutespringen; ~ *à la perche* (het) polsstokspringen; ~ *périlleux* salto (mortale); *triple* ~ hink-stap-sprong; *faire un* ~ *à Paris* even overwippen naar Parijs **2** plotselinge overgang; plotselinge beweging: *au* ~ *du lit* bij het opstaan **3** val **4** waterval

le **saut-de-lit** (m; mv: sauts-de-lit) ochtendjas, peignoir

la **saute** (v) plotselinge verandering: [fig] ~ *d'humeur* nuk, gril

le **[1]sauté** (m) gebakken vis; gebraden vlees: *un* ~ *de veau* een kalfsschnitzel

[2]sauté, -e (bn) gebakken, gebraden: *pommes* ~*es* gebakken aardappelen

le **saute-mouton** (m) haasje-over: *jouer à* ~ bokspringen

sauter 1 springen, op-, af-, uit elkaar springen, ontploffen, in de lucht vliegen; overspringen: ~ *de colère* barsten van woede; ~ *de joie* van vreugde opspringen; *faire* ~ *une contravention* een bekeuring laten intrekken, verscheuren; *faire* ~ *les plombs* de zekeringen doen doorslaan; *faire* ~ *un pont* een brug opblazen; *faire* ~ *la viande* het vlees (op een hoge vlam) braden; *faire* ~ *la cervelle* een kogel door het hoofd jagen; *faire* ~ *la banque* de bank failliet laten gaan; ~ *à cloche-pied* hinken; ~ *à la corde* touwtjespringen; ~ *aux yeux* in het oog springen; ~ *sur une mine* op een mijn lopen; ~ *sur l'occasion* de gelegenheid aangrijpen; ~ *le pas* het erop wagen **2** overslaan, weglaten: ~ *une classe* een klas overslaan **3** [inf] wippen, neuken: *se faire* ~ *par qqn.* zich door iem. laten pakken, het met iem. doen || *se faire* ~ *la cervelle* zich een kogel door het hoofd jagen

la **sauterelle** (v) sprinkhaan

le/la ¹**saut|eur** (m), **-euse** (v) spring(st)er; [fig] onbetrouwbaar iem.

²**saut|eur, -euse** (bn) springend, spring-: *scie sauteuse* decoupeerzaag(machine)

la **sauteuse** (v) braadpan, hapjespan

sautillant, -e huppelend, hippend, springerig

sautiller (het) huppelen, hippen [van een vogel]

le **sautoir** (m) **1** lange halsketting: *en* ~ gekruist over de borst hangend **2** [sport] springplank

le/la ¹**sauvage** (m/v) **1** schuw (eenzelvig) mens **2** onmens, woesteling(e), barbaar: *on n'est pas des* ~s we zijn geen barbaren

²**sauvage** (bn) **1** schuw, eenzelvig **2** ruw, wreed, onmenselijk **3** [m.b.t. dieren, planten] wild **4** onherbergzaam; ongerept **5** ongeorganiseerd: *grève* ~ wilde staking; *le camping* ~ wildkamperen

le/la ¹**sauvageon** (m), **-ne** (v) wild, onbesuisd kind

le ²**sauvageon** (m) wilde (ongeënte) boom

la **sauvagerie** (v) **1** schuwheid **2** onmenselijkheid

la **sauvegarde** (v) **1** vrijgeleide; bescherming, waarborg **2** [scheepv] borgketting, borgtouw, borgstrop **3** (het) bewaren, beschermen

sauvegarder beschermen, waarborgen, vrijwaren; [comp] saven

le **sauve-qui-peut** (m) overhaaste, wanordelijke vlucht

¹**sauver** (ov ww) **1** redden; in veiligheid brengen: ~ *les meubles* redden wat er nog te redden valt; ~ *les apparences* de schijn ophouden **2** [comp] saven

se ²**sauver** (wdk ww) zich uit de voeten maken, ervandoor gaan; ontsnappen: *se* ~ *à toutes jambes* snel de benen nemen

le **sauvetage** (m) redding: *gilet de* ~ zwemvest; *canot de* ~ reddingsboot

le **sauveteur** (m) redder

la **sauvette** (v): *à la* ~ haastig; *marchand à la* ~ venter zonder vergunning

le **sauveur** (m) redder

le **Sauveur** (m): *le* ~ de Verlosser

le **sauvignon** (m) **1** sauvignon [druivensoort] **2** sauvignon [witte wijn]

le **SAV** (m) afk van *service après-vente* after-sales

savamment geleerd, kundig

la **savane** (v) savanne

le/la ¹**savant** (m), **-e** (v) geleerde

²**savant, -e** (bn) geleerd; knap, (des)kundig; kunstig, bedreven; ingewikkeld: *société* ~*e* wetenschappelijk genootschap

la **savate** (v) **1** oude slof, schoen: *traîner la* ~ een armoedig bestaan lijden; *il joue au tennis comme une* ~ hij is een heel slechte tennisser **2** stuntel **3** Frans boksen

la **saveur** (v) smaak; [fig] pit, aantrekkelijkheid

le ¹**savoir** (m) kennis

²**savoir** (ov ww) **1** weten; kennen; vernemen; op de hoogte zijn van, beheersen: *faire* ~ laten weten, mededelen; *en* ~ *long* ervan mee weten te praten; *vous n'êtes pas sans* ~ *que* het is u bekend dat; *la question est de* ~ *si* de vraag is of; *reste à* ~ *si* blijft nog de vraag of; *à* ~ namelijk, te weten; *je ne le savais pas si prudent* ik wist niet dat hij zo voorzichtig was; *j'ai parlé avec qui vous savez* ik heb gesproken met u weet wel; *que je sache* voor zover ik weet; *sachez que* u moet weten dat; *est-ce que je sais?* weet ik veel!; *un je ne sais quoi de tragique* iets tragisch **2** [+ onbep w] kunnen: *elle sait déjà lire* zij kan al lezen; ~ *vivre* met mensen weten om te gaan, zich goed bewegen

se ³**savoir** (wdk ww) bekend worden, zijn; weten dat men … is: *ça se saurait* als dat waar was zou het algemeen bekend zijn; *tout finit par se* ~ alles komt ten slotte aan het licht

le **savoir-faire** (m) handigheid, bekwaamheid; knowhow

le **savoir-vivre** (m) wellevendheid: *c'est une question de* ~ het is een kwestie van goede manieren

le **savon** (m) **1** zeep; stuk zeep: ~ *noir* groene zeep **2** uitbrander: *recevoir un* ~ een standje krijgen

la **savonnée** (v) [Belg] zeepwater

savonner inzepen, wassen met zeep

la **savonnette** (v) stukje toiletzeep

savonn|eux, -euse zeepachtig, zeep-: *pente savonneuse* [fig] hellend vlak

savourer intens genieten van

savour|eux, -euse lekker; smakelijk; [fig] kostelijk

le/la **Savoyard** (m), **-e** (v) bewoner, bewoonster van Savoye

le **saxe** (m) Saksisch porselein

saxon, -ne Saksisch

le **saxophone** (m) saxofoon

le **sbire** (m) **1** [inf] politieman **2** handlanger

scabr|eux, -euse 1 schunnig, stuitend **2** hachelijk, gevaarlijk

le **scalpel** (m) ontleedmes

scalper scalperen

le **scandale** (m) ergernis, aanstoot; schandaal: *faire* ~ schandaal verwekken; *faire du* ~ stampij maken; *crier au* ~ schande spreken van

scandal|eux, -euse ergerlijk, aanstotelijk, schandalig

¹**scandaliser** (ov ww) choqueren, ergeren, aanstoot geven

se ²**scandaliser de** (wdk ww) zich ergeren (over), aanstoot nemen (aan)

scander scanderen; [fig] benadrukken: ~ *des slogans* leuzen roepen

scandinave Scandinavisch

le/la **Scandinave** (m/v) Scandinaviër, Scandinavische

la **Scandinavie** (v) Scandinavië

le ¹**scanner** (m) scanner

²**scanner** (ov ww) scannen

le **scaphandre** (m) duikerpak

le **scaphandrier** (m) duiker

le **scarabée** (m) mestkever

la **scarlatine** (v) roodvonk: *fièvre* ~ roodvonk

la **scarole** (v) andijvie

scatologique smerig, goor

le **sceau** (m) **1** zegel **2** [fig] stempel; kenmerk || *garde des Sceaux* [in Frankrijk] minister van Justitie

le/la ¹**scélérat** (m), **-e** (v) schurk, boef, boosdoen-ster

²**scélérat, -e** (bn) schurkachtig

le **scellé** (m) gerechtelijk zegel: *apposer les* ~s verzegelen; *sous* ~s verzegeld

le **scellement** (m) (het) vastzetten, inmetse-len

sceller 1 (ver)zegelen **2** [fig] bezegelen **3** inmetselen, vastmetselen, vastzetten; her-metisch (af)sluiten

le **scénario** (m) scenario, draaiboek; plan: ~ *catastrophe* doemscenario

le/la **scénariste** (m/v) scenarioschrijver, -schrijf-ster

la **scène** (v) toneel [in alle bet]; scène; tafereel; scène, heftige ruzie: [theat] *entrer en* ~ op-komen; ~ *de ménage* echtelijke ruzie; *mettre en* ~ regisseren, ensceneren; *la* ~ *se passe à* het stuk speelt te; [fig] *occuper le devant de la* ~ op de voorgrond treden; *j'imagine fort bien la* ~ ik zie het al voor me

scénique toneel-, dramatisch

la **scénographie** (v) decorontwerp

le **scepticisme** (m) scepticisme, ongeloof

le/la ¹**sceptique** (m/v) scepticus, twijfelaar(ster)

²**sceptique** (bn) sceptisch, twijfelend, onge-lovig

le **sceptre** (m) scepter

le **schah** (m) sjah: *le* ~ *d'Iran* de sjah van Perzië

le **scheik** (m) sjeik

le **schéma** (m) schema

schématique schematisch

schématiser schematisch voorstellen; ± simplificeren

le/la ¹**schismatique** (m/v) schismaticus

²**schismatique** (bn) schismatiek

le **schisme** (m) schisma, scheuring

le **schiste** (m) leisteen

le/la ¹**schizophrène** (m/v) schizofreen

²**schizophrène** (bn) schizofreen

la **schizophrénie** (v) schizofrenie

schizophrénique schizofreen

le ¹**schlass** (m) [pop] mes

²**schlass** (bn) [inf] dronken, teut

schlinguer [inf] meuren

le **schmilblick** (m): [inf] *faire avancer le* ~ de zaak vooruit helpen

le **schnaps** (m) schnaps; brandewijn

schnock *zie* ¹*chnoque*

le **schtroumpf** (m) smurf

le **sciage** (m) (het) zagen

la ¹**sciatique** (v) ischias

²**sciatique** (bn) heup-

la **scie** (v) **1** zaag: ~ *circulaire* cirkelzaag; ~ *à métaux* ijzerzaag; *en dents de* ~ **a)** getand, gekarteld; **b)** [fig] met ups en downs **2** afge-zaagd deuntje, gezanik **3** zaagvis

sciemment opzettelijk, (wel)bewust

la **science** (v) **1** wetenschap, kennis: ~s *exac-tes* exacte wetenschappen; ~s *naturelles* na-tuurwetenschappen; ~s *humaines* geestes-wetenschappen; ~s *politiques* politicologie; ~s *occultes* occultisme; *avoir la* ~ *infuse* de wijsheid in pacht hebben; *étaler sa* ~ met zijn kennis pronken **2** ervarenheid, vaardigheid, kunde

les **sciences** (mv, v) bètawetenschappen

le/la ¹**scientifique** (m/v) wetenschapper, -ster

²**scientifique** (bn) wetenschappelijk

la **scientologie** (v) Scientology (Church)

scier 1 (door)zagen **2** [pop] verstomd doen staan

la **scierie** (v) zagerij

¹**scinder** (ov ww) splitsen

se ²**scinder** (wdk ww) uiteenvallen

scintillant, -e fonkelend

le **scintillement** (m) fonkeling

scintiller fonkelen, glinsteren, flonkeren

la **scission** (v) splitsing, splijting, scheuring

la **sciure** (v) zaagsel

la **sclérose** (v) verharding, verkalking; ver-starring: ~ *en plaques* multiple sclerose

se **scléroser** verharden; [fig] vastroesten, ver-starren

scolaire school-, onderwijs-; schools: *âge* ~ leerplichtige leeftijd; *année* ~ schooljaar; *manuel* ~ schoolboek; *vacances* ~s schoolva-kantie

la **scolarisation** (v) scholing; schoolbezoek

scolariser onderwijs doen genieten: *jeunes scolarisés* schoolgaande jongeren

la **scolarité** (v) (het) schoolgaan; schooljaren; studieduur: ~ *obligatoire* leerplicht

le **scone** (m) scone

le **scoop** (m) scoop, primeur

le **scooter** (m) scooter: ~ *nautique* waterscooter

le **scorbut** (m) scheurbuik

le **score** (m) score, resultaat, stand: [sport] *mener au* ~ voorstaan

les **scories** (mv, v) **1** (metaal)slakken; vulkanische slakken **2** uitschot

le **scorpion** (m) schorpioen

le **scotch** (m) **1** plakband **2** whisky
scotcher vast-, dichtplakken met plakband

le **scoubidou** (m) scoubidou

le/la **¹scout** (m), **-e** (v) padvind(st)er
²scout, -e (bn) padvinders-

le **scoutisme** (m) padvinderij

le **scrabble** (m) scrabble: *jouer au* ~ scrabbelen

le **script** (m) script: *en* ~ in blokletters

la **scripte** (v) scriptgirl, regieassistente
scriptural, -e: *monnaie* ~*e* giraal geld

le **scrotum** (m) scrotum; balzak

le **scrupule** (m) **1** (gemoeds)bezwaar, gewetensbezwaar: *sans* ~*s* gewetenloos **2** angstvalligheid, nauwgezetheid
scrupul|eux, -euse scrupuleus, nauwgezet, angstvallig
scruta|teur, -trice vorsend, onderzoekend
scruter zorgvuldig onderzoeken; trachten te doorgronden; afturen

le **scrutin** (m) verkiezing, stemming [d.m.v. stembriefjes]; [fig] stembus: ~ *majoritaire* stemmen volgens het meerderheidsprincipe; ~ *proportionnel* stemmen volgens het principe van evenredige vertegenwoordiging; ~ *secret* geheime stemming
sculpter 1 beeldhouwen; uitbeitelen **2** [fig] vormen

le/la **sculp|teur** (m), **-trice** (v) beeldhouw(st)er
sculptural, -e als gebeeldhouwd, sculpturaal; beeldhouw(ers)-

la **sculpture** (v) **1** beeldhouwkunst; -werk **2** beeldsnijkunst, beeldsnijwerk

le/la **SDF** (m/v) afk van *sans domicile fixe* dakloze

se **1** zich: *se laver les mains* zijn handen wassen **2** elkaar || [lijdende vorm] *cela ne se dit pas* dat zeg je niet; [lijdende vorm] *ça ne se fait pas* dat doe je niet

la **séance** (v) **1** zitting; vergadering: ~ *tenante* onmiddellijk, op staande voet **2** voorstelling; seance **3** behandeling: ~ *de massage* massagebehandeling

le **séant** (m) zitvlak: *se mettre sur son* ~ overeind gaan zitten

le **seau** (m) emmer: ~ *à glace* wijnkoeler; ~ *hygiénique* toiletemmer; *il pleut à* ~*x* de regen valt met bakken uit de lucht
sébacé, -e talg-: *glandes* ~*es* talgklieren

la **sébile** (v) centenbakje

le **sébum** (m) talg; huidsmeer

le **¹sec** (m) droogte, (het) droge: *à* ~ **a)** drooggevallen); **b)** uitgepraat; **c)** blut; *mettre au* ~ op een droge plaats (te drogen) leggen

²sec, sèche (bn) **1** droog, dor, (uit)gedroogd: *être en panne sèche* zonder benzine staan **2** kort, bars: *coup* ~ harde klap; *réponse sèche* bits antwoord; *parler* ~ kortaf spreken **3** mager; spichtig **4** onverdund, zonder meer, sec: *perte sèche* puur verlies **5** ongevoelig: *d'un œil* ~ onbewogen

³sec (bw) **1** puur, zonder bijvoeging van water **2** hard, snel **3** pardoes, ineens: *aussi* ~ meteen, op staande voet || *il boit* ~ hij drinkt stevig

le **sécateur** (m) snoeischaar

la **sécession** (v) afscheiding

le **séchage** (m) (het) drogen

le **sèche-cheveux** (m) haardroger, droogkap; föhn

le **sèche-linge** (m) wasdroger, droogautomaat

le **sèche-mains** (m) handdroger
sèchement droog, droogweg: *répondre* ~ kortaf, koeltjes, bits antwoorden

¹sécher (onov ww) **1** drogen, uitdrogen, verdrogen, verdorren **2** het antwoord schuldig blijven || ~ *sur pied* zich dood vervelen

²sécher (ov ww) **1** drogen, droogmaken: *mettre du linge à* ~ was ophangen [om te drogen] **2** [school] verzuimen: ~ *un cours* spijbelen

la **sécheresse** (v) droogte, schraalheid; dorheid; ongevoeligheid; bitsheid, koele toon

le **séchoir** (m) droogkamer, droogschuur; droogrek, droogmachine: ~ *à cheveux* haardroger

le **¹second** (m) **1** tweede verdieping **2** tweede; helper, rechterhand; secondant **3** [scheepv] plaatsvervangend gezagvoerder

²second, -e (bn) tweede; andere: *une* ~*e fois* nog eens; *état* ~ trance; ~*e jeunesse* tweede jeugd
secondaire ondergeschikt, bijkomstig, bijkomend, bij-; secundair: *(enseignement)* ~ voortgezet onderwijs, [Belg] secundair onderwijs; *un rôle* ~ een bijrol; *effet* ~ [med] bijwerking
secondairement in de tweede plaats

la **seconde** (v) **1** seconde: *une* ~! een ogenblikje! **2** ± 4 vwo **3** [trein] tweede klas: *voyager en* ~ tweede klas reizen **4** tweede versnelling
seconder bijstaan, helpen; ondersteunen
secoué, -e [inf] (een beetje) geschift, getikt, niet goed wijs

¹secouer (ov ww) **1** schudden (aan), afschudden, uitschudden, heen en weer schudden, door elkaar schudden **2** schokken, aanpakken; [inf] *j'en ai rien à* ~ daar heb ik niks mee te maken

se **²secouer** (wdk ww) zich af-, uitschudden; [fig] niet bij de pakken neer blijven zitten: *secoue-toi un peu!* laat de handjes eens wapperen!

secourable hulpvaardig, behulpzaam
secourir helpen, te hulp komen, bijstaan
le **secourisme** (m) EHBO
le/la **secouriste** (m/v) EHBO'er
le **¹secours** (m) hulp, bijstand, ondersteuning: *premiers* ~ eerste hulp; *au* ~*!* help!; *appeler au* ~ te hulp roepen; *aller au* ~ *de qqn.* iem. te hulp schieten; *roue de* ~ reservewiel; *sortie de* ~ nooduitgang
les **²secours** (mv, m) hulptroepen, versterking
la **secousse** (v) schok; *par* ~*s* met horten en stoten, schoksgewijs; *sans* ~ rustig, geleidelijk
le **¹secret** (m) **1** geheim(houding): *ne pas avoir de* ~ *pour qqn.* geen geheimen voor iem. hebben; ~ *d'Etat* staatsgeheim **2** geheime bergplaats, lade; (geheim) middel, kunst: *mettre dans le* ~ op de hoogte brengen; *être dans le* ~ op de hoogte zijn; *en* ~ heimelijk
²secr|et, -ète (bn) **1** geheim, verborgen, bedekt, heimelijk: *une porte secrète* een geheime deur; *agent* ~ geheim agent, spion **2** innerlijk, diepste **3** terughoudend, gesloten
le **¹secrétaire** (m) secretaire
le/la **²secrétaire** (m/v) secretaris, -resse: ~ *médicale* doktersassistente
le **secrétariat** (m) secretariaat
secrètement in het geheim, heimelijk
sécréter uit-, afscheiden; verbreiden
la **sécrétion** (v) afscheiding, secretie
le/la **¹sectaire** (m/v) sektariër, fanaticus
²sectaire (bn) fanatiek, bekrompen, onverdraagzaam
le **sectarisme** (m) **1** sektarisme **2** intolerantie
la **secte** (v) sekte, gezindte; kliek
le **secteur** (m) **1** sector [in alle bet]: *le* ~ *privé* het bedrijfsleven; ~ *primaire* primaire sector, agrarische sector; ~ *en forte expansion* groeisector **2** elektriciteitsnet: *panne de* ~ stroomstoring
la **section** (v) **1** (het) snijden, snede; doorsnede; snijvlak; [med] sectie **2** afdeling, onderdeel, paragraaf; traject, baanvak; wijk, district; sectie
le **sectionnement** (m) verdeling in secties
sectionner 1 verdelen in secties [van afdelingen, wijken] **2** door-, afsnijden
sectoriel, -le sectorgewijs: *approche* ~*le* sectorbenadering
la **sécu** (v) [inf] verk van *sécurité sociale* sociale verzekeringen, [Belg] sociale zekerheid
séculaire honderdjarig; eeuwenoud; eeuw-
la **sécularisation** (v) secularisatie; verwereldlijking
séculariser seculariseren; verwereldlijken
sécul|ier, -ière wereldlijk: *bras* ~ wereldlijke macht; *prêtre* ~ seculiere priester
secundo ten tweede
sécurisant, -e geruststellend; een gevoel van veiligheid gevend

la **sécurisation** (v) geruststelling
sécuriser geruststellen, een veilig gevoel geven
sécuritaire de veiligheid (op straat) betreffend: *mesures* ~*s* veiligheidsmaatregelen [openbare orde]
la **sécurité** (v) **1** veiligheid: *ceinture de* ~ veiligheidsgordel; *Conseil de* ~ Veiligheidsraad; ~ *routière* verkeersveiligheid; *Sécurité sociale* sociale verzekeringen, [Belg] sociale zekerheid **2** gerustheid: *en toute* ~ in alle rust
le **¹sédatif** (m) kalmerend middel
²sédat|if, -ive (bn) kalmerend
sédentaire zittend; honkvast: *vie* ~ zittend leven
la **sédentarité** (v) sedentair leven
le **sédiment** (m) sediment, bezinksel
la **sédimentation** (v) bezinking; afzetting
séditi|eux, -euse oproerig, opruiend
la **sédition** (v) opstand
le/la **¹séduc|teur** (m), **-trice** (v) verleid(st)er
²séduc|teur, -trice (bn) verleidings-, verleidend, verleidelijk
la **séduction** (v) verleiding; verleidelijkheid, bekoring
séduire verleiden; bekoren
séduisant, -e verleidelijk; bekoorlijk, innemend; aantrekkelijk
le **segment** (m) segment, geleding
la **segmentation** (v) verdeling in segmenten
segmenter verdelen in segmenten
la **ségrégation** (v) afscheiding, afzondering: ~ *raciale* rassenscheiding, apartheid
le/la **ségrégationniste** (m/v) voorstand(st)er van apartheid
la **seiche** (v) inktvis
le **seigle** (m) rogge: *pain de* ~ roggebrood
le **seigneur** (m) heer, gebieder, meester; eigenaar: *faire le grand* ~ de grote meneer uithangen
le **Seigneur** (m) Heer, God: *Notre* ~ Onze-Lieve-Heer; *le jour du* ~ de dag des Heren, zondag
seigneurial, -e heerlijk: *terre* ~*e* heerlijkheid
la **seigneurie** (v) **1** heerlijkheid; heerlijke rechten **2** [Belg] (luxe) bejaardentehuis
le **sein** (m) borst: *donner le* ~ borstvoeding geven; *nourrir dans son* ~ koesteren || *au* ~ *de* in, binnen, in het kader van
le **seing** (m): *sous* ~ *privé* onderhands
le **séisme** (m) aardbeving
seize zestien
la **¹seizième** (v) [muz] zestiende
²seizième (bn) zestiende
le **séjour** (m) verblijf; verblijfplaats: *frais de* ~ verblijfkosten; (*salle de*) ~ woonkamer, huiskamer; *permis de* ~ verblijfsvergunning; *être interdit de* ~ een verblijfsverbod hebben (*of:* krijgen), uitgewezen worden
séjourner verblijven, zich ophouden, (stil)-

staan

le **sel** (m) **1** zout: *pincée de* ~ snufje zout; ~ *marin* zeezout; *gros* ~ grof zout; ~*s de bain* badzout; [fig] *mettre son grain de* ~ zich bemoeien met **2** geest(igheid)
sélect, -e chic, elegant

le **sélecteur** (m) **1** afstemknop **2** versnelling [van een brommer]
sélect|if, -ive selectief

la **sélection** (v) selectie, keus
sélectionner selecteren, uitkiezen

le/la **sélectionn|eur** (m), **-euse** (v) **1** bedrijfspsycholoog, -loge **2** [sport] coach

la **sélectivité** (v) selectiviteit

le **self** (m) *zie self-service*

le **self-control** (m) zelfbeheersing

le **self-service** (m; mv: self-services) zelfbediening(szaak), zelfbedieningsrestaurant

la **selle** (v) zadel: *cheval de* ~ rijpaard; *mettre qqn. en* ~ iem. in het zadel helpen ‖ *aller à la* ~ naar de wc gaan
seller zadelen

les **selles** (mv, v) ontlasting

la **sellette** (v): *être sur la* ~ aan de tand gevoeld worden; *mettre qqn. sur la* ~ iem. uithoren, aan de tand voelen

le **sellier** (m) zadelmaker
selon naar, volgens, overeenkomstig: *c'est* ~ dat hangt ervan af; ~ *que* naargelang

les **semailles** (mv, v) (het) zaaien; zaaikoren; zaaitijd

la **semaine** (v) week: *la* ~ *sainte* de stille week; [fig] *la* ~ *des quatre jeudis* nooit, met sint-juttemis; *être de* ~ de week hebben, de weekdienst/weekbeurt hebben; *en* ~ door de week; *jour de* ~ doordeweekse dag; *dans une* ~ over een week; *la* ~ *de quarante heures* de veertigurige werkweek; [fig] *politique à la petite* ~ kortzichtig beleid

le **semainier** (m) weekkalender; kantooragenda

la **¹sémantique** (v) betekenisleer
²sémantique (bn) de betekenis betreffend

le **sémaphore** (m) semafoor; seinpaal

le/la **¹semblable** (m/v) medemens, naaste
²semblable à (bn) gelijkend (op), dergelijk; op elkaar gelijkend; soortgelijk

le **semblant** (m) schijn: *faire* ~ *de* (net) doen alsof; *ne faire* ~ *de rien* doen alsof er niets aan de hand is
¹sembler (onov ww) (toe)schijnen, lijken: *comme bon vous semble* zoals u wilt
²sembler (onpers ww): *il semble* het schijnt; *il me semble* het lijkt me, ik heb de indruk
semé, -e de bezaaid, vol met

la **semelle** (v) **1** zool: ~ *orthopédique* steunzool; *ne pas reculer d'une* ~ geen duimbreed wijken; *ne pas quitter qqn. d'une* ~ geen voetbreed van iem. wijken; *battre la* ~ stampvoeten [van kou] **2** glijvlak [van een ski]

la **semence** (v) **1** zaad; [fig] kiem **2** kopspijkertje

semer 1 zaaien; bezaaien; (uit)strooien; [fig] rondstrooien, verspreiden: ~ *la discorde* tweedracht zaaien **2** [vervolgers] van zich afschudden

le **semestre** (m) semester, halfjaar
semestriel, -le halfjaarlijks

le/la **sem|eur** (m), **-euse** (v) zaai(st)er
semi- half-
semi-automatique halfautomatisch

le **semi-conducteur** (m) halfgeleider
semi-fini, -e: *produit* ~ halffabricaat
sémillant, -e levenslustig, opgewekt

le **séminaire** (m) **1** [voornamelijk r-k] seminarie **2** werkcollege; symposium; training, stage
semi-publ|ic, -ique semioverheids-, [Belg] parastataal

le **¹semi-remorque** (m) truck met oplegger

la **²semi-remorque** (v) oplegger

le **semis** (m) **1** (het) zaaien **2** ingezaaide akker **3** zaailingen

le **semoir** (m) zaaimachine

la **semonce** (v) vermaning, standje: *coup de* ~ waarschuwingsschot

la **semoule** (v) griesmeel: *sucre* ~ fijne kristalsuiker
sempiternel, -le eeuwig(durend), eindeloos, nooit ophoudend

le **sénat** (m) senaat

le **sénateur** (m) senator
sénatorial, -e senatoriaal, senaats-

le **Sénégal** (m) Senegal
sénégalais, -e Senegalees

le/la **Sénégalais** (m), **-e** (v) Senegalees, Senegalese
sénile seniel, ouderdoms-: *débilité* ~ dementie

la **sénilité** (v) seniliteit; seniele aftakeling

le/la **¹senior** (m/v) senior; veteraan
²senior (bn) senior

la **séniorie** (v) [Belg] (luxe) bejaardentehuis

le **sens** (m) **1** zin(tuig); gevoel, instelling: ~ *critique* kritisch vermogen; *le* ~ *des affaires* zakelijk inzicht; *plaisir des* ~ zingenot; *reprendre ses* ~ bijkomen, tot bezinning komen; *cela tombe sous le* ~ dat ligt voor de hand; *avoir le* ~ *pratique* praktisch (ingesteld) zijn; *sixième* ~ zesde zintuig **2** betekenis, zin, geest: *en un* ~ in één opzicht; *faux* ~ verkeerde betekenis; *à double* ~ dubbelzinnig; ~ *propre* letterlijke betekenis; ~ *figuré* overdrachtelijke betekenis **3** standpunt, mening: *à mon* ~ naar mijn mening **4** richting: ~ *dessus dessous* ondersteboven; *couper dans le* ~ *de la longueur* in de lengte doorsnijden; ~ *interdit* verboden in te rijden; ~ *unique* eenrichtingsverkeer; ~ *de la marche* rijrichting; *dans le mauvais* ~ in de verkeerde richting **5** verstand: *bon* ~, ~ *commun* gezond verstand

la **sensation** (v) gewaarwording, gevoel, indruk; sensatie; de indruk hebben dat: *presse à* ~ sensatiepers; *faire* ~ opzien baren
sensationnel, -le 1 opzienbarend, sensationeel **2** geweldig, fantastisch
sensé, -e verstandig, wijs
le **senseur** (m) sensor
la **sensibilisation** (v) **1** bewustmaking **2** [foto] (het) (licht, kleur)gevoelig maken
sensibiliser à gevoelig (ontvankelijk) maken (voor); bewust maken (van)
la **sensibilité** (v) gevoeligheid
sensible 1 merkbaar, voelbaar **2** gevoelig **3** aanzienlijk, belangrijk
sensiblement 1 merkbaar, aanmerkelijk, duidelijk **2** vrijwel, ongeveer, zogoed als
la **sensiblerie** (v) overgevoeligheid, sentimentaliteit
le/la **¹sensit|if** (m), **-ive** (v) gevoelsmens
²sensit|if, -ive (bn) gevoels-; overgevoelig: *nerf* ~ gevoelszenuw
sensoriel, -le zintuiglijk
la **sensualité** (v) sensualiteit, zinnelijkheid
le/la **¹sensuel** (m), **-le** (v) zinnelijk mens
²sensuel, -le (bn) sensueel, zinnelijk, sexy, wellustig
la **sentence** (v) vonnis, uitspraak
sentenci|eux, -euse plechtstatig
la **senteur** (v) geur: *pois de* ~ lathyrus; *exhaler une fraîche* ~ fris ruiken
senti, -e doorvoeld; echt, oprecht: *des paroles bien* ~*es* treffende woorden
le **sentier** (m) pad [ook fig]: *sortir des* ~*s battus* de platgetreden wegen verlaten, iets nieuws ondernemen
le **sentiment** (m) **1** gevoel; genegenheid, liefde: ~*s bas* onderbuikgevoelens; *faire du* ~ sentimenteel doen; *prendre qqn. par les* ~*s* op iemands gevoel werken; *exprimer ses* ~*s* zijn gevoelens uiten **2** indruk, bewustzijn; besef: *avoir le* ~ *que* de indruk hebben dat
le/la **¹sentimental** (m), **-e** (v) gevoelsmens
²sentimental, -e (bn) **1** sentimenteel **2** gevoelig **3** gevoelsmatig, gevoels-
la **sentimentalité** (v) sentimentaliteit
la **sentinelle** (v) schildwacht: *être en* ~ op wacht staan
¹sentir (onov ww) **1** voelen **2** ruiken: *ça sent bon* dat ruikt lekker; *ça sent mauvais* dat stinkt; *fromage qui sent fort* kaas die sterk ruikt
²sentir (ov ww) **1** voelen, merken, beseffen; ondervinden: *faire* ~ *qqch. à qqn.* iem. iets duidelijk maken **2** gevoel hebben voor, aanvoelen **3** ruiken naar, smaken naar **4** doen denken aan, zwemen naar || *ne pas pouvoir* ~ *qqn.* iem. niet kunnen uitstaan (luchten)
se **³sentir** (wdk ww) **1** voelbaar (merkbaar) zijn **2** zich voelen: *ne pas se* ~ *bien* zich niet goed voelen; *ne pas se* ~ buiten zichzelf zijn
la **séparation** (v) **1** scheiding: ~ *de biens* hu-

welijkse voorwaarden; ~ *amiable* minnelijke scheiding **2** afscheiding **3** onderscheid
le **séparatisme** (m) separatisme
séparé, -e gescheiden, afzonderlijk
¹séparer (ov ww) **1** (af)scheiden, van elkaar scheiden, afsnijden; delen, splitsen **2** een scheiding vormen **3** (+ de) onderscheiden, los zien (van)
se **²séparer** (wdk ww) **1** zich afscheiden, losgaan, losraken **2** (+ de) afstand doen (van) **3** scheiden, uiteengaan
la **sépia** (v) inkt [van een inktvis]
sept zeven: ~ *(jours) sur* ~, *7/7* zeven dagen per week, elke dag, dagelijks
septante [Belg, Zwi] zeventig
septantième [Belg, Zwi] zeventigste
le **septembre** (m) september
le **septennat** (m) zevenjarige ambtsperiode; (zevenjarig) presidentschap [in Fr]
le **septentrion** (m) noorden
septentrional, -e noordelijk
la **septicémie** (v) bloedvergiftiging
septième zevende: *être au* ~ *ciel* in de zevende hemel zijn
septique septisch, infectueus || *fosse* ~ septic tank
le/la **¹septuagénaire** (m/v) zeventigjarige
²septuagénaire (bn) zeventigjarig
le **¹septuple** (m) zevenvoud
²septuple (bn) zevenvoudig
le **sépulcre** (m) [form] graf
la **sépulture** (v) graf
la **séquelle** (v) gevolg; nasleep
la **séquence** (v) **1** sequentie **2** reeks
le **séquenceur** (m) [comp] besturingsorgaan
la **séquestration** (v) opsluiting; vrijheidsberoving
le **séquestre** (m) [jur] sekwestratie, inbeslagneming: *placer sous* ~ beslag leggen op
séquestrer (eenzaam) opsluiten; van de vrijheid beroven, gevangen houden
le **séquoia** (m) sequoia; reuzenpijnboom
le **sérail** (m) serail; paleis van de sultan: *nourri dans le* ~ oude rot in het vak
le **séraphin** (m) serafijn; engeltje
serbe Servisch
le/la **Serbe** (m/v) Serviër, Servische
la **Serbie** (v) Servië
le **serbo-croate** (m) (het) Servo-Kroatisch
serein, -e 1 onbewolkt **2** sereen, rustig, vredig **3** onpartijdig
sereinement kalm, rustig, sereen
la **sérénade** (v) serenade
la **sérénité** (v) **1** helderheid **2** kalmte, gemoedsrust, gelijkmoedigheid, vredigheid **3** objectiviteit
le/la **serf** (m), **serve** (v) lijfeigene, horige
le **sergent** (m) sergeant
la **sériciculture** (v) zijdeteelt
la **série** (v) rij, reeks, serie: ~*s éliminatoires* [sport] klassementswedstrijden; *film de* ~ B

B-film; ~ *noire* reeks van rampspoed; *hors ~* buitengewoon, apart; *par ~* per set, stel; *fins de ~* restanten; *de ~* in serie gemaakt

sériel, -le 1 tot een reeks behorend **2** [comp, muz] serieel

sérieusement 1 ernstig; in ernst **2** flink, duchtig

le **¹sérieux** (m) ernst: *garder son ~* zich goed houden, ernstig blijven; *manquer de ~* niet serieus zijn; *prendre au ~* serieus nemen

²séri|eux, -euse (bn) **1** ernstig; serieus, oprecht; gemeend **2** belangrijk **3** betrouwbaar **4** gevaarlijk, verontrustend: *situation sérieuse* verontrustende situatie

la **sérigraphie** (v) zeefdruk

le **serin** (m) kanarie(vogel)

seriner inpompen, aan het hoofd zaniken

la **seringue** (v) injectiespuit

le **serment** (m) eed: *prêter ~* de eed afleggen; *faux ~* meineed; *~ d'ivrogne* loze belofte

le **sermon** (m) **1** preek; predicatie: [Bijb] *~ sur la montagne* Bergrede **2** zedenpreek

sermonner preken, vermanen

séronégat|if, -ive seronegatief

séroposit|if, -ive seropositief

la **serpe** (v) snoeimes: [fig] *taillé à la ~* [m.b.t. gezicht] met grove trekken

le **serpent** (m) slang; [fig] serpent, adder: *langue de ~* lasteraar(ster); *~ de mer* a) zeeslang; b) [fig] afgezaagd nieuwsitem; *~ à sonnettes* ratelslang; *~ venimeux* gifslang

serpenter kronkelen, (zich) slingeren

le **serpentin** (m) **1** serpentine **2** spiraalbuis

la **serpette** (v) klein snoeimes

la **serpillière** (v) dweil

le **serpolet** (m) wilde tijm

la **serre** (v) **1** (broei)kas: *effet de ~* broeikaseffect; *horticulture en ~s* glastuinbouw **2** klauw [van roofvogels]

serré, -e 1 dicht (opeen), opeengeklemd: *en rangs ~s* in gesloten gelederen; [fig] *le cœur ~* angstig, verdrietig; [fig] *avoir la gorge ~e* het hart in de keel voelen bonzen **2** smal, nauw, nauwsluitend, krap: *un horaire ~* een krap tijdschema **3** bondig, beknopt, gedrongen, kort en krachtig: *jeu ~* gesloten (voorzichtig) spel; *lutte ~e* verbeten strijd

le **serre-fils** (m) [elek] draadklem

le **serre-joint** (m) lijmklem

le **serre-livres** (m) boekensteun

le **serrement** (m): *~ de gorge* brok in de keel; *~ de main* handdruk; *elle eut un ~ de cœur* haar hart kromp ineen

¹serrer (onov ww): *~ à droite* rechts aanhouden

²serrer (ov ww) **1** drukken, knijpen, klemmen; knellen, te nauw, te strak zijn; (vast) aanhalen, aandraaien, vastsjorren; vasthouden: *~ un boulon* een bout vastdraaien; *~ le cœur* het hart doen ineenkrimpen; *~ les dents* zijn kiezen op elkaar houden; [pop] *~*

les fesses 'm knijpen; *~ la main à qqn.* iem. de hand drukken **2** (+ contre) in het nauw drijven, drukken tegen: *~ de près* op de hielen zitten

se **³serrer** (wdk ww) dichter op elkaar gaan zitten, in-, opschikken; *se ~ contre qqn.* zich tegen iem. aan drukken; *serrez-vous!* schik eens wat op! ‖ *se ~ la ceinture* de buikriem aanhalen

le **serre-tête** (m) haarband

la **serrure** (v) slot

la **serrurerie** (v) slotenmakerswerk, slotenmakersvak; smeedwerk

le **serrurier** (m) slotenmaker

sertir zetten, vatten, felsen: *serti de diamants* met diamanten ingezet

le **sérum** (m) serum

le **servage** (m) horigheid, onderworpenheid, slavernij

le **¹servant** (m): *~ de messe* misdienaar

²servant, -e (bn) dienend: *chevalier ~* galante ridder

la **servante** (v) dienstmeisje

le/la **¹serv|eur** (m), **-euse** (v) **1** serveerder, serveerster **2** [sport] speler, speelster die serveert

le **²serveur** (m) [comp] server: *~ de données* databank; *centre ~* serverstation

la **serviabilité** (v) gedienstigheid, dienstvaardigheid

serviable gediensting, dienstvaardig

le **service** (m) **1** dienst [in alle bet]; tak van dienst, afdeling, instantie, instelling: *société de ~s* dienstverleningsbedrijf; *~ après-vente* klantenservice, [Belg] dienst na verkoop; *assurer le ~* de verbinding onderhouden; *~ de dépannage* storingsdienst; *~ religieux* kerkdienst; *~ funèbre* rouwdienst; *~s (publics)* overheidsinstellingen; [mil] *faire son ~* in dienst zijn; *avoir à son ~* in dienst hebben; *être de ~* dienst hebben; *au ~ de* in dienst van; *il a 25 ans de ~* hij is 25 jaar in dienst; *en ~* dienstdoend; *hors ~* buiten dienst, buiten gebruik; *mettre en ~* in bedrijf stellen, in gebruik nemen; *rendre ~* een dienst bewijzen **2** servies: *~ de table* tafellinnen **3** [sport] service: *être au ~* aan de beurt zijn om te serveren **4** bediening, (het) opdienen, serveren: *~ compris* inclusief; *libre(-)~* zelfbediening(srestaurant)

le **service-clientèle** (m; mv: services-clientèle) klantenservice

la **serviette** (v) **1** servet; handdoek: *~ éponge* badhanddoek; *~ hygiénique* maandverband; *~ en papier* papieren servetje **2** boeken-, aktetas

servile 1 slaafs **2** kruiperig

la **servilité** (v) slaafsheid, kruiperigheid

¹servir (ov ww) **1** (+ à, de) dienen (tot, als), in dienst zijn van; van dienst zijn, helpen, nuttig zijn voor, bevorderen: *~ une cause* een zaak dienen, zich aan een zaak wijden; *cela ne sert à rien* dat dient nergens toe; *cette machine ne sert plus* die machine is niet meer in gebruik; *ces livres lui servent à préparer l'examen* hij gebruikt deze boeken ter voorbereiding op het examen **2** bedienen, opdienen; inschenken; [sport] serveren: ~ *qqch. à boire* iets inschenken; ~ *chaud* warm opdienen

se **²servir** (wdk ww) **1** zich bedienen: *servez-vous* bedient u zich maar, ga uw gang **2** gebruiken: *se ~ de l'ascenseur* de lift nemen **3** opgediend, geserveerd worden

le **serviteur** (m) dienaar

la **servitude** (v) onvrijheid, afhankelijkheid; verplichting

la **servodirection** (v) stuurbekrachtiging

ses mv van ¹*sonsa*

le **sésame** (m) sesam: *huile de ~* sesamolie

la **session** (v) zitting(stijd); examenzitting

le **set** (m) [sport] set: ~ *de table* placemats

le **setter** (m) [dierk] setter

le **seuil** (m) **1** drempel [in alle bet]: ~ *critique* kritieke grens **2** begin

le/la **¹seul** (m), **-e** (v) (de) enige: *un* ~ één mens, een enkel persoon; *le* ~ *à* de enige die

²seul, -e (bn) alleen, eenzaam; enig, enkel; uitsluitend, slechts: *une ~e fois* één enkele keer; *dans la ~e ville de Marseille* alleen al in Marseille; ~ *à* ~ onder vier ogen; *ça va tout* ~ dat gaat vanzelf

seulement slechts, maar; alleen maar: *il vient* ~ *de partir* hij is net weg; *non* ~ ..., *mais encore* ... niet alleen ..., maar ook ...; *pas* ~ niet eens, zelfs niet; *savez-vous* ~ weet u eigenlijk wel; *allez-y* ~! doe maar!

la **sève** (v) **1** (planten)sap **2** [fig] (levens)kracht

¹sévère (bn) streng; ernstig: *critique* ~ harde kritiek

²sévère (bw) [jeugdt] vet, erg: *il va s'énerver* ~ hij gaat vet boos worden

la **sévérité** (v) **1** strengheid **2** ernst **3** streng optreden

les **sévices** (mv, m) mishandeling(en), pijniging

Séville Sevilla

sévir 1 streng optreden **2** woeden, heersen **3** tekeergaan

le **sevrage** (m) (het) spenen; [m.b.t. verslaving] ontwenning, (het) afkicken

sevrer 1 spenen **2** (+ de) beroven van, ontzeggen; doen afkicken

le/la **¹sexagénaire** (m/v) zestigjarige, zestiger

²sexagénaire (bn) zestigjarig

le **sexe** (m) **1** sekse, kunne, geslacht: *du ~ masculin* van het mannelijk geslacht; *le ~ faible, le deuxième ~, le beau ~* de vrouwen **2** geslachtsdeel **3** seks

le **sexisme** (m) seksisme

le/la **¹sexiste** (m/v) seksist(e)

²sexiste (bn) seksistisch

le/la **sex-shop** (m/v) seksboetiek, seksshop

le **sextuor** (m) sextet

le **¹sextuple** (m) zesvoud

²sextuple (bn) zesvoudig

la **sexualité** (v) seksualiteit, geslachtsleven, geslachtsdrift

sexué, -e geslachtelijk: *reproduction ~e* geslachtelijke voortplanting

sexuel, -le seksueel, geslachtelijk, geslachts-: *rapports ~s* geslachtsverkeer

sexy (mv: *onv*) sexy

seyant, -e goed staand, passend

les **Seychelles** (mv, v) Seychellen

le **SFC** (m) afk van *syndrome de fatigue chronique* CVS (afk van *chronischevermoeidheidssyndroom*)

le **shaker** (m) shaker

le **shampoing** (m) shampoo

shampooing zie *shampoing*

shampouiner haar wassen; shampooën

la **sharia** (v) sharia

le **shérif** (m) sheriff

le **sherry** (m) sherry

le **shetland** (m) shetland(wol) ‖ *poney* ~ shetlandpony

le **shiitake** (m) shiitake

le **shilling** (m) shilling [munteenheid]

le **shintoïsme** (m) shintoïsme

le **shoot** (m) schot; shot

shooter [sport] schieten: *se* ~ **a)** een shot nemen; **b)** kicken

le **shopping** (m) het winkelen, shoppen: *faire du* ~ winkelen

le **short** (m) korte broek

le **showbiz** (m) showbizz

le **show-room** (m; mv: show-rooms) showroom

le **¹si** (m; mv: *onv*): *avec des si on mettrait Paris dans une bouteille* as is verbrande turf

²si (bw) **1** jawel, welzeker [als antwoord op een negatieve vraag]: *je dis que si* ik zeg van ja **2** zo, zozeer: *elle est si jolie* zij is zo mooi; *si bien que* zodat; *si peu que* hoe weinig ook

³si (vw) **1** indien, als, zo: *comme si* alsof; *si ce n'est* als niet, zo niet; *si nous allions nous promener?* als we eens gingen wandelen? **2** of: *demander si ...* vragen of ... **3** al (toegevend): *s'il est grand, il n'est pas fort* hij mag dan lang zijn, sterk is hij niet **4** [wens] ... maar: *si j'osais!* durfde ik maar! **5** hoe: *vous pensez s'ils étaient fiers* u kunt u voorstellen hoe trots zij waren

siamois, -e Siamees

la **Sibérie** (v) Siberië

sibérien, -ne Siberisch: *un froid* ~ een ijzige kou

le/la **Sibérien** (m), **-ne** (v) Siberiër, Siberische

sibyllin, -e raadselachtig

sic sic [na een letterlijk citaat]

la **sicav** (v) (participatie in) beleggingsfonds

la **Sicile** (v) Sicilië

sicilien, -ne Siciliaans

le/la **Sicilien** (m), **-ne** (v) Siciliaan(se)

le **sida** (m) aids

le **side-car** (m; mv: side-cars) zijspan(wagen)

le/la **sidéen** (m), **-ne** (v) aidspatiënt(e)

sidéral, -e sterren-

sidérant, -e verbijsterend

sidérer verstomd doen staan

la **sidérurgie** (v) staalindustrie

sidérurgique van de staalindustrie: *production* ~ staalproductie

le/la **sidérurgiste** (m/v) staalarbeid(st)er

le **siècle** (m) eeuw: *pendant des* ~s eeuwenlang; *mal du* ~ weltschmerz; *match du* ~ wedstrijd van de eeuw; *il faut être de son* ~ je moet met je tijd meegaan

le **siège** (m) **1** zetel, stoel: ~ *arrière* achterbank **2** bril [van wc] **3** zitvlak **4** zetel, vestigingsplaats: *avoir son* ~ zetelen; ~ *social* hoofdkantoor, [Belg] hoofdhuis **5** beleg(ering): *état de* ~ staat van beleg || *magistrat du* ~ rechter

le **siège-auto** (m; mv: sièges-autos) kinderzitje [in een auto]

le **siège-enfant** (m; mv: sièges-enfants) kinderzitje [in auto, op fiets]

siéger zitting hebben, zetelen; zich bevinden

sien, -ne zijn, haar, van hem, van haar: *le* ~, *la* ~ne de (het) zijne, hare; *les* ~s de zijnen, verwanten; *faire des* ~nes streken uithalen; *y mettre du* ~ zijn best doen

sierra-léonais, -e Sierra Leoons

le/la **Sierra-Léonais** (m), **-e** (v) Sierra Leoner, Leoonse

la **Sierra Leone** (v) Sierra Leone

la **sieste** (v) siësta, middagdutje

le **sifflement** (m) gefluit, gesis, gesuis; fluittoon

siffler 1 fluiten; sissen; suizen; affluiten; nafluiten, terugfluiten; uitfluiten **2** [pop] naar binnen slaan, soldaat maken

le **sifflet** (m) fluit(je), gefluit: *coup de* ~ fluitsignaal

le/la **¹siffleur** (m), **-euse** (v) fluit(st)er

²siffleur, -euse (bn) fluitend, sissend

siffloter zachtjes fluiten; achteloos fluiten

le **sigle** (m) afkorting, letterwoord

le **signal** (m) signaal, sein, teken; prikkel: *au* ~ *on se leva* op het afgesproken teken stond men op; ~ *d'incendie* brandalarm; ~ *lumineux* verkeerslicht; *donner le* ~ *du départ* het startsein (of: vertreksein) geven; *tirer le* ~ *d'alarme* aan de noodrem trekken

le **signalement** (m) signalement

¹signaler (ov ww) **1** seinen, aankondigen: *passage à niveau signalé* beveiligde overweg **2** melden; signaleren: *rien à* ~ niets te melden **3** wijzen op; doen opmerken

se **²signaler** (wdk ww) zich onderscheiden, opvallen

signalétique kenmerkend, beschrijvend: *fiche* ~ signalementskaart

la **signalisation** (v) bewegwijzering, signalisatie; bebakening; seinwezen: *poste de* ~ seinpost; *panneau de* ~ verkeersbord; *feux de* ~ verkeerslichten

signaliser bewegwijzeren, van seinen voorzien, bebakenen

le/la **signataire** (m/v) ondertekenaar(ster)

la **signature** (v) handtekening; ondertekening; signatuur

le **signe** (m) teken, sein, wenk, gebaar; merk; verschijnsel, symptoom: ~ *de tête* knikje; ~ *négatif* minteken; ~ *positif* plusteken; *sous le* ~ *de* in het teken van; ~ *extérieur de richesse* statussymbool; ~ *caractéristique* kenmerk; ~ *avant-coureur* voorteken; *il n'a plus donné* ~ *de vie* hij heeft niets meer van zich laten horen

¹signer (ov ww) (onder)tekenen, signeren, merken

se **²signer** (wdk ww) een kruis slaan

le **signet** (m) **1** bladwijzer, boekenlegger, leeslint **2** [comp] bookmark, bladwijzer

significatif, -ive veelbetekenend, kenmerkend

la **signification** (v) betekenis

signifier 1 betekenen **2** te kennen geven **3** aankondigen

le **silence** (m) stilte, stilzwijgen; [muz] rust: ~! stilte!; ~ *des médias* mediastilte; *passer sous* ~ verzwijgen, niet noemen; *réduire au* ~ het zwijgen opleggen

silencieusement in stilte; geluidloos; zwijgend, heimelijk

le **¹silencieux** (m) **1** knalpot **2** geluiddemper

²silencieux, -euse (bn) stil, zwijgend; geruisloos

le **silex** (m) vuursteen

la **silhouette** (v) silhouet, gestalte

la **silice** (v) kiezelaarde

la **silicone** (v) silicone

la **silicose** (v) stoflong

le **sillage** (m) kielzog [ook fig]

le **sillon** (m) **1** voor **2** spoor; groef, diepe rimpel

sillonner doorploegen; doorklieven; doorkruisen

le **silo** (m) silo

le **silure** (m) [dierk] meerval(achtige)

les **simagrées** (mv, v) aanstellerij: *faire des* ~ zich aanstellen

similaire dergelijk, gelijksoortig

la **similarité** (v) overeenkomst, gelijkenis

le **simili** (m) namaak, imitatie: *en* ~ simili-, nagemaakt

le **similicuir** (m) kunstleer

la **similitude** (v) gelijkenis, overeenkomst

le **¹simple** (m) **1** (het) enkelvoudige **2** (het) eenvoudige **3** enkelspel: ~ *dames* damesenkel(spel)

le/la **²simple** (m/v) achterlijk mens

³simple (bn) **1** enkel(voudig): *phrase* ~ enkelvoudige zin **2** gemakkelijk: ~ *comme bonjour* doodeenvoudig **3** eenvoudig, gewoon, natuurlijk; simpel **4** argeloos, onnozel: ~ *d'esprit* achterlijk

simplement eenvoudig; slechts, zonder meer, gewoonweg: *purement* et ~ zuiver en alleen; *tout* ~ doodeenvoudig

simplet, -te onnozel, al te eenvoudig

la **simplicité** (v) eenvoud(igheid), argeloosheid, onnozelheid: *en toute* ~ zonder poespas; *c'est d'une* ~ *enfantine* dat is verbluffend eenvoudig, een kind kan de was doen

simplifiable te vereenvoudigen

simplifica|teur, -trice vereenvoudigend; tot simplificatie geneigd

la **simplification** (v) vereenvoudiging

simplifier vereenvoudigen; (al te) eenvoudig voorstellen

simpliste simplistisch, al te eenvoudig

le **simulacre** (m) nabootsing, schijn(vertoning): ~ *de procès* schijnproces

le/la **¹simula|teur** (m), **-trice** (v) simulant(e)

le **²simulateur** (m) simulator: ~ *de vol* vluchtnabootser

la **simulation** (v) simulatie; geveins, (het) voorwenden

simulé, -e voorgewend: *vente* ~*e* schijnverkoop

simuler 1 simuleren, voorwenden **2** nabootsen, fingeren **3** de indruk geven van

simultané, -e gelijktijdig

la **simultanée** (v) **1** simultaanpartij **2** (het) simultaan tolken

simultanément tegelijk(ertijd), simultaan

sincère oprecht, ongeveinsd, eerlijk, echt

sincèrement 1 oprecht **2** [aan het begin van de zin] echt, eerlijk gezegd

la **sincérité** (v) oprechtheid, eerlijkheid

la **sinécure** (v) luizenbaantje: *ce n'est pas une* ~ het is geen makkelijk karwei

Singapour Singapore

singapourien, -ne Singaporees

le/la **Singapourien** (m), **-ne** (v) Singaporees, Singaporese

le **singe** (m) **1** aap: [fig] *payer qqn. en monnaie de* ~ iem. met mooie beloften paaien; *faire le* ~ gek doen; *malin comme un* ~ een slimme vos **2** na-aper

singer na-apen

la **singerie** (v) na-aperij

les **singeries** (mv, v) grimas: *faire des* ~ gezichten trekken

le **single** (m) **1** enkelspel **2** eenpersoonskamer, eenpersoonshut

le **singlet** (m) [Belg] hemd

¹singulariser (ov ww) onderscheiden, doen opvallen

se **²singulariser** (wdk ww) zich onderscheiden, (willen) opvallen

la **singularité** (v) bijzonderheid, eigenaar-

digheid, vreemde manier van doen

le **¹singulier** (m) [taalk] enkelvoud

²singul|ier, -ière (bn) **1** zonderling, eigenaardig; vreemd **2** enkelvoudig: *combat* ~ tweegevecht **3** buitengewoon, uitzonderlijk

singulièrement 1 in het bijzonder, vooral **2** bijzonder, erg **3** vreemd, zonderling

le **¹sinistre** (m) ramp, onheil, brand; [verzekerde] schade

²sinistre (bn) **1** onheilspellend; sinister **2** naargeestig, luguber, somber

le/la **¹sinistré, -e** (v) slachtoffer

²sinistré, -e (bn) geteisterd: *région* ~*e* rampgebied

la **sinistrose** (v) pessimisme

sino- Chinees-

sinon 1 anders (dan) **2** zo (al) niet **3** misschien zelfs

sinu|eux, -euse bochtig, kronkel-, kronkelend; [fig] slinks

la **sinuosité** (v) **1** bochtigheid **2** bocht, kronkeling **3** [fig] kronkelwegen

la **sinusite** (v) bijholteontsteking

le **sionisme** (m) zionisme

sioux Sioux-

le **siphon** (m) hevel; sifon [in alle bet]; [techn] zwanenhals

siphonné, -e [inf] geschift

siphonner hevelen

le **sire** (m) Sire, Majesteit: *pauvre* ~ stakker, sukkel; *triste* ~ gemene kerel

la **sirène** (v) **1** sirene [in alle bet] **2** zeemeermin

le **sirop** (m) stroop, siroop

siroter met kleine teugjes drinken, nippen, lurken

sirup|eux, -euse stroperig; [fig] zoetelijk

sis, sise gelegen

sismique aardbevings-: *secousse* ~ aardschok, aardbeving

le **site** (m) **1** plekje, oord, landschap; ligging: ~ *classé* **a)** monument; **b)** beschermd landschap **2** [comp] site: ~ *de vente aux enchères* veilingsite; ~ *web* website; ~ *de lancement* lanceerplaats [voor raketten]

sitôt zodra: ~ *dit*, ~ *fait* zo gezegd, zo gedaan; *pas de* ~ voorlopig niet

la **situation** (v) **1** ligging **2** situatie, toestand; gesteldheid, staat; positie; betrekking: ~ *gagnant-gagnant* win-winsituatie; *avoir une belle* ~ een goeie baan hebben; *être en* ~ *de* in staat, bij machte zijn; *se faire une* ~ een goede positie verwerven; *en* ~ in concreto; *être dans une triste* ~ er treurig aan toe zijn **3** [boekh] balans

situé, -e gelegen: *être* ~ liggen

¹situer (ov ww) plaatsen, zetten, situeren

se **²situer** (wdk ww) **1** liggen **2** plaats hebben (vinden) **3** zich situeren **4** [fig] zijn plaats bepalen

six zes

le **¹sixième** (m) zesde (deel)

la **²sixième** (v) eerste klas [van de middelbare school]: *entrer en* ~ naar de middelbare school gaan

³sixième (bn) zesde: ~ *de la liste* zesde op de lijst

le **skaï** (m) skai, kunstleer

skate *zie skate-board*

le **skate-board** (m) skateboard

le **skating** (m) **1** (het) rolschaatsen **2** rolschaatsbaan

le **sketch** (m) **1** sketch **2** conference

le **ski** (m) ski; (het) skiën: ~ *de bosses* (het) buckelpisteskiën; ~ *nautique* waterski; ~ *de fond* langlauf; ~ *artistique* kunstskiën; ~ *alpin* alpineski; *faire du* ~ skiën

skiable ski-: *domaine* ~ skigebied

skier skiën

le/la **ski|eur** (m), **-euse** (v) skiër, skiester

le **skin** (m) *zie skinhead*

le **skinhead** (m) skinhead

le **skipper** (m) kapitein [van een jacht]

le **slalom** (m) slalom: ~ *géant* reuzenslalom

le/la **slalom|eur** (m), **-euse** (v) slalomskiër, -skiester

le **slash** (m) slash [typografisch teken]

slave Slavisch

le/la **Slave** (m/v) Slaaf, Slavische

le **slip** (m) slip [broekje]: ~ *de bain* zwembroek

le **¹slogan** (m) slogan, slagzin

le **¹slovaque** (m) (het) Slowaaks

²slovaque (bn) Slowaaks

le/la **Slovaque** (m/v) Slowaak(se)

la **Slovaquie** (v) Slowakije

le **¹slovène** (m) (het) Sloveens

²slovène (bn) Sloveens

le/la **Slovène** (m/v) Sloveen(se)

la **Slovénie** (v) Slovenië

la **smala** (v) [inf] familie, aanhang

smasher (de bal) smashen

le **SMIC** (m) afk van *salaire minimum interprofessionnel de croissance* minimumloon

le/la **smicard** (m), **-e** (v) minimumloner, -loonster

le **smog** (m) smog

le **smoking** (m) smoking

le **SMS** (m) **1** afk van *Short Message Service* sms [dienst] **2** sms'je [bericht]: *envoyer un* (of: *des*) ~ sms'en

le **snack** (m) snackbar

le **snack-bar** (m) snackbar

la **SNCB** (v) afk van *Société nationale des chemins de fer belges* NMBS [Belgische Spoorwegen]

la **SNCF** (v) afk van *Société nationale des chemins de fer français* SNCF [Franse Spoorwegen]

sniffer snuiven

le/la **¹snob** (m/v) snob

²snob (bn, mv: *onv*) snobistisch

snober neerkijken (op), hooghartig bejegenen

le/la **snobinard** (m), **-e** (v) [inf; pej] iem. met snobistische trekjes

le **snobisme** (m) snobisme

le **soap-opéra** (m) soapopera

sobre matig, sober; geen alcohol drinkend

la **sobriété** (v) matigheid, soberheid

le **sobriquet** (m) bijnaam; spotnaam

le **soc** (m) ploegijzer

la **sociabilité** (v) gezelligheid; gemakkelijkheid in de omgang

sociable gezellig, gemakkelijk in de omgang, sociaal

social, -e sociaal, maatschappelijk: *assistante* ~*e* maatschappelijk werkster; *aide* ~*e* bijstand; *raison* ~*e* firmanaam; *siège* ~ hoofdkantoor ‖ *faire du* ~ sociale problemen aanpakken

social-démocrate sociaaldemocratisch, gematigd socialistisch

la **social-démocratie** (v) sociaaldemocratie

socialisant, -e neigend tot het socialisme

socialiser 1 sociaal gedrag bijbrengen **2** socialistisch maken; tot staatseigendom maken

le **socialisme** (m) socialisme

le/la **¹socialiste** (m/v) socialist(e)

²socialiste (bn) socialistisch

le/la **sociétaire** (m/v) (vast) lid

sociétal, -e maatschappij-: *problèmes* sociétaux maatschappelijke vraagstukken

la **société** (v) **1** maatschappij, samenleving, gemeenschap: *la bonne* ~ beschaafde kringen; *haute* ~ hogere kringen, society; *la vie en* ~ het leven in de maatschappij **2** gezelschap: *jeu de* ~ gezelschapsspel **3** club, genootschap, vereniging: ~ *secrète* geheim genootschap **4** vennootschap: ~ *immobilière* onroerendgoedmaatschappij, [Belg] immobiliënvennootschap; ~ *anonyme* naamloze vennootschap **5** onderneming

socioculturel, -le sociaal-cultureel

socioéconomique sociaaleconomisch

la **sociologie** (v) sociologie

sociologique sociologisch

socioprofessionnel, -le sociaaleconomisch

le **socle** (m) voetstuk, sokkel; basis

la **socquette** (v) sokje

la **soda** (m) sodawater, spa rood

le **sodium** (m) natrium: *chlorure de* ~ natriumchloride; keukenzout

la **sodomie** (v) **1** anaal geslachtsverkeer **2** sodomie

sodomiser [inf] kontneuken, anaal penetreren

la **sœur** (v) zuster [ook religie]: *bonne* ~ nonnetje; [pop] *et ta* ~*!* ik heb je niets gevraagd!, je tante!; *âme* ~ **a)** alter ego; **b)** gelijkgezinde

la **sœurette** (v) zusje

le **sofa** (m) sofa, bank

le **¹soi** (m) (het) zelf, ik
²soi (pers vnw) zich(zelf): *chez* ~ thuis; *en* ~ op zichzelf, an sich, van nature; *avoir de l'argent sur* ~ geld bij zich hebben; *~-même* zichzelf, zelf; *être hors de* ~ buiten zichzelf zijn, woedend zijn; *aller de* ~ vanzelf spreken; *cela ne va pas de* ~ dat is niet vanzelfsprekend, dat is niet zo eenvoudig
¹soi-disant (bn) zogenaamd, vermeend
²soi-disant (bw) zogenaamd, vermeend
la **soie** (v) **1** zijde: *de* (of: *en*) ~ zijden **2** varkenshaar
la **soierie** (v) **1** zijden stoffen **2** zijde-industrie, zijdehandel
la **soif** (v) dorst; begeerte, zucht: *ça donne* ~ je krijgt er dorst van; ~ *de vengeance* wraakzucht; *boire à sa* ~ zoveel drinken als je wilt; *avoir une de ces ~s* een dorst als een paard hebben
le/la **soiffard** (m), **-e** (v) [inf] pimpelaar(ster), zuiplap
soignant, -e verplegend: *personnel* ~ verplegend personeel
soigné, -e goed verzorgd, netjes, in de puntjes
¹soigner (ov ww) **1** zorgen voor, verzorgen: ~ *ses ongles* zijn nagels verzorgen **2** behandelen, verplegen: [inf] *il faut te faire* ~ je moet je eens laten nakijken, je bent niet goed snik
se **²soigner** (wdk ww) **1** zich verzorgen **2** [m.b.t. ziekte] bestreden (moeten) worden: *ça se soigne* daar is iets aan te doen
le **soigneur** (m) [sport] verzorger
soign|eux, -euse zorgvuldig; verzorgd; zorgzaam, netjes en ordelijk: ~ *de* goed zorgend voor
soi-même zichzelf: *de* (of: *par*) ~ uit zichzelf
le **soin** (m) **1** zorg, zorgvuldigheid; *~s corporels* lichaamsverzorging; *~s médicaux* medische verzorging; *premiers ~s (aux blessés)* eerste hulp; *~s du ménage* huishoudelijke werkzaamheden; *avoir* (of: *prendre*) ~ *de* zorgen voor; *~s palliatifs* pijnbestrijding; *donner des ~s à* behandelen, verzorgen; *avec* ~ zorgvuldig, met zorg **2** attentie: *être aux petits ~s pour* allerlei attenties bewijzen aan
le **soir** (m) avond: *ce* ~ vanavond; *le* ~ 's avonds; *dix heures du* ~ tien uur 's avonds
la **soirée** (v) avond; avondpartij, avondvoorstelling: ~ *mousse* foamparty; *donner une* ~ een avondje organiseren
¹soit (bw) het zij zo!, vooruit dan maar!
²soit (vw) **1** hetzij, of: ~ ..., ~ ... hetzij ..., hetzij ...; ~ *l'un*, ~ *l'autre* het een of het ander; ~ *que* hetzij dat **2** te weten, d.w.z. **3** gegeven, stel || *tant* ~ *peu* een weinig, hoe weinig ook
la **soixantaine** (v) **1** zestigtal, ongeveer zestig **2** zestigjarige leeftijd

soixante zestig
soixante-dix zeventig
soixante-dixième zeventigste
le/la **soixante-huitard** (m), **-e** (v) [inf] iem. die leeft in de geest van mei '68
le **soixante-neuf** (m) [inf; seks] soixante-neuf; standje negenenzestig
soixante-quatorze vierenzeventig
soixantième zestigste
le **soja** (m) soja: *huile de* ~ sojaolie; *germes de* ~ taugé
le **sol** (m) **1** grond, bodem: *examen du* ~ bodemonderzoek; *surface au* ~ het bodemoppervlak; *le ~ natal* de geboortegrond; *droit du* ~ regel dat geboortegrond de nationaliteit bepaalt **2** [muz] g: ~ *dièse* gis
solaire zonne-, van de zon; werkend op zonne-energie: *crème* ~ zonnebrandolie; *panneau* ~ zonnepaneel; *énergie* ~ zonne-energie
le **solarium** (m) **1** zonnebank; solarium **2** zonneterras; zonneweide
le **soldat** (m) soldaat; strijder, voorvechter
la **¹soldatesque** (v) krijgsvolk
²soldatesque (bn) soldaten-
le **¹solde** (m) **1** [hand] saldo: ~ *débiteur* debetsaldo **2** artikel in uitverkoop, restant
la **²solde** (v) soldij
¹solder (ov ww) **1** afbetalen, vereffenen, voldoen **2** uitverkopen, opruimen **3** het saldo opmaken; [een rekening] afsluiten
se **²solder par** (wdk ww) een saldo aanwijzen van: [fig] *se* ~ *par un échec* op een mislukking uitlopen
les **soldes** (mv, m) opruiming, uitverkoop, [Belg] solden: *acheter en* ~ in de opruiming kopen
le/la **sold|eur** (m), **-euse** (v) handelaar(ster) in restanten
la **sole** (v) tong [vis]: *~-limande* tongschar
le **soleil** (m) **1** zon: *coup de* ~ **a)** zonnesteek; **b)** zonnebrand; *lever du* ~ zonsopgang; *coucher du* ~ zonsondergang; *il y a du* ~ de zon schijnt **2** zonnebloem **3** [sport] reuzenzwaai
solennel, -le 1 statig, plechtig: *Communion ~le* Plechtige communie **2** afgemeten, vormelijk, stijf
la **solennité** (v) plechtigheid; deftigheid
le **solex** (m) solex
le **solfège** (m) solfège; algemene muzikale vorming
solidaire solidair, saamhorig, verbonden
se **solidariser avec** zich solidair verklaren (met)
la **solidarité** (v) solidariteit, saamhorigheid; verbondenheid; samenhang
le **¹solide** (m) vast lichaam
²solide (bn) **1** solide, hecht, stevig, sterk, vast: *aliments ~s* vast voedsel; ~ *comme un roc* rotsvast; *être* ~ *sur ses jambes* stevig op zijn benen staan **2** deugdelijk, degelijk,

duurzaam, standvastig, serieus, goed: ~*s*
connaissances grondige kennis **3** [m.b.t. li-
chaamskracht] sterk **4** flink, behoorlijk
la **solidification** (v) (het) vast worden, stolling, verdikking
¹**solidifier** (ov ww) doen stollen, verdikken
se ²**solidifier** (wdk ww) vast worden, stollen
la **solidité** (v) **1** soliditeit; hechtheid, stevigheid, sterkte **2** duurzaamheid, degelijkheid
3 [nat] vastheid
le **soliloque** (m) alleenspraak
le/la **soliste** (m/v) solist(e)
le ¹**solitaire** (m) enkele diamant [op ring]
le/la ²**solitaire** (m/v) eenling(e)
³**solitaire** (bn) **1** eenzaam, alleen, afgezonderd, teruggetrokken **2** afgelegen, verlaten
3 [plant] alleenstaand
la **solitude** (v) eenzaamheid, verlatenheid
la **solive** (v) bint, dwarsbalk
la **sollicitation** (v) (dringend) verzoek; aansporing, verleiding
solliciter dringend vragen om: *être sollicité*
a) benaderd worden; **b)** verleid worden; ~
une entrevue om een onderhoud vragen; ~
une faveur om een gunst vragen
la **sollicitude** (v) zorg, toewijding, zorg-
zaamheid
le **solo** (m) solo
le **solstice** (m) zonnewende: ~ *d'hiver* winter-
zonnewende, 21 december, kortste dag; ~
d'été zomerzonnewende, 21 juni, langste
dag
la **solubilité** (v) oplosbaarheid
soluble oplosbaar [ook fig]: *café* ~ oploskoffie
la **solution** (v) oplossing [in alle bet]: ~ *d'une
énigme* oplossing van een raadsel; ~ *de facilité* gemakzucht; ~ *finale* [hist] Endlösung
[vernietiging van de Joden]
solutionner oplossen
la **solvabilité** (v) solvabiliteit, kredietwaar-
digheid
solvable solvabel, kredietwaardig
le **solvant** (m) oplosmiddel
la **Somalie** (v) Somalië
somalien, -ne [aardr] Somalisch
le/la **Somalien** (m), **-ne** (v) Somaliër, Somalische
somatique somatisch, lichamelijk
sombre 1 donker, duister, betrokken
2 somber; zwaarmoedig **3** beklagenswaardig, droevig, treurig
sombrer 1 zinken, vergaan **2** [fig] vervallen, verzinken; verloren gaan, verdwijnen,
tenietgaan; ~ *dans la boisson* aan de drank
raken; ~ *dans un sommeil profond* in een diepe slaap wegzinken
le ¹**sommaire** (m) korte inhoud, inhoudsopgave: *au* ~ *de cette émission* in dit programma
²**sommaire** (bn) kort, bondig, beknopt;
summier; oppervlakkig [onderzoek]; vluchtig: *exécution* ~ parate executie

sommairement in het kort, summier;
vluchtig
la **sommation** (v) aanmaning; bevel
le ¹**somme** (v) dutje
la ²**somme** (v) **1** som; bedrag: *faire la* ~ optellen; *en* ~, ~ *toute* alles welbeschouwd, alles
met alles **2** overzichtswerk ‖ *bête de* ~ lastdier
le **sommeil** (m) slaap: *avoir* ~ slaap hebben;
avoir le ~ *léger* licht slapen; *tomber de* ~ omvallen van de slaap
sommeiller dutten, sluimeren [ook fig]
le **sommelier** (m) sommelier, wijnkelner
sommer sommeren, bevelen
sommes 1e pers mv van ¹*être*
le **sommet** (m) top, nok, kruin; [fig] toppunt:
~ *d'un arbre* boomkruin; *au* ~ *du pouvoir* op
het toppunt van (de) macht; *(conférence au)*
~ top(conferentie); ~ *européen* eurotop
le **sommier** (m) **1** spiraal, springbox **2** draag-
balk **3** register
la **sommité** (v) kopstuk
le/la ¹**somnambule** (m/v) slaapwandelaar(ster)
²**somnambule** (bn): *être* ~ aan slaapwan-
delen lijden
le ¹**somnifère** (m) slaapmiddel
²**somnifère** (bn) slaapverwekkend
la **somnolence** (v) slaperigheid, slaapdron-
kenheid; [fig] sloom-, traagheid
somnolent, -e 1 slaperig; slaapdronken,
doezelig **2** sloom
somnoler dommelen, sluimeren [ook fig]
somptuaire: *dépenses* ~*s* buitensporige
uitgaven
somptu|eux, -euse weelderig, kostbaar,
prachtig, rijk
la **somptuosité** (v) weelde(righeid), praal,
pracht
le ¹**son** (m) **1** zemelen: *pain au* ~ zemelbrood
2 zaagsel **3** klank, geluid; toon: ~ *de cloche*
klokgelui; *ça, c'est un autre* ~ *de cloche* dat is
een heel ander geluid; *baisser le* ~ *de la télé*
de tv zachter zetten; *(spectacle)* ~ *et lumière*
klank- en lichtspel; *mur du* ~ geluidsbarrière;
ingénieur du ~ geluidstechnicus; ~ *aigu* hoge
toon; ~ *grave* lage toon ‖ *taches de* ~ sproeten
²**son, sa** (bez bn, mv: ses) zijn, haar
le **sonar** (m) sonar(installatie)
la **sonate** (v) sonate
le **sondage** (m) peiling, loding, boring; [med]
sondering: *enquête par* ~, ~ *d'opinion* opi-
nieonderzoek; *baisser dans les* ~*s* zakken in
de peilingen
la **sonde** (v) **1** peillood, dieplood: *donner un
coup de* ~ een steekproef nemen **2** [med]
sonde; [med] katheter **3** proefballon, radio-
sonde: ~ *spatiale* ruimtesonde
sonder 1 peilen, loden **2** onderzoeken,
sonderen **3** [fig] polsen **4** [med] sonderen;
katheteriseren

le/la **¹sond|eur** (m), **-euse** (v) (opinie)peil(st)er; enquêteur, -euse

le **²sondeur** (m): ~ *à ultrasons* echolood

le **songe** (m) droom; droombeeld, illusie

¹songer (onov ww) **1** mijmeren **2** (+ à) denken aan, nadenken over, overwegen, niet vergeten

²songer que (ov ww) (be)denken dat

la **songerie** (v) dromerij, gemijmer

song|eur, -euse in gedachten, peinzend, dromend: *ça l'a laissé* ~ dat heeft hem aan het denken gezet

sonnailler rinkelen

sonnant, -e slaand [van uurwerk]; klinkend: *espèces ~es et trébuchantes* klinkende munt; *à deux heures* ~*es* klokslag twee uur

sonné, -e 1 buiten westen geslagen **2** gek, getikt ‖ *il a cinquante ans bien* ~*s* hij is al ver over de vijftig; *il est minuit* ~ het is over middernacht

sonner 1 luiden, slaan, bellen, blazen (op): *on sonne* er wordt gebeld; *midi a sonné* het is twaalf uur geweest **2** beieren, klingelen, weerklinken, schallen: ~ *l'alarme* alarm slaan; *on ne t'a pas sonné* hou je met je eigen zaken bezig

la **sonnerie** (v) **1** gelui, gebeier, geklingel, gebel, geschal, gerinkel **2** klokkenspel; slagwerk [van klok] **3** ringtone, beltoon: ~ *polyphonique* polyfoon

la **sonnette** (v) bel: *appuyer sur la* ~ aanbellen; *tirer la* ~ *d'alarme* [fig] aan de bel trekken, waarschuwen [voor iets]

le **sonneur** (m) klokkenluider

la **sono** (v) geluidsinstallatie

sonore geluidgevend; welluidend, sonoor; geluids-: *ondes* ~*s* geluidsgolven; *bande* ~ geluidsband, soundtrack, (oorspronkelijke) filmmuziek

la **sonorisation** (v) **1** geluidsinstallatie **2** het voorzien van een geluidsspoor [film] **3** het aanbrengen van een geluidsinstallatie

sonoriser 1 tot geluidsfilm maken **2** van geluid(sinstallatie) voorzien

la **sonorité** (v) **1** klank **2** welluidendheid **3** akoestiek

le **sonotone** (m) gehoorapparaat

sont 3e pers mv van *¹être*

le **sopalin** (m) keukenrol

la **sophistication** (v) gekunsteldheid; ingewikkeldheid, geavanceerdheid

sophistiqué, -e 1 verfijnd, elegant **2** gekunsteld, gezocht **3** [techn] hoog ontwikkeld, hightech, geavanceerd

se **sophistiquer** steeds ingewikkelder worden

le **¹soporifique** (m) slaapmiddel

²soporifique (bn) **1** slaapverwekkend **2** stomvervelend

le **¹soprano** (m) sopraan [stem]

le/la **²soprano** (m/v) sopraan [persoon]

le **soquet** (m) [Belg] fitting [van lamp]

la **soquette** (v) [Belg] hazenslaapje

le **sorbet** (m) waterijs: ~ *aux fruits* vruchtenijs

la **sorbetière** (v) ijsmachine

le **sorbier** (m) lijsterbes

la **sorcellerie** (v) toverij, hekserij

le/la **sorc|ier** (m), **-ière** (v) tovenaar, -nares, heks; duivelskunstenaar: *cela n'est pas* ~ dat is nogal eenvoudig; *chasse aux sorcières* heksenjacht

sordide 1 vuil, vies, walgelijk **2** schandelijk, verachtelijk

le **sorgho** (m) gierst

la **sornette** (v, meestal mv) kletspraat

sors 1e, 2e pers enk van *¹sortir*

le **sort** (m) **1** lot; noodlot: *mauvais* ~ noodlot; [fig] *faire un* ~ *à* **a)** veel gewicht toekennen aan; **b)** [inf] soldaat maken; [fig] *le* ~ *en est jeté* de teerling is geworpen; *tirer au* ~ loten **2** hekserij, tovenarij: *jeter un* ~ *à* betoveren

sortable toonbaar: *il n'est pas* ~ hij heeft totaal geen manieren

sortant, -e 1 uitkomend; uitgeloot: *numéro* ~ winnend lot **2** aftredend

la **sorte** (v) **1** soort, slag: *toute(s)* ~*(s) de* allerlei; *une* ~ *de* een soort(ement) van **2** manier: *de* ~ *que* **a)** zodat; **b)** opdat, zodanig dat; *faites en* ~ *de* zorg ervoor te; *en quelque* ~ eigenlijk, in zekere zin

la **sortie** (v) **1** uitgang, afrit, uitrit: ~ *de secours* nooduitgang **2** (het) uitgaan, uitstapje, (het) naar buiten gaan (komen, stromen): *faire une fausse* ~ door de achterdeur weer binnenkomen **3** (het) uitkomen, verschijnen [van een boek, film] **4** uitval **5** [boekh] uitgave **6** uitvoer [comp] output ‖ ~ *de bain* badjas

le **sortilège** (m) betovering; tovermiddel

le **¹sortir** (m): *au* ~ *de l'été* aan het einde van de zomer

²sortir (onov ww, vervoegd als *dormir*)

1 uitgaan, naar buiten gaan; uitkomen, verschijnen: *faire* ~ uitlaten; *sortez!* eruit!; *je sors de chez lui* ik kom juist bij hem vandaan; *je ne sors pas de là* daar blijf ik bij; *en* ~, ~ *d'affaire* zich uit de moeilijkheden redden; ~ *dans le couloir* de gang op gaan **2** (+ de) komen uit, van; treden buiten; voortkomen uit, afstammen van: ~ *de l'enfance* de kinderschoenen ontgroeid zijn; [fig] ~ *de ses gonds* zich kwaad maken; ~ *de la mémoire* ontschieten; ~ *des rails* ontsporen, derailleren [ook fig]; ~ *des habitudes* niet met de gewoontes overeenkomen; [inf] *il fallait que ça sorte* het moest eruit **3** (+ de) afwijken van, te buiten gaan: *cela sort de l'ordinaire* dat zie je niet iedere dag; *vous sortez du sujet* u dwaalt af **4** (+ de) komen van: ~ *de table* van tafel gaan

³sortir (ov ww, vervoegd als *dormir*) **1** halen (uit), buiten brengen, buiten zetten: [inf] ~

qqn. iem. eruit gooien **2** uitgaan met [een kind]; uitlaten [van een hond] **3** [film] publiceren, in de handel brengen, uitbrengen

se **⁴sortir** (ov ww, vervoegd als *finir*) sorteren

se **⁵sortir de** (wdk ww, vervoegd als *dormir*) zich redden (uit): *se ~ d'un mauvais pas* zich uit een hachelijke positie redden; *comment s'en est-elle sortie?* hoe heeft ze het er afgebracht?; *je m'en sors* ik red me wel

le **SOS** (m) SOS-bericht: *lancer un ~* om hulp vragen

le **sosie** (m) dubbelganger

le/la **¹sot** (m), **sotte** (v) dwaas, gek(kin); domoor

²sot, sotte (bn) **1** zot, dwaas **2** dom, onnozel

sottement dom, op een domme manier

la **sottise** (v) dwaasheid, domheid

le **sou** (m) [vero] stuiver: *des ~s* geld; *être près de ses ~s* op zijn centen zitten; *compter ses ~s* zijn geld tellen; *il n'a pas le ~* hij heeft geen rooie cent; *jusqu'au dernier ~* tot de laatste stuiver; *machine à ~s* gokautomaat

le **soubassement** (m) onderbouw, ondermuur; voetstuk; [fig] grondslag

le **soubresaut** (m) **1** (het) opspringen, plotselinge sprong [van een paard] **2** schok **3** rilling, stuiptrekking

la **soubrette** (v) soubrette, dienstmeisje [in komedie]

la **souche** (v) **1** stronk, stobbe; wortelstok: *dormir comme une ~* slapen als een blok **2** stamvader; oorsprong: *Français de ~* Fransman van oorsprong [niet door naturalisatie]; *faire ~* nakomelingen krijgen; *de vieille ~* oude familie **3** strook

le **souci** (m) **1** zorg: *se faire des ~s* zich zorgen maken; *sans ~* zorgeloos; *~s financiers* geldzorgen; *par ~ d'honnêteté* eerlijkheidshalve **2** goudsbloem

se **soucier de** zich bekommeren om; zich druk (ongerust) maken over: *ne pas se ~ de qqn.* zich aan iem. niets gelegen laten liggen; *sans se ~ que* [+ subj] zonder zich erom te bekommeren dat

souci|eux, -euse de bezorgd, bekommerd (over): *être ~ de* ervoor zorgen te, eropuit zijn

la **soucoupe** (v) schoteltje: *~ volante* vliegende schotel, ufo

le **soudage** (m) (het) solderen, lassen

soudain plotseling, onverhoeds; onverwachts

la **soudaineté** (v) (het) plotselinge, onverwachte

le **Soudan** (m) Sudan

soudanais, -e Sudanees

le/la **Soudanais** (m), **-e** (v) Sudanees, Sudanese

le **soudard** (m) [hist] huursoldaat; ruwe kerel

la **soude** (v) soda: *~ caustique* caustische soda, natronloog; *bicarbonate de ~* natriumbicarbonaat, zuiveringszout

¹souder (ov ww) solderen, lassen; [fig] nauw verbinden, aaneenhechten; doen samensmelten: *fer à ~* soldeerbout

se **²souder** (wdk ww) samensmelten, aaneengroeien

le/la **soud|eur** (m), **-euse** (v) lasser

soudoyer omkopen

la **soudure** (v) **1** (het) solderen, lassen; soldeer(sel); las **2** aaneenhechting, vergroeiing, samensmelting **3** verbinding: *faire la ~* overbruggen **4** lasnaad

le **soufflage** (m) (het) (glas)blazen

le **souffle** (m) (het) (uit)blazen; luchtstroom; adem(tocht), ademhaling; zuchtje; [med] ruis; [fig] bezieling, inspiratie: *être à bout de ~* buiten adem zijn; *manquer de ~* **a)** kortademig zijn; **b)** [fig] alle bezieling missen; *le dernier ~* de laatste adem; *retenir son ~* de adem inhouden; *ça m'a coupé le ~* daar sta ik versteld van

le **soufflé** (m) soufflé: *~ au fromage* kaassoufflé

¹souffler (onov ww) blazen, ademen; hijgen, snuiven; blazen, op adem komen; waaien: *le vent souffle* het waait

²souffler (ov ww) **1** blazen, aanblazen, opblazen, uitblazen, wegblazen; aanwaaien, toewaaien; aanwakkeren: *~ le verre* glasblazen; *~ dans une trompette* op een trompet blazen **2** afpikken: *~ qqch. à qqn.* iets van iem. afpikken **3** souffleren, voorzeggen, inblazen, toefluisteren **4** verbijsteren

la **soufflerie** (v) **1** windtunnel **2** blaasinrichting

le **soufflet** (m) **1** (blaas)balg; harmonica [van een trein] **2** klap in het gezicht; [fig] belediging

le/la **¹souffl|eur** (m), **-euse** (v) **1** [theat] souffleur **2** blazer: *~ de verre* glasblazer

le **²souffleur** (m): *~ de feuilles* bladblazer

la **souffrance** (v) (het) lijden, smart, pijn || *en ~* **a)** onafgedaan, onbetaald; **b)** niet afgehaald

souffrant, -e ziek

le **souffre-douleur** (m) mikpunt [van pesterijen]

souffret|eux, -euse ziekelijk, sukkelend

¹souffrir (onov ww) (+ de) lijden (aan, onder), pijn hebben (aan); te lijden hebben van, gebukt gaan (onder): *~ du froid* kou lijden

²souffrir (ov ww) **1** lijden, ondergaan **2** dulden, toelaten, verdragen: *je ne peux pas le ~* ik kan hem niet uitstaan; *~ le martyre* veel pijn lijden || *faire ~ qqn.* **a)** iem. kwellen, iem. pijn doen; **b)** het iem. moeilijk maken

se **³souffrir** (wdkg ww) elkaar verdragen

le **soufre** (m) zwavel, sulfer; [fig] *sentir le ~* de hemel tarten

la **soufrière** (v) zwavelmijn, zwavelgroeve

le **souhait** (m) wens: *à ~* naar wens; *à vos ~s!*

gezondheid! [bij niezen]

souhaitable wenselijk

souhaiter 1 (toe)wensen: ~ *bon anniversaire à qqn.* iem. gelukkig verjaardag! wensen met zijn verjaardag; ~ *la bonne année* een gelukkig nieuwjaar wensen; [iron] *je vous souhaite bien du plaisir* ik wens u veel plezier **2** graag willen, verlangen: *je souhaite qu'il parte* ik wil graag dat hij vertrekt

souiller bevuilen; [fig] bezoedelen

le **¹souillon** (m) smeerpoets

la **²souillon** (v) slons

la **souillure** (v) [fig] smet; bezoedeling

le **souk** (m) **1** soek **2** rommel, troep

le **¹soûl** (m): *tout son* ~ zoveel als men wil, naar hartenlust

²soûl (bn) [inf] dronken, zat: *être ~ de qqch.* iets zat zijn

le **soulagement** (m) verlichting, soelaas; opluchting

¹soulager (ov ww) **1** ontlasten, minder zwaar belasten **2** verlichting geven; opluchten **3** [scherts] afhandig maken

se **²soulager** (wdk ww) plassen

soûlant, -e [inf] vervelend; langdradig; saai

le/la **soûlard** (m), **-e** (v) [inf] dronkenlap

le/la **soûlaud** (m), **-e** (v) [inf] zatladder, zuipschuit

¹soûler (ov ww) [inf] **1** dronken voeren **2** vervelen

se **²soûler** (wdk ww) zich bezatten; zich bedwelmen

la **soûlerie** (v) zuippartij; dronkenschap

le **soulèvement** (m) **1** opstand, oproer **2** opheffing; [van golven] (het) opzwepen: ~ *de cœur* misselijkheid

¹soulever (ov ww) **1** optillen, oplichten **2** [stof] opwaaien; [golven] opzwepen **3** ter sprake brengen **4** veroorzaken, teweegbrengen, opwekken **5** opruien **6** bezielen

se **²soulever** (wdk ww) **1** zich oprichten, zich verheffen **2** opgezweept worden [van golven] **3** in opstand komen ‖ *avoir le cœur qui se soulève* misselijk worden

le **soulier** (m) schoen: *~s à talons hauts* (schoenen met) hoge hakken

souligner onderstrepen, benadrukken

la **soûlographie** (v) [inf] dronkenmansgedoe; dronkenschap

¹soumettre (ov ww) **1** onderwerpen [in alle bet] **2** [fig] aan het oordeel onderwerpen van, voorleggen

se **²soumettre à** (wdk ww) zich onderwerpen aan; zich schikken in

soumis, -e onderworpen, gedwee, onderdanig, volgzaam

la **soumission** (v) **1** onderworpenheid; onderwerping, onderdanigheid, volgzaamheid; naleving **2** inschrijving [bij aanbesteding]

la **soupape** (v) klep, ventiel: ~ *d'arrêt* afsluit-

klep; ~ *de sûreté* **a)** veiligheidsklep; **b)** [fig] uitlaatklep

le **soupçon** (m) **1** verdenking, achterdocht **2** vermoeden **3** greintje, heel klein beetje

soupçonner 1 achterdocht koesteren, verdenken (van) **2** vermoeden **3** een vaag idee hebben van

soupçonn|eux, -euse achterdochtig, wantrouwig

la **soupe** (v) soep: ~ *à l'oignon* uiensoep; ~ *populaire* gaarkeuken; [fig] ~ *au lait* driftkop; [inf] *un gros plein de* ~ een dikzak

la **soupente** (v) vliering

le **¹souper** (m) **1** souper **2** [Belg] avondeten

²souper (onov ww) **1** souperen **2** [Belg] dineren ‖ *j'en ai soupé* ik heb er genoeg van

soupeser op de hand wegen; [fig] afwegen

la **soupière** (v) soepterrine

le **soupir** (m) zucht; verzuchting: *rendre le dernier* ~ de laatste adem uitblazen; *pousser des ~s* zuchten slaken

le **soupirail** (m; mv: soupiraux) keldergat, kelderraam

le **soupirant** (m) aanbidder

soupirer zuchten; verzuchten: ~ *après* hevig verlangen naar; ~ *d'ennui* een zucht van verveling slaken

souple 1 soepel; lenig **2** [fig] handelbaar, flexibel, plooibaar, meegaand

la **souplesse** (v) soepelheid; lenigheid; [fig] plooibaarheid, flexibiliteit

la **source** (v) bron [ook fig]; oorsprong, oorzaak: ~ *thermale* warmwaterbron; *couler de* ~ vanzelfsprekend, logisch zijn; *prendre sa* ~ ontspringen; *retenue à la* ~ bronheffing; *de* ~ *sûre* uit betrouwbare bron

le/la **sourc|ier** (m), **-ière** (v) wichelroedeloper, -loopster: *baguette de* ~ wichelroede

le **sourcil** (m) wenkbrauw

sourcil|ier, -ière wenkbrauw-: *arcade sourcilière* wenkbrauwboog

sourciller: *ne pas* ~ geen spier vertrekken; *sans* ~ zonder een spier te vertrekken

sourcill|eux, -euse pietluttig; streng

le/la **¹sourd**, **-e** (v) dove: [fig] *comme un* ~ uit alle macht; *dialogue de ~s* het langs elkaar heen praten, onvruchtbaar gesprek; *les ~s et les malentendants* doven en slechthorenden

²sourd, -e (bn) **1** doof: [fig] *être* (of: *rester*) ~ *à qqch.* doof zijn voor iets, ergens niet naar willen luisteren **2** dof, mat: *bruit* ~ dof geluid **3** vaag, verborgen, geheim

sourdement dof; [fig] heimelijk

la **sourdine** (v) [muz] sourdine, demper: *en* ~ zachtjes, heimelijk

sourdingue [pop] doof

le/la **¹sourd-muet** (m; mv: sourds-muets), **sourde-muette** (v) doofstomme

²sourd-muet, sourde-muette (bn) doofstom

souri volt dw van *¹sourire*

souriant, -e glimlachend; opgewekt; [fig] zonnig; aangenaam

le **souriceau** (m) (jong) muisje

la **¹souricière** (v) muizenval; [fig] valstrik

le **¹sourire** (m) glimlach

²sourire (onov ww) glimlachen; ~ *à* toelachen; *cela fait* ~ dat is niet serieus

la **souris** (v) **1** muis: ~ *d'hôtel* hoteldievegge; ~ *des champs* veldmuis; [onv.] *gris* ~ muisgrijs **2** [comp] muis: ~ *sans fil* draadloze muis **3** [inf] grietje, meid

le/la **¹sournois** (m), **-e** (v) gluiperd, geniepigerd

²sournois, -e (bn) geniepig, achterbaks; verborgen, vals, bedrieglijk

sournoisement in het geniep

la **sournoiserie** (v) geniepigheid; achterbakse streek

sous onder, beneden; ~ *clef* achter slot; ~ *la main* bij de hand; ~ *mes yeux* onder (*of:* voor) mijn ogen; ~ *peine de* op straffe van; ~ *peu* binnenkort; ~ *la pluie* in de regen; ~ *tente* in een tent; ~ *les verrous* achter de tralies, achter slot en grendel; ~ *prétexte que* onder voorwendsel van, met als smoes (*of:* excuus) dat; ~ *réserve de* met voorbehoud van

sous- onder-, sub-

la **sous-alimentation** (v) ondervoeding

sous-alimenté, -e (mv: sous-alimentés) ondervoed

le **sous-bois** (m; mv: *onv*) **1** onderbegroeiing; struikgewas **2** bosgezicht [schilderij]

le/la **sous-chef** (m/v; mv: sous-chefs) adjunct, [Belg] onderchef

la **sous-commission** (v; mv: sous-commissions) subcommissie

la **sous-couche** (v) [ook verf] grondlaag; onderlaag

le/la **souscrip|teur** (m), **-trice** (v) **1** intekenaar, -nares **2** ondertekenaar, -nares

la **souscription** (v) **1** intekening **2** inschrijving; inschrijvingsbedrag, bijdrage

souscrire à 1 intekenen, inschrijven (op) **2** [fig] onderschrijven, inwilligen, instemmen (met)

sous-cutané, -e (mv: sous-cutanés) onderhuids

le **sous-développement** (m) onderontwikkeling

le/la **sous-direc|teur** (m), **s-trice** (v) onderdirecteur, onderdirectrice

le **sous-emploi** (m) **1** onderbezetting **2** tekort aan werkgelegenheid

le **sous-ensemble** (m) **1** [wisk] deelverzameling **2** kleiner geheel

sous-entendre laten doorschemeren; impliceren, veronderstellen, bedoelen

le **¹sous-entendu** (m; mv: sous-entendus) toespeling

²sous-entendu, -e (bn, mv: sous-entendus) stilzwijgend bedoeld: *c'est* ~ dat spreekt vanzelf

sous-estimer onderschatten

sous-évaluer onderschatten, onderwaarderen

le **sous-fifre** (m) [inf] ondergeschikte; onderknuppel

sous-jacent, -e (mv: sous-jacents) onderliggend; [fig] verborgen

le **sous-lieutenant** (m; mv: sous-lieutenants) tweede luitenant, [Belg] onderluitenant

sous-louer 1 onderhuren **2** onderverhuren

le **sous-main** (m; mv: *onv*) onderlegger: [fig] *en* ~ in het geheim, tersluiks

le **¹sous-marin** (m; mv: sous-marins) **1** onderzeeër, duikboot **2** infiltrant

²sous-marin, -e (bn, mv: sous-marins) onderzee-, onderzees

la **sous-marque** (v) B-merk

le **sous-multiple** (m; mv: sous-multiples) factor, deler

la **sous-munition** (v) clustermunitie: *bombe à ~s* clusterbom

sous-off *zie sous-officier*

le **sous-officier** (m) onderofficier

le **sous-plat** (m; mv: sous-plats) [Belg] onderzetter

la **sous-préfecture** (v) stad waar de onderprefect zijn zetel heeft; het gebouw zelf

le **sous-préfet** (m; mv: sous-préfets) onderprefect

le **sous-produit** (m; mv: sous-produits) bijproduct

le **sous-pull** (m) pulli

le **sous-secrétaire** (m; mv: sous-secrétaires) tweede secretaris

le **sous-seing** (m; mv: *onv*) onderhandse akte

le/la **¹soussigné** (m), **-e** (v) ondergetekende

²soussigné, -e (bn) ondertekend

le **sous-sol** (m; mv: sous-sols) **1** ondergrond; bodem **2** souterrain; kelderverdieping

la **sous-tasse** (v) [Belg] schoteltje; [Belg] ondertas

le **sous-titre** (m; mv: sous-titres) ondertitel; voettitel

sous-titré, -e ondertiteld

sous-titrer ondertitelen

la **soustraction** (v) **1** [rekenen] aftrekking **2** [jur] ontvreemding

¹soustraire (ov ww) **1** [rekenen] aftrekken **2** onttrekken **3** ontvreemden, ontfutselen

se **²soustraire à** (wdk ww) zich onttrekken aan

la **sous-traitance** (v; mv: sous-traitances) **1** uitbesteding **2** toelevering

le **sous-traitant** (m; mv: sous-traitants) **1** onderaannemer **2** toeleverancier

sous-traiter [bouwk] onderaanbesteden

le **sous-verre** (m; mv: sous-verres) ingelijste foto (plaat); lijst

le **sous-vêtement** (m; mv: sous-vêtements) (stuk) ondergoed la **soutane** (v) [r-k] toog, soutane

la **soute** (v) laadruimte, ruim

soutenable houdbaar, verdedigbaar

la **soutenance** (v) verdediging [van proef-schrift]

le **souteneur** (m) souteneur, pooier

¹soutenir (ov ww) **1** (onder)steunen, op-, omhooghouden, overeind houden **2** sterken, kracht geven **3** steunen, bijstaan, helpen **4** verdedigen, staande houden **5** beweren: ~ *que* beweren dat **6** in stand houden, volhouden, niet opgeven, gaande houden: ~ *un effort* volharden in een inspanning **7** verdragen, uithouden; doorstaan, bestand zijn tegen

se **²soutenir** (wdk ww) **1** zich staande houden, overeind blijven **2** aanhouden, voortduren, blijven, zich handhaven **3** elkaar (onder)-steunen

soutenu, -e 1 aanhoudend, voortdurend **2** krachtig, nadrukkelijk: *langue* ~*e* verheven taal

le **¹souterrain** (m) onderaardse gang; tunnel

²souterrain, -e (bn) onderaards, onder-gronds; [fig] heimelijk

le **soutien** (m) **1** ondersteuning, steun, stut **2** bijstand, steunpilaar, hulp: ~ *de famille* kostwinner; ~ *scolaire* huiswerkbegeleiding

le **soutien-gorge** (m; mv: soutiens-gorge(s)) beha: ~ *à armature* beugelbeha; ~ *balconnet* push-up-bh

le **soutif** (m) [inf] verk van *soutien-gorge* beha

soutirer 1 aftroggelen; ontfutselen **2** aftappen

le **¹souvenir** (m) **1** herinnering: *en ~ de* ter herinnering aan; ~*s d'enfance* jeugdherinneringen; *garder le ~ de qqch.* ergens aan blijven denken **2** geheugen **3** souvenir, aandenken ‖ *mon meilleur ~ à …* de groeten aan …

se **²souvenir de** (wdk ww) zich herinneren: *il s'en souviendra* het zal hem heugen

souvent dikwijls, vaak: *le plus* ~ meestal

le/la **¹souverain** (m), **-e** (v) soeverein, vorst(in), heerser, heerseres

²souverain, -e (bn) **1** soeverein, opperst, hoogst, uiterst, oppermachtig: *un ~ mépris* een soevereine minachting; *le ~ pontife* de paus **2** afdoend, probaat: *un remède* ~ een probaat middel

souverainement als een vorst; uiterst, hoogste mate

la **souveraineté** (v) soevereiniteit, oppergezag, oppermacht

le **soviet** (m) sovjet

soviétique sovjet-, Sovjet-

le **soya** (m) soja

le **¹soyeux** (m) zijdefabrikant

²soy|eux, -euse (bn) zijdeachtig, zacht als zijde

le **spa** (m) **1** bubbelbad **2** spa [beautysalon,

beautyfarm]

la **SPA** (v) afk van *Société protectrice des animaux* Dierenbescherming

spaci|eux, -euse ruim, uitgestrekt

le **spaghetti** (m): [scherts] *western* ~ spaghet-tiwestern

les **spaghettis** (mv, m) spaghetti

le **spam** (m) spam: *envoyer des* ~*s* spammen

le **sparadrap** (m) (hecht)pleister

la **¹spartiate** (v) sandaal met gekruiste banden

²spartiate (bn) **1** Spartaans [m.b.t. Sparta] **2** spartaans, heel streng, sober

le **spasme** (m) spasme, kramp

spasmodique spastisch; krampachtig

spatial, -e ruimtelijk, ruimte-

spatiotemporel, -le van, in ruimte en tijd

la **spatule** (v) **1** spatel; plamuurmes; roerstokje **2** lepelaar [vogel] **3** punt van ski

spécial, -e speciaal, bijzonder; apart; gespecialiseerd: *il est un peu* ~ hij doet een beetje raar; [pol] *pouvoirs spéciaux* bijzondere volmacht; *envoyé* ~ speciale verslaggever

spécialement in het bijzonder

spécialisé, -e 1 gespecialiseerd: *enseignement* ~ speciaal onderwijs, [Belg] bijzonder onderwijs **2** laaggeschoold: *ouvrier* ~ ongeschoold arbeider

spécialiser specialiseren

le/la **spécialiste** (m/v) specialist(e)

la **spécialité** (v) **1** specialiteit **2** specialisme

spéci|eux, -euse bedrieglijk; schijnbaar waar, schijn-: *raisonnement* ~ drogreden

la **spécification** (v) specificatie

la **spécificité** (v) specificiteit, specifiek karakter

spécifier specificeren, gedetailleerd beschrijven, uitwerken, nader aanduiden

spécifique 1 specifiek, karakteristiek, typisch **2** soortelijk: *poids* ~ soortelijk gewicht

le **spécimen** (m) specimen, staaltje, proef, voorbeeld, proefnummer, proefexemplaar; presentexemplaar

le **spectacle** (m) schouwspel; vertoning, aanblik; opvoering, voorstelling: *salle de* ~ theater, toneelzaal; *se donner en* ~ te kijk staan; *monde du* ~ amusementswereld, showbizz; *film à grand* ~ spektakelfilm

spectaculaire spectaculair, opzienbarend

le/la **specta|teur** (m), **-trice** (v) toeschouw(st)er; ooggetuige; kijker: *assister en* ~ *à* toekijken bij

spectral, -e van het spectrum: *analyse* ~*e* spectraalanalyse

le **spectre** (m) **1** spook **2** bleek, mager persoon **3** spookbeeld **4** spectrum

le/la **spécula|teur** (m), **-trice** (v) speculant(e)

spéculat|if, -ive bespiegelend, beschouwend; [hand] speculatief

la **spéculation** (v) bespiegeling, beschouwing; [hand] speculatie

spéculer 1 (+ sur) bespiegelingen houden

(over); [fig] gokken (op) **2** [hand] speculeren

le **spéculoos** (m) [Belg] speculaas

le **¹speed** (m) [inf] speed; amfetamine; dope

²speed (bn) [inf] **1** speedy [onder invloed van drugs] **2** hyperactief, erg opgewonden

speedé, -e [inf] hyperactief; erg opgewonden; speedy

la **spéléologie** (v) grotonderzoek

le/la **spéléologue** (m/v) speleoloog, -loge

le **spermatozoïde** (m) zaadcel

le **sperme** (m) sperma

le **¹spermicide** (m) zaaddodend middel

²spermicide (bn) zaaddodend

la **sphère** (v) **1** bol **2** [fig] sfeer, kring, gebied: *les hautes* ~s de hogere regionen; ~ *d'action* werkingsgebied; ~ *d'influence* invloedssfeer

sphérique sferisch, bolvormig, bolrond, bol-

le **sphincter** (m) sluitspier

le **sphinx** (m) sfinx

la **spirale** (v) spiraal: ~ *des salaires* loonspiraal; *en* ~ spiraalsgewijs

le/la **¹spirite** (m/v) spiritist(e)

²spirite (bn) spiritistisch

le **spiritisme** (m) spiritisme

la **spiritualité** (v) geestelijk karakter; spiritualiteit, geestelijk leven

le **¹spirituel** (m) geestelijke macht

²spirituel, -le (bn) **1** geestig, spiritueel **2** spiritueel, onstoffelijk, geestelijk: *musique* ~*le* gewijde muziek; *vie* ~*le* geestelijk leven **3** geestrijk

les **¹spiritueux** (mv, m) spiritualiën, sterkedranken

²spiritu|eux, -euse (bn) alcoholisch

le **spirou** (m) [Belg] druk kind

le **spleen** (m) [form] weltschmerz; melancholie

la **splendeur** (v) glans, schittering; [fig] luister, pracht: *dans toute sa* ~ in volle glorie; *c'est une* ~ het is iets prachtigs, het is een bijzonder mooi exemplaar

splendide schitterend, luisterrijk, prachtig

la **spoliation** (v) roof, beroving

spolier beroven

spongi|eux, -euse sponsachtig; sponzig, vochtopnemend

le **sponsor** (m) sponsor

sponsoriser sponsoren

spontané, -e spontaan: *combustion* ~*e* zelfontbranding; *candidature* ~*e* open sollicitatie

la **spontanéité** (v) spontaniteit

spontanément spontaan; vanzelf, instinctief, uit eigen beweging

sporadique sporadisch

la **spore** (v) spore

le **¹sport** (m) sport: *pratique du* ~ sportbeoefening; *faire du* ~ sporten; ~*s d'équipe* teamsporten; ~*s d'hiver* wintersport; [fig] *ça va être du* ~*!* het wordt niet eenvoudig!

²sport (bn) sport-; sportief: *des vêtements* ~ casual kleren

le/la **¹sport|if** (m), **-ive** (v) sporter, sportbeoefenaar(ster)

²sport|if, -ive (bn) sport-, sportief: *association sportive* sportvereniging; *conduite sportive* sportieve rijstijl [van een auto]; *esprit* ~ sportiviteit

la **sportivité** (v) sportiviteit

le **sportwear** (m) sportkleding

le **spot** (m) spot; spotlicht: ~ *publicitaire* reclamespotje

le **spray** (m) verstuiver; spray: *en* ~ in sprayvorm

le **sprint** (m) **1** [atl, wielersp] eindspurt: [fig] *au* ~ zeer snel; pijlsnel **2** [atl] sprint

sprinter sprinten, spurten

le/la **sprint|eur** (m), **-euse** (v) sprint(st)er

la **SPRL** (v) [Belg] afk van *société de personnes à responsabilité limitée* pvba [vergelijkbaar bv, besloten vennootschap]

le **squale** (m) haai

la **squame** (v) huidschilfer; schub

la **squamule** (v) schubje

le **square** (m) plantsoentje, parkje

le **squat** (m) (het) kraken; kraakpand

le **¹squatter** (m) kraker

²squatter (ov ww) kraken

le **squelette** (m) skelet, karkas, geraamte [ook fig]

squelettique 1 skeletachtig, zeer beperkt **2** broodmager

le **SRAS** (m) afk van *syndrome respiratoire aigu sévère* SARS (afk van *severe acute respiratory syndrome*)

le **Sri Lanka** (m) Sri Lanka

sri-lankais, -e Sri Lankaans

le/la **Sri-Lankais** (m), **-e** (v) Sri Lankaan(se)

le **¹stabilisateur** (m) stabilisator

²stabilisa|teur, -trice (bn) stabiliserend

la **stabilisation** (v) stabilisatie

stabiliser stabiliseren

la **stabilité** (v) stabiliteit, stevigheid, vastheid; standvastigheid; duurzaamheid

stable stabiel, vast, stevig; blijvend, duurzaam

staccato [muz] staccato

le **stade** (m) **1** stadion; sportterrein **2** stadium

le **stage** (m) stage; cursus; stageperiode

le/la **stagiaire** (m/v) stagiair(e)

stagnant, -e stilstaand; [fig] stagnerend; kwijnend

la **stagnation** (v) stagnatie, stilstand, slapte

stagner stilstaan; [fig] stagneren, kwijnen

la **stalactite** (v) [geol] stalactiet

la **stalagmite** (v) [geol] stalagmiet

stalinien, -ne stalinistisch

la **stalle** (v) koorstoel; box [voor paard]

le **stand** (m) **1** schietbaan: ~ *de tir* schietbaan **2** stand [op tentoonstelling] **3** pits [langs autoracebaan]: ~ *de ravitaillement* proviandpost

le **¹standard** (m) model; standaard: ~ *télépho-nique* telefooncentrale
²standard, -e (bn) standaard-
standardiser standaardiseren
le/la **standardiste** (m/v) telefonist(e)
le **¹stand-by** (m) lastminutevlucht
²stand-by (bn) last minute
le **standing** (m) standing, status: *appartement de grand* ~ luxueuze flat
le **staphylocoque** (m) [biol] stafylokok
la **star** (v) filmster
la **starlette** (v) debuterend filmsterretje
le **starter** (m) **1** starter **2** choke
le **starting-block** (m; mv: starting-blocks) [sport] startblok
la **station** (v) **1** stand, houding: ~ *debout* (het) staan **2** stilstand, oponthoud, onderbreking **3** station, halte, standplaats **4** station, post, inrichting: ~ *de lavage* wasstraat **5** plaats, oord: ~ *de sports d'hiver* wintersportcentrum; ~ *balnéaire* badplaats; ~ *thermale* kuuroord **6** [r-k] statie **7** (radio)zender
stationnaire stationair, stilstaand, stilliggend; niet veranderend
le **stationnement** (m) **1** (het) parkeren: *parc de* ~ parkeerterrein; ~ *payant* betaald parkeren **2** legering [van troepen]
stationner 1 stilstaan **2** parkeren **3** legeren, gelegerd zijn
la **station-service** (v; mv: stations-service(s)) benzinepomp(station), servicestation
la **¹statique** (v) statica
²statique (bn) statisch
le/la **statisticien** (m), **-ne** (v) statisticus, -ca
la **¹statistique** (v) statistiek
²statistique (bn) statistisch
le/la **¹statuaire** (m/v) beeldhouw(st)er
la **²statuaire** (v) beeldhouwkunst
la **statue** (v) (stand)beeld
statuer verordenen; beslissen; een uitspraak doen
la **statuette** (v) beeldje
statufier 1 een standbeeld oprichten voor **2** [fig] doen verstijven, verstarren
la **stature** (v) **1** gestalte **2** formaat, allure
le **statut** (m) **1** statuut **2** status, rechtspositie **3** situatie, positie
statutaire statutair, volgens de statuten
le **steak** (m) biefstuk: ~ *haché* gehakte biefstuk, ± hamburger
la **stèle** (v) stèle, gedenksteen; grafzuil, grafsteen
la **¹sténo** (v) stenogram
le/la **²sténo** (m/v) stenograaf, stenografe
le/la **sténodactylo** (m/v) stenotypist(e)
la **sténodactylographie** (v) stenotypie
sténographier stenograferen
le **stent** (m) stent
le **stentor** (m): *voix de* ~ stentorstem
le/la **Stéphanois** (m), **-e** (v) inwoner, inwoon-ster van Saint-Etienne

la **steppe** (v) steppe
le **stère** (m): ~ *de bois* m³ hout
stéréo stereo
stéréophonique stereofonisch
le **stéréoscope** (m) stereoscoop
le **stéréotype** (m) stereotype, cliché
stéréotypé, -e stereotiep, cliché-
le **sterfput** (m) [Belg] zinkputje
stérile onvruchtbaar, steriel, schraal, dor; vruchteloos, nutteloos: *mariage* ~ kinderloos huwelijk
le **stérilet** (m) [med] spiraaltje
le **stérilisateur** (m) sterilisator
la **stérilisation** (v) sterilisatie
stériliser steriliseren
la **stérilité** (v) onvruchtbaarheid [ook fig]; steriliteit, schraalheid, dorheid; vruchteloosheid, nutteloosheid
sterling (onv): *livre* ~ pond sterling
la **sterne** (v) stern [vogel]
le **sternum** (m) borstbeen
le **sterput** (m) *zie* sterfput
le **stéthoscope** (m) stethoscoop
le **stigmate** (m) **1** litteken **2** [fig] brandmerk, schandvlek **3** stempel [van een bloem] **4** stigma
stigmatiser brandmerken; [fig] stigmatiseren
le **¹stimulant** (m) stimulans; stimulerend middel, pepmiddel; prikkel
²stimulant, -e (bn) stimulerend, prikkelend
le **stimulateur** (m): ~ *cardiaque* pacemaker
la **stimulation** (v) (het) opwekken; aansporing, prikkeling; bevordering
stimuler prikkelen, aansporen, stimuleren; oppeppen; bevorderen
le **stimulus** (m) stimulus; prikkel
la **stipulation** (v) stipulatie, beding, bepaling, voorbehoud, clausule
stipuler 1 stipuleren; [bij contract] bepalen, bedingen **2** uitdrukkelijk stellen
le **stock** (m) voorraad: ~ *de sécurité* buffervoorraad
le **stockage** (m) (het) opslaan; (het) hamsteren
stocker in voorraad opslaan; inslaan, hamsteren; [comp] opslaan, saven
la **stock-option** (v) stockoptie
le/la **¹stoïcien** (m), **-ne** (v) stoïcijn(se)
²stoïcien, -ne (bn) stoïcijns
le **stoïcisme** (m) stoïcisme, onverstoorbaarheid
stoïque stoïcijns, onverstoorbaar, standvastig
stomacal, - maag-
la **stomatologie** (v) mondheelkunde
le/la **stomatologiste** (m/v) mondarts
le/la **stomatologue** (m/v) mondarts; stomatoloog
le **¹stop** (m) **1** remlicht **2** stoplicht **3** stilstand

4 het liften: faire du ~ liften

²**stop** (tw): ~! stop!, halt!

¹**stopper** (onov ww) stoppen, stilhouden; ophouden

²**stopper** (ov ww) **1** doen stoppen, tot staan brengen; doen ophouden **2** [van kleren] stoppen

le/la **stopp|eur** (m), **-euse** (v) **1** voorstopper, -stopster; ausputzer **2** lift(st)er

le **store** (m) store, rolgordijn: ~ métallique metalen rolluik; ~ vénitien jaloezie, luxaflex

STP afk van s'il te plaît ajb. (afk van alsjeblieft)

le **strabisme** (m) (het) scheelzien

la **strangulation** (v) worging, wurging

le **strapontin** (m) **1** klapstoeltje **2** tweederangs functie

le **Strasbourg** (m) Straatsburg

le **strass** (m) stras; geglitter

le **stratagème** (m) (krijgs)list

la **strate** (v) laag

le **stratège** (m) strateeg

la **stratégie** (v) strategie, beleid

stratégique strategisch

le ¹**stratifié** (m) hechthout, multiplex

²**stratifié, -e** (bn) uit lagen bestaande, gelaagd

la **stratosphère** (v) stratosfeer

le **streptocoque** (m) [biol] streptokok

le **stress** (m) stress

stressant, -e stress veroorzakend

stressé, -e gestrest

stresser stress veroorzaken

le **stretch** (m) stretch

le **stretching** (m) rek- en strekoefeningen, fitness

strict, -e 1 strikt, stipt, streng; precies, zuiver, nauwkeurig: le ~ minimum het allernoodzakelijkste; au sens ~ du mot in de strikte zin des woords; la ~e vérité de zuivere waarheid **2** sober, onopgesmukt, correct: tenue ~e vormelijke kledij

stricto sensu strikt genomen

strident, -e schril, snijdend, scherp, snerpend

la **stridulation** (v) snerpend geluid; gesjirp [van krekels]

la **strie** (v) streep, groef

strier strepen, groeven

le **string** (m) string

le **strip-tease** (m) striptease: faire du ~ strippen

la **strip-teaseuse** (v) stripteasedanseres

la **striure** (v) streeppatroon

la **strophe** (v) strofe

la **structure** (v) structuur, bouw; inrichting, organisatie; voorziening

structurel, -le structuur-, structureel

structurer structureren

le **strudel** (m) (apfel)strudel

le **stuc** (m) stucwerk; pleisterkalk

la **studette** (v) [inf] eenkamerflatje

studi|eux, -euse vlijtig, leergierig; aan de studie gewijd

le **studio** (m) studio [in alle bet]; atelier; eenkamerflat

la **stupéfaction** (v) stomme verbazing

stupéfait, -e stomverbaasd

le ¹**stupéfiant** (m) verdovend middel: brigade des ~s narcoticabrigade

²**stupéfiant, -e** (bn) verbluffend

stupéfier verstomd doen staan

la **stupeur** (v) stomme verbazing

stupide dom, stompzinnig

la **stupidité** (v) domheid, stupiditeit, stompzinnigheid

les **stups** (mv, m) [inf] verk van stupéfiants stuff; drugs: brigade des ~ narcoticabrigade

le **style** (m) stijl: avoir du ~ stijl hebben; [taalk] ~ direct directe rede

stylé, -e stijlvol, keurig

styler stileren; vormen; trainen

styliser stileren

le **stylisme** (m) design; industriële vormgeving; styling

le/la **styliste** (m/v) stilist(e); designer, industriële vormgever, -geefster

la ¹**stylistique** (v) stijlleer, stilistiek

²**stylistique** (bn) stilistisch; stijl-

le **stylo** (m) vulpen: ~ à bille balpen, ballpoint

le **stylo-bille** (m; mv: stylos-billes) ballpoint; balpen

le **stylo-feutre** (m; mv: stylos-feutres) viltstift

le **stylomine** (m) vulpotlood

le ¹**su** (m): au su de met medeweten van; au vu et au su de tout le monde openlijk

²**su, sue** (bn) **1** geweten, gekend **2** gekund

³**su** volt dw van ¹savoir

le **suaire** (m) lijkwade, lijkkleed: le Saint ~ de heilige zweetdoek

suant, -e [inf] stomvervelend

suave liefelijk, zacht, geurig, zoet, heerlijk

la **suavité** (v) zachtheid, liefelijkheid, geurigheid, zoetheid, heerlijkheid

le/la ¹**subalterne** (m/v) ondergeschikte

²**subalterne** (bn) ondergeschikt

le ¹**subconscient** (m) het onderbewuste

²**subconscient, -e** (bn) onderbewust

¹**subdiviser** (ov ww) onderverdelen

se ²**subdiviser** (wdk ww) onderverdeeld (kunnen) worden

la **subdivision** (v) onderafdeling, onderverdeling

subéquatorial, -e subequatoriaal

subir 1 ondergaan, verduren, verdragen, ondervinden, onderworpen worden aan: ~ des pertes verliezen lijden; ~ une opération geopereerd worden; ~ les conséquences de qqch. de gevolgen van iets ondergaan **2** dulden

subit, -e plotseling (optredend)

subitement ineens, eensklaps

subito [inf] subiet; plotsklaps; opeens: ~ *presto* op stel en sprong

le **¹subjectif** (m) het subjectieve

²subject|if, -ive (bn) subjectief, persoonlijk

la **subjectivité** (v) subjectiviteit

le **subjonctif** (m) [taalk] aanvoegende wijs

subjuguer meeslepen, fascineren

la **sublimation** (v) sublimatie

le **¹sublime** (m) (het) verhevene

²sublime (bn) verheven, subliem, geweldig, volmaakt

sublimer sublimeren

subliminal, -e onderbewust; onbewust

submerger 1 onderdompelen; overstromen, onder water zetten **2** onder de voet lopen **3** [fig] bedelven, overstelpen; overweldigen: *être submergé* er niet meer uitkomen

le **¹submersible** (m) duikboot

²submersible (bn) die (dat) kan onderlopen

la **submersion** (v) onderdompeling; overstroming

subodorer [fig] lucht krijgen van, vermoeden

la **subordination** (v) ondergeschiktheid: [taalk] *conjonction de* ~ onderschikkend voegwoord

le/la **¹subordonné** (m), **-e** (v) ondergeschikte

²subordonné, -e (bn) ondergeschikt; afhankelijk: [taalk] *(proposition)* ~e bijzin

subordonner à ondergeschikt maken; [fig] doen afhangen (van): *être subordonné à* afhangen van

la **subornation** (v) omkoping

suborner omkopen

subrepticement ongemerkt, op slinkse manier, heimelijk

subrogé, -e: ~ *tuteur* toeziende voogd

le **subside** (m) subsidie, toelage

subsidiable [Belg] subsidiabel

subsidiaire bijkomend; subsidiair, ter vervanging: *question* ~ vraag om de winnaar aan te wijzen [bij quiz]

subsidiairement subsidiair; in de tweede plaats

la **subsidiarité** (v) subsidiariteit

la **subsidiation** (v) [Belg] betoelaging [Belg]; subsidiëring

subsidier [Belg] betoelagen [Belg]; subsidiëren

la **subsistance** (v) levensonderhoud

subsister blijven bestaan; voortbestaan, overblijven; zich in leven houden; in zijn onderhoud voorzien

la **substance** (v) substantie [in alle bet]; stof; kern, (het) voornaamste, hoofdzaak: *en* ~ in hoofdzaak; ~ *grasse* vette stof, vet; ~ *liquide* vloeistof

substantiel, -le 1 wezenlijk, substantieel; belangrijk **2** rijk aan inhoud **3** voedzaam

le **substantif** (m) zelfstandig naamwoord

¹substituer à (ov ww) substitueren, vervangen, in de plaats stellen (voor)

se **²substituer à** (wdk ww) in de plaats treden van

le **substitut** (m) **1** plaatsvervanger **2** vervangingsmiddel

la **substitution** (v) substitutie, vervanging: *peine de* ~ vervangende straf

le **subterfuge** (m) uitvlucht; list

subtil, -e 1 fijnzinnig, scherpzinnig, vernuftig **2** subtiel; nauwelijks merkbaar **3** fijn [van geur, smaak]

subtiliser (handig) ontfutselen, rollen

la **subtilité** (v) **1** scherpzinnigheid, fijnzinnigheid, vernuft; spitsvondigheid **2** subtiliteit, verfijning **3** scherpte [van een zintuig] **4** vluchtigheid [van een geur]

subtropical, -e subtropisch

suburbain, -e van de voorsteden, van de voorstad, dicht bij de stad

subvenir à voorzien (in)

la **subvention** (v) subsidie, toelage, steun(verlening), [Belg] betoelaging

subventionner subsidiëren, een toelage toekennen aan; steun verlenen, [Belg] betoelagen

subvers|if, -ive afbrekend, ondermijnend, opruiend, subversief

la **subversion** (v) omverwerping, ondermijning

le **suc** (m) sap; [fig] pit, merg: ~ *gastrique* maagsap

le **succédané** (m) vervangingsmiddel, surrogaat

¹succéder à (onov ww) **1** volgen op, opvolgen **2** erfgenaam zijn (van)

se **²succéder** (wdkg ww) elkaar opvolgen, op elkaar volgen

le **succès** (m) succes, (goede) afloop, uitslag, welslagen: *à* ~ succesvol; ~ *de librairie* bestseller; ~ *en affaires* zakelijk succes; ~ *fou* daverend succes

le **successeur** (m) opvolger; erfgenaam

success|if, -ive opeenvolgend

la **succession** (v) **1** op(een)volging; reeks, serie: *ordre de* ~ volgorde **2** successie; erfopvolging: ~ *au trône* troonopvolging **3** erfenis, nalatenschap

successivement successievelijk, achtereenvolgens

succinct, -e beknopt, bondig, kort samengevat: *repas* ~ karig maal

succinctement in het kort

la **succion** (v) (het) in-, aan-, opzuigen; zuiging

succomber bezwijken, sterven: ~ *au sommeil* door slaap overmand worden

la **succulence** (v) smakelijkheid

succulent, -e smakelijk; heerlijk

la **succursale** (v) filiaal, bijkantoor, [Belg] bijhuis

sucer 1 zuigen (aan, op), in-, op-, uitzuigen [ook fig]: ~ *un bonbon* op een snoepje zuigen; ~ *son pouce* op zijn duim zuigen; [fig] ~ *qqn. jusqu'à la moelle* iem. tot op het bot uitzuigen **2** [inf] pijpen, beffen

la **sucette** (v) **1** lolly **2** (fop)speen

le/la **suc|eur** (m), **-euse** (v) (uit)zuig(st)er: ~ *de roue* wieltjeszuiger [bij wielrennen]

le **suçon** (m) zuigplek

suçoter sabbelen

le **sucre** (m) suiker: *morceau de* ~ suikerklontje; ~ *en morceaux* suikerklontjes; ~ *d'orge* zuurstok; ~ *cristallisé* kristalsuiker; ~ *glace* poedersuiker; ~ *de canne* rietsuiker; ~*s lents* langzame suikers; ~ *raffiné* geraffineerde suiker; ~ *vanillé* vanillesuiker; [fig] *casser du* ~ *sur le dos de quelqu'un* kwaadspreken van iemand; [fig] *être tout* ~ *et tout miel* poeslief, suikerzoet zijn

sucré, -e zoet; gezoet, suiker-

¹sucrer (ov ww) **1** zoeten; met suiker bestrooien: ~ *son café* suiker in zijn koffie doen **2** schrappen, intrekken, herroepen: *se faire* ~ zich laten afpakken

se **²sucrer** (wdk ww) **1** zich van suiker voorzien **2** zich het leeuwendeel toe-eigenen

la **sucrerie** (v) suikerfabriek, suikerraffinaderij

les **sucreries** (mv, v) suikergoed, zoetigheden

la **sucrette** (v) zoetje

le **¹sucrier** (m) **1** suikerpot **2** suikerfabrikant

²sucr|ier, -ière (bn) suiker-: *betterave sucrière* suikerbiet

le **¹sud** (m) zuiden: *au* ~ *de* ten zuiden van; *dans le* ~ *de* in het zuiden van

²sud (bn, mv: *onv*) zuidelijk, zuid-

sud-africain, -e Zuid-Afrikaans

le/la **Sud-Africain** (m), **-e** (v) Zuid-Afrikaan(se)

sud-américain, -e Zuid-Amerikaans

le/la **Sud-Américain** (m), **-e** (v) Zuid-Amerikaan(se)

la **sudation** (v) (het) zweten, transpiratie

sud-coréen, -ne Zuid-Koreaans

le/la **Sud-Coréen** (m; mv: Sud-Coréens), **-ne** (v; mv: Sud-Coréennes) [aardr] Zuid-Koreaan(se)

le **¹sud-est** (m) zuidoosten

²sud-est (bn, mv: *onv*) zuidoostelijk

le **sudoku** (m) sudoku

sudoripare zweet afscheidend; zweet-: *glandes* ~*s* zweetklieren

le **¹sud-ouest** (m) zuidwesten

²sud-ouest (bn, mv: *onv*) zuidwestelijk

le **Sud-Soudan** (m) Zuid-Sudan

sud-soudanais, -e Zuid-Sudanees

le/la **Sud-Soudanais** (m), **-e** (v) Zuid-Sudanees, Zuid-Sudanese

le **suède** (m) suède

la **Suède** (v) Zweden

la **suédine** (v) suèdine [imitatiesuède]

le **¹suédois** (m) (het) Zweeds

²suédois, -e (bn) Zweeds

le/la **Suédois** (m), **-e** (v) Zweed(se)

la **suée** (v) [inf] (het) hevig zweten: *prendre une* ~ peentjes zweten

¹suer (onov ww) **1** zweten: ~ *à grosses gouttes* zweten als een otter, peentjes zweten **2** doorzweten, vochtig worden **3** zwoegen: ~ *sang et eau* op iets zitten zweten; *faire* ~ op de zenuwen werken

²suer (ov ww) **1** (uit)zweten **2** ademen, getuigen van

la **sueur** (v) zweet: *cela lui a donné des* ~*s froides* het koude (klamme) zweet brak hem uit; *en* ~ bezweet; *baigné de* ~ badend in het zweet

¹suffire (onov ww) voldoende zijn, volstaan: *ça suffit!* nou is het genoeg!; *il suffit de le dire* je hoeft het alleen maar te zeggen; *il suffit d'une fois* een keer is voldoende; ~ *à ses besoins* in zijn behoeften voorzien

se **²suffire** (wdk ww) kunnen rondkomen: *se* ~ *à soi-même* niemand nodig hebben

suffisamment voldoende, genoeg

la **suffisance** (v) zelfgenoegzaamheid

suffisant, -e 1 voldoende, toereikend **2** zelfingenomen, zelfgenoegzaam

le **suffixe** (m) [taalk] voorvoegsel

suffocant, -e 1 verstikkend; drukkend, benauwd **2** adembenemend, onthutsend **3** snikheet

la **suffocation** (v) verstikking, benauwdheid

¹suffoquer (onov ww) naar adem snakken, bijna stikken [ook van woede]

²suffoquer (ov ww) **1** verstikken, benauwen, de adem benemen **2** verstomd doen staan, verbijsteren

le **suffrage** (m) stem(ming); kiesstelsel; kies-, stemrecht: ~ *universel* algemeen kiesrecht; ~ *direct* rechtstreekse verkiezing

la **suffragette** (v) [gesch] suffragette

suggérer 1 suggereren, ingeven **2** voorstellen, in overweging geven **3** oproepen, doen denken aan

suggest|if, -ive suggestief, erotische gedachten oproepend; prikkelend

la **suggestion** (v) suggestie; voorstel, idee

suggestionner beïnvloeden

suicidaire tot zelfdoding neigend, zelfmoord-, suïcidaal: *c'est* ~ [fig] dat is dodelijk; *il a des idées* ~*s* hij heeft zelfmoordplannen

le **suicide** (m) zelfmoord; zelfdoding

le/la **suicidé** (m), **-e** (v) zelfmoordenaar, -nares

se **suicider** zelfmoord plegen, zich van het leven beroven

la **suie** (v) roet

le **suif** (m) talk(vet); smeer

le **suintement** (m) doorsijpeling

suinter doorsijpelen; zweten, uitslaan

suis 1e pers enk van '*être*

le **¹suisse** (m) lid van de pauselijke garde ‖ *petit* ~ kaasje van roomkwark

²suisse (bn) Zwitsers: *franc* ~ Zwitserse

frank; *gardes ~s* pauselijke garde
le/la **¹Suisse** (m/v) Zwitser(se)
la **²Suisse** (v) Zwitserland: *~ romande* Frans-Zwitserland
la **Suissesse** (v) Zwitserse
suit 3e pers enk van *¹suivre*
la **suite** (v) **1** gevolg [in alle bet]; vervolg, voortzetting; opeenvolging, serie, reeks; samenhang; consequentie, uitvloeisel: *avoir de la ~ dans les idées* **a)** logisch kunnen denken; **b)** vasthoudend zijn; *donner ~ à* gevolg geven aan, uitvoeren; *faire ~ à* volgen op; *prendre la ~ de* opvolgen; *à la ~ de* na, ten gevolge van; *par la ~* daarna; *trois fois de ~* drie keer achter elkaar; *et ainsi de ~* enzovoort; *(tout) de ~* dadelijk, onmiddellijk; *par ~* bijgevolg; *sans ~* onsamenhangend; *~ à votre lettre* naar aanleiding van uw brief; *~ au prochain numéro* wordt vervolgd; *attendre la ~* afwachten hoe het verder gaat **2** suite [luxe appartement; muziek]
¹suivant, -e (bn) volgende: *au ~!* wie volgt!
²suivant (vz) volgens, overeenkomstig, al naargelang
la **suivante** (v) [theat] vertrouwelinge, gezelschapsdame
le/la **suiv|eur** (m), **-euse** (v) volg(st)er; meeloper, -ster; [sport] begeleid(st)er
le **¹suivi** (m) (het) volgen, follow-up: *assurer le ~ d'une affaire* een zaak begeleiden, volgen
²suivi, -e (bn) **1** logisch, consequent, samenhangend **2** ononderbroken, geregeld; steeds in voorraad **3** druk bezocht; druk beluisterd, bekeken
¹suivre (ov ww) **1** volgen, nagaan; vergezellen; ver-, op-, navolgen; komen na; (kunnen) bijhouden; bijblijven: *~ une affaire* een zaak in de gaten houden; *~ son chemin* zijns weegs gaan; *~ du regard* nakijken; *~ un conseil* een advies opvolgen; *~ l'actualité* de actualiteit volgen; *~ un régime* op dieet zijn; *à ~* wordt vervolgd; *ce qui suit* het volgende; *comme suit* als volgt; *faire ~ le courrier* de post doorsturen; *~ son cours* zijn loop nemen, hebben **2** bijwonen: *~ un* (of: *des cours*) **a)** college lopen; **b)** een cursus volgen
se **²suivre** (wdkg ww) op elkaar volgen
le/la **¹sujet** (m), **-te** (v) onderdaan
le **²sujet** (m) **1** onderwerp, object, subject: *c'est à quel ~?* waar gaat het over? **2** reden, aanleiding: *~ de mécontentement* reden tot ontevredenheid; *sortir du ~* afdwalen; *au ~ de* naar aanleiding van, omtrent **3** sujet, kerel, vent ‖ *~ d'expérience* proefpersoon
³sujet, -te à (bn) onderhevig (aan), vatbaar (voor), lijdend (aan); geneigd (tot): *~ à caution* twijfelachtig, wat nog moet worden bewezen
la **sujétion** (v) **1** onderdrukking, onderwerping, afhankelijkheid **2** gebondenheid, hinder

le **sulfate** (m) sulfaat
le **sulfite** (m) sulfiet
le **sulfure** (m) sulfide: *~ de carbone* koolstofdisulfide
sulfur|eux, -euse zwavelachtig: *gaz ~* zwaveldioxide, zwaveldamp; [fig] *pensée sulfureuse* duivelse gedachte
sulfurique: *acide ~* zwavelzuur
sulfurisé, -e: *papier ~* vetvrij papier
le **sultan** (m) sultan
le **sultanat** (m) sultanaat
le **summum** (m) toppunt
le **sumo** (m) **1** (het) sumoworstelen **2** sumoworstelaar
le **¹super** (m) super(benzine)
la **²super** (v) [Belg] super(benzine)
³super (bn, mv: *onv*) [inf] geweldig, te gek
super- super-
la **¹superbe** (v) trots, hoogmoed
²superbe (bn) prachtig; groots
le **supercarburant** (m) superbenzine
le/la **superchampion** (m), **-ne** (v) meervoudig kampioen(e)
la **supercherie** (v) bedrog, fraude
la **supérette** (v) minisupermarkt
la **superficie** (v) oppervlakte [ook fig]; buitenkant
superficiel, -le oppervlakkig, oppervlakte-, buitenste
superfin, -e zeer fijn, van extra kwaliteit
le **¹superflu** (m) (het) overtollige, teveel
²superflu, -e (bn) overbodig, overtollig
le **supergrand** (m) supermacht
le/la **¹supérieur** (m), **-e** (v) superieur, meerdere; (klooster)overste
²supérieur, -e à (bn) **1** hoger, groter, beter, meer (dan); boven-; bovenste: *animal ~* hoger ontwikkeld dier; *officier ~* hoofdofficier; *cours ~ d'un fleuve* bovenloop van een rivier; *l'enseignement ~* het hoger onderwijs; *~ en nombre* talrijker, numeriek sterker **2** [fig] superieur, voortreffelijk: *être ~ à* staan, verheven zijn boven **3** arrogant, hooghartig
supérieurement buitengewoon, uitermate
la **supériorité** (v) **1** meerderheid, overmacht, overwicht **2** voortreffelijkheid, superioriteit: *sourire de ~* hooghartig lachje
le **superlatif** (m) [taalk] superlatief, overtreffende trap
le **superléger** (m) [boksen] lichtweltergewicht
le **superman** (m) held: *jouer les supermen* de he-man uithangen
le **supermarché** (m) supermarkt
superposable stapelbaar
¹superposer (ov ww) opstapelen, bovenop elkaar plaatsen: *lits superposés* stapelbed
se **²superposer** (wdk ww) zich opstapelen
la **superposition** (v) opeenstapeling
la **superproduction** (v) groots opgezette

film, show; spektakelstuk

la **superpuissance** (v) wereldmacht, super-mogendheid

supersonique supersonisch

la **superstar** (v) superster

le/la ¹**superstiti|eux** (m), **-euse** (v) bijgelovige

²**superstiti|eux, -euse** (bn) bijgelovig; angstvallig

la **superstition** (v) bijgeloof

la **superstructure** (v) bovenbouw; [scheepv] opbouw

super-sympa [inf] **1** hartstikke leuk; ontzettend gaaf **2** [van mensen] hartstikke aardig, supertof

superviser het toezicht (de supervisie) hebben over

la **supervision** (v) toezicht, supervisie

supplanter verdringen; in de plaats komen van

la **suppléance** (v) plaatsvervanging, waarneming

le/la ¹**suppléant** (m), **-e** (v) plaatsvervang(st)er, [Belg] suppleant

²**suppléant, -e** (bn) plaatsvervangend, waarnemend

¹**suppléer** (onov ww) **1** (+ à) voorzien in **2** goedmaken, vergoeden, compenseren **3** in de plaats treden van, vervangen

²**suppléer** (ov ww) **1** aanzuiveren, aanvullen: ~ une lacune in een leemte voorzien **2** waarnemen, vervangen

le **supplément** (m) supplement, aanvulling, bijlage, toevoegsel; bijbetaling, toeslag, toeslagbiljet: en ~ extra, er bovenop

supplémentaire aanvullend; bijkomend, extra: heures ~s overuren, overwerk

supplét|if, -ive aanvullend: forces supplétives hulptroepen

suppliant, -e smekend

la **supplication** (v) smeekbede

le **supplice** (m) foltering, marteling; terechtstelling; [fig] kwelling: mettre au ~ folteren; je suis au ~ het is een kwelling voor me, ik zit op hete kolen

supplicier 1 folteren, martelen **2** terechtstellen; [fig] kwellen

supplier smeken: ~ qqn. de faire qqch. iem. smeken iets te doen

la **supplique** (v) smeekschrift

le **support** (m) **1** onderstel, voetstuk, steun **2** stander, drager: ~ audio geluidsdrager; ~ publicitaire reclamemiddel

supportable 1 te verdragen, draaglijk **2** vergeeflijk, toelaatbaar

le ¹**supporter** (m) supporter

²**supporter** (ov ww) **1** dragen [ook fig]; (on)der)steunen **2** (kunnen) verdragen, uitstaan, doorstaan, bestand zijn tegen, verduren: ~ le feu vuurvast zijn; je ne le supporte pas ik kan hem niet uitstaan **3** tolereren, aanvaardbaar achten **4** [sport, pol] aanmoedigen, steunen:

~ le candidat unique de la gauche de linkse eenheidskandidaat steunen **5** [comp] ondersteunen

se ³**supporter** (wdk ww) **1** te verdragen zijn **2** elkaar verdragen

le **supporteur** (m) supporter

supposé, -e verondersteld, vermoedelijk: nom ~ gefingeerde naam; ~ que gesteld dat

supposer 1 veronderstellen: à ~ que gesteld dat **2** impliceren, vereisen

la **supposition** (v) veronderstelling, hypothese

le **suppositoire** (m) zetpil

la **suppression** (v) afschaffing, weglating, verwijdering, (het) schrappen; opheffing, intrekking

supprimer afschaffen, weglaten; schrappen; opheffen, uit de weg ruimen

suppurer etteren

la **supputation** (v) schatting, raming; gissing

supputer berekenen, schatten, ramen

supra hierboven

la **supraconduction** (v) supergeleiding

supranational, -e supranationaal

supraterrestre bovenaards

la **suprématie** (v) suprematie, oppergezag, superioriteit

le ¹**suprême** (m): [cul] ~ de volaille verfijnde ragout van gevogelte

²**suprême** (bn) **1** hoogste, opperste, opper-: [jur] Cour ~ Hoge Raad **2** laatste, uiterste: ~ tentative uiterste poging **3** niet te evenaren, weergaloos

¹**sur, sure** (bn) zurig, rins

²**sur** (vz) op; boven(op), aan, bij, in, naar, om, over, tegen: la clef est ~ la porte de sleutel zit in de deur; crier ~ les toits aan de grote klok hangen; ~ mer aan zee; ~ (la) Seine aan de Seine; ~ (la) rue aan de straat; ~ terre et ~ mer te land en te water; un pont ~ la Meuse een brug over de Maas; ~ les lieux ter plaatse; un jour ~ deux om de andere dag; ~ toute la largeur over de hele breedte; avoir ~ soi bij zich hebben; donner ~ uitkomen op, uitzien op; fermer la porte ~ soi de deur achter zich sluiten; prendre exemple ~ een voorbeeld nemen aan; je le jure ~ la tête de mon fils (of: ma fille) ik mag doodvallen als het niet waar is; ~ la défensive in het defensief; juger ~ les apparences naar het uiterlijk oordelen; une pièce de six mètres ~ quatre een kamer van zes bij vier meter; aller ~ ses trente ans tegen de dertig lopen; être ~ le départ op het punt van vertrekken staan; ~ les onze heures tegen elven, om een uur of elf; ~ ce hierop; ~ quoi waarop; ~ votre gauche aan uw linkerhand, links; ~ le coup op slag, meteen; je vais ~ Lille ik ga naar Lille; je travaille ~ Paris ik ben werkzaam in de Parijse regio; le bois s'étend ~ trois hectares het bos strekt zich uit over drie hectaren

sûr, sûre zeker, vast; betrouwbaar, veilig; feilloos: *bien* ~ (wel) zeker, natuurlijk; *pour* ~, *à coup* ~ ongetwijfeld; *en lieu* ~ op een veilige plek; *endroit* ~ veilige plaats; *c'est* ~ *et certain* dat men staat buiten kijf; *j'en étais* ~ ik wist het al

la **surabondance** (v) overvloed

surabondant, -e overvloedig

surabonder overvloedig zijn

suractivé, -e extra krachtig

suraigu, suraiguë 1 krijsend, vreselijk schel (schril) **2** zeer hevig

surajouter toe-, bijvoegen

la **suralimentation** (v) **1** overvoeding **2** het opladen [van motor]

suralimenter overvoeren

suranné, -e verouderd, ouderwets

surarmé, -e overbewapend

le **surarmement** (m) overbewapening

le **surbooking** (m) overboeking

la **surcapacité** (v) overcapaciteit

la **surcharge** (v) **1** overlading [ook fig] **2** overdaad, overmaat **3** overbelasting, overwicht: [scherts] *il souffre d'une légère* ~ *pondérale* hij is iets aan de zware kant **4** opdruk [op postzegels] **5** verbetering [in een tekst]

surcharger overladen [ook fig]; overbelasten: *semaine surchargée* overdrukke week; *être surchargé de travail* het te druk hebben; *des classes surchargées* overvolle klassen; *texte surchargé* tekst met doorhalingen en verbeteringen

la **surchauffe** (v) oververhitting: ~ *économique* overbesteding, overspannen conjunctuur

surchauffer oververhitten; [fig] opfokken

surclasser [sport] overklassen, ver achter zich laten

la **surconsommation** (v) overconsumptie

le **surcoût** (m) extra kosten, meerprijs

le **surcroît** (m) overmaat; vermeerdering: *par* ~, *de* ~ bovendien, daarenboven, op de koop toe; ~ *de travail* extra werk

la **surdité** (v) doofheid

le **surdosage** (m) overdosering

la **surdose** (v) overdosis

surdoué, -e hoogbegaafd

le **sureau** (m) vlier

le **sureffectif** (m) overbezetting: ~ *des classes* overvolle klassen

surélever verhogen, hoger maken: *rez-de-chaussée surélevé* bel-etage

sûrement zeker, ongetwijfeld; veilig: *qui va lentement va* ~ langzaam maar zeker

le **suremploi** (m) personeelskrapte, onderbezetting

la **surenchère** (v) **1** hoger bod **2** [fig] (het) elkaar overbieden met schone beloften **3** escalatie

surenchérir 1 hoger bieden **2** [fig] meer beloven; er nog een schepje bovenop doen

le **surenchérissement** (m) (nieuwe) prijsstijging

surendetté, -e tot over de oren in de schulden zittend

surentraîner overtrainen

suréquipé, -e met overcapaciteit

la **surestimation** (v) overschatting

surestimer te hoog schatten; overschatten

la **sûreté** (v) veiligheid; zekerheid, vastheid; waarborg: ~ *de l'État* staatsveiligheid; *en* ~ veilig, in veiligheid; *pour plus de* ~ voor alle zekerheid; *de* ~ veiligheids-

la **Sûreté** (m) [vero] recherche, veiligheidsdienst

la **surévaluation** (v) overschatting

surévaluer te hoog schatten; overschatten, overwaarderen

la **surexcitation** (v) grote opwinding

surexcité, -e (zeer) opgewonden, verhit

surexciter sterk prikkelen; (hevig) opwinden

la **surexploitation** (v) uitputting, uitbuiting

surexploiter uitputten, uitbuiten

surexposer [foto] overbelichten

le **surf** (m) [watersport] **1** (het) surfen **2** surfplank

la **surface** (v) oppervlak(te), vlak; [fig] buitenkant: *grande* ~ supermarkt; *faire* ~ bovenkomen, weer boven water komen [ook fig]; ~ *de réparation* [sport] strafschopgebied; ~ *au sol* vloeroppervlakte, bruto-oppervlakte van een woning; ~ *plane* plat vlak

surfacturer een te hoge bedrag in rekening brengen voor

surfaire 1 overvragen; een te hoge prijs vragen voor **2** overwaarderen; overschatten

surfait, -e overschat, overdreven

surfer surfen

le/la **surf|eur** (m), **-euse** (v) surf(st)er

surfin, -e zeer fijn

la **surgélation** (v) (het) diepvriezen

surgeler diepvriezen: *surgelé* diepvries-, diepgevroren

les **surgelés** (mv, m) diepvriesproducten

le **surgénérateur** (m) snellekweekreactor

le **surgeon** (m) wortelscheut, wortelspruit

surgir 1 op-, verrijzen, opdoemen **2** zich plotseling vertonen; zich plotseling voordoen, opkomen, opwellen, ontstaan

le **surgissement** (m) (het) opduiken

le **surhomme** (m) übermensch; genie

surhumain, -e bovenmenselijk

le **surimi** (m) surimi; krabsticks

la **surimpression** (v) (het) over elkaar filmen, drukken, overdruk: *en* ~ over elkaar geschoven

le **Surinam** (m) Suriname

surinamais, -e Surinaams

le/la **Surinamais** (m), **-e** (v) Surinamer, Surinaamse

surinamien, -ne Surinaams

le/la **Surinamien** (m), **-ne** (v) Surinamer, Surinaamse

le **surintendant** (m) [gesch]: ~ *des finances* superintendent van financiën

sur-le-champ terstond, onmiddellijk

le **surlendemain** (m) de tweede dag daarna: *le* ~ *de* twee dagen na

surligner accentueren [met fluorescerende stift]

le **surligneur** (m) marker, markeerstift

le **surmenage** (m) overbelasting, (het) zich overwerken, overspanning

¹**surmener** (ov ww) overbelasten, afbeulen: *il est surmené* hij is overspannen, gestrest

se ²**surmener** (wdk ww) zich overwerken

le **sur-mesure** (m) maatwerk

le **surmoi** (m) superego; über-ich

surmonter 1 geplaatst zijn op: *mur surmonté d'un lampadaire* muur met een lamp erop **2** te boven komen, overwinnen: ~ *un obstacle* een struikelblok uit de weg ruimen

surnager bovendrijven; [fig] zich staande houden

le ¹**surnaturel** (m) (het) bovennatuurlijke

²**surnaturel, -le** (bn) bovennatuurlijk; uitzonderlijk

le **surnom** (m) bijnaam

le **surnombre** (m): *en* ~ overtallig, te veel

surnommer een bijnaam geven: *surnommé* bijgenaamd

surnuméraire boventallig

la **suroffre** (v) hoger bod

le **suroît** (m) zuidwester [wind, hoed]

¹**surpasser** (ov ww) overtreffen

se ²**surpasser** (wdk ww) zichzelf overtreffen: *Gérard s'est de nouveau surpassé!* dit was weer eens Gérard op zijn best!

surpeuplé, -e overbevolkt; overvol

le **surpeuplement** (m) overbevolking

le **surplace** (m): *faire du* ~ **a)** het zich in evenwicht houden op een stilstaande fiets; **b)** [fig] niet vooruitkomen

le **surplis** (m) superplie, koorhemd

le **surplomb** (m): *en* ~ overhangend

¹**surplomber** (onov ww) overhellen, uit het lood hangen

²**surplomber** (ov ww) hangen, uitsteken over

le **surplus** (m) surplus, teveel, overschot: *au* ~ voor het overige, bovendien

le **surpoids** (m) overgewicht

la **surpopulation** (v) overbevolking

surprenant, -e verwonderlijk, verrassend; vreemd

¹**surprendre** (ov ww) **1** verrassen; betrappen **2** overrompelen, zich onverhoeds aandienen bij **3** verbazen, bevreemden

se ²**surprendre** (wdk ww) **1** (+ à) zich erop betrappen (dat) **2** elkaar betrappen

la **surpression** (v) overdruk, te hoge druk

la **surprime** (v) extra premie

la **surprise** (v) verrassing; verbazing; surprise: *un cadeau-~* een surprise; *par* ~ bij verrassing, onverwacht; *à ma grande* ~ tot mijn grote verrassing; ~ *agréable* aangename verrassing

la **surproduction** (v) overproductie

la **surpuissance** (v) overmacht

surqualifié, -e overgekwalificeerd

le **surréalisme** (m) surrealisme

le/la ¹**surréaliste** (m/v) surrealist(e)

²**surréaliste** (bn) surrealistisch

surrénal, -e bijnier-

la **surréservation** (v) overboeking

sursaturer oververzadigen; [fig] overvoeren

le **sursaut** (m) (het) opspringen, schok; [fig] plotselinge oplering, opflakkering: *en* ~ plotseling; *se réveiller en* ~ wakker schrikken

sursauter opspringen, opschrikken

surseoir à uitstellen

le **sursis** (m) **1** uitstel; surseance van betaling **2** respijt: [jur] *six mois de prison avec* ~ zes maanden voorwaardelijk

le **surstock** (m) [hand] buffervoorraad

la **surtaxe** (v) toeslag, verhoogde belastingaanslag; extra port, strafport

surtaxer extra aanslaan; strafport heffen op

la **surtension** (v) **1** [elek] overspanning; te hoge spanning **2** [fig] te sterke gespannenheid

surtout vooral, bovenal: ~ *que* temeer omdat

survaloriser overwaarderen

survécu volt dw van ¹*survivre*

la **surveillance** (v) surveillance, toezicht; bewaking: *sans* ~ onbewaakt; *être sous la* ~ *de qqn.* onder iemands toezicht staan

le/la **surveillant** (m), **-e** (v) toezichthoud(st)er; surveillant(e)

¹**surveiller** (ov ww) surveilleren, toezicht houden op, letten op, in de gaten houden, waken over

se ²**surveiller** (wdk ww) zich in acht nemen; op zijn tellen passen

survenir onverwachts komen; zich (onverwachts) voordoen

le **survêt** (m) *zie* survêtement

le **survêtement** (m) trainingspak

la **survie** (v) overleving; het in leven blijven, voortbestaan na de dood

la **survivance** (v) overleving; overblijfsel

le/la ¹**survivant** (m), **-e** (v) overlevende, langstlevende

²**survivant, -e** (bn) overlevend; langstlevend

¹**survivre à** (onov ww) overleven; in leven blijven, voortbestaan

se ²**survivre dans** (wdk ww) (blijven) voortleven in

le **survol** (m) **1** vlucht boven, over **2** vluchtig onderzoek
survoler vliegen over, boven; [fig] vluchtig doornemen, onderzoeken
survolté, -e onder te hoge spanning; [fig] onder hoogspanning; overspannen, verhit
sus: *en* ~ daarenboven; *en* ~ *de* behalve, boven; *frais en* ~ kosten niet inbegrepen
la **susceptibilité** (v) (over)gevoeligheid, lichtgeraaktheid, prikkelbaarheid
susceptible 1 (+ de) gevoelig, ontvankelijk, vatbaar voor; in staat tot: *être* ~ *de* **a)** in aanmerking komen om; **b)** (eventueel) kunnen **2** lichtgeraakt; (over)gevoelig, prikkelbaar
susciter verwekken, doen ontstaan, veroorzaken
le **sushi** (m) sushi
susmentionné, -e bovengemeld, bovengenoemd
susnommé, -e bovengenoemd
le/la ¹**suspect** (m), **-e** (v) verdachte
²**suspect, -e** (bn) verdacht
suspecter verdenken; in twijfel trekken
¹**suspendre** (ov ww) ophangen; [fig] opschorten, uitstellen; schorsen, staken
se ²**suspendre à** (wdk ww) hangen aan, zich vasthouden aan
suspendu, -e 1 hangend: ~ *en l'air* zwevend; *être* ~ *aux lèvres de qqn.* aan iemands lippen hangen; *jardins* ~s hangende tuinen; *pont* ~ hangbrug; *voiture bien* ~e auto met goede vering **2** uitgesteld; opgeschort, geschorst
suspens: *en* ~ **a)** in spanning; **b)** besluiteloos, onzeker; **c)** hangende, onbeslist, uitgesteld, onopgelost
le **suspense** (m) suspense, spanning
la **suspension** (v) **1** (het) hangen; [auto] ophanging **2** hanglamp **3** uitstel, verdaging; opschorting; schorsing, onderbreking: ~ *de paiements* uitstel van betaling, surseance van betaling
la **suspicion** (v) verdenking, argwaan
se **sustenter** de inwendige mens versterken, zich voeden
susurrer fluisteren
la **suture** (v) [med] hechting: *trois points de* ~ drie hechtingen
suturer [med] hechten
le **SUV** (m) afk van *Sports Utility Vehicle* SUV (afk van *sports utility vehicle*)
svelte slank, rank
la **sveltesse** (v) slankheid, rankheid
SVP afk van *s'il vous plaît* a.u.b.
swahili, -e Swahilisch
le **sweater** (m) sweater, sweatshirt
le **sweat-shirt** (m) sweatshirt
le **swing** (m) **1** [dans] swing **2** [boksen] zwaaistoot **3** [golf] swing
swinguer swingen

le **sycomore** (m) esdoorn
la **syllabe** (v) lettergreep
le **syllabus** (m) [Belg] syllabus
sylvestre bos-, in het bos groeiend: *pin* ~ grove den
Sylvestre: *la Saint-*~ oudejaarsdag
sylvicole bosbouw-
le/la **sylvicul|teur** (m), **-trice** (v) bosbouwkundige
la **sylviculture** (v) bosbouw
la **symbiose** (v) [ook fig] symbiose
le **symbole** (m) symbool, zinnebeeld; teken
la ¹**symbolique** (v) symboliek
²**symbolique** (bn) symbolisch, zinnebeeldig
symboliser symboliseren
le **symbolisme** (m) symbolisme
le/la ¹**symboliste** (m/v) symbolist(e)
²**symboliste** (bn) symbolistisch
la **symétrie** (v) symmetrie
symétrique symmetrisch
sympa *zie sympathique*
la **sympathie** (v) sympathie, deelneming, medeleven: *exprimer sa* ~ zijn deelneming betuigen; *inspirer la* ~ sympathie opwekken; *témoignages de* ~ **a)** gelukwensen [bij een geboorte]; **b)** condoleances, blijken van deelneming [bij een sterfgeval]
sympathique sympathiek, innemend; leuk, aantrekkelijk, aardig, prettig: *trouver qqn.* ~ iem. sympathiek vinden
le/la ¹**sympathisant** (m), **-e** (v) sympathisant(e)
²**sympathisant, -e** (bn) sympathiserend; instemmend
sympathiser avec sympathiseren (met); sympathiek vinden
la **symphonie** (v) symfonie
symphonique symfonisch
le **symposium** (m) symposium
symptomatique symptomatisch
le **symptôme** (m) symptoom
la **synagogue** (v) synagoge
la **synchro** (v) verk van *synchronisation*
synchrone synchroon, gelijktijdig
la **synchronisation** (v) synchronisatie; (het) gelijktijdig laten verlopen
synchroniser synchroniseren, doen samenvallen
la **syncope** (v) syncope; bewusteloosheid
le **syndic** (m) **1** beheerder: ~ *de copropriété* beheerder bij vereniging van eigenaren **2** curator **3** [Zwi] burgemeester
syndical, -e van de vakvereniging, [Belg] syndicaal: *mouvement* ~ **a)** vakbeweging; **b)** vakbondsactie; *leader* ~ vakbondsleider
le **syndicalisme** (m) syndicalisme; vakbeweging
le/la ¹**syndicaliste** (m/v) syndicalist(e), actief lid van de vakbond
²**syndicaliste** (bn) syndicalistisch, vak(-bonds)-
le **syndicat** (m) syndicaat, (belangen)vereni-

ging; bond; vakbond: ~ *ouvrier* vakvereniging; ~ *patronal* werkgeversorganisatie

le/la **¹syndiqué** (m), **-e** (v) vakbondslid

　²syndiqué, -e (bn) aangesloten bij een vakvereniging, [Belg] gesyndikeerd

　¹syndiquer (ov ww) organiseren

se **²syndiquer** (wdk ww) een vakvereniging
oprichten; zich aansluiten bij een vakvereniging, [Belg] zich syndikeren

le **syndrome** (m) syndroom, ziektebeeld

la **synergie** (v) synergie, resultaatverbete-
rende samenwerking

le **synode** (m) synode, vergadering van kerk-
leiders

le **¹synonyme** (m) synoniem

　²synonyme (bn) synoniem

le **synopsis** (m) synopsis, kort begrip, overzicht; verkort draaiboek

　synoptique een overzicht gevend: *tableau*
~ overzichtstabel

la **synovie** (v): *épanchement de* ~ waterknie

la **syntaxe** (v) syntaxis, leer van de zinsbouw;
grammatica

la **synthèse** (v) synthese

　synthétique synthetisch, kunst-: *fibres* ~*s*
kunstvezels

　synthétiser samenvatten, verbinden

le **synthétiseur** (m) synthesizer

la **syphilis** (v) syfilis

le/la **syphilitique** (m/v) syfilislijder(es)

la **Syrie** (v) Syrië

　syrien, -ne Syrisch

le/la **Syrien** (m), **-ne** (v) Syriër, Syrische

le **sysop** (m) systeembeheerder

la **¹systématique** (v) systematiek

　²systématique (bn) **1** systematisch, stelselmatig: *c'est* ~ *chez lui* hij kan het niet laten;
refus ~ systematische weigering **2** rechtlijnig, eigenzinnig

　systématiser systematiseren

le **système** (m) **1** systeem, stelsel: ~ *de défense* **a)** verdedigingstactiek; **b)** afweersysteem;
avoir l'esprit de ~ in schema's denken; ~
d'exploitation [comp] besturingssysteem
2 zenuwgestel: *taper sur le* ~ op de zenuwen
werken **3** middel: ~ *D* (of: *débrouille*) handigheidje [om zich ergens uit te redden]

la **systole** (v) hartcontractie

t

le **t** (m) [de letter] t: *une pièce en T* een T-vormige kamer
ta v vorm van *¹ton*
le **¹tabac** (m) tabak: ~ *blond* lichte tabak; ~ *gris* gewone tabak; ~ *brun* zware tabak; *bureau de* ~ sigarenwinkel; *faire un* ~ een groot succes hebben; *passer à* ~ aftuigen; ~ *à priser* snuiftabak; *c'est toujours le même* ~ het is altijd hetzelfde liedje
²tabac (bn, mv: *onv*) tabakskleurig
la **tabagie** (v) rookhol
le **tabagisme** (m) nicotinevergiftiging, verslaving aan tabak
le **tabasco** (m) tabasco
tabasser [pop] aftuigen
la **tabatière** (v) **1** snuifdoos **2** dakraam
le **tabernacle** (m) tabernakel [in alle bet]
la **table** (v) **1** tafel; (het) eten: *aimer les plaisirs de la* ~ van lekker eten houden; ~ *d'écoute* afluisterinstallatie; *jouer cartes sur* ~ open kaart spelen; ~ *d'hôte* gast aan tafel; *tour de* ~ rondje [bij vergadering]; ~ *ronde* rondetafel(conferentie); ~ *de nuit,* ~ *de chevet* nachtkastje; ~ *à repasser* strijkplank; ~ *roulante* serveerboy; ~ *de communion* communiebank; ~ *à dessin* tekentafel; *mettre la* ~ de tafel dekken; *débarrasser la* ~ de tafel afruimen; *se mettre à* ~ **a)** aan tafel gaan; **b)** [pop] bekennen, doorslaan; *se tenir bien à* ~ goede tafelmanieren hebben **2** tafel, plaat [van steen, koper e.d.]: ~ *de cuisson* kookplaat; ~ *d'harmonie,* ~ *de résonance* klankbord; *les Tables de la Loi* de tafelen der wet **3** tabel, overzicht, lijst: ~ *de multiplication* tafel van vermenigvuldiging; ~ *chronologique* chronologisch overzicht; ~ *des matières* inhoudsopgave; ~ *de pose* belichtingstabel; *faire* ~ *rase* schoon schip maken, afrekenen (met)
le **tableau** (m) **1** schilderij; [fig] tafereel: ~ *vivant* tableau vivant, levende beelden; ~ *de chasse* jachtbuit, overwinningen **2** bord: ~ *d'affichage* **a)** mededelingenbord; **b)** [sport] scorebord; ~ *de bord* dashboard; ~ *de distribution* schakelbord; ~ *de commande* bedieningspaneel; ~ *noir* schoolbord **3** tabel, lijst, overzicht, tafel
la **tablée** (v) tafelgezelschap
tabler sur rekenen op [iem., iets]
la **tablette** (v) **1** plank, schap(je); blad: ~ *de cheminée* schoorsteenmantel [bovenblad] **2** tablet: ~ *de bouillon concentré* bouillonblokje; ~ *de chocolat* plak chocola **3** [comp] tablet(computer)

le **tableur** (m) [comp] spreadsheet
le **tablier** (m) **1** schort: [fig] *rendre son* ~ ontslag nemen **2** brugdek
le **tabloïd** (m) tabloid(formaat)
le **¹tabou** (m) taboe
²tabou (bn) taboe
le **tabouret** (m) krukje, voetenbankje
le **tabulateur** (m) tabulator
le **tac** (m) tik, tak [geluid]: *riposter du* ~ *au* ~ lik op stuk geven
la **tache** (v) vlek, plek; [fig] smet: *faire* ~ uit de toon vallen; *faire* ~ *d'huile* zich steeds verder uitbreiden; ~ *de rousseur* sproet; *sans* ~ onberispelijk
la **tâche** (v) taak; opdracht: *mourir à la* ~ in het harnas sterven; *s'acquitter d'une* ~ een taak vervullen; *tu ne me facilites pas la* ~ je maakt het me niet gemakkelijk; *travail à la* ~ stukwerk
¹tacher (ov ww) vlekken, vlekken maken op, bevlekken; [fig] bezoedelen
se **²tacher** (wdk ww) vlekken krijgen op zijn kleren: *se* ~ *vite* besmettelijk zijn
tâcher **1** (+ de) trachten, pogen te: *tâche d'être à l'heure* zorg dat je op tijd bent **2** (+ que) [+ subj] ervoor zorgen dat
le **tâcheron** (m) **1** onderaannemer **2** dagloner; [neg] zwoeger
tacheter (be)vlekken, bespikkelen
le **tachygraphe** (m) tachograaf
tacite stilzwijgend: ~ *de recondition* stilzwijgende verlenging
taciturne zwijgzaam, stil: *(Guillaume) le Taciturne* Willem de Zwijger
le **tacle** (m) [sport] tackle
tacler [sport] tackelen
le **taco** (m) taco
le **tacot** (m) oude kar, rammelkast
le **tac-o-tac** (m) kraslot
le **tact** (m) tact, fijngevoeligheid: *manque de* ~ tactloosheid
le **tacticien** (m) tacticus
tactile **1** tastbaar **2** tast-, voel-: *écran* ~ touchscreen
la **¹tactique** (v) tactiek
²tactique (bn) tactisch
le/la **TAD** (m/v) afk van *travailleur, travailleuse à domicile* thuiswerk(st)er
tadjik Tadzjieks
le/la **Tadjik** (m/v) Tadzjiek(se)
le **Tadjikistan** (m) Tadzjikistan
le **taf** (m) [argot] werk
taffe zie taf
le **taffetas** (m) tafzijde
le **tag** (m) tag, graffititekening
le **Tage** (m) Taag
le **tagète** (m) afrikaantje [plant]
taguer tags maken
le **tagueur** (m) tagger
Tahiti (v) Tahiti
tahitien, -ne Tahitiaan(se)

le **taï chi** (m) tai chi

la **taie** (v) **1** (kussen)sloop **2** vlek [op het oog]
taillader kerven, snijden

la **taille** (v) **1** (het) snijden, houwen, snoeien, slijpen, knippen, graveren: *pierre de* ~ (gehouwen) natuursteen **2** gestalte; formaat, grootte, omvang; maat [kledingstuk]: *de la* ~ *de* ter grootte van; *de forte* ~ zwaar, dik; *de haute* ~ rijzig, groot; *être de* ~ *à* in staat zijn om; *elle n'est pas de* ~ zij kan er niet tegenop; *de* ~ enorm, aanzienlijk zijn **3** taille, middel; figuur: *de petite* ~ klein van stuk; *tour de* ~ taillemaat; *pantalon à* ~ *basse* heupbroek
taillé, -e 1 gebouwd: *être* ~ *pour* geschikt zijn voor **2** geknipt: *ongles bien* ~s goed verzorgde (geknipte) nagels

le **taille-crayon** (m; mv: taille-crayons) puntenslijper

la **taille-douce** (v; mv: tailles-douces) kopergravure

le **taille-haie** (m) [elektrische] heggenschaar

¹**tailler** (ov ww) snijden, houwen, kloven; knippen, snoeien; (uit)hakken; slijpen [van een potlood]: ~ *une bavette* een praatje maken; [mil] ~ *en pièces* in de pan hakken, vernietigen; ~ *dans* le vif [fig] het mes erin zetten; [inf] ~ *un costard à qqn.* iem. uitmaken voor alles wat lelijk is

se ²**tailler** (wdk ww) [inf] ervandoor gaan ‖ *se* ~ *la part du lion* zich het leeuwendeel toe-eigenen

le **tailleur** (m) **1** kleermaker: *en* ~ in kleermakerszit **2** mantelpak **3** slijper: ~ *de diamants* diamantslijper; ~ *de pierres* steenhouwer

le **tailleur-pantalon** (m; mv: tailleurs-pantalons) broekpak

la **tailleuse** (v) [Belg] naaister

le **taillis** (m) hakhout, kreupelhout

le **tain** (m) foelie: *glace sans* ~ spiegelglas

¹**taire** (ov ww) verzwijgen, achterhouden, verbergen: *faire* ~ tot zwijgen brengen, het zwijgen opleggen

se ²**taire** (wdk ww) zwijgen

le/la **tais|eux** (m), **-euse** (v) [Belg] zwijg(st)er
taïwanais, -e Taiwanees

le **talc** (m) talk, talksteen, talkpoeder

le **talent** (m) talent, gave, begaafdheid, aanleg: *de* ~ talentvol, begaafd
talentu|eux, -euse talentvol, getalenteerd

le/la **taliban** (m/v) Taliban

le **talion** (m): *loi du* ~ de wet van oog om oog, tand om tand

le **talisman** (m) talisman, amulet

le **talkie-walkie** (m) portofoon, walkietalkie
taller [landb; van loten] (uit)stoelen; wortel schieten

la **taloche** (v) [inf] oorvijg

le **talon** (m) **1** hiel, hak: ~s *aiguilles* naaldhakken; ~ *d'Achille* achilleshiel, kwetsbare plek; *sur les* ~s op zijn hurken; *montrer* (of: *tour-*

ner) les ~s de hielen lichten **2** souche [van chequeboek]; [kaartsp] stok

le **talon-minute** (m) hakkenbar
talonner 1 op de hielen zitten **2** de sporen geven **3** [sport; de bal] hakken

la **talonnette** (v) **1** inleghak [van schoen] **2** stootband [van pantalon]
talquer met talk bestrooien

le **talus** (m) talud, helling, glooiing; berm

le **tamanoir** (m) miereneter

le **tamarin** (m) **1** tamarindevrucht **2** tamarinde

la **tambouille** (v) [pop] prak: *faire la* ~ zijn potje koken

le **tambour** (m) **1** trom(mel); tromgeroffel: ~ *battant* a) met slaande trom; b) [fig] voortvarend; *battre le* ~ de trom roeren [ook fig]; ophef maken; *roulement de* ~ roffel; *sans* ~ *ni trompette* met stille trom **2** tamboer, trommelslager **3** tochtportaal: *porte à* ~ draaideur **4** [techn] trommel; haspel; wastrommel: *frein à* ~ trommelrem

le **tambourin** (m) lange smalle trom; tamboerijn
tambouriner 1 trommelen; [m.b.t. regen] kletteren **2** rondbazuinen

le **tambour-major** (m) tambour-maître

le **tamis** (m) zeef: *passer au* ~ schiften

la **Tamise** (v) Thames
tamiser zeven [ook fig]; ziften: *lumière tamisée* gedempt licht
tamoul, -e Tamil

le/la **Tamoul** (m), **-e** (v) Tamil

le **tampon** (m) prop, stop; plug, dot poetskatoen; tampon; stempel; buffer, stootkussen: *zone* ~ bufferzone; *État* ~ bufferstaat; ~ *(encreur)* stempelkussen; ~ *hygiénique* tampon

le **tamponnement** (m) **1** (het) pluggen, dichtstoppen **2** [med] (het) tamponneren, deppen **3** treinbotsing

¹**tamponner** (ov ww) **1** pluggen **2** oppoetsen **3** deppen, afvegen **4** botsen **5** stempelen: ~ *une lettre* een brief stempelen

se ²**tamponner** (wdk ww) op elkaar botsen ‖ [inf] *s'en* ~ lak hebben aan
tamponn|eur, -euse: *autos tamponneuses* botsautootjes

le **tam-tam** (m) tamtam; [fig] ophef, heisa
tancer [form] (ernstig) berispen; een uitbrander geven

la **tanche** (v) zeelt

le **tandem** (m) tandem; duo: *en* ~ gezamenlijk, samen
tandis que terwijl

le **tangage** (m) (het) stampen [van een schip]
tangent, -e rakend: *c'était* ~ het was op het nippertje

la **tangente** (v) [wisk] tangens, raaklijn ‖ [inf] *prendre la* ~ a) 'm smeren; b) zich handig uit iets redden
tangible tastbaar, concreet

le **tango** (m) tango

tanguer 1 stampen [van schip] **2** slingeren, schommelen, schudden [vliegtuig]

la **tanière** (v) hol [van een dier, fig]

le **tanin** (m) looistof, looizuur, tannine

le **tank** (m) tank, reservoir

le **tanker** (m) tanker; tankschip

le **tannage** (m) (het) looien

tannant, -e stomvervelend, hinderlijk

tanné, -e gelooid; getaand

la **tannée** (v) **1** [tuinb] gebruikte run **2** [fig, inf] zware nederlaag

tanner 1 looien **2** tanen **3** [inf] de keel uit-hangen: [pop] ~ *le cuir à qqn.* iem. afrossen; [fig] ~ *qqn.* iem. op de huid zitten

la **tannerie** (v) leerlooierij

le **tanneur** (m) leerlooier

le **tannin** (m) *zie tanin*

tannique: *acide* ~ looizuur

le **¹tant** (m): *le* ~ de zoveelste (van de maand)

²tant (bw) zoveel, zo; zolang, zover: ~ *mieux* des te beter, gelukkig; ~ *pis* niets aan te doen, jammer; ~ *que* zolang als, zoveel als, zover als; ~ … *que* zowel … als; *en* ~ *que* als, in de hoedanigheid van; *si* ~ *est que* gesteld dat; *vous m'en direz* ~ **a)** ik heb het door; **b)** dat verbaast me niks; ~ *soit peu* (ook maar) enigszins; ~ *bien que mal* zo goed en zo kwaad als het gaat; *(pas)* ~ *que* ça (niet) zo-veel, (niet) zo erg; *gagner* ~ *par mois* (zo- en) zoveel per maand verdienen

Tantale: *supplice de* ~ tantaluskwelling

la **tante** (v) **1** tante **2** [inf] nicht, flikker [homo] || *ma* ~ Ome Jan, lommerd

tantième zoveelste

les **tantièmes** (mv, m) tantièmes [winstaan-deel]

le **tantinet** (m): *un* ~ een tikkeltje

tantôt 1 straks [verleden, toekomst]: [voor-namelijk Belg] *à* ~*!* tot straks! **2** vanmiddag || ~ *(ceci), tantôt (cela)* nu eens (dit), dan weer (dat)

la **tantouse** (v) [inf] nicht; flikker

la **Tanzanie** (v) Tanzania

tanzanien, -ne Tanzaniaans

le/la **Tanzanien** (m), **-ne** (v) Tanzaniaan(se)

le **taon** (m) daas, steekvlieg

le **tapage** (m) kabaal, lawaai: ~ *nocturne* bu-rengerucht; *faire du* ~ stampij maken

tapag|eur, -euse luidruchtig, rumoerig; [fig] opzichtig

tapant: *à midi* ~ klokslag twaalf uur

les **tapas** (mv, v) tapas

la **tape** (v) klap; tik: ~ *amicale dans le dos* vriendelijk lapje op de schouder

tapé, -e 1 [m.b.t. gezicht, fruit] rimpelig **2** getikt || *bien* ~ raak, geslaagd

le **¹tape-à-l'œil** (m) goedkoop effect

²tape-à-l'œil (bn) opzichtig

le **tapecul** (m) **1** wip(plank) **2** slagboom met contragewicht **3** slecht geveerde wagen: *fai-*

re du ~ paardrijden zonder stijgbeugels

la **tapée** (v) troep, zwerm, sleep

la **tapenade** (v) tapenade

¹taper (onov ww) een klap geven, slaan (op), tikken (tegen): ~ *sur le piano* op de piano rammen; ~ *dans le ballon* een balletje trap-pen; ~ *du pied* stampen || ~ *dans l'œil à qqn.* bij iem. in de smaak vallen; ~ *dans le tas* **a)** in het wilde weg slaan, aanvallen; **b)** toetasten; ~ *dans la caisse* uit de kas graaien; *le soleil tape dur* de zon steekt, brandt fel

²taper (ov ww) **1** slaan, kloppen **2** tikken, typen **3** [inf] geld 'lenen' van; bietsen

se **³taper** (wdk ww) **1** [pop] naar binnen slaan: *se* ~ *une bonne choucroute* een lekkere zuur-koolschotel naar binnen werken **2** [inf] (een karwei) opknappen: *on s'est tapé dix kilomè-tres à pied* we moesten tien kilometer lopen **3** [pop] (een man, een vrouw) pakken || *s'en* ~ [inf] er schijt aan hebben

la **tapette** (v) **1** mattenklopper **2** vliegen-mepper **3** muizenval **4** kletskous **5** [inf] flik-ker

le/la **tap|eur** (m), **-euse** (v) klaploper, -loopster

le **tapin** (m) [argot]: *faire le* ~ tippelen

tapinois: *en* ~ stilletjes, ongemerkt

le **tapioca** (m) tapioca(meel); maniokmeel

le **¹tapir** (m) tapir

se **²tapir** (wdk ww) zich verschuilen, wegkrui-pen

le **tapis** (m) tapijt, vloerbedekking, mat, loper: ~ *de table* tafelkleed; ~ *(de) souris* muismat; *être sur le* ~ het onderwerp van het gesprek zijn; *envoyer qqn. au* ~ iem. vloeren; *mettre sur le* ~ te berde brengen; ~ *de billard* biljart-laken; ~ *de gazon* grastapijt; ~ *de prière* ge-bedskleedje; ~ *rouge* rode loper; ~ *roulant* lopende band; ~ *de sol* grondzeil; ~ *vert* **a)** groene tafel, vergadertafel; **b)** speeltafel; ~ *volant* vliegend tapijt

le **tapis-brosse** (m) deurmat

tapisser 1 behangen: *papier à* ~ behang **2** (+ de) bedekken (met)

la **tapisserie** (v) tapijtwerk; wandbekleding, wandkleed: *faire* ~ muurbloempje zijn; *l'en-vers de la* ~ de keerzijde van de medaille

le **tapissier** (m) stoffeerder, behanger; tapijt-wever

le **tapis-souris** (m; mv: *onv*) muismat

le **tapotement** (m) getrommel; tikjes

tapoter tikjes geven op: ~ *la joue de qqn.* iem. een tikje op de wang geven; ~ *du piano* op de piano trommelen

la **taque** (v) [Belg] **1** haardplaat **2** kookplaat

le **taquet** (m) klamp; wig

le/la **¹taquin** (m), **-e** (v) plaaggeest

²taquin, -e (bn) plagerig

taquiner plagen, dwarszitten, hinderen: *une vague pensée me taquine* een vage ge-dachte zit me steeds dwars; ~ *le goujon* vis-sen

la **taquinerie** (v) plagerij
tarabiscoté, -e heel ingewikkeld, gezocht
tarabuster kwellen, hinderen, dwarszitten, verontrusten
taratata [inf] maak het nou; larie(koek)
tarauder [fig] knagen aan: *être taraudé* gekweld, geplaagd worden
le **¹tard** (m): *au plus* ~ op zijn laatst, uiterlijk; *sur le* ~ op latere leeftijd
²tard (bw) laat: *rentrer* ~ laat thuiskomen; ~ *dans* la nuit diep in de nacht; *trop* ~ te laat; *tôt ou* ~ vroeg of laat; *il se fait* ~ het wordt al laat; *pas plus* ~ *que la semaine dernière* verleden week nog; *mieux vaut* ~ *que jamais* beter laat dan nooit
tarder uitblijven, op zich laten wachten; treuzelen, dralen, talmen; *sans* ~ meteen; *ne pas* ~ *à découvrir* al gauw ontdekken
tardif, -ive (te) laat, [Belg] laattijdig: *heure tardive* vergevorderd uur
la **tare** (v) **1** tarra **2** tegenwicht **3** tekortkoming; gebrek **4** [med] erfelijke afwijking **5** [hand] schade
taré, -e 1 bedorven; met een gebrek **2** corrupt **3** geschift
la **tarentule** (v) tarantula [spin]
la **targette** (v) deurknip
se **targuer de** zich laten voorstaan op, zich beroemen op
tari, -e opgedroogd
le **tarif** (m) tarief; prijslijst; prijs: ~ *réduit* korting, goedkoop tarief; *plein* ~ volle prijs; *à ce* ~-*là* in dat geval, als het zo is; ~ *de nuit* nachttarief
tarifer tariferen, de tarieven vaststellen van
la **tarification** (v) tarifering, tariefregeling, prijsstelling
le **tarin** (m) sijsje
¹tarir (onov ww) ver-, opdrogen, uitgeput raken: *il ne tarit pas là-dessus* hij raakt daarover niet uitgepraat
²tarir (ov ww) doen opdrogen, droogleggen, drogen
se **³tarir** (wdk ww) opdrogen, opraken
le **tarissement** (m) opdroging, uitputting
le **tarmac** (m) platform [op vliegveld]
le **tarot** (m) tarot [kaart, spel]
le **tarse** (m) **1** [anat] voetwortel **2** [dierk] tars [van een insect]
le **tartare** (m) tartaar: *sauce* ~ pikante mayonaisesaus; *un steak* ~ een tartaartje
la **¹tarte** (v) **1** vlaai, taart: ~ *à la crème* slagroomtaart **2** oplawaai, mep ‖ [inf] *c'est pas de la* ~ dat is niet eenvoudig, geen kleinigheid
²tarte (bn) **1** lelijk, stom **2** waardeloos: *ça fait* ~! dat is waardeloos!
la **tartelette** (v) taartje, gebakje
le **tartempion** (m) [pej] dinges; huppeldepup: *c'est un vague* ~ dat is een of andere oelewapper

la **tartine** (v) **1** boterham **2** [inf] gezwam
tartiner (brood) smeren: *fromage à* ~ smeerkaas
le **tartre** (m) wijnsteen; tandsteen; ketelsteen
le **tartufe** (m) huichelaar, hypocriet
le **tas** (m) **1** hoop: *un* ~ *de* ..., *des* ~ *de* een heleboel; *tirer dans le* ~ lukraak, in het wilde weg schieten; [inf] ~ *de boue* ouwe brik, rammelkast **2** bouwplaats, werkplek: *apprentissage sur le* ~ opleiding in de praktijk
la **tasse** (v) kopje: ~ *de café* kopje koffie; ~ *à café* koffiekopje; *boire la* ~ water binnenkrijgen [bij zwemmen]
tassé, -e: *elle a cinquante ans bien* ~*s* ze is ruim vijftig; *café bien* ~ heel sterke koffie
le **tassement** (m) verzakking, inzinking; terugloop
¹tasser (ov ww) **1** aanstampen, aandrukken, samenpersen, opeenpakken **2** opzij duwen
se **²tasser** (wdk ww) **1** verzakken, inklinken, zich zetten **2** op zijn pootjes terecht komen **3** inkrimpen **4** boven op elkaar gaan zitten, kruipen
la **tata** (v) **1** [kindert] tante **2** [pop] nicht [homo]
la **tatane** (v) [inf] stapper; slof; schoen
¹tâter de (onov ww) [inf] kennismaken met
²tâter (ov ww) **1** betasten, bevoelen **2** polsen: ~ *le pouls à* **a)** de pols voelen; **b)** [fig] aan de tand voelen; ~ *le terrain* het terrein verkennen, poolshoogte nemen; ~ *de* proberen, aftesten
se **³tâter** (wdk ww) **1** zich bezinnen **2** aarzelen
tatillon, -ne [inf] pietluttig
le **tâtonnement** (m) (het) rondtasten; (het) weifelend zoeken: *par* ~ aftastend
tâtonner 1 (rond)tasten **2** [fig] weifelend te werk gaan; van alles proberen
tâtons: *à* ~ **a)** op de tast [ook fig]; **b)** lukraak
le **tatou** (m) gordeldier
le **tatouage** (m) tatoeage, tatoeëring
tatouer tatoeëren
le/la **tatoueur** (m), **-euse** (v) tatoeëerder, -ster
le **taudis** (m) krot
le **taulard** (m) [pop] bajesklant
la **taule** (v) [pop] gevangenis
le/la **taulier** (m), **-ière** (v) [pop] hôtelier
la **taupe** (v) **1** mol: *être myope comme une* ~ heel erg kippig zijn; [pop] *vieille* ~ oud wijf **2** molsbont **3** graafmachine [voor tunnels] **4** infiltrant, spion
la **taupinière** (v) molshoop
le **taureau** (m) stier: *cou de* ~ stierennek; *course de* ~*x* stierengevecht
le **taurillon** (m) jonge stier
la **tauromachie** (v) (het) stierenvechten
le **taux** (m) percentage; vastgestelde prijs; prijspeil; rentevoet; gehalte, hoogte; cijfer: ~ *de change* wisselkoers; ~ *d'intérêt* rentepercentage, rentevoet; ~ *de chômage* werkloosheidscijfer; ~ *de mortalité* sterftecijfer; ~ *de*

glycémie bloedsuikerspiegel

la **taverne** (v) kroeg, taveerne; herberg

la **taxation** (v) **1** taxatie, schatting **2** (het) belasten, belastingheffing, belastingaanslag

la **taxe** (v) belasting: ~ *à la valeur ajoutée (TVA)* belasting toegevoegde waarde (btw); *prix hors ~s (prix H.T.)* taxfree prijs; *prix toutes ~s comprises* prijs inclusief btw, all-inprijs

taxer 1 ramen, begroten **2** belasting heffen van; [fiscaal] belasten **3** (+ de) beschuldigen van **4** (+ de) bestempelen als

le **taxi** (m) **1** taxi **2** (beroep van) taxichauffeur

le/la **taxidermiste** (m/v) preparateur, taxidermist(e)

le **taximètre** (m) taximeter

la **taxinomie** (v) taxonomie; systematiek

le **taxiway** (m) taxibaan [bij vliegveld]

le **Tchad** (m) Tsjaad

tchadien, -ne Tsjaads

le/la **Tchadien** (m), **-ne** (v) inwoner, inwoonster van Tsjaad

le **tchador** (m) zwarte sluier, hoofddoek

tchao [inf] daag; doei

la **tchatche** (v) **1** [inf] (vlotte) babbel: *avoir de la ~* een vlotte babbel hebben **2** [inf; comp] chat

tchatcher 1 [inf] kletsen **2** [comp] chatten

le **tchatcheur** (m) **1** [inf] kletsmajoor, lulmeier **2** [comp] chatter

tchatter [comp] chatten

le ¹**tchèque** (m) (het) Tsjechisch

²**tchèque** (bn) Tsjechisch: *République ~* Tsjechië

le/la **Tchèque** (m/v) Tsjech(ische)

la **Tchéquie** (v) Tsjechië

tchétchène Tsjetsjeens

le/la **Tchétchène** (m/v) Tsjetsjeen(se)

la **Tchétchénie** (v) Tsjetsjenië

tchin-tchin! proost!

le **TCT** (m) [Belg] afk van *Troisiéme circuit de travail* [Belg] DAC (afk van *derde arbeidscircuit*)

le **TDAH** (m) afk van *trouble déficitaire de l'attention avec hyperactivité* ADHD (afk van *attention deficit hyperactivity disorder*)

te (voor klinker of stomme h: *t'*) je: *je t'ai vu* ik heb je gezien; *te voilà enfin!* daar ben je eindelijk!

le **té** (m) tekenhaak

le **teaser** (m) [reclame] teaser

le **teasing** (m) [marketing] teasing

le/la **technicien** (m), **-ne** (v) technicus: *~ de la radio* radiotechnicus

la **technicité** (v) technisch karakter: *miracle de ~* wonder van techniek

la ¹**technique** (v) techniek

²**technique** (bn) technisch; vak-

la **techno** (v) techno

le **technocrate** (m) technocraat, technocrate

technocratique technocratisch

la **technologie** (v) technologie

technologique technologisch

la **technopole** (v) stad met hoogwaardige industrie en onderwijs

le **technopôle** (m) sciencepark

le **teck** (m) teakhout

le **teckel** (m) teckel

la ¹**tectonique** (v) tektoniek

²**tectonique** (bn) tektonisch

le **tee-shirt** (m) T-shirt

la **teigne** (v) **1** [dierk] mot **2** kwaadaardig iem., rotmens

teign|eux, -euse vinnig, agressief

¹**teindre** (ov ww) verven, kleuren

se ²**teindre** (wdk ww) **1** zijn haar verven **2** de tint aannemen van

le **teint** (m) teint, tint, gelaatskleur: *fond de ~* make-up(crème); *bon ~, grand ~* kleurecht, wasecht; *~ basané* bruine gelaatskleur

la **teinte** (v) **1** tint, kleurschakering **2** glimp, zweem

teinter kleuren, tinten: *teinté de … zwemend naar …*

la **teinture** (v) **1** (het) verven **2** verf; kleur(stof)

la **teinturerie** (v) **1** verfindustrie **2** stomerij

le/la **teintur|ier** (m), **-ière** (v) **1** houd(st)er van een stomerij **2** verver

tel, telle zodanig, zo, zulk (een), dergelijk: *~ ou ~* deze of gene; *~ père, tel fils* zo vader, zo zoon; *~le est la loi* zo is de wet; *dans ~ village …, dans ~ autre …* in het ene dorp …, in een ander …; *~ que* **a)** zoals; **b)** zo groot, zodanig dat; *son pouvoir est ~ que* zijn macht is zo groot dat; *~ quel* zoals het is, zomaar, in dezelfde toestand; *laisser ~ quel* **a)** laten voor wat het is; **b)** zozo, middelmatig; *~ est pris qui croyait prendre* wie een kuil graaft voor een ander, valt er zelf in; *rien de ~ qu'un verre de vin pour se remettre* er gaat niets boven een glaasje wijn om bij te komen; *je n'ai jamais rien vu de ~* zoiets heb ik nog nooit gezien; *monsieur un ~, madame une ~le* meneer, mevrouw die of die; *de ~le façon, à ~le enseigne que* zodanig dat; *en tant que ~* als zodanig

la **télé** (v) [inf] tv: *passer à la ~* op de tv komen

le **téléachat** (m) het teleshoppen; het thuiswinkelen

le/la **téléac|teur** (m), **-trice** (v) telemarketeer

la **télébanque** (v) telebanking

la **télécabine** (v) kabelbaan

la **télécarte** (v) telefoonkaart

le **téléchargement** (m) [comp] (het) downloaden; download

télécharger downloaden

le **télécoaching** (m) telecoaching

la **télécommande** (v) afstandsbediening

télécommander op afstand bedienen

la **télécommunication** (v) telecommunicatie

la **téléconférence** (v) teleconferentie

la **télécopie** (v) faxbericht

télécopier faxen
le **télécopieur** (m) fax(apparaat)
télédiffuser uitzenden (via tv)
la **télédiffusion** (v) tv-uitzending; omroep
la **télédistribution** (v) kabeltelevisie
le **téléenseignement** (m) afstandsonderwijs; televisieonderwijs
le **téléfax** (m) fax
le **téléférique** (m) kabelbaan
le **téléfilm** (m) televisiefilm, tv-film
le **télégramme** (m) telegram
le **télégraphe** (m) telegraaf
télégraphier [een bericht] telegraferen
télégraphique telegrafisch: *style* ~ telegramstijl
le/la **télégraphiste** (m/v) telegrafist(e); telegrambesteller
le **téléguidage** (m) afstandsbesturing
téléguider (het) op afstand besturen
la **téléinformatique** (v) tele-informatica
le **télémarketing** (m) telemarketing
la ¹**télématique** (v) telematica
²**télématique** (bn) via computer en telefoon
le **téléobjectif** (m) telelens
le/la **téléopéra|teur** (m), **-trice** (v) telemarketeer
le **télépaiement** (m) (het) elektronisch betalen
la **télépathie** (v) telepathie
télépathique telepathisch
le **télépéage** (m) elektronische tolbetaling
le **téléphérique** (m) kabelbaan
le **téléphone** (m) telefoon: *donner un coup de* ~ opbellen; *répondre au* ~ de telefoon aannemen; ~ *mobile* mobiele telefoon; ~ *portable* draagbare telefoon; ~ *sans fil* draadloze telefoon; ~ *mains libres* handsfree telefoon; ~ *intelligent* smartphone
téléphoner bellen, telefoneren
le **téléphone-répondeur** (m; mv: téléphones-répondeurs) telefoonbeantwoorder
la **téléphonie** (v) telefonie, telefoonwezen, telefoonverkeer: ~ *par Internet* internettelefonie
téléphonique telefonisch, telefoon-
le/la **téléphoniste** (m/v) telefonist(e)
la **téléréalité** (v): *une émission de* ~ een realityshow; *faire de la* ~ realityshows maken, reality-tv maken
le **téléreportage** (m) televisiereportage
le **télescopage** (m) botsing [van auto's]
le **télescope** (m) telescoop
¹**télescoper** (ov ww) botsen op, tegen
se ²**télescoper** (wdk ww) **1** op elkaar lopen (rijden), botsen **2** in elkaar schuiven
télescopique telescopisch; in-, uitschuifbaar
le **télésiège** (m) stoeltjeslift
le **téléski** (m) skilift
le/la **téléspecta|teur** (m), **-trice** (v) (televisie)-kijk(st)er

la **télésurveillance** (v) bewaking op afstand [elektronisch]
le **télétexte** (m) teletekst
le **téléthon** (m) televisiemarathon, marathonuitzending voor een goed doel
le **télétravail** (m) (het) telewerken
le/la **télétravaill|eur** (m), **-euse** (v) telewerk(st)er
la **télévente** (v) telefonische verkoop; telemarketing
la **télévérité** (v): *une émission de* ~ een realityshow, een reallifesoap; *faire de la* ~ reality-tv maken, realityshows maken
téléviser via televisie uitzenden: *journal télévisé* tv-journaal
le **téléviseur** (m) televisietoestel, tv: ~ *plasma* plasma-tv
la **télévision** (v) televisie: ~ *en couleurs* kleurentelevisie; ~ *16/9* breedbeeld-tv; ~ *payante* betaal-tv; ~ *scolaire* schooltelevisie
télévisuel, -le televisie-, van, voor de tv
le **télex** (m) telex
tellement zo, zoveel, zo erg, zodanig
tellurique: *secousse* ~ aardschok
téméraire overmoedig, vermetel, roekeloos: *Charles le Téméraire* Karel de Stoute; *jugement* ~ lichtvaardig oordeel
la **témérité** (v) vermetelheid, roekeloosheid
le **témoignage** (m) getuigenis; [fig] blijk: *porter* (of: *rendre*) ~ *de* getuigenis afleggen; *rendre* ~ *à* erkennen, huldigen; *en* ~ *de* als blijk van
témoigner getuigen van; aantonen, blijk geven van
le **témoin** (m) **1** getuige: *prendre à* ~ tot getuige nemen; ~ *oculaire* ooggetuige; ~ *de Jéhova* Jehova's getuige **2** bewijs, teken **3** estafettestokje **4** controle-: ~ *lumineux* controlelampje
la **tempe** (v) [anat] slaap
le **tempérament** (m) **1** temperament, aard; gestel: *avoir du* ~ temperament hebben, hartstochtelijk zijn **2** gespreide betaling: *vente à* ~ verkoop op afbetaling
la **tempérance** (v) matigheid
la **température** (v) temperatuur, warmtegraad; verhoging: ~ *apparente* gevoelstemperatuur; *avoir de la* ~ koorts hebben; *prendre la* ~ **a)** de temperatuur opnemen; **b)** [fig] de stemming peilen
tempéré, -e gematigd
tempérer matigen, temperen, verzachten
la **tempête** (v) storm [ook fig]; uitbarsting, stortvloed: ~ *d'applaudissements* stormachtig applaus
tempêter tekeergaan, razen, tieren
le **temple** (m) **1** tempel **2** (protestantse) kerk: *ordre du Temple* orde der tempelieren
le **templier** (m) tempelier, tempelridder
le **tempo** (m) tempo

temporaire tijdelijk, voorlopig

la **temporalité** (v) tijdelijkheid

temporel, -le 1 tijdelijk; [taalk] *subordonnée ~le* bijzin van tijd **2** aards, vergankelijk: *pouvoir ~* wereldlijke macht

le/la **¹temporisa|teur** (m), **-trice** (v) iem. die afwacht, uitstelt

le **²temporisateur** (m) tijdschakelaar

³temporisa|teur, -trice (bn) afwachtend, uitstellend

la **temporisation** (v) afwachtende houding; uitstel

temporiser tijd trachten te winnen, temporiseren, afwachten, uitstellen

le **temps** (m) **1** tijd: *à ~ partiel* parttime, in deeltijd; *c'était le bon ~!* dat was me een tijd!; *ces ~-ci, ces derniers ~* de laatste tijd; *emploi du ~* tijdsindeling, rooster; *~ d'antenne* zendtijd; *il est (grand) ~* het wordt (hoog) tijd; *en ~ normal* gewoonlijk, in normale tijden; *travailler à plein ~* (of: *à temps complet*) hele dagen werken; *travailler à mi-~* halve dagen werken; *en un rien de ~* in minder dan geen tijd; *en deux ~ trois mouvements* een-twee-drie; *le ~ de garer la voiture* toen ik even de auto parkeerde; *avoir tout son ~* alle tijd hebben; *se donner du bon ~* het er goed van nemen, zich amuseren; *avoir fait son ~* zijn tijd gehad hebben; *laisser le ~ au ~* het aan de tijd overlaten; *mettre du ~ à* tijd nodig hebben om; *il a mis du ~ à venir* het duurde lang voordat hij kwam; *perdre son ~* zijn tijd verdoen; *prendre son ~* zich niet haasten; *passer son ~ à* [+ onbep w] zijn tijd doorbrengen met; *à ~* op tijd, bijtijds; *le ~ presse* de tijd dringt; *je trouve le ~ long* de tijd valt me lang; *au ~ de* ten tijde van; *avec le ~* metter-tijd; *dans le ~* indertijd; *de ~ à autre, de ~ en ~* van tijd tot tijd; *de mon ~* in mijn tijd (jeugd); *du ~ de* ten tijde van; *en même ~ (que)* tegelijkertijd (dat); *en ~ et lieu* bij gelegenheid; *entre ~* intussen, inmiddels; *par le ~ qui court* (in de) tegenwoordig(e tijd); *tout le ~* steeds, constant; [comp] *~ réel* real time **2** tempo, maat: *en quatre ~* in vier etappes; *moteur à quatre ~* viertaktmotor; *à trois ~* in drie-kwartsmaat **3** weer: *le ~ est beau* het is mooi weer; *~ couvert* bedekte lucht, betrokken weer; *gros ~* zwaar weer; *par tous les ~* bij, door weer en wind; *avec le ~ qu'il fait* met dit weer!; *après la pluie le beau ~* na regen komt zonneschijn || *au ~ pour moi!* ± mijn fout

tenable uit te houden: *pas ~* niet houdbaar, niet te verdedigen

tenace taai [ook fig]; hardnekkig, vasthoudend, volhardend, koppig: *odeur ~* geur die lang blijft hangen

la **ténacité** (v) taaiheid; sterkte; vasthoudendheid, volharding, koppigheid; doorzettingsvermogen

les **tenaille** (mv, v) nijptang: *prendre en ~* in de

tang nemen

tenailler 1 vastklemmen **2** kwellen

le/la **tenanc|ier** (m), **-ière** (v) houd(st)er; exploitant(e)

le/la **¹tenant** (m), **-e** (v) houd(st)er: *~ du titre* titelhoud(st)er

le **²tenant** (m) aanhanger, voorstander || *tout d'un ~, d'un seul ~* aan één stuk

³tenant, -e (bn): *séance ~e* **a)** staande de vergadering, **b)** [fig] op staande voet

les **tenants** (mv, m) aangrenzende percelen: [fig] *les ~ et les aboutissants d'une affaire* het fijne van een zaak

la **tendance** (v) **1** tendens, strekking, richting, stroming; trend: *indicateur de ~* beursindex; [inf] *être ~* trendy zijn **2** neiging: *avoir ~ à* geneigd zijn, de neiging hebben te

tendanci|eux, -euse tendentieus

tendant à bedoelend, beogend

le/la **¹tend|eur** (m), **-euse** (v): *~ de pièges* strikkenzetter

le **²tendeur** (m) [techn] spanner; snelbinder: *~ pour chaussures* schoenspanner

la **tendinite** (v) peesontsteking

le **tendon** (m) pees

le/la **¹tendre** (m/v) gevoelsmens: *c'est un ~* het is een gevoelig mens, hij is snel geroerd

²tendre (bn) **1** zacht, week, mals: [onv.] *vert ~* zachtgroen **2** teder, gevoelig, liefdevol, zachtzinnig, innig: *~ enfance* prille jeugd; *âge ~* kinderjaren

³tendre (onov ww) **1** (+ à) strekken (tot), leiden (tot) **2** (+ à) neiging hebben (tot), beogen, gericht zijn op **3** (+ vers) in de richting van gaan

⁴tendre (ov ww) strekken, spannen, rekken; uitstrekken, uitsteken, toesteken: *~ la main* **a)** de hand toe-, uitsteken; **b)** bedelen; *~ le bras* zijn arm uitsteken; *~ un filet* een net uitzetten; *~ l'oreille* de oren spitsen, scherp luisteren; *~ un piège* een strik zetten

se **⁵tendre** (wdk ww) gespannen worden

la **tendresse** (v) **1** tederheid, liefde, toewijding **2** zwak

les **tendresses** (mv, v) liefkozingen

la **tendreté** (v) malsheid, zachtheid

le **tendron** (m): *~s de veau* kalfsborst

¹tendu, -e (bn) gespannen; nerveus: *ventre ~* opgezette buik; *situation ~e* gespannen situatie

²tendu volt dw van ¹*tendre*

les **ténèbres** (mv, v) duisternis [ook fig]

le **¹ténébreux** (m): *un beau ~* een knappe sombere man

²ténébr|eux, -euse (bn) **1** donker, duister [ook fig]; schimmig **2** droefgeestig

la **teneur** (v) **1** teneur, bewoordingen, inhoud **2** gehalte: *~ en matières grasses* vetgehalte; *à haute ~* van hoog gehalte

le **ténia** (m) lintworm

¹tenir (onov ww) **1** houden, vastzitten;

grenzen (aan); bestand zijn, vol-, uithouden: ~ à un *fil* aan een (zijden) draadje hangen; ~ *bon*, ~ *ferme* standhouden, niet toegeven; *cela ne tient pas debout* dat houdt geen steek, is onzinnig; *elle ne tenait plus debout (de fatigue)* ze kon niet meer op haar benen staan (van vermoeidheid); *le beau temps ne tiendra pas* het mooie weer zal niet aanhouden; *cette offre tient-elle toujours?* staat dat aanbod nog steeds? **2** kunnen in, gaan in: *on tient à huit à cette table* men kan met zijn achten aan die tafel (zitten) **3** (+ à) gesteld zijn op; staan op, absoluut willen: *cela lui tient à cœur* dat ligt hem na aan het hart; *je tiens à vous dire* ik stel er prijs op u te zeggen **4** (+ à) afhangen van, komen (door) **5** grenzen aan: *il tient de son père* hij lijkt op zijn vader || ~ *tout seul* blijven staan

²tenir (ov ww) **1** houden, bijhouden, tegenhouden, vasthouden: *tiens! tenez!* pak aan! alsjeblieft! kijk; *tiens!* hé, welwel; ~ *un commerce* een zaak drijven; ~ *conseil* beraadslagen; ~ *bon*, ~ *le coup* volhouden, stand houden; ~ *un engagement* een verplichting nakomen; ~ *sa langue* zijn mond houden; ~ *les livres* de boeken bijhouden; ~ *sa droite* rechts aanhouden; *bien* ~ *la route* een goede wegligging hebben, vast op de weg liggen [auto]; ~ *tête (à)* het hoofd bieden (aan) **2** houden, hebben, bezitten, meester zijn van: ~ *qqch. de qqn.* **a)** van iem. iets gekregen hebben; **b)** iets van iem. vernomen hebben, gehoord hebben; *je le tiens* ik heb hem (te pakken); ~ *l'affiche* op het programma blijven; ~ *une classe* orde houden; ~ *de bonne source* uit goede bron vernomen hebben; ~ *le rôle de* de rol spelen van; ~ *de la place* plaats beslaan; *ne pas* ~ *en place* niet stil kunnen blijven zitten **3** (+ pour) houden voor, beschouwen als

se **³tenir** (wdk ww) **1** staan, zich ophouden, zich bevinden; blijven: *bien se* ~ zich staande houden; *tenez-vous bien!* **a)** hou je haaks!; **b)** pas op!; *tenez-vous là* blijf daar; *se* ~ *droit* rechtop zitten; *se* ~ *debout* staan **2** zich (elkaar) vasthouden; verband houden; gehouden worden; zich weerhouden: *s'en* ~ à zich houden aan, blijven bij; *tout* zich houden aan, blijven bij; *tout* alles houdt verband met elkaar; *ce raisonnement se tient* die redenering zit goed in elkaar; *je m'y tiens* daar blijf ik bij; *je m'en tiendrai là* ik zal het daarbij laten; *se le* ~ *pour dit* het zich voor gezegd houden; *savoir à quoi s'en* ~ weten waar men aan toe is

⁴tenir (onpers ww): *il ne tient qu'à moi* dat hangt alleen van mij af

le **¹tennis** (m) **1** tennis: *jouer au* ~ tennissen **2** tennisbaan

les **²tennis** (mv, m) tennisschoenen

le **tenon** (m) pen: *assemblage à* ~ *et à mortaise* pen en gatverbinding

le **ténor** (m) tenor; [fig] ster, beroemdheid: ~ *du barreau* vermaard advocaat

le **tenseur** (m) strekspier

le **tensiomètre** (m) **1** spanningsmeter **2** [med] bloeddrukmeter

la **tension** (v) **1** spanning; druk; toestand: ~ *(artérielle)* bloeddruk; *réseau à haute* ~ hoogspanningsnet; *avoir* (of: *faire*) *de la* ~ te hoge bloeddruk hebben; *prendre la* ~ de bloeddruk meten **2** gespannen aandacht, concentratie **3** spanning, gespannen toestand: ~ *nerveuse* nervositeit; ~ *raciale* spanning tussen verschillende rassen

tentaculaire tentakel-: *ville* ~ stad die zich in alle richtingen uitbreidt

le **tentacule** (m) vangarm; tentakel, taster, voelspriet

tentant, -e aanlokkelijk, verleidelijk

le/la **¹tenta|teur** (m), **-trice** (v) verleid(st)er

²tenta|teur, -trice (bn) verleidend, verleidelijk: *esprit* ~ duivel

la **tentation** (v) verleiding, verzoeking; [r-k] bekoring

la **tentative** (v) poging: ~ *d'évasion* ontsnappingspoging; ~ *de suicide* zelfmoordpoging

la **tente** (v) tent; [med] ~ à *oxygène* zuurstoftent; ~ *dôme* koepeltent; *monter sa* ~ zijn tent opzetten

tenter 1 verleiden, ver-, aanlokken, in verleiding brengen: *être tenté de* **a)** zin hebben om te; **b)** geneigd zijn om te; *se laisser* ~ bezwijken [voor een verleiding, voor een wens] **2** beproeven, op de proef stellen **3** proberen, trachten; ondernemen, wagen: ~ *l'impossible* het onmogelijke proberen

la **tenture** (v) **1** wandbekleding **2** [Belg] overgordijn

tenu, -e 1 (+ à) gehouden aan, gebonden door: *à l'impossible nul n'est* ~ men kan geen ijzer met handen breken **2** (+ de) verplicht tot **3** verzorgd

ténu, -e fijn, subtiel, dun: *note* ~e ijle toon

la **tenue** (v) **1** (het) houden, wijze van vasthouden **2** beheer, onderhoud, bijhouden **3** houding, gedrag, manieren: *un peu de* ~*!* gedraag je!; ~ *de la route* wegligging **4** kleding, kledij; [mil] tenue, uniform: *en petite* ~ in zijn ondergoed; ~ *de soirée* avondkleding **5** lichaamshouding **6** [muz] (het) aanhouden, rekken **7** [beurs] vastheid

le **TER** (m; mv: onv) afk van *Train Express Régional* regionale trein

le **tercet** (m) drieregelige strofe, terzet

la **térébenthine** (v) terpentijn

la **tergiversation** (v, meestal mv) draaierij, uitvluchten, geaarzel

tergiverser draaien, uitvluchten zoeken; aarzelen

le **terme** (m) **1** grens; einde: *mener à* ~ tot een einde brengen; *mettre un* ~ à een einde maken aan; *toucher à son* ~ ten einde lopen; *au*

~ *de* aan het eind van **2** termijn; deel van een schuld, huur: *à* ~ [hand] op termijn; *à long* (of: *court*) ~ op lange (of: korte) termijn; *marché à* ~ termijnmarkt; *né avant* ~ te vroeg geboren; *trouver un moyen* ~ een middenweg vinden **3** term [ook wiskunde]; woord, bewoording, uitdrukking: *aux* ~s *de* krachtens; *en d'autres* ~s met andere woorden; ~ *propre* geijkte, juiste uitdrukking || *en bons* (of: *mauvais*) ~s op goede (of: slechte) voet

la **terminaison** (v) uiteinde; [taalk] uitgang

le **¹terminal** (m) **1** terminal **2** containerhaven

la **²terminal** (v) eindexamenklas

³terminal, -e (bn) eind-, slot-: *classe* ~*e* eindexamenklas; *phase* ~*e* eindstadium [van ziekte]

la **terminale** (v) eindexamenklas; laatste jaar

¹terminer (ov ww) **1** (+ par) beëindigen, sluiten, besluiten (met) **2** voltooien, afmaken: *en avoir terminé avec* **a)** gereed zijn met; **b)** gebroken hebben met **3** zich bevinden aan het eind van, het eind vormen van || *pour* ~ tot slot

se **²terminer en, par** (wdk ww) eindigen (in, op, met), aflopen, ten einde lopen: *se* ~ *bien* (of: *mal*) goed (of: slecht) aflopen

la **terminologie** (v) terminologie

le **terminus** (m) eindpunt, eindstation

le **termite** (m) termiet, witte mier: [fig] *travail de* ~ ondermijning, uitholling

la **termitière** (v) termietenheuvel; [fig] mierennest

ternaire uit drie delen bestaand, drieledig

terne dof, mat; [fig] kleurloos, vlak, saai

¹ternir (ov ww) **1** mat, dof maken; beslaan **2** [fig] bezoedelen, bekladden: *une réputation ternie* een tanende roem

se **²ternir** (wdk ww) dof (mat) worden

le **terrain** (m) terrein [ook fig]; veld, gebied, grond, bodem: *véhicule tout* ~ terreinwagen; *vélo tout* ~ mountainbike, ATB; ~ *de golf* golfbaan; ~ *à bâtir* bouwterrein; *sur le* ~ ter plaatse, in het veld; *connaître le* ~ op bekend terrein zijn; ~ *vague* onbebouwd, braakliggend veld; *homme de* ~ [fig] man van het veld, veldwerker; ~ *d'entente* basis voor overeenstemming

le **terrarium** (m) [dierk] terrarium

la **terrasse** (v) terras; (groot) balkon: *en* ~*s* terrasvormig

le **terrassement** (m) grondwerk, ophoging

le **terrasser 1** neerslaan, op de grond werpen **2** verslaan **3** [fig] vellen [ziekte] **4** verbijsteren; verpletteren; overmannen **5** grondwerk verrichten

le **terrassier** (m) grondwerker

la **terre** (v) **1** aarde; grond, land, streek; akker, landbouwgrond; stuk grond; vaste wal: ~ *cuite* aardewerk, terracotta [ook beeldje]; ~ *ferme* vaste grond, vaste wal; ~ *à modeler* boetseerklei; *Terre sainte* Heilige Land; ~

sainte gewijde grond; *chemin de* ~ zandweg; *sous* ~ ondergronds; *être sur* ~ op aarde leven, bestaan; *armée de* ~ landmacht; *vent de* ~ landwind; *porter en* ~ begraven, ter aarde bestellen; *par* ~ op, over de grond; *par (voie de)* ~ over land; *sur* ~ *et sur mer* te land en ter zee; *revenir sur* ~ weer met beide benen op de grond (komen te) staan **2** [elek] aarde: *prise de* ~ aardleiding; *mettre à la* ~ aarden

la **Terre** (v) aarde [als planeet]

terre-à-terre (mv: *onv*) laag bij de grond, prozaïsch, zakelijk

le **terreau** (m) teelaarde, potgrond; humus

le **terre-neuve** (m) newfoundlander [hond]

la **Terre-Neuve** (v) Newfoundland

le **terre-plein** (m; mv: terre-pleins) ophoging: ~ *central* middenberm

se **terrer 1** [m.b.t. dieren] in een hol wegkruipen; zich tegen de grond drukken **2** [m.b.t. personen] zich verschuilen

les **terres** (mv, v) landgoed, grondbezit, landerijen

terrestre 1 aard-: *globe* ~ aardbol, aardglobe **2** land-: *animal* ~ landdier; *transport* ~ vervoer over land **3** aards: *paradis* ~ aards paradijs; *vie* ~ aardse leven

la **terreur** (v) schrik; ontzetting, angst: *vivre dans la* ~ in angst leven; [hist] *Terreur* Schrikbewind

la **Terreur** (v) [gesch] Terreur [schrikbewind in Frankrijk van juni 1793 tot juli 1794]

terr|eux, -euse 1 aardachtig, gronderig **2** modderig **3** aardkleurig, vaal

terrible 1 vreesaanjagend, verschrikkelijk; vreselijk, ontzettend, geweldig: *humeur* ~ zeer slecht humeur, pesthumeur **2** vervelend, lastig: *enfant* ~ **a)** onhandelbaar kind; **b)** flapuit, enfant terrible || *c'est pas* ~ het is maar zozo

terriblement verschrikkelijk, vreselijk, ontzettend: *c'est* ~ *ennuyeux* het is oervervelend

le/la **¹terrien** (m), **-ne** (v) **1** aardbewoner, -bewoonster **2** plattelander **3** landrot

²terrien, -ne (bn) land bezittend, land-; grond-: *propriétaire* ~ landbezitter

le **terrier** (m) **1** hol [van dier] **2** terriër [hond]

terrifiant, -e vreesaanjagend, ontstellend, verschrikkelijk

terrifier angst aanjagen, ontstellen

le **terril** (m) slakkenberg [in mijngebied]

la **terrine** (v) paté, terrine [kom, gerecht]

le **territoire** (m) grondgebied, territorium: ~*s d'outre-mer* overzeese gebiedsdelen; *aménagement du* ~ ruimtelijke ordening, planologie

territorial, -e territoriaal; land-: *collectivités* ~*es* lagere overheden

le **terroir** (m) grond, bodem; streek: *vin qui a un goût de* ~ wijn met een smaak die zijn herkomst verraadt, streekwijn

terroriser terreur uitoefenen, terroriseren

le **terrorisme** (m) terrorisme: *actes de* ~ ter-reurdaden

le/la ¹**terroriste** (m/v) terrorist(e)

²**terroriste** (bn) terroristisch: *attentat* ~ ter-roristische aanslag

le ¹**tertiaire** (m) **1** [geol] tertiair **2** [ec] tertiaire sector, dienstensector

²**tertiaire** (bn) tertiair

tertio ten derde

le **tertre** (m) heuvel, terp: ~ *funéraire* graf-heuvel

tes mv van ¹*tonta*

le **tesson** (m) scherf

le **test** (m) toets, test, proef: ~ *d'orientation* beroepskeuzetest; ~ *de grossesse* zwanger-schapstest; ~ *de personnalité* karaktertest, persoonlijkheidstest

le **testament** (m) testament: *léguer par* ~ bij testament vermaken; *Ancien* (of: *Nouveau*) *Testament* Oude (of: Nieuwe) Testament

testamentaire testamentair, bij testa-ment

le/la **testa|teur** (m), **-trice** (v) erflater, -laatster

tester 1 een testament maken **2** testen, toetsen, uitproberen

le **testeur** (m) testapparaat

le **testicule** (m) teelbal, testikel, testis

tétaniser verlammen, verstijven

le **tétanos** (m) [med] tetanus

le **têtard** (m) kikkervisje, dikkop

la **tête** (v) hoofd, kop; schedel; gezicht; ver-stand, hersenen; [sport] kopbal; *une (grosse)* ~ een knappe kop; *des pieds à la* ~, *de la* ~ *aux pieds* van top tot teen; *calculer de* ~ uit het hoofd rekenen; *en* ~ *à* ~ onder vier ogen; *fai-re la* ~ nukken, boos zijn; *faire une drôle de* ~ raar opkijken; *servir de* ~ *de Turc* het mikpunt van spot zijn; ~ *en l'air* warhoofd; *donner* ~ *baissée dans* blindelings in de val lopen; *une bonne* ~ een vertrouwenwekkend gezicht; ~ *brûlée* impulsief, onbezonnen mens; *avoir la* ~ *chaude* gauw driftig zijn; *avoir la grosse* ~ verwaand zijn, opgeblazen doen; *la* ~ *me tourne* het duizelt me; ~ *de lecture* kop, sen-sor; ~ *de liste* lijsttrekker; ~ *à claques* tronie; *une* ~ *d'enterrement* een begrafenisgezicht; *forte* ~ dwarskop; *mauvaise* ~ onmogelijk mens; ~ *de mort* doodshoofd; ~ *nue* bloots-hoofds; *la* ~ *la première* voorover, halsover-kop; *coup de* ~ **a)** kopstoot; **b)** [fig] onbera-den stap, eigenzinnige streek; *femme de* ~ schrandere en doortastende vrouw; *avoir en* ~ in het hoofd, in de zin hebben; *avoir une idée derrière la* ~ een idee in zijn achterhoofd hebben; *je n'ai pas la* ~ *à ça* mijn hoofd staat er niet naar; *avoir toute sa* ~ bij zijn volle ver-stand zijn; *j'en ai par-dessus la* ~ het hangt me de keel uit; *avoir la* ~ *ailleurs* er met zijn ge-dachten niet bij zijn; *tenir* ~ *à qqn.* iem. het hoofd bieden, weerstaan; [inf] *être bien dans*

sa ~ geen problemen hebben met zichzelf, goed in zijn vel zitten

le **tête-à-queue** (m) draai van 180°: *faire un* ~ achterstevoren komen te staan

le **tête-à-tête** (m; mv: *onv*) ontmoeting, ge-sprek onder vier ogen: *en* ~ alleen; onder vier ogen

tête-bêche kop aan staart

la **tête-de-loup** (v; mv: têtes-de-loup) rage-bol

le ¹**tête-de-nègre** (m) donkerbruine kleur

²**tête-de-nègre** (bn, mv: *onv*) donkerbruin

la **tétée** (v) **1** (het) zuigen, gezoogd worden **2** voeding [van zuigeling]

téter zuigen, drinken

la **tétine** (v) **1** uier **2** speen [van zuigfles]; fop-speen

le **téton** (m) [inf] tiet; [techn] pen

le **tétraèdre** (m) [meetk] viervlak; tetraëder

la **tétraplégie** (v) [med] verlamming van ar-men en benen

le/la ¹**têtu** (m), **-e** (v) stijfkop

²**têtu**, **-e** (bn) koppig, eigenwijs

la **teuf** (v) [inf] feest

le/la **teuf|eur** (m), **-euse** (v) [inf] houser

le **texte** (m) tekst; geschrift: *cahier de ~s* ± schoolagenda; ~ *d'une chanson* liedtekst

le ¹**textile** (m) **1** textiel **2** textielindustrie

²**textile** (bn) textiel-, vezel-

le ¹**texto** (m) sms'je, sms-bericht

²**texto** (bw) letterlijk

textuel, **-le** tekstueel, woordelijk, letterlijk

la **texture** (v) textuur, structuur, samenhang

le **TGV** (m) afk van *train à grande vitesse* tgv, hst, hogesnelheidstrein

le/la **Thaï** (m), **-e** (v) Thai(se)

thaïlandais, **-e** Thais

le/la **Thaïlandais** (m), **-e** (v) Thai(se)

la **Thaïlande** (v) Thailand

la **thalasso** (v) [inf] verk van *thalassothérapie*

la **thalassothérapie** (v) behandeling met zeewater, zeelucht

le ¹**thaumaturge** (m) wonderdoener

²**thaumaturge** (bn) wonderdoend

le **thé** (m) thee; theevisite: *faire du* ~ thee zet-ten; ~ *glacé* icetea; ~ *léger* (of: *fort*) slappe (of: sterke) thee; *salon de* ~ tearoom

théâtral, **-e** toneel-; theatraal

le **théâtre** (m) **1** toneel, theater [in alle bet]; schouwburg: *aller au* ~ naar de schouwburg gaan; *faire du* ~ toneel spelen, aan het to-neel zijn; ~ *de marionnettes* marionetten-spel; *coup de* ~ dramatische, plotselinge wending; ~ *de plein air* openluchttheater **2** toneelkunst: *pièce de* ~ toneelstuk **3** [fig] (schouw)toneel, terrein, plaats

le **théier** (m) theestruik

la **théière** (v) theepot

la **théine** (v) theïne

thématique thematisch

le **thème** (m) thema [in alle bet]; onderwerp:

fort en ~ bolleboos; *débat sur le ~ de la paix* debat over de vrede

la **théologie** (v) godgeleerdheid

le/la **théologien** (m), **-ne** (v) theoloog, -loge
théologique theologisch

le **théorème** (m) theorema, stelling: *le ~ de Pythagore* de stelling van Pythagoras

le/la **théoricien** (m), **-ne** (v) theoreticus, -ca

la **théorie** (v) theorie, leer: *en ~* op papier
théorique theoretisch: *cours ~* theorieles
théoriser theoretiseren

le/la **thérapeute** (m/v) therapeut(e)

la **¹thérapeutique** (v) therapie

²thérapeutique (bn) therapeutisch: *les vertus ~s d'une substance* de heilzame werking van een stof

la **thérapie** (v) therapie
thermal, -e thermaal: *eaux ~es* (warme) geneeskrachtige bronnen; *cure ~e* badkuur; *station ~e* badplaats

le **thermalisme** (m) kuurwezen, exploitatie van geneeskrachtige bronnen

les **thermes** (mv, m) **1** [oudheid] thermen **2** thermale badinrichting

la **¹thermique** (v) warmteleer

²thermique (bn) warmte-: *ascendance ~* thermiek; *centrale ~* warmtekrachtcentrale
thermogène thermogeen, warmtegevend

le **thermomètre** (m) thermometer: *~ médical* koortsthermometer
thermonucléaire: *bombe ~* waterstofbom

le/la **thermos** (m/v) thermosfles

le **thermostat** (m) thermostaat

le/la **thésard** (m), **-e** (v) iem. die aan een proefschrift werkt
thésauriser sparen, oppotten

le **thésaurus** (m) thesaurus, lexicon

la **thèse** (v) **1** stelling, thesis; these: *avancer* (of: *soutenir*) *une ~* een stelling verkondigen (of: verdedigen) **2** proefschrift, dissertatie

le **thon** (m) tonijn: *~ au naturel* tonijn in eigen nat

le **thonier** (m) tonijnvisser(sboot)
thoracique: *cage ~* borstkas

le **thorax** (m) borst(kas); borststuk [van insecten]

la **thrombose** (v) trombose

la **thune** (v) vijffrankstuk: [pop] *j'ai plus une ~* ik ben blut

le **thym** (m) tijm

la **thyroïde** (v) schildklier

les **TI** (mv, v) afk van *technologies de l'information* IT (afk van *informatietechnologie*)

le **tiag** (v) [inf] westernlaars; cowboylaars

la **tiare** (v) tiara; pauselijke waardigheid

le **Tibet** (m) Tibet
tibétain, -e Tibetaans

le/la **Tibétain** (m), **-e** (v) Tibetaan(se)

le **tibia** (m) scheenbeen

le **Tibre** (m) Tiber

le **tic** (m) **1** tic, zenuwtrekking; [fig] hebbelijkheid, aanwensel **2** kribbenbijterij

les **TIC** (mv, v) afk van *technologies de l'information et des communications* ICT (afk van *informatie- en communicatietechnologie*)

le **ticket** (m) biljet, kaartje; bon: *~ de caisse* kassabon ‖ *~ modérateur* [ziekteverzekering] eigen bijdrage, [Belg] remgeld

le **ticket-repas** (m; mv: tickets-repas) maaltijdbon

le **ticket-restaurant** (m; mv: tickets-restaurant) restaurantbon

le **tic-tac** (m) tiktak: *faire tic tac* tikken; tiktakken

le **tie-break** (m) [tennis] tiebreak
tiédasse lauwwarm
tiède lauw [ook fig]; flauw; zoel

la **tiédeur** (v) lauwheid [ook fig]; zoelheid

¹tiédir (onov ww) lauw worden

²tiédir (ov ww) lauw maken

le **tiédissement** (m) (het) lauw (zoel) worden; verflauwing

le/la **¹tien** (m), **-ne** (v) (het, de) jouwe: *il faut y mettre du ~* **a)** jij moet wat toegeven; **b)** je moet je best doen; *le ~ et le mien* het mijn en het dijn

²tien, -ne (bez bn) (de, het) jouwe: *à la ~ne!* op je gezondheid!

les **tiennes** (mv, v) fratsen: *tu as encore fait des ~!* ben je weer bezig geweest!

les **tiens** (mv, m) de jouwen, je familie

la **¹tierce** (v) [muz] terts: *~ majeure* (of: *mineure*) grote (of: kleine) terts

²tierce (bn) v vorm van *¹tiers*

le **tiercé** (m) [paardenrennen] trio; toto

le **¹tiers** (m) **1** derde; buitenstaander **2** derde deel: *les deux ~* twee derde

²tiers, tierce (bn) derde: *~ état* derde stand; *~(-)monde* derde wereld; *une tierce personne* een derde (persoon)

le **tiers-monde** (m) derde wereld

le **tif** (m) [inf] haar

la **tige** (v) **1** stengel, steel, halm **2** schacht [van sleutel, veer, laars, zuil, anker] **3** poot [van een tafeltje] **4** stang: *~ de piston* zuigerstang; *~ de fer* ijzeren stang

la **tignasse** (v) [inf] ragebol [haardos]

le **tigre** (m) tijger
tigré, -e gevlamd, gestreept, gevlekt

la **tigresse** (v) **1** tijgerin **2** [fig] agressieve, jaloerse vrouw

le **tilapia** (m) tilapia

le **tilleul** (m) **1** lindeboom **2** lindebloesem **3** lindethee **4** lindehout

le **tilt** (m) tilt: *ça a fait ~* het kwartje is gevallen, [Belg] zijn frank is gevallen

la **timbale** (v) **1** pauk **2** metalen beker **3** pastei(vorm) ‖ *décrocher la ~* geluk hebben

le **timbalier** (m) paukenist

le **timbrage** (m) (het) (af)stempelen, zegelen; afstempeling le **timbre** (m) **1** (post)zegel **2** bel, gong **3** timbre, klank **4** stempel [gereedschap, afdruk]; postmerk **5** keurmerk

timbré, -e 1 getimbreerd: *voix agréablement ~e* welluidende stem **2** gestempeld **3** geschift **4** gefrankeerd

le **timbre-poste** (m; mv: timbres-postes) postzegel

timbrer 1 zegelen, frankeren **2** (af)stempelen; van een keurmerk voorzien

timide verlegen, bedeesd, schuchter

la **timidité** (v) verlegenheid, bedeesdheid, schuchterheid

le **timon** (m) dissel(boom)

la **timonerie** (v) **1** stuurhut **2** post van roerganger; personeel aan het roer

le **timonier** (m) roerganger, stuurman

timoré, -e vreesachtig; angstvallig

le **tintamarre** (m) lawaai, herrie, kabaal

le **tintement** (m) geklingel; klokgelui: *~ d'oreilles* oorsuizing

tinter 1 rinkelen, klingelen, kleppen **2** suizen, tuiten [oren]

le **tintin** (m): *faire ~* ernaar kunnen fluiten

le **Tintin** (m) Kuifje

tintinnabuler klingelen

le **tintouin** (m) **1** herrie, kabaal **2** kopzorg

la **tique** (v) teek

tiquer ontstemd reageren, raar opkijken

le **tir** (m) **1** (het) schieten, schot, (het) vuren; schietoefening: *~ au pigeon* het kleiduivenschieten; *~ à l'arc* het boogschieten; [mil] *~ ami* eigen vuur; *régler le ~* inschieten; *~ de barrage* spervuur **2** schietbaan **3** lancering **4** [sport] worp, schot: *~ au but* schot op het doel ‖ *rectifier le ~* **a)** de koers bijstellen; **b)** [fig] het nog eens proberen

TIR afk van *transport international routier* internationaal wegvervoer

la **tirade** (v) tirade, preek; lang verhaal

le **tirage** (m) **1** trekking [van een loterij]: *~ au sort* loting **2** trek [van schoorsteen] **3** (het) trekken **4** (het) afdrukken [van foto, boek]; oplage: *~ limité* beperkte oplage **5** wrijving: *il y a du ~* er zijn moeilijkheden

le **tiraillement** (m) **1** getrek, heen-en-weergetrek **2** knagende pijn, kramp **3** [fig] (het) heen en weer geslingerd worden (tussen), (het) verscheurd zijn

les **tiraillements** (mv, m) geharrewar

tirailler trekken aan

le **tirailleur** (m) [mil] tirailleur

le **tiramisu** (m) tiramisu

le **tirant** (m) trekker [van een laars] ‖ [scheepv] *~ d'eau* diepgang, waterverplaatsing; *~ d'air* doorvaarthoogte

la **tire** (v) [inf] karretje [auto] ‖ *vol à la ~* zakkenrollerij

tiré, -e 1 strak (getrokken); [m.b.t. haar] strak naar achteren gekamd: *être ~ à quatre épingles* piekfijn gekleed zijn **2** [m.b.t. grendel] weggeschoven **3** gedrukt: *un ~ à part* een overdruk **4** afgeschoten **5** (+ de) ontleend (aan) **6** (+ de) gered (uit, van), afgeholpen (van) **7** vermoeid en vermagerd: *avoir les traits ~s* er moe uitzien

le **tire-au-flanc** (m) [fig] lijntrekker

le **tire-botte** (m; mv: tire-bottes) laarzentrekker, laarzenknecht

le **tire-bouchon** (m; mv: tire-bouchons) kurkentrekker: *en ~* gekruld, spiraalvormig; *queue en ~* krulstaart

¹**tire-bouchonner** (onov ww) krullen, flodderen, afzakken

se ²**tire-bouchonner** (wdk ww) krullen, verwrongen zijn

tire-d'aile: *à ~* **a)** klapwiekend; **b)** [fig] vliegensvlug

le **tire-fesses** (m) [inf] skilift

tire-larigot: [inf] *à ~* veel

le **tire-ligne** (m; mv: tire-lignes) trekpen

la **tirelire** (v) spaarpot: *casser sa ~* al zijn spaarcenten vergooien

¹**tirer** (onov ww) **1** trekken [ook van motor, schoorsteen]: [Belg] *ça tire* het tocht; *~ sur* trekken aan; *~ à la corde* touwtrekken; *journal qui tire à trois cent mille* een krant met een oplaag van 300.000 **2** trekken, gaan, lopen, weggaan: *~ à conséquence* **a)** van belang zijn; **b)** ernstige gevolgen hebben; *~ à sa fin* ten einde lopen; *~ au flanc* lijntrekken; *~ en longueur* eindeloos duren **3** (+ sur) lijken op **4** (+ après) [Belg] lijken op **5** (+ sur) schieten (op): *~ à l'arc* boogschieten; *~ dessus* erop schieten

²**tirer** (ov ww) **1** trekken (aan); halen; aantrekken, aanhalen, dicht-, open-, optrekken, slepen: *~ les cheveux* aan de haren trekken; *se faire ~ les cartes* zich de kaart laten leggen; *~ son chapeau à* [fig] zijn hoed afnemen voor; *~ la langue* zijn tong uitsteken; *~ (qqch.) au sort* loten; [fig] *se faire ~ l'oreille* zich lang laten bidden en smeken; *~ le rideau* het gordijn open-, dichttrekken; *~ le verrou* de deur op slot doen; [Belg] *~ une tête* **a)** een lang gezicht zetten; **b)** mokken; [Belg] *~ son plan* zich eruit redden **2** trekken uit, halen uit, onttrekken; aftroggelen: *~ d'affaire* (of: *d'embarras*) uit de nood helpen, eruit redden; *~ une conséquence* een gevolgtrekking maken; *~ de l'erreur* uit de droom helpen; *~ parti* (of: *avantage*) profiteren, gebruikmaken van; *~ des sons d'(un instrument)* tonen ontlokken aan **3** afvuren, afschieten; lanceren, schieten (op), jagen op: *~ un feu d'artifice* een vuurwerk afsteken; *~ à blanc* met een losse flodder schieten **4** (af)drukken: *~ à mille exemplaires* een oplage maken van 1000 exemplaren; *~ à part* overdrukken; *~ des photos* foto's afdrukken; *~ le portrait de qqn.* een plaatje schieten van iem. **5** aftappen: *~ au clair* [fig] onderzoeken, ophelderen;

quand le vin est tiré, il faut le boire wie a zegt moet ook b zeggen

se ³**tirer** (wdk ww) **1** getrokken worden; [typ] gedrukt worden **2** [inf] 'm smeren **3** (+ de) zich redden uit, uitkomen: *se ~ d'affaire* (of: *d'embarras*) zich eruit redden, zich eerdoor slaan; *s'en ~* **a)** te boven komen [van een ziekte]; **b)** het er levend afbrengen, zich eruit redden

le **tiret** (m) [typ] gedachtestreep

la **tirette** (v) **1** uitschuifblad **2** [Belg] ritssluiting

le **tireur** (m) trekker [van een wissel]; schutter; [jeu de boules] werper

la **tireuse** (v): *~ de cartes* waarzegster, kaartlegster

le **tiroir** (m) la; schuiflade; schuif: *nom à ~s* lange, deftige naam; *racler les fonds de ~* zijn laatste centen bij elkaar harken

le **tiroir-caisse** (m; mv: tiroirs-caisses) geldlade, kas

la **tisane** (v) aftreksel van kruiden, kruidenthee

le **tison** (m) stuk half verbrand hout; gloeiend stuk hout

tisonner poken in, opporren

le **tisonnier** (m) pook

le **tissage** (m) **1** (het) weven **2** weverij

tisser 1 weven **2** smeden, beramen, samenstellen

le/la **tisserand** (m), **-e** (v) wever, weefster

le/la **tiss|eur** (m), **-euse** (v) wever, weefster

le **tissu** (m) **1** weefsel [ook anatomie]; stof **2** [fig] aaneenschakeling: *~ de mensonges* aaneenschakeling van leugens **3** [sociologie] geheel, structuur: *~ urbain* stadsstructuur; *~ social* sociale structuur

le **tissu-éponge** (m; mv: tissus-éponge) badstof

le **titan** (m) titaan

le **titane** (m) titanium; titaan

titanesque titanisch

le **titi** (m) [pop] Parijse kwajongen

titiller kietelen

le **titrage** (m) titratie; (het) bepalen van het gehalte van een oplossing

le **titre** (m) **1** titel; betiteling, benaming; kwalificatie: *~ accrocheur* pakkende titel; *en ~* vast, officieel; *fournisseur en ~* vaste leverancier; *~ dans le journal* kop in de krant; *faire les gros ~s des journaux* voorpaginanieuws zijn; [sport] *remporter un ~* een titel behalen **2** wijze, reden, opzicht, hoedanigheid: *à ce ~* in dit opzicht; *à ~ de* als, bij wijze van; *à ~ d'essai* bij wijze van proef; *à ~ exceptionnel* bij uitzondering; *à ~ personnel* persoonlijk; *à plusieurs ~s* om verschillende redenen; *à quel ~?* **a)** in welke hoedanigheid?; **b)** met welk recht? **3** bewijsstuk, akte; waardepapier, effect, stuk: *~ de noblesse* adelbrief; *~ de paiement* betalingsbewijs; *~ interbancaire* de

paiement, TIP acceptgiro; *~ de propriété* eigendomsbewijs; *~ de transport* vervoersbewijs, kaartje; *~ de séjour* verblijfsvergunning **4** gehalte [van goud enz.]

titrer 1 van een titel voorzien: *~ en grandes capitales* [Belg] blokletteren **2** titreren; een (alcohol)gehalte hebben van

titubant, -e zwaaiend, waggelend

tituber waggelen, zwaaien

le/la ¹**titulaire** (m/v) **1** ambtsbekleder, -bekleedster, [Belg] titularis **2** rechthebbende, eigenaar, -nares, houd(st)er, [Belg] titularis: *~ d'un permis de conduire* houder van een rijbewijs; *~ d'un compte* rekeninghoud(st)er **3** [Belg] titularis; klassenleraar, mentor

²**titulaire** (bn) **1** die een ambt bekleedt; met een vaste aanstelling: *professeur ~* gewoon hoogleraar, leraar met een vaste aanstelling **2** recht hebben op een titel, titulair

la **titularisation** (v) vaste benoeming, vaste aanstelling

titulariser vast benoemen, vast aanstellen

les **TMS** (mv, m) afk van *troubles musculosquelettiques* RSI (afk van *repetitive strain injury*)

le **toast** (m) **1** toost [dronk]: *porter un ~* toosten **2** toast [geroosterd brood]: *~s beurrés* toastjes met boter

le **toasteur** (m) broodrooster

le **toboggan** (m) **1** bobslee **2** glijbaan, roetsjbaan **3** glijgoot **4** demonteerbaar metalen viaduct

le ¹**toc** (m) **1** tik: *faire ~* tikken **2** namaak; prul

²**toc** (tw): *et ~!* die zit! die is raak!

la **tocade** (v) [inf] bevlieging: *avoir une ~ pour* weg zijn van

le/la ¹**tocard** (m), **-e** (v) [inf] nitwit, knuppel

²**tocard, -e** (bn) [inf] lelijk

le **tocsin** (m) alarmklok, brandklok: *sonner le ~* de alarmklok luiden

le **toffee** (m) toffee

le **tofu** (m) tofoe

le **toge** (v) toga

le **Togo** (m) Togo

togolais, -e Togolees

le/la **Togolais** (m), **-e** (v) Togolees, Togolese

le **tohu-bohu** (m) wanorde, herrie

toi jij, je: *c'est ~?* ben jij het?; *si j'étais ~* als ik jou was, in jouw plaats; *~, tu mens* jij liegt

la **toile** (v) **1** linnen; doek: *~ imprimée* bedrukte stof; *~ de coton* katoen; *~ de tente* tentzeil; *~ circée* zeil **2** doek, schilderij **3** toneeldecor: *~ de fond* **a)** toneeldecor; **b)** [fig] achtergrond, decor **4** zeil, zeilen **5** web: *~ d'araignée* spinnenweb

la **Toile** (v) [comp] (het) web: *la ~ d'araignée mondiale* het world wide web; *la navigation sur la ~* het netsurfen

le **toilettage** (m) verzorging, (het) toiletteren [van huisdieren]; [fig] modernisering, facelift

la **toilette** (v) **1** toilet [in alle bet]: *faire (sa) ~*

zich aankleden, toilet maken; *gant de* ~ washandje; *cabinet de* ~ badcel, wasgelegenheid; *faire la* ~ *de* een schoonmaakbeurt geven aan **2** toilettafel

toiletter 1 [huisdieren] het toilet maken van **2** [dieren] trimmen **3** [fig] een facelift geven, opknappen

les **toilettes** (mv, v) wc, toilet

toi-même jezelf; jijzelf

la **toise** (v) meetlat

toiser [fig] uit de hoogte opnemen, met minachting aankijken

la **toison** (v) schapenvacht; [inf] haardos; schaamhaar: ~ *d'or* gulden vlies

le **toit** (m) dak; woning, onderkomen; ~ *ouvrant* schuifdak [van auto]; *crier sur les* ~*s* aan de grote klok hangen, van de daken schreeuwen; *habiter sous le même* ~ in hetzelfde huis wonen; *sans* ~ dakloos

la **toiture** (v) dak, dakbedekking; overkapping

Tokyo Tokio

la **¹tôle** (v) **1** plaatijzer, plaatstaal; staalplaat: ~ *ondulée* golfplaat **2** plaatwerk [van auto] ǁ *faire de la* ~ (in de bajes) zitten

la **²tôle** (v) *zie* taule

tolérable toelaatbaar, duldbaar; draaglijk, te verdragen

la **tolérance** (v) **1** verdraagzaamheid; [ook medisch en techniek] tolerantie **2** (het) dulden, de gunst; [techn] speling, afwijkingsmarge

tolérant, -e tolerant, verdraagzaam

¹tolérer (ov ww) **1** tolereren, gedogen, verdragen, dulden, toelaten **2** kunnen velen (uitstaan); [med] kunnen verdragen

se **²tolérer** (wdkg ww) elkaar dulden, verdragen

la **tôlerie** (v) walserij; voorwerpen van plaatijzer; plaatwerk

le **¹tôlier** (m) **1** fabrikant (handelaar) van plaatijzer **2** plaatwerker

le/la **²tôl|ier** (m), **-ière** (v) hôtelier

le **tollé** (m) kreet van verontwaardiging, algemene afkeuring, boegeroep

le **toluène** (m) tolueen

le **TOM** (m) afk van *territoire d'outre-mer* (vrij autonoom) overzees gebiedsdeel [van Frankrijk]

la **tomate** (v) tomaat: *être rouge comme une* ~ zo rood als een tomaat zijn; ~ *cerise* cherrytomaat, kerstomaatje

tombal, -e graf-: *pierre* ~*e* grafsteen

tombant, -e 1 vallend: *à la nuit* ~*e* bij het vallen van de nacht, [Belg] bij valavond **2** (neer)hangend: *cheveux* ~*s* loshangende haren

la **tombe** (v) graf(tombe); grafsteen: *creuser sa* ~ zijn eigen graf graven

le **tombeau** (m) graf; tombe, grafmonument: *rouler à* ~ *ouvert* levensgevaarlijk rijden; *mise*

au ~ graflegging

la **tombée** (v): ~ *de la nuit* (het) vallen van de avond

le **¹tomber** (m): *au* ~ *du jour* bij het vallen van de avond

²tomber (onov ww) **1** vallen, afvallen, neervallen, omvallen, uitvallen, neerstorten; komen, terechtkomen, uitkomen; onverwachts verschijnen, komen binnenvallen: ~ *dessus* a) overrompelen, verrassen; b) komen aanwaaien; ~ *sous les yeux* onder ogen komen; *laisser* ~ laten vallen [ook fig]; ~ *bien* (of: *mal*) a) gelegen (of: ongelegen) komen; b) goed (of: slecht) van pas komen; ~ *à l'eau* in het water vallen, in het honderd lopen; *ça tombe bien* dat treft goed **2** sneuvelen; mislukken; toegeven aan de verleiding **3** instorten: ~ *en ruine* in puin vallen **4** verdwijnen; stokken [gesprek]; gaan liggen [van de wind]; kalm worden [van de zee] **5** neerhangen, vallen; afhellen: *épaules qui tombent* afzakkende schouders **6** [ziek, verliefd] worden: ~ *amoureux* verliefd worden; ~ *malade* ziek worden **7** (+ dans, en) vervallen in, tot, geraken in: ~ *d'accord* het eens worden; ~ *en panne*, ~ *en rade* pech krijgen **8** vallen [op een bepaalde dag] **9** (+ à) toevallen (aan)

³tomber (ov ww) **1** [sport] overwinnen; [een tegenstander] vloeren **2** [inf] verleiden, versieren ǁ ~ *la veste* het jasje uittrekken

le **tombereau** (m) kiepkar: [fig] ~*s d'injures* stortvloed van scheldwoorden

le **tombeur** (m) versierder, verleider

le **tome** (m) (boek)deel

la **tomette** (v) terracottategeltje

la **tomme** (v) tomme [kaas]

le **¹ton** (m) toon; toonhoogte; klank, toonaard; toon, kleur, tint [schilderkunst]; [fig] stijl: *de bon* ~ gepast, correct; *baisser le* ~ **a)** zachter spreken; **b)** [fig] een toontje lager zingen; *hausser le* ~ luider spreken, zijn stem verheffen; *changer de* ~ een andere toon aanslaan; *donner le* ~ de toon aangeven [ook fig]; *ne le prenez pas sur ce* ~ neem het niet zo hoog op; *sur tous les* ~*s* in alle toonaarden; ~*s criards* schreeuwende tinten

²ton, ta (bez bn, mv: tes) je, jouw

tonal, -e (mv: tonals) [muz] tonaal, toon-

la **tonalité** (v) **1** [muz] tonaliteit, toonaard; toonzetting **2** grondtoon; kiestoon [van een telefoon]

le **tondeur** (m) scheerder

la **tondeuse** (v) **1** scheerster **2** tondeuse **3** grasmaaier: ~ *à gazon* grasmaaier

tondre scheren, afscheren; kort knippen [van haar]; maaien [van gras]; [fig] kaal plukken

le **¹tondu** (m) kaalkop

²tondu, -e (bn) (kaal)geschoren

le **toner** (m) toner

la **tong** (v) slipper

le **tonic** (m) tonic
tonifiant, -e versterkend
tonifier versterken, opwekken
le **¹tonique** (m) tonicum; versterkend, opwekkend middel
²tonique (bn) versterkend, opwekkend; [fig] stimulerend: *accent* ~ klemtoon; *lotion* ~ gezichtslotion
tonitruant, -e bulderend, donderend
le **tonnage** (m) tonnage, laadvermogen
tonnant, -e donderend, daverend
la **tonne** (v) ton [vat, boei, 1000 kg]: *des ~s de déchets* bergen afval; *en faire des ~s* flink overdrijven
le **tonneau** (m) **1** ton, vat: *plein comme un ~* dronken als een kanon **2** [scheepv] registerton **3** [luchtv] rolvlucht ‖ *il a fait un ~* hij is over de kop geslagen
le **tonnelet** (m) vaatje; tonnetje
le **tonnelier** (m) kuiper
la **tonnelle** (v) prieel
la **tonnellerie** (v) kuipersvak, kuiperswerkplaats
tonner 1 donderen **2** (+ contre) [fig] uitvaren, bulderen (tegen)
le **tonnerre** (m) donder: *un ~ d'applaudissements* een daverend applaus; *voix de ~* donderende stem; [fig] *coup de ~* dondersslag; [inf] *du ~!* geweldig!, fantastisch!
la **tonsure** (v) tonsuur
la **tonte** (v) **1** (het) scheren, scheertijd [van schapen]; (het) maaien **2** scheerwol
le **tonton** (m) [inf] ome, oompje
le **tonus** (m) **1** tonus, spanning [van een spier] **2** pit [energie]
le **top** (m) tijdsein, piepje: ~ *chrono!* de tijd loopt!
la **topaze** (v) topaas
tope! top!, afgesproken!, akkoord!
toper aannemen, instemmen: *topez là!* akkoord!
le **topinambour** (m) aardpeer
le **top modèle** (m; mv: top modèles) topmodel
le **topo** (m) uiteenzetting, beschrijving: *c'est toujours le même* ~ het is altijd hetzelfde liedje; *tu connais le* ~! je weet hoe het gaat!
la **topographie** (v) topografie
le **toponyme** (m) plaatsnaam
la **toquade** (v) bevlieging, gril
le/la **¹toquard** (m), **-e** (v) [inf] nitwit, knuppel
²toquard, -e (bn) [inf] lelijk
la **toque** (v) koksmuts, baret; muts: ~ *de fourrure* bontmuts
toqué, -e 1 getikt, knots **2** (+ de) verzot op, gek van
¹toquer (onov ww) kloppen, tikken
se **²toquer de** (wdk ww) verkikkerd raken (op), verliefd raken (op)
la **torah** (v) [Bijb] Thora
la **torche** (v) toorts, fakkel: ~ *électrique* zak

lantaarn; *flamber comme une* ~ branden als een fakkel ‖ *parachute en* ~ onvoldoende opening van een parachute
torché, -e [inf] ladderzat, straalbezopen
¹torcher (ov ww) **1** schoonvegen, afvegen **2** afraffelen, in elkaar flansen: ~ *un article* een artikel in elkaar flansen ‖ *bien torché* gelukt, goed gedaan
se **²torcher** (wdk ww) [pop] [billen, neus] afvegen ‖ *je m'en torche* [inf] het kan me geen reet schelen; *se* ~ *la gueule* zich bezatten
le **torchis** (m) pleisterspecie [van leem en gehakt stro]: *mur en* ~ lemen muur
le **torchon** (m) **1** theedoek; stofdoek, [Belg] dweil: *donner un coup de* ~ even afvegen; [pop] *coup de* ~ ruzie, kloppartij; *il ne faut pas mélanger les ~s et les serviettes* verschil moet er zijn **2** prul, vod: *ce journal est un* ~ deze krant is waardeloos
torchonner afraffelen
tordant, -e dolkomisch, om je rot te lachen
¹tordre (ov ww) **1** draaien **2** wringen, uitwringen, verwringen; verdraaien, om-, verbuigen: ~ *le cou à* de nek omdraaien
se **²tordre** (wdk ww) zich wringen, zich kronkelen: *se* ~ *le pied* (of: *le poignet*) zijn voet (of: pols) verstuiken; *se* ~ *de rire* zich krom lachen; *se* ~ *comme une baleine* zich een bult lachen; *se* ~ *de douleur* verrekken van de pijn
tordu, -e krom, verbogen: *esprit* ~ verknipte geest
le **toréador** (m) toreador; stierenvechter
le **torero** (m) stierenvechter
la **torgnole** (v) [pop] opstopper, lel
la **tornade** (v) tornado, wervelstorm
la **torpeur** (v) versuftheid; verdoving, apathie
le **torpillage** (m) torpedering
la **torpille** (v) **1** sidderrog **2** torpedo: ~ *aérienne* luchttorpedo
torpiller torpederen [ook fig]
le **torpilleur** (m) torpedoboot
le **torréfacteur** (m) (koffie)brander
la **torréfaction** (v) (het) branden van koffie
torréfier branden [van koffie, cacao]
le **torrent** (m) **1** bergstroom: *il pleut à ~s* het stortregent **2** stortvloed [ook fig]: ~ *d'injures* scheldkanonnade; *verser des ~s de larmes* tranen met tuiten huilen
torrentiel, -le (als) van een bergstroom: *pluie ~le* stortregen
torride 1 zengend, brandend, gloeiend: *chaleur* ~ verzengende hitte; *zone* ~ hete luchtstreek **2** [seks] heet, geil, sensueel
tors, -e verdraaid, mismaakt, scheef, krom
la **torsade** (v) **1** (gedraaide) franje, koord **2** [bouwk] kabelmotief **3** wrong
torsader strengelen, ineendraaien, tot een wrong draaien
le **torse** (m) romp; tors(o): ~ *nu* met ontbloot bovenlijf; *bomber le* ~ zijn borst opzetten
la **torsion** (v) (het) draaien, wringen; ver

draaiing, vervorming; [techn] torsie; (het) krom doen groeien [van een tak]; (het) vertrekken [van de mond]; verstuiking

le **tort** (m) ongelijk; onrecht; nadeel, schade; fout; schuld: *à* ~ ten onrechte; *à* ~ *et à travers* te pas en te onpas, lukraak, in het wilde weg; *avoir* ~ ongelijk hebben; *causer du* ~ onrecht aandoen; *avoir* ~ *de* er verkeerd aan doen te [+ onbep w]; ten onrechte [+ onbep w]; *donner* ~ ongelijk geven; *tous les* ~*s sont de son côté* het ongelijk is geheel aan zijn kant; *faire (du)* ~ *à* **a)** benadelen; **b)** onrecht aandoen; *être dans son* ~ in het ongelijk zijn; *reconnaître ses* ~*s* zijn ongelijk erkennen

les **tortellinis** (mv, m) tortellini
le **torticolis** (m) stijve nek; scheve hals
la **tortilla** (v) tortilla
le **tortillard** (m) boemeltreintje
le **tortillement** (m) gedraai, (het) gedraaid zitten; kronkeling
¹**tortiller** (onov ww) **1** heen en weer draaien: ~ *des hanches* heupwiegen **2** eromheen draaien: *il n'y a pas à* ~ daar kun je niet omheen, er valt niet aan te tornen
²**tortiller** (ov ww) krullen, wringen, (ineen)draaien
se ³**tortiller** (wdk ww) **1** zich kronkelen, kringelen: *se* ~ *sur sa chaise* op zijn stoel wiebelen, onrustig op zijn stoel zitten **2** (+ à) zich in allerlei bochten wringen (om)
le **tortillon** (m) haarwrong
le **tortionnaire** (m) folteraar
la **tortue** (v) **1** schildpad **2** traag iem.
tortu|eux, -euse kronkelend, bochtig; [fig] achterbaks, slinks
la **torture** (v) foltering, pijniging, kwelling, marteling: *mettre à la* ~ **a)** folteren; **b)** in grote verlegenheid brengen; **c)** doen branden van ongeduld; *mettre son esprit à la* ~ zijn hersenen afpijnigen, zich aftobben
¹**torturer** (ov ww) **1** folteren, pijnigen, kwellen, martelen **2** tot een grimas vertrekken
se ²**torturer** (wdk ww) zich kwellen: *se* ~ *l'esprit* zich de hersenen afpijnigen
torve dreigend, schuins [van een blik]
la **Toscane** (v) Toscane
tôt vroeg, spoedig: *se lever* ~ vroeg opstaan; ~ *ou tard* vroeg of laat; *plus* ~ eerder, vroeger; *au plus* ~, *le plus* ~ *possible* zo vroeg, zo spoedig mogelijk; *ce n'est pas trop* ~! het werd tijd!
le ¹**total** (m) totaal, geheel, som: *au* ~ **a)** over het geheel, in totaal; **b)** uiteindelijk; *le* ~ *des recettes* de totale opbrengst
²**total, -e** (bn) totaal, volkomen, volledig, (al)geheel, volslagen: *somme* ~*e* totaalbedrag
le **totalisateur** (m) totalisator
totaliser 1 op-, samenstellen **2** in totaal tellen (behalen), op zijn conto hebben; [fig]

erop hebben zitten **3** in zich verenigen
totalitaire totalitair
la **totalité** (v) geheel, totaal, totaliteit: *la* ~ *de* de gezamenlijke; *la presque-~ de* nagenoeg alle; *en* ~ geheel, zonder uitzondering
le **totem** (m) totem(paal)
le/la **Touareg** (m/v) Toeareg
le **toubib** (m) [inf] dokter
le **toucan** (m) toekan
¹**touchant, -e** (bn) ontroerend, aandoenlijk
²**touchant** (vz) betreffende, omtrent
la **touche** (v) **1** toets [in meerdere betekenissen]: *téléphone à* ~*s* druk(toets)telefoon; ~ *entrée* entertoets; ~ *d'échappement* (of: *Echap*) escapetoets; ~ *fléchée* pijltjestoets; ~ *de fonction* functietoets **2** [schermen] treffer **3** [schilderkunst] penseelstreek; [bij een schrijver] stijl, trekje **4** [sport] inworp: *ligne de* ~ zijlijn; *rester sur la* ~ **a)** aan de kant staan; **b)** zich afzijdig houden; **c)** op de reservebank zitten; *juge de* ~ grensrechter || *faire une* ~ sjans hebben
le **touche-à-tout** (m) **1** kind dat overal aankomt **2** iem. die zich met van alles en nog wat bezighoudt
le ¹**toucher** (m) gevoel, tastzin; aanraking; [muz] toucher, aanslag; [med] (het) toucheren
²**toucher à** (onov ww) **1** raken, komen (aan), grenzen aan **2** [fig] betrekking hebben op, zich bemoeien met; aanroeren: ~ *au but* zijn doel nabij zijn; ~ *à sa fin* ten einde lopen
³**toucher** (ov ww) **1** (aan)raken; grenzen aan, vlakbij zijn **2** beuren, ontvangen, verdienen, innen, uitbetaald krijgen **3** bereiken; toetsen: ~ *à tout* overal aan zitten; ~ *le fond* **a)** de bodem raken; **b)** [fig] een absoluut dieptepunt bereiken; ~ *du bois* afkloppen; ~ *qqch. du doigt* iets betasten, bevoelen; *être touché par* getroffen zijn door, te lijden hebben van; [fig] *il touche sa bille* hij is hartstikke goed; *où est-ce que je peux vous* ~? waar kan ik u bereiken?; *touché!* raak! **4** [fig] (ont)roeren, aanroeren **5** aangaan, betreffen; verwant zijn aan: ~ *de près* zeer ter harte gaan; ~ *un mot de qqch.* even over praten
se ⁴**toucher** (wdkg ww) elkaar (aan)raken, aan elkaar grenzen: *les extrêmes se touchent* de uitersten raken elkaar
la **touffe** (v) dot, pluk, bosje, toef
touffu, -e 1 dicht(begroeid) **2** verward, ingewikkeld
touiller [inf] omroeren, hutselen
toujours 1 altijd, steeds; nog altijd, eeuwig, immer: *pour* ~ voorgoed; *il l'aime* ~ hij houdt nog steeds van haar **2** in ieder geval: *c'est* ~ *ça (de pris)* dat is alvast binnen, dat is mooi meegenomen || *faites* ~ toe maar, ga je gang maar; *parle* ~ praat maar door; *comme* ~ zoals altijd; [inf] *tu peux* ~ *courir!* vergeet

het maar!

la **toundra** (v) toendra

le **toupet** (m) **1** toef (bosje) haar, kuif: *faux* ~ haarstukje, toupetje **2** lef, brutaliteit: *il ne manque pas de* ~ hij durft wel, wat een brutale hond!

la **toupie** (v) **1** (prik)tol: *il ronfle comme une* ~ hij ligt te ronken **2** [techn] frees ‖ *une vieille* ~ een oude taart

le **¹tour** (m) **1** omdraaiing, ronddraaiing, omloop; toer; slag [van een schroef]; kronkeling; verdraaiing: ~ *de reins* spit; *à* ~ *de bras* uit alle macht; *fermer à double* ~ op (het nacht)slot doen; *en un* ~ *de main* in een handomdraai; *donner un* ~ *de vis* **a)** aandraaien [van een schroef]; **b)** [fig] aanscherpen **2** ronde [ook sport]; toertje, wandeling; rondreis: *le* ~ *de France* de Ronde van Frankrijk; *faire le* ~ *du cadran* de klok rond slapen; *faire un* ~ *d'horizon* een algemeen overzicht geven; *faire le* ~ *d'une question* een kwestie van alle kanten bekijken; *j'irai faire un* ~ *chez lui* ik ga eens even bij hem langs; ~ *du monde* reis om de wereld **3** omtrek; wijdte, maat: ~ *de taille* taille; ~ *de poitrine* borstomvang **4** streek, toer, kunstje: ~ *d'adresse* handigheid, kunstje; ~ *de cochon* smerige streek; ~ *de cartes* kunstje met kaarten; ~ *de passe-passe* goocheltruc; ~ *de force* krachttoer; *jouer un mauvais* ~ à erin laten lopen, een poets bakken; *cela m'a joué des* ~s dat heeft mij parten gespeeld; *le* ~ *est joué!* klaar is kees!; *avoir plus d'un* ~ *dans son sac* niet voor één gat te vangen zijn **5** wending, manier van doen te zeggen: ~ *d'esprit* ziens-, denkwijze, opvatting; ~ *de phrase* zinswending; *prendre un mauvais* ~ een slechte wending nemen **6** draaibank: ~ *de potier* pottenbakkersschijf **7** beurt; ronde [verkiezing]: *chacun son* ~ ieder op zijn beurt; ~ *à* ~ om beurten, beurtelings; *à* ~ *de rôle* bij toerbeurt, om de beurt; ~ *de chant* optreden [van een zanger]

la **²tour** (v) **1** toren: ~ *de refroidissement* koeltoren; ~ *d'ivoire* ivoren toren **2** hoog flatgebouw, torenflat

la **tourbe** (v) turf

la **tourbière** (v) veenderij: *haute* ~ hoogveen

le **tourbillon** (m) **1** wervel-, dwarrelwind; werveling: ~ *de sable* zandstorm **2** draaikolk **3** [fig] maalstroom

tourbillonnant, -e dwarrelend, wervelend

le **tourbillonnement** (m) werveling

tourbillonner wervelen; snel ronddraaien; [m.b.t. gedachten] woelen

la **tourelle** (v) **1** torentje **2** pantsertoren; geschutkoepel **3** revolverkop [aan draaibank, filmcamera]

le **Touring-Secours** (m) [Belg] [Belg] pechdienst

le **tourisme** (m) toerisme; vreemdelingenverkeer: *office du* ~ [vergelijkbaar] VVV; *le* ~ *vert* ecologisch verantwoord toerisme; ~ *de la drogue* drugstoerisme; *voiture de* ~ personenauto; *faire du* ~ voor zijn plezier reizen, sightseeën

le/la **touriste** (m/v) toerist(e)

touristique toeristen-, toeristisch: *guide* ~ reisgids

le **tourment** (m) **1** gruwelijke pijn, foltering **2** kwelling; beroering **3** kwelgeest

la **tourmente** (v) [fig] hevige beroering

tourmenté, -e 1 gekweld **2** veel bewogen **3** verwrongen, onregelmatig

¹tourmenter (ov ww) **1** tergen, kwellen, achtervolgen, niet met rust laten **2** [m.b.t. jaloezie, wroeging] verteren

se **²tourmenter** (wdk ww) zich ongerust (zorgen) maken

le **tournage** (m) **1** (het) draaien [op de draaibank] **2** (het) opnemen [filmen]

le **Tournai** (m) Doornik

tournailler ronddraaien

le **¹tournant** (m) **1** hoek, bocht **2** keerpunt, wending: *attendre qqn. au* ~ [fig] iem. weten te vinden; *le* ~ *du siècle* de eeuwwisseling

²tournant, -e (bn) draaiend: *grève -e* roulerende staking; [mil] *mouvement* ~ omtrekkende beweging; *escalier* ~ wenteltrap

la **tournante** (v) [inf] groepsverkrachting

tourné, -e 1 gevormd: *bien* ~ **a)** welgevormd; **b)** goed geschreven; *mal* ~ **a)** lelijk; **b)** slecht geschreven; *avoir l'esprit mal* ~ een dirty mind hebben **2** zuur geworden [van melk]; gegist

tournebouler [inf] helemaal van streek maken

le **tournebroche** (m) draaispit

le **tourne-disque** (m; mv: tourne-disques) platenspeler

le **tournedos** (m) tournedos, ossenhaas

la **tournée** (v) tournee, rondreis, rondgang; inspectiereis; rondje: *offrir une* ~ een rondje geven

le **tournemain** (m): *en un* ~ in een handomdraai

¹tourner (onov ww) **1** [rond] draaien; afslaan [links, rechts]; spelen [in een film]: ~ *court* plotseling ophouden, afbreken; ~ *autour du pot* er omheen draaien; ~ *autour des 50 euros* rond de 50 euro kosten; ~ *rond* vlot verlopen; *ça ne tourne pas rond* dat gaat (zit) niet goed; ~ *en rond* rondlopen, niets uitvoeren; *la tête lui tourne* hij is duizelig; *le vent a tourné* de wind is gedraaid; *ça va mal* ~ dat gaat niet goed; *elle a bien* tourné het is goed gekomen met haar; [inf] ~ *de l'œil* van zijn stokje gaan **2** een wending nemen, keren; (zich) veranderen: *la chance a tourné* de kans is gekeerd; ~ *à l'avantage de* in het voordeel uitvallen van; ~ *au tragique* een noodlottige wending nemen; *le lait a tourné* de melk is zuur geworden

²**tourner** (ov ww) **1** draaien, omdraaien; omkeren, richten [blik]; omslaan [van een bladzij]: ~ *la page* **a)** de bladzij omslaan; **b)** [fig] vergeten; ~ *le dos à qqn.* iem. de rug toekeren; ~ *les talons* de hielen lichten; ~ *la tête* **a)** omkijken; **b)** [fig] (het) hoofd op hol brengen; **c)** naar het hoofd stijgen; ~ *en ridicule* belachelijk maken **2** om gaan [een hoek]; opnemen, (ver)filmen; omheen trekken; [fig] omzeilen, vermijden

se ³**tourner** (wdk ww) **1** zich (om)draaien, zich omkeren: [fig] *ne plus savoir de quel côté se* ~ geen raad meer weten **2** (+ vers) zich richten naar, zich wenden tot

le **tournesol** (m) **1** zonnebloem **2** lakmoes

le **tourneur** (m) draaier

le **tournevis** (m) schroevendraaier

tournicoter [inf] ronddraaien

le **tourniquet** (m) **1** draaihek **2** draaibare standaard: ~ *de jardinier* tuinsproeier

le **tournis** (m) [fig, inf] duizeling: *donner le* ~ *à qqn.* iem. duizelig maken

le **tournoi** (m) steekspel; toernooi

le **tournoiement** (m) draaiing, dwarreling, werveling

tournoyer draaien, dwarrelen, wervelen

la **tournure** (v) **1** wending; verloop, ontwikkeling: *la* ~ *des événements* het verloop van de gebeurtenissen **2** aanzicht, voorkomen: *prendre* ~ zich duidelijk aftekenen **3** [taalk] uitdrukking

le **tour-opérateur** (m) touroperator; reisorganisator

la ¹**tourte** (v) hartige taart, quiche

²**tourte** (bn) idioot

le **tourteau** (m) noordzeekrab

les **tourtereaux** (mv, m) [fig] stel tortelduifjes; verliefd paartje

la **tourterelle** (v) tortelduif

la **tourtière** (v) taartvorm

tous *zie* ¹*tout*

la **Toussaint** (v) Allerheiligen: *à la* ~ Allerheiligen

tousser hoesten; zijn keel schrapen; kuchen; [m.b.t. motor] haperen

le **toussotement** (m) gekuch

toussoter kuchen

le ¹**tout** (m; mv: touts) **1** (ge)heel: *(pas) du* ~ in het geheel niet; *en* ~ in het geheel **2** voornaamste **3** heelal

²**tout, -e** (bn, mv: *tous*; vmv: *toutes*; veranderlijk voor vrouwelijk bn met medeklinker of *h aspiré* beginnend) al, alle; geheel, vol; enig; ieder, elk, alle: *tous les ans* jaarlijks, ieder jaar; *tous (les) deux* beide(n); ~*es les fois* telkens, steeds; *tous les jours* dagelijks; *tous les matins* iedere ochtend; ~*es les dix minutes* om de tien minuten; *tous les deux jours* om de

andere dag; ~ *le monde* iedereen; ~ *le pays* het hele land; *tous les pays* alle landen; *le Tout-Paris* de Parijse society; ~ *un village* een heel dorp; *de* ~*e façon* in elk geval; *à* ~*es jambes* zo snel mogelijk; *véhicule tous terrains* terreinwagen, terreinvoertuig; *en* ~*e simplicité* in alle eenvoud; *ce qui* (of: *que*) al wat; *somme* ~*e* uiteindelijk, alles welbeschouwd; *à* ~*e allure*, *à* ~*e vitesse* in volle vaart; *de* ~*e évidence* klaarblijkelijk

³**tout** (onb vnw, mmv: *tous*, vmv: *toutes*) **1** alles: *il a* ~ *pour lui* hij bezit alle gewenste eigenschappen; *elle est gentile comme* ~ zij is heel aardig **2** alle(maal), iedereen: *ils sont tous partis* ze zijn allemaal vertrokken; *une fois pour* ~*es* eens en voor altijd

⁴**tout** (bw) **1** geheel, helemaal; heel erg, zeer: *une* ~ *autre place* een geheel andere plaats; ~ *bas* heel zachtjes; ~ *doux!* rustig maar!; ~ *droit* rechtdoor; *être* ~ *oreilles* een en al oor zijn; ~ *à coup* plotseling; ~ *d'un coup* ineens; ~ *à fait* helemaal; ~ *à l'heure* straks; ~ *de même* **a)** toch; **b)** ja maar, hoor eens; ~ *au plus* hoogstens; ~ *de suite* dadelijk; *c'est* ~ *vu* dat hoeft geen betoog; ~ *enfant il écrivait déjà des histoires* als kind al schreef hij verhalen **2** (+ que) hoe ... ook **3** [+ *gérondif*] *terwijl* ...: ~ *en fumant* terwijl ik rook

le **tout-à-l'égout** (m) riolering

toutefois echter, evenwel, toch

tout-en-un alles in één

la **toute-puissance** (v) almacht

le **toutes-boîtes** (m) [Belg] huis-aan-huisblad

tout-fou (mv: tout-fous) [inf] door het dolle heen, wild, onbesuisd

le **toutou** (m) woef [hond]

le **Tout-Paris** (m) (de) Parijse upper ten

le **tout-petit** (m) peuter

tout-puissant, toute-puissante almachtig

le **Tout-Puissant** (m) de Almachtige

le **tout-terrain** (m) terreinwagen: *vélo* ~ ATB, mountainbike

tout-va: *à* ~ ongebreideld; zeer sterk; ongeremd

le **tout-venant** (m) wie, wat zich aandient; Jan en alleman

la **toux** (v) hoest: *quinte de* ~ hoestbui

la **toxicité** (v) giftigheid

le/la ¹**toxicodépendant** (m), **-e** (v) drugsverslaafde

²**toxicodépendant, -e** (bn) drugsverslaafd

la **toxicologie** (v) toxicologie

le/la ¹**toxicomane** (m/v) drugsgebruik(st)er, drugsverslaafde

²**toxicomane** (bn) verslaafd aan drugs

la **toxicomanie** (v) verslaving

le ¹**toxique** (m) vergif

²**toxique** (bn) giftig: *gaz* ~ gifgas

le **trac** (m) plankenkoorts, examenvrees: *avoir le* ~ in de rats zitten la **traçabilité** (v) traceerbaarheid

les **tracas** (mv, m) zorgen
¹tracasser (ov ww) last bezorgen, plagen, kwellen; verontrusten

se **²tracasser** (wdk ww) zich zorgen maken

la **tracasserie** (v) last, moeilijkheid; plagerij: ~s *administratives* papieren rompslomp
tracassier lastig, plagerig, pietluttig

la **trace** (v) spoor, merk, teken: *marcher sur les* ~s *de qqn.* in iemands voetsporen treden, iem. navolgen; *être sur la* ~ *d'un criminel* een misdadiger op het spoor zijn; *il a disparu sans laisser de* ~s hij is spoorloos verdwenen; ~s *de freinage* remsporen

le **tracé** (m) **1** tracé, plan, ontwerp **2** loop

tracer [een weg] banen: [fig] ~ *le chemin* voorgaan, het voorbeeld geven **2** traceren, uitzetten, aftekenen; [fig] uitstippelen, aangeven: ~ *les grandes lignes* de grote lijnen aangeven **3** [een lijn] trekken

le/la **¹trac|eur** (m), **-euse** (v) iem. die een parcours uitzet
²trac|eur, -euse (bn): *balle traceuse* lichtkogel

le **traçeur** (m): ~ *de courbes* [comp] plotter

la **trachée** (v) luchtpijp

le **tract** (m) vlugschrift, pamflet

la **tractation** (v) (geheime) onderhandeling

tracter slepen, voorttrekken, trekken

le **tracteur** (m) tractor, trekker

la **traction** (v) **1** (het) trekken, rekken **2** reken strekoefeningen **3** tractie, trekkracht, voortbeweging: ~ *avant* voorwielaandrijving

la **tradition** (v) **1** traditie, overlevering **2** [jur] bezitsoverdracht

le/la **¹traditionaliste** (m/v) traditionalist(e)
²traditionaliste (bn) traditionalistisch
traditionnel, -le traditioneel, gebruikelijk
traditionnellement volgens traditie, (zoals) gebruikelijk

le/la **traduc|teur** (m), **-trice** (v) vertaler, vertaalster

la **traduction** (v) vertaling; weergave, vertolking
¹traduire (ov ww) **1** vertalen, omzetten, overbrengen **2** weergeven, vertolken **3** [jur] dagen, dagvaarden

se **²traduire** (wdk ww) **1** vertaald worden **2** (+ par) tot uiting komen in, zich uiten in
traduisible vertaalbaar

le **trafic** (m) **1** onwettige handel, sluikhandel: ~ *de stupéfiants* handel in verdovende middelen; [jur] *le* ~ *d'influence* het zich laten omkopen, het aannemen van steekpenningen [m.b.t. iem. in overheidsdienst] **2** verkeer: ~ *aérien* vliegverkeer, luchtverkeer
traficoter [inf] sjacheren

le/la **trafiquant** (m), **-e** (v) sjacheraar(ster); zwarthandelaar: ~ *de drogue* drugsdealer
¹trafiquer (onov ww) **1** zwarte handel drijven **2** [inf] doen, uitvoeren, rommelen

²trafiquer (ov ww) knoeien (met), vervalsen

la **tragédie** (v) tragedie, treurspel; [fig] tragisch voorval

le/la **tragédien** (m), **-ne** (v) treurspelspeler, -speelster

la **tragicomédie** (v) tragikomedie

le **¹tragique** (m) **1** treurspelschrijver **2** (het) tragische; tragiek: *prendre au* ~ al te ernstig opnemen; *tourner au* ~ een noodlottige wending nemen
²tragique (bn) tragisch, treurspel-; treurig, droevig; noodlottig

¹trahir (ov ww) verraden; verraad plegen; verloochenen, verzaken; ontrouw worden aan, in de steek laten: ~ *la confiance de qqn.* iemands vertrouwen beschamen; *ses jambes le trahissent* zijn benen laten hem in de steek; ~ *les paroles de qqn.* iemands woorden slecht weergeven, verdraaien

se **²trahir** (wdk ww) **1** zijn mond voorbij praten **2** aan de dag treden

la **trahison** (v) verraad; ontrouw: *haute* ~ hoogverraad

le **train** (m) **1** trein: *à grande vitesse*, TGV hogesnelheidstrein; *prendre le* ~ *en marche* op een rijdende trein springen; [sport] *mener le* ~ aan de kop van het peloton rijden; *suivre le* ~ het tempo volgen [ook fig]; ~ *direct* rechtstreekse verbinding **2** gang, vaart, snelheid; drukte, beweging; loop [der dingen]: *aller bon* ~ een goede vaart hebben; *aller son* ~ **a)** zijn gang(etje) gaan; **b)** voortgang hebben; *au* ~ *où vont les choses* als het zo doorgaat; *il est en* ~ *de dessiner* hij is aan het tekenen; ~ *d'enfer* vliegende vaart; *à fond de* ~ in volle vaart; ~ *de vie* leefwijze **3** (na)sleep, gevolg: *mener grand* ~ op grote voet leven **4** voorste, achterste gedeelte [van een dier] **5** onderstel: ~ *avant* voorstel; ~ *arrière* achterstel; ~ *d'atterrissage* landingsgestel; [fig] *filer le* ~ *à qqn.* iem. op de hielen zitten
traînailler treuzelen; rondhangen
traînant, -e [over de grond] slepend; [m.b.t. stem] lijzig

le/la **traînard** (m), **-e** (v) achterblijver, -blijfster; treuzelaar(ster)
traînasser rondhangen; treuzelen

la **traîne** (v) **1** sleep [van rok] **2** sleepnet: *être à la* ~ achterblijven

le **traîneau** (m) slede, arrenslee; sleepnet

la **traînée** (v) **1** spoor, streep, slier: ~s *de brouillard* mistflarden; *se répandre comme une* ~ *de poudre* zich als een lopend vuurtje verspreiden **2** [inf] slet, snol

le **traîne-misère** (m) armoedzaaier

¹traîner (onov ww) **1** (neer)hangen; rondslingeren **2** voortslepen, lang duren; kwijnen, een kwijnend bestaan leiden: *faire* ~ *qqch.* iets op de lange baan schuiven; *ça n'a pas traîné* het heeft niet lang geduurd **3** achterblijven; treuzelen

²**traîner** (ov ww) **1** [over de grond, achter zich aan] slepen, voortslepen, trekken met [een been]; rondhangen: ~ *qqn. dans la boue* iem. door het slijk halen; *il traîne son ennui* hij loopt zich te vervelen; ~ *les pieds* **a)** sloffen; **b)** iets met tegenzin doen **2** meeslepen **3** lijden aan **4** rekken: ~ *en longueur* op de lange baan schuiven

se ³**traîner** (wdk ww) **1** zich voortslepen **2** kruipen **3** eindeloos voortduren

le/la **train|eur** (m), **-euse** (v) iem. die ergens rondhangt

le **training** (m) **1** training **2** [voornamelijk Belg] trainingspak **3** sportschoen

le **train-train** (m) sleur, gewone gangetje

traire melken

le **trait** (m) **1** teug, slok: *d'un* ~ **a)** in één teug; **b)** aan één stuk **2** trektouw, trekriem: *bête de* ~ trekdier **3** lijn, streep, streek, haal, trek: *comme un* ~ als een pijl uit de boog; *d'un* ~ *de plume* met één pennenstreek; ~ *de lumière* lichtstraal; *tirer un* ~ *sur qqch.* een streep door iets zetten, ermee kappen; ~ *d'union* verbindingsstreepje **4** (karakter)trek **5** staaltje **6** steek, schimp, scheut || *avoir* ~ *à* betrekking hebben op

traitant, -e behandelend; verzorgend: *médecin* ~ behandelende geneesheer; *lotion* ~*e* verzorgende lotion

la **traite** (v) **1** traject: *d'une* ~ in één ruk, achter elkaar **2** handel: ~ *des noirs* slavenhandel **3** (het) melken

le **traité** (m) **1** handleiding; handboek; verhandeling **2** verdrag

le **traitement** (m) **1** behandeling [in alle bet]; therapie: *mauvais* ~*s* mishandeling **2** wedde **3** be-, verwerking: ~ *de texte* **a)** tekstverwerking; **b)** tekstverwerker; ~ *de l'information* informatieverwerking

¹**traiter** (onov ww) **1** gaan over **2** (+ de) onderhandelen

²**traiter** (ov ww) **1** behandelen [in alle bet]: *des légumes non traités* onbespoten groenten; ~ *qqn. de* iem. uitmaken voor **2** onthalen **3** onderhandelen over **4** [techn] bewerken; verwerken

se ³**traiter** (wdk ww) **1** zich behandelen; behandeld worden **2** (+ de) elkaar uitmaken voor

le **traiteur** (m) traiteur, leverancier van hapklare gerechten

le/la ¹**traître** (m), **traîtresse** (v) verrader, verraadster: *prendre en* ~ verraderlijk aanvallen

²**traître, traîtresse** (bn) verraderlijk || *ne pas savoir un* ~ *mot de français* geen stom woord Frans kennen

la **traîtrise** (v) **1** verraad **2** verraderlijkheid

les **traits** (mv, m) gelaatstrekken

la **trajectoire** (v) baan [van een hemellichaam, projectiel]

le **trajet** (m) traject, afstand; overtocht; tocht; reis; weg [route]: *faire un* ~ een traject afleggen; *cinq heures de* ~ vijf uur rijden (*of:* reizen); *c'est sur mon* ~ dat ligt op mijn route

le **tralala** (m) poeha: *en grand* ~ pontificaal, met veel poespas

le **tram** (m) tram

la **trame** (v) **1** inslag [van een weefsel]: *usé jusqu'à la* ~ tot op de draad versleten **2** structuur, bouw, stramien

¹**tramer** (ov ww) [fig] smeden, beramen: *elle trame qqch.* ze voert iets in haar schild

se ²**tramer** (wdk ww) beraamd worden

le **traminot** (m) tramemployé

la **tramontane** (v) (koude) noordenwind [in Zuid-Frankrijk]

le **trampoline** (m) trampoline

le **tramway** (m) tram

le ¹**tranchant** (m) (het) scherp

²**tranchant, -e** (bn) **1** snij-, snijdend, scherp: *instrument* ~ scherp voorwerp **2** beslist; bits: *d'un ton* ~ op besliste (*of:* bitse) toon

la **tranche** (v) **1** snee, plak, schijf, moot, stuk: *une* ~ *de vie* een greep uit het leven; ~ *de gâteau* stuk taart; ~ *de viande* stuk vlees **2** bilstuk [van een rund] **3** snee [van een boek] **4** rand [van een munt] **5** deel van een lening **6** trekking [van een loterij] **7** groep cijfers [van een getal] **8** groep, categorie: ~ *d'âge* leeftijdsgroep; ~ *d'imposition* belastingschijf

tranché, -e duidelijk: *il a des opinions très* ~*es* hij heeft uitgesproken meningen

la **tranchée** (v) geul, sleuf; [mil] loopgraaf

¹**trancher** (onov ww) **1** (+ sur, avec) afsteken, scherp uitkomen tegen, contrasteren met **2** doortastend optreden: ~ *dans le vif* het mes erin zetten

²**trancher** (ov ww) **1** af-, doorsnijden; snijden: *machine à* ~ snijmachine **2** [m.b.t. moeilijkheid] een eind maken aan, oplossen: ~ *la question* de knoop doorhakken

le **tranchoir** (m) **1** snijplank **2** hakmes

tranquille rustig, stil, kalm; gerust: *laisser* ~ met rust laten; *endroit* ~ rustige plek; *mener une vie* ~ een rustig leven leiden

le ¹**tranquillisant** (m) kalmerend middel, tranquillizer

²**tranquillisant, -e** (bn) geruststellend, kalmerend

¹**tranquilliser** (ov ww) kalmeren, geruststellen

se ²**tranquilliser** (wdk ww) bedaren, gerust zijn

la **tranquillité** (v) rust, stilte, kalmte; gerustheid

tranquillos [pop] rustig

la **transaction** (v) **1** [ec] transactie, overeenkomst **2** [jur] minnelijke schikking, compromis, vergelijk

transalpin, -e aan de overzijde van de Alpen [ten opzichte van Frankrijk]; Italiaans le **transat** (m) verk van *transatlantique* dek-, ligstoel

le ¹**transatlantique** (m) **1** oceaanschip **2** dek-, ligstoel

la ²**transatlantique** (v) zeiltocht over de Atlantische Oceaan

³**transatlantique** (bn) trans-Atlantisch

transbahuter [inf] verslepen

le **transbordement** (m) overlading, overslag, (het) doen overstappen

transborder overladen, overslaan; doen overstappen

le **transbordeur** (m) ferryboot, overlaadbrug

transcendant, -e 1 superieur **2** [fil] transcendent

transcender overstijgen, uitstijgen boven

transcoder in een andere code overzetten

la **transcription** (v) **1** (het) overschrijven, kopiëren **2** kopie, afschrift **3** transcriptie **4** inschrijving

transcrire 1 overschrijven, kopiëren **2** [muz] arrangeren, bewerken **3** inschrijven

la **transe** (v) **1** trance; vervoering: *en* ~ in trance **2** doodsangst

le **transept** (m) dwarsbeuk, dwarsschip

transférer 1 overbrengen, verplaatsen **2** (+ à) overdragen op **3** overschrijden, overboeken

le **transfert** (m) **1** overbrenging, verplaatsing; overdracht **2** transfer, overmaking, overboeking **3** [techn] transport **4** [sport] transfer **5** [psych] overdracht, projectie

la **transfiguration** (v) **1** transfiguratie, gedaanteverandering **2** verheerlijking van Christus

transfigurer herscheppen, omvormen; [fig] verfraaien

le **transfo** (m) trafo

transformable omvormbaar: *canapé* ~ slaapbank

le **transformateur** (m) transformator

la **transformation** (v) **1** verandering, verbetering; verbouwing, omzetting; verwerking, veredeling **2** gedaanteverwisseling

¹**transformer** (ov ww) **1** (+ en) van gedaante doen veranderen; veranderen (in), omvormen, verbouwen (tot) **2** omzetten, verwerken, veredelen: *cette révélation l'a transformé door die onthulling is hij een nieuw mens geworden*

se ²**transformer en** (wdk ww) een gedaanteverwisseling ondergaan, anders worden, veranderen (in)

transfrontal|ier, -ière grensoverschrijdend: *pollution transfrontalière* grensoverschrijdende vervuiling

le/la **transfuge** (m/v) overloper, -loopster

transfusé, -e iem. die bloed heeft ontvangen

transfuser bloedtransfusie geven (aan)

la **transfusion** (v) (bloed)transfusie: ~ *san-*

guine bloedtransfusie

transgénique genetisch gemodificeerd

le/la **transgenre** (m/v) transgender

transgresser overtreden, schenden, zich niet houden aan

la **transgression** (v) overtreding, schending

la **transhumance** (v) het overbrengen van vee uit dal naar bergweide en vice versa

transhumer naar de bergweiden overbrengen (gaan) [van vee]

transi, -e verstijfd, verkleumd

transiger 1 [jur] een schikking treffen **2** het op een akkoordje gooien; schipperen

le **transistor** (m) transistor(radio)

transistoriser van transistors voorzien

le **transit** (m) transito, doorvoer; doorreis: *voyageurs en* ~ doorgaande reizigers

le/la ¹**transitaire** (m/v) expediteur, expeditrice

²**transitaire** (bn) doorvoer-, transito-

¹**transiter** (onov ww) doorgevoerd worden, op doorreis zijn: ~ *par* reizen door

²**transiter** (ov ww) doorvoeren

transit|if, -ive overgankelijk, transitief

la **transition** (v) overgang(speriode): *sans* ~ plotseling

transitoire transitoir, overgangs-; voorbijgaand, voorlopig, tijdelijk

la **translation** (v) [jur] overdracht

translucide doorschijnend

le **transmetteur** (m) seintoestel

¹**transmettre** (ov ww) **1** doorgeven, overleveren, doen toekomen, overbrengen, uitzenden **2** overdragen (op), besmetten (met) **3** [jur] overdragen **4** [nat] geleiden, voortplanten

se ²**transmettre** (wdk ww) **1** overgebracht worden, overgaan **2** overerven, erfelijk zijn **3** [nat] zich voortplanten

transmissible overdraagbaar, besmettelijk, overerfelijk: *maladies sexuellement ~s (MST)* seksueel overdraagbare aandoeningen (soa)

la **transmission** (v) **1** overdracht: ~ *du savoir* kennisoverdracht **2** overbrenging, transmissie: *courroie de* ~ drijfriem **3** besmetting **4** (het) overbrengen, doorgeven, overseinen, uitzenden; uitzending

les **transmissions** (mv, v) [mil] verbindingsdienst: *services des* ~ verbindingstroepen

transmuer [chem] omzetten, transmuteren; veranderen: *se* ~ *en* veranderen in

la **transmutation** (v) transmutatie, omzetting

transparaître 1 (+ à travers de) schijnen, waarneembaar zijn (door) **2** [fig] doorschemeren: *laisser* ~ verraden

la **transparence** (v) doorzichtigheid; helderheid, doorschijnendheid; [fig] openheid, openbaarheid

le ¹**transparent** (m) transparant, sheet

²**transparent, -e** (bn) transparant, door-

zichtig [ook fig]; helder
transpercer 1 doorsteken, doorboren
2 dringen door: *froid qui vous transperce*
doordringende kou
la **transpiration** (v) (het) zweten; uitwaseming; transpiratie, zweet
transpirer 1 transpireren, zweten **2** uitlekken, ruchtbaar worden
le **transplant** (m) transplantaat
la **transplantation** (v) verplanting; transplantatie; overplaatsing
transplanter 1 ver-, overplanten; overplaatsen **2** transplanteren
le **transport** (m) **1** transport, vervoer: *entreprise de* ~ expeditiebedrijf, transportbedrijf; *~s en commun, ~s publics* openbaar vervoer; *~s routiers* wegvervoer; *~s fluviaux* binnenscheepvaart; *~s aériens* luchtvervoer; *frais de* ~ vervoerkosten, transportkosten **2** uitbarsting [van vreugde enz.]; vervoering, opgewondenheid; roes; vurig blijk **3** [jur] overdracht
transportable te vervoeren, vervoerbaar
¹**transporter** (ov ww) **1** vervoeren, transporteren, overbrengen **2** [boekh] overboeken **3** [jur] overdragen **4** in vervoering, in verrukking brengen
se ²**transporter** (wdk ww) zich verplaatsen; zich begeven
le **transporteur** (m) vervoerder, expediteur; transporteur
les **transports** (mv, m) vervoermiddelen
transposer verschikken, omzetten; [fig] vertalen; verwisselen, overbrengen, verplaatsen; [muz] transponeren
la **transposition** (v) verschikking, verplaatsing, omzetting; [fig] vertaling; verwisseling; [muz] transpositie
le/la ¹**transsexuel** (m), **-le** (v) transseksueel
²**transsexuel, -le** (bn) transseksueel
transsibérien, -ne trans-Siberisch
le **Transsibérien** (m) Trans-Siberië-Expres
transvaser overgieten; overschenken
transversal, -e transversaal, dwars-, overdwars: *ligne ~e* dwarslijn; *rue ~e* dwarsstraat
la **transversale** (v) **1** transversaal **2** dwarsstraat, zijweg; dwarslijn; dwarslat
le **trapèze** (m) trapezium; trapeze
le/la **trapéziste** (m/v) trapezeacrobaat, -bate
la **trappe** (v) **1** valkuil **2** (val)luik, valdeur; luikgat; schoorsteenschuif **3** schuifraam **4** trappistenklooster
le **trappeur** (m) trapper, pelsjager
le ¹**trappiste** (m) trappist
la ²**trappiste** (v) trappistenbier
trapu, -e gedrongen, massief
la **traque** (v) drijf-, klopjacht
le **traquenard** (m) val; [fig] valstrik: *poser un* ~ een valstrik spannen
traquer 1 opjagen [van wild] **2** achtervolgen

traumatique traumatisch
traumatiser traumatiseren, een trauma bezorgen, een shock veroorzaken bij; hevig schokken
le **traumatisme** (m) trauma, letsel
le **travail** (m; mv: travaux) **1** werk, arbeid: *bleu de* ~ overall; ~ *d'équipe* teamwork; ~ *par équipes* ploegenstelsel; *monde du* ~ actieve deel van de bevolking; ~ *intellectuel* hoofdwerk; ~ *manuel* handarbeid; ~ *ménager* huishoudelijk werk; ~ *à mi-temps* halve baan; ~ *temporaire* uitzendwerk; *sans* ~ werkloos, zonder werk; *incapacité de* ~ arbeidsongeschiktheid; *inspection du* ~ arbeidsinspectie; ~ *d'intérêt général* [jur] dienstverlening, alternatieve straf; *se tuer au* ~ zich doodwerken **2** bewerking **3** proces, werking, functioneren **4** weeën
¹**travailler** (onov ww) **1** werken: ~ *d'arrache-pied* aan één stuk door werken; ~ *en usine* in een fabriek werken **2** gisten; [m.b.t. deeg] rijzen
²**travailler** (ov ww) **1** werken (aan), bewerken: ~ *à un roman* aan een roman werken **2** zich oefenen in; instuderen: ~ *un morceau de piano* een pianostuk instuderen **3** [fig] schaven aan, bijschaven: ~ *son style* zijn stijl bijschaven **4** verontrusten, achtervolgen: *cet accident le travaille* dat ongeluk laat hem niet met rust **5** bewerken, trachten te beïnvloeden
le/la ¹**travailleur** (m), **-euse** (v) werker, arbeid(st)er; de werknemer: ~ *immigré* gastarbeider; ~ *intérimaire* uitzendkracht
²**travailleur, -euse** (bn) ijverig, actief, werklustig: *élève* ~ ijverige leerling
travailliste: *parti* ~ Labour Party [in Groot-Brittannië]
les **travaux** (mv, m) **1** werkzaamheden, werk in uitvoering, werken: ~ *agricoles* landbouwwerkzaamheden; ~ *dirigés* werkcollege; ~ *forcés* dwangarbeid; *gros* ~ grove, ruwe werk; ~ *pratiques* werkcollege, practicum; ~ *d'entretien* onderhoudswerk; ~ *routiers* [Belg] wegeniswerken; ~ *publics* openbare werken; *ministère des* ~ *publics* ± ministerie van Verkeer en Waterstaat **2** beraadslagingen, besprekingen; activiteiten
la **travée** (v) **1** [bouwk] travee [gewelfvak] **2** rij [van banken]
le **traveller's chèque** (m) reischeque; travellerscheque
le **travelo** (m) [inf] travestiet
le **travers** (m) eigenaardigheid, zwakte, klein gebrek ‖ *à* ~ (dwars) door; *à* ~ *les siècles* door de eeuwen heen; *de* ~ scheef, verkeerd; *en* ~ overdwars; *en* ~ *de* dwars over; *à tort et à* ~ te pas en te onpas; *tout de* ~ schots en scheef; *courir à* ~ *champs* door de velden zwerven; *comprendre de* ~ verkeerd begrijpen; *aller de*

~ mislukken; *avaler de* ~ zich verslikken; *prendre de* ~ verkeerd opvatten; *regarder de* ~ scheef aankijken [achterdochtig]; *se mettre en* ~ *de* zich verzetten tegen, dwarsbomen

la **traverse** (v) dwarsbalk; [spoorw] dwarsligger: *(chemin de)* ~ zijweg

la **traversée** (v) oversteek; doortocht, overtocht; reis door; gaan (rijden) door: [fig] ~ *du désert* a) tocht door de woestijn; b) tijdelijke verdwijning uit de openbaarheid

traverser 1 (dwars) gaan door, dringen door; doorreizen, doorrijden, doorvaren, doorlopen, doorstromen; doorboren, doorsteken; sijpelen door, kruisen; oversteken, overgaan, overtrekken: ~ *à la nage* overzwemmen; ~ *la rue* oversteken **2** doormaken, doorstaan: ~ *l'histoire* voortleven; ~ *une crise* een crisis doormaken

travers|ier, -ière: *flûte traversière* dwarsfluit

le **traversin** (m) peluw; hoofdkussen

le **¹travesti** (m) travestie(rol); travestiet

²travesti, -e en (bn) verkleed, vermomd (als): *bal* ~ gekostumeerd bal

¹travestir (ov ww) **1** verkleden, vermommen **2** verkeerd voorstellen, verdraaien

se **²travestir** (wdk ww) zich verkleden, zich vermommen

le **travestissement** (m) **1** vermomming, verkleding; travestie **2** verdraaiing, verkeerde voorstelling

traviole: [inf] *de* ~ scheef; verkeerd

la **trayeuse** (v) melkmachine

le **trayon** (m) tepel, speen

trébuchant, -e struikelend; wankelend, waggelend; aarzelend: *espèces sonnantes et* ~*es* klinkende munt

le **trébuchement** (m) struikeling

trébucher 1 struikelen [ook fig] **2** haperen

le **trébuchet** (m) goudschaal, precisiebalans

le **trèfle** (m) **1** klaver: *roi de* ~ [kaartsp] klaverkoning **2** klaverblad: ~ *à quatre feuilles* klavertjevier

le **tréfonds** (m) (het) diepst, diepste innerlijk

le **treillage** (m) lat-, traliewerk; hek

la **treille** (v) wingerdprieel; wijnrank langs latwerk: *le jus de la* ~ het edele vocht [wijn]

le **treillis** (m) **1** rasterwerk; traliewerk **2** [mil] gevechtstenue

treize dertien: ~ *à la douzaine* dertien in een dozijn; *vendredi* ~ vrijdag de dertiende [ongeluksdag]

treizième dertiende

le/la **trekk|eur** (m), **-euse** (v) trekker, backpacker [die trektochten maakt]

le **trekking** (m) trektocht: *un* ~ *dans l'Himalaya* een trektocht door de Himalaya

le **tréma** (m) trema

tremblant, -e bevend, trillend; flakkerend

le **tremble** (m) ratelpopulier

tremblé, -e beverig

le **tremblement** (m) beving, siddering, (t)rilling; beverigheid; flakkering: ~ *de terre* aardbeving

trembler 1 beven, sidderen, trillen; rillen; flakkeren **2** [fig] vrezen

le **trembleur** (m) zoemer

tremblotant, -e beverig, trillend, bevend; flakkerend

la **tremblote** (v): *avoir la* ~ de bibberatie hebben

le **tremblotement** (m) het (lichte) beven, trillen

trembloter lichtelijk beven

la **trémie** (v) **1** storttrechter **2** voederbak [voor vogels]

trémière: *rose* ~ stokroos

le **trémolo** (m) triller; trilling

le **trémoussement** (m) geschud; gespring, gedraai

se **trémousser** zich druk bewegen; draaien, heupwiegen

le **trempage** (m) (het) natmaken, bevochtigen, weken

la **trempe** (v) **1** harding, (het) afschrikken **2** hardheid [van staal]; kwaliteit **3** [fig] geest-, wilskracht; weerstandsvermogen: *qqn. de votre* ~ iem. van uw slag **4** [inf] aframmeling

trempé, -e 1 gehard [van staal]; [fig] wilskrachtig: *acier* ~ gehard staal; *caractère bien* ~ gestaald karakter **2** doorweekt, doornat: ~ *jusqu'aux os* drijfnat

¹tremper (onov ww) **1** liggen te weken; [m.b.t. bloemen] in het water staan: *mettre à* ~ in de week zetten **2** [in negatieve zin] betrokken zijn bij

²tremper (ov ww) **1** doordrenken, doorweken, nat maken: ~ *ses lèvres dans une boisson* van een drankje nippen **2** dopen, soppen; dompelen, onderdompelen **3** harden; stalen

la **trempette** (v): *faire* ~ heel kort baden

le **tremplin** (m) springplank [ook fig]

la **trentaine** (v) **1** dertigtal **2** dertigjarige leeftijd: *il a la* ~ hij is rond de dertig

trente dertig: *sur son* ~ *et un* op zijn paasbest

trentenaire dertigjarig

trente-six zesendertig; [fig] een groot aantal: *il fait* ~ *choses à la fois* hij doet van alles tegelijk; *il n'y en a pas* ~! zoveel zijn er niet!

trentième dertigste

la **trépanation** (v) [med] trepanatie; schedelboring

le/la **trépassé** (m), **-e** (v) [form] overledene: *le jour* (of: *la fête*) *des Trépassés* Allerzielen [2 november]

trépasser [form] verscheiden, sterven

trépidant, -e 1 gejaagd, rusteloos, jachtig, wervelend, bruisend **2** trillend, schuddend, vibrerend

la **trépidation** (v) **1** gedaver, getril, geschud

2 gejaagdheid, jachtigheid
trépider trillen, schudden, daveren
le **trépied** (m) drievoet, driepoot
le **trépignement** (m) getrappel, gestamp-
voet
trépigner trappelen, stampvoeten; dansen
[van vreugde]
très heel, erg, zeer, hoogst: ~ *bien* heel
goed; *faire* ~ *attention* heel goed opletten;
arriver ~ *en avance* veel te vroeg komen; *à* ~
bientôt tot heel binnenkort
le **Très-Haut** (m) [rel] (de) Allerhoogste
le **trésor** (m) **1** schat: *mon* ~ schat(je) **2** schat-
kamer **3** schatkist; thesaurie: *bons du Trésor*
schatkistbiljetten; ~ *public* staatskas; *des ~s*
de patience eindeloos geduld
la **trésorerie** (v) **1** thesaurie; schatkist **2** kas-
middelen: *avoir des difficultés de* ~ slecht bij
kas zitten **3** penningmeesterschap
le/la **trésor|ier** (m), **-ière** (v) penningmees-
ter(es): *~-payeur général* thesaurier-generaal
van een departement, schatbewaarder
le **tressage** (m) (het) vlechten
le **tressaillement** (m) schok, (t)rilling
tressaillir 1 (af)schrikken, opspringen
2 trillen, huiveren **3** schudden
le **tressautement** (m) schok
tressauter opspringen; opschrikken;
schudden, schokken
la **tresse** (v) vlecht; tres
tresser vlechten
le **tréteau** (m) schraag
le **treuil** (m) windas, lier
la **trêve** (v) **1** wapenstilstand; bestand **2** [fig]
verpozing, rust; verademing, respijt: ~ *de*
plaisanterie! alle gekheid op een stokje!; ~
des confiseurs parlementair kerstreces; *sans*
~ onophoudelijk, voortdurend
la **Trèves** (v) Trier
le **tri** (m) sortering, (het) uitzoeken, sorteren:
faire le ~ sorteren, schiften; ~ *sélectif des dé-*
chets afvalscheiding
le **triage** (m) **1** (het) sorteren, uitzoeken,
schiften **2** (het) rangeren: *gare de* ~ rangeerstation
le **¹trial** (m) motorcross
la **²trial** (v) crossmotor
le **triangle** (m) **1** driehoek **2** [muz] triangel
triangulaire driehoekig; driehoeks-
le **triathlon** (m) triatlon, driekamp
tribal, -e stam-, stammen-: *des guerres ~es*
stammenoorlogen
le **tribord** (m) stuurboord
la **tribu** (v) **1** (volks)stam **2** aanhang
la **tribulation** (v, meestal mv) tegenspoed,
beproeving
le **tribun** (m) (volks)tribuun; volksredenaar;
[neg] volksmenner
le **tribunal** (m) rechtbank; gerecht: *porter une*
affaire devant les tribunaux een zaak voor de
rechter brengen; ~ *administratif* administra-

tief rechtscollege; ~ *d'arbitrage* scheidsge-
recht; ~ *de grande instance* [vergelijkbaar]
arrondissementsrechtbank; ~ *de police* ±
kantongerecht, [Belg] politierechtbank; ~
pour enfants kinderrechtbank, kinderrech-
ter; ~ *militaire* militaire rechtbank, krijgsraad, [Belg] auditoraat; ~ *de commerce* han-
delsrechtbank; [jur; Belg] handelskamer
la **tribune** (v) **1** tribune: ~ *d'honneur* eretri-
bune; ~ *libre* [fig] spreekbuis [in vele beteke-
nissen] **2** spreekgestoelte **3** galerij
le **tribut** (m) tribuut, schatting, heffing; [fig]
tol: *payer un lourd* ~ een zware tol moeten
betalen
tributaire de afhankelijk van; aangewezen op
le **¹tricentenaire** (m) 300-jarige gedenkdag
²tricentenaire (bn) driehonderd jaar oud
la **triche** (v) bedrog, vals spel
tricher vals spelen, knoeien, frauderen,
spieken; onbetrouwbaar zijn
la **tricherie** (v) bedrog, knoeierij; fraude, vals
spel; oneerlijkheid
le/la **trich|eur** (m), **-euse** (v) valse speler, speel-
ster; bedrieg(st)er
tricolore driekleurig: *drapeau* ~ driekleur;
équipe ~ Franse nationale ploeg
le **tricot** (m) **1** (het) breien: *faire du* ~ breien
2 gebreide stof, tricot; gebreid kledingstuk,
trui
le **tricotage** (m) (het) breien
tricoter breien
la **tricoteuse** (v) **1** breister **2** breimachine
le **tricycle** (m) driewieler
le **trident** (m) drietand
tridimensionnel, -le driedimensionaal
triennal, -e driejarig; driejaarlijks: *plan* ~
driejarenplan
trier 1 uitzoeken, sorteren, selecteren,
schiften: ~ *les déchets* afval scheiden; ~ *sur le*
volet met zorg selecteren **2** rangeren
le **trieur** (m) sorteerder
la **trieuse** (v) **1** sorteerster **2** sorteermachine
trifouiller rommelen, snuffelen
la **trigonométrie** (v) trigonometrie; drie-
hoeksmeting
trilingue drietallig
le **trille** (m) triller
le **trillion** (m) triljoen
la **trilogie** (v) trilogie
le **trimaran** (m) trimaran
trimballer meezeulen, meesjouwen: [pop]
qu'est-ce qu'il trimballe! wat een onbenul!
trimer zich afsloven, ploeteren, zwoegen
le **trimestre** (m) trimester, kwartaal
trimestriel, -le driemaandelijks: *revue ~le*
kwartaalblad
le **trimoteur** (m) driemotorig vliegtuig
la **tringle** (v) (gordijn)roede, stang; lijst, richel
tringler 1 [amb] met een slaglijn aftekenen
2 [vulg; seks] naaien; neuken; vozen met

la **trinité** (v) driekleurig viooltje; pensee

la **Trinité** (v) **1** Drie-eenheid, Drievuldigheid, Triniteit **2** Trinidad

trinquer 1 klinken [met de glazen] **2** [pop] de dupe zijn, op de koffie komen, het kind van de rekening zijn

le **trio** (m) trio; drietal

triomphal, -e zege-, triomf-; zegevierend, triomfantelijk: *accueil* ~ geestdriftige ontvangst

triomphant, -e triomferend, triomfantelijk, zegevierend

le/la **triompha|teur** (m), **-trice** (v) overwinnaar, -nares

le **triomphe** (m) overwinning, zege, succes, triomf: *arc de* ~ erepoort, triomfboog; *cri de* ~ triomf-, jubelkreet; *faire un* ~ *à qqn., qqch.* iem. een enthousiaste ontvangst bereiden, iets geestdriftig ontvangen

triompher 1 schitterende overwinning behalen; zegevieren, triomferen **2** jubelen, juichen **3** triomfen vieren; een groot succes behalen **4** (+ de) verslaan **5** (+ de) bedwingen, onderdrukken **6** (+ de) te boven komen

le **trip** (m) trip: [pop] *c'est pas mon* ~ dat is niks voor mij

tripartite driedelig, drieledig; [pol] driepartijen-, driemogendheden-

le **tripatouillage** (m) [inf] geknoei, gefrunnik

tripatouiller [inf] knoeien met; frunniken aan

la **tripe** (v) **1** [meestal mv] pens, darmen, ingewanden [ook als etenswaar] **2** [meestal mv; pop] buik: [fig] *ça m'a pris aux ~s* dat heeft me flink aangegrepen ‖ *il a la* ~ *républicaine* hij is republikein in hart en nieren

la **triperie** (v) slagerswinkel [waar men "tripes" verkoopt]

la **tripette** (v): *ça ne vaut pas* ~ dat is niks waard

le **¹triple** (m) drievoud

²triple (bn) drievoudig, driedubbel

le **triplé** (m) **1** trio [paardenrennen] **2** drie overwinningen achter elkaar

le **¹triplement** (m) verdrievoudiging

²triplement (bw) driedubbel, driewerf

tripler verdrievoudigen

les **tripl|és** (mv, m), **-ées** (mv, v) drieling

la **triplette** (v) [sport] ploeg van drie spelers [bij jeu de boules]

le **triplex** (m) **1** triplexglas; veiligheidsglas **2** appartement over drie verdiepingen

le **triporteur** (m) bakfiets

le **tripot** (m) speelhol

le **tripotage** (m) **1** geknoei, fraude, onregelmatigheid **2** [inf] (het) aan iem. zitten, betasten

la **tripotée** (v) aframmeling

¹tripoter (onov ww) knoeien, frauderen, rommelen

²tripoter (ov ww) friemelen, frunniken aan; [inf] aan iem. zitten, betasten

le/la **tripot|eur** (m), **-euse** (v) **1** knoei(st)er, konkelaar(ster) **2** [inf] handtastelijk iem.

le **triptyque** (m) triptiek, drieluik

la **trique** (v) knuppel: *mener son personnel à la* ~ zijn personeel drijven; *avoir la* ~ een stijve hebben

le **triréacteur** (m) driemotorig straalvliegtuig

le/la **trisaïeul** (m), **-e** (v) betovergrootvader, -moeder

triste treurig, bedroefd; droevig; naargeestig, somber; droefgeestig; neerslachtig; armzalig, pover; beroerd: *c'est la* ~ *vérité* het is droevig, maar waar; [inf] *pas* ~ erg leuk

tristement treurig, droevig: ~ *célèbre* berucht

la **tristesse** (v) treurigheid, verdriet; troosteloosheid

la **trithérapie** (v) [med] combinatietherapie [met 3 aidsremmers]

le **triton** (m) [dierk] tritonshoorn

triturer 1 fijnmaken, fijnstampen, fijnwrijven; fijnkauwen; vermalen, verpulveren **2** ruw behandelen; frunniken **3** [de publieke opinie] manipuleren: *se* ~ *la cervelle* zich suf piekeren

le **triumvirat** (m) [oudheid] triumviraat; driemanschap

trivial, -e banaal, grof

la **trivialité** (v) grofheid; banaliteit

le **troc** (m) ruil(ing), ruilhandel

le **troène** (m) liguster

le **troglodyte** (m) grot-, holbewoner, troglodiet

la **trogne** (v) [inf] (rode) tronie, kanis

le **¹trognon** (m) **1** klokhuis; koolstronk: *jusqu'au* ~ door en door, helemaal **2** [inf] hummel

²trognon (bn) snoezig: *ce qu'elles sont ~s!* wat een schatjes!

Troie Troje: *cheval de* ~ Trojaans paard

la **troïka** (v) **1** trojka, driespan **2** [fig] trojka; driemanschap

trois drie: *à* ~ met zijn drieën; *en* ~ in drieën; *ménage à* ~ driehoeksverhouding; *et de ~!* en dat is drie!

le **trois-étoiles** (m) driesterrenrestaurant, driesterrenhotel

les **trois-huits** (mv, m) drieploegenstelsel

troisième derde

le **trois-mâts** (m) driemaster

le **trois-quarts** (m) **1** [muz] driekwartviool **2** driekwartjas **3** [rugby] driekwart

le **trolley** (m) [inf] trolleybus

la **trombe** (v) tropische cycloon; hoos: ~ *d'eau* wolkbreuk; *entrer en* ~ binnenstuiven

la **trombine** (v) [inf] snoet [gezicht]

le **trombone** (m) **1** trombone; trombonist: ~ *à coulisse* schuiftrombone **2** paperclip le/la **tromboniste** (m/v) trombonist(e)

la **trompe** (v) **1** slurf [van een olifant] **2** zuigsnuit [van insecten] **3** eileider **4** hoorn: ~ *de chasse* (jacht)hoorn; *à son de* ~ met trompetgeschal ‖ ~ *d'Eustache* buis van Eustachius

le **trompe-l'œil** (m) trompe-l'oeil, zeer natuurgetrouwe schildering; [fig] gezichtsbedrog, bedrieglijke nabootsing

¹**tromper** (ov ww) **1** bedriegen, misleiden, op een dwaalspoor brengen **2** ontsnappen aan **3** niet aan verwachtingen beantwoorden, teleurstellen **4** verdrijven: ~ *l'attente* de tijd korten; ~ *l'ennui* de verveling verdrijven

se ²**tromper** (wdk ww) **1** zich vergissen: *se ressembler à s'y* ~ sprekend op elkaar lijken; *si je ne me trompe* als ik me niet vergis, als ik het wel heb; *se* ~ *de route* de verkeerde weg nemen **2** zichzelf iets wijsmaken **3** elkaar bedriegen

la **tromperie** (v) bedrog, bedriegerij, misleiding

le ¹**trompette** (m) trompetter; trompetblazer

la ²**trompette** (v) trompet; klaroen, bazuin: *jouer de la* ~ trompet spelen; *nez en* ~ wipneus

le/la **trompettiste** (m/v) trompettist(e)

le/la ¹**tromp|eur** (m), **-euse** (v) bedrieg(st)er: *à* ~, *trompeur et demi* de bedrieger bedrogen

²**tromp|eur, -euse** (bn) bedrieglijk: *les apparences sont trompeuses* schijn bedriegt

trompeusement bedrieglijk, valselijk

le **tronc** (m) **1** boomstam: ~ *d'arbre* boomstam **2** afgeknotte kegel, zuil: ~ *de cône* (of: *de pyramide*) afgeknotte piramide **3** stam [geslacht]: ~ *commun* **a)** gemeenschappelijke basis; **b)** [ond] pakket van verplichte vakken **4** [anat] romp, stam [van een hoofdader, zenuwstam] **5** offerblok

la **tronche** (v) [inf] kop, smoel: [inf] *faire la* ~ chagrijnig kijken

le **tronçon** (m) stomp(je), brok, blok, moot; stuk: ~ *de voie* baanvak

tronçonner in stukken snijden

la **tronçonneuse** (v) kettingzaag

le **trône** (m) **1** troon; koningschap: *monter sur le* ~ de troon bestijgen; *héritier du* ~ troonopvolger **2** wc-bril

trôner tronen, prijken, een ereplaats innemen

tronqué, -e afgeknot

tronquer afknotten; verminken [van een tekst]

le ¹**trop** (m): *le* ~ het teveel, overmaat

²**trop** (bw) te; te veel, te erg: *être* ~ met te velen zijn; ~ *peu* te weinig; ~ *aimable* bijzonder vriendelijk; [pop] *c'est* ~ te gek, geweldig; *c'en est* ~ dat is al te erg; *de* ~, *en* ~ te veel, overtollig, overbodig; *être de* ~ te veel zijn; *par* ~ al te; *c'est vraiment* ~! dat had je niet moeten doen!; *je ne sais* ~ *où* ik weet niet precies waar

le **trophée** (m) trofee, zegeteken

tropical, -e tropisch, tropen-: *climat* ~ tropisch klimaat; *forêt* ~*e* (tropische) regenwoud

le **tropique** (m) keerkring: ~ *du Cancer* Kreeftskeerkring; *du Capricorne* Steenbokskeerkring

les **tropiques** (mv, m) tropen: *sous les* ~ in de tropen

le **trop-perçu** (m) te veel geïnd bedrag

le **trop-plein** (m; mv: trop-pleins) **1** (het) overtollige, teveel: *avoir un* ~ *d'énergie* overlopen van energie **2** overloop(pijp)

troquer ruilen, verruilen

le **troquet** (m) kroegje

le **trot** (m) draf: *au* ~ **a)** in draf; **b)** [inf, fig] vlug

la **trotte** (v) (een) hele tippel: *ça fait une* ~! dat is een heel eind lopen!

trotter in draf gaan, draven; [inf] trippelen: ~ *par* (of: *dans*) *la tête* door het hoofd spelen

le/la ¹**trott|eur** (m), **-euse** (v) draver [paard]

le ²**trotteur** (m) stapper [schoen]

la **trotteuse** (v) secondewijzer

le **trottinement** (m) getrippel

trottiner trippelen, dribbelen; in korte draf gaan

la **trottinette** (v) step

le **trottoir** (m) trottoir, stoep: ~ *roulant* rolpad, rollend trottoir; *faire le* ~ tippelen [prostituee]

le **trou** (m) **1** gat, gaatje, opening; kuil, hol; [fig] leemte, lacune: *boucher un* ~ een gat dichten [ook fig]; *creuser un* ~ een kuil graven; [luchtv] ~ *d'air* luchtzak; [inf] ~ *de balle* **a)** [inf] reet; **b)** [fig; beledigend] oen, idioot; ~ *du cul* **a)** [vulg] reet; **b)** [fig, inf; scheldwoord] klootzak; ~ *de mémoire* wat niet in binnen wil schieten, black out; *boire comme un* ~ zuipen, drinken als een spons **2** [golf] hole **3** gat, tekort in kas **4** gat, negorij **5** [inf] bajes

le **troubadour** (m) minnezanger

troublant, -e 1 verwarrend **2** zinnenprikkelend, opwindend

le ¹**trouble** (m) **1** verwarring, wanorde, verstoring, onenigheid, onrust: *sans* ~ ongestoord **2** bewogenheid, aandoening: ~*s respiratoires* ademhalingsmoeilijkheden **3** stoornis, storing: ~*s alimentaires* eetstoornis

la ²**trouble** (v) schepnet

³**trouble** (bn) **1** troebel, onhelder, onduidelijk **2** duister, onzuiver

le/la **trouble-fête** (m/v) spelbreker, -breekster

¹**troubler** (ov ww) **1** troebel maken; [fig] vertroebelen: ~ *le sommeil de qqn.* iemands slaap verstoren; ~ *la vue de qqn.* iemands zicht belemmeren **2** verstoren, in beroering brengen, verontrusten; van zijn stuk, in verwarring brengen: *rien ne le trouble* hij is onverstoorbaar **3** prikkelen

se ²**troubler** (wdk ww) **1** troebel worden **2** in

verlegenheid raken; in de war raken, de kluts kwijtraken

les **troubles** (mv, m) onlusten, troebelen

la **trouée** (v) **1** opening; blauwe lucht (tussen de wolken) **2** [mil] bres, doorbraak **3** [aardr] poort

trouer doorboren, een gat maken in: [fig] ~ la peau à qqn. iem. neerschieten

le **troufignon** (m) [inf] **1** hol; gat **2** kont; achterste

le **troufion** (m) [inf] soldaat

le/la **trouillard** (m), **-e** (v) [pop] angsthaas

la **trouille** (v) [pop] angst: avoir la ~ in de rats zitten

la **troupe** (v) **1** troep [ook militair en theater]; groep, gezelschap **2** zwerm, kudde **3** leger

le **troupeau** (m) kudde

les **troupes** (mv, v) [mil] troepen

la **trousse** (v) instrumententas: ~ à ongles nagelgarnituur; ~ à outils gereedschapstas; ~ de toilette toilettas; ~ de voyage reisnecessaire || être aux ~s de qqn. iem. achterna zitten

le **trousseau** (m) **1** sleutelbos **2** uitzet

¹**trousser** (ov ww) de rok optillen: ~ les filles achter de vrouwen aanzitten

se ²**trousser** (wdk ww) haar rok optillen

le **trousseur** (m): ~ de jupons rokkenjager

la **trouvaille** (v) vondst

trouvé, -e gevonden: enfant ~ vondeling; objet ~ gevonden voorwerpen; tout ~ voor de hand liggend, aangewezen

¹**trouver** (ov ww) **1** vinden [in alle bet]; (aan)treffen, ontmoeten; uitvinden, ontdekken; ondervinden; van mening zijn: [inf] où avez-vous trouvé cela? hoe kom je daarbij?; aller ~ qqn. iem. opzoeken; ~ du plaisir à genoegen scheppen in; je te trouve bonne mine ik vind dat je er goed uitziet; je vous trouve l'air sérieux ik vind u zo ernstig; ~ le temps long ongeduldig worden, zich vervelen; ~ à dire (of: à redire) à qqch. ergens iets op te zeggen, aan te merken hebben; ~ à qui parler een bekende tegenkomen, aanspraak hebben; tegenstand ontmoeten **2** (+ à) erin slagen om

se ²**trouver** (wdk ww) **1** zich bevinden, liggen, zijn: vous vous ~ez ici demain zorg dat je morgen hier bent **2** zich voelen **3** blijken: se ~ être blijken te zijn; se ~ avoir toevallig hebben; si ça se trouve, il ne viendra même pas het kan best zo zijn dat hij niet eens komt **4** elkaar vinden, elkaar aantreffen

³**trouver** (onpers ww): il se trouve que het blijkt dat

le **trouvère** (m) minnezanger

le **truand** (m) onderwereldfiguur, schurk, zware jongen

le **truandage** (m) oplichting

truander 1 bestelen, beroven **2** [inf] spieken, spijbelen

le **trublion** (m) onrustzaaier

le **truc** (m) **1** handigheid, foefje, truc **2** manipulatie, geknoei **3** iets, ding: qu'est-ce que c'est que ce ~? wat is dat?; c'est pas mon ~ dat is niks voor mij

le **Truc** (m) dinges

le **trucage** (m) handige imitatie; [film] trucage

le **truchement** (m): par le ~ de door bemiddeling van, via

trucider [inf] over de helling jagen

la **truculence** (v) felheid; realisme

truculent, -e fel, kleurrijk; realistisch; pittoresk, sappig

la **truelle** (v) troffel

la **truffe** (v) **1** truffel; (chocolade)truffel **2** hondenneus

truffer 1 trufferen **2** (+ de) [fig] volstoppen, doorspekken met

la **truie** (v) zeug

le **truisme** (m) waarheid als een koe; gemeenplaats

la **truite** (v) forel: ~ saumonée zalmforel

truquage zie trucage

¹**truquer** (onov ww) trucs, foefjes gebruiken; truken; vals spelen

²**truquer** (ov ww) vervalsen; manipuleren

le/la **truqu|eur** (m), **-euse** (v) bedrieg(st)er, vervalser

le/la **truquiste** (m/v) [film] trucagespecialist(e)

le **trust** (m) trust; monopolist

truster monopoliseren; in bezit nemen

le/la **tsar** (m), **tsarine** (v) tsaar, tsarina

la **tsé-tsé** (v; mv: onveranderlijk) tseetseevlieg

le/la ¹**tsigane** (m/v) muzikant(e) in een zigeunerorkest

²**tsigane** (bn) zigeuner-

le/la **Tsigane** (m/v) zigeuner(in)

¹**tsoin-tsoin** (bn, onv) [inf] geslaagd; eersteklas; klasse

²**tsoin-tsoin** (tw) [inf] boemerdieboem [eind van een couplet]; retteketet

le **tsunami** (m) tsunami

TSVP afk van tournez, s'il vous plaît z.o.z., zie ommezijde

TTC afk van toutes taxes comprises alle belasting inbegrepen, all-in

tu jij, je: dire tu à qqn. iem. tutoyeren; être à tu et à toi avec qqn. dik bevriend zijn met iem.

tuant, -e 1 onuitstaanbaar **2** doodvermoeiend

le **tuba** (m) **1** tuba **2** snorkel

le **tube** (m) **1** buis, pijp, pijpleiding; koker; tube: ~ de dentifrice tube tandpasta; ~ digestif spijsverteringskanaal; ~ électronique elektronenbuis; ~ à essai reageerbuisje; ~ fluorescent, ~ au néon tl-buis, buislamp, fluorescentielamp **2** (top)hit: ~ de l'été zomerhit || à plein ~(s) keihard

le **tubercule** (m) knol; knobbeltje

le/la ¹**tubercul|eux**, **-euse** (v) tbc-patiënt(e)

²**tubercul|eux, -euse** (bn) tuberculeus

la **tuberculose** (v) tbc, tuberculose

la **tubér|eux, -euse**: *plante tubéreuse* knolge-was

tubulaire buisvormig

la **tubulure** (v) buis, pijp; buizenstelsel

le/la **tué** (m), **tuée** (v) dode, gesneuvelde

le **tue-l'amour** (m; mv: *onv*) [inf] afknapper [m.b.t. seks, liefde]

le **¹tue-mouche** (m) vliegenzwam

²tue-mouche (bn): *papier* ~ vliegenpapier, vliegenvanger

¹tuer (ov ww) doden, vermoorden, vernietigen; slachten; [fig] afbeulen: ~ *l'ennui* de verveling verdrijven; ~ *le temps* de tijd doden; *c'est à* ~ het is stomvervelend; *ces escaliers me tuent* die trappen maken me kapot

se **²tuer** (wdk ww) **1** zelfmoord plegen **2** verongelukken, omkomen: *se* ~ *au travail* zich doodwerken ‖ *je me tue à vous dire que je ne l'ai pas tué* ik zeg u voor de zoveelste keer dat ik hem niet vermoord heb

la **tuerie** (v) slachting, bloedbad

tue-tête: *à* ~ luidkeels, oorverdovend

le/la **¹tueur** (m), **tueuse** (v) moordenaar, -nares

le **²tueur** (m) slachter: ~ *à gages* huurmoordenaar; ~ *en série* seriemoordenaar

le **tuf** (m) tufsteen

la **tuile** (v) **1** dakpan **2** [inf] strop, tegenvaller

la **tuilerie** (v) pannenbakkerij

la **tulipe** (v) tulp: *un verre* ~ een tulpglas

le **tulipier** (m) tulpenboom

le **tulle** (m) tule

la **tuméfaction** (v) [med] zwelling

tuméfié, -e gezwollen

tuméfier doen opzwellen: *se* ~ opzwellen

la **tumescence** (v) zwelling

tumescent, -e zwellend

la **tumeur** (v) tumor, gezwel

le **tumulte** (m) **1** tumult, lawaai **2** opwinding, opgewondenheid

tumultu|eux, -euse 1 luidruchtig, rumoerig, onstuimig **2** stormachtig; hevig; chaotisch; [m.b.t. zee] kolkend

le **tumulus** (m) grafheuvel

la **tune** (v) [pop] oud vijffrankstuk

les **tunes** (mv, v) poen, geld

le **tungstène** (m) wolfraam

le **tuning** (m) [m.b.t. een auto] tuning

la **tunique** (v) tunica; tuniek

tunisie Tunesisch

la **Tunisie** (v) Tunesië

tunisien, -ne Tunesisch

le/la **Tunisien** (m), **-ne** (v) Tunesiër, Tunesische

le **tunnel** (m) tunnel; onderaardse gang: ~ *routier* verkeerstunnel; *voir le bout du* ~, *sortir du* ~ licht aan het einde van de tunnel zien

le **tunnelier** (m) tunnelboor

le **turban** (m) tulband [hoofddeksel]

la **turbine** (v) turbine

le **¹turbo** (m) turbomotor: *mettre le* ~ de turbo aanzetten, alles geven

la **²turbo** (v) auto met turbo

le **turboréacteur** (m) [luchtv] straalmotor

le **turbot** (m) tarbot

le **turbotrain** (m) turbotrein

la **turbulence** (v) rumoerig-, woelig-, roerig-, onstuimigheid; [techn] turbulentie

turbulent, -e roerig, onstuimig, rumoerig, woelig; [techn] turbulent

le **¹turc** (m) (het) Turks

²turc, turque (bn) Turks: *cabinets à la turque* hurktoilet

le/la **Turc** (m), **Turque** (v) Turk(se): *fort comme un* ~ sterk als een beer; *tête de* ~ **a)** kop van Jut, zondebok; **b)** [fig] mikpunt; [fig] *jeunes turcs* jonge honden

le **turf** (m) paardenrenbaan; rensport, wedrennen

le/la **turfiste** (m/v) liefhebber, -ster van de wedrennen; iem. die op paarden wed

le **Turin** (m) Turijn

turkmène Turkmeens

le/la **Turkmène** (m/v) Turkmeen(se)

le **Turkménistan** (m) Turkmenistan

turlupiner [inf] kwellen, plagen; dwarszitten

la **turpitude** (v) schande, gemeenheid; schanddaad, schandelijke gedachte

la **Turquie** (v) Turkije

la **¹turquoise** (v) turkoois

²turquoise (bn) turquoise, blauwgroen

tutélaire: *dieux* ~s beschermgoden

la **tutelle** (v) **1** voogdij **2** hoede, bescherming; [neg] betutteling: *ministère de* ~ toezichthoudend, verantwoordelijk ministerie

le/la **¹tuteur** (m), **tutrice** (v) **1** voogd(es) **2** mentor

le **²tuteur** (m) leistok, staak

le **tutoiement** (m) (het) tutoyeren

le **tutorat** (m) mentoraat

le **tutoriel** (m) tutorial

tutoyer tutoyeren

le **tuyau** (m) **1** buis, pijp, koker, slang: ~ *d'arrosage* tuinslang; ~ *d'échappement* uitlaatpijp; ~ *d'incendie* brandslang; ~ *de poêle* kachelpijp; [inf] hoge hoed; *dire qqch. dans le* ~ *de l'oreille* iets in het oor fluisteren **2** [inf] tip, inlichting

tuyauter [inf] tippen; een tip, inlichting geven

la **tuyauterie** (v) buizenstelsel, leidingnet

la **TV** (v) [Belg] afk van *télévision* tv (afk van *televisie*)

la **TVA** (v) afk van *taxe à la valeur ajoutée* btw

le **tweed** (m) tweed

tweeter twitteren

le **tympan** (m) **1** [anat] trommelvlies: *une musique à crever les* ~s oorverdovende muziek **2** [bouwk] timpaan

le **type** (m) **1** type, model, voorbeeld; standaard-, model-; prototype: ~ *de société* maatschappijvorm **2** kerel, zonderling: *chic* ~ fijne vent; *pauvre* ~ sukkel; *sale* ~ smeer-

lap; *drôle de* ~ rare snuiter
typé, -e karakteristiek, typisch
typhoïde: *fièvre* ~ tyfus
le **typhon** (m) tyfoon
le **typhus** (m) tyfus
typique typisch, kenmerkend, karakteristiek
le/la **typographe** (m/v) typograaf, -grafe, drukker
la **typographie** (v) **1** typografie **2** zetterij
typographique typografisch
la **typologie** (v) typologie
le **tyran** (m) tiran, dwingeland; despoot
la **tyrannie** (v) tirannie, dwingelandij
tyrannique tiranniek
tyranniser tiranniseren, onderdrukken
le **Tyrol** (m) Tirol
tyrolien, -ne Tiroler, Tirools
la **tyrolienne** (v) gejodel
tzigane *zie* ¹*tsigane*

u

l' **u** (m) [de letter] u: *tube* en *u* U-vormige buis
l' **ubiquité** (v) alomtegenwoordigheid: *je n'ai pas le don d'~* ik kan niet overal tegelijk zijn
l' **Uccle** (v) [Belg] Ukkel
l' **UE** (v) afk van *Union européenne* EU (afk van *Europese Unie*)
l' **UEO** (v) afk van *Union de l'Europe occidentale* WEU (afk van *West-Europese Unie*)
l' **UHT** (v) afk van *ultra-haute température* UHT: *lait* ~ gesteriliseerde melk
l' **Ukraine** (v) Oekraïne
l' **¹ukrainien** (m) (het) Oekraïens
²ukrainien, -ne (bn) Oekraïens
l' **Ukrainien** (m), **-ne** (v) Oekraïner, -se
l' **ulcère** (m) zweer: ~ *à l'estomac* maagzweer
ulcérer 1 doen zweren **2** [fig] grieven, verbitteren
l' **ULM** (m) afk van *ultraléger motorisé* ultralicht vliegtuig
ultérieur, -e volgend, verder, toekomstig, later
l' **ultimatum** (m) ultimatum
ultime (aller)laatste, uiterste
l' **¹ultra** (m/v) extremist(e)
²ultra (bn) extremistisch
ultra- ultra-, uiterst
ultraconfidentiel, -le strikt vertrouwelijk
ultrasensible uiterst gevoelig
l' **ultrason** (m) ultrason(or)e trilling
l' **ultraviolet** (m) (het) ultraviolet
l' **ululement** (m) (het) huilen, schreeuwen [van nachtvogels]
ululer huilen, schreeuwen [van nachtvogels]
Ulysse Odysseus
l' **UMP** (v) afk van *Union pour un Mouvement populaire* UMP [Franse rechtse politieke partij; voorheen RPR, UDF, DL]
l' **UMTS** (m) afk van *Universal Mobile Telecommunications System* UMTS
l' **¹un** (m), **une** (v) één: *un à un* een voor een; *et d'un(e)!* dat is één; *pas un* geen (enkele); *plus d'un* menigeen
l' **²un** één; cijfer één: *un et un font deux* één en één is twee
³un, une (bn) één, een geheel vormend
⁴un, une (telw) **1** één: *un jour sur deux* om de andere dag; *il est une heure* het is één uur **2** eerste: *page une* eerste bladzij
⁵un, une (lidw) een: *une fois, un jour* eens; *un monsieur X* een (zekere) heer X; *c'est d'un triste* dat is me toch droevig; *j'ai une de ces faims!* ik heb me toch een honger!

unanime eenstemmig, unaniem
l' **unanimité** (v) eenstemmigheid, unanimiteit: *à l'~* met algemene stemmen, eenstemmig
l' **une** (v) **1** voorpagina: *à la* ~ op de voorpagina; *faire la* ~ de voorpagina halen **2** eerste net [van radio, televisie]: *à la* ~ op het eerste net
uni, unie 1 effen, glad, vlak, rimpelloos **2** eensgezind; verenigd, bijeen, verbonden: *famille* ~*e* hecht gezin; *les Nations Unies* de Verenigde Naties **3** effen, zonder versiering: *étoffe* ~*e* effen stof **4** gelijkmatig
unicellulaire [biol] eencellig
l' **unicité** (v) (het) enig, uniek zijn, uniciteit
l' **unidose** (v) verpakking voor eenmalig gebruik
unième (niet alleen gebruikt): *vingt et* ~ eenentwintigste; *soixante et* ~ eenenzestigste
unifamilial, -e: [Belg] *maison* ~*e* eengezinswoning
unifica|teur, -trice eenmakend, verenigend
l' **unification** (v) eenwording, eenmaking
¹unifier (ov ww) **1** eenheid brengen in, verenigen **2** uniformeren, standaardiseren
s' **²unifier** (wdk ww) een geheel vormen, één worden, zich aaneensluiten
l' **¹uniforme** (m) uniform, dienstkleding: *en grand* ~ in groot tenue
²uniforme (bn) **1** eenvormig **2** gelijkmatig, onveranderlijk: *mouvement* ~ eenparige beweging **3** regelmatig
uniformément 1 uniform **2** gelijkmatig, zonder afwisseling
uniformiser uniformeren, eenvormig maken, standaardiseren
l' **uniformité** (v) **1** uniformiteit, gelijkheid **2** gelijkmatigheid, onveranderlijkheid
l' **¹unijambiste** (m/v) iem. met één been
²unijambiste (bn) eenbenig
unilatéral, -e eenzijdig; enkelzijdig: *contrat* ~ unilateraal contract; *décision* ~*e* eenzijdige beslissing
unilingue eentalig
l' **union** (v) **1** unie; vereniging; bond, verbond: *Union européenne* Europese Unie **2** verbondenheid, eensgezindheid; eenheid: *l'~ fait la force* eendracht maakt macht; *trait d'~* **a)** verbindingsstreepje; **b)** [fig] tussenpersoon **3** verbintenis, huwelijk: ~ *libre* het samenwonen, hokken
unique 1 enig [in zijn soort]; uniek, ongeëvenaard, uitzonderlijk; ongehoord **2** enig, enkel, eenmalig: *pour l'~ raison que* alléén omdat; *fils* ~ enige zoon; *(rue à) sens* ~ eenrichtingsverkeer; *prix* ~ eenheidsprijs; *le marché* ~ de interne markt [van de EU]; *une monnaie* ~ één Europese munt
uniquement alleen (maar), slechts, uitslui-

tend
¹unir (ov ww) **1** tot elkaar brengen; in de echt verbinden **2** verenigen, verbinden, samenvoegen, bundelen, combineren **3** in zich verenigen **4** vlak (glad) maken, gladschaven

s' **²unir** (wdk ww) **1** (+ à, avec) zich verenigen (met) **2** (+ à) samengaan (met), hand in hand gaan **3** (+ contre) zich aaneensluiten, gezamenlijk de strijd aanbinden (tegen) **4** zich met elkaar verbinden; één worden, samengaan; trouwen

unisexe uniseks

unisexué, -e [plantk] eenslachtig

l' **unisson** (m) **1** [muz] gelijkluidendheid: *chanter à l'*~ unisono zingen **2** [fig] eenstemmigheid, eensgezindheid, overeenstemming

unitaire 1 eenheid beogend; eenheids-: *prix* ~ eenheidsprijs, prijs per eenheid **2** [Belg] unitair: *la Belgique* ~ het unitaire België

l' **unité** (v) **1** eenheid [in alle bet]; gelijkheid, overeenstemming: ~ *de formation et de recherche* vakgroep [van een universiteit]; ~ *monétaire* munteenheid; *prix à l'*~ prijs per stuk; ~ *de mesure* maateenheid **2** innerlijke samenhang **3** [techn] unit: [comp] ~ *centrale* centrale verwerkingseenheid, processor

l' **univers** (m) heelal; wereld, universum

¹universaliser (ov ww) alom verbreiden

s' **²universaliser** (wdk ww) algemeen worden, gemeengoed worden

l' **universalité** (v) **1** universaliteit, alomvattendheid **2** algemeenheid, algemene geldigheid **3** wereldwijde verspreiding

universel, -le 1 universeel, algemeen (geldig); *remède* ~ middel tegen alle kwalen **2** alomvattend **3** wereldomvattend, wereld-: *exposition* ~*le* wereldtentoonstelling; *paix* ~*le* wereldvrede

universellement 1 universeel, allerwegen **2** in zijn algemeenheid

l' **¹universitaire** (m/v) docent(e) of onderzoek(st)er aan universiteit, [Belg] student(e) aan, afgestudeerde van een universiteit; [vergelijkbaar] academicus

²universitaire (bn) universitair, academisch, universiteits-: *cité* ~ campus

l' **université** (v) universiteit: ~ *du troisième âge* hoger onderwijs voor ouderen

univoque eenduidig

Untel: *monsieur* ~ Mijnheer Dinges

l' **uranium** (m) uranium

urbain, -e stedelijk, stads-

l' **urbanisation** (v) verstedelijking

urbaniser verstedelijken, urbaniseren

l' **urbanisme** (m) stedenbouwkunde

l' **¹urbaniste** (m/v) stedenbouwkundige

²urbaniste (bn) stedenbouwkundig

l' **urée** (v) ureum

l' **urètre** (m) urethra; urinebuis

urgemment 1 dringend; met spoed

2 hoognodig

l' **urgence** (v) **1** urgentie, dringende noodzaak; spoedeisend karakter: *d'*~ dringend, onverwijld; *de toute* ~ ten spoedigste; *mesures d'*~ noodmaatregelen **2** [med] spoedgeval

urgent, -e urgent, dringend, spoedeisend: *c'est* ~ het is urgent, er is haast bij; *cas* ~ spoedgeval

l' **urgentiste** (m/v) eerstehulparts

urger [inf] dringend zijn: *ça urge* daar is haast bij

urinaire urine-: *voies* ~*s* urinewegen

l' **urine** (v) urine, plas

uriner urineren, plassen

l' **urinoir** (m) urinoir

l' **URL** (v) afk van *Uniform Resource Locator* URL (afk van *uniform resource locator*)

l' **urne** (v) **1** urn **2** stembus: ~ *électorale* stembus; *aller aux* ~*s* naar de stembus gaan

l' **URSS** (v) [hist] USSR, Sovjet-Unie

l' **urticaire** (v) [med] netelroos

l' **Uruguay** (m) Uruguay

uruguayen, -ne Uruguayaans

l' **Uruguayen** (m), **-ne** (v) Uruguayaan(se)

les **us** (mv, m) gebruiken: *us et coutumes* zeden en gewoonten

l' **usage** (m) **1** gebruik, nut, dienst; werking [van een apparaat]: *à l'*~ *de* ten gebruike, ten dienste van; *d'*~ gebruikelijk; *hors d'*~ buiten gebruik, kapot, in onbruik; *faire* ~ *de* gebruiken; *faire de l'*~, *faire un bon* ~ goede diensten bewijzen, van nut zijn [van gebruiksvoorwerpen]; *à* ~ *industriel* voor industriële doeleinden; *mettre en* ~ invoeren **2** taalgebruik

usagé, -e 1 gebruikt, versleten: *vêtements* ~*s* versleten kleren **2** [fig] afgezaagd

l' **usager** (m) gebruiker: ~ *de la route* weggebruiker

usant, -e uiterst vermoeiend, uitputtend

usé, usée 1 versleten, afgesleten, oud **2** op, afgeleefd **3** afgezaagd, banaal; ouderwets **4** gebruikt [niet meer bruikbaar]: *eaux* ~*es* afvalwater; *huile* ~*e* afgewerkte olie

¹user de (onov ww) gebruikmaken van, gebruiken; zich bedienen van, aanwenden: ~ *de finesse* diplomatiek te werk gaan

²user (ov ww) **1** verbruiken; opmaken **2** af-, uit-, verslijten, afdragen **3** slopen, ondermijnen, bederven, verzwakken, uitputten: ~ *sa santé* zijn gezondheid verwoesten

s' **³user** (wdk ww) **1** ver-, (af)slijten **2** uitgeput raken **3** verzwakken

l' **usinage** (m) **1** machinale bewerking **2** fabricage

l' **usine** (v) fabriek

usiner 1 machinaal bewerken **2** fabriceren

usité, -e gebruikelijk, in zwang; gebruikt, gebezigd: *cette expression n'est plus* ~*e* deze uitdrukking is in onbruik geraakt l' **ustensile** (m) huishoudelijk artikel

les **ustensiles** (mv, m) gerei, gereedschap, benodigdheden

l' **¹usuel** (m) naslagwerk

²usuel, -le (bn) gebruikelijk, gewoon, gangbaar: *langue ~le* omgangstaal

usuellement gewoonlijk

l' **usufruit** (m) vruchtgebruik

l' **usufruit|ier** (m), **-ière** (v) vruchtgebruik-(st)er

usuraire woeker-: *intérêt ~* woekerrente

l' **usure** (v) 1 woeker(rente) 2 (het) verslijten, slijtage(proces): *l'~ du temps* de tand des tijds; *résister à l'~* onverslijtbaar zijn, lang meegaan 3 aftakeling; uitputting, afmatting: *guerre d'~* afmattingsoorlog, slijtageslag

l' **usur|ier** (m), **-ière** (v) woekeraar(ster)

l' **usurpa|teur** (m), **-trice** (v) usurpator, overweldig(st)er

l' **usurpation** (v) usurpatie, overweldiging; bezitsaanmatiging

usurper usurperen, zich wederrechtelijk toe-eigenen, zich aanmatigen; overweldigen: *réputation usurpée* onrechtmatig verworven reputatie

utérin, -e baarmoeder-

l' **utérus** (m) baarmoeder, uterus

l' **¹utile** (m) (het) nuttige: *joindre l'~ à l'agréable* het nuttige met het aangename verenigen

²utile (bn) nuttig, bruikbaar, doelmatig, van nut, van dienst: *~ à* nuttig, dienstig voor; *charge ~* laadvermogen; *se rendre ~* zich nuttig maken || *en temps ~* a) te zijner tijd; b) tijdig

utilement op nuttige wijze, nuttig

utilisable bruikbaar, te gebruiken

l' **utilisa|teur** (m), **-trice** (v) gebruik(st)er, verbruiker

l' **utilisation** (v) gebruik(making)

utiliser gebruiken, benutten, toepassen

utilitaire 1 utilitair, nut beogend, nuts-: *voiture ~* transportwagen 2 materialistisch

l' **utilitarisme** (m) gerichtheid op het onmiddellijk nut

l' **utilité** (v) nut(tigheid), bruikbaarheid, doelmatigheid: *pour cause d'~ publique* in het algemeen belang; *n'être d'aucune ~* nergens voor deugen

l' **utopie** (v) utopie, droombeeld

utopique utopisch

l' **¹utopiste** (m/v) utopist(e)

²utopiste (bn) utopistisch

les **UV** (mv, m) afk van *rayons ultraviolets* ultraviolette stralen

V

le **v** (m) [de letter] v: *double v* w

¹va (tw) **1** [bemoedigend] vooruit maar, hoor, kom **2** [dreigend] kom nou: *va donc!* loop heen! **3** (+ pour) akkoord met: *va pour cette fois* voor deze keer dan nog

²va 3e pers enk van *¹aller*

la **vacance** (v) **1** vacature **2** [fig] vacuüm: *~ du pouvoir* machtsvacuüm

les **vacances** (mv, v) vakantie; vakantieperiode; [jur, pol] reces: *~ parlementaires* (zomer)reces; *~ de neige* wintersportvakantie; *~ scolaires* schoolvakantie

le/la **vacanc|ier** (m), **-ière** (v) vakantieganger(st)er

vacant, -e vacant, onbezet, beschikbaar: *poste ~* vacature

le **vacarme** (m) kabaal, lawaai, herrie

le/la **vacataire** (m/v) tijdelijk aangestelde

la **vacation** (v) vacatie; vacatiegelden

le **vaccin** (m) vaccin

la **vaccination** (v) vaccinatie, inenting

vacciner vaccineren, inenten: [fig] *être vacciné contre qqch.* tegen iets kunnen; [fig] *être majeur et vacciné* oud en wijs genoeg zijn

la **¹vache** (v) **1** koe: *~ laitière* melkkoe; [fig] *~ à lait* melkkoetje; [fig] *plancher des ~s* vaste wal; *parler français comme une ~ espagnole* gebrekkig Frans spreken; [fig] *la maladie de la ~ folle* de gekkekoeienziekte **2** rundleer **3** smeerlap: *les ~s, ils m'ont eu* de smeerlappen, ze hebben me te grazen genomen **4** waterzak ‖ [inf] *la ~!* verrek!

²vache (bn) **1** [inf] gemeen, rot: *un coup ~* een rotstreek **2** waardeloos, ellendig **3** [inf] prachtig: *une ~ de ...* een te gekke ...

vachement [inf] erg, hartstikke, onwijs

le/la **vach|er** (m), **-ère** (v) koehoed(st)er

la **vacherie** (v) [inf] ploertenstreek, rotopmerking

le **vacherin** (m) meringuetaart; schuimtaart

la **vachette** (v) **1** jonge koe, vaars **2** vaarsleer

vacillant, -e 1 wankelend, bevend: *genoux ~s* knikkende knieën **2** onzeker: *flamme ~e* flakkerende vlam **3** [m.b.t. personen] onzeker, besluiteloos, weifelend

le **vacillement** (m) geflakker

vaciller 1 wankelen, beven; flakkeren: *~ sur ses jambes* op zijn benen staan te wankelen **2** [fig] zwakker worden: *mémoire qui vacille* geheugen dat het soms af laat weten

la **vacuité** (v) leegte, leegheid [ook fig]

la **vadrouille** (v) [inf] (het) rondslenteren; uitstapje: *être en ~* de hort op zijn

vadrouiller [inf] rondzwerven

le **va-et-vient** (m) **1** heen-en-weergeloop; drukte; heen-en-weerbeweging **2** veerscharnier **3** [elek] hotelschakelaar

le/la **¹vagabond** (m), **-e** (v) zwerver, avonturier; [neg] vagebond, landloper

²vagabond, -e (bn) zwervend, zwerflustig; rusteloos, onstandvastig, wispelturig

le **vagabondage** (m) (het) rondzwerven, (het) ronddwalen; landloperij

vagabonder ronddwalen, zwerven; [fig] ronddolen [van gedachten]

le **vagin** (m) schede, vagina

vagir (klaaglijk) huilen

le **vagissement** (m) (klaaglijk) gehuil

le **¹vague** (m) (het) onzekere, vage, ongewisse: *rester dans le ~* vaag blijven; *avoir les yeux dans le ~* de blik op oneindig hebben; *~ à l'âme* melancholie

la **²vague** (v) golf; [fig] golf, storm: *faire des ~s* opzien baren; *pas de ~!* geen ophef!; *la nouvelle ~* **a)** de jonge generatie; **b)** de nieuwe tendens; *piscine à ~s* golfslagbad; *~ de froid* koudegolf

³vague (bn) **1** vaag, onbestemd, onduidelijk **2** onbeduidend, een of ander **3** [m.b.t. kleding] ruim **4** *terrain ~* braakliggend terrein

la **vaguelette** (v) golfje, rimpeltje [op het water]

vaguement vaag, vagelijk, onduidelijk

la **vahiné** (v) Tahitiaanse vrouw

la **vaillance** (v) moed

vaillant, -e dapper, moedig ‖ *bien ~* nog kras, gezond; *il ne possède pas un sou ~* hij bezit geen rode cent

vaille: *~ que ~* zo goed en zo kwaad als het gaat

vain, -e 1 nutteloos, vruchteloos: *en ~* tevergeefs **2** ijdel, hol: *~s mots* lege woorden, holle klanken

vaincre overwinnen, zegevieren (over); overtreffen; bedwingen [van woede]: *être vaincu par le sommeil* door slaap overmand worden; *~ sa peur* zijn angst overwinnen

le/la **¹vaincu** (m), **-e** (v) overwonnene

²vaincu, -e (bn) overwonnen: *s'avouer ~* zich gewonnen geven, zich bij de feiten neerleggen

vainement tevergeefs

le **¹vainqueur** (m) overwinnaar

²vainqueur (bn) zegevierend, triomfantelijk

vais 1e pers enk van *¹aller*

le **vaisseau** (m) **1** schip: *~ spatial* ruimteschip; *capitaine de ~* kapitein ter zee **2** vat; bloedvat: *~x sanguins* bloedvaten

le **vaisselier** (m) bordenrek, buffetkast

la **vaisselle** (v) vaatwerk; afwas: *faire la ~* de afwas doen; *~ de porcelaine* porseleinen vaatwerk ‖ *liquide ~* afwasmiddel

le **val** (m; mv: vals. vaux) dal, vallei: *par monts et*

par vaux over bergen en dalen, overal
valable 1 geldig, van waarde: *c'est ~ pour tous* dat betreft iedereen **2** aannemelijk, bruikbaar, aanvaardbaar: *excuse ~* geldig excuus

le **Valais** (m) [Zwi] Wallis
valdinguer [inf] languit gaan ‖ *envoyer ~ qqn.* iem. afschepen

la **valériane** (v) valeriaan: *~ officinale* katten-kruid

le **valet** (m) **1** dienaar, knecht: *~ d'écurie* stal-knecht; *~ de ferme* boerenknecht **2** [kaartsp] boer ‖ *~ de nuit* dressboy

la **valeur** (v) **1** waarde [in alle bet]; dapper-heid, moed; betekenis, belang: *sans ~* waar-deloos; *de ~* van waarde, kostbaar, waarde-vol; *~ marchande* handelswaarde; *mettre en ~* **a)** productief maken, exploiteren [van een terrein]; **b)** tot zijn recht laten komen, goed doen uitkomen; *un homme de ~* een man met grote kwaliteiten; *objet de ~* waardevol voorwerp; *~s morales* morele waarden **2** ef-fect, fonds; artikel van waarde: *~s mobilières* effecten; *~ en baisse* daler
valeur|eux, -euse dapper, moedig

la **validation** (v) geldigverklaring, bekrachti-ging
valide 1 gezond, krachtig, valide **2** (rechts)geldig, van kracht
valider valideren, bekrachtigen, (rechts)-geldig verklaren

la **validité** (v) **1** geldigheid **2** deugdelijkheid [van informatie]

la **valise** (v) koffer: *faire ses ~s* (zijn koffers) pakken; *~ diplomatique* diplomatieke post

la **vallée** (v) vallei, dal

le **vallon** (m) (klein) dal
vallonné, -e heuvelachtig

le **vallonnement** (m) golving [van terrein]; heuvelachtig karakter

¹**valoir** (onov ww) **1** kosten, waard zijn [ook fig]: *~ la peine* de moeite waard zijn, de moeite lonen; *ça vaut le coup d'y aller* je moet er echt naartoe gaan; *ça ne vaut rien* het is niks waard, dat deugt niet; *rien ne vaut … er* gaat niets boven …; *cela vaut mieux* zo is het beter **2** gelden, opgaan, bestemd zijn: *cela vaut pour tout le monde* dat geldt voor ieder-een; *faire ~* **a)** opmerken, doen gelden, op de voorgrond plaatsen; **b)** productief ma-ken; *se faire ~* zich doen gelden

se ²**valoir** (wdkg ww) tegen elkaar opwegen, tegen elkaar opgewassen zijn: *cela se vaut* dat komt op hetzelfde neer

³**valoir** (onpers ww): *il vaut mieux, mieux vaut* men kan beter
valorisant, -e een meerwaarde gevend, op een hoger peil brengend; goed voor het ego

la **valorisation** (v) her-, opwaardering
valoriser waarderen, herwaarderen, op-waarderen

la **valse** (v) wals: *la ~ des portefeuilles* de stoe-lendans om de ministersposten; *~ des prix* reeks prijsveranderingen; *~-hésitation* be-sluiteloze houding; hapsnapbeleid
valser 1 walsen: [fig] *faire ~ les chiffres* met cijfers goochelen; [fig] *faire ~ l'argent* het geld laten rollen **2** [inf] een smak maken ‖ *envoyer ~ qqn.* iem. afschepen

la **valve** (v) **1** schaal [van schaaldier] **2** klep, ventiel

les **valves** (mv, v) [Belg] mededelingenbord

la **valvule** (v): *~ cardiaque* hartklep

le **vamp** (v) vamp; verleidelijke vrouw

le **vampire** (m) **1** vampier [ook vleermuis] **2** [fig] uitzuiger, woekeraar

le **van** (m) paardentrailer

le/la **vandale** (m/v) vandaal, vernieler, barbaar

le **vandalisme** (m) vandalisme, vernielzucht

la **vanille** (v) vanille
vanillé, -e met vanillesmaak, vanille-
vanilliné, -e: *~ sucre* vanillesuiker

la **vanité** (v) **1** ijdelheid, verwaandheid: *par ~* uit ijdelheid; *tirer ~ de qqch.* zich op iets laten voorstaan **2** [form] ijdelheid, vergankelijk-heid

le/la ¹**vanit|eux** (m), **-euse** (v) ijdeltuit
²**vanit|eux, -euse** (bn) verwaand, zelfinge-nomen

la **vanne** (v) schuif, doorlaatklep, verlaat; deur [van sluis]: [fig] *ouvrir les ~s* iets de vrije loop laten
vanner 1 uitlachen **2** (iem.) afpeigeren: *vanné* bekaf, doodop

la **vannerie** (v) mandenmakerij; mandenwerk

le **vannier** (m) mandenmaker

le **vantail** (m) vleugel: *porte à deux vantaux* dubbele deur

le/la ¹**vantard** (m), **-e** (v) opschepper, -ster, poch-(st)er
²**vantard, -e** (bn) opschepperig, pocherig

la **vantardise** (v) opschepperij, bluf
¹**vanter** (ov ww) roemen, prijzen, hoog op-geven van

se ²**vanter** (wdk ww) opscheppen: *sans me ~* al zeg ik het zelf; *se ~ de* prat gaan op; *il n'y a pas de quoi se ~* dat is niet iets om trots op te zijn; *ne pas se ~ de qqch.* zich voor iets scha-men

le/la **va-nu-pieds** (m/v) schooier

les **vapes** (mv, v): [pop] *être dans les ~* suf zijn [door vermoeidheid, alcohol of drugs]

le ¹**vapeur** (m) stoomboot

la ²**vapeur** (v) stoom; damp: *machine à ~* stoommachine; *faire cuire à la ~* gaarstomen; [fig] *renverser la ~* het roer omgooien; *pom-mes ~* gestoomde aardappelen; *à toute ~* op (of: met) volle kracht

les **vapeurs** (mv, v) opvliegingen
vapor|eux, -euse 1 wazig, nevelig **2** door-zichtig, luchtig [van weefsel]

le **vaporisateur** (m) verstuiver; verdamper

la **vaporisation** (v) verdamping, vervluchti-
ging; verstuiving
¹vaporiser (ov ww) doen verdampen, doen
verstuiven
se **²vaporiser** (wdk ww) verdampen, verstuiven
vaquer à zich bezighouden met, zich toeleggen op
la **varappe** (v) (het) rotsklimmen: *faire de la ~*
rotsklimmen
le **varech** (m) zeewier
la **vareuse** (v) **1** kiel, jekker **2** uniformjas
la **variabilité** (v) veranderlijkheid, onbestendigheid
la **¹variable** (v) [wisk] variabele
²variable (bn) veranderlijk, onbestendig;
variabel; (af)wisselend
la **variante** (v) variant, afwijkende lezing
le **variateur** (m) toerenregelaar: *~ d'intensité*
lichtdimmer
la **variation** (v) **1** variatie, afwisseling: *~s de
prix* prijsschommelingen; *~s saisonnières* sei-
zoenschommelingen, seizoenfluctuaties
2 afwijking **3** verandering, wijziging
la **varice** (v) spatader
la **varicelle** (v) waterpokken
varié, -e 1 bont, veelkleurig **2** vol afwisseling; divers, gevarieerd, verschillend: *programme ~* gevarieerd programma; *répertoire ~* uitgebreid repertoire
¹varier (onov ww) variëren, schommelen,
afwisselen; verschillend, veranderlijk zijn;
van mening verschillen; van mening veranderen: *les opinions varient sur ce point* over
dat punt zijn de meningen verdeeld
²varier (ov ww) afwisseling brengen in, veranderen: *pour ~* voor de afwisseling; *~ son
alimentation* gevarieerd eten
la **variété** (v) variatie, afwisseling, verandering, verscheidenheid; variëteit
les **variétés** (mv, v) variétévoorstelling: *émission de ~* showprogramma, amusementspro-
gramma
la **variole** (v) pokken
la **Varsovie** (v) Warschau
vas 2e pers enk van *¹aller*
vasculaire vaat- [het vaatstelsel betref-
fend]: *système ~* vaatstelsel
le **¹vase** (m) pot, vat: *~s communicants* communicerende vaten; *~ de nuit* po; *en ~ clos* in afzondering, zonder invloeden van buiten
la **²vase** (v) slijk, slib, modder
la **vaseline** (v) vaseline
vas|eux, -euse 1 modderig, slijkerig **2** suf,
duf; duister, verward
le **vasistas** (m) raampje, kijkvenster [in deur]
la **vasque** (v) **1** kom, bekken [van fontein]
2 sierschaal
le **vassal** (m) leenman, vazal
vaste wijd, ruim, groot, uitgestrekt; [fig]
groots; uitgebreid; veelomvattend

le **Vatican** (m) Vaticaan
vaticane Vaticaans
le **va-tout** (m) [sport] hele inzet: *jouer son ~*
alles op het spel zetten
le **vaudeville** (m) luchtige komedie, klucht
le **¹vaudou** (m) voodoo
²vaudou (bn) voodoo-: *le culte ~* de voodoo-
cultus
vau-l'eau: *aller à ~* in het honderd lopen
le/la **vaurien** (m), **-ne** (v) deugniet
vaut 3e pers enk van *¹valoir*
le **vautour** (m) **1** gier **2** [fig] aasgier **3** [pol]
havik
se **vautrer 1** zich wentelen, spartelen, zich lui
uitstrekken: *~ dans un fauteuil* zich in een
luie stoel nestelen **2** [fig] baden: *se ~ dans le
vice* zwelgen in ontucht
va-vite: *à la ~* haastig
le **veau** (m) **1** kalf; kalfsvlees; kalfsleer: *pleurer
comme un ~* tranen met tuiten huilen; *esca-
lope de ~* kalfsoester; *tête de ~* hoofdkaas; *ris
de ~* kalfszwezerik; *~ de lait* zuigkalf; *~ marin*
zeehond **2** [fig] kalf, onnozelaar
le **vecteur** (m) vector; drager
les **¹vécu** (mv, m) ervaring(en)
²vécu, -e (bn) geleefd, ervaren, beleefd, uit
het leven gegrepen, waar: *expérience ~e* ervaring die men opgedaan heeft
³vécu volt dw van *¹vivre*
le **vedettariat** (m) **1** sterdom: *accéder au ~*
een ster worden **2** sterallures
la **vedette** (v) **1** vooraanstaand artiest(e),
ster, filmster; markante persoonlijkheid: *~ de
l'écran* filmster; *~ du soap opéra* soapster; *en
~* **a)** goed in het oog lopend; **b)** als voorpaginanieuws; *mettre en ~* op de voorgrond
plaatsen; *tenir la ~* actueel zijn, het nieuws
halen **2** [scheepv] motorbootje
le **¹végétal** (m) plant, gewas
²végétal, -e (bn) plant-, planten-, plantaar-
dig: *huile ~e* plantaardige olie; *règne ~* plantenrijk; *terre ~e* teelaarde; *tapis ~* planten-
dek, bodemvegetatie
le/la **¹végétalien** (m), **-ne** (v) veganist(e)
²végétalien, -ne (bn) veganistisch
végétaliser bedekken met planten of gras:
toiture végétalisée grasdak, plantendak; *mur
végétalisé* begroeide muur, gevel
le **végétalisme** (m) veganisme
le/la **¹végétarien** (m), **-ne** (v) vegetariër
²végétarien, -ne (bn) vegetarisch
végétat|if, -ive vegetatief, plantaardig,
planten-; vegeterend: *vie végétative* vegeterend bestaan
la **végétation** (v) vegetatie; plantengroei,
plantenwereld; groen
végéter [fig] vegeteren
la **véhémence** (v) hevigheid, onstuimigheid,
vuur
véhément, -e heftig, hevig, onstuimig
véhiculaire: *langue ~* voertaal

le **véhicule** (m) **1** voertuig [ook fig]; wagen; vervoermiddel **2** overbrenger, drager, geleider [van geluid enz.]
véhiculer vervoeren; [fig] overbrengen, met zich dragen

la **veille** (v) **1** (periode van) waken, wake, wacht, nachtdienst: *mode* ~ sluimerstand, stand-bypositie **2** de dag voor: *la* ~ *au soir* de avond daarvoor; *la* ~ *de Noël* kerstavond; *à la* ~ *de* aan de vooravond van, vlak voor

la **veillée** (v) **1** avondsamenzijn **2** (avond)wake [bij zieke, dode] ‖ ~ *d'armes* voorbereiding op een belangrijke dag

¹**veiller** (onov ww) **1** opblijven **2** nachtdienst hebben **3** waakzaam zijn: ~ *à ce que* zorgen voor, ervoor zorgen dat, erop toezien dat; ~ *sur la santé de qqn.* op iemands gezondheid letten **4** 's avonds bijeenkomen

²**veiller** (ov ww) waken (bij iem.)

le **veilleur** (m) waker, nachtwaker: ~ *de nuit* nachtportier, nachtwaker

la **veilleuse** (v) nachtlichtje; waakvlam; parkeerlicht [auto]: *mettre en* ~ **a)** dimmen, temperen; **b)** op een zacht pitje zetten [ook fig]

le/la **veinard** (m), **-e** (v) bofkont, geluksvogel

la **veine** (v) **1** ader [in vele betekenissen]: *s'ouvrir les* ~*s* zijn polsen doorsnijden; ~ *poétique* dichtader [in marmer]; nerf [in hout] **3** inspiratie **4** geluk, bof: *avoir de la* ~ boffen; *pas de* ~! pech gehad!; *c'est bien ma* ~ dat heb ík weer

veiné, -e geaderd [in alle bet]; gevlamd [van hout]

vein|eux, -euse 1 dooraderd; generfd **2** aderlijk; ader-

la **veinule** (v) adertje

le **velcro** (m) klittenband

vêler kalven

le **vélin** (m) **1** velijn, fijn perkament **2** kalfsleer: *papier* ~ velijnpapier

le/la **véliplanchiste** (m/v) surf(st)er

le/la ¹**velléitaire** (m/v) slappeling

²**velléitaire** (bn) willoos, besluiteloos

la **velléité** (v) willoosheid, besluiteloosheid

les **velléités** (mv, v) bevlieging zonder effect

le **vélo** (m) fiets: *à* ~ op de fiets; *faire du* ~ fietsen; ~ *tout-terrain (VTT)* mountainbike, ATB

la **vélocité** (v) snelheid

le **vélo-couché** (m; mv: vélos-couchés) ligfiets

le **vélodrome** (m) wielerbaan

le **vélomoteur** (m) brommer, bromfiets

le **velours** (m) **1** velours, fluweel **2** zacht aanvoelend oppervlak; zachte smaak, geur; [fig] *faire patte de* ~ zich poeslief voordoen; *à pas de* ~ zachtjes sluipend

le ¹**velouté** (m) **1** (het) donzige, fluweelachtige **2** (romige) lichtgebonden soep

²**velouté, -e** (bn) **1** fluwelig, fluweelachtig; donzig **2** lichtgebonden

velu, -e harig, behaard, ruig

le **Velux** (m) dakraam

la **venaison** (v) wildbraad

vénal, -e 1 veil, te koop: *amour* ~ prostitutie **2** omkoopbaar

la **vénalité** (v) **1** (ver)koopbaarheid **2** omkoopbaarheid, corruptie

le **venant** (m) (de) komende: *à tout* ~ aan (voor) Jan en alleman

vendable verkoopbaar

la **vendange** (v, ook mv) wijnoogst, druivenoogst

vendanger (druiven) plukken

le/la **vendang|eur** (m), **-euse** (v) druivenplukker, -plukster

vendéen, -ne uit de Vendée

la **vendetta** (v) vendetta; bloedwraak

le/la ¹**vend|eur** (m), **-euse** (v) verkoper, verkoopster: ~ *ambulant* marskramer

²**vend|eur, -euse** (bn) (goed) verkopend: *argument* ~ verkoopargument

¹**vendre** (ov ww) **1** verkopen: *à* ~ te koop; ~ *à crédit* op krediet verkopen **2** verraden, uitleveren

se ²**vendre** (wdk ww) **1** verkocht worden, goed in de markt liggen **2** zich laten omkopen

le **vendredi** (m) vrijdag: *Vendredi saint* Goede Vrijdag

vendu volt dw van ¹*vendre*

vénén|eux, -euse vergiftig, giftig

vénérable achtbaar; eerbiedwaardig

la **vénération** (v) verering, aanbidding

vénérer vereren, aanbidden

vénérien, -ne venerisch: *maladie* ~*ne* geslachtsziekte

le **Venezuela** (m) Venezuela

vénézuélien, -ne Venezolaans

le/la **Vénézuélien** (m), **-ne** (v) Venezolaan(se)

la **vengeance** (v) wraak(zucht), wraakneming: *crier* ~ om wraak schreeuwen; *esprit de* ~ wrok; *tirer* ~ *de* wraak nemen voor

¹**venger** (ov ww) wreken, wraak nemen voor [iets]

se ²**venger** (wdk ww) zich wreken, wraak nemen

le/la ¹**vengeur** (m), **vengeresse** (v) wreker, wreekster

²**vengeur, vengeresse** (bn) wrekend

véniel, -le licht, vergeeflijk [van een fout]

venim|eux, -euse vergiftig; [fig] venijnig

le **venin** (m) gif; [fig] venijn

venir 1 komen: *dans les jours à* ~ in de komende dagen; ~ *chercher* komen halen; ~ *voir qqn.* iem. opzoeken; *voir* ~ *qqn.* **a)** iem. zien aankomen; **b)** [fig] iem. doorhebben; *je ne fais qu'aller et* ~ ik ben zó terug; *d'où vient que?* hoe komt het dat?; ~ *à bout de qqch.* in iets slagen, iets gedaan krijgen; ~ *à bout de ses ennemis* zijn vijanden ten slotte overwinnen; ~ *à ses fins* zijn doel bereiken; *tu serais mal venu à … ze zouden je zien aankomen als je …*; *alors, ça vient?* komt er nog wat van?; *en* ~ *à* ertoe komen om; *s'il vient à* *m'appeler* mocht hij me bellen; ~ *en aide à* hulp bieden aan; *en ~ aux coups* (of: *aux mains*) handgemeen worden; *où veux-tu en ~?* waar stuur je op aan? **2** (+ de) komen van (uit), afkomstig zijn van: *cette bague lui vient de sa tante* zij heeft die ring van haar tante geërfd **3** (+ de) [+ onbep w] zojuist, pas, net … zijn: *vient de paraître* zojuist verschenen; *il vient de partir* hij is net vertrokken

la **Venise** (v) Venetië
vénitien, -ne Venetiaans: *blond* ~ rood-blond

le/la **Vénitien** (m), **-ne** (v) Venetiaan(se)

le **vent** (m) wind; lucht; geur: *contre ~s et ma-rées* ondanks alle moeilijkheden, door dik en dun; ~ *contraire* tegenwind; *coup de* ~ wind-stoot; *entrer en coup de* ~ binnenstuiven; *être dans le* ~ 'in' zijn; *il y a du* ~ het waait; *ins-truments à* ~ (of: *vents*) blaasinstrumenten; *le nez au* ~ in het wilde weg, onbesuisd; *en plein* ~ in de openlucht; *ses bonnes intentions ne sont que du* ~ zijn goede voornemens stellen niets voor; *aux quatre ~s* in alle (wind)rich-tingen; *quel bon ~ vous amène?* hoe kom jij hier opeens?; *îles du Vent* Bovenwindse Ei-landen; *îles Sous-le-Vent* Benedenwindse Ei-landen

la **vente** (v) verkoop, verkoping; afzet, veiling: ~ *à l'amiable* onderhandse verkoop; *maison de* ~ *par correspondance* postorderbedrijf; ~ *au détail* losse verkoop; *être en* ~ in de han-del, verkrijgbaar zijn; *mettre en* ~ te koop aanbieden, in de handel brengen; ~ *au nu-méro* losse verkoop [van krant]; ~ *publique* openbare verkoping, veiling; *salle des ~s* vei-linglokaal; *service des ~s* verkoopafdeling; *service après-~* klantenservice, [Belg] dienst na verkoop

venter waaien: *qu'il pleuve ou qu'il vente* bij weer of geen weer
vent|eux, -euse winderig

le **ventilateur** (m) ventilator

la **ventilation** (v) **1** ventilatie, luchtverver-sing **2** uitsplitsing; verdeling (over meerdere posten)
ventiler 1 ventileren, van verse lucht voor-zien **2** uitsplitsen, verdelen

la **ventouse** (v) zuignap(je)
ventral, -e buik-

le **ventre** (m) buik [in alle bet]: [fig] *avoir qqch. dans le* ~ pit in zijn lijf hebben; *à plat* ~ (plat) op zijn buik; *prendre du* ~ een buikje krijgen, dik worden; *rentrer le* ~ zijn buik intrekken; [fig] ~ *à terre* met grote snelheid, in allerijl

le **ventricule** (m) **1** hartkamer **2** hersenholte

le/la **ventriloque** (m/v) buikspreker, -spreekster
ventripotent, -e dikbuikig, corpulent
ventru, -e dikbuikig, bol

le/la **¹venu** (m), **-e** (v): *nouveau* ~, *nouvelle* ~*e* nieuwaangekomene; *le premier* ~ de eerste de beste

²venu, -e (bn) gekomen

la **venue** (v) komst: *les allées et ~s* het geloop, het heen-en-weergeloop

le/la **vépéciste** (m/v) **1** postorderbedrijf **2** iem. die per post verkoopt

les **vêpres** (mv, v) [r-k] vesper

le **ver** (m) worm, pier, made: ~ *luisant* glim-worm; ~ *à soie* zijderups; ~ *de terre* pier, re-genworm; [fig] *tirer à qqn. les ~s du nez* iem. uithoren; *nu comme un* ~ poedelnaakt; [comp] ~ *informatique* worm, wormvirus

la **véracité** (v) waarachtigheid, waarheid

la **véranda** (v) veranda
verbal, -e mondeling, gesproken; in woor-den uitgedrukt, woord-, verbaal: *forme ~e* werkwoordsvorm; *délire* ~ woordenbrij

la **verbalisation** (v) **1** bekeuring **2** (het) on-der woorden brengen
verbaliser 1 (+ contre) proces-verbaal op-maken (tegen), bekeuren **2** onder woorden brengen

le **verbe** (m) **1** woord: *avoir le* ~ *haut* **a)** luid spreken; **b)** een hoge toon aanslaan **2** [taalk] werkwoord: ~ *irrégulier* onregelmatig werk-woord

le **Verbe** (m) [rel] (het) Woord: *le* ~ *de Dieu* Gods Woord; het Woord van God
verb|eux, -euse breedsprakig, omslachtig

le **verbiage** (m) woordenvloed, omhaal van woorden, geklets
verdâtre groen(achtig)

la **verdeur** (v) **1** groenheid [van hout]; zuur-heid [van wijn]; onrijpheid [van een vrucht] **2** [fig] jeugdige kracht; vinnigheid **3** [m.b.t. taalgebruik] grofheid

le **verdict** (m) uitspraak; vonnis, oordeel

¹verdir (onov ww) groen worden

²verdir (ov ww) groen maken

le **verdissement** (m) (het) groen worden
verdoyant, -e groenend, groenachtig
verdoyer groenen, groen worden

la **verdure** (v) **1** (het) groen; gras, gebladerte, loof **2** bladgroente
vér|eux, -euse 1 wormstekig **2** [fig] ver-dacht; oneerlijk, onbetrouwbaar

la **verge** (v) **1** lid, penis **2** roede

le **verger** (m) boomgaard
vergeté, -e gestreept, gerimpeld

les **vergetures** (mv, v) **1** zwangerschapsstrie-men **2** (huid)strepen
verglacé, -e beijzeld: *route ~e* gladde weg

le **verglas** (m) ijzel: *il y a du* ~ het is glad [op de weg]; *risque de* ~ gevaar van opvriezen

la **vergogne** (v): *sans* ~ schaamteloos

la **vergue** (v) [scheepv] ra
véridique waar (gebeurd), getrouw, be-trouwbaar
véridiquement naar waarheid, waar-heidsgetrouw
vérifiable verifieerbaar, controleerbaar

le/la **¹vérifica|teur** (m), **-trice** (v) controleur,

le **²vérificateur** (m): [comp] ~ *orthographique* spellingchecker

la **vérification** (v) controle, (het) nazien, toetsing

¹vérifier (ov ww) **1** verifiëren, controleren, nakijken, onderzoeken, toetsen **2** staven, bevestigen

se **²vérifier** (wdk ww) **1** controleerbaar zijn **2** juist blijken te zijn, bewaarheid worden

le **vérin** (m) vijzel

véritable werkelijk, echt, waar, waarachtig

la **vérité** (v) **1** waarheid: *à la* ~ weliswaar; *en* ~ waarlijk; *dire à qqn. ses quatre ~s* iem. vierkant de waarheid zeggen; *taire la* ~ de waarheid verzwijgen **2** [kunst] natuurgetrouwheid

le **verlan** (m) [taalk] soort argot, met omwisseling van lettergrepen [bijv. *tomber* wordt *béton*]

le **¹vermeil** (m) verguld zilver

²vermeil, -le (bn) helderrood || *carte* ~ 65 +-pas [spoorwegen, Frankrijk]

le **vermicelle** (m) vermicelli

vermifuge wormverdrijvend

vermillon vermiljoen

la **vermine** (v) ongedierte; [fig] uitvaagsel, gespuis; ellendeling

le **vermisseau** (m) wormpje

vermoulu, -e door houtworm aangetast, vermolmd

la **vermoulure** (v) **1** wormstekigheid **2** wormgaatje

le **vermouth** (m) vermout

vernaculaire: [taalk] *langue* ~ streektaal

vernir vernissen, lakken: [fig] *(homme)* verni bofkont

le **vernis** (m) vernis, glazuur, lak: ~ *à ongles* a) nagellak; b) [fig] vernisje; ~ *brillant* hoogglans(lak)

le **vernissage** (m) **1** (het) vernissen, lakken **2** vernissage, officiële opening van tentoonstelling

vernisser vernissen, lakken, verglazen, glazuren

la **vérole** (v) [pop] syfilis || *petite* ~ pokken

le **verrat** (m) beer [mannetjeszwijn]

le **verre** (m) **1** glas [stof]: *papier de* ~ schuurpapier; ~ *dépoli* matglas; ~ *feuilleté* gelaagd glas; ~ *opale* melkglas **2** glas [voorwerp]: ~ *à vin* wijnglas **3** horlogeglas, glasraam **4** glas (vol): *un* ~ *de vin* een glas wijn; *un petit* ~ borreltje; *prendre un* ~ iets drinken; *avoir un* ~ *dans le nez* een glaasje op hebben; *lever son* ~ *à* een toost uitbrengen op

la **verrerie** (v) glasblazerij, glasfabriek; glaswerk

les **verres** (mv, m) bril: ~ *fumés* rookglazen; ~ *de contact* contactlenzen

le **verrier** (m) glasblazer: *(peintre)* ~ glazenier

la **verrière** (v) glasraam; glaswand, glazen dak, overkapping

la **verroterie** (v) klein (sier)glaswerk: ~*s* gekleurde steentjes, kralen van glas

le **verrou** (m) grendel, knip: *mettre le* ~ vergrendelen, afsluiten; *mettre qqn. sous les* ~*s* iem. gevangen zetten

le **verrouillage** (m) vergrendeling, afgrendeling

¹verrouiller (ov ww) vergrendelen, afgrendelen, achter slot en grendel zetten

se **²verrouiller** (wdk ww) zich af-, opsluiten

la **verrue** (v) wrat

le **¹vers** (m) vers(regel); rijm: *mettre en* ~ op rijm zetten

les **²vers** (mv, m) poëzie, gedichten

³vers (vz) [plaats] naar [in de richting van]; omstreeks, tegen, rond: ~ *sept heures* tegen zevenen

le **versant** (m) **1** helling [van berg, dal] **2** dakhelling **3** kant, aspect

versatile onbestendig, grillig, veranderlijk, wispelturig

la **versatilité** (v) wispelturigheid, onbestendigheid

la **verse** (v): *il pleut à* ~ het stortregent

versé, -e dans bedreven, volleerd in

le **Verseau** (m) Waterman

le **versement** (m) (geld)storting

¹verser (onov ww) **1** omvallen, omslaan [voertuig] **2** (+ dans) verzeilen in, vervallen in

²verser (ov ww) **1** gieten, (in)schenken: ~ *des larmes* tranen storten; ~ *le sang* bloed vergieten; *se* ~ *du vin* zich wijn inschenken **2** storten, betalen: ~ *une somme à qqn.* een bedrag aan iem. overmaken **3** voegen (bij); [mil] indelen (bij)

le **verset** (m) [Bijb; Koran] vers

le **¹verseur** (m) schenkkan

²verseur (bn) schenk-: *(bouchon)* ~ schenkkurk; *bec* ~ schenktuit

le **versificateur** (m) verzenmaker; rijmelaar

¹versifier (onov ww) verzen maken

²versifier (ov ww) op rijm zetten

la **version** (v) **1** vertaling [uit een vreemde taal] **2** versie, variant; lezing

le **verso** (m) keerzijde [van blad]: *voir au* ~ zie ommezijde

le **¹vert** (m) groene kleur: *passer au* ~ op groen springen [van een verkeerslicht]; [pol] *les* ~*s* de groenen; *se mettre au* ~ uitrusten op het platteland

²vert, -e (bn) **1** groen: *haricots* ~*s* sperzieboontjes; *espaces* ~*s* groenstroken, groenvoorziening; *billet* ~ dollar; *numéro* ~ gratis telefoonnummer **2** onrijp; vers: *vin* ~ (te) jonge wijn; *avoir la main* ~*e* groene vingers hebben **3** [m.b.t. personen] kras, jeugdig: ~ *galant* oude snoeper **4** ongezouten, kras: *langage* ~ schunnige taal; *langue* ~*e* argot **5** de natuur, het milieu, de landbouw betreffend: *classes* ~*es* educatief verblijf van schoolklas op het platteland; *Europe* ~*e* agrarisch Europa

vert-de-gris kopergroen

vertébral, -e wervel-: *colonne* ~*e* wervelkolom, ruggengraat

vertébré, -e gewerveld

la **vertèbre** (v) wervel

les **vertébrés** (mv, m): *les* ~ de gewervelde dieren

vertement ongezouten, flink

vertical, -e verticaal, loodrecht, rechtstandig; hiërarchisch

la **verticale** (v) loodlijn, verticaal: *à la* ~ loodrecht

le **vertige** (m) duizeling, duizeligheid; hoogtevrees; [fig] verwarring: *avoir le* ~ hoogtevrees hebben; *donner le* ~ duizelig maken; [fig] *à donner le* ~ om van te duizelen

vertigin|eux, -euse 1 duizelingwekkend **2** met duizelingen gepaard gaand

la **vertu** (v) **1** deugd **2** (positieve) eigenschap; kracht: *en* ~ *de* krachtens, uit hoofde van

vertu|eux, -euse deugdzaam, eerzaam

la **verve** (v) gloed, geestdrift, brio: *être en* ~ op dreef zijn

la **verveine** (v) (aftreksel van) ijzerkruid

la **vésicule** (v) blaas(je), blaartje: ~ *biliaire* galblaas

la **vespasienne** (v) openbaar urinoir

la **vessie** (v) [anat] (urine)blaas: ~ *d'un ballon* binnenbal; ~ *de porc* varkensblaas; [fig] *prendre des* ~*s pour des lanternes* de plank misslaan; ± zich knollen voor citroenen laten verkopen

la **vestale** (v) vestaalse maagd [ook fig]

la **veste** (v) **1** jasje, colbert: [fig] *retourner sa* ~ van partij, van mening veranderen **2** [inf] flop: *prendre une* ~ een strop (*of:* tegenvaller) hebben, afgaan

le **vestiaire** (m) garderobe; kleerkast; kleren

le **vestibule** (m) hal, voorportaal

le **vestige** (m) spoor, overblijfsel, rest

vestimentaire kledings-, van de kleren: *prescriptions* ~*s* kledingvoorschriften

le **veston** (m) jasje, colbert: *complet-veston* pak

le **vêtement** (m) **1** kledingstuk **2** kledingindustrie

les **vêtements** (mv, m) kleding, kleren

le **vétéran** (m) **1** veteraan, oud-strijder, oudgediende **2** [sport] veteraan

le/la [1]**vétérinaire** (m/v) dierenarts, veearts

[2]**vétérinaire** (bn) diergeneeskundig

la **vétille** (v) pietluttigheid, onbelangrijk detail

vétill|eux, -euse pietluttig, kleingeestig, vitterig

[1]**vêtir** (ov ww) **1** (iem.) (aan)kleden **2** (iets) bekleden

se [2]**vêtir** (wdk ww) zich kleden

le **veto** (m) veto: *mettre* (*of:* *opposer*) *son* ~

zijn veto uitspreken

vêtu, -e gekleed: *elle était court* ~*e* ze had een korte rok aan

vétuste oud, vervallen, gammel, bouwvallig

la **vétusté** (v) vervallen staat, ouderdom

le/la **veuf** (m), **veuve** (v) weduwnaar, weduwe

veuillez gelieve, wees zo goed; *zie* [1]*vouloir*

veule slap, futloos, zwak

la **veulerie** (v) slapheid, laksheid; weekheid

le **veuvage** (m) weduw(naar)schap

la **veuve** (v) *zie* veuf

vexant, -e 1 hinderlijk, ergerlijk **2** beledigend, grievend, kwetsend

la **vexation** (v) belediging; ergernis

vexatoire vernederend, kwetsend

[1]**vexer** (ov ww) kwetsen, beledigen, krenken, grieven: *facilement* vexé lichtgeraakt

se [2]**vexer** (wdk ww) zich ergeren: *se* ~ *d'un rien* om een kleinigheid boos worden

la **VF** (v) [film] afk van *version française* Franstalige versie

via via; over

viabilisé, -e: *terrain* ~ bouwrijp terrein

la **viabilité** (v) **1** levensvatbaarheid; realiseerbaarheid, leefbaarheid **2** begaanbaarheid; bouwrijpheid

viable 1 levensvatbaar [ook fig] **2** uitvoerbaar

le **viaduc** (m) viaduct

le [1]**viager** (m) lijfrente

[2]**viag|er, -ère** (bn): *rente* viagère lijfrente

le **viagra** (m) viagra

la **viande** (v) vlees: ~ *fumée* rookvlees; ~ *blanche* wit vlees [kalf, gevogelte, varken]; ~ *rouge* rood vlees [rund, paard, schaap]; ~ *de bœuf* rundvlees; ~ *casher* koosjer vlees

le **viatique** (m) **1** viaticum, reisgeld [van een religieus]; [form] (onder)steun(ing) **2** [r-k] viaticum, sacrament der stervenden

vibrant, -e 1 trillend, vibrerend **2** resonerend, galmend **3** gevoelig, ontroerend; meeslepend

le **vibraphone** (m) vibrafoon

la **vibration** (v) vibratie, trilling

vibrer vibreren, trillen; [fig] geroerd zijn: *sa voix vibrait de colère* zijn stem trilde van woede; [fig] *faire* ~ *la corde sensible* een gevoelige snaar raken

le **vibreur** (m) triller, trilalarm

vibrionner drukte maken, heen en weer lopen

le **vibromasseur** (m) vibrator

le **vicaire** (m) vicaris; plaatsvervanger: *le* ~ *de Dieu* de paus

le **vice** (m) **1** ondeugd **2** ontucht: *vivre dans le* ~ een losbandig leven leiden **3** fout, onvolkomenheid: ~ *de conformation* lichaamsgebrek; ~ *de fabrication* fabricagefout; ~ *caché* verborgen gebrek; ~ *de forme* vormfout

vice- vice-, onder-, plaatsvervangend

le **vicelard** (m) [inf] viezerik

la **vice-présidence** (v) ondervoorzitterschap

le/la **vice-président** (m; mv: vice-présidents), **-e** (v) vicepresident(e), ondervoorzit(s)ter

le **vice-roi** (m; mv: vice-rois) onderkoning

vice versa 1 vice versa **2** [fig] over en weer

vicier 1 vervuilen, verontreinigen: *air vicié* vervuilde lucht **2** [jur] aantasten, ongeldig maken

vici|eux, -euse 1 verdorven, slecht **2** [m.b.t. dier] onbetrouwbaar, schichtig: *cheval* ~ weerspannig paard **3** pervers, geil, onzedelijk: *un vieux* ~ een oude viezerik **4** onvolkomen, verkeerd, fout: *cercle* ~ vicieuze cirkel

vicinal, -e: *chemin* ~ lokale weg

les **vicissitudes** (mv, v) wisselvalligheid; wederwaardigheden, lotgevallen

le **vicomte** (m) burggraaf

la **vicomtesse** (v) burggravin

la **victime** (v) (slacht)offer; dupe: *être* ~ *de* het slachtoffer worden van; *faire de nombreuses* ~*s* talrijke slachtoffers maken

victimiser tot slachtoffer maken

la **victoire** (v) overwinning, zege: *chanter* (of: *crier*) ~ victorie kraaien

victorien, -ne victoriaans; [fig] preuts

victori|eux, -euse winnend, zegevierend, succesvol; triomfantelijk

les **victuailles** (mv, v) proviand, mondvoorraad

la **vidange** (v) **1** (het) legen, ruimen: ~ (of: *vidange d'huile*) olieverversing [bij een auto] **2** [vaak mv] afvalwater, gier **3** afvoerbuis

vidanger legen, ruimen; olie verversen

les **vidanges** (mv, v) [Belg] lege flessen

le **vidangeur** (m) beerputleger, putjesschepper

le **¹vide** (m) vacuüm, luchtledig; leegte, lege plek; leemte; (het) niets; [fig] ijdelheid, leegte: ~ *sanitaire* kruipruimte; *faire le* ~ (lucht)ledig pompen; *parler dans le* ~ voor stoelen en banken praten, geen weerklank vinden; *emballage sous* ~ vacuümverpakking; *passage à* ~ inzinking; *faire le* ~ *dans son esprit* nergens meer aan denken

²vide (bn) leeg, ledig: *regard* ~ wezenloze blik; *maison* ~ leegstaand huis; ~ *de* ontdaan van, zonder, waar … uit is; *mots* ~*s de sens* ijdele, holle klanken; *rentrer les mains* ~*s* met lege handen, onverrichter zake thuiskomen; *le moteur tourne à* ~ de motor draait stationair; *avoir l'estomac* (of: *le ventre*) ~ een lege maag hebben

le **vidé** (m) [Belg] pasteitje

le **vide-grenier** (m) rommelmarkt

la **vidéo** (v) video: *art* ~ videokunst; *jeu* ~ videospelletje

le **vidéoclub** (m) videotheek

la **vidéoconférence** (v) videoconferencing; televergadering

le **vidéodisque** (m) videoplaat

le/la **vidéo-jockey** (m/v; mv: vidéo-jockeys) veejay

le **vidéophone** (m) videofoon; beeldtelefoon

le **vidéoprojecteur** (m) beamer

le **vide-ordures** (m) stortkoker [in flat]

la **vidéosurveillance** (v) videobewaking

la **vidéothèque** (v) videotheek

le **vide-poches** (m) rommelbakje, rommelmandje; handschoenenkastje [in auto]

le **vide-pomme** (m) appelboor

le **vide-poubelles** (m) [Belg] stortkoker [in flat]

¹vider (ov ww) legen, leegmaken, ruimen; leeggieten, leegdrinken; schoonmaken [van wild en vis]; ontruimen; [fig] beëindigen; de laan uitsturen: *il s'est fait* ~ hij is er uitgegooid; [med] ~ *un abcès* een abces doorprikken, snijden in; ~ *son cœur* (of: *son sac*) zijn hart luchten; ~ *les lieux* plaats ruimen; ~ *une querelle* een twist beslechten; *je suis vidé* ik ben kapot

se **²vider** (wdk ww) leegstromen, wegstromen

le **videur** (m) uitsmijter

la **vie** (v) leven, levensduur, levensloop, levensonderhoud; activiteiten, doen en laten: *gagner sa* ~ de kost verdienen; ~ *active* arbeidsproces; *conditions de* ~ levensomstandigheden; *espérance de* ~ levensverwachting; *ramener à la* ~ bij bewustzijn brengen; *refaire sa* ~ een nieuw leven beginnen; *perdre la* ~ om het leven komen, omkomen; *sauver sa* ~ het vege lijf redden, er levend van afkomen; *rendre la* ~ *à* weer tot leven brengen; *vivre sa* ~ zijn eigen leven leiden; ~ *privée* privéleven, privacy; *la* ~ *est dure!* het leven is hard!; *c'est la* ~*!* zo is het en niet anders!; *sans* ~ levenloos; *à* ~ voor het leven, levenslang; *à la* ~ *et à la mort* voor eeuwig (en altijd); *de ma* ~, *jamais de la* ~ nooit van mijn leven; *dans la* ~ *politique* in de politiek; *dans une autre* ~ in een vorig leven [lang geleden]; *mode de* ~ levenswijze, levensstijl; *plein de* ~ levendig; *avoir la* ~ *dure* **a)** [van dier, mens] taai zijn; **b)** [van vooroordeel] hardnekkig zijn; [nat] *durée de* ~ halfwaardetijd [van een radioactief element]

vieil *zie ¹vieux*

le **vieillard** (m) grijsaard, oude man

les **vieillards** (mv, m) oude mensen

la **vieille** (v) oude vrouw: *une pauvre* ~ een zielig oudje

la **vieillerie** (v) **1** oude rommel, troep **2** ouderwets idee

la **vieillesse** (v) ouderdom: *assurance* ~ ouderdomsuitkering

¹vieillir (onov ww) oud(er) worden, vergrijzen, verouderen; in onbruik raken

²vieillir (ov ww) oud maken: *il me vieillit de cinq ans* hij schat me vijf jaar ouder dan ik ben

se ³**vieillir** (wdk ww) zich ouder voordoen, zich voor ouder uitgeven dan men is

le **vieillissement** (m) veroudering; vergrijzing; (het) in onbruik raken

vieillot, -te ouderwets, verouderd

la **vielle** (v) draailier

la **Vienne** (v) Wenen

viennois, -e Weens

la **viennoiserie** (v) luxebroodjes

les **viennoiseries** (mv, v) fijne bakkerswaren, luxe broodjes

la ¹**vierge** (v) **1** maagd **2** madonna [schilderij, beeld]

²**vierge** (bn) **1** maagdelijk; ongerept: *forêt ~* oerwoud **2** onbeschreven [van papier]: *casier ~* blanco strafregister **3** [foto] onbelicht || *huile ~* olie van de eerste persing; *laine ~* scheerwol

la **Vierge** (v) de Maagd Maria; [astron] Maagd

le **Viêt Nam** (m) Vietnam

vietnamien, -ne Vietnamees

le/la **Vietnamien** (m), **-ne** (v) Vietnamees, -mese

le ¹**vieux** (m) oude man: *un ~ de la vieille* een oudgediende; *mon ~* ouwe jongen; *les ~* de oudjes; [pop] *mes ~* mijn ouwelui; *il a pris un coup de ~* hij is een stuk ouder geworden

²**vieux, vieille** (bn, in m enkelvoud vóór een klinker *vieil*) oud: *assurer ses ~ jours* zorgen voor de oude dag; [van kleding] *faire ~* oud(er) maken; *se faire ~* oud worden; *~ avant l'âge* vroeg oud; *~ célibataire* verstokte vrijgezel; *vieille fille* oude vrijster; *~ garçon* oude vrijgezel; *~ jeu* ouderwets; [onv.] *~ rose* oudroze [kleur]

³**vieux** (bw) oud: *vivre ~* oud worden, lang leven; *s'habiller ~* zich ouwelijk kleden

le ¹**vif** (m) levend vlees: *plaie à ~* open wond; *couper dans le ~* **a)** in het (levende) vlees snijden; **b)** [iemand] in zijn wezen raken; **c)** drastisch optreden || *sur le ~* natuurlijk, getrouw; *avoir les nerfs à ~* uiterst prikkelbaar zijn; *pêcher au ~* met levend aas vissen; *entrer dans le ~ du sujet* van wal steken

²**vif, vive** (bn) **1** levend **2** levendig, fris, zuiver: *eau vive* stromend water **3** hevig; driftig, agressief, fel: *à vive allure* in volle vaart; *à mon ~ regret* tot mijn grote spijt || *chaux vive* ongebluste kalk

le **vif-argent** (m) kwik(zilver): [fig] *être du vif-argent* geen ogenblik stilzitten

la **vigie** (v) [scheepv] uitkijk; wacht; uitkijkpost

la **vigilance** (v) waakzaamheid; oplettendheid

vigilant, -e waakzaam, oplettend

le **vigile** (m) bewaker, bewakingsbeambte

la **vigne** (v) wingerd, wijnstok, wijngaard: *~ vierge* wilde wingerd

le/la **vigneron** (m), **-ne** (v) wijnbouw(st)er

la **vignette** (v) **1** vignet, ornament **2** sticker, etiket; sticker van de wegenbelasting; belas-

tingzegel

le **vignoble** (m) **1** wijngaard **2** wijnstreek

vigour|eux, -euse krachtig, sterk; heftig, nadrukkelijk

la **vigueur** (v) kracht; lichaamskracht, geestkracht; [fig] krachtdadigheid, doortastendheid: *en ~* geldend; *être en ~* van kracht, van toepassing zijn; *entrer en ~* in werking treden, van kracht worden; *plein de ~* krachtig

le **VIH** (m) afk van *virus de l'immunodéficience humaine* hiv (afk van *human immunodeficiency virus*)

le **viking** (m) Viking

vil, vile laag (bij de grond), gemeen, verwerpelijk: *à ~ prix* voor een spotprijs

vilain, -e 1 lelijk, laag, gemeen **2** [kindert] stout **3** lelijk, onaardig: *il fait ~* het is gemeen weer || *~ défaut* ernstige tekortkoming, groot kwaad

vilainement lelijk; schandelijk

le **vilebrequin** (m) **1** omslagboor **2** [auto] krukas

vilipender [form] uitmaken voor alles wat lelijk is, beschimpen

la **villa** (v) villa, landhuis

le **village** (m) dorp: *~ de toile* tentenkamp; *~ de vacances* vakantiedorp; *l'idiot du ~* de dorpsgek

le/la ¹**villageois** (m), **-e** (v) dorpsbewoner

²**villageois, -e** (bn) dorps-

la **ville** (v) stad: *à la ~* in de stad; *aller en ~* de stad in gaan, naar de stad gaan; *dîner en ~* buitenshuis eten; *hôtel de ~* stadhuis; *~ d'eau* kuuroord; *la Ville lumière* de lichtstad [Parijs]; *~-dortoir* slaapstad

la **ville-dortoir** (v; mv: villes-dortoirs) slaapstad

la **villégiature** (v) vakantie [op het platteland]; vakantieverblijf: *partir en ~* met vakantie gaan

le **vin** (m) wijn: *~ coupé* versneden wijn; *~ du cru* landwijn; *~ cuit* gestookte wijn; *~ doux* zoete wijn; *petit ~* eenvoudig wijntje; *~ du patron* huiswijn; *~ de pays* landwijn; *pot de ~* kannetje wijn; *~ d'honneur* receptie, borrel; *~ sec* droge wijn; *tache de ~* wijnvlek; *avoir le ~ gai* (of: *triste*) een vrolijke (of: kwade) dronk hebben; [fig] *quand le ~ est tiré il faut le boire* wie A zegt, moet ook B zeggen

le **vinaigre** (m) azijn: *ça tourne au ~* dat loopt fout; *~ de vin* wijnazijn

vinaigrer met azijn toebereiden

la **vinaigrette** (v) vinaigrette, olie- en azijnsaus

le **vinaigrier** (m) azijnflesje

la **vinasse** (v) [inf] slechte wijn: *il sent la ~* hij stinkt naar wijn

vindicat|if, -ive wraakzuchtig

la **vindicte** (v): *désigner à ~ publique* publiekelijk aan de kaak stellen

vingt twintig: *je n'ai plus mes jambes de ~ ans*

ik heb niet meer zulke jonge benen || [argot] *~-deux, les flics!* kijk uit, smerissen!

la **vingtaine** (v) twintigtal, ongeveer twintig

vingt-deux [inf] pas op; kijk uit

le **vingt-et-un** (m) [kaartsp] eenentwintigen; blackjack

vingtième twintigste

vinicole wijnverbouwend, wijn(bouw)-

la **vinification** (v) wijnbereiding; gisting

vinifier in wijn omzetten

le **viol** (m) 1 schending 2 verkrachting

violacé, -e paars (aangelopen); paarsrood: *nez* ~ drankneus

la **violation** (v) schending, overtreding: ~ *de domicile* huisvredebreuk

la **viole** (v): ~ *de gamba* viola da gamba

violemment met geweld; heftig 2 hevig, vurig, hartstochtelijk

la **violence** (v) 1 heftigheid, hevigheid 2 geweld, dwang: ~ *domestique* huiselijk geweld; *se faire* ~ zich geweld aandoen

les **violences** (mv, v) gewelddadigheden, gewelddaden

violent, -e heftig, hevig, fel; gewelddadig: *mort* ~*e* gewelddadige dood

violenter verkrachten

violer 1 schenden, overtreden, inbreuk plegen op: ~ *le domicile de qqn.* huisvredebreuk plegen bij iem. 2 verkrachten

violet violet, paars

la **violette** (v) bosviooltje

le **violeur** (m) verkrachter

le **violon** (m) 1 viool: [fig] *autant pisser dans un* ~ het is totaal nutteloos 2 violist(e) 3 [inf] lik, nor 4 vioolspel: ~ *d'Ingres* hobby || *sortir les* ~*s* een gevoelige snaar proberen te raken, aan effectbejag doen

le **violoncelle** (m) 1 cello 2 cellist

le/la **violoncelliste** (m/v) cellist(e)

le/la **violoniste** (m/v) violist(e)

la **vipère** (v) 1 adder: *nid de* ~*s* broeinest van verderf 2 venijnig mens: *langue de* ~ lastertong

le **virage** (m) 1 bocht, draai; [fig] zwenking: ~ *dangereux* gevaarlijke bocht; ~ *en épingle à cheveux* haarspeldbocht 2 (het) draaien, keren, omdraaien: [pol] *un* ~ *à droite* een ommezwaai naar rechts

viral, -e virus-

la **virée** (v) uitstapje: ~ *(nocturne)* avondje stappen

le **virement** (m) overschrijving: ~ *postal* postgiro

[1]**virer** (onov ww) 1 ronddraaien 2 van richting veranderen, een bocht nemen 3 verkleuren, omslaan: ~ *au vert* groen worden

[2]**virer** (ov ww) 1 [scheepv] wenden: ~ *le cap* het stuur omgooien; ~ *de bord* overstag gaan 2 [fin] gireren, overmaken 3 (iem.) de laan uitsturen, op straat zetten; [inf] weggooien: *se faire* ~ op straat gezet worden

la **virevolte** (v) 1 wenteling (om zijn eigen as) 2 ommezwaai

virevolter 1 om zijn as wentelen 2 rondfladderen 3 een ommezwaai maken

virginal, -e maagdelijk

la **virginité** (v) 1 maagdelijkheid 2 [fig] maagdelijke onschuld; goede naam

la **virgule** (v) komma: *point-~* puntkomma

viril, -e mannelijk; [fig] manhaftig, krachtig

la **virilité** (v) 1 mannelijkheid 2 manhaftigheid

la **virtualité** (v) potentieel vermogen, latente kracht

virtuel, -le mogelijk, waarschijnlijk, potentieel, virtueel

virtuellement 1 virtueel 2 zogoed als zeker, praktisch

le/la [1]**virtuose** (m/v) virtuoos, virtuoze

[2]**virtuose** (bn) virtuoos

la **virtuosité** (v) virtuositeit

la **virulence** (v) 1 [med] virulentie; giftigheid 2 [fig] heftigheid, vinnigheid; kwaadaardigheid

virulent, -e 1 [med] virulent 2 [fig] kwaadaardig; heftig, fel, vinnig

le **virus** (m) virus [ook computer]: ~ *HIV* hiv-virus; ~ *informatique* computervirus

la **vis** (v) schroef: ~ *cruciforme* kruiskopschroef; ~ *à tête ronde* bolkopschroef; ~ *platinées* contactpunten; *escalier à* ~ wenteltrap; *pas de* ~ schroefdraad; [fig] *serrer la* ~ *à qqn.* iem. kort houden, stevig aanpakken; [fig] *donner un tour de* ~ **a)** de duimschroeven aandraaien; **b)** strenger optreden

le **visa** (m; mv: visas) 1 visum; stempel, paraaf 2 goedkeuring

le **visage** (m) (aan)gezicht: *changer de* ~ van kleur verschieten; [fig] *à* ~ *découvert* met open vizier, openlijk; *à* ~ *humain* met een menselijk gezicht; *sans* ~ onbekend; [fig] *faire bon* ~ *à qqn.* iem. positief bejegenen

le/la **visagiste** (m/v) schoonheidsspecialist(e)

le [1]**vis-à-vis** (m) tegenoverzittend, tegenoverstaand persoon; wat tegenover staat

[2]**vis-à-vis de** (vz) tegenover; ten opzichte van, in vergelijking met

viscéral, -e 1 ingewands- 2 diepgeworteld, innig; onberedeneerd

les **viscères** (mv, m) ingewanden, inwendige organen

la **viscose** (v) viscose

la **viscosité** (v) 1 viscositeit; kleverigheid 2 [ec] gebrek aan mobiliteit, stroperigheid

la **visée** (v) 1 (het) mikken, richten 2 [meestal mv] bedoeling, plan: *il a des* ~*s sur elle* hij voelt wat voor haar

[1]**viser à** (onov ww) 1 richten, mikken op 2 [fig] streven naar, beogen

[2]**viser** (ov ww) 1 (+ à) richten, mikken (op) 2 het (op iem.) gemunt hebben: *tu te sens visé?* denk je dat ze jou bedoelen? 3 beogen,

nastreven **4** viseren, van een visum voorzien **5** paraferen, voor gezien tekenen

le **viseur** (m) **1** [mil] vizier **2** [foto] zoeker

la **visibilité** (v) zicht, zichtbaarheid: *bonne* (of: *mauvaise*) ~ goed (of: slecht) zicht; ~ *nulle* absoluut geen zicht

visible 1 zichtbaar **2** evident, duidelijk **3** te bezichtigen; [m.b.t. personen] te spreken, bereid te ontvangen

la **visière** (v) **1** vizier [van helm] **2** klep [van pet]; zonneklep: *la main en* ~ met de hand boven de ogen

la **visioconférence** (v) videoconferentie

la **vision** (v) **1** (het) zien, gezichtsvermogen: *champ de* ~ gezichtsveld **2** bezichtiging; (het) bekijken **3** visie, zienswijze; voorstelling: *j'ai une autre* ~ *du monde* ik heb een andere kijk op de wereld **4** visioen; waanvoorstelling, hersenschim: [inf] *tu as des* ~*s!* je ziet ze vliegen!

le/la **¹visionnaire** (m/v) ziener(es), visionair(e); [fig] fantast(e)

²visionnaire (bn) visionair; [fig] fantastisch

visionner bekijken [film, beeldscherm]

la **visionneuse** (v) [foto] viewer

le **visiophone** (m) beeldtelefoon

la **visite** (v) **1** bezoek, visite: *rendre* ~ een bezoek afleggen **2** visite, bezoekers: *avoir de la* ~ gasten, bezoek hebben **3** (dokters)visite: ~ *à domicile* huisbezoek **4** bezichtiging: ~ *d'un musée* museumbezoek **5** controle, inspectie

visiter 1 bezoeken, op bezoek gaan bij; [med] een huisbezoek afleggen **2** bezichtigen **3** onderzoeken, inspecteren; doorzoeken

le/la **visit|eur** (m), **-euse** (v) **1** bezoek(st)er; toerist(e): ~ *médical* artsenbezoeker **2** inspecteur, -trice

les **visiteurs** (mv, m) [sport] spelers van een uitwedstrijd, bezoekers

le **vison** (m) nerts; mink

visqu|eux, -euse 1 slijmerig, kleverig; taai **2** kruiperig

le **vissage** (m) (het) (vast)schroeven

visser (vast)schroeven, met schroeven bevestigen

visu: *de* ~ met eigen ogen

la **visualisation** (v) visualisatie, aanschouwelijke voorstelling; [comp] (het) zichtbaar maken: *écran de* ~ beeldscherm

visualiser 1 aanschouwelijk, zichtbaar maken **2** [comp] op het beeldscherm oproepen

le **¹visuel** (m) [comp] scherm, display

²visuel, -le (bn) gezichts-, visueel: *angle* ~ gezichtshoek; *mémoire* ~*le* visueel geheugen

vital, -e levens-; vitaal; essentieel, fundamenteel: *minimum* ~ bestaansminimum; *fonctions* ~*es* vitale functies; *espace* ~ levensruimte, leefruimte

la **vitalité** (v) **1** levendigheid, levenskracht, vitaliteit **2** [biol] levensvatbaarheid

la **vitamine** (v) vitamine

vitaminé, -e gevitamin(is)eerd, met vitaminen

vite vlug, snel, gauw; spoedig, weldra: *au plus* ~ zo snel mogelijk; *faire* ~ zich haasten; *rouler* ~ hard rijden; *aller* ~ snel vorderen, opschieten; *le plus* ~ *sera le mieux* hoe sneller hoe beter

la **vitesse** (v) **1** snelheid: *à toute* ~ heel snel; *en* ~ vlug; ~ *de croisière* kruissnelheid; ~ *de pointe* topsnelheid; [sport] *course de* ~ sprint; *coureur de* ~ sprinter; *excès de* ~ snelheidsovertreding; [fig] *prendre qqn. de* ~ iem. de loef afsteken; *société à deux* ~*s* maatschappelijke tweedeling **2** versnelling [van een auto, fiets]: *en quatrième* ~ ontzettend snel; *boîte de* ~*s* versnellingsbak; *changer de* ~ schakelen; *changement de* ~ het schakelen; *passer à la* ~ *supérieure* naar het grote verzet schakelen

viticole wijn-, wijnbouw-

le/la **viticul|teur** (m), **-trice** (v) wijnbouw(st)er

la **viticulture** (v) wijnbouw, druiventeelt

le **vitrage** (m) (het) inzetten van ruiten, beglazing van een gebouw: *double* ~ dubbel glas

le **vitrail** (m; mv: vitraux) **1** glas-in-loodraam, [Belg] brandraam **2** glas-in-loodtechniek

la **vitre** (v) vensterglas, ruit; raampje: ~ *arrière* achterruit; *regarder par la* ~ uit het raam kijken; *remonter la* ~ het autoraam dichtdoen

vitré, -e 1 voorzien van ruiten, van glas: *baie* ~*e* a) groot raam; b) schuifpui **2** glasachtig

vitrer ruiten zetten in, beglazen

la **vitrerie** (v) glazenmakersbedrijf; glashandel; glaswaren

vitr|eux, -euse glasachtig; verglaasd; glazig

le **vitrier** (m) glaszetter

vitrifier 1 verglazen **2** van een deklaag voorzien, coaten

la **vitrine** (v) etalage, vitrine, [Belg] uitstalraam

le **vitriol** (m) vitriool; zwavelzuur: *article au* ~ vlijmend, bijtend artikel

vitupérer heftig berispen, uitvaren tegen

vivable leefbaar: *ce type n'est pas* ~ het is een onmogelijke man

vivace 1 levenskrachtig, taai **2** hardnekkig, ingeworteld **3** [plantk] overblijvend

la **vivacité** (v) **1** levendigheid; vlugheid [van begrip]; frisheid [van kleur] **2** heftigheid, felheid, onstuimigheid

le **¹vivant** (m) **1** levende: *le dernier* ~ de langst levende; *bon* ~ levensgenieter, bourgondisch type **2** levensduur: *du* ~ *de* bij het leven van

²vivant, -e (bn) **1** levend: *portrait* ~ goed gelijkend portret **2** levendig, vol leven

le **vivarium** (m) vivarium; terrarium

les **vivats** (mv, m) juichkreten

vive! leve!

¹vivement (bw) **1** levendig, vlug **2** sterk, heftig: ~ *touché* diep geroerd

²vivement (tw): ~*!* vlug (wat)!; ~ *dimanche!* was het maar zondag!

vivent 3e pers mv van ¹*vivre*

le **vivier** (m) visvijver; [fig] kweekvijver

vivifiant, -e bezielend, opwekkend

vivifier tot leven wekken, bezielen, opwekken, oppeppen

vivipare levend barend

la **vivisection** (v) vivisectie

vivoter [inf] stilletjes voortleven, vegeteren, voortsukkelen

¹vivre (onov ww) **1** leven, bestaan: ~ *vieux* een hoge leeftijd bereiken; ~ *pauvrement* een armoedig bestaan leiden; *savoir* ~ zich weten te gedragen; *apprendre à* ~ *à qqn.* iem. mores leren; *être facile à* ~ makkelijk zijn in de omgang **2** (over)leven: *travailler pour* ~ de kost verdienen **3** wonen: ~ *avec qqn.* (met iem.) samenwonen, samenleven

²vivre (ov ww) beleven, doormaken: ~ *sa vie* zijn eigen leven leiden; *c'est qqn. qui a vécu* het is iem. die heel wat heeft meegemaakt (in zijn leven)

les **vivres** (mv, m) middelen van bestaan, proviand: *couper les* ~ *à qqn.* iemands toelage intrekken

vivr|ier, -ière: *cultures vivrières* voedingsgewassen

le **vizir** (m) [gesch] vizier

le **VJ** (m) vj, veejay

vlan [inf] pats, bang

la **VO** (v) [film] afk van *version originale* niet nagesynchroniseerd

le **vocable** (m) woord

le **vocabulaire** (m) **1** woordenschat; terminologie; woordenlijst, lexicon **2** woordgebruik

vocal, -e 1 stem-: *cordes* ~*es* stembanden **2** vocaal, gezongen

vocaliser toonladders zingen

la **vocation** (v) roeping: *ne pas avoir la* ~ zich niet geroepen voelen **2** bestemming: *région à* ~ *touristique* streek die speciaal op toerisme is gericht; *avoir* ~ *à* (of: *pour*) bestemd zijn voor (of: om)

les **vociférations** (mv, v) gescheld, getier, geschreeuw

vociférer tieren, schelden, razen

la **vodka** (v) wodka

le **vœu** (m) **1** wens; bede, verlangen: *faire un* ~ een wens doen; *carte de* ~*x* nieuwjaarskaart; *meilleurs* ~*x!* gelukkig nieuwjaar!; *tous mes* ~*x!* hartelijk gelukgewenst! **2** belofte, gelofte; voornemen: *faire* (of: *former*) *des* ~*x pour qqn.* iem. het beste wensen

la **vogue** (v) mode, succes, hype: *être en* ~ opgang maken, populair zijn, in de mode zijn

voguer: *vogue la galère!* laat maar komen

zoals het komt, vooruit dan maar

voici ziehier, hier is, hier zijn, hier heb je, alstublieft [bij het aangeven]: ~ *ce que je veux vous dire* dit wil ik u zeggen; *le* ~ hier is hij; *le* ~ *qui vient* daar komt hij; ~ *cinq ans* het is nu vijf jaar geleden; *nous* ~ *arrivés* nu zijn we er

la **voie** (v) **1** weg; (rij)baan; spoor; [anat] kanaal: ~ *d'accès* toegangsweg, invalsweg; ~ *de communication* verbinding; ~ *double* dubbelspoor; [scheepv] ~ *d'eau* **a)** lek; **b)** waterweg; ~*s navigables* waterwegen; ~ *ferrée* spoorweg; ~ *de garage* **a)** rangeerspoor; **b)** [fig] zijspoor; ~ *lactée* Melkweg; *en* ~ *de* bezig, op weg te; *pays en* ~ *de développement* ontwikkelingsland; *en* ~ *de disparition* aan het verdwijnen; *être en bonne* ~ (of: *dans la bonne voie*) op de goede weg zijn; *par* ~ *de mer* (of: *de terre*) over zee (of: over land); *par la* ~ *de* over, per, via; *mettre sur la* ~ op het spoor brengen; *traverser la* ~ de rails oversteken; ~*s respiratoires* luchtwegen **2** [fig] weg, middel: [jur] ~*s de droit* rechtsmiddelen; ~*s de fait* geweldpleging; *par la* ~ *des armes* met de wapenen; *par des* ~*s détournées* langs omwegen; *par* ~ *de conséquence* als gevolg daarvan

voilà ziedaar, daar is, daar zijn, daar heb je; alstublieft [bij het aangeven]: ~ *cinq ans* (het is nu) vijf jaar geleden; *(et)* ~*!*, ~ *tout!* dat is alles, zo is het; *ah* ~*!* dat zat erachter! zo staan dus de zaken!; *en* ~ *des histoires* wat een flauwekul; ~ *ce que c'est que de (sortir)* dat komt er nu van als je (uitgaat); ~ *que* en daar (ineens) …; *le* ~ *qui vient* daar komt hij aan; *nous y* ~ daar hebben we het, nu zijn wij er; ~ *où je veux en venir* daar wil ik nu naartoe

le **voilage** (m) vitrage

le **¹voile** (m) **1** sluier: *prendre le* ~ in het klooster gaan **2** sluier, mom, dekmantel: *lever le* ~ onthullen; *soulever un coin du* ~ een tip van de sluier oplichten **3** gordijn **4** vitragestof **5** doorschijnend gewaad **6** versluiering, schaduw **7** slinger, kromming

la **²voile** (v) **1** zeil: *faire* ~ *sur* koers zetten naar; [fig] *mettre les* ~*s* ervandoor gaan; *bateau à* ~*s* zeilboot; *planche à* ~ surfplank **2** (het) zeilen, zeilsport: *faire de la* ~ zeilen || [anat] ~ *du palais* zacht gehemelte

voilé, -e 1 gesluierd, bedekt **2** versluierd; verborgen: *en termes* ~*s* in bedekte termen **3** onduidelijk, wazig, omfloerst, dof: *ciel* ~ betrokken lucht **4** kromgetrokken, verbogen

¹voiler (ov ww) **1** met een sluier bedekken **2** verbergen; aan het gezicht onttrekken; versluieren: ~ *la vérité* de waarheid verhelen

se **²voiler** (wdk ww) **1** dof worden **2** verborgen worden: *se* ~ *la face* met oogkleppen lopen **3** kromtrekken: *la roue se voile* het wiel loopt aan

le **voilier** (m) **1** zeilboot **2** zeilmaker || *grand* ~

grote zeevogel

la **voilure** (v) **1** [scheepv] zeilwerk, zeiltuig; [luchtv] vleugels, draagvlak **2** (het) kromtrekken [van hout, metaal]

¹voir (ov ww) **1** zien, waarnemen: *se faire ~* zich vertonen; *va te faire ~!* loop naar de pomp! **2** beleven, meemaken: *~ du pays* veel reizen; *on aura tout vu!* dat is het toppunt; *j'en ai vu* dat verbaast me niks; *~ rouge* ontzettend kwaad worden; *c'est du jamais vu* dat is ongehoord; *je n'y vois aucun inconvénient* ik heb er niets tegen **3** (iem.) ontmoeten, raadplegen, bezoeken, (willen) spreken: *~ un malade* een patiënt onderzoeken; *~ venir qqn.* iem. doorhebben **4** zich een idee vormen, inzien, beoordelen: *c'est à ~* dat staat nog te bezien; *qui vivra verra* dat zal de toekomst uitwijzen; *on verra* we zien nog wel; *voyons* nee maar, kom op, kom nou; *~ loin* een vooruitziende blik hebben; *attends ~!* wacht even! ǁ *avoir qqch. à ~ avec* iets te maken hebben met; *il faut ~* dat moeten we afwachten, dat valt te bezien; *~ grand* grote plannen hebben, de dingen groot zien

se **²voir** (wdk ww) **1** zich(zelf) zien: *il se voyait déjà président* hij dacht dat hij al president was **2** gezien worden: *cela se voit tous les jours* dat gebeurt elke dag; *cela se voit* dat is te zien **3** elkaar ontmoeten, contact hebben met elkaar

voire (ja) zelfs

la **voirie** (v) wegennet, (de) openbare weg: *service de ~* **a)** dienst onderhoud wegen; **b)** reinigingsdienst

le/la **¹voisin** (m), **-e** (v) buur(man), buur(vrouw)

²voisin, -e (bn) **1** naburig, nabij, aangrenzend **2** (+ de) gelijkend (op), overeenkomst hebbend (met)

le **voisinage** (m) **1** (de) buren: *avoir des relations de bon ~* als goede buren met elkaar omgaan **2** buurt, omgeving **3** nabijheid

voisiner avec liggen, zitten naast; [fig] veel overeenkomst hebben met

la **voiture** (v) (personen)auto, rijtuig, wagon, wagen, voertuig: *en ~!* instappen!; *~ de course* raceauto; *~ d'occasion* tweedehands auto, [Belg] occasiewagen; *~ décapotable* cabriolet

la **voiture-bar** (v; mv: voitures-bars) [spoorw] barrijtuig

la **voiture-école** (v; mv: voitures-écoles) autorijschool

la **voiture-restaurant** (v; mv: voitures-restaurants) [spoorw] restauratiewagen

la **voiturette** (v) wagentje, autootje, karretje

le **voiturier** (m) bediende van hotel of restaurant die auto's van klanten parkeert

la **voix** (v) **1** stem: *donner de la ~* luid spreken; *donner sa ~ à* stemmen op; *être en ~* bij stem zijn; *~ blanche* klankloze stem; *à mi-~* halfluid; *parler à ~ basse* zachtjes praten; *~ grave*

lage stem; *faire la grosse ~* een barse stem opzetten; *à haute ~* luid(keels), hardop; *~ juste* zuivere stem; *chanter à pleine ~, donner toute sa ~* uit volle borst zingen; [muz] *à une ~* eenstemmig; *éclaircir sa ~* zijn keel schrapen; *être sans ~* [fig] sprakeloos zijn; *de vive ~* mondeling, persoonlijk; *entendre des ~* stemmen horen, hallucineren **2** [taalk] vorm: *~ passive* lijdende vorm

le **vol** (m) **1** vlucht, (het) vliegen: *~ d'essai* testvlucht, proefvlucht; *~ plané* glijvlucht, zweefvlucht; *~ régulier* lijnvlucht; *~ à voile* (het) zweefvliegen; *en ~* in de lucht, in de vlucht; *à ~ d'oiseau* in vogelvlucht; *attraper au ~* opvangen; *saisir l'occasion au ~* de gelegenheid aangrijpen; *prendre son ~* **a)** opvliegen, wegvliegen; **b)** [fig] een vlucht nemen; [fig] *de haut ~* van formaat **2** vlucht, zwerm [vogels] **3** diefstal, roof, zwendel: *assurance contre le ~* inbraakverzekering; *~ à l'étalage* winkeldiefstal; *~ à main armée* roofoverval; *~ à la tire* zakkenrollerij; *c'est du ~!* dat is afzetterij!

volage wispelturig, lichtzinnig; frivool

la **volaille** (v) **1** gevogelte, pluimvee **2** kip, kuiken, eend

le **¹volant** (m) **1** badmintonshuttle **2** vliegwiel; stuur [van een auto] **3** volant, band, strook

²volant, -e (bn) vliegend; gemakkelijk verplaatsbaar; los: *brigade ~e* vliegende brigade; *soucoupe ~e* vliegende schotel; *feuille ~e* los blaadje

les **volants** (mv, m) vliegend personeel [van een luchtvaartmaatschappij]

volatil, -e (bn) vluchtig

le **volatile** (m) kip, eend, gans

¹volatiliser (ov ww) **1** (doen) verdampen, vervluchtigen **2** doen verdwijnen, achteroverdrukken

se **²volatiliser** (wdk ww) vervluchtigen; in het niets verdwijnen

le **vol-au-vent** (m) pasteitje

le **volcan** (m) vulkaan; [fig] heethoofd

volcanique vulkanisch: *éruption ~* vulkaanuitbarsting

la **volcanologie** (v) vulkanologie

la **volée** (v) **1** (het) vliegen, vlucht: *à la ~* **a)** in de lucht; **b)** met alle kracht; *à toute ~* uit alle macht, met kracht **2** vlucht, zwerm [vogels]; [fig] hoop, sleep **3** stand: *de haute ~* **a)** van goede afkomst; **b)** met allure **4** salvo [schoten]; reeks, regen; pak slaag **5** [sport] volley

voler 1 vliegen, opvliegen, stuiven; [m.b.t. personen] snellen: *~ de ses propres ailes* op eigen wieken drijven; *~ en éclats* uit elkaar springen; *~ au vent* in de wind wapperen; *entendre ~ une mouche* een speld horen vallen; *faire ~* opjagen [van stof, vlokken]; *~ au secours de qqn.)* (iem.) te hulp schieten **2** stelen, ontstelen; bestelen, afzetten; bedriegen: *il ne l'a pas volé* hij heeft het wel verdiend; ~ un *baiser* een kusje stelen

le **volet** (m) **1** luik, blind: ~ *mécanique* rolluik **2** (onder)deel; fase: *le ~ social* sociale paragraaf; *trier sur le ~* met zorg uitkiezen

voleter 1 fladderen **2** [m.b.t. vlammen] opflikkeren

le/la **vol|eur** (m), **-euse** (v) dief, dievegge; afzetter, -ster: *au ~!* houdt de dief!; *~ à la tire* zakkenroller

la **volière** (v) grote vogelkooi

le **volley** (m) volleybal

le **volley-ball** (m) volleybal

le/la **volley|eur** (m), **-euse** (v) volleybalspeler, -speelster

le/la **¹volontaire** (m/v) vrijwillig(st)er, volontair

²volontaire (bn) **1** vrijwillig: *acte* ~ spontane handeling **2** bewust, opzettelijk: *homicide* ~ doodslag **3** wilskrachtig, zelfbewust

volontairement vrijwillig; uit eigen beweging; opzettelijk, willens en wetens

le **volontariat** (m) [mil] vrijwillige dienstneming; spontane deelname

volontariste ambitieus, wilskrachtig

la **volonté** (v) **1** wil, wilsuiting: *la ~ générale* de algemene wens; *faire les quatre ~s de qqn.* precies doen wat iem. wil; *il est de bonne ~* hij bedoelt het goed; *mauvaise ~* kwaadwilligheid; *à ~* naar believen, zoveel men wil **2** wilskracht: *avoir de la ~* wilskrachtig zijn **3** wilsbeschikking

volontiers graag, gaarne; licht, gemakkelijk

le **voltage** (m) [elek] voltage; spanning

voltaïque: [elek] *arc* ~ elektrische boog

le **voltaire** (m) hoge leunstoel

la **volte-face** (v) halve draai; [fig] ommezwaai [van mening]: *faire* ~ **a)** rechtsomkeert maken, omdraaien; **b)** [fig] plotseling van mening, houding veranderen

la **voltige** (v) voltige; trapezewerk; luchtacrobatiek; [fig] acrobatiek

voltiger 1 acrobatische toeren verrichten **2** fladderen [van vogels]; dwarrelen [van bladeren]; wapperen [van een vlag]

volubile rad van tong; welbespraakt

la **volubilité** (v) radheid van tong; welbespraaktheid

le **volume** (m) **1** boekdeel **2** volume, inhoud, capaciteit **3** omvang, grootte: *augmenter en* ~ uitzetten; *faire du* ~ veel plaats innemen **4** volume, geluidssterkte

volumin|eux, -euse omvangrijk, volumineus, lijvig

la **volupté** (v) wellust; genot

le/la **¹voluptu|eux** (m), **-euse** (v) wellusteling(e)

²voluptu|eux, -euse (bn) wellustig, weelderig, wulps

la **volute** (v) krul, kringel

le **vomi** (m) braaksel

vomir 1 overgeven, braken, spugen, kotsen **2** uitbraken, uitstorten: *ça me donne envie de*

~ ik word er misselijk van, het is om te kotsen

le **vomissement** (m) (het) braken; braaksel

la **vomissure** (v) braaksel

le **vomitif** (m) braakmiddel

vont 3e pers enk van *¹aller*

vorace vraatzuchtig; gulzig, onverzadigbaar; gretig

la **voracité** (v) **1** vraatzucht, gulzigheid **2** hebzucht

vos mv van *votre*

les **Vosges** (mv, v) Vogezen

vosgien, -ne van, uit de Vogezen

le/la **votant** (m), **-e** (v) kiezer, stemgerechtigde

le **vote** (m) **1** stem **2** (het) stemmen; stemming: ~ *de confiance* motie van vertrouwen; *droit de* ~ stemrecht, actief kiesrecht; ~ *obligatoire* stemplicht **3** verkiezingssysteem

¹voter (onov ww) stemmen: ~ *blanc* blanco stemmen; ~ *nul* een ongeldige stem uitbrengen

²voter (ov ww) aannemen, goedkeuren: ~ *un projet de loi* een wetsontwerp aannemen

votre (mv: vos) uw, jullie

vôtre (zelfstandig) van u, van jullie: *le ~, la ~, les ~s* de uwe, de uwen; *le ~* het uwe; *les ~s* de uwen; *je suis des ~s* ik behoor tot uw partij, ik doe mee; *il faut y mettre du ~* u moet zelf ook meewerken; *à la ~!* op uw gezondheid!

¹vouer (ov ww) **1** (+ à) wijden, opdragen (aan); plechtig beloven, toezeggen: ~ *qqn. au diable* iem. naar de maan wensen **2** (voor)bestemmen: *être voué à l'échec* gedoemd zijn te mislukken

se **²vouer à** (wdk ww) zich wijden aan: *je ne sais plus à quel saint me ~* ik weet me geen raad meer

¹vouloir de (onov ww) accepteren; graag willen: *ne pas ~ de qqn.* niets moeten hebben van iem. ‖ *en ~ à qqn. (de qqch.)* iem. iets kwalijk nemen

²vouloir (ov ww) willen, (ver)eisen; wensen, verlangen: *il a bien voulu répondre* hij is zo goed geweest te (willen) antwoorden; *vous voulez du café? je veux bien* wilt u koffie? graag; *je voudrais bien …* ik zou graag (willen) …; *je lui veux du bien* (of: *du mal*) ik ben hem goedgezind (of: slechtgezind); *qu'ils le veuillent ou non* of ze willen of niet; *veuillez entrer* komt u binnen, alstublieft; ~ *dire* **a)** willen zeggen, bedoelen; **b)** willen zeggen, betekenen; *ce mot veut dire …* dit woord betekent …; *qu'est-ce que ça veut vouloir?* wat moet dat betekenen? ‖ *si tu veux* als je wilt; *si on veut* als men wil

se **³vouloir** (wdk ww) willen doorgaan voor ‖ *s'en ~ de qqch.* zich iets verwijten

voulu, -e 1 gewild, gewenst, vereist: *en temps* ~ te zijner tijd **2** bedoeld, opzettelijk: *c'était* ~ dat was opzet

vous u, jullie: ~ *autres Américains* jullie

Amerikanen; *ça* ~ *fait du bien* dat doet je (*of:* een mens) goed; *de* ~ *à moi* onder ons gezegd; *taisez-~!* houden jullie allemaal je mond!

vous-même uzelf

vous-mêmes julliezelf

la **voussure** (v) kap, boog; welving

la **voûte** (v) gewelf, boog; koepel: ~ *d'arbres* prieel, gewelfd bladerdak; ~ *céleste* hemelgewelf; *clef de* ~ **a)** sluitsteen; **b)** [fig] hoeksteen

voûté, -e 1 overkoepeld; gewelfd **2** krom

[1]**voûter** (ov ww) **1** overwelven **2** krommen

se [2]**voûter** (wdk ww) krom trekken, krom worden, zich welven

le **vouvoiement** (m) (het) met u aanspreken

vouvoyer met u aanspreken

le **voyage** (m) **1** reis, tocht; rit: *agence de* ~ reisbureau; *en* ~ op reis; ~ *organisé* groepsreis; ~ *d'affaires* zakenreis; *être du* ~ meereizen, mee op reis gaan; *gens du* ~ **a)** rondtrekkende artiesten; **b)** zigeuners **2** rit, vrachtje [taxi]; transport

voyager 1 reizen **2** vervoerd worden

le/la [1]**voyag|eur** (m), **-euse** (v) reizig(st)er; passagier: ~ *de commerce* handelsreiziger

[2]**voyag|eur, -euse** (bn) reizend: *pigeon* ~ postduif

le/la **voyagiste** (m/v) touroperator

le/la [1]**voyant** (m), **-e** (v) ziener(es), helderziende

le [2]**voyant** (m) controlelampje

[3]**voyant, -e** (bn) opzichtig, opvallend

la **voyelle** (v) [taalk] klinker

le/la **voy|eur** (m), **-euse** (v) gluurder

le **voyeurisme** (m) voyeurisme [ook fig]

le [1]**voyou** (m) **1** schooier, straatjongen; kwajongen **2** schurk

[2]**voyou** (bn): *termes* ~*s* platte uitdrukkingen

la **VPC** (v) afk van *vente par correspondance* postorderverkoop

le **vrac** (m) stortgoed, bulk: *charger en* ~ in het ruim (in de container) storten ‖ *thé en* ~ losse thee

le [1]**vrai** (m) waarheid; (het) ware, werkelijkheid: *pour de* ~ in ernst

[2]**vrai, -e** (bn) waar; echt, werkelijk: *histoire* ~*e* waar(gebeurd) verhaal; *un* ~ *Renoir* een echte Renoir; *il est* ~ weliswaar

[3]**vrai** (bw) waar: *à* ~ *dire* eerlijk gezegd, onder ons; *parler* ~ de waarheid spreken, eerlijk zijn; [inf] *c'est pas* ~*!* niet te geloven!, 't is niet waar!

vraiment echt, werkelijk, heus

vraisemblable waarschijnlijk, geloofwaardig

la **vraisemblance** (v) waarschijnlijkheid, aannemelijkheid

V/Réf. afk van *votre référence* uw kenmerk [in briefhoofd]

la **vrille** (v) **1** fretboor **2** [plantk] hechtrankje **3** spiraal: *escalier en* ~ wenteltrap **4** [luchtv]

vrille, wervelvlucht

[1]**vriller** (onov ww) [luchtv] **1** in spiraalvlucht opstijgen **2** in vrille neerstorten

[2]**vriller** (ov ww) doorboren

vrombir gonzen, zoemen [van insecten]; ronken [van een motor]

le **vrombissement** (m) gegons, gezoem, geronk

le **VTC** (m) afk van *vélo tout chemin* hybride, citybike

le **VTT** (m) afk van *vélo tout terrain* ATB, mountainbike

le [1]**vu** (m) weten, kennisname: *au vu des résultats* de resultaten in overweging genomen

[2]**vu, vue** (bn) gezien: *du déjà vu* ouwe koek; *être bien* ~ goed bekendstaan; *ni vu ni connu* totaal onbekend; *vu?* begrepen?; *c'est tout vu* dat spreekt vanzelf

[3]**vu** (vz) gezien, gegeven, in aanmerking genomen: *vu que* daar, aangezien

la **vue** (v) **1** (het) zien, gezicht; gezichtsvermogen; blik, ogen; uitzicht; aanblik: *à la* ~ *de* bij het zien van; *à la* ~ *de tous* in het openbaar; *une belle* ~ een mooi uitzicht; *avoir* ~ *sur* uitzicht hebben op; *boucher la* ~ het uitzicht belemmeren; *connaître de* ~ van gezicht kennen; ~ *dégagée* vrij uitzicht; ~ *de l'esprit* hersenspinsel; [fig] *être en* ~ aanzien hebben; *le port est en* ~ de haven is in zicht; *à* ~ *de nez* zo op het oog; *à* ~ *d'œil* zichtbaar, zienderogen; *sa* ~ *baisse* zijn gezichtsvermogen neemt af; *perdre la* ~ blind worden; *perdre de* ~ uit het oog verliezen; *à première* ~ op het eerste gezicht; *point de* ~ **a)** mooi uitzicht; **b)** [fig] oogpunt, gezichtspunt, mening; *du point de* ~ *économique* economisch gezien, uit economisch oogpunt **2** afbeelding: *prise de* ~*s* filmopname **3** plan, bedoeling; inzicht, overzicht; opvatting: *avoir en* ~ beogen, op het oog hebben; *avoir des* ~*s sur qqn.* een oogje op iem. hebben; *en* ~ *de* met het oog op, (met de bedoeling) om; ~ *d'ensemble* (algemeen) overzicht; *échange de* ~*s* gedachtewisseling

la **vulcanisation** (v) vulkanisatie

vulcaniser vulkaniseren

le [1]**vulgaire** (m) **1** (het) gemene volk, plebs **2** (het) vulgaire

[2]**vulgaire** (bn) **1** volks-, gewoon, alledaags, banaal: [taalk] *langue* ~ volkstaal **2** vulgair, laag-bij-de-gronds, grof; ongemanierd

vulgairement 1 in de volksmond **2** plat, vulgair

la **vulgarisation** (v) het algemeen verspreiden: *ouvrage de* ~ populairwetenschappelijk werk

vulgariser populariseren, verspreiden, tot gemeengoed maken

la **vulgarité** (v) **1** banaliteit **2** platheid, vulgariteit

la **vulnérabilité** (v) kwetsbaarheid

vulnérable kwetsbaar
la **vulve** (v) vulva, schaamspleet
Vve afk van *veuve* wed., weduwe

W

le **w** (m) [de letter] w
le **wagon** (m) **1** wagon: ~ *à bestiaux* beesten-
wagen; *monter en* ~ instappen; ~ *frigori-*
fique koelwagen; ~ *de marchandises* goederenwagen **2** wagonlading
le **wagon-citerne** (m; mv: wagons-citernes)
[spoorw] tankwagen
le **wagon-lit** (m; mv: wagons-lits) slaapwagen
le **wagonnet** (m) transportwagentje, kiepkar
[bij graafwerk]
le **wagon-restaurant** (m; mv: wagons-res-
taurants) restauratiewagen
le **wagon-tombereau** (m; mv: wagons-tom-
bereaux) open goederenwagen
le **walkie-talkie** (m; mv: walkies-talkies) walkietalkie; portofoon
le **walkman** (m) walkman
wallingant, -e [Belg] Waalsgezind
le ¹**wallon** (m) (het) Waals
²**wallon, -ne** (bn) Waals
le/la **Wallon** (m), **-ne** (v) Waal, Walin
la **Wallonie** (v) Wallonië
waouh wow
le **water-polo** (m) waterpolo
waterproof waterdicht
le **watt** (m) watt
le **wattheure** (m) wattuur
le **wattman** (m) [Belg] wattman [Belg]; tram-
bestuurder
les **W.-C.** (mv, m, in België m) toilet, wc
le **Web** (m) [comp] web, internet: *surfer sur le* ~
websurfen
la **webcam** (v) webcam
la **webdiffusion** (v) [telec] webcasting
le **weblog** (m) weblog
le/la **webmarket|eur** (m), **-euse** (v) webmar-
keteer
le **webmestre** (m) webmaster
le **week-end** (m) weekend: *bon* ~ prettig
weekend; *un* ~ *prolongé* een lang weekend
le **welter** (m) [sport] weltergewicht
le **western** (m) western, wildwestfilm
la **Westphalie** (v) Westfalen
le **whisky** (m) whisky: ~ *nature* whisky puur
le **white-spirit** (m) terpentine
le **wok** (m) wok
le **workout** (m) work-out

X

le **x** (m) [de letter] x: *crochet x* schilderijhaak ||
   pendant x temps gedurende zo- en zoveel tijd

le **¹X** (m) **1** X [onbekend persoon]: *déposer une
plainte contre X* een klacht indienen tegen
een onbekende **2** *l'X* de École polytechnique
[opleiding voor topambtenaren]

le/la **²X** (m/v): *un, une X* een student(e) van de
École polytechnique

³X (bn, mv: *onv*) porno-: *film (classé) X* porno-
film || *rayons X* röntgenstralen

la **xénogreffe** (v) xenotransplantatie

xénophobe xenofoob, vreemdelingen ha-
tend

la **xénophobie** (v) xenofobie, vreemdelingenhaat

le **xérès** (m) sherry

le **xylophone** (m) xylofoon

y

l' **¹y** (m) [de letter] y

²y (bw) er, daar; erheen, daarheen; eraan, erdoor, ertoe enz.: *il y a* er is, er zijn; *il n'y a qu'à … je* hoeft alleen maar …; *il y a un an* een jaar geleden; *y aller* erheen gaan; *allez-y!* vooruit maar! ga je gang!; *j'y suis* **a)** ik ben er; **b)** ik heb het (geraden, gevonden); *y être pour qqch.* enige rol spelen in; *je n'y suis pour rien* ik heb er niets mee te maken; *je ne veux pas y répondre* ik wil er niet op antwoorden; *cela y ressemble un peu* dat lijkt er een beetje op; *ça y est* klaar is Kees; *y compris* met inbegrip van; *je n'y comprends rien* ik begrijp er niks van; *il y va de son avenir* het gaat om zijn toekomst; *il faut s'y faire* je moet eraan wennen

le **yacht** (m) [scheepv] jacht

le **yachting** (m) zeilsport

le **yack** (m) [dierk] jak

le/la **yankee** (m/v) yankee: [neg] *les ~s* de Amerikanen

le **yaourt** (m) yoghurt

le **Yémen** (m) Jemen

yéménite Jemenitisch

le/la **Yéménite** (m/v) Jemeniet, Jemenitische

le **yen** (m) yen [Japanse munteenheid]

le **yéti** (m) yeti; verschrikkelijke sneeuwman

le **yeux** (m) mv van *œil*

le **¹yiddish** (m) (het) Jiddisch

²yiddish (bn, mv: *onv*) Jiddisch

le **yogourt** (m) [voornamelijk Belg] yoghurt

la **yole** (v) [scheepv] jol

yougoslave Joegoslavisch, Joegoslaafs

le/la **Yougoslave** (m/v) Joegoslaaf(se)

la **Yougoslavie** (v) [hist] Joegoslavië

youpi! joepie!

le/la **youpin** (m), **-e** (v) [neg] Jood, Jodin

le **youyou** (m) [scheepv] sloep

le **yoyo** (m) jojo

l' **ypérite** (v) [mil] mosterdgas

l' **Ypres** (v) Ieperen

le **yuan** (m) yuan [Chinese munteenheid]

le **yucca** (m) [plantk] palmlelie; yucca

le **yuppie** (m) yuppie

z

le **z** (m) [de letter] z
le **Zaïre** (m) Zaïre
zaïrois, -e Zaïrees
le/la **Zaïrois** (m), **-e** (v) Zaïrees, Zaïrese
la **Zambie** (v) Zambia
zambien, -ne Zambiaans
le/la **Zambien** (m), **-ne** (v) Zambiaan(se)
zapper zappen
la **zappette** (v) [inf] afstandsbediening
le/la **¹zapp|eur** (m), **-euse** (v) zapper
le **²zappeur** (m) zapper, afstandsbediening
zarb|i, -ie [inf] vreemd
zébré, -e gestreept
le **zèbre** (m) **1** zebra **2** [pop] kerel, vent: *quel drôle de ~!* wat een gekke vent!
zébrer strepen maken op
la **zébrure** (v) **1** strepenpatroon [bij dieren] **2** striemen [op de huid]
le **zébu** (m) zeboe
zélandais, -e Zeeuws: *la Flandre ~e* Zeeuws-Vlaanderen
le/la **Zélandais** (m), **-e** (v) Zeeuw(se)
la **Zélande** (v) Zeeland
zélé, -e ijverig, toegewijd
le **zèle** (m) ijver, toewijding, vlijt: *excès de ~* overmaat van ijver; *faire du ~* al te ijverig zijn, zich uitsloven
le **¹zen** (m) zen; zenboeddhisme
²zen (bn) zen-: *bouddhisme ~* zenboeddhisme
le **zénith** (m) **1** zenit **2** [fig] hoogtepunt, toppunt
la **ZEP** (v) afk van *Zone d'Education prioritaire* schooldistrict met positieve discriminatie
le **¹zéro** (m) nul, nulpunt; niets: *le ~ absolu* het absolute nulpunt [van temperatuur]; [fig] *c'est un ~* hij is een grote nul; *avoir le moral à ~* erg neerslachtig zijn; *parti de ~* van nul af aan begonnen, van niets opgeklommen; *recommencer* (of: *reprendre*) *à ~* weer van voren af aan beginnen, weer bij het begin beginnen
²zéro (telw) nul
le **zeste** (m) **1** schil [van sinaasappel, citroen]: *~ de citron* snippertje van de citroenschil **2** [fig] beetje, pietsje, greintje: *un ~ d'humour* een vleugje humor
le **zézaiement** (m) (het) slissen
zézayer slissen
la **zézette** (v) [kindert] doosje
la **zibeline** (v) **1** sabeldier **2** sabelbont
zieuter [inf] kijken (naar), loeren
le **zigoto** (m) [inf] vent, kerel: *un drôle de ~* een rare snuiter
zigouiller [inf] van kant maken, om zeep helpen
le **zigue** (m) [inf] vent, kerel: *bon zig* goeie knul
le **zigzag** (m) zigzag(lijn): *en ~* zigzaggend
zigzaguer zigzags maken, zigzag lopen
le **Zimbabwe** (m) Zimbabwe
zimbabwéen, -ne Zimbabwaans
le/la **Zimbabwéen** (m), **-ne** (v) Zimbabwaan(se)
le **zinc** (m) **1** zink **2** [inf] tapkast, bar; cafeetje, kleine bar: *prendre un verre sur le ~* een glaasje aan de bar drinken **3** [inf] kist [vliegtuig]
zinguer met zink bedekken; verzinken, galvaniseren
le **zingueur** (m) zinkwerker, galvaniseur
le **¹zinzin** (m) ding
²zinzin (bn, mv: *onv*) [inf] geschift
le **zip** (m) ritssluiting
zippé, -e met ritssluiting
la **zizanie** (v): *semer la ~* onenigheid zaaien
le **zizi** (m) [kindert] piemeltje
le **zloty** (m) zloty [Poolse munteenheid]
le **zodiac** (m) rubberboot
zodiacal, -e zodiakaal, van de dierenriem
le **zodiaque** (m) dierenriem, zonneweg, zodiak
zombi *zie* zombie
le **zombie** (m) zombie
le **zonage** (m) indeling in zones
le/la **zonard** (m), **-e** (v) [inf] randgroepjongere
la **zone** (v) **1** zone; streek, strook, gebied, luchtstreek, gordel: *~ bleue* blauwe zone [bij parkeren]; *~ euro* Euroland; *~ franche* vrijhandelszone; *~ industrielle* industrieterrein; *~ interdite* no-goarea; *~ d'influence* invloedssfeer; *~ de hautes pressions* hogedrukgebied; *~ verte* groenstrook **2** arme voorstad, buitenwijk || [fig, inf] *c'est la ~* het is treurig
zoner [pop] rondhangen, aanklooien
le **zoning** (m) [Belg] zoning [Belg]; industriegebied
le **zoo** (m) verk van *jardin zoologique* dierentuin
la **zoologie** (v) dierkunde; zoölogie
zoologique zoölogisch: *jardin ~* dierentuin
le/la **zoologiste** (m/v) zoöloog, -loge, dierkundige
le **zoom** (m) **1** (het) zoomen **2** zoomlens
zoomer sur inzoomen (op)
le **zouave** (m) [inf] pias, grapjas: *faire le ~* de clown uithangen
le **zozo** (m) onnozele hals
zozoter [inf] slissen
le **ZUP** (m) [planologie] afk van *zone à urbaniser en priorité* nieuwbouwwijk
zut! verrek!, stik!, shit!: *zut alors!* verrek nog aan toe!
zygomatique juk(been)-